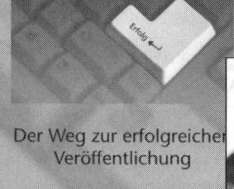
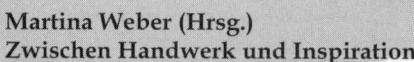

Handbuch für Autorinnen und Autoren

Informationen und Adressen
aus dem deutschen Literaturbetrieb
und der Medienbranche

6., völlig überarbeitete
und erweiterte Auflage 2005

Herausgegeben von
Sandra Uschtrin und Michael Joe Küspert

.uschtrin.

für Wilhelm und Guntram

© Uschtrin Verlag, München 2005
Alle Rechte vorbehalten

info@uschtrin.de
www.uschtrin.de

6. Auflage 2005 (Stand: 03.01.2005)
ISBN 3-932522-06-0

Umschlag: Jean-Paul Raabe, Grafische Werkstatt Berlin, jeanpaulraabe.de
Satz: Uschtrin Verlag, München
Layout: Lai Chi
Druck: CPI BOOKS, Clausen & Bosse, Leck

Inhalt

Beiträge, Interviews und Gespräche von und mit:

Vorwort

„Ja, und dann wäre da noch [...] der ‚Uschtrin' – gemeint ist das von Sandra Uschtrin und Michael Joe Küspert herausgegebene ‚Handbuch für Autorinnen und Autoren'. Das ist nun wirklich das Standardwerk, das über alle Bereiche des literarischen Schreibens und Veröffentlichens Auskunft gibt ...“

Literaturrat Niedersachsen in seiner Zeitschrift „forum"

Als der Literaturrat Niedersachsen das Handbuch rezensierte, war es gerade in der 5. Ausgabe erschienen, 16 Jahre auf dem Markt und mithin noch ein „Teenager". Seither sind vier weitere Jahre ins Land gezogen, in denen es reifen konnte. Denn nicht nur rote Bordeaux oder weiße Chablis, auch Handbücher führen ein Eigenleben und entwickeln sich: wenn es gut geht zu Standardwerken, bei weiterer Hege und Pflege vielleicht – irgendwann einmal – zu Klassikern.

Aber zurück in die Gegenwart: Was will das Handbuch?
Das Handbuch will auf alle Themen und Bereiche eingehen, die für Schreibende relevant sind. Es ist ein Handbuch *für* Autorinnen und Autoren, das den Literaturbetrieb und die Medienbranche für sie transparenter macht, indem es Informationen und Adressen zur Verfügung stellt. Breiten Raum nehmen dabei Themen wie Aus- und Fortbildung, Fördermöglichkeiten oder zum Beispiel Fragen zur Vermarktung des Geschriebenen ein.
Zielgruppe sind *alle* Autorinnen und Autoren, also auch Heftroman-, Drehbuch-, Theater- und HörspielautorInnen. Denn das Handbuch informiert nicht nur. Es inspiriert auch und regt an, einen Blick über die Grenzen des eigenen Genres zu werfen.
Dabei richtet es sich sowohl an „gestandene" als auch an alte und junge NachwuchsautorInnen mit wenig oder gar keiner Erfahrung im Publizieren. Die einen möchte das Handbuch ermutigen, den Schritt in die Öffentlichkeit zu wagen, die anderen in ihrer Gelassenheit bestärken, ihre Manuskripte in der Schublade liegen zu lassen. Auch das will gelernt sein und verdient Anerkennung.

20 Jahre Handbuch! Die erste Ausgabe 1985 wog 315 Gramm und hatte 269 Seiten. Seither ist es immer dicker und größer und schwerer (und teurer) geworden, trotz des 70-Gramm-Papiers, auf dem es diesmal gedruckt ist, damit es die 1-Kilo-Portogrenze der Deutschen Post nicht überschreitet.

Dicker, größer, schwerer – ganz wie im richtigen Leben!
Selbst den Kinderschuhen entwachsen wendet sich das Handbuch in dieser Ausgabe besonders an diejenigen, die schon „laufen" können, an Fortgeschrittene, die professionell schreiben, aber von ihren Buchverkäufen und Lesehonoraren leider nur selten leben können. Für sie zog ich aus, um zu erkunden, mit welchen „schreibnahen" Tätigkeiten sich zusätzlich Geld verdienen lässt. Zum Beispiel als

Ghostwriterin oder als Leiter einer Schreibwerkstatt. Ein ganz neues Kapitel entstand: „Geld verdienen mit literarischen Dienstleistungen". Für dieses Kapitel musste ich derart oft und penetrant Fragen nach dem Geld stellen, dass ich mit der Zeit fast alle Hemmungen verlor und Blut leckte. „Wie viel verdienen Sie damit?" „Welches Honorar zahlen Sie dafür?" „Finden Sie, dass Ihre Arbeit angemessen honoriert wird?" Diese erfreulich indiskreten Fragen durchziehen nun auch alle anderen Kapitel. Kaum jemand blieb von ihnen verschont, auch nicht ein Lyriker wie Kurt Drawert. Ich wünsche mir, dass die Arbeit der Autorinnen und Übersetzer eines Tages tatsächlich derart angemessen vergütet wird, dass sich Recherchen nach Nebenverdienstmöglichkeiten erübrigen.

Gute Nachrichten aber auch für alle AnfängerInnen: Typische „Anfängerfragen" wurden in den letzen Jahren gesammelt und werden in dieser Ausgabe beantwortet. Endlich gibt es ein Musterexposé und eine Musternormseite! Die vielen fundierten Informationen helfen, einen Einstieg in den Schriftstellerberuf zu finden. Fehler und Sackgassen können so leicht vermieden werden; der Blick für die Spielregeln in der Verlagswelt wird geschult. Wie LektorInnen arbeiten, nach welchen Manuskripten sie Ausschau halten und wie Einsendungen aussehen sollten, weiß man nach der Lektüre.

Sechs Ausgaben in zwanzig Jahren – so viele Leserinnen und Leser, die mich mit ihrer Kritik und ihrem Zuspruch anspornten! So viele InterviewpartnerInnen und BeiträgerInnen – 48 sind es allein diesmal –, die das Handbuch mit ihrem Wissen bereicherten! Danke!

Wie schon bei der letzten Ausgabe ist Michael Joe Küspert Mitherausgeber des Handbuchs. Er zeichnet verantwortlich für das Drehbuch-Kapitel. Zwei weitere Kapitel wurden „geoutsourct": Florentine Egger übernahm das Kapitel „Hörspiele schreiben und produzieren", Antje Otto das Kapitel „Schreiben fürs Theater". Ich danke ihnen sehr.

Ich danke außerdem meinen Testleserinnen und meinen Freundinnen und Freunden, die mich durch die letzten elf „Handbuch-Monate" begleiteten (Kinderkriegen ist einfacher!), und wünsche mir – heute ist Neujahr –, dass s/Sie mir und dem Handbuch auch in den nächsten zwanzig Jahren treu bleiben!

München, 1. Januar 2005   Sandra Uschtrin

Handbuchmachen kostet Geld. Deshalb gibt es im Handbuch Anzeigen, eine Beilage und zum ersten Mal auch Werbezeilen. Werbezeilen sind am Rand mit einem Ausrufezeichen gekennzeichnet und **fett** *gedruckt. Eine Übersicht der Anzeigen- und* **!** *Werbezeilen-KundInnen findet sich im Anhang.*

www.uschtrin.de

Verband der
Freien Lektorinnen
und Lektoren e. V.

www.vfll.de
www.lektoren.de

Sie suchen für Ihr Manuskript eine
fachkompetente Person, die Ihre Texte
bearbeitet oder korrigiert, die Sie berät
und Ihnen weiterhilft?

Hier werden Sie fündig:

im Verzeichnis Freier Lektorinnen und Lektoren.

Es enthält, alphabetisch geordnet, über 340 Anschriften
und Tätigkeitsprofile sowie ausführliche Porträts von
Lektorinnen und Lektoren im deutschsprachigen Raum.
Verschiedene Register im Anhang ermöglichen
eine schnelle Suche.
Das Verzeichnis finden Sie online im Internet
oder Sie können es als Buch bestellen unter

www.vfll.de
www.lektoren.de

Verlage & Genres

Verlage & Genres

Der letzte Punkt ist gesetzt. Das Manuskript ist fertig. Für viele (Belletristik-) AutorInnen beginnt nun die Suche nach einem geeigneten Verlag, der bereit ist, das Manuskript zu veröffentlichen. Bei rund 16.500 Verlagen, die es allein in Deutschland gibt, sollte man meinen, dass diese Suche ziemlich bald zum Erfolg führen wird. Doch spätestens nach der zehnten Absage gerät diese Meinung ins Wanken. Was ist los?

Zuerst ein paar Zahlen, zusammengetragen aus der Broschüre „Buch- und Buchhandel in Zahlen 2004", herausgegeben vom Börsenverein des Deutschen Buchhandels:

Titelproduktion der deutschen Buchverlage 2003–1990

Jahr	Titel	Erstauflage	Neuauflage
2003	80.971	**61.538**	19.433
2002	78.896	59.916	18.980
2001	85.088	64.618	20.470
2000	82.936	63.021	19.915
1995	74.174	53.359	20.815
1990	61.015	44.779	16.236

Titelproduktion (Erstauflagen/Neuerscheinungen; keine Neuauflagen) nach Sachgruppen 2003

Sachgruppe	Anzahl der Titel	davon TB	davon Ü	Anteil in Prozent	Anteil TB	Anteil Ü
Belletristik	9.321	3.281 = 35,2 %	2.888 = 31,0 %	15,1 %	41,9 %	38,1 %
Kinder- u. Jugendliteratur	4.862	683 = 14,0 %	1.157 = 23,8 %	7,9 %	8,7 %	15,3 %
christl. Religion	3.096	257 = 8,3 %	243 = 7,8 %	5,0 %	3,3 %	3,2 %
Medizin	2.636	232 = 8,8 %	182 = 6,9 %	4,3 %	3,0 %	2,4 %
Recht	3.668	238 = 6,5 %	28 = 0,8 %	6,0 %	3,0 %	0,4 %
Schulbücher	2.694	76 = 2,8 %	19 = 0,7 %	4,4 %	1,0 %	0,3 %
Wirtschaft	3.711	212 = 5,7 %	97 = 2,6 %	6,0 %	2,7 %	1,3 %
zusammen	*29.988*	*4.979 = 16,6 %*	*4.614 = 15,4 %*	*48,7 %*	*63,6 %*	*61,0 %*
Sonstige	31.550	2.855 = 9,1 %	2.960 = 9,4 %	51,3 %	36,4 %	39,0 %
insgesamt	*61.538*	*7.834 = 12,7 %*	*7.574 = 12,3 %*	*100,0 %*	*100,0 %*	*100,0 %*

Lesebeispiel: Im Jahr 2003 erschienen in deutschen Verlagen also 9.321 Belletristik-Titel in erster Auflage, das sind 15,1 % aller Neuerscheinungen. Gut jeder dritte Titel aller Belletristik-Neuerscheinungen (35,2 %) kommt als Taschenbuchausgabe auf den Markt.

Damit ist die Sachgruppe Belletristik die Gruppe mit den meisten Taschenbuchtiteln. 41,9 % aller Taschenbuch-Neuerscheinungen sind Belletristik-Titel. 12,3 % aller Neuerscheinungen sind Übersetzungen. Der Anteil an Übersetzungen in der Sachgruppe Belletristik ist am höchsten: 31 % aller Romane sind aus einer Fremdsprache übersetzt und diese Titel machen 38,1 % aller Übersetzungstitel aus. Im Bereich Kinder- und Jugendbuch sind 23,8 % Übersetzungen und diese stehen für 15,3 % aller übersetzten Titel.

Umsatzanteile innerhalb der Warengruppe Belletristik 2003

	Hardcover	Taschenbuch	Hörbuch
Romane	41,8 %	55,1 %	48,6 %
Krimis	13,1 %	27,5 %	21,9 %
Science Fiction/Fantasy	5,5 %	7,9 %	9,9 %
Märchen/Sagen/Legenden/Fabeln	1,3 %	0,2 %	2,1 %
Lyrik/Dramatik/Essays/Aufsätze	2,9 %	2,3 %	6,5 %
Briefe/Tagebücher/Biografien	8,2 %	5,1 %	2,9 %
Fremdsprachige Literatur	3,8 %	0,2 %	0,9 %
Humor/Cartoons/Comics/Satire	12,7 %	1,0 %	7,1 %
Geschenkbücher	10,9 %	0,6 %	0,0 %

2003 erschienen auf dem deutschen Büchermarkt also insgesamt 80.971 Titel, davon 9.321 Titel als Erstauflage in der Sachgruppe Belletristik. Ein knappes Drittel davon, 2.888 Titel, waren Übersetzungen ausländischer Werke, was natürlich die literarischen Übersetzerinnen und Übersetzer freut. Nicht so sehr dagegen die deutschen SchriftstellerInnen, aber immerhin gab es abzüglich der Übersetzungen noch 6.433 deutschsprachige Belletristik-Titel, die 2003 zum ersten Mal ans Licht der Öffentlichkeit kamen. Und wer sind nun die glücklichen Autorinnen und Autoren dieser 6.433 Titel?

Zum einen sind das die bewährten „HausautorInnen", die manchmal schon seit Jahren mit ein und demselben Verlag zusammenarbeiten, dem Verlag gutes Geld einbringen und deren Manuskripte schon aus diesem Grund sorgfältiger gelesen werden als die fremder oder unbekannter AutorInnen. Man sollte aber nicht glauben, dass diese AutorInnen es deshalb immer leicht haben und im Handumdrehen für alles, was sie schreiben, einen Verlag finden. Auch Profis, auch HausautorInnen kassieren immer wieder Absagen. Das gehört dazu, und nicht nur Gabriele Wolff, siehe S. 68 ff., kann davon ein Lied singen.

Zum anderen zählen dazu natürlich auch die AutorInnen, die es nun tatsächlich „geschafft", also zum ersten Mal etwas veröffentlicht haben. Weil das Manuskript zum richtigen Zeitpunkt beim richtigen Verlag auf dem richtigen Schreibtisch der richtigen Lektorin zu liegen kam, es ihr gefiel und sie es im Verlag durchsetzen konnte. Weil es als verkaufbar, markttauglich eingestuft wurde. Wobei „zum ersten Mal" – wenn es um Veröffentlichungen geht – ganz verschieden definiert wird. Denn was, wenn nicht Veröffentlichungen, waren damals die Beiträge in der Schülerzeitung, für die man alle naselang zum Direktor zitiert wurde? Und die Gedichte und Prosatexte in den diversen Literaturzeitschriften? Die Lesungen mit den Kolleginnen aus der Schreibgruppe zu Weihnachten im

Seniorenheim? Die meisten Autorinnen und Autoren haben für ihre Debüts, die vom Feuilleton schon aufgrund der Masse nur ausnahmsweise überhaupt wahrgenommen werden, jahrelang hart gearbeitet, an ihrer Schreibe gefeilt, Stunden um Stunden vorm Bildschirm gesessen. Und komisch, auch nach dem „ersten Debüt" dreht sich die Welt weiter, als wäre nichts geschehen. Und erst nach dem fünften, sechsten „Debüt" (denn dass dem ersten zumindest noch ein zweites folgen muss, gebietet gewissermaßen die Logik) gelingt manchmal, oft aber auch nicht, ein sensationeller Erfolg, an den sich allerdings ein Jahr später schon niemand mehr erinnert, ausgenommen die Autorin, der Autor selbst. Aber diese ehemaligen Debütanten zählen dann immerhin zu den „HausautorInnen" und werden von denen, die in den Startlöchern stehen und von einer ersten Veröffentlichung träumen, um ihre Kontakte zu den Verlagen beneidet. Kontakte und Beziehungen, die sie sich mühsam erarbeitet haben und die in der Tat, so auch die übereinstimmende Meinung vieler LektorInnen, wichtig sind, um die Chancen auf eine Veröffentlichung zu erhöhen.

Die Fragen lauten demnach: Wie werde ich „beziehungsfähig"? Wie schaffe ich es, einen Kontakt herzustellen? Welche Verlage wären für mich und meine Texte die richtigen? Wie sollte mein Manuskript beschaffen sein, damit es einen Lektor begeistert?

Mit Gedichten ist man bei einem Telefonbuchverlag wie dem bayerischen „Keller Verlag" beispielsweise an der falschen Adresse. Das weiß doch jeder? Nein, offenbar nicht, denn auch dieser Verlag erhält immer mal wieder, so die Dame von der Telefonzentrale, Manuskripte mit der Bitte um Veröffentlichung. Da also nicht jeder Verlag alles veröffentlicht, sondern jeder Verlag auf bestimmte Titel spezialisiert ist, sollte man bei der Auswahl der Verlage sehr sorgfältig vorgehen.

Ein Verlag, der noch im letzten Jahr eine neue Kochbuchreihe auf den Markt gebracht hat, muss sich nicht notwendigerweise für ein Manuskript über die Küche des Mittelalters interessieren. Der Markt ist schnelllebig und es lohnt sich daher immer, vorher anzurufen und nachzufragen, ob an einem Manuskript zum Thema XX ein Bedarf besteht. Das gilt auch für belletristische Werke. Ein Verlag, der Kriminalromane veröffentlicht, wird ein Manuskript, in dem die Heldin katzenmordend durch New York streift, möglicherweise nicht ablehnen, weil die Lektorin Katzenliebhaberin ist, sondern weil die „Location" nicht stimmt: Gemordet werden muss bei diesem Verlag im Hunsrück oder in der Eifel, nicht jenseits der Landesgrenzen.

Wichtig ist also, sich genau über die einzelnen Verlage und ihre Programme zu informieren. Das geht relativ gut auf den großen Buchmessen in Frankfurt und Leipzig, auf der für Kleinverlage ausgerichteten Mainzer Minipressen-Messe, die alle zwei Jahre stattfindet (2005, 2007 etc.) und auf den kleineren regionalen Bücherschauen, die regelmäßig veranstaltet werden. Hier besteht auch die Möglichkeit, mit den LektorInnen der einzelnen Verlage direkt ins Gespräch zu kommen.

Sinnvoll ist es auch, mit einer Buchhändlerin oder Bibliothekarin zu sprechen und sie zu fragen, welche Verlage ihrer Meinung nach für das Manuskript in Frage kommen. Von diesen Verlagen sollte man sich dann das jeweilige Gesamtprogramm und die aktuelle Verlagsvorschau zusenden lassen und beide Hefte genau studieren. In jeder Buchhandlung steht außerdem das „Adressbuch für den deutschsprachigen Buchhandel". Band 1 nennt die Adressen aller Verlage, auch die der ganz kleinen.

Ein gutes Nachschlagewerk, um nicht nur an die Adressen, sondern auch an Informationen über die Verlage zu gelangen, ist der Katalog der Frankfurter Buchmesse. In seiner Online-Version, der Datenbank „Frankfurt Catalogue" (www.frankfurter-buchmesse.de), erlaubt er die gezielte Suche nach Schlagwörtern, Branchen, Produkten und Ländern und das „überkreuz": Herauszufinden, welche Verlage zum Beispiel in der Schweiz Comics verlegen, wird damit zum Kinderspiel.

Links zu Verlagen, und zwar weltweit – von Ägypten bis Zypern –, gibt es ferner unter www.hbz-nrw.de/produkte_dienstl/toolbox/index.html. Zusammengestellt werden sie von Hans-Dieter Hartges beim Hochschulbibliothekszentrum des Landes Nordrhein-Westfalen, Köln.

Wer beim Recherchieren lieber ein richtiges Buch in der Hand hält, kann auch zum „Deutschen Jahrbuch für Autoren, Autorinnen" greifen, das auf 277 von insgesamt 640 Seiten deutschsprachige Verlage und ihre Programme vorstellt und dessen Anschaffung sich nicht nur aufgrund dieses Services lohnt. Welcher Verlag in welchem (Sachbuch-)Bereich tätig ist, lässt sich ferner über den „Banger" erfahren, der zumeist in öffentlichen Bibliotheken steht.

Um einen ersten – groben! – Überblick zu gewinnen, welche Verlage zu welchem Genre Titel produzieren, und um nicht immer vom Stichwortregister zum Eintrag und vom Eintrag zum Stichwortregister blättern zu müssen, werden in diesem Kapitel die Verlagsadressen genrespezifisch aufgelistet. Das geht innerhalb eines solchen Buches natürlich nur, wenn die einzelnen Gruppen nicht zu groß und hinreichend klar zu definieren sind. Aufgelistet werden hier daher nur die Verlage, die (u. a. auch) Lyrik, Krimis, Science Fiction, Horror, Fantasy oder Frauen- und Männerliteratur veröffentlichen. Dass es dabei zu Mehrfachnennungen kommt, liegt in der Natur der Sache. Im Hamburger Argument Verlag erscheinen zum Beispiel Kriminal-, SF- und Frauen-/Männer-Romane – macht drei Einträge. Da aber ganz offenbar ein Bedarf an derartigen Zusammenstellungen besteht („Können Sie mir sagen, welcher Verlag Gedichte verlegt?"), wurde das in Kauf genommen.

Deutlich wird durch diese Zusammenstellungen, die keinesfalls vollständig sind, welche Vielfalt es trotz eines Giganten wie Random House noch immer in unserer Verlagslandschaft gibt. Dieser Eindruck verstärkt sich, wenn man die Homepages der einzelnen Verlage besucht, ein Unterfangen, das sich immer empfiehlt, bevor man einen Verlag kontaktiert. Häufig finden sich bereits dort konkrete Hinweise für AutorInnen, die sich an den Verlag wenden wollen.

Hat man nach ausgiebiger Recherche einige geeignete Verlage gefunden, kann man das Manuskript mit besseren Veröffentlichungschancen in die Literaturwelt hinausschicken. Hilfreiche Ratschläge zum Thema Kontaktaufnahme zu Verlagen vermittelt das Kapitel „Kontaktaufnahme: Anschreiben – Exposé – Textprobe/ Manuskript" (siehe S. 419 ff.).

War eingangs davon die Rede, dass die Suche nach einem geeigneten Verlag beginnt, wenn der letzte Punkt gesetzt und das Manuskript fertig ist, so bezog sich diese Passage auf AutorInnen, die Romane oder Gedichte schreiben. Im Bereich Sachbuch und Ratgeber ist die Vorgehensweise aber eine andere. Hier empfiehlt es sich, gleich zu Beginn einen Verlag zu suchen, also gar nicht erst mit dem Schreiben anzufangen, denn nur so lassen sich die Wünsche und Vorgaben des Lektorats bzw. der Redaktion maßgeschneidert umsetzen, nur so läuft man nicht Gefahr, womöglich wochenlang für den Papierkorb zu arbeiten. Mehr zum Thema Ratgeber enthält der Beitrag von Nina Pohlmann, Redakteurin beim Ratgeberverlag Gräfe & Unzer (siehe S. 29 ff.)

Die Frage, was Lektorinnen und Lektoren den ganzen Tag tun, beantwortet der Beitrag von Carla Meyer, Vorsitzende des Verbands der Freien Lektorinnen und Lektoren. Welche Chancen der Buchmarkt bietet und wie die Situation in den Genres Lyrik, Kriminalliteratur, Science Fiction/Horror/Fantasy und Kinder- und Jugendliteratur derzeit aussieht, beleuchten Interviews und Beiträge von InsiderInnen aus der Branche. Zuvor aber ein „Besuch" bei Michael Krüger, Verleger des Carl Hanser Verlages, der aufgrund seines Renommees besonders viele Manuskripte erhält.

„Ich kann nur ermuntern zu schreiben"
Interview mit Michael Krüger (Belletristik)

„MANUSKRIPTUM – Münchener Kurse für kreatives Schreiben" ist ein Kooperationsprojekt der Ludwig-Maximilians-Universität München und des Literaturhauses München und richtet sich an Studenten und Studentinnen der Münchener Universitäten. „Der Kurs soll Einsichten in das literarische Schreiben vermitteln und Gelegenheit geben, die eigenen Texte mit renommierten Autoren und erfahrenen Praktikern zu diskutieren." 2001 war dieser „Praktiker" Michael Krüger vom Hanser Verlag, München; Sandra Uschtrin führte mit ihm für die 5. Auflage des Handbuchs dieses noch immer aktuelle Interview.

Warum haben Sie sich für dieses Projekt zur Verfügung gestellt?

KRÜGER: Erstens finde ich es interessant, mit jungen Leuten über das Schreiben zu reden. Viele haben keine Vorstellung, was das bedeutet: dass es lebensgefährlich sein kann und dass das Schreiben natürlich nicht zu erlernen ist. Man kann nur versuchen, durch helfende Kritik bestimmte schlummernde Potentialitäten eines Textes hervorzulocken und dem, der das geschrieben hat, auf die Sprünge zu helfen. Das ist das eine. Zum anderen: Wir sitzen hier im Verlag und kommen wenig mit jüngeren Leuten in Verbindung, einfach aus Arbeitsüberlastung. Da ist es gut, wenn man sieht, was für Schreibanlässe, was für ein Schreibwillen eigentlich da ist. Ich habe etwa dreihundert Manuskripte von diesen Studenten gelesen und war sehr verwundert, dass sich doch zwei Drittel mit Liebesproblemen herumschlagen. Ich dachte, ich bekäme jetzt alles Mögliche zu lesen. Aber die Liebe scheint nach wie vor das Hauptproblem zu sein.

In dem Alter, in dem sich diese Menschen befinden, liegt das nahe. Darf ich Sie fragen, wie Sie den Begriff Liebe definieren? Ich habe diese Frage auch einer Heftromanautorin gestellt. Sie sagte: „Liebe ist Sehnsucht."

KRÜGER: Darüber könnte ich Ihnen eine Vorlesung halten, die etwa 15 Semester lang geht. Aber – eine Definition gibt es nicht.

Wie gestaltet sich in Ihrem Verlag die Autorenakquise? Wie finden Sie neue Autorinnen und Autoren?

KRÜGER: Das ist ganz unterschiedlich. Zum einen werden uns Manuskripte zugeschickt, wo gelegentlich etwas dabei ist – von Autoren, aber auch von Agenten.

Lesen Sie die Manuskripte, die von Agenturen kommen, sorgfältiger, weil sie quasi schon einmal durchgesiebt worden sind?

KRÜGER: Das kann ich nicht sagen. Alles lese ich sorgfältig, wenn mich die erste Seite wirklich fasziniert hat. Ich kann nicht das ganze Manuskript lesen, weil ich keine Zeit dafür habe. Aber man kennt sich doch selber, nicht wahr? Wenn ein Text schon von der ersten Seite an zu Tode langweilt, wird man seine Lebenszeit nicht dafür opfern, 800 Seiten zu lesen. Außerdem gibt es Autoren, die von anderen Autoren gefragt werden, ob sie ihre Manuskripte einschicken können. Es gibt also verschiedene Möglichkeiten, wie ein Text hierher kommt. Wir gehen aber auch von uns aus auf Autoren zu. Wenn wir zum Beispiel in den Zeitschriften, die immer wieder interessante Texte bringen, auf einen Autor stoßen, dann schreiben wir ihm. Noch mal: Wir können nicht das ganze Manuskript lesen. Manche Autoren denken, wir hätten nichts anderes zu tun, als zu lesen. Aber ein Verlag besteht ja aus vielen Prozessen, die verfolgt werden müssen. Vor allem müssen wir uns um die Bücher kümmern, die bei uns veröffentlicht werden. Deshalb nehmen wir das zwar sehr ernst, was eingeschickt wird, aber noch ernster müssen wir das nehmen, was schon angenommen wurde. Aber wie gesagt: Irgendwann wird hier alles gelesen.

Wie viele Manuskripte sind es im Jahr, die dem Hanser Verlag unverlangt zugesandt werden?

KRÜGER: Aus Deutschland sind es etwa 3000.

Schicken Sie die Manuskripte zurück, auch wenn kein Rückporto beigelegt wurde? Gehört das mit zu Ihrem Service?

KRÜGER: Service! Ich ärgere mich jedes Mal. Denn die Leute, denen wir ihr Manuskript zurücksenden, machen uns ja Arbeit. Wir sind für sie tätig und deshalb wundert es mich, dass manche immer noch kein Porto beilegen. Diese Manuskripte sollte man eigentlich nicht zurückschicken, aber irgendwann tut man es eben doch. Das kostet viel Geld.

Alle Manuskripte werden also zumindest angelesen. Das hört sich nach sehr viel Arbeit an. Wer liest und beurteilt diese Textmassen? Ich vermute, Sie haben freie Lektorinnen, die für Sie arbeiten?

KRÜGER: Wenig, sehr wenig. Die deutschen Manuskripte werden hier im Hause gelesen. Nur wenn es über ein Manuskript Streit gibt, ein Lektor und ich anderer Meinung sind, geben wir es manchmal raus, um sozusagen einen neutralen Schiedsrichter zu haben. Aber normalerweise lesen wir alles selbst. Wir haben kein Geld, um die Manuskripte rauszugeben. Denn Lesen ist anstrengend, Urteile abzugeben ist noch anstrengender, dafür verantwortlich zu sein, ist am anstrengendsten. Außerdem will man so viel wie möglich selbst beurteilen können.

Wie viele Lektorinnen und Lektoren arbeiten hier im Haus, also im belletristischen Bereich?

KRÜGER: Einer für Deutsch, einer für Klassiker, zwei im Bereich Sachbuch, eine für italienische und amerikanische Texte und eine für Französisch und Skandinavisch. Und ich, der ich natürlich auch viel lese. Also sieben. Außerdem haben wir natürlich immer sehr gute Hospitanten und wenn es ein Manuskript gibt, bei dem ich das Gefühl habe, das könnte sie interessieren – etwa Texte von jüngeren Leuten, die einen anderen Geschmack haben, wo ich mir unsicher bin –, dann gebe ich das denen. Bevor ein Manuskript aber angenommen wird, muss natürlich ein Lektor ganz dafür sein und sich eine Mehrheit suchen.

Erstaunlich! Ich bewundere, was Sie hier mit so wenigen Leuten leisten. Denn das sind ja unglaubliche Mengen an Text. Wie sollte eine Autorin vorgehen, um aus der Masse hervorzuragen? Ist wirklich nur die erste Seite ausschlaggebend? Ist nicht auch das Anschreiben wichtig?

KRÜGER: Alles. Das ganze Drum und Dran. Wenn mir jemand einen zwölfseitigen Brief schickt, in dem er das Manuskript beschreibt, bin ich schon schlechter Laune. Denn wenn jemand so viele Worte machen muss, um seine Sache zu verteidigen, denke ich gleich: „Oh, der ist sich seiner Sache nicht besonders sicher." Außerdem nimmt es mir wahnsinnig viel Zeit weg. Das heißt, ich lese die ganzen Anschreiben gar nicht oder nur, wenn sie kurz sind. Manchmal habe ich es gern, wenn jemand schreibt, einer seiner Lieblingsautoren sei der und der, er lese gerne Robert Walser oder Kafka.

Es kommt immer wieder vor, dass Autorinnen und Autoren ihren Verlag wechseln, weil sie sich dort nicht mehr gut aufgehoben fühlen. Wie sieht die Betreuung der AutorInnen bei Hanser aus? Was tut Ihr Verlag konkret, um seine AutorInnen zu halten?

KRÜGER: Klar ist, dass Autoren eine Pflege brauchen. Sie haben etwas geschrieben. Dieses Etwas ist vielleicht an einem kleinen Schreibtisch in irgendeinem Dorf auf dem Lande entstanden. Und dann ist das Manuskript plötzlich weg. Das heißt, ich kann nichts mehr daran tun. Ich kann es nicht ändern. Ich kann es nicht verbessern. Ich kann es nicht verschlechtern. Ich bin auf Gedeih und Verderb darauf angewiesen, dass die Kritik, die Leser, das Ausland dieses Buch zur Kenntnis nehmen. Und dafür ist der Verlag da. Der Autor ist darauf angewiesen, dass sein Verlag funktioniert. Denn wenn er nicht funktioniert, ist es schlecht für ihn. Und deshalb tut man alles, was man kann, um den Autor zufrieden zu stellen. Das ist unser Job. Wir haben zu vermitteln zwischen dem Autor und dem Leser und wenn's geht natürlich zu ganz vielen Lesern.

Wie steht es mit dem Mitspracherecht bei der Titelgebung oder bei der Umschlaggestaltung? Dürfte ich als Autorin einen Vorschlag machen? Oder zählt letztlich nur das Wort des Verlages, weil er es schließlich ist, der das Buch später verkaufen muss?

KRÜGER: Wenn der Autor einen klugen Vorschlag macht, wäre man sehr dumm, wenn man etwas gegen den Autor tut. Wenn wir eine Idee ganz unsinnig finden, wenn der Autor verlangt, er möchte einen rosa Umschlag mit lauter Herzen drauf haben, dann müssen unsere Argumente so klug sein, dass er zum Schluss sagt: „Gut, macht einen schwarzen Umschlag ohne Herzen!" Ein Autor, der mit-denkt, ist mir lieber, als einer, dem alles egal ist.

Sie haben vorhin erzählt, dass Sie auch mit Agenturen zusammenarbeiten. Würden Sie Autoren empfehlen, sich an eine Agentur zu wenden? Oder halten Sie das für unnötig?

KRÜGER: Eine Agentur kann sehr gut sein für den Autor. Sie kostet halt Geld. Aber sie nimmt einem auch viel Arbeit ab. Allerdings gibt es auch Agenten, die à la longue gegen die Interessen des Autors verstoßen, indem sie immer mehr Geld verlangen oder sagen, wir gehen zum nächsten Verlag, wenn ihr uns nicht ... Dadurch wird das Werk eines Autors zerrissen. Der gute Agent achtet darauf, dass sein Autor nicht nur Geld verdient, sondern dass er in einem ordentlichen Zusammenhang erscheint. Ein Autor, der sich bei einem Verlag lange wohl gefühlt hat, wird diesen Verlag eben nicht so unbedingt schnell verlassen.

Ich glaube, dass es mittlerweile immer mehr Agenturen gibt, die wirklich professionell arbeiten. Das kommt vermutlich auch durch die Outsourcing-Politik der Verlage. Da sagen sich viele Ihrer Kolleginnen und Kollegen, okay, ich habe viele gute Kontakte, wenn man mich nicht mehr braucht, dann mache ich mich eben selbständig.

KRÜGER: Klar.

Stephen King und Wolfgang Hohlbein scheinen neuerdings auch recht gut ohne Verlage auszukommen, indem sie ihre Werke via Internet direkt an den Endkunden verkaufen. Macht Ihnen diese Entwicklung Angst, Sorge, Kopfzerbrechen? Was wird die Zukunft Ihrer

Meinung nach für AutorInnen und Verlage bringen? Wird sich das Verhältnis zueinander ändern?

KRÜGER: Ich bin kein Prophet. Wenn eine nächste Generation sich entschließt, Bücher auf dem Bildschirm zu lesen, dann wird es uns nicht mehr geben. Aber ich weiß das nicht. Ich kann das nicht beurteilen. Es gibt Leute, die lieben es, stundenlang vor einem Bildschirm zu sitzen, die finden das ganz großartig. Aber das ist eine andere Generation. Ich kann damit gar nichts anfangen. Sie sehen ja, ich habe nicht mal einen Computer. Für mich ist das schrecklich. Ich liebe Bücher und liebe es, Bücher zu lesen, die ich in der Hand habe. Aber in der Zukunft wird es sicher eine andere Annäherung an das Buch geben. Es gibt ja jetzt auch diese electronic books.

Ja, eBooks. Haben Sie vor, eBook-Editionen zu machen oder bereiten Sie schon welche vor?

KRÜGER: Nö. Aber ich bin natürlich nicht allein auf der Welt. Und wenn alle Leute sagen, sie lesen jetzt nur noch eBooks, was immer das sein mag, in so kleinen Kästen, ja, dann müssen wir vielleicht eBooks machen. Ob ich das dann noch mache, ist eine andere Frage.

Der Text ist ja nach wie vor derselbe.

KRÜGER: 250 Jahre gehörten Form und Inhalt zusammen. Die Bibeldrucke vor 500 Jahren waren nicht umsonst große Bücher. Nicht umsonst wurde der goldene Schnitt für die Seite gewählt. Nicht umsonst hat das Buch eine typographische und eine buchbinderische Qualität. Wenn das in der Zukunft alles wurscht ist, kann ja sein, dann wird es eben irgendwann keine Bücher mehr geben. Nur, ich denke gar nicht darüber nach, weil es mich so anödet, Bücher auf einem kleinen Bildschirm lesen zu müssen. Wenn ich allerdings nur einen Text verbreiten will, es mir nur um den Text geht, dann brauche ich natürlich kein Buch zu drucken. Viele Studenten, die zum Beispiel ein Jean Paul-Seminar besuchen, wollen ja gar nicht mehr Jean Paul lesen. Die lesen nur noch die bestimmten Zitate und die können sie natürlich im Internet bekommen. Wenn die Leute sagen, wir möchten gar nicht mehr lesen, sondern wir möchten nur irgendwie an Text gelangen, den wir in irgendeiner Weise brauchen – tja, die sind dann für die Bücher verloren. Das ist richtig.

Haben Sie schon etwas von eInk und ePaper gehört?

KRÜGER: Nein, davon habe ich noch nichts gehört und davon will ich auch gar nichts hören. Schrecklich! Ich weiß, alles ändert sich. Aber das soll die Generation nach mir machen.

Was möchten Sie jungen Autorinnen und Autoren, zum Beispiel denen, die sie im Wintersemester betreuen werden, mit auf den Weg geben?

KRÜGER: Dass sie sich entscheiden müssen: für das Schreiben oder für das Verfertigen von Texten. Das Schreiben ist eine sehr einsame, grässliche, anstrengende Tätigkeit. Man sitzt alleine da und muss sehr genau überlegen, was man macht und wie man das macht, muss bei jedem Satz hundert Mal überlegen. Das Verfertigen von Texten ist leichter geworden. Es gibt immer mehr Zeitschriften auf der Welt, immer mehr Fernsehstationen, die immer irgendwas senden müssen – die Medien werden mehr, nicht weniger, wie wir immer dachten. Jetzt vor Weihnachten sieht man es ganz deutlich: Die Süddeutsche Zeitung ist doppelt so dick, voll mit Prospekten – überall Text, Text, Text. Das Verfassen von Text scheint eine lukrative Angelegenheit zu sein. Das Verfassen von Literatur, begriffen als dem bisher Geschriebenen noch etwas hinzuzufügen, das ist nicht leichter geworden. Im Gegenteil, das ist schwerer geworden. Und es ist vor allem riskant. Wer als junger Mensch darauf seine Existenz aufbauen möchte, der muss schon sehr viel zu sagen haben oder einen Blick auf die Welt haben, der wirklich kurios ist. Mit anderen Worten: Ich kann nur ermuntern zu schreiben, denn es ist trotz aller Anstrengung ja doch eine zivile Form, sich mit der Welt auseinander zu setzen. Aber damit Erfolg zu haben, ist eine ganz andere Geschichte. Das muss man sich vorher klar machen. Wenn man sagt, mir ist es egal, ob ich ein neues Auto habe, ich möchte jetzt zehn Jahre lang drei Bücher schreiben, die werde ich schreiben, jeden Tag sechs Stunden, auch wenn ich wenig Geld damit verdiene, dann muss man's machen.

Man sollte also auf die innere Stimme hören?

KRÜGER: Nein, man muss sich selbst das zutrauen. Man muss sich selbst sagen, ich bin jetzt 25 und bis zu meinem 35. Lebensjahr, wo alle anderen Sozialisationsformen abgeschlossen sind – da ist man mit dem Studium fertig, da hat man einen Beruf ergriffen, die meisten haben geheiratet, ein Kind –, so lange mache ich das jetzt. Wenn man dann drei tolle Bücher geschrieben hat – gut. Aber es kann eben auch sein, dass man zwar drei Bücher geschrieben und alle drei veröffentlicht hat, sie aber schlechte Kritiken bekommen haben und so weiter. Dann muss man sich um Stipendien bewerben, wird so eine Art Sozialfall, der sich irgendwie durchs Leben schummelt. Was auch nicht schlimm ist. Nur man muss es wollen. Ich glaube eben nicht daran, dass man Schreiben, ernsthaft schreiben, so ganz nebenher machen kann. Da wird immer hundert Prozent verlangt. Wer das will und kann, der soll es tun.

Es wäre auch sehr schön, wenn das Schreibprojekt weitergehen würde. Das ist jetzt etwa dreihundert Jahre alt. So lange wird geschrieben, hat man sich in einem bürgerlichen Sinne über Literatur verständigt. Das ist ja noch nicht so alt. Alles davor war etwas anderes. Aber vielleicht hört das jetzt irgendwann auf und man verständigt sich ganz anders, kann ja sein. Die Telekommunikation ist so ubiquitär, dass man vielleicht ganz andere Formen des Kontaktes wählt. Es gibt ja zum Beispiel Maschinen, die den Sex digitalisieren: Man setzt sich eine Maske auf, sucht sich per Katalog die Anzubetende aus und – schwupp! – schon kommt sie virtuell auf einen zugehüpft. Alles ändert sich. Und ob man dieses Schreibprojekt dann noch weiterführt, gegen solche Widerstände – denn das Schreiben ist ja in eine ganz andere Konkurrenz getreten, erst mit dem Fernsehen, jetzt mit dem Internet –, bis die Leute dann mal ein Buch lesen, wirklich lesen und sagen, da ist dem Autor etwas gelungen, was neu ist – wer weiß.

Geschrieben wird ja eine ganze Menge, besonders Gedichte. Ich habe den Eindruck, dass jede zweite Gedichte schreibt. Nur sind viele davon offenbar nicht bereit, das zu lesen, was andere geschrieben haben. Ich denke, da ist viel Narzissmus im Spiel.

KRÜGER: Alles Schreiben ist ein gewisser Narzissmus.

Die meisten schreiben eben über das, was sie selbst am meisten beschäftigt, so wie Ihre Studenten. Und das, also Schreiben als eine Form des Sich-Ausdrückens, wird sich wohl nicht so schnell ändern. Fraglich scheint mir nur, ob man darüber hinaus auch noch wird lesen und über das Gelesene wird kommunizieren wollen. Vielleicht reicht es dann vielen, das Geschriebene nur noch der Freundin zu zeigen oder es im Internet auf die eigene Homepage zu stellen. Und man ist froh, wenn sich pro Woche fünf Leute auf die Internetseite verirren, was natürlich nicht zu bedeuten hat, dass sie die Texte auch lesen.

KRÜGER: Kann gut sein. Früher hat man seine Texte rumgeschickt in der Hoffnung, dass sie irgendwann gedruckt werden, möglichst mit Widmung. Danach schickte man sie der Freundin beziehungsweise dem Freund und sagte: „Hier, guck mal, was ich gemacht habe!" „Ich liebe dich sehr. Mein Herz hüpft, wenn ich an dich denke. Dein Julius." Früher hat man das ins Poesiealbum geschrieben. Jetzt stellt man's ins Internet.

Oder verschickt es per Handy als SMS-Text.

KRÜGER: Ja, so ist es. Es ändert sich alles. Auch das Schreiben von Romanen ist mittlerweile ein normaler Beruf geworden. In Amerika macht der von Ihnen genannte Stephen King einen Vertrag über zehn neue Romane und bekommt dafür 45 Millionen Dollar, also rund 100 Millionen Mark. Dafür schreibt er jedes Jahr einen runter, was ihm halt so einfällt, und dazwischen macht er noch einen fürs Internet-Publikum. Alle träumen von den Honoraren von Stephen King, aber nicht jeder hat eben das Glück, ein Stephen King zu sein.

Man muss eben anders anfangen. Man kann nur auf seine eigene Stimme hören. Wenn man dann später weiß, wie die eigene Schreibe ist, und man der Meinung ist, sie ändern zu müssen, weil man professioneller Schreiber werden möchte, dann ist das ein Prozess, der ganz unabhängig von einem ist. Schreiben ist nach wie vor ein Manu-Scriptum, eine Frage der Hand, des Körpers: Ist in dem Körper irgendetwas, was sich auf dem Papier ausdrückt, was über eine normale Banalisierung der eigenen Ideen hinausgeht? Das kann man selbst sehr schlecht beurteilen, weil man natürlich alles für Gold hält. Schließlich wird irgendwer behaupten, das sei vollkommener Mist. Und die Freundin sagt: „Ich bin ganz beglückt über deine Schreiberei. So etwas Schönes habe ich überhaupt noch nie erlebt. Aber lass es doch mal drucken und sei bitte wie Stephen King, denn ich möchte mir ein neues Kleid kaufen." Ja und dann fängt die Sache an haarig zu werden: Wenn man davon ausgeht, dass Schreiben eine permanente Geldquelle ist. Es gibt Leute, die damit viel Geld verdienen. Das stimmt. Aber es gibt auch viele, die damit sehr wenig verdienen.

Das sind wohl die meisten.

KRÜGER: Und Sie? Schreiben Sie auch schöne Liebesgedichte?

Nein. Das überlasse ich lieber anderen.

Gesponsert von: Lektoratsbüro Dr. Ilonka Kunow, München; Ratgeber, Text und Konzept für Wirtschaftsthemen und mehr !

Die Kunst, Ratgeber neu zu erfinden
Beitrag von Nina Pohlmann

Damit Sie als Autorin beim nächsten Buchprojekt die Nase vorn haben, soll es hier um die Gesetzmäßigkeiten und Spielregeln der Ratgeber- und Sachbuch-Branche gehen. Der Schwerpunkt wird dabei auf den Ratgebern liegen, da sie in den meisten Autorenbüchern zugunsten der Sachbücher vernachlässigt werden.

Hauptsächlich wird es um die Programmkonzipierung und Titelbetreuung gehen, um Ihnen als Autor ein klareres Bild zu vermitteln, welche Konzepte bei Ratgeberverlagen auf Interesse stoßen und wie die Zusammenarbeit dann im Folgenden abläuft. Dies ist natürlich je nach Verlag, Reihe, betreuendem Redakteur unterschiedlich – ich will Blitzlichter bieten, die Orientierung sein können.

Nur am Rande kurz zur Benennung: Die Person, die Sie im Verlag betreut, nennt sich je nach Sitte des Hauses Lektor/-in oder Redakteur/-in. Dies können Sie oft aus der Verlagsvorschau erkennen: Nennt sich der Bereich „Redaktion Haus & Garten", wird auch die Person, die die Buchprojekte betreut, Redakteur bzw. Redakteurin heißen; wenn der Verlagsbereich „Lektorat Modernes Leben" heißt, analog Lektor bzw. Lektorin. Im Ratgeberbereich heißen die Verlagsprogrammbereiche oft Redaktion. Dies entspringt dem Selbstverständnis der Ratgeberverlage: Die Bücher sind zum einen stärker an Zeitschriftenlayouts angelehnt, auch durch den hohen Bildanteil, und zum anderen arbeiten Ratgeberredakteure verstärkt als „Projektmanager". Das eigentliche Lektorat der Texte wird immer häufiger außer Haus abgewickelt. Die Redakteure sind damit in der Regel nicht sehr stark in die direkte Arbeit am Manuskript involviert – für diese Arbeit werden freie LektorInnen für einzelne Projekte verpflichtet. Dafür begleiten Redakteure die Konzipierungsphase eines Buches sehr intensiv und konzipieren auch selbst Reihen und Buchprojekte.

Was ist das, ein Ratgeber?

Was einen Ratgeber vor allem ausmacht ist der Nutzwert. Die Bücher sind nutzerorientiert (= immer klar auf den Leser fokussiert) und *nutzwertlastig*. Berühmt-berüchtigt ist der Ratgeber für seine so genannten Nutzwert-*Elemente:* Selbsttests, Checklisten, Übungsanleitungen, Muster, Kästen jeder Art ...

Diese Art des Schreibstils liegt nicht jedem. Wenn Sie vor Ihrem inneren Auge ein Buch sehen, das zu zwei Dritteln beschreibend ist und höchstens im letzten Drittel ein paar Tippkästen oder Übungen enthält, dann ist dies kein Ratgeber, sondern ein Sachbuch. Allerdings werden die Grenzen zwischen Ratgeber und Sachbuch immer fließender.

Seit Anfang 2004 gibt es im Börsenverein des deutschen Buchhandels einen „Arbeitskreis Ratgeberverlage". Die Kriterien, nach denen über eine Teilnahme von Verlagen entschieden wird, sind: Der Verlag muss ausschließlich oder zu einem größeren Anteil Bücher veröffentlichen, die anleitungsorientiert konzipiert wurden und damit *nutzenorientierte Information* bieten. Der Hauptunterschied zwischen Ratgebern und Sachbüchern besteht darin, dass der Schwerpunkt bei Ratgebern auf der praktischen Anwendung und nicht auf der abstrakten Beschreibung liegt.

Ratgeber unterscheiden sich laut „Arbeitskreis Ratgeberverlage" von Sachbüchern auch durch einen hohen Vierfarbanteil. Ratgeber benötigen die Vierfarbigkeit nicht zwingend (Übungen und Checklisten kann man genauso gut in einem einfarbigen Buch darbieten), aber es ist richtig, dass typische Ratgeber einen hohen Vierfarbanteil haben – denken Sie nur an Wellness- oder Kochbücher. Diese Vierfarbigkeit bedingt inzwischen eine ganz eigene Kosten- und Honorarstruktur in der Ratgeberbranche.

Ratgeber – das Geschäft jenseits des Rampenlichts

Ratgeber verkaufen sich, je nach Thema, in hohen Auflagen und oft über einen langen Zeitraum. Für einmal geleistete Arbeit und gelegentliche Aktualisierungen erhalten Sie also lange Geld, wenn Ihr Thema über viele Jahre im Programm des Verlages bleibt, also backlist-tauglich ist.

Allerdings darf man nicht verschweigen, dass Ratgeber nach wie vor ein Image-Problem haben. Wenn Ihnen der Sinn steht nach Besprechungen im Feuilleton, den Weihen der SPIEGEL-Bestsellerliste oder anerkennenden Laudationes auf der Buchmesse, müssen Sie wohl doch in die Belletristik oder ins gehobene Sachbuch wechseln. Denn Ratgeber werden auch als *Gebrauchsliteratur* bezeichnet. Damit erzielen die Bücher hohe Auflagen – werden aber, anders als Sachbücher, vom Feuilleton und kleineren Buchhandlungen gerne ignoriert.

Die SPIEGEL-Bestsellerliste bildet Ratgeber nicht ab, angeblich, da es bis zu ihrer Verbannung auf den vorderen Rängen der Liste nur Ratgeber gab. Auch störte wohl, dass es kaum Bewegung auf der Bestsellerliste gab, da immer dieselben Titel auf den vorderen Rängen lagen. Die Crux: Stammen die Ratgeber nicht von einem klassischen Ratgeberverlag, sondern zum Beispiel von einem Verlag, der auch Sachbücher im Programm hat, werden sie durchaus in die Liste aufgenommen. Die „Nur-Ratgeber"-Verlage laufen seit Jahren Sturm gegen diese Ungleichbehandlung, da der Markt dadurch verzerrt widergespiegelt wird. Warum regen sich Ratgeberverlage und -autoren so darüber auf, wo doch FOCUS, STERN und andere Zeitschriften Ratgeber in ihren Bestsellerlisten verzeichnen? Das Problem ist die (wenn auch schwindende) Marktmacht der SPIEGEL-Bestsellerliste. Wie Sie vermutlich auch schon bemerkt haben, sind viele Buchhandlungen mit den Top Ten des SPIEGELS bestückt. Hier ist Ihr Buch also, trotz guter Verkaufszahlen, nicht sichtbar, wenn es von einem reinen Ratgeberverlag stammt. Die Bestsellerliste kann außerdem den Verkauf Ihres Buches ankurbeln, da sie die Pressearbeit für den Verlag einfacher macht.

Nötig ist die Bestsellerliste nicht. Bestimmt sind Ihnen Titel von GU wie die „forever young"-Reihe von Strunz, die „Magische Kohlsuppe" oder die „Glyx-Diät" bekannt? Diese Ratgeber fanden sich noch nie auf der SPIEGEL-Bestsellerliste, sind aber trotzdem seit Jahren gut verkäuflich, sogar Bestseller für den Verlag.

Welchen Verlagen können Sie Ratgeberprojekte anbieten?

Insgesamt gibt es etwa 30 kleine und große Verlage, auf die die oben genannten Kriterien zutreffen. Darunter sind „Nur-Ratgeber"-Verlage wie Gräfe und Unzer (mit Marken wie GU, Hallwag), Urania oder auch blv. Und darunter sind Verlage, bei denen Ratgeber nur einen Teil des Programms bilden (z.B. einzelne Reihen) wie bei Droemer Knaur, Haufe oder Eichborn.

Die Branche ist in Bewegung: Etliche Verlage bieten Bücher mit Ratgeberelementen an, ohne sich die Ratgeberei explizit auf ihre Fahnen geschrieben zu haben (z.B. „Simplify your Life" von Campus). Andere Verlage rutschen durch Taschenbuchlizenzen in die Ratgeberei (Goldmann, Rowohlt) – ob Sie dort auch als Erstausgabe mit Ihrem Buchvorschlag landen können, müssen Sie prüfen.

Auch innerhalb der Ratgeber gibt es verschiedene Spielarten und immer wieder neue Trends. So gibt es seit einiger Zeit so genannte erzählende Ratgeber, in denen der ratgeberische Inhalt in eine Geschichte verpackt ist. Vorreiter war hier „Der Termin". Sicherlich kennen Sie auch die „Mäusestrategie für Manager" oder „Fish!". Wie Sie sehen, kann man für verschiedene Darreichungsformen jeweils das entsprechende Verlagshaus finden.

Generell gilt: Als Autor sollten Sie die Vorschauen und Gesamtverzeichnisse der Verlage daraufhin prüfen, ob ein Verlag eine Ratgeberreihe etabliert hat und ob das Buchprojekt, das Ihnen vorschwebt, zu diesem Haus passt.

Programmentwicklung – wie ein Ratgeberprogramm entsteht

Bevor ich etwas zum konkreten Verfassen eines Exposés sage, ist es sinnvoll, sich anzusehen, wie ein (hoffentlich erfolgreiches) Ratgeberprogramm überhaupt entsteht und wie Exposés und Autoren von Ratgeberverlagen ausgewählt werden.

Die Exposés, die Buchredakteure von Autoren erhalten oder selbst erstellen, müssen in den Verlagshäusern mehrere, zeitlich versetzte Hürden nehmen (Redaktionsrunden, Programmkonferenzen).

Zusätzlich zum Qualitätsanspruch des Verlages werden Exposés aus zwei Gründen auf Herz und Nieren geprüft: Die Leser geben schon seit einiger Zeit weniger Geld für Bücher aus; erschwerend kommt hinzu, dass es immer weniger Leser für eine riesige Anzahl von Novitäten in jedem Programmhalbjahr gibt. Ein

Thema und ein Buchkonzept müssen also exakt auf dem Punkt sitzen, will man mit dem Buch erfolgreich sein.

Redakteure leben ziemlich weit in der Zukunft, da die Programmentwicklung (der so genannte Themenvorlauf) mindestens ein bis anderthalb Jahre zuvor geplant werden muss. Projekte können allerdings nicht über mehrere Jahre verbindlich dingfest gemacht werden, da der Markt sich natürlich in der Zeit auch verändern kann. Die Projekte werden daher zwischen Redakteur und Autorin erarbeitet, es kommt aber noch nicht zum Vertrag, da der Verlag sich ein Stück weit unbeweglich machen würde, würde er über ein Jahr hinaus verbindlich akquirieren.

Was bedeutet der Themenvorlauf für Sie als Autorin? Zum einen ist er für Ihre Themenwahl relevant. Zum anderen müssen Sie sich auf einen langen Prozess gefasst machen, nachdem ein Verlag positiv auf Ihr Exposé reagiert hat. Sie können einem Verlag nicht heute ein Exposé für ein Buch schicken, das Sie gerne in den nächsten zwei Monaten veröffentlicht sehen wollen. Hier bleibt Ihnen vermutlich nur das Veröffentlichen per Book on Demand. Es gibt allerdings auch Projekte, die aus der Langzeitplanung herausfallen, so genannte Schnellschüsse. Diese Schnellschüsse werden vom Verlag aber nicht realisiert, weil ein Autor oder eine Redakteurin es gerne möchten, sondern nur wenn es in irgendeiner Form einen Marktzwang gibt – wenn es also beispielsweise um ein Thema wie die Tour de France geht, das zu einer ganz bestimmten Zeit erscheinen muss.

Hürdenlauf im Verlag

Auch gute und interessante Exposés müssen im Verlag langwierige Entscheidungsprozesse durchlaufen, bis es zum Happy End kommt. Normalerweise wird die Redakteurin das Buchprojekt zunächst innerhalb der Redaktionsrunde ihren Kolleginnen und Vorgesetzten vorstellen und Feedback einholen. Es kann sein, dass das Feedback entweder das Aus für dieses Projekt bedeutet oder aber massive Änderungen nötig macht. Passiert Ihr Projekt diese Hürde, wird es, je nach Verlagshaus, in einer großen Redaktionsrunde oder in einer Programmkonferenz vorgestellt. Die Zusammensetzung und Abfolge dieser Runden wird in jedem Verlag unterschiedlich gehandhabt. Zu irgendeinem Zeitpunkt wird aber in jedem Fall das Projekt den Vertriebs- und Marketingabteilungen und der Geschäftsführung des Verlages vorgelegt.

Was Redakteurs- und Autorennerven strapazieren kann, ist: Falls eine dieser Runden nicht schon das Aus für das Projekt bedeutet, werden zumeist Änderungen am Konzept gewünscht. Die Kriterien sind streng: Nicht nur müssen Konzept und Autorin zum Verlag und zur Reihe passen, sondern es werden auch die vorgeschlagenen Projekte im Zusammenspiel betrachtet (Sind in diesem Halbjahr alle Themenbereiche abgedeckt? Gibt es einen Highlight-Titel, der heraussticht? usw.) und im Zusammenhang zur Backlist geprüft (Was haben wir schon in einem ähnlichen Themenbereich? Wie laufen diese Titel? Wie ist das Feedback der Vertreter zu diesen Titeln?). Außerdem müssen die Redakteure die Konkurrenzbücher berücksichtigen, gegen die es zu bestehen gilt. Daher sitzen Thema und Konzept selten schon beim ersten Versuch.

Welche Konzepte gleich abgelehnt werden und welche weiterkommen, ist auch abhängig von der Erwartung des Verlages, wie viel sich als Erstauflage verkaufen sollte. Einen Bestseller wollen natürlich alle Verlage und Autoren – aber für den einen Verlag bedeutet ein Bestseller 3.000 Exemplare im ersten Jahr zu verkaufen, für einen anderen 20.000. Je höher die Auflagenerwartung eines Verlages ist, desto mehr Themen werden als zu speziell eingeschätzt. Ausnahmen sind Verlage, die sich auf kleinere Zielgruppen spezialisiert haben (z. B. Anwalts- oder Psychologie-Literatur). Hier muss das Konzept aber noch stärker auf den Punkt gebracht werden!

Themenspezifizierung

Wichtig sind auch das Selbstverständnis des Verlages und die hauseigene Definition der Buchreihe: Akzeptiert der Verlag auch trendige Themen oder wird er ein Thema erst in Buchform bringen, wenn es eine gewisse kritische Masse erreicht hat? Will er ein Vorreiter sein, der Trends schnell in Bücher umsetzt, oder wartet er lieber ab, bis andere Verlage das Thema schon mit Büchern bedient haben und mit diesen Titeln Erfolg hatten?

Wenn er ein solcher so genannter Nachfolger ist, wird er vom Autor erwarten, der beste Autor zum Thema zu sein, Nutzwert zu bieten, den es in den anderen Büchern noch nicht gibt, und so insgesamt das überzeugendste Buch zum Thema anzubieten. Das bedeutet für Sie als Autorin: Sie können auf Trends aufspringen (Sie müssen nur die lange Vorlaufzeit im Ratgeberbereich bedenken!); vorausgesetzt, Sie haben ein schlüssiges Konzept, wie vorhin beschrieben.

Doch wie können Sie messen, ob ein Thema eine kritische Masse erreicht hat? Dies gleicht oft dem Teesatz-Lesen ... Hier können Sie als Autorin, die ja Fachfrau für genau dieses Thema ist, die Redakteure unterstützen. Ich bitte Autoren immer darum, mich für die Programmkonferenz zu „munitionieren": Wo ist Ihnen das Thema in den Medien begegnet? Gibt es viele (private, semi-professionelle) Websites? Tauchte es als Thema auf großen Magazin-Websites auf (Focus, Stern, Amica ...)? Es gibt natürlich noch viele weitere Indikatoren dieser Art, die man je nach Thema heranziehen kann.

Ob es damit auch als *Buch*thema geeignet ist, ist eine andere Frage. Vieles, das einem immer wieder in den Medien begegnet, ist nur ein Zeitschriftenthema: Entweder es muss um Randthemen ergänzt werden, um überhaupt ein Buch von 100 Seiten Minimum zu tragen. Oder das Thema lässt sich zwar locker auf über 100 Seiten von allen Seiten beleuchten, aber die Menschen nehmen es nur in einer Zeitschrift mit. Sie kaufen also eine Zeitschrift, bei der das Thema der Aufmacher ist, geben aber vielleicht keine 7 Euro für ein Buch aus – geschweige denn 12,90 Euro, was viele Ratgeber jenseits des Pocket-Formats kosten.

Bei vielen speziellen Themen, etwa juristischen Feinheiten, wissen die Menschen/potenziellen Leser oft auch nicht, dass sie ein Problem haben. Sie als Fachfrau wissen um die prekäre Lage, in der sich zum Beispiel Patchwork-Familien aus rechtlicher Sicht befinden. Aber wenn es diesen Familien nicht bewusst ist, werden sie nicht in die Rechtsabteilung der Buchhandlung gehen und sich ein Buch zum Thema kaufen.

Bei erfolgreichen Themen gibt es schnell ganze Flutwellen von Ratgebern mit dreißig oder vierzig Titeln zu einem Bereich: Apfelessig, Teebaumöl, Geldanlage mit Aktien ... Bei so vielen Büchern geht manchen Trends sehr schnell die Luft aus. Verlage nennen solche Themen „abgefeiert". Um einen Verlag von so einem Thema trotzdem zu überzeugen und dann auch noch seine Leser zu finden, muss Ihr Konzept aus der Masse herausstechen und Ihr Buch muss sich klar von den Konkurrenzbüchern abgrenzen. Bei dieser Abgrenzung wählen viele Autoren einen Nebenschauplatz der anderen Bücher als Fokus des eigenen Buches. Hier wird der Verlag genau prüfen, ob Sie sich nicht eine so winzige thematische Nische ausgesucht haben, dass die Zielgruppe des Buches zu klein wird. Wenn „Geldanlage für Frauen" ein Renner ist, muss es „So werden Frauen mit Put-Optionen reich" nicht auch werden ... Überlegen Sie sich, wie oben schon geschildert: Hat die Zielgruppe Ihres Buches mit diesem speziellen Thema wirklich ein so großes Problem, dass sie sich zu dem Thema ein ganzes Buch kaufen würde?

Exposé

Ein gut gemachtes Exposé besteht aus den unten aufgeführten Bestandteilen. Wichtig: Reichen Sie wirklich immer nur ein Exposé beim Verlag ein, auch wenn Sie bereits mehr geschrieben haben! Steht schon sehr viel vom Text, geht der Redakteur davon aus, dass Sie (wie die meisten Autoren) unwillig sind, noch etwas Entscheidendes am Konzept des Projektes zu ändern, da dies umfangreiche Textänderungen nach sich zieht. Aus eigener Erfahrung weiß ich: Das Exposé ist runder, wenn Sie schon etliche Seiten des Buches produziert haben. Aber widerstehen Sie trotzdem der Versuchung, mehr als nur ein paar Seiten Probetext mitzuschicken! Ratgeberverlage betrachten fertige Manuskripte mit Skepsis, da sie in die Konzipierung stärker eingreifen und dies im Stadium vor der Manuskripterstellung am leichtesten möglich ist. Tun Sie daher so, als hätten Sie noch nichts außer dem Exposé geschrieben, auch wenn Sie schon mehr geschrieben haben sollten. Der fertige Text ist nicht umsonst entstanden, denn Sie haben dadurch mehr Material, aus dem Sie ca. fünf gute, zusammenhängende Seiten Probetext auswählen können.

Die Basics eines guten Exposés

Das Exposé sollte umfassen:

- Ca. eine halbe Seite Exposé: Was kann das Buch, wieso ist das Thema für welche Zielgruppe entscheidend? Was gibt es an Konkurrenz und wie unterscheidet sich Ihr Buch davon? Denken Sie daran, dass dieser Text das Potenzial Ihres Buches offenbart. Er hilft zum einen der Redakteurin, Ihr Buchprojekt in einer Programmkonferenz verabschieden zu lassen. Zum anderen beschäftigen Sie sich intensiv damit, welchen Markt und welche Kunden es für Ihr Thema gibt. Führen Sie hier handfeste Infos so kurz und übersichtlich wie möglich auf.
- Dazu ein Inhaltsverzeichnis mit Überschriften erster (Ü1) und zweiter Kategorie (Ü2) (vielleicht an einigen Stellen Ü3s zur Verdeutlichung einbauen). Das Inhaltsverzeichnis sollte in etwa so aussehen, wie Sie es sich im fertigen Buch vorstellen, also von Einstieg bis Ende ausgearbeitet sein. Ein

bisschen Witz in der Formulierung spricht natürlich die Verlagsmenschen an, aber verkünsteln Sie sich nicht in besonders peppigen Überschriften; besser sind aussagekräftige Überschriften, die den Inhalt des jeweiligen Kapitels verdeutlichen.

- Außerdem sollten Sie eine Vita mit einer Länge von ca. einer viertel bis einer halben Seite dazulegen, die deutlich macht, warum Sie *die* Autorin für das Projekt sind. Ein Grund könnte sein, dass Sie eine Fachfrau für das Thema sind, etwa als Coach. Aber zur Not reicht auch eine *private Leidenschaft* – beispielsweise bei einem Thema wie „Tücher binden". Falls Sie über Medienkontakte bzw. -erfahrung verfügen, erwähnen Sie dies unbedingt (siehe „Welche Kriterien geben bei der Autorenakquise den Ausschlag?"). Am besten ist es, die Vita in der dritten Person zu schreiben. Wenn es sich für Sie zu seltsam anfühlt, in der dritten Person über sich selbst zu schreiben, können Sie die Vita natürlich auch in der ersten Person schreiben („Ich interessiere mich schon seit Jahren für das Thema XY, da ..."). Was Sie *nicht* dazulegen sollten, ist ein tabellarischer Lebenslauf.
- Haben Sie schon Artikel oder Bücher veröffentlicht, sollten Sie der Vita unbedingt eine Bibliographie hinzufügen, auch wenn die Bücher schon vergriffen oder bei sehr kleinen Verlagen erschienen sind.

Was Sie noch zum Thema Exposé wissen sollten
a) Konkurrenzanalyse
Widerstehen Sie der Versuchung, unter der Überschrift „Konkurrenz" zu schreiben: „Es gibt keine Konkurrenz. Mein Buch ist einzigartig." Diese Aussage ist meistens schlicht falsch und wirkt unglaubwürdig – Konkurrenz wird sich im deutschen Buchmarkt immer finden lassen. Natürlich ist jedes Buch irgendwie anders, aber das heißt nicht, dass andere Titel zum Thema keine Konkurrenz wären.

Sie müssen Konkurrenz auch nicht scheuen. Wie im Abschnitt zur Programmentwicklung gezeigt, ist es einem Verlag eher unheimlich, wenn es keine anderen Verlage gibt, die sich an das Thema herangetraut haben. Finden Sie zum Beispiel bei Amazon.de zwar einige Bücher zum Thema, die aber alle vergriffen sind, sollte das ein Warnsignal für Sie sein, dass dieses Thema vielleicht nicht sein Publikum findet. Besser ist es da schon, Sie finden ein, zwei lieferbare Konkurrenzbücher und führen diese auch im Exposé auf. Sie müssen nur dem Verlag klarmachen, warum Ihr Buch diese Konkurrenz nicht fürchten muss. Investieren Sie dazu ein paar Stunden in der Buchhandlung und prüfen Sie die Bücher gründlich. Inwiefern unterscheidet sich Ihre Herangehensweise an das Thema? Wieso wird Ihr Buch neben diesen Büchern gut bestehen? Hier müssen Sie in Ihrem Exposé keine leeren Beteuerungen auffahren – es finden sich oft gute Argumente. Es kann ja gut sein, dass die bisher erschienenen Bücher eher wissenschaftlich orientiert waren, inzwischen veraltet sind oder ähnliches. Diese Hinweise sind für den Verlagsredakteur sehr wichtig, der die Konkurrenzbücher nicht alle selbst prüfen kann.

b) Titelfindung
Sie müssen sich über den Titel Ihres vorgestellten Projektes nicht wochenlang den Kopf zerbrechen. Beim Ratgeber steht, platt ausgedrückt, meistens das auf

dem Buch, was drin ist. Dies kann beim Sachbuch auch so sein, es ist aber auch möglich, einen ironischen Titel, ein Wortspiel etc. zu verwenden. Autorinnen sind häufig entsetzt, dass ihr so künstlerisch betiteltes Projekt später dann einfach „Mietrecht", „Anti-Aging" oder „Gedächtnistraining" heißt. Die meisten Leser von Ratgebern haben ein Problem oder sogar eine Pein, die abgestellt werden muss – da haben sie keine Muße für poetische oder witzige Titelformulierungen; sie wollen gleich erkennen, was das Thema ist und direkt bei ihrem Problem abgeholt werden. Ausnahmen gibt es natürlich auch, zum Beispiel Bestseller aus dem Karriere-Ratgeberbereich wie etwa „Mein Chef ist ein Arschloch, und Ihrer?". Häufig sind diese Ausnahmen dann möglich, wenn es sich um ein Sachbuch mit ratgeberischen Elementen handelt.

Verwenden Sie einfach nicht zu viel Aufwand auf den Titel Ihres Projektes. Ein Titel, der sofort das Thema klar macht, vielleicht in Kombination mit einem pfiffigen oder witzigen Untertitel, reicht völlig aus. Der Verlag wird mit Ihnen zu einem späteren Zeitpunkt eine Lösung finden.

c) Textprobe

Sie müssen mit Ihrem Exposé keine Textprobe zusenden, können aber natürlich ca. 5 Seiten mitschicken. Spätestens wenn der Verlag Interesse hat, wird er Sie um eine Textprobe bitten.

Natürlich achten Redakteure bei der Textprobe darauf, ob Ihr Schreibstil zum Verlag passt. Machen Sie sich aber nicht zu viele Sorgen, denn es gibt ja auch ein externes Lektorat, das einiges retten kann. Am besten ist, Sie stellen sich, während Sie das Probekapitel schreiben, immer wieder vor, dass Sie die Buchinhalte in einem Seminar vermitteln. Wenn Sie zu wissenschaftlich schreiben oder mit Zitaten und Grafiken um sich werfen, verlieren Sie Ihre Leser nach kurzer Zeit – und der Verlagsredakteur ist letztlich einfach nur Ihr erster Leser.

Reihen und Exposé

Im Ratgeberbereich spielen Reihen eine große Rolle. Zum einen steht bei vielen Verlagen beim Ratgeber, überspitzt ausgedrückt, das Layout vor dem Text. Die Gestaltung von Layouts kostet viel Geld – und sie werden daher nicht oder selten für ein einzelnes Buch in Angriff genommen (Ausnahme: Spitzentitel), sondern gleich für eine Reihe, in der über den Zeitraum von mehreren Jahren, bei Erfolg auch Jahrzehnten, in jedem Programm eine bestimmte Anzahl von neuen Titeln (Novitäten) erscheint.

Reihen haben den Vorteil des Wiedererkennungseffektes und etablieren sich dadurch im Buchhandel. Oft gibt es für eine Reihe ein eigenes Präsentationsmöbel (Drehsäule; Thekenaufsteller aus Metall oder Pappe u. ä.), mit denen eine Buchhändlerin nicht ein oder zwei Titel, sondern eine große Auswahl an Titeln ständig in ihrer Buchhandlung präsentiert. Erfolgreiche Bücher ziehen dann neue Titel in derselben Reihe nach.

Verschaffen Sie sich einen Überblick, was in Ihrem Themenbereich in diesem Verlag an Büchern produziert wird, bevor Sie eine ungefähre Seitenzahl für Ihr Buchprojekt oder einen bestimmten Ausstattungswunsch (Hardcover, Fotos, CDs dazu legen ...) im Exposé angeben. Schreiben Sie zum Beispiel besser nicht in Ihr Exposé, „ca. 120 vierfarbige Fotos sind dringend nötig", wenn die Reihe des

Verlagsbereichs, in den Ihr Thema fällt, keine illustrierten Bücher im Programm hat.

Sie müssen aber auch nicht übergenau sein, denn ein Ratgeberverlag versteht einen Exposévorschlag als Rohmasse, den er passend für seine Reihenkonzepte formen kann. Vielleicht ist die Reihe weiterentwickelt worden oder der Redakteur sucht Themen für eine neue Reihe, die sich erst in ein, zwei Jahren in der Buchhandlung finden wird. Er wird dementsprechend Ihr Exposé mit Ihrer Hilfe umformen (siehe auch „Der Verlag hat Interesse – was nun?" zum Thema Stolpersteine).

Exkurs: Pseudonym
Da die PR, die Verlag und Autoren für ihr Buch machen können, entscheidend ist, werden Ratgeber nur im Notfall mit Pseudonym veröffentlicht. Bestehen Sie auf einem Pseudonym, kann es gut sein, dass Sie damit als Autor für den Verlag ausscheiden.

Ihr Name sollte dem Buchverkauf allerdings auch nicht schaden ... Ein peppig aufgemachtes Wellness-Buch von Irmtrud Griese-Krausebeck ließe sich wahrscheinlich nicht so gut verkaufen. Hier wäre ein Pseudonym vielleicht ganz gut, die Autorin müsste es, um PR für ihr Buch zu machen, dann aber vermutlich bei jedem Interview lüften.

Andererseits könnte es sein, dass sich unsere fiktive Frau Griese-Krausebeck zum Beispiel als Ärztin einen Namen für den Bereich Anti-Aging/Wellness gemacht hat; dann müssten Verlag und sie in den sauren Apfel beißen und ihren Originalnamen beibehalten.

Wie finden Sie einen Verlag?
Es ist meist gar nicht schwer, Verlage zu finden, die zu Ihrem Thema passen und dann deren Adresse herauszubekommen.

Ihr erster Schritt sollte Sie zu Amazon.de oder einem anderen Internetbuchhändler mit detaillierten Buchbeschreibungen führen. Hier können Sie durch Eingabe eines relevanten Stichwortes die ganze Bandbreite an Titeln sehen, die es zu Ihrem Thema gibt und gab (dass der Titel nicht mehr lieferbar ist, sehen Sie daran, dass er nicht mehr von Amazon direkt angeboten wird, sondern nur noch über Drittanbieter). Bei Amazon finden sich große Verlage genauso wie kleinere gleichberechtigt nebeneinander. Zuerst werden die Titel genannt, die die Amazon-Kunden zurzeit besonders häufig anklicken. Welche Verlage sind darunter?

Gehen Sie nun in eine gut sortierte Buchhandlung. Je nachdem ob es sich bei Ihrem Thema um ein populäres oder eher ein Nischenthema handelt, werden Sie hier eine ähnliche Vielfalt wie im Internet finden. Eventuell werden Sie bei einem neueren oder kleineren Thema aber auch nur ein Buch oder gar keins vorfinden. Könnten Bücher zu Ihrem Thema eher in einer Uni-Buchhandlung vorrätig sein? In einer spezialisierten Buchhandlung (Psychologie, Religion)?

Wenn es noch gar kein Buch zu Ihrem Thema gibt oder wenn es bisher nur wissenschaftliche Bücher gab, Sie dieses Thema aber gerne für den Mainstream aufbereiten möchten, orientieren Sie sich einfach an Ratgebern zu vergleichbaren Themen, die Sie in der Buchhandlung finden.

Vor Ort können Sie sich nun ein genaues Bild von der Aufmachung, vom Format und der Ausstattung der Bücher machen. Welches würde Sie als Leser am ehesten ansprechen? Welches Layout gefällt Ihnen am besten? Prüfen Sie das Erscheinungsjahr und ob es seitdem weitere Auflagen gegeben hat. Hat der Buchhändler vielleicht mehrere Titel einer Verlagsreihe vorrätig? Gibt es Unterschiede im Layout von Band zu Band, variiert die Seitenzahl? (Dies kann für Sie eine wichtige Information bei der Zuspitzung des Exposés für einen bestimmten Verlag sein.)

Nun können Sie sich eine Favoritenliste von Verlagen anlegen, bei denen Sie Ihr Buch gerne veröffentlichen möchten. Vom Bücherschreiben kann man nicht leben und reich macht es Sie erst recht nicht – gehen Sie daher nicht nach Größe des Verlages, sondern danach, welcher Verlag, welches Layout Ihnen persönlich am sympathischsten erscheint. Diesen Verlag schreiben Sie ganz oben auf Ihre Liste und arbeiten sich dann nach unten weiter vor.

Internetrecherche für Adresse und Vorschau
Wie kommen Sie nun an die Adressen und die Verlagsvorschauen? Die meisten Verlage, auch kleinere, finden Sie das ganze Jahr über auf der Buchmessen-Website www.buchmesse.de (unter „Kataloge"). Hier sind Post- und Internetadresse des Verlages und auch Telefonnummern verzeichnet. (Zum Anrufen im Verlag: siehe weiter unten.) Achtung: Die auf www.buchmesse.de aufgeführten Namen sind häufig die der Geschäftsführer des Verlages und der Mitarbeiter der Vertriebsabteilung, da es sich um die für die *Buchmesse* relevanten Ansprechpartner handelt. An diese Personen sollten Sie Ihr Exposé nicht schicken, wenn Sie nicht riskieren wollen, dass es in einer wochenlangen Odyssee durchs Verlagshaus wandert oder gleich als Irrläufer entsorgt wird!

Findet sich der Verlag nicht auf dem Buchmessen-Portal, bleibt Ihnen noch die Suche über www.google.de oder andere Suchmaschinen. Dies kann mühselig sein, da die ersten Fundseiten meistens nur Amazon-Einträge von Büchern des Verlages sind.

Bevor Sie Kontakt mit dem Verlag aufnehmen (z. B. wegen einer Vorschau), surfen Sie auf die Internetseite des Verlages. Viele Verlage stellen Ihre Vorschauen nur noch ins Internet. Wenn Vorschauen auch an Endkunden versandt werden, gibt es auf der Website in der Regel einen Link, über den Sie die Vorschau bequem bestellen können. Auf der Website finden Sie nun das, was Sie eigentlich suchen: den Namen der Redaktion/des Lektorates, die/das für Ihren Themenbereich zuständig ist, und die Postadresse der Redaktion. Eventuell steht hier auch der Name einer Redakteurin, an die Sie das Exposé senden können.

In der Verlagsvorschau finden Sie auch häufig einen oder mehrere Ansprechpartner für Ihren Themenbereich – zumindest die Benennung der Redaktion (z. B. „Leben & Lernen"). Verwenden Sie diese Bezeichnungen unbedingt im Adressfeld Ihres Anschreibens, damit Ihr Exposé nicht wochenlang durch das Verlagshaus irrt, sondern gleich auf dem richtigen Tisch landet.

Übrigens: Selbst im 21. Jahrhundert ist es bei einigen Autoren noch beliebt, ihre Briefe mit „Sehr geehrte Herren" zu beginnen. Da in der Buchbranche mit überwältigender Mehrheit Frauen arbeiten, wäre es taktisch klüger, „Sehr geehrte Damen und Herren" zu schreiben.

Mit dem Verlag Kontakt aufnehmen

Sollten Sie im Verlag anrufen, bevor Sie ein Exposé hinsenden? Die meisten Autorenratgeber empfehlen dies, damit Sie herausfinden können, ob das Thema zum Verlag passt und wer genau Ihr Ansprechpartner ist. Es kann aber sein, dass Sie sich mit einem Anruf keinen Gefallen tun. Die Redakteure werden viele Male am Tag aus der Arbeit an aktuellen Projekten oder der Planung neuer Projekte herausgerissen, wenn Autoren anrufen und gerne telefonisch ihr Thema vorstellen möchten – dementsprechend charmant fällt da leider manchmal die Reaktion aus. Ohne Ihr Exposé zu kennen, kann der Redakteur Ihnen auch kein qualifiziertes Feedback geben. Eventuell handeln Sie sich eine verfrühte Absage ein, da er sich aufgrund Ihrer kurzen Beschreibung des Projektes ein falsches Bild davon macht. Es ist meiner Meinung nach besser, Sie schicken dem Redakteur erst Ihr Exposé, damit er sich eine Meinung bilden kann, bevor Sie beide telefonisch in Kontakt treten.

Als Redakteurin würde ich sagen, es ist besser, Sie warten, bis der Verlag mit Ihnen Kontakt aufnimmt. Autoren beschweren sich allerdings zu Recht darüber, dass die Mühlen in den Verlagen langsam mahlen und man häufig Monate nach der Einsendung noch keine Reaktion des Verlages erhalten hat. Daran können Sie mit einem Anruf allerdings auch nichts ändern, Sie drängen den Redakteur höchstens in eine Abwehrhaltung Ihnen und Ihrem Exposé gegenüber. Sehr viel hilfreicher ist ein gut recherchiertes und strukturiertes Exposé. Wenn der Text auch noch pfiffig geschrieben ist, ist die Gefahr viel geringer, dass es „zur späteren Prüfung" auf einen Stapel wandert und dort versauert.

Wie steht es mit Ideenklau?

Viele Autoren haben Angst, Verlage könnten ihre Idee oder auch die Titelformulierung ihres Buchprojektes stehlen und für ein Projekt mit einem anderen Autor verwenden. Dies verleitet sie dazu, ihr Exposé nur skizzenhaft anzudeuten oder mit Warnungen vor Ideenklau an den Verlag zu versehen. Das Problem: Diese Angst lässt den Autor unsicher und unsympathisch erscheinen.

Wenn Sie um Ihr Exposé fürchten, ist die elegantere Alternative, einen Umschlag mit Ihrem Exposé beim Notar mit Datum versiegelt zu hinterlegen oder, die preiswertere Möglichkeit, in einem versiegelten Umschlag an sich selbst zu schicken. Wichtig ist: Der Poststempel muss leserlich sein und das Siegel muss intakt bleiben (siehe Kapitel 14, S. 579).

Wenn der Verlag an Ihrem Buchprojekt interessiert ist, wird er das Buch auch mit Ihnen realisieren. Trotzdem kommt es natürlich vor, dass ein Verlag ein Buch zu Ihrem Thema veröffentlicht, obwohl Ihr Exposé abgelehnt wurde. Prüfen Sie das erschienene Buch genau, bevor Sie laut „Ideenklau" rufen. Denn gerade bei Ratgebern gibt es immer wieder eine Gleichzeitigkeit von Ideen und bestimmte Themen, die einfach in der Luft liegen oder die die logische Fortsetzung von Büchern sind, die der Verlag schon im Programm hatte.

Autorenakquise – Wie kommen Verlage zu ihren Autoren?
a) Internet, Zeitschriften
Häufig werden Autoren für fertige Themen und Konzepte gesucht, da die im Verlag angestellten Redakteure Themen-Scouting betreiben und selbst Bücher konzi-

pieren. Werden diese Konzepte auf einer Programmkonferenz verabschiedet, machen sich die Redakteure auf die Suche nach einem zu diesem Thema und diesem Konzept (seriös, frech ...) passenden Autor.

Um als Autorin von einem Verlag angesprochen zu werden, müssen Sie sich in irgendeiner Form finden lassen und den Redakteuren als mögliche Autorin auffallen. Im Ratgeberbereich ist dies einfacher als in der Belletristik: Ratgeberautoren sind häufig Coaches, Trainerinnen und andere Fachleute (z. B. Ärzte). Zum einen passt ihr Beruf sehr gut zu den praxisnahen Ratgebern; zum anderen – ein etwas banalerer Grund – lassen sie sich leicht über Suchmaschinen finden. Auch Journalisten, die den Redakteuren durch Artikel zum gesuchten Thema aufgefallen sind, werden häufig angesprochen. Für Sie als Newcomer sind allerdings die schon veröffentlichten Autoren die größte Konkurrenz. Ob sie schon im selben Verlag zuvor ein Buch veröffentlicht haben oder bei der Konkurrenz: Veröffentlichte Autoren erhalten am ehesten wieder ein Angebot. Ein Grund ist auch hier die Sichtbarkeit der Autoren – gibt die Redakteurin das Thema des geplanten Buches als Schlagwort im *Verzeichnis Lieferbarer Bücher (VLB)* oder bei Amazon.de ein, erhält sie die Namen der Autoren, die zu diesem Thema oder ähnlichen Themen veröffentlicht haben. Außerdem sind Autoren, die schon veröffentlicht haben, insofern interessant, als sie es bereits geschafft haben, einen Ratgeber zu einem bestimmten Termin fertig zu schreiben, also ein Buchprojekt mit einem bestimmten Umfang zu stemmen, wie man es im Verlagsjargon nennt.

b) Agenturen

Anders als im angelsächsischen Raum benötigen Sie in Deutschland nicht unbedingt einen Agenten, um bei einem Verlag Fuß zu fassen. Es gibt ein paar Agenten, die auf die Ratgeberei spezialisiert sind. Die großen Agenturen in diesem Bereich vertreten jedoch in der Regel nur VIP-Autoren, häufig aus dem Seminarbereich. Bei solchen Autoren kreiert der betreuende Redakteur eine neue Reihe oder ein Solitärkonzept um die Stärke des Autors herum. Der Ablauf ist also anders als bei einem normalen Buchprojekt.

Es gibt einige kleinere Agenturen, die ein Händchen dafür haben, gute Konzepte mit Autoren zusammen zu erschaffen und ansprechend für Verlage aufzubereiten. Bisher sind sie aber eher eine Seltenheit.

Wenn Sie eine Agentin nicht unbedingt benötigen, warum kann sie für Sie trotzdem interessant sein? Eine Agentin kann Sie dabei unterstützen, den passenden Verlag für Ihr Buchprojekt zu finden, kann Sie in Honorar- und Vertragsfragen beraten und Sie dabei unterstützen, ein gutes Exposé zu verfassen. Wenn Sie Unterstützung durch eine Agentin haben möchten, sollten Sie die Agentur allerdings gründlich prüfen.

Eine seriöse Agentur wird von Ihnen in aller Regel niemals Geld verlangen für die Prüfung eines Manuskripts oder Exposés. Von Projekten, die die Agentin für Sie vermittelt, wird sie meistens um die 15 Prozent vom ausgehandelten Honorar einbehalten. Es gibt auch Agenturen, die 20 Prozent einbehalten. Ob Ihnen die Leistungen der Agentin dieses Honorar wert sind, können Sie nur selbst beurteilen. Auch der Stil der Agentur/der Agentin sollte zu Ihnen passen. Ermöglicht die Agentin ein gemeinsames Gespräch mit dem Verlag? Lässt sie direkte Kontakte zwischen Ihnen und dem Verlag zu, wenn es zum Beispiel um Detailfragen zum

Buchprojekt geht? Wie ist ihr Ton in Briefen und am Telefon? usw. Im Anhang finden Sie unter Literatur das Buch „Traumberuf: Autor", das sich hauptsächlich mit dem Thema Agenten beschäftigt (geschrieben von zwei Agenten aus der Agentur Schlück). (Weitere Informationen finden sich in Kapitel 5.)

Welche Kriterien geben bei der Autorenakquise den Ausschlag?

Bei Ratgebern ist es wichtig, dass Sie Fachmann/Fachfrau auf dem Themengebiet des von Ihnen angebotenen Buches sind. Wie wichtig ist unterschiedlich nach Format, Thema und Zielgruppe. Wenn Sie ein kleines Buch im Pocket-Format schreiben, können Sie sich die relevanten Informationen anlesen. Aber sobald es um umfangreichere Ratgeberformate geht, in denen Sie viel fundierten Nutzwert wie Übungen, Muster, Checklisten bieten müssen, wird der Verlag sehr genau darauf achten, was Sie an Erfahrungen mitbringen. Wenn Sie Seminare zum Thema geben, haben Sie meistens schon interaktive Elemente für die Seminarstunden entwickelt und direktes Feedback zu Ihrer Herangehensweise an den Stoff erhalten, was Sie zu einer besseren Ratgeberautorin macht. Andererseits haben Sie, anders als eine Journalistin, vielleicht noch nie einen längeren Sachtext mit Nutzwert geschrieben, was für den Verlag im schlimmsten Fall bedeutet, Ihnen eine erfahrene Lektorin oder sogar einen Ghostwriter an die Seite stellen zu müssen, falls es partout nicht klappt.

Für Verlage ist außerdem wichtig, was Sie bereit sind, selbst für den Erfolg Ihres Buches zu tun. Wie medienwirksam und wie medial vernetzt sind Sie? Verlage kaufen nicht nur Projekte, sondern Autoren, die sie dann aufbauen können und die auch über die Publikation des Buches hinaus noch für das Buch tätig sind.

Das ist ein Problem für Autoren, die dutzende von Büchern im Portfolio haben und zu so gut wie jedem Thema schreiben. Sie sind gute Ansprechpartner, wenn ein Verlag schnell ein kleines Büchlein zu einem leicht zugänglichen Thema benötigt. Aber wirklich aufbauen lässt sich so ein Autor nicht, da man der Presse und auch den Kunden (Buchhändlern und Lesern) nicht vermitteln kann, warum Frau X, die im letzten Programm noch einen Gesundheitsratgeber zur Darmsanierung schrieb, jetzt plötzlich ein fundiertes Buch zur Kindererziehung vorlegt. Daher ist es eher hinderlich als hilfreich für Ihre Autorenkarriere und hat vielleicht sogar negative Auswirkungen auf bisher schon erschienene Bücher, wenn Sie thematisch zu breit aufgestellt sind.

Normalerweise machen sich Autoren-Einsteiger zu viele Gedanken über einen bunten Strauß von Themen, den sie anbieten können. Versuchen Sie zunächst, mit einem Exposé bei einem Verlag Fuß zu fassen. Verwenden Sie viel Zeit und Liebe zum Detail auf dieses Exposé (siehe oben). Wird das Projekt vom Verlag angenommen und verkauft sich das Buch gut, können Sie in Zusammenarbeit mit Ihrer Redakteurin prüfen, welche Themen noch zu Ihnen passen oder, wenn Ihr Thema eng umrissen ist (z. B. Arbeitszeugnisse), ob sich das Thema nicht sozusagen in unterschiedlichen Ausschnitten für andere Reihen anbietet. Denn Sie müssen ja nicht unbedingt thematisch in die Breite gehen; Sie können auch Breite in der Vertikalen, über verschiedene Reihen, erreichen. Wenn wir beim Beispiel Arbeitszeugnisse bleiben, könnte eine Verteilung der Titel über verschiedene Reihen zum Beispiel so aussehen: Das erste Buch heißt „Alles rund um Arbeitszeugnisse", kostet um die 14 Euro und hat um die 120 Seiten; es folgt ein kleines Büchlein „100 Fragen zu Arbeitszeugnissen", in dem Sie alle Fragen und Antworten aus Ihrer Beratungspraxis/Ihren Seminaren/... versammelt haben. Dann könnte es, vielleicht ein Jahr später, noch einen sehr umfangreichen Titel, über 200 Seiten, geben, in dem Sie deutlich mehr Musterzeugnisse als im ersten Band bieten mit ausführlichen Interpretationen. Die Bücher kommen sich nicht ins Gehege und Sie sind mit drei Titeln lieferbar, obwohl Sie „nur" ein Thema als Autorin beherrschen.

Der Verlag hat Interesse – was nun?

Wenn ein Verlag Interesse an Ihrem Exposé signalisiert, sind Sie schon einen großen Schritt weitergekommen. Jetzt werden Sie vermutlich mit Ihrem Gegenüber im Verlag (dem Redakteur oder der Redakteurin) intensiv über das Exposé, die vorgeschlagene Gliederung des Buches und die weiteren Schritte in den nächsten Monaten sprechen.

Ein paar Stolpersteine sind hier fast schon vorprogrammiert, da unterschiedliche Interessen aufeinander prallen: Sie sind im Glückstaumel, dass Ihr Buch auf Interesse gestoßen ist, vielleicht sogar bei dem Verlag, der ganz oben auf Ihrer Wunschliste stand. Sie wollen möglichst bald einen Vertrag erhalten, ein gutes Honorar aushandeln und mit dem Schreiben beginnen.

Die Redakteurin hat noch etliche Änderungswünsche am Exposé, bevor sie sich damit auf den Weg durch die Konferenzen des Verlages wagt. Sie wird vermutlich mehrere Exposés zu einem Thema vorliegen haben und versuchen, die Autoren anhand von Probetexten und Gesprächen zu bewerten, um die Autorin zu finden, die sie für am besten geeignet hält. Erst wenn das Exposé die verschiedenen Hürden im Haus genommen hat und der Erscheinungstermin auf ein halbes Jahr herangerückt ist, kann sie wirklich Nägel mit Köpfen machen und in die Vertrags- und Honorarverhandlungen einsteigen. So lange wird sie versuchen, Sie bei Laune und hinzuhalten.

Um auf der Zielgeraden nicht doch noch zu scheitern, hier ein paar Tipps für diese Phase Ihres Buchprojektes.

Ihr Buchkonzept wird geändert

Wie schon erwähnt, formen Redakteure das von Ihnen eingereichte Exposé für die Bedürfnisse ihres Verlagsbereichs bzw. ihrer Reihen um. Wichtig ist, dass Sie darauf flexibel reagieren.

Ein gewisses Widerstreben ist völlig normal: Sie haben lange an Ihrem Exposé gearbeitet und ein ganz bestimmtes Buch im Kopf. Verständlicherweise können Sie sich nicht auf Anhieb für die Änderungsvorschläge des Lektors erwärmen. Bitten Sie um Zusendung einer Verlagsvorschau, eines Gesamtverzeichnisses und Büchern der Reihe, in der der Redakteur Ihr Projekt sieht. Am besten sollte er Ihnen auch ein Konzept der Reihe (also das Grundgerüst, wie alle Titel der Reihe aufgebaut sind) mailen oder schicken. Sie gewinnen damit Zeit, ohne Ihr Unbehagen thematisieren zu müssen.

Für Sie sollte die Hauptsache sein, dass jemand angebissen hat. Mit etwas zeitlichem Abstand gefällt Ihnen der Vorschlag der Redakteurin vielleicht sogar sehr gut. Falls es nicht so ist, können Sie Ihre bisherige Gliederung oder den thematischen Schwerpunkt Ihres Buches natürlich auch verteidigen, solange Sie es nicht übertreiben. Sie sind schließlich die Fachfrau für Ihr Thema. Behalten Sie die Frage im Hinterkopf: „Ist dies das Buch, das ich schreiben wollte?" Behagt Ihnen die thematische Zuspitzung/Ausweitung, die der Redakteur vorschlägt? Behalten Sie auch die Frage von Abbildungen (möglich/nicht möglich), Mustern o. ä. im Auge, die für Ihr Thema relevant sind: Die Redakteurin steckt nicht so tief in diesem Thema wie Sie und hat nur die Vorstellung vom Buch, die sie sich aufgrund Ihres Exposés gemacht hat. Wenn Ihr medizinischer Praxisratgeber ohne vierfarbige Fotos nicht machbar ist, müssen Sie klären, ob dies in der Reihe möglich ist.

Honorar

In der Honorardiskussion ist es schwierig, den richtigen Zeitpunkt zu treffen. Sie kennen dies vermutlich von Vorstellungsgesprächen: Wenn Sie das Thema Gehalt gar nicht ansprechen, wirken Sie so, als wären Sie mit jedem Angebot zufrieden und man wird versuchen, Sie preiswert einzukaufen. Sprechen Sie das Thema Gehalt viel zu früh an, hat es negative Auswirkungen, da es so wirkt, als sei dies das einzige, das Sie interessiert.

Verlage und Autoren wollen natürlich mit Büchern Geld verdienen. Aber es ist eine Branche, die auch viel vom Idealismus der Beteiligten lebt. Wenn Sie versuchen, ein Honorar auszuhandeln, bevor Sie überhaupt mit dem Redakteur über den Inhalt des Buches, die Buchreihe und ähnliches gesprochen haben, wirkt dies ähnlich abschreckend wie im Vorstellungsgespräch. Aber nachdem Sie ausführlich mit dem Redakteur über das Exposé gesprochen haben und er erläutert hat, in welchem Format er sich Ihr Thema vorstellen kann, ist es durchaus angebracht, das Honorar anzusprechen. Zu diesem frühen Zeitpunkt wird sich der Redakteur noch nicht auf genaue Angaben festlegen wollen (er hat ja auch noch keine Auflagenschätzung für das Buch, von der die Höhe des Honorars in den meisten Fällen abhängt). Aber er kann Ihnen zumindest ungefähre Anhaltspunkte nennen. Später, in der eigentlichen Honorardiskussion, ist es am besten sich vorzutasten.

Trotz sinkender Buchpreise und geringerer Auflagen haben viele Autoren noch überzogene Vorstellungen von den Honoraren, die im Buchbusiness bezahlt werden. Man kann vom Schreiben wirklich nicht reich werden, es sei denn, es gelingt durch Zufall ein Bestseller. Andererseits sollten Sie sich natürlich auch nicht über den Tisch ziehen lassen. In der besten Position sind Sie, wenn Sie einen Autor kennen, der schon in dieser Buchreihe veröffentlicht hat, oder wenn Sie Angebote von mehreren Verlagen vergleichen können. (Beachten Sie dabei aber auch, ob Sie wirklich die gleichen Zahlen vergleichen. Zur Not müssen Sie Vorschüsse, Pauschal- und Prozenthonorare auf eine bestimmte Auflage hoch- oder pro Exemplar herunterrechnen.)

Für kleinere Buchformate erhalten Sie oft Pauschalhonorare (Summe x für 1.000 gedruckte Exemplare), für größere Formate Prozenthonorare. Gemeint ist damit x Prozent vom Nettoladenverkaufspreis (siehe Kapitel 14, S. 574).

Der Vorteil von Pauschalhonoraren kann sein, dass Sie Ihr Honorar sofort mit Drucklegung des ersten Exemplars für die vollen 1.000 Exemplare erhalten.

Werden 5.000 Exemplare nachgedruckt, erhalten Sie also fünf Mal die Summe x sofort nach dem Druck der Exemplare. Prozenthonorare werden für verkaufte, nicht remittierte (also vom Buchhandel als unverkäuflich zurückgesandte) Exemplare abgerechnet, für gewöhnlich alle 6 Monate. Sie erhalten also das Geld erst nach einer längeren Vorlaufzeit.

Die meisten Verlage bieten Ihnen für die erste Auflage einen Vorschuss an. Erst wenn die Höhe des Vorschusses im Verlag erreicht ist, werden Sie für Nachauflagen Geld erhalten. Erhalten Sie Summe x für 5.000 Exemplare einer Novität, dann erhalten Sie das ausgehandelte Prozenthonorar erst, wenn das 5.001. Exemplar verkauft wird.

Die Höhe der Honorare ist sehr unterschiedlich, je nach Verlag, Auflage, Format und Preispunkt der Reihe. Auf jeden Fall sind niedrigere Prozente als bei Belletristikverlagen üblich, unter anderem auch aufgrund der hohen Satzkosten und auch Entwicklungskosten für die Layouts.

Der Grundgedanke der Ratgeberei ist, dass der Autor nur ein Teil ist, der den Erfolg des Buches ausmacht. Layout, Buchqualität, Vertrieb, Design, Markenführung, Marketing etc. tragen ebenfalls maßgeblich zum Erfolg bei.

Die Höhe des Honorarangebots wird auch davon abhängen, ob Sie schon zuvor veröffentlicht haben, ob Sie ein guter Multiplikator sind (Geben Sie Seminare? Haben Sie gute Kontakte zur Presse? Macht Ihnen PR-Arbeit Spaß?) und ähnlichen Faktoren. Hier spielt natürlich wieder Ihr Exposé hinein: Der Redakteur wird Ihre Vita im Hinterkopf haben, wenn er Ihnen ein Angebot macht.

Vertrag

Zu Verträgen lässt sich schlecht etwas Generelles raten, da die meisten Häuser eigene Varianten haben. An drei Stellen gibt es meist Klärungsbedarf: bei den Nebenrechten, der Options- und der Konkurrenzklausel.

Autoren haben manchmal ein Problem damit, dass der Verlag versuchen wird, sich möglichst den kompletten Nebenrechtskatalog zu sichern. Für den Verlag ist es sinnvoll, die Verwertungskette für ein Buch voll ausschöpfen zu können (Nebenmärkte, Weltbild-/Club-Ausgaben u. ä.). Sie können aber natürlich darüber verhandeln, wie Sie prozentual am Verkauf einzelner Nebenrechte beteiligt sind. Sie können auch versuchen, einzelne Nebenrechte herauszulösen, die Sie nicht zum Teil des Vertrages machen. Dies wird allerdings zu Diskussionen mit dem Verlag führen, und wenn Sie keinen Agenten oder Manager haben, wird es vermutlich schwer für Sie, diese Nebenrechte (z. B. Taschenbuch oder Club-Ausgaben) selbst zu verwerten.

Falls Paragraphen im Vertrag unverständlich sind, lassen Sie sie sich vom betreuenden Redakteur erklären. Sie können sich auch anwaltlichen Rat holen – achten Sie dann darauf, dass es jemand ist, der sich in Urheberrechtsfragen und Verlagsverträgen auskennt.

Prüfen sollten Sie auf jeden Fall auch die Options- und Konkurrenzklauseln. Bei der Option geht es darum, dass der Verlag auch weitere Buchprojekte mit Ihnen realisieren möchte (denn Autoren sollen ja aufgebaut werden, wie oben beschrieben). Es gibt allerdings zwei Varianten für die Klausel. Möglichst sollte die Formulierung in etwa lauten „Der Autor wird/ist eingeladen, auch sein nächstes

Projekt an den Verlag zu schicken" und nicht „muss sein nächstes Projekt ...". In beiden Fällen können Sie einen Termin hinzufügen lassen, bis zu dem der Verlag Ihnen verbindlich Bescheid gegeben haben muss, ob er Interesse an dem Projekt hat. Dies könnte zum Beispiel „6 Wochen nach Eingang des Exposés" sein.

Die Konkurrenzklausel findet sich in vielen Verlagsverträgen, sie ist aber sehr unterschiedlich formuliert. Verwehrt soll Ihnen damit werden, ein Buch bei einem Konkurrenzverlag zu veröffentlichen, das dem Buch, um das es sich in diesem Vertrag dreht (juristisch auch „vertragsgegenständliches Werk" genannt), Konkurrenz machen könnte. Dies kann für Sie als Autorin sehr einschränkend sein. Denn wenn Sie in nur einem Themenfeld unterwegs sind, und das wird bei einer Ratgeberautorin ja meistens so sein, fehlt Ihnen schon mal eine Möglichkeit, die Konkurrenzklausel zu umgehen: bei einem anderen Verlag zu einem *anderen Thema* zu veröffentlichen. Sie müssen daher genau darauf achten, zu welchem Preispunkt und mit welchem Umfang Sie Bücher bei unterschiedlichen Verlagen zu ein und demselben Thema veröffentlichen.

Natürlich sind für Sie Veröffentlichungen bei mehreren Verlagen aus finanzieller Hinsicht interessant (erneute Vorschüsse). Sich die Veröffentlichung bei anderen Verlagen genau zu überlegen, ist aber keine Schikane, sondern lohnt sich auch für Sie als Autorin. Denn die Gefahr ist, dass das zweite/dritte/... Buch dem ersten Buch Leser wegnimmt, Sie sich also selbst kannibalisieren anstatt zusätzliche Leser zu gewinnen.

Fazit
Sie wollen also mit Ihrem Exposé die Programmkonferenz erreichen und erfolgreich passieren? Hier noch einmal die wichtigsten Basics:
- Prüfen Sie thematisch verwandte Titel des Verlages und achten Sie dabei auf das Erscheinungsjahr! Welcher Stil lässt sich erkennen? Welche Reihen gibt es und wie sieht der formale Rahmen der Reihen aus (Seitenzahl, Abbildungen, Themenbreite usw.)?
- Bestellen Sie eine aktuelle Verlagsvorschau und ein Gesamtverzeichnis (häufig finden Sie diese Informationen inzwischen auch im Internet). In der Vorschau bzw. im Internet finden Sie auch die Ansprechpartner für Ihren Themenbereich, sodass Sie Ihr Exposé gezielt zusenden können.
- Stellen Sie Ihr Exposé auf die Reihe ab, zu der es Ihrer Meinung nach am besten passt.
- Recherchieren Sie begleitende Infos (Konkurrenz, Zielgruppe).
- Reichen Sie nur ein Exposé ein (nicht ein fertiges Manuskript)!

Ich hoffe, ich konnte für Sie die Ratgeberbranche etwas transparenter machen. Wenn Sie sich als Autor bewusst für Ratgeber entscheiden, zum Beispiel weil Ihr Thema geradezu danach schreit, mit Nutzwert angereichert dargeboten zu werden, oder weil Sie Seminare zu einem bestimmten Thema geben und nun diese interaktiven Elemente gerne in ein Buch einbauen würden, können Sie sicherlich ein überzeugendes Konzept erstellen und auch ein Zuhause für Ihr Buch finden. Denn der Ratgebermarkt ist immer auf der Suche nach neuen Ideen für seine Reihen und auch nach interessanten Solitären. Mit einem gut gemachten Konzept und einem anschaulichen Schreibstil können Sie hier mit ziemlicher Sicherheit als Autor oder Autorin landen – auch wenn man Ihr Buchprojekt vielleicht in eine Richtung umstrickt, die Sie zunächst gar nicht gesehen hatten ...

Literatur

„Öffentlichkeit schaffen. Interview mit Georg Kessler zum Arbeitskreis Ratgeber", in: Börsenblatt, 6-2004

„GU und die Frauen. Infos zum Wie und Warum im Interview mit Programmchef Georg Kessler", in: BuchMarkt, Oktober 2003

Güntner, Joachim: „Die ignorierten Bestseller. Ratgeberliteratur – als Phänomen betrachtet", in: Neue Zürcher Zeitung, 2. Mai 2001

Englert, Sylvia: So finden Sie einen Verlag für Ihr Manuskript. Schritt für Schritt zur eigenen Veröffentlichung. Frankfurt am Main: Campus

Meynecke, Dirk: Von der Buchidee zum Bestseller. Für Autoren und alle, die es werden wollen. München: Ullstein

Schlück, Thomas/Jessen, Joachim u. a.: Traumberuf: Autor. Frankfurt am Main: mvg/Mi

! Gesponsert durch Lektorat www.graf-riemann.de

Berufsbild Lektorin/Lektor
Beitrag von Carla Meyer

Erstveröffentlichung: www.vfll.de. Mit freundlicher Genehmigung der Verfasserin und des VFLL e. V. (siehe S. 643)

Tempora mutantur

Lektorinnen und Lektoren arbeiten heute in allen Bereichen der Wirtschaft, in denen Texte publiziert werden, zu welchem Zweck und qua welchen Mediums auch immer. Sie arbeiten für Verlage und Agenturen, für Radio-, Film- und Fernsehanstalten, für Verbände und Wirtschaftsunternehmen. Sie betreuen Buchprojekte, überarbeiten Hörfunk-Manuskripte und Drehbücher, konzipieren und pflegen Internetseiten und Datenbanken, sie lektorieren Texte für CDs und CD-ROMs, redigieren und korrigieren Werbetexte, Firmenberichte und Produktbeschreibungen.

Als Sach- und Fachbuch-Lektoren und/oder als Belletristik-Lektorinnen verfügen sie über eine fundierte Allgemeinbildung und arbeiten je nach Ausbildung, Studiengang und auch spezifischen Interessen in den Bereichen Naturwissenschaften, Kunst-, Kultur-, Geistes- und Sozialwissenschaften. Sie lektorieren unter anderem Lehr- und Schulbücher, Nachschlagewerke, Ratgeber, Garten- und Kochbücher, Reiseführer, Ausstellungskataloge, Kalender, Romane, Lyrikbände,

Theaterstücke, Kinderbücher, Krimis. Sie bearbeiten Originalmanuskripte und Übersetzungen, betreuen Autorinnen und Übersetzer. Sie edieren; zeichnen für wissenschaftliche Publikationen, Anthologien, ganze Buchreihen verantwortlich; konzipieren Verlagsprogramme und Internetauftritte.

Bisweilen fungieren Lektoren auch als Ghostwriter: Manch eine Autorin, manch ein Autor hat eine Idee, eine Konzeption für ein Buch, doch nicht die Zeit oder den Wunsch, es selbst zu schreiben. Somit übergibt er dieses Projekt einer Lektorin, die die Idee umsetzt, die Konzeption ausarbeitet, letztlich das Buch also schreibt.

Doch eines stimmt nach wie vor: Der Lektor liest. Denn Lesen ist die eigentliche und ursprüngliche Aufgabe der Lektorin, des Lektors, auch wenn sich darum immer schon viele und vielgestaltige andere Tätigkeiten ranken.

Buchprojekte entwickeln

Verlage entwickeln selbst Projekte, für die sie Autorinnen/Autoren suchen und finden müssen. Diese konzeptionelle Arbeit gehört in vielen Fällen zum Aufgabenbereich fest angestellter Lektorinnen und Lektoren; die Entwicklung solcher Buchprojekte wird aber auch als Auftragsarbeit an freiberufliche Lektorinnen und Lektoren vergeben.

Verlage bekommen darüber hinaus auch Manuskripte zugeschickt: Kinderbücher, Romane, Gedichte, Sachbücher, Biographien. Sie haben außerdem Autorinnen und Autoren, die schon seit Jahren bei ihnen publizieren, sie kaufen Lizenzen, zum Beispiel für die Publikation ursprünglich fremdsprachiger Bücher, für Taschenbuchausgaben etc.

Begutachten von Manuskripten

Alle Manuskripte, egal ob vom Verlag selbst konzipiert, von einer Autorin oder einem Autor angefordert oder unverlangt eingereicht, müssen zunächst begutachtet werden, und zwar nach folgenden Kriterien:
- Entsprechen die Manuskripte inhaltlich und stilistisch den Vorstellungen des Verlages?
- Passen unaufgefordert eingereichte Manuskripte ins Verlagsprogramm, bieten sie etwas Neues, schließen sie eine Marktlücke?
- Muss inhaltlich oder stilistisch nachgebessert werden?
- Muss gekürzt werden?

Gutachten werden sowohl von fest angestellten als auch von freien Lektorinnen und Lektoren erstellt.

Wer entscheidet, ob ein Manuskript angenommen wird?

Je nach Größe und Organisationsstruktur des Verlages entscheidet hierüber die Verlegerin/der Verleger, die Cheflektorin/der Cheflektor, die Verlags-, Redaktions- oder Lektoratskonferenz.

Vertragsverhandlungen führen

Wird ein Manuskript angefordert bzw. angenommen, muss ein Vertrag geschlossen werden: zwischen dem Verlag und der Autorin/dem Autor oder aber ein

Lizenzvertrag mit einem anderen Verlag. Verträge mit Autorinnen und Autoren werden von fest angestellten Lektorinnen und Lektoren ausgehandelt. Lizenzverträge werden in vielen Verlagen von einer eigens hierfür zuständigen Abteilung abgeschlossen.

Projektbetreuung

Das Manuskript liegt vor, ist angenommen, ein Vertrag ist abgeschlossen. Doch das Werk ist noch alles andere als druckreif. Der Vermerk „druckreif" nämlich – im Fachjargon „Imprimatur", zu Deutsch: „Es wird gedruckt" – steht erst ganz am Ende eines Arbeitsprozesses, an dem Fachleute vieler unterschiedlicher Berufe beteiligt sind: Autorinnen bzw. Übersetzer, Lektorinnen, Setzer, Umbruchredakteurinnen, Redakteure, Korrektorinnen, nicht selten auch Fotografen, Illustratorinnen, Graphiker. Die Arbeit all dieser Fachleute muss organisiert und koordiniert werden.

Die Projektbetreuung wird sowohl von den Verlagen selbst geleistet, das heißt im hauseigenen Lektorat bzw. der hauseigenen Redaktion, als auch an freiberufliche Lektorinnen und Lektoren weitergegeben.

Producing

Für eine derartige Projektbetreuung außerhalb des Verlages hat sich in den letzten Jahren der Begriff „Producing" (zu Deutsch: „Gesamtabwicklung") etabliert. Lektorinnen und Lektoren, die Producing anbieten, heißen deshalb auch Producer. Producer erledigen oftmals einen Teil der anfallenden Projektarbeiten selbst, etwa das Lektorieren oder das Korrekturlesen, redaktionelle Arbeiten wie Umbruchkorrektur und Paginieren und, sofern sie über das Lektorat hinausgehende Kenntnisse haben, das Layout und den Umbruch. Alle Arbeiten, die sie nicht selbst durchführen, vergeben sie an entsprechende Fachleute.

Lektoren lesen

Eigentliche und ursprüngliche Arbeit der Lektorin ist es in der Tat, das Manuskript sorgfältig zu lesen und es hierbei nach Kriterien, die vor Arbeitsbeginn festgelegt werden, zu überprüfen und zu korrigieren:

Inhaltliches Lektorat: Ist das Manuskript in sich stimmig, sind aufgeführte Fakten und Daten richtig? Wichtig: Für die inhaltliche Richtigkeit des Manuskripts ist grundsätzlich die Autorin/der Autor verantwortlich. Der Lektor hat in der Regel nicht die Aufgabe, alle Daten und Fakten zu überprüfen, sondern Plausibilitätslücken zu erkennen und zu schließen. Eine gute Allgemeinbildung wird vorausgesetzt. Für Fachbücher gibt es Fachlektorinnen, die auf bestimmte Themenbereiche spezialisiert sind.

Stilistisches Lektorat: Ist das Manuskript gut lesbar? Wo sind Redundanzen, Wiederholungen, zu lange Sätze? Stimmen die Bilder, die Vergleiche, stimmt die Idiomatik, der Redefluss (etwa bei Romandialogen), stimmen Sprachstil und Genre überein (Märchensprache, Jugendsprache, [populär]wissenschaftliche Sachlichkeit)?

Grammatisches Lektorat: Stimmen die Satzbezüge, die Tempora, die Verbformen, zum Beispiel in der indirekten Rede?

Orthographie und Interpunktion: Fehler, die beim Lektorieren gesehen werden, werden selbstverständlich korrigiert. Dies kann und darf das eigentliche Korrekturlesen jedoch nicht ersetzen. Korrekturlesen erfordert einen gesonderten Arbeitsgang, der entweder von einem Korrektor oder einer anderen, hierauf spezialisierten Lektorin durchgeführt werden sollte.

Wer entscheidet letztendlich über die Ausführung inhaltlicher und stilistischer Korrekturen?
Inhaltlichen Korrekturen müssen entsprechende Recherchen zugrunde liegen. Recherchen, also etwa Heranziehung von Lexika, Überprüfung von Zitaten, von Transkriptionen, von Querverweisen, können in ganz unterschiedlichem Umfang anfallen.

Inhaltliche und stilistische Korrekturen werden mit dem Autor oder der Übersetzerin abgesprochen und gemäß dieser Absprache ausgeführt. Rechtlich gesehen sind die Autorin bzw. der Übersetzer die Urheberin bzw. der Urheber des Textes – sie entscheiden also letztendlich auch über die Ausführung von Korrekturen.

Redaktionelle Tätigkeiten unter dem Oberbegriff „Lektorat"
Neben Autorinnen bzw. den Übersetzern sind Lektorinnen und Lektoren in den meisten Fällen diejenigen, die das zu produzierende Buch am besten kennen. Lektorinnen/Lektoren übernehmen entsprechend auch redaktionelle Arbeiten, zum Beispiel:
- Vorschläge für Bilder, Illustrationen und/oder Graphiken entwickeln
- Auswahl von Bildern, Illustrationen und/oder Graphiken
- Verfassen von Bildunterschriften
- Bei Sachbüchern: Einteilung des Manuskripts in Abschnitte, Kapitel, Unterkapitel
- Verfassen von Kapitelüberschriften, Zwischenüberschriften
- Verfassen von Marginalien
- Einfügen von Kolumnentiteln
- Paginierung
- Erstellen von Inhaltsverzeichnis und/oder Register
- Erstellen einer Kurzbiographie der Autorin/des Autors
- Schreiben der Klappentexte, des Vorworts, der Einleitung
- Kollationieren
- Umbruchkorrektur

Wer erteilt das Imprimatur?
Mit dem Vermerk „Imprimatur" dokumentiert das Lektorat, dass alle Arbeiten am Manuskript ordnungsgemäß ausgeführt sind, das Manuskript also für die Belichtung bzw. den Druck freigegeben wird. Das Imprimatur wird meistens vom Lektorat im Verlag erteilt.

Lektorat gesucht?   **03 81 / 36 44 729**   **!**

Artenschutz für Lyriker
Gespräch mit Kurt Drawert

Sandra Uschtrin: Sie sind Jurymitglied beim renommierten Leonce-und-Lena-Preis und beim Lyrikpreis Meran. Wie viele Einsendungen erhalten diese Veranstalter in etwa und wie hat man sich das Auswahlprozedere vorzustellen?

DRAWERT: Genaue Zahlen habe ich da auch nicht, aber es werden so um die 600 bis 800 Einsendungen sein. In Darmstadt gibt es eine Altersbegrenzung von 35 Jahren, dafür aber muss der Autor auch noch keine Publikationen nachweisen. Er reicht zwölf noch unveröffentlichte Gedichte ein, und ein Lektorat, derzeit sind das Hanne-F. Juritz, Fritz Deppert und Christian Döring, entscheidet dann, wer in Darmstadt auftreten kann – in der Regel sind es um die 15 Autoren. Die Jury, der ich angehöre, beurteilt allein die Finalisten und vergibt unter ihnen die Preise. Der Leonce-und-Lena-Preis ist mit diesem sehr bewährten Konzept ein reiner Nachwuchspreis und fördert so noch unentdeckte lyrische Talente. Etwas anders ist der Lyrikpreis Meran. Hier gibt es keine Altersbegrenzung, dafür wird mindestens eine Publikation von Gedichten in einem öffentlich anerkannten Verlag vorausgesetzt. Außerdem müssen die Gedichte, die für den Wettbewerb eingereicht werden, anonymisiert sein. Eine Vorjury selektiert die Bewerbungen auf etwa 60 Manuskripte, die dann der Jury, die schließlich den Preis vor Ort vergibt, zugeschickt werden. Diese hat sich über ein Punktesystem auf neun Kandidaten zu einigen, die dann in Meran um den Lyrikpreis lesen. Die Namen werden hier erst bekannt gegeben, sobald diese Auswahl getroffen ist. Ein prinzipiell gutes Verfahren, das auch Außenseitern eine Chance gibt, aber so manches Mal auch renommiertere Lyriker schon vorzeitig ausscheiden lässt.

Nach welchen Kriterien wählen Sie als Juror „Ihre" Gedichte aus? Woran erkennen Sie ein gutes, woran ein schlechtes Gedicht?

DRAWERT: Natürlich ist die erste Begegnung mit einem Gedicht intuitiv – man ist berührt und bewegt, der Text schreibt sich in einem selber weiter und stellt im Rezeptionsgeschehen die verschiedensten Imaginationsfelder her, oder er bleibt kalt und unbeweglich und man legt ihn ebenso schnell wieder beiseite, wie man ihn aufgriff. Nach diesem ersten hauptsächlich emotionalen oder affektiven Erlebnis, in dem, hätte man nun keine Profession zu erfüllen, im Grunde auch schon alles Entscheidende passiert oder eben auch nicht passiert ist, folgt die begriffliche Differenzierung: was wirkt wie und warum usw. Jedes Gedicht hat seinen eigenen Kosmos, der nach unverwechselbaren und ganz einmaligen Kriterien funktioniert, und die Frage ist nun, wie es seine Intentionen erfüllt. Und ohne nun diesen hochbeschworenen poetischen Mehrwert, der im Innenraum eines lyrischen Textes entsteht, mit allzu viel Terminologie an sich selbst hindern zu wollen: Ein paar mehr oder weniger klassische Instrumentarien zur Beurteilung von Gedichten gibt es schon, da es natürlich auch ein lyrisches Handwerk gibt und ein

Wissen über traditionelle oder moderne Stilelemente und dergleichen. Die Form ist ja nichts Beliebiges, sondern sie unterliegt einem strengen und für jedes Gedicht aufs Neue zu formulierenden Gesetz, und über Inhalte zu streiten lohnt ohnehin nicht. Wirklich gute Gedichte sind durch keine andere Sprache zu ersetzen – man kann so lange und so viel über sie reden, wie man will, sie behalten immer etwas für und bei sich. Bei schlechten Gedichten oder, besser gesagt, bei lyrischen Attrappen ist der Text mit jedem seiner Worte erschöpft und demnach auch erschöpfend zu behandeln. Es bleibt nichts außer ein Transparent oder dergleichen, und der Diskurs über das Gedicht ersetzt dann, was diesem fehlt. Gute Gedichte haben eine Leerstelle, schlechte sind eine.

All die Gedichte zu lesen und zu beurteilen ist zeitaufwändig und hält Sie davon ab, selbst zu schreiben. Wie werden Sie finanziell für Ihre Arbeit als Jurymitglied entlohnt?

DRAWERT: Ich muss jetzt kurz überlegen, was diese Frage alles nicht bedeutet. Auf jeden Fall kommt eine Monatsmiete (warm) dabei heraus. Und dann bleibt sogar noch was übrig.

1989 haben Sie den Leonce-und-Lena-Preis, vier Jahre später den Lyrikpreis Meran gewonnen. Welchen Nutzen bringt es einem Autor, abgesehen vom Preisgeld (beide Preise sind zurzeit mit 8.000 Euro dotiert), solche Preise zu gewinnen? Hat sich bei Ihnen danach etwas verändert?

DRAWERT: Die Bedeutung von Preisen schwindet. Das hat sicher etwas mit einer Art von kultureller Erschöpfung als Resultat eines neuen und sehr radikalen Utilitarismus in der Gesellschaft zu tun, und dann, zweitens, auch mit einer unterdessen schon inflationär gewordenen Vielzahl an Stipendien und Preisen, die alle zur Kenntnis zu nehmen schier unmöglich ist. Die renommierten Preise, und die oben genannten sind es durchaus, behalten da selbstverständlich ihre Bedeutung, und die liegt neben der Preissumme hauptsächlich darin, als Referenz für eine Publikation zu dienen. Kaum ein Verlag will oder kann heute noch Gedichte drucken, und wenn doch, braucht er ein Verkaufsargument, das dann eine solche Auszeichnung bietet. Außerdem gibt es nicht sehr viele Leute, die auf eine substantiell fundierte Weise etwas von Gedichten verstehen, und da leisten dann diese Jurys auch Pionierarbeit. In den Jahren, für die ich als Juror sprechen kann, hat es jedenfalls kaum oder gar keine im Nachhinein als eindeutig falsch zu erkennenden Entscheidungen gegeben, dafür eine Reihe von Entdeckungen heute hoch dekorierter Autoren wie etwa Raoul Schrott in Darmstadt oder Lutz Seiler in Meran, um hier nur zwei Beispiele zu nennen, die mir gerade im Kopf sind. Gute Autoren und talentierte Texte finden schnell eine Meinungsmehrheit, weil sie, schlicht und einfach gesagt, eben herausragend sind. Das Problem sind die Durchschnittsbegabungen, von denen es nun wirklich recht viele gibt und die natürlich alle ihr Daseinsrecht haben, aber eben nicht zwingend genug, um immer auch unterstützt werden zu müssen. Es wird ganz klar viel zu viel geschrieben, und alles drängt auf den Markt und in den Betrieb hinein, und das ist ein Dilemma insofern, als es relevante Texte und Autoren verschüttet oder zu verschütten droht. Was mich nun selber betrifft, das fragten Sie ja auch noch, so haben mir diese Preise ganz sicher geholfen. Aber das ist auch schon recht lange her und heute kaum noch der Rede wert. Man muss jeden Tag neu beginnen, alles andere sind Illusionen.

Lyrik verkauft sich, zumindest in Buchform, nach wie vor schlecht. Das ergab gerade wieder eine Umfrage unter BuchhändlerInnen. Woran liegt es Ihrer Meinung nach, dass so viele Gedichte geschrieben, aber so wenig Gedichtbände gekauft werden?

DRAWERT: Die Buchverkäufe gehen wohl insgesamt zurück, wenn man jetzt einmal die belletristische Literatur und nicht etwa die neuen Ratgeber für gesunde Ernährung im Blick hat, und proportional dazu dann eben auch und noch einmal die Lyrik. Darüber hinaus aber gibt es nach wie vor einen durch keine anderen Reize abzuwerbenden Interessentenkreis, der sicher hauptsächlich, aber nicht nur aus selbst Gedichte schreibenden Schicksalsgenossen besteht. Dieser gewissermaßen „harte Kern" an Lyriklesern ist vielleicht eine gesellschaftliche Konstante und immun gegen die jeweiligen Verhältnisse, wie die Schizophrenie, an der auch etwa ein Prozent der Bevölkerung irgendwann einmal erkrankt – und das ohne soziokulturelle Unterschiede und gleichviel, ob sich die Gesellschaft nun im Wohlstand befindet oder im Weltkrieg. Dieser gewiss kleinen Gruppe, deren gemeinsames Vielfaches eine besondere Empfindlichkeit gegenüber den Dingen der Welt ist, vorzuwerfen, dass sie nur eine gewiss kleine Gruppe darstellt, kommt schon ihrer Ausgrenzung gleich. Dabei gehört sie unter Artenschutz gestellt mit allen Minderheitsrechten, für die sich unsere Demokratien so oft und sehr gerne selber loben. Die Autoren von Gedichten werden sicher nicht mit Massen und Quoten belohnt – auch das war schon einmal anders und ist es in einigen fernen Ländern auch heute –, aber, was die Rezeptionsdichte betrifft, mit einer Intensität, die herzustellen keine andere literarische Gattung imstande ist. Daran jedenfalls kann man ja als Lyriker auch einmal denken, wenn man vor drei, vier Hörern im Kulturhaus von sagen wir mal Okkerwalde-Münzeifel sitzt und nicht weiß, wie man über die Stunde kommen soll ohne zu weinen. Das Gedicht spricht mit dem einzelnen, und wenn es viele einzelne sind, ist es besser, und wenn es nur einer ist, ist es immer noch gut.

Wie ist es mit Ihren eigenen Titeln? Wie viele Exemplare werden von Ihren Lyrikbänden durchschnittlich verkauft?

DRAWERT: Wenn man in diesem Genre ab 1 000 verkauften Büchern schon von einem Bestseller sprechen kann, dann geht es mir wirklich recht gut.

Heutzutage werden Titel, von denen sich nicht mehr als etwa 200 Stück im Jahr verkaufen, von den Verlagen in der Regel verramscht und sind dann nicht mehr lieferbar. Ist das bei Ihren (Lyrik-)Titeln auch so?

DRAWERT: Meine Bände sind in der zweiten oder dritten Auflage. Außerdem habe ich das nicht hoch genug zu schätzende Glück, das der Suhrkamp Verlag seinen

Autoren der Regel nach bietet: alle Bücher lieferbar zu halten und damit ein literarisches Werk in seiner Kontinuität und Komplexität zu präsentieren. Gebe Gott, dass das auch in schwierigen Zeiten so bleibt.

Seit 1986 leben Sie als „freier Autor". So steht es in Ihrer Biografie. Könnten Sie nur vom Verkauf Ihrer Lyrik-Titel leben? Welche verschiedenen finanziellen Standbeine haben Sie als Autor?

DRAWERT: Liebe Frau Uschtrin, was ist das für eine Frage? Ich meine, wir sind doch beide keine Käseverkäufer, die sich versehentlich in einem Buchgeschäft treffen. Bei einem Honorar von 10 % pro verkauftem Titel, wohlgemerkt brutto, da wir ja finanzamttechnisch betrachtet vorumsatzsteuerpflichtige Kleinunternehmer sind, kann ja jeder, der Lust darauf hat, einmal kurz durchrechnen, auf welchen Stundensatz ein Lyriker, der im Durchschnitt zwei bis drei Jahre für einen Gedichtband braucht – und ich brauche mindestens vier –, so kommt. Eine Aushilfskraft im Supermarkt ist geradezu hochbezahlt dagegen. Gedichte zu schreiben ist eine solche eminente Verausgabung von Zeit, Erfahrung und Sprache, dass man es sich schlichtweg erst einmal leisten können muss, diese „Geschenke an die Welt", wie ein berühmter Kollege Gedichte einmal nannte, zu produzieren. Und da, wie wir ja wissen, Zeit gleich Geld ist, ist ein Gedicht natürlich ein potentieller Schuldschein für den Verfasser, der viel Lebenszeit investiert hat, um diese enorme sprachliche Verkürzung für seine Erfahrung zu finden, und eine Geldmaschine für den Leser, der in eben dieser kurzen Zeit des Lesens diese unendliche Ausdehnung eines Sinns quasi geschenkt bekommt und sich die quälend lange Lektüre andernorts ersparen kann, die dann immer noch nicht das an sinnlicher Erkenntnis einbringt, wie sie ein gutes Gedicht zu erzeugen imstande ist. Schade, dass die Kapitalisten diesen Zusammenhang von Gedicht, Zeit und Mehrwert noch nicht für sich entdeckt haben, dann würden sie vielleicht jedem ausgewiesenermaßen guten Lyriker – und zwar ganz im Sinne einer ökonomischen Logik – Geld zukommen lassen. Ausreichend viel Geld, und selbstverständlich geschenkt.

Als Leiter der Darmstädter Textwerkstatt und des Zentrums junge Literatur kennen Sie sicherlich die Sorgen und Nöte des literarischen Nachwuchses. Was sind das für Sorgen und Nöte und was raten Sie jungen AutorInnen?

DRAWERT: Ich habe gewiss mit sehr vielen jungen Autoren zu tun, bekomme ständig Manuskripte zu lesen und habe Veranstaltungen ins Leben gerufen, deren Sinn der kritische Dialog zu und über selbstverfasste Texte ist. Darmstadt ist für solche Projekte der Förderung gerade literarischer Talente ein äußerst günstiger Ort, in dem das Selbstverständliche auch selbstverständlich ist: dass Kunst und Kultur keine Zutaten sind, die man sich leistet, sondern essentielle Fixierungen einer Gesellschaft, ohne die wir zu Barbaren werden, die blind durch die Konsumwelt torkeln. Dieses Konzept der Pflege und Förderung des literarischen Nachwuchses hat schon vieles bewirkt, und es wurden Autoren entdeckt, die heute zum festen Bestandteil der deutschen Literatur gehören. Das, was ich dabei tun kann, ist hauptsächlich, meine eigenen Erfahrungen im Umgang mit literarischen Texten für andere nutzbar zu machen und dabei auch ein theoretisches Wissen über rein handwerkliche Aspekte weiterzugeben. Man kann keine Talente produzieren, aber man kann sie entdecken und fördern, indem man sie kritisch begleitet und auf die Öffentlichkeit vorbereitet, die sie erreichen wollen. Wenn jeder Autor nach einem Jahr Arbeit in meiner Textwerkstatt ein objektiviertes Selbstverständnis seine literarische Arbeit betreffend finden konnte und dabei noch die Stärken und Fähigkeiten entdeckte, die ihn weiterbringen, bin ich durchaus zufrieden. Und wenn einer aufhört zu schreiben, weil er erkannt hat, dass er es nicht besonders gut kann, ist es auch nicht verkehrt und erspart komplizierte Umwege mit allerhand Ärger. Das heißt, wir sind keine Klippschule und ich bin um Himmels Willen kein Lehrer. Aber wir haben einen geschützten und von Konkurrenz freien Raum, in dem sich jeder entfalten kann, und das ist ein großes Kapital, wenn es einer ernst meint mit dem Schreiben. Darüber hinaus wollen junge Autoren natürlich immer hauptsächlich eines wissen: Wie und wo kann ich publizieren? Dafür aber bin ich nicht zuständig, und das mache ich auch von Anfang an klar und formuliere es so: Wie und womit kann ich einen Text schreiben, der Bestand hat und sich dann wie von selbst zur Herausgabe empfiehlt? Wem das nicht genug ist – und es ist ja dem Anspruch nach mehr! –, der hat sich in der Hausnummer geirrt. Man kann halt nur Starthilfen geben, und laufen muss dann jeder allein.

Was muss man tun, um an der Darmstädter Textwerkstatt als AutorIn teilnehmen zu können? Gibt es ein Auswahlverfahren? Einen Bewerbungsschluss?

DRAWERT: Jeder Interessent kann bis zum 30. November des Jahres für das darauffolgende Jahr eine Bewerbung mit ca. 20 Seiten Textprobe und Kurzvita an das Kulturamt der Stadt Darmstadt schicken. Bis Ende Dezember habe ich mich dann für etwa 12 Autoren entschieden, wobei immer auch Teilnehmer des letzten Jahres noch ein zweites Jahr in der Textwerkstatt bleiben möchten und ich einige davon übernehme. Mehr als etwa sechs bis acht neue Plätze pro Jahr gibt es also nicht. Da die Nachfrage größer und größer wird, eine intensive Arbeit an den Texten mit einer zahlenmäßig zu starken Gruppe von Autoren von mir allein aber nicht mehr geleistet werden kann, haben wir nun auch eine „Lesebühne" ins Leben gerufen, die eine offene und auch öffentliche Form von Werkstattgespräch darstellt und der Arbeit in der Textwerkstatt gewissermaßen vorgelagert ist. Auch hierfür muss man sich beim Kulturamt mit einem Text, der 30 Minuten Lesezeit nicht überschreiten sollte, anmelden. Die Auswahlkriterien für die Lesebühne sind gewiss großzügiger gehalten als für die Textwerkstatt, für die eine erkennbare literarische Begabung vorausgesetzt werden muss. Offensichtliche Kuriositäten kommen aber auch hier nicht in Betracht, öffentlich vorgestellt zu werden. Im Gegenteil haben wir während der vier Veranstaltungen, die bereits durchgeführt wurden, recht erstaunliche Texte gehört von Autoren, die vollkommen unbekannt irgendwo sitzen und schreiben. Diese Potentiale zu finden ist eine Aufgabe der Lesebühne, sie zu fördern eine andere, die dann die Textwerkstatt fortsetzt. So jedenfalls denken wir uns das.

literarische Geschenke + Services: www.lyriklandschaft.de   !

Lyrik: Verlagsadressen und Programme
Beitrag von Martina Weber

Die Landschaft der Lyrikverlage ist so facettenreich wie die Lyrik selbst. Denn jede Verlegerin, jeder Verleger hat einen anderen literarischen Geschmack, stellt andere Anforderungen an die Qualität der Gedichte und an ein „gutes" Programm. So wundert es nicht, dass es erhebliche Unterschiede beim Umfang (von 7 bis über 100 Gedichte) und bei der qualitativen Ausstattung der Bücher (von schlicht bis hochwertig-bibliophil) gibt, was sich wiederum in den Ladenpreisen niederschlägt: Der günstigste mir bekannte Band kostet fünf Euro, nach oben hin gibt es besonders für bibliophile Exemplare keine Grenzen. Wer einem Verlag Gedichte anbietet, muss deshalb das Verlagsprogramm kennen.

Einen Ausgangspunkt für die Suche nach einem geeigneten Verlag bietet die folgende Liste. Im ersten Halbjahr 2004 habe ich 244 Verlage, in denen bereits Lyrik erschienen ist, angeschrieben und sie um Angaben über ihr Lyrikprogramm gebeten. Mehrere Dutzend Briefe kamen als unzustellbar zurück; viele Verlage baten mich darum, ihre Adresse nicht in die Liste aufzunehmen. Von 33 Verlagen erhielt ich das gewünschte Profil. So kamen 193 Datensätze zustande. Selbstverständlich erhebt die Liste keinen Anspruch auf Vollständigkeit. Mangels Einblick in die Verlagsverträge kann ich auch nicht dafür garantieren, dass alle hier aufgeführten Verlage zu fairen Bedingungen arbeiten.

Hat man einen passenden Verlag ausfindig gemacht, sollte man vor der Einsendung von Gedichten auf jeden Fall telefonisch anfragen, ob Interesse an neuen AutorInnen besteht. Die Chancen auf einen eigenen Lyrikband steigen, wenn die Gedichte einer Autorin bereits positive Resonanz fanden, zum Beispiel in Form von Veröffentlichungen in Literaturzeitschriften und Anthologien. Wer unaufgefordert Gedichte einsendet, läuft Gefahr, überhaupt keine Antwort zu erhalten, ganz gleich, wie sorgfältig man den Verlag ausgewählt hat und ob Rückporto beiliegt.

Viel Gelegenheit zum Stöbern und zum persönlichen Gespräch bietet die Mainzer Minimesse, die alle zwei Jahre (jeweils in den ungeraden Jahren) im Mai stattfindet. Der nächste Messetermin ist vom 5. bis 8. Mai 2005. Spätere Termine und weitere Informationen unter www.minipresse.de.

Weitere Tipps zur Verlagssuche und zu ersten Schritten in die Öffentlichkeit, Artikel zu handwerklichen Themen, poetologische Essays, ein ausführliches kommentiertes Literaturverzeichnis mit den wichtigsten Büchern und Zeitschriften für die ersten Lyrikjahre und viele weitere Informationen finden sich in dem von mir herausgegebenen, im Oktober 2004 erschienenen Band „Zwischen Handwerk und Inspiration. Lyrik schreiben und veröffentlichen". Mit Beiträgen von Inger Christensen, Kurt Drawert, Kerstin Hensel, Norbert Hummelt und Anton G. Leitner; ca. 200 Seiten, Federwelt Verlag, 14,80 Euro. Nähere Informationen unter www.federwelt.de.

Lyrik-Gutachten: Textagentur Dorothea von Törne,
! Tel. 030-545 74 91, mail: dorothea.von.toerne@t-online.de

1 Verlag, Hippmannstr. 11, D-80639 München, fon: 089/172748, fax: 089/1785642, info@a1-verlag.de, www.a1-verlag.de

Achilla Presse Verlagsbuchhandlung, Mirko Schaedel, Zoellnerstr. 24, D-22761 Hamburg, fon: 040/89963097, fax: 040/89963098, achillapr@aol.com, www.achilla-presse.de

Agora Verlag, Grunewaldstr. 53, D-10825 Berlin, fon + fax: 030/8545372

Akademie Schloss Solitude/Merz u. Solitude, Solitude 3, D-70197 Stuttgart, fon: 0711/996190, fax: 0711/9961950, mail@akademie-solitude.de, www.akademie-solitude.de

Programm: In bibliophilen Erstausgaben werden in der Literaturreihe des Verlages nur Arbeiten von Stipendiaten der Akademie veröffentlicht. Wir nehmen keine unaufgeforderten Manuskripte an. *Andere Bereiche:* Kunst u. Kultur.

Alkyon Verlag G. Stirn, Lerchenstr. 26, D-71554 Weissach im Tal, fon: 07191/310333, fax: 07191/310334, Ansprechperson: Rudolf Stirn, alkyon.verlag@t-online.de, www.alkyon-verlag.de

Programm: 1–2 Einzeltitel pro Jahr (max.), keine Anthologien, Anteil der Lyrik an der Gesamtproduktion: ca. 20%. *Andere Bereiche:* Roman, Erzählung.

Amman Verlag, Neptunstr. 20, Postfach 163, CH-8032 Zürich, fon: 01/2681040, fax: 01/2681050, info@ammann.ch, www.ammann.ch

Aphaia Verlag, Svea Haske, Sonja Schumann, Radickestr. 44, D-12489 Berlin, fon + fax: 030/8133998, info@aphaia-verlag.de, www.aphaia-verlag.de

Programm: 1–3 Titel pro Jahr, überwiegend verbunden mit Grafik u. Musik, Lyrikanteil 95%. *Andere Bereiche:* Musik u. Bildende Kunst von Zeitgenossen.

Appenzeller Verlag, Kasernenstr. 64, CH-9101 Herisau

Arcos Verlag, Postfach 11 53, D-84004 Landshut, fon: 0871/760550, fax: 0871/760560

Argument Verlag GmbH, Eppendorfer Weg 95 A, D-20259 Hamburg, fon: 040/4018000

Ariel Verlag, Marie-Curie-Str. 4, D-64560 Riedstadt, fon: 06158/747333, www.ariel-verlag.de

Artemis & Winkler Verlag, Am Wehrhahn 100, D-40211 Düsseldorf

Asku-Presse, Sven Uftring, Wilhelm-Leuschner-Str. 2, D-61231 Bad Nauheim, fon: 06032/72156, www.asku-presse.de

Atelier Verlag Fritz Werf, Antel 74, D-56626 Andernach, fon: 02632/44432, fax: 02632/31383, werf-ava@freenet.de, www.atelierverlag-andernach.de

Programm: Zeitgenössische deutsche Lyrik, Übersetzungen aus dem Französischen, Englischen, Spanischen. Reihen: AVA-Lyrik (Einzeltitel u. Anthologien), Edition 99 (Lyrik u. Grafik), Edition 66 (Lyrik u. Grafik). Maximal 2 Titel pro Jahr. Keine unverlangten Manuskripte.

Der Audio Verlag GmbH, Postfach 193, D-10105 Berlin oder Neue Promenade 6,

D-10178 Berlin, fon: 030/52000930, fax: 030/5200093320, info@der-audio-verlag.de, www2.aufbauverlag.de/index.php4?page=59&&

Aufbau-Verlag, Neue Promenade 6, D-10178 Berlin, fon: 030/283940, fax: 030/28394100, www.aufbau-verlag.de

AutorInnenverlag Bern, Postfach 5244, CH-3001 Bern

AVA-Atelier Verlag Andernach, Fritz Werf, Antel 74, D-56626 Andernach

Dr. Bachmaier Verlag, Herrn Dr. Bachmaier, Kagerstr. 8 B, D-81669 München, fon + fax: 089/685120, contact@verlag-drbachmaier.de, www.verlag-drbach-maier.de

C. H. Beck Verlag, Wilhelmstr. 9, D-80801 München, fon: 089/381890, fax: 089/38189398, mail@beck.de, www.beck.de

Berlin Verlag, Greifswalder Str. 207, D-10405 Berlin, fon: 030/4438450, fax: 030/44384595, www.berlinverlag.de

Verlag Buchhandlung Klaus Bittner, Albertusstr. 6, D-50667 Köln

Brandes & Apsel Verlag, Scheidswaldstr. 33, D-60385 Frankfurt am Main, fon: 069/95730186, fax: 069/95730187, brandes-apsel@t-online.de, www.brandes-apsel-verlag.de

Bunte Raben Verlag, Sternbergshörner Str. 18, D-27624 Lintig-Meckelstedt, Fabian Reimann (Verlagsleitung), Martin Brinkmann (Programmleitung), fon: 04745/931032, fax: 04745/931033, www.bunterabenverlag.de

Calata Press, c/o Willem Enzick u. Monika Anros, Adolfstr. 40, D-56112 Lahnstein

Connewitzer Verlagsbuchhandlung, Peter Hinke, Schuhmachergäßchen 4, D-04109 Leipzig, fon: 0341/9603446

Corvinus Presse Hendrik Liersch, Garystr. 39, D-14195 Berlin

Dahlemer Verlagsanstalt, Michael Fischer, Potsdamer Str. 25, D-14163 Berlin, fon: 030/8025617, fax: 030/80906262, m.fischer@da-ve.de, www.da-ve.de

Deutscher Taschenbuch Verlag (dtv), Friedrichstr. 1a, D-80801 München, fon: 089/381670, fax: 089/346428, verlag@dtv.de, www.dtv.de

Axel Dielmann Verlag, Oskar-von-Miller-Str. 18, D-60314 Frankfurt am Main, fon: 069/94359000, fax: 069/94359002, Ansprechperson: Axel Dielmann, dielmann_verlag@yahoo.de, www.dielmann-verlag.de

Dieve-Verlag, Lars Reyer, Grasweg 10, D-85375 Neufahrn, fon: 08165/632502

Maximilian Droschl, Literaturverlag Droschl, Alberstr. 18, A-8010 Graz, fon: 0316/326404, fax: 0316/324071, www-gewi.kfunigraz.ac.at/droschl/frey.htm

Druckhaus Galrev, Lychener Str. 73, D-10437 Berlin, fon: 030/44650183, fax: 030/44650184, galrev@galrcv.com, www.galrev.com

DuMont Literatur und Kunst Verlag, Amsterdamer Str. 192, D-50735 Köln, fon: 0221/224180, fax: 0221/2241812, info@dumontverlag.de, www.dumontver-lag.de + www.dumontliteraturundkunst.de

dussa Verlag, Säuglingstr. 2a, D-86972 Altenstadt bei Schongau

Edition 350 im Verlag der Kooperative Dürnau, Im Winkel 11, D-88422 Dürnau

editon bauwagen/Futura black edition, Karolinger Str. 67, D-25524 Itzehoe, fon: 04821/76535, Ansprechperson: Karl-Friedrich Hacker

Programm: ca. 2–3 Lyrik-Einzeltitel pro Jahr (70 % der gesamten Titelpro-duktion). Experimentelle zeitgenössische Lyrik in der Futura black edition. Lyrische Reihe edition bauwagen, Herausgeber Theo Breuer, mit Erstveröffentlichungen u. handgeschriebenen Lyrik-Anthologien (jährlich ein weiterer Band mit ca. 18 Autoren). *Andere Bereiche:* Mail-Art – Kunstgeschichte der Gegenwart, Druckgrafik.

Edition Eigensinn, Edeltraud Gallinge, Nelkenweg 19, D-63814 Mainaschaff

Edition Das Fröhliche Wohnzimmer, Fuhrmannsgasse 1a/7, A-1080 Wien, fon + fax: 01/4080140, wohnzimmer@niwa.at, www.niwa.at/wohnzimmer

edition fundamental, Gellertstr. 31 u. 37, D-50733 Köln, fon: 0221/724593, Ansprechpartner: Richard Müller

Edition He, Ilse Hensel, Koppel 17 K, D-20099 Hamburg

Edition Howeg, Waffenplatzstr. 1, CH-8002 Zürich, fon + fax: 01/2010650, edition_howeg@datacomm.ch

Edition Korrespondenzen, Franz Hammerbacher, Mollardgasse 2/16, A-1060 Wien, fon + fax: 01/3151409, edition@korrespondenzen.at, Lektorat: Reto Ziegler, ziegler@korrespondenzen.at, http://members.aon.at/edition.korrespondenzen/

edition literarischer salon, c/o Ricker'sche Universitätsbuchhandlung, Postfach 110980, D-35354 Gießen

Edition Maldoror, Kunstverein HERZATTACKE e. V., Lychener Str. 79, D-10437 Berlin, fon: 030/4450399, fax: 030/44651304, hat@herzattacke.de, www.herzattacke.de

edition minotaurus, Björn Kuhligk, Dessauerstr. 52, D-12249 Berlin, fon + fax: 030/7755844, minotaurus@schoengeist.de, www.schoengeist.de/minotaurus

Éditions phi, 44 rue du Canal, L-4050 Esch/Alzette, editions-phi@editpress.lu, www.phi.lu

Programm: In der Collection GRAPHITI, die der Lyrik vorbehalten ist, erscheinen jährlich ca. 8 neue Einzeltitel, 6 französischsprachige u. 2 deutschsprachige. Éditions phi veröffentlicht in dieser Reihe Originaltitel (gelegentlich aber auch Übersetzungen) lebender Autoren. Die Reihe umfasst rund ein Drittel der jährlichen Gesamtproduktion. Darüber hinaus erscheinen bisweilen auch Anthologien u. Einzeltitel außerhalb dieser Reihe. *Andere Bereiche:* Roman, Erzählung, Essay, Theater, Musik.

edition photophil, Josef-Marx-Str. 2, D-66636 Tholey-Hasborn

Edition q, Ifenpfad 2–4, D-12107 Berlin

Edition Resolut, Mühlentannen 14, D-49762 Lathen, fon: 5933/92620, fax: 5933/92621

edition selene, Körnergasse 7/1, A-1020 Wien, fon: 01/2183735

Edition Thaleia e. V., Amselweg 103, D-66386 St. Ingbert, fon + fax: 06894/383472, edition-thaleia@t-online.de, www.edition-thaleia.de

Programm: Einzeltitel zeitgenössischer Autor(inn)en, durchschnittlich 2 Titel pro Jahr. *Andere Bereiche:* Bibliothek neue Prosa (Romane, Erzählungen, Kurzprosa).

Edition tranvía, Verlag Walter Frey, Postfach 303626, D-10727 Berlin, fon + fax: 030/8832561, tranvia@aol.com

Edition Va Bene, Max-Kahrer-Gasse 32, A-3400 Klosterneuburg, fon: 02243/22159, fax: 02243/22159, edition@vabene.at, www.vabene.at

Edition Wolkenstein (Rainer Luce), Floraplatz 6, D-53840 Troisdorf, fon:

02241/1263324, fax: 02241/1263325, RainerLuce@t-online.de, www.edition-wolkenstein.de

Programm: Das Lyrikprogramm beschränkt sich auf das „humoristische Gedicht". Bisher erschien von Werner Hadulla „Limericks – und wie man freche Gedichte macht"; eine Anthologie ist in Vorbereitung, hrsg. v. W. Hadulla (Initiator des „Vereins zur Pflege des humoristischen Gedichts"). Weitere Bände sollen folgen. *Andere Bereiche:* Romane, Erzählungen, Sachbuch (Dritte Welt), Mundartliteratur (rheinisch)

Edition Xylos, Irmgard Stein, Bergmannstr. 65, D-45886 Gelsenkirchen, fon: 0209/25112, fax: 0209/146161, xylos@surfen.de

Edition YE, Theo Breuer, Neustr. 2, D-53925 Sistig/Eifel, fon: 02445/1470, Ansprechperson: Theo Breuer, EditionYE@t-online.de, www.theobreuer.de

Programm: Einmal jährlich erscheint die Lyrikzeitschrift „Faltblatt", die zeitgenössische Gedichte, poetologische Essays, aktuelle Buchvorstellungen sowie Autoren-, Verlags- u. Zeitschriftenporträts präsentiert. In der Edition YE gibt Theo Breuer dreimal jährlich lyrische Erstlingswerke mit neuen Gedichten heraus, die auf jeweils 64 Seiten eine erste poetische Bestandsaufnahme bisher noch eher weniger vernommener Stimmen vermitteln wollen. 2003 erschien die Anthologie NordWestSüdOst. *Andere Bereiche:* Jährliche Herausgabe der lyrischen Kunstschachtel YE mit originaler Graphik u. handgeschriebener bzw. visuell gestalteter Poesie in Kleinstauflage.

Eiswasser Verlag Riewers & Sagurna, Waldkauzstr. 1, D-49377 Vechta, fon: 04441/910220, fax: 04441/852118, riewerts@t-online.de, www.eiswasser.de

Elfenbeinverlag, Pappelallee 3–4, D-10437 Berlin, fon: 030/44327769, fax: 030/44327780, zentrale@elfenbein-verlag.de, www.elfenbein-verlag.de

Engelhorn Verlag, Neckarstr. 121, D-70190 Stuttgart

Verlag Peter Engstler, Oberwaldbehrungen 13, D-97645 Ostheim/Rhön, fon: 09774/850233, fax: 09774/1509, engstler-verlag@t-online.de, www.engstler-verlag.de

EPPE, Verlag und Offsetdruck, Wilfried Eppe, Gartenstr. 23, D-88368 Bergatreute, fon: 07527/4210, fax: 07527/4669

Eremitenpresse, Fortunastr. 11, D-40235 Düsseldorf, fon: 0211/660590

Verlag Faber & Faber Leipzig, Mozartstr. 8, D-04107 Leipzig, fon: 0341/3911147, fax: 0341/3911146, www.faberundfaber.de

ferber und partner GmbH, Siegstr. 2, D-50859 Köln, fon: 02234/499314, fax: 02234/71686, ferber-verlag@t-online.de, www.ferber-verlag.de

S. Fischer Verlag, Hedderichstr. 114, D-60596 Frankfurt am Main, fon: 069/60620, fax: 069/6062319, info@s-fischer.de, www.s-fischer.de

Folio Verlag, Grüngasse 9, A-1050 Wien, fon: 01/58137080, fax: 01/581370820, office@folioverlag.com, www.folioverlag.com

Freipresse, Alte Landstr. 39, A-6700 Bludenz, fon: 05552/62169, fax: 05552/621696, freipresse@scherm.de, www.scherm.de/freipresse/

Friedenauer Presse, Katharina Wagenbach-Wolff, Carmerstr. 10, D-10623 Berlin, fon: 030/3129923, fax: 030/3129902

Geest-Verlag, Lange Str. 41 a, D-49377 Vechta, fon: 04447/856580, fax:

04447/856581, Ansprechperson: Herr Büngen, Geest-Verlag@t-online.de, www.geest-verlag.de

Programm: Anthologien, Einzeltitel u. Übersetzungen, ca. 100 Titel pro Jahr, Lyrik macht ca. 50 % der Gesamtproduktion aus, Grundzug „engagierte Lyrik". *Andere Bereiche:* Kinder- u. Jugendbuch, Kriminalliteratur, Prosa, Sachbuch.

Goki-Verlag, Annette Gonserowski, Höferhof 19, D-58566 Kierspe, fon: 02359/907720, fax: 02359/907730

Gollenstein Verlag, Kardinal-Wendel-Str. 61, D-66440 Blieskastel

Grasl Verlag, Wassergasse 1, A-2500 Baden bei Wien, fon: 02252/4020, fax: 02252/40240

Grundblick Druck u. Verlag GBR, Wiesenaue 3, D-35043 Marburg, fon: 06424/964020

Grupello Verlag, Schwerinstr. 55, D-40476 Düsseldorf, fon: 0211/4912558, Ansprechperson: Bruno Kehrein, www.grupello.de

Kirsten Gutke Verlag, Corneliusstr. 15, D-50678 Köln, fon: 0221/9320720, fax: 0221/313637, gutke-verlag@t-online.de

Hagen Verlag, Postfach 22 13 06, D-80503 München

Carl Hanser Verlag, Vilshofener Str. 10, D-81679 München, fon: 089/998300, fax: 089/984809, info@hanser.de, www.hanser.de

Hase & Koehler Verlag, Postfach 22 69, D-55012 Mainz

Haymon Verlag, Kochstr. 10, A-6020 Innsbruck, fon: 0512/576300, fax: 0512/57630014, haymon@aon.at, www.haymonverlag.at

Heiderhoff Verlag, Weinbergstr. 8, D-97249 Eisingen b. Würzburg, fon + fax: 09306/8625, www.heiderhoff-verlag.de

Programm: Internationale zeitgenössische Lyrik. Die Bände werden mit Graphiken oder Photographien illustriert u. typographisch gestaltet. Neben bekannten Autoren u. Künstlern werden auch Debütanten vorgestellt. *Andere Bereiche:* keine.

HerzRosen Verlag, Doris Lenz, Postfach 11 01 25, D-50401 Köln, fon: 02234/63739, fax: 02234/64913

Hirmer Verlag, Nymphenburger Str. 84, D-80636 München

Verlag Peter Höll, Darmstädter Str. 14 b, D-64397 Modautal, fon: 06167/912220, Hoell.verlag@t-online.de, http://home.t-online.de/home/Hoell.Verlag /hoell.htm

Der Hörverlag, Lindwurmstr. 88, D-80337 München, fon: 089/2106940, fax: 089/21069415, info@hoerverlag.de, www.hoerverlag.de

HörZeichen, Johannesring 32, D-04827 Gerichshain

Hoffmann und Campe Verlag, Harvestehuder Weg 42, D-20149 Hamburg, fon: 040/441880, fax: 040/44188202, email@hoca.de, www.hoca.de/magazin.cfm

Horlemann-Verlag, Postfach 13 07, D-53583 Bad Honnef, fon: 02224/5589, fax: 02224/5429, Ansprechperson: Beate Horlemann, info@horlemann-verlag.de, www.horlemann-verlag.de

Husum Verlag, Nordbahnhofstr. 2, D-25813 Husum, fon: 04841/83520, fax: 04841/835210, verlagsgruppe.husum@t-online.de, www.verlagsgruppe.de

Hybriden Verlag (Teraz Mowie), c/o Hartmut Andryczuk, Elsastr. 4, D-12159 Berlin

Insel Verlag, Lindenstr. 29–35, D-60325 Frankfurt, fon: 069/756010

Gerhard Wolf Janus Press GmbH Berlin, Amalienpark 7, D-13187 Berlin, fon: 030/47535220, fax: 030/47533790, Ansprechpartner: Gerhard Wolf
Programm: Experimentelle Lyrik (Franz Mon, Bert Papenfuß, Roza Domascyna u. weitere).

Jung und Jung, Hubert-Sattler-Gasse 1, A-5020 Salzburg, fon: 0662/885048, fax: 0662/88504820, Ansprechperson: Dr. Angelika Klammer, office@jungundjung.at, www.jungundjung.at
Programm: 2 Lyriktitel pro Jahr, Einzeltitel, deutschsprachige u. fremdsprachige Lyrik, ca. 10 % der gesamten Titelproduktion. *Andere Bereiche:* Prosa, Musik, Kunst.

Verlag Ulrich Keicher, Warmbronn, Postfach 70 44, D-71216 Leonberg oder Magstadter Str. 6, D-71229 Leonberg, fon: 07152/72195, fax: 07152/904839, u.keicher@t-online.de, www.verlag-ulrich-keicher

Michael Kellner, Admiralitätsstr. 75, D-20459 Hamburg, fon: 040/37518727, fax: 040/37519626

Kiepenheuer & Witsch, Rondorfer Str. 5, D-50968 Köln, fon: 0221/376850, fax: 0221/3768595, verlag@kiwi-koeln.de, www.kiwi-koeln.de

Konrad Kirsch Verlag, Am Wäldchen 27, D-66280 Sulzbach

KL-Buchverlag, Karl-Hromadnik-Str. 10, D-81241 München, fon: 089/50094860, fax: 089/50094867, KL-Grafik@gmx.de
Programm: Einzeltitel

zu Klampen Verlag, Röse 21, D-31832 Springe, fon: 05041/801133, fax: 05041/801336, info@zuklampen.de, www.zuklampen.de
Programm: Einzeltitel bekannter u. unbekannter Autoren, 2 Titel pro Jahr, lange im voraus geplant, Anteil der Lyrik an der Gesamttitelproduktion ist nicht nennenswert. *Andere Bereiche:* Philosophie, Soziologie, Politik, Geschichte.

Kleinheinrich, Königsstr. 42, D-48143 Münster, fon: 0251/4840193, Ansprechperson: Josef Kleinheinrich

Klett-Cotta, Rotebühlstr. 77, D-70178 Stuttgart, fon: 0711/66721256, fax: 0711/66722031, info@klett-cotta.de, www.klett-cotta.de

Klöpfer & Meyer Verlag, Neckarhalde 32, D-72070 Tübingen, fon: 07071/94890, fax: 07071/793208, Ansprechperson: Hubert Klöpfer, hubert.kloepfer@kloepfer-meyer.de, www.dva-buch.de
Programm: Einzeltitel: ca. 2 Titel pro Jahr, ca. 10% der gesamten Titelproduktion. *Andere Bereiche:* Essayistik, Belletristik, Sachbuch.

Konkursbuchverlag Claudia Gehrke, Postfach 16 21, D-72006 Tübingen, fon: 07071/78779, fax: 07071/763780, gehrke@konkursbuch.com, www.konkursbuch.com

Kookbooks, Daniela Seel, Magdeburgstr. 11, D-65510 Idstein, fon + fax: 06126/9565790, mobil 0172/6143232, Ansprechperson: Daniela Seel, daniela.seel@kookbooks.de, www.kookbooks.de
Programm: Einzeltitel junger AutorInnen, die durch Begabung u. Engagement bereits auf sich aufmerksam gemacht haben (an Lesungen teilgenommen, in Zeitschriften/Anthologien veröffentlicht, Preise/Stipendien

erhalten oder ähnliches), oder bereits etablierte AutorInnen, die die Verlegerin begeistern. Geplant sind Übersetzungen aus dem mittel-, ost- u. nordeuropäischen Raum (etwa ab 2006). Anthologien nur, wenn die Verlegerin vom Konzept u. den beteiligten AutorInnen überzeugt ist. Verlegt werden bis zu 3 Lyrikbände bei bis zu 10 Titeln pro Jahr. *Andere Bereiche:* Prosa, Hörbuch, Kunstbuch.

Kranich-Verlag, Dres. A. G. & H.-R. Bosch-Gwalter, Dufourstr. 30, CH-8702 Zollikon, fon: 01/3918484, fax: 01/3920884, Ansprechperson: Dr. H.-R. Bosch-Gwalter
Programm: Einzeltitel. *Andere Bereiche:* Belletristik, Schöne Bücher.

KRASH-Verlag, Tom Schulz, Lützowstr. 23, D-50674 Köln, fax: 0221/2403910

Kreis der Freunde um Peter Coryllis, Glück Auf Nr. 1, D-26907 Walchum-Hasselbrock, fon + fax: 05939/959949
Programm: Unser Programm umfasste bisher die Veröffentlichungen von Autoren, die Mitglied in unserem Kreis sind bzw. waren. Es handelt sich um Einzeltitel, Anthologien, überwiegend im Bereich Lyrik. Vorerst ist die Produktion bis auf Weiteres – nach dem Tod von Peter Coryllis – eingestellt. *Andere Bereiche:* Werk-Kataloge aus dem Bereich Architektur, Malerei.

Kukuruz Verlag, Kulturbüro Altstätten, Postfach 15, CH-9450 Lüchingen

Verlag Lampert, Liebigstr. 48, D-35392 Gießen

Verlag Landpresse, Sabine u. Ralf Liebe, Kölner Str. 58, D-53919 Weilerstwist, fon: 02254/3347

Langewiesche-Brandt, Lechnerstr. 27, D-82067 Ebenhausen, fon: 08178/4857, fax: 08178/7388

Verlag Laufschrift Edition, c/o Martin Langanke, Bäumenstr. 2, D-90762 Fürth, fon: 0911/746603, langanke@laufschrift-magazin.de, www.laufschrift-magazin.de
Programm: Lyrik-Einzeltitel, Anthologien sowie Übersetzungen englischsprachiger Lyrik, ein Titel pro Jahr, Anteil an der Gesamtproduktion 50%.

Lautsprecher Verlag, Dr. Herbert Finke u. Johannes Finke, Sonnenhalde 19, D-75389 Neuweiler, fon + fax: 07055/1450

Anton G. Leitner Verlag, Buchenweg 3b, D-82234 Weßling, fon: 08153/952522, fax: 08153/952524, info@aglv.de, www.dasgedicht.de

Leykam Buchverlag, Stempfergasse 3, A-8010 Graz, fon: 0316/807631, fax: 0316/807639

lichtung verlag, Postackerweg 10, D-94234 Viechtach, fon: 09942/2711, fax: 09942/6857, lichtung-verlag@t-online.de, www.lichtung-verlag.de

Justus-von-Liebig-Verlag, Gagernstr. 7–9, D-64283 Darmstadt

Literaturbegegnung Schwalenberg, Literaturbüro Ostwestfalen-Lippe, Hornsche Str. 38, D-32756 Detmold

Literaturedition Niederösterreich, Landhausplatz 1/Haus 1/308, A-3109 St. Pölten, fon: 02742/9005/15538, fax: 02742/9005/15585, Ansprechperson: Mag. Gabriele Ecker, gabriele.ecker@noel.gv.at, www.noe.gv.at
Programm: Anthologien u. Einzeltitel, zeitgenössische u. Mundartlyrik. Etwa drei Publikationen/Jahr, das entspricht 50 % des Verlagsprogramms. *Andere Bereiche:* Belletristik, zeitgenössische bildende Kunst.

Literaturverlag Droschl, Albertstr. 18, A-8010 Graz, fon: 0316/326404, fax: 0316/324071, droschl@droschl.at, www.droschl.com

Lotsch Verlag, Joachim F. W. Lotsch, Postfach 430763, D-80737 München, fon: 08166/7411, fax: 08166/9174, lotsch@aol.com, www.lotsch.de + www.boox-lotsch.de

Luchterhand Literaturverlag, Neumarkter Str. 18, D-81673 München

Lyrikedition 2000, Buch&media GmbH, Ruffinistr. 21, D-80637 München, fon: 089/13929048, fax: 089/13929065, Ansprechperson: Heike Hauf, lektorat@buchmedia.de, www.lyrikedition-2000.de
Programm: 12 Einzeltitel pro Jahr, herausgegeben von Heinz Ludwig Arnold

Marien-Blatt Verlag, Braunstr. 12, D-23552 Lübeck, fon: 0451/7020277 u. 70002, fax: 0451/7072199, Ansprechperson: Regine Mönkemeier (Kontakte vorzugsweise nur über eMail oder Fax erwünscht), marienblatt@gmx.net, www.dreischneuss.de
Programm: Lyrik in der Zeitschrift für Literatur „Der Dreischneuß" u. Einzeltitel in den Sonderheften der Zeitschrift „Der Dreischneuß". Bücher als Einzeltitel, ca. 3–5 pro Jahr. *Andere Bereiche:* Einzelblätter, Leporelli, Kunstbücher aus eigener Marmorier- u. Bleisatzwerkstatt.

MaroVerlag, Benno Käsmayr, Zirbelstr. 57 a, D-86154 Augsburg, fon: 0821/416034, fax: 0821/416036, benno@maroverlag.de, www.maroverlag.de

Matthes & Seitz, Hübnerstr. 11, D-80637 München, fon: 089/1232510, fax: 089/187534

Morpheo Verlag, Berlin (ohne Angabe einer Postadresse), fon: 030/4484353, mobil: 0177/4227076, post@morpheo.de, www.morpheo.de

Otto Müller Verlag, Ernest-Thun-Str. 11, A-5021 Salzburg, fon: 0662/8819740, fax: 0662/872387, otto.muellerverlag@salzburg.co.at

Verlag Nagel & Kimche, Nordstr. 9, CH-8035 Zürich, fon: 01/3666680, fax: 01/3666688, info@nagel-kimche.ch, www.nagel-kimche.ch

Verlag Neues Leben GmbH Berlin, Max-Beer-Str. 13, D-10119 Berlin, fon: 030/2827148

Neues Literaturkontor, Goldstr. 15, D-48147 Münster, fon: 0251/45343, fax: 0251/40565, Ansprechperson: Prof. Mummenday, neues-literaturkontor@t-online.de, www.neues-literaturkontor.de
Programm: Neue deutschsprachige Lyrik, hohes Sprachniveau. Vorzugsweise Lyrik, die Kulturförderung erhalten hat; 3–4 Titel pro Jahr. *Andere Bereiche:* Prosa.

Nie/Nie/Sagen-Verlag, Silvanerweg 17, D-78464 Konstanz, fon: 07531/53570, fax: 07531/64496, Ansprechperson: Frau A. Haberkern, www.nie-nie-sagen-verlag.de
Programm: Wir werden für mindestens 3 Jahre keine neuen Autor(inn)en mehr aufnehmen.

Nimrod-Literaturverlag, Fliederstr. 16, CH-8006 Zürich, fon: 01/2612724, Kontaktaufnahme per eMail nicht erwünscht, www.nimrod-literaturverlag.de
Programm: Einzeltitel: ca. 30 Bücher pro Jahr. *Andere Bereiche:* Lyrische Prosa.

Oberbaumverlag, Friedelstr. 6, D-12047 Berlin, fon: 030/6246921

Obergrabenpresse, Eisenbahnstr. 2, D- 01097 Dresden, fon: 0351/8400503

Officin Albis, Otto-Hahn-Str. 3, D-85748 Garching, fon: 089/3291190, fax: 089/43986219

orte-Verlag, c/o Gasthaus Kreuz, CH-9427 Zelg-Wolfshagen, fon: 071/8881556, www.orteverlag.ch

Parasitenpresse Köln, Wassiliki Knithaki, Richard-Wagner-Str. 18, D-50674 Köln, parasitenpresse@hotmail.com, http://parasitenpresse.kulturserver-nrw.de/

Pendragon Verlag, Stapenhorststr. 15, D-33615 Bielefeld, fon: 0521/174470, www.pendragon.de

perspektivenverlag, Bereich Kunst/Lyrik, Hans-Sachs-Str. 17, D-85092 Kösching, fon: 0911/7660350, fax: 08456/8335, oculum_kunst@yahoo.de
Programm: Einzeltitel, Lyrik. *Andere Bereiche:* Reiseliteratur, Dokumentationen u. Betriebsanleitungen, Prosa; dann andere eMail-Adresse.

Piper Verlag, Georgenstr. 4, D-80799 München, fon: 089/3818010, fax: 089/338704, info@piper.de, www.piper.de

RADIUS-VERLAG GmbH, Olgastr. 114, D-70180 Stuttgart, fon: 0711/60766 66, fax: 0711/6075555, radiusverlag@freenet.de

Rake Verlag, Königsweg 20, D-24103 Kiel, fon: 0431/6611515, fax: 0431/6611517, rake@rake.de + info@rake.de, www.rake.de

Philipp Reclam jun. Verlag, Postfach 1349, D-71252 Ditzingen, fon: 07156/1630, fax: 07156/163197, reclam@reclam.de, www.reclam.de

Verlag Klaus G. Renner, c/o Peter Salomon, Schottenstr. 73, D-78462 Konstanz

Resistenz Verlag, Postfach 184, A-4010 Linz, fon: 07228/6413

reson edition, Dantestr. 3, D-52511 Geilenkirchen

Rhön-Verlag, Postfach 1129, D-36080 Hünfeld

Rimbaud Verlag, Postfach 86, D-52001 Aachen, fon: 0241/542532, info@rimbaud.de, www.rimbaud.de

Ritter Verlag, Hagenstr. 3, A-9020 Klagenfurt, fon + fax: 0463/42631, ritterverlag@magnet.at

Roderer Verlag, In der Oberen Au 12, D-93055 Regensburg, fon: 0941/7992270, fax: 0941/795198
Programm: Einzeltitel, keine Anthologien, ca. 6 Titel pro Jahr, Anteil der Lyrik an der Gesamtproduktion 5%. *Andere Bereiche:* Wissenschaften.

Verlag Roederer, Neufferstr. 1, D-93055 Regensburg

Verlag Röschnar, Beethovenstr. 4, A-9065 Pfaffendorf, fon: 0463/740513, fax: 0463/740817, roesch@eunet.at, http://members.eunet.at/roesch

Rowohlt Verlag, Hamburger Str. 17, D-21465 Reinbek, fon: 040/72720, fax: 040/7272342, lektorat.literatur@rowohlt.de, www.rowohlt.de

Verlag Rudolpf & Enke, Schleifweg 1, D-97532 Üchtelhausen

Sabon-Verlag, Magnihalden 3, CH-9000 St. Gallen

Sassafras Verlag, Dreikönigenstr. 146, D-47798 Krefeld, fon: 02151/787770

Silberburg-Verlag, Schönbuchstr. 48, D-72074 Tübingen, fon: 07071/68850, fax: 07071/688520, Ansprechperson: Martin Klaus, info@silberburg.de, www.silberburg.de
Programm: Mundart, schwäbische Mundart. *Andere Bereiche:* Baden-Württemberg.

Verlag Barbara Staudacher, Kapfstr. 24, D-72160 Horb, fon: 074 51/620689

Steidl Verlag, Düstere Str. 4, D-37073 Göttingen, fon: 0551/496060, fax: 0551/4960649, mail@steidl.de, www.steidl.de

Verlag Janos Stekovics, Poststr. 2 a, D-06198 Dössel, fon: 034607/21088, fax: 034607/21203, bitte keine Kontaktaufnahme per eMail, www.onlinebuch.com *Programm:* Anthologien u. Einzeltitel, ca. 5–7 Pro Jahr, dies sind ca. 10 % des Gesamtprogramms. *Andere Bereiche:* Regionalliteratur, Belletristik.

Stendel Verlag, Untere Sackgasse 9, D-71332 Waiblingen

Karl Stutz Verlag, Große Messergasse 8, D-94032 Passau, fon: 0851/2162

Verlag Styria, Schönaugasse 64, A-8010 Graz, fon: 0316/80637002, fax: 0316/8063703, verlag@styria.co.at, www.styria.co.at + www.verlagstyria.com

Suhrkamp Verlag, Lindenstr. 29–35, D-60325 Frankfurt, fon: 069/756010, fax: 069/75601522, lektorat@suhrkamp.de, www.suhrkamp.de

Unionsverlag, Rieterstr. 18, CH-8059 Zürich, fon: 01/2811400, fax: 01/2811440 *Programm:* Wir verlegen nur in seltenen Ausnahmen Lyrik.

uräus-Handpresse, c/o Hans-Ulrich Prautzsch, Postfach 11 06 05, D-06020 Halle

Verlag Der Apfel, Schottenfeldgasse 65, A-1070 Wien

Verlag Die Blaue Eule, Annastr. 74, D-45130 Essen, fon: 0201/8776963, fax: 0201/8776964, Ansprechperson: Dr. W. L. Hohmann, info@die-blaue-eule.de, www.die-blaue-eule.de *Programm:* Anthologien, Einzeltitel (ca. 70 Titel). Lyrik macht ca. 5 % der Gesamtproduktion aus. *Andere Bereiche:* Geisteswissenschaften.

Verlag Kleine Schritte, Postfach 39 03, D-54229 Trier

Verlag im Wald, Dönning 6, D-93485 Rimbach (Name des Verlags für französische Leser: Edition en forêt), fon + fax: 09977/708, Ansprechperson: Rüdiger Fischer, Verlag_Im_Wald@t-online.de, www.verlagimwald.de *Programm:* Fremdsprachige Lyrik (Französisch, Englisch, Italienisch, Tschechisch, Polnisch, Hebräisch, Griechisch, Spanisch). Ca. 6 Titel pro Jahr. Nur Lyrikbücher.

Verlag Im Waldgut, Industriestr. 21, CH-8500 Frauenfeld, www.waldgut.ch

Verlag Die Werkstatt, Postfach 13 51, D-26171 Rastede

Klaus Wagenbach Verlag, Ahornstr. 4, D-10787 Berlin, fon: 030/2351510, www.wagenbach.de

Verlag Eric van der Wal, Geestweg 9, NL-1861 Bergen, Niederlande, www.ecvdwal551.freeler.nl/docu_Dittberner.htm

Wallstein Verlag, Planckstr. 23, D-37073 Göttingen, fon: 0551/549890

Wartburg Verlag GmbH, Lisztstr. 2 a, D-99423 Weimar, fon: 03643/246111, fax: 03643/246118, buch@wartburgverlag.de, www.wartburgverlag.de *Programm laut Homepage:* Thüringer Regionalliteratur, die „Edition Muschelkalk" der Literarischen Gesellschaft Thüringen e. V. u. evangelische Religion. Im Wartburg Verlag erscheint auch das evangelische Gesangbuch für Thüringen. Neben dem Buchprogramm gibt der Verlag die evangelische Wochenzeitung für Thüringen „Glaube und Heimat" heraus.

WBG, Mainzer Reihe der Akademie der Wissenschaften, D-64281 Darmstadt, fon: 06151/3308330, fax: 06151/3308277. www.wbg-darmstadt.de

Weidle Verlag, Beethovenplatz 4, D-53115 Bonn, fon: 0228/632954, fax: 0228/697842, Ansprechperson: Stefan Weidle, verleger@weidle.verlag.de, www.weidleverlag.de

Wiesenburg Verlag, Postfach 4410, D-97412 Schweinfurt, fon: 08105/5051, fax: 089/244316203, wiesenburg@t-online.de, www.wiesenburgverlag.de
Programm: Lyrikprogramm ist seit etwa 10 Jahren fester Bestandteil des Verlagskonzepts. Keine Lyrik-Anthologien. Gesamtzahl der Lyriktitel pro Jahr ca. 5. Anteil der Lyrik an der gesamten Produktion ca. 30 %. *Andere Bereiche:* Romane, Erzählungen, Krimis, literar. Reisen.

Wieser Verlag, Ebentaler Str. 34 b, A-9020 Klagenfurt/Celovec, fon: 0463/37036, fax: 0463/37635, office@wieser-verlag.com, www.wieser-verlag.com

Wolfbach Verlag, Gemeindestr. 4, CH- 8032 Zürich

Verlag Das Wunderhorn, Bergstr. 21, D-69120 Heidelberg, fon: 06221/402428, fax: 06221/402483, wunderhorn.verlag@t-online.de, www.wunderhorn.de

XIM Virgines, Brend'amourstr. 33, D-40545 Düsseldorf, fon + fax: 0211/588930, Ansprechperson: Georg Aehling, editionvirgines@t-online.de, www.editionvirgines.de
Programm: Reihe „Kunstlive" in Kooperation mit dem gleichnamigen Literatur- u. Kunstsalon (meist Einzeltitel im Rahmen dieser Reihe); zurzeit werden Lyrik-Titel nur im Rahmen dieser Reihe publiziert. 3 Lyriktitel pro Jahr. Anteil der Lyrik an der Gesamtproduktion: ca. 30 %. *Andere Bereiche:* siehe Internetseite.

yedermann Verlag, Oliver Brauer u. Sebastian Myrius GbR, Georg-Kerschensteiner-Str. 8, D-85521 Riemerling, fon: 089/60190293, fax: 089/60190294, lektorat@yedermann.de, www.yedermann.de

Paul Zsolnay Verlag, Prinz-Eugen-Str. 30, A-1040 Wien, fon: 01/50576610

Zytglogge Verlag, Schoren 7, CH-3653 Oberhofen am Thunersee, fon: 033/2440030, fax: 033/2440033, info@zytglogge.ch, www.zytglogge.ch

Günther Maria Garzaner: „Ein Glas voller Gedanken", Lyrisches
! ISBN 3-902257-68-7, ca. 400 Seiten, EUR 15,90, Verlag Denkmayr

Lyrik: Weitere Informationen

„**Jahrbuch der Lyrik**" – Das „Jahrbuch der Lyrik" versammelt jährlich neue, bislang in Büchern unpublizierte Gedichte – als Querschnitt und Summe der künstlerischen Produktion eines Jahres. Viele inzwischen namhafte Autoren debütierten im Jahrbuch der Lyrik, andere sind immer wieder aufs Neue mit Werken vertreten. Über ein Vierteljahrhundert hinweg ist durch die Folge der Jahrbücher eine einzigartige Dokumentation lyrischer Texte entstanden, die mehr ist als eine Reihung. Wie an keinem anderen Ort werden auch die thematischen und formalen Entwicklungslinien ablesbar und aufzeigbar. Das „Jahrbuch der Lyrik", herausgegeben von Christoph Buchwald, erschien erstmals 1979, zunächst bei

Claassen, dann bei Luchterhand und C. H. Beck, jetzt bei S. Fischer. Mitherausgeber waren bisher Harald Hartung, Christoph Meckel, Rolf Haufs, Gregor Laschen, Ursula Krechel, Elke Erb, Jürgen Becker, Friederike Roth, Karl Mickel, Thomas Rosenlöcher, Robert Gernhardt, Joachim Sartorius, Michael Buselmeier, Ror Wolf, Marcel Beyer, Raoul Schrott, Ludwig Harig, Adolf Endler, Lutz Seiler, Michael Krüger, Michael Lentz und Norbert Hummelt. Eingereicht werden können bis zu zehn Gedichte, die bisher unveröffentlicht sind oder lediglich in Zeitschriften bzw. Zeitungen erschienen sein dürfen. Einsendeschluss war 2004 der 15. September. Weitere Informationen: www.fischerverlage.de/page/lyrik.

lyrikline.org ist eine von der literaturWERKstatt berlin initiierte Internetplattform, die internationale Dichterinnen und Dichter in Originalton, Originaltext und Übersetzungen präsentiert. Derzeit sind über 180 namhafte DichterInnen mit über 1.800 Gedichten aus 25 Sprachen online. Ziel von lyrikline ist es, über den multimedialen Erlebnischarakter, den das Internet bietet (Text, Bild, Ton), den Verbreitungs- und Bekanntheitsgrad sowie die Rezeptions- und Verkaufsmöglichkeiten von deutschsprachiger Lyrik weltweit zu mehren. Das Projekt steht unter der Schirmherrschaft der Deutschen Unesco-Kommission und wird gefördert durch die Kulturstiftung des Bundes.

Stiftung **Lyrik Kabinett** und Lyrik Kabinett e. V. unterhalten eine Bibliothek für Poesie mit inzwischen fast 30.000 Bänden und veranstalten regelmäßig Dichterlesungen (ca. 40 pro Jahr). „Damit wollen wir der Poesie quer durch alle Zeiten und Nationalliteraturen ein beständiges Forum bieten und dieses mit Leben erfüllen. Bibliothek und Lesungen sollen es allen Interessierten ermöglichen, die Schönheit und Faszination der poetischen Sprache – der Muttersprache des Menschengeschlechts (J.G. Hamann) –, ihre vielfältigen Ausdrucksmöglichkeiten sowie ihr Kommunikationspotential zu entdecken, für sich fruchtbar zu machen und sich daran zu freuen. Darüber hinaus veröffentlicht die Stiftung in unregelmäßigen Abständen Lyrikbände, die durchweg aus unseren Lesungen hervorgewachsen sind. Informationen über sämtliche Aktivitäten und die Räumlichkeiten finden Sie auf unserer Website." Mitgliedschaft: 42 €; ermäßigt für Studenten und Senioren: 21 €; Öffnungszeiten der Bibliothek ab März 2005: Di. u. Do. 15–21 Uhr, Sa. 12–18 Uhr. – *Adresse:* Lyrik-Bibliothek, Amalienstr. 83, Rückgebäude, D-80799 München, Postfach 44 02 04, D-80751 München, fon: 089/346299, fax: 089/345395, Lyrik-Kabinett@t-online.de, www.lyrik-kabinett.de

Querverweise
Fernlehrgang „Das Lyrische Schreiben" (siehe S. 441)
„Liliencron-Dozentur für Lyrik" an der Universität Kiel (siehe S. 490 f.)
Literaturzeitschriften, in denen Lyrik erscheint (siehe Kapitel 4)
Wettbewerbe und Preise mit Eigenbewerbung für Lyrik-AutorInnen (siehe Kapitel 13)

! **www.Lyrikwerkstatt.de** !

Kriminalliteratur:
Gabriele Wolff: Dankesrede zur Glauser-Preisverleihung
am 1. Mai 2004 auf der Criminale in Duisburg

*Am 1. Mai 2004 erhielt Gabriele Wolff für ihren Kriminalroman „Das dritte Zimmer",
erschienen 2003 im Haymon Verlag, den mit 5.000 Euro dotierten Friedrich-Glauser-
Preis – Krimipreis der Autoren.*

*Aus der Begründung der Jury der Autorengruppe deutschsprachige Kriminalliteratur Das
Syndikat: „‚Das dritte Zimmer' ist ein Krimi und ein Psychothriller zugleich und spielt
doch mitten im ödesten Ministeriumsalltag, in einer absolut drögen Verwaltungswelt.
Hauptfigur ist Lennart Voßwinkel, 55, geschieden, Ministerialrat in einem Finanz-
ministerium, ein durchschnittlicher Beamter ohne Perspektiven, der in seiner Freizeit
Ausflüge in die Welt der Literatur unternimmt und einem Geheimnis seiner Kindheit auf
die Spur zu kommen versucht. Als die persönliche Referentin des neuen Staatssekretärs
in sein Leben tritt, wird alles anders. Lennart kommt einem Skandal im Ministerium auf
die Spur, wird zum Akteur einer Intrige, deren eigentliche Dimension ihm auch dann noch
verborgen bleibt, als er vor der Leiche seines Abteilungsleiters steht.*

*Gabriele Wolff hat sich eines Themas angenommen, das sie kennt, versteht, durch-
schaut: Macht. Sie liefert in ihrem neuen Roman ein subtiles Psychogramm über Macht
und die verhängnisvollen Deformationen, die Macht auslöst. Dabei fängt für die
Hauptfigur wie für den Leser alles ganz harmlos an – und entwickelt sich zu einem höchst
spannenden und zugleich sehr realistischen Krimi, der hinter die Kulissen blicken lässt
– die der Menschen und die der Politik. Neben tiefgründigem Humor schreibt Gabriele
Wolff einen unaufgeregten, präzisen und literarischen Stil, der einfängt und nicht mehr
loslässt – eine Lektüre, die die Juroren von Anfang bis Ende uneingeschränkt genossen
haben."*

*Gabriele Wolff bedankt sich in ihrer Rede bei der Jury und ihrem Verleger – dem „Deus
ex Machina" –, der dem „Dritten Zimmer" und seinem Protagonisten Lennart Voßwinkel
nach der langen Odyssee der Verlagssuche eine Heimat geschenkt hat …*

„Kind, das wäre aber nicht nötig gewesen!", pflegte meine Mutter zu sagen, wenn
es zu den üblichen Anlässen die üblichen Geschenke gab.

Ich hatte immer schon eine Ahnung, daß dieser Satz mit „Wahrheit" nicht viel
zu tun hatte; zur Gewißheit verdichtete sich diese Ahnung, als ich die Vereinbarung, dieses Jahr nun endlich mit der Weihnachtsbescherung Schluß zu
machen, einhielt. Ich war das einzige Familienmitglied, das sie wörtlich genommen hatte, was sich als unverzeihlicher Fehler erwies.

Würde ich diesen Satz hier und heute der Glauser-Jury zurufen: „Das wäre aber
doch nicht nötig gewesen!" – tja, dann wäre er nicht nur Ausdruck einer falschen
Bescheidenheit, die mit meiner Wahrheitsliebe heftig kollidierte. Er wäre auch
grundfalsch, denn dieses Buch hatte diesen Preis sehr nötig. Allzu sehr sogar.

Das Buch zu schreiben, war eine große Freude, die meiner Lebenswirklichkeit
damals entschlossen abgetrotzt worden war. An die Vermarktung dachte ich nicht,

nicht mal an einen Verlag – ich wußte nur, daß ich mir einen neuen suchen wollte. Einen Verleger zu finden, das sollte nicht schwierig sein, schließlich war das hier mein siebter Roman, und mein bislang bester: So was glauben Autoren gerne, vor allen Dingen dann, wenn sie nicht gerade von Anfällen von Mutlosigkeit geplagt werden.

Es kam anders.

Ein paar O-Töne, die mir auf dem Weg vom Manuskript zum Buch zu Ohren kamen:

„Ihr Schreibstil hat mir durchaus gefallen ... aber ich habe bei Gesprächen mit Lektoren leider immer feststellen müssen, daß sie nicht angebissen haben, weil für die – auch spannende – Unterhaltungsliteratur andere Schauplätze und Umfelder gesucht werden." (Ein Agent)

Nun, das Buch handelt von Macht und Moral in der Politik: keine Chance, diesem Thema nachträglich einen trendigeren Schauplatz wie Presse, Funk und Fernsehen unterzuschieben.

Nahm ich also die Sache selbst in die Hand.

„... gut und solide erzählte Romane, die einfach nur ein guter Krimi sein wollen: diese werden kaum besprochen, sie gehen unter, wenn es nicht gelingt, irgendeine Figur zu entwickeln, die sich gleichsam von unten zu einem Geheimtip entwickelt. ... Alles, was nicht überdurchschnittlich ist oder mit einer den Zeitgeist treffenden (wenn man aber immer wüßte, wo der weht??!!) Figur ... aufwartet, hat wenig Chancen." (Ein mittelgroßer Verlag)

Lennart Voßwinkel, mein Held, zwinkerte mir amüsiert zu: Nein, zeitgeistig war er nicht und, schlimmer noch, wollte es auch nie sein. Also weiter im leider nicht überdurchschnittlichen Text:

„So sehr Sie sich als Autorin in der deutschen Verlagslandschaft einen Namen gemacht haben, so schwierig ist es nun für einen neuen Verlag, für eine solche Autorin in seinem Programm eine geeignete Position zu finden." (Ein großer Verlag)

Lennart verzieh seiner Schöpferin den kleinen Webfehler, kein Fräulein-Wunder mehr zu sein: Er war ja selbst nicht mehr der Jüngste und Unerfahrenste ...

„Sie können zweifellos schreiben ... aber das ist etwas für einen Publikumsverlag." (Ein kleiner Verlag)

Das fanden Lennart und ich auch. Wir fühlten uns seltsam getröstet. Und weil das Leben die Romane nur imitiert, erschien der Deus ex Machina in Gestalt von Dr. Michael Forcher vom Haymon Verlag, der das Buch herausbrachte, weil er nur Bücher herausbringt, die ihm gefallen, die er mag, die er schätzt.

Zu schön, um wahr zu sein? Nein, so ist es nun mal auch, das Leben.

Das Buch war endlich in der Welt angekommen. Wunderschön, solide, mit einem Titelbild, das das Geheimnisvolle des „Dritten Zimmers" vollendet bildlich umsetzt. Jeder Autor kennt dieses ganz besondere Glücksgefühl, das eigene, das neue Buch in Händen zu halten.

Vielleicht schreiben wir nur, um diesen Moment erleben zu können ...

Der Weg vom Buch zum Leser war damit noch nicht geschafft: Nun schlug der Markt richtig zu. Dieses düstere Kapitel überblättere ich mit leichter Hand. Man sollte wirklich nicht zu intensiv darüber nachdenken, wie Bücher in Buchläden gelangen (oder auch nicht).

Stapelware in Buchläden wird nur von Großverlagen erzeugt oder von regional erfolgreichen Verlagen – also blieb nur der Weg über Rezensionen, um der Welt bekannt zu geben, daß hier ein neues Buch auf den geneigten Leser wartet.

Das Echo blieb aus. Die ungelesenen Rezensionsexemplare tauchten bei ebay und ähnlichen Institutionen auf. Das Feuilleton verstärkte zwar zeitgleich seine Jammerei über die fehlende Welthaftigkeit in deutschen literarischen Texten, besprach aber weiterhin nur genau jene, in denen antriebsarme Dreißigjährige rauchen, schweigen oder aneinander vorbeireden, jedenfalls nichts tun. Erzählen können sowieso nur die Engländer, und die Highsmith war ja in Wirklichkeit keine Kriminalautorin.

Für die Freunde von Action und Hardboiled-Krimis waren Lennart und sein Schicksal nicht aufregend genug, obwohl er nur knapp mit dem Leben davonkommt; ihm selbst reichte das, und mir, seiner besorgten Schöpferin, auch.

Die Schöpferin selbst ist leider keine Ex, was wenigstens ein paar Storys mit beiläufiger Bucherwähnung ergeben hätte: Ex-Frau von, Ex-Politikerin, Ex-Filmsternchen, Ex-Staatsanwältin aus Florida. Ihrer Biographie mangelt es schlicht an Exotika, zumal ihre diversen Studentenjobs der Mantel des Schweigens bedeckt. Auch ist sie keine Journalistin oder, noch besser, gleich in der Welt von Funk und Fernsehen zu Hause, was verkaufsträchtige Kollegen-Besprechungen nach sich zieht. Einen Skandal entfesselte das Werk leider auch nicht – vielleicht hätte ich nicht schreiben sollen, daß es sich bei ihm um keinen Schlüsselroman handelt?!

Der Blick auf das Amazon-Rating, das sich von 850.000 auf 285.000 verbesserte, wurde seltener. Ich bin nun mal keine Masochistin – aber die Abrechnung des Verlages ließ sich dann nicht mehr so einfach ignorieren. Ein Flop. Kassengift.

Und das, obwohl mich so viele positive Leser-Zuschriften erreichten wie nie … Von Freunden und Autorenkollegen, deren Wertschätzung mir viel bedeutete … Das große allgemeine Daumendrücken nach der ersten Preisnominierung [für den FrauenKrimiPreis der Stadt Wiesbaden] – vergebens.

Ich war kurz davor, in die Trotzhaltung des verkannten Genies zu verfallen, wenn mir Trotz denn stehen und ich mich für ein Genie halten würde. Bei der Vorstellung mußte ich dann doch grinsen.

Dann kam der Glauser.

Daß mein Preis-Dank groß, aufrichtig und tief empfunden ist, versteht sich nach alldem von selbst.

Ich danke sehr!

! **criminalis, Magazin für Krimifreunde 0 25 04/8 8161 www.criminalis.de**

„Auch ein fünftes Zimmer"
Michael Forcher, Verleger, Haymon Verlag, über „Das dritte Zimmer" von Gabriele Wolff

Sandra Uschtrin: Handelt es sich bei einem Titel wie „Das dritte Zimmer" in der Tat um „Kassengift"? Wie definieren Sie als Verleger die Begriffe „Kassengift", „Flop"?

FORCHER: Den Begriff „Kassengift" kannte ich vor der zerknirschten Antwort der immer sehr treffend formulierenden Autorin auf unsere erste Honorarabrechnung nicht. Was ein Flop bedeutet, ist mir schon geläufiger. Nur ist das alles sehr relativ. Sowohl innerhalb des eigenen Programms wie auch im Vergleich der Verlage und ihrer Kalkulationskriterien untereinander. Viele hervorragend zu lesende Bücher von hohem Niveau kommen nicht über 1.000, 1.500 verkaufte Exemplare hinaus. Ein Flop ist es aber erst, wenn man mit viel mehr gerechnet hat. Und natürlich hatten wir beim „Dritten Zimmer" mit viel mehr gerechnet. Die hohe Auszeichnung durch den Glauserpreis hat unsere Einschätzung dann ja auch bestätigt.

Natürlich war ich von den Verkaufsziffern des ersten Jahres enttäuscht, weil's einfach schade ist, daß so ein grandioses Buch nicht von allen Buchhandlungen angeboten wird und nicht zu den Lesern findet. Das betrübt mich in so einem Fall mehr als die zu geringen Einnahmen. Die Freude an dem Buch und daran, Frau Wolff unter die Autorinnen meines Verlags zählen zu dürfen, wurde mir dadurch jedenfalls nicht vergällt.

Hat der Glauser aus Frau Wolffs „Kassengift" einen Bestseller gemacht?

FORCHER: Tatsächlich und Gott sei Dank hat der Glauserpreis nicht nur unser Gespür bei der Titelauswahl (wir bekommen ja fast jede Woche einen Krimi angeboten) bestätigt, sondern die Verkaufsziffern des zweiten Jahres, in dem sonst Bücher nur mehr remittiert statt verkauft werden, in die Höhe schnellen lassen. Zum Bestseller wurde „Das dritte Zimmer" damit zwar nicht; immerhin haben wir seit der Bekanntgabe der hohen Auszeichnung weitere Besprechungen bekommen und rund 4.000 Exemplare verkauft, von einer Reihe Einladungen zu Lesungen im Herbst einmal abgesehen. Letztlich können wir jetzt davon ausgehen, daß mit Jahresende die gesamte Erstauflage von (ehrlichen!) 7.000 Exemplaren verkauft sein wird. Ein schöner Erfolg, wie mir jeder ebenso ehrliche Kollege und jede ebenso ehrliche Kollegin in der Branche, die nichts von Phantasieziffern halten, bestätigen wird. Wahrscheinlich wäre die Wirkung des Glauserpreises noch höher gewesen, wenn die Buchhandlungen das Buch noch (oder überhaupt je) auf Lager gehabt hätten, so daß der potentielle Käufer es sich nicht erst bestellen hätte lassen müssen.

Wie häufig kann sich ein Verlag wie Haymon ein solches Gift leisten?

FORCHER: Frau Wolff hatte zu sehr an das Wohlergehen des Verlags gedacht, als sie den Begriff „Kassengift" verwendete. Es ist ja täglich Brot des Verlegers, daß er mögliche Verkaufserfolge falsch einschätzt. Da wir als kleinerer Verlag aber auch nicht exorbitante Summen in die Werbung stecken (können), kann auch das von einem Titel verursachte Defizit nie exorbitant und deshalb unverkraftbar hoch sein. Es geht ja auch um das Gesamtprogramm, um dessen Qualität und Eigenart, also ums Verlagsimage, und dazu tragen oft gerade die Titel viel bei, die an den Kassen der Buchhandlungen wenig bis nichts bringen. Deshalb wendet man ja auch eine Mischkalkulation an und nimmt da und dort bewußt ein Defizit in Kauf.

Vertriebspartnerin des „kleinen" Haymon-Verlags und 50-Prozent-Beteiligte ist die „große" DVA. Haben Titel von Verlagen, die keinen starken Partner haben, überhaupt noch eine Chance, vom Buchhandel wahrgenommen zu werden?

FORCHER: Als „Das dritte Zimmer" dem Buchhandel angeboten wurde, war dies noch Aufgabe der DVA-Vertreter. Der Erfolg war trotzdem beschämend. Auch sonst haben wir erfahren müssen, daß es zwar ein Vorteil ist, gemeinsam mit einem großen Partner ausgeliefert zu werden (günstigere Konditionen, Verwaltungsvereinfachung beim Buchhändler durch gemeinsame Rechnungslegung), in Hinblick auf die Verkaufsziffern hilft eine solche Kooperation jedoch wenig. Da ist das gezielte Ansprechen jener Buchhandlungen und Einkäufer, die für unser Programm gerade die richtigen sind, durch spezialisierte Vertreter oder Verkäufer im Verlag sowie gute Kontaktpflege durch Vertriebschef und Verleger wichtiger. Wir haben diese Erkenntnis zum Anlaß für Veränderungen genommen. Auch sonst sind Synergieeffekte in Partnerschaften zwischen Verlagen sehr unterschiedlicher Struktur und Größenordnung schwerer zu erreichen, als man meint. Wir haben uns deshalb in vollem Einvernehmen mit der DVA einen neuen Partner gesucht und diesen im regionalen Bereich gefunden. Ausgeliefert, wenn man darunter den technischen Vorgang und die Abrechnung meint, werden wir aber in Deutschland weiter von der DVA.

Wären Sie bereit, auch für „Das vierte Zimmer" den „Deus ex Machina" zu spielen?

FORCHER: Aber selbstverständlich, auch ein „fünftes Zimmer"! Spaß beiseite, ich hoffe sehr, daß Frau Wolff bald die Zeit findet, einen neuen Kriminalroman zu schreiben und uns dann wieder das Vertrauen schenkt.

Kommentare zur Rede von Gabriele Wolff

„Ich kenne Gabriele Wolffs Rede und kann ihr nur zustimmen. Es hört sich abgedroschen an, aber so ist es im Leben. Wenn ein Verlag professionell arbeiten will, muss er sich nach dem Markt richten, sonst existiert er nicht lange.

Wenn Verlage für ein Buch keine Käufer sehen, können sie es nicht produzieren – es sei denn, es sind finanzielle Reserven da oder man möchte einen „Traum" realisieren.
Für kleine Verlage wie uns heißt das aber nicht, dass man „Schundbücher" verlegt, weil die Masse das lesen will. Wir wollen ansprechende Bücher herausgeben, die wir auch selber gerne lesen würden. Allerdings haben wir nur relativ kleine Auflagen, für größere Auflagen würden wir keine Käufer finden. Daran muss man noch arbeiten, Käufer und Leser für „gute" Bücher heranziehen. Und ganz ehrlich, wir können von unserer Verlagsarbeit (noch) nicht leben."
Ina Coelen, Autorin und Herausgeberin, Leporello Verlag

„Gabriele Wolff klingt sehr verbittert, böse Agenten, böse Verlage – sie verhindern, dass ihr Buch zu den Lesern kommt. An keiner Stelle die leiseste Andeutung von Zweifel an sich selbst. Die Meinung von vielen unserer Kunden: Deutsche Krimis sind einfach zu oft wie ein „Tatort" oder andere Krimi-Serien im Fernsehen, das wollen sie nicht auch noch lesen ... Krimi-Leser wollen nicht unbedingt den deutschen Alltag in den Krimis finden."
Monika Dobler, Kriminalbuchhandlung Glatteis, München

„Das zentrale Problem ist, dass unsere Denkgewohnheiten und damit unsere Rezeptionserwartungen zunehmend von Film und Fernsehen geprägt sind. Wir wollen Bewegung, spektakuläre ‚Äktschn', letztlich erwarten wir, dass das Böse überlebensgroß hässlich, das Gute aber überlebensgroß schön und gut ist – bis hin zu Filmen wie etwa der ‚Terminator', ‚Man in Black' oder ‚Hellboy'. Frau Wolffs Thema – Macht und Machtmissbrauch, besonders bei Behörden – entzieht sich aber gerade unserer sehtechnischen Sozialisation und unseren Rezeptionserwartungen. Machtmissbrauch findet auf Schwarzgeldkonten statt, durch diskrete Absprachen, eine sanfte mündliche Warnung, einen nicht erteilten Auftrag bei Zuwiderhandlung, die sachlich nicht anfechtbare Abmahnung oder Versetzung des widerborstigen Beamten etc. Das Böse ist hier der höfliche korrekte Herr in Anzug und Mercedes, und äußerlich ist seinem Handeln nichts Negatives anzumerken. Das Unspektakuläre des Themas droht zum anschließenden merkantilen Problem zu werden. Irgendwie muss das Böse nämlich in möglichst aufregende Handlung aufgelöst werden – Beamte im Dienste missbrauchter Macht aber stempeln ab, unterschreiben, telefonieren –, da ist nicht viel zu sehen. Das will der Leser vielleicht auch gar nicht beschrieben bekommen, weil es ja Bestandteil seines Alltags ist. Und dann kauft er einen Krimi zu diesem Thema wohl eher nicht. Das ist Frau Wolffs primäres Problem.
Ein weiteres Problem ist, dass wir uns mit dem Helden unbedingt identifizieren wollen. Wir wollen stark sein, unbesiegbar und gut aussehend (wie im Film eben). Da ist uns ein Drachentöter lieber als ein Ministerialbeamter. Dem schreiben wir Eigenschaften wie Langweiligkeit, Schlaffheit, Gewöhnlichkeit zu. Frau Wolff ist mit diesen Problemen gut fertig geworden, sie hat das kaum Sichtbare oder Unsichtbare gekonnt materialisiert bzw. visualisiert und in Handlungen überführt, fand aber trotzdem zunächst wohl kaum Leserinteresse. Das Epitheton ‚solide' – sie versteht ja berufsbedingt viel von der Materie! – geriet für sie beina-

he zum Schimpfwort. Erst der Glauser half dem ab. Dies zeigt, dass ein Roman so gut – so realistisch, so solide – sein kann wie er will – ohne ‚Äktschn' von außen, ohne Werbung und Paukenschläge wie die Verleihung des Glausers geht es wohl nicht."

Dr. Klaus-Peter Walter, Autor und Herausgeber des „Lexikons der Kriminalliteratur"

„Die Publikumsverlage baden in der Fülle von Manuskripten namhafter (ausländischer!) Autoren, die Kleinverlage sind indessen auf regionale und andere Nischen angewiesen. Ein guter Stoff, der also nicht aus der Feder einer englischsprachigen Topsellerin oder eines skandinavischen Thrillerautors geflossen ist und der überdies weder ein Katzen-, Mittelalter- oder Regionalkrimi ist, hat es in der Tat noch schwer, von einem breiteren Publikum wahrgenommen zu werden. Die Macht liegt nicht zuletzt in den Händen der BuchhändlerInnen, die damit beschäftigt sind, Stapel aufzutürmen. Wenn sie den Ehrgeiz entwickeln würden, mit der Auswahl ihrer Lieblinge weniger ausgetretene Pfade zu beschreiten, wäre schon viel gewonnen. Doch vom Horizont dringt ein Schimmer herüber. Ich bin sicher, dass sich in den kommenden Jahren viel verändern wird."

Ralf Kramp, Autor, Verleger (KBV) und Krimi-Eventgestalter

„Humorvoll ist sie, Gabrieles Dankesrede, fundiert und geistreich. Als Autorenkollegin kenne ich nur zu gut den steinigen Marterweg vom Manuskript zum fertigen Buch, den auch mehrfach veröffentlichte KrimischriftstellerInnen immer mal wieder im Büßerhemd abzuschreiten haben. Vor allem, wenn sie nicht anbetend zu Füßen der goldenen Kuh namens ‚Verkaufszahlen' liegen. Eigentlich würde ich ihre Dankesrede sogar für brillant halten, wäre ich nicht so von Neid darauf zerfressen, dass ihr literarisches Baby trotz aller Hürden einen liebevollen Verlegervater fand und schlussendlich auch noch ein heiß begehrtes Preiskrönchen aufs flaumige Babyhaupt gedrückt bekam. Andererseits macht so eine Häppi-End-Geschichte auch Mut. Ich werde also weiterschreiben, bis die Tastatur glüht. Und hoffentlich wird meine Dankesrede dereinst ebenso humorvoll, geistreich und brillant ausfallen wie die von Gabriele."

Tatjana Kruse, Krimiautorin

! glatteis Die Kriminalbuchhandlung München www.glatteis-krimi.de

Kriminalliteratur:
Verlagsadressen und Informationen
Recherchiert und zusammengestellt von Eva Geiger

Unter dem Titel „Alles, was ein Krimi-Autor wissen muss" finden AutorInnen im Internet die hoch informative „Krimischreiber – FAQ (Frequently asked questions)". „Diese FAQ wird kontinuierlich aufgebaut und soll vor allem dazu dienen, Newcomer zu informieren." (http://ourworld.compuserve.com/homepages/ KARR_WEHNER/servfaq.htm). Nachzulesen ist dort u. a., dass jedes Jahr „rund 180 bis 200 neue deutschsprachige Krimis" erscheinen. „Davon sind maximal 10 Prozent Debüts (erste Veröffentlichung des Autors überhaupt oder erster Krimi eines Autors)."

Um herauszufinden, in welchen Verlagen diese Krimis hauptsächlich erscheinen, wurden die Listen der Einsendungen für den „Glauser" 2004 und 2003 ausgewertet. Der „Glauser – Autorenpreis deutsche Kriminalliteratur" ist ein Krimipreis, den die Autorengruppe deutschsprachige Kriminalliteratur „Das SYNDIKAT" jährlich vergibt; die erwähnten Listen werden im Internet unter www.das-syndikat.com/glauser.htm veröffentlicht. Demnach wurden für den „Glauser" 2004 bis zum 31.12.2003 insgesamt 189 Titel eingereicht, das waren 21 Titel mehr als im Jahr davor.

Rund siebzig Verlage konnten auf diese Art ermittelt werden; sachdienliche Hinweise gab außerdem die Buchhändlerin Monika Dobler von der Münchner Krimibuchhandlung „Glatteis". Reine Krimibuchhandlungen wie diese sind in Deutschland rar. Der möglicherweise weite Weg lohnt sich allerdings immer, besonders für AutorInnen, die einen Verlag für ihr Manuskript suchen, denn die InhaberInnen dieser Etablissements kennen sich allesamt bestens in der Krimiszene aus und wissen, welcher Verlag worauf spezialisiert ist.

Auch ein Blick ins Internet kann nicht schaden, wenn es darum geht, die einzelnen Programme der Verlage besser kennen zu lernen.

Hat man mehrere Verlage gefunden, bitte nicht gleich das Manuskript losschicken, sondern vorher anrufen und fragen, ob an dem Manuskript Interesse besteht. Auf diese Weise lassen sich Papierverbrauch, Porto- und Kopierkosten minimieren. Außerdem spart man Zeit und Nerven und erfährt bei der Gelegenheit gleich den Namen der zuständigen Person, muss diese später also nicht mit „Sehr geehrte Damen und Herren" anreden.

Akazien Verlag, Adelheid Gehringer und Dr. Franz-Josef Hücker, Akazienstr. 28, D-10823 Berlin, fon: 0179/4705674, fax: 030/2156395, info@akazien-verlag.de, www.akazien-verlag.de
AK-Verlag GmbH (Apitz-Kunkel Verlag), Hauptstr. 11, D-65344 Eltville, fon: 06123/990070, fax: 06123/990071, mail@ak-verlag.de, www.ak-verlag.de
Arche Verlag, Zürich – Hamburg, Arche Verlag AG Zürich: Niederdorfstr. 90/Am Central, CH-8001 Zürich, fon: 01/2522410, fax: 01/2611115, arche-verlag@swissonline.ch oder Arche Verlag AG Hamburg: Körnerstr. 1, D-22301

Hamburg, fon: 040/271113, fax: 040/271116, lektorat@arche-verlag.de, www.arche-verlag.com

Argument Verlag mit Ariadne, Eppendorfer Weg 95, D-20259 Hamburg, fon: 040/401800-0, fax: 040/401800-20, verlag@argument.de, www.argument.de

Aufbau Taschenbuch Verlag, Neue Promenade 6, D-10178 Berlin, fon: 030/28394-0, fax: 030/28394-100, info@aufbau-verlag.de, www.aufbau-verlag.de

Autumnus-Verlag, Florian Herbst, Joachim-Karnatz-Allee 1, D-10557 Berlin, fon + fax: 030/22487-302, florian.herbst@autumnus-verlag.de. www.autumnus-verlag.de

Beltz & Gelberg, Beltz Verlage, Werderstr. 10, D-69469 Weinheim, fon: 06201/6007-0, fax: 06201/6007310, info@beltz.de, www.beltz.de

Benu Verlag, Bernward Schneider, Bauernwiese 14, D-31139 Hildesheim, fon: 05121/172929, email@benu-verlag.de, www.benu-verlag.de

berlin.krimi.verlag (Imprint des be.bra verlags), KulturBrauerei Haus S, Schönhauser Allee 37, D-10435 Berlin, fon: 030/44023-810, fax: 030/44023-819, post@bebraverlag.de, www.bebraverlag.de

Betzel Verlag GmbH, Postfach 1905, D-31569 Nienburg, fon: 05021/914869, fax: 05021/914868, betzelverlag@myramedia.de, www.betzelverlag.de

Blanvalet Taschenbuch, Verlagsgruppe Random House, Neumarkter Str. 28, D-81673 München, fon: 089/4136-0, www.randomhouse.de/blanvalet

Blatt-Verlag, Kathrin Heinrichs, Im Tiefen Winkel 22, D-58706 Menden, fon: 02373/4793, fax: 02373/915167, heinrichs.de@t-online.de, www.kathrin-heinrichs.de

Karl Blessing Verlag, Verlagsgruppe Random House, Neumarkterstr. 28, D-81673 München, fon: 089/4136-0, fax: 089/4136373, www.blessing-verlag.de

Brücken Verlag, Burglindenstr. 35, D-65201 Wiesbaden, fon: 0611/41189660, fax: 0611/41189668, info@brueckenverlag.de, www.brueckenverlag.de

btb, Verlagsgruppe Random House, Neumarkter Str. 28, D-81673 München, fon: 089/4136-0, fax: 089/4136-3431 (Lektorat), www.randomhouse.de/btb

Cosmos Verlag, Kräyigenweg 2, CH-3074 Muri bei Bern, fon: 031/9506464, fax: 031/9506460, info@cosmosverlag.ch, www.cosmosverlag.ch

das neue berlin verlags GmbH, Rosa-Luxemburg-Str. 39, D-10178 Berlin, fon: 030/238091-0, lektorat@eulenspiegelverlag.de, www.eulenspiegelverlag.de

decent Verlag Gmbh, Schloßstr. 7, D-16356 Blumberg, fon: 033394/56150-51, fax: 033394/70907, decent@decent-verlag.de, www.decent-verlag.de

Deuticke Verlag, Prinz-Eugen-Str. 30, A-1040 Wien, fon: 01/5057661-0, fax: 01/505766110, info@deuticke.at, www.deuticke.at

Deutscher Taschenbuch Verlag, Friedrichstr. 1a, D-80801 München, fon: 089/38167-0, fax: 089/346428, verlag@dtv.de oder fiction@dtv.de, www.dtv.de

Die Hanse (Sabine Groenewold Verlage KG), Bei den Mühren 70, D-20457 Hamburg, fon: 040/450194-0, fax: 040/45019450, info@sabine-groenewold-verlage.de, www.die-hanse.de

Maximilian Dietrich Verlag, Weberstr. 36, D-87700 Memmingen, fon: 08331/2853, fax: 08331/490364, dietrich-verlag@freenet.de, www.maximilian-dietrich-verlag.de

Diogenes Verlag, Sprecherstr. 8, CH-8032 Zürich, fon: 01/2548511, fax:

01/2528407, info@diogenes.ch, www.diogenes.ch

DistelLiteraturVerlag, Sonnengasse 11, D-74072 Heilbronn, fon: 07131/9679-16, fax: 07131/9679-40, info@distelliteraturverlag.de, www.distelliteraturverlag.de

Diva Verlag, Michael Fubel, Sickingenstr. 6–8, D-34117 Kassel, fon: 0561/72933-0, fax: 0561/7293329, m.fubel@diva-werbung.de, www.diva-werbung.de (Stadtkrimis)

Droemer Verlag, Verlagsgruppe Droemer Knaur, Hilblestr. 54, D-80636 München, fon: 089/9271-0, fax: 089/9271168, info@droemer-knaur.de, www.droemerknaur.de

DuMont Literatur und Kunst Verlag, Amsterdamer Str. 192, D-50735 Köln, fon: 0221/224-1971, fax: 0221/2241973, info@dumontliteraturundkunst.de, www.dumontliteraturundkunst.de

edition karo, Verlag Josefine Rosalski, Falkentaler Steig 96 a, D-13467 Berlin, fon: 030/8917864, fax: 030/40585132, edition-karo@gmx.de, www.edition-karo.de

Edition Splitter, Salvatorgasse 10, A-1010 Wien, fon: 01/5327372, fax: 01/5321109, horn@splitter.co.at, www.splitter.co.at

Edition Temmen, Hohenlohestr. 21, D-28209 Bremen, fon: 0421/34843-0, fax: 0421/348094, info@edition-temmen.de, www.edition-temmen.de

éditions trèves, Postfach 15 50, D-54205 Trier, fon: 0651/309010, fax: 0651/300699, mail@treves.de, www.treves.de

Eichborn Verlag, Kaiserstr. 66, D-60329 Frankfurt am Main, fon: 069/256003-0, fax: 069/25600330, www.eichborn.de

Emons Verlag, Lütticher Str. 38, D-50674 Köln, fon: 0221/56977-0, fax: 0221/524937, info@emons-verlag.de, www.emons-verlag.de (Regionalkrimis: Köln, Bergische, Aachen, Eifel, Düsseldorf, Niederrhein, München)

Espresso Verlag, Am Treptower Park 28–30, D-12435 Berlin, fon: 030/53334444, fax: 030/53334159, info@espresso-verlag.de, www.espresso-verlag.de

Europa Verlag, Gutruf Haus, Neuer Wall 10, D-20354 Hamburg, fon: 040/355434-0, fax: 040/35543466, info@europaverlag.de, www.europa-verlag.de

Fischer Taschenbuch Verlag GmbH, Hedderichstr. 114, D-60596 Frankfurt am Main, fon: 069/6062-0, fax: 069/6062319, info@fischerverlage.de, www.fischerverlage.de

Dietmar Fölbach Verlag, Schützenstr. 44, D-56068 Koblenz, fon: 0261/18619, fax: 0261/17980, www.foelbach.de

Frauenoffensive Verlag, Metzstr. 14 c, D-81667 München, fon: 089/48950048, fax: 089/48950049, info@verlag-frauenoffensive.de, www.verlag-frauenoffensive.de

Gerstenberg Verlag, Rathausstr. 18–20, D-31134 Hildesheim, fon: 05121/106-0, fax: 05121/106498, verlag@gerstenberg-verlag.de, www.gerstenberg-verlag.de

Glaré Verlag, Sabine u. Mohammad Allafi, Postfach 50 07 17, D-60395 Frankfurt am Main, fon: 069/520283, fax: 069/520324, glareverlag@t-online.de, www.glareverlag.de

Gmeiner-Verlag GmbH, Im Ehnried 5, D-88605 Meßkirch, fon: 07575/2095-0, fax: 07575/2095-29, info@gmeiner-verlag.de, www.gmeiner-verlag.de

Goldmann Verlag, Verlagsgruppe Random House, Neumarkter Str. 28, D-81673

München, fon: 089/4136-0, fax: 089/41363431 (Lektorat), www.goldmann-verlag.de

GRAFIT Verlag, Chemnitzer Str. 31, D-44139 Dortmund, fon: 0231/7214650, fax: 0231/7214677, info@grafit.de, www.grafit.de

Hannah-Verlag, Sophie-Scholl-Weg 8, D-21684 Stade, fon: 04141/510531, fax: 04141/510533, www.hannah-verlag.de

Haymon Verlag, Kochstr. 10, A-6020 Innsbruck, fon: 0512/576300, fax: 0512/57630014, office@haymonverlag.at, www.haymonverlag.at

Wilhelm Heyne Verlag, Verlagsgruppe Random House, Neumarkter Str. 28, D-81673 München, fon: 089/4136-0, heyne-suedwest@randomhouse.de, www.heyne.de

Hoffmann und Campe Verlag GmbH, Harvestehuder Weg 42, D-20149 Hamburg, fon: 040/441880, fax: 040/44188320, www.hoffmannundcampe.de

KBV Verlags- und Medien GmbH, Augustinerstr. 1, D-54576 Hillesheim/Eifel, fon: 06593/998668, fax: 06593/998701, info@kbv-verlag.de, www.kbv-verlag.de

Kiepenheuer & Witsch, Rondorfer Str. 5, D-50968 Köln, fon: 0221/376850, fax: 0221/388595, www.kiwi-koeln.de

Knaur Belletristik, Verlagsgruppe Droemer Knaur, Hilblestr. 54, D-80636 München, fon: 089/9271-0, fax: 089/9271-168, info@droemer-knaur.de, www.droemer-knaur.de

Knaur Taschenbuch, Verlagsgruppe Droemer Knaur, Hilblestr. 54, D-80636 München, fon: 089/9271-0, fax: 089/9271168, info@droemer-knaur.de, www.droemer-knaur.de

Karin Kramer Verlag, Postfach 440417, D-12004 Berlin, fon: 030/6845055, fax: 030/6858577, info@karin-kramer-verlag.de, www.karin-kramer-verlag.de

Verlag Antje Kunstmann, Georgenstr. 123, D-80797 München, fon: 089/1211930, fax: 089/12119320, info@kunstmann.de, www.kunstmann.de

Lacrima Verlag, Ingo Löchel, Moltkestr. 82/84, D-50674 Köln, fon: 0172/2026554, info@lacrima-verlag.org, www.lacrima-verlag.de

Verlag Gabriele Lechner, Landsberger Str. 478, D-81241 München, fon: 089/130179-0, fax: 089/13017919, verlag@lechner.de, www.lechner.de

LEDA-Verlag, Kolonistenweg 24, D-26789 Leer, fon: 0491/5087, fax: 0491/9279859, info@leda-verlag.de, www.leda-verlag.de

Leporello Verlag, Richard-Wagner-Str. 15, D-47799 Krefeld, fon: 02151/503511 + 950692, fax: 02151/500164, leporellobuch@aol.com, www.leporellobuch.de

Verlag Lindenstruth, Postfach 101026, Wiesecker Weg 42, D-35340 Gießen, fon: 0641/394250, ggl@verlag-lindenstruth.de, www.Verlag-Lindenstruth.de

Limmat Verlag, Rieterstr. 18, CH-8059 Zürich, fon: 01/2811400, fax: 01/2811440, info@limmatverlag.ch, www.limmatverlag.ch

Verlagsgruppe Lübbe, Scheidtbachstr. 23–31, D-51469 Bergisch Gladbach, fon: 02202/121-0, fax: 02202/121-927, lektorat@luebbe.de, www.luebbe.de

Maas Verlag, Adalbertstr. 7–8, D-10999 Berlin, fon: 030/61656877, fax: 030/6158851, info@maasverlag.de, www.maasverlag.de

mgVerlag, Walter L. Kelch, Niederstr. 31, D-56637 Plaidt, fon + fax: 02632/73532, www.mgverlag.de

Milena Verlag, Lange Gasse 51/10, A-1080 Wien, fon: 01/4025990, fax: 01/4088858, frauenverlag@milena-verlag.at, www.milena-verlag.at

Militzke Verlag e. K., Huttenstr. 5, D-04249 Leipzig, fon: 0341/42643-0, fax: 0341/42643-99, info@militzke.de, www.militzke.de

Rainar NITZSCHE Verlag, Gasstr. 34, D-67655 Kaiserslautern, fon + fax: 0631/61305, Rainar.NitzscheVerlag@t-online.de, www.nitzscheverlag.de.vu

NordPark Verlag, Alfred Miersch, Klingelholl 53, D-42281 Wuppertal, fon: 0202/511089, fax: 0202/2988959, miersch@nordpark-verlag.de, www.nord-park-verlag.de („KrimiKritik" – Die kritische Reihe zur Kriminalliteratur)

Pandion Verlag, Gartenstr. 10, D-55469 Simmern, fon: 6761/7142, fax: 06761/7172, info@pandion-verlag.de, www.pandion-verlag.de

Pendragon Verlag, Stapenhorststr. 15, D-33615 Bielefeld, fon: 0521/69689, fax: 0521/174470, pendragon.verlag@t-online.de, www.pendragon.de

Piper Verlag, Georgenstr. 4, D-80799 München, fon: 089/381801-0, fax: 089/338704, info@piper.de, www.piper.de

Kristina Probst Verlag, Seerosenweg 24, D-91056 Erlangen, fon: 09135/721420, fax: 09135/721421, verano.kpv@web.de

Prolibris Verlag, Rolf Wagner, Rasenallee 23 d, 34128 Kassel, fon: 0561/6027071, fax: 0561/66645, wagner@prolibris-verlag.de, www.prolibris-verlag.de (nur Regionalkrimis)

Reclam Verlag Leipzig, Inselstr. 26, D-04103 Leipzig, fon: 0341/99717-0, fax: 0341/997130, info@reclam-leipzig.de, www.reclam-leipzig.de

Rotbuch Verlag (Sabine Groenewold Verlage KG), Bei den Mühren 70, D-20457 Hamburg, fon: 040/450194-0, fax: 040/45019450, info@sabine-groenewold-verlage.de, www.rotbuch.de

Rowohlt Verlag, Hamburger Str. 17, D-21465 Reinbek, fon: 040/7272-0, fax: 040/7272346, lektorat.literatur@rowohlt.de, www.rowohlt.de

Scherz Verlag, S. Fischer Verlag GmbH, Hedderichstr. 114, D-60596 Frankfurt am Main, fon: 069/6062-0, fax: 069/6062319, info@fischerverlage.de, www.fischerverlage.de

Verlag Jürgen Schmicker, Schellerstr. 14, D-41366 Schwalmtal, fon: 02163/1737, fax: 02163/2802, juergen.schmicker@t-online.de

SCHWARTEN Verlag & Medienservice, Taxbergweg 4, D-86556 Kühbach, fon: 08257/9105, info@schwarten.de, www.schwarten.de

Solmser Buchverlag, Jürgen Groß, Vorm Bornplatz 5, D-35606 Solms, fon: 06441/28212, fax: 06441/25553, gross.solmser@freenet.de, http://people.freenet.de/krimi

Societäts-Verlag, Frankenallee 71–81, D-60327 Frankfurt am Main, fon: 069/7501-0, www.societaets-verlag.de

Steidl Verlag, Düstere Str. 4, D-37073 Göttingen, fon: 0551/496060, fax: 0551/49606-49, mail@steidl.de, www.steidl.de

Ullstein Buchverlage GmbH, Friedrichstr. 126, D-10117 Berlin, fon: 030/23456-300, fax: 030/23456303, ullstein-verlag@ullstein-buchverlage.de, www.ullstein-buchverlage.de

Unionsverlag, Rieterstr. 18, Postfach 2188, CH-8027 Zürich, fon: 01/2811400, fax: 01/2811440, mail@unionsverlag.com, www.unionsverlag.com

Verlag der Criminale, Buch&media GmbH, Ruffinistr. 21, D-80637 München, fon:

089/139290-46, fax: 089/139290-65, info@buchmedia.de, www.buchme-
dia.de

Verlag Nummer Eins, Ronald M. Hahn, Werth 62, D-42275 Wuppertal, fon + fax:
0202/595863, ron_hahn@compuserve.com, www.verlag1.de

Vertigo Verlag e. K., Metzstr. 25, D-81667 München, fon: 089/48997270, fax:
089/48951809, mail@vertigo-verlag.de, www.vertigo-verlag.de

Waxmann Verlag GmbH, Steinfurter Str. 555, Postfach 8603, D-48046 Münster,
fon: 0251/26504-0, fax: 0251/26504-26, info@waxmann.com sowie: Berliner
Niederlassung: Waxmann Verlag GmbH, Torstr. 195, D-10115 Berlin, fon:
030/283900-49, fax: 030/28390059, berlin@waxmann.com, www.wax-
mann.com

Verlag + Medien@gentur Michael Weyand GmbH, Friedlandstr. 4, D-54293 Trier,
fon: 0651/9960140, fax: 0651/9960141, verlag@weyand.de, www.weyand.de
(nur Regionalkrimis)

Friedrich Wittig Verlag, Postfach 3169, D-24030 Kiel, fon: 0431/55779-206, fax:
0431/55779-292, vertrieb@wittig-verlag.de, www.wittig-verlag.de („Kir-
chenKrimis")

Paul Zsolnay Verlag, Prinz-Eugen-Str. 30, A-1040 Wien, fon: 01/5057661-0, fax:
01/5057661-10, info@zsolnay.at, www.zsolnay.at

zebu verlag, Winfried Zerbes, Goldbergweg 125, D-60599 Frankfurt am Main, fon:
069/65303754, fax: 01805-06033434939, info@zebu-verlag.de, www.zebu-
verlag.de

Krimiarchiv & -bibliothek

Bochumer Krimi Archiv, Reinhard Jahn, Postfach 101813, D-45018 Essen, fon:
0201/643421, fax: 0201/765699, 100740.3540@compuserve.com, http://
homepages.compuserve.de/krimijahn/dkp (siehe auch „Deutscher Krimi
Preis", S. 530)

krimiTHEK Krimibibliothek, Im Gemeinschaftszentrum Schindlergut, Kronen-
str. 12, CH-8006 Zürich, info@krimithek.ch, www.krimithek.ch

Krimibuchhandlungen

Berlin: Hammett, Friesenstr. 27, D-10965 Berlin, fon: 030/6915834, fax:
030/6933565, hammett@hammett-krimis.de, www.hammett-krimis.de

Berlin: Krimibuchhandlung Miss Marple, Weimarer Str. 17, D-10625 Berlin, fon +
fax: 030/36412724, mail@krimi-marple.de, www.krimi-marple.de

Braunschweig: Mord & Totschlag. Krimi-Antiquariat, Karl-Marx-Str. 6, D-38104
Braunschweig, fon: 0531/7075520, tilman-thiemig@web.de

Frankfurt: Die Wendeltreppe, Brückenstr. 34, D-60594 Frankfurt am Main, fon:
069/611341, fax: 069/619141, die.wendeltreppe@t-online.de

Freiburg: UFO, Rathausgasse 46, D-79098 Freiburg, fon: 0761/33316, fax:
0761/24516, ufobuch@aol.com, www.ufo-freiburg.de

Hamburg: Heiner K. – Krimis & Konsorten, Weidenallee 60, D-20357 Hamburg,
fon: 040/459254, fax: 040/459259, www.heiner-k.de

Kerken: Krimi-Antiquariat „Moerdergrube", Webermarkt 3, D-47647 Kerken/Nieu-
kerk, fon: 0170-4058378, info@moerdergrube.de, www.moerdergrube.de

Köln: Alibi, Ehrenstr. 96–98, D-50672 Köln, fon: 0221/244496, fax: 0221/9233328
Mannheim: Tatort, Q3 15, D-68161 Mannheim, fon: 0621/10049, fax: 0621/10071
München: Glatteis, Monika Dobler u. Gabriele Fauser, Corneliusstr. 31, D-80469
    München, fon: 089/2014844, fax: 089/20207041, info@glatteis-krimi.de,
    www.glatteis-krimi.de
Stuttgart: Under-Cover Krimi & Hörbuch, Nesenbachstr. 50, D-70178 Stuttgart,
    fon: 0711/2349943, fax: 0711/2349946, info@under-cover.de, www.under-
    cover.de
Wien: Mord & Musik, Walter Robotka, Lindengasse 22/1, A-1070 Wien, fon:
    01/9906506, info@mordundmusik.at www.mordundmusik.at
Zürich: Am Rand, Roeschibachstr. 73, CH-8037 Zürich, fon: 01/2712151

AutorInnenvereinigungen
Das SYNDIKAT – Autorengruppe deutschsprachige Kriminalliteratur, www.das-
    syndikat.com (siehe S. 640)
Sisters in Crime – Mörderische Schwestern, www.sinc.de (siehe S. 639)

Literaturpreise
Agatha-Christie-Krimipreis (der Zeitschrift „Amica") (siehe S. 526)
Deutscher Krimi Preis (siehe S. 530)
Glauser – Autorenpreis deutsche Kriminalliteratur (siehe S. 533)
Glauser-Krimipreis für die beste Kriminalkurzgeschichte (siehe S. 533)
Martin – Kinder- und Jugendkrimipreis des SYNDIKATS (siehe S. 543)
Nordfälle – Krimistadtschreiber Flensburg (siehe S. 553)

Internetseiten (www. ....:)
alligatorpapiere.de – DIE Krimi-Plattform von Alfred Miersch; „Heimathafen,
    Anlaufpunkt und Gesprächsplattform der Krimiszene". Für seine Verdienste
    um die Kriminalliteratur im deutschen Sprachraum erhielt Alfred Miersch
    2004 den „Ehrenglauser". Siehe auch NordPark Verlag, oben.
bka.de – Seiten des Bundeskriminalamts
kaliber38.de – „Wir haben nahezu alles katalogisiert, was seit Juli 1999 im Krimi-
    bereich erschienen ist."; mit „krimi-navigtor" u. v. m.; verantwortlich: Jan
    Christian Schmidt
krimi-forum.de – Forum, Interviews, News, Krimi-Datenbank ...
lesben.org/krimis.htm – Liste auf Deutsch erschienener Lesbenkrimis (ca. 222
    Titel)
http://ourworld.compuserve.com/homepages/KARR_WEHNER/index00.htm =
    H. P. Karr: Lexikon der deutschen Krimi-Autoren – Internet-Edition by
    Reinhard Jahn, Postfach 101813, D-45018 Essen, 100740.3540@compu-
    serve.com

Krimizeitschriften
Criminalis, Magazin für Krimifreunde (siehe S. 193)
„Krimijournal – Die Zeitung für Krimifreunde" für Endkunden, Buchhändler und
    Journalisten, Gmeiner Verlag, siehe oben

Science Fiction, Horror & Fantasy:

Schreiben, schreiben, schreiben
Interview mit Klaus N. Frick, PHERRY-RHODAN-Chefredakteur

Sandra Uschtrin: In den Kinos ist gerade – mit Erfolg, wie es scheint – das „(T)Raumschiff Surprise – Periode 1" gestartet, eine deutsche Produktion. Wie ist die Lage auf dem deutschen SF-Markt im Hinblick auf das geschriebene Wort? Greifen die LeserInnen zu deutschen AutorInnen?

FRICK: Teilweise ja. Wenn diese Autoren Frank Schätzung heißen (dessen Roman „Der Schwarm" ist lupenreine Science Fiction, wird aber nicht als solche verkauft) oder Andreas Eschbach (dessen Romane sind meist eindeutig als Science Fiction einzustufen, werden aber nicht als solche angeboten), greifen die deutschen Leserinnen und Leser sehr wohl nach ihren Romanen. Auch die PERRY RHODAN-Serie wird im Buch-, Taschenbuch- und Heftroman-Format nach wir vor sehr gerne gekauft und gelesen.

Darüber hinaus fristet die deutschsprachige Science Fiction in den großen Verlagen eher ein Schattendasein. Was allerdings auch nicht verwundern darf: Science Fiction ist hierzulande eher ein Randthema.

Wie viele deutsche SF-Neuerscheinungen gibt es jährlich in Buchform, die keine Serie oder Reihe bedienen?

FRICK: Da verlasse ich mich ganz auf die Angaben im Heyne-SF-Jahrbuch, der besten Quelle für Informationen über Science Fiction in Buchform. Fürs Jahr 2003 gibt Hermann Urbanek an, dass sich die Veröffentlichungen in gebundener Form, im Taschenbuch, als Paperback oder in Kassette auf 1.686 Titel summieren. Wie viele davon von deutschsprachigen Autoren stammen, kann ich nicht sagen. Es ist aber wohl so, dass im Kleinverlagsbereich die deutschsprachigen Autorinnen und Autoren vorherrschen – kein Wunder, die Kleinverlage können die Lizenzen und Übersetzungshonorare nicht bezahlen –, während bei den großen Verlagen wie Bastei, Heyne oder auch Piper vor allem Übersetzungen aus dem Englischen publiziert werden.

Wie viele „Terraner" lesen jede Woche das neueste PERRY RHODAN-Heft, diese Woche also Heft Nummer 2240, „Der Graue Autonom" von Frank Borsch, Druckauflage laut Mediadaten 160.000 Exemplare?

FRICK: Da es PERRY RHODAN nicht nur als Heftroman, sondern auch im Taschenbuch und in gebundener Form gibt, gehe ich davon aus, dass wir eine Viertelmillion regelmäßiger Käufer und Leser haben. Die exakten Auflagen sind verlagsintern.

Bei den Neuerscheinungen in der Sachgruppe Belletristik ist ungefähr jeder dritte Titel eine Übersetzung (2003 waren es genau 2.888 von 9.321 Titeln). Soweit ich weiß, gilt das nicht für den Bereich Science Fiction. Dort soll es sehr viel mehr Übersetzungen geben, vor allem aus dem angloamerikanischen Sprachraum. Was schätzen Sie, wie ist bei der Science Fiction das Verhältnis zwischen deutschsprachigen Neuerscheinungen und Neuerscheinungen, die aus einer anderen Sprache übersetzt wurden?

FRICK: Hier müssen Sie – wie schon erwähnt – zwischen den Kleinverlagen, den Heftromanverlagen und den großen Taschenbuch- und Hardcover-Verlagen unterscheiden. Bei den Kleinverlagen werden praktisch nur deutschsprachige Autoren publiziert, bei den Heftromanverlagen ebenso, während bei den großen Häusern wie Heyne und Bastei der deutschsprachige Anteil bei unter zehn Prozent liegt.

Woran liegt es, dass die großen Verlage bevorzugt amerikanische Science Fiction drucken? Oder anders ausgedrückt: Was finden deutsche LeserInnen an amerikanischen AutorInnen so attraktiv?

FRICK: Den meisten von uns ist die amerikanische Kultur recht vertraut, Musik und Filme aus den Staaten haben uns alle geprägt. Was amerikanische Autoren egal welcher Genres schreiben, entspricht deshalb dem, was sich deutsche Leser vorstellen können – ganz im Gegensatz etwa zu Autoren aus dem Iran oder China, um zwei Beispiele zu nennen. Amerikanische und englische SF-Autoren schreiben meist „auf der Höhe der Zeit", treffen mit ihren Werken einen gewissen internationalen Zeitgeist – und dies erklärt einen Teil ihres Erfolgs.

Und den anderen Teil? Haben die Amerikaner mehr Fantasie? Können sie besser schreiben?

FRICK: Ich glaube nicht, dass es an der Fantasie liegt. Es liegt meist am Handwerk. Hier sind die Amerikaner und Engländer einfach besser, und hier unterscheidet sich die Science Fiction nicht von anderer Genre-Literatur. Die deutschen Leser entscheiden sich nicht aus Bösartigkeit für amerikanische Autoren, sondern deshalb, weil sie deren Romane schlicht besser finden.

Wenn es also an der Qualität der Texte liegt, woran hapert es bei den Deutschen? Was sind die häufigsten Schwachpunkte?

FRICK: Während viele deutschsprachige Autorinnen und Autoren, die bei den Verlagen ihre Manuskripte einreichen, nicht einmal die rudimentären Regeln der deutschen Sprache beherrschen, sich nicht um Charakterentwicklung, Spannungsaufbau oder eine brauchbare Science-Fiction-Idee kümmern, wird darauf in den USA mehr Wert gelegt. Häufig hapert es hierzulande an eben diesen grundsätzlichen Dingen.

Manchmal fehlt einfach der Biss. Andreas Eschbach hat mehrfach darauf hingewiesen, dass eine Person, die schreiben möchte, einfach auch schreiben muss. Da zählen irgendwelche Ausreden nicht. Ich habe einmal einer Autorin eine Reihe von Ratschlägen gegeben, wie sie ihren Text verbessern könnte. Sie hörte sich alles eine halbe Stunde lang an, sagte immer „ja, du hast recht" und andere Dinge, und zum Abschluss sagte sie dann: „Das ist aber viel Arbeit."

Ich fürchte, hier ist die Schulbildung ein bisschen mit schuld: Deutschsprachige Autorinnen und Autoren glauben gerne an den so genannten Musenkuss, glauben daran, dass sie Künstler sind und auf ihre Eingebungen warten müssen. Es ist ihnen schwer zu vermitteln, dass Schreiben eben auch Arbeit ist, die geleistet werden muss. Nur wenn ein Text ernsthaft erarbeitet wurde, kann er genügend inhaltliche und stilistische Qualität aufweisen, dass ein Lektor oder eine Lektorin ihn gut finden wird.

Seit 1995 finden an der Bundesakademie für kulturelle Bildung Wolfenbüttel zweimal jährlich Literaturwerkstätten zum Genre Science Fiction statt, die Sie gemeinsam mit einem Co-Referenten leiten. Eine weitere SF-Schreibwerkstatt organisiert einmal jährlich der ehemalige PERRY RHODAN-Autor Andreas Findig in der Nähe von Wien. Reicht es aus, an solchen Seminaren teilzunehmen, um sich nachhaltig zu verbessern? Was kann man als Autorin in rund 18 Stunden lernen? Inwiefern ist es sinnvoll, solche Seminare anzubieten und an ihnen teilzunehmen?

FRICK: Solche Seminare können Autorinnen und Autoren nach meiner Beobachtung tatsächlich helfen, an sich selbst und an den eigenen Texten zu arbeiten. Ein wichtiger Bestandteil solcher Seminare ist doch letztlich, dass die Teilnehmer sich untereinander austauschen, dass sie lernen, Kritik an eigenen Texten zu ertragen, diese Kritik vielleicht später umzusetzen und auch Kritik an anderen Texten zu üben. Gerade die Gespräche am Rand oder die nächtlichen Diskussionen haben in meinen Augen stets die Seminare ausgezeichnet, an denen ich teilgenommen habe.

Die Autorinnen und Autoren lernen darüber hinaus handwerkliches Rüstzeug, das ihnen auch die Lektüre von Büchern nicht vermitteln kann. Es ist anscheinend ein Unterschied, ob man dieselbe Sache liest oder von einem Referenten vermittelt bekommt. Kurze Übungen, wie wir sie beispielsweise in Wolfenbüttel immer wieder einschieben, zeigen zudem, dass jeder auch unter Druck kreativ sein kann – gerade die Texte, die bei diesen Übungen entstehen, sind häufig lebendiger als das, was die jeweilige Autorin oder der jeweilige Autor im voraus eingereicht haben.

Wenn's nach mir ginge, würden schon in den Schulen die kreativen Fähigkeiten der Schüler gefördert: Wer erkennt, wie viel Spaß es machen kann, eigene Geschichten zu erfinden und diese anderen Menschen mitzuteilen – ob geschrieben oder erzählt, das ist fast schon egal –, wird selbst gerne lesen.

Kurse in kreativem Schreiben gibt es teilweise an Volkshochschulen, das Niveau solcher Schreibkurse schwankt zwischen gut und erschreckend – es hängt hier eben vom Leiter eines solchen Kurses ab. Trotzdem ist es meines Erachtens sinnvoll, an Schreibwerkstätten und Seminaren teilzunehmen. Allein schon der Kontakt zu anderen Schreibenden ist doch unglaublich wichtig!

Was ist, abgesehen von der Zielgruppe Science Fiction begeisterte AutorInnen, das SF-Spezifische an Ihren Literaturwerkstätten?

FRICK: Tatsache ist, dass die meisten Dinge, die wir in diesen Literaturwerkstätten in Wolfenbüttel zu vermitteln versuchen, ganz normale handwerkliche Dinge sind: angefangen von den formalen Dingen – wie sieht ein Norm-Manuskript aus – über Grammatik-Fragen bis hin zur Charakterisierung von Helden oder dem spannenden Aufbau eines Dialogs.

Der SF-Aspekt kommt meist dadurch zustande, dass wir in diesen Seminaren starken Wert auf Handlungslogik legen. Eines der letzten Seminare beschäftigte sich mit dem „Weltenbau", dem Aufbau einer möglichst stimmigen Science-Fiction-Welt. Wobei ein Autor auch für einen ganz normalen Roman eine eigene Welt aufbauen muss und sehr wohl wissen sollte, wie es in seiner Romanwelt aussieht. Das ist kein Aspekt, der nur für die Science Fiction gilt.

SF-AutorInnen sind also nicht irgendwie „anders", brauchen also kein spezielles Training, das ihnen nur eine SF-Werkstatt bieten kann?

FRICK: SF-Autoren sind höchstens in dem Punkt anders, dass sie gerne versuchen, eine Idee umzusetzen. Die Science Fiction als Ideenliteratur legte früher nicht so arg viel Wert auf ausgefeilte Charaktere, um es vorsichtig zu formulieren – und die Klassiker des Genres prägen heutige Autoren nach wie vor. Das reicht aber nicht mehr: Der SF-Leser von heute möchte sehr wohl gut charakterisierte Hauptpersonen haben, einen spannenden Plot und eine gut geschilderte Gesellschaft. Die so genannte SF-Idee, also der fantastische Effekt, den der Autor oder die Autorin zusätzlich erfindet, kommt gewissermaßen als „Sahnehäubchen" obendrauf – und das ist wohl auch der wichtigste Unterschied zwischen Science Fiction und allgemeiner Literatur.

Andreas Eschbach, den viele auf den ersten Blick für einen Senkrechtstarter halten würden, hat auf seinen Erfolg über zwanzig Jahre lang hingearbeitet und, wie Sie schreiben, „sein Handwerk wirklich mühselig erlernt". Ist der Weg zum Erfolg notwendigerweise immer so mühsam? Über welche Stationen führt dieser Weg im Allgemeinen?

FRICK: Andreas Eschbach hat damit sicher recht: Schreiben ist in vielerlei Hinsicht ein Handwerk, das man erlernen muss. Niemand erwartet von einem Schreinerlehrling, dass er im ersten Lehrjahr einen wunderschönen handgeschnitzten Wandschrank erstellt. Einen großen Teil lernt man beim Schreiben sicher durch das Schreiben an sich: Wer eine gewisse Routine gewinnt und wer immer wieder seine eigenen Fehler überprüft, wird irgendwann besser.

Sicher gibt es Autoren, die unglaubliche Talente sind und aus dem Stand heraus ein Meisterwerk schaffen. Die sind aber extrem selten. Die üblichen Stationen sind eben das Schreiben an sich. In der Science-Fiction-Szene kommt noch hinzu, dass man in zahlreichen Fan-Zeitschriften seine Geschichten publizieren kann und auf diese Weise ein interessantes Feedback auf seine Texte erhält.

Sie sind nicht nur Chefredakteur und Werkstattleiter, Sie sind auch Autor. Erst im Mai veröffentlichte die Zeitschrift „Nova" eine Kurzgeschichte von Ihnen. Wo veröffentlichen Sie Ihre Geschichten außerdem?

FRICK: Ich schreibe selbst eher selten, da mir die Zeit kaum dafür ausreicht. Und wenn ich Geschichten publiziere, geschieht dies meist in kleinauflagigen Heften. Ich sehe mich selbst als Hobbyautor.

Es gibt große Verlage, mittlere und kleine, die Science Fiction verlegen. Welche Vorteile, welche Nachteile bringt die jeweilige Größe eines Verlages für eine Autorin mit sich?

FRICK: Leider gilt folgende Faustregel nicht immer: Je kleiner der Verlag, desto intensiver die Betreuung des Autors durch die Herausgeber und Lektoren. Auch die Regel, dass kleine Verlage prinzipiell schlechter bezahlen als große, stimmt ja nicht immer. Tatsache aber ist, dass gerade Menschen, die Science Fiction oder fantastische Literatur im weitesten Sinne schreiben, bei einem kleineren Verlag eher eine Chance haben dürften als bei einem großen Verlag, der mit „schrägen" Themen möglicherweise größere Probleme hat als ein kleiner Anbieter, der gezielt die Nische bedient.

In diesem Jahr ist der William Voltz Award zum ersten Mal ausgeschrieben worden. Sein Ziel ist es, den Nachwuchs deutschsprachiger Science-Fiction-AutorInnen zu fördern. Was halten Sie von einer Förderung dieser Art?

FRICK: Ich halte so etwas für sehr gut: Im Rahmen eines solchen Awards melden sich hoffentlich Autorinnen und Autoren, die vorher nicht den Mut aufgebracht haben, eine Geschichte zu schreiben und einzureichen. Wenngleich dabei sicher keine nobelpreisverdächtigen Geschichten herauskommen werden, kann ein solcher Wettbewerb für viele ein erster Ansporn sein, sich stärker mit dem Schreiben zu beschäftigen. Davon profitieren die Teilnehmerinnen und Teilnehmer auf jeden Fall selbst, und möglicherweise findet die Szene auf diese Weise einen neuen interessanten Akteur.

Was müsste Ihrer Meinung nach noch getan werden, um den Nachwuchs zu fördern?

FRICK: Nachwuchsförderung müsste in der Schule beginnen. Solange es noch Zigtausende von Lehrern gibt, die den Schülern den Spaß an der Sprache austreiben anstatt ihn zu fördern, solange wird die Autorenmisere anhalten. Wenn es mehr begeisterte Hobby-Autoren gibt, die an sich und ihrem Stil arbeiten, wird sich der Nachwuchs von selbst professionalisieren.

Und was müsste der Nachwuchs selbst tun?

FRICK: Nicht nur jammern, sondern schreiben, schreiben, schreiben. Veröffentlichungsmöglichkeiten gibt es immer wieder, man muss einfach gut sein und zur richtigen Zeit am richtigen Ort sein. Und nicht aufgeben – das wäre auch noch ein wichtiger Punkt.

Science Fiction, Horror & Fantasy: Verlagsadressen und Informationen

Recherchiert wurde via Internet über die (Meta-)Suchmaschinen, über Linkverzeichnisse auf einzelnen Websites (hilfreich die kommentierte Adressliste „Phantastische Kleinverlage in Deutschland" des Schriftstellers Dirk van den Boom unter www.sf-boom.de/verlage.htm) sowie über die Nominierungsliste für den vom SFCD vergebenen Deutschen Science Fiction Preis. Alle Websites wurden besucht, die einzelnen Verlage aber nur angemailt, wenn noch etwas unklar war.

Wichtig bei der Vorgehensweise: nicht einfach das Manuskript ungefragt an irgendeinen der hier aufgeführten Verlage senden, sondern vorher anrufen und fragen, ob an dem Manuskript Interesse besteht.

Im Bereich Kinder- und Jugendbücher tauchen immer wieder Titel mit phantastischen Inhalten auf, bestes Beispiel „Harry Potter" im Carlsen Verlag, siehe daher auch die Einträge im Kapitel Kinder- und Jugendbuch.

Abenteuer Medien Verlag, Jürgen Pirner, Rostocker Str. 1, D-20099 Hamburg, fon: 040/2802886, fax: 040/28054115, www.abenteuermedien.de
Argument Verlag mit Ariadne, Eppendorfer Weg 95, D-20259 Hamburg, fon: 040/401800-0, fax: 040/401800-20, verlag@argument.de, www.argument.de
Asaro Verlag Tanja Schröder, Hauptweg 9, D-28870 Ottersberg, fon: 04205/319883, fax: 04205/790018, mail@asaro-verlag.de, www.asaro-verlag.de
Atlantis Verlag Guido Latz, Bergstr. 34, D-52222 Stolberg, fon: 02402/862319, fax: 02402/862320, guido@atlantis-verlag.de, www.atlantis-verlag.de
Aufbau-Verlag GmbH und Aufbau Taschenbuch Verlag GmbH, Neue Promenade 6, D-10178 Berlin, fon: 030/28394-0, fax: 030/28394-100, info@aufbau-verlag.de, www.aufbau-verlag.de
Basilisk Verlag, Panoramastr. 5 a, D-64385 Reichelsheim, fon + fax: 06164/516525, lektorat@basilisk-verlag.de, www.basilisk-verlag.de
Bastei Lübbe Taschenbücher, Verlagsgruppe Lübbe, Scheidtbachstr. 23–31, D-51469 Bergisch Gladbach, fon: 0220/121-0, www.luebbe.de
Bastei Verlag in der Verlagsgruppe Lübbe, Scheidtbachstr. 23–31, D-51469 Bergisch Gladbach, fon: 02202/121-0, fax: 02202/121-936, www.bastei.de (Heftromane)
Blanvalet Verlag, Verlagsgruppe Random House, Neumarkter Str. 28, D-81673 München, fon: 089/4136-0, www.randomhouse.de/blanvalet/

Bliestal-Verlag Steinmetz Stefan, Lerchenweg 6, D-66450 Bexbach, steinmetz.stefan@gmx.de, www.bliestal-verlag.de

BLITZ-Verlag, Postfach 1168, D-51556 Windeck, fax: 02771/360677, Kaegelmann@t-online.de, www.blitz-verlag.de

Böhnhardt Verlag Augsburg, Michael Böhnhardt, Schnitterstr. 21, D-86179 Augsburg, redaktion@GroschenStory.de, www.GroschenStory.de

Burgschmiet Verlag, Burgschmietstr. 2–4, D-90419 Nürnberg, fon: 0911/39906-10, fax: 0911/39906-28, burgschmiet@tessloff.com, www.burgschmiet.com

Curtis Nike Verlag, Postfach 610230, D-10923 Berlin, netzmeisterin@curtisnikeverlag.de, www.curtisnikeverlag.de

Deutscher Taschenbuch Verlag, Friedrichstr. 1a, D-80801 München, fon: 089/38167-0, fax: 089/346428, verlag@dtv.de, www.dtv.de

edition42, Marc Hettich, Am Espach 3, D-87727 Babenhausen, fon: 08333/9469241, info@edition42.net, www.edition42.net

Edition Phantasia, Joachim Körber & Uli Kohnle, Wünschelstr. 18, D-76756 Bellheim, fon + fax: 07272/8809, mail@edition-phantasia.de, www.edition-phantasia.de

EEE (Extrem Erfolgreich Enterprises), Big F GmbH, Karl-Liebknecht-Str. 11, D-04107 Leipzig, fon: 0341/2307521, fax: 0341/2307555, www.big-f-manor.de

Egmont VGS Verlagsgesellschaft, Gertrudenstr. 30–36, D-50667 Köln, www.vgs.de

Eldur Verlag, Elsenborn 22, D-52072 Aachen, fon: 0241/9319331, kontakt@eldur-verlag.de, www.eldur-verlag.de

Verlag Martin Ellermeier, An der Lehmkaute 30, D-64625 Bensheim, fon: 06251/703270, fax: 06251/703290, info@dunklewelten.de, www.dunklewelten.de

Erster Deutscher Fantasy Club e.V., Postfach 1371, D-94003 Passau, fon: 0851/58137, fax: 0851/58138, edfc@edfc.de, www.edfc.de

Fantasy Club e.V., Postfach 1430, D-35004 Marburg, redaktion@magira.com, www.magira.com

Fantasy Productions, Ludenberger Str. 14, D-40699 Erkrath, fon: 0211/9243-0, fax: 0211/9243-410, info@fanpro.com, www.fanpro.com

Feder & Schwert, Wasserwerkstr. 204, D-68309 Mannheim, fon: 0621/7207980, fax: 0621/7207981, morpheus@feder-und-schwert.com, www.feder-und-schwert.com

Festa Verlag, Frank Festa, Albert-Schweitzer-Str. 2, D-04317 Leipzig, fon: 0341/6810131, fax: 0341/6810132, info@festa-verlag.de, www.festa-verlag.de

Goblin Press, Jörg Bartscher-Kleudgen, Droste-Hülshoff-Str. 1, D-59757 Arnsberg-Neheim, joerg@the-house-of-usher.de, www.phantastische-ansichten.de/goblin-press/

Goldmann Verlag, Verlagsgruppe Random House, Neumarkter Str. 28, D-81673 München, fon: 089/4136-0, www.randomhouse.de/goldmann/

goverlag, Udo Mörsch Verlag, Wiehler Str. 24, D-51109 Köln, fon: 0221/840089, udo.moersch@goverlag.de, www.goverlag.de

Hary Production, Waldwiesenstr. 22, D-66538 Neunkirchen, 06821/24850 + 24852, fax: 06821/177038, wah@harypro.de, www.harypro.de

Verlag Achim Havemann, Harlinger Str. 119, D-29456 Hitzacker, fon:

05862/9411300, fax: 05862/8834, ahavemann@t-online.de, www.phantas-tisch.net

Heel Verlag GmbH, Gut Pottscheidt, D-53639 Königswinter, fon: 02223/9230-0, fax: 02223/9230-13/26, service@heel-verlag.de, www.heel-verlag.de

Norbert Hethke Verlag, Norbert Hethke, Postfach 1170, D-69246 Schönau, fon: 06228/1063, fax: 06228/8543, norbert.hethke@t-online.de, www.hethke.de

Hexentorverlag, Jürgen G. Hahn, Albrechtstr. 65, D-12103 Berlin, info@hexen-torverlag.de, www.hexentorverlag.de

Wilhelm Heyne Verlag in der Verlagsgruppe Random House, Neumarkter Str. 28, D-81673 München, fon: 089/4136-0, heyne-suedwest@randomhouse.de, www.heyne.de

HJB Verlag & Shop KG, Andernacher Str. 70, D-56564 Neuwied, fon: 02631/356100, fax: 02631/356102, hansjoachim@bernt.de, www.hjb-shop.de

Infinitus Lektoren Verlag, lektorenverlag@yahoo.de, www.infinitus-publishing.de

Martin Kelter Verlag GmbH & Co., Mühlenstieg 16–22, D-22041 Hamburg, fon: 040/682895-0, fax: 040/68289550, info@kelter.de, www.kelter.de (Heft-romane)

Verlag Robert Kerber, Falltorstr. 1, D-60385 Frankfurt am Main, fon: 069/29721672, fax: 069/29721673, design@robertkerber.de, www.robertkerber.de/index-verlag.html

Kiepenheuer & Witsch, Rondorfer Str. 5, D-50968 Köln, fon: 0221/376850, fax: 0221/388595, verlag@kiwi-koeln.de, www.kiwi-koeln.de

Verlag Klett-Cotta, Rotebühlstr. 77, D-70178 Stuttgart, fon: 0711/6672-1256, fax: 0711/6672-2031, www.klett-cotta.de

Knaur Taschenbuch, c/o Verlagsgruppe Droemer Knaur, Hilblestr. 54, D-80636 München, fon: 089/9271-0, fax: 089/9271–168, www.droemer-weltbild.de

Verlag Thomas König, Gartenfelder Str. 58, D-13599 Berlin, www.geisterwald.com

Lacrima Verlag, Ingo Löchel, Moltkestr. 82/84, D-50674 Köln, info@lacrima-ver-lag.org, www.lacrima-verlag.de

Verlag Lindenstruth, Postfach 101026, Wiesecker Weg 42, D-35340 Gießen, fon: 0641/394250, ggl@verlag-lindenstruth.de, www.Verlag-Lindenstruth.de

Medusenblut, Boris Koch, Libauer Str. 10, D-10245 Berlin, fon: 030/29774368, medusenblut@snafu.de, www.medusenblut.de

mgVerlag, Walter L. Kelch, Niederstr. 31, D-56637 Plaidt, fon + fax: 02632/73532, www.mgverlag.de

Mohlberg-Verlag, Heinz Mohlberg, Hermeskeiler Str. 9, D-50935 Köln, fon: 0221/438054, fax: 0221/4300918, heinz@mohlberg-verlag.de, www.mohl-berg-verlag.de

Rainar NITZSCHE Verlag, Gasstr. 34, D-67655 Kaiserslautern, fon + fax: 0631/61305, Rainar.NitzscheVerlag@t-online.de, www.nitzscheverlag.de.vu

Pabel-Moewig Verlag KG, Karlsruher Str. 31, D-76437 Rastatt, fon: 7222/13-0, fax: 07222/13-218, empfang@vpm.de, www.vpm.de

Piper Verlag GmbH, Georgenstr. 4, D-80799 München, fon: 089/381801-0, fax: 089/338704, info@piper.de, www.piper.de

Rütten & Loening Berlin GmbH, Neue Promenade 6, D-10178 Berlin, fon: 030/28394-0, fax: 28394-100, info@aufbau-verlag.de, www.aufbauverlag.de

SHAYOL Verlag, Bergmannstr. 25, D-10961 Berlin, fon: 030/69505117, fax: 030/82707817, shayol@epilog.de, www.shayol-verlag.de

Verlag Stendel, Untere Sackgasse 9, D-71332 Waiblingen, fon: 07151/956603, fax: 07151/956605, info@stendel-verlag.de, www.stendelverlag.de

Storisende Verlag & Versandbuchhandel, Brunnenallee 87, D-32257 Bünde, fon: 05223/653820, info@storisende.net, www.storisende.net

Verlag Carl Ueberreuter, Alser Str. 24, A-1091 Wien, fon: 01/40444-172, fax: 01/40444-5, office@ueberreuter.at, www.ueberreuter.at + www.ueberreuter.de

Verlageinundsiebzig, Am Lübschen Tor 4, D-24306 Plön, fon: 04522/1708, fax: 04522/1803, andrea.duwe@verlag71.de, www.verlag71.de

Verlag Nummer Eins, Ronald M. Hahn, Werth 62, D-42275 Wuppertal, fon + fax: 0202/595863, ron_hahn@compuserve.com + redaktion@nova-sf.de, www.verlag1.de + www.nova-sf.de

VirPriV Verlag, Monika Wunderlich, Hochanwand 12, D-86925 Fuchstal, verlag@virpriv.de, www.virpriv.de

vph Verlag & Vertrieb Peter Hopf, Goethestr. 7, D-32469 Petershagen, fon: 05702/2159, fax: 05702/2199, info@vph-verlag.de, www.vph-net.de/verlag/

Zaubermond Verlag, Thomas Born, Oelkinghauser Str. 7, D-58332 Schwelm, fon: 02336/12644, fax: 02336/990773, info@zaubermond.de, Redaktion: Dennis Ehrhardt, Postfach 1402, D-21233 Buchholz, fon: 04181/999360, fax: 04181/999361, DennisEhrhardt@zaubermond.de, www.zaubermond.de

Geschichten werden veröffentlicht in:

ALIEN CONTACT, www.alien-contact.de, Das Online-Magazin für Science Fiction und Fantasy (siehe S. 189)

Arcana, www.Verlag-Lindenstruth.de, siehe oben: Verlag Lindenstruth (u. S. 190)

c't – magazin für computertechnik, Verlag Heinz Heise GmbH & Co KG, Redaktion: Helstorfer Str. 7, D-30625 Hannover, fon: 0511/5352-300, fax: 0511/5352-417, www.heise.de/ct/ (c't erscheint 14-täglich; darin jeweils eine SF-Geschichte)

Fantasia, www.edfc.de, siehe oben: Erster Deutscher Fantasy Club e. V. (u. S. 197)

Magira, www.magira.com, siehe oben: Fantasy Club e. V. (u. S. 206)

Mephisto, www.dunklewelten.de, Verlag Martin Ellermeier (u. S. 207)

Nautilus, www.abenteuermedien.de, siehe oben: Abenteuer Medien Verlag (u. S. 207)

NOCTURNO, www.nocturno-mag.de.vu (u. S. 209)

Nova, www.nova-sf.de, siehe oben: Verlag Nummer Eins (u. S. 209)

Omen, www.festa-verlag.de, siehe oben: Festa Verlag (u. S. 209)

Phantastisch!, www.phantastisch.net (siehe S. 211)

Bücher gibt es u. a. hier:
UFO – Phantastische Buchhandlung, Bergmannstr. 25, D-10961 Berlin-Kreuzberg, fon: 030/69505117, ufoberlin@epilog.de, www.ufoberlin.de
UFO-Buchhandlung Freiburg, Rathausgasse 46, D-79098 Freiburg, fon: 0761/33316, fax: 0761/24516, www.ufo-freiburg.de + www.ufo-buchhandlung.de
Karlsruher SF und Fantasy, Versandantiquariat für SF, Fantasy, utopisch-phantastische Literatur und Horror, Adresse: Versandantiquariat Michael Knopp, Danziger Str. 14, D-76199 Karlsruhe, fon: 0721/9379688, fax: 0721/9379827, info@karlsruhersf.de, www.karlsruhersf.de

AutorInnenvereinigungen
Erster Deutscher Fantasy Club e. V. (siehe S. 623)
Science Fiction Club Deutschland e. V. (siehe S. 639)

Literaturpreise
Deutscher Science Fiction Preis (früher SFCD-Literaturpreis) (siehe S. 531)
Wolfgang-Hohlbein-Preis (siehe S. 536)
Kurd Laßwitz Preis (siehe S. 539)
Phantastik-Preis der Stadt Wetzlar (siehe S. 544)
Rattenfänger-Literaturpreis (siehe S. 545)
William Voltz Award (siehe S. 547)

Internetseiten (www. ....:)
epilog.de/sf/: The fantastic Worlds of Science Fiction – sehr informatives SF-Portal
feministsf.org: Feminist Science Fiction, Fantasy & Utopia von Laura Quilter – alles zu feministischer phantastisch-utopischer Literatur
fictionfantasy.de: Datenbanken der Phantastik mit vielen Beiträgen zu Literatur, Film und Spiel sowie Grafiken und Kurzgeschichten
http://perry-rhodan.net: Website, die nicht nur PERRY RHODAN-Fans begeistert
phantastik-autoren.de: Autorendatenbank der deutschsprachigen Phantastik
phantastik-news.de: Nachrichtenservice von phantastik.de
sf-fan.de: Florian Breitsameters Seite mit den Kategorien SF-Buch, SF-Film, SF-Comic, SF-Fiction und SF-Fandom
sf-netzwerk.de: zusammen mit den Seiten Forum.SF-Netzwerk.de, SF-Buchdatenbank.de u. SF-Filmdatenbank ein Gemeinschaftsprojekt von Scifiboard.de und SF-Buchforum.de
sf-portal.de: umfangreiche Linksammlung

Kinder- und Jugendliteratur:

Kann ich als Kinderbuchautorin reich werden?
Beitrag von Gerit Kopietz & Jörg Sommer

Gerit Kopietz und Jörg Sommer schreiben zusammen. Und leben zusammen. Und haben zusammen vier Kinder. Tag für Tag geht in dem gut 100 Jahre alten Bauernhof der Kopietz-Sommers die Post ab. Abends, spätabends, wenn die Kinder schlafen, die Wäsche gewaschen und der Haushalt saniert ist, wenn andere Eltern schlafen gehen, dann schleppen die beiden sich an ihren Zweieinhalbquadratmeterschreibtisch und legen los. Nacht für Nacht erleben die beiden mit ihren jugendlichen Helden unzählige Abenteuer – und halten sie Wort für Wort fest. Etwa 120 Bücher haben sie schon zusammen geschrieben, in 27 Sprachen wurden sie bereits übersetzt – mit einer Gesamtauflage von über 2.000.000 Exemplaren. Seit 1999 haben die beiden ihr Hobby zum Beruf gemacht. Sie sind „nur noch“ als Schriftsteller tätig. Und das mit großem Erfolg. Gerit Kopietz und Jörg Sommer erzählen von ängstlichen und mutigen Kindern, von kleinen und großen Helden, die ihren Alltag meistern. Oder es zumindest versuchen. www.kopietz-sommer.de

Zuerst das Wichtigste: Kann man vom Kinderbücher Schreiben leben?
Theoretisch: ja. Praktisch: nein. Natürlich gibt es Ausnahmen. Mrs. Potter, pardon Rowling, ist angeblich reicher als die Königin von England. Irgendwie kann man also mit Kinderbüchern reich werden. Glauben viele. Deshalb verdreifachen sich nach jedem neuen Potter-Band die unverlangt eingesandten Manuskripte in deutschen Lektoratsstuben.

Aber die Chance auf einen auch nur annähernd so großen Erfolg ist für deutschsprachige Autorinnen ungefähr so groß wie die, im eigenen Schlafzimmer von einem abstürzenden Spionagesatelliten erschlagen zu werden.

Stopp: Autorinnen? Ja, denn in Deutschland ist der Kinderbuchautorenjob ein typischer Frauenberuf. Der Anteil an Frauen ist hier ähnlich groß wie in den Bereichen Kindergarten und Krankenpflege. Nur die Einkommen sind noch geringer. Also sprechen wir ab sofort einfach von Autorinnen. Die wenigen Männer mögen uns verzeihen.

Aber es gibt doch auch erfolgreiche deutsche Kinderbuchautorinnen, oder?
Ehrlich? Dann schreiben Sie mal rasch fünf Namen lebender erfolgreicher Autorinnen auf. Na? Wie viele sind's geworden? Paul Maar? Cornelia Funke? Gut. Das war es dann auch so ziemlich.

Auf die Spitze, die zwei, drei WIRKLICH bekannten und WIRKLICH reichen Kinderbuchautorinnen – wobei deren Vermögen im Verhältnis zu Mrs. Rowlings im Promillebereich rangiert! – folgt ... NICHTS. Gaaaaanz laaaaange nichts. Dann noch einige wenige Autorinnen, die einen Teil ihres Lebensunterhalts mit Büchern verdienen, und das war es.

Der deutsche Kinderbuchmarkt ist, noch weit mehr als die Belletristik, ein Amateurmarkt, der alles andere als professionelle Verdienstmöglichkeiten bietet – jedoch von seinen Marktteilnehmerinnen hoch professionelle Arbeitsweise und Produkte erwartet. Zu Recht.

Professionelle Amateure, ist das kein Widerspruch?

Es ist ein Widerspruch – zwischen Leistung und Einkommen. Aber der gehört zum Kinderbuchmarkt wie die BILD-Zeitung zur Presse: traurig, aber wahr.

Schreiben für Kinder ist nun mal eine ungeheuer verantwortliche Tätigkeit – und kein bisschen leichter, als für Erwachsene zu schreiben. Auch die Tatsache, dass kein auch nur annähernd angemessenes Honorar zu erwarten ist, entschuldigt keine Schlampereien.

Und in dieser Beziehung liegt bei uns in Deutschland einiges im Argen. Kinderbuch und literarischer Anspruch widersprechen sich nach deutscher Logik. Und leider auch im Denken vieler angehender Autorinnen. Die Zahl der Möchtegernschriftstellerinnen, die sich ein „richtiges" Buch (meint eines für Erwachsene) nicht zutrauen und deshalb ihre ersten Schritte im Kinderbuch wagen, ist enorm. Mit meist verheerendem Ergebnis. Denn wer für Erwachsene nicht schreiben kann, kann es für Kinder schon gar nicht.

Sind deutsche Autorinnen wirklich so schlecht?

Leider: ja! Rund 99 Prozent aller Manuskripte, die deutschen Verlagen von deutschen Autorinnen angeboten werden, sind wirklich und wahrhaftig so grottenschlecht, dass der Lektorenintellekt schon alleine beim kursorischen Überlesen beleidigt wird. Das ist die grausame, ungeschminkte Wahrheit. Traurig, aber gleichzeitig auch ein Lichtblick am Horizont. Denn wem es gelingt, qualitativ hochwertige, lesbare, zielgruppenorientierte Manuskripte zu verfassen, der hat nach wie vor Chancen auf eine Publikation.

Sieht der Kinderbuchmarkt wirklich so düster aus?

In der Tat. Jahrelang haben Verlage versucht, sinkende Auflagen durch höhere Titelzahl zu kompensieren, niedrigere Gewinnspannen durch Drücken der Honorarkosten aufzufangen. Beides ist den meisten Verlagen gelungen, manchen mehr, manchen weniger, und einige haben diesen Wettbewerb nicht überlebt. Der Markt ist so beinahe zusammengebrochen. 95 Prozent aller Titel erreichen heute Auflagenzahlen weit unter dem Limit, das den Verlagen schwarze Zahlen bescheren würde. Entsprechend steigt die Zahl der Verlagszusammenbrüche, auch große Verlage bleiben nicht verschont. Der Schneider Verlag hat sein Programm faktisch auf Null heruntergefahren, andere Verlage haben die Anzahl der Neuerscheinungen halbiert. Eine Besserung der Lage ist kurzfristig nicht abzusehen.

Auch die Büchereien leisten dazu ihren Beitrag. 80 Prozent der Ausleihen sind Kinderbücher. Dadurch wird das Lesen gefördert – aber nicht das Schreiben. Und das schlägt auf Dauer wieder negativ durch.

Dazu kommt das merkwürdige Preisbewusstsein der Deutschen: Plastikspielzeug als Weihnachtsgeschenk für 120 Euro ist der Standard. Für Kinderbücher gilt ein anderer: Die dürfen offensichtlich nicht mehr kosten als ein Happy Meal bei McDonalds.

Gibt es also keine Chance für neue Autorinnen?

Es stimmt: Neue Themen, neue Autorinnen, neue Reihen haben kaum eine Chance, obwohl die Verlage es natürlich nach wie vor versuchen. Alle träumen von TKKG, mit über 100 erschienenen Bänden, diversen Computerspielen, Kinofilmen, einer eigenen Show und unzähligen Merchandising-Produkten der einsame Spitzenreiter. Doch solche Erfolge sind unkalkulierbar, wenn auch kein Zufallsprodukt.

Vor allem neue Buchreihen werden heute inhaltlich knallhart durchkonstruiert wie eine Soap-Produktion. Wer also keine Probleme damit hat, Charaktere „marktgerecht" zu entwickeln und Handlungsstränge immer wieder zu überarbeiten und mit dem Lektorat abzustimmen – ähnlich wie es im Drehbuchbereich Usus ist –, der kann es durchaus versuchen. Auch in schlechten Zeiten gibt es Bedarf an neuen Ideen.

Einzeltitel versprechen keinen Erfolg?

Die Realität sieht so aus: Das Kinderbuch ist heute fast immer ein Reihenprodukt. Über 80 Prozent aller Titel gehören zu einer eigenständigen Reihe. Wer also ein Manuskript unterbringen will und wirklich eines Tages den ersehnten Lektorenanruf bekommt, der wird mit der Frage nach dem Reihenpotenzial spätestens nach drei Minuten konfrontiert. Wer jetzt die falsche Antwort gibt, ist schnell aus dem Rennen. Verlage starten noch dazu ihre Reihen meist mit 2, manchmal sogar mit bis zu 6 Titeln.

Also lohnt es sich, neue Reihen zu entwickeln?

Nicht immer. Eine neue Kinderbuchreihe bedeutet eine Menge Vorausarbeit für Verlag und Autorinnen – und, wenn es läuft, die langfristige Bindung eines beträchtlichen Anteils des eigenen kreativen Potenzials.

Da sich neue Reihen sehr schwer tun, ist es durchaus wahrscheinlich, dass man 6 Bände schreibt, von denen dann nachher nur 2 erscheinen, weil der Verlag nach den ersten schlechten Verkaufszahlen die Reihe stoppt. Das passiert weitaus öfter, als man denkt!

Warum setzt sich Qualität nur selten durch?

Im Kinderbuchsektor gibt es das Phänomen der „Sittenwächter". Bei uns entscheiden selten die jungen Leserinnen, sondern Buchhändlerinnen, Pädagogen, Medien und Eltern, was „gut" ist. Und die erwarten, dass „ernsthafte", „literarische" Themen auch entsprechend ernsthaft daherkommen. Das ist so ziemlich genau das Gegenteil von den Erwartungen der Kinder. Deshalb hat man als Kinderbuchautorin die eigentlich unmögliche Aufgabe zu lösen, den Erwachsenen UND den Kindern zu gefallen. Erfüllt man die Erwartungen der Kinder, kommen die Bücher meist gar nicht bei ihnen an. Erfüllt man die Kriterien der Erwachsenen, dann füllt man Bücherregale aber keine Kinderseelen. Kein Wunder, dass die Kinder heute die Geschichten, die sie interessieren, im TV suchen und nicht zwischen den Buchdeckeln. Erfolgreiche Kinderbücher zeichnen sich durch eine gelungene Gratwanderung aus: den Kindern gefallen und von den Erwachsenen nicht ausgemustert werden. Diese Kunst zu beherrschen ist der Schlüssel zum Erfolg!

Welche Honorare werden für Kinderbücher gezahlt?

Die absoluten Prozentsätze sind im Kinderbuchbereich generell eher traurig. Manche Verlage bieten Newcomern eiskalt 2 Prozent an, in der Regel liegen sie aber beim Hardcover bei ca. 6–8 Prozent, beim Taschenbuch ungefähr bei 4–6 Prozent. Vorschüsse sind bei größeren Verlagen üblich, bei kleineren aber eher die Ausnahme. Dennoch sollte man als Autorin darauf bestehen. Angesichts der Honorarsätze und Auflagen wird der Verdienst sonst bei manchem Werk am Ende bei nicht mal 500 Euro liegen. Dazu kommen die im Kinderbuch traditionell niedrigen Preise. Davon dann 5 Prozent ... Richtig! Viel ist das nicht. Allerdings gibt es gegenüber dem Erwachsenenbuch einen großen Vorteil: Viele Autorinnen schreiben ein Kinderbuch in wenigen Wochen. Hat man seine Charaktere, die Regularien des Kinderbuchs und gegebenenfalls die Reihenkonzeption erst mal im Griff, dann schreibt sich das wirklich zügig. Und rechnet man dann den Durchschnittshonorargesamtbetrag eines Durchschnittskinderbuches in Höhe von ca. 2.500 bis 3.000 Euro gegen die Arbeitszeit auf, dann klingt die Sache doch gleich wieder interessanter. Manch eine Erwachsenen-Autorin würde sich nach diesem Honorar-/Aufwandsverhältnis die Finger lecken.

Welche Auflagen erzielen Kinderbücher bei uns in Deutschland?

Wie im Erwachsenenbuch auch: sehr unterschiedlich. Viele Bücher, sogar ganze Reihen dümpeln bei 1.000 bis 2.000 Exemplaren verkaufter Auflage herum. Solche Reihen leben natürlich nicht lange. Als „erfolgreich" sehen Verlage Reihen an, die beständig mindestens 4.000 Exemplare verkaufen. Kleinere Verlage sind natürlich mit weniger zufrieden. Große Verlage starten oft mit 15.000 Druckauflage und mehr. Richtige Renner wie TKKG liegen bei Größenordnungen jenseits der 30.000. Übrigens: Immer wieder werben Verlage bei Neuerscheinungen mit „Startauflage 150.000 Exemplare" oder ähnlich dramatischen Zahlen. In der Praxis sind diese Angaben häufig schlicht gelogen. Und in genügend anderen Fällen werden zwar 150.000 Stück gedruckt, aber davon erst mal nur 20.000 gebunden, von diesen nach 6 Monaten 15.000 verramscht und die überzähligen Druckbögen enden als Versandtaschen-Füllmaterial.

Erscheinen Kinderbücher eher als Taschenbuch oder Hardcover?

Auf den ersten Blick eine gute Nachricht: In der Regel erscheinen Kinderbücher als Hardcover – allerdings zum Preis eines Erwachsenen-Taschenbuchs. Für Autorinnen bedeutet das einen haptischen Genuss. So ein Hardcover fühlt sich einfach saugut an. Finanziell sieht es dagegen eher düster als. Dafür gibt es zunehmend eine Zweitverwertung im (natürlich dann noch billigeren) Taschenbuch. Doch immerhin kommt so noch ein bisschen Geld in die Autorinnenkasse.

Wie sieht es mit den Nebenrechten aus?

Und wieder ... Theoretisch: ja. Praktisch: nein. Auch der deutschsprachige Kinderbuchmarkt wird im Ausland kaum wahrgenommen. Ausnahmen gibt es nur in homöopathischen Dimensionen. Kinderbücher werden auch faktisch nicht verfilmt. Wer also auf Nebenrechte als zusätzliche Einkommensquelle setzt, täuscht sich. Ein Verleger, der Autorinnen hier Hoffnungen macht, ist unseriös. Selbst die seltenen tatsächlichen Lizenzverkäufe ergeben oft lächerliche Beträge. So wollte den Autorinnen dieses Beitrages ein namhafter Filmproduzent schon mal 1.000 Euro für die kompletten Filmrechte eines Kinderkrimis bezahlen. Die Auslandslizenz nach Slowenien für einen anderen Krimi brachte netto gerade mal knapp 200 Euro.

Wovon leben Kinderbuchautorinnen dann?

Von ihren Männern. Von ihren Renten. Von ihren Erbschaften. Aber in der Regel nicht von ihren Büchern. Zumindest nicht direkt. Allerdings gibt es da noch eine „Nebeneinnahmequelle", die nicht zu unterschätzen ist und bei einigen uns persönlich bekannten Autorinnen über 90 Prozent des Einkommens ausmacht: die Lesung. Pro Lesung in Schule, Bücherei, Buchhandlung gibt es 150 bis 350 Euro. Da gibt es Profis, die organisieren sich richtige Tourneen mit drei bis vier Wochen und zwei bis drei Lesungen pro Tag – da kommt schon was zusammen. Die deutsche Durchschnittsautorin kann mit 10 durchschnittlich dotierten Lesungen ihr durchschnittliches Buchhonorar in etwa verdoppeln. Nicht umsonst berichten Lektoren von Autorinnen, die jedes Jahr exakt ein Buch schreiben, um „was zum Vorlesen" zu haben.

Wie viele Bücher muss ich eigentlich schreiben, um von den Tantiemen leben zu können?

Das ist noch so eine Mär aus dem Verlagsleben. Früher war es in der Tat so, dass Bücher 20, 30 Jahre lieferbar waren. Wurden von so einem Buch jedes Jahr ein paar tausend Exemplare verkauft und hatte die Autorin ein Dutzend davon produziert, dann hatte sie für den Rest ihres Lebens ausgesorgt. Und die „Großen" wie Astrid Lindgren, aber auch deutsche Nobelpreisträger wie Günter Grass leben bzw. lebten lange und gut von den Einnahmen aus ihren alten Werken. Aber ALLE anderen tun das nicht. Bücher, und ganz besonders Kinderbücher, haben heute eine kürzere Haltbarkeit als eine Packung Käseaufschnitt von Aldi. In der Regel stehen sie so lange im Regal, bis die nächste Programmauslieferung kommt, das heißt ca. 6 Monate. Was dann noch im Laden steht, wird vom Buchhändler gnadenlos remittiert, weil das Remissionsrecht meist nach dieser Frist erlischt und er Platz für das neue Programm braucht. Auch eine Neuauflage als Taschenbuch ändert daran nicht viel – Taschenbücher werden viermal im Jahr ausgetauscht.

„Alte" Buchtitel als Altersversorgung funktionieren praktisch nicht. Selbst Klassiker wie die „Vorstadtkrokodile" oder die „Schreckenstein"-Reihe von Oliver Hassencamp waren über zehn Jahre nicht lieferbar. Kleines Beispiel: Wir haben zwischenzeitlich an die 150 Bücher veröffentlicht (inkl. den unter Pseudonym erschienenen). Keines davon ist älter als zehn Jahre. Knapp 30 davon sind noch lieferbar ...

Mal angenommen, ich habe ein wirklich gutes, marktfähiges Manuskript. Wie biete ich es an?
Laut Statistik müsste die Antwort lauten: gar nicht. Aber eine Autorin wäre nicht Autorin, wenn sie nicht von ihren Manuskripten überzeugt wäre. Also wagen wir es: der erste Schritt: überarbeiten. Der zweite Schritt: noch einmal überarbeiten. Der dritte Schritt: noch einmal überarbeiten. Der vierte Schritt: eine einseitige Kurzfassung schreiben. Der fünfte Schritt: die Schritte 1–3 mit der Kurzfassung wiederholen. Denn die ist letztlich das Verkaufsexposé. Und dabei immer daran denken: Wir reden bei einem guten Einzelmanuskript über eine Verlagsinvestition von 10.000 bis 100.000 Euro! Wer jemandem eine solche Investition „verkaufen" will, der sollte schon verdammt gute Argumente haben!

Steht also die Kurzfassung und verbirgt sich dahinter das perfekte Manuskript, dann geht es los mit der Suche. Nein, nicht mit der Verlagssuche. Was wir jetzt brauchen, ist eine Agentin (ja, auch hier dominieren die Frauen).

Ist der Weg über eine Agentin leichter?
Er ist nicht leichter. Er ist der einzig richtige. Wohlgemerkt: Wir reden hier von wirklich chancenreichen Manuskripten. Taugt die Ware nichts, dann helfen weder Agentinnen noch direkte Verlagsansprachen. Taugt sie aber was, dann lässt sich auch eine Agentin überzeugen. Die findet dann den richtigen Verlag. Und macht den richtigen Vertrag. Denn im Fall des Falles haben wir ja nichts dagegen, dass sich der Verlag an unserem Bestseller eine goldene Nase verdient. Aber bitte nicht NUR der Verlag.

Und wie finde ich eine Agentin?
Bei Autorinnenvereinigungen nachfragen (sehr empfehlenswert: www.kibuli.de), sich persönliche Tipps holen – oder einfach die Adressen in diesem Autorinnenhandbuch nutzen. Und bitte die Damen und Herren nicht mit Telefonanrufen belästigen: kurzes Anschreiben mit Kurzfassung und dem Angebot, das gesamte Manuskript oder Auszüge auf Wunsch zu schicken. Mehr nicht. Nachtelefonieren bringt nichts. Entweder die Kurzfassung und später das Manuskript sind gut und die Agentin auch – dann merkt sie es und meldet sich. Oder eins davon taugt nichts. Dann helfen nur neue Agentinnen und/oder neue Manuskripte.

Aber ist das nicht alles furchtbar ungerecht?
Ja. Aber warum soll der Kinderbuchmarkt gerechter sein als der Rest der Welt? Und bei Licht betrachtet, geht es dort eigentlich gar nicht so furchtbar ungerecht zu. Es ist meist nur ein Problem des Autorinnenselbstbildes. Schreiben ist eine schwierige, aber oft auch sehr schöne und befriedigende Tätigkeit. Doch sie führt nicht zwangsläufig zu einem Produkt, für das irgendjemand Geld ausgeben möchte.

Wer wie Schumi Millionen dafür kassieren möchte, wie ein Irrer mit selbstmörderischem Tempo im Kreis herumzukurven, der muss Glück haben, ja. Aber er MUSS DAS AUCH WIRKLICH GUT KÖNNEN. Auch 99 Prozent aller Hobbyrennfahrer verjubeln für ihren Sport einen Haufen Geld. Und würden nie auf die Idee kommen, damit reich werden zu wollen.

Das sind ja eher düstere Perspektiven: Haben Sie nicht noch was Aufbauendes zum Schluss?

Das hier ist nun mal leider kein Motivationsseminar, sondern die ein bisschen brutale Realität. Und die sieht einfach so aus: Es gibt in Deutschland viel zu viele Menschen, die viel zu viele viel zu schlechte Manuskripte für Kinder verbrechen – von denen viel zu viele gedruckt werden. Das heißt aber auch: Wer wirklich gute Manuskripte verfasst und in der Lage und willens ist, die Gesetze des (Kinder-) Buchmarktes zu berücksichtigen, der wird auch in Zukunft früher oder später ERFOLG haben. Ob dieser Erfolg dann auch zwangsläufig ein kommerzieller wird, das ist eine andere Geschichte ...

Kinder- und Jugendbuch: Verlagsadressen und Informationen

Das wichtigste Nachschlagewerk für Kinder- und JugendbuchautorInnen ist die kleine Broschüre „Kinder- und Jugendbuchverlage von A bis Z". Herausgegeben wird sie von der Arbeitsgemeinschaft von Jugendbuchverlagen e.V. (avj) (siehe S. 615 f.), in der sich über 70 Verlage aus Deutschland, Österreich und der Schweiz zusammengeschlossen haben. Die nachfolgenden Adressen der Kinder- und Jugendbuchverlage sind einer Liste der avj-Mitgliedsverlage entnommen, die es online unter www.avj-online.de gibt. Außerdem wurde über das Internet nach weiteren Verlagen recherchiert. Auf diese Weise konnten die Adressen von insgesamt 106 Verlagen zusammengetragen werden – nicht wenig, aber längst nicht alle.

Das Besondere und Erfreuliche an der avj-Broschüre ist, dass dort jedem Verlag zwei Seiten zur Verfügung stehen, auf denen er sein Programm vorstellen kann. Eine Fundgrube also für AutorInnen! Ferner enthält sie wichtige Anschriften und Informationen rund ums Jugendbuch: Adressen von Forschungs- und Sammelstellen sowie der Fachzeitschriften, eine Übersicht von Empfehlungslisten zur Kinder- und Jugendliteratur, eine Auswahl neuerer Publikationen sowie Hinweise auf verschiedene Preise und Auszeichnungen für Kinder- und Jugendbücher. Und – immerhin auf zwei Seiten –: Tipps und Informationen für angehende AutorInnen und IllustratorInnen. Die Broschüre hat rund 160 Seiten, kostet 5,35 Euro, wird jedes Jahr aktualisiert und erscheint kurz vor der Frankfurter Buchmesse (Bezugsadresse: Beltz Medien-Service, Postfach 100565, D-69445 Weinheim, fax: 06201/703-201, buchservice@beltz.de).

Noch ausführlicher als in der avj-Broschüre werden die Auszeichnungen, Preise und Wettbewerbe rund ums Kinder- und Jugendbuch im „Blaubuch" (5. Auflage 2005) vorgestellt. Das „Blaubuch – Adressen und Register für die deutschsprachige Kinder- und Jugendliteratur" ist ein Nachschlagewerk vom Arbeitskreis für Jugendliteratur e.V., München (siehe unten und S. 616). Ebenfalls sehr ausführlich werden hier auch die branchenspezifischen Institutionen, Organisationen und Verbände vorgestellt sowie, Hauptteil des „Blaubuchs", Personen, die in diesem Bereich tätig sind wie zum Beispiel Autorinnen, Illustratoren, Übersetzerinnen, Verleger, Bibliothekarinnen, Buchhändler, Erzieherinnen, Lehrer, Sozialpädagoginnen, Hochschullehrer, Dozentinnen.

Kinder- und Jugendbuch-Verlage

Aktive Musik Verlagsges. mbH, IGEL Records, Poststr. 6, D-44137 Dortmund, fon: 0231/914225-0 + 9142497, fax: 0231/9143213, info@aktive-musik.de, www.aktive-musik.de

Alibaba Verlag, Nordendstr. 20, D-60318 Frankfurt, fon: 069/590097, fax: 069/559855, alibaba@alibaba-verlag.de, www.alibaba-verlag.de

anrich verlag in der Verlagsgruppe Beltz, Werderstr. 10, D-69469 Weinheim, fon: 06201/6007-0, fax: 06201/6007-310, info@beltz.de, www.beltz.de

Antares Verlag, Lydia Weiß, Wüstenrothweg 27, D-97907 Hasloch, fon: 09342/85069, lydiaweiss@antaresverlag.de, www.antaresverlag.de

Arena Verlag und Edition Bücherbär, Rottendorfer Str. 16, D- 97074 Würzburg, fon: 0931/79644-0, fax: 0931/79644-13, arenaverlag@t-online.de

arsEdition, Friedrichstr. 9, D-80801 München, fon: 089/381006-0, fax: 089/381006-55, verlag@arsedition.de, www.arsedition.de

Atlantis Verlag/Verlag pro juventute (Orell Füssli Verlag AG), Dietzinger Str. 3, CH-8036 Zürich, fon: 01/4667711, fax: 01/4667412, verlag@projuventute.ch, www.projuventute.ch + www.ofv.ch

Aufbau-Verlag, Neue Promenade 6, D-10178 Berlin, fon: 030/28394-0, fax: 030/28394-100, info@aufbau-verlag.de, www.aufbauverlag.de

Bajazzo Verlag, Obere Zäune 18, CH-8001 Zürich, fon: 01/2510046, fax: 01/2510048, bajazzo@mails.ch, www.bajazzoverlag.ch

Baumhaus Buchverlag und Altberliner Verlag, Juliusstr. 12, D-60487 Frankfurt am Main, fon: 069/977767-0, fax: 069/977767-67, -16, mailbox@baumhaus-verlag.de, www.baumhaus-verlag.de

Beltz & Gelberg in der Verlagsgruppe Beltz, Werderstr. 10, D-69469 Weinheim, fon: 06201/6007-0, fax: 06201/6007-338, info@beltz.de, www.beltz.de

C. Bertelsmann Jugendbuch, Verlagsgruppe Random House, Neumarkter Str. 28, D-81673 München, fon: 089/4136-0, www.randomhouse.de/cbjugendbuch/

Annette Betz Verlag, Alser Str. 24, A-1091 Wien, fon: 01/40444-0, fax: 01/40444-5, betz_office@ueberreuter.at, www.annettebetz.com

Bibliographisches Institut & F. A. Brockhaus AG, Dudenstr. 6, D-68167 Mannheim, fon: 0621/3901-01, fax: 0621/3901-391, www.brockhaus.de, www.duden.de

Friedrich Bischoff Verlag Frankfurt, Gutleutstr. 298, D-60327 Frankfurt, fon: 069/2696-0, fax: 069/2696-205, info@bischoff-verlag.de, www.bischoff-verlag.de

Bloomsbury Kinderbücher & Jugendbücher, Berlin Verlag, Greifswalder Str. 207, D-10405 Berlin, fon: 030/443845-0, info@berlinverlag.de, www.berlinverlag.de

bohem press Kinderbuchverlag, Hardturmstr. 122, CH-8005 Zürich, fon: 01/4407000, fax: 01/4407001, art@bohem.ch, www.bohem.ch

Buchverlag Junge Welt, Oranienburger Str. 65, D-10117 Berlin, fon: 030/231079-0, fax: 030/2826989, info@bvjw.de, www.bvjw.de

Carlsen Verlag, Völckersstr. 14–20, D-22765 Hamburg, fon: 040/39804-0, fax: 040/39804-390, info@carlsen.de, www.carlsen.de

Coppenrath Verlag, Hafenweg 30, D-48155 Münster, fon: 0251/41411-0, fax: 0251/41411-20, info@coppenrath.de, www.coppenrath.de

Dachs Verlag im Patmos Verlagshaus, Praterstr. 25/9 a, A-1020 Wien, fon: 01/2852205-0, fax: 2852205-15, office@dachs.at, www.dachs.at

Deutscher Taschenbuch Verlag, dtv junior, Friedrichstr. 1 a, D-80801 München, fon: 089/38167-0, fax: 089/339241, junior@dtv.de, www.dtvjunior.de

Diogenes Verlag, Sprecherstr. 8, CH-8032 Zürich, fon: 01/2548511, fax: 01/2528407, info@diogenes.ch, www.diogenes.ch

Domino Verlag Günther Brinek GmbH (Redaktion und Verlag), Menzinger Str. 13, D-80638 München, fon: 089/179130, info@domino-verlag.de, www.domino-verlag.de

Dorling Kindersley Verlag GmbH, Gautinger Str. 6, D-82319 Starnberg, fon: 08151/2712-211, fax: 08151/2712-266, info@dk-germany.de, www.dorlingkindersleyverlag.de

Dreieck Verlag, Postfach, Auf Probert 34, D-54459 Wiltingen, fon: 06501/13385, info@dreieck-verlag.de, www.dreieck-verlag.de

Cecilie Dressler Verlag, Verlagsgruppe Oetinger, Poppenbütteler Chaussee 53, D-22397 Hamburg, fon: 040/607909-02, -03, fax: 040/6072326, dressler@vsg-hamburg.de, www.cecilie-dressler.de

Echter Verlag GmbH, Dominikanerplatz 8, D-97070 Würzburg, fon: 0931/66068-0, fax: 0931/66068-23, info@echter.de, www.echter-verlag.de

Egmont Ehapa Verlag GmbH, Wallstr. 59, D-10179 Berlin, fon: 030/24008-0, fax: 030/24008-599, www.ehapa.de

Egmont Horizont Verlag, Raiffeisenstr. 32, D-70789 Filderstadt, fon: 0711/77007-10, fax: 0711/77007-99, horizont@hov.egmont.com, www.egmont-horizont.de

Verlag Eifelkrone Musik und Buch, Abt. Kinderland, Postfach 12, Layenstr. 27, D-54570 Neroth, fon: 06591/5112, fax: 06591/985086, kontakt@eifelkrone-musik.de, www.kinderland-musik.de

Elefanten Press, Verlagsgruppe Random House, Neumarkter Str. 28, D-81673 München, fon: 089/4136-0, fax: 089/4372-2821, www.randomhouse.de/elefantenpress/

Elfen-Verlag Jana Schenke-Krämer, Alte Promenade 26, D-06526 Sangerhausen, fon: 03464/544610, fax: 03464/544779, verlegerin@elfen-verlag.de, www.elfen-verlag.de

Verlag Heinrich Ellermann, Verlagsgruppe Oetinger, Poppenbütteler Chaussee 53, D-22397 Hamburg, fon: 040/607909-08, fax: 040/607909-59, ellermann@vsg-hamburg.de, www.ellermann.de

Ensslin im Arena Verlag, Rottendorfer Str. 16, D-97074 Würzburg, fon: 0931/79644-0, fax: 0931/79644-13, arenaverlag@t-online.de

Esslinger Verlag J. F. Schreiber GmbH, Marktplatz 19, D-73728 Esslingen, fon: 0711/310594-6, fax: 0711/310594-77, mail@esslinger-verlag.de, www.esslinger-verlag.de

Finken Verlag, Zimmersmühlenweg 40, D-61440 Oberursel, fon: 06171/6388-0, fax: 06171/6388-44, lektorat@finken.de, www.finken.de

Fischer Schatzinsel, Fischer Taschenbuch Verlag, Hedderichstr. 114, D-60596 Frankfurt, fon: 069/6062-0, www.fischerverlage.de + www.fischerschatzinsel.de

FN-Verlag der Deutschen Reiterlichen Vereinigung, Freiherr-von-Langen-Str. 13, D-48231 Warendorf, fon: 02581/6362-115, fax: 02581/633146, fnverlag@fndokr.de, www.fnverlag.de

Verlag Freies Geistesleben, Landhausstr. 82, D-70190 Stuttgart, fon: 0711/28532-00, fax: 0711/28532-10, info@geistesleben.com, www.geistesleben.com

Gabriel Verlag in der Thienemann Verlag GmbH, Blumenstr. 36, D-70182 Stuttgart, fon: 0711/21055-0, info@thienemann.de, www.gabriel-verlag.de

Gerstenberg Verlag, Rathausstr. 18–20, D-31134 Hildesheim, fon: 05121/106-0, fax: 05121/106-498, verlag@gerstenberg.de, www.gerstenberg-verlag.de

G&G Kinder- und Jugendbuch, Panikengasse 21–23, A-1160 Wien, fon: 01/4949699-0, fax: 01/4949699-420, office@kindermedien.at, www.kinderbuchverlag.com

Gondolino in der Gondrom Verlag GmbH, Bühlstr. 4, D-95463 Bindlach, fon: 09208/51-0, fax: 09208/51-309, presse@gondrom-verlag.de, www.gondromverlag.de

Peter Hammer Verlag GmbH, Föhrenstr. 33–35, D-42283 Wuppertal, fon: 0202/5050-66, fax: 0202/509252, info@peter-hammer-verlag.de, www.peter-hammer-verlag.de

Hannah-Verlag GmbH & Co. KG, Sophie-Scholl-Weg 8, D-21684 Stade, fon: 04141/510531, fax: 04141/510533, info@hannah-verlag.de, www.hannahverlag.de

Carl Hanser Verlag, Vilshofener Str. 10, D-81679 München, fon: 089/99830-0, fax: 089/984809, kinderbuch@hanser.de, www.hanser.de/kinderbuch/

Verlag Herder, Hermann-Herder-Str. 4, D-79104 Freiburg, fon: 0761/2717-0, fax: 0761/2717-520, www.herder.de

Hinstorff Verlag, Lagerstr. 7, D-18055 Rostock, fon: 0381/4969-0, fax: 0381/4969-103, www.hinstorff.de

Hörcompany, Angelika Schaack und Andrea Herzog, Jungmannstr. 15, D-22605 Hamburg, fon: 040/8801411 + 8892616, fax: 040/8892618, info@hoercompany.de, www.hoercompany.de

Jumbo – Neue Medien & Verlag GmbH, Henriettenstr. 42a, D-20259 Hamburg, fon: 040/4293040-0, fax: 040/4293040-29, info@jumbo-medien.de, www.jumbo-medien.de

Verlag Jungbrunnen, Rauhensteingasse 5, A-1010 Wien, fon: 01/5121299, fax: 01/5121299-75, office@jungbrunnen.co.at, www.jungbrunnen.co.at

KARI-Verlag, Kathrin Richter, Friedrichstr. 1–3, D-56626 Andernach, fon: 02632/30356, fax: 02632/42286, kari@kari-verlag.de, www.kari-verlag.de

Karl-May-Verlag, Lothar Schmid GmbH, Schützenstr. 30, D-96047 Bamberg, fon: 0951/982060, fax: 0951/24367, info@karl-may.de, www.karl-may.de

Iris Kater Verlag & Medienbüro, Katercom & Rotblatt, Nelsenstr. 15, D-41748 Viersen, fon: 02162/979937, fax: 02162/979935, info@katercom.de, www.katercom.de

Verlag Ernst Kaufmann, Alleestr. 2, D-77933 Lahr, fon: 07821/9390-0, fax: 07821/9390-11, info@kaufmann-verlag.de, www.kaufmann-verlag.de

Verlag Kerle bei Herder, Hermann-Herder-Str. 4, D-79104 Freiburg, fon: 0761/2717-0, fax: 0761/2717-350, info@kerle.de, www.kerle.de

Kidemus Verlag, Ründerother Str. 15, D-51109 Köln, fon: 0221/842097, fax: 0221/842098, info@kidemus.de, www.kidemus.de

Kindermann Verlag Berlin, Wacholderweg 13 F/5, D-14052 Berlin, fon: 030/3053225, fax: 030/3053227, kindermann@kindermannverlag.de, www.kindermann-verlag.de

kleiner bachmann verlag, Hauptstr. 279, D-51503 Rösrath, fon: 02205/9047951, buch@kleinerbachmann.de, www.kleinerbachmann.de

Erika Klopp Verlag, Verlagsgruppe Oetinger, Poppenbütteler Chaussee 53, D-22397 Hamburg, fon: 040/607909-07, fax: 040/607909-59, klopp@vsg-hamburg.de, www.erika-klopp.de

Kosmos Verlag, Pfizerstr. 5–7, D-70184 Stuttgart, fon: 0711/2191-0, fax: 0711/2191-199, info@kosmos.de, www.kosmos.de

Laetitia Verlag, Postfach 13 21, D-64357 Modautal

Lappan Verlag GmbH, Würzburger Str. 14, D-26212 Oldenburg, fon: 0441/98066-0, fax: 0441/98066-34 info@lappan.de, www.lappan.de

leiv – Leipziger Kinderbuchverlag, Querstr. 18, D-04103 Leipzig, fon: 0341/9927840, fax: 0431/9927849, info@leiv-verlag.de, www.leiv-verlag.de

Lentz Verlag, Pfizerstr. 5–7, D-70184 Stuttgart, fon: 0711/2191-0, fax: 0711/2191-199, info@kosmos.de, www.kosmos.de

Loewe Verlag, Bühlstr. 4, D-95463 Bindlach, fon: 09208/51-0, fax: 09208/51-309, presse@loewe-verlag.de, www.loewe-verlag.de

Lorimea Verlag Marko Dragicevic, Gartenstr. 8, D-76833 Knöringen, fon: 06341/62460, fax: 06341/62459, kontakt@lorimea.de, www.lorimea.de

Lütje Verlag Regina Gebert, Sommergasse 6, D-72119 Ammerbuch, fon: 07073/913730, fax: 07073/913748, Gebert.Regina@t-online.de, www.luetje-verlag.de

Menschenkinder Verlag, An der Kleimannbrücke 97, D-48157 Münster, fon: 0251/93252-0, fax: 0251/93252-90, info@menschenkinder.de, www.menschenkinder.de

Metz-Verlag, Josef-Hollerbach-Str. 14, D-76571 Gaggenau, fon + fax: 07225/74098, metzverlag@aol.com, www.metz-verlag.de

Middelhauve in der Verlagsgruppe Beltz, Werderstr. 10, D-69469 Weinheim, fon: 06201/6007-0, fax: 06201/6007-310, info@beltz.de, www.beltz.de

moses. Verlag GmbH, Arnoldstr. 13 d, D-47906 Kempen, fon: 02152/209850, fax: 02152/209860, info@moses-verlag.de, www.moses-verlag.de

Verlag Nagel & Kimche AG, Nordstr. 9, CH-8035 Zürich, fon: 01/3666680, fax: 01/3666688, info@nagel-kimche.ch, www.nagel-kimche.de + www.nagel-kimche.ch

Michael Neugebauer Verlag, Industriestr. 8, CH-8625 Gossau (ZH), fon: 044/9366969, fax: 044/9366900, info@nord-sued.com, www.nord-sued.com

NordSüd Verlag AG, Industriestr. 8, CH-8625 Gossau (ZH), fon: 044/9366868, fax:

044/9366800, info@nord-sued.com, www.nord-sued.com

NP Buchverlag, Niederösterreichisches Pressehaus, Gutenbergstr. 12, A-3100 St. Pölten, fon: 02742/802-1412, fax: 02742/802-1431, verlag@np-buch.at, www.np-buch.at

Ökotopia Verlag Wolfgang Hoffmann GmbH & Co. KG, Hafenweg 26a, D-48155 Münster, fon: 0251/48198-0, fax: 0251/48198-29, www.oekotopia-verlag.de

Verlag Friedrich Oetinger, Poppenbütteler Chaussee 53, D-22397 Hamburg, fon: 040/607909-03, fax: 040/6072326, oetinger@vsg-hamburg.de, www.oetinger.de

Omnibus Verlag, Verlagsgruppe Random House, Neumarkter Str. 28, D-81673 München, fon: 089/4136-0, www.randomhouse.de/omnibus/

OZ Verlag, Römerstr. 90, D-79618 Rheinfelden, fon: 07623/964-0, fax: 07623/964-200, www.oz-verlag.com

Patmos Verlagshaus, Am Wehrhahn 100, D-40211 Düsseldorf, fon: 0211/16795-0, fax: 0211/16795-75, info@patmos.de, www.patmos.de

Pattloch Verlag, Verlagsgruppe Droemer Knaur, Hilblestr. 54, D-80636 München, fon: 089/9271-0, www.pattloch.de, www.kika-buch.de

Pestalozzi Verlag GmbH, Emil-Hoffmann-Str. 1, D-50996 Köln, fon: 02236/3999-0, fax: 02236/3999-159, vertrieb@pestalozzi-verlag.de, www.pestalozzi-verlag.de

Picus Verlag, Friedrich-Schmidt-Platz 4, A-1080 Wien, fon: 01/4081821, fax: 01/40818216, info@picus.at, www.picus.at

Ravensburger Buchverlag Otto Maier GmbH, Marktstr. 24, D-88212 Ravensburg, fon: 0751/86-0, fax: 0751/86-1289, www.ravensburger.de/buchverlag/

Edition Riesenrad, Am Hehsel 38, D-22339 Hamburg, fon: 040/538093-61, fax: 040/538884-59, riesenrad@xenos-verlagsgruppe.de, www.xenos-verlag.de

Rowohlt Taschenbuch Verlag, Redaktion rororo rotfuchs, Hamburger Str. 17, D-21465 Reinbek, fon: 040/7272-0, fax: 040/7272-319, rotfuchs@rowohlt.de, www.rowohlt.de

Saatkorn-Verlag, Lüner Rennbahn 14, D-21339 Lüneburg, fon: 04131/9835-02, fax: 04131/9835-505, info@saatkorn-verlag.de, www.saatkorn-verlag.de

Sauerländer im Patmos Verlagshaus, Am Wehrhahn 100, D-40211 Düsseldorf, fon: 0211/16795-0, info@patmos.de, www.patmos.de

Die Schatzkiste, Buch&media GmbH, Ruffinistr. 21, D-80637 München, fon: 089/139290-46, fax: 089/139290-65, www.verlag-die-schatzkiste.de

Egmont Franz Schneider Verlag GmbH, Schleißheimer Str. 267, D-80809 München, fon: 089/35811-6, fax: 089/35811-755, www.schneiderbuch.de

Edition See-Igel, Strandbadstr. 8, D-78345 Iznang, fon: 07121/24526, fax: 07121/25269, see-igel@t-online.de, www.see-igel.de

Terzio Möllers & Bellinghausen Verlag GmbH, Heilmannstr. 15, D-81479 München, fon: 089/480885-0, fax: 089/48997823, info@terzio.de, www.terzio.de

Tessloff Verlag, Burgschmietstr. 2–4, D-90419 Nürnberg, fon: 0911/39906-0, fax: 0911/39906-39, tessloff@osn.de, www.tessloff.com

Thienemann Verlag, Blumenstr. 36, D-70182 Stuttgart, fon: 0711/21055-0, fax: 0711/21055-39, info@thienemann.de, www.thienemann.de

Titania-Verlag Ferdinand Schroll, Forststr. 104 B, D-70193 Stuttgart, fon:

0711/638125, fax: 0711/6369872

Tivola – Der Buchverlag, Oranienburger Str. 65, D-10117 Berlin, fon: 030/231079-0, fax: 030/2826989, www.tivola-buchverlag.de

Traumland-Verlag Susanne Benz, Schmiedgasse 10, D-55283 Nierstein, fon: 06133/927688, fax: 06133/927689, benz-traumland@t-online.de, www.traumland-verlag.de

Tyrolia Verlag, Exlgasse 20, A-6020 Innsbruck, fon: 0512/2233-202, fax: 0512/2233-206, buchverlag@tyrolia.at, www.tyrolia.at

Verlag Carl Ueberreuter, Alser Str. 24, A-1091 Wien, fon: 01/40444-172, fax: 01/40444-5, office@ueberreuter.at, www.ueberreuter.at + www.ueberreuter.de

Verlag Urachhaus, Landhausstr. 82, D-70190 Stuttgart, fon: 0711/28532-01, fax: 0711/28532-11, info@urachhaus.com, www.urachhaus.com

Verlageinundsiebzig, Am Lübschen Tor 4, D-24306 Plön, fon: 04522/1708, fax: 04522/1803, andrea.duwe@verlag71.de, www.verlag71.de

Wagner Verlag e. K., Zum Wartturm 1, D-63571 Gelnhausen, fax: 06051/8890025, info@wagner-verlag.de, www.wagner-verlag.de

Verlag Klaus Wingefeld, Lindenstr. 12, D-71686 Remseck, fon: 07146/5511, fax: 07146/871881, info@kinderbuchverlag.de, www.kinderbuchverlag.de

Wunderland-Verlag, Mühlstraße 117, D-63741 Aschaffenburg, fon: 06021/450996, webmaster@wunderlandverlag.de, www.wunderlandverlag.de

Xenos Verlag, Am Hehsel 40, D-22339 Hamburg, fon: 040/538093-0, fax: 040/538600-0, info@xenos-verlagsgruppe.de, www.xenos-verlag.de

Sonstiges

AJuM Datenbank: Rezensionen zur Kinder- & Jugendliteratur der Arbeitsgemeinschaft Jugendliteratur und Medien der GEW, www.ajum.de

Arbeitsgemeinschaft von Jugendbuchverlagen e. V. (avj), www.avj-online.de (siehe S. 615 f.)

Arbeitskreis für Jugendliteratur e. V., www.jugendliteratur.org (siehe S. 616)

Friedrich-Bödecker-Kreise (siehe S. 508 f.)

Internationale Jugendbibliothek, Schloss Blutenburg, Seldweg 15, D-81247 München, fon: 089/891211-0, fax: 089/8117553, bib@ijb.de, www.ijb.de

KiBuLi – Netzwerk für kreative Kindermedienmacher, www.kibuli.de (siehe S. 129)

KIBUM – Oldenburger Kinder- und Jugendbuchmesse (jeweils im November) – „größte nichtkommerzielle Kinderbuchmesse Deutschlands", so die Stadt Oldenburg, auf der „die komplette deutschsprachige Jahresproduktion der Buchverlage" gezeigt wird. Umfangreiches Rahmenprogramm mit Lesungen, Theater, Kino und Ausstellungen. Veranstalterinnen: Universität Oldenburg, Volkshochschule Oldenburg und Stadt Oldenburg.

Kinder- und Jugendbuchmesse in Bologna (www.bookfair.bolognafiere.it), immer im Frühjahr. Dazu der avj in seiner Broschüre: „Wer für Kinder schreiben und malen will, sollte Bologna unbedingt besuchen."

Kinder- und Jugendtheaterzentrum in der Bundesrepublik Deutschland, www.kjtz.de (siehe S. 630)

Poetik-Professur für Kinder- und Jugendliteratur an der Universität Oldenburg (siehe S. 491)

Wettbewerbe und Preise mit Eigenbewerbung für Kinder- und Jugendbücher (siehe Kapitel 13)

Frauenliteratur und Männerliteratur: Verlagsadressen

Frauenliteratur

Argument Verlag mit Ariadne, Eppendorfer Weg 95, D-20259 Hamburg, fon: 040/401800-0, fax: 040/401800-20, verlag@argument.de, www.argument.de

AvivA Verlag, Britta Jürgs, Emdener Str. 33, D-10551 Berlin, fon: 030/39731372, fax: 030/39731371, aviva@txt.de, www.aviva-verlag.de

Charon Verlag Grimme KG/Schlagzeilen (SM-Magazin), Simon-von-Utrecht-Str. 4 c, D-20359 Hamburg, fon: 040/313290, fax: 040/313204, redaktion@schlagzeilen.com, www.schlagzeilen.com

Daphne Verlag, Dr. Susanne Amrain, Wilhelm-Weber-Str. 37, D-37073 Göttingen, fon: 0551/46903, fax: 0551/531012, daphneverlag@t-online.de, www.daphne-verlag.de

edition ebersbach, Droysenstr. 8, D-10629 Berlin, fon: 030/310199-34, fax: 030/310199-12, info@edition-ebersbach.de, www.edition-ebersbach.de

eFeF Verlag, Doris Stump, Klosterparkgässli 8, CH-5430 Wettingen, fon: 056/4260618, fax: 056/4270461, info@efefverlag.ch, www.efefverlag.ch

Frauenoffensive Verlag, Metzstr. 14 c, D-81667 München, fon: 089/48950048, fax: 089/48950049, info@verlag-frauenoffensive.de, www.verlag-frauenoffensive.de

Christel Göttert Verlag, Virchowstr. 21, D-65428 Rüsselsheim, fon + fax: 06142/59844, info@christel-goettert-verlag.de, www.christel-goettert-verlag.de

Ulrike Helmer Verlag, Altkönigstr. 6 a, D-61462 Königstein/Ts., fon: 06174/936060, fax: 06174/936065, info@Ulrike-Helmer-Verlag.de, www.ulrike-helmer-verlag.de

konkursbuch Verlag Claudia Gehrke, Hechinger Str. 203 (im Sudhaus), D-72072 Tübingen, fon: 07071/78779, fax: 07071/763780, office@konkursbuch.com, www.konkursbuch.com

Verlag Krug & Schadenberg, Arndtstr. 34, D-10965 Berlin, fon: 030/61625752, fax: 030/61625751, info@krugschadenberg.de, www.krugschadenberg.de

Milena Verlag, Lange Gasse 51/10, A-1080 Wien, fon: 01/4025990, fax: 01/4088858, frauenverlag@milena-verlag.at, www.milena-verlag.at

Orlanda Frauenverlag, Zossener Str. 55–58, D-10961 Berlin, fon: 030/216-3566, -2960, fax: 030/2153958, post@orlanda.de, www.orlanda.de

Querverlag, Akazienstr. 25, D-10823 Berlin, fon: 030/78702339, fax: 030/7884950, mail@querverlag.de, www.querverlag.de

Informationen zum Thema „*Frauensachbücher*" unter:
www.frauensachbuch.de, Ute Annecke, Mainkurstr. 31, D-60385 Frankfurt am
  Main, fon: 069/43054870, fax: 069/43054871, info@frauensachbuch.de,
  www.frauensachbuch.de

Männerliteratur

Argument Verlag mit Ariadne, Eppendorfer Weg 95 a, D-20259 Hamburg, fon:
  040/401800-0, fax: 040/401800-20, verlag@argument.de, www.argument.de
Charon Verlag Grimme KG/Schlagzeilen (SM-Magazin), Simon-von-Utrecht-
  Str. 4 c, D-20359 Hamburg, fon: 040/313290, fax: 040/313204, redak-
  tion@schlagzeilen.com, www.schlagzeilen.com
Bruno Gmünder Verlag GmbH, Kleiststr. 23–26, D-10787 Berlin, fon: 030/615003-
  0, fax: 030/615003-20, info@brunogmuender.com, www.brunogmuen-
  der.com
MännerschwarmSkript Verlag GmbH, Lange Reihe 102, D-20099 Hamburg, fon:
  040/4302650, fax: 040/4302932, verlag@maennerschwarm.de, www.maen-
  nerschwarm.de
Querverlag, Akazienstr. 25, D-10823 Berlin, fon: 030/78702339, fax: 030/7884950,
  mail@querverlag.de, www.querverlag.de
Verlag rosa Winkel GmbH, Postfach 302949, D-10730 Berlin, fon: 030/85729295,
  fax: 030/85729296, rosawinkel@t-online.de, www.rosawinkel.de

Books on Demand;
Selbstverlag; Zuschussverlag

Vom Manuskript zum Buch: Lektorin unterstützt Sie bei Ihrem Buchprojekt. Tel.: 02195/688897 oder E-Mail: info@autorenservice.com !

Books on Demand; Selbstverlag; Zuschussverlage

Was zu tun ist, wenn kein Verlag das eigene Manuskript gegen Honorar drucken will, war schon immer Gegenstand heftiger Diskussionen oder stiller Betrachtungen. Die einen vergruben ihre Manuskripte tiefer in der Schublade, die anderen gründeten kurz entschlossen ihren eigenen Verlag; noch andere wandten sich in ihrer Not an einen so genannten Zuschussverlag. Diese drei Möglichkeiten gibt es noch immer. Zwei davon werden im Folgenden näher beschrieben.

Und dann gibt es seit einigen Jahren noch die Möglichkeit, ein Manuskript als Book on Demand zu veröffentlichen.

Noch mehr Möglichkeiten, noch mehr Diskussionen.

Zumal jede von ihnen, umgesetzt in die Realität und für sich betrachtet, ihre ganz eigene Berechtigung hat und gar nichts damit zu tun haben muss, dass kein Verlag das Manuskript drucken will.

Denken wir nur an den Abkömmling eines Adelsgeschlechts, der seine Cousins und Cousinen zum Tag des Buches mit ihrer Familienchronik, gebunden in Kalbsleder und mit Goldschnitt, überraschen möchte. Book on Demand? – Noch zu früh! Einen eigenen Verlag gründen? – Das erinnert an den Witz: „Wozu heiraten? Für hundert Gramm Wurst kauft frau doch auch nicht gleich ein ganzes Schwein." Bliebe mithin der Zuschussverlag? – Pourquoi pas, denn hier handelt es sich um eine Art Dienstleistungsunternehmen, das – gegen Bares, versteht sich – zum Statussymbol Buch verhilft.

In der letzten Ausgabe des Handbuchs, erschienen 2001, wurde in diesem Kapitel auch auf die Besonderheiten des eBooks eingegangen, denn das Thema eBook erhitzte die Gemüter. Mittlerweile erinnert man sich kaum noch daran, wie die Anbieter der für die eBooks angepriesenen Lesegeräte hießen. Um Platz für Themen zu schaffen, die derzeit aktueller sind, wurde das Unterkapitel „eBooks" gestrichen. Was natürlich nicht heißt, dass es uns nicht in einer späteren Auflage wieder einmal wird begegnen können.

Auch beim Thema Books on Demand hat sich in der Zwischenzeit einiges getan. Euphorie und Begeisterung – „jeder sein eigener Verleger!" – sind einer gewissen Nüchternheit, Skepsis gewichen.

Books on Demand – über das Geschäft mit Autoren
Beitrag von Andreas Mäckler

Der Name deutet es bereits an: Wie nahezu alle modernen Kulturtechnologien stammt auch diese aus Amerika. „Books on Demand" – Bücher bzw. Buchdruck auf Bestellung – sind eine Folge der Digitalisierung von Daten in Verbindung mit dem Laserdruck. Das führte in den USA Mitte der neunziger Jahre zur Gründung mehrerer Dienstleistungsunternehmen, die Pate stehen für eine rasante Entwicklung der digitalen Buchproduktion. Mit Venture-Capital von Ingram Books, Barnes & Noble und Random House ausgestattet, entwickelten sich Lightning Source (www.lightningsource.com), iUniverse (www.iuniverse.com) und Xlibris (www.xlibris.com) zu führenden Anbietern der neuen Buchkultur. Sie sprechen ihre Kunden weltweit über das Internet an und deklarieren die neue Technologie als „Revolution auf dem Buchmarkt". Ihre Zielgruppe ist die Mehrheit der (Hobby-)Autoren, die nach praktikablen Formen des Selbstverlegens suchen, weil ihre Manuskripte von etablierten Verlagen abgelehnt werden. Doch auch immer mehr Profiautoren und Verlage nutzen diese Technologie für Kleinauflagen und Nachdrucke. Neben der Produktion von Büchern in Broschur und Hardcover, auch komplett in Farbe, bieten iUniverse & Co. zahlreiche Marketing-Tools (Lesezeichen, Postkarten, Flyer, Poster), Autorenratgeber und Foren an, um den Hilfe suchenden Schriftstellern unter die Arme zu greifen. Damit setzen sie neue Standards im modernen Autoren-Dienstleistungsgewerbe, ganz der unkompliziert-pragmatisch-fröhlichen „Selfhelp"- und „How to …"-Ratgebertradition verpflichtet, die für die Amerikaner so typisch ist.

Die Produktionsidee, Bücher erst dann zu drucken und an den Buchhandel auszuliefern, wenn eine Nachfrage vorliegt, wurde auch in Deutschland übernommen. 1998 etablierte der Hamburger Buchgrossist Georg Lingenbrink (Libri) die Books on Demand GmbH in Norderstedt (www.bod.de). In Zusammenarbeit mit dem US-Druckmaschinenhersteller Xerox und mit Startkapital in Millionenhöhe entwickelte sich das Unternehmen rasch zum Marktführer in Deutschland. Stolz verweist es auf den Computerworld Smithsonian Award, den nicht eines der amerikanischen Print-on-Demand-Unternehmen der ersten Stunde verliehen bekam, sondern BoD in Norderstedt (1999). Gewürdigt wurde weniger der digitale Buchdruck, sondern die neuartige On-Demand-Produktion in Auflage eins mit Anschluss an den Buchhandel. Das ermöglicht die gezielte Belieferung des Buchhandels ohne Auslieferungslager seitens des Grossisten.

Weil der Begriff „Book(s) on Demand" nicht zu registrieren war, ließen die Norderstedter „BoD" als Trademark schützen und mahnten konkurrierende Anbieter ab, die ihre digitalen Buchprodukte ebenfalls BoD nennen wollten. Nur Bücher, die bei der Books on Demand GmbH hergestellt worden sind, dürfen seither BoD genannt werden. Der Firmenname „Books on Demand GmbH" stellt eine enge Verbindung zwischen Produkt und Hersteller her, was häufig zu Verwechslungen führt und eine Monopolstellung des Herstellers suggeriert, die keine ist. Neue Digitaldruckereien und Dienstleister mit teilweise vergleichbarem Angebot schossen wie Pilze aus dem Boden, und der Markt griff auf ähnliche („freie") Bezeichnungen zurück, die letztlich dasselbe meinen: PoD, Print on Demand, Publishing on Demand, mit und ohne Bindestrich geschrieben

Bei der Suche nach deutschen Begriffen tat sich die neue Branche schwer, obwohl von Akzidenzdruckereien „auf Bestellung" schon vorher nicht nur Visitenkarten und Briefpapier gedruckt worden sind. Innovative Desktop-Publisher wie der Verleger und Autor Jörg Schröder (März Verlag) boten Newsletter und Infodienste „on demand" an, als noch niemand davon sprach. Nahezu alle „Alternativpublizisten" der späten 60er bis 90er Jahre produzierten Schriftwerke, Bücher und Broschüren in kleiner Auflage „nach Bedarf" im Copyshop oder in der „Schnelldruckerei".

„Demokratisierung der Buchkultur", „jeder Autor kann sein Buch publizieren", „nieder mit dem Meinungsmonopol der Großverlage", „weg mit dem Diktat der Lektorate" und ähnliche Sprüche der frühen Books-on-Demand-Apostel klangen wie Reminiszenzen aus der Zeit der 68er – mit dem Unterschied, dass politische und gesellschaftsbewegende Inhalte heute kaum eine Rolle mehr spielen. Die „Books-on-Demand-Revolution" war von Anfang an technologiebedingt und kam mit ihrer innovativen Lösung dem Überangebot an Manuskripten und vergriffenen Büchern entgegen, die ohne sie nicht (wieder) publiziert würden, weil kein Verlag als Investor unkalkulierbare wirtschaftliche Risiken übernimmt. Kritiker, die Literatur als elitäres Phänomen definieren, befürchten angesichts der neuen (Hobby-)Autoren-Publikationswelle einen Niedergang der Buchkultur. Fürsprecher begrüßen die neue Publikationsfreiheit, die jedem problemlos die eigene Buchveröffentlichung ermöglicht. Dem Selbstverlags-Prinzip hat sie einen neuen Boom, aber auch neue Probleme beschert.

Was ist das Besondere an dieser Technik?
Neu ist weniger das Prinzip der Buchproduktion in kleiner Auflage als vielmehr die Technologie des Digitaldrucks. Sie ermöglicht, direkt aus der Datei heraus (PDF, Postscript, EPS) in der „Auflage eins" zeit- und kostengünstig zu drucken. Überflüssig ist – im Gegensatz zum Offsetdruck – das fotomechanische Herstellen von Druckplatten und Einrichten der Druckmaschinen sowie das Falzen und Zusammentragen der Druckbögen. Wie beim Kopiergerät kommt der Buchblock häufig auf DIN-A4-Papier aus der Maschine und wird mit dem Cover zusammengeführt, gebunden und beschnitten. Eine Xerox *DocuTech* schafft rund 180 Seiten pro Minute in einer Auflösung von 600 dpi (dotts [Punkte] per inch). So dauert die Herstellung eines Paperbacks weniger als zwei Minuten.

In Zusammenarbeit mit IBM entwickelte der Druckmaschinenhersteller OCE den Digitaldruck auf der Rolle, der eine größere Variationsbreite bei Papieren und Formaten bietet, jedoch durch das Zusammenführen der Bögen (wie beim Offsetdruck) nicht die Auflage eins kostengünstig ermöglicht.

Exotisch unter den Digitaldruckmaschinen wirkt Victor Celorios *Instabook* – mit sechs Kubikmetern kaum größer als ein stationäres Kopiergerät. Im Terminal, das auf dem Gerät montiert ist, wird ein Datenträger eingelegt oder ein Buchtitel über die internetbasierte Datenbank ausgewählt, und nach 5 Minuten kommt unten das fertige Taschenbuch wie beim Zigarettenautomaten aus dem Schacht – zumindest theoretisch. Derzeit erfordern die Prototypen, die in einigen Buchhandlungen Kanadas, Mexikos und in den USA im Einsatz sind, noch Handarbeit, vor allem beim Schneiden des Buchblocks. Da die Technologie vorhanden, aber nicht ausgereift ist, wurde die Maschine in Deutschland noch nicht eingeführt. Irgendwann, so zumindest die Vision des amerikanischen Tüftlers, soll weltweit in jedem größeren Buchladen einer Stadt ein *Instabook* stehen (www.instabook.net).

Bücher, die in einer bestimmten Auflage (zumeist ab 500 Exemplaren) im Offsetdruck hergestellt worden sind, erfordern eine aufwändige Lagerhaltung bei Verlag, Grossist und Buchhändler. Bei Books on Demand, die nicht mehr materiell, sondern als Datensatz bereit gehalten und erst nach Bedarf in der entsprechenden Auflage gedruckt und an den Buchhandel ausgeliefert werden, entfällt dieser Kostenfaktor der Überproduktion und Lagerung von Büchern. Das sieht auf den ersten Blick finanziell attraktiv, kunden- und umweltfreundlich aus. Zwar verhindert PoD nicht das Abholzen von Wäldern, weil Bücher normalerweise auf holzfreiem Papier gedruckt werden. Die neue Technologie hilft aber, die Unmengen an Energie einzusparen, die bei der Papierherstellung und beim Buchdruck benötigt und dementsprechend beim Druck nicht benötigter Bücher verschwendet wird. Die durch Books on Demand institutionalisierte, zum Normalfall gewordene physische „Nichtpräsenz" von Büchern wirft jedoch neue Fragen auf, die sich Autoren in dieser Form bisher nicht stellten.

Wer verdient an Books on Demand?

Auch wenn Books on Demand als „Revolution auf dem Buchmarkt" angepriesen wurden, haben sie am verpönten „Druckkostenzuschuss-Prinzip" nichts geändert. Im Gegenteil: Niemals zuvor wurden so viele Autorinnen und Autoren für ihre Publikationen zur Kasse gebeten wie heutzutage. Allein die Books on Demand GmbH in Norderstedt publizierte im Jahr 2004 rund 2500 neue Titel – insgesamt wurden seit der Gründung 1998 mit rund 3000 Autoren und Verlagen mehr als 10.000 Titel realisiert. Wie groß das Potenzial an unveröffentlichten Buchmanuskripten in Deutschland ist, lässt sich nur spekulieren. Mehr als 100.000 Journalisten und Buchautoren, die den Nachweis einer professionellen Publikation erbringen konnten, sind derzeit bei der Verwertungsgesellschaft Wort (www.vgwort.de) gemeldet. Die Zahl der (Hobby-)Autoren dürfte um ein Vielfaches größer sein.

Fremd- und autorenfinanzierte Publikationen, die aus unterschiedlichsten Gründen keinen Verlag gefunden haben, der das wirtschaftliche Risiko übernimmt, sind kein Phänomen von heute, sondern so alt wie die Publizistik selbst. Seien es Fürsten, die als Sponsoren auftraten, oder klerikale Geldgeber oder im selbstbewusst werdenden Bürgertum des 18. Jahrhunderts die Autoren selbst, die für ihre Publikationen zu Selbstzahlern wurden. Friedrich Schiller brachte die Erstausgabe der *Räuber* eigenhändig auf den Buchmarkt; Goethe verlor Geld, als er den *Götz von Berlichingen* im Selbstverlag edierte. Die meisten wissenschaftlichen Publikationen werden seit jeher von Autoren, Instituten und Fonds finanziert und nur selten über den Buchverkauf auf dem Markt.

Das Prinzip der autorenfinanzierten Publikation geriet in den letzten Jahren jedoch zunehmend ins Kreuzfeuer der Kritik. Einigen so genannten „Druckkostenzuschussverlagen" wurden in renommierten Zeitungen unlautere Geschäftspraktiken vorgeworfen, worauf diese sich mit juristischen Mitteln der Abmahnung und Einstweiligen Verfügung wegen falscher Tatsachenbehauptung wehrten. Wer öffentlich als „Betrüger" gebrandmarkt wird, hat wohl kaum andere Möglichkeiten, als mit den vom Gesetzgeber vorgegebenen Instrumentarien zu reagieren – oder das Geschäftsmodell zu ändern, sofern es zu Recht angeprangert wurde.

Von Gegnern wie Befürwortern gleichermaßen wird der Begriff des „Druckkostenzuschussverlags" zumeist falsch angewandt, denn der Autor zahlt nicht einen „Zuschuss zum Druck", sondern er liefert als Auftraggeber/Unternehmer kostenfrei sein Manuskript, bezahlt in der Regel die komplette Buchproduktion und einen Teil der Betriebskosten des Unternehmens sowie anteilig dessen Gewinn inklusive der Werbung, durch die er auf das Unternehmen aufmerksam geworden ist. Und letztlich bezahlt der Autor auch die PR- und Marketingkosten, um sein Buch bekannt zu machen und damit Verkäufe zu generieren. Mit dem Stigma der „Autorenabzocke" und „Unseriosität" werden nunmehr auch neue Unternehmen im Print-on-Demand-Gewerbe konfrontiert.

Zwar sind die Produktionskosten von Büchern im kleinen Auflagenbereich gesunken, doch haben Autoren als Selbstverleger noch immer 400 bis 1.500 € und mehr zu berappen, bis sie ihr eigenes Werk in kleiner Auflage von 50 bis 100 Stück in Händen halten. Kommen besondere Layoutwünsche, intensives Lektorat, PR- und Vertriebsarbeiten als Fremdleistung hinzu, fallen schon mal Beträge an, die sich vom Angebot verfemter Druckkostenzuschussverlage kaum mehr unterscheiden. Ist es daher nicht sekundär, ob Autoren für die Publikation ihres Buchs 500, 5.000 oder 15.000 € bezahlen, wenn der Endeffekt der Gleiche bleibt: dass an der Produktion der Bücher in erster Linie so genannte Verlage, (Digital-)Druckereien und Dienstleister (Layouter, Lektoren, Presseagenturen) verdienen?

Bei Büchern mit der „Druckauflage eins" darf kein Autor oder Verlag erwarten, Geld zu erwirtschaften. Er verliert nur weniger. Wie leicht ein Investment zum Totalverlust wird bzw. sich eine Buchproduktion als schwer verkäuflich herausstellt, erfahren Tausende von Autoren nicht nur bei BoD in Norderstedt, sondern auch bei anderen Anbietern, wenn die (vierteljährliche) Margenabrechnung verschickt wird. Dann trauen viele ihren Augen nicht, wenn Null- und Kleinstsummen addiert werden. Jeder kann dank Books on Demand ein Buch publizieren, aber nur die wenigsten verdienen damit Geld. Einzig die Dienstleister leben gut von den Werken. Manche haben sich die Mentalität von Medizinern angeeignet, die ihre Autoren als Patienten betrachten und wie Kranke behandeln. Andere geben sich wie ordentliche Kaufleute, die ihrem Angebot gegenüber zu keinerlei Distanz fähig sind, so lange sie damit Profit erwirtschaften.

Da deutsche PoD-Anbieter sich mit der Publikation detaillierter Verkaufszahlen ihrer Bücher über den Buchhandel aus gutem Grund zurückhalten und jährlich nur die Akquisition neuer Autoren, Titel und Druckquoten verkünden, weil Masse bekanntlich Masse anzieht, seien einmal die Verkaufszahlen des US-Marktführers Ligthning Source Inc. zitiert, wie sie auf der Website www.lightningsource.com nachzulesen sind (Stand: 7.11.2004): „In 2003, we printed our 10 millionth book ... Our content library maintains 200.000+ orderable titles."

Man braucht keinen Taschenrechner, um mit diesen Zahlen zu folgendem Ergebnis zu kommen: 10.000.000 Bücher, geteilt durch 200.000 Titel = 50 Bücher pro Titel, die von Lightning Source seit der Gründung 1997 bis zum Jahr 2003 gedruckt worden sind. Das sind weniger als 8 verkaufte Bücher pro Titel und Jahr! Man braucht auch kein Statistiker zu sein, um bei diesen ernüchternden Zahlen folgendes Szenario als realistisch zu erkennen: Wenn von einem Titel statt 8 Bücher pro Jahr 100 Bücher gedruckt worden sind, müssen zwangsläufig rund 12 andere Titel mit der Summe 0 deklariert werden. Bei 1.000 gedruckten Büchern pro Titel und Jahr ergeben das bereits 125 weitere Titel, die leer ausgehen ...

Inwieweit die publizierten Daten des US-Marktführers Lightningsource tendenziell mit deutschen PoD-Anbietern vergleichbar sind, sei dahingestellt. Eine quantifizierbare Objektivität kann es auf dem PoD-Buchmarkt so lange nicht geben, bis vergleichbare Zahlen publiziert werden. Titel, die in einer digitalen Datenbank gespeichert, aber nicht oder nur selten abgerufen werden, bringen dem Autor und auch dem Verlag kein Geld. Das betrifft gleichermaßen Bücher, die nach dem Abverkauf der Druckauflage am „Ende ihres Lebenszyklus" angelangt sind, wie Neuerscheinungen von Autoren, die diesen „Lebenszyklus" aufgrund mangelnden Verkaufs erst gar nicht erreichen und dieser biologistischen Terminologie nach als „Totgeburten" zu bezeichnen sind.

Als Gegensatz zu meiner These, dass schätzungsweise 90 Prozent aller (Hobby-)Autoren nicht nur bei Druckkostenzuschussverlagen, sondern auch bei PoD-Publikationen ihr Investment abschreiben müssen und weitgehend innerhalb ihres Bekanntenkreises die einzigen Käufer und Verkäufer ihrer Bücher bleiben, sagte BoD auf Anfrage hierzu: „Die Fakten sprechen allerdings eine andere Sprache: Die Books on Demand GmbH bietet Autorinnen und Autoren ein neuartiges Publikationskonzept, bei dem sie zu einem Teil die Verlegerrolle übernehmen und damit auch einen Teil der Anfangsinvestitionen. Im Vergleich zum branchenüblichen Autorenhonorar von ca. 3–8 Prozent erhalten sie bei BoD durchschnittlich 22 Prozent. Zusätzlich haben Kunden von BoD eine vollkommene Preistransparenz, behalten ihre Rechte und können sich für die Inanspruchnahme von individuellen Dienstleistungen frei entscheiden. BoD produziert zurzeit ca. 1 Million Bücher und hat in den letzten Jahren mehrere Millionen Euro Autorenhonorare ausgeschüttet. Autoren, die eine klare Zielgruppe definiert haben und sich mit Lesungen und PR engagieren, erhalten in der Regel bereits nach wenigen Monaten ihre Anfangsinvestitionen zurück. Jene Autoren allerdings, die die Verlegerrolle nicht aktiv ausüben, verzeichnen nur geringe Absätze."

Die Autorin Nikola Hahn ist von BoD begeistert, wie sie in einem Beitrag in der Mailingliste der Autorengruppe DAS SYNDIKAT vom 12. Oktober 2004 schreibt. „Da für Kurzgeschichten und Gedichte Ullstein und Co. (wo meine Romane erscheinen) nicht in Frage kamen und ich zudem unbedingt Cover, Layout und Titel selbst bestimmen wollte, suchte ich – zugegebenermaßen ein bisschen gegen die Norm – abseits meines großen einen kleinen Verlag, der mir diesen Wunsch ermöglichen würde. Ich fand keinen. Das war ein Grund, warum ich mein Buch schließlich direkt bei BoD gemacht habe, und zwar von Anfang bis Ende in Eigenregie. Der ganze Spaß war nicht sonderlich teuer und ist durch den Buchverkauf bereits wieder eingespielt. Im Gegensatz zu Verlagen, die mit BoD zusammenarbeiten, kassiert ein Autor, der direkt bei BoD veröffentlicht, die Verkaufsanteile des Verlags und der Buchhändler beim Direktverkauf. BoD finde ich eine tolle Sache und eine durchaus reelle Möglichkeit, auch Nischenprodukte unters Volk zu bringen, und es eröffnet einem als Autor ungeheure Möglichkeiten, sein Buchprojekt kreativ zu verwirklichen."

Unzweifelhaft bleibt: Für den Buchmarkt zu schreiben und damit Geld zu verdienen, ist eine Kunst, die nur wenige beherrschen, auch wenn es nicht den

Anschein hat, weil viele glauben, seit ihrer Schulzeit schreiben zu können. In der heutigen Schwätzerkultur plappert und publiziert nahezu jeder, aber immer weniger lesen und hören zu. So erklärt sich die wachsende Zahl von Buchpublikationen bei sinkender Auflage. Dank Books on Demand ist die Produktion von Büchern so einfach geworden wie Brötchen backen. Das Problem, das auch das Internet und die digitale Drucktechnologie nicht lösen können, ist für den Autor jedoch: Wie bekommt er die Bücher anschließend auch verkauft?

„Bücher, die nie vergriffen sind" – ein solcher Slogan der Books-on-Demand-Anbieter kann wie die Drohung aus dem Reich des Vampirismus interpretiert werden, wo täglich die Zahl digitaler Dateileichen wächst, die aufgrund fehlender Nachfrage zu keinem Buch mehr rematerialisiert werden und nur noch virtuell in Datenbanken und den Köpfen ihrer Autoren rumoren. Nicht mehr der Verkaufserfolg eines Buchs ist dann zum Normalfall geworden, sondern der Flop. Zwar wird der Publikationswunsch des Autors, nicht aber die Nachfrage des Publikums erfüllt, dem die Entscheidung bei zunehmender Medienkonkurrenz schwerer fällt, wessen Angeboten es überhaupt noch seine Aufmerksamkeit schenken soll.

Freudig und gewinnbringend nehmen sich einzig spezialisierte Publikationsdienstleister dieser Untoten an: „Druckkostenzuschussverlage", Digitaldruckereien, freie Lektoren, Layouter, Marketing- und Presseexperten suchen unpublizierte Manuskripte, vergriffene Bücher und Autoren, bei denen etablierte Verlage längst abgewunken haben. Das verbindet Books on Demand mit der „Vanity Press" (Vanity = Eitelkeit), deren Geschäftsbasis das Überangebot an Autoren ist, die bedingungslos publizieren wollen, auch wenn keine Nachfrage zu verzeichnen ist. Ähnlich wie Rauchen oder andere Süchte sind solche Publikationsbedürfnisse rational nur schwer erklärbar. Immerhin werden zunehmend mehr selbst verlegte Bücher im Familien- und Bekanntenkreis verschenkt, was viel Freude, aber auch manches Entsetzen bereiten kann.

BoD Norderstedt schreibt dazu: „Es ist ja nicht so, dass ein von klassischen Verlagen abgelehnter Autor automatisch schlecht verkäufliche Bücher schreibt. Eine ganze Reihe von BoD-Autoren wurden von Verlagshäusern abgeworben, wie z. B. Freya Gräfin von Korff (zum Piper Verlag gewechselt), Roman Rausch (Rowohlt), John Punisher (Eichborn) oder Michael Bresser (Ullstein). Beispiele von prominenten Autoren, deren Manuskripte ursprünglich von bis zu 150 Verlagen abgelehnt wurden, sind J. K. Rowling, Robert Schneider oder Petra Hammesfahr. Dass es neben ambitionierten Debütanten und renommierten Schriftstellern auch Autoren gibt, die eine Buchveröffentlichung als Hobby betreiben, ist nicht verwerflich, im Gegenteil."

Dem ist gern zuzustimmen. Print-on-Demand-Geschäftsmodelle basieren nicht nur auf Dienstleistungen für Profiautoren und Verlage, sondern funktionieren vielmehr durch die Zahlkraft tausender Hobby-Autoren. Ebenso wie der Offsetdruck ist auch PoD kein Klasse-Markt, sondern ein Masse-Markt, in dem die Druckmaschinen ausgelastet werden müssen – was nicht ausschließt, dass es vorzügliche PoD-Publikationen gibt. Aber sie sind nicht die Regel.

Vermutlich hat kein PoD-Dienstleister so viele un- und schwerverkäufliche Buchtitel in seiner Datenbank wie Lightning Source in Amerika (200.000+) und eben, was den deutschen Markt betrifft, BoD in Norderstedt (10.000+). Der ehemalige Ullstein- und jetzige BoD-Verleger Wolfram Göbel (www.buchmedia.de) jedoch relativiert: „Als ich 1996 zu Ullstein kam, haben wir 6 Millionen Taschenbücher geramscht und makuliert. Titel, die zum Teil seit zehn Jahren Lagerbewegung null hatten! Da steckt ein riesiges Vermögen drin. Das alles wird künftig mit klug angewandter Digitaltechnik nicht mehr vernichtet werden."

Das ist richtig. Die Lagerbewegung null bedeutet für Verlage und Autoren gleichermaßen großen Schaden bis hin zum Ruin. Doch geringe Druck- und Verkaufsquoten, wie sie bei PoD-Publikationen üblich sind, helfen den Betroffenen wirtschaftlich auch nicht weiter. Daher leiden alle unter der Rezession des Buchmarkts. Dass zudem immer mehr Verlage die neue Technik nutzen, um vergriffene Bücher lieferbar zu halten („zu parken") und dadurch die Verlagsrechte nicht zurückgeben zu müssen, verschafft dem Autor trotz gegenteiliger Versicherung seitens der Verlage keinen Vorteil. Nur Bücher, die durch aktives Marketing in hoher Zahl und Marge verkauft werden, bringen dem Autor nennenswertes Honorar.

Früher galt die Verlegerregel: Ein Drittel der produzierten Titel bleibt im Minus und wird abgeschrieben; das zweite Drittel trägt sich selbst, und das dritte bringt den Gewinn ins Haus. Aufgrund des übergroßen, stetig wachsenden Medienangebots, das nur auf eine gleich bleibende Größe potenzieller Leser greifen kann, wird der Prozentsatz der Gewinnbringer noch geringer. Bücher zu schreiben und zu publizieren war schon immer ein Geschäft mit Illusionen, die erst dann platzten, wenn das Geld verpulvert und der Verleger auf seinen unverkauften Büchern sitzen blieb. Bei der neuen Publikationsvariante Books on Demand, die unbedarfte Autoren zu Selbstverlegern macht, scheint der Totalverlust jedoch zum Normalfall zu werden. Deshalb bieten viele PoD-Dienstleister – darunter auch ich – Marketing-Tools, Autorenratgeber und Workshops an und machen daraus ein weiteres Geschäft.

BoD Norderstedt sagt dazu: „Gewinnerwirtschaftung ist bei Autoren, die sich aktiv um die Vermarktung ihrer Bücher kümmern, der Normalfall. Bei einem Taschenbuch mit einem Ladenpreis von 9,80 € und einer Netto-Gewinnmarge von z. B. 2,44 € reichen bei einer einmaligen Investition von 400 € bereits 164 Exemplare aus, um das zu Beginn investierte Geld wieder reinzuholen. Alle weiteren verkauften Exemplare erbringen für den Autor dann Gewinn. Weitere Verdienstmöglichkeiten eröffnen sich ihm, wenn er über Lesungen u. ä. zusätzliche Bücher verkauft und damit die noch höhere Gewinnmarge von 6,48 € einstreicht (bei einer Kleinauflage von z. B. 25 Stück)."

Spätestens an dieser Stelle könnte man sich folgende Frage stellen: Warum überhaupt Kritik an Books on Demand? Was sollte an dieser Art von Geschäften mit Autoren verwerflich sein? Warum werden manche PoD-Unternehmen in erhitzten Debatten gar mit „Druckkostenzuschussverlagen" gleichgesetzt und angegriffen? Bleibt es nicht jedem erwachsenen Menschen unbenommen, mit seinem Geld zu machen, was er will, ohne dafür öffentlich kritisiert oder gar gemaßregelt zu werden?

Die Problematik liegt darin begründet: „Druckkostenzuschussverlage" und auch viele PoD-Anbieter stellen in ihren Angeboten die Refinanzierungs- und Gewinnmöglichkeiten für den Autor nicht nur in Aussicht, sondern in den Mittelpunkt ihrer Werbung. Da ist die Enttäuschung zwangsläufig. Jeder sollte wissen, dass sich kein Buch von selbst verkauft! Zu den 400 € BoD-Gebühren (um bei dem obigen Beispiel zu bleiben) müssen, sofern keine Druckvorstufenkosten wie Lektorat und Layout angefallen sind, mindestens auch PR- und Marketingkosten hinzugerechnet werden. Im regionalen Bereich lassen sich manchmal ohne viel Aufwand gute Presse-Erfolge erzielen, aber der Erfolg ist nicht die Regel – auch Regionalredaktionen werden überschüttet mit unverlangt eingesandten Rezensionsexemplaren ortsansässiger Autoren. Flyer, Postkarten und andere Marketing-Artikel und -Aktionen kosten weiteres Geld. Schließlich wird jeder Autor als Selbstverleger erkennen, dass Umsatz nicht gleich Gewinn ist – und dass das oben zitierte Rechenbeispiel von BoD Vorstellungen weckt, die nicht realistisch sind. Bücher sind Produkte, die zumeist nur mit konsequenter Selbstausbeutung an den Leser zu bringen sind.

Und ein zweiter Kritikpunkt kommt hinzu: Die so genannten „Druckkosten-zuschussverlage" und auch viele PoD-Anbieter betreiben einen eklatanten Etikettenschwindel, indem sie ihr Unternehmen „Verlag" nennen. Der Terminus „Verlag" ist in seinem traditionellen Verständnis klar definiert: Er kommt von „vorlegen", vorfinanzieren. Der Autor bringt seine Vorleistung, indem er das Manuskript über Wochen, Monate und Jahre geschrieben hat, der Verlag macht seine Vorleistung, indem er den Druck und Vertrieb des Manuskripts finanziert und sein Investment inklusive Rendite durch Verkauf auf dem Buchmarkt refinanziert. Ebenso wie „Druckkostenzuschussverlage" finanzieren viele „PoD-Verlage" jedoch nichts vor – außer die Kosten für Lektorat, Satz, Umschlaggestaltung, ISBN, Mastering (sowie den Start ihres Unternehmens). Auch der Begriff des „Dienstleisterverlags", den manche Anbieter gern verwenden, führt in die Irre, weil der Dienstleister in der Regel eben kaum etwas „verlegt" im Sinne der Vorfinanzierung. All diese Bezeichnungen sind Augenwischerei.

In einem Flyer wirbt das Unternehmen *Mein Buch* (www.meinbu.ch) mit folgendem Slogan: „Schreiben Sie doch mal ein Buch!" Das kling ja super easy, wird mancher denken. „Ihr Buch im Handel – ab 2.250 € – in nur 30 Tagen gedruckt." Und weiter heißt es: „Von der Idee zum international erfolgreichen Werk: mit einem einmaligen Konzept und der Nutzung modernster Drucktechnik betreut Sie der Hamburger Verlag *Mein Buch* von Anfang an."

Dieser Etikettenschwindel wird aus wirtschaftlich eigennützigen Gründen betrieben, die die selbst bezahlte Dienstleistung verbrämen, weil Autoren und Publikum traditionell Verlage suchen und keine Dienstleister. „Verlag" und Verlagsproduktionen bedeuten Qualität durch harte Selektion, nur in die wenigsten und „besten" Autoren und Manuskripte wird bekanntlich Kapital investiert. Wessen Manuskript daher von einem (renommierten) Verlag publiziert worden ist, wird als Autor nobilitiert; meine ersten vier Bücher erschienen in den Jahren 1987–1991 bei DuMont in einer verkauften Gesamtauflage von 61.000

Exemplaren. Meine Books-on-Demand-Ratgeber dagegen, die ich 2001/2002 bei BoD publizierte, dümpeln mit wenigen hundert verkauften Exemplaren im trostlosen Bereich.

Der Selbstverlag gilt immer noch als „Aussatz", ebenso wie PoD-Autoren in Diskussionen und Kritiken vielfach als zweitklassig diskreditiert werden. Ich kenne professionelle Autoren, die sich in Kollegenkreisen wegen ihrer Print-on-Demand-Publikationen schämen. Für sie ist PoD ein Synonym des Abstiegs, andere Autoren nutzen die Chance und werden erfolgreich. Letztlich muss jeder, gleichgültig wo und wie er publiziert, mit jedem Buch neu sein Publikum erobern. Wer heute als „Literatur-Star" hochgejubelt wird, kann morgen bereits vergessen sein.

Anspruchsvolle Autorenverbände wie der Verband deutscher Schriftsteller (VS) lehnen Selbstverlags- und PoD-Autoren als Mitglieder ab, sofern sie nicht auch eine fremd finanzierte Verlagspublikation vorzuweisen haben. Diese traditionalistischen Denkstrukturen ändern sich allerdings seit einigen Jahren zugunsten von Books on Demand, bedingt durch die Marktsituation, die es auch renommierten Autoren zunehmend schwieriger macht, Bücher in traditionell arbeitenden Verlagen zu publizieren. Von den VS-Vorsitzenden Fred Breinersdorfer und Wolfgang Bittner sind ebenso BoD-Publikationen (als Neuauflage vergriffener Titel) erhältlich wie von Reman Demirkan (Erstveröffentlichung) und Elfriede Jelinek, der Literatur-Nobelpreisträgerin 2004 (alle verlegt von Wolfram Göbels Buch&media und gedruckt bei BoD Norderstedt).

Die ketzerische Frage, warum viele Autorenverbände die so genannten Druckkostenzuschussverlage verteufeln und deren Autoren bestenfalls bemitleiden, Books on Demand dagegen zunehmend empfehlen, obgleich beides selbst finanzierte Publikationsformen sind, wird auch in Zukunft für Diskussionen sorgen. Der Kostenfaktor allein kann es kaum sein: Auch PoD-Publikationen werden teurer.

Die Dienstleister

Wer im Internet recherchiert („Books on Demand", „BoD", „PoD", „Buchproduktion", „Selbstverlag", „Autorendienstleister"), findet zahlreiche Digitaldruckereien und Dienstleister, die Buchproduktionen im kleinen Auflagenbereich realisieren. Auch können Autoren in den regionalen *Gelben Seiten* ortsansässige Druckereien finden, die günstige Buchproduktionen anbieten, weil von den Herstellern zunehmend mehr Digitaldruckmaschinen verkauft werden.

Häufig werden von PoD-Anbietern neben der Buchproduktion auch Lektorat, Layout, Pressearbeit und Auslieferung angeboten, die sich qualitativ und preislich stark voneinander unterscheiden. Gleich ist allen Angeboten, dass keiner der Dienstleister wirklich Einfluss auf Erfolg oder Misserfolg einer Buchpublikation hat und der Autor als Auftraggeber allein das wirtschaftliche Risiko trägt.

Da es zunehmend mehr Books-on-Demand-Anbieter gibt, kann es in diesem Beitrag keine vollständige und auch nur eine subjektive Liste geben. Zwar bietet der Preisvergleich bestimmter Leistungen wie Druckkosten etc. einen Anhaltspunkt, doch schreibt BoD Norderstedt zu Recht: „Ein objektiver Preisvergleich fehlt. Zu berücksichtigen ist, dass BoD durch die für den Autor risikofreie

Abwicklung mit dem Buchhandel und die Listung im deutschsprachigen und holländischen Raum einen deutlichen Mehrwert gegenüber Digitaldruckereien oder Kleinstverlagen bietet. Die Aufnahme in die Kataloge des Buchgroßhandels ist eine notwendige Grundvoraussetzung dafür, dass der Buchhändler den Titel bequem recherchieren und bestellen kann."

Ohne Zweifel: Das Angebot von BoD Norderstedt ist professionell und umfangreich. Es lässt keine Autorenwünsche offen – außer, dass das Unternehmen den Verkauf eines Buchs über den Buchhandel nicht garantieren kann. Daher stellt sich die Frage, ob für Buchpublikationen im kleinen Auflagenbereich (50–200 Stück) überhaupt so viel Angebot nötig ist? Schließlich muss ja alles von den Autoren selbst bezahlt werden. Wird die Anbindung an Buchgrossisten wie Libri, KNV u. a. generell nicht überschätzt, wenn es um den Verkauf von Büchern aus Klein- und Selbstverlagen geht?

Wer als Autor und Selbstverleger seine Zielgruppe nicht über Lesungen, PR und andere Events direkt anspricht, Bücher vor Ort verkauft und weitere Nachfrage über Presseartikel und Internet generiert, verkauft auch über den Buchhandel wenig oder nichts. Für Klein- und Selbstverleger ist der stationäre Buchhandel daher in den meisten Fällen nur ein Nebenmarkt. Ein Buch über Vollwerternährung beispielsweise wird besser in Naturkostläden verkauft als in irgendeiner Buchhandlung.

Von den Büchern, die bei meiner kleinen Firma xlibri.de mit der Druckauflage 50 bis 2.500 Stück produziert und verkauft werden, setzen wir 0 bis 5 Prozent über Buchhandelsbestellungen ab – mit oder ohne Anbindung an Grossisten wie Libri, Umbreit und KNV. Eine Hardcover-Edition über den Wallfahrtsort Altötting (Auflage 2.000) liefert der Autor direkt an den örtlichen Buchhandel. Wie seit Jahrzehnten von vielen Selbst- und Kleinverlegern vorexerziert, wird zum Anschub des Erstkontakts das Auto mit Büchern vollgepackt und zum „Point of sale" gefahren, schließlich ist der Autor als Selbstverleger auch sein eigener Handelsvertreter. Hinzu kommt die Kontaktaufnahme mit Fachleuten und Redakteuren, um werbende Artikel in der Regionalpresse zu platzieren. Nachfolgende Bestellungen werden über Telefon, Fax, eMail und Paketdienst abgewickelt.

Wenn ein Buch über die ISBN (Internationale Standard-Buch-Nummer) in der VLB-Datenbank (Verzeichnis Lieferbarer Bücher) gelistet ist, wo der Titel mit Klappentexten und Buchcover verkaufsfördernd ergänzt werden kann, kommt er automatisch zu buchhandel.de und auf die Amazon-Website, dem wichtigsten Internet-Schaufenster für Bücher, dessen *Marketplace* von vielen Autoren und Verlagen noch immer nicht richtig gepflegt wird. Da, wie ich schätze, 90 Prozent aller Books-on-Demand-Autoren weniger als 10 Bücher pro Jahr über den Buchhandel verkaufen, ist der Postversand kein Aufwand, den man an einen Buchgrossisten wie Libri oder KNV delegieren müsste, die wegen mangelnder Nachfrage bei Klein- und Selbstverlagen ohnehin häufig abwinken, sofern das Buch nicht bei BoD in Norderstedt produziert worden ist.

Wolfram Göbel von Buch&media hat dazu andere Erfahrungen gemacht. „Fast alle Buchhändler beziehen die Mehrzahl ihrer Bücher über die Buchgrossisten wie KNV und Libri. Ihr Warenwirtschaftssystem ist gekoppelt mit der aktuellen Katalog-CD ihres Grossisten. Viele haben kein VLB und nutzen auch kein Internet.

Ist das Buch nicht im Barsortimentskatalog zu finden, weigern sich viele Buchhändler, das Buch zu recherchieren und zu bestellen. Sie zahlen ja auch betriebswirtschaftlich drauf! Das ist wirklich so brutal ... Nehmen Sie die Münchner Krimibuchhandlung *Glatteis* von Gabriele Fauser als Beispiel. Wir hatten Probleme, sie mit Jörg Fausers Krimi *Der Schneemann* zu beliefern, ehe KNV den Titel im Jahr 2001 gelistet hat. Sie ist KNV-Kunde und hatte keinen Libri-Katalog und kein VLB! Wir haben es auch an unseren Absatzzahlen insgesamt gemerkt. Als unsere Bücher in allen Katalogen gelistet und bei den Grossisten bevorratet wurden, ist der Umsatz sprunghaft gestiegen. Ohne Barsortiment geht es nicht, was übrigens viele kleine Verleger inzwischen als ‚Bedrohung' empfinden. Das ist, wenn Sie so wollen, die eigentliche ‚Monopolstellung' von BoD: die komplette Listung bei Libri, libri.de, Amazon etc. Nicht der Postversand ist, da haben Sie Recht, bei Kleinverkäufen das Problem. Das Problem ist, dass die Bücher von Selbstverlegern vom Buchhändler nicht gefunden und bestellt werden können."

Diese Erfahrung kann ich nicht teilen, weil bei uns nahezu jeden Tag nach 18 Uhr Faxe der Bestellanstalten eingehen. Doch selbst wenn die Bestellungen von den Buchhandlungen nicht mehr kommen würden, wäre es für unseren Buchverkauf unerheblich, da wir das Direktmarketing zum Leser anstreben. Er bekommt sein Buch auf jeden Fall, wenn er es nur haben will, notfalls muss er kurz im Internet recherchieren. Der stationäre Buchhandel hat seine Monopolstellung im Buchverkauf längst verloren.

Letztlich sollte jeder Autor als Selbstverleger bedenken, dass Dienstleister, die zwischen ihm und dem Leser agieren, Kosten verursachen, die er vom eigenen Umsatz abziehen muss und die damit seinen Ertrag schmälern. Wer kein eigenes, funktionierendes Marketing- und Vertriebssystem aufbaut (mit oder ohne Libri & Co.), hat ohnehin keine Chance. Im größeren, überregionalen Buchvertrieb von (bekannten) Autoren und Titeln, die auch eine solche Nachfrage erwarten lassen, halte ich das Barsortiment für unverzichtbar – darin stimme ich Wolfram Göbel gern zu. Bei PoD-Publikationen im Auflagenbereich bis 2.000 Exemplaren würde ich diese Notwendigkeit jedoch hinterfragen.

Autoren, die mich in meinen Seminaren fragen, wie sie mit ihren Eigenpublikationen überregional, gar „international" in Österreich, der Schweiz und darüber hinaus „berühmt" werden können, antworte ich gern, dass sie zuerst in ihrer Heimatregion (dort, wo sie als Vortragende aktiv sind) und bei der engsten Zielgruppe beginnen sollten, eine Lesergemeinde aufzubauen, bevor sie Größeres anstreben.

Aus der Perspektive von Autoren, die Bücher in kleiner Auflage publizieren, sind letztlich alle Books-on-Demand-Anbieter als Dienstleister austauschbar. Im Gegensatz zu traditionellen Autoren-Verlags-Beziehungen, die von Autoren nur ungern gelöst werden, weil sie Renommee und Honorare gewährleisten, finden im PoD-Bereich rege Migrationen von einem zum anderen Anbieter statt. Daher gibt es – im Gegensatz zu „Druckkostenzuschussverlagen" – keine allgemeingültigen Argumente, bestimmte PoD-Anbieter vorzuziehen oder zu meiden. Letztlich hängt der Verkaufserfolg eines Buchs immer vom Engagement des Autors ab, und die Dienstleister helfen bei guter Bezahlung, die Nachfrage zu befriedigen, die sie nicht selbst erzeugt haben.

Selbstverständlich gibt es Feinheiten, Stärken und Schwächen einzelner Anbieter, die aber oft nur der Profi zu würdigen weiß. In der Regel drucken die Druckereien mit den gleichen Maschinen, die Bindemaschinen sind zumeist gleich, Standardlösungen sind ähnlich. Unterschiede in der Fertigung der Umschläge, der Bindung, der Laminierung und der Verpackung der Bücher fallen dem Laien kaum auf – und wenn, dann häufig erst zu spät. Auch der Service rund um den Druck – Lektorat, Layout, Marketing, Presse – ist ähnlich, sofern er professionell betrieben wird.

Generell sollten Autoren als Selbstverleger ein entspanntes Verhältnis zum Geld entwickeln. Sie sollten nur „vorlegen", wenn sie Kapital zum Vorlegen haben und gegebenenfalls problemlos den Totalverlust (ähnlich wie Börsen-Spekulanten) abschreiben können. In den wenigsten Fällen sind Manuskripte ein Kapital, das sich per PoD auf dem Buchmarkt im Selbstverlag refinanziert. Im Zuge der derzeit propagierten „Ich-AGs" kann ich jedem Autor „als Existenzgründer" nur dringend davon abraten, Publikationen mit Krediten zu finanzieren und auf Gewinn zu hoffen.

www.bod.de (Autoren- und Verlagsdienstleister)
Die Books on Demand GmbH in Norderstedt bietet – wie in diesem Beitrag bereits gewürdigt – das größte Angebot für Autoren und Verlage. Die Auslieferbarkeit der Bücher an den Buchhandel über den Grossisten Libri hat allerdings ihren Preis. Durch Mastering-Gebühren, zu denen u. a. auch die Katalogisierung zählt (369 €), sind bei BoD Buchpublikationen im kleinen Auflagenbereich teurer, als wenn der Autor sie direkt im Copyshop, bei Digitaldruckereien oder einigen anderen PoD-Dienstleistern in Auftrag gibt. Werden Auflagen um 200 Exemplare verkauft, gleichen sich die Kosten an die anderer Anbieter an.

Leicht werden von BoD-Autoren zusätzliche Kosten vergessen. Die Books on Demand GmbH berechnet für jede Änderung in der Druckdatei, und sei es der Austausch einer einzigen PDF-Seite, jedes Mal neu die gesamten Mastering-Gebühren. Damit wird der Vorteil der problemlosen Aktualisierbarkeit, den Books on Demand bieten, bei BoD für den Autor zum kostspieligen Faktor. Auch Kündigungskosten von 298,50 €, die dem Autor berechnet werden, will er sein Buch innerhalb von fünf Jahren vorzeitig aus der BoD-Datenbank herausnehmen, müssen gegebenenfalls hinzugezählt werden.

www.book-on-demand.de (Druckerei mit Autorenservice)
Unternehmen der Pro Business GmbH (www.pro-business.com), einer führenden Berliner Digitaldruckerei mit Autorenservice. Pro Business bietet den Druck von 30 Exemplaren (mit 200 Seiten, DIN A5, Buchblock in sw, ein korrigierbares Musterexemplar vorab, Farbumschlag, Softcover) für 670 €, das sind 22,33 € pro Exemplar (inkl. MwSt.).

www.schaltungsdienst.de (Druckerei)
Vor den Verlags- und Autorenbüchern druckten Digitaldruckereien technische Schriften (Bedienungsanleitungen, Schaltungsunterlagen, Handbücher) in kleiner Auflage, die mit jeder Produktänderung zwangsläufig aktualisiert werden müssen. Daher hat der Schaltungsdienst Lange seinen Namen.

Die Druckerei bietet ein gutes Preis-Leistungs-Verhältnis bei Broschur und Hardcover, in Schwarzweiß und Farbe. Wie andere Anbieter auch hat der Schaltungsdienst Lange auf seiner Homepage einen Kalkulator, den jeder Interessent nutzen sollte, da sich die Preise ständig ändern.

Die Druckerei vergibt, wie viele andere Digitaldruckereien, keine ISBN. Diese Nummer zur eindeutigen Identifikation eines jeden Buches können sich Autoren über die ISBN-Agentur [siehe S. 636] für derzeit 67,79 € aber problemlos selbst besorgen.

Der Druck einer Auflage von 25 Exemplaren mit 200 Seiten DIN A5, Buchblock in sw, ein korrigierbares Musterexemplar vorab, Farbumschlag, Softcover kostet beim Schaltungsdienst Lange 236,75 €: 25 Exemplare = 9,47 €, zuzügl. 7 % MwSt. = 10,13 € pro Exemplar.

Der Druck einer Auflage von 100 Exemplaren mit 200 Seiten DIN A5, Buchblock in sw, ein korrigierbares Musterexemplar vorab, Farbumschlag, Softcover kostet 509 €: 100 Exemplare = 5,09 €, zuzügl. 7 % MwSt. = 5,44 € pro Exemplar (Stand: 1.09.2004).

www.buchmedia.de (Buchproduktion und Verlag)
Die BoD-Kultur hat dem Münchner Verleger Wolfram Göbel viel zu verdanken. Mit seiner Produktionsfirma Buch&media GmbH hob er das Niveau der BoD-Publikationen deutlich an und trug zu einer positiveren Wahrnehmung der neuen Publikationsgattung bei, ohne sie aus dem Schussfeld der Kritik nehmen zu können.

Parallel zu seinem Dienstleistungsbereich betreibt er vier Verlage, die bei BoD Norderstedt drucken: *Allitera* (Belletristik, Sachbuch und Wissenschaft), *Verlag der Criminale* (Krimis in Verbindung mit der Autorenvereinigung DAS SYNDIKAT), *Lyrikedition 2000* (herausgegeben von dem Literaturkritiker Heinz Ludwig Arnold) und *Die Schatzkiste* (Kinder- und Jugendbuch, gegründet in Zusammenarbeit mit dem Bundesverband der Bödecker-Kreise).

Bei riskanten Publikationen seiner Verlage ließ sich Wolfram Göbel für eine kurze Zeit die Digitalisierungskosten von BoD in Höhe von ca. 400 € vorfinanzieren. Druckkostenzuschussproduktionen im klassischen Sinne übernimmt er nicht in seine Verlage, sondern produziert sie als Dienstleister im Auftrag des Autors für BoD.

www.xlibri.de (Autoren- und Verlagsdienstleister)
Ursprünglich vom Autor Andreas Mäckler zur Kooperation mit dem US-Unternehmen Xlibris.com gegründet, bietet xlibri.de Buchproduktionen im Digital- und Offsetdruck an: Lektorat, Layout, Druckabwicklung, Pressearbeit und Marketing. Wert wird auf Beratung und Entwicklung individueller Vertriebsstrategien im Sachbuchbereich gelegt. Um nicht in die Grauzone der „Druckkostenzuschuss"- und einiger „PoD-Verlage" zu kommen, nennt sich xlibri.de konsequent nur „Dienstleister" und niemals „Verlag". Kalkulationsbasis für Dienstleistungen ist der Stundensatz von 48 €, der mittleren Handwerksbetrieben entspricht (Stand: 22.11.2004).

www.az-druck.de (Druckerei)
2004 wurde Werner Blasaditschs Unternehmen WB-Druck in Rieden/Allgäu, das auf eine mehr als 30-jährige Erfahrung im Buchdruck zurückblicken kann, an die AZ Druck und Datentechnik GmbH in Kempten verkauft. Wie beim Offsetdruck werden auch beim Digitaldruck weiterhin die Daten vorher Seite für Seite sorgfältig geprüft, was viele andere Druckereien nicht tun.

www.sdv.de (Druckerei)
Das sächsische Digitaldruckzentrum gehört zu den Digitaldruck-Pionieren in Deutschland mit einem umfassenden Buchdruck-Angebot, aber auch mit vielen anderen nützlichen Drucksachen, beispielsweise individualisierten Postkarten. Die Preise sind günstig, die Qualität ist gut.

www.dd-ag.de (Druckerei)
Wer sein Book on Demand als Hardcover günstig und schnell produzieren lassen will, bekommt von der Digital PS Druck AG in Frensdorf/Birkach attraktive Angebote. Bei ihrem selbst entwickelten und patentierten Verfahren „indibind" fallen als Mehrkosten für Hardcover nur 1,90 € pro Exemplar an (andere Druckereien berechnen dafür zusätzlich 4–9 €). Ein 200-seitiges Hardcover im Format DIN A5 und einer Auflage von 150 Büchern kostet 978 € (zuzügl. 7 % MwSt.; Stand: 1.09.2004). Allerdings bietet das Unternehmen keinen Schutzumschlag, sondern nur einen laminierten Überzug an. Kleinfertigungen von 20 bis 30 Stück sind relativ teuer, zur kostengünstigen Produktion müssen Umschläge vorproduziert und gelagert werden.

www.bmod.de (Druckerei)
Ebenfalls empfehlenswert und von Anfang an dabei: Bertelsmann Media on Demand. Optimal ist die Angebotspalette in Zusammenarbeit mit professionellen Großbuchbindereien in Leipzig und den Offsetmöglichkeiten von Mohnmedia. Zur umworbenen Zielgruppe gehören jedoch eher professionelle Anwender, Laien finden sich hier kaum zurecht.

www.flyerwire.de (Druckerei)
Eine gute Adresse für farbige Visitenkarten, Flyer, Postkarten, Aufkleber, Poster. Auch viele Dienstleister lassen hier die Marketing-Tools drucken, die sie ihren Autoren teurer weiterverkaufen.

Wo bekomme ich als Autor Hilfe?

Was die Produktion von Books on Demand betrifft, bieten nahezu alle größeren Dienstleister auf ihren Webseiten und Hochglanzbroschüren Hilfe an, schließlich haben sie Interesse daran, dass Autoren ordentlich funktionierende PDF-Dateien abgeben und informiert werden, welche Leistungen sie außerdem kaufen können. Die Books on Demand GmbH bietet auf ihrer Website www.bod.de unter der Rubrik „Gut zu wissen" nützliche Merkblätter, die thematisch den Aufbau eines Buchs über Layout- und Bildbearbeitung bis hin zu Marketing und Pressearbeit behandeln.

Im Auftrag von BoD Norderstedt schrieb ich in den Jahren 2001/2002 einen modularen Ratgeber, dessen Texte weitgehend identisch auf 14 Bände verteilt wurden. Gleich sind in allen Ausgaben die Texte zur Produktionstechnik von Books on Demand. Für die jeweilige Zielgruppe individualisiert wurden neben dem Bildmaterial das Vorwort sowie das Marketing-Kapitel und der umfangreiche Anhang, der zielgruppenspezifische Adressen und Websites bietet, die für den „Point-of-Sale"-Vertrieb nützlich sind. Die Titel der einzelnen Bände lauten Andreas Mäckler: *Books on Demand für ... Theaterautoren; Comic-Zeichner; Dissertationen, Magister- und Diplomarbeiten; Vereine und Bürgerinitiativen; Lyriker; Reprints; Selbsthilfegruppen; Ratgeber- und Sachbuchautoren; Märchenautoren; Memoiren und Familienchroniken; Festschriften und Jubiläumschroniken; Christliche Autoren; Esoterik und alternative Heilweisen; Kinder- und Jugendbuchautoren.*

Hilfe erhalten Autoren auch in der Newsgroup bod_ies@yahoogroups.de. Hier findet ein reger Austausch rund um Books on Demand statt. Jeder in dieser unmoderierten Mailingliste schreibt, wie ihm zumute ist, doch irgendjemand hilft einem immer.

Allgemein empfehlenswert ist www.autorenforum.de. Hier werden Fragen und Themen rund um das Dasein als Autor anspruchsvoll und kompetent behandelt. In meinen Augen ist das Autorenforum mit seinen ehrenamtlichen Experten die beste Internetadresse für Autorinnen und Autoren.

Paola Reinhardt, Buchtitel: Lilli, demand-verlag, Waldburg   !

! **margarete worm · lektorat+satz · 043 51 75 16 73 · info@buerowerkstatt.de**

Das Salz zur Suppe – Hinweise zur Verlagsgründung
Beitrag von Ralf Plenz

Anders als in anderen Branchen braucht man weder einen Gesellen- noch einen Meisterbrief, um Zeitschriften, Bücher oder elektronische Produkte herzustellen und zu vertreiben. Leider gibt es keine wirklichen Erfolgsrezepte, wann und wie ein Titel zum Bestseller wird. Im Folgenden finden Sie aber Hinweise, wie mit Hilfe einiger Eckwerte vermieden werden kann, dass Ihr neuer Verlag von Beginn an „ein sinkendes Schiff" ist.

Zu Beginn möchte ich die Frage „Soll ich für ein erstes eigenes (und vermutlich einziges) Kinderbuch einen eigenen Verlag gründen?" mit einem klaren „Nein" beantworten. Die Erfahrung aus über zwanzig Jahren in der Druck- und Verlagsbranche lehrt, dass es besser ist, solche Titel in einer Kleinstauflage (10, 20, 100) im Digitaldruck preiswert herzustellen, als sich der Illusion hinzugeben, man könne ohne Professionalisierung, eine ausgereifte Strategie, gute Autorenkontakte und hinreichendes Startkapital seinen Broterwerb über einen eigenen Verlag finanzieren.

Rechtliches

Jeder, der volljährig ist und ein positives polizeiliches Führungszeugnis vorlegen kann, gründet relativ einfach einen Verlag: Beim Gewerbeamt seines Rathauses oder Bezirksamtes erhält er gegen eine Gebühr von etwa 20 Euro (regional unterschiedlich) einen Gewerbeschein für den Betrieb von „Verlag und Versandbuchhandlung" sowie – äußerst hilfreich – für den „Handel mit Waren aller Art, außer mit erlaubnispflichtigen Waren". Hierdurch haben Sie auch die Möglichkeit, Non-book-Artikel zu vertreiben, die je nach Gewerbeamt vorweg definiert werden müssen. Durchschriften des Gewerbescheins gehen u. a. an das Finanzamt und Sie erhalten eine Steuernummer. Ab diesem Zeitpunkt sind Sie ein Vollkaufmann, wenn Sie auf Dauer von der Verlagtätigkeit leben können.

Das bedeutet, dass Sie dazu verpflichtet sind, die Einnahmen und Ausgaben aus der neuen Geschäftätigkeit regelmäßig und nach kaufmännischen Prinzipien aufzuzeichnen (in Papierform oder als für zehn Jahre lesbare Datensätze) und einen Jahresabschluss zu erstellen, der mit der Umsatz-, Gewerbe- und Einkommensteuererklärung beim Finanzamt bis Mitte Mai des Folgejahres abgegeben werden muss. Wenn Ihr Verlag als Rechtsform eine GmbH oder andere Gesellschaftsform haben soll, ist vorher der Gang zum Notar notwendig. Eine Eintragung ins örtliche Handelsregister (Gebühr je Jahr ca. 300 Euro) ist dann erforderlich, wenn der Verlag beispielsweise Sonnen-Verlag statt Frieda Fröhlich Verlag heißen soll. Der exakte Eintrag ist dann allerdings „Sonnen-Verlag, Frieda Fröhlich".

Weiterhin sind Sie verpflichtet, auf Brief- und Rechnungsbögen des normalen Geschäftsverkehrs die exakte Rechtsform (InhaberIn, GeschäftsführerIn, Handelsregisternummer) anzugeben. Bei der Eröffnung eines Kontos benötigen Sie mindestens die genannten Unterlagen, meist jedoch zusätzlich Sicherheiten oder eine Bürgschaft, wenn Sie Kredite oder Überziehungskredite in Anspruch nehmen wollen.

Wenn Sie innerhalb eines bestehenden Verlags eine Edition eröffnen wollen, sind weder eine getrennte Gewerbeanmeldung noch eine separate Buchführung nötig. Wichtig ist nur, dass aus den Brief- und Rechnungsbögen sowie im Kleingedruckten der Werbeunterlagen die korrekte Firmierung des Inhaberverlags hervorgeht. Letztlich ist eine Edition nur ein anderes Label, unter dem Titel Ihres Verlags erscheinen.

Mitgliedschaft in Verbänden

Neben einigen Vereinen (z. B. BücherFrauen, siehe Verlagshandbuch, Kapitel 7, bzw. hier S. 618) und informellen Zusammenschlüssen (Hersteller- und Lektorenstammtische, Kleinverlegertreffen) gibt es bundesweit den Börsenverein des deutschen Buchhandels mit seinen Landesverbänden, der Buchhandlungen und Verlage als Mitglieder berät, Ihnen hilft und u. a. das Börsenblatt (siehe S. 218) veröffentlicht. Voraussetzung für Aufnahme und Verbleib ist allerdings, dass Sie dauerhaft professionell Medien produzieren und vertreiben wollen. Die einmalige Aufnahmegebühr beträgt derzeit etwa 500 Euro, der jährliche Mitgliedsbeitrag, gestaffelt nach Jahresumsatz, etwa 500 bis 600 Euro bei einem Umsatz bis 100.000 Euro. Die Kontakt- und Informationsmöglichkeiten sind als gut und hilfreich zu bezeichnen. Wenn man seine Mitgliedschaft allerdings nicht aktiv nutzt, dann ist das Börsenblatt mit dem Mitgliedsbeitrag zu teuer bezahlt, da es zu über 75 Prozent aus Branchenwerbung besteht. Durch die verbilligten Tarife bei Anzeigen (Auflage ca. 12.000, Preis je Schwarzweiß-Anzeigenseite ca. 400 statt 800 Euro) wird jeder Verlegerin/jedem Verleger die Mitgliedschaft jedoch etwas versüßt. Die branchenspezifischen Seminare der Landesverbände sind für Mitglieder ebenfalls preiswerter.

Eine Mitgliedschaft in der BAG (Buchhändler-Abrechnungs-Gesellschaft) ist ab einem Umsatz von etwa 100.000 Euro pro Jahr dann sinnvoll, wenn der Verlag viel über Buchhandlungen ausliefert und Kontogebühren und Zahlungsverzögerungen vermeiden will. Die BAG zieht von Hunderten einzelnen Buchhandlungen die Rechnungsbeträge ein und schreibt sie dem Verlag vierzehntägig in einer Summe gut. Das Buchhaltungsprogramm des Verlags verbucht die Rechnungen danach automatisch als bezahlt. Die Kosten hierfür liegen bei unter einem Prozent des Rechnungsbetrags.

Hat sich ein Verlag für einen Handelskammereintrag entschieden, kann er auch hier hilfreiche Beratungs- und Informationsangebote annehmen und preiswerte Seminare besuchen.

Adressverzeichnisse

Ein Verlag, der für BuchhändlerInnen und AutorInnen sowie DienstleisterInnen auffindbar sein will, muss mindestens in folgenden Verzeichnissen präsent sein:
- Telefonbuch
- Gelbe Seiten, Branchen-Telefonbuch

- Adressbuch für den deutschsprachigen Buchhandel (Börsenverein), inkl. Angabe der ISBN und der Auslieferung
- Banger, Deutschsprachige Verlage (Verlag der Schillerbuchhandlung, Köln; www.banger.de)

Der Eintrag in die letzten zwei Nachschlagewerke ist genauso wichtig für Editionen, die keine eigene ISBN oder keine eigene Rechtsform haben.

Sofern Sie Zeitschriften herausgeben, ist ein Eintrag sinnvoll in:
- Stamm Presse- und Medienhandbuch, Leitfaden durch Presse und Werbung (Stamm Verlag, Essen)
- Kroll Pressetaschenbücher (Bema Buchvertrieb, Seefeld)

ISBN und VLB

Zwar besteht keine Notwendigkeit, dass ein Buch eine ISBN haben muss, aber da ein Verlag – auch ohne Mitgliedschaft im Börsenverein – einen Nummernkreis sehr preiswert von der ISBN-Agentur bei der MVB Marketing- und Verlagsservice des Buchhandels GmbH erhält und nach der jeweiligen Titelanmeldung dieses Buch auf der VLB-CD-ROM jeder Buchhändlerin sowie über das Internet (www.buchhandel.de) jeder Suchenden als Auskunftsmöglichkeit zur Verfügung steht, spricht eigentlich nichts dagegen. Lediglich ein Verleger, der seine Bücher „für die Schublade" oder für Freunde produziert, versteckt diese, indem er ihnen keine ISBN gibt. Für Verlage ist mittlerweile die VLB-Meldung über das Internet (www.mvb-vlb.de) oder den Datenaustauschstandard Onyx an der Tagesordnung (siehe S. 635).

Finanzen und Kalkulation

Es gibt keine Regel darüber, ob man bereits mit 5.000 Euro oder erst ab 100.000 Euro einen Verlag gründen und die ersten Titel veröffentlichen kann. Ihr Finanzbedarf wird umso geringer sein, je länger Sie eine Haupteinnahmequelle, geringe laufende Kosten haben und die Verlagstätigkeit nur nebenberuflich ausüben. Bei wenigen Neuerscheinungen je Jahr und angemessener Presse- und Vertriebsarbeit können Sie aus den Verkaufserlösen der ersten Titel die Produktion der weiteren zumindest größtenteils bestreiten. Eine Entnahme für den Lebensunterhalt ist jedoch bei einer relativ dünnen Finanzdecke kaum oder nur in geringem Maß möglich.

Wenn Sie innerhalb der ersten drei Anfangsjahre vom Verlag hauptberuflich leben wollen, müssen Sie einen Jahresumsatz von ca. 140.000 Euro anpeilen, sollten Ihre Gemeinkosten nicht über 40 Prozent des Nettoumsatzes liegen und Sie benötigen je nach Titelzahl ein Startkapital zwischen 80.000 Euro und 250.000 Euro sowie – und das dürfte mit am wichtigsten sein – ein vielversprechendes Konzept.

Weiterhin sollte Ihre Einzeltitelkalkulation etwa so aussehen, dass die reinen Herstellungskosten maximal 20 Prozent (das entspricht dem Faktor 5 bei der einfachen Kalkulation), besser noch 10–14 Prozent (Faktor 7) des Ladenpreises ausmachen. Genauere Möglichkeiten als die genannte Faustregel ergeben sich, wenn Sie den Deckungsbeitrag (Abkürzung: DB – Betrag, der nötig ist, die Herstellungskosten abzudecken) eines jeden Titels errechnen. Der DB II (erweiterte Deckungsbeitrag, der nach Abzug der Kosten für Miete, Strom, Telefon, Mitarbeiter etc. übrig bleibt) sollte bei einer realistisch verkäuflichen Auflage mindestens 5–10 Prozent betragen. Die Höhe der Startauflage sollte je nach Größe der Zielgruppe und Konkurrenz eher unter 2.000 Exemplare als ein Vielfaches hiervon sein, auch wenn der Stückpreis bei einer 6.000er Auflage verführerisch gering sein mag. Für Auflagen unter 1.000 können im Preissegment unter 30 Euro fast nie Gewinne erzielt werden, lediglich bei hochpreisigen Titeln wird das möglich sein.

Printing-on-demand ist technisch ab einer Auflage von einem Exemplar möglich, kalkulatorisch sinnvoll aber nur im Bereich bis etwa 500 Exemplare, danach ist der Offsetdruck wesentlich preiswerter. Die Kosten für Lektorat und Satz etc. sinken aber gegenüber dem traditionellen Verfahren nicht. Je nach Titel und Umfang investieren Sie hier durchaus einige hundert Stunden. Angenommen Sie produzieren 40 wirklich verkäufliche Exemplare eines solchen digital gedruckten Buchs, wer soll die hierauf lastenden ca. 5.000 Euro an Vorlaufkosten tragen? Bei einer Handelsspanne von vielleicht 7 Euro je Buch müssten Sie nach Verkauf der 40 Exemplare noch einen Verlust von 4.720 Euro hinnehmen, auch wenn kein digital gedrucktes Buch mehr im Lager ist.

Also: Kalkulation funktioniert im Zeitalter des Digitaldrucks anders, aber die hohen Vorlaufkosten bleiben bestehen. Der Digitaldruck ist allerdings ideal für Nachdrucke in kleineren Auflagen oder für Loseblattwerke sowie für Verlage, die mehr oder wenig fertig lektorierte und gesetzte Texte 1:1 ohne Änderung übernehmen.

Ähnlich so bei eBooks: Die Vorbereitungen sind zwar anders, aber ähnlich aufwändig wie bei Büchern. Lediglich in den Bereichen Produktion und Vertrieb kann teilweise erheblich gespart werden. Solange man aber noch zu wenig Geräte hat und sich keine Standards durchgesetzt haben beziehungsweise im Internet kaum jemand für digitale Texte zu zahlen bereit ist, erscheinen mir elektronische Texte zunächst eine Investition in die Zukunft zu sein. Und dennoch gilt: Wer zu spät kommt, den bestraft das Leben. Interessant sind Geschäftsmodelle, PDF-Dateien kapitelweise per Micorpayment übers Internet zu verkaufen oder Abstracts von Kapiteln oder Büchern – in Managementkreisen absolut zielgruppengerecht und erwünscht (Verlagshandbuch, Kapitel Vertrieb 12: Mit Online-Publikationen Geld verdienen).

Der Käufermarkt

Die meisten Verlagsgründerinnen und -gründer sind Menschen mit hohen inhaltlichem Engagement, seltener ausgebildete Kaufleute. Meist sind sie mit der potenziellen Käufergruppe eng vernetzt, kennen Multiplikatoren, Vereine, Verbände und auch Verkaufsmöglichkeiten außerhalb des Buchhandels. Allerdings sollten sie sich zusätzlich besondere Kenntnisse aneignen und Kontakte aufbauen:
- Kenntnis der entsprechenden (Fach-)Zeitschriften zum Aufspüren aktueller Trends und neuer Autorinnen und Autoren, gleichzeitig aber auch zur Marktforschung. An keiner anderen Stelle erfahren Sie mehr über Trends als in Fachzeitschriften.
- Kontakte zu Journalisten ihrer Fachrichtung

- Enge Kontakte zu Buchhandlungen in größeren Städten mit entsprechenden Fachabteilungen – für erste Gespräche über geplante Titel mit dem Verkaufspersonal, aber auch als Marktforschung, welche Themenaspekte, Ausstattungsvarianten oder Preissegmente nachgefragt werden. Hierzu zählen auch Kontakte zu Versandbuchhandlungen und anderen Verkaufsstellen, die sich auf diesen Käufermarkt spezialisiert haben.
- Sehr gute Kenntnis der Konkurrenzverlage (Titel, AutorInnen, Presse- und Werbeaktionen ...)
- Realistische Einschätzung, in welcher Auflage und zu welchem (Anfangs-) Preis die geplanten neuen Titel innerhalb von etwa zwei Jahren über die verschiedenen Vertriebswege (Sortiment, Barsortiment, Versandbuchhandel, Nebenmärkte, eigene KundInnen ...) verkäuflich sind.

Praxistipp: Befragen Sie zu Ihren geplanten Titeln erfahrene Buchhändlerinnen, Journalisten, Lektorinnen, Marketingfachleute. Machen Sie kurze „Praktika" von wenigen Tagen in den interessanten Institutionen oder Verkaufsstellen, bauen Sie weitere Kontakte auf und pflegen Sie insbesondere die zu Multiplikatoren.

Wenn Sie vom Markt her, ausgehend von den Käufer- und Leserbedürfnissen, neue Produkte entwickeln wollen, empfehle ich Ihnen, sich besonders mit den Bereichen Marketing und Lektorat eingehend zu befassen (siehe hierzu etliche Texte im Verlagshandbuch). Leider (oder glücklicherweise) gibt es kein Patentrezept, wie man schnell und sicher gut verkäufliche Titel entwickelt, herstellt und vertreibt: Viel Gespür, Beobachten, Fragen und nüchternes Analysieren gehören zum Verlagsgeschäft wie das Salz zur Suppe. Gleichzeitig aber auch Mut, Innovationskraft, die Fähigkeit, andere mit seiner Begeisterung anzustecken, sich durchzusetzen und abgrenzen zu können.

Lektorat und Herstellung

Verlagsprodukte sollten themenangemessen gut strukturiert, inhaltlich und sprachlich lektoriert, illustriert und technisch akzeptabel gedruckt oder elektronisch gespeichert sein, sodass der Nutzer einen schnellen und leichten Zugang zu jedem Aspekt des Themas hat. Denn letztlich ist er auch ein potenzieller Multiplikator, der Freunden oder Kollegen diesen Titel empfiehlt oder vom Kauf abrät. Zufriedene KundInnen erreicht ein Verlag auf Dauer über hohe Qualität, die sich in einem guten Verhältnis zum Preissegment verhält.

Hohe Qualität in Lektorat und Herstellung können Sie sich zunächst über externe Profis einkaufen, die schon viele Jahre im Geschäft sind. Auf Dauer kostet hohe inhaltliche und optische Qualität sehr viel Geld. Ist es kaufmännisch noch vertretbar, einen dritten oder vierten Korrekturgang im Layout durchzuführen, einen weiteren externen Lektor oder Gutachter zu beauftragen oder Fotos zum wiederholten Mal nach zwei Digitalproofs oder Andrucken zu korrigieren? Die schwierige Entscheidung, wann Redaktionsschluss, Imprimatur oder der Tag der Filmbelichtung bzw. Datenabgabe ist, ist immer auch eine finanzielle oder eine der zur Verfügung stehenden Zeit. Je länger Sie an einem Produkt korrigieren, desto weniger können Sie Ihre Zeit in neue Produkte oder in das Marketing investieren. Von daher sollten Sie sich vorher einen zeitlichen, organisatorischen und finanziellen

Rahmen (beispielsweise: zwei Korrekturen auf der Ebene des Textprogramms, dann maximal zwei Korrekturen im Layoutprogramm) stecken und diesen eisern einhalten. Zum Trost: Jedes, aber auch jedes Buch hat inhaltliche oder herstellerische Fehler, Zweifelsfälle oder Unsauberkeiten – auch der „Duden".

Marketing und Vertrieb

Nach den ersten ein bis drei Jahren der Euphorie und des kreativen Produzierens stellt sich für viele Kleinverlegerinnen und -verleger drängender als zu Beginn die Frage danach, wie sie ihren Lagerbestand durch erfolgreiche Verkäufe (und nicht durch Verramschung) vermindern, wie sie die Bücher, Zeitschriften oder CD-ROMs/DVDs wieder los werden. Dafür ist es dann fast schon zu spät, denn BuchhändlerInnen und KundInnen fragen überwiegend nach Novitäten. Und als solche ist ein drei Jahre alter Titel nicht mehr zu bezeichnen.

Um das zu vermeiden, sollte bei jedem neuen Titel vorab dafür gesorgt werden, dass einige Hundert oder Tausend Vorbestellungen vorliegen und dass Pressearbeit und Werbemaßnahmen relativ sicher greifen. Je größer der Bekanntheitsgrad eines Verlages, einer Edition oder der AutorInnen/IllustratorInnen ist, desto eher kann dieses Ziel über diese Maßnahmen hinaus erreicht werden. Produzieren Sie bei niedrigen Vorbestellzahlen oder geringem Interesse Ihrer Multiplikatoren oder des „Braintrusts" (ein Kreis von Beraterinnen und Beratern mit möglichst heterogener Zusammensetzung) einen Titel lieber gar nicht oder legen Sie ihn für längere Zeit auf Eis.

Perspektiven

Verlegen kommt von „vorlegen, vorfinanzieren" und ist (neben einem inhaltlichen und gestalterischen Vorhaben) immer auch ein finanzielles Risiko. Von daher sollte ein Verlagsinhaber immer auch ein guter Kaufmann sein oder einen solchen beratend oder aktiv im Verlag an seiner Seite haben und sich dessen Fachkenntnis zumindest teilweise unterwerfen.

Spätestens wenn der vorher gesteckte oder neue finanzielle Rahmen erschöpft ist, sollte ein Verleger die Produktion herunterfahren und sich massiv um Marketing und Vertrieb kümmern. Viel besser scheint es nach der Erfahrung und nach diesem Überblick jedoch zu sein, das Marktrisiko vorher so genau wie möglich zu kennen und vor der eigentlichen Produktion bereits Marketing-, PR- und Vertriebsaktivitäten zur Absicherung initiiert zu haben, um notfalls Entscheidungen korrigieren zu können.

Wahrscheinlich ist es für einen weniger erfolgreichen Verleger eine bessere Alternative, für andere Verlage in seinem Spezialbereich (Fachlektorat, Gestaltung o.ä.) als gut bezahlter Dienstleister oder Produzent zu arbeiten, als ohne Chancen auf größere Erfolge ausschließlich Verleger zu sein und sich dauerhaft einer sehr hohen (zeitlichen oder finanziellen) Belastung auszusetzen. Ein guter freiberuflicher Produktmanager oder Producer in einem größeren Verlag ist letztlich etwas ähnliches wie ein „Verlag im Verlag".

Aber auch das bescheidene Produzieren („Verlegen aus Leidenschaft", kleine Auflagen, sehr wenige Titel je Jahr) in einem überschaubaren Rahmen als nebenberufliche Tätigkeit kann die richtige Entscheidung sein, wenn man nicht darauf angewiesen ist, große Mengen jedes Titels zu verkaufen oder Restbestände mit Verlust zu makulieren.

Zur Lösung vieler kleiner praktischer sowie strategischer Fragen empfiehlt es sich, Kontakt zu anderen Verlegerinnen und Verlegern zu halten, gezielt Seminare zu besuchen oder eine punktuelle, beziehungsweise regelmäßige Beziehung zu einer auf Verlage spezialisierten Unternehmensberatung (VerlagsberaterIn) zu unterhalten, beispielsweise indem man ein Coaching vereinbart.

Seminare zum Thema Verlagsgründung veranstalten die Schulen des Deutschen Buchhandels, Frankfurt am Main (www.buchhaendlerschule.de). Ein dreitägiges Seminar kostet zurzeit rund 500 Euro inkl. Übernachtung und Vollpension.

Fachspezifische Vorlesungen finden an etlichen Hochschulen statt, an denen man als GasthörerIn teilnehmen kann. Im Internet informiert die Seite „Ausbildung in Buchhandel und Verlag" über Studiengänge in Deutschland in den Bereichen: Bibilothekswissenschaften, Gestaltung und Technik, Betriebswirtschaftslehre, Medien- und Kommunikationswissenschaft, Buchwissenschaft und Aufbaustudiengänge (www.ausbildung-buchhandel.de/studium/nationale-studiengaenge.shtml).

Literaturhinweis
Ralf Plenz: Wie mache ich mich mit einem Verlag selbständig, 6. völlig überarbeitete Neuauflage 2004, Input-Verlag. Hamburg. ISBN: 3-930961-06-7, 49 Euro
Ralf Plenz (Hrsg.): Verlagshandbuch premium, 4. völlig überarbeitete Neuauflage 2003, Input-Verlag. Hamburg. ISBN: 3-930961-16-4, 34 Euro

Zuschussverlage

Zum Thema Zuschussverlage ist viel gesagt und geschrieben worden. Der einzige Rat, der AutorInnen erteilt werden kann und immer wieder erteilt wird, lautet: Lassen Sie die Finger davon! Damit ließe sich das Kapitel im Grunde genommen abhaken.

Da in dieser Branche nach wie vor so gearbeitet wird, wie es schon 1990 in der 3. Auflage des Handbuchs beschrieben wurde, wurde der folgende Text lediglich ein wenig überarbeitet. Neue Angebote von Zuschussverlagen wurden nicht eingeholt. Die angegebenen Preise sind also nach oben hin zu korrigieren; sie wurden für diese Ausgabe lediglich von Mark- in Europreise umgerechnet.

AutorInnen sollten stutzig werden, wenn ein Verlag das unternehmerische Risiko ganz oder teilweise auf sie abwälzen will, indem er sie zur Zahlung eines (Druckkosten-, Publikationskosten- oder wie auch immer genannten) Zuschusses auffordert. Denn „Risiko" heißt hier, dass sich der Verlag von vornherein keinen hohen Absatz verspricht. Das wiederum bedeutet zumeist, dass AutorInnen ihr Geld auf Nimmerwiedersehen in ein Buch investieren, das ohnehin niemand kaufen will. Zwar locken die Verlage, die auf der Basis von Zuschüssen arbeiten, immer wieder damit, die Investitionen könnten durch den Verkauf der Bücher schon wieder hereingewirtschaftet werden, doch wer kauft schon ein Buch von Frau Meier, das in kaum einem Regal einer Buchhandlung zu finden ist (am ehesten noch in der Dorfbuchhandlung von Frau Meier)?

Geworben werden neue AutorInnen zumeist mit Anzeigen in Literaturzeitschriften oder in Tages- und Wochenzeitungen, deren Texte zum Beispiel so lauten: „Lassen Sie uns ein Buch machen, das zu Ihnen passt." – „Verleger sucht Autor." – „Mit unserem System haben Sie die Chance, Ihr eingesetztes Geld wieder zurückzuerhalten." – „Wollen Sie für eine Leinenausgabe Ihrer Lyrik zwölf Tausender oder zwei bezahlen oder nur 500 Euro? Mit Hilfe modernster Technologie machen wir eine Veröffentlichung j e d e m möglich." Einer dieser Verlage scheut nicht davor zurück, für eine Auflage von 1.000 Exemplaren von der Autorin einen „Zuschuss" von 5.000 Euro zu verlangen. Er verspricht den AutorInnen, nach dem Absatz von 500 Exemplaren 2.500 Euro des Zuschusses zurückzuzahlen und ihnen nach weiteren 500 Exemplaren die restlichen 2.500 Euro zurückzugeben, womit man ja seinen Zuschuss wieder zurückerhalte – wenn alle Bücher verkauft werden. Die Frage ist eben nur: Was passiert, wenn nur 499 oder – realistischer – 49 Exemplare des Buches verkauft werden? Auch das folgende Modell ist bei den Zuschussverlagen sehr beliebt: Der Verlag druckt 1.000 Exemplare eines 64-seitigen Lyrikbändchens, das im Handel für 4,40 Euro pro Exemplar erscheinen soll. Die Autorin muss sich verpflichten, 400 Bücher abzunehmen, und zahlt einen Zuschuss von 1.760 Euro, den sie wieder erwirtschaften kann, wenn sie diese 400 Bücher selbst verkauft. Zusätzlich erhält sie für jedes vom Verlag verkaufte Exemplar – 600 stehen ja noch aus – 25 Prozent Honorar vom Ladenpreis. Doch wo und wie soll man als Autorin 400 Bücher verkaufen? Verwandte und Bekannte wollen das Büchelchen meistens geschenkt haben, es aber nicht kaufen. Und nicht allen AutorInnen wird es liegen, mit einem Bauchladen behangen die Fußgängerzone auf- und abzumarschieren, um die eigenen Bücher unter das Volk zu bringen. Was bleibt, sind Lesungen beim Bauernverein oder der Freiwilligen Feuerwehr, um den Absatz anzukurbeln. Dieser dürfte sich pro Lesung auf, wenn es hoch kommt, drei Bücher belaufen – eine Knochenarbeit!

Fast alle Zuschussverlage argumentieren damit, dass es nicht an der Qualität der Manuskripte liege, wenn sie von renommierten Verlagen nicht akzeptiert werden. Vielmehr seien die Lektorate dermaßen überfordert (was durchaus sein mag), dass sie gar nicht die Zeit hätten, alle eingesandten Manuskripte zu prüfen. Daher geschehe es oft, dass die unverlangten Texte der Autorin mit einem höflichen Begleitbrief im Tenor „sehr nett, passt aber leider nicht in unser Verlagsprogramm" zurückgesandt würden, obwohl sie gar nicht genau gelesen wurden. Diese Aussage wird den Verlagen nicht gerecht, denn trotz Arbeitsüberlastung wird jedes Manuskript geprüft – wobei bei einigen eben nur ein kurzes Einlesen genügt, um festzustellen, dass das Manuskript wirklich nicht ins Programm passt. Was soll beispielsweise ein Kinderbuchverlag mit anspruchsvoller Lyrik?

Durch diese Argumentation möchten die Zuschussverlage den Eindruck vermeiden, sie druckten jedes Manuskript, solange die Autorin nur dafür zahlt – das Bild eines anspruchsvollen Verlags soll also durchaus gewahrt werden. Und eben hier liegt der Denkfehler: Man kann Zuschussverlage (soweit sie reell kalkulieren) nicht generell verdammen, so lange man sie als das sieht, was sie sind: Ein Dienstleistungsunternehmen, bei dem man für den Druck seines Manuskriptes zahlen muss. Und genau bei diesem Punkt endet aber auch meistens der „Service" eines solchen Verlags: Werbung oder Vertrieb kann man nicht erwarten (obwohl diese Leistungen auf dem Papier angeboten werden) – also genau die Bereiche, die einen renommierten Verlag auszeichnen. Ein Buch zu drucken, ist nicht schwer – die eigentliche Aufgabe liegt darin, das Buch in den literarischen Markt einzuführen, durch Werbung KäuferInnen zu finden, KritikerInnen zu informieren etc. Wenn man sich diesen grundlegenden Unterschied beider Verlagstypen verdeutlicht und dennoch sein Werk gerne gedruckt (nicht verkauft!) sehen möchte, dann kann man sich an Zuschussverlage wenden. Dort muss man für die Veröffentlichung dann eben zahlen, anstatt ein Honorar zu erhalten. Träume von einem großen Namen als Schriftstellerin dürften genau in diesem Moment zerplatzen.

Manche AutorInnen sind auch der irrigen Meinung, es würde auf die LektorInnen renommierter Verlage einen gewissen Eindruck machen, wenn sie bereits ein auf diesem Wege veröffentlichtes Buch vorweisen können. Dem ist nicht so, denn LektorInnen kennen sich in der Verlagsszene aus und wissen daher genau, dass das Buch nur durch einen Zuschuss zustande gekommen ist und Qualitätskriterien dabei kaum eine Rolle gespielt haben. Und da dies nicht nur den LektorInnen, sondern auch den Autorenvereinigungen bekannt ist, weigern sich vor allem die großen Autorenverbände häufig, diese AutorInnen in ihren Reihen anzuerkennen und sie in ihren Verband aufzunehmen. (Vgl. dazu z.B. den Eintrag zum Verband deutscher Schriftsteller [VS] in der ver.di, S. 641)

Für die 3. Auflage wurden sämtliche Autorenvereinigungen zu ihren Erfahrungen mit Zuschussverlagen befragt. Auszugsweise sei hier der Kommentar einer Autorenvereinigung aus Hannover zitiert: „Solche Verlage sind in literarischen Kreisen bekannt, und eine Veröffentlichung dort führt zu einer Abwertung des Autors und mithin seiner Texte. (Wer für seine Texte zahlt, wird als eitel und publikationsgeil eingeschätzt; Texte, die vom Autor bezahlt wurden, können nicht viel taugen – ‚einem geschenkten Gaul schaut man nicht ins Maul'.) Normal ist es doch, daß Autoren für erbrachte Leistungen honoriert werden (wie jeder Handwerker auch) und nicht umgekehrt! Lektoren seriöser Häuser und Redakteure kennen diese Verlage, so daß Publikationen dort, und damit auch die Autoren, von vornherein abschätzig beurteilt werden, was einem Autor lange nachhängt, so daß er sich nicht zu wundern braucht, wenn die Medien keine Kenntnis von ihm nehmen. Überdies setzen sich solche ‚Verleger' kaum für ihre Autoren ein, weder durch Werbung noch durch Vertrieb, weil das Risiko bereits abgedeckt ist. Meist muss der Autor seine Publikation selbst verkaufen und mit ihr hausieren gehen."

Auch bei der Vergabe von Literaturpreisen und Stipendien zählen Publikationen, die auf der Basis von Zuschüssen realisiert worden sind, wie unveröffentlichte Manuskripte. AutorInnen können sich auf diesem Weg also nicht das weite Feld der Preise erschließen, die für bereits veröffentlichte Werke vergeben werden, oder sich um Stipendien bewerben, für deren Vergabe zumeist gilt, dass das fachliche Können nachgewiesen werden muss, indem die bisherigen Veröffentlichungen vorzulegen sind.

3

Heftromane, Erlebnismagazine und wahre Love-Storys

Heftromane, Erlebnismagazine und wahre Love-Storys

„Liebes- und Heftromane haben Hochkonjunktur, während der klassische Buchmarkt Verluste hinnehmen muss. Branchenvertreter sprechen von zehn Prozent Gewinnzuwächsen jährlich. Alleine die Taschenromane aus dem CORA Verlag, bekannt durch die Reihen JULIA, ROMANA, BIANCA, BACCARA und TIFFANY, gehen rund 20 Millionen Mal im Jahr über den Ladentisch. Waren es Anfang der Achtziger noch ca. 250 Titel, erscheinen bei CORA heute mehr als 750 Romane jährlich." (In: Presseinformation „Mai 2004 – Happy End im Trend", CORA Verlag)

Dreimal so viele Titel, zehn Prozent Gewinnzuwachs – beachtlich! Aber: Profitieren davon auch die deutschen Autorinnen und Autoren von Liebes- und Heftromanen? – Mehr dazu in diesem Kapitel!

„Der Erfolg des Romanhefts ist kontinuierlich, der Boom hält unvermindert an, die Menschen sehnen sich nach Orientierung und Lebenshilfe in einer Zeit, die ihnen über Gebühr negative Nachrichten produziert. Wenn Sie als SchriftstellerInnen bisher Bestseller für Hardcover schrieben, möchte ich Sie fragen: Haben Sie Lust, ein Millionenpublikum zu pflegen? Sie haben die Möglichkeit, etwas wirklich Positives, Kreatives zu bewirken: Freude zu bereiten, die Menschen zu unterhalten, ihnen zugleich Mut zu machen. Eine große Herausforderung – und bestimmt eine der schönsten Aufgaben, denen man sich widmen kann." (Dr. Andreas Schäfer, Cheflektor im Martin Kelter Verlag, in: www.kelter.de/aktuell/schreiben.html)

Angenommen Sie als Hardcover-Bestseller-AutorIn[*] verspürten nun plötzlich diese Lust. Wissen Sie, wie viel Ihre Kolleginnen und Kollegen mit einem Heftroman verdienen? Lohnt es sich für Sie, umzusatteln und für das Millionenpublikum der Heftromane und Erlebnismagazine zu schreiben?

[*] Ich meine Sie, ja Sie, deren hoch gelobter Debütroman für 24,90 Euro 20.000 Mal über den Ladentisch wanderte, sodass Sie bei einem Honorar von zehn Prozent vom Nettoladenverkaufspreis pro Exemplar insgesamt vor Steuer 46.540 Euro verdienten.

Aber muss man wirklich schon Hardcover-Bestseller geschrieben haben, um seine Storys bei Kelter, Bastei oder in der Yellow Press unterbringen zu können? Kathrin Seidenmann, Hausfrau und Mutter und als Schriftstellerin von Kurzkrimis in Zeitschriften mittlerweile „schon überall bekannt", schickte ihre erste Story einfach an die Redaktion einer Fernsehzeitschrift: „Ich wartete fast zwei Monate auf Antwort. Doch eines Tages erhielt ich die wohl bisher erfreulichste Post meines Lebens: ein Belegexemplar der Zeitschrift, in der man meine Story abgedruckt hatte, und einen Brief, in dem man mir die Höhe des Honorars mitteilte. Ich platzte bald vor Stolz!" Es geht also auch ohne eine Vergangenheit als Hardcover-Bestseller-Autorin! Oder doch nicht? Weil Kathrin Seidenmann nämlich so gar nicht existiert und lediglich die Protagonistin einer Story aus dem Erlebnismagazin „Meine Geschichte" (Juni-Heft 2004) ist? – Mehr dazu in diesem Kapitel!

Und wer mehr über Kathrin Seidenmann, Ehemann Ralf, ihre „faule Brut", Julia, Jana und Jonas, sowie Dackel Mäxchen erfahren möchte, liest bitte die Story „Ruhe! Mama schreibt!" – zur Anschauung und zur Erbauung (siehe unten).

Love-Storys, Kurzkrimis und wahre Geschichten

Wer schreibt die kurzen Geschichten und die oft noch viel kürzeren Krimis, die Woche für Woche in den vielen bunten Blättern der Yellow Press erscheinen? Wer schreibt die „wahren" Geschichten für die so genannte Erlebnispresse? Wer steckt hinter „Tina B. (42)" und ihrem „Ehereport": „Ich fasse es nicht! Mit 40 wurde mein Mann plötzlich schwul!"? In welcher Bank arbeitet die „Bankangestellte Ina W. (34)", die in „Mein schlimmstes Erlebnis" davon berichtet, wie man sie mit einem präparierten Müsliriegel töten wollte, weil sie einen Kredit nicht bewilligte (beide in „Meine Wahrheit. Schicksalsreport – Was Frauen gestehen", Martin Kelter Verlag, Heft 3/2004)? Handelt es sich hier wirklich um Erlebnisse von Leserinnen, die von den Redakteurinnen dieser Magazine lediglich

Die folgende Geschichte erschien in „Meine Geschichte – Das Erlebnis-Magazin für die moderne Frau", Juni 2004, S. 51–57. „Meine Geschichte" erscheint monatlich im Publica Verlag, Berlin. Der Abdruck erfolgt mit freundlicher Genehmigung des Publica Verlags. Ich danke der Autorin und dem Verlag.

Ruhe! Mama schreibt!
Erlebnisbericht von Marianne Hollmann-Wobschall

Schon als Kind hatte ich Onkel Peter, den älteren Bruder meiner Mutter, über alle Maßen bewundert. Er war nämlich Schriftsteller! Zu meinem großen Bedauern war er jedoch nicht berühmt. Ja, er schien noch nicht einmal besonders bekannt zu sein, denn keine meiner Schulfreundinnen konnte mit dem Namen meines Onkels etwas anfangen.
Irgendwann erfuhr ich von Onkel Peter, dass er Heftromane verfasste. Western. Außerdem habe er vor vielen Jahren mehrere Jugendbücher

Bitte blättern Sie um!

aufgeschrieben werden? Das jedenfalls behauptete die Redakteurin eines Verlages auf meine Frage, woher ihre Redaktion denn all diese Geschichten beziehe.

Agenturen und Honorare

Als Agentin hat Grit Peters, jetzt im Ruhestand, den Markt jahrzehntelang beobachtet und mit den Geschichten ihrer Autorinnen und Autoren beliefert. Natürlich seien alle Geschichten erfunden, die Berichte getürkt, erzählt sie. Aber man sei in dieser Branche eben bemüht, nach außen hin immer so zu tun, als ob es sich wirklich um wahre Geschichten handle.

AutorInnen, die ihre Storys über eine Agentur vermitteln lassen, müssten etwa 25 Prozent ihres Honorars an die Agentur abtreten. Das seien zehn Prozent mehr als im Buchbereich, aber die Honorare seien bei den Erlebnismagazinen und den Zeitschriften der Yellow Press eben auch sehr viel niedriger. Dennoch lohne es sich für Autoren, mit einer Agentur zusammenzuarbeiten. Denn die Leute in den Redaktionen wollten umhätschelt werden; sie selbst habe die Verlage oft besucht und dabei kämen viele Ausgaben zusammen: Reise-, Hotel-, Bewirtungs- und Geschenkkosten zählt Grit Peters auf. Wenn man das als Autor alles selbst leisten wollte ...

Unter den Autorinnen und Autoren gehen die Meinungen darüber auseinander, inwiefern es nützlich sei, sich der Dienste einer Agentur zu bedienen. Bei Honoraren, die zwischen zweihundert und tausend Euro liegen, in der Regel allerdings eher zum unteren Wert tendieren und sich nicht selten um die Zahl 400 gruppieren, ziehen es manche vor, lieber auf eigene Faust zu arbeiten.

Seit Stefan Krüger im Oktober 2000 seine erste Story veröffentlichte, sind rund 250 Geschichten von ihm erschienen. Meine Frage, ob er direkt mit den Redaktionen oder mit einer Agentur zusammenarbeite, beantwortet er mit „sowohl als auch": „Storys für Erlebnis- und Romanmagazine biete ich direkt an, für die Wochenillustrierten arbeite ich mit einer Agentur zusammen."

Im Bereich der Heftromane ist die Zusammenarbeit mit Agenturen unüblich; die Redaktionen der Erlebnismagazine und der Zeitschriften der Yellow Press nehmen

geschrieben, erzählte er mir. Abenteuergeschichten für Jungen zwischen 8 und 12 Jahren.

Auch wenn mir nun klar war, warum weder meine Freundinnen noch ich selbst irgendetwas von meinem Onkel gelesen haben konnten, war ich noch immer mächtig stolz auf ihn. Ach, ich fand es ja so interessant, dass es Leute gab, die Bücher schreiben konnten! Lesen war nämlich mein liebstes Hobby. Daher störte es mich auch gar nicht, dass Onkel Peters Bücher im Grunde ja nur schmale Hefte waren, immerhin stellte er aber Lesestoff her. Somit war dieser Mann etwas ganz Besonderes, fand ich.

Meine grenzenlose Bewunderung für Onkel Peters Tätigkeit wurde durch das Verhalten meiner Tante und meiner Cousine noch verstärkt. Wenn ich den dreien nämlich einen Besuch abstatten wollte, wurde ich regelmäßig mit betont leiser Stimme begrüßt. „Sprich bitte nicht so laut, Kathrin", wurde ich zusätzlich im Flüsterton ermahnt. „Und zieh bitte deine Schuhe aus, damit du nicht so dagegen gerne die Dienste von Agenturen in Anspruch. Rosita Wolf von der Agentur „YELLOW and more" rät, vorher bei den Redaktionen anzurufen und zu fragen, ob sie überhaupt direkt mit Autoren zusammenarbeiten, einige Redaktionen kauften ihre Geschichten nämlich nur über Agenturen ein. Dass manche Redaktionen für den direkten Kontakt mit AutorInnen offen sind, manche nicht, ergab auch meine eigene Telefonrecherche. Aber auch den umgekehrten Fall gibt es: Redaktionen, die überhaupt nicht mit Agenturen zusammenarbeiten, sondern alles im direkten Kontakt mit den AutorInnen regeln. Da die jeweiligen Vorlieben immer an Personen gekoppelt sind und es gelegentlich zu Kündigungen und Neueinstellungen kommt, bleibt AutorInnen nichts anderes übrig, als sich selbst ein Bild von der gerade aktuellen Lage zu machen.

Erfahren wird man bei diesen Telefonaten, dass die Redaktionen mittlerweile mit Bergen von Manuskripten eingedeckt werden. Eine Redakteurin der Zeitschrift „die aktuelle": „Für neue Autoren stehen die Chancen sehr schlecht. Wir erhalten mehr als genügend Einsendungen, direkt von Autoren und auch von Agenturen, und können die Einsendungen gar nicht mehr alle zurücksenden." Ein Anruf beim Pabel-Moewig Verlag macht dagegen mehr Mut. Gleich von sich aus erzählt die Redakteurin, wie eine Autorin, für die sich mich offenbar hält, am besten vorgehen sollte: Objekte in Ruhe studieren; zwei Leseproben einsenden, und zwar per eMail oder mit Ausdruck und Diskette per Post direkt an die Redaktion; Obergrenze: 20.000 Zeichen (inkl. Leerzeichen); Thema: alles, was mit zwischenmenschlichen Beziehungen zu tun hat. Nur die Frage nach dem Honorar will sie mir beim ersten Kontakt nicht beantworten.

Agentur oder nicht? Das muss jede Autorin, jeder Autor für sich entscheiden (siehe dazu auch das Gespräch über die Vor- und Nachteile von literarischen Agenturen, S. 233). Besonders groß ist die Auswahl an Agenturen, die sich auf dieses Gebiet spezialisiert haben, allerdings ohnehin nicht. Seit Grit Peters nicht mehr dabei ist, gibt es nur noch die Dörnersche Verlagsgesellschaft mit Sibylle Dörner, Susanne Silbermann-Seiferths Agentur Kommapress, die Agentur von

laut durchs Haus polterst!" Nach einer kleinen Kunstpause folgte dann stets die inhaltsschwere Bemerkung: „Onkel Peter schreibt!"

Obwohl ich diesen Satz bestimmt mehr als hundert Mal gehört hatte, jagte er mir dennoch immer wieder einen ehrfurchtsvollen Schauer über den Rücken: Onkel Peter schreibt! Da saß nun dieser bewundernswürdige Mensch an seinem riesigen Schreibtisch, blickte vor sich hin und überlegte, um anschließend bedeutungsvolle Worte zu noch bedeutungsvolleren Sätzen zu verbinden und diese mit schwungvoller Handschrift zu Papier zu bringen. Oder mit flinken Fingern in die Schreibmaschine zu tippen. Und dafür bekam er auch noch Geld! Ich war absolut begeistert. Und mir war damals schon klar, dass ich später unbedingt Schriftstellerin werden müsse. Ja, vor meinem geistigen Auge sah ich bereits meine eigenen Kinder auf Zehenspitzen durchs Haus schleichen und jedem Besucher eifrig zuraunen: „Ruhe bitte! Unsere Mama schreibt!"

Bitte blättern Sie um!

Raija Wengler, Rosita Wolfs Agentur YELLOW and more sowie die Agentur von Gisela Ilk (siehe Kapitel Literaturagenturen). Zwei, drei weitere Agenturen arbeiten auf „Sparflamme", nehmen keine neuen AutorInnen mehr und wollen daher lieber nicht genannt werden.

Der Markt: härter, enger, knausriger
Dass es nur noch eine Hand voll Agenturen gibt, liegt wohl auch daran, dass das Geschäft längst nicht mehr so lukrativ ist wie noch vor einigen Jahren. Die Agentin Susanne Silbermann-Seiferth von Kommapress berichtet, der Markt sei sehr eng geworden, viele Zeitschriften brächten überhaupt keine Storys mehr oder nur noch eine pro Ausgabe. Und auch die Honorare seien im Laufe der Jahre nicht etwa höher geworden, sondern niedriger.

Jeanette Sanders hat früher gerne Geschichten für die Yellow Press geschrieben. „Es hat mir immer Spaß gemacht, ging flott von der Hand – pro Story ein bis zwei Nachmittage – und brachte mir viele Jahre lang auch gutes Geld ein. Ich begann 1991 damit und habe seither etwa 300–350 Geschichten verkauft. Bis ca. 2000 waren die Honorare wirklich gut, mittlerweile ist leider der Markt ziemlich eingebrochen. Drastische Honorarkürzungen sind die Regel, viele Yellow Press-Zeitschriften haben sogar die Liebesromane ganz aus den Heften genommen." Und wie war es früher? Jeanette Sanders: „In den ‚goldenen Jahren' Anfang bis etwa Ende der 90er brachten die Geschichten noch im Schnitt mindestens 1.500 DM [767 Euro] ein, man kam also bei vier Veröffentlichungen im Monat auf 6.000 DM [3.068 Euro]. Damals habe ich hauptsächlich Storys geschrieben und meine drei ersten Bücher – als Hobby und zum Spaß – so nebenbei, ohne Druck und Abgabestress. Diese Zeiten sind vorbei, der Markt ist härter, enger und knausriger geworden." Und weiter: „Durchschnittlich bringen Liebes-Kurzromane für die Yellow Press nur noch zwischen 300 und 500 Euro ein. Wer vier Geschichten von sich pro Monat in irgendeiner Zeitschrift am Kiosk vorfindet, gehört schon zu den Profis und Vielschreibern. Man muss nämlich bedenken, dass man vielleicht – am

Doch wie das so ist mit Kinderträumen – die wenigsten gehen in Erfüllung. In meinem Fall war sicher einer der Gründe dafür, letztendlich doch keine Schriftstellerin zu werden, dass künstlerische Tätigkeiten aller Art in meinem Elternhaus als keine richtigen Berufe galten.

„Das ist doch bloß brotlose Kunst", sagte mein Vater stets, der Bäckermeister war und als ältester Sohn die Bäckerei seiner Eltern übernommen hatte. Meine Mutter arbeitete als Verkäuferin im Laden, mein großer Bruder hatte ebenfalls das Bäckerhandwerk erlernt, und meine kleine Schwester wollte schon seit ihrer Kuchenbäckerei im Sandkasten eine Konditorin werden. Nur ich tanzte aus der Reihe mit meiner fixen Idee vom Bücherschreiben!

Irgendwann sprach mein Vater ein Machtwort. Und ob ich es nun wollte oder nicht: Ich wurde in einen Frisiersalon in die Lehre geschickt.

Ein paar Jahre später heiratete ich meinen Ralf, einen Klempner aus dem Nachbarort. Zum Zeitpunkt

Anfang sogar bestimmt – nicht jede geschriebene Geschichte auch verkauft, außerdem lassen von jeher Redaktionen die Story gern eine ganze Weile liegen, ehe eine Entscheidung fällt – und dann vergeht nochmals einige Zeit bis zur Drucklegung. Das heißt im Klartext, gerade als Anfängerin muss man zuerst einmal schreiben, sprich produzieren am laufenden Band, bis man ein gewisses Grundreservoir an Geschichten hat, um sozusagen aus dem vollen Brunnen heraus zu schöpfen, sprich verkaufen zu können. Nach dieser Formel (siehe oben) kann man sich in etwa ausrechnen, wie viel man schreiben muss, damit man den Betrag im Monat verdient, den man zum Leben braucht. Heftromane bringen ca. 600–700 Euro durchschnittlich ein, sind aber natürlich wesentlich länger und benötigen auch wesentlich mehr Stoff und Recherche-Aufwand als die kurzen Sachen. Also auch hier: Striktes Kalkulieren ist wichtig, wenn man vom Schreiben leben will! Und man muss immens fleißig sein und deshalb wirklich gerne schreiben!!! Sonst lässt man besser die Finger davon – dies ist mein Rat an alle Neulinge auf dem Gebiet."

Auch Stefan Krüger glaubt, dass für Neueinsteiger die Chancen eher schlecht geworden seien, vor allem wenn man regelmäßig viele Storys veröffentlichen wolle. „Ich höre immer von Autoren, die zwei Jahre warten müssen, ehe mal eine Story angekauft wird."

Kürzere Geschichten – weniger Geld

Und warum geht es auf dem Markt „härter, enger und knausriger" zu? Dazu eine Agentin: „Das Angebot ist wahnsinnig gestiegen. Es gibt so viele, die schreiben, und so viele, denen es egal ist, ob sie überhaupt Geld bekommen, Hauptsache, sie werden veröffentlicht. Das macht natürlich den Markt kaputt. Vor zwanzig Jahren – ohne PC und eMail – war die Situation eine andere. Allein die Arbeit, eine Geschichte sauber abzutippen!" Sind also die AutorInnen selbst schuld an dieser Misere? Und außerdem die Technik? Sicher liegt es auch an den Lesegewohnheiten dieses Millionenpublikums (dessen Hör- und Sehgewohnheiten sich ja

unserer Hochzeit war Julia schon unterwegs. Jana folgte in kurzem Abstand. Und als Nachzügler kam einige Jahre später noch unser Jonas dazu.

Unser Jüngster war gerade eingeschult worden, als die Großmutter meines Mannes starb. Zu unserer aller Freude erbte er ihr hübsches Häuschen mit Garten. Allerdings war das Ganze in einem stark reparaturbedürftigen Zustand. Von der Notwendigkeit einer umfangreichen Renovierung mal ganz abgesehen. Nun ist mein Mann ja sehr geschickt, aber er kennt sich natürlich nicht in jedem Handwerk aus. Im Klartext bedeutete das: Wir brauchten Geld! Zum Beispiel für den Elektriker und den Dachdecker. Außerdem benötigten wir Tapeten, Farben, Fußbodenbretter und neue Fenster, um nur das Allernotwendigste aufzuzählen.

Zwar erhielten wir für die Aufnahme einer Hypothek einen Bankkredit, aber schließlich musste der ja auch abgezahlt werden. Mit Ralfs Einkommen war das zwar irgendwie zu

Bitte blättern Sie um!

angeblich ebenfalls verändert haben): Die maximale Länge ihrer Geschichten mochte man mir beim Martin Kelter Verlag gar nicht nennen, der Trend ginge zu immer kürzeren Geschichten. Auch jetzt sei man gerade wieder dabei zu überlegen, die einzelnen Geschichten zu kürzen, um noch mehr pro Heft unterzubringen. Immer kürzere Lesestrecken, immer mehr Bilder – diese Entwicklung lässt sich in der Tat beobachten. Enthielten die Erlebnismagazine vor einigen Jahren noch rund sieben bis neun Geschichten pro Heft, sind es jetzt bereits elf bis dreizehn. Die Kuchenstücke werden also immer kleiner, das Budget der Verlage für die Honorare dagegen vermutlich nicht größer.

Grit Peters hat diesen Trend ebenfalls ausmachen können. Auch bei den „abgeschlossenen Romanen" – so werden die kleinen Geschichten in der Yellow Press genannt – sei der Umfang zurückgegangen; oft läge er bei nicht mehr als 6.000 Anschlägen, da könne man kaum noch eine richtige Geschichte erzählen, ebenso bei den Kurzkrimis, wo die Honorare mit 300 Euro noch niedriger seien.

Man könnte dagegenhalten, eine kurze Geschichte schreibe sich dafür umso schneller. Elaine Winter, die seit dreizehn Jahren im Geschäft ist, hat da andere Erfahrungen gemacht:

„Die Bezahlung ist unterschiedlich. Eine Summe um 400 Euro für eine etwa zwölfseitige True Story [in Normseiten gerechnet] ist nach meiner Erfahrung Durchschnitt. Für kurze Geschichten gibt es entsprechend weniger. Da ich es wesentlich schwieriger finde, kurze Storys zu schreiben, würde ich das Honorar niemals auf Normseiten umrechnen. Eine fünfseitige Story kostet mich sehr viel mehr Arbeit als eine doppelt so lange, weil ich jede Formulierung sorgfältig überlege und am Ende meistens dann doch noch kürzen muss, denn ich finde es ausgesprochen kniffelig, auf so relativ wenig Raum interessante Charaktere und einen Spannungsbogen zu entwickeln." Zu ihrer Arbeitsweise äußert sie sich wie folgt: „Ich benötige für eine zwölf- bis fünfzehnseitige Story inklusive Überarbeitung etwa drei Arbeitstage, bin allerdings sehr sorgfältig und überarbeite die Texte mehrmals. Das heißt, die erste Fassung schreibe ich an einem Tag und gehe sie

schaffen, aber eben nur irgendwie. Und wir wollten nicht, dass unsere Kinder immer wieder hören müssten: „Nein, dafür haben wir kein Geld!" Es half nichts: Ich musste also wieder arbeiten gehen.

„Nein, Frau Seidenmann, das geht auf gar keinen Fall!" erklärte mir meine ehemalige Lehrmeisterin unumwunden, nachdem ich sie um einen Job in ihrem Salon gebeten hatte. „Drei Kinder haben Sie? Und ein altes Haus, aus dem sozusagen ein neues werden soll?" Die Frau schüttelte entschieden den Kopf. „Darauf kann ich mich nicht einlassen. Ich habe diesbezüglich schlechte Erfahrungen gemacht. Frauen, die so viel um die Ohren haben, fehlen einfach zu oft. Das kann ich mir nicht leisten", schloss sie bestimmt.

Da halfen natürlich auch keine Beteuerungen meinerseits, ich bekam den Job nicht. In den Salons der benachbarten Kreisstadt erging es mir ähnlich. Allerdings wurde mir der Grund für die Ablehnung kein zweites Mal in dieser Deutlichkeit präsentiert.

dann an den folgenden Tagen mehrmals durch, während ich nebenbei schon anderes plane, recherchiere usw. Theoretisch könnte ich also durchschnittlich im Monat etwa sieben Storys schreiben. Allerdings habe ich eine so große Zahl noch nie geschrieben, weil es nebenbei immer andere Projekte gab. Daher habe ich auch keine Erfahrung, ob ich sieben Storys auch tatsächlich hätte verkaufen können – dann wäre vielleicht doch eine Agentur sinnvoll gewesen."

Für den Markt schreiben

Ihren Einstieg in die Branche haben Stefan Krüger und Elaine Winter als erstaunlich einfach empfunden. Stefan Krüger, wie Jeanette Sanders und Elaine Winter Mitglied in DeLiA, der Vereinigung deutschsprachiger Liebesroman-Autorinnen und -Autoren: „Ich habe einfach eine Geschichte angeboten, sie wurde genommen und dann ging es munter weiter." Sein Rat an AutorInnen, die den Einstieg ins Metier wagen wollen: „Sich einen genauen Überblick über den Markt verschaffen. Genau schauen, welche Themen die Zeitschriften bevorzugen. Keine Experimente. Dem Leser die gewohnte Kost bieten. Auf die Länge achten. Denn auch ein zu langer/zu kurzer Text stellt oft einen Ablehnungsgrund dar. Zu guter Letzt: Geduld haben und sich nicht entmutigen lassen!"

Elaine Winter: „Damals habe ich mir einfach einen Stapel entsprechender Magazine besorgt, mir die Geschichten aufmerksam durchgelesen, entsprechende eigene Storys geschrieben und diese direkt an die Redaktionen geschickt. Das meiste davon konnte ich auf Anhieb verkaufen. Grundsätzlich schreibe ich die Geschichten ohne vorherige Absprache und schicke sie dann an die Redaktion. Eine andere Möglichkeit ist, vorher anzufragen, ob die Redaktion Interesse an dem Thema hat; doch meine Erfahrung ist, dass ich eine Story in der Regel woanders verkaufen kann, wenn sie von einer einzelnen Redaktion abgelehnt wurde. Allerdings kommt es durchaus auch vor, dass eine Redaktion anfragt, ob ich zu einem bestimmten Thema und/oder Termin rasch eine Geschichte liefern könnte." Für besonders wichtig hält sie es, kooperativ zu sein. „Autoren, die sich selbst

Nun war guter Rat teuer. Sollte ich mich im Supermarkt als Kassiererin bewerben? Oder in der Gärtnerei als Hilfskraft? Große Lust verspürte ich weder in die eine noch in die andere Richtung ...
Plötzlich hatte ich einen Einfall. Ich erschrak richtig, denn das Ganze kam mir im ersten Moment doch ziemlich gewagt vor. Aber die Idee ließ mich nicht los: Ja, ich wollte endlich meinen Kindertraum verwirklichen. Ich wollte mit dem Schreiben beginnen! Ab sofort beschäftigte ich mich so intensiv damit, dass ich nachts sogar davon träumte. Dann sah ich mich vor einem Computer sitzen. Ich sah mich eifrig schreiben, glücklich lächeln, schreiben, nachdenken, schreiben ... Und eines Nachts glaubte ich im Traum sogar die wispernden Stimmen meiner Kinder hören zu können: „Psst! Mama schreibt!" Irgendwann reichte mir das Träumen offensichtlich nicht mehr aus. Also sprach ich mit meinem Mann darüber. Und Ralf, dem meine alte Liebe zur Schriftstellerei bekannt war, schien

Bitte blättern Sie um!

verwirklichen wollen und um jede Zeile und jede Formulierung kämpfen, werden sich schwer tun und bei den Redaktionen nicht besonders beliebt sein. Es geht darum, für den Markt zu schreiben. Die Redaktion bezahlt, und die Redaktion möchte dafür einkaufen, was sie sich vorstellt. Dass ich dennoch meine eigenen Grenzen und Regeln habe und beispielsweise keine gewaltverherrlichenden oder frauenverachtenden Texte schreibe, versteht sich für mich von selbst. Ansonsten sehe ich es so, dass ich in diesem Bereich ähnlich arbeite wie eine Schneiderin, die ein Kleid mit der eigenen Kunstfertigkeit, aber letztlich nach den Wünschen und Vorstellungen der Kundin näht. Deshalb ist es in der direkten Zusammenarbeit wichtig, Kritikpunkte aufzunehmen und in zukünftigen Texten das zu variieren, was der Redaktion besonders gefallen hat. Letztlich ist es (auch) eine Herausforderung, genau das zu liefern, was eine Redakteurin sich wünscht, maßgeschneidert sozusagen. Wichtig sind natürlich auch Zuverlässigkeit und das Einhalten von abgesprochenen Terminen."

Kommunikation zwischen AutorIn und Redaktion

Wichtig ist außerdem, so die ehemalige Agentin Grit Peters, ein und denselben Beitrag niemals, aber auch wirklich niemals mehreren Verlagen gleichzeitig anzubieten. Warum? Angenommen derselbe Beitrag erscheint zeitgleich in verschiedenen Heften, würde das ein für allemal das Aus für den Autor bedeuten. Daher so vorgehen: Beitrag anbieten und nach etwa drei Wochen nachfragen, ob er angenommen wird. Wenn kein Bedarf besteht, die Redakteurin bitten, den Beitrag zurückzusenden und dann erst einem anderen Verlag anbieten. Oft muss man dann aber den Roman kürzen oder verlängern, denn die vorgeschriebene Romanlänge variiert – je nach Objekt – oft um bis zu 5.000 Anschläge.

Rosita Wolf zum Kommunikationsgebaren innerhalb der Branche: „Ob man, wenn man seine Story eingesendet hat, von der Redaktion etwas hört, ist sehr unterschiedlich und hängt ganz vom jeweiligen Redakteur ab. Die einen melden

von meiner Idee sogar gleich begeistert zu sein. „Du solltest wirklich so schnell wie möglich mit dem Schreiben beginnen", kam er gleich auf den Punkt. „Du musst es auf jeden Fall versuchen. Fantasie scheinst du ja genug zu haben, wenn ich an die schönen Geschichten denke, die du dir immer für die Kinder ausgedacht hast", fügte er lächelnd hinzu und sah mich dabei liebevoll an. „Na ja, und formulieren kannst du auch entschieden besser als die meisten Leute, die ich kenne." Mein Mann überlegte einen Augenblick. „Wir kaufen einen billigen Schreibtisch im Möbelhaus. Und ich besorge dir einen gebrauchten Computer. Du meldest dich am besten gleich morgen für einen Textverarbeitungskurs in der Volkshochschule an, und dann geht's los!", schloss Ralf unternehmungslustig.

Gesagt, getan! Bereits zwei Wochen später saß ich in einem Klassenraum und wurde in das Geheimnis der Nutzung eines Computers eingeweiht. Zu Hause übte ich fleißig am PC, den Ralf mir ins Schlafzimmer sich, bevor sie es drucken, die anderen nicht; manche schicken das Manuskript, wenn sie es nicht drucken, zurück, manche nicht."

Da in dieser Branche bis auf wenige Ausnahmen üblicherweise keine Verträge zwischen Verlag und AutorIn abgeschlossen werden, gilt in der Regel, dass man der Zeitschrift für die jeweilige Story ein ausschließliches Nutzungsrecht einräumt, das auf ein Jahr begrenzt ist. Vorher und innerhalb dieses Jahres darf die Autorin, der Autor diese Story also keiner anderen Zeitschrift anbieten. Goetz Buchholz, Autor des äußerst hilfreichen und gut lesbar geschriebenen Buches „Ratgeber Freie" (siehe Literaturverzeichnis, S. 664), empfiehlt: „... auch in Branchen, wo schriftliche Verträge unüblich sind, sollte man mit dem Auftraggeber [hier: der Redaktion] zumindest darüber *reden*, wofür genau er Nutzungsrechte erwirbt. Und wofür nicht." (Ratgeber Freie, S. 152) Ersparen kann man sich damit jede Menge Ärger.

Ja, und eines Tages erhalten Sie dann – so wie Kathrin Seidenmann aus der True Story „Ruhe! Mama schreibt!" – „die wohl bisher erfreulichste Post [Ihres] Lebens: ein Belegexemplar der Zeitschrift, in der man [Ihre] Story abgedruckt [hat] und einen Brief, in dem man [Ihnen] die Höhe des Honorars [mitteilt]." Hierzu noch einmal die real existierende Autorin Jeanette Sanders: „Die Redaktionen haben immer korrekt abgerechnet, meist kam und kommt die Gutschriftsanzeige ca. 10–14 Tage nach Erscheinen der Story im Heft ins Haus geflattert, kurz darauf ist das Geld auf dem Konto."

Zur Orientierung für Autorinnen und Autoren, die nun Blut geleckt haben, zwei Zusammenstellungen: eine mit den Verlagen und Zeitschriftentiteln, in denen „abgeschlossene Romane"/Storys und Kurzkrimis enthalten sind; die andere mit den Verlagen und Magazintiteln der Erlebnis- und Romanmagazine. Die Recherchen für diese Zusammenstellungen wurden im Juni 2004 gemacht. Beide Zusammenstellungen erheben keinen Anspruch auf Vollständigkeit.

gestellt hatte. Und während ich mich mit den Vorzügen und Tücken des Textverarbeitungsprogramms anzufreunden versuchte, gingen zumindest die vordringlichsten Arbeiten auf unserer Baustelle langsam ihrem Ende entgegen. Und das bedeutete, dass wir in Kürze umziehen konnten. Einige Wochen später war es dann endlich tatsächlich so weit: Wir hatten ein neues Zuhause! Kaum war das Notwendigste an Ort und Stelle, wollte ich natürlich sofort mit dem Schreiben beginnen. Und so saß ich eines frühen Nachmittags nach getaner Hausarbeit zum ersten Mal vor dem Computer. Doch zu meinem großen Entsetzen brachte ich gar nichts zustande! Die Worte schleppten sich so dahin, die Sätze dehnten sich wie Gummibänder, und als ich den ersten Absatz laut vorlas, konnte ich nur fassungslos den Kopf schütteln. Ach, das Ganze hörte sich einfach nur dämlich an! Ich versuchte es ein zweites Mal. Auch diese Zeilen wollten mir nicht gefallen. Doch das Schlimmste war, dass ich gerade mal

Bitte blättern Sie um!

„Abgeschlossene Romane" und Kurzkrimis: Verlage und Zeitschriftentitel

Erscheinungsweise: zumeist wöchentlich in Illustrierten, Frauenzeitschriften, Fernseh- und Freizeitzeitschriften (Yellow Press)

Heinrich Bauer Verlag, Burchardstr. 11, D-20077 Hamburg, fon: 040/3019-0, fax: 040/3019-1043, kommunikation@hbv.de, www.bauerverlag.de oder www.hbv.de auf einen Blick, Freizeit- und Fernseh-Illustrierte: Story
- das neue: Roman
- Das Neue Blatt: Roman
- Neue Post: Roman + Kurzkrimi
- Neue Revue: Kurzkrimi
- Tina: Kurzgeschichte

Burda – Burda Senator Verlag GmbH, Am Kestendamm 1, D-77652 Offenburg, fon: 0781/84-3544, fax: 0781/84-2034, www.hubert-burda-media.com
- Freizeit Revue: Kurzkrimi
- Freizeit Spaß: Roman

Burda – Medien Innovation GmbH, Am Kestendamm 1, D-77652 Offenburg, fon: 0781/84-5148, fax: 0781/84-5123, www.hubert-burda-media.com
- Neue Woche: Roman

Gong Verlag GmbH & Co. KG, Münchener Str. 101, D-85737 Ismaning, fon: 089/27270-0, gonginfo@gongverlag.de, www.gong.de
- die aktuelle: Roman
- Ein Herz für Tiere: Tiergeschichte
- Geliebte Katze: Katzengeschichte

eine knappe Stunde am Computer gesessen hatte und bereits jetzt deutlich spürte, dass es mit meiner Konzentration offenbar schon wieder vorbei war. Mir wollte absolut nichts einfallen. In meinem Kopf schien sich eine gähnende Leere auszubreiten ... Nachdem ein paar Tage vergangen waren und sich im Grunde an meiner unbefriedigenden Situation nichts verändert hatte, kam mir der Gedanke, dass ich am Nachmittag ja vielleicht schon zu müde und zu abgespannt zum Schreiben sein könnte! Probeweise begann ich ab sofort vormittags zu arbeiten. Es klappte! Ja, es schien wirklich die Lösung zu sein.

Allerdings hatte das Ganze einen Haken: Nämlich während ich eifrig tippte, wurde unser Häuschen leider nicht von irgendwelchen Heinzelmännchen geputzt! Und die Bügelwäsche erledigte sich auch nicht von selbst!

Zwei, drei Tage ließ ich alles irgendwie laufen. Ich bemühte mich lediglich, dass die Kinder, wenn sie aus der

Klambt-Verlag GmbH & Cie + **Sonnenverlag**, Rotweg 8, D-76532 Baden-Baden, fon: 07221/3501-402, fax: 07221/3501-404, kontakt@klambt.de, www.klambt.de
- 7 TAGE: Roman
- Die Neue Frau: Roman + Kurzkrimi
- Frau mit Herz: Roman + Kurzkrimi
- Heim und Welt: Roman + Kurzkrimi
- Welt der Frau: Roman
- Woche der Frau: Serie
- Vida: Roman
- Meine Katze: Katzengeschichte

Axel Springer Verlag, Axel-Springer-Platz 1, D-20350 Hamburg, fon: 040/347-00, funkuhr@axelspringer.de, tvneu@axelspringer.de, www.asv.de
- Funk Uhr – Das Fernseh-Magazin: Kurzkrimi
- TVneu: Kurzkrimi

J. WECK GmbH und Co. KG Verlag, Postfach 1103, D-79656 Wehr-Öflingen, fon: 07761/935-0, fax: 07761/57691, ratgeber@weck.de, www.weck.de
- Ratgeber Frau und Familie: Kurzgeschichte (erscheint monatlich)

Westdeutscher Zeitschriftenverlag GmbH & Co. KG, Adlerstr. 22, D-40211 Düsseldorf, fon: 0211/36660, fax: 0211/3666339
- Das Goldene Blatt: Roman
- Echo der Frau: (Fortsetzungs-)Roman
- frau aktuell: Roman
- Neue Welt für die Frau: zwei (Fortsetzungs-)Romane + Kurzkrimi

Schule kamen, pünktlich ihr Essen bekamen. Der Rest war mir ziemlich egal. Ich wollte nur noch schreiben! Doch dann begann mich die Unordnung, die Unsauberkeit und die zu einem riesenhaften Berg angewachsene Bügelwäsche erheblich zu stören. Also putzte ich einen ganzen Tag lang! Am folgenden Nachmittag musste ich nach der üblichen Hausarbeit zum Zahnarzt. Anschließend waren Decken und Wände im Keller zu weißen. Der kommende Tag gehörte der Gartenarbeit, denn wir hatten uns ein paar Beerensträucher anliefern lassen. Erst am folgenden Tag konnte ich mich wieder meiner halb fertigen Liebesgeschichte widmen, musste jedoch schon nach kurzer Zeit feststellen, dass es mir einfach nicht gelingen wollte, mehr als drei Sätze in guter Qualität aufzuschreiben. Ich war einfach fertig! Ich war ausgelaugt, müde und schlapp. Ja, ich schien mein letztes bisschen Fantasie und die letzten paar guten Einfälle sozusagen weggeputzt zu haben! Und meine schönen Formulierungen und witzi-

Bitte blättern Sie um!

Erlebnis- und Romanmagazine: Verlage und Magazintitel

Erscheinungsweise: monatlich oder alle zwei Monate

Bastei Verlag in der Verlagsgruppe Lübbe GmbH & Co. KG, Scheidtbachstr. 23–31, D-51469 Bergisch Gladbach, fon: 02202/121-0, fax: 02202/121-936, www.bastei.de
- Roman-Revue
- Mein Geständnis
- Mein Verlangen
- Meine Versuchung

ConPart Verlag GmbH & Co. Zeitschriften KG, Zentralredaktion: Brockdorffstr. 92–94, D-22149 Hamburg, fon: 040/6739780, fax: 040/6733609, contakt@conpart-verlag.de oder wolfgang.michael.biehler@conpart-verlag.de (Chefredakteur), www.conpart-verlag.de
- Im Vertrauen – Frauenschicksale
- Mein Bekenntnis (sowie Mein Bekenntnis-Sonderheft)
- Mein Geheimnis
- Mein Schicksal (sowie Mein Schicksal-Sonderheft)
- Meine Schicksals-Story

Gong Verlag GmbH & Co. KG, Münchener Str. 101, D-85737 Ismaning, fon: 089/27270-0, gonginfo@gongverlag.de, www.gong.de
- Liebe & Schicksal

gen Dialoge hatte ich offenbar zusammen mit den Wurzelballen der Johannisbeersträucher für immer in der Gartenerde vergraben! Es war zum Heulen! Wenn das so weiterging, würde aus mir nie eine Schriftstellerin werden. Nein, dann würde ich noch nicht einmal das Zeug für eine nebenberuflich schreibende Hausfrau und Mutter haben! Ein weiteres Problem war der Lärm, denn unsere Kinder waren wie ausgewechselt, seit sie in einem Garten spielen durften. Jonas brachte jetzt täglich seine Freunde mit, deren Indianergeheul durch die dicksten Mauern drang! Oh, wie gut hatte es da doch mein Onkel Peter gehabt! dachte ich immer wieder. Der ist durch seine Familie so richtig von der Außenwelt abgeschirmt worden. Doch ich saß total genervt vor meinem PC, während aus den Zimmern meiner Töchter überlaute Technomusik drang.

Es half im Grunde auch nicht viel, wenn ich meinen Nachwuchs zur Ordnung rief. „Ja, Mama! Kein Problem, Mama! Okay, Mama!", hieß es

Martin Kelter Verlag GmbH & Co., Mühlenstieg 16–22, D-22041 Hamburg, fon: 040/682895-0, fax: 040/68289550, info@kelter.de, www.kelter.de
- Die Roman-Stunde
- Ich gestehe
- Meine Gefühle
- Meine Schuld
- Meine Wahrheit

Klambt-Verlag GmbH & Cie, Rotweg 8, D-76532 Baden-Baden, fon: 07221/3501-402, fax: 07221/3501-404, kontakt@klambt.de, www.klambt.de
- Mein Glück

Pabel-Moewig Verlag KG, Karlsruher Str. 31, D-76437 Rastatt, fon: 7222/13-0, fax: 07222/13-218, empfang@vpm.de, www.vpm-online.de/zeitschriften/index.html
- Mein Leben
- Roman-Woche
- Wahre Geschichten

Publica Verlag GmbH, Plauener Str. 160, D-13053 Berlin, fon: 030/983085-0, fax: 030/983085-10, redaktion@publicaverlag.de, www.publicaverlag.de
- Meine Geschichte
- Mein Erlebnis

prompt. Doch die Ruhe war leider nie von langer Dauer. Tja, meine Kinder hatten eben von Anfang an kein erwähnenswertes Interesse daran bekundet, dass ihre Mutter Geschichten, Märchen, vielleicht sogar Romane schreiben wollte.

„Ich werde mir wohl einen Job als Popcornverkäuferin im Kino suchen müssen, um endlich Geld zu verdienen!", verkündete ich meinem Mann eines Tages mit wütender Miene. „Es geht nämlich nicht mehr so weiter!", klagte ich. „Erstens habe ich kaum Ruhe, weil sich die Kinder wie auf dem Jahrmarkt benehmen. Und zweitens kann niemand von mir erwarten, dass mir nach stundenlangem Putzfrauenjob und anschließendem ebenso Zeit raubendem Küchenwunderdasein noch gefälligst jede Menge Bestseller einfallen sollen!" schloss ich giftig.

„Ich muss euch mal was sagen", vernahm ich einen Abend später die verhaltene Stimme meines Mannes aus der Küche. Ich hatte den Abendbrottisch vorzeitig verlassen und mich

Bitte blättern Sie um!

151

zum ersten Mal für diesen Tag an den Computer zu begeben. Es war bereits fast 20 Uhr. Da in meinem Kopf die übliche Leere herrschte, nahm ich es als willkommene Abwechslung, meine Familie beim abendlichen Plaudern zu belauschen. Und so entging mir nicht, dass mein Mann den Kindern offenbar ein paar wichtige Mitteilungen machen wollte. Zuerst hörte ich Ralf erklären, dass ich beim Schreiben unbedingte Ruhe benötigte. Seine Worte konnte ich schlecht verstehen, aber seine Stimme klang sehr eindringlich. Die Kinder hörten schweigend zu. „Und weil Mama nun täglich ein paar Stunden am PC verbringt, werden wir zumindest einen Teil der Hausarbeit unter uns aufteilen", erläuterte mein Mann das nächste Problem. Ich lauschte anstrengt. Doch kein Wort drang aus der Küche. Ich hörte, dass Ralf sich einige Male räusperte, aber den Kindern hatte es wohl die Sprache verschlagen.

Endlich meldete sich Julia zu Wort. „Okay", sagte sie gedehnt. Ihrer Stimme war deutlich anzumerken, dass sie gar nicht begeistert war. „Ich kümmere mich um die Katze und um die Grünpflanzen. Und ich räume mein Zimmer selbst auf", schlug sie in leicht gelangweiltem Tonfall vor.

„Ich räume mein Zimmer auch auf", schloss Jana sich an. Sie klang ebenfalls ziemlich unlustig.

„Ich kann ja den Rasen mähen!" hörte ich plötzlich unseren Sohn rufen.

„In eurem Alter sollte es eigentlich eine Selbstverständlichkeit sein, im eigenen Zimmer Ordnung zu halten", war auf einmal die Stimme meines Mannes zu hören. Ich hatte das Gefühl, dass Ralf jetzt einen entschieden schärferen Ton angeschlagen hatte. „Und das Rasenmähen ist und bleibt nach wie vor meine Aufgabe. Aber nun passt mal schön auf, wie ich mir die Aufteilung der Pflichten so vorstelle!" Anschließend war nur noch Ralfs Stimme zu hören. Ich verstand lediglich Bruchstücke von dem, was er den Kindern übermittelte. Doch ihren unwilligen Reaktionen, die hin und wieder auf Ralfs Worte folgten, war zu entnehmen, dass sie so gar nicht einverstanden damit waren, was ihr Vater zukünftig von ihnen erwartete.

Am nächsten Morgen, nachdem meine Familie das Haus verlassen hatte, inspizierte ich als Erstes die Kinderzimmer. Aber es war wie immer: Chaos pur erwartete mich. Da ich nach der abendlichen Unterredung eigentlich das Gegenteil erwartet hatte, war ich verständlicherweise ziemlich enttäuscht. Nachdem ich das Frühstücksgeschirr in den Spülautomaten geräumt hatte, wartete Dackel Mäxchen bereits ungeduldig auf mich. Jonas hatte seinen Morgenspaziergang mit dem Hund, zu dem er sich gestern Abend noch verpflichtet hatte, einfach vergessen. Anschließend kochte ich, hängte mehrere Trommelfüllungen Wäsche auf, bügelte, goss die frisch gepflanzte Hecke im Garten, fegte die Terrasse, wischte in Bad und Küche die Fußböden ...

Nachdem die Kinder ihr Mittag gegessen hatten und ich den Geschirrspüler zum zweiten Mal an diesem Tag geleert hatte, setzte ich mich endlich an den Computer. Es war

Fortsetzung auf S. 165

Traumberuf Heftroman-Autorin
Interview mit Anita Friedrich

Werdegang

Sandra Uschtrin: Sie haben über tausend Heftromane geschrieben. Worum ging es bei Ihrem letzten?

FRIEDRICH: Es ging um eine Liebesgeschichte, die im Jahre 1840 in England spielt. Darcey Marlow, 18 Jahre alt, soll mit einem zweifachen Witwer verheiratet werden. Sie flieht und lernt eine junge Frau kennen, die eine neue Stelle als Gouvernante antreten will. Als diese Frau durch einen Unfall ums Leben kommt, schlüpft Darcey in ihre Rolle.

Ein paar Fragen en bloc: Wie viele Normseiten (30 Zeilen à 60 Anschläge) hat ein 64-seitiger Heftroman bei Ihnen und wie viele Tage beziehungsweise Stunden benötigen Sie in etwa pro Manuskript? Unter welchem Pseudonym, in welcher Heftreihe und in welchem Verlag wird dieser Roman erscheinen? Für welche Heftreihen und Verlage schreiben Sie unter welchen Pseudonymen außerdem und für welche haben Sie geschrieben?

FRIEDRICH: Ich schreibe bei einem normalen Heftroman meistens zwischen 93 und 95 Seiten. Durchschnittlich benötige ich dazu zehn bis zwölf Tage bei einer Arbeitszeit von täglich sechs bis sieben Stunden. Seit einigen Monaten diktiere ich die Romane mit einem sehr guten Diktierprogramm (Dragon Natural Speaking) direkt in den Computer und korrigiere am Ende eines Tages noch im Diktierprogramm die Schreibfehler, die vom Programm gemacht wurden – inzwischen habe ich eine Erkennungsgenauigkeit von ca. 90 Prozent erreicht. Wenn der Roman fertig ist, korrigiere ich ihn noch einmal sehr genau, das heißt ich lasse das Rechtschreibprogramm durchlaufen, nehme noch notwendige Änderungen vor und achte darauf, dass Wörter, die ich gewohnheitsmäßig häufig verwende, nicht zu oft erscheinen (aber, doch, dann, wieder, etwas, jetzt, immer usw.).

Der Roman wird unter dem Pseudonym „Laura Martens" in einer neuen Reihe mit historischen Liebesromanen im Kelter Verlag erscheinen. Für Kelter schreibe ich momentan außerdem Romane für die verschiedenen Fürstenreihen und ab und zu auch ein „Gaslicht" und „Irrlicht". Vor einigen Jahren habe ich für Kelter fast allein die Serie „Der Arzt am Tegernsee" geschrieben. Bei Kelter erscheinen meine Romane unter Anne Alexander, Laura Martens und Dinah Kayser.

Bei Bastei schreibe ich hin und wieder unter dem Pseudonym „Martina Linden" für die Silvia-Reihe und für eine Heimatreihe. Früher habe ich für den Marken Verlag, der keine Hefte mehr herausgibt, unter dem Pseudonym „Anita Falk" Adelsromane, Mutter-Kind-Romane, Arztromane und die Reise-Serie „Das Traumschiff" sowie „Die Astrologin" geschrieben. Für den Pabel-Moewig Verlag waren es „Chefarzt Dr. Anders", „Dr. Prack", „Die Waldklinik", „Sophienlust", „Gaslicht"

153

und ganz am Anfang auch allgemeine Liebesromane. Pseudonyme waren: Anne Alexander, Dinah Kayser und verschiedene Sammelpseudonyme.

Warum gibt es in dieser Branche Pseudonyme? Bedauern Sie es manchmal, nicht unter „Anita Friedrich" zu veröffentlichen?

FRIEDRICH: Ich glaube, dass Pseudonyme gerade bei Heftromanen wichtig sind, weil viele Autorennamen nicht zu den Romanen passen, die geschrieben werden. Anita Friedrich auf einem Romantik-Thriller, der in England spielt, würde etwas seltsam klingen. Außerdem sind Pseudonyme auch ein gewisser Schutz, so empfinde ich es wenigstens. Im Laufe der Jahre habe ich festgestellt, dass viele Leser einfach nicht wahrhaben wollen, dass es sich um erfundene Geschichten handelt. Eine meiner Kolleginnen hat einer Nachbarin einen ihrer Romane gegeben, um eine Woche später zu hören: „Bei Ihnen muss es ja zugehen!"

Natürlich bedauere ich es manchmal, dass ein Heftroman, den ich als besonders gelungen betrachte, nicht unter meinem eigenen Namen veröffentlicht wird, doch damit muss man eben leben.

Seit wann schreiben Sie Heftromane? Wie kamen Sie auf die Idee, Heftromane zu schreiben?

FRIEDRICH: Nachdem ich mich in der 1. Klasse standhaft geweigert hatte, Schreiben und Lesen zu lernen, konnte ich ab der 2. Klasse den Stift kaum noch aus der Hand legen. Ich beschmierte alles, was sich beschreiben ließ, mit eigenen Geschichten. Und wenn ich nichts zum Schreiben hatte, dann erzählte ich den anderen Kindern, meist jüngeren, Geschichten, die ich im selben Moment erfand. Noch heute erinnere ich mich gern daran, wie gläubig die Kinder an meinen Lippen hingen. Mit der Zeit begann meine Mutter, die selbst schrieb, meine Geschichten aufzuheben und sie half mir später auch, sie so umzuschreiben, dass ein Märchenbuch daraus wurde. Es gab während meiner Kindheit nur drei Berufe, die mich interessierten. Ich war fest entschlossen, entweder Schriftstellerin, Archäologin oder Höhlenforscherin zu werden.

Die Wirklichkeit sah dann allerdings etwas anders aus. Ich wurde Bürokauffrau, was mich jedoch nicht hinderte, in jeder freien Minute zu schreiben. Es entstanden zahlreiche Reiseberichte und Artikel für die verschiedensten Zeitungen und Zeitschriften, Kurzromane für „Das Goldene Blatt" usw.

Heftromane schreibe ich seit etwa 1972. Damals lernte ich durch die Interessengemeinschaft deutschsprachiger Autoren (IGdA), der ich beigetreten war, eine Kollegin kennen, die in unserer Nähe lebte. Wir beschlossen, gemeinsam einen Heftroman für den Pabel-Moewig Verlag zu schreiben, um etwas dazu zu verdienen. Das Werk gelang, wurde von meiner Mutter, die seit einigen Jahren für den Kelter Verlag schrieb, korrigiert und weggeschickt. Wir hatten Glück, der Roman wurde angenommen. Unserer Zusammenarbeit verdanken noch sechs weitere Heftromane der „Mutti-Reihe" ihre Existenz. Dann erkannten wir, dass wir genug Erfahrung gesammelt hatten, um nun allein weiterzuschreiben. Jahrelang schrieben wir für dieselben Reihen, bemühten uns jedoch auch, noch bei anderen Verlagen unterzukommen, was gelang.

Als ich 1978 feststellte, dass ich vom Schreiben leben kann, habe ich meinen Büroberuf aufgegeben und mich als Schriftstellerin selbständig gemacht. Es war die beste Entscheidung, die ich je getroffen habe. Natürlich können die wenigsten Schriftsteller Reichtümer ansammeln, auch wenn das viele Leute glauben. Doch dank der Heftromane kann ich von meinem Beruf, wenn auch nicht immer frei von Geldsorgen, leben.

Wenn man etwas zum ersten Mal tut, begleiten einen oft Zweifel: Kann ich das? Werde ich den Anforderungen genügen? Womit hatten Sie damals als Anfängerin in Sachen Heftromane-Schreiben zu kämpfen?

FRIEDRICH: Ich habe meine Zweifel niemals verloren. Bei jedem Roman, den ich schreibe, frage ich mich, ob er auch gut genug ist, um den kritischen Augen der Lektorin und der Leser zu genügen. Aus diesem Grund korrigiere ich vermutlich mehr, als es nötig wäre.

Was muss und kann man beim Schreiben von Heftromanen lernen? Was muss man können, um eine gute Arbeit abzuliefern?

FRIEDRICH: Beim Schreiben von Heftromanen lernt man viel über Logik, einen sauberen Handlungsablauf und auch, den Text in 95 Manuskriptseiten unterzubringen. Das ist manchmal gar nicht so leicht. Natürlich sollte man auch eine ganze Menge Fantasie mitbringen und sich in andere Menschen hineinversetzen können. Gerade der letzte Punkt ist das A und O eines Heftromans. Nur wenn man mit seinen Helden mitfühlt, kommt der Roman glaubhaft rüber. Wichtig ist auch die Recherche. Wie wichtig die Recherche ist, habe ich vor etwa zwanzig Jahren einmal eindrücklich festgestellt, als ich einen „Sophienlust"-Roman geschrieben habe. Meine Heldin ging mit ihren Kindern in die Stuttgarter Wilhelma (Zoo). Ich erwähnte einen Eisbären. Später schrieb eine Leserin an den Verlag, dass es in der Wilhelma keine Eisbären geben würde. So etwas ist sehr peinlich!

Sie schreiben nicht nur Heftromane, sondern auch Kinder- und Jugendbücher. Gibt es zwischen den beiden Genres Gemeinsamkeiten? Was ist ähnlich, was ist anders?

FRIEDRICH: Bei Kinder- und Jugendbüchern muss man noch genauer arbeiten, als man es bei einem Heftroman tun sollte. Die Recherchen dauern (je nach Buch) bedeutend länger und der Ton eines Kinder- oder Jugendbuches ist anders als bei einem Heftroman. Ähnlich ist nur die Arbeitsweise. In meinen Kinder- und Jugendbüchern geht es um Dinge, die mich wirklich berühren und zum Teil auch passiert sind, während die Geschichten in den Heftromanen nur in ihrem Kern den Tatsachen entsprechen, meistens nicht einmal das.

Wenn Sie die Wahl hätten und Zeit und Geld keine Rolle spielten, würden Sie dann lieber einen Roman für Jugendliche oder einen neuen Heftroman schreiben?

FRIEDRICH: Ich würde lieber einen Roman für Jugendliche schreiben, weil ich da noch sehr viele Ideen habe, die ich gern verwirklichen würde. Außerdem arbeite ich zurzeit an einem Familienroman, der in Cornwall spielt und sich über mehrere Generationen hinzieht. Leider fehlt mir meistens die Zeit, um mich ihm zu widmen.

Verdienst und Honorare

Womit verdienen Sie mehr: mit Ihren Kinder- und Jugendbüchern oder mit Ihren Heftromanen?

FRIEDRICH: Mit Kindern- und Jugendbüchern kann man, es sei denn, man hat einen großen Namen, nicht sehr viel verdienen. Meinen Lebensunterhalt verdiene ich mit Heftromanen.

Es ist Ende Juni, die Hälfte des Jahres ist um. Wie viele Heftromane haben Sie in diesem Jahr bereits geschrieben? Wie viel verdienen Sie pro Heftroman?

FRIEDRICH: Ich habe in der ersten Jahreshälfte zwölf Romane geschrieben. Für einen Heftroman bekomme ich je nach Verlag zwischen 650 und 850 Euro. Dazu kommen noch Nachdruckhonorare für frühere Romane. Der Pabel-Moewig Verlag, der seine Frauenromanreihen eingestellt hat, hat sehr gut bezahlt. Beim Marken Verlag habe ich bereits in den achtziger Jahren 1.700 DM für einen Roman erhalten.

In Bezug auf die Honorare für Heftromane liegen mir folgende Informationen vor: Bastei zahle für Frauenromane ca. 620 Euro (bei den großen Serien wie „Dr. Stefan Frank" etwas mehr), für Männerromane in der Regel 720 Euro (bei den großen Serien wie „Jerry Cotton" ab 900 Euro aufwärts). Kelter zahle grundsätzlich 765 Euro; langjährige Autorinnen und Autoren erhielten bei beiden Verlagen ein etwas höheres Honorar. Bei Nachdruck gebe es bis zu 50 Prozent Nachdruckhonorar. Bei PERRY RHODAN (Pabel-Moewig Verlag) gebe es erheblich mehr, und zwar etwa 2.000 Euro. Können Sie, Frau Friedrich, das so bestätigen?

FRIEDRICH: Ja, das kann ich bestätigen. Für Nachdrucke gibt es allerdings meistens nur 250 Euro, also nicht 50 Prozent des früheren Honorars.

Stimmt es, dass Heftromane für Frauenreihen demnach schlechter bezahlt werden als Heftromane für Männerreihen?

FRIEDRICH: Ja, soweit ich inzwischen erfahren habe, werden Heftreihen für Frauenromane schlechter bezahlt als Männerreihen. Wie man mir vor einigen Wochen sagte, erhalten jedoch Männer, die für Frauenreihen arbeiten, auch ein höheres Honorar. Ob das so stimmt, weiß ich nicht.

Wie waren die Honorare vor 30 Jahren (1975), vor 20 Jahren (1985), vor zehn Jahren (1995)? Haben sich die Honorare erhöht und wenn ja, um wie viel?

FRIEDRICH: Der Marken Verlag hat immer sehr gut bezahlt. Ich habe dort 1978 mit 1.200 DM angefangen und hatte zuletzt 1.700 DM pro Roman. Auch der Pabel-Moewig Verlag hat stets gut bezahlt. Bei Bastei hat es seit etwa 1992 keine Honorarerhöhung mehr gegeben. Im Verhältnis zum Bastei Verlag bezahlt Kelter seine Autoren gut. Beim Kelter Verlag gibt es regelmäßig Nachdrucke früherer Romane und dafür das entsprechende Honorar. Beim Bastei Verlag habe ich bis jetzt noch keinen Nachdrucksvertrag erhalten, allerdings werden hin und wieder Romane für andere Länder übersetzt. Das Honorar, das es dafür gibt, ist sehr unterschiedlich, meistens um die siebzig Euro.

Wenn Sie die Stunden zusammenrechnen, die Sie brauchen, um einen Heftroman zu schreiben und zu verkaufen, auf welchen Stundensatz kommen Sie dann als freie Schriftstellerin?

FRIEDRICH: Mein Stundensatz beträgt ca. 12 Euro. Nachdrucke nicht eingerechnet!

Finden Sie, dass Ihre Arbeit als Heftroman-Autorin angemessen honoriert wird?

FRIEDRICH: Ich hätte nichts gegen ein höheres Honorar einzuwenden.

Arbeitsweise und Zusammenarbeit mit den Verlagen

Zurück zu Ihrem letzten Heftroman: Wie viele Autorinnen und Autoren schreiben außer Ihnen für diese Reihe? Gibt es von Seiten der Redaktion Vorgaben, was in der Reihe vorkommen darf und was nicht, Stichwort Tabus? Was zum Beispiel wäre „falsch"?

FRIEDRICH: Da diese Reihe mit den historischen Liebesromanen gerade erst entstanden ist, kann ich noch nicht sagen, wie viele Autorinnen und Autoren für sie schreiben. Meistens sind es pro Reihe aber nicht mehr als zehn. Von Seiten der Lektorinnen gibt es als Vorgabe nur, dass die Romane in der Vergangenheit (1920 abwärts) spielen müssen. Die geschichtlichen Tatsachen müssen stimmen, es darf nichts in den Romanen vorkommen, was es erst später gegeben hat, und auch die Sprache sollte etwas angepasst sein. In einem Roman, der 1840 spielt, wäre es falsch, wenn ein Jugendlicher mit seinen Eltern im heutigen Slang sprechen würde. Liebesszenen darf es geben, Erotik nicht.

Wie gestaltet sich die Zusammenarbeit mit den Verlagen? Kennen Sie die Leute in den Redaktionen persönlich?

FRIEDRICH: Die Lektoren kenne ich nur zum Teil persönlich. Normalerweise werden alle Absprachen am Telefon getroffen. Ich selbst habe mit keinem der Verlage schlechte Erfahrungen gemacht. Die Zusammenarbeit ist gut, oft freundschaftlich. Gibt es bei der Handlung eines Romans Fragen oder Probleme, genügt ein Anruf zur Klärung.

Ein neuer Heftroman soll entstehen. Schreiben Sie einfach drauflos oder besprechen Sie sich vorab mit Ihrer Lektorin?

FRIEDRICH: Ich schreibe als erstes ein Exposé von etwa vier bis fünf Seiten Länge. Auf der ersten Seite stehen der Titel und die Hauptpersonen mit ihrem Aussehen und was für sie wichtig ist. Im Exposé wird chronologisch die Handlung des Romans festgelegt. Das Exposé muss von der Lektorin abgesegnet werden. Manchmal werden auch noch Änderungen im Handlungsablauf nötig und besprochen.

Nach diesem Exposé lege ich die einzelnen Kapitel des Romans fest. Ich schreibe zu jedem Kapitel etwa eine halbe Seite, manchmal mehr, mit allen notwendigen Informationen, die ich zum Diktieren benötige. Es hält sehr auf, wenn man während des Diktierens erst die Fakten zusammentragen muss. Einzelheiten über die Personen, die im Roman vorkommen, schreibe ich auf Zettel. Selbst bei Nebenpersonen ist das wichtig, damit es zu keinen Verwechslungen kommt.

Werden die Inhalte von der Redaktion vorab skizziert und Ihnen vorgegeben, damit nicht – wie der Zufall es will – mehrere AutorInnen nacheinander Romane mit ähnlichen Inhalten (alle verlieben sich in einen behinderten Mann etc.) abliefern?

FRIEDRICH: Da man vor dem Schreiben eines Romans ein Exposé an den Verlag schickt, kann es nicht zu Dubletten kommen. Der Inhalt eines Romans wird nur bei fortlaufenden Serien vom Verlag grob skizziert und auch da nur, was die vorgegebenen Personen der Serie betrifft.

Vereinbaren Sie mit der jeweiligen Redaktion, bis wann Sie welches Manuskript mit welchem Inhalt abgeliefert haben müssen? Müssen Sie sich also strikt an Abgabetermine halten?

FRIEDRICH: Terminabsprachen gibt es nur selten, da meist mehrere Autoren an einer Reihe arbeiten. Bei fortlaufenden Serien sind sie dagegen üblich.

Heißt das, Sie können Ihr Reihen-Manuskript abgeben, wann Sie wollen?

FRIEDRICH: Es sollte in einem angemessenen Zeitraum geschehen und nicht erst nach Monaten. Sechs bis acht Wochen sind noch zu akzeptieren. Manche Autorinnen schreiben sehr langsam. Eine meiner Kolleginnen benötigt für einen Heftroman an die sechs Wochen.

Wenn Sie plötzlich krank werden oder Urlaub machen wollen, springt dann eine andere Autorin für Sie ein? Und springen Sie, umgekehrt, auch manchmal für Ihre Kolleginnen und Kollegen ein?

FRIEDRICH: Ein Urlaub ist ja meistens schon Wochen vorher geplant, sodass man sich mit seiner Arbeitseinteilung darauf einrichten kann. Bei Krankheit sieht es anders aus. Wenn man eine feste Terminabsprache hat, sollte man zumindest im Verlag Bescheid sagen, dass es mit dem Termin nicht klappt. Ich selbst habe erst ein einziges Mal für eine Kollegin einspringen müssen.

Bei PERRY RHODAN *gibt es ein-, zweimal im Jahr Autorentreffen, die einzelnen Autor-Innen kennen sich also untereinander. Ist das bei den Reihen, für die Sie schreiben, auch so? Wenn nicht: Hielten Sie das für wünschenswert?*

FRIEDRICH: Leider finden bei den üblichen Frauenromanreihen keine Autorentreffen statt, selbst wenn es sich um fortlaufende Serien handelt. Es wäre sehr gut, auch einmal die anderen Autorinnen einer Reihe kennen zu lernen und Erfahrungen auszutauschen. Ich bin überzeugt, es würde sich auf die Arbeit positiv auswirken. Es ist immer gut, wenn man mit jemandem über seine Arbeit sprechen kann, die eigene Familie eignet sich da meistens nicht so gut. Ich habe das Glück, dass meine beste Freundin ebenfalls Heftromane schreibt. Wir haben am Telefon schon so manches Problem unserer Romanhelden gelöst und da wir nur drei Kilometer weit voneinander entfernt wohnen, sehen wir uns auch öfters.

Berufsbild

Wie reagieren Ihre Mitmenschen, wenn sie hören, dass Sie Schriftstellerin sind und Heftromane schreiben?

FRIEDRICH: Meistens ernte ich Erstaunen und oft auch Neid. Es ist noch immer so, dass viele Leute glauben, Schriftsteller würden ihr Geld zum größten Teil mit Nichtstun verdienen. Dazu kommt eine völlig falsche Vorstellung über die Honorare, die gezahlt werden. Schon vor Jahren glaubten meine Nachbarn, ich würde pro Heftroman einige tausend Mark verdienen. Ich bin mir nicht sicher, ob sie mir geglaubt haben, als ich ihnen sagte, wie sehr sie sich da irren.

Erwähne ich Fremden gegenüber, dass ich Heftromane schreibe, so sehen sie mich oft an, als würde ich nicht bis drei zählen können. Oft versichern sie mir dann, dass es natürlich Leute geben muss, die so etwas schreiben, sie selbst aber niemals ein Romanheft in die Hand nehmen würden. Meistens folgt dann die Frage: „Schreiben Sie auch noch was Anständiges?" Gewöhnlich sind das Leute, die sich auch noch die einfältigste Fernsehserie anschauen und gar nicht genug von Talkshows bekommen können. Deshalb rege ich mich schon lange nicht mehr darüber auf. Es ist ohnehin seltsam, dass in Deutschland der Heftroman-Markt boomt, obwohl sehr viele Leute, wenn man sie fragt, niemals einen Heftroman lesen würden.

Sie sind Mitglied bei „DeLiA", der Vereinigung deutschsprachiger Liebesroman-Autorinnen und -Autoren, die offiziell am 3. Mai 2003 gegründet wurde. Warum sind Sie dort Mitglied geworden? Was erwarten, was erhoffen Sie sich von dieser Mitgliedschaft?

FRIEDRICH: Ich bin durch Zufall an DeLiA geraten. In meinem eMail-Postfach fand ich eine Mail mit dem Betreff „Liebesromanpreis". Obwohl ich gewöhnlich Mails von unbekannten Absendern lösche, weil ich mir keinen Virus einfangen will, zwang mich meine Neugier, diese Mail zu öffnen. Ich habe es nicht bereut, denn dadurch lernte ich DeLiA kennen. Es war schon lange an der Zeit, dass sich Liebesroman-Autorinnen zusammenschließen. Gemeinsam kann man vieles erreichen, was allein unmöglich ist. Außerdem ist der Erfahrungsaustausch nicht zu unterschätzen.

Ihrer Vita entnehme ich, dass Sie zwar Mitglied in der IGdA, nicht aber im Verband deutscher Schriftsteller (VS) sind. Warum sind Sie nicht im VS, immerhin dem Berufsverband für Autorinnen und Autoren?

FRIEDRICH: Als ich meinen ersten Jugend-Roman veröffentlicht hatte, trat ich dem VS bei. Ich habe ihn bereits nach wenigen Jahren wieder verlassen, weil mir die politische Richtung, die dort, jedenfalls damals, vertreten wurde, nicht gefällt. Inzwischen bin ich auch nicht mehr Mitglied der IGdA. Heftroman-Autorinnen werden dort, milde ausgedrückt, von den meisten Mitgliedern belächelt. Es ist auffallend, dass gerade Autoren, die es noch nicht geschafft haben, mit ihren Werken einen Verlag zu finden, auf Heftroman-Autoren heruntersehen. Irgendwann wird man müde, den anderen immer zu versichern: „Ich schreibe auch noch andere Sachen." Außerdem sehe ich nicht ein, weshalb ich mich ständig wegen meiner Heftromane rechtfertigen soll. Ich schreibe gern Heftromane und mache damit vielen Menschen Freude.

Absicherungen, Altersvorsorge

Patricia Vandenberg, Heftroman-Autorin der mit über 120 Millionen verkauften Exemplaren angeblich erfolgreichsten Arztreihe „Dr. Norden", ist mittlerweile 83 Jahre alt. Sie selbst sind erst 57. Wann werden Sie damit aufhören, Heftromane zu schreiben?

FRIEDRICH: Meine Mutter hat ihren letzten Heftroman im Alter von 80 Jahren geschrieben. Ich hoffe, dass ich genauso lange schreiben kann. Es ist einfach wunderbar, Geschichten zu entwickeln und zu erzählen. Wenn man einmal angefangen hat, kann man nicht mehr mit dem Schreiben aufhören.

Sind Sie in der Künstlersozialversicherung? Was passiert, wenn Sie mal krank sind?

FRIEDRICH: Als ich mit dem hauptberuflichen Schreiben anfing, gab es die Künstlersozialversicherung noch nicht, sodass ich eine private Krankenversicherung abschließen musste und freiwillige Beiträge in die Rentenkasse einzahlte. Heute ist es einfacher. Dank der Künstlersozialversicherung hat jeder hauptberufliche Schriftsteller eine Kranken- und eine Rentenversicherung. Ich bin der KSV gleich im ersten Jahr ihres Bestehens beigetreten.

Im Falle einer Krankheit, die mich am Arbeiten hindert, bekomme ich von meiner Krankenkasse nach sechs Wochen Krankengeld.

Zukunft und Tipps für „junge" AutorInnen

Was ist zu tun, was sollte man beachten, wenn man Heftromane schreiben will?

FRIEDRICH: Bevor man sich an einen Verlag wendet, sollte man sich genau über das Verlagsprogramm informieren und wenigstens ein paar Heftromane des Verlags gelesen haben. Von Vorteil ist es, sich im Vorfeld zu erkundigen, welche Lektorinnen die einzelnen Reihen und Serien betreuen. Besonders mutige Autoren können auch vorher die Lektorin anrufen und sie fragen, ob sie ein Exposé einreichen dürfen.

Wichtig ist ein kurzes Anschreiben, dem ein Exposé (Hauptpersonen und chronologischer Handlungsablauf) und eine etwa 20 Seiten lange Leseprobe des Romans beigefügt sind. Im Anschreiben kann noch erwähnt werden, weshalb man sich ausgerechnet für diese Reihe interessiert. Frankierten Rückumschlag nicht vergessen!

Dann heißt es warten! Die meisten Lektorinnen bekommen täglich mehrere nicht angeforderte Manuskripte. Also bitte nicht schon nach einer Woche nachfragen, was mit dem Exposé ist.

Wenn man sich als Schriftstellerin selbständig macht, gehört eine Menge Disziplin dazu, auch am Ball zu bleiben. Es nützt nichts, die Arbeit vor sich herzuschieben. Manchmal hat man keine Lust zum Schreiben, auch das kommt vor, oder man hat dringende andere Arbeiten zu erledigen, möchte vielleicht lieber mit Freunden oder der Familie zusammen sein. Selbständigkeit heißt, für alles selbst verantwortlich zu sein. Geld gibt es nur für eine abgelieferte Arbeit, nicht für einen Roman, der seit Wochen auf seine Vollendung wartet. Und es ist auch wichtig, ab und zu eine Nacht durchzuarbeiten, wenn es sich um eine Terminarbeit handelt und man irgendwie mit dem Schreiben nicht weitergekommen ist. Nachtarbeit ist bei mir meistens angesagt, wenn ich in den Urlaub gehen möchte und vorher noch einen Roman abliefern muss.

In der Selbständigkeit gibt es keinen pünktlichen Feierabend, andererseits kann man sich die Arbeit so einteilen, wie man möchte. Man darf nur nicht vergessen, dass ein freier Tag, oder auch nur ein freier Nachmittag, wieder eingeholt werden muss.

Gibt es Romanreihen, bei denen es leichter ist einzusteigen?

FRIEDRICH: Ich glaube, dass es leichter ist, bei allgemeinen Reihen einzusteigen, weil für diese Reihen meistens mehrere Autoren arbeiten. Bei Serien sind die Autoren gewöhnlich festgelegt und man muss schon das Glück haben, dass jemand ausfällt.

Angenommen eine Nichte von Ihnen wollte Heftromane schreiben. Würden Sie ihr Vorhaben gutheißen und sie dabei unterstützen?

FRIEDRICH: Wenn ich eine Nichte hätte, würde ich alles tun, um ihr den Einstieg in dieses Metier zu ermöglichen und zu erleichtern. Trotz einiger Schattenseiten ist es ein Traumberuf.

Angeblich wird immer weniger gelesen. Haben Heftromane und damit das Schreiben von Heftromanen Ihrer Meinung nach eine Zukunft?

FRIEDRICH: Ob weniger gelesen wird, kann ich nicht beurteilen. Die meisten jungen Leute, die ich kenne, lesen gerne. Angesichts der hohen Preise, die für ein Hardcover-Buch und auch oft für Taschenbücher bezahlt werden müssen, hat der Heftroman sicher eine Zukunft. Wer kann es sich bei der heutigen Wirtschaftslage schon mehrmals im Jahr leisten, für ein Buch zwischen 19,90 und 29,90 Euro auszugeben?

Eben fiel der Name Patricia Vandenberg. Hatten Sie Vorbilder?

FRIEDRICH: Vorbilder in Bezug auf Heftromane hatte ich nie, aber als junges Mädchen wünschte ich mir, so schreiben zu können wie Viktoria Holt, Mary Steward und Dorothy Eden.

Wenn Sie nicht gerade schreiben, was und von wem lesen Sie gerne etwas?

FRIEDRICH: Ich lese sehr gern archäologische und geschichtliche Bücher, gerne aber auch Romane von Barbara Wood, V. C. Andrews, Madeleine Brant, Robin Cook, Leon Uris, Daphne du Maurier, Mary Higgins Clark und Judith Merkle Riley.

Heftromane, Taschenhefte und Taschenromane
Verlage und Reihen-/Serientitel

Tipp: Lassen Sie sich von Bastei und Kelter den „Vertriebsplan" (Bastei) bzw. das „Programm" (Kelter) zusenden. In diesen Faltblättern, die jeden Monat erscheinen, werden alle Reihen mit ihren aktuellen Heftnummern aufgelistet, sodass man gut erkennen kann, welche Reihen es derzeit gibt und wie lange sie bereits laufen. Außerdem lässt sich diesen Faltblättern entnehmen, wann und damit wie häufig – wöchentlich, alle zwei Wochen oder nur einmal pro Monat – die jeweiligen Reihen erscheinen. Auch ein Blick ins Internet ist wie immer hilfreich: Die meisten Verlage stellen ihre Reihen ausführlich vor; die Serie PERRY RHODAN hat sogar eine eigene Homepage, die nicht nur PERRY RHODAN-Fans, sondern alle begeistern dürfte, die sich für Science Fiction interessieren.

Bastei Verlag in der Verlagsgruppe Lübbe GmbH & Co. KG, Scheidtbachstr. 23–31, D-51469 Bergisch Gladbach, fon: 02202/121-0, fax: 02202/121-936, www.bastei.de
Arztromane
- Chefarzt Dr. Holl
- Chirurgin Dr. Barbara Waldner

- Der Heidedoktor
- Dr. Stefan Frank
- Kinderschwester Angela (sowie Kinderschwester Angela Neuauflage)
- Notärztin Andrea Bergen

Fürstenromane
- Fürsten-Roman (sowie Fürsten-Roman Jubiläumsausgabe)
- Schloss Rosenfels

Heimatromane
- Alpenzauber
- Der Bergdoktor (sowie Der Bergdoktor Zweitauflage)
- Der Tierarzt von Mittenwald
- Bergkristall
- Berg-Roman
- Heimat-Roman
- Schöne Heimat

Krimi
- Jerry Cotton (sowie Jerry Cotton Zweitdruck, Jerry Cotton Bestseller)

Liebesromane
- Silvia-Roman Jubiläums-Ausgabe (sowie Silvia-Roman Exklusiv)
- Hedwig Courths-Mahler 9. Auflage

Mystery
- John Sinclair (sowie John Sinclair Special)
- Professor Zamorra
- Maddrax
- Schattenreich

SciFi/Action
- Maddrax, siehe oben
- Bad Earth
- Special Force One
- Raceworld – Das Romanmagazin für Rennsportfan

Western
- Lassiter (sowie Lassiter 3. Auflage)
- Jack Slade
- Texas-Marshal
- G. F. Unger
- Western-Bestseller
- Western-Express
- Western-Star

CORA Verlag GmbH & Co. KG, Axel-Springer-Platz 1, D-20350 Hamburg, fon: 040/347-00, fax: 040/347-25955, info@cora.de, www.cora.de
Liebesromane im Taschenroman-Format (keine deutschsprachigen AutorInnen, nur Übersetzungen!)
- Julia (sowie Julia Extra, Julia Exklusiv, Julia Prestige, Julia Festival, Julia Special, Julia Sondereditionen)
- Romana (sowie Romana Exklusiv, Romana Sondereditionen)

- Bianca (sowie Bianca Exklusiv, Bianca Arztroman, Bianca Sondereditionen)
- Baccara (sowie Collection Baccara)
- Tiffany (sowie Tiffany Duo, Tiffany Lieben & Lachen, Tiffany Sexy)
- Julia Love & Crime
- Blaze
- Tier Roman
- Tessa
- Historical (sowie Historical Gold, Historical Gold Extra, Historical Sonder-editionen)
- Mylady (sowie Mylady Royal, Mylady Duett, Mylady Weihnachtsband)
- Mystery (sowie Mystery Thriller, Mystery Sondereditionen)

Martin Kelter Verlag GmbH & Co., Mühlenstieg 16–22, D-22041 Hamburg, fon: 040/682895-0, fax: 040/68289550, info@kelter.de, www.kelter.de

Arztromane
- Dr. Norden (sowie Dr. Norden Neuauflage, Dr. Norden 3. Auflage, Dr. Norden 4. Auflage, Dr. Norden 5. Auflage, Dr. Norden Gesamtausgabe 2. Auflage, Dr. Norden Gesamtausgabe 3. Auflage)
- Arzt-Duo
- 2 Arztromane
- Chefarzt Dr. Anders
- Dr. med. Bauer Gesamtausgabe
- Frauenarzt Dr. Weigelt
- Meine Ärzte – Meine Träume

Fürsten-/Adelsromane
- (Aus dem Tagebuch der) Christina von Rothenfels
- Die Falkenbergs
- Fürstenhäuser
- Fürstenherz Doppelausgabe
- Fürstenhöfe Schicksalhafte Begegnungen
- Fürstenkrone (sowie Fürstenkrone Goldene Ausgabe)
- Juwel-Roman Doppelausgabe
- Meine Fürsten – Meine Träume
- Schlossroman Gesamtausgabe

Heimatromane
- Der Alpendoktor
- Der Bergpfarrer (sowie Der Bergpfarrer Gesamtausgabe)
- Die Vroni von der Goldberg-Alm (sowie Die Vroni von der Goldberg-Alm Gesamtausgabe)
- Edelweiß-Roman Doppelausgabe
- Heimatglocken-Bergroman (sowie Heimatglocken Doppelausgabe)
- Heimatklänge Bergroman
- Meine Berge – Meine Träume
- Meine Heimat – Meine Träume

Liebesromane
- Leni Behrendt 6. Auflage (sowie Leni Behrendt 4. Auflage)

Fortsetzung von S. 152

bereits nach 15 Uhr, und ich fühlte mich wie ausgebrannt. Die Buchstaben flimmerten auf dem Bildschirm, und in meinem Kopf hämmerte es. Ach, es war im Grunde wie immer. Müttern bleibt eben nichts weiter übrig, als abzuwarten, bis der Nachwuchs flügge ist, bevor sie einen Lebenstraum verwirklichen können, dachte ich resigniert. Aber dann tippte ich doch weiter. Und von meiner Wut und Enttäuschung offensichtlich förmlich beflügelt, nahm auf einmal meine Geschichte Formen an! Die Geschichte einer Mutter, die es satt hat, sich immer nur um ihre faule Brut zu kümmern, so dass sie sich eines Tages aufmacht, um das Glück zu suchen ...

Ich will es abkürzen: Die Story wurde gut! Ich arbeitete zwei Wochen daran. Dann schickte ich sie an die Redaktion einer Fernsehzeitschrift, in der ich hin und wieder lustige Familiengeschichten gelesen hatte. Ich wartete fast zwei Monate auf Antwort. Doch eines Tages erhielt ich die wohl bisher erfreulichste Post meines Lebens: ein Belegexemplar der Zeitschrift, in der man meine Story abgedruckt hatte und einen Brief, in dem man mir die Höhe des Honorars mitteilte. Ich platzte bald vor Stolz! Jetzt werden meine Ableger bestimmt Mund und Augen aufreißen vor Bewunderung, dachte ich. Und nun werden sie sicher auch endlich die Notwendigkeit erkennen, mir tüchtig im Haushalt zu helfen, hoffte ich. Ach, nun wird alles gut, dachte ich ... Doch zu meiner großen Enttäuschung nahmen sie meine erste Veröffentlichung auch nur eher beiläufig

zur Kenntnis. Lediglich Jana ließ sich zu der ziemlich flapsigen Bemerkung hinreißen: „Na, siehst du, es geht doch!"

Und wenn ich nun geglaubt hatte, dass jetzt wenigstens Ruhe eintreten würde, wenn Mama schreibt, so hatte ich mich darin völlig getäuscht. Jana versuchte sogar seit einiger Zeit, sich selbst das Spielen auf der Gitarre beizubringen. Es klang grauenvoll! Und Jonas hatte mehrere CD und ein Paar alte Schlittschuhe gegen einen ferngesteuerten Spielzeugrettungshubschrauber eingetauscht, den er im Garten fliegen ließ. Das Teil machte einen derartigen Krach, dass ich bis heute nicht verstehe, warum die Feuerwehr damals nicht völlig irritiert bei uns aufgekreuzt war.

Irgendwann hatte ich die Nase gestrichen voll von den Allüren meiner trägen Nachkommenschaft. Da kam mir ein freies Wochenende gerade recht! Julia war mit ihrer Klasse unterwegs, Jana war von den Eltern ihrer Freundin auf einen Kurztrip nach Disney-World eingeladen worden, und Jonas hatte ich kurz entschlossen bei den Großeltern geparkt. Ich war kinderlos! Und zu allem wild entschlossen! Mein Plan sah folgendermaßen aus: Samstag würde ich die Dachkammer tapezieren und am Sonntag würde ich dieses Mansardenstübchen putzen und mit Ralfs Hilfe einräumen.

Und genau so geschah es. Ohne Zwischenfälle. Nachdem Julia und Jana am Sonntagabend wieder zu Hause waren, machte sich die ganze Familie vergnügt auf den Weg, um Jonas bei den Großeltern abzuholen. Niemand erkundigte sich, wie ich das

Bitte blättern Sie um!

Wochenende verlebt hatte. Irgendwann vor dem Schlafengehen bemerkten die Kinder lediglich, dass Schreibtisch und PC aus dem Schlafzimmer der Eltern verschwunden waren. Und alle drei gaben sich erstaunlich schnell mit der Erklärung zufrieden, dass sich am Samstag überraschenderweise entschieden hätte, dass ich ab Montag in der Patienten-Anmeldung einer großen Arztpraxis anfangen konnte. Und dass ich mich aus diesem Grund entschlossen hätte, das Schreiben wieder aufzugeben.

Am Montag ging ich also „zur Arbeit". Ich bereitete noch rasch das Mittagessen für die Kinder, ließ ansonsten alles stehen und liegen, nahm meine Tasche, schloss die Haustür von innen ab und stieg die Treppe zur Dachkammer hoch. Hier oben hatte ich alles, was ich brauchte: eine Kaffeemaschine, Getränke, belegte Brote, etwas Obst und viel Ruhe. Ich schaltete erst den Computer und dann mein Handy ein und begann zu arbeiten. Ja, ich konnte nun bereits am Vormittag mit der Arbeit anfangen, frisch und ausgeruht, voller Elan und Einfälle. Denn der Vorteil dabei war, dass ich den ganzen Dreck und die Unordnung im Haus jetzt nicht mehr sehen musste, denn ich war weit weg von dem Chaos! Ich durfte bloß nicht daran denken, wie schlimm es dort unten aussah. Und mich durfte hier oben vorsichtshalber auch niemand entdecken.

Die Tage vergingen. Das Chaos wuchs. Ich betrat stets erst im Laufe des Nachmittags offiziell wieder unser Haus, wobei ich darauf achtete, einen Zeitpunkt zu erwischen, an dem keines der Kinder in der Nähe war. Bei dem Unternehmungsgeist meiner Ableger war das kein allzu großes Kunststück. Anschließend bemühte ich mich, wenigstens das Allernotwendigste zu erledigen. Wenn Ralf von der Arbeit kam, half er mir dabei. Die Kinder maulten zwar, wenn irgendwelche Lieblingskleidungsstücke statt gebügelt im Schrank zerknüllt im Wäschekorb lagen, doch im Übrigen glänzten sie meist durch Abwesenheit.

Trotzdem war es absolut keine befriedigende Situation, denn weder die Schmutzwäscheberge noch die Bügelwäsche ließen sich auf diese Weise wesentlich reduzieren. Im Grunde sah der gesamte Haushalt richtig peinlich aus! Sogar Dackel Mäxchen fand das Ganze unmöglich, denn er musste wegen der herumfliegenden Staubflocken häufiger niesen.

Aber ich hatte wirklich so gar keine Lust, mich erneut täglich viele Stunden lang ausschließlich dem Haushalt zu widmen. Ich hatte schließlich drei inzwischen große Kinder! Viel lieber schrieb ich Kurzkrimis für Zeitschriften. Sie gefielen den Redaktionen so gut, dass sie sogar schon bei mir bestellt wurden.

Eines Tages trat dann glücklicherweise doch endlich eine Wende ein ... Es war am Nachmittag. Ich wollte gerade mein Dachstübchen verlassen, als ich hörte, wie Julia und Jana das Haus betraten. Sie waren in Begleitung einer neuen Freundin meiner Ältesten. Tanja wohnte mit Eltern und Geschwister in unmittelbarer Nachbarschaft. Rasch zog ich mich auf der Treppe zurück und wartete.

Fortsetzung auf S.172

- Mein Roman Doppelausgabe
- Karin Bucha Doppelausgabe
- Erika Sommer Doppelausgabe
- Meine Liebe – Meine Träume

Mutter & Kind-Romane
- Im Sonnenwinkel 8. Auflage
- Mami
- Meine Kinder – Meine Träume
- Meine Mutti
- Sophienlust (sowie Sophienlust Gesamtausgabe, Sophienlust Gesamtausgabe 2. Auflage)
- Zauberhafte Geschichten – Familienroman

Mystik – Unheimliche Geschichten
- Das magische Amulett
- Gaslicht (sowie Gaslicht Gesamtausgabe)
- Irrlicht
- Spuklicht

Western
- H.C. Hollister Gesamtausgabe
- R. Ullman
- Waco Gesamtausgabe
- Wildwest Roman
- Wyatt Earp

Taschenhefte
- Dr. Norden (sowie Dr. Norden 2. Auflage, Dr. Norden 3 Romane)
- Fürstenhöfe
- Karin Bucha
- Leni Behrendt
- Mara
- Urlaub zum Träumen

OMNIA Verlag GmbH, Waldstr. 6, D-56355 Weidenbach, fon: 06775/1654, fax: 06775/960193, info@omnia-verlag.net, www.omnia-verlag.net
„In Vorbereitung des Erscheinens weiterer verschiedener Serien und unterschiedlicher Genre suchen wir ständig erfahrene Autoren, die uns beim Aufbau unseres Romanprogramms tatkräftig unterstützen."

Arztromane
- Ärztehaus am Schlosspark
- Der Arzt auf dem Land

Adelsromane (noch nicht konkret bestimmt)
Bergromane (noch nicht konkret bestimmt)
Heimatromane (noch nicht konkret bestimmt)
Historische Romane (noch nicht konkret bestimmt)
Liebesromane
- Diese Liebe

Liebesromane um starke Frauen

- Brillant

Romantische Liebesromane mit viel Herz

- Rosen

Mystery (noch nicht konkret bestimmt)

Western (noch nicht konkret bestimmt)

Pabel-Moewig Verlag KG, Karlsruher Str. 31, D-76437 Rastatt, fon: 7222/13-0, fax: 07222/13-218, empfang@vpm.de, www.vpm.de
- PERRY RHODAN (http://perry-rhodan.net)
- Der Landser (sowie Der Landser Großband, Der Landser SOS – Schiffs-schicksale auf den Meeren der Welt)

Panini Verlags GmbH, Rotebühlstr. 87, D-70178 Stuttgart, fon: 0711/94768-0, fax: 0711/94768-30, info@panini-dino.de, www.panini-dino.de und www.panini.de
Liebesromane im Taschenroman-Format
- Ann-Royalty
- Liv-Power and Love
- Jill-Glamour
- Zara-Wild Romance

Monogame Heldin sucht Happy End – Liebesromane im Buchformat
Interview mit Isolde Wehr

Isolde Wehr gilt als Deutschlands bekannteste Liebesromanexpertin. 1996 gründete sie ihre Homepage „Die romantische Bücherecke" (www.die-buecherecke.de), das wichtigs-te Diskussions- und Informationsforum über Liebesromane im Internet. Als Heraus-geberin im neu gegründeten Moments-Verlag, der unter dem Motto „Zeit für Gefühle" im Februar 2004 mit sechs Liebesromanen an den Start ging, ist sie für die Autorinnen-Akquise zuständig.

Sandra Uschtrin: Was ist ein „Liebesroman"? Was zeichnet ihn aus?

WEHR: Ein Liebesroman hat als Hauptthema die Entstehung und Entwicklung romantischer Liebe zwischen einem Mann und einer Frau und muss zwingend – wenigstens für mich – zu einem Happy End führen, also zu einem Ende, das die Leserin emotional zufrieden stellt. Außerdem ist die Beziehung zwischen Held und Heldin immer monogam, egal wie bewegt ihre Vergangenheit vorher auch war. Wenn die Kriterien Liebesgeschichte und Happy End erfüllt sind, kann ein Liebesroman in jeder Zeit, an jedem Ort und in allen möglichen Subgenres spie-len. So entstanden zum Beispiel die Subgenres historischer Liebesroman (alles was vor dem zweiten Weltkrieg spielt), zeitgenössischer Liebesroman (alles was in der Gegenwart oder auch in der jüngsten Vergangenheit spielt), Science-Fiction-Liebesroman, paranormaler Liebesroman (in der Handlung tauchen Hexen, Geister, Vampire, Magier usw. auf), Zeitreise-Liebesroman, Romantik-Thriller (Liebesroman mit Krimi-Handlung) und so weiter.

Warum wurde der Moments-Verlag gegründet und welche weiteren Verlage gibt es, die im Bereich Liebesroman tätig sind und Manuskripte von deutschen AutorInnen veröffentlichen?

WEHR: Moments entstand 2001 als Buch-Spezialclub im CLUB Bertelsmann. 2003 wurde Moments als Marke, Idee und Rechtepool verkauft und agiert nun als eigenständiger Verlagsimprint der HOF DORT HEYNE Verlag GmbH in Erftstadt. Moments in der HOF DORT HEYNE Verlag GmbH ist für die Erstveröffentlichung von Romanen verantwortlich, hier erscheinen Novitäten von deutschen Liebesroman-Autorinnen. Damit sind wir in eine Marktlücke vorgedrungen, denn bisher wurden Romane aus dem angloamerikanischen Sprachraum eingekauft und in Übersetzung angeboten. Erst seit den letzten zwei Jahren zeichnet es sich ab, dass sich auch andere deutsche Verlage für deutsche Liebesroman-Autorinnen interessieren. Zu nennen wären hier Blanvalet (Random House), Heyne, Bastei Lübbe und Droemer Knaur.

Wie sollte sich eine Autorin an Ihren Verlag wenden, was sollte sie können und welche Spielregeln sollte sie beachten?

WEHR: Man kann mich jederzeit über die Kontaktadresse auf der Moments-Verlagshomepage (www.moments-verlag.de) erreichen (isolde.wehr@moments-verlag.de) und fragen, ob ich gerade ein neues Programm zusammenstelle. Aufgrund einer solchen Anfrage verschicke ich die aktuellen Moments-Kataloge, damit sich die Autorin einen Überblick über unser Programm verschaffen kann, sowie eine Guideline, die beinhaltet, was ich in Moments-Romanen suche und welche Eigenschaften ein Roman haben muss, damit er ins Moments-Programm passt. Immer wieder gern verweise ich auch auf einen Artikel, den ich vor einigen Jahren für eine Hobby-Schriftsteller-Homepage verfasst habe und der sich mit dem Thema beschäftigt, wie man ein Exposé richtig verfasst, formatiert und wie man sich gegenüber einem Verlag richtig verhält (siehe www.pickwick-club.de/Expose.htm). Außerdem bitte ich darum, zunächst nur ein Exposé einzusenden. Erst nach der Prüfung des Exposés entscheide ich, ob ich ein Manuskript lesen will oder nicht. Das erspart auf beiden Seiten viel Frust und den Autorinnen vor allem auch Geld.

Wer liest bei Moments die eingehenden Manuskripte und entscheidet, welche Manuskripte veröffentlicht werden? Haben Sie externe Gutachterinnen?

WEHR: Die Entscheidung liegt allein bei mir. Das heißt, alle eingehenden Manuskripte und Exposés werden von mir geprüft. Ich habe vor meiner Tätigkeit für

Moments einige Jahre als freie Gutachterin für Liebesromane für den Bertelsmann Club und den CORA-Verlag gearbeitet und weiß daher sehr genau, auf was ich achten muss.

Und worauf achten Sie?

WEHR: Ein Buch, das ins Moments-Programm will, muss meinen Qualitätstest bestehen. Was nicht unbedingt leicht ist, da ich in den vergangenen fünfzehn Jahren über zweitausend Liebesromane gelesen habe. Ich weiß, was die Leserinnen erwarten, weil ich eben selbst auch Leserin bin. Normalerweise entscheide ich eher aus dem Bauch heraus. Ich weiß instinktiv, was ich suche, was sich interessant anhört und wo auch die Umsetzung gut ist.

Wie stehen zurzeit die Chancen für deutschsprachige Liebesroman-Autorinnen, ihre Manuskripte in deutschen Verlagen unterzubringen?

WEHR: Die Chancen sind besser als vor fünf Jahren, so viel ist sicher. Aber die Konkurrenz ist groß und ohne eine Agentur hat man bei den großen Publikumsverlagen eigentlich keine Chance als unveröffentlichte Autorin.

Was unterscheidet einen Liebesroman, der als Heftroman erscheint, von einem Liebesroman bei Moments? Oder anders gefragt: Können sich Heftroman-Autorinnen mit ihren Manuskripten auch an Moments wenden, weil nur die äußere Verpackung eine andere ist?

WEHR: Es ist nicht nur die äußere Verpackung! Ein Heftroman besteht aus maximal 100 bis 150 Normseiten; die Geschichte ist wesentlich einfacher gestrickt und muss in das vorgegebene Schema einer Reihe (beispielsweise eines Adelsromans) passen. Moments veröffentlicht Liebesromane mit einer komplexeren Story. Die Vorgabe an die Autorinnen ist normalerweise eine Mindestseitenzahl je Manuskript von 350 Normseiten, nach oben sind keine Grenzen gesetzt. Und Moments versucht, alle gängigen Liebesroman-Subgenres zu bedienen wie etwa paranormale Liebesromane, die im Heftromansektor nicht zu finden sind.

Wie hoch sind die Auflagen der Moments-Liebesromane?

WEHR: Die Auflagenhöhe liegt momentan bei 4.000 Stück pro Roman, denn Moments ist ja erst gestartet und muss sich beweisen.

Was kann eine Autorin mit einem Liebesroman bei Moments verdienen? Wie viel Prozent vom Nettoladenverkaufspreis erhalten die Autorinnen pro verkauftem Exemplar?

WEHR: Das hängt immer von der Autorin ab und wird individuell verhandelt.

Adresse: Moments Verlag in der HOF DORT HEYNE Verlag GmbH, Markt 20–22, D-50374 Erftstadt-Lechenich, fon: 02235/4658-0, fax: 02235/4658-20, info@moments-verlag.de, www.moments-verlag.de

Weitere Informationen

Agenturen

Dörnersche Verlagsgesellschaft, Sibylle Dörner (siehe S. 256)
Gisela Ilk (siehe S. 261)
Kommapress, Susanne Silbermann-Seiferth (siehe S. 263)
Agentur Raija Wengler (siehe S. 276)
Agentur YELLOW and more, Rosita Wolf (siehe S. 277)

Internetadressen (www. ....:)

die-buecherecke.de – „Die romantische Bücherecke" (Isolde Wehrs Informations- und Diskussionsforum über Liebesromane)
das-buecherregal.de – „Das Bücherregal" (Ute-Christine Geilers Liebesroman-Informationsseite)
liebesromanarchiv.de – „Das Liebesromanarchiv" (größte Sammlung von Liebesromanrezensionen im deutschsprachigen Raum, eine Gemeinschaftsaktion von Isolde Wehr und Ute-Christine Geiler)
http://forum.webmart.de/wmforum.cfm?id=2399671&d=30 – DeLiA-Diskussionsforum zum Themengebiet Liebesroman (auch zu erreichen über www.delia-online.de)

Sonstiges

„Booklover Conference" (www.booklover.de), seit 2003 jährliches Treffen (bisher jeweils im Mai) der Liebesromangemeinschaft mit Lesungen, Workshops, Liebesroman-Preisverleihung und vielen weiteren Veranstaltungen
DeLiA – Vereinigung deutschsprachiger Liebesroman-Autorinnen und -Autoren, www.delia-online.de (siehe S. 619)
DeLiA-Liebesromanpreis (siehe S. 529)
Quo Vadis – Autorenkreis historischer Roman „Quo Vadis", www.akqv.org (siehe S. 617)

Fortsetzung von S. 166

„Upps! Bei euch sieht es aber voll übel aus!" meinte Tanja sofort, nachdem sie sich nur kurz umgeschaut hatte. „Warum helft ihr denn eurer Mutter nicht? Schließlich schreibt sie jede Menge Storys! Das kostet viel Zeit! Meine Mutter ist schon ein richtiger Fan von den Krimis eurer Mama. Mann, das ist doch echt spannend, dass jetzt eine Schriftstellerin hier wohnt!" Tanja redete wie ein Wasserfall. Meine Töchter schauten die Freundin groß an. „Ich mag allerdings mehr die Liebesgeschichten, die eure Mum schreibt", nahm Tanja den Faden wieder auf. „Eure Mutter ist echt cool!" Ihre Stimme klang anerkennend. „Ich an eurer Stelle wäre superstolz auf sie. Und ich würde ihr helfen, wo ich nur kann! Ja, ich würde überhaupt alles tun, damit sie ihre Ruhe hat und schnell berühmt wird."

„Woher willst du denn das alles so genau wissen? Unsere Mama schreibt doch schon lange nicht mehr", hörte ich meine Töchter einstimmig nachhaken.

„Und wie sie schreibt! Ihr Name steht doch laufend unter den Storys. Kathrin Seidenmann! So heißt ja schließlich nicht jede zweite Frau. Außerdem hat sie es meiner Mutter gegenüber zugegeben. Und sie hat ihr auch gesagt, dass sie gern mal einen echt dicken Roman schreiben würde!" Tanjas Stimme klang triumphierend. „Hey, eure Mama ist schon überall bekannt, und ihr habt's noch nicht mal gecheckt?! Mensch, alle Leute aus der Straße bewundern eure Mutter! Und ihr habt wirklich null Ahnung? Das gibt es doch nicht!"

An diesem Nachmittag begannen meine beiden Töchter plötzlich und unerwartet zu putzen! Als Jonas eintraf, wurde er sofort mit dem Hund auf die Straße geschickt, anschließend brachte ihm Tanja das Wäscheaufhängen bei. Ich saß auf meinem Aussichtspunkt und staunte nur! Eine Stunde später kam Ralf, durchschaute die Situation sofort und entführte die ganze Truppe in eine Pizzeria, so dass ich endlich mein Versteck mit vom langen Sitzen ziemlich steifen Gliedmaßen verlassen durfte.

Am nächsten Tag zum Frühstück herrschte eine Zeit lang betretenes Schweigen. Ralf hatte mir berichtet, dass es am Abend zuvor nur ein Thema gegeben hatte: Unser Mama schreibt! Und sie ist sogar berühmt! Endlich platzte es aus Julia heraus: „Jetzt wird alles anders, Mama! Du sollst nicht darauf warten müssen, dass deine Kinder endlich ausziehen, damit du in Ruhe schreiben kannst", erklärte sie, während alle anderen unisono voller Eifer dazu nickten.

Seit diesem Tag habe ich drei Heinzelmännchen: Julia, Jana und Jonas. Mittlerweile ist meine Älteste sogar schon in der Lage, Oberhemden perfekt zu bügeln. Und Jana hat neulich ihren ersten gelungenen Kuchen gebacken. Jonas dagegen hat seine Liebe für die Gartenarbeit entdeckt. Außerdem ist endlich Ruhe bei uns eingezogen. Wir haben eine Übereinkunft getroffen: Bis 16 Uhr herrscht absolute Stille. Erst dann dürfen Tarzan und die

Indianer in Rettungshubschraubern Technomusik hören! Und weil ein ganzes Jahr alles so gut lief, habe ich gestern das Manuskript meines ersten Romans abgeschlossen. Eine heitere Familiengeschichte. Den Titel hätten Sie gern gewusst? Er lautet natürlich: Ruhe! Mama schreibt!

(23.765 Zeichen)

Neue Sirene

Zeitschrift für Literatur

»*Neue Sirene* nennt sich eine nun schon im 10. Jahr erscheinende Literaturzeitschrift aus München. Um trügerische Sirenengesänge handelt es sich [...] jedoch keineswegs. Vielmehr wird hier, weitab vom Mediengedöns um den ›Clash of Civilisation‹, mit sorgfältig ausgewählten Essays, Gedichten und Erzählungen der Dialog der Kulturen fortgesetzt.«
www.literaturkritik.de

Heft 19 / 2004
enthält Lyrik und Prosa von

Rainer Maria Rilke (französisch-deutsch) | Kiki Dimoula (griechisch-deutsch) | Giuseppe Prestia (italienisch-deutsch) | Kiril Kitanov (bulgarisch-deutsch) | Mario Wirz | Eva Kirchner | Ales Rasanau | Mark Heywinkel | Peter Schnetz | Zhang Shuguang (chinesisch-deutsch) | Etgar Keret (aus dem Hebräischen | Giuseppe Napolitano (italienisch-deutsch)

Heft 18 / 2004
enthält Lyrik und Prosa von

Raffaello Baldini (italienisch-deutsch) | Jacques Vandenschrick (französisch-deutsch) | Alexandra Lavizzari | Elsbeth Gut Bozzetti | Helga Gruschka | Manfred Winkler | André Steiner | Gabriele Holst | Safiye Can | Philip Rosenau (hebräisch-deutsch) | Asita Ghahreman (persisch-deutsch)

Die *Neue Sirene* ist über die Redaktionsadresse (Bettina Hohoff, Pasinger Heuweg 82, 80999 München, Deutschland, Email: redaktion@neuesirene.de, Fax 089/355117) sowie über den Buchhandel zu beziehen. Einzelheft: EUR 12,- / CHF 18,- / USD 12,-Abonnement (4 Hefte) EUR 43,- / CHF 62,- / USD 46,-. ISSN 0945-9995. Besuchen Sie uns auch im Internet:

http://www.neuesirene.de oder http://www.neuesirene.com

4

Zeitschriften und Zeitungen

Zeitschriften und Zeitungen

Vom Blattmachen – ein virtuelles Weißwurstfrühstück

Bochum, Berlin, Söhlde und München – warum sich nicht im virtuellen Raum treffen, um ganz real über Literaturzeitschriften zu reden? Über die Freuden und Leiden des Blattmachens, über die Konkurrenz, über Autorinnen und Autoren, Träume und Alpträume, Wünsche und Ziele? Und das bei einem zünftigen Weißwurstfrühstück mit leckeren Laugenbrezen und süffigem Weißbier? Sandra Uschtrin, München, hat die Bochumer Frank Schorneck und Petra Vesper von der Zeitschrift *Macondo* sowie Kathrin Lange, Söhlde, und Titus Müller, Berlin, von der *Federwelt* zu Tisch gebeten. Es ist angerichtet!

Federwelt, Zeitschrift für Autorinnen und Autoren, Herausgeberin bis Ende 2004: Kathrin Lange, D-31185 Söhlde, verlag@federwelt.de, www.federwelt.de
Gegründet 1998; Profil: Interviews, praktische Artikel, Informationen zu Ausschreibungen und Stipendien, Rezensionen von Literaturzeitschriften und Autorenratgebern; außerdem neue Kurzprosa und Gedichte ohne Themenvorgabe; Auflage: 1.500 Exemplare; erscheint zweimonatlich; Format: 170 mm (B) x 240 mm (H); ca. 50 Seiten; Preis pro Heft: 3 €; Abo (6 Ausgaben): 19,50 € inkl. Versandkosten.

Macondo, Die Lust am Lesen, Frank Schorneck u. Petra Vesper, Verlag im Laerfeld, Laerfeldstr. 35, D-44803 Bochum, fon: 0234/361486, fax: 0234/361477, macondoliteratur@aol.com, www.Die-Lust-am-Lesen.de
Gegründet: 1998; Profil: Magazin für Literatur und Fotografie, Literatur jeder Art (Kurzprosa, Romanauszüge, Lyrik u.a.) und s/w-Fotos; Themenhefte (!); Auflage: 3.000 Exemplare; erscheint halbjährlich (Juni und Dezember); Format: 210 mm (B) x 297 mm (H); mindestens 100 Seiten; Preis pro Heft: 7,50 €; Jahresabo (2 Ausgaben): 12 € inkl. Versandkosten.

Kathrin Lange: Ich muss gestehen, ich habe noch nie Weißwürste gegessen. Stimmt es, dass man sie aus der Pelle zuzeln muss?
Petra Vesper: Frank hat sie vor einigen Jahren durch einen Arbeitskollegen kennen gelernt und ich durch Frank. Ich war sofort völlig begeistert. Die hätte ich mir nie so lecker vorgestellt. Bei uns erfahren sie meistens einen beherzten Längsschnitt, dann lasse ich ihnen die Pelle abziehen – für solche Tätigkeiten gibt's ja Männer. Es geht aber auch hier im Ruhrpott nach wie vor das Gerücht um, man sauge die Füllung aus der Pelle raus. Nix für mich ...
Sandra Uschtrin: Sind Sie und Frank auch im täglichen Leben zusammen?
Petra Vesper: Wir werden das andauernd gefragt: Ja, Frank und ich sind ein Paar und waren das schon fünf oder sechs Jahre lang, als wir mit *Macondo* begonnen haben.

Gründerzeiten

Frank Schorneck: Schon die „Essener Literatur Flugblätter" haben wir gemeinsam gemacht. Wir waren damals beide Mitglied in der Essener „Initiative junger AutorInnen" (IjA). Als sich dieser Autorenverein dann 1998 auflöste – in dem Jahr wurde leider auch das ambitionierte Projekt „foglio" eingestellt, an dem ich eine ganze Weile mitgewirkt hatte –, begannen wir mit dem Gedanken zu spielen, ein eigenes Magazin herauszugeben.

Petra Vesper: Wir wussten damals, dass wir in der Lage sind, ein Literaturmagazin zusammenzustellen, das nicht nur inhaltlich, sondern auch von seiner Gestaltung überzeugen kann. Dieses Know-how wollten wir nutzen, um ein Heft zu machen, wie wir es selber gerne lesen würden. Wir wollten etwas „Eigenes", keine Kompromisse, uns von niemandem reinreden lassen. Denn wenn schon unsere Arbeit drinsteckt, wollten wir dafür auch gemeinsam geradestehen – und natürlich die Lorbeeren einheimsen.

Titus Müller: Diese Erfahrung schon zu Beginn hatte ich nicht. Ich war zwanzig, als ich die *Federwelt* gegründet habe, ein Vielleser, aber Anfänger, was das Schreiben angeht. Man könnte sagen: Ich war wie einer, der Klavierstunden bekommt und vor lauter Begeisterung eine Musikschule gründet. Ich dachte damals, ich würde etwas Neues erfinden. Dass es Literaturzeitschriften gibt, wusste ich, und ich kannte einige, aber sie waren mir zu elitär. Ich war der Meinung, die *Federwelt* würde einzigartig sein, weil sie nicht auf den Namen und den Bekanntheitsgrad der Publizierenden achtete, sondern nur auf die Textqualität. Im Laufe der Jahre erst habe ich gemerkt, dass meine Idee überhaupt nicht neu war.

Sandra Uschtrin: Bei aller Euphorie, die sich einstellt, wenn man etwas Neues anfängt – hatten Sie gar keine Zweifel, ob das wohl klappen könnte?

Titus Müller: Oh doch! Meine Sorge war, dass es bei der ersten Ausgabe bleiben würde, weil niemand sie lesen will. Ich erinnere mich, dass ich gezögert habe, sie überhaupt mit der Ziffer „1" zu bezeichnen, weil das ja impliziert, irgendwann würde die „2" folgen, und dessen war ich mir gar nicht so sicher.

Petra Vesper: Das war auch meine Befürchtung, dass niemand „Franks und Petras lustiges Literaturmagazin" lesen und kaufen würde. Dass wir uns mit unserem Projekt vollkommen verrennen würden und eine Sache auf die Beine stellen würden, die zwar wir beide ganz toll fänden, aber sonst auch niemand. Im Klartext: Eine komplette Bauchlandung. Der große Vorteil unserer Situation ist aber, dass keiner von uns auf *Macondo* angewiesen ist. Wir finanzieren nicht unseren Lebensunterhalt mit diesem Magazin, sondern haben beide „Brotberufe", durch die das Geld ins Haus kommt. *Macondo* ist ein reines Hobby – ein Luxus, den wir uns leisten. Unsere Existenz hängt nicht daran.

Brötchen verdienen

Kathrin Lange: Das ist bei mir ein kleines bißchen anders. Ich bin freiberufliche Mediengestalterin, helfe also Verlagen bei der technischen Abwicklung des Büchermachens und habe eine eigene Satzfirma. Über die technische Seite bin ich 2000 bei der *Federwelt* eingestiegen, die ich dann 2001 übernommen habe. Jede Stunde, die ich nicht in meine Firma investiere, sondern in die *Federwelt*, bedeutet leider am Ende des Monats weniger Geld im Portemonnaie für die Brötchen. Das ist es mir aber wert.

Sandra Uschtrin: Apropos Brötchen. Bitte vergessen Sie nicht die Laugenbrezen! Die Weißwürste sind übrigens voll ökologisch und wirklich lecker! Titus, Sie können getrost zulangen! Aber zurück zum Geld. Inwiefern spielt das Geld beim Literaturzeitschriftenmachen eine Rolle?

Kathrin Lange: Ohne Geld würde unsere Druckerei kein einziges Heft drucken. Nein, aber im Ernst, es ist doch so, dass immer wieder dutzende Projekte aus der Taufe gehoben werden, bei denen die Macher am Anfang mit viel Begeisterung und Idealismus zur Sache gehen. Aber fast genauso viele dieser Projekte schlafen dann wieder ein, weil irgendwann der Idealismus versiegt und durch nichts Reales ersetzt wurde. Meiner Meinung nach halten sich nur Zeitschriften und Verlage langfristig am Markt, bei denen zumindest nicht zugebuttert werden muss.

Frank Schorneck: Wir haben unser erstes Heft mit einem Kredit und im Laufe der Jahre mit weiteren privaten Einlagen finanziert. Wenn man zu einem akzeptablen Verkaufspreis ein ansprechend gestaltetes Heft bieten und nicht im Copyshop ein paar Zettel zusammenheften will, dann wäre ein gewisses finanzielles Polster schon von Vorteil. Das ist eigentlich der einzige Punkt, an dem ich die Vereinsstruktur vermisse. Als gemeinnütziger Verein kommt man viel leichter an Gelder.

Titus Müller: Bei der *Federwelt* war Gründungskapital nicht nötig, wir haben ja die ersten Ausgaben nur kopiert und geheftet. Die *Federwelt* war anfangs eine One-Man-Show. Ich wollte darin einfach die Texte junger Autoren versammeln und sie einer Leserschaft präsentieren. Dann hörte ich, dass der Bundesverband junger Autorinnen und Autoren jemanden sucht, der seine Vereinszeitschrift „Die Schublade" betreut. Wie wäre es, dachte ich, wenn man die *Federwelt* und die Vereinszeitschrift zusammenlegt? Also habe ich angefragt, und man war einverstanden. Von da an hat sich der Charakter der *Federwelt* immer mehr gewandelt hin zur Fachzeitschrift für werdende Autoren. Auf einen Schlag waren mehr als die Hälfte der Abonnenten nicht mehr nur Leser, sondern am Schreiben interessiert.

Konzepte: Rat und Tat – Lust am Lesen

Kathrin Lange: Unser Hauptaugenmerk liegt auf sachlicher Information. Ungefähr zwei Drittel des Heftes bestehen aus Artikeln, Interviews und Informationen rund um das Thema „Schreiben und Veröffentlichen". Dabei legen wir Wert auf die Sichtweise, dass Schreiben ein erlernbares Handwerk ist. Natürlich gehört ein Körnchen Talent zu jeder gelungenen Erzählung, zu jedem guten Gedicht dazu, aber Talent allein reicht eben nicht. Wir versuchen, unseren Lesern zu zeigen, was darüber hinaus wichtig ist. Das restliche Drittel eines Heftes besteht aus Prosatexten und Lyrik von mehr oder weniger „jungen" Autoren, wobei wir das Wort „jung" immer im Sinne von „noch relativ unerfahren im Veröffentlichen" verstanden haben wollen.

Frank Schorneck: Macondo bedient eine ganz andere Zielgruppe. Wir möchten ein Magazin machen, das wir selbst kaufen und mit Freude lesen würden. Wir möchten, wie es ja auch unser Untertitel sagt, die Lust am Lesen wecken ...

Petra Vesper: ... und das auf zweierlei Arten: Zum einen wollen wir Lust machen auf literarische Neu-Entdeckungen, indem wir Texte noch „junger" und „unbekannter" Autoren – wobei beide Adjektive durchaus dehnbar sind – veröffentlichen; zum anderen wollen wir durch den umfangreichen Rezensionsteil die Lust am Bücherlesen schüren, indem wir einen Pfad durch den Dschungel der Neuerscheinungen schlagen. Und *Macondo* sollte vor allem von Anfang an ein Literaturmagazin sein, das Lust darauf macht, es in die Hand zu nehmen, darin zu blättern, darin einzutauchen, bevor man wirklich jeden Text liest. Deshalb war für uns immer klar, dass wir Text und Fotografie kombinieren, und die für mich immer noch faszinierendste Form der Fotografie ist die Schwarz-Weiß-Fotografie. Unsere Optik fällt in einer Zeit, in der alles immer bunter wird, stärker auf – ist Anachronismus und Bekenntnis zum Purismus. Jedes *Macondo*-Heft widmet sich außerdem einem Thema, unsere Ausschreibungen zu diesem Thema richten sich immer sowohl an Autoren als auch explizit an Fotografen. Das Thema ist stets so gewählt, dass es möglichst viele Spielräume gibt, ohne einzuengen. Es ist immer wieder – gerade auch für uns – spannend, wie verschieden unsere Themen interpretiert werden.

Konkurrentinnen und Kolleginnen

Sandra Uschtrin: Zwischen der *Federwelt* und *Macondo* gibt es demnach keine Konkurrenz. Ist Konkurrenz auch sonst kein Thema für Sie?

Titus Müller: In meinen vier *Federwelt*-Jahren hatte ich nie das Gefühl, dass die Zeitschrift von einem anderen Projekt als Konkurrent angesehen wird. Natürlich schaut man, wie es die anderen machen, und versucht, dazuzulernen. Wenn jemand erfolgreich ist, freut sich die ganze Umgebung mit. Niemand gibt eine Literaturzeitschrift heraus, um Geld zu verdienen. Es geht um die Literatur, und die „Szene" ist da so etwas wie eine große Familie. Man begegnet immer wieder den gleichen Leuten, man tauscht sich aus, rezensiert sich gegenseitig, empfiehlt sich gegenseitig weiter. Wenn sich zwei Hundebesitzer treffen, sagen sie auch nicht: „Meiner ist größer als deiner!" Sie sagen: „Das ist aber ein schönes Tier." Und sind sofort im Gespräch, weil sie das Interesse an Hunden teilen.

Kathrin Lange: Ich sehe das ähnlich. Und genau wie Titus bin ich eher der Networking-Typ.

Frank Schorneck: Die Literaturzeitschriftenlandschaft im deutschsprachigen Raum ist recht unübersichtlich. Es gibt zahlreiche Magazine, von denen man nur durch Zufall hört, selbst wenn man sich so eingehend mit dem Thema befasst wie wir. Ich glaube, dass wir auf einer Ebene arbeiten, in der die „Konkurrenz" eher befruchtet als hindert. Ich sehe die meisten anderen Zeitschriftenmacher daher als Kollegen und freue mich, wenn ich wieder ein Heft entdecke, das mir Freude bereitet. Besonders gut von Inhalt und Gestaltung her gefallen mir „edit" und „bella triste". Die größte Konkurrenz sehe ich in Sigrid Löfflers „Literaturen". Auf dieses auflagenstarke Massenblatt haben sich – verständlicherweise – die Anzeigenabteilungen der Verlage konzentriert, wenn es darum geht, Neuerscheinungen zu bewerben. Für dieses Hochglanzblatt, das zu fast einem Drittel aus Werbung besteht, zahlen die Leser im Zeitschriftenhandel anstandslos 7,50 Euro, wohingegen bei Kleinpublikationen wie *Macondo* ohne Scham nach „kostenlosen Probe-exemplaren" gefragt wird.

Petra Vesper: Konkurrenz sind für uns auch diese Umsonst-Hefte, die es in den Buchhandlungen gibt. Für Otto-Normal-Leser – und die sind durchaus auch unse-re Zielgruppe – reichen solche Hefte oft schon aus, um sich über Bücher-Neu-erscheinungen zu „informieren". Dass sie dabei reine Werbung konsumieren, bekommen die meisten gar nicht mit.

Neue Wege gehen

Sandra Uschtrin: Macondo erscheint seit einiger Zeit auch im Bahnhofsbuchhandel. Welche Überlegungen stecken dahinter?

Frank Schorneck: Wir sind in grenzenlosem Leichtsinn sofort mit einer Auflage von 3000 Stück gestartet – die sich aber leider ohne einen professionellen Vertrieb nicht so verkaufte wie erhofft. Der Schritt in den Bahnhofsbuchhandel war entscheidend, um den Erfolg voranzutreiben. Lange Zeit haben wir diese Maßnahme gescheut, da die Rabatt-Konditionen gerade im Zeitschriftenbereich extrem schlecht sind. Außerdem tat uns weh – und das tut es uns immer noch –, dass Hefte, die nicht verkauft werden, im Altpapier landen wie eine abgelaufene Fernsehzeitschrift. Wir haben aber durch diesen Schritt auf einen Schlag mehre-re hundert neue Leserinnen und Leser gewinnen können, die wir sonst womög-lich nie erreicht hätten – und nicht wenige haben sich dann auch zum Abo durch-gerungen. Ich denke, es gibt weitaus mehr als dreitausend Menschen im deutsch-sprachigen Raum, die *Macondo* kaufen und lesen würden – sie kennen das Heft bloß nicht, und daran müssen wir arbeiten. Dann kann ich mir auch eine Steigerung der Auflage vorstellen.

Petra Vesper: Im Bahnhofsbuchhandel ist *Macondo* jetzt gut präsent. Ein großes Manko ist immer noch, dass wir kaum in Buchhandlungen vorrätig sind. Am Anfang haben wir geglaubt, die Buchhändler würden uns *Macondo* nur so aus den Händen reißen. Das war ein Irrtum. Ohne persönliche Kontakte passiert da nichts. Aber wo die Kontakte stimmen und die Buchhändler engagiert sind, wird auch *Macondo* gut verkauft.

Sandra Uschtrin: Auch bei der *Federwelt* hat es im Laufe der Zeit Verän-derungen gegeben, allerdings nicht beim Vertrieb, sondern auf personeller Ebene. Sie, Titus, haben nach vier Jahren das Zepter aus der Hand gelegt, weil Sie Romane schreiben wollten. Herausgeberin sind seither Sie, Kathrin. Wie gestaltete sich die Übernahme?

Kathrin Lange: Ich weiß zwar nicht mehr, wann genau und wie ich die *Federwelt* kennen gelernt habe. Irgendwie kommt es mir vor, als sei sie schon ewig Teil meines Lebens. Aber an den Tag der Übernahme kann ich mich dafür umso besser erinnern. Es war am 9. Dezember 2001, da fuhr nämlich Titus mit einem gemieteten Auto bei mir vor, und wir haben den gesamten *Federwelt* Verlag aus-gepackt und in meinem Keller verstaut. Im Großen und Ganzen ging die Über-nahme erstaunlich reibungslos, weil Titus mir immer mit Rat und Tat zur Seite stand. Ich konnte ihn jederzeit anrufen. Schwierigkeiten gab es eher im techni-schen Bereich: Die Übernahme der vorhandenen Adressdaten habe ich als sehr kompliziert und nervenaufreibend empfunden, und die ersten Aussendungen, die ich allein zu verantworten hatte, waren ziemlich aufregend.

Sandra Uschtrin: Wie viele Menschen arbeiten derzeit an jedem Heft mit, die AutorInnen nicht eingerechnet?

Kathrin Lange: Das Redaktionsteam besteht aus sechs bis sieben Leuten, und das hat sich seit einigen Jahren nicht geändert. Zwar sind neue Kollegen dazugekommen, aber dafür scheiden auch ab und an manche aus privaten Gründen aus.

Zuständigkeiten und Zeitaufwand

Sandra Uschtrin: Wer sucht die Texte aus? Ein Gremium oder eine speziell dafür zuständige Person?

Kathrin Lange: Wir haben für Prosa und Lyrik je einen Redakteur und eine Redakteurin, die die Texte auswählen. Aus der Redaktionsleitung habe ich mich Anfang 2004 zurückgezogen. Das macht jetzt Bjørn Jagnow. Er stellt also den Inhalt der Hefte zusammen, kümmert sich um die Fachtexte, redigiert, akquiriert und sorgt dafür, dass am Ende eine gelungene Mischung zustande kommt. Ich habe lange damit gerungen, ob ich mich aus der Redaktionsarbeit wirklich zurückziehen will, denn ich habe diese Arbeit immer gerne gemacht. Aber zum einen gab es da ein gesundheitliches Problem, das durch die permanente Überlastung nicht gerade besser wurde. Und zum anderen musste ich feststellen, dass zwei andere Dinge zu kurz kamen: meine Familie und meine eigenen Bücher.

Sandra Uschtrin: Können Sie sagen, wie viel Zeit Sie pro Ausgabe in etwa investieren?

Kathrin Lange: Zwei bis drei Stunden pro Tag kommen schnell zusammen. Das weiß ich so genau, weil meine andere Arbeit mich zwingt, über jede Viertelstunde Buch zu führen.

Sandra Uschtrin: Und Sie, Titus? Wie war das damals bei Ihnen?

Titus Müller: Ehrlich, ich weiß es nicht mehr. Darüber habe ich nicht nachgedacht. Kein Aquarianer zählt die Stunden, die er mit der Pflege seiner Fische zubringt. Er schaut sich stattdessen lieber an, wie sie im Becken ihre Runden drehen, und freut sich daran.

Frank Schorneck: Weil wir die Arbeit in erster Linie abends und an Wochenenden erledigen – Petra arbeitet tagsüber als Lokaljournalistin, ich in der Öffentlichkeitsarbeit des Museums Bochum –, kann man das nicht so leicht messen. Nach Möglichkeit lesen wir Texte schon bei ihrem Eintreffen, das sind dann mal hier zehn Minuten, da eine halbe Stunde. Was meinst du, Petra?

Petra Vesper: Puuh – keine Ahnung! Ehrlich! Textauswahl, Layout, Rezensionen schreiben, inzwischen ja auch die gesamte Gestaltung, Korrekturlesen – da kommen etliche Stunden zusammen. In der Endphase sind das mehrere durchgemachte Nächte hintereinander. Aber es kommt ja auch so viel Kleinzeugs dazu, das sich summiert. Jemand, der das noch nie gemacht hat, hat überhaupt keine Ahnung, was es bedeutet, mehrere hundert Hefte einzutüten, mit Adressaufklebern und Briefmarken zu versehen und zur Post zu bringen. Allein, was dafür an Zeit drauf geht ...

Sandra Uschtrin: Gibt es zwischen Ihnen eine Art Arbeitsteilung, feste „Zuständigkeiten"?

Frank Schorneck: Nein. Wir ergänzen uns sehr gut, sowohl was den Literaturgeschmack als auch die Vorstellungen vom Blattmachen angeht. Wir lesen grundsätzlich beide die Einsendungen und wählen nur Texte aus, die von beiden für gut befunden wurden. Interessanterweise ist das bei Prosa weitaus einfacher als bei Lyrik. Bei Gedichteinsendungen kommt es schon in der Regel zu Diskussionen. Björn Kuhligk ist eigentlich der einzige Lyriker, den wir beide mit gleichem Enthusiasmus im Heft haben wollten.

Petra Vesper: Auch das Layout überlegen wir uns gemeinsam: Welche Bilder kommen rein? Welche Texte und welche Bilder passen zusammen? Wie kann man einzelne Seiten gestalten? Frank ist aber derjenige, der insgesamt viel mehr Zeit in *Macondo* und den Verlag investiert als ich, ist derjenige, der sich um die nervenaufreibende Buchhaltung kümmert, und vielfach die Korrespondenz und die Telefonate mit den Autoren erledigt. Ich dagegen bin die, die sich um gestalterische Fragen und technische Dinge beim Layout kümmert: Fotos scannen, Bildbearbeitung – eben dieser „Frickelkram"... Was bei uns definitiv zu kurz kommt, sind kaufmännische Aspekte: eine vernünftige Buchführung, Anzeigenakquise, Werbung, Beschaffung von Fördergeldern etc. *Macondo* ist also ein Zwei-Personen-Projekt und damit ein sehr persönliches Magazin, was von unseren Lesern auch geschätzt wird. Darüber hinaus gibt es noch eine gewisse Zahl von Leuten, die Rezensionen beisteuern. Die Zahl schwankt, steigt aber seit Beginn stetig an, was uns freut. Wobei wir, ehrlich gesagt, am Anfang noch eher bereit waren, Kompromisse einzugehen, was die Qualität der Rezensionen anderer betrifft. Heute ist der Pool so groß, dass wir wirklich die besten auswählen können. Auch die Zahl der Fotografen, die uns ihre Arbeiten anvertrauen, wächst kontinuierlich.

Honorare: Gewinn- und Verlustrechnung

Sandra Uschtrin: Können Sie diesen MitarbeiterInnen Honorare zahlen? Und wenn nicht, welchen „Gewinn" ziehen sie Ihrer Meinung nach aus ihrer Mitarbeit?

Petra Vesper: Macondo ist für uns ein reines Hobby- und Zuschussprojekt, und deshalb können wir weder Autoren noch Fotografen oder Rezensenten Honorare zahlen. Als wir mit *Macondo* begonnen haben, hatten wir ehrlich gehofft, dass wir so ab der dritten Ausgabe in der Lage sein würden, Honorare zu zahlen. Wir waren da wohl etwas blauäugig ... Jeder, der etwas zu *Macondo* beisteuert, tut das, weil er Spaß an dem Heft hat, weil er stolz auf das Heft ist und sich damit identifizieren kann. Viele Leute – zum Beispiel unser früherer Layouter Michael Ulle, der das Grundgerüst entworfen hat, oder Fotografen, die eigens für *Macondo* zu bestimmten Themen arbeiten – investieren oder investierten sehr viel Zeit und Arbeitskraft in das Projekt. Ganz einfach weil *Macondo* eine Sache ist, hinter der sie stehen können. Auch wissen Autoren und Fotografen inzwischen, dass *Macondo* ein ziemlich hochwertiger Rahmen für ihre Arbeiten ist: kein kopiertes Schmuddelblättchen, sondern ein Magazin, das „vorzeigbar" ist – auch und vor allem Verlagen gegenüber.

Frank Schorneck: Ich denke, viele arbeiten auch aus Freundschaft zu uns an *Macondo* mit. Außerdem bietet sich die Möglichkeit, in einem mittlerweile renommierten Magazin Literaturkritiken zu veröffentlichen, das auch in den Verlagen bekannt ist. Da kann der „Gewinn" schon das kostenlose Rezensionsexemplar sein. Wir versuchen, mit dem liebevoll gestalteten Heft einen Gegenwert zu bieten, was in der Regel auch so gesehen wird.

Kathrin Lange: Die festen Redaktionsmitglieder der *Federwelt* bekommen für ihre Arbeit Geld ...

Titus Müller: ... was allerdings mehr als symbolisches Honorar zu sehen ist, das ihnen sagen soll, dass ihre Arbeit geschätzt wird. Man darf sich da nicht den Stundenlohn ausrechnen. Es ist ein Vergnügen, mit und für Literatur zu arbeiten. Und nebenher ergeben sich natürlich Kontakte und berufliche Entwicklungsmöglichkeiten.

Sandra Uschtrin: Wenn zu Ihnen ein Autor sagen würde: „Literaturzeitschriften? Wozu soll ich da was hinschicken, die zahlen doch nicht einmal ein Honorar?", was würden Sie ihm entgegnen?

Kathrin Lange: Literaturzeitschriften bieten unbekannten Autoren ein Forum, in dem sie erste Texte veröffentlichen und Erfahrungen mit dem Veröffentlichen sammeln können. Das sollte man den Machern zugute halten und nicht darüber wettern, dass sie keine Honorare bezahlen können. Wie sehen Sie das, Frank und Petra?

Frank Schorneck: Ich würde diesem Autor sagen: richtig so! Das ist mir allemal lieber, als die Autoren, die vor lauter Veröffentlichungsgeilheit ihre Texte lawinenartig und ohne Kenntnis der Zeitschrift an alle und jeden schicken. Andererseits sollte man sich als junger Autor einen Überblick über die Zeitschriftenszene verschaffen. Es gibt da durchaus einige, die auch gerne von Verlagslektoren gelesen werden. Wenn mir ein Heft gefällt und ich mit Stolz in meiner Biographie darauf verweisen könnte, dann würde ich auch ohne Honorar Texte anbieten.

Petra Vesper: So gut wie niemand wird „einfach so" bei einem renommierten Verlag veröffentlicht. *Macondo* wird in den Lektoraten und auch von Literaturagenten sehr aufmerksam gelesen. Und das gilt auch für andere ambitionierte Literaturmagazine. Autoren, die dort häufig positiv auffallen, bleiben Lektoren im Gedächtnis haften – Literaturzeitschriften sind also Spielwiese, aber auch eine Möglichkeit zum „Schaulaufen" für junge Autoren. Wenn wir – wie auch immer – allerdings dahin kämen, gute Texte auch adäquat zu honorieren, fände ich persönlich das noch viel besser. So könnte eine professionelle Literaturszene jenseits der Verlagshäuser entstehen, Off-Suhrkamp sozusagen, und das Niveau wäre enorm.

Kostbare Erfahrungen

Sandra Uschtrin: Ich empfehle den Autorinnen und Autoren in meinen Seminaren, nicht nur ihre Texte, sondern auch ihre Arbeitskraft einer Literaturzeitschrift ihrer Wahl anzubieten. Sie bekämen so einen besseren Eindruck von ihren schreibenden KollegInnen, lernten sich und ihre Texte besser einzuschätzen und auch einmal die Gegenseite kennen. – Möchte noch jemand eine Weißwurst? Titus, reichen Sie mir bitte den süßen Senf?

Titus Müller: Sicher, man gewinnt kostbare Erfahrungen hinzu. Als Schauspieler würde ich darauf bestehen, auch einmal durch die Kamera blicken zu dürfen.

Petra Vesper: Ich empfehle jungen Autoren in erster Linie einmal zu lesen – und nicht nur die eigenen Texte. Literaturzeitschriften bieten auf kleinstem Raum eine Fülle von Texten und Stilen – das ist gut, um den eigenen Horizont zu erweitern, Maßstäbe zu entwickeln. Die Mitarbeit bei einer Literaturzeitschrift finde ich dagegen gar nicht mal so wichtig – ich glaube fast, dass es eher ein Problem sein könnte, wenn die Herausgeber selber schreiben. Entsteht da nicht eine unbewusste Konkurrenz? Will man nicht seine eigenen Sachen gerne veröffentlicht sehen? Eine gut funktionierende Schreibgruppe, wo Textkritik und Textarbeit betrieben wird, ist meiner Meinung nach sinnvoller.

Titus Müller: Mich hat das Zeitschriftenmachen in meiner Arbeit als Schriftsteller enorm weitergebracht. Wenn ich alles aufzähle, was ich dabei gelernt habe, schlafen Sie mir ein, bevor ich zur Hälfte damit fertig bin. Nur zwei Beispiele: Ich habe gelernt, dass ich mit einem guten Text nicht um Veröffentlichung betteln muss, sondern im Gegenteil: dass sich Lektoren und Redakteure über gute Texte freuen. Auch heute. Auch bei einem Stapel von hundert unaufgefordert eingesandten Manuskripten auf dem Schreibtisch. In den Verlagen und in den Zeitschriftenredaktionen ist man auf der Suche nach gutem Material! Deswegen sagt kein Verlag: Schickt uns nichts mehr. Man hat Angst, den gesuchten, herbeigesehnten Text zu verpassen. Und ich habe gelernt, mich über Kritik zu freuen. Da macht sich jemand die Mühe und hilft mir, es das nächste Mal besser hinzubekommen! Ich bin jemand geworden, der gern dazulernt und selbstsicher genug ist, die Kritik auf den Text zu beziehen und nicht auf sich als Person. Gerade erst in diesen Tagen wieder ist aus einem Artikelangebot, das abgelehnt wurde, eine Veröffentlichung geworden, weil ich dem Redakteur bei seiner Kritik gut zugehört habe: Was wünscht er sich? Warum kommt der Text in dieser Form für diese Zeitschrift nicht in Frage? Ich habe den Artikel überarbeitet, er hat ihn angenommen, und inzwischen habe ich von ihm Aufträge für drei weitere Artikel. Ohne die *Federwelt* und die Erfahrungen aus dieser Zeit hätte ich bei der ersten Absage kapituliert.

Frusterlebnisse beim Blattmachen

Sandra Uschtrin: Titus, Sie sagten vorhin, es sei ein Vergnügen, mit und für Literatur zu arbeiten. Ich finde, es ist nicht immer ein Vergnügen. Mahnungen an Leute, oft auch an Buchhandlungen zu schreiben, die das Handbuch bestellt haben, dann aber nicht bezahlen, finde ich zum Beispiel ganz und gar nicht vergnüglich.

Kathrin Lange: Ja, manchmal zweite oder sogar dritte Mahnungen schreiben zu müssen für Rechnungen, auf denen vielleicht nur ein oder zwei Hefte stehen, das treibt mich auch auf die Palme. Da stehen dann Aufwand und Ergebnis in keinem Verhältnis.

Petra Vesper: Frusterlebnisse gibt es bei uns natürlich auch. Ein Beispiel: Wir schicken jedes Mal zum Erscheinen des neuen Heftes eine Sammel-Mail an alle Autoren, die uns einen Text eingereicht haben, die aber nicht ins Heft gekommen sind. Wir sagen, dass es diesmal leider nicht geklappt habe, weisen auf das neue Heft hin, packen den nächsten Aufruf mit dazu, sagen, dass wir uns auch weiter über Einsendungen freuen würden und machen das Angebot, das Magazin bei uns zu bestellen, falls man neugierig geworden sei. Einmal kam darauf eine entrüstete

Antwort eines Autors: Wie unmöglich das doch sei, dass wir ja nur Werbung achten und was verkaufen wollten, dass wir ihm *Macondo* aufnötigen wollten ... Ich dachte echt – jau, jetzt hackt's! Selbst wenn der Mann einen nobelpreisverdächtigen Text bei uns ablieferte, der käme garantiert nicht ins Blatt – in solchen Fällen habe ich ein Gedächtnis wie ein Elefant ...

AutorInnen, von denen man träumt

Sandra Uschtrin: Bleiben wir bei den negativen Dingen. Welche AutorInnen inspirieren Sie zu Alpträumen?

Frank Schorneck: Alpträume – das ist vielleicht ein wenig zu heftig. Aber es ist manchmal schon erschreckend, wenn selbst ernannte „Autoren" nicht einmal die Grundsätze von Rechtschreibung und Grammatik beherrschen. Da mussten wir schon Schlimmes erleben. Und da gibt es einen, der stets telefonisch nachfragt, warum seine Texte nicht ins Heft aufgenommen wurden, wo er sie doch extra zum Thema geschrieben hat ...

Petra Vesper: Mich ärgern Autoren, die die Vorgabe, maximal fünf Texte einzureichen, ignorieren, und gleich einen ganzen Stapel schicken. Für mich ist das ein Zeichen, dass sie nicht in der Lage sind, ihre Texte kritisch zu analysieren und auf ihre Tauglichkeit für das Thema zu überprüfen. Oder Autoren, die zu ihrem Text oder ihren Texten erst einmal drei Seiten schreiben, in denen sie erklären, worum es darin geht. Danke, das kann ich noch alleine! Aber es gibt auch das Gegenteil: Einsendungen, die ohne irgendein Anschreiben ins Haus flattern, was ich wiederum völlig unhöflich finde. Ich käme nie auf die Idee, so etwas zu tun.

Kathrin Lange: Mein Alptraum sieht so aus: Das Telefon klingelt. Autorin xx ist am Telefon, wieder mal! Nachdem ich fünf Minuten geduldig zugehört habe, bei welchen Wettbewerben sie überall mitgemacht hat und dann höflich nachfrage, womit ich ihr denn helfen kann, kommt sie auf den Punkt: „Ich habe neulich bei dem Haiku-Wettbewerb mitgemacht, den ihr ausgeschrieben hattet. Und jetzt hat mir der Verlag meine Gedichte zurückgeschickt. Ich les' mal vor, was die geschrieben haben, ja? ,Leider konnten wir Ihre Gedichte nicht in unsere Anthologie aufnehmen, weil Sie die formalen Bedingungen nicht eingehalten haben. Ihre Gedichte enthalten nicht die für ein Haiku verlangte Silbenanzahl.' Haben die geschrieben. Und da dachte ich mir, ich frag' einfach mal nach: Was ist eine Silbe?" Ende der Story. Und das ist übrigens nicht ausgedacht.

Sandra Uschtrin: Oh je! Darauf einen Schluck Weißbier! Und Ihre Traumautorin?

Kathrin Lange: Abgesehen davon, dass sie schreiben kann wie eine Mischung aus Hemingway und Raymond Chandler? Meine Traumautorin macht sich Gedanken darüber, wie sie uns die Arbeit erleichtern kann, sprich, sie sucht aus ihrem gesamten Textmaterial zwei, drei repräsentative Sachen aus und schickt sie uns (als rtf-Datei!), statt die gesamte Schublade auf die Diskette zu speichern und zu hoffen, dass wir uns durch dreihundert Seiten ackern und das Beste rauspicken. Und sie hat sich vorher die Mühe gemacht, sich mit den von uns vorgegebenen Zeichenbegrenzungen zu befassen und begriffen, dass wir Texte, die länger als 6.000 Zeichen sind, nicht abdrucken können.

Petra Vesper: Ich träume von einem Autor, der schreiben kann wie Márquez, eine Stimme hat und lesen kann wie Raoul Schrott und der aussieht wie John Irving ... Ist das jetzt zu viel verlangt? Ansonsten: Ruft er nicht mehrmals während der Einsendefrist an und fragt nach, ob wir den Text schon gelesen haben und ob er ins Heft kommt; wohnt er nicht in Neuseeland und schickt uns Texte in einem Umschlag ohne Absender, Mailadresse und Telefonnummer; hat er die erste Veröffentlichung seines literarischen Lebens bei uns, die nächsten vier auch noch – und dann einen Vertrag bei Suhrkamp in der Tasche ...

Frank Schorneck: Mein Traumautor bestellt hundert Exemplare zum Autorenrabatt! – Nee, im Ernst: Am liebsten sind uns Autoren, die uns ein Feedback zum Heft geben, die sich mit *Macondo* befassen, auch wenn sie mal nicht im Heft vertreten sind. Und vor allem natürlich Autoren, die uns mit guten Texten begeistern und uns darin bestärken, weiterzumachen. Nicht zuletzt auch diejenigen Autoren, die den Sprung in renommierte Verlage schaffen und uns weiterhin Beiträge schicken.

Einsendungen – aber richtig!

Sandra Uschtrin: Bekommen Sie für *Macondo* immer genügend gute Texte? Sie sind ja auf Themenhefte spezialisiert, verfügen also über kein „Textreservoir" wie eine Zeitschrift wie die *Federwelt*.

Frank Schorneck: Wir erhalten seit der ersten Ausgabe stets weit über hundert Einsendungen mit jeweils bis zu fünf Texten; zum Thema „Warten" waren es sogar über dreihundert. Wir können je Heft an die dreißig Autorinnen und Autoren berücksichtigen und haben bislang immer die nötige Anzahl von Texten gefunden, die uns beiden zugesagt haben. Wenn wir einmal nicht genügend „gute" Texte erhalten sollten, würden wir eher die Seitenzahl reduzieren, als zur zweiten oder gar dritten Wahl zu greifen. Beobachten können wir außerdem, dass sich die Qualität der Einsendungen von Mal zu Mal erhöht. Offenbar spricht *Macondo* mittlerweile auch zunehmend Profis an.

Sandra Uschtrin: Was manche Leserinnen und Leser jetzt vielleicht interessiert: Was sollten sie beachten, wenn sie Ihnen Texte anbieten möchten? Was sollte einer Einsendung beiliegen?

Frank Schorneck: Es kann meiner Meinung nach nie schaden, sich zunächst mit der Zeitschrift bekannt zu machen und sich dann selbstkritisch zu fragen, ob die eigenen Texte in dieses Umfeld überhaupt passen. Klar weiß ich, dass man bei der Menge von Literaturzeitschriften nicht jedes Heft abonnieren kann, aber ich will doch als Autor auch wissen, wem ich meine Texte, also meine geistigen Kinder, anvertraue.

Petra Vesper: Kontakt zu uns gerne über E-Mail, aber bitte keine Texte als Anhänge schicken, sondern ganz altmodisch in Papierform. Manche Leute schicken sogar ihre Gedichte in der Mail und wundern sich dann, dass sie so völlig unsinnige Zeilenumbrüche haben ... Auch Disketten sind erst einmal überflüssig, wenn wir einen Text haben wollen, melden wir uns. Zur Einsendung gehören also immer auch Mailadresse oder Telefonnummer. Und biographische Angaben zum Autor – nicht, weil uns wichtig wäre, was er schon alles gemacht hat, sondern weil zu jedem Autor ein paar kurze, bio-bibliographische Angaben im Heft stehen. Und wenn in unserem Aufruf steht, dass wir möglichst kontrastreiche Schwarz-Weiß-Fotos suchen, bezieht sich das auf Fotos zum Thema – aber nicht auf Schwarz-Weiß-Fotos vom jeweiligen Autor!

Kathrin Lange: Sich vorher telefonisch mit der Redaktion in Verbindung zu setzen, wie jungen Autoren immer wieder geraten wird, ist bei uns eigentlich nicht nötig. Was die Einsendung angeht: ein formloser Brief, ein Ausdruck des Textes oder der Texte, dann ein Datenträger mit den Texten, eine Diskette oder CD. Im Gegensatz zu *Macondo* nehmen wir auch Texte an, die per Mail kommen. Aus der Mail sollte dann hervorgehen, ob die angehängten Sachen Prosa oder Lyrik sind, das erleichtert das Verteilen an die zuständigen Redakteure. Und: Wir freuen uns über jeden Text, der als rtf-Datei bei uns eintrudelt!

Wünsche an die gute Fee

Sandra Uschtrin: Angenommen mit uns am Tisch säße eine gute Fee und Sie könnten sich etwas wünschen, was wäre das?

Frank Schorneck: Ich wünsche mir, dass wir noch mehr Leser gewinnen und lieber kurz- als mittelfristig schwarze Zahlen schreiben. Als Verlag haben wir hundert ISBN zur Verfügung. Das macht bei halbjährlicher Erscheinungsform fünfzig Jahre. Mal sehen, wie nah wir diesem Ziel kommen können.

Kathrin Lange: Dass die Zusammenarbeit mit dem Team immer so gut bleibt und so viel Spaß macht wie im Moment. Und dass wir langsam aber stetig unsere Abonnentenzahlen steigern können, um irgendwann einen richtig etablierten Verlag zu haben.

Petra Vesper: Eines Tages einen Beitrag unseres Namensgebers Gabriel García Márquez in unserem Heft und eine Lesung mit ihm in Bochum organisieren. Und noch mehr Feedback – gerne nicht nur Lob, sondern auch Kritik. Nur so können wir „wachsen".

Titus Müller: Dass es gelingen möge, auch die Leserschaft im Auge zu behalten. Es ist wichtig, von Zeit zu Zeit zu fragen: Was wünscht ihr euch? Möglicherweise werden bestimmte Rubriken überhaupt nicht gelesen, während andere den Abonnenten fehlen. Man will die Leser ja glücklich machen mit jeder Ausgabe. Es ist wie in einer Partnerschaft: Wenn ich mich nicht für die Wünsche meines Partners interessiere, kann ich ihn auch nicht zufrieden stellen. Was aber macht glücklicher als ein glücklicher Partner?

Das Handbuch hat eine lange Vorlaufzeit. Das „virtuelle Weißwurstfrühstück" fand im April/Mai 2004 statt. Im Herbst kam es zu einem weiteren Gespräch, dieses Mal nur zwischen Kathrin Lange, Titus Müller und Sandra Uschtrin. Resultat: Ab 2005 erscheint die Federwelt im Uschtrin Verlag; Kathrin Lange konzentriert sich auf ihr eigenes literarisches Schaffen. Im März 2005 erscheint bei Kindler ihr historischer Roman „Jägerin der Zeit".

Literaturzeitschriften – Adressen und Profile

Der Fragebogen Literaturzeitschriften wurde an 182 Zeitschriften geschickt. 105 Zeitschriften sandten ihn ausgefüllt zurück; von ihnen konnten Profile erstellt werden. Zeitschriften, die auch auf wiederholte Anfrage (per eMail, Fax, Brief – oft in der Reihenfolge) nicht antworteten, wurden in der Regel nicht aufgenommen. Es ist also davon auszugehen, dass es erheblich mehr Zeitschriften gibt als die, die hier genannt werden.

Die mit Abstand älteste, noch existierende Literaturzeitschrift ist offenbar die „Neue Rundschau", gegründet 1890. Als AutorInnen, die in dieser Zeitschrift bereits mehrmals publiziert haben, werden u. a. Thomas Mann, Paul Celan und Ingeborg Bachmann genannt. Die „jüngsten" der hier erfassten Zeitschriften sind „Lescriba – das lesbische Literaturmagazin" und „Der Freund", kein Pendant zur „Freundin", sondern Christian Krachts Literaturzeitschrift im Axel-Springer-Verlag. Und welche Zeitschrift ist die teuerste? Welche die mit der kleinsten Auflage? Welche Zeitschrift zahlt ein Honorar (die wenigsten)? Und welche hat sich worauf spezialisiert? Es ist die Vielfalt, die beeindruckt, auch wenn immer wieder Zeitschriften eingestellt werden wie Ende 2004 die 1953 gegründete, traditionsreiche „ndl – neue deutsche literatur".

Alle Angaben wurden in der Regel unverändert übernommen.

Zeitschriften, die bei dieser Umfrage nicht erfasst wurden, können in das Online-Verzeichnis (www.uschtrin.de/litzs.html) aufgenommen werden. Der Eintrag ist (wie auch hier) kostenlos.

! Keine Wellen schlagen, sondern surfen: www.asphaltspuren.de

FRAGEBOGEN (LITERATURZEITSCHRIFTEN)
1. Gründungsjahr: ...
2. Kurze Beschreibung der wesentlichen Merkmale Ihrer Zeitschrift (Textarten [z. B. Kurzprosa, Lyrik, Interviews, Szenenachrichten etc.]; „schräg"/„progressiv"/„hausbacken" etc.; Themenhefte; offen für alle/für ...-sprachige AutorInnen, Besonderheiten etc.): ...
3. derzeitige Auflagenhöhe: ... Expl.
4. Erscheinungsweise: ... Ausgaben pro Jahr
5. Format: ... mm (Breite) x ... mm (Höhe)
6. durchschnittl. Seitenzahl: ... Seiten
7. Preis für Einzelheft (inkl. Versandkosten): ... Euro
8. Preis für Jahresabonnement (inkl. Versandkosten): ... Euro
9. Probeheft (inkl. Versandkosten): ... Euro
10. Zahlen Sie bei Veröffentlichung eines Textes ein Honorar (nein/ja)?
11. AutorInnen, die in Ihrer Zeitschrift bereits mehrmals publiziert haben (Auswahl): ...
12. Sonstiges: ...

Um bei den Angaben zu den Zeitschriften nicht jede Frage wiederholen zu müssen, werden diese wie folgt abgekürzt:

(1) Gegr.: ...; (2) Profil: ...; (3) Aufl.: ... Expl.; (4) erscheint ...-mal p.a.; (5) Format: ... mm (B) x ... mm (H); (6) Seiten: ca. ... S.; (7) Preis/Heft: ... €; (8) Abo: ... €; (9) Probeheft: ... €; (10) Honorar: ...; (11) AutorInnen: ...; (12) Sonstiges: ...

Weitere Abkürzungen:
– = Diese Frage wurde nicht beantwortet.

AKZENTE, Zeitschrift für Literatur, Herausgeber: Michael Krüger, c/o Carl Hanser Verlag, Vilshofener Str. 10, D-81679 München, fon: 089/998300, fax: 089/99830-460, info@hanser.de, www.hanser.de – Gegr.: 1954; Profil: moderne Poesie, Essays; Themenhefte; offen für alle; Aufl.: 3.500 Expl.; erscheint 6-mal p.a.; Format: 132 mm (B) x 203 mm (H); Seiten: ca. 96 S.; Preis/Heft: 7,90 €; Abo: 45,80 €; Probeheft: –; Honorar: ja; AutorInnen: Inger Christensen, Seamus Heaney, Durs Grünbein, Joseph Brodsky, Derek Walcott, Lars Gustafsson, John Ashbery, Les Murray, Raoul Schrott, Hans Bender, Poul Vad, Günter Kunert, Tomas Tranströmer, Ludwig Harig, Oskar Pastior, Aris Fioretos

ALIEN CONTACT, Das Online-Magazin für Science Fiction und Fantasy, Chefredakteur: Hardy Kettlitz, Ilsenhof 12, D-12053 Berlin, ac@epilog.de, www.alien-contact.de – Gegr.: 1990; Profil: Literaturmagazin für phantastische Literatur, wobei Science Fiction bevorzugt wird. Etwa ein Drittel Erzählungen (Übersetzungen u. deutsche Autoren), etwa zwei Drittel Sachtexte, Interviews, Rezensionen u. feste Rubriken. Alle längeren Beiträge des Online-Magazins werden einmal im Jahr im „Alien Contact Jahrbuch" gesammelt gedruckt (erscheint jeweils im März). Bitte keine Manuskripte unverlangt einsenden, sondern zuerst Kontakt mit der Redaktion aufnehmen. Wir suchen vor allem kompetente Sachtexte. Ausführliche Informationen für Autoren unter www.alien-contact.de, Bereich „AC Intern"; Aufl.: (Online-Magazin); erscheint 6–8-mal p.a.; Honorar: nein; AutorInnen: International: George R. R. Martin, John Clute, Ian Watson, Terry Pratchett, Kim Stanley Robinson u.v.m. National: Michael Marrak, Andreas Eschbach, Angela & Karlheinz Steinmüller, Erik Simon, Andreas Gruber, Myra Çakan, Michael Szameit, Gerd Frey u.v.m.

Am Erker, Zeitschrift für Literatur, Herausgeber: Fiktiver Alltag e.V. Verein zur Förderung junger Literatur und Medien, Dahlweg 64, D-48153 Münster, fon + fax: 0251/799580, am-erker@web.de, www.am-erker.de – Gegr.: 1977; Profil: Am Erker veröffentlicht erzählende Prosa, Essays u. Literaturkritik in thematisch orientierten Heften; Aufl.: 1.000 Expl.; erscheint 2-mal p.a.; Format: 160 mm (B) x 240 mm (H); Seiten: ca. 120 S.; Preis/Heft: 10 €; Abo: 17,50 €; Probeheft: 7,50 €; Honorar: nein; AutorInnen: Tanja Dückers, Georg Klein, Markus Orths, Burkhard Spinnen, David Wagner, Andreas Heckmann, Hans Dieter Schäfer, Karla Schneider, Ludwig Homann, Marcus Jensen u.v.a.

Arcana, Magazin für klassische und moderne Phantastik, Verlag Lindenstruth, Postfach 101026, Wiesecker Weg 42, 35340 Gießen, fon: 0641/394250, ggl@verlag-lindenstruth.de, www.Verlag-Lindenstruth.de

arovell-literaturzeitschrift, Herausgeber: Paul Jaeg, Vordertal 660, A-4824 Gosau, fon: 06136/20016, arovell@arovell.at, www.arovell.at – Gegr.: 1991; Profil: Lyrik, Kurzprosa, Romanauszüge, Interessantes aus der Welt der Litertur; Aufl.: 120 Expl.; erscheint 4-mal p.a.; Format: 200 mm (B) x 300 mm (H); Seiten: ca. 20 S.; Preis/Heft: 1,80 €; Abo: 6 €; Probeheft: 1,80 €; Honorar: ja; AutorInnen: österr. u. deutsche AutorInnen

Asphaltspuren, Herausgeberinnen: Ute Hallman, Regina Holz, Edisonstr. 41, D-12459 Berlin, redaktion@asphaltspuren.de, www.asphaltspuren.de – Gegr.: 30.9.2002, ISSN 1610-773X; Profil: *Asphaltspuren* bezieht sich auf das literarische Geschehen im Netz. Die Zeitschrift will die Kommunikation zwischen Autoren fördern, Spuren auf der Datenautobahn ausfindig machen, die einen besseren Austausch ermöglichen. Gesucht wird vor allem: Kurzprosa, Lyrik, Comics, Rezensionen u. Sachtexte zu interessanten Netzprojekten. Jedes Heft steht unter einem Thema. Die Ausschreibung ist zu finden unter: www.asphaltspuren.de (Rubriken – Ausschreibung); Aufl.: 200 Expl.; erscheint 2-mal p.a.; Format: 148 mm (B) x 210 mm (H); Seiten: ca. 40 S.; Preis/Heft: 4 €; Abo: 8 €; Probeheft: 4 €; Honorar: nein, aber ein Belegexemplar; AutorInnen: –; Sonstiges: Zuschriften erwünscht. Bitte nicht mehr als zwei Texte pro Autor, einzusenden per eMail (kein HTML!) als RTF-Datei-Anhang an: redaktion@asphaltspuren.de.

ATME!, Streitschrift für Literatur, Herausgeber: éditions foulland (Verlag), Gerhard Moser, Daxgasse 19, A-6020 Innsbruck, fon: 0512/293438, fou@wer-ist-monsieur-fou.com, www.wer-ist-monsieur-fou.com – Gegr.: 2004; Profil: Ein Freiraum für Autoren: Schriftsteller werden von der éditions foulland eingeladen, eine bestimmte Anzahl Seiten ohne Auflagen oder Einschränkungen (literarisch) zu füllen. Alle Textarten. Textzusendungen von gleichgesinnten Künstlern per Mail (.txt) erwünscht; Aufl.: 100 Expl.; erscheint 2-mal p.a.; Format: 148 mm (B) x 210 mm (H); (6) Seiten: ca. 48 S.; Preis/Heft: 2,50 € (+ 5 € Pauschale bis Bestellwert 50 €); Abo: 10 €; Probeheft: 2,50 € (+ 5 € Pauschale bis Bestellwert 50 €); Honorar: ja, 10 Freiexemplare; AutorInnen: Robert Kerber (D), Pacôme Thiellement (F), Gerhard Moser (A); Sonstiges: ATME! erscheint sowohl in Schwarzschrift (ISSN 1811-3516) als auch in Braille (ISSN 1811-3524).

außer.dem, Herausgeberin: p.l.o.t. e.V., c/o Angelika Kauderer, Rablstr. 46, D-81669 München, fon: 089/4802721, außerdem@ausserdem.de, www.ausserdem.de – Gegr.: 1999; Profil: *außer.dem* veröffentlicht alle Textarten u. Gattungen, auch experimentelle Literatur jenseits der handelsüblichen Textformate. Das Augenmerk liegt auf progressiver Literatur: Texte, die Neuland betreten u. gewohnte Optiken in Frage stellen. außer.dem stellt Texte vor, die es außerdem – neben dem Gängigen u. Gewohnten – gibt. *außer.dem* publiziert keine Blümchenprosa oder romantisierende Liebespoeterei. *außer.dem* ist offen für unbekannte deutschsprachige, ggf. auch englischsprachige AutorInnen. Andere Sprachen gerne mit beigefügter Übersetzung; Aufl.: –; erscheint 2-mal p.a.; Format: 186 mm (B) x 273 mm (H); Seiten: ca. 40–50 S.; Preis/Heft: 5 €; Abo: 10 €; Probeheft: 5 €; Honorar: 2 Belegexemplare; AutorInnen: siehe www.ausserdem.de/autoren.shtml; Sonstiges: Texteinsendungen bitte inkl. Kurzbiografie (ca. 150 Zeichen) vorzugsweise per eMail: Text(e) in die Mail einfügen oder als Dateianhang (DOC, RTF), bitte nur 1 Dateianhang, der alle Texte enthält. Einsendungen per snail mail max. 8 DIN-A4-Seiten inkl. Kurzbiografie an: siehe oben

Autorensolidarität, Börsenblatt österreichischer Autorinnen, Autoren & Literatur, Herausgeberin: IG Autorinnen Autoren, Seidengasse 13, A-1070 Wien, fon: 01/5262044-13, fax: 01/5262044-55, ig@literaturhaus.at, www.literaturhaus.at/lh/ig/ – Gegr.: 1993; Profil: keine Literaturzeitschrift; Beiträge u. Stellungnahmen zu den aktuellen kultur-, bildungs- u. medienpolitischen sowie steuer- u. sozialrechtlichen Entwicklungen. Ein umfangreicher Serviceteil informiert über Literaturpreise u. Stipendien im gesamten deutschsprachigen Raum, weiters über Publikationsmöglichkeiten in Zeitschriften u. Anthologien sowie über neugegründete Verlage u. Verlagsinitiativen u. über sonstige für AutorInnen relevante Initiativen, Projekte u. Veranstaltungen; Aufl.: 1.200 Expl.; erscheint 4-mal p.a.; Format: 210 mm (B) x 295 mm (H); Seiten: ca. 40 S.; Preis/Heft: nur im Abo erhältlich; Abo: 15 € (Inland), 21 € (Ausland); Probeheft: wird auf Wunsch gerne zugesandt (gratis)

betonbruch fanzine, für erlaubte popkultur, Herausgeber: Tim Siebert, Stubbenkammerstr. 5, D-10437 Berlin, krankekunst@gmx.net, www.ersatzbank.tk (betonbruch kostenlos als pdf u. viel wilde musik) – Gegr.: 1996; Profil: alles, aber gerne: experimentell; lyrik + prosa (max. 1 din a4 seite!) + comics, grafik, wissenschaftliches u. musik; es ist u. bleibt eine kommunikations-plattform im kulturunderground; Aufl.: 150 Expl.; erscheint 2-mal p.a.; Format: din a4; Seiten: ca. 30 S.; Preis/Heft: 3 €; Abo: –; Probeheft: –; Honorar: nein; AutorInnen: unwichtig; Sonstiges: bitte beiträge in digitaler form per mail oder diskette

Bildstörung, Zeitschrift für frische Worte und Bilder, Herausgeber: Roman Castenholz, Triftstr. 47, D-53919 Weilerswist, fon: 02254/5218 – Gegr.: 2000; Profil: Jede Ausgabe zu einem Thema (z. B. Klagelieder); Bildstörung widmet sich ohrenbetäubenden neuen Worten u. netzhautreizenden Illustrationen gegen den beliebten, oberflächlichen Zeitgeist. Zielgruppe: Eliteeremiten; Aufl.: 200 Expl.; erscheint 2-mal p.a.; Format: A5; Seiten: ca. 48 S.; Preis/Heft: 5 €; Abo: –; Probeheft: 3,50 €; Honorar: nein; AutorInnen: Günter Ullmann, Hadayatullah Hübsch, Ulrich Bergmann, Saza Schröder; Sonstiges: Postkarten, Aufkleber oder andere Beigaben geplant

DIE BRÜCKE, Forum für antirassistische Politik und Kultur, Herausgeber: Necati Mert/DIE BRÜCKE e. V., Riottestr. 16, D-66123 Saarbrücken, fon: 0681/3905850 u. 817232, fax: 0681/817229, bruecke@handshake.de, www.bruecke-saarbruecken.de – Gegr.: 1981; Profil: Essays, Reportagen, Zivilisationskritik, Lyrik, Kurzprosa,

Rezension; offen für alle; deutschsprachige Autoren, auch Übersetzungen; Aufl.: 2.000 Expl.; erscheint 4-mal p.a.; Format: 170 mm (B) x 245 mm (H); Seiten: ca. 148 S.; Preis/Heft: 9 €; Abo: 34 €; Probeheft: 5 €; Honorar: nein; AutorInnen: Heleno Sana, Necati Mert, Marianne Seger, Michael Mäde, Jaime Salas, Erich Rückleben, Karl-Heinz Schreiber, Bratisllav Rakic, Molla Demirel, Ulrich Bergmann, Ni Gudix, Krikor Melikyan, Niki Eideneier, Hadayatullah Hübsch u. über hundert weitere

Brückenschlag, Zeitschrift für Sozialpsychiatrie, Literatur und Kunst, Herausgeber: Fritz Bremer, Postfach 1264, D-24502 Neumünster, fon: 04321/2004-511, fax: 4321/2004-411, verlag@paranus.de, www.paranus.de – Gegr.: 1985; Profil: Kurzprosa, Lyrik, Essays, Berichte; Themenhefte; offen für deutschsprachige AutorInnen; viele Psychiatrie-Erfahrene veröffentlichen bei uns; Aufl.: 1.000 Expl.; erscheint 1-mal p.a.; Format: 150 mm (B) x 220 mm (H); Seiten: ca. 248 S.; Preis/ Heft: 15 €; Abo: 12,80 € + Versand; Probeheft: –; Honorar: nein; AutorInnen: Sibylle Prins, Thomas Bock, Leo Navratil, Heinrich Kupffer, Fritz Bremer; Sonstiges: Unser Ziel: Dialog zwischen Psychiatrie-Erfahrenen, ihren Angehörigen u. Profis im psychiatrischen Bereich

bücher, das unabhängige Magazin zum Lesen, Herausgeberin: VVA Kommunikation GmbH, Theodor-Althoff-Str. 39, D-45133 Essen, fon: 0201/87126-22, fax: 0201/87126-10, k.lischka@vva.de, www.buecher-magazin.de – Gegr.: 2003; Profil: *bücher* ist das große unabhängige Buchmagazin Deutschlands. *bücher* schreibt über die aktuellsten u. wichtigsten Neuerscheinungen. *bücher* stellt Romane u. Krimis, Sachbücher, Kinderbücher, Ratgeber u. Bildbände vor u. bewertet sie kritisch. Außerdem findet der Leser Autorenporträts u. Interviews, Rankings, Reportagen, Hintergrundberichte u. über 200 aktuelle Rezensionen in jeder Ausgabe. Bekannte Autoren schreiben exklusiv für *bücher*. Und in Specials etwa vor Weihnachten oder zur Buchmesse gibt *bücher* Entscheidungshilfe für den Käufer; Aufl.: Druckauflage 65.000 Expl.; erscheint 6-mal p.a.; Format: 210 mm (B) x 297 mm (H); Seiten: 116 S.; Preis/Heft: 3,80 €; Abo: 19,50 €; Probeheft: kostenlos; Honorar: ja; AutorInnen: Ulrich Baron, Marc Degens, Peter Glotz, Fritz Göttler, Markus Jensen, Jörg Sundermeier, Ulrich Woelk

@cetera, Literatur und so weiter, Herausgeberin: Eva Riebler, Dr. Stegergasse 16, A-3140 Pottenbrunn, fon: 02742/42210, riebler@litges.at, redaktion@litges.at, www.litges.at/etcetera – Gegr.: 1998; Profil: Plattform für arrivierte u. unbekannte Autoren, Prosa, Lyrik u. Interviews – themenbezogen; Aufl.: 500 Expl.; erscheint 4-mal p.a.; Format: A4; Seiten: ca. 40 S.; Preis/Heft: 5 €; Abo: 15 €; Probeheft: 0 €; Honorar: leider nein; AutorInnen: Bodo Hell, Milo Dor, Franzobel, Jul. Schutting, Elfriede Jelinek, Fritz Widmayer, Robert Schindel, Peter Turrini, Alfred Komarek, Doris Kloimstein, Thomas Fröhlich, Thomas Havlik, Kurt Tutschek, Alfred Koch, Alois Eder, Markus Roland Koehle, Markus Gauss, Erwin Ruiss, George Tabori, Marlene Streeruwitz; Sonstiges: alle 2 Jahre 1 Heft LITARENA für Jungautoren (unter 27) mit Preisverleihung

Cocksucker, Zeitung für Undergroundliteratur, Herausgeber: Oliver Bopp, Marie-Curie-Str. 4, D-64560 Riedstadt, obopp@web.de – Gegr.: 1993; Profil: Poetry; Aufl.: –; erscheint unregelmäßig; Format: A4; Seiten: –; Preis/Heft: 3 €; Abo: 4 Ausgaben 10 € (Selbstkostenpreise!); Probeheft: 3 €; Honorar: nein; AutorInnen: Roland Adelmann, Kersten Flenter, Robsie Richter, Hartmuth Malorny; Sonstiges: Der *Cocksucker* ist ein Rundbrief an Freunde u. damit KEINE Veröffentlichung im Sinnes des Pressegesetzes!

Cognac & Biscotten, Thomas Schafferer, Dürerstr. 1, A-6020 Innsbruck, fon: 0650/5075050, fax: 05273/6527, redaktion@cobi.at, www.cobi.at – Gegr.: 1998; Profil: Die Ausgaben sind ausschließlich themengebunden. *Cognac & Biskotten* versteht sich als künstlerisches Statement, das einem Gesamtkonzept aus Thema, Format u. Präsentation folgt. Das heißt, dass sich das Format der Ausgabe von Thema zu Thema ändert u. jeweils in einem entsprechenden Rahmen präsentiert wird. So ist z. B. Ausgabe Nr. 18 zum Thema „Dekadenz & Askese" als Plastik-Einkaufstasche erschienen u. wurde in einem Supermarkt präsentiert u. auch dort als Gebrauchsartikel zum Verkauf angeboten. Weitere Beispiele sind: Fußball-sammelalbum, Diskette oder eine literarische Lunchbox. Ausgabe 19 zum Jugend-literaturwettbewerb „Schlagworte" erschien ganz konventionell als Taschenbuch. *Cognac & Biskotten* versteht sich als Plattform, die jungen LiteratInnen die Mög-lichkeit gibt, sich gemeinsam mit bereits etablierten AutorInnen zu präsentieren; Aufl.: sehr variabel, je nach Ausgabe: zwischen 0 (wie bei der literarischen Werbe-verkaufsfahrt) u. 100.000 (Plastik-Einkaufstaschen) Expl.; erscheint 2-mal p.a.; Format: variabel; Seiten: variabel; Preis/Heft: variabel; Abo: kein Abo möglich, da Preis nicht im vorhinein festgesetzt werden kann; Probeheft: derzeit zwischen 5 u. 30 € je nach Ausgabe; Honorar: nein; AutorInnen: Melanie Steiner, Jörg Zem-mer, Thomas Schafferer, Gerhard Moser, Peter Wallgram, Markus Köhle, Christine Öhlinger, Christian Beirer, Ralf Schlatter; außerdem u. a. Beiträge von Helmuth Schönauer, Kurt Lanthaler, Barbara Hundegger, Hermes Phettberg, Felix Mitterer, Franzobel, Robert Schindel.

criminalis, Magazin für Krimifreunde, Herausgeberin: Dorothea Puschmann, Grevener Str. 134, 48291 Telgte, fon: 02504/88161, fax: 02504/984696, info@capri-corn-verlag.de, www.capricorn-verlag.de – Gegr.: 2002; Profil: Das Magazin für Krimifreunde beinhaltet zahlreiche Kurzkrimis u. Informatives zum Genre: Buchbesprechungen u. Tipps, Reportagen, Interviews, Veranstaltungen, Preis-ausschreiben, Rätsel u. v. a. m.; Aufl.: 3.000–5.000 Expl.; erscheint 1-mal p.a.; Format: 148 mm (B) x 210 mm (H); Seiten: ca. 160 S.; Preis/Heft: 9 € (versandkos-tenfrei); Abo: 25,80 € (versandkostenfrei); Probeheft: frei; Honorar: ja; Autor-Innen: keine Angaben, es erscheint ja gerade erst die 3. Ausgabe!; Sonstiges: Wir planen für 2005 einen Umzug nach Oberbayern (Reit im Winkl). Wenn wir vor-übergehend telefonisch u. per Fax nicht zu erreichen sein sollten, Anfragen bitte per Post oder mailen!

Decision, Zeitschrift für deutsche und französische Literatur, Herausgeberin: Stefanie Weh, Postfach 103153, D-33531 Bielefeld, fax: 0521/170188, shjweh@aol.com – Gegr.: 1988; Profil: Seriöse Kurzprosa, Lyrik!!! Keine Hausfrauenliteratur oder Küchenpoesie; keine Blasphemie! Nur echte Literatur!; Aufl.: 300 Expl.; erscheint 4-mal p.a.; Format: 150 mm (B) x 210 mm (H); Seiten: ca. 36 S.; Preis/Heft: –; Abo: –; Probeheft: –; Honorar: nein; AutorInnen: Heimo Schwilk (E. Jünger-Biograph), Eberhard Hilscher (T. Mann-Biograph), Ron Winkler, Michael Hamburger, Franz Bartelt, Philippe Delaveau, Alain Gerber usw.

dO!PEN, Literaturzeitschrift, Herausgeber: Michael Steffens, Thomas Tonn, c/o Thomas Tonn, Luisenstr. 36, D-44137 Dortmund, thomas-tonn@gmx.de, www.dopen.de – Gegr.: 2000; Profil: Kurzprosa (max. 20.000 Zeichen), Lyrik, Fotos, Grafik, gelegentlich Themenhefte, aber grundsätzlich offen für alles. Ausgezeichnet mit dem Sonderpreis Literatur der Stadt Dortmund 2002; Aufl.: –; erscheint 2-mal p.a.; Format: 175 mm (B) x 290 mm (H); Seiten: ca. 80 S.; Preis/ Heft: 5,50–8,50 €; Abo: –; Probeheft: 5,50–8,50 €; Honorar: nein; AutorInnen: Jörg Albrecht, Saskia Fischer, Christian Hirdes, Thomas Kade, Gabriel Koch, Thorsten Krawinkel, Ivette Vivien Kunkel, Jürgen Landt, Harthmuth Malorny, Anna Real, Ralf Thenior, Dieter Treeck

Der Dreischneuß, Zeitschrift für Literatur, Herausgeberin: Regine Mönkemeier, Marien-Blatt Verlag, Braunstr. 12, D-23552 Lübeck, fon: 0451/7020277 + 0451/70002, fax: 0451/7072199, marienblatt@gmx.net, www.dreischneuss.de – Gegr.: 1996; Profil: Zeitschrift für Literatur mit Lyrik- u. Prosabeiträgen, Rezensionen. Ausgaben zum jeweils ausgeschriebenen Thema mit literarischen Beiträgen u. 3–4 Abbildungen von Arbeiten bildender Künstler. Einzeltitel von Autoren als Sonderhefte; Aufl.: 300 Expl.; erscheint 1-mal p.a.; Format: 14,5 mm (B) x 21 mm (H); Seiten: ca. 44 S.; Preis/Heft: 3,97 €; Abo: 3,20 €; Probeheft: 3,97 €; Honorar: nein; AutorInnen: Jan Wagner, Elisabeth Alexander, Sybil Volks, Theo Breuer, Martin Krauss, Klara Hurková, Hartwig Mauritz, Johanna Anderka, Saza Schröder, Christoph Leisten, Walter Lobenstein

Dulzinea, Zeitschrift für Lyrik und Bild, Herausgeber: Uwe Pfeiffer, Postfach 19 27, D-36009 Fulda, redaktion@dulzinea.de, www.dulzinea.de – Gegr.: 2001; Profil: Textarten: moderne Lyrik, Haiku u. Senryû, lyrische Kurzprosa, nur deutschsprachig; wechselnde Heftausrichtung: moderne Liebeslyrik, kritische Texte u. Motive oder andere spezielle Themen; Textansatz: Lyrik als Sprachkunst – innovative Texte erwünscht! Die Teilnahme an den Ausschreibungen ist offen für alle Autoren. Die Zeitschrift erscheint mit Farbcover u. mehreren Farbinnenseiten für (überwiegend) surrealistische Malerei; Aufl.: 700–1.000 Expl.; erscheint 2-mal p.a.; Format: 210 mm (B) x 270 mm (H); Seiten: ca. 20 S. (in den nächsten Jahren mehr); Preis/Heft: 2,75 €; Abo: 4-Ausgaben für 10 €; Probeheft: 2,50 €; Honorar: nein; AutorInnen: Hans Peter Hoffmann, Helga Kolb, Volker Friebel, Ernst Ferstl u. v. a.; Sonstiges: Auf Basis der Heftausgaben werden jährlich ein Lyrik- u. ein Haiku-u.-Senryûpreis von der Redaktion an zwei Autoren vergeben. Textzusendungen sind erwünscht, Rücksendung von Texten erfolgt nicht, veröffentlichte Autoren erhalten ein Belegexemplar der entsprechenden Ausgabe. Die Ausschreibungen für künftige Heftausgaben sind auf der Homepage zu finden.

DUM – Das Ultimative Magazin, Walterstr. 33/2, A-3550 Langenlois, fon: 0664/4327973, fax: 02732/83993, dummail@gmx.at, www.dum.at – Gegr.: 1992; Profil: Kurzprosa, Lyrik, Interviews, Buchrezensionen, gelegentlich Themenhefte – offen für deutschsprachige AutorInnen bzw. fremdsprachige in deutscher Übersetzung; Aufl.: 1.000 Expl.; erscheint 4-mal p.a.; Format: 200 mm (B) x 300 mm (H); Seiten: ca. 32 S.; Preis/Heft: 3,30 €; Abo: 13 €; Probeheft: gratis; Honorar: nein; AutorInnen: Christian Enggassner, Magda Woitzuck, Markus Prems, Reinhold Schrappeneder, Radek Knapp, Roman Weyand, Dine Petrik, Andreas G. Schmitt u. andere mehr; Sonstiges: Jede Ausgabe wird mittels Präsentationsveranstaltung vorgestellt.

EDIT, Papier für neue Texte, Herausgeber: Literaturverein EDIT e.V., Gerichtsweg 28, D-04103 Leipzig, fon: 0341/9954520, fax: 0341/9954720, mail@editonline.de, www. editonline.de – Gegr.: 1993; Profil: Zeitschrift für junge, deutschsprachige Literatur, alle Gattungen; Aufl.: 1.500 Expl.; erscheint 3-mal p.a.; Format: 185 mm (B) x 297 mm (H); Seiten: ca. 64 S.; Preis/Heft: 5,77 €; Abo: 14 €; Probeheft: –; Honorar: ja; AutorInnen: Mirko Bonnè, Uwe Tellkamp, Julia Franck, Ron Winkler, Marcel Beyer, Jakob Hein, Antje Ravic Strubel

Eiswasser, Zeitschrift für Literatur, div. HerausgeberInnen im Auftrag der Rolf-Dieter-Brinkmann-Gesellschaft, Waldkauzstr. 1, D-49377 Vechta, ab 1.3.05 auch: Wilma-Conradi-Weg 6, D-30449 Hannover, fax: 0511/4582244, conny@eiswasser.de (Skandinavien) u. marco@eiswasser.de (Manuskripte, Literarisches Tagebuch auf www.eiswasser.de u. Bestellungen), www.eiswasser.de – Gegr.: 1994; Profil: *Eiswasser* publiziert (fast) nur Erstveröffentlichungen. Beginnend mit dem Irland special zur Buchmesse 1996 stellt *Eiswasser* in Lyrik, Prosa u. Essay Nationalliteraturen ausschließlich in deutschen Erstveröffentlichungen vor. Der Verlag arbeitet eng mit ÜbersetzerInnen zusammen u. ist stolz, wichtige AutorInnen erstmals in deutscher Sprache vorgestellt zu haben, etwa Jon Fosse, heute einer der gefeiertsten Dramatiker Europas (Norwegen special). Kritikerlob gab es auch für den *Eiswasser*-Band „Echte Blüten" mit neuer deutschsprachiger Naturlyrik u. für die Ausgabe zum 60. Geburtstag von Rolf Dieter Brinkmann unter dem Titel „Amerikanischer Speck, englischer Honig, italienische Nüsse"; Aufl.: 500–2.000 Expl.; erscheint 1–2-mal p.a.; Format: 150 mm (B) x 210 mm (H); Seiten: ca. 140–160 S.; Preis/Heft: 8,90–15,25 €; Abo: 20 % Rabatt inkl. Versand; Probeheft: 5 € + Versand; Honorar: ja, in Form von Honorarexemplaren; AutorInnen: Henning Ahrens, Ulrich Bergmann, Markus Bundi, Dirk Dasenbrock, Ulrich Deppen, Kurt Drawert, Ulrike Draesner, Gunter Geduldig, Hans-Jürgen Heise, Kirsten John, Dirk Levsen, Jürgen Theobaldi, Horst Samson, Jörg Stein, Annemarie Zornack, Gerald Zschorsch; Sonstiges: Manuskripte nur nach Ausschreibung auf unserer Homepage per Mail (Word-Datei). Ausnahme: Wir suchen ständig TagebuchschreiberInnen für unser literarisches Tagebuch auf www.eiswasser.de. 2004 wurde der Eiswasser Verlag mit dem Niedersächsischen Verlagspreis ausgezeichnet.

Elfenschrift, Das kleine phantastische Literaturheftchen, Herausgeberin: Ulrike Stegemann, Stichstr. 6, D-31028 Gronau (Leine), fon: 05182/2795, info@elfenschrift.de, www.elfenschrift.de – Gegr.: 2004; Profil: Kurzgeschichten, Lyrik, Rezensionen, Buchvorstellungen u. diverse Artikel rund um das Thema „Fantasy". Weiterhin gibt es Interviews, Porträts u. Ausschreibungstipps. Das Heft ist mit diversen Grafiken/Zeichnungen illustriert. Beiträge (max. 8.000 Zeichen inkl. Leerzeichen) sowie Grafiken sind der Redaktion willkommen; Aufl.: 300 Expl.; erscheint 4-mal p.a.; Format: 148 mm (B) x 210 mm (H); Seiten: ca. 40 S.; Preis/Heft: 3,50 €; Abo: 12 €; Probeheft: 3,50 €; Honorar: nein, nur Belegexemplar; AutorInnen: Rena Larf, Gunter Arentzen, Annabel (Mona Seifert)

erostepost, Literaturzeitschrift, Herausgeberin: erostepost-Verlags-und-Vertriebs-gesellschaft BR, Strubergasse, 23, A-5020 Salzburg, fon: 0662/439589, fax: 0662/42241113, erostepost@literaturhaus-salzburg.at – Gegr.: 1987; Profil: Lyrik, Kurzprosa u. Romanauszüge, veröffentlicht werden deutschsprachige, noch unveröffentlichte Texte von jungen (noch unbekannten) Autor/inn/en aus aller Welt; Aufl.: 1.000 Expl.; erscheint 2-mal p.a.; Format: 210 mm (B) x 297 mm (H); Seiten: ca. 60 S.; Preis/Heft: 3,70 €; Abo: 7,50 €; Probeheft: 0 €; Honorar: ja; AutorInnen: Kathrin Röggla, Josef Haslinger, Bettina Balaka, Norbert Silberbauer, Günther Kaip, Wilfried Steiner, Torsten N. Siche, Werner Baur, Carsten Brinzing, Marjana Gaponenko, Ludwig, Roman Fleischer, Fritz Huber, Markus Orhts, SAID

Facettentanz, Herausgeberin: Mandy Kritz, Oststr. 8, D-09212 Limbach-Ober-frohna, fon + fax: 03722/80845, redaktion@facettentanz.de, www.facettentanz.de – Gegr.: 2004; Profil: Facettenreich, multikulturell, alternativ: Lyrik, Kurzprosa, Artikel, Zeichnungen u. Fotografien von Autoren aus dem In- u. Ausland, von jungen u. alten Künstlern, von Profis u. Hobbyschreibern. Auch wenige eng-lischsprachige Texte. Zum Teil Themenhefte (z.B. „Kulturen der Welt"); Aufl.: 200 Expl.; erscheint 2-mal p.a.; Format: 144 mm (B) x 210 mm (H); Seiten: ca. 40 S.; Preis/Heft: Abgabe gegen Spende; Abo: Abo nicht möglich; Probeheft: Abgabe gegen Spende; Honorar: nein; AutorInnen: –; Sonstiges: unkommerzielle Zeitschrift ohne finanziellen Gewinn der Herausgeberin; umweltfreundlich gedruckt auf 100 % Altpapier.

Faltblatt, Lyrische Zeitschrift für neue Gedichte, Essays, Buchvorstellungen, Herausgeber: Theo Breuer, Neustr. 2, D-53925 Sistig/Eifel, fon: 02445/1470, EditionYE@t-online.de, www.theobreuer.de – Gegr.: 1994; Profil: *Faltblatt* ist die unkommerzielle Lyrikzeitschrift mit vielen neuen Gedichten, zahlreichen Essays, massenhaft Buchvorstellungen sowie regelmäßigen Autoren-, Verlags- u. Zeit-schriftenporträts. *Faltblatt* fördert Korrespondenz, Kontakt u. Kommunikation innerhalb eines beständig wachsenden Netzwerks der rein lyrisch orientierten Edition YE, in der neben *Faltblatt* u. der Schachteledition YE eine Lyrikreihe erscheint, in der mit Vorliebe Erstlinge von langjährigen *Faltblatt*-AutorInnen herausgegeben werden. *Faltblatt* ist grundsätzlich offen für alle kommunikativ ausgerichteten Lyrikstimmen, die sich nicht nur für sich selber interessieren; Aufl.: 900 Expl.; erscheint 1-mal p.a.; Format: 150 mm (B) x 210 mm (H); Seiten: ca. 116 S.; Preis/Heft: 7,77 €; Abo: 7,77 €; Probeheft: 7,77 €; Honorar: nein; AutorInnen: Margot Beierwaltes, Hans Bender, Joseph Buhl, Marianne Glaßer,

Axel Kutsch, Andreas Noga, Antje Paehler, Jan Röhnert, Gerd Sonntag, Maximilian Zander u. v. a.

Fantasia, Magazin für Phantastik, Herausgeber: Erster Deutscher Fantasy Club e. V., Postfach 1371, D-94003 Passau, fon: 0851/58137, fax: 0851/58138, edfc@edfc.de, www.edfc.de – Gegr.: 1977; Profil: *Fantasia* ist das Magazin für Phantastische Literatur im EDFC e. V. u. enthält Amateur-Kurzgeschichten, Gedichte, Artikel über Fantasy u. deren Randgebiete, ferner Diskussionsbeiträge, umfangreiche Buchbesprechungen, Hinweise auf Neuerscheinungen auf dem deutschen Fantasymarkt u. zahlreiche Illustrationen. Neben den normalen Magazin-Ausgaben erscheinen auch häufig Themennummern. Die Besprechung von Büchern betrachtet der EDFC e. V. als eine seiner wichtigsten Aufgaben, der er breiten Raum in seinen Publikationen einräumt. Konnte man in den Anfangsjahren des Vereins bei dem damals begrenzten Angebot noch jeden Fantasy-Roman lesen, so wird heute der Markt immer größer u. unüberschaubarer; die wenigen herausragenden Werke gehen in einer Flut mittelmäßiger Romane unter. Nur in den Zeitschriften des EDFC e. V. kann man sich informieren, welches Buch lesenswert ist u. welches nicht. Fantasia ist ein Amateurmagazin. Das bedeutet einerseits, daß es jedem offen steht, seine Werke in Fantasia zu veröffentlichen, seien es nun Erzählungen, Gedichte, Illustrationen oder Buchbesprechungen, ob der Autor nun EDFC-Mitglied ist oder nicht. Andererseits heißt das aber auch, daß Fantasia mit seiner Erscheinungsweise auf eine breite Anzahl von Mitarbeiterinnen u. Mitarbeitern angewiesen ist. Beiträge, gleich welcher Art, sind also jederzeit willkommen; Aufl.: 400 Expl.; erscheint 3-mal p.a. (März, Juni u. November); Format: Paperback A5, meistens als Doppelnummer mit 300 Seiten, wobei eine Fantasia-Textseite zwei normalen Taschenbuchseiten entspricht. Alle Ausgaben sind illustriert; Preis/Heft: eine Einzelausgabe kostet 5,50 €, eine Doppelnummer 9,25 €; Abo: ein Jahresabo für ca. 7 Nummern kostet 42 €; Probeheft: –; Honorar: nein; AutorInnen: praktisch alle Leute, die in der Szene vertreten sind; Sonstiges: siehe S. 623

Federwelt, Zeitschrift für Autorinnen und Autoren, Herausgeberin: Kathrin Lange, ab 2005 Sandra Uschtrin, Redaktionsanschrift: Bjørn Jagnow, Wallmenacher Weg 9, D-56355 Diethardt, fon: 06772/960620, redaktion@federwelt.de, www.federwelt.de – Gegr.: 1998; Profil: Fachtexte für Autoren aller Literaturformen, Interviews, Ausschreibungen, Kurzprosa, Lyrik; Aufl.: 1.500 Expl.; erscheint 6-mal p.a.; Format: 170 mm (B) x 240 mm (H); Seiten: ca. 52 S.; Preis/Heft: 4 €; Abo: 19,50 €; Probeheft: 4 €; Honorar: nein; AutorInnen: Titus Müller, Kathrin Lange, Axel Klingenberg, Marc Halupczok, Pia Helfferich, Bjørn Jagnow (siehe Beitrag S. 176 ff.).

Freiberger Lesehefte, Zeitschrift für Gegenwartsliteratur, Herausgeberin: AG WORT e. V. Freiberg, Postfach 1243, 09582 Freiberg/Sachsen, team@freibergerlesehefte.de, www.freibergerlesehefte.de – Gegr.: 1998; Profil: anspruchsvolle belletristische Texte im Zusammenspiel mit Bildender Kunst, Grafik, Fotografie; großzügiges, aufwendiges Layout; exzellente Material-Qualität; vorwiegend deutschsprachige Texte; Aufl.: Digitaldruck – keine feste Auflagenhöhe; erscheint unregelmäßig, meist eine Ausgabe pro Jahr; Format: 170 mm (B) x 297 mm (H); Seiten: ca. 100 S.; Preis/Heft: zwischen 4 u. 8,50 €, kein Festpreis; Abo: 3,50 € [!]; Probeheft: wie Einzelheft; Honorar: nein; AutorInnen: Heidi Bergmann, Carmen Caputo, Reiner Karg, Rene Oberholzer, Peter Segler, Achim Stößer, Bernd Watzka, Barbara Zeizinger, Arite Berg, Rosemarie Keil, Sieglind Spieler, Kathrin B. Külow, Ulrich Bergmann

FREIBORD, Zeitschrift für Literatur und Kunst, Herausgeber: Gerhard Jaschke, Kutschkergasse 9/9, A-1180 Wien, fon: 01/4083178 – Gegr.: 1975; Profil: Kurzprosa, Lyrik, Zeichnungen, Essays; innovativ, Themenhefte, Dokumentationen von Symposien; Autorinnen und Autoren aus der ganzen Welt, Fluxus; Aufl.: ca. 600–1.000 Expl.; erscheint 4-mal p.a.; Format: 145 mm (B) x 204 mm (H); Seiten: ca. 64 S.; Preis/Heft: 11 €; Abo: 40 € (Ausland), 30 € (Inland); Probeheft: kostenlos; Honorar: nein; AutorInnen: Friederike Mayröcker, Gerhard Rühm, Günter Brus, Thomas Ballhausen, Werner Herbst, Elfriede Gerstl etc.

freie zeit art, Herausgeber: Peter Schaden, Mailbox No. 119, Wienerbergstr. 9, A-1100 Wien, fon + fax: 01/2642300, redaktion@freiezeitart.net, www.freiezeitart.net – Gegr.: 1992; Profil: Kurzprosa, Buchbesprechungen, Interviews, Lyrik, Essays; gemäßigt innovativ; Themenbindung (nur Printausgabe); offen für alle deutschsprachigen AutorInnen; Aufl.: 200 Expl.; erscheint 4-mal p.a.; Format: 150 mm (B) x 210 mm (H); Seiten: ca. 44 S.; Preis/Heft: 3,50 €; Abo: 15 €; Probeheft: 3,50 €; Honorar: nein; AutorInnen: Wolfgang Kindermann, Patricia Brooks, Rudolf Kraus

DER FREUND, Herausgeber: Christian Kracht, Chefredakteur: Dr. Eckhart Nickel, Axel Springer AG, Verlagsleitung DER FREUND, Axel-Springer-Platz 1, D-20350 Hamburg, fon: 030/2591-77640, fax: 030/2591-77642, post@derfreund.com, www.derfreund.com – Gegr.: 2004; Profil: DER FREUND präsentiert Text in aller Ausführlichkeit sowie die Kunst der Zeichnung, der obskuren Illustration. Was DER FREUND nicht bietet, u. damit ist er möglicherweise die erste Zeitschrift seiner Art in Deutschland, sind Anzeigen und Fotos. Somit steht bei DER FREUND der Text im Vordergrund. Es reihen sich Essays, Short Stories, literarische Miniaturen, Kolumnen, Gedichte u. Interviews in einem amüsanten Forum aneinander; Aufl.: –; erscheint 4-mal p.a. (quartalsweise); Format: 212 mm (B) x 250 mm (H); Seiten: –; Preis/Heft: 10 € (Inland; exkl. Versandkosten); Abo: 40 € (Inland); Probeheft: keine Probehefte

DAS GEDICHT, Zeitschrift für Lyrik, Essay und Kritik, Herausgeber: Anton G. Leitner, Buchenweg 3b, D-82234 Weßling bei München, fon: 08153/952522, fax: 08153/952524, info@aglv.de, www.dasgedicht.de – Gegr.: 1993; Profil: DAS GEDICHT bietet eine internationale Hintergrundberichterstattung rund um die zeitgenössische Poesie u. stellt Erstveröffentlichungen namhafter u. weniger bekannter Autoren vor. Daneben reflektieren Essays, Interpretationen, Porträts u. Interviews den augenblicklichen Stand der Lyrik in Literatur u. Gesellschaft. DAS

GEDICHT enthält außerdem eine kommentierte Bibliographie aller wesentlichen Neuerscheinungen; Aufl.: 5.000 Expl.; erscheint 1-mal p.a.; Format: 148 mm (B) x 210 mm (H); Seiten: ca. 165 S.; Preis/Heft: 11,90 € (2004); Abo: 3 Ausgaben zum Preis von 32 € (Inland); Probeheft: –; Honorar: –; AutorInnen: Ausgabe Nr. 12, Sommer 2004: Ulrike Draesner, Hans Magnus Enzensberger, Franzobel, Robert Gernhardt, Günter Grass, Ulla Hahn, Sarah Kirsch, Helmut Krausser, Günter Kunert, Friederike Mayröcker, Matthias Politycki, Michael Wildenhain, Paul Wühr u. a.; Sonstiges: Themenhefte

Glasbrenner, Junge Literatur für junge Leute, Mecklenburgische Literaturgesellschaft, Wieckhaus 21, 2. Ringstraße, D-17033 Neubrandenburg, fon: 0395/5441671, pegasus-mlg@gmx.de, www.mlg.de (siehe S. 634)

Härter, High-Tech-Literatur-Magazin, Herausgeber: Frank Bröker, Postbox 100408, D-04004 Leipzig, frank.broeker@gmx.de, www.st-groessenwahn.de – Gegr.: 1996; Profil: Literaturmagazin für alle Textarten; amerikanische Beatliteratur, gemixt mit deutschsprachigen Beiträgen. High-Tech-Literatur in der Sprache der 90er Jahre; Aufl.: 500 Expl.; erscheint 1-mal p.a.; Format: 150 mm (B) x 210 mm (H); Seiten: ca. 72 S.; Preis/Heft: 5 €; Abo: 5 €; Probeheft: 5 €; Honorar: nein; AutorInnen: Jürgen Ploog, Hadayatullah Hübsch, Alexander Scholz, Makarios Oley, Ira Cohen, Florian Vetsch, Axel Monte, Frank Bröker, J. N. Reilly, Rodrigo Rey Rosa

Der Herold, Kultur-Magazin, Herausgeber: Crago-Verlag, Michael Schneider-Braune, Postfach 1248, D-97990 Weikersheim, fon: 07934/9937890, fax: 07934/9937889, Redaktion: J. Heinrich Heikamp, Giller Str. 65, D-41569 Rommerskirchen, fon: 02183/6171, der-herold@web.de – Gegr.: 1983; Profil: Das Urgestein der deutschsprachigen Kulturszene präsentiert Kurzprosa (keine Lyrik!), Artikel zu Medien- u. Kulturthemen, Interviews, Comics, Kulturnachrichten aus Deutschland, Österreich u. der Schweiz, Rezensionen; gelegentlich Themenschwerpunkte; Themenhefte erscheinen in einer gesonderten Reihe unregelmäßig; ein- bis zweimal im Jahr Rezensionsbeilage „Bücher & Comics" (für Abonnenten kostenlos); Aufl.: 350 Expl.; erscheint 4-mal p.a.; Format: 145 mm (B) x 210 mm (H); Seiten: ca. 28 S.; Preis/Heft: 2 €; Abo: 7 €; Probeheft: 1,80 €; Honorar: nein; AutorInnen: Wolfgang G. Fienhold, Sandra Henke, Daniel Mylow, Irene Salzmann, Andreas G. Schmitt, Christel Scheja, Reiner Schuck, Andrea Tillmanns u. viele mehr

Literatur- und Kunstzeitschrift **HERZATTACKE**, Herausgeber: Maximilian Barck, Rainer Tschernay, Lychener Str. 79, D-10437 Berlin, fon: 030/4450399, fax: 030/44651304, hat@herzattacke.de, www.herzattacke.de – Gegr.: 1985; Profil: originalgraphische Literatur- u. Kunstzeitschrift mit frankophiler Orientierung im Traditionsverständnis herausragender europäischer Zeitschriften (z. B. Simplicissimus, Der Sturm, Der Gegner, Minotauro); Aufl.: 95 Expl.; 4 reguläre, 1–2 Sondernummern p.a.; Format: 210 mm (B) x 297 mm (H); Seiten: ca. 160 S.; Preis/Heft: 800 €; Abo: 2.250 €; keine Probehefte; Honorar: nein; AutorInnen: Gerd Henniger, Wolfgang Hilbig, Lothar Klünner, Gert Neumann, Simone Katrin

Paul, Ina Strelow, Ilona Stumpe-Speer; Sonstiges: keine Rücksendung unverlangt eingesandter Manuskripte

HolUnderground, Zeitschrift für Lyrik und Grafik, Herausgeber: Hadayatullah Hübsch, Latif Lück, Steinrutsch 7, D-65931 Frankfurt am Main, fon: 069/314596, fax: 069/312504, hadayatullah@web.de – Gegr.: 1998; Profil: nur Gedichte, collagiert u. Grafik; Aufl.: 100 Expl.; erscheint 1-mal p.a.; Format: A4; Seiten: ca. 48 S.; Preis/Heft: 3 €; Abo: nur Einzelhefte; Probeheft: 2 €; Honorar: nein

die horen, Zeitschrift für Literatur, Kunst und Kritik, Herausgeber: Johann P. Tammen, c/o Wirtschaftsverlag NW Verlag für neue Wissenschaft GmbH, Postfach 101110, D-27511 Bremerhaven, fon: 0471/9454421, fax: 0471/9454488, info@nw-verlag.de, www.nw-verlag.de – Gegr.: 1955; Profil: Lyrik, Prosa, Essay, Dokumentation, Rezensionen. „Eine Tribüne der Literatur, offen für die Literaturen der Welt." (Walter Hinck); Aufl.: 5.500 Expl.; erscheint 4-mal p.a.; Format: 153 mm (B) x 235 mm (H); Seiten: ca. 208 S.; Preis/Heft: 9,50 € + Versand; Abo: 31 € + Versand; Probeheft: auf Anfrage; Honorar: ja

intendenzen, zeitschrift für literatur, Herausgeber: Ron Winkler, Wöhlertstr. 12, D-10115 Berlin, intendenzen@gmx.de, www.intendenzen.de – Gegr.: 1997; Profil: *intendenzen* veröffentlicht gegenwärtige Literatur mit Schwerpunkt auf jungen Autoren; Aufl.: 500 Expl.; erscheint 1-mal p.a.; Format: 125 mm (B) x 205 mm (H); Seiten: ca. 64 S.; Preis/Heft: 4,40 €; Abo: entfällt; Probeheft: 4,40 €; Honorar: leider nein; AutorInnen: Jan Wagner, Monika Rinck, Hendrik Jackson, Jan Volker Röhnert, Gerald Fiebig, Ulrike Draesner, Friederike Mayröcker

Klivuskante, ironisch, sarkastisch, dekadent, Herausgeber: Christian Hoffmann, Bernd Witta, Bernhard Horwatitsch, Ortweinstr. 3, D-80634 München, fon: 089/12111372, fax: 089/13999643, klivus@klivuskante.de, www.klivuskante.de – Gegr.: 1997; Profil: Kurzprosa, Lyrik, Autorenporträts, Essays u. Rezensionen, meist themengebunden; Aufl.: 200 Expl.; erscheint 2-mal p.a.; Format: 145 mm (B) x 210 mm (H); Seiten: ca. 48 S.; Preis/Heft: 3 €; Zweijahresabo: 4 Ausgaben 12 €; Probeheft: 3,77 €; Honorar: ein Belegexemplar u. weitere Exemplare zum Vorzugspreis; AutorInnen: Dieter Walter, Ma-Lu Kunst, Alexander Kellner

KLK, KL/\usgabe, HerausgeberIn: Siri Hölperl, Innokentij Kreknin, Heiko Lehmann (JugendMedien Greifswald e.V.), Lange Str. 14a, D-17489 Greifswald, fon: 03834/777640, redaktion@kunstleutekunst.org, www.kunstleutekunst.org (unter „zeitschrift") – Gegr.: 2003; Profil: KLK ist die Zeitschrift, die keine Zeitschrift sein will. Grundsätzlich werden Texte u. Bilder erwartet. Lyrik, Kurzprosa, Szenen, Interviews, alles, was erlaubt ist, nur primär soll es sein. Sprich: keine Essays, keine Ich-bin-literaturwissenschaftlich-Texte, keine Sekundärliteratur. Ansonsten gibt es keine Einschränkung. Vornehmlich bleibt KLK dennoch „jungen" Autoren u. Künstlern gewogen. Gerne suchen wir neue Stimmen, Erstveröffentlichungen, einfach neue Literatur u. Kunst. Es gibt keine Themenhefte im üblichen Sinn, was nicht heißt, dass sich auch KLK einer Grundlinie bedient.

Leitwort bzw. Grundgedanke sind daher am besten vor dem Einsenden von Manuskripten zu erfragen; Aufl.: 300 Expl.; erscheint 2-mal p.a.; Format: variierend (künstlerabhängig); Seiten: ca. 40–50 S.; Preis/Heft: 4 € (bzw. 5 € inkl. Versand); Abo: –; Probeheft: 4 € (bzw. 5 € inkl. Versand); Honorar: nein (Belegexemplar als Honorar); AutorInnen: Es gibt keine Autoren, die in KLK mehrmals publiziert haben. KLK bemüht sich um eine ständige Erneuerung der Literatur. Mehrfachveröffentlichungen sind daher momentan nicht möglich. Autoren, die bisher veröffentlicht haben sind u.a.: Angelika Janz, HEL Toussaint, Lars Reyer, Michael Bittner, Karla Reimert, Simon Froehling, Tom Schulz, Dirk Laucke, Axel Sanjose; Sonstiges: KLK, als Zeitschrift, ist Bestandteil der Kultur-Organisation KunstLeuteKunst.org aus Greifswald. Weitere Projekte wie Verlag, Radio oder Poetry Slams bestehen ebenfalls neben der Zeitschrift u. warten auf interessante Literatur u. Kunst.

KOLIK, Zeitschrift für Literatur, Gustav Ernst u. Karin Fleischanderl, Taborstr. 33/21, A-1020 Wien, fon + fax: 01/2144851, kolik@aon.at, www.kolik.at – Gegr.: 1997; Profil: (vor allem österreichische) neue Literatur, keine Themenhefte; Aufl.: 2.000 Expl.; erscheint 4-mal p.a.; Format: 160 mm (B) x 220 mm (H); Seiten: ca. 150 S.; Preis/Heft: 8 € (A), 11 € (Ausland); Abo: 24 € (A), 32 € (Ausland); Probeheft: –; Honorar: nein; AutorInnen: siehe www.kolik.at

Konzepte, Zeitschrift für Literatur, Herausgeber: Bundesverband junger Autoren e.V., Christine Langer, Postfach 26 54, D-89216 Neu-Ulm, fon: 0731/87652, fax: 0731/1768621, konzepte@bvja-online.de, www.bvja-online.de/webseiten/publikationen/konzepte.htm – Gegr.: 1984; Profil: Zeitschrift für Lyrik, Prosa, Hörspiele, Essays, Texte zur Poetik; die Texte sind Erstveröffentlichungen; Aufl.: 1.100 Expl.; erscheint 1-mal p.a.; Format: A5; Seiten: ca. 144 S.; Preis/Heft: 9 €; Abo: 8,50 €; Probeheft: 9 €; Honorar: Belegexemplare; AutorInnen: Norbert Niemann, Durs Grünbein, Oskar Pastior, Friederike Mayröcker, Ulrike Draesner, Elke Erb, Ulf Stolterfoht, Michael Donhauser, Kathrin Groß-Strifiler, Martin Gülich; Sonstiges: mit Fotos/Grafiken; siehe auch „LIMA" (S. 204 sowie BVjA, S. 619)

Krautgarten, Forum für junge Literatur, Herausgeber: Bruno Kartheuser, Postfach 42, B-4780 St. Vith-Neundorf 33, fon: 0032/80/227376, fax: 0032/80/229412, bruno.kartheuser@pi.be, www.krautgarten.de – Gegr.: 1982; Profil: unveröffentlichte Literatur aller Gattungen; ein Drittel Journal mit Rezensionen, Analysen, Kommentaren, Essays, Reportagen. Literaturteil zusammengestellt von einer Redaktionsgruppe. In jdem Heft um die 25 Autoren, auch 2–4 anderssprachige mit Übersetzung, meist aus dem Französischen u. Niederländischen; Aufl.: 1.200 Expl.; erscheint 2-mal p.a.; Format: A4; Seiten: ca. 90 S.; Preis/Heft: 6 € (ohne Versandkosten); Abo: für 2-Jahresabo 30 € = 4 Hefte; Probeheft: 6 €; Honorar: nein

Kritische Ausgabe, Zeitschrift für Germanistik & Literatur, Herausgeber: SKG Kritische Ausgabe an der Rheinischen Friedrich-Wilhelms-Universität Bonn, Germanistisches Seminar, Am Hof 1 d, D-53113 Bonn, fon: 0228/737855 oder 6196757, fax: 0228/6196757, redaktion@kritische-ausgabe.de, www.kritische-ausgabe.de – Gegr.: 1997; Profil: Die *Kritische Ausgabe* erscheint zweimal pro Jahr, jeweils themengebunden. Sie präsentiert vor allem literatur- u. kulturwissenschaftliche Themen sowie literarische Texte. Beiträge stammen sowohl von Studierenden als auch von Lehrenden (nicht nur der Universität Bonn) u. Personen des Kulturbetriebs; Aufl.: 500 Expl.; erscheint 2-mal p.a.; Format: 210 mm (B) x 290 mm (H); Seiten: ca. 100 S.; Preis/Heft: 4,50 €; Abo: 9 €; Honorar: nein

KULT, Das letzte Poesy-Chaotycum der Republyk, Herausgeber: Karlyce Schrybyr, Sportplatzstr. 21 b, D-63773 Goldbach, fon + fax: 06021/56636, schreiber.space@gmx.de, www.aalfaa.de – Gegr.: 1995; Profil: Texte myt Nyveau & Charysma: Lyteratür aller Art, Essays zu allen stryttygen Themen, Rezensyonen zu Sublyt-Büchern & anderen ynteressanten Projekten – ein Chaotycum eben fyr alle Spylarten der Poesy & deren hartnäckyge Lybhaber; Aufl.: 200 Expl.; erscheint 2-mal p.a.; Format: A4; Seiten: ca. 60 S.; Preis/Heft: 3,50 €; Abo: 7 €; Probeheft: 0 €; Honorar: nein; AutorInnen: Theo Breuer, Frank Bröker, Carmen Caputo, Kai Engelke, Wolfgang G. Fienhold, HEL, Dieter P. Meier-Lenz, Stefan T. Pinternagel, Lutz Rathenow, Hartmut T. Reliwette u.v.a.; Sonstiges: KULT lesen yst wy eyn Schaumbad yn der Poesy!

Kunst + Kultur, Kulturpolitische Zeitschrift in ver.di, Herausgeber: Frank Bsirske, Frank Werneke, Paula-Thiede-Ufer 10, D-10179 Berlin, fon: 07071/940180, fax: 07071/940887, burkhard.baltzer@verdi.de, www.kunstundkultur-online.de – Gegr.: 1994; Profil: interdisziplinäre Kunst- und Kulturzeitschrift für alle Sparten mit Themenheften; Aufl.: 23.000 Expl.; erscheint 8-mal p.a.; Format: wechselnd; Seiten: ca. 48 S. A4; Preis/Heft: 5 €; Abo: 26 €; Probeheft: 5 €; Honorar: ja

Kurzgeschichten, Herausgeberin: Helga Lindow, Jägerweg 14, D-77839 Scherzheim, fon: 07227/8144, info@kurzgeschichten.biz, www.kurzgeschichten.biz – Gegr.: 2004; Profil: Prosa, Lyrik, Kurzgeschichten, Bildmaterial, Satire, offen für alle AutorInnen; Aufl.: 3.000–5.000 Expl.; erscheint 12-mal p.a.; Format: 210 mm (B) x 297 mm (H); Seiten: ca. 64 S.; Preis/Heft: 5 €; Abo: 50 €; Probeheft: 5 €; Honorar: nein; AutorInnen: zu viele, siehe Internetseite.

Lebensbaum, literarische Zeitschrift für Natur-Bewußtsein, Herausgeber: Erwin Bauereiß, Markgrafenstr. 21, D-91438 Lenkersheim, fon: 09841/2974 – Gegr.: 1987; Profil: Natur-Lyrik, entsprechende Kurzprosa, Märchenartiges, Sachbeiträge, Illustrationen; Inhalt ist eine bewußte Auseinandersetzung mit den verschiedenen Belangen der Natur; gerne mit spirituellem Tiefgang; Aufl.: 250 Expl.; erscheint 2-mal p.a. zur Winter- u. Sommersonnenwende; Format: A5, Umschlag farbig; Seiten: ca. 64 S.; Preis/Heft: 4 €; Abo: –; Probeheft: 4 €; Honorar: nein (Belegheft); AutorInnen: Wolf-Dieter Storl, Hans Wagner, Silent Wolf, Arnhild Lensch, Peter Würl, Helmut Hintermeier, Konstanze Keller, Gabriele Feyerer, Erwin Bauereiß u.v.m.; Sonstiges: ohne die Natur keine Zukunft für die Menschheit

Lescriba, Das lesbische Literaturmagazin, Herausgeberin: Karin Plankl, Brünnlweg 3, D-93161 Sinzing, fon: 09404/953307, redaktion@lescriba.de, www.lescriba.de – Gegr.: 2004; Profil: Lescriba wendet sich an alle Menschen, die gerne gute lesbische Literatur lesen u./oder selbst schreiben. Wir möchten dieses Genre fördern, weibliche, bi- u. homosexuelle Realität sichtbarer machen u. die deutschsprachige Szene der Literaturmagazine erweitern. Denn wir finden: Lesbische Literatur, Autorinnen, Veröffentlichungsmöglichkeiten – Spuren unserer Existenz – kann es nicht genug geben! Der Schwerpunkt der abgedruckten Texte wird auf Prosa u. Lyrik liegen, grundsätzlich sind jedoch alle anderen Genres (Drama, Essay, Glosse, Satire ...) ebenfalls zugelassen u. erwünscht. Neben den Texten werden zudem auch redaktionelle Inhalte wie LeserInnenbriefe, Rezensionen, Interviews u. ä. erscheinen; Aufl.: zurzeit 500 Expl.; erscheint 4-mal p.a. (1.3., 1.6., 1.9., 1.12.); Format: 150 mm (B) x 210 mm (H); Seiten: ca. 40 S.; Preis/Heft: 3 (2,20 + 0,80 Porto) €; Abo: 11 € (D); Probeheft: 3 €; Honorar: nein (Belegexemplar); AutorInnen: 1. Ausgabe am 01.12.2004; Sonstiges: Heft wird neutral verschickt. Welche Daten von der/dem AutorIn veröffentlicht werden, bestimmt dieseR (mind. Pseudonym u. Alter); Sonstiges: Bezug auch über Frauenbuchhandel

LEseSTOFF, Ein Magazin rund ums geschriebene Wort, Herausgeberin: Heike Wolff & Annett Böttge GbR, Glesiener Str. 15, D-04159 Leipzig, fon + fax: 0341/9106852, info@lesestoff-leipzig.de, www.lesestoff-leipzig.de – Gegr.: 2001/ 2002; Profil: ausschließlich themengebundene Ausgaben (aktuelle Ausschreibung siehe Homepage); spannende, unterhaltsame Kurzprosa im Stil der american shortstories; keine experimentellen Texte, keine Lyrik außerhalb entsprechender Ausschreibungen; pro Ausgabe ein Interview u. 1–2 Rezensionen (bitte keine Zusendungen, Abwicklung über Redaktion!); offen für alle deutschsprachigen AutorInnen, fremdsprachige bitte Beiträge übersetzen! Grafiken u. Fotos zum Thema; Aufl.: 200 Expl.; erscheint 4-mal p.a.; Format: 145 mm (B) x 210 mm (H); Seiten: ca. 44 S.; Preis/Heft: 3,30 € Inland/3,70 € Ausland; Abo: 10 € Inland/12,40 € Ausland; Probeheft: 2,80 € Inland/3,20 € Ausland; Honorar: nein (Belegexemplar); AutorInnen: Lieselore Warmeling, Klaus Eylmann, Kerstin Kuhlmeyer; Sonstiges: Bitte Einsendebedingungen genau lesen, ehe Sie uns Texte schicken bzw. Fragen stellen, deren Antwort bereits auf der Homepage steht. Das erspart Ihnen Enttäuschungen u. uns viel Arbeit. Grafiker u. Fotografen sind zur Beteiligung aufgefordert, bitte Themenausschreibungen auf der Homepage einsehen!

Lettre International, Europas Kulturzeitung, Herausgeber: Frank Berberich, Erkelenzdamm 59/61, D-10999 Berlin, fon: 030/30870440, fax: 030/2833128, redaktion@lettre.de, www.lettre.de – Gegr.: 1988; Profil: Hochkarätige Zusammenstellung von Reportagen, Hintergrundanalysen, Interviews, Essays, Literatur u. Kunst. Aus unterschiedlichsten Blickwinkeln, aus allen Weltregionen äußern sich internationale Autoren zu den brennenden, aber auch verborgenen Themen der Gesellschaft u. Politik, zu Kunst, Philosophie u. Wissenschaft. Alle Texte, unter ihnen viele „Entdeckungen", sind deutsche Erstveröffentlichungen. Die Hefte werden jeweils von einem Künstler exklusiv gestaltet. *Lettre International* ist eine unabhängige, internationale Publikation u. versteht sich als interdisziplinäres intellektuelles Forum. *Lettre* sieht sich keiner politischen Programmatik verpflichtet; Aufl.: 24.000 Expl.; erscheint 4-mal p.a.; Format: 270 mm (B) x 370 mm

(H); Seiten: ca. 116 S.; Preis/Heft: 9,80 €; Abo: 37 €; Probeheft: –; Honorar: ja; AutorInnen (Auswahl): Jacques Derrida, Antonio Tabucchi, Jean Baudrillard, Swetlana Alexijewitsch, Karl Schlögel, Abdelwahab Meddeb, Breyten Breytenbach, Antje Krog, Bora Cosic, Oliver Sacks, Isabel Hilton, Juan Goytisolo, George Steiner, Amitav Ghosh, Susan Sontag, Yan Lian, Tariq Ali, Eliot Weinberger, Adonis, Ian Buruma, Timothy Garton Ash, Peter Sellars, Detlef Linke, Nancy Huston, Istvan Eörsi, Ryszard Kapuscinski, Christina von Braun, Peter Sloterdijk, Slavoj Zizek, Norman Manea

LIMA, Herausgeberin: Nicole Arendt, Schulstr. 5, D-01189 Dresden, fon: 0162/2485673, nicole.arendt@gmx.net, www.bvja-online.de – Gegr.: –; Profil: Für das Literaturmagazin des Bundesverbandes junger Autoren (BVjA) findet jährlich eine Ausschreibung statt, an der sich junge AutorenInnen mit Lyrik, Prosa, Kurzgeschichten beteiligen können. Von einer vierköpfigen Jury werden die besten Texte ausgewählt und veröffentlicht; Aufl.: –; erscheint 1-mal p.a.; Format: –; Seiten: ca. 80 S.; Preis/Heft: 7 €; Abo: –; Probeheft: –; Honorar: nein; Sonstiges: siehe auch „Konzepte" (S. 201 sowie BVjA, S. 619)

LISTEN, Zeitschrift für Leserinnen und Leser, HerausgeberIn: Alexandra Böttcher u. Axel Dielmann, Oskar-von-Miller-Str. 18, D-60314 Frankfurt am Main, fon: 069/94359000, fax: 069/94359002, dielmann_verlag@yahoo.de + listen@t-online.de, www.dielmann-verlag.de – Gegr.: 1985; Profil: vierteljährlich rund 60 Buchbesprechungen, dazu Autoren- u. Verlags-Porträts sowie Interviews zur Buchwelt, auf durchschnittlich 64 Seiten, Lesetipps; Aufl.: 5.500 Expl.; erscheint 4-mal p.a.; Format: 210 mm (B) x 297 mm (H); Seiten: ca. 64 S.; Preis/Heft: 4 €; Abo: 15 €; Probeheft: 4 €; Honorar: nein; AutorInnen: Georg Klein, Ferdinand Schmökel, Hans Thill, Harry Oberländer, Detlef Clausen, Michael Rieth, Imke Bunge, Felicitas Hoppe u. v. a. m.; Sonstiges: LISTEN erscheint im axel dielmann-verlag Frankfurt am Main.

Der Literat, Fachzeitschrift für Literatur und Kunst, Herausgeberin: Inka Bohl, Postfach 19 19 23, D-14008 Berlin, fon: 0178/4448354, fax: 030/30107006, kontakt@derliterat.de, www.derliterat.de – Gegr.: 1958; Profil: Die Zeitschrift ist unabhängig u. wird von keiner Institution oder Körperschaft subventioniert. Im Laufe ihres Bestehens optisch u. inhaltlich modernisiert u. modifiziert, spiegelt „Der Literat" zum einen das literarische u. kulturelle Geschehen – berichtend, kommentierend; zum anderen präsentiert der künstlerische Teil Primärtexte in Lyrik u. Prosa; Aufl.: 1.000 Expl.; erscheint 8-mal p.a.; Format: 210 mm (B) x 297 mm (H); Seiten: ca. 26 S.; Preis/Heft: 7,60 €; Abo: 41,40 €; Probeheft: 0 €; Honorar: ja; AutorInnen: Jörg Berghoff, Gerd Berghofer, Fritz Deppert, Margot Ehrich, Manfred Enzensperger, Robert Erdmann, Peter Frömmig, Hans-Jürgen Heise, Ursula Homann, Hadayatullah Hübsch, Arnim Juhre, Ewart Reder, Ilka Scheidgen, Wolf Peter Schnetz, Christiane Schulz, Ulrike Sebert, Tina Stroheker u. a.

L – der Literatur-Bote, Herausgeber: Hessisches Literaturforum im Mousonturm e.V., Waldschmidtstr. 4, D-60316 Frankfurt am Main, fon: 069/24449940, fax:

069/24449939, info@literaturforum-frankfurt.de, www.literaturforum-frankfurt.de – Gegr.: 1986; Profil: Originalbeiträge, Primärliteratur, Essay (zu einem poetischen Thema); eine regelmäßige Rezension (nicht notwendig aktuell) sowie das Junge Literaturforum Hessen-Thüringen. Die Zeitschrift ist weder hausbacken noch schräg, sondern folgt Kafkas Satz: „Das Geschriebene erleuchtet die Welt"; Aufl.: 500 Expl.; erscheint 4-mal p.a.; Format: –; Seiten: ca. 64 S.; Preis/Heft: 5 €; Abo: 15 € + Versand; Probeheft: kostenlos; Honorar: ja; AutorInnen: Alissa Walser, Peter Kurzeck, Wilhelm Genazino, Alban Nikolai Herbst, Franz Hodjak, Ricarda Junge, Ulrich Holbein, Eva Demski, Ria Endres, Friederike Mayröcker, Franz Mon, Kurt Drawert, Gert Loschütz, Ursula Krechel, Jan Röhnert u. v. a.

Literatur in Bayern, Vierteljahresschrift für Literatur, Literaturkritik und Literaturwissenschaft, Prof. Dr. Dietz-Rüdiger Moser, Dr. Waldemar Fromm, Theresienstr. 39, D-80333 München, fon: 089/2180-4452, fax: 089/2180994452, Redaktion@LiteraturInBayern.de, www.LiteraturInBayern.de – Gegr.: 1985; Profil: Literatur, Musik, Kunst, Kultur in oder von Bayern, Primärliteratur, wiss. Beiträge, literatur- u. kulturgeschichtl. Abhandlungen, Lyrik, Interviews, Kurzprosa; Aufl.: 3.000 Expl.; erscheint 4-mal p.a.; Format: –; Seiten: ca. 64–100 S.; Preis/Heft: 6,50 € + Versand; Abo: 24 €; Probeheft: 7,50 €; Honorar: nein; AutorInnen: Prof. Dr. Hans Maier, Tanja Kinkel, Herbert Rosendorfer, Alfred Bammesberger, Frühwald, Dirk Heißerer, Ota Filip, Walter Flemmer, A. v. Schirnding

Literatur + Kritik, Herausgeber: Karl-Markus Gauß, Arno Kleibel, Otto Müller Verlag, Ernest-Thun-Str. 11, A-5020 Salzburg, fon: 0662/881974-0, fax: 0662/872387, luk@omvs.at, www.omvs.at – Gegr.: 1966; Profil: Kulturbriefe, Literatur u. Kritik, Dossier, Buchkritik, Österreichisches Alphabet; Aufl.: 3.500 Expl.; erscheint 5-mal p.a., Doppelnummern; Format: –; Seiten: ca. 111 S.; Preis/Heft: 6,80 €; Abo: 28 €; Probeheft: gratis; Honorar: ja; AutorInnen: Erich Hackl, Anna Mitgutsch, Vladimir Vestlib, Marie Therese Kerschbaumer, Evelyn Schlag, Michael Scharang etc.

Literaturblatt für Baden und Württemberg, Herausgeberin: Irene Ferchl, Drosselweg 26, D-70839 Gerlingen, fon: 07156/23657, fax: 07156/26457, info@literaturblatt.de, www.literaturblatt.de – Gegr.: 1993; Profil: Porträts von u. Interviews mit Autoren, Übersetzern, Illustratoren etc. Literarische Spaziergänge u. Reisen auf den Spuren von Dichtern u. Schriftstellern; Lektüreempfehlungen zu aktuellen u. vergessenen Büchern – also Feuilleton mit seltenen Abdrucken. Außerdem: Kalender mit allen wichtigen Literaturveranstaltungen in Baden-Württemberg, Übersicht über Ausstellungen u. Hörfunksendungen; Aufl.: 7.000 Expl.; erscheint 6-mal p.a.; Format: 200 mm (B) x 296 mm (H); Seiten: ca. 40 S.; Preis/Heft: 3 €; Abo: 22,50 €; Probeheft: 0 €; Honorar: ja; AutorInnen: Michael Bienert, Ute Harbusch, Dirk Heißerer, Sandra Hoffmann, Joachim Kalka, Michael Kapellen, Dorothea Keuler, Gunther Nickel, Angelika Overath, Heinrich Steinfest, Friederike Voss, Dörte von Westernhagen; Sonstiges: Das *Literaturblatt* erscheint in der Deutschen Verlags-Anstalt (DVA), wird von Buchhandlungen u. Bibliotheken bezogen u. von diesen kostenlos oder gegen eine Schutzgebühr abgegeben.

LITERATUREN, Das Journal für Bücher und Themen, Herausgeberin: Friedrich Berlin Verlagsgesellschaft mbH, Reinhardtstr. 29, D-10117 Berlin, fon: 030/25449580, fax: 030/25449581, kontakt@literaturen-online.de, www.literaturen.de – Gegr.: 2000; Profil: Rezensionen zu den wichtigsten Neuerscheinungen, Essays u. Kurzgeschichten, Daten u. Fakten aus dem literarischen Leben, Kolumnen zu Kinderbuch, Krimi, Hörbuch, Internet u. Buchmarkt, Interviews u. v. m.; Aufl.: 40.000 Expl.; erscheint 10-mal p.a.; Format: 215 mm (B) x 275 mm (H); Seiten: ca. 104 S.; Preis/Heft: 7,50 € u. 2 Doppelhefte à 9,90 €; Abo: 77 €; Probeheft: 0 €; Honorar: ja; AutorInnen: zu viele, um sie hier alle zu nennen!

LIT°FORM, Programme – Infos – Perspektiven, Herausgeber: Westfälisches Literaturbüro in Unna e. V., Friedrich-Ebert-Str. 97, D-59425 Unna, fon: 02303/963850, fax: 02303/963851, litform@wlb.de, www.wlb.de – Gegr.: 1986; Profil: Literatur*informations*zeitung, bitte *keine* Manuskripteinsendungen; Aufl.: 1.200 Expl.; erscheint 4-mal p.a.; Format: 210 mm (B) x 295 mm (H); Seiten: ca. 24 S.; Preis/ Heft: –; Abo: 15,34 €

Lyrische Saiten, Faltblatt, Herausgeberin: Betti Fichtl, Hebbelstr. 6, D-92637 Weiden, fon: 0961/45786, wendepunkt@ew-buch.de, www.ew-buch.de – Gegr.: 1997; Profil: deutschsprachige Lyrik in gefälliger Sprache; bebildert; Aufl.: 200 Expl.; erscheint 4-mal p.a.; Format: 420 mm (B) x 210 mm (H), zweimal gefaltet; Seiten: 1 S. gefaltet; Preis/Heft: 1,20 €; Abo: 5,50 €; Probeheft: 1,20 €; Honorar: nein; AutorInnen: Carla Kraus, Dragan Ristic, J. Chambial, Annemarie Jacobs; Sonstiges: Bebildert mit Werken von Künstlern aus Indien, Deutschland u. Österreich.

MACONDO, Die Lust am Lesen, HerausgeberIn: Frank Schorneck u. Petra Vesper, Laerfeldstr. 35, D-44803 Bochum, fon: 0234/361486, fax: 0234/361477, macondoliteratur@aol.com, www.Die-Lust-am-Lesen.de – Gegr.: 1998; Profil: Themenhefte; Kurzprosa, Lyrik, Romanauszüge, Rezensionen, Interviews, Fotografie; Aufl.: 3.000 Expl.; erscheint 2-mal p.a.; Format: 210 mm (B) x 297 mm (H); Seiten: ca. 112 S.; Preis/Heft: 7,50 € + Versand; Abo: 12 € Inland, 15 € Ausland; Probeheft: kein Probeheftversand; Honorar: nein, Belegheft, Rabatt bei weiteren Exemplaren; AutorInnen: Markus Orths, Marcus Jensen, Ulrike Draesner, Björn Kuhligk, Jörg Uwe Sauer, Raymond Federman, Silke Andea Schuemmer; Sonstiges: Erhältlich im Bahnhofsbuchhandel u. bei Amazon.de. (Siehe Beitrag S. 176 ff.)

MAGIRA, Jahrbuch zur Fantasy, Herausgeber: Fantasy Club e. V., Postfach 14 30, D-35004 Marburg, feedback@magira.com, www.magira.com – Gegr.: 2001; Profil: Jahrbuch zur Fantasy in Literatur u. Medien. Artikel, Rezensionen, Interviews, Kurzgeschichten, Marktüberblicke; Aufl.: 350 Expl.; erscheint 1-mal p.a.; Format: 170 mm (B) x 220 mm (H); Seiten: ca. 350 S.; Preis/Heft: 13,90 € (2004); Abo: –; Probeheft: –; Honorar: nein; AutorInnen: Hermann Ritter, Erik Schreiber, Hermann Urbanek, Michael Scheuch, Volkmar Kuhnle, Stefan Holzhauer, Carsten Kuhr, Werner Arend

manuskripte, Zeitschrift für Literatur, Herausgeber: Dr. Alfred Kolleritsch, Sackstr. 17, A-8010 Graz, fon: 0316/825608, fax: 0316/825605, lz@manuskripte.at, www.manuskripte.at – Gegr.: 1960; Profil: zeitgenössische, deutschsprachige, unveröffentlichte Literatur; Aufl.: 2.500 Expl.; erscheint 4-mal p.a.; Format: 210 mm (B) x 270 (H); Seiten: ca. 130 S.; Preis/Heft: 10 €; Abo: 27 € (A)/32 € (Ausland); Probeheft: gratis; Honorar: manchmal, nach Möglichkeit der Mittel; AutorInnen: Handke, Rühm, Jandl, Mayröcker, Frischmuth, H. C. Artmann, Wühr, Roth, Jelinek, Waterhouse, Jonke

Mephisto, Herausgeber: Verlag Martin Ellermeier, An der Lehmkaute 30, D-64625 Bensheim, fon: 06251/703270, fax: 06251/703290, info@dunklewelten.de, www.dunklewelten.de

Münchner Hefte, Zeitschrift junger Literatur, Herausgeber: Dennis Ballwieser, Holger Zapf, Dreimühlenstr. 33, D-80469 München, fon: 089/26217564, redaktion@muenchner-hefte.de, www.muenchner-hefte.de – Gegr.: 2002; Profil: Lyrik u. Prosa ohne Themenvorgabe von jungen Autoren (15–35 Jahre). Bevorzugt werden Autoren, die noch nicht veröffentlicht haben. Außerdem literarische Reportagen u. Essays; Aufl.: 1.000 Expl.; erscheint 2-mal p.a.; Format: 210 mm (B) x 210 mm (H); Seiten: ca. 52 S.; Preis/Heft: 2 €; Abo: –; Probeheft: 2 €; Honorar: nein; AutorInnen: Philipp W. Hildmann, Ralf Kratzert, Sandra Roszewski, Verena Richter; Sonstiges: Seit 2004 sind die *Münchner Hefte* Kooperationspartner der Süddeutschen Zeitung, mit der sie einen Literaturwettbewerb veranstalten (www.sz-jugendseite.de).

Muschelhaufen, Jahresschrift für Literatur und Grafik, Herausgeber: Erik Martin, Hospitalstr. 101, D-41751 Viersen, fon: 02162/52561, info@muschelhaufen.de, www.muschelhaufen.de – Gegr.: 1969; Profil: Alle Texte der Jahresschrift sind Erstveröffentlichungen auf hohem Niveau (Bereiche: erzählende Prosa, Lyrik, Essay, Rezension). In qualitativ guter Aufmachung werden auch die Kunstabbildungen (Illustrationen, Cartoons, eigenständige Werke, Fotos) produziert. Jede Ausgabe enthält mindestens einen zusätzlichen Sonderteil (z. B. 2005: Literatur aus Grönland); Aufl.: 1.000 Expl.; erscheint 1-mal p.a.; Format: 148 mm (B) x 209 mm (H); Seiten: ca. 208 (bis 224) S.; Preis/Heft: 12,85 €; Abo: 11,50 €; Probeheft: nur Einzelheftbestellung möglich; Honorar: nein, es gibt ein Belegexemplar; AutorInnen: Theo Breuer, Marjana Gaponenko, Stefanie Golisch, Günter Kunert, Johannes Kühn, Markus Orths, Guntram Vesper usw.; Sonstiges: Es gibt auch ein Förder&Beilagen-Abonnement (17 €), bei dem jeweils jährlich eine signierte u. nummerierte Original-Grafik (Martin Lersch u. a.) beiliegt.

NAUTILUS – Abenteuer & Phantasik, Das Magazin für Abenteuer-Literatur & -Spiele, fantastisches Kino und PC-Adventures, Herausgeber: Abenteuer Medien Verlag, Jürgen Pirner, Rostocker Str. 1, D-20099 Hamburg, fon: 040/2802886, fax: 040/28054115, nautil@abenteuermedien.de, www.abenteuermedien.de – Gegr.: 1993; Profil: Multimediales F&SF-Magazin mit besonderen Schwerpunkten auf Werkstatt-Berichten der Phantastik-Autoren, Interviews, Making ofs, Hintergrundberichten sowie Insider-News durch offizielle Info-Kolumnen der Verlage. NAUTILUS ist offizielles Organ u. a. zum Thema „Der Herr der Ringe"; Aufl.: 35.000

Expl.; erscheint 4-mal p.a.; Format: 210 mm (B) x 297 mm (H); Seiten: ca. 120 S.; Preis/Heft: 5,50 € + 2,50 € Versand; Abo: 25 €; Probeheft: 0 €; Honorar: ja; AutorInnen: Wolfgang Hohlbein, Monika Felten, Brian Lumley, Bernhard Hennen, Jörg Kastner, Hadmar von Wieser, Thomas Finn, Markus Heitz, Harald Evers u. a.; Sonstiges: Offizielles News-Organ für das F&SF-Programm der Verlage Klett-Cotta u. Bastei-Lübbe. Offizielles Organ zu den Abenteuer-Spielen zu Tolkiens Mittelerde u. zu H. P. Lovecrafts Cthulhu.

[nerv], Sprache & Impuls, Herausgeber: Verein solarplexus, Harfenbergstr. 17, Postfach 2060, CH-9001 St. Gallen, fon: 071/2226626, redaktion@solarplexus.ch, www.solarplexus.ch – Gegr.: 1999; Profil: Zeit-Schrift für junge Literatur (Lyrik u. Kurzprosa) von innovativ-experimentell bis klassisch. Keine Themenvorgaben, ausschließlich deutschsprachige Texte. In jeder Ausgabe werden 4–5 Autoren publiziert, mit kurzem, schrägem Selbstporträt. Jede Ausgabe wird von einem anderen Künstler gestaltet; Aufl.: 300 Expl.; erscheint 3-mal p.a.; Format:137 mm (B) x 211 mm (H); Seiten: ca. 32 S.; Preis/Heft: 6 €/8 CHF; Abo: 18 €/25 CHF; Probeheft: 6 €/8 CHF; Honorar: nein; AutorInnen: Etrit Hasler, Sabine Imhof, Herbert Hindringer, Edda Gutsche, Carmen Caputo

Neue Rundschau, Herausgeber: Hans Jürgen Balmes, Jörg Bong, Helmut Mayer, S. Fischer Verlag, Hedderichstr. 114, D-60596 Frankfurt am Main, fon: 069/6062-230, fax: 069-6062-370, isabel.kupski@fischerverlage.de – Gegr.: 1890; Profil: Die *Neue Rundschau* ist eine Kulturzeitschrift; zu ihr gehört die Verbindung zwischen Essay u. Literatur, zwischen theoretischen Reflexionen u. Stücken poetischer Praxis, zwischen den Wissenschaften u. den Künsten. Die *Neue Rundschau* versteht sich als ein Ort intellektueller Debatten, literarischer Neuentdeckungen u. Wiedererinnerungen; Aufl.: 3.000 Expl.; erscheint 4-mal p.a.; Format: 150 mm (B) x 230 mm (H); Seiten: ca. 180 S.; Preis/Heft: 9 €; Abo: 34 € (inkl. Porto), europ. Ausland 38 €, Übersee 45 €; Probeheft: kostenlos; Honorar: ja; AutorInnen: Thomas Mann, Paul Celan, Max Horkheimer, Theodor W. Adorno, Alexander Kluge, Ingeborg Bachmann, Monika Maron

Neue Sirene, Zeitschrift für Literatur, Herausgeberin: Bettina Hohoff, Pasinger Heuweg 82, D-80999 München, fon + fax: 089/355117, redaktion@neuesirene.de, www.neuesirene.de + www.neuesirene.com – Gegr.: 1994; Profil: Die internationale Literaturzeitschrift *Neue Sirene* veröffentlicht Lyrik in Original u. Übersetzung, Prosa u. Essays. Bei allen Beiträgen stoßen die Leser/innen auf Erstveröffentlichungen in der Originalsprache oder auf erstmalige Übersetzungen aus anderen Sprachen ins Deutsche. Die Zeitschrift wird rund um den Erdball gelesen u. abonniert. Weitere Merkmale: Kurzprosa, Erzählungen, Übersetzungen, Erstveröffentlichungen, weltweit, mehrsprachig, keine Themenhefte, offen für deutsch- u. fremdsprachige Autoren/innen verschiedener Altersgruppen u. verschiedenen Bekanntheitsgrades; Aufl.: 1.000 Expl.; erscheint 2-mal p.a.; Format: 140 mm (B) x 210 mm (H); Seiten: 140 S.; Preis/Heft: 12 € + 1 € Versand Inland; Abo: Zweijahresabo (4 Hefte) 43 € + 4 € Versand Inland; Probeheft: 9 € + 1 € Versand Inland; Versandkosten Ausland: günstigster Versandweg; Honorar: Wir treffen individuelle Vereinbarungen mit den Autoren; AutorInnen: Theodor Weißenborn, Guillermo Aparicio, Belton Dominick, Helga Gruschka, Manfred Winkler, Vytautas Karalius, Wallace Stevens u. Edith Huber

Nocturno, Herausgeber: Markus Kastenholz & Timo Kümmel, Rothenbergstr. 39, D-65366 Geisenheim/Rhg., fon: 06722/5184, ekchondrom@freenet.de, www.nocturno-mag.de.vu – Gegr.: 2001; Profil: Phantastisches Magazin für Stories, Grafiken u. mehr; Aufl.: 200 Expl.; erscheint 1-mal p.a.; Format: 148 mm (B) x 210 mm (H); Seiten: ca. 180–200 S.; Preis/Heft: 9,80 €; Abo: 9,80 €; Probeheft: 9,80 €; Honorar: nein; AutorInnen u. ZeichnerInnen: Eddie M. Angerhuber, Michael Siefener, Andreas Gruber, Charlotte Engmann, Markus Kastenholz, Linda Budinger, Thorsten Grewe, Uwe Vöhl, Malte S. Sembten, Michael Marrak, Manfred Lafrentz, Nicole Erxleben, Timo Kümmel, H. J. Alpers, Thomas Wagner u. Boris Koch; Sonstiges: Nocturno erscheint innerhalb der Edition Nocturno im VirPriV Verlag (www.virpriv.de). Passende Beiträge, die uns überzeugen, sind jederzeit gerne gesehen.

Nova, Das deutsche Magazin für Science Fiction und Spekulation, Herausgeber: Ronald M. Hahn, Olaf G. Hilscher, Michael K. Iwoleit, c/o Ronald M. Hahn, Werth 62, D- 42275 Wuppertal, redaktion@nova-sf.de, www.nova-sf.de – Gegr.: 2002; Profil: Nova ist primär ein Forum für aktuelle deutschsprachige Science Fiction. Daneben veröffentlichen wir Artikel u. Essays zur Science Fiction-Literatur u. verwandten Themen u. in jeder Ausgabe eine Erzählung eines ausländischen Gastautors oder einen interessanten Klassiker-Nachdruck; Aufl.: ca. 500 Expl.; erscheint 3-mal p.a. (Frühjahr, Herbst, Winter); Format: A5; Seiten: ca. 180 S.; Preis/Heft: 12,80 €; Abo: 38,40 €; Probeheft: 12,80 €; Honorar: nein; AutorInnen: Zu den Stammautoren gehören Arno Behrend, Holger Eckhardt, Michael K. Iwoleit, Thorsten Küper, Marc-Ivo Schubert u. Helmuth W. Mommers. Mehrere Übersetzungen des bekannten australischen Autors Greg Egan.

OMEN, DAS, Horror-Journal, Herausgeber: Frank Festa, Festa Verlag, Albert-Schweitzer-Str. 2, D-04317 Leipzig, fon: 0341/6810131, fax: 0341/6810132, info@festa-verlag.de, www.festa-verlag.de – Gegr.: 2003; Profil: Storys, Essays, Interviews, News, Rezensionen zum Thema, Schwerpunkt ist die moderne angloamerikanische Literatur des Unheimlichen; Aufl.: 1.000 Expl.; erscheint 1-mal p.a.; Format: 134 mm (B) x 210 mm (H); Seiten: ca. 200 S.; Preis/Heft: 12,95 €; Abo: –; Probeheft: –; Honorar: ja; AutorInnen: Michael Marshall Smith, S. T. Joshi, Kim Newman, H. P. Lovecraft u. v. a. angloamerikanische Autoren

orte, Schweizer Literaturzeitschrift, Herausgeber: Werner Bucher, Wirtschaft Kreuz, Hub, CH-9427 Wolfhalden AR, fon + fax: 071/8881556, info@orteverlag.ch, www.orteverlag.ch – Gegr.: 1974; Profil: Kurzprosa, Lyrik, Reportagen, Buchbesprechungen, News. Eigenwillig, quer zum Mainstream! Themenhefte: Mundart, Untergrund, Dichter im Widerstand, Gedichte für Kinder, Gebete, Satan & Co. etc.; sehr offen, weite Auffassung von literarischem Gefäss; Aufl.: 2.200 Expl.; erscheint 5-mal p.a.; Format: 146 mm (B) x 210 mm (H); Seiten: ca. 68 S.;

Preis/Heft: 14 CHF/10 €; Abo: 60 CHF/41 €; Probeheft: 10 €; Honorar: nein; Autor-Innen: Lutz Rathenow, Oliver Behnssen, Radka Donnell, Eva-Maria Berg, Barbara Höhfeld, Axel Kutsch, Horst Bingel, Christian Saalberg, Sibylle Severus, Erika Burkart, Theo Breuer, Carmen Kotarski u.a.; Sonstiges: *orte* wurde im August 2004 30 (!) Jahre alt. Zum Jubiläum erschien eine Broschüre zum Thema Dada.

Ort der Augen, Blätter für Literatur aus Sachsen-Anhalt, Herausgeber: Literaturbüro Sachsen-Anhalt e.V., Thiemstr. 7, D-39104 Magdeburg, fon + fax: 0391/5010915, literaturbuero-san@t-online.de, www.literaturbuero-sachsen-anhalt.de; erscheint im dr. ziethen verlag, Friedrichstr. 15a, D-39387 Oschersleben, fon: 03949/4396, fax: 03949/500100, info@dr-ziethen-verlag.de, www.dr-ziethen-verlag.de – Gegr.: 1994; Profil: Prosa, Lyrik, Dramatik, Essay, Nachrichten, offen für alle deutschsprachigen Autoren; enthält jeweils die Vorstellung eines bildenden Künstlers oder eines Kunstprojektes; Aufl.: 1.000 Expl.; erscheint 4-mal p.a.; Format: 148 mm (B) x 210 mm (H); Seiten: ca. 80 S.; Preis/Heft: 4,90 €; Abo: 19,50 €; Probeheft: kostenlos; Honorar: bisher kein Honorar, soll sich 2005 ändern; AutorInnen: Torsten Olle, André Schinkel, László Cziba, Wolfgang Rüb, Dieter P. Meier-Lenz, Maximilian Zander, Undine Materni

OSTRAGEHEGE, Zeitschrift für Literatur und Kunst, Herausgeberin: Literarische Arena e.V., Vetschauer Str. 17, D-01237 Dresden, fon: 0351/2691326 + 2842983, fax: 0351/2729959, dkrause@gmx.de, www.ostra-gehege.de – Gegr.: 1994; Profil: Literatur aus Sachsen, Mittel- u. Osteuopa, auch anderer Erdteile; Lyrik, Essay, Prosa, Rezension; Reihe „das Interview" (bisher erschienen u.a. mit Lenka Reinerova, Raoul Schrott, Christian Lehnert, Christoph Wilhelm Aigner); Reihe: Junge deutschsprachige Lyrik; Beiträge zur Kunst in jedem Heft; Aufl.: 400–600 Expl.; erscheint 4-mal p.a.; Format: 200 mm (B) x 295 mm (H); Seiten: ca. 60 S.; Preis/ Heft: 4,90 €; Abo: 19,50 €; Probeheft: 6,40 €; Honorar: i.d.R. ja; AutorInnen: Kurt Drawert, Daniela Fischerova, Franz Hodjak, Urszula Koziol, Ludvik Kundera, Thomas Kunst, Günter Kunert, Czeslaw Milosz, Herta Müller, Tadeusz Rozewicz, Wojciech Izaak Strugala, Joachim Walthe; Sonstiges: Bisher erschienen mehrere Sonderausgaben, u.a. „Das Land Ulro nach Schließung der Zimtläden" u. „Heimkehr in die Fremde".

Passauer Pegasus, Zeitschrift für Literatur, HerausgeberIn: Karl Krieg, Edith Ecker, Hans-Peter Ecker, Stefan Rammer, Wörthstr. 8, D-94032 Passau, fon: 0851/56189, karl.krieg@uni-passau.de – Gegr.: 1983; Profil: Lyrik, Prosa (Kurzprosa, aber auch längere Auszüge aus neuen Romanen), Essays, Porträts, Buchbesprechungen. Dt.-sprachige AutorInnen + Übersetzungen, vor allem aus Osteuropa (Tschechien, Slowakei, Ungarn etc.). Offen für alle; Themenhefte bzw. Schwerpunkt-Hefte in der Regel nur mit geograph. Bezug (Literatur aus Tschechien/Slowakei ...); Aufl.: 600 Expl.; erscheint 2-mal p.a.; Format: 145 mm (B) x 210 mm (H); Seiten: ca. 160 S.; Preis/Heft: 8,50 €; Abo: –; Probeheft: 4,50 €; Honorar: nein; AutorInnen: Peter Kurzeck, Bernhard Setzwein, Ludvik Kundera, Dieter P. Meier-Lenz, Elisabeth Vera Rathenböck, Werner Fritsch, Christoph Geiser, Klaus Merz, Helmut Krausser, Harald Grill etc.

perspektive, hefte für zeitgenössische literatur, HerausgeberIn: gruppe perspektive / helmut schranz, Rottalgasse 4/30, A-8010 Graz, fon: 0316/679321, helmut.schranz@perspektive.at, www.perspektive.at – Gegr.: 1977; Profil: experiment, avantgarde, neue konzepte, essays. *perspektive* dokumentiert sowohl avancierte wie grenzgängerische literaturen & liefert auch fortlaufend die ergebnisse der kooperationen von gruppe perspektive; Aufl.: 900 Expl.; erscheint 2-mal p.a.; Format: 210 mm (B) x 297 mm (H); Seiten: ca. 100 S.; Preis/Heft: 5 €; Abo: 10 €; Probeheft: 5 €; Honorar: nein; AutorInnen: ulf stolterfoht, ulrich schlotmann, kenji siratori, d. holland-moritz, christian steinbacher; Sonstiges: *perspektive* hat derzeit redaktionen in berlin, wien u. graz sowie aussenstellen in budapest u. salzburg. die angegebene adresse ist die der hauptredaktion in graz. weitere informationen auf der homepage.

phantastisch!, neues aus anderen welten, Herausgeber: Achim Havemann, Harlinger Str. 119, D-29456 Hitzacker, fon: 05862/9411300, fax: 05862/8834, ahavemann@t-online.de, www.phantastisch.net – Gegr.: 2001; Profil: Inhalt nur utopisch-phantastische Themen in Literatur, Comic, Film, wissenschaftl. Artikel, Interviews, Kurzgeschichten, Rezensionen, Nachrichten; Aufl.: 1.200 Expl.; erscheint 4-mal p.a.; Format: 211 mm (B) x 298 mm (H); Seiten: ca. 64 S.; Preis/Heft: Inland 4,90 €/Ausland 5,40 €; Abo: Inland 17 €/Ausland 19 €; Probeheft: Inland 4,90 €/Ausland 5,40 €; Honorar: ja (Stories, Artikel u. Interviews), nein (z. B. Rezensionen); AutorInnen: Nicole Rensmann, Andreas Eschbach, Helmuth W. Mommers, Klaus N. Frick, Horst Illmer, Götz Roderer, Jacek Rzeszotnik, Thomas Harbach, Florian Breitsameter; Sonstiges: Anzeigen möglich, neu: Kleinanzeigen (privat/gewerblich)

PODIUM, Literaturzeitschrift, Herausgeber: Literaturkreis PODIUM, Adresse Büro: Rennbahnstr. 28, A-3100 St. Pölten, fon + fax: 02742/21040, podium@aon.at, Produktion/Vertrieb: Postfach 27, A-1094 Wien, fax: 01/3100057, hannes.vyoral@chello.at, www.wienerzeitung.at/podium – Gegr.: 1971; Profil: PODIUM vermittelt zeitgenössische Literatur aus Österreich u. dem Ausland mit besonderem Schwerpunkt der Literatur aus Niederösterreich u. den osteuropäischen (Nachbar-)Staaten; Aufl.: 1.000–1.300 Expl.; zwei Doppelhefte p.a.; Format: A5; Seiten: ca. 148–184 S.; Preis/Doppelheft: 12 € (A)/14,50 € (D); Abo: 18 € (A)/23 € (D); Probeheft: gratis; Honorar: nein (ausgenommen Übersetzungen); AutorInnen: österreichische AutorInnen: von Ilse Aichinger bis Helmut Zenker, internationale AutorInnen: von Tschingis Aitmatow bis Andrea Zanzotto; Sonstiges: Neben der Zeitschrift erscheinen anlassgebunden auch Bücher (Schwerpunkt Lyrik). PODIUM ist auch eine AutorInnen-Vereinigung mit ca. 120 Mitgliedern; PODIUM ist auch ein kleiner Literaturverlag (ca. 6–8 Publikationen p.a.); PODIUM vergibt auch den Alfred Gesswein-Literaturpreis.

The Punchliner, von den Machern der SUBH, Herausgeber: Axel Klingenberg u. Andreas Reiffer, Hauptstr. 16 b, D-38527 Meine, fon: 05304/501783, fax: 05304/501796, andreas.reiffer@gmx.de, www.subh.de – Gegr.: 2004; Profil: Satire, Stories, Comics; Nachfolgeprojekt der SUBH; Aufl.: 400 Expl.; erscheint 1–2-mal p.a.; Format: 150 mm (B) x 200 mm (H); Seiten: ca. 120 S.; Preis/Heft: 10 €; Preis für 2 Ausgaben: 15 €; Probeheft: 10 €; Honorar: nein; AutorInnen: Jan Off, Frank Bröker, Frank Schäfer, Stefan Wimmer, Tobias Stenzel, Thomas Glatz

Quarber Merkur, Franz Rottensteiners Literaturzeitschrift für Science Fiction und Phantastik, Herausgeber: Erster Deutscher Fantasy Club e. V., Postfach 1371, D-94003 Passau, fon: 0851/58137, fax: 0851/58138, edfc@edfc.de, www.edfc.de – Gegr.: 1963; Profil: Franz Rottensteiners ehemals „unillustrierte Literaturzeitschrift", 1963 unter dem Schlachtruf „Kampf der verderblichen Schundliteratur" vom Herausgeber der „Phantastischen Bibliothek" im Suhrkamp Verlag gegründet, erscheint seit 1997 im EDFC e. V. Der Quarber Merkur ist die einzige Zeitschrift im deutschen Sprachraum, die sich kritisch mit allen Erscheinungsformen des Phantastischen, von der unheimlichen Erzählung bis zur Science Fiction, beschäftigt u. selbst in amerikanischen Nachschlagewerken berücksichtigt wird; Aufl.: ca. 300 Expl.; erscheint 1-mal p.a. als Doppelnummer; Format: –; Seiten: –; Preis/Heft: Eine Einzelausgabe kostet 8 €, eine Doppelnummer 15,50 €.; Abo: Ein Zweijahresabo für 4 Nummern kostet 31 €; Probeheft: –; Honorar: nein; AutorInnen: Alles, was in der Szene Rang u. Namen hat; Sonstiges: siehe S. 623

Rabenflug, Kulturzeitschrift – Literatur Kunst Geschichte, Herausgeberin: Evelyn von Bonin, Herminenstr. 7, D-65191 Wiesbaden, fon: 0611/560319, EMvBonin@aol.com, www.zeitschrift-rabenflug.de – Gegr.: 1991; Profil: Textarten: Lyrik, Kurzprosa, Essay, Buchvorstellung, Kulturnotizen. In Rabenflug werden zeitgenössische u. frühere Literatur gegenüber u. nebeneinander gestellt. Die Themen sind frei; Aufl.: 250 Expl.; erscheint 2-mal p.a.; Format: 210 mm (B) x 298 mm (H); Seiten: ca. 36 S.; Preis/Heft: 4 €; Abo: 8 €; Probeheft: 3 €; Honorar: nein; AutorInnen: Andreas Noga, Charlotte Christoff, D. P. Meier-Lenz, Anneliese Merkel, Jochen Schaare, Johanna Anderka, Bruno Runzheimer etc.

Risse, Zeitschrift für Literatur in Mecklenburg und Vorpommern, Verein zur Förderung neuer Literatur in Mecklenburg-Vorpommern Risse e. V., Literaturhaus Kuhtor, Ernst-Barlach-Str. 5, D-18055 Rostock, fon: 0381/4925581, fax: 0381/4909199, info@literaturhaus-rostock.de, www.literaturhaus-rostock.de (siehe auch „Literaturförderkreis Kuhtor e. V.", S. 633)

Salbader, Belehrung und Erbauung, Herausgeberin: Die Redaktion: Bov Bjerg, Hans Duschke, Horst Evers, Hinark Husen, Andreas Scheffler, Jürgen Witte, Wolliner Str. 11, D-10435 Berlin, fon: 030/4484505, salbader@prenzl.net + info@salbader.de, http://salbader.de – Gegr.: 1989; Profil: Eine Zeitschrift mit Beiträgen von Autoren aus dem Umfeld der Berliner Vorlesebühnen. Kurztexte, Satire, knappe Alltagsgeschichten, Humor, den nicht alle witzig finden. Eine Zeitschrift für den allseits interesssierten u. geschmacklich gebildeten Literatur-Endverbraucher. Die große Kunst der kleinen Lesehappen für zwischendurch. Also quasi keine Lyrik, keine Prosa (wir schreiben Geschichten), keine Rezensionen, keine Interviews u. auch kein Tratsch aus der schillernden Welt der schreibenden Zünfte; Aufl.: 4.000 Expl.; erscheint 2–3-mal p.a.; Format: 100 mm (B) x

210 mm (H); Seiten: ca. 76 S.; Preis/Heft: 5 € (Schein); Abo: 4 Hefte für 14 €; Probeheft: 5 € (Schein); Honorar: ja, ein geringes; AutorInnen u. Sonstiges: Siehe Homepage, auf der Salbader komplett u. kostenlos einzusehen ist. Und das sollte man bitte auch tun, bevor man seine Beiträge an den Salbader schickt. Für vieles, was Autoren verschicken, ist der Salbader oft ganz einfach die falsche Adresse.

Der Sanitäter, Zeitschrift für Text und Bild, Oberwaldbehrungen 10, D-97645 Ostheim/Rhön, fon: 09774/858490, fax: 09774/858491, engstler-verlag@t-on-line.de, www.engstler-verlag.de – Gegr.: 1988; Profil: Lyrik, Prosa; Aufl.: verschieden, ca. 500 Expl.; erscheint unregelmäßig; Format: –; Seiten: –; Preis/Heft: letzte Nummer 15 €; Abo: –; Probeheft: –; Honorar: nein

Schlagzeilen, SM aus der Szene für die Szene, Herausgeberin: Charon Verlag Grimme KG, Simon-von-Utrecht-Str. 4 c, D-20359 Hamburg, fon: 040/313290, fax: 040/313204, mtjg@schlagzeilen, www.schlagzeilen.com – Gegr.: 1988; Profil: Thema: alles rund um sadomasochistische Liebe: Gedichte, Geschichten, Schwerpunkt-Beiträge; Aufl.: 7.000 Expl.; erscheint 6-mal p.a.; Format: 210 mm (B) x 297 mm (H); Seiten: ca. 80 S.; Preis/Heft: 13,50 €; Abo: 72 €; Probeheft: kostenfrei; Honorar: ja; AutorInnen: Gregor Sakow, Petra Maresch, Barbara Büchner, Matthias T. J. Grimme, Irena Böttcher, Karin, Michael Domas, Fritz Walter, Ambiente

Schreibheft, Zeitschrift für Literatur, Herausgeber: Norbert Wehr, Nieberdingstr. 18, D-45147 Essen, fon: 0201/778111, fax: 0201/775174, schreibheft@netcologne.de, www.schreibheft.de – Gegr.: 1977; Profil: „Das *Schreibheft* ist das einzigartige A & O aller fortgeschrittenen (Welt-)Literatur-Kenner & Liebhaber. Ein zweimal jährlich bestelltes weites Feld, auf dem man a) das kommende Gras wachsen hört und b) essayistisch geerntet wird." (Frankfurter Rundschau) „Das *Schreibheft* hat die ertragreichsten Expeditionen durch die Kontinente der europäischen und nordamerikanischen Gegenwartsliteratur unternommen. Es ist Pflichtlektüre für alle, die sich mit den avancierten Projekten der modernen Weltliteratur vertraut machen wollen." (Deutschlandfunk); Aufl.: 2.500 Expl.; erscheint 2-mal p.a.; Format: 175 mm (B) x 250 mm (H); Seiten: ca. 192 S.; Preis/Heft: 10,50 €; Abo (4 Hefte): 29 € + Versand; Probeheft: 10,50 €; Honorar: ja; AutorInnen: siehe Homepage

Sinn und Form, Beiträge zur Literatur, Herausgeberin: Akademie der Künste, Tucholskystr. 2, D-10117 Berlin, fon: 030/288848-80, fax: 030/288848-84, sinn-form@adk.de, www.sinn-und-form.de – Gegr.: 1949; Profil: Prosa, Lyrik, Gedichte, Briefe, Essays, Auszüge aus Tagebüchern, Reden und Gespräche; offen für alle Autorinnen und Autoren; Aufl.: 3.000 Expl.; erscheint 6-mal p.a.; Format: 164 mm (b) x 238 mm (h); Seiten: ca. 144 S.; Preis/Heft: 9 €; Abo: 39,90 €; Probeheft: kostenfrei; Honorar: –; AutorInnen: Friedrich Dieckmann, Durs Grünbein, Peter Sloterdijk, György Konrád, Gert Mattenklott, Peter Härtling, Volker Braun, Walter Jens, Pawel Florenski, Rüdiger Safranski

SOCIAL BEAT SLAM!poetry, (vormals „einblick"), Herausgeber: Michael Schönauer, Lehenstr. 33, D-71679 Asperg, fon: 07141/260019, fax: 07141/640050, www.killroy-media.de – Gegr.: 1984; Profil: Gute Taschenbücher – starke Texte (Kurzgeschichten u. Gedichte); junge Autoren u. ihre Debüts; Werke eigenwilliger, eigenständiger u. unverbrauchter Künstler, die wir ein Stück des Wegs „über das weite literarische Feld" begleiten ...; Aufl.: 1.000 Expl.; erscheint unregelmäßig; Format: 148 mm (B) x 210 mm (H); Seiten: ca. 208 S.; Preis/Heft: 10,15 € + 1,02 € Versand; Abo: –; Probeheft: ggf. auf Anfrage Rabatte; Honorar: nein; AutorInnen: Bdolf, Dagi Bernhard, Theo Breuer, Tanja Dückers, Bernd HARLEM Fischle, Kersten Flenter, Caroline Hartge, Hadayatullah Hübsch, Jaromir Konecny, Jan Off, Jürgen Ploog, Heike Reich, Philipp Schiemann, Michaela Seul, Enno Stahl, Tom Toys, Yussuf M, Thomas Schweisthal; Sonstiges: zurzeit redaktionelle Arbeit eingestellt; Anfragen direkt an den Verlag, KILLROY media, siehe oben

Sprache im technischen Zeitalter, Herausgeber: Norbert Miller u. Joachim Sartorius, Redaktion: c/o Literarisches Colloquium Berlin (www.lcb.de), Am Sandwerder 5, D-14109 Berlin, www.spritz.de, Verlag: SH-Verlag, Osterather Str. 42, D-50739 Köln, fon: 0221/9561740, fax: 0221/9561741, info@sh-verlag.de, www.sh-verlag.de

Sterz, Zeitschrift für Literatur, Kunst u. Kulturpolitik, Herausgeber: siehe Homepage, Mandellstr. 10, A-8010 Graz, fon: 0316/824146, fax: 0316/824146-6, zeitschrift@sterz.mur.at, http://sterz.mur.at – Gegr.: 1977; Profil: Diskursforum für Lyrik, Prosa, Essay, wissenschaftliche Abhandlung, Bild(er)geschichten, Grafik, Fotografie u.a.m. Im *Sterz* treffen Anfänger auf Meister, Liebhaber auf „Profis", Interessierte auf Kreative. *Sterz* erscheint seit 1977 vierteljährlich. Auf der Homepage finden sich die bisherigen Ausgaben, der aktuelle u. der zukünftige *Sterz*. Unter „heiss" gibt es das Allerneueste. *Sterz* wird über Abonnements auch ausserhalb Deutschsprachiens vertrieben sowie durch Handverkauf u. im Buch- u. Zeitschriftenhandel in Österreich. Im *Sterz* werden kreative Disziplinen zu einem Gesamtkunstwerk vereinigt. Das *Sterz*Augenmerk gilt aufstrebenden Talenten. *Sterz*Beiträge sollen etwa 6.000 Zeichen haben. *Sterz*Essays sind mit Zwischentitel leichter lesbar. *Sterz*Biografien wird großes Interesse entgegengebracht: Einige Zeilen zur Person, individuell u. bunt. Texte in Kopien, auf Diskette oder über Mail. *Sterz*Grafiken brauchen nicht unbedingt auf ein Thema einzugehen. *Sterz* erhält sich aus den Abonnements, dem Verkauf, den Inseraten u. den Förderungen. *Sterz* trägt sich gerade selbst u. zahlt keine Honorare. Mitarbeiter erhalten 1–3 (Ausl.) Belegexemplare. *Sterz*Autoren behalten das Copyright. *Sterz* veröffentlicht nur Erstdrucke. *Sterz*Themen werden im Editorial, mittels „Vorlauf" u. auf der Homepage angekündigt; Aufl.: 8.000 Expl.; erscheint 4-mal p.a.; Format: 290 mm (B) x 390 mm (H); Seiten: ca. 48 S.; Preis/Heft: (ohne Versandk.): 6/8,60 € (Doppelh.), mit VSK 7,50–8 € (Österr.), 10–12 € (Ausland); Abo: 21,50 € (Österr.), 27,60 € (Ausl.); Probeheft: 1,50–2 € (Österr.), 4–6 € (Ausl.); Honorar: nein; AutorInnen: siehe Homepage, „*Sterz*autoren vom Anfang an"

Stint, Zeitschrift für Literatur, Herausgeber: Jürgen Dierking u. Victor Ströver, Goetheplatz 4, D-28203 Bremen, fon: 0421/327943, fax: 0421/3365621, redaktion@stint.de, www.stint.de – Gegr.: 1986; Profil: Prosa, Lyrik, Essay, Kritik,

Interview, Rezensionen, Kunst; Themenhefte; Aufl.: 1.000 Expl.; erscheint 2-mal p.a.; Format: 135 mm (B) x 205 mm (H); Seiten: ca. 160 S.; Preis/Heft: 7,90 € + Versand; Abo: 13,20 € + Versand; Probeheft: –; Honorar: nein; AutorInnen: Charles Baxter, Volker Braun, Sylvia Geist, Wilhelm Genazino, Max Goldt, Friederike Mayröcker, Georg Klein, Dragan Velikic, Aglaja Veterani

Der Storch, Das lesbare Blatt, Herausgeber: Volker König, Jürgen Schumacher, Essen, adebar@cityweb.de, www.derstorch.homepage.t-online.de – Gegr.: 2001; Profil: Offen für alle Richtungen, ob Prosa oder Lyrik. Handwerklich gute u. lesbare Texte, die unterhalten u. das Verlangen auf Nachschub wecken; Aufl.: variiert; erscheint: variiert; Format: 145 mm (B) x 210 mm (H); Seiten: ca. 60 S.; Preis/Heft: 3 €; Abo: –; Probeheft: 3 €; Honorar: ja

Torso, Literatur München–Berlin, Herausgeber: E.-W. Kornhass, A. Moir, H. Wenzel, Römerstr. 6, D-80801 München, fon: 089/38869968, fax: 089/38899393, panisken-verlag@t-online.de, www.torso-lit.de – Gegr.: 1992; Profil: Alle Texte, Schwerpunktthemen, div. Literaturen. Literaturpreise, Förderung Nachwuchsautoren, Leseveranstaltungen; Aufl.: 1.000 Expl.; erscheint 2-mal p.a.; Format: 340 mm (B) x 425 mm (H); Seiten: ca. 80 S.; Preis/Heft: 8 € + Versand; Abo: 14 €; Probeheft: 8 € + Versand; Honorar: ja, Lesehonorar + Reisespesen; AutorInnen: Herausgeber (s.o.), Urs Jaeggi, Urs Widmer, Lydia Mischkulnig, Alda Merini, Elena Ferrante, Salvatore Satta, Ron Winkler u. a.

Veilchen, Herausgeberin: Andrea Herrmann, Mitarbeit von Astrid Günther u. Susanne Koch, c/o D. Plaza, Georg-August-Zinn-Allee 2, D-68519 Viernheim, veilchen@geschichten-manufaktur.de, www.geschichten-manufaktur.de – Gegr.: 2003; Profil: Zeitschrift für alle, die gerne schreiben u. gerne lesen; Textarten: Kurzprosa, Lyrik, Schreibtipps, Informationen über Wettbewerbe; Beiträge von LeserInnen sind ausdrücklich erwünscht; Ziel ist die Kommunikation zwischen u. Förderung von unbekannten Schreibenden; Aufl.: 30 Expl.; erscheint 4-mal p.a.; Format: A4; Seiten: ca. 24 S.; Preis/Heft: 2 €; Abo: 8 €; Probeheft: 2 €; Honorar: nein

VENTiLE, texte & bilder, Herausgeber: Dr. Treznok, Marcus Weber, Binger Str. 7, D-55116 Mainz, fax: 01212/510520346, nettwill@mainz-online.de, http://de.wikipedia.org/wiki/Ventile – Gegr.: 1994; Profil: Die VENTiLE ist eine handkolorierte Literatur-, Handdruck-, Kunst-, CopyArt- u. Materialzeitschrift. In der Regel liegen ihr Handdrucke (Bleisatz, Linol- u. Holzschnitte) u. dreidimensionale Gimmix bei. In VENTiLE werden Texte u. Bilder jeder Richtung u. aller Sparten von bekannten u. unbekannten AutorInnen veröffentlicht; Aufl.: 100 Expl.; erscheint 1-mal p.a.; Format: 210 mm (B) x 297 mm (H); Seiten: ca. 40 + 10 S.; Preis/Heft: 5 €; Abo: 5 €; Probeheft: 5 €; Honorar: nein; AutorInnen: Marcus Braun, Christoph Peters, Jan Off, Hadayatullah Hübsch, Gunda Kurz, Theo Breuer, Jens Schumacher, Inox, Crauss, Tobias Hülswitt, Carolin Lörch, Dr. Treznok

Verstärker, Organ zur Rückkopplung von Kunst und Literatur, HerausgeberIn: Olaf Dietze, Joschka Meyer, Rahel Stichtenoth, Revalerstr. 8, D-10245 Berlin, fon:

030/26039126, rueckkoppeln@verstaerker-online.de, www.verstaerker-online.de
– Gegr.: 2001; Profil: Der *Verstärker* ist eine offene Kunst- und Literaturzeitschrift,
in der Kurzgeschichten, Gedichte u. Reimereien, Philosophisches, Bilder, Zeich-
nungen u. Photos veröffentlicht werden. Jede Ausgabe hat ein Thema (z. B. „blau",
„Feuer"), das unter www.verstaerker-online.de ausgeschrieben wird. Beiträge zum
Thema füllen gut die Hälfte des Heftes, der Rest sind freie Beiträge. Fremdsprachige
Texte erscheinen mit einer Übersetzung der Redaktion. Beiträge sollten eine
Gesamtlänge von 10.000 Zeichen nicht überschreiten; Aufl.: 500 Expl.; erscheint
4-mal p.a.; Format: 148 mm (B) x 210 mm (H); Seiten: ca. 44 S.; Preis/Heft: 4,45 €;
Abo: 15 €; Probeheft: 4,45 €; Honorar: nein; AutorInnen: Björn Schürmann, Olaf
Dietze, Danuka, Martin Kowalski, Felix Bartholmes, Janina Galvagni, Thomas
Steiner, Arne Dietze, Michael Steimel

Wandler, Zeitschrift für Literatur, Herausgeber: ligatur e.V., Vorstandssprecher:
Oliver Gassner, Redaktion: Wandler-Redaktion, Postfach 1023 43, D-78423
Konstanz, Herausgeber, Versand, Abos, Tauschabos: Wandler-Versand, Oliver
Gassner, Radbrunnengasse 1/2, D-71665 Vaihingen/Enz, fon-Versand:
07042/978272, @-Redaktion: wandler@carpe.com, Manuskripte bevorzugt per
eMail, @-Herausgeber/Versand: wandler@carpe.com, www.carpe.com/wandler/
– Gegr.: 1987; Profil: Prosa, Lyrik, Grafik, Foto, auch: Romanauszüge, Drama u. ä.,
Experimentelles, Rezensionen, Nachrichten. Keine Tagebuchergüsse, Blümchen-
prosa ...; Aufl.: 750 Expl.; erscheint 2-mal p.a.; Format: A5; Seiten: ca. 100 S.;
Preis/Heft: 4 € (im Einzelversand + Porto u. Verpackung 5 €); Abo: 20 € (4 Hefte);
Probeheft: 3 Hefte 10 €; Honorar: in der Regel: nein

Wespennest, zeitschrift für brauchbare texte und bilder, Herausgeber: Walter
Famler u. Jan Koneffke, Rembrandtstr. 31/4, A-1020 Wien, fon: 01/3326691, fax:
01/3332970, office@wespennest.at, www.wespennest.at – Gegr.: 1969; Profil:
Literatur, Essay, Debatte, Kritik. Jedes Heft bietet neben einem literarischen, kulturellen oder politischen Thema Polemiken, Interviews, Debatten, Dossiers, Besprechungen u. Fotoessays im großen Format; Aufl.: 5.000 Expl.; erscheint 4-mal
p.a.; Format: 230 mm (B) x 300 mm (H); Seiten: ca. 120 S.; Preis/Heft: 12 €; Abo:
36 € (40 € außerhalb Österreichs); Probeheft: 6 €; Honorar: –; AutorInnen:
Friedrich Achleitner, Gennadij Ajgi, Lothar Baier, Rudolf Burger, Peter O. Chotje-
witz, Franz Josef Czernin, György Dalos, Michail Eisenberg, Adolf Holl, Ulrich
Horstmann, Elfriede Jelinek, Jaan Kaplinski, Friederike Mayröcker, Dmitrij Prigow,
Erwin Riess, Michael Rutschky, Robert Schindel, Olga Sedakova, Burghart
Schmidt, Heinz Steinert, Tomas Venclova, Oswald Wiener, Wolf Wondratschek

Wiecker Bote, Literarische Hefte zur Zeit, Herausgeber: Silke Peters, Stefan
Kalhorn, Sascha Fricke, Postfach 31 28, D-17461 Greifswald, info@wiecker-bote.de,
www.wiecker-bote.de

Windgeflüster, Magazin für Phantastik und Rollenspiel, HerausgeberIn: GFR e.V.
– Gilde der Fantasy Rollenspieler, Masbergweg 12, D-40470 Düsseldorf, fon:
0211/5450557, oliver@windgefluester.de, www.windgefluester.de – Gegr.: 1987;

Profil: Das Phantastik-Magazin Windgeflüster wendet sich vor allem an Rollenspieler, aber auch sonst an alle Fantasy- u. SF-Interessierte. Neben News u. Terminen finden sich in Windgeflüster stets ein Rollenspielabenteuer, ein bis zwei Kurzgeschichten, Interviews u. Artikel aus dem Bereich SF & Fantasy: Kino, neue Projekte, Hintergrundartikel bis hin zu gut recherchierten, populärwissenschaftlichen Artikeln zu fantasyverwandten Themen (z. B. „Hexen im Mittelalter"). Rezensionen zu Publikationen der Szene. Jedes Heft ist einem speziellen Thema (wie „Drachen", „Roboter" oder „Seefahrt") gewidmet. Die Artikel werden durchgängig illustriert (durch unser Illustratorenteam oder durch Dritte); Aufl.: 700–1.500 Expl.; erscheint 2–3-mal p.a.; Format: 210 mm (B) x 297 mm (H); Seiten: ca. 64 S.; Preis/Heft: 3,50 €; Abo: 15 € für 4 Ausgaben; Probeheft: 3,50 €; Honorar: nein (Belegexemplare, evtl. Kostenerstattung; Honorar für Illustrationen); AutorInnen: über die Jahre hinweg beinahe alle deutschen Rollenspielautoren u. einige Fantasyautoren; Sonstiges: Verbreitungsgebiet ist der gesamte deutschsprachige Raum, wir sind auf vielen Fantasy- u. Rollenspielconventions u. der Spielemesse in Essen präsent (Preis für ein Heft dort jeweils: 3 €).

YE, Schachteledition für originale Graphik und (visuelle) Poesie, Herausgeber: Theo Breuer, Neustr. 2, D-53925 Sistig/Eifel, fon: 02445/1470, EditionYE@t-online.de, www.theobreuer.de – Gegr.: 1993; Profil: YE ist eine internationale Schachteledition für Kunst & Poesie mit handgeschriebenen Gedichten, Linol- bzw. Holzschnitten u. anderen seriellen Techniken. Begrenzte Teilnehmerzahl, zurzeit ca. 10/12; Aufl.: 17 Expl.; erscheint 1-mal p.a.; Format: 210 mm (B) x 297 mm (H); Seiten: 60 Blätter; Preis/Heft: auf Nachfrage!; Abo: gibt es nicht; Probeheft: gibt es nicht; Honorar: Jeder Teilnehmer erhält eine Ausgabe der Schachteledition; AutorInnen: Mehrere hundert AutorInnen u. KünstlerInnen aus vielen Ländern; deutsche AutorInnen waren u. a. Axel Kutsch, Frank Milautzcki, Andreas Noga, Antje Paehler, Saza Schröder.

Zeichen & Wunder, Zeitschrift für Kultur, HerausgeberIn: H. Brunträger, Ch. Leisten, E. Kraus, D. Unterwieser, K. Rakoczy, c/o Hubert Brunträger, Grüneburgweg 89, D-60323 Frankfurt am Main, fon: 069/721471, info@zeichenwunder.de, www.zeichenwunder.de – Gegr.: 1989; Profil: Essay, Kurzprosa, Lyrik, Rezensionen in Erstveröffentlichungen, jedes Heft wird illustriert, will sowohl den „interessierten Laien" erreichen als auch den akademisch Gebildeten, seriös-schlicht, inhaltsbezogen; Aufl.: 400 Expl.; erscheint 2–3-mal p.a.; Format: A5; Seiten: ca. 90 S.; Preis/Heft: 4,77 €; Abo: 16 €; Probeheft: –; Honorar: nein; AutorInnen: Doris Runge, Raphael Urweider, Mechthild Curtius, Rainer Wieczorek, Maike Wetzel, Thorsten Casmir, Peter Bürger, Christoph Peters, Jürgen Kross, Rachid Boudjedra

ZENO, Jahrheft für Literatur und Kritik, Herausgeber: Gerd Brüdermüller, Wolfgang Marx, Jakob Ossner, Michael Rumpf, J. Vahland (Redaktion); c/o J. Vahland, Klopstockstr. 5, D-24103 Kiel, fon: 0431/5703596, fax: 0431/5703597, zeno.vahland@web.de, www.zeno-jahrheft.de – Gegr.: 1980; Profil: Themenhefte; Aufl.: 600 Expl.; erscheint 1-mal p.a.; Format: 155 mm (B) x 220 mm (H); Seiten: ca. 112 S.; Preis/Heft: 10,77 €; Abo: 8 €; Probeheft: 10,77 €; Honorar: Freiexemplar

Weitere Zeitschriften

Autorinnen und Autoren, Übersetzer und Übersetzerinnen

Autorensolidarität (siehe S. 191; 628 f.)

Kunst + Kultur (siehe S. 202; 641)

Übersetzen (ehemals „Der Übersetzer"), Herausgeber: Verband deutschsprachiger Übersetzer literarischer und wissenschaftlicher Werke e.V. (VdÜ) in Zusammenarbeit mit der Bundessparte Übersetzer im Verband deutscher Schriftsteller (VS) in ver.di, Redaktion: Kathrin Razum, Hans-Thoma-Str. 5, D-69121 Heidelberg, karaz@gmx.de, www.literaturuebersetzer.de – Informatives u. Unterhaltsames rund ums Literaturübersetzen; Werkstattberichte, berufspolitische Informationen, Serviceteil; erscheint 4-mal p.a.; Abo: 20 €, per Luftpost 30 €, für Mitglieder des VdÜ kostenlos

Buchhandel

Börsenblatt – Wochenmagazin für den Deutschen Buchhandel, Großer Hirschgraben 17–21, D-60311 Frankfurt am Main, fon: 069/1306-363, fax: 069/289986, boersenblatt@mvb-online.de, www.mvb-boersenblatt.de – Das *Börsenblatt* ist das offizielle Verbandsorgan des Börsenvereins des Deutschen Buchhandels (siehe S. 618) und erscheint einmal wöchentlich in einer Auflage von über 12.000 Exemplaren. Es berichtet aktuell über Fragen, die alle drei Buchhandelssparten (Verlage, Sortimentsbuchhandlungen, Zwischenbuchhandel) betreffen und richtet sich an Buchhändlerinnen, Verleger und deren Mitarbeiter, an Bibliothekarinnen, Autorinnen, Journalisten u. alle am Kultur- u. Wirtschaftsgut Buch interessierten Leserinnen. Zusätzlich zu den wöchentlichen Ausgaben erscheinen sieben *Börsenblatt*-Spezialhefte: Hörbuch, Theologie, Fachbuch, Kalender, Buchmesse, Kinder- u. Jugendbuch u. Recht, Wirtschaft, Steuern. Über die Internetadresse kann man einen kostenlosen Newsletter abonnieren, der täglich über Neuigkeiten in der Branche informiert.

BuchMarkt, Sperberweg 4a, D-40668 Meerbusch, fon: 02150/9191-0, fax: 02150/919191, redaktion@buchmarkt.de, www.buchmarkt.de – „*BuchMarkt* ist das unabhängige Ideenmagazin für den Buchhandel. Seit 1966 berichtet es monatlich [auf bis zu 300 Seiten] über Aktuelles in der Branche, liefert Hintergrundberichte u. informiert über neue Entwicklungen in der Verlags- u. Buchhandelslandschaft."

buchreport, Verlagsanschrift: Harenberg Kommunikation Verlags- und Medien-GmbH & Co. KG, Königswall 21, D-44137 Dortmund, Redaktion fon: 0231/9056-201, fax: 0231/9056-111, buchreport@harenberg.de, www.buchreport.de – „buch-

report ist mit seinen beiden Ausgaben buchreport.express (wöchentlich) u. buchreport.magazin (monatlich) die meinungsbildende Fachzeitschrift für den gesamten deutschsprachigen Buchhandel. Zu den regelmäßigen Veröffentlichungen gehören die wöchentlichen ‚Spiegel'-Bestsellerliste sowie ‚Gong'-Bestsellerlisten, die Rankings ‚Die 100 größten Verlage', ‚Die 100 größten Buchhandlungen', der ‚Verlagskompass' mit allen Verflechtungen in der deutschen Verlagsszene u. viele andere exklusive Beiträge."

Anzeiger, Die Zeitschrift für die österreichische Buchbranche, c/o Hauptverband des Österreichischen Buchhandels, Grünangergasse 4, A-1010 Wien, fon: 01/5121535, fax: 01/5128482, www.buecher.at – „Die Zeitschrift für die österreichische Buchbranche informiert einmal im Monat über die wichtigsten Ereignisse in der Buchbranche. Neben aktuellen Kurzberichten u. vielen Serviceangeboten werden im Anzeiger auch zu verschiedenen Schwerpunktthemen informative Beiträge präsentiert."

Schweizer Buchhandel, Herausgeber u. Verlag: Schweizer Buchhändler- und Verleger-Verband SBVV, Redaktion: Brauerstr. 87, CH-8004 Zürich, fon: 01/2423651, fax: 01/2423649, www.swissbooks.ch – Offizielles Verbandsorgan des SBVV mit aktueller Berichterstattung, Verlagsinformationen, Stellenanzeigen.

Film/Drehbuch

Siehe „Reading for the job: Print- & Online-Magazine und Newsletter für DrehbuchautorInnen" von Nicole Ehringhausen, S. 412 f.

Kreatives Schreiben

TextArt, Magazin für kreatives Schreiben, Herausgeber: Oliver Buslau, Carsten Dürer, Redaktion: Oliver Buslau, Gierather Mühlenweg 15, D-51469 Bergisch-Gladbach, fon: 0221/6806985, fax: 0221/686771, redaktion@textartmagazin.de, www.textartmagazin.de – Gegr.: 2000; Profil: „Die Zeitschrift *TextArt* ist ein Magazin für Kreatives Schreiben: Wir bieten Anleitungsartikel für die verschiedensten Schreib-Bereiche u. -Aufgaben (von der Lyrik über den Roman bis hin zum Geschäftsbrief). Wir stellen Schreibwerkzeuge (vom Füller bis zur Software) vor, wir rezensieren Fachbücher zum Schreiben u. Belletristik, und wir stellen natürlich auch die Macher vor: Autoren, Lektoren, Verlagsmanager. Außerdem bieten wie einen Serviceteil mit Terminen zu Schreibwerkstätten, kündigen Wettbewerbe an, berichten über die Sieger usw. *TextArt* veröffentlicht keine Primärtexte.";
erscheint 4-mal p.a.; Format: A4; Preis/Heft: 4,40 €; Abo: 17,60 €
(Siehe auch Anzeige, S. 219)

Rezensionen

Listen – Rezensionszeitschrift (siehe S. 204)

Virginia, Zeitschrift für Frauenbuchkritik, Herausgeberinnen: Christel Göttert, Anke Schäfer, Verlag: Christel Göttert Verlag, Virchowstr. 21, D-65428 Rüsselsheim, fon + fax: 06142/59844, info@christel-goettert-verlag.de, www.christel-goettert-verlag.de, Redaktion: Britta Jürgs, Doris Hermanns, Susanne Webel, Redaktionsadresse: Doris Hermanns, Floris Heermalestraat 1 bis, NL-3514 VV Utrecht, fon + fax: 0031/20/624-5003, redaktion@virginia-frauenbuchkritik.de, www.virginia-frauenbuchkritik.de – Manuskripte und Rezensionsexemplare bitte ausschließlich an die Redaktion schicken. Erscheinungsweise: 2-mal jährlich (März u. Oktober)

Theater

Die Deutsche Bühne, Das Theatermagazin, Herausgeber: Deutscher Bühnenverein – Bundesverband Deutscher Theater, St.-Apern-Str. 17–21, D-50667 Köln, fon: 0221/20812-18, fax: 0221/20812-29, info@die-deutsche-buehne.de, www.die-deutsche-buehne.de – „*Die Deutsche Bühne* ist das älteste deutsche Theatermagazin für alle Sparten. Wir bringen Berichte, Reportagen, Essays u. Interviews über das Theater auf, vor und hinter der Bühne." Das Magazin erscheint monatlich; Preis/Heft: 6 €; Jahresabo: 51,60 € + Versand.

my Theater-Korrespondenz, Mykenae Verlag Rossberg KG, Berliner Ring 89, D-64625 Bensheim, fon: 06251/840440, fax: 06251/840449, www.mykenae.de/pub/my_theaterkorr.htm – Der aktuelle Theaternachrichten- u. Feuilletondienst im 54. Jahrgang (2004); 14-täglich. Abo: als Printausgabe 19 €, als PDF-Datei (per eMail) 15 € monatlich.

Theater heute, Herausgeber: Friedrich Berlin Verlag, Redaktionsanschrift: Reinhardtstr. 29, D-10117 Berlin, fon: 030/25449510, fax: 030/25449512, redaktion@theaterheute.de, www.theaterheute.de – *Theater heute* erscheint monatlich mit einem Doppelheft im August u. einem Jahrbuch im September; Abo: 124 €.

Theater der Zeit, Zeitschrift für Politik und Theater, Im Podewil, Klosterstr. 68–70, D-10179 Berlin, fon: 030/24722414, fax: 030/24722415, redaktion@theaterderzeit.de, www.theaterderzeit.de – „*Theater der Zeit* versteht sich als Medium der Reflexion, einem Theater zugewandt, das sich vor den Turbulenzen des Hier und Heute nicht ängstigt. In einer Situation gesellschaftlicher Spannungen will die Zeitschrift Theaterleuten aus Ost u. West ein Forum der Kritik, der Debatte u. der genreübergreifenden Verständigung eröffnen." Erscheint monatlich; Preis/Heft: 6 €; Jahresabo: 50,25 € (10 Ausgaben + 1 Arbeitsbuch)

Tages- und Wochenzeitungen

Tageszeitungen

Aachener Nachrichten, Dresdener Str. 3, D-52068 Aachen, fon: 0241/5101-0, fax: 0241/5101-440, www.aachener-nachrichten.de + www.an-online.de

Aachener Zeitung, Dresdener Str. 3, D-52068 Aachen, fon: 0241/5101-0, fax: 0241/5101-360, redaktion@mail.aachener-zeitung.de, www.aachener-zeitung.de

Abendzeitung, Sendlinger Str. 10, D-80331 München, fon: 089/2377-0, fax: 089/2377-709, www.abendzeitung.de

Ärzte Zeitung, Am Forsthaus Gravenbruch 5, D-63263 Neu-Isenburg, fon: 06102/5060, info@aerztezeitung.de, www.aerztezeitung.de

Allgäuer Zeitung, Heisinger Str. 14, D-87437 Kempten, fon: 0831/206-0, fax: 0831/206-137, info@all-in.de, www.allgaeuer-zeitung.de

Allgemeine Zeitung, Erich-Dombrowski-Str. 2, D-55127 Mainz, fon: 06131/4830, fax: 06131/485868, www.main-rheiner.de

Augsburger Allgemeine, Curt-Frenzel-Str. 2, D-86167 Augsburg, fon: 0821/777-0, fax: 0821/777-2039, info@augsburger-allgemeine.de, www.augsburger-allgemeine.de

Badische Neueste Nachrichten, Linkenheimer Landstr. 133, D-76149 Karlsruhe, fon: 0721/789-0, fax: 0761/789-155, www.badische-neueste-nachrichten.de

Badische Zeitung, Basler Str. 88, D-79115 Freiburg, fon: 0761/496-0, fax: 0761/496-5069, kultur@badische-zeitung.de, www.badische-zeitung.de

Badisches Tagblatt, Stephanienstr. 1–3, D-76530 Baden-Baden, fon: 07221/215-0, fax: 07221/215-1440, info@badisches-tagblatt.de, kult@ badisches-tagblatt.de, www.badisches-tagblatt.de

Berliner Kurier, Karl-Liebknecht-Str. 29, D-10178 Berlin, fon: 030/2327-9, berliner-kurier@berlinonline.de, www.berlinonline.de

Berliner Morgenpost, Axel-Springer-Str. 65, D-10888 Berlin, fon: 030/2591-0, fax: 030/2591-72939, redaktion@berliner-morgenpost.de, www.berliner-morgenpost.de

Berliner Zeitung, Karl-Liebknecht-Str. 29, D-10178 Berlin, fon: 030/2327-9, fax: 030/2327-5239, berliner-zeitung@berlinonline.de, www.berlinonline.de, www.berliner-zeitung.de

Bietigheimer Zeitung, Kronenbergstr. 10, D-74321 Bietigheim-Bissingen, fon: 07142/403-0, fax: 07142/403-128, redaktion@bietigheimerzeitung.de, www.bietigheimerzeitung.de

Bild, Axel-Springer-Platz 1, D-20355 Hamburg, www.bild.de

Bild am Sonntag, Axel-Springer-Platz 1, D-20355 Hamburg, www.bild.de

Braunschweiger Zeitung, Hamburger Str. 277, D-38114 Braunschweig, fon: 0531/3900-0, fax: 0531/3900-610, redaktion.feuilleton@bzv.de, www.newsclick.de

Cellesche Zeitung, Bahnhofstr. 1–3, D-29221 Celle, fon: 05141/990-0, fax:

05141/990-112, redaktion@cellesche-zeitung.de, www.cellesche-zeitung.de

Coburger Tageblatt, Hindenburgstr. 3a, D-96450 Coburg, fon: 09561/888-0, fax: 09561/888-199, redaktion@ coburger-tageblatt.de, www.coburger-tageblatt.de

Darmstädter Echo, Holzhofallee 25–31, D-64295 Darmstadt, fon: 06151/387-532, fon: 06151/387-533, www.echo-online.de

Delmenhorster Kreisblatt, Lange Str. 122, D-27749 Delmenhorst, fon: 04221/156666, fax: 04221/156999, redaktion@dk-online.de, www.dk-online.de

Dithmarscher Landeszeitung, Wulf-Isebrand-Platz 1, D-25746 Heide, fon: 0481/6886-0, fax: 0481/6886-462, redaktion@boyens-medien.de, www.shnordsee.de

Donaukurier, Stauffenbergstr. 2a, D-85051 Ingolstadt, fon: 0841/9666-0, fax: 0841/9666-255, www.donaukurier.de

Dresdner Morgenpost, Ostra-Allee 18, D-01067 Dresden, fon: 0351/4864-0, fax: 0351/4864-2630

Eßlinger Zeitung, Zeppelinstr. 116, D-73730 Esslingen, fon: 0711/9310-0, fax: 0711/3169124, redaktion@ez-online.de, www.ez-online.de

Fränkischer Tag, Gutenbergstr. 1, D-96050 Bamberg, fon: 0951/188-209, fax: 0951/188-323, redaktion@fraenkischer-tag.de, www.fraenkischer-tag.de

Frankenpost, Poststr. 9/11, D-95028 Hof, fon: 09281/816-0, fax: 09281/816-283, redaktion@frankenpost.de, www.frankenpost.de

Frankfurter Allgemeine Zeitung, Hellerhofstr. 2–4, D-60327 Frankfurt am Main, fon: 069/7591-0, fax: 069/7591-1743, www.faz.net,

Frankfurter Neue Presse, Frankenallee 71–81, D-60327 Frankfurt am Main, fon: 069/7501-0, fax: 069/7501-4878, fnp.redaktion@fsd.de, www.fnp.de

Frankfurter Rundschau, Große Eschenheimer Str. 16–18, D-60313 Frankfurt am Main, fon: 069/2199-1, fax: 069/2199-3425, redaktion@fr-aktuell.de, www.fr-aktuell.de

Freie Presse, Brückenstr. 15, D-09111 Chemnitz, fon: 0371/656-0, fax: 0371/643042, kultur@freiepresse.de, www.freiepresse.de

Fuldaer Zeitung, Frankfurter Str. 8, D-36043 Fulda, fon: 0661/280-0, fax: 0661/280-480, redaktion@fuldaerzeitung.de, www.fuldaerzeitung.de

General-Anzeiger, Justus-von-Liebig-Str. 15, D-53121 Bonn, fon: 0228/6688-0, fax: 0228/6688-411, feuilleton@ga-bonn.de, www.general-anzeiger-bonn.de

Gießener Allgemeine Zeitung, Marburger Str. 18–20, D-35390 Gießen, fon: 0641/3003-0, fax: 0641/3003-305, redaktion@giessener-allgemeine.de, www.giessener-allgemeine.de

Gießener Anzeiger, Am Urnenfeld 12, D-35396 Gießen, fon: 0641/9504-0, fax: 0641/9504-200, www.giessener-anzeiger.de

Die Glocke, Ruggestr. 27–29, D-59302 Oelde, fon: 02522/73-0, fax: 02522/73-166, www.die-glocke.de

Göttinger Tageblatt, Dransfelder Str. 1, D-37079 Göttingen, fon: 0551/901-0, fax: 0551/901-750, redaktion@goettinger-tageblatt.de, www.goettinger-tageblatt.de

Grafschafter Nachrichten, Coesfelder Hof 2, D-48527 Nordhorn, fon: 05921/7070, fax: 05921/15166, www.gn-online.de + www.grafschafter-nachrichten.de

Hamburger Abendblatt, Axel-Springer-Platz 1, D-20350 Hamburg, fon: 040/347-00, fax: 040/347-24978, www.abendblatt.de

Hamburger Morgenpost, Griegstr. 75, D-22763 Hamburg, fon: 040/88303-03, fax: 040/88303-630, kultur@mopo.de, www.mopo.de

Hanauer Anzeiger, Hammerstr. 9, D-6345 Hanau, fon: 06181/2903-333, fax: 06181/2903-300, redaktion@hanauer.de, www.hanauer-anzeiger.de

Hannoversche Allgemeine Zeitung, August-Madsack-Str. 1, D-30559 Hannover, fon: 0511/518-0, fax: 0511/518-2871, haz@madsack.de, www.haz.de

Die Harke, An der Stadtgrenze 2, D-31582 Nienburg, fon: 05021/966-0, fax: 05021/966-113, info@harke-online.de, www.harke-online.de

Haßfurter Tagblatt, Augsfelder Str. 19, D-97437 Haßfurt, fon: 09521/699-0, fax: 09521/699-11, www.hassfurter-tagblatt.de

Heilbronner Stimme, Allee 2, D-74072 Heilbronn, fon: 07131/615-0, fax: 07131/615-373, redaktion@stimme.de, www.stimme.de

Hildesheimer Allgemeine Zeitung, Rathausstr. 18–20, D-31134 Hildesheim, fon: 05121/106-0, fax: 05121/106-241, redaktion@hildesheimer-allgemeine.de, www.hildesheimer-allgemeine.de

HNA, Hessische/Niedersächsische Allgemeine, Frankfurter Str. 168, D-34121 Kassel, fon: 0561/203-0, fax: 0561/203-2340, kulturredaktion@hna.de, www.hna.de

Holsteiner Courier, Gänsemarkt 1–3, D-24534 Neumünster, fon: 04321/946-210, www.courier.de + www.shz.de

Iserlohner Kreisanzeiger und Zeitung, Theodor-Heuss-Ring 4–6, D-58636 Iserlohn, fon: 02371/822-0, fax: 02371/822-102, www.iserlohner-kreisanzeiger.de

Junge Welt, Karl-Liebknecht-Str. 33, D-10178 Berlin, fon: 030/536355-0, fax: 030/536355-44, redaktion@jungewelt.de, cm@jungewelt.de, www.jungewelt.de

Kieler Nachrichten, Fleethörn 1–7, D-24103 Kiel, fon: 0431/903-0, fax: 0431/903-2896, www.kn-online.de

Kölner Stadt-Anzeiger, Amsterdamer Str. 192, D-50735 Köln, fon: 0221/224-0, fax: 0221/224-2524, www.ksta.de

Kölnische Rundschau, Stolkgasse 25–45, D-50667 Köln, fon: 0221/1632-0, fax: 0221/1632-557, kr.kultur@kr-redaktion.de, www.rundschau-online.de

Landshuter Zeitung, Altstadt 89, D-84028 Landshut, fon: 0871/850-0, fax: 0871/850-202, stadtred@landshuter-zeitung.de, www.idowa.de

Lausitzer Rundschau, Straße der Jugend 54, D-03050 Cottbus, fon: 0355/481-0, fax: 0355/481-178, lr@lr-online.de, www.lr-online.de

Leipziger Volkszeitung, Peterssteinweg 19, D-04107 Leipzig, fon: 0341/2181-0, fax: 0341/9618555, www.lvz-online.de

Ludwigsburger Kreiszeitung, Körnerstr. 14–18, D-71634 Ludwigsburg, fon: 07141/130-0, fax: 07141/130-340, redaktion@u-u.de, www.ludwigsburger-kreiszeitung.de

Lübecker Nachrichten, Herrenholz 10–12, D-23556 Lübeck, fon: 0451/144-0, fax: 0451/144-1008, www.ln-online.de

Märkische Allgemeine, Friedrich-Engels-Str. 24, D-14473 Potsdam, fon: 0331/2840-0, fax: 0331/2840-310, kultur@MAZonline.de, www.maerkische-allgemeine.de

Märkische Oderzeitung, Kellenspring 6, D-15230 Frankfurt an der Oder, fon: 0335/5530-0, fax: 0335/5530-538, redaktion@moz.de, www.moz.de

Magdeburger Volksstimme, Bahnhofstr. 17, D-39104 Magdeburg, fon: 0391/5999-0, fax: 0391/5999-400, www.volksstimme.de

Main-Echo, Weichertstr. 20, D-63741 Aschaffenburg, fon: 06021/396-0, fax: 06021/396-499, www.main-echo.de

Main Post, Berner Str. 2, D-97084 Würzburg, fon: 0931/6001-0, fax: 0931/6001-599, redaktion@mainpost.de, www.mainpost.de

Mannheimer Morgen, Dudenstr. 12–26, D-68167 Mannheim, fon: 0621/392-1313, fax: 0621/392-1366, redaktion@mamo.de, www.mamo.de

Mindener Tageblatt, Obermarktstr. 26–30, D-32423 Minden, fon: 0571/882-0, fax: 0571/882-236, kultur@mt-online.de, www.mt-online.de

Mittelbayerische Zeitung für Regensburg, Margaretenstr. 4, D-93047 Regensburg, fon: 0941/207-357, fax: 0941/207-124, mz-redaktion@donau.de, www.donau.de

Mitteldeutsche Zeitung, Delitzscher Str. 65, D-06112 Halle, fon: 0345/565-0, fax: 0345/565-4350, www.mz-web.de

Münchner Merkur, Paul-Heyse-Str. 2, D-80336 München, 089/5306-0, fax: 089/5306-8655, www.merkur-online.de

Münstersche Zeitung, Neubrückenstr. 8–11, D-48143 Münster, fon: 0251/592-0, fax: 0251/592-8454, kulturredaktion.muenster@mdhl.de, www.muenstersche-zeitung.de

Neue Osnabrücker Zeitung, Breiter Gang 10–16, D-49074 Osnabrück, fon: 0541/310-0, fax: 0541/310-474, www.neue-oz.de

Neue Presse, August-Madsack-Str. 1, D-30559 Hannover, fon: 0511/5101-0, fax: 0511/5101-6299, np@madsack.de, www.neuepresse.de

Neue Presse, Friedrich-Rückert-Str. 73, D-96450 Coburg, fon: 09561/850-0, fax: 09561/850-139, redaktion@np-coburg.de, www.np-coburg.de

Neue Ruhr/Rhein Zeitung NRZ, Friedrichstr. 34–38, D-45128 Essen, fon: 0201/804-0, fax: 0201/804-2621, kultur@nrz.de, www.nrz.de

Der neue Tag/Oberpfälzischer Kurier, Weigelstr. 16, D-92637 Weiden, fon: 0961/85-0, fax: 0961/447-47, kultur@zeitung.org, www.zeitung.org

Neues Deutschland, Alt Stralau 1–2, D-10245 Berlin, fon: 030/29390-5, fax: 030/29390-600, feuilleton@nd-online.de, www.nd-online.de

Neue Westfälische, Niedernstr. 21–27, D-33602 Bielefeld, fon: 0521/555-0, fax: 0521/555-348, kultur@neue-westfaelische.de, www.nw-news.de

Nordkurier, Flurstr. 2, D-17034 Neubrandenburg, fon: 0395/4575-0, fax: 0395/4575-694, feuilleton@nordkurier.de, www.nordkurier.de

NORDSEE-ZEITUNG GmbH, Hafenstr. 140, D-27576 Bremerhaven, fon: 0471/597-0, fax: 0471/597-555, www.nordsee-zeitung.de

Nordwest Zeitung, Peterstr. 28–34, D-26121 Oldenburg, fon: 0441/9988-01, fax: 0441/9988-2069, red.kultur@nordwest-zeitung.de, www.nordwest-zeitung.de

Nürnberger Nachrichten, Marienstr. 9, D-90402 Nürnberg, fon: 0911/216-0, fon: 0911/216-2432, nn-kultur@pressenetz.de, www.nn-online.de

NZ Nürnberger Zeitung, Marienstr. 9, D-90402 Nürnberg fon: 0911/2351-0, fax:

0911/2351-2000, nz-kultur@pressenetz.de, www.nz-online.de

Oberhessische Presse, Franz-Tuczek-Weg 1, D-35039 Marburg, fon: 06421/409-0, fax: 06421/409-302, kultur@op-marburg.de, www.op-marburg.de

Offenbach-Post, Waldstr. 226, D-63071 Offenbach, fon: 069/85008-0, fax: 069/85008-298, www.offenbach-post.de

Offenburger Tageblatt/Mittelbadische Presse, Marlener Str. 9, D-77656 Offenburg, fon: 0781/504-0, fax: 0781/504-1209, www.baden-online.de

Oldenburgische Volkszeitung, Neuer Markt 2, D-49377 Vechta, fon: 04441/9560-0, fax: 04441/9560-310, info@ov-online.de, www.ov-online.de

Oranienburger Generalanzeiger, Lehnitzstr. 13, D-16515 Oranienburg, fon: 03301/5963-0, fax: 03301/5963-50, www.oranienburger-generalanzeiger.de

Ostsee-Zeitung, Richard-Wagner-Str. 1a, D-18055 Rostock, fon: 0381/365-0, fax: 0381/365-373, kultur@ostsee-zeitung.de, www.ostsee-zeitung.de

Ostthüringer Zeitung, Alte Str. 1, D-04626 Löbichau, fon: 03447/524, fax: 03447/525933, kultur@otz.de, www.otz.de

Passauer Neue Presse, Medienstr. 5, D-94030 Passau, fon: 0851/802-0, fax: 0851/802-773, redaktion@pnp.de, www.pnp.de

Der Patriot, Hansastr. 2, D-59557 Lippstadt, fon: 02941/201-00, fax: 02941/201-297, zeitungsverlag@derpatriot.de, www.derpatriot.de

Pforzheimer Zeitung, J. Esslinger GmbH & Co., Poststr. 5, D-75172 Pforzheim, fon: 07231/933-0, fax: 07231/933-260, www.pz-news.de

PZ Pirmasenser Zeitung, Gärtnerstr. 20, D-66953 Pirmasens, fon: 06331/8005-0, fax: 06331/8005-81, kultur@pirmasenser-zeitung.de, www.pirmasenser-zeitung.de

Recklinghäuser Zeitung, Breite Str. 4, D-45657 Recklinghausen, fon: 02361/1805-0, fax: 02361/1805-55, www.westline.de

Reutlinger General-Anzeiger, Burgstr. 1–7, D-72764 Reutlingen, fon: 07121/302-0, fax: 07121/302-677, kultur@gea.de, www.gea.de

Rheinische Post, Pressehaus Düsseldorf, Zülpicher Str. 10, D-40549 Düsseldorf, fon: 0211/505-0, fax: 0211/505-2284, kultur@rheinische-post.de, www.rheinische-post.de

Rhein-Neckar-Zeitung, Hauptstr. 23, D-69117 Heidelberg, fon: 06221/519-0, fax: 06221/519-217, feuilleton@rnz.de, www.rnz.de

Die Rheinpfalz, Amtsstr. 5–11, D-67059 Ludwigshafen, fon: 0621/5902-01, fax: 0621/5902-354, redkult@rheinpfalz.de, www.rheinpfalz.de

Rhein-Zeitung, August-Horch-Str. 28, D-56070 Koblenz, fon: 0261/892-0, fax: 0261/892-770, redaktion@rhein-zeitung.de, www.rhein-zeitung.de

Ruhr Nachrichten, Medienhaus Lensing, Westenhellweg 86–88, D-44137 Dortmund, fon: 0231/9059-0, fax: 0231/9059-8409, www.westline.de

Saarbrücker Zeitung, D-66103 Saarbrücken, fon: 0681/502-0,fax: 0681/502-2249, kulturleben@sz-sb.de, www.sol.de

Sächsische Zeitung, Ostra-Allee 20, D-01067 Dresden, fon: 0351/4864-0, fax: 0351/4864-2792, sz.kultur@dd-v.de, www.sz-online.de

Schwäbische Zeitung, Rudolf-Roth-Str. 18, D-88299 Leutkirch, fon: 07561/80-0, fax: 07561/80-134, kultur@schwaebische-zeitung.de, www.schwaebische-zeitung.de + www.szo.de

Schwarzwälder Bote, Kirchtorstr. 14, D-78727 Oberndorf, fon: 07423/78-0, fax: 07423/78-73, kultur@redaktion.schwabo.de, www.swol.de + www.schwarzwaelder-bote.de

Schweriner Volkszeitung, Gutenbergstr. 1, D-19061 Schwerin, fon: 0385/63780, fax: 0385/3975140, www.svz.de

sh:z – Schleswig-Holsteinischer Zeitungsverlag, Nikolaistr. 7, D-24937 Flensburg, fon: 0461/808 - 0, www.shz.de

Siegener Zeitung, Obergraben 39, D-57072 Siegen, fon: 0271/5940-0, fax: 0271/5940-239, kulturredaktion@siegener-zeitung.de, www.siegener-zeitung.de

Straubinger Tagblatt, Ludwigsplatz 30, D-94315 Straubing, fon: 09421/940-0, fax: 09421/940-206, redaktion@straubinger-tagblatt.de, www.idowa.de

Solinger Tageblatt, Mummstr. 9, D-42648 Solingen, fon: 0212/299-0, fax: 0212/299-118, tageblatt@solinger-tageblatt.de, www.solinger-tageblatt.de

Stuttgarter Nachrichten, Plieninger Str. 150, D-70567 Stuttgart, fon: 0711/7205-0, fax: 0711/7205-747, kultur@stn.zgs.de, www.stuttgarter-nachrichten.de

Stuttgarter Zeitung, Plieninger Str. 150, D-70567 Stuttgart, fon: 0711/7205-0, fax: 0711/7205-516, feuilleton@stz.zgs.de, www.stuttgarter-zeitung.de

Süddeutsche Zeitung, Sendlinger Str. 8, D-80331 München, fon: 089/2183-0, fax: 089/2183-787, redaktion@sueddeutsche.de, www.sueddeutsche.de

Südkurier, Max-Stromeyer-Str. 178, D-78467 Konstanz, fon: 07531/999-0, fax: 07531/999-1846, kultur@suedkurier.de, www.skol.de

SüdwestPresse, Frauenstr. 77, D-89073 Ulm, fon: 0731/156-0, fax: 0731/156-448, suedwest-presse.redaktion-kultur@swp.de, www.suedwest-aktiv.de

Der Tagesspiegel, Potsdamer Str. 77–87, D-10785 Berlin, fon: 030/26009-0, fax: 030/26009-557, kultur@tagesspiegel.de, www.tagesspiegel.de

taz – die tageszeitung, Kochstr. 18, D-10969 Berlin, fon: 030/25902-0, kultur@taz.de, www.taz.de

Thüringer Allgemeine, Gottstedter Landstr. 6, D-99092 Erfurt, fon: 0361/2274, fax: 0361/2275144, www.thueringer-allgemeine.de

Thüringische Landeszeitung Weimar, Marienstr. 14, D-99423 Weimar, fon: 03643/2063, fax: 03643/206422, redaktion@tlz.de, www.tlz.de

Trierischer Volksfreund, Hanns-Martin-Schleyer-Str. 8, D-54294 Trier, fon: 0651/7199-0, fax: 0651/7199-990, www.intrinet.de

tz, Paul-Heyse-Str. 2, D-80336 München, 089/5306-0, fax: 089/5306-556, www.tz-online.de

Waldeckische Landeszeitung/Frankenberger Zeitung, Lengefelder Str. 6, D-34497 Korbach, fon: 05631/560-00, fax: 05631/6994, redaktion@wlz-fz.de, www.wlz-fz.de

Die Welt, Axel-Springer-Str. 65, D-10888 Berlin, fon: 030/2591-0, fax: 030/2591-72939, www.welt.de

Weser-Kurier, Martinistr. 43, D-28195 Bremen, fon: 0421/3671-0, fax: 0421/3671-1000, redaktion@weser-kurier.de, www.weser-kurier.de

Westdeutsche Allgemeine Zeitung, Friedrichstr. 34–38, D-45128 Essen, fon: 0201/804-0, kultur@waz.de, www.waz.de

Westdeutsche Zeitung, Königsallee 27, D-40212 Düsseldorf, fon: 0211/8382-0, fax:

0211/8382-2254, kultur.redaktion@wz-newsline.de, www.wz-newsline.de
Westfälische Nachrichten, Soester Str. 13, D-48155 Münster, fon: 0251/690-0, fax: 0251/690-717, kultur.redaktion@ westfaelische-nachrichten.de, www.west-faelische-nachrichten.de
Westfälische Rundschau, Rundschau-Haus, Brüderweg 9, D-44037 Dortmund, fon: 0231/9573-0, fax: 0231/9573-1202, kultur@westfaelische-rundschau.de, www.westfaelische-rundschau.de
Westfälischer Anzeiger, Gutenbergstr. 1, D-59065 Hamm, fon: 02381/105-0, fax: 02381/105-239, www.westfaelischer-anzeiger.de
Westfalen-Blatt, Sudbrackstr. 14–18, D-33611 Bielefeld, fon: 0521/585-0, fax: 0521/585-230, wb@westfalen-blatt.de, www.westfalen-blatt.de
Westfalenpost, Pressehaus, Schürmannstr. 4, D-58097 Hagen, fon: 02331/917-0, fax: 02331/917-4206, westfalenpost@cityweb.de, www.westfalenpost.de
Wetzlaer Neue Zeitung, Elsa-Brandström-Str. 18, D-35578 Wetzlar, fon: 06441/959-0, fax: 06441/959-292, redaktion.wnz@mail.mittelhessen.de, www.mittel-hessen.de
Wiesbadener Kurier, Langgasse 21, D-65183 Wiesbaden, fon: 0611/355-0, fax: 0611/355-3355, kurier-feuilleton@vrm.de, www.wiesbadener-kurier.de

Wochenzeitungen

Bayernkurier, Nymphenburger Str. 64, D-80335 München, fon: 089/120040, fax: 089/1293050, redaktion@bayernkurier.de, www.bayernkurier.de
Freitag, Potsdamer Str. 89, D-10785 Berlin, fon: 030/250087-0, fax: 030/250087-10, redaktion@freitag.de, www.freitag.de
Jungle World, Bergmannstr. 68, D-10961 Berlin, fon: 030/61282731, fax: 030/6182055, redaktion@jungle-world.com, www.jungle-world.com
Rheinischer Merkur, Godesberger Allee 91, D-53175 Bonn, fon: 0228/884-0, fax: 0228/884-220, redaktion@merkur.de, www.rheinischer-merkur.de + www.merkur.de
Welt am Sonntag, Axel-Springer-Platz 1, D-20350 Hamburg sowie: Axel-Springer-Str. 65, D-10888 Berlin, fon: 030/2591-0, www.welt-am-sonntag.de
DIE ZEIT, D-20079 Hamburg, fon: 040/3280-0, fax: 040/3280-509, feuille-ton@zeit.de, www.zeit.de

Wochenmagazine

Focus Magazin, Arabellastr. 23, D-81925 München, fon: 089/9250-0, fax: 089/9250-2620, www.focus.de
Der Spiegel, Brandstwiete 19, D-20457 Hamburg, fon: 040/3007-0, fax: 040/3007-2247, www.spiegel.de

5

Literaturagenturen

Literaturagenturen

Literaturagenturen sind vom deutschen Buchmarkt nicht mehr wegzudenken. Immer mehr Autorinnen und Autoren vertrauen auf ihre Hilfe. Zeit also, einmal zusammenzutragen, welche Vor- und Nachteile es mit sich bringt, sich ihrer Dienste zu bedienen, siehe hierzu das fiktive Gespräch zwischen Silke und Achmed, weiter unten.

Wer sich dafür entscheidet, mit einer Agentur zusammenzuarbeiten, hat die Qual der Wahl. Allein in Deutschland gibt es über hundert Agenturen. Welche Agentur ist für mich die richtige? Woran erkenne ich eine seriöse Agentur? Und: Wie arbeiten Agenturen überhaupt? Drei Fragen, die Petra Hermanns, Agentin, auf ihren Seminaren immer wieder hört und die sie geduldig beantwortet. Auch für das Handbuch – zusammen mit 68 weiteren Fragen, siehe Interview.

Das Kapitel endet mit einer Agenturliste. Vor einer Kontaktaufnahme sollte man sich so umfassend wie möglich über die Agentur seiner Wahl informieren. Das geschieht zum einen über die Homepage der Agentur. Viele nennen dort die Namen ihrer AutorInnen, Subagenturen und Verlagspartner, informieren über ihre Spezialgebiete und erklären, wie und womit sich neue AutorInnen an sie wenden sollten.

Verfügt die Agentur über keine Homepage, muss das nicht darauf hindeuten, dass die Agentur unprofessionell arbeitet. Noch vor wenigen Jahren war es im Gegenteil eher ein Indiz für die Seriosität einer solchen Agentur: Sie meint(e) es nicht nötig zu haben, sich im Internet zu präsentieren.

Hat man die Homepage der betreffenden Agentur studiert, sollte man versuchen, über das Internet mehr über sie zu erfahren. Also bitte einmal nachsehen, was bei einer Suchmaschine wie zum Beispiel Google (www.google.de) an Treffern erscheint, wenn man den Namen der Agentur eingibt. Wichtig ist außerdem das „Coroner's Autoren-Forum" (http://home.t-online.de/home/coroner/). Hier sind Beschwerden über Agenturen und Warnhinweise zu finden. Mehr zum Thema Agenturen gibt es auf den Seiten des Science-Fiction-Autors Andreas Eschbach (www.AndreasEschbach.de); Interviews mit AgentInnen u. a. bei Hans Peter Roentgen (www.textkraft.de/pageID_748046.html), Agentur(neu-)einträge auf www.litscage.com und auf den Seiten des Uschtrin Verlags (www.uschtrin.de/litag.html). Außerdem kann und sollte man natürlich auch offline recherchieren und die Kolleginnen und Kollegen fragen, was ihnen über welche Agenturen zu Ohren gekommen ist.

! Aktuelle Rezensionen & Service www.literature.de

„Ich bin gegen Gentomaten!" – Ein Gespräch über die Vor- und Nachteile von literarischen Agenturen
Beitrag von Sandra Uschtrin

Zeitersparnis
Achmed: Wie kommt es eigentlich, dass du so von Agenturen überzeugt bist?
Silke: Für mich überwiegen einfach die Pros.
Achmed: Und die wären?
Silke: Da ist zum einen der Aspekt Zeit. Es kostet viel Zeit, einen geeigneten Verlag für ein Manuskript zu finden. Ich sehe mich aber in erster Linie als Schreibende. Eine Agentur, die für mich den passenden Verlag sucht, die mir den Rücken frei hält – das hat den Vorteil, dass ich mich ganz aufs Schreiben konzentrieren kann.
Achmed: Papperlapapp! Ich finde die Suche nach einem geeigneten Verlag gehört zum Schriftstellerdasein mit dazu. Durch den direkten Kontakt zu den Verlagen bekomme ich viel besser mit, was auf dem Markt derzeit geht und was nicht. Außerdem habe ich genügend Zeit, mich auf die Suche zu machen.

Puffer und Seelentröster
Silke: Bei der Suche nach einem geeigneten Verlag kassiert man als Schriftstellerin jede Menge Absagen. Absagen tun weh und stören mich bei der Arbeit. Meine Agentur ist da wie ein Puffer: Absagen von Verlagen teilt sie mir schonend mit und – so haben wir es ausgemacht – auch erst dann, wenn gar nichts mehr geht.
Achmed: Absagen machen mir zwar auch etwas aus. Aber that's life! Ich brauche keinen Agenten als Weichspüler oder Seelentröster.

Arbeitsteilung
Silke: Für mich hat es auch etwas mit Arbeitsteilung zu tun. Ich weiß um meine Stärken und Schwächen. Schreiben ist meine Stärke. Verhandeln mein Schwachpunkt. Warum dann nicht eine engagieren und diesen ungeliebten Part übernehmen lassen, die ihr Geschäft versteht und die tagtäglich nichts anderes macht? Im täglichen Leben machen wir das doch auch: für die Haare den Friseur, für den Garten die Gärtnerin.
Achmed: Für mich ist „Ganzheitlichkeit" kein leerer Begriff. Deshalb mähe ich meinen Rasen auch selbst. Außerdem bin ich im Verhandeln sehr gut. Dieses Tauziehen hat mir schon immer Spaß gemacht. Und wenn ich darin schlecht wäre – ein Grund mehr, keine Agentur zu nehmen: eben, um die Kunst des Verhandelns endlich zu lernen. Da spar ich mir doch schon wieder einen Volkshochschulkurs!

Professionalität und Fachwissen
Silke: Es geht hier aber eben nicht nur darum, wer den Rasen mäht! Man muss das juristische Kauderwelsch verstehen, Stichwort Verlagsvertrag. Und man sollte wissen, was gibt der Markt an Prozenten und Staffelungen her und was nicht. Was

hat es mit den Nebenrechten auf sich? Was ist der Unterschied zwischen Netto-ladenverkaufspreis und Verlagsabgabepreis? Für eine Agentin ist das ihr tägliches Brot. Sie ist für den Verlag einfach ein adäquateres Gegenüber.
Achmed: Auch Juristen kochen nur mit Wasser. Und in den einschlägigen Hand-büchern – ich will jetzt gar nicht den „Uschtrin" nennen – finden sich genügend Informationen, auch zum Verlagsvertrag, um die Verhandlungen mit einem Verlag selbst zu führen. Außerdem: Natürlich wird jeder Agent so tun, als besäße er das allein selig machende Fachwissen. Aber es ist gar nicht so schwer, sich das anzueignen.
Silke: Fürs normale Buchgeschäft mag mein Wissen ja noch reichen. Und meine Lyrik vermittelt mir ohnehin keine Agentur, weil daran nichts zu verdienen wäre. Was aber, wenn mein Buch verfilmt werden soll? Das wäre mir denn doch eine Nummer zu hoch!
Achmed: Meine Sachen lassen sich ohnehin nicht verfilmen. Darauf spekuliere ich erst gar nicht. Und wenn der Fall wirklich eintreten sollte, kann ich mir auch einen guten Anwalt nehmen, der sich im Filmgeschäft auskennt.

Das „adäquatere Gegenüber"

Du sagtest eben, Verlage schätzten die Agenturen auch deshalb, weil sie adäqua-tere Verhandlungspartnerinnen seien. Ich glaube, das ist Quatsch. Etwas, was die Agenturen absichtlich in Umlauf bringen, um ihre vermeintliche Daseinsbe-rechtigung zu zementieren. Ich vermute, Verlage verhandeln viel lieber mit uns Autoren direkt. Und zwar genau deshalb, weil sie glauben, uns leichter über den Tisch ziehen zu können. Mir hat Peter Falk in der Serie Columbo immer sehr gut gefallen. So mache ich das auch.
Silke: Wie bitte?
Achmed: Columbo war eine Detektivserie in den siebziger Jahren. Peter Falk alias Columbo tat da immer so trottelig, als hätte er von nichts ne Ahnung. Dabei war er der absolute Checker.
Silke: So wie du?

Insiderwissen und gute Kontakte

Weißt du, Achmed, ich glaube ganz einfach, du lebst noch immer in den Siebzi-gern. Die Erde hat sich seither aber gedreht, die Verlagswelt grundlegend geändert. Outsourcing – sagt dir der Begriff etwas? Die Verlage wurden von McKinsey und Co derart verschlankt, dass da kaum noch ein Lektor über die Gänge huscht. Mit immer weniger Leuten mussten immer mehr Titel produziert werden. Der Beruf des Lektors hat sich enorm geändert. Gefragt sind Managerqualitäten. Vor lauter Sitzungen kommen die kaum noch zum Lesen. Und dann denk auch mal an all die Verlagsübernahmen. Wenn Random House gerade wieder einen Verlag gekauft hat, meinst du denn, dass dann alle Mitarbeiterinnen und Mitarbeiter immer brav übernommen werden? Was glaubst du wohl, wer all die Agentinnen und Agenten sind, woher die plötzlich alle kommen?
Achmed: Dass viele von ihnen ehemalige Lektoren, Geoutsourcte sind, ist mir nicht unbekannt. Das spricht aber nicht gegen sie. Im Gegenteil. Wer in der Höhle des Löwen war, kennt immerhin die Höhle und kann von den Kontakten zu den

anderen Höhlenbewohnern zehren.

Silke: Genau! Von diesem Insiderwissen, all den Kontakten zu den Verlagen profitiere wiederum ich als Kundin einer Agentur. Denn eine gute Agentin kennt ja nicht nur die einzelnen Lektorinnen. Sie weiß noch mehr. Sie weiß, wer Katzen und wer Hunde mag. Sie weiß, dass Lektoren auch nur Menschen sind und nach persönlichen Vorlieben auswählen. Ein Lektor, der sich erst kürzlich scheiden ließ, wird vielleicht gerne einen kleinen Racheratgeber vorschlagen in seiner Konferenz – wenn er ins Programm passt. Das alles im Kopf zu behalten, wäre mir too much.

Filter

Achmed: Eins zu null für dich! Übrigens kann ich deine Agenten gut verstehen. Ich würde mich auch lieber selbständig machen, als meinen Hintern in einer dieser seelenlosen Buchfabriken von neun bis achtzehn Uhr platt zu sitzen. Aber was wolltest du vorhin eigentlich sagen, als du mit dem Outsourcing anfingst?

Silke: Ich wollte dich auf die Filterfunktion von Agenturen hinweisen, die ihnen aufgrund dieser Umwälzungen zugekommen ist. Eine Agentur kann – schon um ihren guten Ruf nicht zu verlieren – nur das anbieten, was ihrer Meinung nach von Qualität ist, nur die Manuskripte an Verlage senden, von denen sie wirklich absolut überzeugt ist. Sie arbeitet also wie eine Art Filter, der nur die guten Manuskripte passieren lässt. Und weil das die Lektorinnen und Lektoren in den Verlagen wissen und natürlich auch zu schätzen wissen – Stichwort Zeitmangel, Stichwort effizientes Arbeiten –, schauen sie sich ein Manuskript, das von einer renommierten Agentur kommt, natürlich viel eher und gründlicher an als irgendein mehr oder minder mustergültiges Manuskript von irgendeiner Frau Musterfrau aus Musterdorf. Obwohl sie natürlich immer vorgeben werden, auch alle unverlangt eingesandten Manuskripte ganz genau zu prüfen.

Parasiten versus Partner

Achmed: Traurig. Aber angenommen, du hast recht: Das Hauptproblem für mich als Autor dürfte dann darin bestehen, von einer dieser wirklich renommierten Agenturen angenommen zu werden. Denn die nehmen ja sicher nicht jeden.

Silke: Ja, dich bestimmt nicht!

Achmed: Das wollen wir doch mal sehen!

Silke: Ich denke, du findest Agenturen unnütz. Stammt von dir nicht der Ausspruch: Alle Agenten sind Parasiten!?

Achmed: Ja, und dazu stehe ich nach wie vor. Immerhin nehmen sie mir etwas von meinem Autorenhonorar weg. Und ich lasse mir nicht gerne etwas wegnehmen. Schon gar nicht für ein paar Telefonate.

Silke: Dann telefonier halt selber!

Achmed: Das tu ich doch schon andauernd.

Silke: Und?

Achmed: Was und?

Silke: Hast du „Jenseits von Spitzbergen" schon untergebracht?

Achmed: Nein. Gut Ding will Weile haben.

Silke: Mein Vater als alter Geschäftsmann hat immer gesagt: Lass doch die anderen auch was verdienen! Warum sollte ich einer Person, die für mich einen guten Job macht, nicht etwas von meinem Honorar abgeben? Für mich ist ein Agent kein Parasit, ich fühle mich nicht als seine Wirtin, sondern als kluge Geschäftsfrau, die es versteht zu delegieren.

Variable und Konstanten

Achmed: Das Problem ist ja auch der Agent als solcher. Es ist ja nicht so, dass ich mich nicht schon umgehört hätte. Aber wo du hinhörst, nur Gejammer! Ich kenne keinen, der mit seinem Agenten zufrieden wäre.

Silke: Das nennt man selektive Wahrnehmung. Sicher, die Chemie zwischen Agentin und Autorin muss stimmen. Aber wenn die stimmt, dann hast du wirklich eine an deiner Seite, die bleibt, eine Konstante in deinem Leben als Schriftstellerin. Denn die Lektorinnen in den Verlagen, die wechseln doch mittlerweile alle paar Monate. Kaum hast du dich an eine gewöhnt, schon ist sie wieder weg, in einem anderen Verlag.

Achmed: Mir sind die Variablen lieber. Und das nicht nur in meinem Schriftstellerleben. Ich finde es hat auch seine Vorteile, immer mal eine andere Lektorin kennen zu lernen. Aber im Ernst: Was mache ich denn, wenn ich wie Robert, der mit den Kinderbüchern, an eine Agentin gerate, die erst so tut, als sei sie Feuer und Flamme und dann doch nichts zuwege bringt? An eine, die sich nie von selbst meldet? Mir nie sagt, was sie mit meinem Manuskript gerade macht, an welche Verlage sie es schon geschickt hat? So eine blockiert mich und meine Arbeit doch völlig und kostet mich nur Zeit und Nerven. Sorry, aber bevor ich mich auf solche Experimente einlasse, behalte ich lieber alles selbst in der Hand.

Marktgerecht gegen die innere Stimme?

Was ich aber viel gravierender finde: Um von ihrer Vermittlungstätigkeit existieren zu können, müssen Agenturen mit Autoren zusammenarbeiten, die marktgerecht schreiben, Marktgerechtes liefern. Aber was ist marktgerecht?

Silke: Dein „Jenseits von Spitzbergen" würde ich nicht so bezeichnen.

Achmed: Eben. Gefragt ist literarischer Einheitsbrei für den Massengeschmack eines Massenpublikums für einen der großen Publikumsverlage. Damit kann und will ich nicht dienen.

Silke: Das klingt aber sehr elitär! Du tust so, als würdest du immer nur hoch Literarisches produzieren und konsumieren. Dabei: Wer hat mir denn von diesem Michael Küblböck erzählt?

Achmed: Der heißt Daniel. Aber egal, man wird ja wohl noch zur Entspannung hin und wieder Fernsehen gucken dürfen. Außerdem muss man wissen, was das Volk sieht.

Silke: Stimmt, die „Brigitte" lese ich, wenn ich sie lese, auch nur aus reinem Erkenntnisinteresse. – So ein Blödsinn! Ab und zu genießen wir es doch alle, etwas zu sehen und zu lesen, was dem Massengeschmack entspricht. Deshalb fand ich es damals auch akzeptabel, die drei Bände für diese Geschenkbuchreihe zu schreiben. Außerdem – von irgendwoher muss schließlich das Geld für die Brötchen kommen. Mit meiner Lyrik verdiene ich jedenfalls keinen Cent.

Achmed: Wenn es einem gelingt, sich für so etwas nur hin und wieder herzugeben

und man nicht dem Mammon verfällt – meinetwegen. Ich hätte aber Sorge, dass ich mich aufgrund der Zusammenarbeit mit einer Agentur plötzlich andauernd frage: Ist das, was ich da gerade schreibe, auch marktgerecht? Bekommt mein Agent das auch verkauft? Und irgendwann wird diese Stimme des inneren Zensors dann womöglich so laut, dass ich meine eigentliche Stimme gar nicht mehr höre und nicht mehr zu Wort kommen lasse, was in mir klingt. Vielleicht werde ich dann als Superstardichter gefeiert und verdiene mich dumm und dämlich. Aber ist es das, was wir wollen?
Silke: Eins zu eins für uns.

Überfordert im Ring
Achmed: Und noch etwas: Verlangt wird ja immer der geheiligte Roman. Gut, ich denke, wir beide sind so weit. Aber ein junger Autor? Der vielleicht wunderbare Kurzprosa schreibt, damit den Berliner „Open Mike" gewinnt und über den dann Scharen von Agenten herfallen? Glaubst du, dem tut das für seine Entwicklung als Schriftsteller gut, wenn er plötzlich von allen Seiten gedrängt wird, doch endlich einen Roman zu schreiben? Und das nur, weil ein Roman sich angeblich besser verkauft und der Agent damit Kohle machen kann? So einer wird doch völlig überfordert und kaputt gemacht. Das wäre, wie wenn du einen jungen, talentierten Boxer zu einem der Klitschko-Brüder in den Ring schicktest.
Silke: Na und? Dann kriegt er eben ein paar auf die Nase! Hat ihn ja keiner dazu gezwungen, in den Ring zu klettern und am „Open Mike" teilzunehmen. Und Entscheidungen, gerade auch Gewissensentscheidungen müssen wir doch alle andauernd treffen. Nicht nur die, ob es moralisch zu verantworten ist, zur Superdichterin zu avancieren und der Masse nach dem Mund zu schreiben. Sondern zum Beispiel auch die, inwiefern es ökologisch vertretbar ist, Auto zu fahren oder ...
Achmed: Fang jetzt bitte nicht von deinen Gentomaten an!
Silke: Warum nicht?
Achmed: Weil wir hier in einem Buch sind. Schau dir mal die Überschrift an! Wir haben hier über die Vor- und Nachteile von Agenturen zu plaudern.
Silke: Damit sind wir doch längst fertig! Also, alle mal herhören: Ich bin gegen Gentomaten!

Verlagsservice Monika Rohde – Hilfe vom Manuskript zum Buch　!
Tel. 0341/4421535, vmr-bonn@t-online.de

„Drum prüfe, wer sich länger bindet" – Partnerin Agentur
Interview mit Petra Hermanns

Petra Hermanns, Frankfurt, ist Inhaberin der Agentur Scripts for sale (siehe S. 273). Die Fragen stellte Sandra Uschtrin.

Brautschau

1. Wie sieht die Autorin Ihrer Träume aus? Welche Eigenschaften zeichnen sie aus?
Die Autorin meiner Träume ist kreativ, fleißig, uneitel, professionell und kennt den Markt. Schreibt nicht, um sich selbst zu verwirklichen, sondern um gute Geschichten zu erzählen, die Leser gerne lesen wollen.

2. Wie gelangen Agenturen an ihre AutorInnen? Entdecken sie neue AutorInnen in der Regel aufgrund des Studiums der ihnen unverlangt zugeschickten Manuskripte? Wie gestaltet sich die Akquise?
Meistens gelangen Agenturen durch Empfehlungen und durch persönliches Kennenlernen (Empfänge etc.) an ihre Autoren, nur selten (1 %) durch unverlangt eingesandte Manuskripte. Die meisten Bewerber wissen zum einen nicht, welche Schwerpunkte die Agentur hat – obwohl man diese Infos bei uns zum Beispiel via Homepage bekommen kann! Und sie kennen sich auch nicht auf dem Markt aus, kennen weder ihr Genre noch ihre Zielgruppe noch die Konkurrenz.

3. Und umgekehrt: Wie gelangt man als Autorin an die richtige Agentur? Nach welchen Kriterien sollte man sie aussuchen?
Zum einen muss das Profil der Agentur zu dem Genre passen, in dem ich schreibe. Sprich: Wenn man Sachbücher schreibt, sollte man zu einer Agentur gehen, die im Sachbuchbereich schon einige Autoren vertritt. Zum anderen sollte einem das Klientenumfeld gefallen und natürlich dann die Agentin, der Agent selbst. Die Beziehung ist eine sehr vertrauensvolle und letztlich wird die persönliche Wellenlänge immer der letzte entscheidende Funke sein, wenn man die Auswahl hat.

4. Sollte ich mich mit meinem Manuskript gleichzeitig an mehrere Agenturen wenden?
Wenn man das offen sagt, dass das Manuskript auch noch bei anderen Agenturen liegt, ist es meiner Meinung nach in Ordnung, weil man von Autoren nicht verlangen kann, dass sie die Wartezeiten in Kauf nehmen. Aus Sicht der Agentur möchte man natürlich die einzige sein, die ein Manuskript prüft. Einfach weil es ärgerlich ist, wenn man sich die Zeit nimmt, um es zu lesen, und man dann erst erfährt, dass die Autorin sich auch bei anderen Agenturen beworben und sich vielleicht schon für eine andere entschieden hat. Dann war die gesamte Arbeit umsonst. Wenn man es als Agentur von Anfang an weiß, sollte man es sportlich nehmen.

5. Manche wenden sich mit ihrem Manuskript erst dann an eine Agentur, wenn sie von diversen Verlagen eine Absage erhalten haben. Was halten Sie von dieser Vorgehensweise?
Wenn ein Manuskript schon bei Verlagen war und dort abgesagt wurde, kann man als Agentur in der Regel nichts mehr machen, weil man die Absagen eines Verlages natürlich ernst nehmen muss. Die Autoren denken oft, dass das Projekt sowieso keiner im Verlag gelesen hat, aber das ist ein Vorurteil. Es wird alles angeschaut und geprüft und eine Absage ist eine Absage. Man hat als Autor dadurch einfach die Marktchancen verkleinert.

6. Ab welchem Zeitpunkt meiner schriftstellerischen Laufbahn sollte ich mich an eine Agentur wenden? Gleich zu Beginn meiner Karriere? Oder sollte ich bereits erste Lorbeeren geerntet haben?
Meiner Meinung nach sollte man sich natürlich sofort bei Beginn einer Karriere an eine Agentur wenden, weil sie ausschlaggebend darauf Einfluss nehmen kann, wie eine Karriere dann verläuft. Autoren, die schon etabliert sind und sich dann erst an eine Agentur wenden, haben in der Regel Differenzen mit ihrem „Hausverlag" und da geht es für die Agentur dann um andere Dinge, als ein Manuskript überhaupt im Markt unterzubringen. Da hat jeder Autor unterschiedliche Erwartungen an eine Agentur.

7. Wann kann ich mich mit einem Manuskript an eine Agentur wenden? Wenn das ganze Manuskript fertig ist? Oder schon vorher, zum Beispiel mit einem Exposé, um prüfen zu lassen, ob die Idee marktfähig ist?
Man sollte sich dann an eine Agentur wenden, wenn man das ganze Manuskript geschrieben hat, besonders natürlich dann, wenn es das erste Projekt ist. Bewerben kann man sich dann mit dem Exposé und einer Leseprobe. Wenn die gefällt, fordert die Agentur das restliche Manuskript an und dann ist es schade, wenn es das gar nicht gibt! Das gilt vor allen Dingen für die Belletristik. Bei Sachbüchern ist es anders, da kommt es auch sehr auf das „Standing" der Autorin im Fachgebiet an. Wenn DIE Expertin für Stressforschung einen neuen Stressratgeber schreibt, bräuchte man wohl nur ein Exposé sowie ein Probekapitel.

8. Wie sollte man idealerweise die erste Kontaktaufnahme gestalten? Was ist dabei zu beachten?
Das Internet bietet viele Hinweise zum Bewerbungsprozedere. Etliche Agenturen beschreiben auf ihrer Homepage genau, wie sich Autoren an sie wenden sollten. Ansonsten empfehle ich einen kurzen Anruf, um zügig herauszufinden, ob die Agentur überhaupt noch neue Klienten aufnimmt. Das erspart einem Wartezeiten. Man muss sich dann aber auch wappnen, die Geschichte am Telefon kurz vorstellen können und läuft dabei natürlich Gefahr, dass der Agent gleich am Telefon sagt, dass ihn das so skizzierte Projekt nicht anspricht. Das heißt, man muss dann in drei bis vier Sätzen sagen können, worum es geht, welches Genre man bedient und wer die Zielgruppe sein soll.

9. Was ist dabei zu vermeiden?
Vermeiden sollte man, sich nicht zu informieren, was die Agentur so macht! Man

sollte sich gezielt bei den Agenturen bewerben, die für das Projekt in Frage kommen. Beim Anschreiben sollte man sachlich bleiben, die Unterlagen sollten ordentlich sein und ein Exposé sollte den Inhalt einer Geschichte gut wiedergeben.

10. Sollte man als Autorin bei der Kontaktaufnahme fragen, mit welchen Verlagen die Agentur zusammenarbeitet, welche Manuskripte sie an welche Verlage von welchen AutorInnen in der letzten Zeit erfolgreich vermittelt hat und wie sich der berufliche Werdegang der Agentin bislang gestaltete, um etwas über ihre Qualifikation zu erfahren? Oder mache ich mich mit solchen Fragen eher unbeliebt?
Auch darüber finden sich heute ja schon viele Infos auf den Websites der Agenturen. Falls nicht, kann man natürlich fragen, welche Autorinnen und Autoren die Agentur vertritt und dann kann man recherchieren, bei welchen Verlagen sie verlegt sind. Wenn man nur fragt, mit welchen Verlagen die Agentur zusammenarbeitet, kann man das schlecht überprüfen. Solche Fragen sind nur dann ärgerlich, wenn die Infos sowieso via Website zugänglich sind.

11. Was sollte eine Einsendung enthalten (Anschreiben, Exposé, Vita, Foto, frankierter Rückumschlag, Manuskript, Teile daraus ...?) und was ist dabei im Einzelnen zu beachten? Welche Fehler werden am häufigsten begangen?
Unterlagen: Eine Bewerbung sollte ein Anschreiben, ein Exposé, eine Kurzvita sowie eine Leseprobe vom Anfang weg oder das ganze Manuskript enthalten – jede Agentur hat da ihre eigenen Vorlieben. Man sollte die Unterlagen so sorgfältig zusammenstellen wie bei einer Bewerbung um eine neue Stelle. Vermeiden sollte man lustige Kommentare, Eigenlob, Weitschweifigkeiten. Natürlich sollten der Firmenname und der Ansprechpartner richtig geschrieben sein, man möchte nicht den Eindruck haben, dass dieses Schreiben so an alle Agenturen gegangen ist, da ist man einfach nicht mehr so neugierig.

12. Was kennzeichnet ein gutes Anschreiben? Ein gutes Exposé? Ein gutes Manuskript?
Anschreiben: Sachlich, kurz, informativ; Exposé: zwei Seiten maximal, die Figuren und die Handlung sollen nachvollziehbar erzählt beziehungsweise charakterisiert werden. Man soll Lust auf die Geschichte bekommen. Gutes Manuskript: Eine gute Geschichte, erzählerisch gut umgesetzt und irgendwie auch verkäuflich ...

13. Wie viele Seiten eines Manuskripts müssen Sie in der Regel lesen, um entscheiden zu können, ob Manuskript und Autorin Ihren Qualitätsansprüchen gerecht werden?
Meistens genügen mir das Anschreiben und die ersten fünf Seiten, um zu erkennen, ob das Manuskript zu dem passt, was ich momentan suche. Das sind ja zwei verschiedene Dinge: Ein Manuskript kann gut sein, aber ich kann es trotzdem ablehnen, weil es einfach nicht dem entspricht, wofür ich als Agentur stehe und was ich gerade suche.

14. Wann ist in der Regel mit einer Antwort der Agentur zu rechnen? Sollte ich mich zwischendurch immer mal in Erinnerung bringen?
Nach vier bis sechs Wochen kann man bei kleineren bis mittleren Agenturen nachfragen, bei größeren kann es länger dauern.

15. Wie viele unverlangt eingesandte Manuskripte erhalten Sie in etwa pro Monat und wie viel Prozent davon lehnen Sie ab?
Wir erhalten täglich etwa drei bis vier Anfragen; von 300 Bewerbern kommt vielleicht ein Manuskript in Betracht, das ich auch anbiete. Diese schlechte Quote hängt leider damit zusammen, dass die meisten Bewerber sich nicht darüber informiert haben, was wir überhaupt vertreten und dass die meisten Projekte gewissen kommerziellen Ansprüchen nicht genügen. Wir sind auf Unterhaltungsliteratur spezialisiert und unsere Kunden sind die großen bis mittelgroßen Publikumsverlage. Die meisten Bewerber machen sich leider nicht klar, dass Agenturen von Verlagen Vorschüsse und Honorare erzielen müssen/wollen, denn davon leben sie ja. Das heißt für eine Agentur sind alle Projekte nicht interessant, die einfach nicht verkäuflich sind. Oft erlebe ich am Telefon, dass die Autoren sagen, na ja, auf das Geld käme es ihnen nicht an, sie wollten einfach nur verlegt werden. Das ist ein großes Missverständnis, denn Agenturen leben nun einmal davon, dass sie nur Projekte annehmen, die ihnen auch Geld bringen.

16. Wie lautet die Formulierung in Ihrem Standardablehnungsbrief, den Sie versenden, wenn Sie der Meinung sind, diese Autorin sei ein hoffnungsloser Fall?
Mir steht es gar nicht zu zu urteilen, ob Autoren ein hoffnungsloser Fall sind. Daher mache ich in meinen Absagen einfach deutlich, dass das ganze Projekt nicht zu uns passt oder dass mich eine Geschichte und deren Umsetzung nicht überzeugt haben.

17. Sollte ich die Agentur bei einer Ablehnung bitten, mir mitzuteilen, was ich am Manuskript verbessern sollte, damit es angenommen wird? Gehört es zum Job einer Agentur, Gutachten zu erstellen?
Gutachten gehören nicht zum Job einer Agentur. Es ist wie bei einem Arbeitgeber: Es geht nur darum, ob man die Stelle bekommen hat oder nicht. Wenn ich mich nur mit der Begutachtung von abgelehnten Manuskripten beschäftigen würde, könnte ich die Firma nach zehn Tagen zumachen.

18. Was gehört zu den „Jobs" einer Agentur? Was tun Sie, wenn Sie sich nicht mit Anfragen von neuen AutorInnen beschäftigen?
Jobs einer Agentur: Betreuung der laufenden Projekte, Entwicklung neuer Projekte, Verhandlungen führen, Verträge überwachen, Konflikte regeln, Kundenkontakte pflegen, hören, was Verlage so für neue Projekte suchen, Trends raushören. Es ist ein vielfältiger Alltag. Vieles wickelt man via Telefon ab, administrative Dinge gibt es en masse. Zum Lesen kommt man im Büro nicht!

Heirat und Flitterwochen

1. Es hat gefunkt! Autorin und Agentin haben zueinander gefunden. Was meinen Sie, hat dabei in der Tat die Chemie eine entscheidende Rolle gespielt?
Da wir ein kleines Autorenteam haben, ist bei uns die Chemie ganz wichtig. Ich würde Autoren auch zu Kollegen schicken, wenn ich das Gefühl hätte, jemand

würde dort vielleicht doch besser hinpassen, so von der ganzen Mentalität, Erwartung und Arbeitsweise.

2. Agentin und Autorin haben sich ihr Jawort gegeben und wollen fortan zusammenarbeiten. Reichen mündliche Absprachen, um die Zusammenarbeit zu regeln, oder sollte die Autorin auf den Abschluss eines Agenturvertrags drängen?
Ein Agenturvertrag ist für alle Beteiligten die bessere Regelung als mündliche Absprachen. Vor allen Dingen ist es sehr schwer, bei mündlichen Absprachen auch das Auseinandergehen wieder zu regeln ...

3. Wird für jedes einzelne Werk, das ich der Agentur anbiete, ein eigener Vertrag abgeschlossen? Sollte ich als Autorin auf einen solchen Vertrag, der sich also nur auf dieses eine Buchprojekt bezieht, bestehen?
Bei uns wird für jedes Projekt ein einzelner Vertrag gemacht und leider kenne ich die Gepflogenheiten meiner Kollegen nicht. Da man sich auch als Agentur bei jedem Projekt neu absichern muss, was die Urheberrechte etc. betrifft, ist das auch für Agenten meiner Meinung nach der sicherere Weg. Man kann zudem nicht für zukünftige, noch nicht geschaffene Werke einfach so den Alleinwahrnehmungsanspruch regeln.

4. Manche Agenturverträge enthalten einen Paragraphen, der besagt, dass die Autorin sich verpflichtet, fortan alle ihre Werke von dieser Agentur vertreten zu lassen? Ist das rechtens? Inwiefern profitiert die Agentur von einer solchen Regelung?
Natürlich ist eine Zusammenarbeit auf lange Frist angelegt, aber das lässt sich rechtlich nicht so leicht regeln, wenn es die Werke noch gar nicht gibt. Solche Paragraphen muss man sich genau anschauen und im Zweifel einen Anwalt befragen, bevor man unterschreibt.

5. Ist es sinnvoll und üblich, mit einer Agentur zusammenzuarbeiten, um von ihr lediglich bestimmte Nutzungsrechte – zum Beispiel die Filmrechte – vermitteln zu lassen? Wäre also eine Art „Polygamie" denkbar: zum einen die Zusammenarbeit mit einer Agentur, die gute Kontakte zur den Verlagshäusern hat, zum anderen die Zusammenarbeit mit einer Agentur, die sich besser im Filmgeschäft auskennt?
Das halte ich nur für praktizierbar, wenn sich die Nutzungsrechte klar trennen lassen und die jeweils andere Agentur dieses Arbeitsgebiet auch wirklich nicht betreut. Zum Beispiel kann man eine Kinderbuch- und eine Sachbuchagentur haben, wenn die beiden jeweils wirklich nur auf diesem einen Gebiet tätig sind.

6. Ist es sinnvoll und üblich, mit einer Agentur zu vereinbaren, dass sie nur für bestimmte Genres, in denen ich tätig bin, zuständig ist, zum Beispiel nur meine Krimis oder nur meine Kinderbuchmanuskripte vermittelt?
Dito. Eine Agentur, die mehrere Bereiche abdeckt, ist natürlich daran interessiert, alle Bereiche zu vertreten. Ausnahmen gibt es immer, etwa wenn jemand seit langer Zeit Regionalkrimis schreibt, jetzt aber auch historische Romane oder Kinderbücher – dann könnte man die Regionalkrimis aus der Vertretung herausnehmen. Aber im Grunde möchte man eine Autorin lieber ganz vertreten.

7. Was sollte in einem Agenturvertrag stehen? Welche Punkte sollten unbedingt geregelt sein?
Geregelt sein sollte: Vertragsgegenstand, Provisionshöhe, Inkassovollmacht, Rechtsgarantien, Zeitraum der Zusammenarbeit.

8. Für wie lange (Laufzeit) wird ein Agenturvertrag in der Regel abgeschlossen?
In der Regel zwischen sechs und zwölf Monate.

9. Was ist zum Thema Kündigungsfrist zu sagen?
Unsere Verträge können acht Wochen vor Ablauf gekündigt werden. Natürlich besteht Provisionsanspruch, wenn die Agentur in dieser Zeit schon einen Verlagsvertrag verhandelt hat, das heißt, man kann dann nicht „im Nachhinein" kündigen.

10. Wie wird die Arbeit der Agentur entlohnt?
Die Agentur erhält in der Regel 15 Prozent aller Einnahmen, die die Autorin aufgrund eines Verlagsvertrags erhält. Das heißt, der Autorin bleiben dann 85 %.

11. Auf welche Formen der Entlohnung sollte sich eine Autorin nicht einlassen und warum nicht?
Eine Autorin kann sich auf alle Regelungen einlassen, wenn sie weiß, was sie dafür bekommt! Sie sollte sich einfach genau informieren, natürlich umso mehr, wenn Vorkosten entstehen oder größere Beträge für Gutachten zu bezahlen sind. Da kann man dann durchaus „Preisvergleiche" machen, wenn es einem darum geht, ein Manuskript begutachten oder redigieren zu lassen. In jedem Fall gilt: Nichts unterschreiben, was man nicht versteht und im Zweifel immer eine Anwältin oder Verbände fragen!

12. Muss ich für die Auslagen der Agentur – Porto, Kopien, Telefonate – aufkommen?
Eigentlich sollte man als Autorin „lediglich" eine Erfolgsprovision zahlen. Es gibt aber Agenturen, die eine kleine Portopauschale verlangen. Wenn das im Vertrag auftaucht, sollte man natürlich umso mehr nachfragen, was die Agentur alles tun wird in der Akquise. Und vielleicht ist es auch sinnvoll, schon im Vorfeld zu besprechen, welchen Verlagen die Agentur das Projekt anbieten wird und das dann auch im Vertrag festzulegen. Außerdem kann man natürlich auch Nachweise verlangen, zum Beispiel dass einem Absagen auch weitergeleitet werden

13. Wann und wie erfolgt in der Regel die Abrechnung?
Die Agentur hat in der Regel Inkassovollmacht, weil sie auch die Verträge überwacht, also auch das Honorar „eintreibt". Innerhalb von 14 bis 21 Tagen nachdem das Geld bei der Agentur eingegangen ist, sollte dann auch der Autorenanteil weitergeleitet werden.

14. Was sollte in einem Vertrag – aus Sicht der Autorin – nicht stehen?
Das ist schwer zu beantworten. Sinngemäß sollte nicht drinstehen, dass die Autorin etwas bezahlt für eine Leistung, die nicht klar definiert ist und über die

sie keinen Nachweis erhält. Im Zweifel noch einmal fragen, welche Autoren die Agentur vertritt. Die Autoren einer Agentur sind ihre beste Visitenkarte!

Die Ehe als solche

1. Wie sieht die klassische Arbeitsteilung zwischen Agentin und Autorin aus?
Die Autorin schreibt, die Agentin regelt den Rest ...

2. Wenn Sie überlegen, was Sie als Agentin für Ihre AutorInnen alles tun, welche Bezeichnungen fallen Ihnen dann ein? Coach? Freundin? Gatekeeper? Heiratsvermittlerin? Ideenlieferantin? Interessenvertreterin? Kritikerin? Lektorin? Mädchen für alles? Mediatorin? Mentorin? Mutter? Partnerin? Pfadfinderin? Psychologin? Rechtsbeistand? Seelsorgerin? Testleserin?
Alle die hier genannten Begriffe kann ich zu hundert Prozent unterschreiben.

3. Welche Vorteile hat diese „Ehe" für die Autorin?
Neben der stärkeren Position im Markt, die eine Agentur für eine Autorin natürlich erreichen sollte, geht es darum, einen Ansprechpartner für sämtliche Belange rund um ein Manuskript und eine Autorenkarriere zu haben. Eine Agentur stärkt die Interessen einer Autorin im Markt und bietet eben alle Vorteile, die hier unter Punkt 2 aufgeführt wurden.

4. Zum Berufsalltag: Mit welchen Verlagen arbeiten Sie zusammen und wie viele sind das in etwa?
Wir arbeiten mit allen großen und mittleren Publikumsverlagen zusammen. In der Regel kommen bei uns für ein Projekt maximal zwanzig Verlage in Frage.

5. Wie treten Sie mit den einzelnen Verlagen in Kontakt?
Meistens telefonisch oder via Mail und schriftlich, je nachdem welche Unterlagen man losschickt. Die meisten Lektorinnen und Lektoren kennt man mit der Zeit ja persönlich und hat sowieso regelmäßigen Austausch über Projekte.

6. Mit wie vielen Verlagen treten Sie gleichzeitig in Kontakt?
Das ist ganz unterschiedlich; manchmal biete ich einem Verlag ein Projekt exklusiv für zwei Wochen an, manchmal schicke ich die Unterlagen gleich zehn Verlagen gleichzeitig.

7. Was muss geschehen sein, damit Sie einen Titel für unvermittelbar halten und sich nicht mehr für ihn einsetzen?
Wenn ich all meine Verlagskontakte ausgeschöpft habe, verliere ich die Hoffnung, dass ich das Projekt bei meinen Kontakten noch unterbekomme. Es kann immer noch sein, dass es eine Kollegin schaffen kann, wenn sie andere Kontakte hat oder mit anderen Verlagen zusammenarbeitet.

8. Wenn Sie alles versucht haben, den Titel aber nicht vermitteln konnten, kündigen Sie dann den Agenturvertrag mit der Autorin? Beziehungsweise sagen Sie ihr Bescheid, sodass sie mit diesem Titel fortan ihr Glück selbst versuchen kann?
Ja, dann löse ich die Zusammenarbeit auf oder wir besprechen gemeinsam, ob wir es mit einem neuen Projekt versuchen sollen.

9. Was geschieht, wenn Sie einen Verlag gefunden haben, der sich für den von Ihnen vertretenen Titel interessiert?
Dann wird verhandelt und wenn alle Punkte besprochen sind und die Autorin zufrieden ist, wird der Verlagsvertrag losgeschickt.

10. Verlagsverträge werden zwischen AutorInnen und Verlagen abgeschlossen. Handeln Sie die Konditionen im Sinne der Autorin mit dem Verlag aus oder sind diese Verhandlungen Sache der Autorin?
Verhandlungen sind Sache der Agentur, das erwarten auch die Verlage. Gerade dafür wird man ja von den Autoren bezahlt! Natürlich wird aber alles abgestimmt mit den Autoren, die ja die Verträge dann selbst unterschreiben müssen/dürfen.

11. Welche Punkte sollten in einem Verlagsvertrag unbedingt geregelt werden? Und was hat in einem Verlagsvertrag nichts zu suchen?
Siehe Normvertrag.

12. Was versteht man unter einem Vorschuss? Habe ich als Autorin ein Anrecht darauf?
Vorschuss ist ein Vorschuss auf ein zu erwartendes Honorar und stellt ein garantiertes Honorar dar; ein Anrecht hat ein Autor nicht.

13. Wie hoch ist der Vorschuss in der Regel und muss ich dieses Geld später zurückzahlen?
Die Höhe hat leider keine Rechengrundlage mehr, es ist alles eine Frage der Nachfrage. Es gibt eine alte Faustregel für einen möglichen Vorschuss: 75 Prozent der Honorare, die man mit der ersten Auflage erreichen kann. Der Vorschuss ist ein garantiertes Mindesthonorar.

14. Warum zahlen manche Verlage keinen Vorschuss?
Kleinere Verlage tun sich aus Finanzgründen oft schwer, Vorschüsse zu zahlen. Schließlich ist der Vorschuss fällig, egal ob nur ein Buch verkauft wird oder 10.000 Exemplare.

15. Was halten Sie von folgenden Interpretationen dieses Verhaltens:
a) Die Weigerung, einen Vorschuss zu zahlen, deutet darauf hin, dass der Verlag wenig solvent ist, vielleicht sogar rote Zahlen schreibt.
b) Die Weigerung, einen Vorschuss zu zahlen, deutet darauf hin, dass der Verlag sich von vornherein nicht allzu viel von diesem Manuskript verspricht und sich demzufolge auch nicht allzu sehr dafür einsetzen wird.
Eher infrage kommt Antwort a). Bei b) würde der Verlag wohl sowieso kein Geld ausgeben, denn schließlich kosten Produktion und Lektorat etc. auch Geld.

16. Kann es dennoch sinnvoll sein, ein Manuskript von einem Verlag veröffentlichen zu lassen, der nicht bereit ist, mir einen Vorschuss zu zahlen?
Ja, wenn die Titel dieses Verlages auch über den klassischen Buchhandel vertrieben werden. Es gibt viele kleine, engagierte Verlage, die einem Autor dafür dann eine höhere Honorarstaffel, mehr Prozente zahlen als die größeren Verlage.

17. Der Verband deutscher Schriftsteller (VS) empfiehlt bei Hardcovern ein Autorenhonorar von zehn Prozent des Nettoladenverkaufspreises. Können Sie diesen Prozentsatz in der Regel durchsetzen?
Die zehn Prozent beziehen sich auf Hardcoverausgaben und das setze ich in der Regel auch durch. Der gesamte Vertrag muss einfach stimmen, dazu gehören noch viele andere Verhandlungspunkte.

18. Wie sehen diese Prozentzahlen beim Paperback und beim Taschenbuch aus?
Paperback ab acht Prozent, Taschenbuch fünf bis sechs Prozent. Aber auch hier gilt der zweite Satz aus Punkt 17.

19. Gibt es bestimmte Genres, in denen üblicherweise weniger gezahlt wird?
Bei Bildbänden, Bild-Text-Bänden wird das Honorar zwischen Autor und Fotografin geteilt.

20. Zahlen kleinere Verlage weniger?
Kleinere Verlage zahlen meist einen geringeren Vorschuss, aber höhere Prozente. Siehe Punkt 16.

21. Was bedeutet ein gestaffeltes Honorar? Wie sehen solche Staffelungen in der Regel aus und wie im Idealfall?
Das Honorar wird gestaffelt, je höher die Verkaufszahlen, desto höher kann die Beteiligung für den Autor ausfallen, da der Verlag ab einer bestimmten Verkaufszahl ja den „break even" erreicht hat.

22. Stichwort Nebenrechte: Bemühen Sie sich bei den Verhandlungen mit dem Verlag, die buchfernen Nebenrechte zu behalten, um sie anderweitig zu verkaufen, und dem Verlag nur die buchnahen Nebenrechte einzuräumen?
Da wir eine Medienagentur sind, die sich auf Filmrechte spezialisiert hat, behalten wir die Filmrechte. Alle anderen Rechte werden dem Verlag übertragen.

23. Können Sie als Agentin darauf Einfluss nehmen, mit welchem finanziellen Einsatz im Bereich Marketing der Verlag Ihrem Titel begegnen wird? Es ist ja ein Unterschied, ob der Verlag einen Titel als die Nummer Eins im Herbstprogramm ankündigt oder ob er nur ein Titel unter ferner liefen ist.
Bei Spitzentiteln kann man auch Marketingausgaben im Vertrag festlegen, aber für einen „Normaltitel" ist das nicht möglich.

24. Mit dem Verlagsvertrag bindet sich die Autorin in der Regel bis 70 Jahre über ihren Tod hinaus an einen bestimmten Verlag, indem sie ihm bestimmte Nutzungsrechte an

ihrem Werk überträgt. Genauso lange binde ich mich damit – bezogen auf diesen ver-
mittelten Titel – an Ihre Agentur, nicht wahr?
Die Agentur ist so lange zuständig, wie der Verlagsvertrag läuft, das stimmt. Nicht
genutzte Rechte kann die Autorin nach einer bestimmten Frist einzeln zurückrufen. Agenturen schließen Verträge oft befristet auf sieben bis zehn oder zwölf
Jahre ab.

25. Was bleibt zu tun, nachdem Sie das Manuskript in einem Verlag untergebracht
haben?
Im Minimum kommen dann noch die Abstimmungen über Cover, Erscheinungstermin, Presseaktivitäten, Buchhandelsmarketing etc. auf einen zu und dann
natürlich die Überwachung der Zahlungen. Im Maximum gibt es Konflikte zu
lösen, die zwischen Lektorin/Verlag und Autorin oder vice versa geschehen können. Und da gibt es nichts, was ich nicht schon erlebt hätte ... Was macht man
zum Beispiel, wenn die Lektorin den Verlag verlässt?

26. Wie sieht die ideale Beziehung zwischen Agentur und Verlag aus?
Ideale Partnerin ist man für einen Verlag, wenn dieser sicher ist, dass man im
besten Sinne des Wortes eben eine Vermittlerin ist. Das heißt auch ein Verlag
möchte sich darauf verlassen, dass eine Agentur Probleme fair löst und auch für
die Probleme des Verlags ein offenes Ohr hat.

27. Was tun Sie, um diese Beziehung zu pflegen? Besuchen Sie regelmäßig die einzelnen
Verlagshäuser?
Ja, Kontakte müssen gepflegt werden. Mindestens zweimal im Jahr versucht man
sich auf Messen zu sehen. Oft reist man aber im Frühjahr oder Frühherbst zusätzlich zu den Verlagen; dann hat man mehr Zeit als auf der Buchmesse!

28. In welchen Abständen und in welcher Form (schriftlicher Bericht?) berichten Sie der
Autorin über Erfolg und Misserfolg hinsichtlich Ihrer Vermittlungsbemühungen?
Wir berichten in der Regel immer dann, wenn sich irgendwas tut.

Ehekrach und Scheidung

1. Wie sieht die ideale Beziehung zwischen Agentur und Autorin aus und was kann diese
Beziehung trüben?
Ideal ist die Beziehung, wenn das gegenseitige Vertrauen da ist; wenn das gestört
wird, hat die Zusammenarbeit im Grunde keinen Sinn mehr.

2. Was sind die häufigsten Ursachen, wenn es zwischen Agentur und Autorin zum Streit
kommt?
Konflikte entstehen, wenn die Autorin das Gefühl hat, die Agentur glaube nicht
an ihre Qualität beziehungsweise an die ihrer Manuskripte und tue auch nicht
genug, um sie erfolgreich zu vermitteln. Auf der anderen Seite entsteht ein Konflikt, wenn die Agentur mitbekommt, dass ein Autor mit einem Projekt eigene

Wege geht, was er der Agentur nie gezeigt hat, oder wenn ein Autor versucht, das Inkasso einer Agentur zu umgehen ...

3. Wann sollte man als Autorin die Zusammenarbeit mit einer Agentur beenden?
Wenn man eine Agentur nie erreichen kann und keine Infos erhält, was Stand der Dinge ist.

4. „Meine Agentin kümmert sich nicht um mein Manuskript. Nie meldet sie sich bei mir. Und seit einiger Zeit beantwortet sie nicht mal mehr meine Briefe und Anrufe. Immer schaltet sich nur ihr Anrufbeantworter ein. Was soll ich tun?" – Was würden Sie dieser Autorin raten?
Eine schwierige Situation: Wenn nichts im Vertrag zwischen Agentur und Autorin vereinbart ist, eine Frist setzen und dann die Zusammenarbeit kündigen. Eine Autorin ist auf den Kontakt zur Agentur angewiesen!

5. Was habe ich als Autorin zu tun, um die Zusammenarbeit zu beenden?
Kündigen, so wie im Vertrag vereinbart; ansonsten fristlos kündigen, wenn Gründe vorliegen.

6. Wird der Verkauf der Bücher für die Titel, die diese Agentur bereits bei Verlagen untergebracht hat, weiterhin über diese Agentur abgerechnet? Hat die Agentur also auch nach der Trennung weiterhin eine Art „Sorgerecht" an den bislang von ihr vermittelten Titeln?
Alle abgeschlossenen Verlagsverträge laufen weiterhin über die Agentur. Dafür hat sie ja auch gearbeitet und ihre Kontakte zur Verfügung gestellt. In Ausnahmefällen lassen sich aber Auslauffristen vereinbaren.

7. Bezieht sich dieses „Sorgerecht" an den von der Agentur bereits vermittelten Titeln auch auf die Nebenrechte? Beispiel: Ein Roman soll nach Jahren verfilmt werden, die Autorin hat aber mittlerweile die Agentur gewechselt. Welche Agentur partizipiert am Verkauf der Nebenrechte: die alte oder die neue Agentur?
Nebenrechte können sowieso zurückgerufen werden, wenn sie nicht genutzt werden (in der Regel nach drei Jahren, das muss aber genau geprüft werden!). Das sollten Autoren auch tun, damit sie selbst wieder die Kontrolle über diese Rechte haben. Wenn die Rechte nicht zurückgerufen wurden, ist immer noch die alte Agentur zuständig. Die Regel ist einfach: Alle aus diesem Vertrag entstehenden Honorare/Lizenzsummen unterliegen der Provisionspflicht.

Und zum Schluss: Warum gibt es Deutschland keinen Verband der Agenturen so wie in den USA die Association of Authors' Representatives (AAR)?
Eine gute Frage! Wahrscheinlich dauert das noch ein wenig, weil viele Agenturen einfach Einzelkämpfer sind und es – gemessen an England – noch wenig gibt.

Den zweiten Teil des Interviews „... alles Weitere klärt meine Agentin", das Michael Küspert mit Petra Hermanns Kollegin Elke Brand und der Drehbuchautorin Katharina Reschke zum Thema Drehbuchagenturen führte, findet sich auf S. 366 ff.

Adressen der Agenturen und Informationen

Der Fragebogen Literaturagenturen wurde an 112 Agenturen verschickt; 69 Fragebögen wurden beantwortet.

Alle Angaben wurden in der Regel unverändert übernommen. Die Angaben stammen also von den Agenturen selbst. Bei der Beurteilung oder Auswahl einer literarischen Agentur bitte den gesunden Menschenverstand einschalten, schwarze Schafe sterben nicht aus.

Agenturen, die bei dieser Umfrage nicht erfasst wurden, können in das Online-Verzeichnis (www.uschtrin.de/litag.html) aufgenommen werden.

FRAGEBOGEN (AGENTUREN)

1. Wann wurde Ihre Agentur gegründet?
2. Wie gestaltete sich Ihr beruflicher Werdegang?
3. Anzahl der fest angestellten MitarbeiterInnen (Sie mit eingerechnet)? Wie viele davon arbeiten als AgentIn?
4. Namen der einzelnen Ansprechpersonen und ihre Fachgebiete
5. Welche Art von Literatur vermitteln Sie (Genre)?
6. Worauf ist Ihre Agentur besonders spezialisiert?
7. Welche Art von Literatur vermitteln Sie nicht (Genre)?
8. Wie viel Prozent vom AutorInnenhonorar nehmen Sie als Provision?
9. Müssen AutorInnen darüber hinaus irgendeine (pauschale) Gebühr entrichten? Wenn ja: Wofür erheben Sie dieses Gebühr und wie hoch ist sie (Euro)?
10. Lektorieren Sie die Texte der AutorInnen (nie/auf Wunsch/immer)? Wenn ja: Wie teuer ist ein solches Lektorat pro Seite/Stunde für die Autorin/den Autor?
11. Wie sollte eine Autorin/ein Autor bei der ersten Kontaktaufnahme vorgehen (Telefonat? eMail-Anfrage mit Attachments? Exposé? Manuskript? Textprobe? Biografie? Bibliografie? Foto? Rückporto?)?
12. Über welche Mindestlaufzeit und mit welcher Kündigungsfrist – bezogen auf den Vermittlungsauftrag – schließen Sie einen Agenturvertrag ab?
13. Wie halten Sie Ihre AutorInnen über Erfolg und Misserfolg Ihrer Bemühungen auf dem Laufenden?
14. Bei welchen Verlagen erschienen in letzter Zeit welche Titel von Ihnen?
15. Wie viele AutorInnen hat Ihre Agentur unter Vertrag?
16. Welche AutorInnen vertritt Ihre Agentur u. a.?
17. Was würden Sie jungen AutorInnen raten?
18. Warum wurden Sie AgentIn?

Um bei den Angaben zu den Agenturen nicht jede Frage wiederholen zu müssen, werden diese wie folgt abgekürzt:

1. Gegr.: ...; 2. Werdegang: ...; 3. Mitarbeiter: ...; 4. Namen/Fachgebiete: ...; 5. Genre: ...; 6. Spezialgebiet: ...; 7. keine: ...; 8. Provision: ...; 9. pauschale Gebühr: ...; 10. Lektorat: ...; 11. Kontakt: ...; 12. Laufz./Kündig.: ...; 13. Rapport: ...; 14. Verlage: ...; 15. Anzahl der Autoren: ...; 16. AutorInnen: ...; 17. Rat: ...; 18. warum AgentIn: ...

Weitere Abkürzungen:
– = Diese Frage wurde nicht beantwortet.

ABC MEDIENAGENTUR, Sperlingstr. 40, D-86179 Augsburg, fon: 0821/26235916, fax: 0821/26235917, info@abc-medienagentur.de, www.abc-medienagentur.de
Inhaberin: Miriam Schmidt
1. Gegr.: 2002; 2. Werdegang: Angestellte in einer Medienagentur als Redakteurin mit dem Schwerpunkt Buchagentin, nach 5 Jahren Schritt in die Selbständigkeit; 3. Mitarbeiter: Keine. Arbeiten, die ich nicht selbst erledigen kann, werden an freiberufliche Kolleginnen u. Kollegen abgegeben; 4. Namen/Fachgebiete: –; 5. Genre: Ratgeber u. Sachbuch zu den Bereichen: Gesundheit & Ernährung; Medizin & Naturheilkunde; Fitness, Sport, Bodystyling & Wellness; Partnerschaft & Kommunikation; Lebenshilfe & Psychologie; Erziehung & Pädagogik; Esoterik „light" (für jedermann); Bildung & Beruf; Geld, Recht & Verbraucher; 6. Spezialgebiet: Ratgeber für das breite Publikum, den sog. Mass-Market; 7. keine: Fachbuch, Belletristik, Kinderbücher, Prosa, Science Fiction, Kochbücher, Biographien/ Lebensgeschichten; 8. Provision: 20 %; 9. pauschale Gebühr: keine; 10. Lektorat: Das Lektorat findet i.d.R. direkt beim Verlag auf Verlagskosten statt. Auf Wunsch ist ein Lektorat aber möglich, Preis nach vorheriger Vereinbarung (ca. 5 Euro/ Seite); 11. Kontakt: Telefonat oder eMail mit Exposé (Muster-Exposé kann angefordert werden). Bitte keine unverlangten Manuskripte einsenden!; 12. Laufz./ Kündig.: Die Mindestlaufzeit beträgt 18 Monate (= 3 Verlagsprogramme), Kündigungsfrist 3 Monate; 13. Rapport: via eMail u./oder Telefon; 14. Verlage: Heyne, Knaur, Südwest, mvg, Erd, Urania, Hugendubel, vgs, Egmont Verlagsgesellschaft, Atlas. Titelliste siehe Homepage; 15. Anzahl der Autoren: rund 80 Autorinnen u. Autoren aus allen Bereichen; 16. AutorInnen: siehe Homepage; 17. Rat: Hände weg von teuren Broschüren u. Infomaterial, das der Autor bei einer Agentur vorab kaufen muss. Die Prüfung einer Idee oder eines Exposés muss generell für den Autor kostenlos sein. Klären Sie vorab, ob die Agentur Verlagsverträge offen legt (d.h., Sie unterschreiben selbst), ob Zuschussverlage bedient werden (d.h., Sie müssen Geld für die Herstellung bezahlen) oder ob sonstige Kosten auf Sie zukommen; 18. warum Agentin: Weil ich Spaß habe am Büchermachen! Neue Themen finden, neue Trends kreieren, interessante Menschen kennen lernen – all dies bietet dieser Beruf, obwohl derzeit auch in Verlagen oft gute Ideen dem Rotstift zum Opfer fallen.

Ariadne-Buch, Wörthstr. 14, D-81667 München, fon: 089/444490-0, fax: 089/444490-50, info@ariadne-buch.de, www.ariadne-buch.de
Inhaberin: Christine Proske

1. Gegr.: 1991; 2. Werdegang: –; 3. Mitarbeiter: 8; 4. Namen/Fachgebiete: –; 5. Genre: Sachbuch; 6. Spezialgebiet: Sachbuch; 7. keine: Belletristik; 8. Provision: 20 %; 9. pauschale Gebühr: nein; 10. Lektorat: kein Lektorat, Lektorat zahlt Verlag; 11. Kontakt: Exposé, Textprobe, Rückporto; 12. Laufz./Kündig.: nur zu einem Projekt; 13. Rapport: ständiger enger Kontakt; 14. Verlage: siehe Website; wir machen ca. 80 Bücher im Jahr; 15. Anzahl der Autoren: ca. 600

Aulo Literaturagentur, Parkstr. 3, D-78351 Bodman-Ludwigshafen, fon: 07773/937952, fax: 07773/937953, aulo.box@t-online.de
Inhaber: Dr. Matthias Auer
1. Gegr.: 2000; 2. Werdegang: Studium, Promotion im Fach Neuere Deutsche Literaturwissenschaft, Verlagslektor; 3. Mitarbeiter: 1; 4. Namen/Fachgebiete: Dr. Matthias Auer; 5. Genre: deutschsprachige Belletristik u. populäres Sachbuch, Ratgeber; 6. Spezialgebiet: –; 7. keine: Lyrik u. Kinderbuch; 8. Provision: 15 % zuzüglich MwSt.; 9. pauschale Gebühr: nein; 10. Lektorat: Lektorat in besonderen Fällen u. auf Wunsch des Autors, wenn der Text entsprechendes Potenzial besitzt, aber noch nicht druckreif ist. Honorierung pro Normseite je nach Arbeitsaufwand; 11. Kontakt: Eventuell telefonische Voranfrage; in der Regel Übersendung einer aussagekräftigen Leseprobe (30–50 Seiten) plus Exposé. Rückporto beilegen; 12. Laufz./Kündig.: individuelle Regelungen; 13. Rapport: kontinuierlicher Kontakt zu den Autoren

autorInnenberatung. aut litera aut nihil, Richard-Sorge-Str.74, D-10249 Berlin, fon: 030/4278990, fax: 030/44715030, info@autorInnenberatung.de, www.autorInnenberatung.de
Inhaber: Rouven Obst u. Dr. Gregor Ohlerich
1. Gegr.: 2002; 2. Werdegang: Dr. Gregor Ohlerich: Studium der Neuen deutschen Literatur u. Philosophie, Freiburg u. Berlin. Wissenschaftliche Mitarbeit u. Lektorat Projekt-Loreley, Humboldt-Universität. Hat zum Thema „Das Literarische Feld der DDR" promoviert, Humboldt-Universität. Freie Lektoratsarbeit seit 1998. Rouven Obst: Studium der Neuen deutschen Literatur u. Philosophie, Berlin. Wissenschaftl. Mitarbeit u. Lektorat Projekt-Loreley, Humboldt-Universität. Rezensent bei literaturkritik.de seit 1998. Arbeit in einer Literaturagentur in Berlin, 2002; 3. Mitarbeiter: siehe Inhaber; 4. Namen/Fachgebiete: Manuskripteingang Lektorat, Gutachten u. Beratung: Dr. Gregor Ohlerich, ohlerich@autorInnenberatung.de; Dänisch-Deutsch Übersetzungen: Rouven Obst, obst@autorInnenberatung; 5. Genre: Unsere Agentur betreut Autor/innen aus der Bundesrepublik Deutschland u. der Schweiz. Ziel ist die professionelle Förderung von Autor/innen durch sorgfältige Text- bzw. Manuskriptanalyse. Zu diesem Zweck bieten wir ein an Verlags- u. Wissenschaftsstandards orientiertes Lektorat sowie Literatur- u. Wissenschafts-Gutachten. Wir sehen uns ganz literar-ästhetischen Maßstäben verpflichtet. Hierzu gehört eine intensive persönliche Beratung auch mit Blick auf eine mögliche Veröffentlichung u. die entsprechende Einordnung in ein vorhandenes literar. Marktsegment. Wir bieten Unterstützung bei der Konzeption, Umsetzung u. Nachbereitung von Buchprojekten, bei der Literatur- u. Material-Recherche für literar. sowie wissenschaftl. Arbeiten u. bei der Agentur-

u. Verlagssuche/-bewerbung. Ferner bieten wir Dänisch-Deutsch Übersetzungen für Literatur u. Sachbuch. Wir vermitteln nicht an Agenturen u. Verlage; 6. Spezialgebiet: Belletristik, Biografien, Sachbuch u. wissenschaftl. Arbeiten; 7. keine: –; 8. Provision: Wir nehmen keine Provision. Wir bieten Pauschalpreise, z. B. das Literatur-Gutachten für 105 Euro. Lektorat ab 5 Euro/Normseite oder auf Stundenbasis zu 20 Euro/Stunde. Rabatte auf Nachfrage. Aktuelle Preise unter www.autorInnenberatung.de; 9. pauschale Gebühr: keine weiteren Gebühren; 10. Lektorat: Wir bieten Gutachten, Lektorat u. Beratung. Preise siehe unter 8; 11. Kontakt: Telefonat, eMail, Brief – gerne inkl. Textproben für unverbindlichen Kostenvoranschlag. Rücksendung wenn Porto anbei.

AVA – Autoren- und Verlags-Agentur GmbH, Seeblickstr. 46, D-82211 Herrsching-Breitbrunn, fon: 08152/925883, fax: 08152/3076, office@ava-bookagency.com, Homepage: im Entstehen
Inhaber: Reinhold G. Stecher
1. Gegr.: September 1978, als erste in der BRD ansässige, ausschließlich deutschsprachige Autoren betreuende literarische Agentur; 2. Werdegang: 1956 Studienabschluss als Diplom-Kaufmann; 1961–1965 Werbe- u. Vertriebsleiter im Verlag Moderne Industrie, München; 1956–1961 Werbeassistent u. erster Werbetexter in der NCR-National Registrier Kassen GmbH, Augsburg; 1964–1967 Ordentlicher Dozent am Werbewissenschaftlichen Institut e.V., München; 1962–1966 beratender Mitarbeiter der Zeitschrift ERFOLG, Bad Wörishofen; 1966–1969 Geschäftsführer u. Verlagsleiter Kindler Verlag GmbH, München; 1969–1970 Geschäftsführer Axel Juncker Verlag GmbH, München; 1971–1977 Cheflektor u. Verlagsleiter des Wilhelm Heyne Verlages, München; 1977–1979 Geschäftsführer u. Verlagsleiter der C. Bertelsmann Verlage GmbH u. des Blanvalet Verlages GmbH, beide München; 1979–1982 Geschäftsführer u. persönlicher Bevollmächtigter des Verlegers im Wilhelm Heyne Verlag, München; ab 1983 freiberuflicher Berater des Wilhelm Heyne Verlages, der Verlagsgruppe Hestia–Diana–Neff, Bayreuth, daneben Gründung der AVA GmbH, München–Herrsching. Ab 1990 alleiniger Geschäftsführer u. Leiter der AVA GmbH, München–Herrsching; 3. Mitarbeiter: vier; 4. Namen/Fachgebiete: Reinhold G. Stecher, geschäftsführender Gesellschafter, literar. Agent; Roman Hocke, Gesellschafter, literar. Agent; Walia Stecher, Geschäftsführerin; Claudia von Hornstein, Geschäftsleitungsassistentin; Christine Tomme, Honorare/Verträge/Controlling; 5. Genre: Jede Art von Literatur, die entweder Wissen vermittelt oder qualitätsvolle Spannung u. Unterhaltung bietet; 6. Spezialgebiet: Belletristik, Non-Fiction u. Ratgeber; 7. keine: links- u. rechtsradikale sowie religiös-fanatische Literatur; 8. Provision: 20 %; 9. pauschale Gebühr: nicht einen Cent; 10. Lektorat: ja, ist in der Provisionszahlung inbegriffen; 11. Kontakt: Wir erwarten zunächst einen Anruf. Wenn die von der Autorin/dem Autor gegebenen Informationen überzeugend sind, erbitten wir eine zweiseitige Inhaltsangabe, eine ca. 20-seitige Manuskriptprobe u. eine Vita. Rückporto ist beizufügen; 12. Laufz./Kündig.: Wenn sie/er will, kann jede Autorin/ jeder Autor mit dreimonatiger Frist bereits zum Ende des ersten Jahres kündigen (davon wurde aber noch niemals Gebrauch gemacht); 13. Rapport: Die Autorin/ der Autor erhält umgehend Kopien der von uns in seinem Interesse geführten

Korrespondenz u. kurz gefasste Mitteilungen über Telefonate etc.; 14. Verlage: Kein Verlag bleibt von unseren Autor(inn)en verschont; 15. Anzahl der Autoren: zurzeit rund 40; 16. AutorInnen: Charlotte Link, Utta Danella, Doris Jannausch, Stefan Murr, Irene Rodrian, Prof. Dr. Hermann Schreiber, Dr. Esther Vilar, Maria Freifrau von Welser, Dieter Zimmer. Nachlass-Verwaltungen: Heinz G. Konsalik, A. E. Johann, Lilli Palmer, Sandra Paretti, Wolf Uecker, Leni Riefenstahl, Will Berthold; 17. Rat: mehr Selbstkritik zu wagen; 18. warum Agent: Weil eine Agentur eine literarische Entbindungsstation ist. (Ich wollte eigentlich Frauenarzt werden.)

AVA international GmbH, Autoren- und Verlagsagentur, Seeblickstr. 46, D-82211 Herrsching/Breitbrunn, fon: 08152/983999, fax: 08152/3076, info@ava-international.de, www.ava-international.de
Inhaber: Roman Hocke, Reinhold G. Stecher
1. Gegr.: Die AVA international Autoren- und Verlagsagentur ist am 1. Januar 2002 gegründet worden. Sie ist einen Synergieverbund mit der AVA Autoren- und Verlagsagentur von Reinhold G. Stecher eingegangen, dem folgende Firmen zugrunde liegen: a) die in Herrsching ansässige AVA – Autoren- und Verlags-Agentur GmbH (gegründet 1988), an der Roman Hocke Gesellschaftsanteile hält u. deren leitender Geschäftsführer R. G. Stecher ist, u. b) die von Roman Hocke u. R. G. Stecher zusätzlich gegründete AVA International GmbH, deren alleiniger Geschäftsführer Roman Hocke ist u. deren Firmensitz sich ebenfalls in Herrsching befindet. Beide Agenturen agieren selbständig, sind jedoch durch eine gemeinsame Organisations- u. Verwaltungsstruktur miteinander verbunden. Außerdem vertritt Roman Hocke mit seiner AVA International GmbH auch ausländische Autoren; 2. Werdegang: In die Buchwelt trat Roman Hocke im Jahre 1981 ein: Damals gründete er gemeinsam mit Hansjörg Weitbrecht u. Gunter Ehni die Edition Weitbrecht als Imprint-Verlag des K. Thienemann Verlages in Stuttgart. Er arbeitete 17 Jahre für das Haus: als Lektor, als Verlagsleiter u. schließlich als Geschäftsführer. Unter anderem war er auch Lektor von Michael Ende. Seit 1998 ist er als Literaturagent tätig, erst unter dem Namen „Hocke Projektagentur", ab 2002 dann wurde daraus die AVA international; 3. Mitarbeiter: vier; Roman Hocke ist allein als Agent tätig; 4. Namen/Fachgebiete: Roman Hocke: Literaturagent, Claudia von Hornstein: Assistentin, Christine Tomme: Honorarkontrolle & Vertragsüberwachung, Dr. Uwe Neumahr: Lektorat; 5. Genre: Alle Arten von Büchern, sofern sie sich einfalls- u. geistreich ihre Leser erfinden; 6. Spezialgebiet: Wir sind vornehmlich auf gute Geschichten spezialisiert – in der Belletristik wie im Sachbuch. Ohne Geschichten gäbe es keine Wirklichkeit; 7. keine: Lyrik, Fachbuch, Kochbuch; 8. Provision: 20 %; 9. pauschale Gebühr: Nein, keine Gebühren für irgendwelche Aufwendungen. Und auch keine finanziellen Vorleistungen. „All inklusive" sozusagen; 10. Lektorat: Ja, das gehört zu unserem Job, um optimale Chancen für ein Buch zu schaffen; 11. Kontakt: Ein(e) Autor(in) sollte uns erst einmal auf Papier ein Exposé von zwei, drei Seiten zu dem Manuskript zusenden u. eine Leseprobe von ca. 30 Seiten beilegen. Wichtig ist auch, dass Infos zum Autor/zur Autorin auf ein, zwei Seiten vorliegen, um auch ein Bild von dem Autor/der Autorin, seiner/ihrer Antriebskraft u. seiner/ihren

Vorstellungen zur Schreibmotivation zu gewinnen. Haben wir Interesse, fordern wir das Gesamtmanuskript an. Haben wir weiterhin Interesse, kommt es zu einem persönlichen Treffen. Erst nach diesem Gespräch entscheiden wir definitiv, ob eine Vertretung sinnvoll ist; 12. Laufz./Kündig.: Bedingung ist eine Zusammenarbeit auf exklusiver Ebene. Der Vertrag ist jeweils ein Jahr gültig. Er kann mit einer Frist von drei Monaten zum Jahreswechsel gekündigt werden. Geschieht dies nicht, verlängert er sich stillschweigend um ein weiteres Jahr; 13. Rapport: Wir bemühen uns, laufenden Kontakt zu den Autor(inn)en zu halten, deren Werke wir anbieten, u. berichten ihnen über den Stand der Arbeiten. Wir haben auch nichts dagegen, wenn die Autor(inn)en sich selber melden, um sich zu informieren; 14. Verlage: Wir vermitteln Werke der von uns vertretenen Autor(inn)en an die bekannten großen Publikumsverlage, aber gerne auch an Nischenverlage, wenn uns das strategisch nützlich erscheint, um einen Autor/ eine Autorin zu etablieren; 15. Anzahl der Autoren: Wir haben etwa vierzig Autoren u. Autorinnen unter Vertrag; 16. AutorInnen: Alle unsere Autor(inn)en sind ausführlich auf unserer Webseite vorgestellt: www.ava-international.de; 17. Rat: Wir können es nur immer wieder wiederholen: Qualität setzt sich immer durch. Jeder Autor, jede Autorin hat aber nur einen Schuss frei. Schreiben Sie also gleich u. von Anfang an das ganz große Buch Ihres Lebens u. nicht erst als Alterswerk!; 18. warum Agent: Ich bin Literaturagent geworden, weil ich dazu beitragen möchte, dass gute Geschichten unter die Leute kommen. Sie sind nämlich so notwendig wie das tägliche Brot. Außerdem bin ich gerne Menschen behilflich, ihre Ziele zu erreichen u. zum Erfolg zu führen. Ich freue mich darüber, dass ich auf diese Weise mein Geld verdienen kann.

The Berlin Agency, Jung-Lindemann & Olechnowitz, Niebuhrstr. 74, D-10629 Berlin, fon: 030/88702888 + 39906418, fax: 030/88702889 + 39906419, jung-lindemann@berlinagency.de, olechnowitz@berlinagency.de, www.berlinagency.de
InhaberIn: Dr. Frauke Jung-Lindemann u. Dr. Harry Olechnowitz
„Vertretung von ausländischen Autoren, Verlagen u. Agenturen auf dem deutschen Buchmarkt sowie Vertretung deutscher Autorinnen u. Autoren im Ausland." – Siehe unter Jung-Lindemann sowie unter Olechnowitz.

Agentur für Autorenrechte Monica Böhme, Hauffstr. 2, D-22085 Hamburg, fon: 040/2277440, fax: 040/22759744, EvWLitAg@aol.com
Inhaberin: Elisabeth von Wangenheim
„Zu erreichen über www.litscage.com. Auf dieser Seite ist meine Agentur und ihre Arbeit ausführlich beschrieben." Dort:
„Die Agentur für Autorenrechte wurde 1983 von Monica Böhme gegründet, die die Agentur zum Erfolg – vor allem im Bereich politisches Sachbuch – führte. Nach dem Tod von Monica Böhme im Jahre 1990 übernahm ihr Mann bis Ende 1998 die Firma, die ich als langjährige Mitarbeiterin 1999 erworben habe. Wir sind eine kleine Agentur mit erfolgreichen Autor/innen, die nach wie vor besonders im Bereich politisches Sachbuch u. Zeitgeschichte tätig u. thematisch vor allem in dieser Hinsicht bei allen bedeutenden deutschsprachigen Verlagen bestens eingeführt ist, da die Agentur schon diverse Bestseller vermittelt hat. In den letzten

Jahren haben wir die Agentur-Schwerpunkte zudem um die Bereiche Film-, Theater- u. Medienthemen erweitert u. betreuen in eingeschränktem Umfang Belletristik-Autoren. Bitte senden Sie uns zunächst ein kurzes Schreiben mit einem Exposé von bis zu fünf Seiten u. Ihre Vita oder rufen Sie uns an. Bitte senden Sie uns keine unangeforderten Manuskripte zu, auch nicht auf Diskette oder per E-Mail. Die Agentur für Autorenrechte verlangt grundsätzlich keine Vorauszahlungen. Wir arbeiten auf Erfolgsbasis u. berechnen 15–20 % aller Honorare u. Lizenzen aus einem abgeschlossenen Verlagsvertrag. Die Agentur berät den Autor/die Autorin ggf. bei der Erstellung eines verlagsgerechten Exposés. Sie verhandelt mit Verlagen u. arbeitet nach Rücksprache mit dem Autor/der Autorin den Verlagsvertrag aus. Zwischen der Agentur u. dem/der Autor/in wird bei Beginn der Agenturtätigkeit eine Vereinbarung geschlossen, in der die Agentur exklusiv für ihre Tätigkeit beauftragt wird. Die Mindestlaufzeit bis zu einer angestrebten Vermittlung an einen Verlag beträgt im allgemeinen 12 Monate. Danach besprechen sich Agentur u. Autor/in, ob Vermittlungsbemühungen weiterhin sinnvoll sind oder die Vereinbarung gelöst werden soll. Bei weiteren Fragen wenden Sie sich bitte an Elisabeth von Wangenheim."

Brand, Elke: siehe Scripts for sale

Literaturagentur Andreas Brunner, Schäffergasse 22/4, A-1040 Wien, fon: 01/5333191, fax: 01/5333191-15, brunner@literaturagentur.at, www.literaturagentur.at
(vormals Literarische Agentur Diana Voigt)
Inhaber: Andreas Brunner
1. Gegr.: 1995 von Diana Voigt (Literarische Agentur Diana Voigt bis Oktober 2003); 2. Werdegang: Studium der Theaterwissenschaften/Germanistik, Buchhändler, Agent; 3. Mitarbeiter: Ich-AG mit Aushilfen; 4. Namen/Fachgebiete: Andreas Brunner; 5. Genre: Belletristik (von unterhaltend bis anspruchsvoll), Sachbuch: Geschichte, Kulturgeschichte, Ratgeber; 6. Spezialgebiet: österreichische AutorInnen; 7. keine: keine SF, Horror, Phantasy, KEIN Kinder- u. Jugendbuch; 8. Provision: 15 %, bei Einschaltung einer Subagentur für fremdsprachige Rechte 20 %; 9. pauschale Gebühr: nein; 10. Lektorat: Ich lektoriere Texte von AutorInnen, mit denen ich fix zusammenarbeite; 11. Kontakt: eMail ohne Attachment, kurze Beschreibung des Projekts reicht; 12. Laufz./Kündig.: unbefristet mit dreimonatiger Kündigungsfrist; 13. Rapport: mit halbjährlichen Berichten u. im persönlichen Kontakt; 14. Verlage: siehe Website; 15. Anzahl der Autoren: ca. 30 plus 20 Verlage; 16. AutorInnen: siehe Website www.literaturagentur.at; 17. Rat: Um sich durchzusetzen, braucht man einen langen Atem u. viel Geduld; 18. warum Agent: Mir wurde es zuerst als Job angeboten, nun leite ich meine Agentur u. es macht (meistens) Spaß.

CHRIST Lit Eberhard Beckers, Goldbergstr. 3, D-35614 Asslar-Bermoll, fon: 0172/5605090, christlitEB@aol.com
Inhaber: Eberhard Beckers
1. Gegr.: 1974; 2. Werdegang: Verleger, Buchhändler; 3. Mitarbeiter: 2/2; 4.–5.: –;

6. Spezialgebiet: christliche Literatur; 7.-9.: -; 10. Lektorat: auf Wunsch; 11. Kontakt: Exposé, Textprobe, Biografie; 12. Laufz./Kündig.: 1 Jahr; 13. Rapport: schriftlich; 14. Verlage: Hanser, Gabler, Brunnen, Campus f. Christus, Verlag des Professorenforums u. a.

copywrite Literaturagentur, Münchener Str. 45, D-60329 Frankfurt am Main, fon: 069/94410153, fax: 069/94410169, post@copywrite.de, www.copywrite.de
Inhaber: Georg Simader, (stille) Mitinhaber: Tobias Voß, Frank P. Erben
1. Gegr.: 1.7.1999; 2. Werdegang: Wie sich mein beruflicher Werdegang gestaltete? Wechselhaft, mit starker Tendenz zum Erfolg. Seit 20 Jahren in der Branche (Buchhändler, Lektor, Verlagsleiter); 3. Mitarbeiter: Zwei feste Mitarbeiter. Eine macht das Backoffice, einer kommuniziert nach außen – nämlich Georg Simader; 4. Namen/Fachgebiete: Georg Simader (Kriminalroman, junge deutsche Literatur, unkonventionelle Unterhaltungsromane von Frauen, historischer Roman, politisches Sachbuch); 5. Genre: siehe 4; 6. Spezialgebiet: literarischer Kriminalroman, unkonventionelle Unterhaltungsromane von Frauen; 7. keine: Wir vermitteln ausschließlich Romane aus den unter Punkt 4 genannten Gebieten – sonst nichts. Nur der berühmte Günther Koch durfte sein Fußballbuch durch uns vermitteln lassen u. die fast genauso berühmte Gertrude Fein ihre unkonventionellen Kochbücher; 8. Provision: 15%; 9. pauschale Gebühr: nein; 10. Lektorat: Wir lektorieren gelegentlich vor. Dies geschieht immer in Absprache mit dem Autor. Kosten: keine. Wer jetzt glaubt, einen schlampigen Text abliefern zu können, wird abgelehnt; 11. Kontakt: Ein Autor sollte, bevor er was schickt, unsere Homepage www.copywrite.de lesen; dort stehen unter „copywrite für Autoren" alle nötigen Informationen; 12. Laufz./Kündig.: Mindestlaufzeit 1 Jahr; Kündigung sechs Wochen zum Ablauf des Vertragsjahres; 13. Rapport: Wir konferieren mit dem Autor in der Vermittlungszeit beständig; wir mailen, telefonieren etc.; 14.-16.: Wir vertreten insgesamt etwa 35 Autoren, darunter zahlreiche (Krimi-)Preisträger, die u. a. in folgenden Verlagen erscheinen: Ullstein, Rowohlt, btb, Goldmann, Piper, Eichborn, Kiepenheuer, dtv, Heyne, S. Fischer. Auffällig ist, daß AutorInnen, deren Nachnamen mit „W" beginnt, besonders erfolgreich sind. Steffi von Wolff (ca. 100.000 verkaufte Expl. von „Fremd küssen"), Jan Costin Wagner („Eismond" wird in zahlreiche Sprachen übersetzt); Tine Wittler (nach „Parallelwelt" folgte die eigene, tägliche Fernsehshow). Claudia Wuttke, deren Debüt bei dtv erscheint, wird es ebenfalls schaffen. Und Karola Weibezahl – nominiert mit ihrem „Herbstkind" für den Debütglauser – ist auf dem besten Weg. Den „W"-Autoren den Rang streitig machend: die „C"-Autoren, wie Anne Chaplet, Shushu Collignon, Maeve Carels u. der demnächst debütierende Martin Corzillius; 17. Rat: Üben. Und Lesen. Und die Augen offen halten; 18. warum Agent: Ich hab ja nichts Anständiges gelernt.

Dörnersche Verlagsgesellschaft mbH, Silker Weg 1, D-21465 Reinbek bei Hamburg, Postfach 1106, D-21451 Reinbek bei Hamburg, fon: 040/7222227, fax: 040/7279070, agentur@doernersche.de, www.doernersche.de
Inhaberin: Brigitte Dörner, Sibylle Dörner
1. Gegr.: 1950; 2. Werdegang: -; 3. Mitarbeiter: 5; 4. Namen/Fachgebiete: -; 5.

Genre: Unterhaltung; 6. Spezialgebiet: Kurzprosa für Presse; 7. keine: Poesie, Porno; 8. Provision: –; 9. pauschale Gebühr: nein; 10. Lektorat: nie; 11. Kontakt: eMail-Anfrage mit Attachment, Exposé, Textprobe

Medienagentur Gerald Drews, Neuschwansteinstr. 25 a, D-86163 Augsburg, fon: 0821/26236-0, fax: 0821/26236-20, info@medienagentur-drews.de, www.medien-agentur-drews.de
Inhaber: Gerald Drews
1. Gegr.: Agenturarbeit ab Mitte der 80er Jahre; ab ca. 1993 Agentur als „Image Ideen- und Medienagentur" tätig, ab 1996 als Medienagentur Gerald Drews; 2.–4. –; 5. Genre: Wir vermitteln v. a. Ratgeber, aber auch Sachbücher in den Bereichen Gesundheit/Medizin/Naturheilkunde, Lebenshilfe/Psychologie, Beruf, Erziehung/Pädagogik, Recht/Verbraucher, Börse/Geldanlagen/Wirtschaft, Lifestyle, Wellness/Fitness, Esoterik sowie Geschenkbücher (Humor, Satire, Anthologien) für große Publikumsverlage; 6. Spezialgebiet: s. o.; 7. keine: Wir vermitteln keine Belletristik, Gedichte, Kinderbücher u. Nischenthemen; 8. Provision: 20 % Erfolgshonorar, d. h. kommt kein Vertrag zustande, entstehen dem Autor auch keine Kosten; 9. pauschale Gebühr: nein; 10. Lektorat: Das Lektorat übernimmt im Normalfall für den Autor kostenfrei der Verlagskunde. Wenn allerdings ein Manuskript nicht den Anforderungen des Verlages entspricht, so wird individuell eine Bearbeitung mit dem Autor ausgehandelt. Durch Lieferung von Probekapiteln u. Teillieferungen des Manuskriptes (v. a. bei Erstautoren) wird dieses Risiko aber bereits im Vorfeld minimiert; 11. Kontakt: Telefonat oder Exposé mit Textprobe u. Autorenprofil, gerne per eMail. Auf Wunsch verschicken wir Musterexposés u. ä. zur Orientierung; 12. Laufz./Kündig.: Der Vertrag geht projektbezogen über die Laufzeit des vermittelten Buches. Danach wird über Lizenzen o. ä. erneut verhandelt. Verträge mit Verlagen, in die ein Autor durch die Vermittlung der Agentur neu platziert werden konnte, laufen generell über die Agentur. Ansonsten keine vertragliche Bindung an die Agentur; 13. Rapport: –; 14. Verlage: Arena, Eichborn, Heyne, Honos, Orbis, vmn, VPM, Weltbild-Gruppe u. a.; 15. Anzahl der Autoren: rund 100; 16. AutorInnen: Doris Märtin („Small Talk" bei Heyne), Detlef Pohl (erfolgreicher Wirtschaftsbuch-Autor), Klaus Kaden, Gunter Kästner (Berufsratgeber-Spezialisten), Joachim H. Angerstein (erfolgreicher Heilpraktiker; „Apfelessig", „Johanniskraut" u. a.), Heike van Braak, Christof Baur & Bernd Thurner (Physiotherapeuten, „Bauch, Beine, Po"-Bestseller bei „Weltbild"), Claus Krämer, Birgit Adam, Cornelia Bürger, Volker Zwick u. v. m. sowie Agenturinhaber Gerald Drews

Eggers & Landwehr KG, Rosa-Luxemburg-Str. 17, D-10178 Berlin, fon: 030/310103-0, fax: 030/310103-10, info@eggers-landwehr.de, www.eggers-land-wehr.de

Falk, Elisabeth: siehe LITkom Agentur für Literatur und Kommunikation

Paul & Peter Fritz AG, Jupiterstr. 1, CH-8032 Zürich, fon: 044/3884140, fax: 044/3884130, info@fritzagency.com, www.fritzagency.com

1. Gegr.: 1962; 2. Werdegang: –; 3. Mitarbeiter: 10/3; 4. Namen/Fachgebiete: Peter S. Fritz, Christian Dittus, Antonia Fritz; 5. Genre: –; 6. Spezialgebiet: angelsächsische Literatur; 7. keine: –; 8. Provision: 15 %; 9. pauschale Gebühr: nein; 10. Lektorat: wird auf Wunsch vermittelt; 11. Kontakt: siehe Website, dort: „Wenn Sie an unseren Dienstleistungen interessiert sind, senden Sie uns bitte eine kurze (!) Beschreibung des Werks, eine Leseprobe von ungefähr 30 Seiten sowie einige Angaben über den Autor/die Autorin. Bei Interesse fordern wir dann das Manuskript zur Prüfung an. Für unverlangt zugeschickte Manuskripte können wir keine Verantwortung oder Haftung übernehmen."

Literarische Agentur Michael Gaeb, Stargarder Str. 8, D-10437 Berlin, fon: 030/54714002, fax: 030/54714005, eMail: info@litagentur.com
Inhaber: Michael Gaeb
1. Gegr.: 2003; 2. Werdegang: –; 3. Mitarbeiter: 2/1; 4. Namen/Fachgebiete: –; 5. Genre: deutsche Belletristik, Jugendbuch, historischer Roman; 6. Spezialgebiet: historischer Roman, Krimi; 7. keine: Science Fiction, Ratgeber, Fachbücher; 8. Provision: 15 %; 9. pauschale Gebühr: nein; 10. Lektorat: immer, es entstehen keine Kosten für den Autor; 11. Kontakt: Telefonat oder eMail-Anfrage mit Attachments, Exposé, Manuskript oder Textprobe, Biobibliografie, Rückporto; 12. Laufz./Kündig.: 2 Jahre, jederzeit kündbar mit 6 Monaten Frist; 13. Rapport: Update einmal im Monat; 14. Verlage: –; 15. Anzahl der Autoren: 30

Agentur für Autoren und Verlage, Aenne Glienke, Freyensteiner Str. 1, D-17209 Massow, fon: 039925/77538, fax: 039925/77539, mail@AenneGlienkeAgentur.de, www.AenneGlienkeAgentur.de
Inhaberin: Aenne Glienke
1. Gegr.: 2002; 2. Werdegang: Sachbuch-Lektorin, Verlagsleiterin; 3.–4.: –; 5. Genre: Sachthemen u. Biografien (auch fürs Jugendbuch); 6.–7.: –; 8. Provision: 15 %; 9. pauschale Gebühr: nein; 10. Lektorat: –; 11. Kontakt: Exposé, Textprobe, Biografie, Bibliografie, Rückporto; 12.–14.: –; 15. Anzahl der Autoren: ca. 50

Agentur Gorus, Engen u. Berlin, Turmstr. 4, D-78234 Engen, fon: 07733/503699, fax: 07733/503746, oliver.gorus@gorus.de, www.gorus.de
Inhaber: Oliver Gorus, Jörg Achim Zoll
1. Gegr.: 2002; 2. Werdegang: Oliver Gorus ist seit mehr als zwölf Jahren in der Buchbranche tätig u. kennt das Geschäft mit Büchern aus den verschiedensten Perspektiven. Als gelernter Buchhändler arbeitete er Anfang der 90er in verschiedenen Buchhandlungen in Konstanz u. Umgebung. Danach bereiste er als Verlagsvertreter für den Fachverlag Addison-Wesley Deutschlands Süden, die Schweiz u. Österreich, betreute u. beriet Buchhändler. 1999 wechselte er in die Produktentwicklung, also ins Lektorat, u. baute den Programmbereich Wirtschaft des Bonner Fachverlags Galileo Press auf. Im Angestelltendasein jedoch lag nicht sein Glück. Er kündigte u. machte sich im Frühjahr 2002 mit der Agentur Gorus selbstständig. – Jörg Achim Zoll war seit der zweiten Hälfte der 90er Jahre in verschiedenen wissens- u. kulturvermittelnden Bereichen tätig. Bereits während seines geisteswissenschaftl. Studiums sowie unmittelbar nach dem Magisterexamen

wirkte er mit bei der Organisation von Tagungen u. Autorenworkshops zur zeitgenössischen englischen Literatur, welche die Universität Bonn in Zusammenarbeit mit dem British Council veranstaltete. Anschließend arbeitete er mehrere Jahre als freier Übersetzer u. Redakteur hauptsächlich für die Verlage Brockhaus u. Oncken. Zwei Jahre lang war er zudem als Schulungsleiter bei der Deutschen Forschungsgemeinschaft beschäftigt. Nach Jahren der freien Mitarbeit wollte er dann auch das Innenleben der Verlagsbranche kennen lernen u. begann beim Fachverlag Galileo Press, wo er sich im Programmbereich Wirtschaft zum Lektor qualifizierte. Im Sommer 2003 wechselte er zur Agentur Gorus u. wurde ihr zweiter geschäftsführender Gesellschafter; 3. Mitarbeiter: keine Angestellten, nur zwei geschäftsführende Gesellschafter. Beide arbeiten als Agenten; 4. Namen/Fachgebiete: Oliver Gorus: Wirtschaft, Gesundheit / Jörg Achim Zoll: Religion u. Gesellschaft, Philosophie; 5. Genre: ausschließlich Sach- u. Fachbücher; 6. Spezialgebiet: Wirtschaft, Gesundheit, Religion u. Gesellschaft, Philosophie; 7. keine: Romane u. Erzählungen, keine Lyrik, also generell keine fiktionalen Werke, keine Esoterik; 8. Provision: bei reinen Vermittlungen 20 %; 9. pauschale Gebühr: bei reinen Vermittlungen: nein; 10. Lektorat: Autoren können neben der reinen Vermittlung auch noch Konzeptionsberatung u./oder Manuskriptcoaching buchen. Dabei stehen wir ihm als persönlicher Lektor zur Verfügung, beraten ihn hinsichtlich Konzeption u. Positionierung u. helfen ihm bei der Optimierung des Manuskripts. Dies wird ganz nach Bedarf gestaltet u. separat von der Vermittlung nach Aufwand berechnet. Vorab erstellen wir ein individuelles Angebot; 11. Kontakt: Bitte immer zuerst anrufen oder per eMail Kontakt aufnehmen, nie unverlangt per Post Exposés oder Manuskriptteile zusenden; 12. Laufz./Kündig.: Mindestlaufzeit zwei Jahre, Kündigungsfrist vier Wochen zum Monatsende; 13. Rapport: per eMail u. Telefon; 14. Verlage: Redline Wirtschaft, Wiley, Gabler, Springer, Gabal, Haufe, Businessvillage, Schäffer-Poeschel; 15. Anzahl der Autoren: derzeit zwischen 40 u. 50; 16. AutorInnen: Daniel Amor, Marius Dannenberg, Niels Pfläging, Dagmar Säger; 17. Rat: Zuerst mit einer themenkompetenten Agentur über ein Sach- oder Fachbuchprojekt sprechen, bevor er oder sie sich an das Konzipieren u. Schreiben macht; 18. warum Agenten: Weil die Tätigkeit unseren Neigungen u. Fähigkeiten entspricht – weil wir gut darin sind.

Graf & Graf, Mommsenstr. 11, D-10629 Berlin, fon: 030/3151910, fax: 030/31519119
Inhaberin: Karin Graf, H. Hager (GF)
„Zur Zeit keine Neuaufnahmen"
1. Gegr.: 1995; 2. Werdegang: –; 3. Mitarbeiter: 4/3; 4. Namen/Fachgebiete: –; 5. Genre: Belletristik (Prosa), Sachbuch; 6. Spezialgebiet: –; 7. keine: SF, Fantasy; 8. Provision: 15 %; 9. pauschale Gebühr: nein; 10. Lektorat: nie; 11. Kontakt: Telefonat; 12.–13.: –; 14. Verlage: pro Jahr 90 Bücher; 15. Anzahl der Autoren: über 100

Agentur Literatur Gudrun Hebel, Gierkezeile 15, D-10585 Berlin, fon: 030/34707767, fax: 030/34707768, info@agentur-literatur.de, www.agentur-literatur.de
Inhaberin: Gudrun Hebel
1. Gegr.: 1998; 2. Werdegang: –; 3. Mitarbeiter: 1; 4. Namen/Fachgebiete: –; 5.

Genre: Belletristik, allgemeines Sachbuch; 6. Spezialgebiet: deutsche Autoren u. skandinavische Literatur; 7. keine: Lyrik, Fachbücher; 8. Provision: 15 % innerhalb Deutschlands; 9. pauschale Gebühr: nein; 10. Lektorat: nur in Ausnahmefällen u. dann kostenlos; 11. Kontakt: Telefonat, Exposé, Textprobe, Biografie, Rückporto; 12. Laufz./Kündig.: 1 Jahr Laufzeit, Kündigung 3 Monate zum Ende des Jahres; 13. Rapport: telefonisch, per eMail, persönlich; 14. Verlage: Suhrkamp, Blanvalet, Scherz, Rowohlt ...; 15. Anzahl der Autoren: –; 16. AutorInnen: Karola Weibezahl, Matthias Keidtel, Albrecht Gralle, Gesine Schulz u. a. Liza Marklund, Arne Dahl, Katarina Mazetti, Ninni Holmqvist, Jonas Gardell u. a.; 17. Rat: Ihr fertiges Manuskript etwas liegen lassen u. dann noch einmal kritisch prüfen, bevor sie es an Agenten schicken. Und bei Absagen den Mut nicht verlieren!; 18. warum Agentin: Weil das ein wunderbarer, vielseitiger Beruf ist.

Herbach & Haase, Literarische Agentur, Kurfürstendamm 69, D-10707 Berlin, fon: 030/88001607, fax: 030/88001609, herbach.haase.lit.ag@t-online.de
Inhaber: Axel Haase
1. Gegr.: 1997; 2.–4.: –; 5. Genre: Belletristik, Sachbuch, Kinder- u. Jugendbuch, Film- u. Theaterstoffe; 6.–7.: –; 8. Provision: 15 %; 9. pauschale Gebühr: nein; 10. Lektorat: nur in Ausnahmefällen u. dann kostenfrei; 11. Kontakt: Exposé, Textprobe, Biografie, Bibliografie, Rückporto; Texte nur in ausgedruckter Form einreichen; 12. Laufz./Kündig.: wird grundsätzlich individuell geregelt; 13. Rapport: regelmäßig nach Stand der Dinge; 14. Verlage: Kiepenheuer & Witsch, Aufbau, Eichborn, DuMont, Piper, Antje Kunstmann, Steidl, Berlin Verlag; 15. Anzahl der Autoren: ca. 60

Hermanns, Petra: siehe Scripts for sale

Agence Hoffman, Bechsteinstr. 2, D-80804 München, fon: 089/3084807 + 30778152, fax: 089/3082108

Roberto de Hollanda Literary Agency, Prinz-Albert-Str. 65, D-53113 Bonn, fon: 0228/229603, fax: 0228/219507, robertodehollanda@t-online.de
Inhaber: Roberto de Hollanda
1. Gegr.: 1989; 2. Werdegang: Übersetzer/Drehbuchschreiber/Agent; 3. Mitarbeiter: 1; 4. Namen/Fachgebiete: Roberto de Hollanda; 5. Genre: Literatur/Drehbücher; 6. Spezialgebiet: internationale/arabische Autoren; 7. keine: –; 8. Provision: 15 %; 9. pauschale Gebühr: nein; 10. Lektorat: nein; 11. Kontakt: telefonische Anfrage; 12. Laufz./Kündig.: keine Mindestlaufzeit, zwei Monate Kündigungsfrist; 13. Rapport: über Absagen u. Zusagen, wann immer sie eintreffen; 14. Verlage: btb, Weidle Verlag, dtv; 15. Anzahl der Autoren: 13; 16. AutorInnen: Mohamed Choukri, Mohammed Mrabet, Souad Bahechar, Ana Nobre de Gusmao; 17. Rat: ?; 18. warum Agent: Aus Freude an der Literatur.

IBA International Media & Book Agency, Hausadresse: Heinrich-Roller-Str. 16–17, D-10405 Berlin, Postadresse: Postfach 550142, D-10371 Berlin, fon: 030/44379155, fax: 030/44379199, office@iba-berlin.de, www.iba-berlin.de

Inhaber: Ingo-Eric M. Schmidt-Braul
1. Gegr.: 1990; 2. Werdegang: –; 3. Mitarbeiter: vier; 4. Namen/Fachgebiete: zentrale Ansprechperson: Marit Magister; 5. Genre: Sachbuch: jüdische Geschichte u. Kultur; Fotokunst, Scouts für Bereiche Neue Medien, Buch- u. Kulturwirtschaft; Belletristik: jüdische israelische Literatur; russische, osteuropäische Literatur (Romane, Erzählungen); 6. Spezialgebiet: Judaica u. neue Medien; 7. keine: –; 8. Provision: 20 %; 9. pauschale Gebühr: Zur Minimierung von Risiko u. Aufwand 300 Euro pauschal für die Prüfung eines Manuskriptes, Gutachten, ggf. Übersetzungsproben, Auswahl entsprechender Verlage, Kontaktaufnahme u. Angebot an Verlage; 10. Lektorat: Lektorat auf Wunsch, Kosten pro Stunde 45 Euro; 11. Kontakt: per eMail mit Exposé, Textprobe, Biographie, Photo im Anhang; es erfolgt keine Rücksendung von Unterlagen, selbstverständlich wird der Autor informiert, wenn wir sein Manuskript nicht annehmen; 12. Laufz./Kündig.: 2 Jahre bei gegenseitiger fristloser Kündigungsmöglichkeit; 13. Rapport: ja; 14.–16.: –; 17. Rat: Schreiben Sie nur, wenn Sie einen guten Plot haben, machen Sie Banalitäten nicht zum Inhalt Ihres Manuskriptes. Beherrschen Sie die Sprache, in der Sie schreiben wollen, einwandfrei. Und erwarten Sie nicht, dass trotz des dauernden Bedarfs an Neuerscheinungen junge Autoren immer mit offenen Armen aufgenommen werden.

Gisela Ilk, Laufzorner Str. 10, D-82031 Grünwald, fon: 089/6412967, fax: 089/6412966, giselailk@aol.com
1. Gegr.: April 2001; 2. Werdegang: langjährige Agenturmitarbeit bei FERENCZY Presseagentur München; 3. Mitarbeiter: 1; 4. Namen/Fachgebiete: entfällt; 5. Genre: Liebesgeschichten, Krimis, Schicksalsgeschichten, erotische Geschichten, Reportagen, nach Bedarf Kindergeschichten für Hörbücher; 6. Spezialgebiet: siehe oben; 7. keine: z. B. Drehbücher nur nach Absprache u. Auslastung; 8. Provision: 20 % oder nach Absprache; 9. pauschale Gebühr: nein; 10. Lektorat: von Fall zu Fall verschieden, jedoch immer kostenlos; 11. Kontakt: eMail-Anfrage mit Textprobe oder kurzem Exposé. Falls Rücksendung von Texten gewünscht wird oder nur brieflich Antwort möglich ist, bitte Rückporto beifügen; 12. Laufz./ Kündig.: keine Verträge, persönliche Absprachen; 13. Rapport: ständiger persönlicher Kontakt; 14. Verlage: laufend in der Yellow Press u.a.; 15.–17.: –; 18. warum Agentin: Ich bin Sternzeichen Zwilling.

jordanstext, Steinhausen 29, D-41352 Korschenbroich, fon: 02166/610794, fax: 02166/610795, www.jordanstext.de
Inhaberin: Susanne Jordans
1. Gegr.: 2000; 2.–4. –; 5. Genre: Belletristik, Sachbücher; 6. Spezialgebiet: –; 7. keine: Kinder- u. Jugendliteratur, Gedichte; 8. Provision: –; 9. pauschale Gebühr: nein; 10. Lektorat: nein; 11. Kontakt: Telefonat, Exposé, Textprobe, Bibliografie, Rückporto

Dr. Frauke Jung-Lindemann, Agentur für Autorenrechte, Niebuhrstr. 74, D-10629 Berlin, fon: 030/88702888, fax: 030/88702889, jung-lindemann@berlin-agency.de, www.berlinagency.de

In Zusammenarbeit mit Dr. Harry Olechnowitz; siehe auch: The Berlin Agency. Inhaberin: Dr. Frauke Jung-Lindemann
1. Gegr.: 1998; 2. Werdegang: Rechte u. Lizenzen in verschiedenen Verlagen, zuletzt als Abteilungsleiterin; 3.-4. -; 5. Genre: Belletristik, Sachbuch, Fachbuch; 6. Spezialgebiet: literarische Texte; 7. keine: Science Fiction, Fantasy, Esoterik; 8. Provision: 15 %; 9. pauschale Gebühr: nein; 10. Lektorat: nach Absprache in Ausnahmefällen; 11. Kontakt: am besten Telefonat, aber auch eMail (ohne Anlage); 12. Laufz./Kündig.: 1 Jahr; 13. Rapport: regelmäßig telefonisch, per eMail, per Fax; 14. Verlage: Piper, Siedler, Droemer, Nicolai etc.; 15. Anzahl der Autoren: ca. 80; 16. AutorInnen: Tanja Langer, Inka Bach, Manfred Flügge, Christa Dericum; 17. Rat: sich beraten zu lassen!; 18. warum Agentin: Weil ich freiberuflich tätig sein wollte u. verlagsungebunden!

Thomas Karlauf, Wallotstr. 9, D-14193 Berlin, fon: 030/32703868, fax: 030/32703869, thomas.karlauf@t-online.de
Inhaber: Thomas Karlauf
1. Gegr.: 1996; 2.-4.: -; 5. Genre: Politik, Zeitgeschichte, Biografien; 6.-7.: -; 8. Provision: 15 %; 9. pauschale Gebühr: nein

Keil & Keil Literatur-Agentur, Schulterblatt 58, D-20357 Hamburg, fon: 040/27166892, fax: 040/27166896, Anfragen@Keil-Keil.com, www.keil-keil.com
Inhaberinnnen: Bettina und Anja Keil
1. Gegr.: 1995; 2. Werdegang: -; 3. Mitarbeiter: 2; 4. Namen/Fachgebiete: Bettina und Anja Keil; 5. Genre: Belletristik (Romane) und Sachbuch; 6. Spezialgebiet: -; 7. keine: Krimis, Fantasy, Science Fiction, Kurzprosa, Lyrik, illustrierten Bücher, Bildbände, Kinderbücher; 8. Provision: 15 % im Inland, 20 % im Ausland und für Film; 9. pauschale Gebühr: nein, keine weiteren Gebühren; 10. Lektorat: nein; 11. Kontakt: eMail-Anfrage mit Exposé, max. 10 Seiten Leseprobe und Kurzvita. Bitte keine Manuskripte unverlangt einsenden, auch nicht mit Rückporto; 12. Laufz./Kündig.: Mindestlaufzeit 1 Jahr, 3-monatige Kündigungsfrist; 13. Rapport: Wir sind mit unseren Autoren ständig in Kontakt; 14. Verlage: u.a. Daniel Bielenstein: „Die Frau fürs Leben", Argon Verlag; Gabor Steingart: „Deutschland – Der Abstieg eines Superstars", Piper Verlag; Friedrich Merz: „Nur wer sich ändert, wird bestehen", Herder Verlag; Johanna Awad-Geissler: „Safia – Eine Scheichtochter kämpft für ihr Land", Droemer Verlag; 15. Anzahl der Autoren: 50; 16. AutorInnen: -; 17. Rat: 1. Viel lesen, 2. Sich möglichst umfassend über den Markt für ihr Genre informieren, 3. Schreiben als harte Arbeit auffassen.

Verlagsagentur Lianne Kolf, Tengstr. 8, D-80798 München, fon: 089/399059, fax: 089/396863, LitagKolf@t-online.de
Inhaberin: Lianne Kolf
1. Gegr.: 1982; 2. Werdegang: Buchhändlerin, Verlagsangestellte; 3. Mitarbeiter: 2 feste/2 freie; 4. Namen/Fachgebiete: Isabel Schickinger (Film), Ingeborg Castell (histor. Roman); 5. Genre: Belletristik, Sachbuch, Ratgeber; 6. Spezialgebiet: -; 7. keine: wissenschaftl. Fachbuch; 8. Provision: 20 %; 9. pauschale Gebühr: nein; 10. Lektorat: auf Wunsch; 11. Kontakt: Exposé, Textprobe, Biografie, Bibliografie,

Rückporto; 12. Laufz./Kündig.: 2 Jahre; 13. Rapport: je nach Rückinfos; 14. Verlage: 60 Titel pro Jahr in allen großen Publikumsverlagen; 15. Anzahl der Autoren: ca. 400; 16. AutorInnen: –; 17. Rat: viel lesen; 18. warum Agentin: aus Begeisterung fürs Buch

Ingrid Anna Kleihues, Verlags- und Autorenagentur, Weinbergweg 62 A, D-70569 Stuttgart, fon: 0711/6788800, fax: 0711/6788801, info@agentur-kleihues.de
Inhaberin: Ingrid Anna Kleihues
1. Gegr.: 1990; 2. Werdegang: über viele Jahre bis Ende 1996 (die letzten Jahre parallel zur Agenturarbeit) in der Deutschen Verlags-Anstalt verantwortlich für den Bereich der Lizenzen; 3. Mitarbeiter: 1/1; 4. Namen/Fachgebiete: –; 5. Genre: Schwerpunkte im Sachbuchbereich: Gesundheit, Familie, Psychologie; 6. Spezialgebiet: –; 7. keine: –; 8. Provision: 15 Prozent; 9. pauschale Gebühr: keine weitere Gebühr; 10. Lektorat: Lektoratsarbeit, je nach Einzelfall; 11. Kontakt: Die Autorin bzw. der Autor sollte zunächst anrufen, das Thema kurz vorstellen. Wenn es mir aussichtsreich erscheint, mir ein Exposé schicken, dazu eine Textprobe, Vita und Bibliographie – möchte sie bzw. er die Unterlagen zurück erhalten, bitte Porto beilegen; 12. Laufzeit/Kündigung: ein Jahr, mit einer vierteljährlichen Kündigungsfrist; 13. Rapport: Ich halte meine Autorinnen und Autoren über alle Geschehnisse telefonisch oder per Mail auf dem Laufenden; 14. Verlage: Verträge in der letzten Zeit mit den Verlagen Beltz, Berlin, Eichborn, Fischer, Hugendubel, Klett, Kösel, Kreuz, mvg, Patmos, Rowohlt, Trias; 15.–18.: –.

KommaPress, Susanne Silbermann-Seiferth, Eckerngarten 15, D-32825 Blomberg, fon: 05235/509710, fax: 05235/509780, seiferth.komma@t-online.de
Inhaberin: Susanne Silbermann-Seiferth
Genre: Liebes- u. Schicksalsgeschichten sowie Krimis für die Yellow Press

barbara küper literarische agentur + medienservice, Alter Wartweg 3, D-60388 Frankfurt am Main, fon: 06109/248730, barbara.kueper@t-online.de
Inhaberin: Barbara Küper
1. Gegr.: 2002; 2. Werdegang: jahrelang Lektoratsleiterin in Kinderbuchverlagen; 3. Mitarbeiter: 1; 4. Namen/Fachgebiete: –; 5. Genre: Kinder- u. Jugendbuchautoren u. -illustratoren; 6. Spezialgebiet: s. o.; 7. keine: Belletristik; 8. Provision: 15 %; 9. pauschale Gebühr: nein; 10. Lektorat: auf Wunsch, je nach Text Pauschale, immer aber „Groblektorat" (Anregungen); 11. Kontakt: immer vorab Telefonat oder eMail; 12. Laufz./Kündig.: Mindestzeit 1 Jahr, 3-monatige Kündigungsfrist; 13. Rapport: auf Wunsch 1/4-jährlicher Statusbericht, bei positiver Rückmeldung sofortige Kontaktaufnahme; 14. Verlage: zahlreiche: Arena, Thienemann, Fischer, Coppenrath, moses, Ravensburger u. a.; 15. Anzahl der Autoren: zurzeit 50; 16. AutorInnen: z. B. K. Boie, A. Bröger, U. Scheffler, S. Heinlein; IllustratorInnen: z. B. J. Brandstetter, K. Schuld, J. Rieckhoff; 17. Rat: sehr viel lesen, gründliches Sondieren des literarischen Umfelds in Buchhandlungen; 18. warum Agentin: nach langjähriger Verlagstätigkeit „reif" für die freiberufliche Herausforderung, zugleich Lust, in der Kinderbuchbranche sinnvoll weiterzuarbeiten.

Liepman AG, Maienburgweg 23, CH-8044 Zürich, fon + fax: 044/2617660, info@liepmanagency.com
Inhaberinnen: Eva Koralnik u. Ruth Weibel

LITkom Agentur für Literatur und Kommunikation Elisabeth Falk, Auf Erden 2, D-54610 Büdesheim, fon: 06558/900203, fax: 06558/900204, falk@litkom.de, www.litkom.de
Inhaberin: Elisabeth Falk
1. Gegr.: 1993; 2. Werdegang: via Buchhändler-Ausbildung, alle Genre-Schwerpunkte Verlagsarbeit, Buchmesse Frankfurt Referat Ausland etc.; 3. Mitarbeiter: 1 plus variierende LektorInnen/PraktikantInnen; 2005 Kooperation mit Fachkraft anvisiert; 1 zurzeit Agentin; 4. Namen/Fachgebiete: Elisabeth Falk (alle Genres); 5. Genre: Belletristik: literarische Prosa, Romane, Lyrik, Kinder- u. Jugendliteratur, Thriller, Krimi mit Anspruch = alles deutschsprachig, Sachbuch: Zeitgeschichte, Politik, Fotografie; 6. Spezialgebiet: zurzeit siehe 5; 7. keine: seichte Unterhaltung, Fachliteratur; 8. Provision: 15 % vom Autorenhonorar; 9. pauschale Gebühr: Pauschale für Vorkosten, Vermittlung: 250 Euro; 10. Lektorat: Alle Texte werden lektoriert (in o.a. Kosten enthalten); Vorschläge zu Neukonzeptionen, Änderungen u. größeren Umänderungen werden nach Seitenhonorar belastet; 11. Kontakt: a) Telefonat oder eMail mit Kurzexposé + Textprobe; b) Manuskripte auf Anforderung + Vita + Bibliografie, kein Rückporto (Rückporto nur bei unverlangten Manuskripten); 12. Laufz./Kündig.: Mindest-Autoren/-Agentur-Vertrag für ein Jahr, Kündigung innerhalb von vier Wochen nach einem halben Jahr möglich, generell aber variabel; 13. Rapport: per eMail oder Post, seltener via Telefon; 14. Verlage: aus geschäftspolitischen Gründen keine Auskunft; 15. Anzahl der Autoren: zurzeit ca. 20 AutorInnen; 16. AutorInnen: keine Auskünfte möglich; 17. Rat: keine Illusionen zu pflegen, vom Schreiben leben zu können; dennoch aber bei großer Schreibbegabung sich anderen Schreibgruppen anzuschließen wie zum Beispiel dem Autorenforum Köln e.V.; 18. warum Agentin: Aus Leidenschaft am Umgang mit Literatur u. Lesen generell!

Löcher & Lawrence, Werner Löcher-Lawrence, Literarische Agentur/Redaktionsbüro, Bothmerstr. 3, D-80634 München, fon: 089/13958030, fax: 089/131849
„nur auf persönliche Empfehlung"

Michael Meller Literary Agency, Sandstr. 33, D-80335 München, fon: 089/366371, fax: 089/366372, info@melleragency.com, www.melleragency.com
Inhaber: Michael Meller
1. Gegr.: 1988; 2. Werdegang: –; 3. Mitarbeiter: 3 Agenten; 4. Namen/Fachgebiete: Franka Zastrow (Belletristik, Sachbuch), Michael Meller (Belletristik, Sachbuch), Cristina Bernardi (Kinder- u. Jugendbuch); 5. Genre: erzählendes Sachbuch, Belletristik, Kinder- u. Jugendbuch; 6. Spezialgebiet: –; 7. keine: Lyrik, Drama, Kurzprosa, Drehbuch; 8. Provision: 15%; 9. pauschale Gebühr: nein; 10. Lektorat: auf Wunsch; kein Lektorat im klass. Sinn; Betreuung inhaltl. Art, keine Redaktion; 11. Kontakt: Telefonat oder eMail ohne (!) Attachment; 12. Laufz./Kündig.: 1 Jahr, Kündigungsfrist 3 Monate; 13. Rapport: persönlich, telefonisch, eMail; 14. Verlage:

Rowohl, Random House, Piper ... alle Publikumsverlage; 15. Anzahl der Autoren: -; 16. AutorInnen: Rebecca Gablé, Kai Meyer, Matthias Horx, Roald Dahl, David Baldacci, Jonathan Franzen, Stefanie Gercke – mehr, siehe Homepage; 17. Rat: Bevor sie wahllos Manuskripte an die Verlage schicken, seriöse Agentur kontaktieren, um zu prüfen, ob die Agentur bei einer Vermittlung evtl. behilflich sein kann.

Dr. Ray-Güde Mertin, Literarische Agentur, Friedrichstr. 1, D-61348 Bad Homburg KEINE Vertretung deutschsprachiger AutorInnen! Die Agentur arbeitet nur mit Titeln portugiesisch- u. spanischsprachiger AutorInnen.

Buchplanung Dirk R. Meynecke, Ginsterhaus, D-29459 Clenze, fon: 05844/1511, fax: 05844/1898, buchplanung@planet-interkom.de
Inhaber: Dirk R. Meynecke
1. Gegr.: 1984; 2. Werdegang: Lektor Econ 1970/83; 3.-4.: -; 5. Genre: Unterhaltungsliteratur, Sachbücher, Ratgeber; 6. Spezialgebiet: Planung von Buchprojekten (insbesondere historische Romane, Familiensagas, erzählende Sachbücher, Ratgeber); 7. keine: Kinderbücher; 8. Provision: Verhandlungssache; 9. pauschale Gebühr: keine Gebühren, rein auf Erfolgsbasis; 10. Lektorat: begleitend bei der Texterstellung; 11. Kontakt: eMail-Anfrage mit Attachments, Exposé, Vita; 12. Laufz./Kündig.: im Mittel etwa 18 Monate; 13. Rapport: Mail/Telefon; 14. Verlage: bei den großen Publikumsverlagen; 15.-16.: -; 17. Rat: Engagement u. Geduld, Mainstream beachten; 18. warum Agent: Weil es nichts Schöneres gibt.

LKM, Literaturbetreuung Klaus Middendorf, Auerbergweg 8, D-86836 Graben am Lech, fon: 08232/78463, fax: 08232/78468, LKMcorp@t-online.de, www.LKMcorp.com
Inhaber: Klaus Middendorf
1. Gegr.: im Juli 1986; 2. Werdegang: Unorthodox: Nach Ausbildung zum Industriekaufmann zuerst Geschäftsführer im väterlichen Betrieb (Papierverarbeitung), dann Buchhändler, Literaturagent, Lektor; 3. Mitarbeiter: 3 (1 als Agent); 4. Namen/Fachgebiete: Rotraud Schladofsky-Middendorf: Autorenkontakte, Verwaltung; Serge Middendorf: Systemadministrator, Webmaster; Klaus Middendorf: Agent, Lektor; 5. Genre: Spannungsliteratur (Thriller, Krimis, Crossover, Abenteuer); Entspannungsliteratur (Unterhaltungsliteratur in ihrer ganzen Bandbreite); Hochseil-Literatur (um den Begriff E-Literatur mal zu umgehen); Lebensromane (Lebenserinnerungen, Autobiographien, Biographien); Sachbücher (zumeist populärwissenschaftl.); 6. Spezialgebiet: deutschsprachige Belletristik; 7. keine: Lyrik, Kurzprosa; dramatische Literatur; 8. Provision: 15%; 9. pauschale Gebühr: Debüts oder Veröffentlichungen von noch nicht durchgesetzten Autoren sind ein wichtiger Schwerpunkt der Vermittlungstätigkeit von LKM. In den meisten Fällen kalkulieren die Verlage sehr vorsichtig u. bieten entweder gar kein Garantiehonorar oder ein solches, das äußerster Bescheidenheit Tribut zollt: etwa zwei- bis viertausend Euro. Dieses Honorar wird in der Regel noch geteilt (Hälfte bei Vertragsabschluss, Rest bei Erscheinen). Das Garantiehonorar wird mit dem Umsatz der verkauften Bücher verrechnet. Der überschüssige Anteil wird

als so genanntes Autorenhonorar überwiesen. Von diesem Autorenhonorar, das in der Regel bei Hardcover-Ausgaben 8–10% vom Ladenpreis beträgt (bei Taschenbüchern sind es 5 bis 6%), erhält LKM 15% Provision. Doch auf das Geld müssen Autoren u. Agentur lange warten: die Verlage rechnen meist zum Ende des Jahres ab u. haben eine Karenzzeit von drei Monaten bis zur Überweisungsfälligkeit. Für ein Buch, das dieses Jahr erscheint, bekommen Autor u. Agent also erst im April nächsten Jahres ihr Geld. Unter dem Dienstleistungsaspekt ist bei diesen Größenordnungen die Bearbeitungsgebühr ein ökonomisches Erfordernis. Bei erfolgreicher Vermittlung wird die Bearbeitungsgebühr mit der Honorarabrechnung gutgeschrieben, das heißt, die Autoren bekommen zusätzlich zu den vom Verlag angewiesenen Autorenhonoraren (nach Abzug der Vermittlungsprovision) die Bearbeitungsgebühr zusätzlich zurücküberwiesen; 10. Lektorat: Nach Manuskriptprüfung auf Initiative von LKM. Manuskripte, die nicht dem Qualitätsstandard deutschsprachiger Publikumsverlage entsprechen, werden von LKM für die Vermittlung an Verlage dieses Umfelds entweder abgelehnt oder an den führenden Service Verlag Books on Demand (BoD) weiterempfohlen. Zu den Lektoratshonoraren: LKM ist Mitglied des Berufsverbandes der Lektorinnen u. Lektoren (VFLL) u. orientiert sich an der vom Verband empfohlenen Tagespauschale von 409 Euro, der ein Arbeitstag von 10 Stunden zugrunde liegt. Die Höhe des Lektorats bemisst sich nach dem Zeitaufwand (Anzahl der Arbeitstage), wobei bei einem professionellen Lektorat zwei Korrekturläufe zu berücksichtigen sind (die in der Regel vom Zeitaufwand nicht wesentlich voneinander abweichen); 11. Kontakt: Alles geht u. ist willkommen. Aber bitte keine Textproben bei Belletristik! (Ein Roman ist ein Langstreckenunternehmen. Da müssen viele „tote Punkte" überwunden werden, vulgo: man muss die ganze Strecke übersehen können. In diesem Zusammenhang also eine klare Absage an „Lesepröbchen", „Lesehäppchen" oder wie immer diese Dinge aus einem falsch verstandenen Konsumabteilungs-Denken auch genannt werden mögen. Bitte in der Prüfungsphase die Texte nicht ausschließlich als Attachment schicken. Gelesen wird bei uns immer noch (u. immerdar) auf Papier. (Schließlich muss das Papier der väterlichen Papierverarbeitung ja noch weiter verarbeitet werden.); 12. Laufz./Kündig.: Der entsprechende Passus lautet im Betreuungsvertrag von LKM: „Der Betreuungsvertrag gilt zunächst für 2 Jahre. Er verlängert sich jeweils um ein weiteres Jahr, wenn er nicht von einem Vertragspartner spätestens drei Monate vor Fristablauf per Einschreiben gekündigt wird." Grundsätzlich sind Verträge von LKM individuell abstimmbar, das gilt auch für die Vertragslaufzeit. Das untere Limit ist hier jedoch 1 Jahr; 13. Rapport: Na ja, der Erfolg ist natürlich immer das Schönste: er wird sofort persönlich vermeldet. Angeblich sollen die schnellsten Nachrichten die schlechten sein. Nicht so bei LKM. Misserfolg ist ein heikles Thema bei den sensiblen AutorInnen (der Umgang mit Literatur verpflichtet ja geradezu zu Sensibilität). Hier kommt es auf das „Händchen" des Agenten an (auch wenn mir nachgesagt wird, ich hätte eine „Pianistenpranke"). Grundsätzlich bekommt jede(r) AutorIn auf Wunsch einen aktuellen Angebotsspiegel, der Auskunft über den Entscheidungsstand bei den Verlagen darstellt. Grundsätzlich werden bei LKM nach einer Programmanalyse alle Verlage angesprochen, die vom Programmumfeld für das jeweilige Manuskript in Frage kommen; 14. Verlage: Helge-

Ulrike Hyams: *Das Studienbuch*, VS Verlag für Sozialwissenschaften; Stefanie Kremar: *Alex*, Moments Verlag; Martin Thomsen: *Lost Reality*, Wiesenburg Verlag; Wendfried Dietrich: *Steuerfahnder sind auch nur Menschen*, Wiesenburg Verlag; Hans Tönjes Redenius: *Die Jakobsleiter*, Brunnen Verlag; Hanjo Lehmann: *I killed Norma Jeane*, Rütten & Loening; Allan Oslo: *Freimaurer*, Albatros Verlag; Allan Oslo: *Der erste Kreuzzug. Der wahre Hintergrund*, Patmos Verlag; Peter Schönau: *Der Spiegelfechter*, Rake Verlag; Rüdiger Schneider: *Das Nausikaa-Fragment*, Militzke Verlag; George E. Thomas: *Die Hochzeit der Schakale*, Verlag der Criminale; Klaus Middendorf: *Nichtschwimmer in 14 Tagen. Der Roman einer Rockoper*, Avinus Verlag; 15. Anzahl der Autoren: 136; 16. AutorInnen: Frieder Faist, Heide Koehne, Hanjo Lehmann, Thomas Lehr, Allan Oslo, Jean Portante, Radomir Smiljan; 17. Rat: Literaturbetreuung ist eine ausgesprochene Vertrauenssache. Daher empfehle ich, auf jeden Fall Erkundigungen über die Agentur beziehungsweise den Agenten einzuholen u. sich von der Agentur aussagefähiges Informationsmaterial geben zu lassen. Dazu sollte unbedingt ein Publikationsspiegel gehören, damit man konkret weiß, was schon vermittelt wurde; 18. warum Agent: Ich wurde kein Agent, sondern ein Literaturbetreuer, denn bei LKM sind Agentur u. Lektorat nicht zu trennen u. im Übrigen ist LKM unzertrennlich mit der Maxime verbunden: Erst kommt der Inhalt u. dann das Geschäft!

Mohrbooks Berlin, Am Zirkus 5, D-10117 Berlin, fon: 030/28879474(6), fax: 030/28879475, mohrberlin@mohrbooks.com, www.mohrbooks.com
Inhaberin: Mohrbooks AG Zürich
1. Gegr.: 1935 / Berlin 2000; 2. Werdegang: –; 3. Mitarbeiter: Zürich 12/3; Berlin 3/2; 4. Namen/Fachgebiete: Dr. Annette C. Anton (Sachbuch), Dr. Uwe Heldt (Belletristik); 5. Genre: Unsere Schwerpunkte liegen in der Belletristik u. im Sachbuch. In Ausnahmefällen betreuen wir über die Zürcher Niederlassung auch Kinder- u. Jugendbücher, jedoch keine Bilderbücher; 6. Spezialgebiet: –; 7. keine: Keine Vermittlung können wir anbieten für Fachbücher oder reine Bildbände, Kochbücher, technische oder sehr spezialisierte Ratgeber sowie spezielle Genreliteratur wie Horror-, Science Fiction- oder Fantasy-Romane; 8. Provision: 15 %; 9. pauschale Gebühr: nein; 10. Lektorat: Wenn Lektorate nötig werden, sind sie kostenfrei; 11. Kontakt: eMail-Anfrage, dann Exposé, 30 Seiten Leseprobe, Vita; 12. Laufz./Künd.: einjährige Kündigungsfrist; 13. Rapport: nach Bedarf; 14. Verlage: bei praktisch allen Publikumsverlagen; 15. Anzahl der Autoren: ca. 150 (Berlin); 16. AutorInnen: siehe Homepage

Mohrbooks AG, Literary Agency, Klosbachstr. 110, CH-8032 Zürich, fon: 043/2448626, fax: 043/2448627, info@mohrbooks.com, www.mohrbooks.com

Montasser Media, Postfach 50 04 86, D-80974 München, fon: 089/891298-00, fax: 089/891298-80
Inhaberin: Mariam Montasser
1. Gegr.: 1991; 2. Werdegang: Jurastudium, Autorentätigkeit im Fach- u. Sachbuch, später in der Belletristik, Herausgeberschaften, Autorenarbeit, schließlich Gründung einer Agentur; 3. Mitarbeiter: –; 4. Namen/Fachgebiete: Mariam Montasser,

Thomas Montasser u. a.; 5. Genre: Wir vermitteln grundsätzlich jede Art von Literatur, Sachbuch u. Belletristik. Lediglich Kinderbuch u. Lyrik zählen nicht zu unserem Themenkreis; 6. Spezialgebiet: Die Autoren von Montasser Media bilden im besten Sinne so etwas wie ein Vollprogramm eines klassischen Publikumsverlages. Die Bandbreite reicht dabei von literar. Romanen über gehobene Unterhaltung bis zum populären Sachbuch u. zu Biografien bzw. Autobiografien bekannter Persönlichkeiten; 7. keine: Im Bereich Fantasy, im Kinderbuch und in der Lyrik fehlt es uns an besonderer Kompetenz. Daher bearbeiten wir diese Felder wenig bis gar nicht; 8. Provision: Die Agenturprovision ist vom Einzelfall abhängig. Wir nehmen zwischen 15 u. 25 %, je nachdem, welchen Aufwand die Übernahme der Vertretung eines Werkes erfordert. Wo intensive Beratungsarbeit geleistet, wo ganze Manuskripte redigiert werden müssen (was in Einzelfällen vorkommt), wären 15 % zu wenig. Wo es „nur" um die Verhandlung eines neuen Vertrages geht, wären 25 % zuviel; 9. pauschale Gebühr: keine Gebühren; 10. Lektorat: Wir lektorieren, wenn wir glauben, dass das Lektorat die Chancen des Werkes/des Autors erheblich steigert u. dass das Ergebnis, das mit einer solchen Bearbeitung zu erzielen ist, den Aufwand rechtfertigt. Dafür nehmen wir keinen Stundensatz, sondern eine höhere Erfolgsbeteiligung, d. h. auch dieser Teil unserer Tätigkeit geschieht erfolgsabhängig, daher aber auch nur in wenigen Fällen; 11. Kontakt: Idealerweise schickt die Autorin/der Autor ein Exposé mit Stilprobe sowie einige Angaben zu sich selbst; 12. Laufz./Kündig.: Wir schließen eine kurze schriftliche Vereinbarung; 13. Rapport: durch steten Kontakt; 14. Verlage: alle namhaften Publikumsverlage; 15. Anzahl der Autoren: ca. 100; 16. AutorInnen: –; 17. Rat: Arbeiten Sie lieber länger an Ihrem Manuskript. Versuchen Sie es nicht zuerst ohne Agentur (egal, wem Sie sich letztlich anvertrauen) – Sie „verbrennen" damit die nötigen Kontakte für Ihre professionellen Partner. Geben Sie sich nie mit einem Text zufrieden, der nur „okay" ist. Sie sollten das Beste leisten, was zu leisten Sie im Stande sind; 18. warum Agent: Durch Zufall. Dabei geblieben sind wir, weil es eine der interessantesten Tätigkeiten ist, die man sich vorstellen kann!

Niedieck Linder AG, Zollikerstr. 87, CH-8034 Zürich, fon: 01/3816592, fax: 01/3816513, info@nlagency.ch, www.nlagency.ch
InhaberIn: Antoinette Matejka u. Leonardo La Rosa
1. Gegr.: 1975; 2. Werdegang: –; 3. Mitarbeiter: 2/2; 4. Namen/Fachgebiete: –; 5. Genre: Deutsche Gegenwartsliteratur, italienische Literatur auf dem deutschen Markt, populäre Sachbücher; 6. Spezialgebiet: –; 7. keine: Gewaltverherrlichende, Pornographie, seichteste Unterhaltungsliteratur, Mystery, Science Fiction; 8. Provision: 15 %; 9. pauschale Gebühr: nein; 10. Lektorat: eher nicht; 11. Kontakt: Exposé, 15–20 Seiten Textproben, Rückporto ja, wenn Rücksendung der Unterlagen gewünscht; 12. Laufz./Kündig.: 1 Jahr; 13. Rapport: in der Regel monatlich, oft auch häufiger; 14. Verlage: in vielen; 15. Anzahl der Autoren: direkt etwa 30, als Co-Agentur mehrere hundert; 16. AutorInnen: Erben v. C. G. Jung, Ceram, B. Hrabal, Alfred Kerr; Gegenwartsautoren: Gerold Späth, E. Y. Meyer, Michael Amon, zudem viele Italiener, u. a. Andrea Camilleri; 17. Rat: schreiben, lesen, schreiben, lesen – selbstkritisch sein, Veröffentlichungen in Literaturzeitschriften anstreben,

sich einen Brotberuf zulegen; 18. warum AgentIn: Aus Zufall u. weil wir uns für Literatur interessieren.

Obst, Rouven u. Dr. Gregor Ohlerich: siehe autorInnenberatung

Dr. Harry Olechnowitz, Autoren- & Verlagsagentur, Niebuhrstr. 74, D-10629 Berlin, fon: 030/39906418, fax: 030/39906419, olechnowitz.agentur@t-online.de, www.berlinagency.de In Zusammenarbeit mit Dr. Frauke Jung-Lindemann; siehe auch: The Berlin Agency. Inhaber: Dr. Harry Olechnowitz 1. Gegr.: 1999; 2. Werdegang: Lektor, Cheflektor, Verlagsleiter in verschiedenen Publikumsverlagen; 3.–4.: –; 5. Genre: Belletristik, Sachbuch; 6. Spezialgebiet: –; 7. keine: Lyrik, Fantasy, Science Fiction; 8. Provision: 15 %; 9. pauschale Gebühr: nein; 10. Lektorat: nach Absprache in Ausnahmefällen ja; 11. Kontakt: telefonisch, eMail, Manuskripteinsendung mit Rückporto; 12. Laufz./Kündig.: 6 Monate mit Kündigung zum Quartalsende; 13. Rapport: telefonisch, eMail; 14. Verlage: zahlreiche Publikumsverlage; 15.–16.: Nähere Auskünfte gebe ich gern in einem persönlichen Gespräch.

Pauw & Politycki, Literatur- und Pressebüro, Axel-Springer-Platz 2, D-20355 Hamburg, fon: 040/355396-0, fax: 040/355396-20, info@pauw-politycki.de, www.pauw-politycki.de Vorab: *Pauw & Politycki* ist anders als herkömmliche Agenturen. Warum? *Pauw & Politycki* berät AutorInnen bevor sie eine Agentur bzw. einen Verlag kontaktieren u. geben einen Einblick in die Verlagsstrukturen u. Agenturtätigkeiten. Danach können die AutorInnen selber entscheiden, ob sie eine Agentur einschalten wollen oder lieber persönlich an einen Verlag herantreten wollen. *Pauw & Politycki* prüft auf Wunsch das Manuskript bzw. das Material, mit dem die AutorInnen nach außen gehen wollen u. helfen so, den Auftritt der AutorInnen zu professionalisieren. *Pauw & Politycki* arbeitet mit zwei Partneragenturen eng zusammen u. empfiehlt nach Prüfung der Manuskripte diese weiter an die Agenturen oder nennt in Frage kommende Verlage u. Ansprechpartner. 1. Gegr.: 1998; 2. Werdegang: Birgit Politycki: Gelernte Buchhändlerin. Wechsel in den Verlag Rogner & Bernhard. Dort Aufbau u. Leitung der Presseabteilung. Seit 1998 geschäftsführende Gesellschafterin des Literatur- u. Pressebüros Pauw & Politycki; 3. Mitarbeiter: Wir sind 3 Partnerinnen (Annette Pauw, Nina Kuhn u. Birgit Politycki) u. haben eine festangestellte Mitarbeiterin u. 3 feste-freie. Keine Agententätigkeit; 4. Namen/Fachgebiete: –; 5. Genre: jede Literatur außer Lyrik; 6.–7.: –; 8. Provision: s. Vorbemerkung; 9. pauschale Gebühr: *Pauw & Politycki* verzichtet auf eine prozentuale Beteiligung. Als Kosten entstehen den AutorInnen ein Beraterhonorar, das nach Aufwand berechnet wird u. in der Regel zwischen 270 Euro u. 360 Euro für die erste Beratung liegt. Darin enthalten ist die Prüfung des Manuskripts u. ein Beratungsgespräch; 10. Lektorat: Auf Wunsch lektoriert *Pauw & Politycki* die Manuskripte. Die Kosten für ein Lektorat liegen je nach Zustand u. Schwere des Textes zwischen 1.800 Euro u. 2.500 Euro pro Lektorat; 11. Kontakt: Die erste Kontaktaufnahme kann gerne per Telefon oder per eMail stattfinden.

Darüber hinaus sollte als Material ein Exposé (nicht länger als 3 Seiten), eine Textprobe (ca. 50 Seiten) u. eine Biografie geschickt werden. Manuskripte bitte erst nach Rücksprache schicken; 12. Laufz./Kündig.: siehe Vorbemerkung. *Pauw & Politycki* schließt keine Beratungsverträge ab. Die Berechnung erfolgt direkt nach der Beratung; 13.–18.: siehe Vorbemerkung

Piper & Poppenhusen GbR, Literarische Agentur in Verbindung mit Paul & Peter Fritz AG, Postfach 3116 27, D-10653 Berlin, Ernst Piper: fon: 030/28384343, fax: 030/28384345, Astrid Poppenhusen: fon: 030/31004805, fax: 030/31004806, epiper@piper-poppenhusen.de, apoppenhusen@piper-poppenhusen.de, www.piper-poppenhusen.de
InhaberIn: Dr. Ernst Piper, Dr. Astrid Poppenhusen
1. Gegr.: 1. April 2003; 2. Werdegang: Ernst Piper: Studium der Geschichte, Germanistik u. Philosophie, anschließend Promotion. 1982 Eintritt in den Piper Verlag, 1983–1994 Geschäftsführender Gesellschafter des Piper Verlags. Seit 1995 selbständig als Berater. 1998–2003 Leitung des Züricher Pendo Verlags. 1.4.2003 Gründung der Literarischen Agentur Piper & Poppenhusen; Astrid Poppenhusen: Ausbildung zur Sortimentsbuchhändlerin. Studium der Germanistik, Komparatistik u. Philosophie, anschließend Promotion; während des Studiums Mitarbeit in Literaturagenturen (Liepman AG, Zürich, Marsh & Sheil, London), Verlagen (Hanser, Rowohlt) u. im Buchhandel. 1998–2003 Foreign Rights Director der Aufbau-Verlagsgruppe. 1.4.2003 Gründung der Literarischen Agentur Piper & Poppenhusen; 3. Mitarbeiter: Zwei Agenten. Die administrative Arbeit für unsere Agentur übernimmt die Agentur Paul & Peter Fritz in Zürich; 4. Namen/Fachgebiete: Ernst Piper (Sachbuch), Astrid Poppenhusen (Belletristik); 5. Genre: In erster Linie Belletristik u. Sachbücher. In Ausnahmefällen Kinder- u. Jugendbücher; 6. Spezialgebiet: deutschsprachige Literatur; 7. keine: –; 8. Provision: 15 %; 9. pauschale Gebühr: nein; 10. Lektorat: Wir arbeiten mit den Autoren, die wir bereits vertreten, ggf. an ihren Texten u. nehmen dafür keine Gebühr; 11. Kontakt: siehe Homepage; 12. Laufz./Kündig.: dreimonatige Kündigungsfrist zum Quartalsende; 13. Rapport: kontinuierlicher Kontakt; 14. Verlage: Die von uns vermittelten Titel erscheinen vom Herbst 2004 an in Verlagen im In- u. Ausland.; 15. Anzahl der Autoren: ca. 60; 16. AutorInnen: aktuelle Projekte siehe Homepage

Autoren & Management Dr. Pöllinger, Hiltenspergerstr. 79, D-80796 München, fon: 089/3089156, fax: 089/3085515, autorenmanag@aol.com, www.autoren-management.de
Inhaber: Dr. Andreas Gustav Pöllinger
1.–4.: –; 5. Genre: Belletristik, Sachbuch, Autobiographie, Lyrik; 6.–7.: –; 8. Provision: 15 %; 9. pauschale Gebühr: nein; 10. Lektorat: auf Wunsch; 11. Kontakt: Telefonat, eMail-Anfrage mit Attachments, Exposé, Textprobe, Rückporto; 12. Laufz./Kündig.: 8–12 Monate; 13. Rapport: –; 14. Verlage: siehe Homepage

Literatur- und Medienagentur Ulrich Pöppl, Schellingstr. 133, D-80798 München, 089/54217634, fax: 089/52389434, Ulrich.Poeppl@t-online.de
Inhaber: Ulrich Pöppl

1. Gegr.: Als Agentur Pinilla & Pöppl Ende 1997; seit der Rückkehr von Carmen Pinilla 2000 nach Spanien unter meinem Namen; 2. Werdegang: –; 3. Mitarbeiter: Ich habe derzeit einen Stamm von vier festen, freien Mitarbeitern; 4. Namen/Fachgebiete: Dr. Uwe-Michael Gutzschhahn: Kinder u. Jugendbuch, Regine Weisbrod: Ratgeber, Unterhaltungsliteratur, Knut Krüger u. Nike Müller: skandinavische Literatur; 5. Genre: von sehr literarischen Texten bis hin zur Unterhaltungsliteratur in der ganzen Bandbreite; als Genres vor allem: Kriminalliteratur, Spannungsromane, historische Romane; daneben im non-Fiction-Bereich: von Ratgeber über erzählendes Sachbuch bis hin zu biografischen Texten u. aktuellen Zeitthemen; 6. Spezialgebiet: siehe 4 u. 5; 7. keine: keine Lyrik, keine SF; 8. Provision: 15 %; 9. pauschale Gebühr: nein; 10. Lektorat: In der Regel arbeiten wir mit unseren Autoren an den Texten; dies ist durch die Provision abgegolten, es entstehen also keine weiteren Kosten; 11. Kontakt: Telefon: NEIN! Kontaktaufnahme NUR schriftlich, sei es als eMail-Anfrage oder per Post: immer mit Exposé, Leseprobe, Vita u. Bibliographie, präzisen Angaben darüber, ob das Manuskript bereits Verlagen bzw. anderen Agenturen angeboten wurde, falls JA: welchen Verlagen?, u. – sofern per Post geschickt u. Rücksendung erwünscht ist: mit frankiertem Rückumschlag; 12. Laufz./Kündig.: In der Regel zwischen 12 u. 18 Monaten, je nach Zustand des Projekts; wird nicht 3 Monate vor Ablauf gekündigt, automatische Verlängerung mit wiederum 3-monatiger Kündigungsfrist; 13. Rapport: Misserfolg, also Absagen: in der Regel gesammelt oder per eMail-Weiterleitung oder telefonisch; Erfolg: natürlich sofort über Angebote; 14. Verlage: bei allen wichtigen deutschen Publikumsverlagen; 15. Anzahl der Autoren: ca. 60

Proske, Christine: siehe Ariadne-Buch

Gudrun Rohe, PR-Consulting, Humesstr. 43, D-66793 Saarwellingen, fon: 06838/860778, mobil 0162/7217276, info@gudrunrohe.de
Inhaberin: Gudrun Rohe
1. Gegr.: 1999; 2. Werdegang: insgesamt 18 Jahre in Verlagen tätig, davon 4 Jahre Pressechefin bei Bertelsmann u. 14 Jahre Leiterin der Öffentlichkeitsarbeit u. Pressechefin Heyne; 3. Mitarbeiter: 1; 4. Namen/Fachgebiete: –; 5. Genre: Bücher, die für größere Publikumsverlage interessant sind, Sachbücher, Romane (Unterhaltung, hist. Romane, Literatur), Biographien, Autobiographien, bei prominenten Namen auch andere Bereiche; 6. Spezialgebiet: –; 7. keine: Foto-, Kunst-, Kochbücher; 8. Provision: 15 %; 9. pauschale Gebühr: nein; 10. Lektorat: Falls ich einen Autor annehme, in der Regel ja – bevor ich das Manuskript einem Verlag anbiete. Wenn ich den Autor vertrete umsonst. Falls von einem (abgelehnten) Autor gewünscht, biete ich gegen Honorar einen Tag bzw. ein Wochenende an, um gemeinsam den Text zu überarbeiten bzw. die größten „Fehler" u. Schwächen herauszuarbeiten. Diese individuelle Beratung kostet pro Tag 500 Euro. Ein Gutachten für ein Manuskript mit genauerer Begründung, welche Stärken u. Schwächen der Text hat, erstelle ich ebenfalls nach Vereinbarung, dafür nehme ich ein Honorar von 200 Euro; 11. Kontakt: Exposé, Textprobe ca. 40 Seiten, Biografie, Bibliografie, Foto, Rückporto; 12. Laufz./Kündig.: 1 Jahr; 13. Rapport: per Mail u. telefonisch; 14. Verlage: Argon „Bildungslüge", Eichborn „Jungs sind so",

Droemer „Angst darfst Du haben, fürchten sollst Du dich nicht", Goldmann „Online-Dating"; 15. Anzahl der Autoren: –; 16. AutorInnen: Lisa Fitz, Werner Fuld, Stefan Esser, Shirley Seul, Sobo Swobodnik, Eric Hegmann, Butz Peters, Dr. Michael Spitzbart, Peter Schilling u. a.; 17. Rat: viel Geduld, harte Arbeit am Text, nicht zu hohe Erwartungshaltung, aber Beharrlichkeit; 18. warum Agentin: Um Bücher lesen zu können, die ich mag u. von denen ich glaube, dass sie Erfolg verdient haben.

Ingeborg Rose, Literarische Agentur, Loogestieg 7, D-20249 Hamburg, fon: 040/46091525, fax: 040/46091526, irose.agentur@t-online.de
Inhaberin: Ingeborg Rose
1. Gegr.: 1998; 2.–4.: –; 5. Genre: Belletristik, populäres Sachbuch; 6. Spezialgebiet: –; 7. keine: Fachbuch, Lyrik, Kinderbuch; 8. Provision: 15 %; 9. pauschale Gebühr: nein; 10. Lektorat: –; 11. Kontakt: Telefonat; 12. Laufz./Kündig.: –; 13. Rapport: ständig auf allen Wegen; 14. Verlage: diverse Titel in diversen Verlagen; 15. Anzahl der Autoren: ca. 40

Ingrid Schick, Internationale Verlags- und Autorenvertretung, Widenmayerstr. 24, D-80538 München, fon: 089/225818, fax: 089/298238

Thomas Schlück GmbH, Hinter der Worth 12, D-30827 Garbsen, fon: 05131/497560, fax: 05131/497589, mail@schlueckagent.com, www.schlueck-agent.com
Inhaber: Thomas Schlück
1. Gegr.: 1973; 2. Werdegang: siehe Homepage; 3. Mitarbeiter: 10 fest angestellte Mitarbeiter, davon 4 Agenten; 4. Namen/Fachgebiete: Thomas Schlück (ausländische Klienten), Joachim Jessen (ausländische Klienten u. deutsche Autoren), Bastian Schlück (ausländische Klienten u. deutsche Autoren), Tanja Heitmann (deutsche Autoren, auch Fantasy, sowie Kinder- u. Jugendbuch, In- u. Ausland); 5. Genre: populäre Belletristik u. Sachbuch, alle Genres, Kinderbuch (ab 10 Jahre) u. Jugendbuch; 6. Spezialgebiet: siehe 5; 7. keine: Fachliteratur, Kurzgeschichten oder Lyrik, Kinderbuch unter 10 Jahre; 8. Provision: 15 %; 9. pauschale Gebühr: keine weiteren Gebühren; 10. Lektorat: Zusammenarbeit mit dem Autor am Text, wenn gewünscht, dafür aber keine weiteren Gebühren; 11. Kontakt: Es gibt eine Guideline im Internet unter „Agent gesucht" zum Erstkontakt; 12. Laufz./Kündig.: 1 Jahr, dann mit dreimonatiger Kündigungsfrist; 13. Rapport: Zum Service gehören natürlich auch ein ständiger Kontakt zu den Autoren u. Informationen über den Stand der Dinge; 14. Verlage: Ein kurzer Einblick in die Neuerscheinungen dieser Monate, beschränkt auf deutsche AutorInnen: Claudia Seifert: *Wenn du lächelst, bist du schöner,* dtv; Sophie Dannenberg: *Das bleiche Herz der Revolution,* DVA; Nicolas Remin: *Schnee in Venedig,* Kindler; Bert Ehgartner: *Die Lebensformel,* Hoffmann & Campe; Thomas Thiemeyer: *Medusa,* Knaur; Robert Clausen: *Die Weihnachtsüberraschung,* Scherz u. v. m.); 15. Anzahl der Autoren: ca. 90 AutorInnen; 16. AutorInnen: national: Robert Gernhardt, Evelyn Holst, Peter Sandmeyer, Martin Mosebach, Andreas Eschbach, Andreas Greve, Gerhard Henschel u. v. m; international: Ken Follett, Barbara Wood, Barbara & Allan Pease,

Deborah Crombie, Nora Roberts u. v. m.; 17. Rat: Schreibt gute Bücher, habt viel Ausdauer u. schätzt den Markt realistisch ein. Die Einstiegshürden sind hoch – u. selbst wenn man einen Verlag gefunden hat, ist man noch lange nicht am Ziel. Eine Agentur kann bei all diesen Dingen natürlich helfen.

Literaturagentur Dagmar Schruf, Richthofenstr. 53, D-53117 Bonn, fon: 0228/2420021, fax: 0228/2420021, webmaster@schruf.de, www.schruf.de
Inhaberin: Dagmar Schruf
1. Gegr.: 1997; 2. Werdegang: Slawistikstudium, 1 Jahr in Kroatien, Verlagspraktikum; 3. Mitarbeiter: 1; 4. Namen/Fachgebiete: –; 5. Genre: Belletristik; 6. Spezialgebiet: Belletristik aus Südosteuropa/slawischen Sprachen; 7. keine: –; 8. Provision: –; 9. pauschale Gebühr: nein; 10. Lektorat: –; 11. Kontakt: eMail mit Attachment, Exposé, Textprobe, Biografie, Bibliografie; 12. Laufz./Kündig.: 1 Jahr, 3 Monate Kündigungsfrist; 13. Rapport: auf Anfrage bzw. bei Erfolg Benachrichtigung; 14. Verlage: FVA, Verlagshaus No. 8; 15. Anzahl der Autoren: –; 16. AutorInnen: Matanovic, Mlakic, Pavicic, Slamnig, Tribuson, Vranic

Scripta Literatur-Studio, Maximilian-Wetzger-Str. 5, D-80636 München, fon: 089/1295005, fax: 089/1295008, webmaster@scripta-literaturstudio.de, www.scripta-literaturstudio.de
InhaberIn: Monika Hofko, Klaus Sollinger, Dr. Lutz Steinhoff
1. Gegr.: 1991; 2. Werdegang: Ausbildung in/über Literaturagentur; 3. Mitarbeiter: –; 4. Namen/Fachgebiete: siehe oben, alle Gebiete; 5. Genre: prinzipiell jede; 6. Spezialgebiet: Belletristik; 7. keine: –; 8. Provision: 15 %; 9. pauschale Gebühr: nein; 10. Lektorat: nur auf Autorenwunsch, zwischen 3 u. 6 Euro; 11. Kontakt: Exposé, Manuskript, Textprobe, Biografie, Bibliografie, Rückporto; 12. Laufz./Kündig.: Vermittlungs- bzw. Agenturvertrag mindestens 1 Jahr, 3 Monate Kündigungsfrist; 13. Rapport: Mitteilung, sobald ein Ergebnis vorliegt; 14. Verlage: Thomas Krüger, Rufus, Bertelsmann ...; 15. Anzahl der Autoren: ca. 40; 16. AutorInnen: Max Kruse; 17. Rat: sich schriftstellerisch auszubilden; 18. warum AgentIn: aus Neigung zur Literatur

Scripts for sale, Medienagentur GbR, Mainzer Landstr. 107, D-60329 Frankfurt, fon: 069/24277860, fax: 069/24277840, petra.hermanns@scriptsforsale.de, www.scriptsforsale.de
Inhaberinnen: Elke Brand u. Petra Hermanns
1. Gegr.: 1998; 2. Werdegang: –; 3. Mitarbeiter: 3/2; 4. Namen/Fachgebiete: –; 5. Genre: Belletristik (Unterhaltung); 6. Spezialgebiet: –; 7. keine: Lyrik, Sachbuch, Kurzprosa, erotische Literatur, Fantasy, Science Fiction; 8. Provision: 15%; 9. pauschale Gebühr: nein; 10. Lektorat: nein; 11. Kontakt: siehe Homepage „Infos für Bewerber"; 12. Laufz./Kündig.: 6 Monate; 13. Rapport: via Mail, Telefon; 14. Verlage: siehe Homepage; 15. Anzahl der Autoren: 15; 16. AutorInnen: Wiebke Lorenz, Helge Thielking, Monika Geier; 17. Rat: Professionalisierung, Geduld, Ausdauer; 18. warum Agentin: –.
Hinweis: In diesem Kapitel gibt es ein Interview mit Petra Hermanns; im Drehbuch-Kapitel ein Gespräch mit Elke Brand.

Simader, Georg: siehe copywrite Literaturagentur

Literarische Agentur Simon, Eisenacher Str. 76, D-10823 Berlin, fon: 030/31518844, fax: 030/31518855, info@agentursimon.com, www.agentursimon.com
Inhaber: Alexander Simon
1. Gegr.: 2000; 2. Werdegang: Praktika/freie Mitarbeit in der Literarischen Agentur Liepman, Berlin-Verlag, A. Fest Verlag, Literarisches Colloquium Berlin, NETZ-Press (Autorenverlag); 3. Mitarbeiter: 2/2; 4. Namen/Fachgebiete: Alexander Simon: Sachbuch, englisch- u. deutschsprachige Belletristik; Ulrike Schrimpf: französisch-, englisch- u. deutschsprachige Belletristik; Hanne Reinhardt: Jugendbuch (Kinder ab 10–12 Jahren); Martin Lechner: deutschsprachige Literatur; 5. Genre: literar. Romane u. Erzählungen, Kriminalromane, Unterhaltung, in seltenen Ausnahmefällen auch Lyrik; 6. Spezialgebiet: Literatur (deutsch, englisch, französisch), Sachbuch: investigativer Journalismus u. Zeitgeschichte; 7. keine: Fantasy, Science Fiction oder Horrorromane; 8. Provision: 15 %; 9. pauschale Gebühr: Bei Manuskripten von Debütanten kann es vorkommen, dass wir zu ihren Texten ein externes Gutachten von ausgewählten Autoren u. Übersetzern erstellen lassen, wobei für den Autor 105 Euro Kosten entstehen. Das vorherige Einverständnis ist natürlich Voraussetzung. Das dreiseitige Gutachten wird dem Autor weitergegeben u. dient uns als Entscheidungsgrundlage; 10. Lektorat: Wir lektorieren nur solche Texte, die wir auch vertreten. Das kostet dann natürlich nichts; 11. Kontakt: Er sollte uns eine Mail mit kurzer Vorstellung schicken, im Anhang 20 bis 30 Seiten Textauszug u. eine Kurzvita; 12. Laufz./Kündig.: Es gibt weder Mindestlaufzeit noch Kündigungsfrist. Ein Vertrag wird nur auf Wunsch des Autors abgeschlossen, eine beiderseitige Kündigungsfrist ist selbstverständlich; 13. Rapport: durch regelmäßigen Mail- u. Telephonkontakt u. gelegentliche Treffen; 14. Verlage: Sachbuch: Thomas Schuler: *Immer im Recht. Wie Amerika sich und seine Ideale verrät,* Riemann 2003. Oliver Schröm: *Al Qaida. Akteure, Strukturen, Attentate,* Ch. Links Verlag 2003. Dirk Laabs/Oliver Schröm: *Tödliche Fehler. Das Versagen von Politik und Geheimdiensten im Umfeld des 11. September,* Aufbau 2003. Thomas Schuler: *Die Mohns,* Campus 2004. Margret Nissen-Speer, in Zusammenarbeit mit Margit Knapp u. Sabine Seifert: *Sind Sie die Tochter Speer?,* DVA, Frühjahr 2005. Belletristik: Andreas Schendel: *Nimm Anlauf und spring,* Nagel und Kimche 2003. Olaf Müller: *Schlesisches Wetter,* Berlin Verlag 2003. Birgit Bauer: *Im Federnhaus der Zeit,* DVA 2003. William T. Vollmann: *Afghanistan Picture Show oder Wie ich lernte, die Welt zu retten,* marebuchverlag 2003. W. T. Vollmann: *Huren für Gloria,* Suhrkamp 2005. C. Füsers: *Punchline,* Aufbau TBV 2004. Franco Supino: *Ciao, amore ciao,* Rotpunktverlag 2004. Najem Wali: *Die Reise nach Tel al-Lahm,* Hanser 2004. Peter-Paul Zahl: *Der Herr ist mein Hirte,* S. Fischer Tb 2004; 15. Anzahl der Autoren: ca. 60; 16. AutorInnen: –; 17. Rat: Nicht darauf zu spekulieren, vom Schreiben leben zu können. Ein dickes Fell zulegen u. nie aufgeben; 18. warum Agent: Um unabhängig gute Autoren u. Bücher auf den Weg zu bringen.

Erika Stegmann, AutorInnenAgentur, Kyllburger Str. 16, links, D-50937 Köln, fon: 0221/1707978, fax 0221/2829607, estegmann@aol.com
Inhaberin: Erika Stegmann

1. Gegr.: 1998; 2. Werdegang: Agenturgründung nach 27 Jahren als Lektorin im Angestelltenverhältnis; 3. Mitarbeiter: Ein-Frau-Unternehmen (mit gelegentlichen freien MitarbeiterInnen für Gutachten u. Buchhaltung); 4. Namen/Fachgebiete: entfällt; 5. Genre: Schwerpunkt Nonfiction/Wissenschaft; Belletristik; 6. Spezialgebiet: (Zeit)Geschichte, Politik, Medizin, Gesundheitspolitik; 7. keine: grundsätzlich kein Ausschluss; 8. Provision: 15 %; 9. pauschale Gebühr: keine zusätzlichen Gebühren; 10. Lektorat: kein Lektorat durch Agentur; 11. Kontakt: Telefonische Kontaktaufnahme. Bei Interesse der Agentur: Zusendung von Unterlagen nach Absprache; 12. Laufz./Kündig.: Mindestlaufzeit 12 Monate, Kündigung oder Verlängerung nach Absprache; 13. Rapport: in Absprache mit Autorin/Autor; 14. Verlage: Aufbau, C.H. Beck, DVA, Hanser, Rowohlt, Random House, Reclam, Ullstein u.a.; 15. Anzahl der Autoren: ca. 30 mit z.T. mehreren Titeln pro AutorIn; 16. AutorInnen: Christina von Braun, Erica Fischer, Bettina Gaus, Günter Gaus, Antonia Grunenberg, Lutz Hachmeister, Michael Klonovsky, Egmont R. Koch, Kurt Langbein, Urs Schaub, Claudia Schreiber, Ingrid Strobl, Konstantin Wecker u.a.; 17. Rat: sich Maßstäbe erarbeiten; vieles am Schreiben ist gutes Handwerk; 18. warum Agentin: aus Leidenschaft fürs Buch

Anke Vogel Literaturagentur, Elektrastr. 6, D-81925 München, fon: 089/20238391, fax: 089/20238392, vogel@ankevogel.com, www.ankevogel.com

Literaturagentur Richard Vogel, Korneuburger Str. 21, A-2102 Bisamberg, fon: 02262/71818, fax: 02262/71818-18, r.vogel@literaturagent.at, www.literaturagent.at
Inhaber: Richard Vogel
1. Gegr.: 2003; 2. Werdegang: Schriftsetzer, Journalist, Verlagskaufmann, Werbekaufmann, Verleger, Literaturagent; 3. Mitarbeiter: 5/1; 4. Namen/Fachgebiete: Richard Vogel: Lektorat Literatur, Verlagskontakte; Alfred Eipeldauer: Lektorat Sachbücher; Brigitta Scherzer: Lektorat allgemein; Johanna Vogel: Koordination, Herstellung; Barbara Vogel: Sekretariat; 5. Genre: Romane, Krimis, Kinderbücher, Sachbücher; 6. Spezialgebiet: Romane, Gesundheitsratgeber; 7. keine: Kurzgeschichten, Erotikliteratur; 8. Provision: 15 %, 20 % bei Nebenrechten und fremdsprachigen Werken; 9. pauschale Gebühr: Nein, wer bei uns einen Vertrag erhält, braucht keinen Euro zu bezahlen; 10. Lektorat: Werke von AutorInnen unter Vertrag werden kostenlos lektoriert, und zwar IMMER. Bezahltes Lektorieren nur auf ausdrücklichen Wunsch von AutorInnen, die keinen Vertrag mit uns haben. Aktuelle Preise sind unserer Internetsite zu entnehmen; 11. Kontakt: eMail-Kontakt mit Exposé – und Antwort abwarten; 12. Laufz./Kündig.: Verträge gehen über drei Jahre, einzelne Werke können ausgenommen werden, Kündigungsfrist 12 Monate; 13. Rapport: per Mail durch detaillierte Ankündigung unser Vermittlungsbestrebungen, ebenso Absagen und Erfolge; 14.–16.: Informationen, die meinen Mitbewerber interessieren, möge dieser persönlich bei mir abzufragen versuchen; 17. Rat: niemals aufzugeben; 18. warum Agentin: Um andere darin zu bestärken, niemals aufzugeben.

Agentur Raija Wengler, Stöckstr. 8 a, D-76532 Baden-Baden, fon: 07221/802569, arwwegler@aol.com
Inhaberin: Raija Wengler
1. Gegr.: 2000; 2. Werdegang: Volontariat, Redakteurin; 3.-4.: –; 5. Genre: Kurzkrimi, Liebesromane, Schicksalserzählungen; 6. Spezialgebiet: Frauenzeitschriften; 7. keine: –; 8. Provision: 25 %; 9. pauschale Gebühr: nein; 10. Lektorat: immer; kostenfrei bei Kurzgeschichten, nach Absprache bei Romanen; 11. Kontakt: eMail, Textprobe + Kurzbiographie; 12. Laufz./Kündig.: gesetzliche; ausschließlich für Einzelmanuskripte; 13. Rapport: Telefonate, eMails; 14. Verlage: diverse; 15. Anzahl der Autoren: 12 Stammautoren, professionelle Autoren; 16. AutorInnen: Sarah Bastian, Wolf Felden, Angelica Bach, Lena Danieli; 17. Rat: Die Hoffnung nie aufgeben; lernen, lernen, lernen; viel lesen, Fantasie fördern, Kritik annehmen.

Literarische Agentur Silke Weniger, Pettenkoferstr. 24, D-80336 München, fon: 089/260189-26, fax: 089/260189-30, weniger@litag.de, www.litag.de
Inhaberin: Silke Weniger
1. Gegr.: 2000; 2. Werdegang: Studium, 10 Jahre Agence Hoffman, 1 Jahr davon in Paris, Hospitanz in New York, 1999 Einstieg in Literar. Agentur Brigitte Axster, 2000 Übernahme; 3. Mitarbeiter: 4; 4. Namen/Fachgebiete: Gerlinde Moorkamp u. Alexandra Legath (Kinderbuch); 5. Genre: Belletristik; 6. Spezialgebiet: Kinder, Jugend, Frauen; 7. keine: Bilderbuch, Sachbuch, Horror, SF; 8. Provision: 15 %; 9. pauschale Gebühr: –; 10. Lektorat: auf Wunsch, wir vermitteln an freie Lektorinnen; 11. Kontakt: anrufen oder eMail, danach Exposé + Leseprobe + Vita; 12. Laufz./Kündig.: 1 Jahr; 13. Rapport: je nach Kapazität, auf Anfrage sofort Antwort; 14. Verlage: Piper, Goldmann, Droemer, Rowohlt, Büchergilde, dtv, Scherz, btb, Liebeskind, Fischer, Arena, CBJ, Loewe u. v. a.; 15. Anzahl der Autoren: 30; 16. AutorInnen: –; 17. Rat: Handbücher konsultieren, bevor sie uns anrufen; 18. warum Agentin: Zunächst wegen der internationalen Kontakte im Lizenzgeschäft, später kam der Reiz hinzu, unbekannte Autoren zu entdecken u. einem großen Publikum zugänglich zu machen.

medienagentur wilhelmi, Heike Wilhelmi, Grindelallee 43, D-20146 Hamburg, fon: 040/4102560, fax: 040/446980, mail@agenturhw.de, www.agenturhw.de
Inhaberin: Heike Wilhelmi
1. Gegr.: Ende 1999; 2. Werdegang: Verlagsbuchhändlerin, Studium, 1987–97 Sachbuchlektorin im Rowohlt Verlag, 1997–99 Programmleiterin Ariston Verlag; 3.-4.: –; 5. Genre: populäres Sachbuch, Lebenshilfe/Ratgeber, politisches Sachbuch, erzählendes Sachbuch, Biographien; 6. Spezialgebiet: –; 7. keine: Belletristik, keine Krimis, keine Lyrik, kein Kinderbuch; 8. Provision: 15 %; 9. pauschale Gebühr: keine sonstigen Gebühren; 10. Lektorat: kein Lektorat; 11. Kontakt: Telefonat, Exposé plus Textproben nach Absprache per Post (mit Rückporto) oder Mail; 12. Laufz./Kündig.: Agenturvertrag für Einzelprojekte oder als Rahmenvertrag (exklusive Vertretung) über mind. 1 Jahr, Kündigung zum Quartal; 13. Rapport: –; 14.-16.: siehe Website

YELLOW and More, Rosita Wolf, Flößerbachweg 2, D-76437 Rastatt, fon: 07222/933018, fax: 07222/933019, rosita.wolf@yellow-and-more.de, www.yellow-and-more.de

6

Schreiben fürs Theater

Kapitel-Beitrag von Antje Otto

Schreiben fürs Theater
Kapitel-Beitrag von Antje Otto

Vorwort, Interview mit Bernd Schmidt, Gespräch mit Renata Burckhardt sowie „Weitere Adressen und Informationen" von Antje Otto.

„Wie kommt es, dass gerade jetzt so viele junge Menschen meinen, für ein so altes Medium schreiben zu sollen? Ist es Unerschrockenheit, Ahnungslosigkeit oder diffuse Hoffnung, was sie dazu treibt? Geldgier jedenfalls ist es nicht. Nach wie vor steht der Theaterautor am Anfang der Verwertungskette, in der Hierarchie der Geldverdiener findet er sich am unteren Ende. Auch die Freude, ein eigenes Werk von Schauspielern auf der Bühne verkörpert zu sehen, kann nicht der Grund sein, denn gewagte Regieeinfälle erhöhen den Leidensdruck. [...] Lassen wir die Katze aus dem Sack: Hundertprozentig wissen wir es auch nicht. Nur so viel steht fest: Es gibt seit einigen Jahren Früchte zu ernten, die vor allem gereift sind, weil Schreiben gelehrt und ein authentisches Lebensgefühl auch auf der Bühne gesucht wird. [...] Weiterer Erfolg aber wird den nachwachsenden Bühnenautoren nur beschieden sein, wenn die Theater weiterhin und vermehrt ihrer Pflicht Genüge tun, die Urheber zu fördern – durch Uraufführungen, nachfolgende Inszenierungen und angemessene Vergütungen."

Bernd Schmidt (in einem Online-Artikel für die Seiten des Goethe-Instituts, siehe Literaturverzeichnis)

Auf die Spielplanpolitik der Theater können DramatikerInnen keinen direkten Einfluss nehmen. Wie also ein Stück auf die Bühne bringen? Wie damit Geld für den Lebensunterhalt verdienen? Die Aufnahme in das Programm eines Theaterverlags bringt die Autorin bzw. den Autor dabei ein gutes Stück voran.

Über die Arbeit eines Theaterverlags berichtet Bernd Schmidt, Verleger der Gustav Kiepenheuer Bühnenvertriebs GmbH. Die Dramatikerin Renata Burckhardt gibt im Gespräch Anstöße für die Navigation durch den Dschungel Theater, für den es für AutorInnen keine verlässliche Landkarte gibt. Es folgen Informationen und Adressen zu Aus- und Fortbildungsmöglichkeiten auf dem Gebiet des szenischen Schreibens sowie zu Chancen, als DramatikerIn an den Theatern und in der Öffentlichkeit in Erscheinung zu treten.

Geister und Überzeugungen scheiden sich an der Frage, ob Schreiben erlernbar sei. Dass es handwerkliche Fertigkeiten gibt, die vermittelbar sind und die Qualität des Endproduktes verbessern, wird mittlerweile allerdings von fast allen anerkannt; ebenfalls hat sich die Erkenntnis durchgesetzt, dass letztlich auch kein Meister ohne Übung auskommt. Hierzulande sind aus dem Amerikanischen übersetzte Bücher erhältlich, deren Verfasser szenisch Schreibenden sogar versprechen, nach Durcharbeitung aller Lektionen in der Lage zu sein, ein ordentliches Theaterstück zustande zu bringen. Einen speziellen Studiengang „Szenisches Schreiben" bietet einzig die Universität der Künste Berlin an; am Deutschen Literaturinstitut Leipzig ist Dramatik eines von drei Fächern, beim „Diplomstudiengang Kreatives Schreiben und Kulturjournalismus" an der Universität Hildesheim nur Pflicht-Beifach.

Die Palette an Fortbildungsmöglichkeiten, Kursen, Werkstätten und individuellem Training ist dagegen etwas breiter gefächert; auch hierzu finden sich auf den folgenden Seiten Informationen und Adressen. Alle Angaben beziehen sich auf Auskünfte vom Herbst 2004. Mit dem Wechsel von künstlerischen Leitungen ändern sich die Profile der Häuser und damit oft auch Bestandteile der Spielpläne, die der Autorenförderung zugute kommen. Veranstaltungen und Einrichtungen wie Festivals, Schreibwerkstätten und Hausautorenengagements werden oft von den Intendanten „mitgenommen", wenn sie die Leitung eines anderen Theaters übernehmen. Über die Website www.theaterportal.de gelangt man zu den Internetauftritten aller deutschen Theater; das Deutsche Bühnenjahrbuch, herausgegeben von der Genossenschaft Deutscher Bühnen-Angehöriger, verzeichnet sämtliche Adressen und Telefonnummern.

Soweit die Lage zur Aus- und Fortbildung. Aber wie sieht es direkt auf den Bühnen aus? Überfliegt man die Spielpläne der deutschen Theater, lachen einem die üblichen Verdächtigen entgegen: Die *Räuber* und *Faust, Hamlet* und diverse alte Griechen. Wozu also Stücke schreiben? Braucht die jemand? Man muss die kleiner gedruckten Einträge der Studioproduktionen durchforsten, um auf Namen von lebenden oder erst in den letzten Jahrzehnten verstorbenen DramatikerInnen zu stoßen. Immerhin, den ersten Platz der Inszenierungsrangliste der Spielzeit 2002/03 belegt Igor Bauersimas „norway.today", welches auch in der Liga der Stücke mit den meisten Aufführungszahlen vorn dabei ist! Laut Werkstatistik „Wer spielte was" erlebten 357 Werke auf deutschen Bühnen ihre Uraufführung.

Idealismus hin oder her – „Theater muss sein", die Behauptung und Losung des Deutschen Bühnenvereins ist übertrieben, wie man an den Auslastungszahlen und der allgemeinen Beliebtheit des Theaters sehen kann. Und wo die endgültige Kunstform, die Bestimmung des Bühnentextes selbst nicht unbedingt nötig ist, ist das für die Bühne geschriebene Wort nicht der sichere Weg zum täglichen Brötchen. So warnt und mahnt auch der Deutsche Bühnenverein in seinem Berufsporträt „TheaterautorIn": „Die finanzielle Situation der meisten Theaterautoren ist ausgesprochen unbefriedigend. Um seinen Lebensunterhalt vom Schreiben für die Bühne bestreiten zu können – dies gelingt in Deutschland vielleicht zehn Schriftstellern –, muss ein Autor mit seinen Werken sehr viele Zuschauer erreichen. Denn während alle übrigen Beteiligten an einer Inszenierung eine vorher festgelegte Entlohnung erhalten, berechnet sich die Gage des Autors ausschließlich nach der Zahl der Zuschauer. Da zeitgenössische Werke ... nach einer Uraufführung nur selten an einem anderen Theater nachgespielt werden, bleibt die Größe des erreichten Publikums meist sehr gering. Regelmäßige Auftragsarbeiten oder ein Engagement als Hausautor sind rar gesät." Diese Auftragsarbeiten verschaffen den Theatern die Option zur Uraufführung; die DramatikerInnen erhalten ein ausgehandeltes Honorar zusätzlich zu den üblichen Tantiemen. Ob es Vorgaben zu Thema, Figurenzahl oder ähnlichem gibt, ist von Fall zu Fall verschieden, ebenso die Möglichkeit, an einen Stückauftrag zu gelangen. Ausschreibungen gibt es hierfür nicht – die Theater tragen solche Vorschläge an Autorinnen und Autoren heran, von denen sie bereits Stücke inszeniert haben oder denen das besondere Interesse der Dramaturgie gilt. Die Aufträge „ergeben" sich meist und sind nicht programmatischer Bestandteil jeder Spielzeit.

Mit einem Engagement als HausautorIn wird DramatikerInnen eine direkte Zusammenarbeit mit der Bühne ermöglicht, sie können den Produktionsprozess Theater kennen lernen, ebenso das Ensemble, die Dramaturgen und die Spielstätten. Oftmals werden solche „Stellen" jedoch an AutorInnen vergeben, die dem Theater bereits verbunden, mit seinen MitarbeiterInnen und Arbeitsstrukturen vertraut sind. Der Begriff HausautorIn meint auch oft AutorInnen, die zudem auf anderem Gebiet MitarbeiterInnen des Hauses (DramaturgInnen, SchauspielerInnen oder RegisseurInnen) sind. Manche Theater vergeben jedoch Stipendien an BühnenautorInnen, die sich am Beginn ihrer professionellen Laufbahn befinden.

Ob für Autorentage, szenische Lesungen oder Festivals, ob mit oder ohne Ausschreibung – grundsätzlich sei gesagt, dass unaufgefordert an die Theater eingeschickte Stücke oder Empfehlungen von den Dramaturgen in der Regel gelesen oder zumindest angelesen werden. Wenn nicht über einen Verlag und dessen Katalog läuft es im Theaterkosmos über die sagenumwobenen Kontakte. Persönlich auf sich aufmerksam zu machen, Gespräche mit Dramaturginnen und Regisseuren zu suchen ist kein sicherer, aber auch kein sinnloser Weg, seine Stücke an die Bühnen heranzutragen.

! Seit 2004: Monte Baldo Theaterverlag, Auer Str. 13, 76448 Durmersheim

Querverweise:
Deutscher Bühnenverein – Bundesverband deutscher Theater (siehe S. 621)
Dramatiker-Union (siehe S. 622)
Dramaturgische Gesellschaft (siehe S. 622)
Kinder- u. Jugendtheaterzentrum in der Bundesrepublik Deutschland (siehe S. 630)
Preise und Stipendien, z. B. das Stipendium Paul Maar (siehe Kapitel 13)
Theaterzeitschriften (siehe S. 221)
Verband Deutscher Bühnen- und Medienverlage e. V. (siehe S. 640)

„Der Boom ist etwas abgeflaut"
Interview mit Bernd Schmidt

Das Interview mit Bernd Schmidt, Verleger der Gustav Kiepenheuer Bühnenvertriebs-GmbH, führte Antje Otto.

Wie kommt eine Dramatikerin an einen Verlag?

SCHMIDT: Sie kann ihr Manuskript unverlangt einsenden und darauf hoffen, im Lektorat Begeisterung hervorzurufen. Sie ist allerdings gut beraten, sich vorher über das Programm des jeweiligen Verlages kundig zu machen und ihre eigene Arbeit an dem zu messen, was sie im Programm dieses Verlages vorfindet. Ein Patentrezept gibt es nicht, denn die letzte Entscheidung trifft selbstverständlich der Verlag.

Hat ein Autor ohne Verlag eine Chance, gespielt zu werden, geschweige denn, Geld zu verdienen?

SCHMIDT: Die deutschsprachigen Bühnen und Theaterverlage arbeiten seit Jahrzehnten auf der Basis gegenseitigen Vertrauens hinsichtlich der Qualität von Bühnentexten. Dennoch ist es nicht auszuschließen, dass ein Autor – auch ohne Verlag – die Chance bekommt, aufgeführt zu werden. Gelegentlich werden solche Texte den Theaterverlagen zur Weiterverwertung angeboten, da die Autoren recht schnell bemerken, dass der administrative Aufwand so groß ist, dass sie selbst nicht mehr zum Schreiben kommen. Zu vermuten, dass der Autor im Falle eines direkten Vertragsabschlusses mit einem Theater kein Geld verdiente, hieße den Theatern Unredlichkeit zu unterstellen.

Wie arbeitet ein Theaterverlag?

SCHMIDT: Ein Theaterverlag lektoriert die Texte, bespricht mit der Autorin bzw. dem Autor, wo ein Stück platziert werden soll, verhandelt mit dem Theater über die Uraufführung, schließt den Vertrag und sorgt im Folgenden dafür, dass das Stück an möglichst vielen Theatern im In- und Ausland nachgespielt wird. Die langjährige Tätigkeit eines Bühnenverlages schafft Kontakte, die er an den Autor weitergibt. Nicht nur im Bereich des Theaters, sondern in der Regel auch in den übrigen Non-Print-Medien wie Film, Fernsehen und Funk. Neudeutsch gesprochen: Der Verlag entwirft für den Autor einen Karriereplan.

Was geschieht mit Einsendungen, die Sie unaufgefordert erhalten? Erfahren die AutorInnen abgelehnter Stücke, was ihren Werken fehlt?

SCHMIDT: Unverlangt eingesandte Manuskripte werden vom Lektorat geprüft und im Falle der Nichtannahme zurückgesandt, wenn Rückporto beiliegt. Gründe für die Nichtannahme eines Werkes werden nur dann mitgeteilt, wenn wir an einer weiteren Zusammenarbeit mit der Autorin oder dem Autor interessiert sind.

Schildern Sie bitte, wie der Werdegang eines guten Stückes eines noch unbekannten Autors idealerweise aussieht.

SCHMIDT: Oliver Bukowski, Kai Hensel oder Rebekka Kricheldorf waren unbekannt, als sie sich mit ersten Texten für das Theater bei uns vorstellten. Inzwischen kennt sie jeder Dramaturg, sie werden gespielt, sind in den Spielplänen präsent, erhalten Stückaufträge und Preise. „Gäste" von Oliver Bukowski, „Klamms Krieg" von Kai Hensel, „Prinzessin Nicoletta" von Rebekka Kricheldorf sind Stücke, die inzwischen auch in andere Sprachen übertragen wurden. Wir schauen mit unseren Stücken gern über den eigenen Tellerrand hinaus.

Geben Sie Ihren DramatikerInnen Anregungen oder schauen Sie, was kommt? Gibt es Arbeitsgespräche mit detaillierter Kritik?

SCHMIDT: Wir geben keine gezielten Anregungen. Die Themenvorgaben macht der Autor. Er – nicht wir – weiß, was er schreiben will und muss. Mit dem entstandenen Text setzen wir uns auseinander; dazu bedarf es manchmal langer und intensiver Arbeitsgespräche, in denen man auf Unstimmigkeiten hinweist. Zuweilen bedarf es auch nur eines Lobes, weil der Text in sich stimmt.

Was steht in einem Vertrag zwischen AutorIn und Verlag? Wie hoch sind für gewöhnlich die Tantiemen? Gibt es einen Mindestbetrag? Und wem stehen welche Anteile zu?

SCHMIDT: Unser Autorenvertrag ist fünf Seiten lang. Er regelt die Einräumung der Nutzungsrechte, die Pflichten des Verlages und des Autors, den Umfang des Vertragsgebietes und die Vertragsdauer sowie die Modalitäten zu Abrechnung und Zahlung. Wie hoch die Tantiemen ausfallen hängt davon ab, in welchen Theatern das Stück zur Aufführung kommt. Für den professionellen Bereich steht das in der Regelsammlung Bühne, die den Geschäftsverkehr zwischen den im Deutschen Bühnenverein zusammengeschlossenen Bühnen einerseits und den Verlagen im Verband Deutscher Bühnen- und Medienverlage andererseits regelt. Die Aufteilung der Tantiemen erfolgt in der Regel nach dem Schlüssel 75 Prozent für den Urheber und 25 Prozent für den Verlag.

Nach Vertragsabschluss liegen die Rechte an einem Stück beim Verlag. Kann eine Autorin in bestimmten Klauseln Bedingungen aufstellen – beispielsweise dass nichts gestrichen, der Nebentext nicht ignoriert, das Stücck nicht von Laiengruppen oder in gewisser Besetzung gespielt werden darf?

SCHMIDT: Der Verlag übernimmt die Auswertung der Nutzungsrechte und das in der Regel für die Dauer des Urheberrechts, das heißt bis siebzig Jahre nach dem

Tod der Autorin. Bedingungen, wie die von Ihnen genannten, gibt der Verlag an die Theater weiter, da die Urheberpersönlichkeitsrechte grundsätzlich gewahrt werden müssen. Allerdings spricht nichts dagegen, dass die Texte auch von Amateurtheatergruppen gespielt werden, wenn sie zuvor im professionellen Theater präsentiert wurden.

Wie entwickelt sich die Verbindung zwischen Autor und Verlag nach dem ersten Stück weiter? Akzeptieren Sie automatisch jedes weitere Werk?

SCHMIDT: Nein, einen solchen Automatismus gibt es nicht. Über jeden neuen Text wird entschieden; umgekehrt gibt es aber auch keine Verpflichtung des Autors, sein neues Werk uns anzubieten. In der Praxis ist es aber so, dass eine gute Zusammenarbeit „Folgetäterschaft" hervorruft. Andererseits: Wenn man sich verkracht, sollte man in der Zukunft auch getrennte Wege gehen können.

Wie sehen Ihre Beziehungen zu den Theatern aus? Haben Sie persönliche Kontakte und welche Rolle spielen diese Kontakte?

SCHMIDT: Die persönlichen Kontakte sind das Kapital eines jeden Theaterverlages. Wir sind viel unterwegs, kennen Dramaturgen, Intendanten, Regisseure, Schauspieler, Redakteure und Produzenten. Wir kennen aber auch Ensembles und Spielstätten, wir wissen, welcher Text sich wo eignen könnte. Viele Kontakte reichen zahlreiche Jahre zurück, wöchentlich entstehen neue. Das ist das Schöne am Beruf des Theaterverlegers – langweilig wird es nie, denn Tradition und Innovation gehen nebeneinander.

Der Werkstatistik zufolge betrug 2002/03 der Anteil von ur- und erstaufgeführten Werken an den Spielplänen der Bühnen in Deutschland, Österreich und der Schweiz 15,62 Prozent – Klassiker sind abonnentenfreundlicher. Das ist kein direkter Ansporn, heute fürs Theater zu schreiben. Wie hoch ist das Interesse und der Bedarf an neuen Stücken Ihrer Meinung nach?

SCHMIDT: Der Boom ist etwas abgeflaut. Ich bedaure dies nicht. Da wir ohnehin nur wenige neue Autoren pro Jahr in unser Verlagsprogramm aufnehmen, stehen Qualität und Eigenart bei uns an erster Stelle. Und der Bedarf an neuen Stücken mit authentischer Sprache, mit einem Gefühl für Szene und Dramatik ist nach wie vor hoch. Wichtig ist allerdings, dass in den Theatern nicht nur nach Ur- und Erstaufführungen Ausschau gehalten wird, damit auch die überregionale Presse zu Gast ist, sondern dass die guten Stücke sich auf breiter Ebene durchsetzen und von Schleswig bis Konstanz und von Aachen bis Frankfurt an der Oder inszeniert werden.

Sind Sie der Meinung, dass zeitgenössische DramatikerInnen von den Theatern verheizt oder zumindest zu gering geschätzt werden? Oder liegt es an einer niedrigen „Halbwertzeit", die neuen Stücken innewohnt, dass sie zum großen Teil so schnell wieder von den Spielplänen verschwinden?

285

SCHMIDT: Hier generell zu schimpfen bedeutete, die Verdienste zahlreicher Kolleginnen und Kollegen in den Theatern zu schmälern. Ich wünsche mir gegenüber den Autoren mehr Treue im Theater, auch ein Misserfolg muss gemeinsam durchgestanden werden, wenn man an die Qualität des Autors glaubt. Vertrauen in den Text erwarte ich aber insbesondere von einer neuen Generation von Regisseuren, die nicht nur sich selbst in den Texten sucht, sondern die sich einlässt auf die Perspektiven, die neue Texte bieten.

Inhaltlich: Was sollte man unterlassen? Gibt es Themen, bei denen jeder Lektor sofort zu gähnen beginnt?

SCHMIDT: Hannibal ante portas, Inzest, gereimte Singspiele, die 146. Dornröschen-Bearbeitung.

Von Stück zu Stück – Theaterautorin, phasenweise
Gespräch mit Renata Burckhardt

Das Interview mit Renata Burckhardt, Theaterautorin, führte Antje Otto.

Wie bist du zum Schreiben gekommen, wann hast du angefangen und wann hast du deine Werke zum ersten Mal der Öffentlichkeit präsentiert?

BURCKHARDT: Als Teenager habe ich mir immer vorgestellt, wie ich später große, wichtige Romane schreibe. Die Anfänge habe ich geschrieben, sie verwandelten sich zu Kurzgeschichten; die Romane ließen auf sich warten. Das szenische Schreiben hat ebenso blauäugig begonnen. Eine Freundin, die damals die Schauspielschule abschloss, durfte als Abschlussprojekt eine eigene Arbeit vorstellen. Ich schrieb dafür den Text, inszenierte den Abend, entwarf den Flyer und das bescheidene Bühnenbild und am Schluss landete ich als stumme Figur auch noch auf der Bühne. Das alles zeigten wir fünfmal – ziemlich mutig! Zwei Jahre später besuchte ich erstmals die Autorenwerkstatt am Theater Basel, eine Art Abendkurs, einmal wöchentlich. Martin Frank, der Theaterpädagoge des Hauses, hatte mich gefragt, ob ich kommen möchte. Geleitet wurde die Autorenwerkstatt damals von ihm und Guy Krneta. Wir machten verschiedene Schreibexperimente, besprachen unsere Texte und schrieben bald an unseren eigenen Stücken. Heute leite ich diese Autorenwerkstatt.

Unterscheidet sich das szenische Schreiben vom Arbeitsvorgang her vom epischen? Welche Herausforderungen stellt es an dich als Autorin?

BURCKHARDT: Beim epischen Erzählen schaltet sich keine weitere Kunstform dazwischen. Alles, was ich schreibe, bleibt so. Das ist beim szenischen Schreiben anders. Die Herausforderung ist, Dinge klar zu machen, wie man es meint, wie man es will und doch nicht zuzunageln, Geheimnisse müssen bleiben, Unausgesprochenes. Also alle notwendigen Informationen bieten und doch nicht alles. Hierbei das richtige Maß zu finden, ist eine Herausforderung. Ich habe meistens schon sehr konkrete Vorstellungen, wie die Schauspieler den Text idealerweise sprechen sollten, welche Stimmung herrscht. Irgendwo inszeniere ich mit. Das kann beim Schreiben eine Hilfe, das kann aber auch eine absolute Behinderung sein. Denn der Zeitpunkt kommt, an dem man das Stück aus den Händen gibt. Und dann kann alles anders herauskommen – und das wiederum ist oft das Schöne.

Du hast bildende Kunst studiert. Hast du dadurch eine andere Perspektive beim Schreiben als Bühnenautoren, die ihre Wurzeln in anderen Literaturgattungen haben? Denkst du, dich hätte ein Studium in szenischem Schreiben bereichert? Kann man Schreiben lernen?

BURCKHARDT: Es sind oft Bilder, die mich motivieren. Nicht statische Bilder, aber ich sehe die Dinge vor mir, wie in einem Film. Stimmung, das Licht. Die Arbeit mit der Kamera während der Zeit an der Kunsthochschule hat mich beeinflusst. Zooms. Cuts. Ein Gesicht ist ganz nah und dann wieder weit weg. Das ist eine Herausforderung für die Bühne. Ein Studium in szenischem Schreiben? Nicht wirklich. Schreiben lernen? Üben, üben. Auch lernen, bis zu einem gewissen Grad. Es gibt gewisse Grundsätze, die man anwenden kann oder brechen. Aber gerade das szenische Schreiben hat für mich mit Dingen zu tun, die nicht lernbar sind: Rhythmus vor allem, Sinn für Geheimnis und Tiefgang, Fantasie, Mut.

Welche Kenntnis vom Produktionsprozess und der Kunstform Theater muss eine Dramatikerin deiner Ansicht nach haben?

BURCKHARDT: Sie muss Kenntnisse von sich haben. Von ihrem Schreiben. Wie sie etwas meint. Sie muss sich bewusst sein. Das heißt, dass gewisse Teile in einem Stück zwingend sein sollten: die Sprache, der Rhythmus, die Form oder wenn möglich alles. Es bedeutet Schutz, das Wort gebrauche ich nicht gerne. Das alles kann durch Übung, Erfahrung und Konzentration bis zu einem gewissen Grad erlernt werden. Zu viele Kenntnisse der konkreten Theaterpraxis braucht eine Dramatikerin nicht zwingend. Wie gesagt, es kann auch hinderlich sein. Man stößt schnell auf Aussagen wie „das ist theatral und das ist nicht theatral", „das versteht man nicht" oder „das ist nicht mundgerecht". Man muss sich schützen vor der Frage, was denn umsetzbar sei und was nicht. Sonst beginnt man sich zu beschneiden. Wenn man in dieses Fahrwasser gerät, beginnt es oft langweilig zu werden. Man muss seine eigene Sprache und Form finden. Der Text muss erst mal für sich alleine stehen können. Seine Macht, seine Gewalt haben. Sonst ist der Grundstein schon wackelig gelegt.

Wie bist du vorgegangen, um deine Stücke auf den Markt und die Bühne zu bringen?

BURCKHARDT: Es gab und gibt in Basel einen Theaterraum, den so genannten Raum33, in dem neue, auch unfertige Stücke in Form von Werkstattinszenierungen aufgeführt werden. Die Verantwortlichen sprachen mich an, ich gab ihnen „Bauernkrieg", mein Stück; es gefiel ihnen, und so kam es zu einer Werkstattinszenierung. Darauf erhielt ich für ein Jahr das Stipendium „dramenprozessor" mit dramaturgischer Betreuung, Wochenendkursen, einzelnen Probentagen mit Schauspielern. Es folgte das Stipendium „masterclass", die Masterin war Marlene Streeruwitz. – So sind meine Stücke zur Aufführung gekommen. Jemand kommt, interessiert sich, fragt nach. Vor allem in der freien Szene erhält man so Aufträge. Ansonsten läuft es wohl am ehesten über einen Verlag. Ich habe mich noch bei keinem beworben.

Unterscheidet sich die Förderung „neuer" Dramatiker in der Schweiz von der in Deutschland?

BURCKHARDT: Die Schweiz ist viel kleiner. Und sie teilt sich beim Theater, auch wenn man versucht, das zu vermeiden, in die jeweiligen Sprachgebiete auf. Die Szene in der Deutschschweiz ist also relativ überschaubar. Man kann richtig zusehen, welche jungen Dramatiker und Dramatikerinnen gerade gefördert werden, weil gedacht wird, bei denen könnte es sich lohnen, und welche gerade zurückstecken müssen. Die Förderung neuer Dramatik entstand in der freien Szene und die Stadttheater haben nur teilweise darauf reagiert. Und: In der Schweiz muss man sich eine Ausbildung selbst zusammenbasteln, zum Beispiel über die bereits genannten Stipendien. Wir haben noch keine Hochschule, die ein Studium szenisches Schreiben anbietet.

Seit deinen Anfängen in der Baseler Autorenwerkstatt hast du zehn Stücke geschrieben, von denen acht bereits inszeniert wurden. Wie wurde mit deinen Stücken an den Theatern umgegangen? Ist es schwer, sein Werk als Material für ein neues, anderes Kunstwerk herzugeben?

BURCKHARDT: Erstmal ist es das Schönste überhaupt, einen Text herzugeben. Dessen sind sich viele Schauspieler, um diese zuerst zu nennen, gar nicht bewusst, glaube ich. Wie sie einen beglücken können, wenn sie die Texte plötzlich zum Leben bringen! Natürlich gibt es auch Enttäuschungen. Wenn die Texte ganz anders interpretiert werden, wenn ein Schauspieler stolpert, wenn er's nicht zu seiner Sprache machen kann, wenn die Regie einen ganz anderen und aus der Sicht der Autorin natürlich dann falschen Filter drüber legt. Umgekehrt wiederum gibt es die wunderschönen Überraschungen: wenn etwas entsteht, woran man beim Schreiben nicht gedacht hat, etwas, was besser ist, als wie man's sich vorgestellt hat. Das sind glückliche Augenblicke.

In der Spielzeit 2003/04 hast du im Rahmen der Göttinger Dramatikerwerkstatt, die inzwischen leider eingestellt wurde, ein Stück geschrieben – „Paradies in Planung". Wie ist es zu diesem Auftrag gekommen?

BURCKHARDT: Ich arbeitete als Regieassistentin im Haus. Die Leitung wusste, dass ich schreibe, da ich wegen der „masterclass" mehrmals in die Schweiz fahren musste und dafür freigestellt wurde. Fürs Stück habe ich dem Intendanten einen Vorschlag gemacht: drei Freunde, die zusammen ein Projekt planen mit Fokus auf das Thema Planen. Beim Planen geht es um verschiedene Wunschvorstellungen, um die Träume vom Paradies letztendlich – da muss es zur Kollision kommen. Der Intendant mochte den Vorschlag. Und außerdem haben sich zwei Dramaturgen für mich eingesetzt. Das erfährt man als Theaterautorin am Theater: Dramaturgen haben die Macht ... Umso härter manchmal, wenn sie wie vielerorts selbst ihre Stücke zu schreiben beginnen.

Wie ist diese Arbeit vonstatten gegangen? Hattest du Vorgaben zu Thema, Länge, Figurenanzahl oder ähnlichem? Waren die Arbeitsbedingungen, die Kenntnis des Bühnenraums und der Ensembles bereichernd und hilfreich oder haben sie dich eher eingeschränkt? Wie hat die Zusammenarbeit mit der Dramaturgin und der Regisseurin ausgesehen?

BURCKHARDT: Das Thema habe ich früh skizziert. Thema Idylle, das hatte sich das Theater als Grundthema für die Spielzeit ausgedacht. Von da kam ich aufs Paradies. Und von da auf unterschiedliche Paradiesvorstellungen. Aber eigentlich war ich frei in der Themenwahl. Die Figurenzahl war von Anfang an klar: drei Figuren. Die Arbeitsbedingungen waren nicht die besten. Aus verschiedenen Gründen blieb mir eine absurd kurze Zeit, um das Stück zu schreiben. Was geholfen hat, war, dass die Schauspieler sich souverän verhielten und sich die Regisseurin tapfer in die unsicheren Bedingungen hineingeworfen hat. Die Zusammenarbeit mit der Regisseurin war eng. Mit dem ersten Textentwurf wurde eine Woche geprobt, da war ich natürlich immer dabei. Danach blieben mir noch 14 Tage, um Dinge rauszuwerfen, zu verbessern, neu hinzuzufügen: das Stück zu Ende zu schreiben. Die Dramaturgin versuchte, mich zu begleiten, aber die Zeit war sehr knapp. Daher konnte sie nur auf Einzelheiten reagieren, nicht mehr auf die Struktur und auf den Verlauf des Stückes. Anschließend, während der offiziellen Probenzeit mit dem mehr oder weniger fertigen Stück, war ich nur noch vier Tage in Göttingen, mittendrin einmal.

Wie gestaltete sich die finanzielle Seite? Hast du ein monatliches Stipendium erhalten oder ein Honorar für das Stück? Wurde dir dein Aufenthalt in Göttingen bezahlt?

BURCKHARDT: Ich habe ein Honorar für das Stück erhalten. Für die Übernachtungen in Göttingen wurde mir eine Pauschale bezahlt. Nachdem ich begriffen hatte, dass diese Pauschale existiert. Vorher nicht.

Was verdienst du an einem Stück? Kannst du vom Schreiben fürs Theater leben?

BURCKHARDT: Ich bin Mitglied der „Autorinnen und Autoren der Schweiz", dem Schweizer Berufsverband der Autorinnen und Autoren. Da gibt es bezüglich des Honorars klare Grundsätze, eigentlich. Diese Summen habe ich aber noch nie erreicht. 10.000 Franken sind ein Richtwert. Aber gewisse Theater haben das Geld nicht oder wollen es nicht ausgeben. Am besten habe ich bis jetzt in der freien Szene verdient. Aber von Stück zu Stück, von Projekt zu Projekt ist die Bezahlung unterschiedlich. Davon leben? Bis jetzt nur phasenweise. Viele Kollegen hangeln sich von Stipendium zu Stipendium, Preise da und dort. Viele arbeiten nebenher. Ich auch. Es sind Phasen. Manchmal schreibe ich mehr und ein Brotjob läuft nebenher, manchmal ist es umgekehrt.

Wie bekommst du alles unter einen Hut? Du reist bestimmt viel herum – zu Dramatikertagen, Schreibwerkstätten, Premieren, Arbeitsgesprächen ...? Wie flexibel muss eine Theaterautorin sein?

BURCKHARDT: Dieses Jahr war sehr abwechslungsreich. Und ich saß oft im Zug. Man muss sehr flexibel sein. Es kann sein, dass ein wichtiger Termin am Wochenende stattfindet, die Agenda ist ein wichtiger Gegenstand, um die Termine zu koordinieren. Es gibt in dem Sinne keinen Rhythmus, das heißt, die Wochen sehen immer wieder anders aus.

Hast du Ratschläge für Menschen, die sich eine Zukunft als Bühnenautorin erhoffen?

BURCKHARDT: Erst mal: Qualität setzt sich durch. Also muss man „nur" dahin kommen und gute Stücke schreiben. Wie man dahin kommt? Danach suchen alle. Und alle müssen es alleine finden. Weiter sind Kontakte wichtig. Sich engagieren, hartnäckig bleiben. Und sich informieren: Wo und wann sind Bewerbungsmöglichkeiten: bei Kulturämtern für Projekte, bei Theaterfestivals, bei Theatern und ihren Werkstatttagen, bei Stückewettbewerben usw. Wo können Stücke eingereicht werden? Wie funktioniert das mit der Stückeauswahl an einem Theater? Wie wählt ein Theater aus? Das ist schon gut zu wissen, gar nicht, um strategisch und berechnend zu werden, aber um die Verhältnisse zu kennen. Ich habe schon Leute getroffen, die ein Stück geschrieben haben und sofort eingeschnappt waren, weil sich die Theater nicht darauf gestürzt haben. Und ein wichtiger Schritt kann die Aufnahme bei einem Verlag sein.

Weitere Adressen und Informationen

Akademische Studiengänge

Der **Studiengang „Szenisches Schreiben"** an der **Universität der Künste Berlin** ermöglicht es, das Schreiben für die Bühne und verwandte Medien zu studieren. „Das Studium gründet sich auf die drei Schwerpunkte Schreiben, Szene und Dramaturgie. Einem zweijährigen Grundstudium unter Einschluss eines Theaterpraktikums folgt nach der Zwischenprüfung ein etwas freieres zweijähriges Hauptstudium; es umfasst auch die Beschäftigung mit Hörspiel und Drehbuch.

Den Studienabschluss bildet eine Hochschulprüfung ohne speziellen akademischen Grad oder Titel. ... Das Bewerbungsverfahren findet jeweils im Herbst vor geraden Jahren statt. Dabei müssen neben einer eigenen Szene zwei Texte nach Vorgaben sowie eine Analyse eingereicht werden. Von bislang durchschnittlich 120 Bewerberinnen und Bewerbern werden in der Regel ca. 6 bis 10 aufgenommen. Die Bewerbungsfrist für das Sommersemester 2006 ist vom 10.–24. Oktober 2005." Ausführliche Informationen zu Studieninhalten und zur Bewerbung stehen auf der Website. Dort kann auch der Zulassungsantrag heruntergeladen werden. – *Adresse:* Universität der Künste Berlin, Fakultät für Darstellende Kunst, Postfach 100544, D-10595 Berlin, www.udk-berlin.de

Das **Deutsche Literaturinstitut Leipzig** bietet einen künstlerischen Studiengang in den drei Fächern Prosa, Lyrik, Dramatik/Neue Medien an (siehe S. 439).

Diplomstudiengang Kreatives Schreiben und Kulturjournalismus an der Universität Hildesheim: Neben dem Hauptfach „Schreiben und Literatur" gehören das Pflicht-Beifach „Theater und Medien", Bildende Kunst oder Musik als Wahlpflicht-Beifach sowie im Hauptstudium der Bereich Kulturpolitik und Kulturmanagement zum Studiengang (siehe S. 440).

Workshops

Basel: Dramatisches Schreiben – Autorenwerkstatt
Alle 14 Tage treffen sich die Autorin Renata Burckhardt, der Autor Lukas Holliger und Regisseur Martin Frank mit „Menschen mit Lust am Schreiben, Diskutieren und an Experimenten mit Sprache". Ziel der Autorenwerkstatt des Theaters Basel ist es, Texte und Talente weiterzuentwickeln. Die Teilnahmegebühr beträgt 300 CHF. – Informationen und Anmeldung: Martin Frank, Theater Basel, Steinentorstr. 7, CH-4051 Basel, fon: 061/2951-100 (bzw. -476 Durchwahl Frank), m.frank@theater-basel.ch, www.theater-basel.ch

Berliner Theatertreffen: Dramatiker Workshop
AutorInnen, die einen Text für den Stückemarkt (www.stueckemarkt.de) eingereicht haben, deren Talent die Jury überzeugt, werden zu einem einwöchigen Workshop eingeladen, der während des Theatertreffens stattfindet. Eine direkte Bewerbung ist nicht möglich. Zu den Modalitäten des Stückemarkts siehe S. 547

Bundesakademie für kulturelle Bildung Wolfenbüttel (siehe S. 437 f.)

Burgtheater Wien: Autoren-Werkstatttage in Zusammenarbeit mit dem Deutschen Literaturfonds, Darmstadt
Junge deutschsprachige DramatikerInnen arbeiten zwei Wochen mit Dramaturginnen, Lektoren und Regisseuren an ihren noch nicht abgeschlossenen Werken. Die Ergebnisse werden als szenische Lesungen bei der *WerkstattNacht* vor Publikum präsentiert. „Interessentinnen und Interessenten für die Werkstatttage

bewerben sich mit einem fertigen Stück sowie einem noch unfertigen, an dem sie während der Werkstatttage arbeiten wollen. Die Ausschreibung erfolgt über Verlage und Literatur- bzw. Kunsthochschulen, kann aber auch beim Deutschen Literaturfonds angefordert werden." – Auskünfte erteilen die Geschäftsstelle des Deutschen Literaturfonds, www.deutscher-literaturfonds.de (siehe S. 622) und Andreas Beck, Burgtheater Wien, fon: 01/51444157, www.burgtheater.at.

Deutsches Schauspielhaus Hamburg: Nachwuchs.texte
Jugendliche von 16 bis 23 Jahren sind eingeladen, sich etwa ein halbes Jahr lang einmal wöchentlich mit dem britischen Dramatiker David Spencer zu treffen und im szenischen Schreiben zu erproben und weiterzuentwickeln. Am Ende dieser Zeit steht eine Werkstattpräsentation, bei der die Früchte des Workshops der Öffentlichkeit gezeigt werden. Die Teilnahme ist kostenlos; bewerben kann sich jedeR im genannten Alter mit einer Schreibprobe (es muss nichts Szenisches und auch nichts Abgeschlossenes sein) bis Mitte Dezember jeden Jahres beim Organisationsleiter des Jungen Schauspielhauses, Michael Müller. – *Adresse:* Deutsches Schauspielhaus, Kirchenallee 39, D-20099 Hamburg, fon: 040/24871-0 (bzw. -112, Durchwahl Müller), michael.mueller@schauspielhaus.de, www.schauspiel-haus.de

Internetkurs – Szenisches Schreiben (Gottfried Fischborn)
Der Dramaturg, Literatur- und Theaterwissenschaftler Prof. Dr. Gottfried Fischborn bietet verschiedene Internetkurse an, vom Grundkurs bis zur Betreuung beim Verfassen eines abendfüllenden Theaterstücks. Sie wenden sich sowohl an Interessenten mit wenig Erfahrung als auch an Fortgeschrittene. Die Kursdauer beträgt zwischen zehn und zwanzig Wochen, abhängig von der Kursvariante. Zudem bietet Fischborn Wochenendworkshops in Wiesbaden an. – *Adresse:* Prof. Dr. Gottfried Fischborn, Parkstr. 39, D-65189 Wiesbaden, fon: 0611/5058881, kgfischborn@t-online.de, www.szenisches-schreiben.de

Literarisches Colloquium Berlin (LCB): Autorenwerkstatt Theatertexte
„Ziel der Autorenwerkstatt Theatertexte ist es, Autoren, die mit mindestens einer Veröffentlichung bereits ihre literarische Befähigung haben erkennen lassen, die Möglichkeit zu bieten, anhand der eingereichten Manuskripte mit dem Projektleiter sowie Theaterexperten und -praktikern Techniken dialogischen Schreibens zu erarbeiten und zu verfeinern. Zur Förderung zugelassen sind Projekte, die noch in Arbeit sind. Die Teilnehmer an der Autorenwerkstatt werden durch eine Jury aufgrund der Prüfung der von den Bewerbern eingereichten Manuskripte vorgeschlagen. Es werden bis zu acht Stipendien für den Zeitraum von vier Monaten bewilligt. Das Stipendium beträgt insgesamt 2.600 Euro." Bewerbungen sind beim Literarischen Colloquium Berlin in 3-facher Ausfertigung einzureichen und müssen Folgendes enthalten: Name und Anschrift, einen kurzen Lebenslauf, der insbesondere Angaben über die bisherige literarische Tätigkeit enthält, ein Exposé, eine mindestens fünfseitige Arbeitsprobe des Textes, an dem während der Autorenwerkstatt gearbeitet werden soll. Es darf nur ein Projekt eingereicht werden. Da die Autorenwerkstatt Theatertexte im Wechsel mit den Werkstätten Prosa

und Lyrik stattfindet, wird die nächste voraussichtlich erst 2008 veranstaltet; der Einsendeschluss ist beim Literarischen Colloquium zu erfragen. – *Adresse:* Literarisches Colloquium Berlin e.V., www.lcb.de (siehe S. 632)

Nationaltheater Mannheim: Dramatiker-Werkstatt

Im Rahmen der Internationalen Schillertage im Juni 2005 wird es eine Dramatiker-Werkstatt geben, deren Ausschreibung sich vorrangig an Studierende des Studiengangs Szenisches Schreiben an der Universität der Künste Berlin und vergleichbare Einrichtungen wendet. Ob diese Werkstatt in den folgenden Spielzeiten fortleben wird, ist ungewiss. – *Adresse:* Nationaltheater Mannheim, Am Goetheplatz, D-68161 Mannheim, fon: 0621/16800, www.mannheim.nationaltheater.de

Staatstheater Wiesbaden: „Forum junger Autoren Europas" im Rahmen von „Neue Stücke aus Europa – Theaterbiennale"

„Im *Forum junger Autoren Europas* haben ca. 20 junge Autoren die Gelegenheit, in einem deutsch und einem englisch geführten Workshop zu arbeiten und anschließend ihre erarbeiteten Texte zu präsentieren." Das Festival versteht sich als Arbeitsplattform für Autorinnen und Autoren aus den unterschiedlichsten Ländern Europas. Bewerben können sich DramatikerInnen, die sich am Ende ihrer Ausbildung oder am Beginn ihrer professionellen Laufbahn befinden und nicht viel älter als 30 Jahre sind. Mindestens eines ihrer Stücke sollte bereits aufgeführt worden sein. Bewerbungen sind ein Lebenslauf und ein eigenes Theaterstück beizufügen. Die Biennale findet 2006 das nächste Mal statt. – *Adresse:* Neue Stücke aus Europa – Theaterbiennale des Staatstheaters Wiesbaden, Festivalbüro, Christian-Zais-Str. 3, D–65189 Wiesbaden, fon: 0611/132398, fax: 0611/132244, biennale@staatstheater-wiesbaden.de, www.staatstheater-wiesbaden.de

Studio Literatur und Theater an der Universität Tübingen (siehe S. 450 f.)

Autorentage, szenische Lesungen, Werkstattinszenierungen, Festivals

Frankfurter Autorenforum für Kinder- und Jugendtheater

Das Kinder- und Jugendtheaterzentrum in der Bundesrepublik Deutschland veranstaltet jährlich das Frankfurter Autorenforum für Kinder- und Jugendtheater mit szenischen Lesungen, Diskussions- oder Interviewrunden. Vorgestellt werden neue Stücke von etwa 8 bis 12 Autorinnen und Autoren. – *Adresse:* Kinder- und Jugendtheaterzentrum, www.kjtz.de (siehe S. 630)

Interplay World und Interplay Europe – Festivals

Interplay, gegründet 1985 in Sydney, ist eine internationale Organisation zur Förderung junger Dramatikerinnen u. Dramatiker zwischen 18 und 26 Jahren und zur Pflege des Austauschs zwischen den Kulturen. Alle zwei Jahre findet im australischen Townsville „World Interplay – Festival of Young Playwrights" statt.

Analog zum World Interplay und biennal damit alternierend veranstaltet Interplay Europe e. V. Festivals in Europa an wechselnden Orten. Die Festivals richten sich vorwiegend an AnfängerInnen des szenischen Schreibens. Bewerbungsschluss ist jährlich der 1. Februar. Einzureichen sind Lebenslauf und szenisches Material vom Entwurf bis zum fertigen Stück. Die Teilnahmegebühr beträgt etwa zwischen 150 und 250 €. Das nächste Interplay Europe Festival findet 2006 in der Schweiz statt. – *Bewerbungs- und Kontaktadresse:* Schützenstr. 12, D-60311 Frankfurt am Main, fon: 069/296661, fax: 069/292354, interplay@kjtz.de, www.interplay-europe.de

Münchner Kammerspiele: Jetzt ist Anfang und Beginn – Wochenende der jungen Dramatiker
„Mit dem *Wochenende der jungen Dramatiker* stellen die Münchner Kammerspiele dem Publikum im Rahmen von Jetzt ist *Anfang und Beginn!* eine Reihe neuer Autorinnen und Autoren vor. Unter der Leitung von jungen Regisseuren und Ausstattern präsentiert das Kammerspiele-Ensemble unveröffentlichte Texte in szenischen Lesungen und kleinen Inszenierungen. Die Erfahrungen der Theaterprofis treffen dabei auf die Ideen der Newcomer. Regisseure und Schauspieler werden eingeladen, Patenschaften für die präsentierten Stücke zu übernehmen. In öffentlichen Arbeitsgesprächen diskutieren sie mit den Autorinnen und Autoren über ihre Arbeiten." Eine Ausschreibung gibt es nicht; die Termine für die nächsten Spielzeiten stehen noch nicht fest; Adresse siehe unten.

Münchner Kammerspiele: Autorenwerkstatt
„Junge Dramatikerinnen und Dramatiker und ihre Texte stehen im Mittelpunkt der Autorenwerkstatt. Mit wenig Ausstattung und in kurzer Probenzeit beschäftigen sich junge Regieteams mit den szenischen Phantasien der Autoren, die sie in kleinen Werkstattinszenierungen vorstellen. Die Autorenwerkstatt macht mit den Schreibern, ihrer Biographie, ihren Hintergründen, Vorbildern und mit ihrem Werk bekannt: Lesungen, Gespräche, Filme und Musik stellen die Autoren vor." Dieses Projekt wurde in der Spielzeit 2004/05 ins Leben gerufen und mit drei Stücken pro Saison veranschlagt. Ob es sich bewährt und in Zukunft fortgesetzt wird, wird sich herausstellen. Im ersten Versuchslauf wurde die Auswahl der Stücke aus den Beiträgen des Dramatikerwochenendes (siehe oben) und der üblichen Umschau nach neuen Stücken getroffen. – *Adresse:* Münchner Kammerspiele, Falckenbergstr. 2, D-80539 München, fon: 089/233-37100, www.muenchner-kammerspiele.de

Staatstheater Nürnberg: Stücketesten
Stücketesten ist ein Forum zur aktiven Auseinandersetzung mit neuer Dramatik und findet jährlich Ende Juni statt. In szenischen Lesungen werden neue Stücke auf ihre Bühnentauglichkeit geprüft, in Publikumsgesprächen mit den AutorInnen diskutiert. Die Auswahlkriterien wechseln jährlich, eine öffentliche Ausschreibung wird es auch künftig vermutlich nicht geben. – *Aktuelle Informationen:* Staatstheater Nürnberg, Richard-Wagner-Platz 2–10, D-90443 Nürnberg, fon: 0911/231-3575, www.staatstheater-nuernberg.de

Schaubühne Berlin: F.I.N.D. (Festival Internationale Neue Dramatik)
„Die Schaubühne veranstaltet jährlich einen Stückewettbewerb. Aus den Einsendungen wählt die Dramaturgie der Schaubühne ein Stück aus, das dann im Rahmen des kommenden Festivals Internationale Neue Dramatik (F.I.N.D.) als szenische Lesung in der Regie eines namhaften Regisseurs vorgestellt wird. Die Schaubühne hat nach der szenischen Lesung eine Option von drei Monaten auf das Stück. Angenommen werden nur unveröffentlichte deutschsprachige Stücke, die noch von keinem Verlag vertreten werden. Die Autoren sind verpflichtet, der Schaubühne eventuelle Änderungen am Status ihrer Stücke während der Bewerbungsfrist mitzuteilen. Angenommen wird jedes Jahr nur ein Stück pro Autor. Von den Autoren werden neben dem Stücktext ein kurze Zusammenfassung des Stückes und ein Lebenslauf verlangt." Die Bewerbungsfrist für den nächsten Stückewettbewerb stand zum Zeitpunkt der Recherchen noch nicht fest. – *Adresse für Einsendungen:* Schaubühne am Lehniner Platz, Stichwort: „Stückewettbewerb", Kurfürstendamm 153, D-10709 Berlin, fon: 030/890020, www.schaubuehne.de

Thalia Theater Hamburg: Autorentheatertage
Das Ensemble des Thalia Theaters bittet Autorinnen und Autoren um die Einsendung neuer Stücke. Die Schauspieler bilden die Jury. In kurzer Probenzeit werden Werkstattinszenierungen erarbeitet, die in der *Langen Nacht der Autoren* gegen Ende der Spielzeit gezeigt werden. Die Stücke sollten noch nicht aufgeführt worden, im Vorjahr entstanden und keine Monologe sein. Pro AutorIn darf nur ein Stück (in zweifacher Ausfertigung) eingereicht werden. Einsendeschluss ist voraussichtlich jeweils zu Jahresbeginn. – *Adresse:* Thalia Theater, Stichwort: Autorentheatertage, Alstertor, D-20095 Hamburg, fon: 040/32814-0, www.thalia-theater.de

UAT Berlin
„Das UAT Berlin (Uraufführungstheater) versteht sich als Prozessor für neue zeitgenössische Dramatik. Es beginnt seine Arbeit an ihrem Fundament – dem unfertigen Textkorpus. Die Basisförderung auf nationaler und europäischer Ebene setzt somit vor dem Zugriff der Verlage und Theater ein." In Kooperationen mit Theaterhäusern sowie festen Formaten wie dem Stückemarkt des Berliner Theatertreffens oder den Mülheimer Theatertagen veranstaltet das UAT Werkstätten. In den Werkstätten dürfen und sollen die AutorInnen „ihre Texte mit einem Mentor (ein mit neuen Texten erfahrener Autor, Regisseur oder Dramaturg), dem die szenische Lesung einrichtenden Regisseur und den Schauspielern weiter entwickeln." „Es sind Neuentdeckungen, über die auf den Podiumsdiskussionen nach den szenischen Lesungen zu sprechen sein wird. Verleger, Fachjournalisten und Theatermacher werden im Publikum sitzen. Neben der Lesung neuer Texte und dem Gespräch unter Kollegen und Publikum erhält die Veranstaltung folglich noch einen anderen Reiz – sie wird eine Art ‚Angebotsmesse'." Manuskripte können jederzeit eingesandt werden; Voraussetzung ist, dass die Texte noch frei von einer Verlags- oder Bühnenoption sind. – *Adresse:* Harald Siebler, UAT Berlin, Kollwitzstr. 16, D-10405 Berlin, fon: 030/23620051, fax: 030/23620052, UATberlin@aol.com (Internetauftritt ist in Arbeit)

HausautorInnen

Das **Bremer Theater** engagiert von Zeit zu Zeit eine Hausautorin/einen Hausautor, die/der nicht nur in enger Zusammenarbeit mit der Dramaturgie Stücke entwickelt, sondern auch Events des Hauses mitgestaltet, auf Proben anwesend ist oder bei theaterpädagogischen Veranstaltungen mitwirkt. Sie/er erhält dafür Geld in Form eines Stipendiums. Eine Ausschreibung gibt es nicht, auch keine Garantie, dass die „Stelle" jede Spielzeit besetzt wird. – *Adresse:* Bremer Theater, Am Goetheplatz 1–3, D-28203 Bremen, fon: 0421/3653-0, www.bremertheater.de

Nationaltheater Mannheim: „Die Hausautorenschaft umfasst ein sechsmonatiges Aufenthaltsstipendium in Mannheim. Ein konkreter Stückauftrag ist damit nicht verbunden, vielmehr soll es eine Möglichkeit des gegenseitigen Kennenlernens darstellen, woraus die Art der Zusammenarbeit sich dann ergibt. Die Vergabe der Stelle erfolgt über Einladungen auf Empfehlung der Schauspieldramaturgie." – *Adresse:* Nationaltheater Mannheim, Am Goetheplatz, D-68161 Mannheim, fon: 0621/1680-0, www.nationaltheater.de

Staatstheater Stuttgart: „Dichter ans Theater": „Die für ‚Dichter ans Theater' ausgewählten Autoren schreiben Stücke für Stuttgart, indem sie alle Vorteile der Nähe zum Theater nutzen können, wenn sie dies wünschen: die Kenntnis des Ensembles und der Spielstätten, die enge Zusammenarbeit mit der Dramaturgie beim Entstehungsprozess des Textes. Inhaltlich und formal haben sie jede Freiheit." Die DramatikerInnen erhalten einen Stückauftrag und die Möglichkeit, jederzeit nach Stuttgart zu reisen, um Aufführungen und Proben zu besuchen und um vor allem mit der Dramaturgie an ihrem Stück arbeiten zu können. Bei der Sonntagsmatinee „Früh-Stück" geben die AutorInnen Lesungen. Eine Ausschreibung für das Projekt gibt es nicht; die TeilnehmerInnen werden von der künstlerischen Leitung des Theaters ausgewählt. – *Adresse:* Staatstheater Stuttgart, Oberer Schloßgarten 6, D-70173 Stuttgart, fon: 0711/2032-0, fax: 0711/2032-389, www.staatstheater-stuttgart.de

Internetseiten (www. ....:)

buehnenverein.de – Internetauftritt des Deutschen Bühnenvereins mit Suchfunktion für Theateradressen, Jobbörse
goethe.de/theaterbibliothek – Auswahl wichtiger neuer Theaterstücke der letzten Spielzeiten mit ihren AutorInnen
jugendtheater.net – „Das Portal zum Kinder- und Jugendtheater für Aktive und Interessierte". Aktuelle Informationen, Berichte und Meinungen, Links und Basisinformationen zum Kinder- und Jugendtheater im In- und Ausland; Fachadressen zur Kinder- und Jugendkultur, Termine von Kinder- und Jugendtheaterfestivals; Webforum u. v. m. „Augenblick mal! Das Deutsche Kinder- und Jugendtheater-Treffen" in Berlin wird seit 1999 dokumentiert.
kjtz.de – Internetauftritt des Kinder- und Jugendtheaterzentrums (siehe S. 630).

Neben dem Veranstaltungskalender finden sich hier Informationen über Preise, Stipendien, Ausstellungen und der Online-Katalog der Bibliothek des Zentrums.

theaterderzeit.de – Website der Zeitschrift: Inhaltsverzeichnis und einzelne Artikel der aktuellen Ausgabe, Index der letzten zwei Jahrgänge, Premierenkalender, Meldungen

theaterheute.de – Website der Zeitschrift: Inhaltsverzeichnis und Auszüge der aktuellen Ausgabe, Registersuchfunktion, Links zu deutschen Theatern

theaterjobs.de – kostenpflichtiges Forum (ab 30 € pro Jahr) für Stellen-, Ausbildungs- und Fortbildungsangebote sowie Kurse und Workshops aus dem Theaterbereich; Forum mit Fragen und Antworten zu den Themen „Auf der Bühne", „Hinter der Bühne", „Vor der Bühne" und „Gagen"

theaterkanal.de – aktuelle Meldungen aus der Theaterwelt und zum ZDF Theaterkanal

theaterparadies-deutschland.de – in Kategorien gegliederte, unkommentierte Linksammlung zu Ensembles in deutschsprachigen Ländern, Kinder- und Jugendtheatern, Kabaretts, Figuren-, Tanztheatern, Verlagen, Zeitschriften, Festivals, Institutionen, Schulen, Agenturen

theaterportal.de – Verzeichnis und Spielpläne der deutschen Bühnen

theatertexte.de – Internetseiten des Verbandes Deutscher Bühnen- und Medienverlage e.V. mit Online-Datenbank zu deutschsprachigen Bühnenwerken (Wortdramatik und Musikdramatik; ehemals „Stückekartei"). Die Datenbank weist Aufführungsrechte und ggf. weitere urheberrechtliche Nutzungsrechte nach und enthält zusätzliche Informationen zu den Bühnenwerken.

Adressen und Programmschwerpunkte der Theaterverlage

Recherche und Zusammenstellung: Sandra Uschtrin

In den verfügbaren Verzeichnissen werden die Theaterverlage ohne Auffächerung ihrer Programmschwerpunkte aufgelistet. Um AutorInnen die Suche nach einem geeigneten Verlag zu erleichtern, wurden die Verlage angeschrieben und darum gebeten, ihre Programmschwerpunkte zu nennen beziehungsweise ihren Eintrag von der 5. Auflage des Handbuchs zu bestätigen. Viele Adressen konnten außerdem mit der Adressenliste der Mitglieder des Verbands Deutscher Bühnen- und Medienverlage e.V. (Stand: August 2004) abgeglichen werden.

Abkürzungen:

Clownstücke = Clown.
Drehbücher = Drehb.
Features = Feat.

Kurzspiele = Kurzsp.
Märchenstücke = Märchen.

Fernsehspiele = Fernsehsp.
Filmdrehbücher = Filmdrehb.
Grotesken = Grot.
Hörspiele = Hörsp.
Jugendstücke = Jugendst.
kabarettistische Stücke = kab. Stücke
Kinderstücke = Kinderst.
Komödien = Kom.
Kriminalstücke = Krimi.
Krippenspiele = Krippensp.
Kurzhörspiele = Kurzhörsp.

Melodramen = Melodr.
Monologe = Mono.
Mundartstücke = Mundartst.
Musicals = Music.
Pantomimen = Pant.
Singspiele = Singsp.
Tragödien = Trag.
Trilogien = Tril.
Übersetzungen = Übers.
Volksstücke = Volksst.
Zeitstücke = Zeitst.

Ahn & Simrock Bühnen- und Musikverlag GmbH, Deichstr. 9, D-20459 Hamburg, fon: 040/30066780, fax: 040/30066789, as@ahnundsimrock.de
Programm: Dramen, Einakter, Hörsp., Jugendst., Kom., Krimi., Märchen., Mono., Mundartst., Music., Schauspiele, Schwänke, Singsp., Übers., Volksst.

AIH Verlag und Leasing GMBH, Karlsruher Str. 11, D-41564 Kaarst, fon: 02131/666107, fax: 02131/1513305
Programm: Boulevardtheaterstücke in Übers.

Ammann Verlag & Co., Neptunstr. 20, CH-8032 Zürich, fon: 044/2681040, fax: 044/2681050, info@ammann.ch, www.ammann.ch
Programm: Stücke unserer Verlagsautoren (Thomas Hürlimann u. Hansjörg Schneider)

Arnos Theaterladen, Arno Boas, Finsterlohr 46, D-97993 Creglingen, fon: 07933/20093, fax: 07933/20094, info@Arnos-Theaterladen.de, www.Arnos-Theaterladen.de
Programm: abendfüllende Stücke, Einakter, Kurzst., Sketche, Weihnachtsst., Stücke für Senioren

Bernd Bauer Verlag, Detmolderstr. 60, D-10715 Berlin, fon: 030/8837800, fax: 030/8835731, kontakt@berndbauerverlag.de, www.berndbauerverlag.de
Programm: Fernsehstoffe, Hörsp., Jugendst., Kinderst., Kom., Märchen., Mono., Music., Schauspiele

Felix Bloch Erben GmbH & Co. KG, Verlag für Bühne, Film und Funk, Hardenbergstr. 6, D-10623 Berlin, fon: 030/3139028, fax: 030/3129334, info@felixbloch-erben.de, www.felix-bloch-erben.de
Programm: Dramen, Hörsp., Filmdrehb., Jugendst., Kinderst., Kom., Krimi., Märchen., Mono., Mundartst., Music., Singsp., Trag., Volksst., Zeitst.

Carciofoli Verlagshaus, Baumgartner und Föllmi, Michelstr. 60, Postfach 3176, CH-8049 Zürich, fon: 01/3108022, fax: 01/3108023, contact@carciofoli.ch, www.carciofoli.ch
Programm: Theaterstücke von Autoren aus aller Welt (z.Zt. mehrere Übersetzungen rumänischer Autoren des 20. Jh.) u. a.

Chronos Verlag Martin Mörike GmbH, Poppenbütteler Chaussee 53, D-22397 Hamburg, fon: 040/60790914 u. -16, fax: 040/607909-51, chronos@vsg-hamburg.de

Programm: Dramen, Einakter, kab. Stücke, Kom., Krimi., Mundartst., Possen, Volksst.

Theater-Verlag Desch GmbH, Klugstr. 47 a, D-80638 München, fon: 089/153011 + 153012, fax: 089/1578104
Programm: zeitgenössische Stücke u. Klassiker der Moderne

Deutscher Theaterverlag GmbH, Grabengasse 5, D-69469 Weinheim, fon: 06201/879070, fax: 06201/507082, theater@dtver.de, www.dtver.de
Programm: Schul- und Amateurtheaterstücke

Diogenes Verlag AG, Sprecherstr. 8, CH-8032 Zürich, fon: 044/2548511, fax: 044/2528407, info@diogenes.ch, www.diogenes.ch
Programm: Krimi., Märchen., Zeitst., Belletristik, Kunst- u. Kinderbücher

Drei Masken Verlag GmbH, Mozartstr. 18, D-80336 München, fon: 089/54456909, fax: 089/53819952, info@dreimaskenverlag.de, www.dreimaskenverlag.de
Programm: Drehb., Hörsp., Jugendst., Kinderst., Kom., Krimi., Märchen., Mono., Mundartst., Music., Trag., Übers., Volksst., Zeitst.; dramat. Gesamtwerke von P. Hacks, M. Pagnol, A. Ostrowskij, K. Schönherr, A. Strindberg, K. Valentin. Übers. aus dem Russischen; Neuübersetzungen klassischer Weltdramatik

Edition Esplanade OHG, Johnsallee 23, D-20148 Hamburg, fon: 040/414100-0, fax: 040/414100-40, contact@sikorski.de, www.sikorski.de
Programm: Musicals

Edition Meisel GmbH Musik- und Bühnenverlage, Wittelsbacherstr. 18, D-10707 Berlin, fon: 030/884140, fax: 030/8815978, contact@meiselmusic.de, www.meiselmusic.de
Programm: Dramen, Einakter, Hörsp., Jugendst., Kinderst., Kom., Krimi., Krippensp., Märchen., Music., Operetten, Schwänke, Singsp., Volksst. etc.

edition modern, Musik- und Bühnenverlag, Musikverlage Hans Wewerka, Elisabethstr. 38, D-80796 München, fon: 089/272899-0, fax: 089/272899-20, office@hwmedia.de, www.editionmodern.de
Programm: Fernsehsp., Filmdrehb., Hörsp., Jugendst., Kom., Music.

edition smidt, Wolfratshauser Str. 55, D-82049 Pullach, fon + fax: 089/7938180, steets@editionsmidt.de, www.editionsmidt.de
Programm: Hörsp., Jugendst., kab. Stücke, Kom., Mono., Music., Übers., Zeitst.

Akademie für Darstellende Kunst Ulm, edition reimann, Ralf Rainer Reimann, Fort Unterer Kuhberg 12, D-89077 Ulm, fon: 0731/387531, fax: 0731/3885185, adk-ulm@t-online.de, www.adk-ulm.de
Programm: experimentelles Theater, Jugendst., Kinderst., Zeitst.

Theater-Verlag Eirich Ges.m.b.H., Verlag für Bühne, Funk und Film, Schulstrasse 107, A-2103 Langenzersdorf, fon: 02244/3532-0, fax: 02244/3532-20, Office@Theaterverlag-Eirich.at, www.Theaterverlag-Eirich.at
Programm: Kom., Sprechst., Music., Operetten, Opern, Singsp., Kinderstücke mit Musik, CD-Produktionen, Buchverlag beschränkt auf Musik- und Kinderbücher.

Feedback Studio Verlag Köln, Genter Str. 23, D-50672 Köln, fon: 0221/527763, fax: 0221/5104139, fbstudio@web.de, http://genterstr.hypermart.net/feed-

back.html
Programm: neue Musik, Musiktheater, Tanztheater

S. Fischer Verlag GmbH, Theater & Medien, Hedderichstr. 114, D-60596 Frankfurt am Main, fon: 069/6062-271, fax: 069/6062-355, theater@fischerverlage.de, www.fischertheater.de
Programm: Dramen, Einakter, Hörsp., Jugendst., Kinderst., Kom., Krimi., Pant., Trag.

Funke & Stertz GmbH Medien Agenten, Schulterblatt 58, D-20357 Hamburg, fon: 040/4321610, fax: 040/43216120, mail@funke-stertz.de, www.funke-stertz.de
Programm: Drehb., Fernsehsp., Filmdrehb., Hörsp.

Grafenstein Verlag, Thuillestr. 9, D-81247 München, fon: 089/8119264, fax: 089/8119807
Programm: Einakter und Kurzspiele für Kinder, Jugendliche u. Erwachsene, zusammengefasst in Anthologien

Carl Hanser Verlag GmbH & Co. KG, Vilshofener Str. 10, D-81679 München, fon: 089/99830-405, fax: 089/99830-460, stempel@hanser.de, www.hanser.de
Programm: Hörsp., Jugendst., Kinderst., Zeitst.

HARLEKIN Theaterverlag, Wilhelmstr. 103, D-72074 Tübingen, fon + fax: 07071/23858, volker.quandt@t-online.de, www.harlekintheater.de
Programm: Jugendst., Kinderst., Music., Opern, Singsp.; neu: Stücke für den Abendspielplan

Hartmann & Stauffacher GmbH - Verlag für Bühne, Film, Funk und Fernsehen, Bismarckstr. 36, D-50672 Köln, fon: 0221/485386, fax: 0221/515402, info@hsverlag.com, www.hsverlag.com
Programm: Drehb., Fernsehsp., Filmdrehb., Hörsp., Jugendst., kab. Stücke, Kinderst., Kom., Kurzhörsp., Märchen., Melodr., Mono., Mundartst., Music., Trag., Tril., Übers., Volksst., Zeitst.

henschel SCHAUSPIEL Theaterverlag GmbH, Marienburger Str. 28, D-10405 Berlin, fon: 030/44318888, fax: 030/44318877, verlag@henschel-schauspiel.de, www.henschel-schauspiel.de
Programm: Dramen, Hörsp., Drehb., Filmdrehb., Jugendst., Kinderst., Märchen., Zeitst.

Theaterverlag Hofmann-Paul, Hauptstr. 15, D-10827 Berlin, fon: 030/78709940 + 78703951, fax: 030/78718466, mail@theaterverlaghofmann-paul.de, www.theaterverlaghofmann-paul.de
Programm: Jugendst., Kinderst., Kom., Märchen., Mono., Music., Trag., Übers., Zeitst.

Impuls-Theater-Verlag / Buschfunk – Medien, Postfach 1147, D-82141 Planegg, fon: 089/8597577, fax: 089/8593044, info@buschfunk.de, www.buschfunk.de
Programm: Clown., Grot., Jugendst., kab. Stücke, Kinderst., Kom., Krimi., Krippensp., Kurzsp., Märchen., Mundartst., Music., Singsp., Übers., Volksst., Zeitst.; Fachverlag für Improvisationstheater

JUSSENHOVEN & FISCHER GmbH & Co. KG, Theater & Medien Verlag, Karolingerring 31, D-50678 Köln, fon: 0221/6060560, fax: 0221/325645, theaterverlag@jussenhoven-fischer.de, www.jussenhoven-fischer.de
Programm: Dramen, Fernsehsp., Hörsp., Jugendst., Kinderst.

Oscar Karlweis Bühnenvertrieb, Eisvogelweg 47, D-14169 Berlin, fon: 030/8137006, fax: 030/8141029
Programm: Kom., Übers.

Gustav Kiepenheuer Bühnenvertriebs-GmbH, Schweinfurthstr. 60, D-14195 Berlin, fon: 030/8971840, fax: 030/8233911, info@kiepenheuer-medien.de, www.kiepenheuer-medien.de
Programm: Theater, Film, Hörsp., TV (siehe S. 374)

Theaterverlag Kiepenheuer & Witsch GmbH, Rondorfer Str. 5, D-50968 Köln, fon: 0221/376850, fax: 0221/388595, verlag@kiwi-koeln.de, www.kiwi-koeln.de
Programm: vertreten durch Rowohlt Theater & Medien, Hamburger Str. 17, D-21465 Reinbek, siehe unten.

Wilhelm Köhler Verlag, Ungererstr. 35, D-80805 München, fon: 089/3615026, fax: 089/3615196, office@wilhelm-koehler-verlag.de, www.wilhelm-koehler-verlag.de
Programm: Kom., Lustsp., Mundartst., Volksst.

Per H. Lauke Verlag Theater – Film – TV – Radio, Deichstr. 9, D-20459 Hamburg, fon: 040/30066790, fax: 040/30066789, lv@laukeverlag.de
Programm: Dramen, Drehb., Fernsehspiele, Fernsehdrehb., Hörsp., Jugendst., Mono., Übers., Zeitst., Schauspiele

Litag Theaterverlag GmbH, An der Gete 25, D-28211 Bremen, fon: 0421/231885, fax: 0421/490687, info@litagverlag.de, www.litagverlag.de
Programm: Übers. aus dem Englischen, Hebräischen u. Niederländischen: Farcen, Jugendst., Kinderst., Kom., Krimi., Märchen., Melodr., Mono., Music., Trag., Tril., Zeitst. Vertretung auch junger deutscher AutorInnen.

Karl Mahnke Theaterverlag, Große Str. 108, D-27283 Verden/Aller, fon: 04231/3011-0, fax: 04231/3011-11, info@mahnke-verlag.de, www.mahnke-verlag.de
Programm: Einakter, Jugendst., Kinderst., Kom., Krimi., Krippensp., Kurzsp., Märchen., Mundartst., Music., Parodien, Possen, Singsp., Trag., Volksst., Zeitst. etc.

MERLIN VERLAG Andreas Meyer Verlags GmbH & Co. KG, Gifkendorf Nr. 38, D-21397 Vastorf, fon (Bühnenabteilung): 04137/810529, fax: 04137/7948, info@merlin-verlag.de, www.merlin-verlag.de

Monte Baldo Theaterverlag, Dr. Dieter Baldo, Auer Str. 13, D-76448 Durmersheim, fon: 07245/2905, mobil: 0172/8006756, info@montebaldo-theaterverlag.de, www.montebaldo-theaterverlag.de
Programm: Jugendst. Kinderst., Kom., Märchen., Melodr., Mono., Music., Trag., Volksst., Zeitst.

MundArt-Verlag, Hochreit 14, D-85617 Aßling, fon: 08092/853716, fax: 08092/853717, Wipplinger@MundArt-Verlag.de, www.MundArt-Verlag.de
Programm: bayer. Dialektstücke, Boulevardst., Kom., Krimi., Märchen., Mono., Music., Weihnachtsspiele, Sketche

Musik und Bühne Verlagsgesellschaft mbH, Marktplatz 13, D-65183 Wiesbaden, fon: 0611/300399, fax: 0611/372156, post@musikundbuehne.de, www.musikundbuehne.de
Programm: Jugendst., Kinderst., Kom., Music., Oper, Operette, Singsp.

Österreichischer Bühnenverlag Kaiser & Co., Am Gestade 5/2, A-1010 Wien, fon: 01/5355222, fax: 01/5353915, office@kaiserverlag.at, www.kaiserverlag.at
Programm: Drehb., Grot., Hörsp., Jugendst., kab. Stücke, Kinderst., Kom., Krimi., Krippensp., Kurzsp., Märchen., Melodr., Mono., Mundartst., Musik., Singsp., Trag., Tril., Übers., Volksst., Zeitst.

Pegasus GmbH, Verlag & Agentur, Neue Schönhauser Str. 19, D-10178 Berlin, fon: 030/2849760, fax: 030/284976-76, info@pegasus-agency.de, www.pegasus-agency.de
Programm: Drehb., Fernsehsp., Filmdrehb., Grot., Hörsp., Jugendst., Kom., Krimi., Melodrama, Mono., Music., Trag., Übers., Volksst., Zeitst. (s. S. 302)

Gerhard Pegler Verlag für Theater, Fernsehen, Hörfunk und Film, Athener Platz 8, D-81545 München, fon: 089/644088, fax: 089/6423501, info@pegler-verlag.de, www.pegler-verlag.de
Programm: Hörsp., Kom., Krimi., Zeitst.

Hans Pero Bühnen- und Musikverlag, Bäckerstr. 6, A-1010 Wien, fon: 01/5123467, fax: 01/5122269, office@peroverlag.at, www.peroverlag.at
Programm: Drehb., Hörsp., Jugendst., Kinderst., Kom., Krimi., Märchen., Mundartst., Music., Übers., Volksst., Zeitst.

Play Theaterverlag, Hubert von Bechtolsheim, Alter Pfarrhof, D-84431 Rattenkirchen, fon: 08082/5050, fax: 08082/8360, hvb.rn@t-online.de, www.hvbhoerspiel.de
Programm: englischsprachige Stücke in deutscher Übersetzung

Theaterverlag F. Rieder, Birkenweg 3, Postfach 1164, D-86650 Wemding, fon: 09092/242, fax: 09092/5607, info@theaterverlag-rieder.de, www.theaterverlag-rieder.de
Programm: Dramen, Einakter, Jugendst., Kinderst., Kom., Krimi., Krippensp., Lustsp., Mundartst., Schausp., Schwänke, Sketche, Volksst., Zeitst.

medienedition Karin Roth, Verlag für Bühne, Fernsehen, Hörfunk, Film, Marienplatz 1, D-80331 München, fon: 089/293178, fax: 089/226757
Programm: Fernsehsp., Filmdrehb., Music.

Rowohlt Theater Verlag, Hamburger Str. 17, D-21465 Reinbek bei Hamburg, fon: 040/7272-270, fax: 040/7272-276, theater@rowohlt.de, www.rowohlt-theater.de
Programm: Dramen, Kinderst., Kom., Mono., Zeitst. etc.

Sibylle Seidel Medienagentur, Hallerplatz 10, D-20146 Hamburg, fon: 040/41495349, fax: 040/41495348, seidel@medienagenturseidel.de
(siehe Drehbuchagenturen, Kapitel Drehbuch)

Thomas Sessler Verlag GmbH, Johannesgasse 12, A-1010 Wien, fon: 01/5123284, fax: 01/5133907, office@sesslerverlag.at, www.sesslerverlag.at
Programm: Dramen, Einakter, Jugendst., Kinderst., Krimi., Märchen., Music., Schwänke, Zeitst. etc.

Bühnen- und Musikverlage Dr. Sikorski KG, Arcadia-Verlag GmbH, Heimhuder Str. 36, D-20148 Hamburg, fon: 040/414100-0, fax: 040/414100-40/1, contact@sikorski.de, www.sikorski.de
Programm: Kom., Music., Volksst.

singola music edition, Manfred Sievritts, Calandrellistr. 44a, D-12247 Berlin, fon:

030/7716533, www.musical-edition.de
Programm: Musicals

stückgut Bühnen- und Musikverlag GmbH, Marienplatz 1, D-80331 München, fon: 089/293178, fax: 089/226757, stueckgut@aol.com, www.stueckgut-verlag.de
Programm: Dramen, Drehb., Fernsehsp., Filmdrehb., Hörsp., Jugendst., Kinderst., Music., Volksst., Zeitst.

Suhrkamp Theaterverlag, Lindenstr. 29–35, D-60325 Frankfurt am Main, Postfach 101945, D-60019 Frankfurt am Main, fon: 069/75601-701 u. -710, fax: 069/75601-711, theater@suhrkamp.de, www.suhrkamp.de
Programm: Dramen, Einakter, Kom., Singsp., Trag. etc.

Teiresias Verlag Köln, Fachverlag für Theater-, Film- und Fernsehwissenschaften und verwandte Geisteswissenschaften, Bühnenverlag für junge Theaterstücke, Ralf Leppin, Kalscheurer Weg U 33, D-50969 Köln, fon + fax: 0221/3685974, mail@teiresias.de, www.teiresias.de
Programm: Junge Bühnenstücke, Kindertheater, Hörsp., Märchen., Zeitst.; Film- u. Fernsehwissenschaft

Theaterstückverlag B. Korn-Wimmer & F. Wimmer, Mainzer Str. 5, D-80804 München, Postfach 401844, D-80718 München, fon: 089/36101947, fax: 089/36104881, info@theaterstueckverlag.de, www.theaterstueckverlag.de
Programm: Jugendst., Kinderst., Kom., Märchen., Mono., Mundartst., Music., Trag., Übers., Volksst., Zeitst.

Thespis-Verlag für Bühne, Film und Funk Mario Wohllebe, Rigaer Str. 77, D-10247 Berlin, fon: 030/24614567, lektorat@thespis-verlag.de, www.thespis-verlag.de
Programm: nur zeitgenössische (vorwiegend) Theaterstücke (dramat. Werke, Einakter, Filmscripte, Jugendst., Kinderst., Kom., Puppenspiel, Satiren), die vollständig online oder offline gelesen werden können

TOP MUSIC, Musik- und Bühnenverlag, Anna K. Fischer-Stracke, Grabenstr. 7, D-56745 Bell, fon: 02652/527144, fax: 02652/527143, info@top-music-verlag.de, www.top-music-verlag.de
Programm: Musicals, zeitgenössische Komponisten u. a.

Ullmann Verlag für Film, Fernsehen & Theater, Reichskanzlerstr. 14, D-22609 Hamburg, fon: 040/66996228, fax: 040/66996226, mail@ullmannverlag.de, www.ullmannverlag.de
Programm: Drehb., Fernsehsp., Filmdrehb., Theaterstücke

Verlag Autorenagentur GmbH, Neue Schönhauser Str. 19, D-10178 Berlin, fon: 030/284976-0, fax: 030/284976-76, info@verlag-autorenagentur.de, www.verlag-autorenagentur.de
Programm: Fernsehsp., Hörsp., Jugendst., Kinderst., Mono., Zeitst. etc.

Verlag der Autoren GmbH & Co. KG, Schleusenstr. 15, D-60327 Frankfurt am Main, fon: 069/238574-20 (Theater), -30 (Medien), fax: 069/24277644, theater@verlag-der-autoren.de (Theater) + filmtvradio@verlag-der-autoren.de (Medien), www.verlag-der-autoren.de
Programm: Theaterstücke deutscher u. fremdsprachiger AutorInnen, klassische Stücke in neuen dt. Übers., Kinder- u. Jugendst., Hörspiele, Fernsehen u. Film, Drehbücher

Verlag für Kindertheater Uwe Weitendorf GmbH, Poppenbütteler Chaussee 53, D-22397 Hamburg, fon: 040/60790914 u. -16, fax: 040/607909-51, kindertheater@vsg-hamburg.de, www.kindertheater.de
Programm: Jugendst., Kinderst., Märchen., Music. f. Kinder etc.

Vertriebsstelle und Verlag Deutscher Bühnenschriftsteller und Bühnenkomponisten GmbH, Buchweizenkoppel 19, D-22844 Norderstedt, fon: 040/5225610, fax: 040/5263286, info@vvb.de, www.vvb.de
Programm: Dramen, Jugendst., Kinderst., Kom., Krimi., Märchen., Mundartst., Music., Trag., Volksst., Zeitst.

Whale Songs Communications Verlagsgesellschaft mbH & Co., Schaartor 1, D-20459 Hamburg, fon: 040/369845-0, fax: 040/369845-20, mail@whalesongs.de, www.whalesongs.de
Programm: Filmdrehb., Hörsp., Jugendst., Kinderst., Kom., Krimi., Märchen., Mono., Mundartst., Music., Singsp., Trag., Übers., Zeitst.

7

Hörspiele schreiben und produzieren

Kapitel-Beitrag von Florentine Egger

Hörspiele schreiben und produzieren
Kapitel-Beitrag von Florentine Egger

Lebensmittel Hörspiel: von der Herstellung bis zum Genuss

Ein Gespräch mit:
- Martina Müller-Wallraf (Dramaturgin beim Westdeutschen Rundfunk)
- Holger Rink (Leiter der Redaktion Hörspiel bei Radio Bremen)
- Katja Huber (Hörspielautorin)
- Sebastian Goy (Hörspielautor)

geführt von Florentine Egger

Frau Müller-Wallraf, Sie sind Dramaturgin beim Westdeutschen Rundfunk. Was macht eine Dramaturgin?

MÜLLER-WALLRAF: Dramaturgen gestalten das Programm. Sie wählen also aus, was gesendet wird und in welcher Kombination. Für diese Auswahl gibt es verschiedene Quellen. Viele Autoren schicken unaufgefordert ihre Stücke an die Redaktionen. Da kann immer mal was Interessantes dabei sein. Ich persönlich finde es spannender, auch selbst aktiv zu werden und auf die Suche nach Stoffen, möglichen Autoren oder Teams zu gehen. Am reizvollsten sind für mich Ausflüge in ganz andere Genres. Musiker, Theatermacher, Fernsehfilmer, Internet-Bastler – wer brennt und etwas Eigenes in die Welt stellt, sollte versuchen, es ins Hörspiel zu „übersetzen". Vorausgesetzt, der Stoff gewinnt durch die akustische Form und eröffnet ihr interessante Möglichkeiten. Das ist ein risikoreicher Weg mit viel persönlichem Einsatz für alle Beteiligten, mit viel Laborcharakter – und großem Gewinn und Spaß. Wenn dann das viel versprechende Projekt gefunden ist, ist es meine Aufgabe, es vom ersten Gedanken bis zur Produktionsabnahme zu betreuen. Das bedeutet inhaltliche und stilistische Unterstützung für die Autoren (falls nötig), dramaturgische Überprüfung der Texte oder Aufnahmen, Vorschläge und Anregungen zur Optimierung, Abstimmung mit der Regie. Und dann natürlich die Organisation der gesamten Abläufe. Angefangen beim Lizenzkauf und den Vertragsverhandlungen bis hin zur Synchronisation des Produktionsteams, vom Verfassen der Presseankündigungen bis hin zum Präsentieren der Stücke on air.

Landet mein eingesandtes Hörspiel-Manuskript auf Ihrem Tisch, Herr Rink?

RINK: Ja, jedes eingesandte Manuskript landet zunächst auf meinem Schreibtisch. Anschließend kommt es, nach einer Vorauswahl, ins Lektorat. Wird das Manuskript positiv beurteilt, gelangt es in die engere Auswahl. Nach einer weiteren Prüfung, in aller Regel sind unsere Regisseure dabei, wird abschließend über die

Produktionsannahme oder -ablehung entschieden. Im positiven Fall einer Annahme eröffnen wir dann ein Projekt. Die konkrete Arbeit an Projekten, also die Arbeit zusammen mit Autoren und auch mit Regisseuren, ist für mich mit das Interessanteste an der gesamten Hörspielarbeit. Man überlegt gemeinsam, konzentriert und engagiert, wie das Stück auf der Textebene oder Konzeptionsebene optimal aussehen müsste, bevor es produziert wird. Die anderen Aufgaben als Redaktionsleiter sind nicht immer so kreativ. Dazu gehören die Verwaltung des Hörspieletats, Sitzungen, Bürokatie en masse, sehr viel Schriftverkehr, viel Management in Sachen Hörspiel wie PR-Aktivitäten nach innen und außen, das Organisieren öffentlicher Veranstaltungen etc. Das alles ist unverzichtbar, aber alles, was ganz unmittelbar mit dem „Produkt Hörspiel" zu tun hat, gefällt mir weitaus besser: das Gespräch, der Austausch mit Autoren, Regisseuren und anderen beteiligten Künstlern über ein Stück, das Hören von Produktionen, die Planung des Programms, das Lesen und Entdecken von geeigneten Stoffen. Die Krönung davon ist die Arbeit im Studio. Regieführen empfinde ich als absolutes Privileg. Die Arbeit, der Kontakt mit Schauspielern, allgemein die Studioatmosphäre; die eigentliche Arbeit am Hörspiel, das ist für mich das Salz in der Suppe.

Wie und wann kamen Sie auf die Idee, Hörspielautorin zu werden, Frau Huber?

HUBER: Ich habe schon als Kind viele Hörspiele im Bayerischen Rundfunk gehört. Das waren für mich und meinen Bruder zusätzliche Gute-Nacht-Geschichten. In unserer Familie wurden sowieso viele Geschichten erzählt, und irgendwann konnte ich mir vorstellen, selbst auch Geschichten zu erzählen, und zwar im Radio. Viel später habe ich dann als Hörspielautorin den ersten Kontakt zum BR aufgenommen.

Sicherlich wurde ich aber auch durch meinen Vater, der ebenfalls Hörspielautor ist und einen unwahrscheinlich großen Output hat, beeinflusst. Anfang der neunziger Jahre erhielt er den Auftrag, eine 12-teilige Bearbeitung des Romans „Watership down" – „Drunten am Fluß" zu machen, und bot mir an, zwei Teile davon zu übernehmen. Ich fand es sehr ermutigend, dass die Redaktion, die nichts von meiner Co-Autorschaft wusste, alles, das heißt auch meine beiden Teile, ohne Beanstandung übernahm.

Wie hoch ist denn Ihr „Output", Herr Goy?

GOY: Es sind inzwischen ungefähr 110 Hörspiele, die ich geschrieben habe. Alle wurden von ARD-Anstalten produziert und gesendet.

Sind Sie der geborene Hörspielschreiber? Oder mussten auch Sie es erst lernen?

GOY: Keineswegs bin ich der geborene Hörspielschreiber. Meine frühen Hörspiele entstanden vorgeburtlich. Gleich mein erstes, „Zizibä", das ich so schrieb, wie ich meinte, dass ein Hörspiel sein müsste, wurde auch mein erfolgreichstes. 1967 gesendet, in mehrere Sprachen übersetzt, deutscher Beitrag beim Prix Italia, mit dem Karl-Sczuka-Preis ausgezeichnet, um ein Haar den Kriegsblindenpreis bekommen und inzwischen ungefähr 70 Mal gesendet.

Auch heute noch bin ich froh, als Hörspielautor noch immer nicht ganz zur Welt gekommen zu sein. Wenn ich Hörspielautor wäre – und wer bitte schön könnte in diesem Falle 38 Jahre lang Hörspiele schreiben? –, müsste ich aufhören zu schreiben, denn ich wüsste dann, wie man Hörspiele schreibt und was Hörspiele sind. Routine und tote Perfektion würden dann die Hörer der so entstandenen Produkte ins Langeweile-Koma treiben. Wer wirklich weiß, was Hörspiele sind, tut gut daran, nicht Hörspielautor, sondern Hörspieldramaturg, Hörspielredakteurin, Verfasserin von Hörspielhandbüchern oder Hörspielkritiker zu werden oder ausschließlich Bearbeitungen abzuliefern. Wobei dann leider allzu oft nicht pränatale, sondern höchstens präpotente Produkte herauskommen.

Wie gingen Sie, Frau Huber, an das Schreiben von Hörspielen heran?

HUBER: Zuerst habe ich sehr viele Hörspiele ganz unterschiedlicher Art gehört. Als ich dann selbst angefangen oder vielmehr probiert habe, Hörspiele zu schreiben, dachte ich, erst einmal müsse ich genau wissen, was überhaupt ein Hörspiel ist. Ich hatte die etwas naive Vorstellung, dass es da eine Formel gibt à la „Ein Erzähler + vier verschiedene Sprecher + Musik + Geräusche = Hörspiel". Erst mit der Zeit wurde mir klar, dass eindeutige Kriterien nicht existieren. Mit anderen Worten: hören, hören, hören! Außerdem habe ich zwei Hörspielseminare von der Filmstiftung Nordrhein-Westfalen besucht. Einmal war ich in einer Gruppe von Hörspielregisseur Ulrich Lampen. Wir hörten uns Hörspiele an und besprachen sie anschließend. Natürlich redeten wir über den Inhalt, aber – für mich viel wichtiger – auch über Räume, die entstehen, Sprecherführung und viele andere technische Details. Ein anderer Workshop zum Thema „Schreiben fürs Hörspiel" bestand dagegen nur aus kleinen Assoziationsspielchen. Ich hatte das Gefühl, dass er vor allem dazu geeignet war, Schreibblockaden zu lösen oder Menschen die Angst vor dem leeren Papier zu nehmen. Ich fragte mich die ganze Zeit, was mache ich hier. Sollte ich heute in einen derartigen Kurs geraten, würde ich ihn einfach wieder verlassen. Damals aber hatte ich das dringende Bedürfnis nach so etwas wie einem praxisorientierten „Grundkurs Hörspiel". Mittlerweile stehe ich solchen Kursen eher skeptisch gegenüber. Natürlich soll das Grundhandwerk erfolgreich vermittelt werden. Man kann aber nicht sagen: „Befolge den und den Weg, dann gelangst du zum Erfolg." Die Gefahr an solchen Grundkursen ist immer, dass Teilnehmer auf eine bestimmte Masche getrimmt werden, ihren individuellen Stil aufgeben. Und eine gewisse Unbefangenheit, die es der Autorin ermöglicht zu experimentieren, völlig neue Dinge auszuprobieren oder aber auch – unwissend – Hörspielklassiker zu kopieren, ist, glaube ich, viel besser als „The-one-and-only-Hörspiel-Masterplan".

MÜLLER-WALLRAF: Aber das ist doch ganz klar: Schreiben oder hören kann man nicht lernen. Damit wäre aber – mit Verlaub – wohl auch die Intention solcher Workshops, wie sie die Filmstiftung NRW zum Beispiel anbietet, missverstanden. Es geht dort nicht darum, eine festgelegte Methode zu vermitteln, sondern um das individuelle Ausprobieren, um den Austausch und vor allem um eine genre- und geschmacksübergreifende Horizonterweiterung. Inspiration statt Didaktik.

Alles, was nach Schema F funktioniert, ist doch irgendwie langweilig. Und überflüssig. Die Hinweise darauf, was im Radio bzw. im Hörspiel möglich wäre, die bekommt man am besten, indem man hinhört. Überall. Ausgewiesene Kurse, die von sich behaupten, Grundregeln und Handwerkszeug zu vermitteln, sind auch für meinen Geschmack in diesem Sinne mit Vorsicht zu genießen. Wenn die Idee klasse ist – das Handwerkszeug aber fehlt –, wird sich jeder Dramaturg im Sender freuen, individuellen Nachhilfeunterricht zu geben. Darüber hinaus sind die Wettbewerbe und Foren interessant, bei denen sich Hörspielmacher – national und international – treffen und austauschen. Das kann, wenn's gut geht, anregend sein.

Wichtigste Regel: Raus aus der Hörspielszene! Was sich zu sehr mit sich selbst beschäftigt, wird blutarm. So gesehen wäre sicher auch ein Kochkurs oder ein Seminar für Wirtschaftsdeutsch hilfreich fürs Hörspielmachen ...

Aber im Ernst: Ein gutes Hörspiel muss nicht notwendig einen guten Text haben, der vorher nach bestimmten Regeln oder Schemata geschrieben wurde. Es muss eigentlich gar keinen Text haben. Die Zutaten liegen auf der Straße. Auch da. Die Kunst ist eben, sie zu finden. Wo soll man das lernen? Das ist vielleicht eher eine Einstellung als eine Fähigkeit.

GOY: Wer etwas zu erzählen hat und meint, dies in Form eines Hörspiels tun zu wollen, tue es.

HUBER: Man kann alles versuchen, auch Unmögliches! Natürlich gibt es klassische Regeln für den Hörfunk. Zum Beispiel, dass Ironie im Radio nicht funktioniert – was natürlich nicht stimmt. Klar ist es schwieriger, Ironie im Radio zu vermitteln als etwa in einem Gespräch von Angesicht zu Angesicht. Für mich ist es aber gerade eine Herausforderung, Sachen darzustellen, bei denen man auf den ersten Blick meinen würde, für dieses Medium, bei dem man wirklich nur hört und nichts sieht, ist das einfach nicht geeignet. Ich versuche die Sachen so darzustellen, dass alle anderen Sinne auch angeregt werden.

GOY: Aber es gibt doch einige Dinge, die ich wärmstens empfehlen kann: Vergesslichkeit trainieren, was Erlerntes, Regelhaftes betrifft. Immer wieder bei Adam und Eva anfangen. Immer wieder das Hörspiel neu zu erfinden suchen. Anderes kennenlernen wollen. Neugierig sein. Offen bleiben. Sich immer der eigenen Unzulänglichkeit bewusst sein und gleichzeitig immer wieder schwindelnde Höhen kreativer Euphorie zu erlangen suchen. Doch immer mit Wasser kochen, aber mit klarem.

Und was mache ich, wenn mein Hörspiel von einem Hörspielsender abgelehnt wird?

RINK: Mögliche Ablehnung oder Kritik ist Teil des Geschäfts als Autor. Wer schreibt, sucht ja auch die Öffentlichkeit. Dazu gehört nun mal das Urteil anderer. Glücklicherweise gibt es nicht nur eine Hörspielredaktion. Chancen, woanders angenommen zu werden, bleiben.

HUBER: Mir ist es auch schon passiert, dass ich etwas angeboten habe und die Antwort bekam: „Tut uns leid, das gefällt uns nicht." Dann überlege ich mir, ob es mit dem Profil der Redaktion zu tun hat. Ist das der Fall, biete ich es einem anderen Sender an. Jeder Sender vertritt ein bestimmtes Programm, vielleicht passt das Hörspiel besser dorthin. Wenn die Redaktion das Stück inhaltlich kritisiert, überlege ich mir, ob die Kritik berechtigt ist, und bin durchaus bereit, etwas am Stück zu ändern. Auf keinen Fall ändere ich alles, nur damit es einem Sender gefällt. Natürlich habe ich mir bei einer Absage schon mal gedacht: „Diese Deppen, die haben eben keine Ahnung!" Aber es gab auch schon Hörspiele, die einfach schlecht waren, also aus gutem Grund abgelehnt wurden.

Werden gute Stücke auch abgelehnt, weil vielleicht gerade kein Geld da ist?

MÜLLER-WALLRAF: Was gut ist, wird gemacht. Dafür spricht schon allein die Tatsache, dass es so viele Hörspiel produzierende Sender in Deutschland gibt – und relativ wenige wirklich gute Hörspiel-Originalstoffe. Allein der WDR zum Beispiel produziert im Jahr über 100 neue Hörstücke. Die Sender haben in der Tat verschiedene Schwerpunkte und ästhetische Linien. Und das ist auch gut so. Es kann also schon vorkommen, dass der eine Dramaturg mit einem Angebot wenig anfangen kann oder möchte – und der nächste es für den großen Fang hält. Aber wenn etwas wirklich gut ist, fällt es nicht durch den Rost.

Welche Möglichkeiten gibt es für eine Autorin noch, ihr Hörspiel unterzubringen?

MÜLLER-WALLRAF: Andere Möglichkeiten als die Sender? Man kann sich um eine Förderung bei einer Stiftung bewerben, man kann das Ganze selbst produzieren – aber wenn man möchte, dass es auch GEHÖRT, also wahrgenommen wird, dann führt an den Sendern wohl kein Weg vorbei.

Und nur was gehört wird, wird schließlich auch bezahlt. Wann wird denn das Honorar ausbezahlt?

HUBER: Das ist verschieden. Zum Teil wird das Honorar überwiesen, sobald das Hörspiel produziert ist. Manchmal erhält man es erst nach dem Sendedatum. Ich hatte aber auch schon das Angebot, mein Honorar bei Manuskriptabgabe zu erhalten. Den Zeitpunkt der Auszahlung sollte die Autorin einfach mit dem Sender besprechen.

Stichwort „Honorarlizenzvereinbarung": Wer kann beim Vertragsabschluss helfen?

GOY: Man wird nicht darum herumkommen, das Kleingedruckte zu studieren. Ansonsten empfehle ich, sich durch eine Agentur oder einen Medienverlag vertreten zu lassen, da diese die Interessen eines Einzelnen, die die Interessen vieler Einzelner sind, besser durchsetzen können. Ich zum Beispiel bin Mitglied des Verlags der Autoren in Frankfurt. Der Verlag der Autoren gehört den Autoren des Verlags.

Können Sie von Ihren Hörspielen leben?

GOY: Nicht immer konnte und musste ich von meinen Hörspielen leben. Ganz am Anfang machte ich Geldverdienausflüge in die Fabrik und in den Beruf des Lehrers, später arbeitete ich einige Jahre als Hörspieldramaturg beim SFB in Berlin. Seit 1985 lebe ich so gut wie ausschließlich davon. Das gelang zum einen deshalb, weil ich sehr viele Hörspiele für sehr viele Sender schrieb und diese sehr oft wiederholt oder übernommen wurden. Zum andern schreibe ich auch Kinderhörspiele, was die Anzahl der Redaktionen und Sendeplätze für meine Produkte erhöht hat. Ein kleiner Teil meiner Arbeit besteht aus Bearbeitungen, unter anderem von Texten Jean Pauls, Oskar Maria Grafs, Lars Gustafssons, Sandor Marais, Sjöwall/Wahlöös, Richard Adams, Edward Lears. Nur durch diese Vielseitigkeit kann ich von Hörspielen leben. Hörspiele sind für mich also im besten Sinne Lebensmittel.

Frau Huber, wenn Sie direkt in das Hörspielgeschehen eingreifen könnten, zum Beispiel als Leiterin einer Hörspielabteilung, was würden Sie tun?

HUBER: Ich würde die Redakteure dazu anhalten, sich auf allen Gebieten umzuhören. Natürlich hat jede Redaktion ihren eigenen Stil, sie sollte aber dennoch offen sein für Neues und nicht von vornherein auf etwas abonniert sein. Ich finde es gut, wenn man sich immer wieder einmal überlegt, ob das, was man macht, noch „state of the art" ist. Vielleicht gibt es schon wieder ganz neue Entwicklungen? Ich wünsche mir, dass eine Redaktion anderen Formen, Produzenten und Musikern gegenüber aufgeschlossen ist, dass sie Angebote nicht mit der Begründung ablehnt, sie entsprächen der „old school". Erstens sind solche Stücke nämlich nicht per se schlecht und zweitens: Was ist überhaupt „old school"? Kann man wirklich zwischen „neuen" und „alten" Hörspielen unterscheiden? Und außerdem würde ich versuchen, Autoren und Autorinnen nicht auf ihre bisher geschriebenen Werke zu reduzieren. Die Hörspielredaktionen sollten sich auch nicht auf ihren Hausautoren ausruhen, sondern sich immer wieder auf neue Leute einlassen.

RINK: Unbedingt, ja. Sie haben da ganz Recht mit Ihrer Forderung, dass Redaktionen für Neues aufgeschlossen sein sollten. Wäre übrigens interessant, dazu Ihren Vater zu hören. Er hat bisher über hundert Hörspiele veröffentlicht, gehört also zu den ganz arrivierten und erfolgreichen Hörspielautoren. Gehört er deswegen per se zur „old school"? Ist „Neu"-Sein per se ein Qualitätsbegriff und -ausweis?

GOY: Das Leben von Katjas Urgroßvater, meinem Großvater, ist ein kleiner Kommentar dazu. Mit neunzig Jahren stellte er das Rauchen ein, kaufte sich dafür einen neuen Fotoapparat. Mit fünfundneunzig erstand er ein neues, 26-bändiges Konversationslexikon. Mit hundert trat er in eine Partei ein, mit hundertzwei unter Protest wieder aus. Und mit einhundertdreieinhalb Jahren starb er dann überraschend, womit niemand mehr gerechnet hatte. Was ich damit sagen will, ist: Selbstverständlich war er „alte Schule", aber wie überzeugend, wie überraschend, wie immer wieder neu war er das. So lange Autoren, aber auch Dramaturgen sich bewusst sind, sich immer wieder selbst erneuern zu müssen, hat das Hörspiel eine Chance, weiterhin „wichtig" zu sein. „State of the art", „alte Schule" – Medienkunst oder Hörspiel, wichtig ist, was es transportiert. Ein Hörspiel alter Schule kann Anarchisches befördern, ein Avantgardestück die pure Anpassung oder umgekehrt. Hörspielautoren und Hörspielabteilungen sollten sich einen Teufel um Schubladen kümmern, sondern um Leidenschaften, die zu Land, zu Wasser und in der Luft zu entdecken sind, sollten nicht nur das Tragische pflegen, sondern das Tragische im Kontext mit dem Komischen und das Komische, das das Tragische beinhaltet. Unfreiwillig komisch ist die Wagenburgmentalität derer, die ihre Hausindianer verteidigen und die Komantschen anderer Denkungsart abknallen. Die immer wieder den Otto-Motor erfinden und dies jedes Mal als Neuigkeit verkaufen. Genauso gespenstisch ist es natürlich, immer hinter dem vermutlich zeitgeistigsten Zeitgeist herzuhecheln. Altneu, neualt, blabla! Ein Hörspiel definiert sich dadurch, dass es bedingungslos zu einem Hörspiel erklärt und frei verantwortet wird. Natürlich neue Autorinnen und Autoren, keine Frage, aber als alleiniges Kriterium beileibe auch keine Antwort.

HUBER: Aber ich meinte das doch gar nicht so! Ich meine: Bitte nicht nur auf „Neues" schielen!

RINK: Mir ist das zu akedemisch. Urgroßvater Huber hat viel praktischer gedacht. Radio Bremen übrigens auch. Seit seinem Beginn im Dezember 1945 hat der Sender immer wieder intensiv nach neuen Autorinnen und Autoren Ausschau gehalten, sie entdeckt und auch gefördert. Und das ist im Hörspiel auch heute noch so, anders geht es auch nicht. Im Vergleich zu den größeren und großen Sendern können wir mit unseren Honoraren und Sendemöglichkeiten nicht annähernd mithalten, daran gemessen sind wir „konkurrenzlos". Unsere Möglichkeiten sind andere: Wir versuchen jüngere Autorinnen und Autoren damit zu werben, dass wir sagen: Hier bekommt ihr eine Chance der Veröffentlichung, hier bieten wir euch an, intensiv am Manuskript zu arbeiten, hier erwarten wir nicht das Fertige, hier setzen wir auf euer Entwicklungspotenzial. Das alles natürlich im Rahmen unserer Möglichkeiten, aber die versuchen wir für diesen Ansatz zu nutzen.

Ein Programm ohne Hörspiele von neuen Autorinnen und Autoren kann ich mir schlichtweg nicht vorstellen. Jede Kunstform, die lebendig bleiben möchte, ist darauf angewiesen, Neues zu entwickeln, Ungewohntes anzubieten, Fremdes zu veröffentlichen. Nur so entstehen Austausch und Gespräch, Kontroverse und Positionsfindung und -bestimmung, „Klärung der Zeitsituation". Wenn das Hörspiel in der Gegenwart stehen will – das sollte es wollen! –, muss es von den unterschiedlichen Interessen und Befindlichkeiten, Ansichten, Ansätzen und Meinungen erzählen. Es sollte diese Strömungen aber nicht nur „abbilden", sondern auch versuchen, durch künstlerische Eigeninitiative sich aktiv daran zu beteiligen, sich einzumischen, Provokationen eingeschlossen. Es wäre ein Unding, wenn immer nur dieselben Autorinnen und Autoren auftauchen würden.

Ganz falsch finde ich allerdings, einen Gegensatz aufzumachen zwischen alten und neuen, zwischen aktuellen und „vergangenen" Autorinnen und Autoren. Ein Hörspielprogramm in seiner Gesamtheit verstehe ich als notwendigen Spiegel für die Gegenwart und für die Vergangenheit. Ältere Hörspiele sind unverzichtbarer Teil unseres akustischen Gedächtnisses, in ihnen sind Erfahrungen, Entwicklungen und Perspektiven einzigartig aufgehoben („state of conciousness" und „state of the art"). Wir sind doch alle, als Hörer und natürlich auch als Macher, an der Frage interessiert, wohin geht die Reise eigentlich? Was ist überhaupt noch möglich, was sollte möglich sein? Da ist die Kenntnis und das Wissen um das Vergangene nützlich, bietet Anhaltspunkte für einen notwendigen Überblick, für eine Zeitschau. Davon abgesehen haben ältere Hörspiele ganz wunderbaren Unterhaltungswert durch ihre einzigartige Machart mit den tollen Schauspielerstimmen von früher.

Gibt es hilfreiche Adressen für HörspielautorInnen?

MÜLLER-WALLRAF: Die Abo-Anschrift von spex und de:bug. Dann der Rosa-Luxemburg-Platz in Berlin. Beliebige Szenebars der jeweils nahe gelegenen Metropolen. Beliebige Eckkneipen rechts und links der eigenen Haustür. Das örtliche Multiplex-Kino. Eine Großbaustelle. Nur zum Beispiel.

Welche Literatur würden Sie HörspielautorInnen empfehlen?

MÜLLER-WALLRAF: Gute. Solche mit Rhythmus eben. Lesen Sie aber nicht nur im Hinblick auf eine mögliche Hörspielbearbeitung! Und bloß keine Bücher übers Hörspiel!

Die Begriffe „Hörspiel" und „Hörbuch" werden immer wieder verwechselt. Viele Hörspiel-Macher ärgern sich darüber. Lassen Sie uns zum Schluss noch einmal klar definieren: „Was ist ein Hörspiel?"

RINK: Klar, darüber ärgere ich mich auch. Ein Hörbuch ist im Grunde ein Widerspruch in sich. Der Begriff hat sich aber durchsetzen können und dient als Sammel- und Oberbegriff für alles, was auf dem Tonträgermarkt erhältlich ist an wortorientierten Produktionen, egal ob Hörspiel, Lesung, Feature, Sachbuch etc. Bei der Hörspieldefinition schließe ich mich Andreas Ammer an. Der sagte neulich sinngemäß: „Ein Hörspiel ist dann ein Hörspiel, wenn eine Hörspiel-Abteilung es bezahlt."

MÜLLER-WALLRAF: „Hörbücher" im wörtlichen Sinne sind vorgelesene Romane für Leute, die nicht selber lesen können oder wollen oder die zu viel Zeit im Auto verbringen. Das ist in meinen Augen eine Art Zusatzservice, mal mehr, mal weniger gelungen inszeniert. Mit unserer Arbeit hat das aber nichts zu tun. Wenn die Umsetzung eines Stoffes ins rein Akustische diesem Stoff einen zusätzlichen Spin geben kann, wenn zwischen Idee, Stoff oder Text und fertiger Hör-Produktion ein sinnlicher Quantensprung entsteht – dann ist es am Ende auch ein Hörspiel.

Mit Gehirn und Gehör – Hörspiele selbst produzieren
Interview mit Ina Kleine-Wiskott von Florentine Egger

Es gibt Hörbars, Hörspiele in Museen, Hörspiele unter freiem Himmel, in Galerien, als Audiotouren oder Performances zum Beispiel in Zügen oder Bussen, bei Wohnzimmerversammlungen, in Theatern ... Frau Kleine-Wiskott, Sie sind Hörspielmacherin aus der freien Hörspielszene. Wie sind Sie auf die Idee gekommen, selbst Hörspiele zu produzieren?

KLEINE-WISKOTT: Das war eine Konsequenz aus meiner intensiven Beschäftigung mit Musik, Literatur und Theater. Während meines Doppelstudiums der Angewandten Theaterwissenschaft und Musik war ich immer auf der Suche, wie man diese Bereiche verbinden kann, zum Beispiel in Form von Theatermusik. 1999 bescherte die neue Professur von Heiner Goebbels, Komponist und Regisseur, dem Institut für ATW in Gießen dann ein wunderbares Tonstudio, in dem man mit viel Kaffee Nächte mit dem Soundprogramm Pro Tools verbringen konnte. Da fing's bei mir an mit ersten selbst gebastelten Hörstücken, zunächst jedoch nur für Präsentationen im Freundeskreis. Erst mit dem Diplom in der Tasche und durch direkte Kontaktaufnahme mit Radiosendern in Form von Hospitanzen und freier Mitarbeit entwickelte sich wirklich ein Hörspielinteresse. Vertieft wurde dies durch einen Besuch beim Wettbewerb für unabhängige Hörspielmacher PLOPP! im Jahre 2002 in Berlin. Das Erleben der unabhängigen Szene spornte mich an, in dieser Richtung weiterzuarbeiten und mir zu Hause einen eigenen Arbeitsplatz zu schaffen.

Mit dem Hörspiel „Nächster Halt" haben Sie den „PLOPP!-AWARD 2003" gewonnen. Warum hat Felix Kubin, der Juror für die Vorauswahl, gerade Ihr Stück in die engere Auswahl genommen und dem PLOPP!-Publikum präsentiert? Was gefiel ihm besonders daran?

KLEINE-WISKOTT: Im Gespräch erzählte er mir, dass ihn vor allem die Vermischung von Dokumentation und Fiktion, die Grundidee und die sehr akribisch gearbeitete Dramaturgie gereizt hätten. Er mochte die beim Hören evozierte Unsicherheit, ob es sich bei dem Stimm-Junkie, der abhängig wird von der Stimme der U-Bahn-Haltestellenansagerin, um eine authentische oder fiktive Person handelt. Und erkannte, dass sehr viel Arbeit, ein halbes Jahr, in den 17 Minuten steckte. Mich hat es sehr gefreut, dass er das Stück ausgewählt hat. Ich hatte damit nicht gerechnet – nach seiner Selbstdarstellung als Enfant terrible und der Forderung nach „Pepperoni-Oppositions-Punk" für PLOPP.

Hatten Sie sich schon an anderen Wettbewerben beteiligt?

KLEINE-WISKOTT: An einem, ja; allerdings mit einem Videoclip bei einem Videowettbewerb. Eher aus pädagogischen Gründen, da es eine Arbeit mit Jugendlichen aus einem sozialen Brennpunkt war. Der erste Preis damals schlug bei den

Jugendlichen und bei mir auch ziemlich ein. Eigentlich war ich nie so ein Wettbewerbstyp, „Jugend musiziert" zum Beispiel habe ich als Musikerin abgelehnt, um mir den Spaß an der Musik nicht zu nehmen.

Wie viele Hörspiele haben Sie bereits produziert?

KLEINE-WISKOTT: „Nächster Halt" war mein erstes Stück, das länger als fünf Minuten dauert und durch die darin enthaltene Erzählung tatsächlich als „Hörspiel" bezeichnet werden kann. Für die Sendung Dschungel auf SWR2 hatte ich im Auftrag des Regisseurs Stefan Kaegi zuvor fünf Mal fünfminütige „Staatsnachrichten" über einen Ameisenstaat des Perfomanceteams „Hygiene Heute" produziert. Seit „Nächster Halt" sind zwei neue Stücke entstanden. „Von ganz oben" ist wieder ein musikalisch-rhythmisch gestricktes Kurzhörspiel mit einem Fensterputzer bei der Abwärtsfahrt in seiner Gondel an einem Hochhaus, streckenweise in Kontakt mit dessen Bewohnern und den dort Arbeitenden. Zudem ist mit dem Musiker Martin Lejeune, der bei der klanglichen Gestaltung von „Nächster Halt" auch beteiligt war, die erweiterte Hörfassung einer Theaterperformance in Arbeit, zu der wir gemeinsam die Theatermusik und Soundcollagen komponieren.

Streng zusammengerechnet macht das ohne Studienexperimente und einige Knisterbeiträge fürs freie Radio acht Kurzhörspiele beziehungsweise Hörstücke – die Definition Hörspiel passt nicht immer.

Verraten Sie uns einige technische Details: Wo machen Sie Ihre Tonaufnahmen? Welche Aufnahmegeräte verwenden Sie? Wo und wie schneiden, vertonen Sie Ihre Stücke?

KLEINE-WISKOTT: Man findet mich mit meinem Minidiscplayer und Stereomikrofon gelegentlich auf dem Dach eines Hochhauses, am Boden hockend in der U-Bahn oder in einem Ameisenhaufen. Mit den Programmen Pro Tools und Live schneide ich, komponiere mit Hilfe eines Midikeyboards und meiner Instrumente Violine, Bratsche, Glockenspiel, Blockflöte oder Staubsauger.

Und wo finden Sie die SprecherInnen für Ihre Stücke?

KLEINE-WISKOTT: Überall! Impulse kommen aus der Zeitung, der Umwelt und meiner Phantasie; Sprecherinnen und Sprecher finden sich in allen Personen, die authentisch sprechen können.

Noch eine Frage zu den Kosten: Was kostet ein selbst produziertes Hörspiel?

KLEINE-WISKOTT: Ein selbst produziertes Hörspiel kostet vor allem viel, viel Zeit. In meine Grundausstattung habe ich investiert: in die Anschaffung eines leistungsfähigen Computers mit großem Monitor in Kombination mit einer M-Box und dem Programm Pro Tools knapp 1.700 Euro, was sich für meine Arbeitsweise wirklich gelohnt hat. Jede freie Hörspielmacherin, jeder freie Hörspielmacher hat da jedoch andere Vorlieben und Ansprüche. Man sollte sich nach der geeigneten

Ausstattung für die eigenen Bedürfnisse genau erkundigen, etwa in Computer- und Musikläden vor Ort, bei Messen wie der Frankfurter Musikmesse, anhand der beiden Zeitschriften „Keys" und „Keyboard" oder auch bei anderen, sei es in Internetforen wie bei www.hoerspiel.com oder privat im Bekanntenkreis.

Ich habe zudem durch die vielen O-Töne und Atmos, die ich aufnehme, einen großen Verbrauch an MDs und an CD-Rohlingen; hinzu kommen hohe Telefonrechnungen, weil ich viel im Internet recherchiere und mich mit anderen austausche.

Die Arbeitszeit, die in so einem Hörspiel drinsteckt, kann ich überhaupt nicht benennen, zum Beispiel bin ich auch im Urlaub, sofern man das Bereisen fremder Länder bei mir überhaupt als Urlaub bezeichnen kann, immer viel am Aufnehmen. Nach wirtschaftlichen Kriterien ist das alles leider überhaupt nicht zu beurteilen.

Könnten Sie vom Hörspielschreiben leben?

KLEINE-WISKOTT: In der Kombination mit meiner Arbeit als Musikerin funktioniert das glücklicherweise bereits. Allerdings könnte ich nicht nur vom Schreiben leben, sondern es gelingt durch das zusätzliche selbständige Produzieren – ich schreibe sozusagen mit dem Gehirn und den Ohren. Zum Beispiel mache ich bei einem Theaterstück jetzt wieder Theatermusik, die mich zu einer neuen Hörspielidee gebracht hat. Wenn sich das Musikerdasein mit dem Hörspieldasein weiter gegenseitig so bedingt, wäre das sehr schön. Alleine aufs Hörspielproduzieren bauen geht allerdings nicht, da die Honorare sehr unregelmäßig erst bei der Ausstrahlung gezahlt werden. Da müsste ich mich um Arbeitsstipendien kümmern und für die Zwischenzeiten Polster bauen.

Wie „vermarkten" Sie Ihre Hörspiele? Haben Sie schon einmal daran gedacht, Ihre Stücke unter einem eigen Label zu veröffentlichen?

KLEINE-WISKOTT: Das Vermarkten ist mir ein Graus, da habe ich in meinen Tagträumen ein selbständig agierendes Computerprogramm, welches das alles automatisch für mich regelt, nachdem ich ein Stück fertig gestellt habe. Es raubt viel Energien, sich selbst zu vermarkten und lenkt so sehr ab vom eigentlichen Anliegen, Hörstücke zu schreiben und zu produzieren.

Der Gedanke an ein eigenes Label ist mir noch zu früh, aber für die Zukunft vielleicht nicht abwegig, falls mir noch ein paar gute Stücke gelingen. Labelangebote habe ich bisher abgelehnt, da ich mich in diesem Dschungel erst zurechtfinden muss. Zur Zeit freue ich mich einfach, dass meine Stücke im Radio gesendet oder zum Beispiel auch mal im Theater und an anderen Orten gespielt werden.

Die Stücke von PLOPP!-Gewinnern werden in der Regel von den öffentlich-rechtlichen Sendern „übernommen". War das bei Ihnen auch so? Können Sie von der Bekanntheit als PLOPP!-Gewinnerin profitieren?

KLEINE-WISKOTT: Durch den PLOPP!-Preis habe ich zusätzlich zu den Sendungen „SWR2-Dschungel" und „SWR2-Klangraum: ars acustica" neue Bekanntschaft mit interessanten Sendeplätzen und deren Dramaturgen gemacht, wie zum Beispiel mit der „Werkstatt" im DeutschlandRadio Berlin, dem „Berliner Salon" des Senders Rundfunk Berlin Brandenburg oder mit „Freispiel" im Bayerischen Rundfunk.

Ihnen gemeinsam ist das Interesse an formal und inhaltlich experimentell gestalteten Hörspielen; sie haben jedoch unterschiedliche Schwerpunkte. So ist zum Beispiel beim „SWR2- Klangraum" das Programm auf Klangkunst gewichtet, „SWR2-Dschungel" hingegen bezeichnet sich selbst als ein „Stück Wildwuchs in der gepflegten Landschaft des Kulturprogramms SWR2" mit großer Offenheit in verschiedene Stilrichtungen ungewohnter Hörereignisse.

Die genannten Sendungen haben tatsächlich alle „Nächster Halt" gesendet, außerdem der Hessische Rundfunk und Mitteldeutsche Rundfunk, aber auch freie Radios wie das Uni-Radio Berlin. Finanziell hat „Nächster Halt" durch die Wiederholungen zusammengerechnet mit dem Preis des Münchener Hörverlags einen Wert erreicht, den ich mit einem anderen Hörspiel wohl so schnell nicht mehr erreichen werde. So viele Wiederholungen sind schon an den Wettbewerb und Sendungen über ihn geknüpft.

Der Preis war ein guter Motivationsschub, als Hörspielautorin weiterzuarbeiten und meine Arbeiten öffentlich zu präsentieren. Auch wenn ich jetzt Preisträgerin bin, werden die Redaktionen trotzdem nur sehr gute Arbeiten übernehmen, es gibt ja einen hohen Anfragen-Stapel für die Sendeplätze.

Dass ich dieses Jahr den PLOPP!-Wettbewerb moderiere, dafür alle Einsendungen anhöre und damit wieder mehr Menschen und Arbeiten aus diesem Bereich kennenlerne, ist im Moment der aufregendste Lohn.

Nach welchen Kriterien wählen Sie die nächste PLOPP!-Gewinnerin aus? Was ist Ihnen wichtig?

KLEINE-WISKOTT: Das bei PLOPP! anwesende Publikum wählt den Gewinner, ich treffe aus den Einsendungen nur die Vorauswahl. Mir ist wichtig, dass den Arbeiten eine künstlerische Eigenheit anzumerken ist. Das kann außergewöhnliches Um-die-Ecke-und-unter-den-Teppich-Denken sein oder sehr gelungene Klanggestaltung, eine wirklich tiefe Auseinandersetzung mit einem Thema und Worten, gerne auch in komischem Stil. Mein Gehirn *und* Gehör wollen herausgefordert werden.

PRÄZISE TEXTE – PRÄGNANTER TON: www.stift-und-stimme.de   !

Öffentlich-rechtliche Hörfunkanstalten

Um über den Hörspielbetrieb der öffentlich-rechtlichen Hörfunkanstalten möglichst aktuell informieren zu können, wurde ein Fragebogen entwickelt und an alle Hörfunkanstalten gesandt.

Die Fragen lauteten:

1. Ist die Abteilung „Hörspiel" für alle Hörspielarten zuständig? Wenn nicht, welche Abteilungen in Ihrem Haus produzieren ebenfalls Hörspiele (z. B. Kriminalhörspiele, Hörspiele für Kinder und Jugendliche, SF, Mundart etc.)
2. Werden bei Ihnen nur abendfüllende Hörspiele gesendet oder senden Sie auch Kurzhörspiele (5–20 Minuten)?
3. Welche Sendedauer haben die Hörspiele, die Ihr Sender am häufigsten ausstrahlt?
4. Sollte Ihnen die Autorin/der Autor ein Exposé, ein fertiges Hörspiel-Manuskript oder ein sendefertiges Band zusenden?
5. Wie sollten AutorInnen bei der ersten Kontaktaufnahme vorgehen?
6. Wie hoch ist der Anteil an AutorInnenproduktionen am Gesamt aller Hörspiele, die Ihr Sender ausstrahlt?
7. Was würden Sie HörspielautorInnen raten?
8. Wie hoch ist das Honorar (Richtwert) für ein produziertes Hörspiel von ca. 60 Minuten?
9. Trifft es auf Ihren Sender zu, dass eine Autorin, ein Autor kein Honorar erhält, wenn das Hörspiel innerhalb von 24 Stunden wiederholt wird?
10. Wie kommt es zu Übernahmen? Wie hoch ist ein Übernahmehonorar?
11. Hörbücher erleben derzeit einen Boom. Und das Hörspiel? Wie sehen Sie die Zukunft (trotz der angespannten Finanzlage)?

Bayerischer Rundfunk (BR), Abteilung: Hörspiel und Medienkunst, Rundfunkplatz 1, D-80300 München, fon-allg.: 089/5900-01, fon-Abt.: 089/5900-2252, -2262, fax-Abt.: 089/5900-2671, hoerspiel@brnet.de, www.br-online.de/hoerspiel u. www.intermedium.de, Leiter der Abteilung: Herbert Kapfer

1. ja
2. sowohl als auch
3. 60 Minuten
4. egal
5. an Lektorat der Abteilung schreiben
6. ca. 10 Prozent
7. Viel Kulturradio hören bzw. Radio überhaupt!
8. –
9. Der Urhebertarifvertrag legt für Wiederholungen fest: „Bis zum Ende des darauf folgenden Tages" ist die Wiederholung kostenfrei.

10. Bei der Programmplanung. Ca. 50 Prozent
11. Hörspiel ist in wie lange nicht.

Deutschlandfunk, Redaktion Hörspiel, Raderberggürtel 40, D-50968 Köln, fon-allg.: 0221/345-0, fon-Abt.: 0221/345-1562, fax-Abt.: 0221/345-4827, www.dradio.de, elisabeth.panknin@dradio.de, Leiterin der Abteilung: Elisabeth Panknin
1. nur unsere Redaktion; ausschließlich Hörspiele für Erwachsene
2. keine Kurzhörspiele
3. 49 Minuten, 114 Minuten und 55 Minuten
4. (Wir produzieren nur ca. 5 Stück pro Jahr/DLF ist in erster Linie Übernahme-Programm.)
5. ein ihrer Meinung nach sendefähiges Manuskript
6. siehe Punkt 4
7. ?
8. ca. 4.000 Euro – Originalhörspiel!!
9. Das ist so.
10. Nach eingehender Prüfung. Honorare nach Honorarrahmen oder den Bedingungen des Verlags.
11. Hörspiele sind aus den Sendern bislang nicht wegzudenken. Auch in Zukunft.

DeutschlandRadio Berlin, Hörspiel/Künstlerisches Feature/Wortproduktion, Hans-Rosenthal-Platz, D-10825 Berlin, fon-allg.: 030/8503-0, fon-Abt.: 030/8503-5575, fax-Abt.: 030/8503-5579, deutschlandradioberlin@dradio.de, www.dradio.de, Leiterin der Abteilung: Stefanie Hoster
1. die Abteilung „Bildung und Wissen": Kinderhörspiele
2. ab September 2004 „Wurfsendungen", sehr kurze Hörspiele (höchstens 45 Sek.)
3. 54 Minuten
4. nur Manuskripte oder fertige Produktionen
5. nur Manuskript/Produktion schicken – dann (leider) lange warten
6. Ein Viertel der Produktionen sind AutorInnenproduktionen. Dabei ist zu bedenken, dass auch ars acustica bei uns einen regelmäßigen wöchentlichen Termin hat.
7. Möglichst gute Texte schreiben, die nicht optisch gedacht sind. Regieanweisungen spielen keine Rolle – weglassen. Keine Bearbeitungen.
8. laut Tarif über 55 Minuten bis 90 Minuten ca. 4.388 Euro
9. ja, sogar 4 Wochen nach Ursendung, wenn es nicht durch einen Verlag verkauft wurde
10. Das Übernahmehonorar richtet sich nach dem Grundhonorar der produzierenden Anstalt. Wir zahlen 50 Prozent des ursprünglichen Honorars. Bei sehr alten Hörspielen gibt es einen Alt-Produktionszuschlag.
11. Sehr gute Zukunft bei wenigen großen Anstalten. Hoffentlich keine Verquickung der kommerziellen Interessen der Hörverlage mit den dramaturgischen Entscheidungen der Hörspielabteilungen.

Hessischer Rundfunk (hr), Abteilung Hörspiel, Bertramstr. 8, D-60320 Frankfurt, fon-allg.: 069/155-1, fon-Abt.: 069/155-2321, fax-Abt.: 069/155-4084, www.hr-online.de, uruppel@hr-online.de, Leiterin der Abteilung: Ursula Ruppel

1. Ja, wir sind für alle Hörspiele zuständig, inklusive Kinderhörspiel und Krimi.
2. Nein; wir haben keinen Kurzhörspieltermin.
3. ca. 60 bis 90 Minuten
4. ein fertiges Manuskript
5. möglichst ein fertiges Manuskript schicken
6. ca. 10 Prozent
7. viel schreiben, viel hören, Kontakt zu mehreren Redaktionen aufnehmen
8. Das ist von sehr unterschiedlichen Faktoren abhängig und lässt sich deshalb nicht sagen: Handelt es sich zum Beispiel um eine Ursendung oder wurde das Stück schon einmal gesendet? Handelt es sich um eine Auftragsproduktion und wird nur eine einmalige Ausstrahlung gekauft oder gehen die Senderechte an den Sender über?
9. Das hängt von den Verträgen ab, die geschlossen werden. Wir haben keinen kurzfristigen Wiederholungstermin und deshalb ist es bei uns in den Verträgen auch nicht vorgesehen.
10. Zu Übernahmen kommt es durch die Lektüre der Hörspielbroschüren, durch Kontakte zu Kollegen und Autoren. Das Urheberhonorar beträgt in der Wiederholung in aller Regel 50 Prozent des Ursprungshonorars. Falls der übernehmende Sender aber ein sehr kleiner Sender ist und der produzierende ein sehr großer war, kann es eben auch darunter liegen.
11. Die Zukunft des Hörspiels wird eng verbunden bleiben mit der Zukunft des öffentlich-rechtlichen Kulturradios. Auch wenn es inzwischen zahlreiche freie Produzenten gibt, angefangen von kommerziellen Verlagen bis hin zu kleinen Studios – und Hörspiel auch außerhalb der Sendetermine sein Publikum auf Festivals, in Kinos, Theatern, Kneipen oder vor der Stereoanlage im Wohnzimmer findet.

Mitteldeutscher Rundfunk (mdr), MDR Figaro, Künstlerisches Wort, Gerberstr. 2, D-06108 Halle, fon-allg.: 0345/300-0, fon-Abt.: 0345/300-5404, -5405, fax-Abt.: 0345/300-5465, www.mdr-figaro.de, thekla.harre@mdr.de, Leiter der Abteilung: Mathias Thalheim

1. ja, für alle
2. leider keine Kurzhörspiele mehr
3. 55 Minuten
4. Bitte keine Exposés, sondern fertige Manuskripte – siehe auch: www.mdr-figaro.de/hoerspiel; dort auf den Button „Antwort auf häufige Fragen" klicken.
5. Bitte ausgeschriebene Manuskripte auf Papier einsenden, bitte keine Dateien mailen.
6. 10–15 Prozent
7. sich im Internet einen Überblick zu den u. U. sehr verschiedenen Sendeplätzen und Spielplänen der Anstalten von ARD, DLR, ORF und DRS 2 verschaffen

8. 3.100 Euro
9. Ja, das ist Bestandteil des Urheber-Tarif-Vertrages.
10. Die Dramaturgie verfolgt das Programmgeschehen und wählt aus. Anregung durch Info-Kopien, die Autoren zusenden, kann sinnvoll sein. Wir können nur nicht über jede Info-Kopie verbindliche Bescheide geben.
11. Hörspiele stehen nicht unbedingt im Mittelpunkt der Hörbuch-Branche, profitieren aber vom Hörbuch-Boom durchaus und auch Autoren, die für Hörmedien zu schreiben fähig sind.

Norddeutscher Rundfunk (NDR), Abteilung Hörspiel, Rothenbaumchaussee 132–134, D-20149 Hamburg, fon-allg.: 040/4156-2662, fon-Abt.: 040/4156-2325, fax-Abt.: 040/4156-3073, www.ndr.de, A.Wang@ndr.de, hoerspiel@ndr.de, Leiter der Abteilung: Dr. Andreas Wang
1. Die Abteilung Hörspiel produziert Hörspiele und Kriminalhörspiele. Hörspiele für Kinder und Jugendliche produziert Mikado – Jörgpeter Ahlers.
2. Wir senden abendfüllende Hörspiele. Keine Kurzhörspiele.
3. zwischen 55 und 90 Minuten
4. Bei Autoren/Autorinnen, die der Redaktion bekannt sind, genügt für den Anfang ein Exposé. Autoren/Autorinnen, die der Redaktion nicht bekannt sind, sollten ein Manuskript einreichen.
5. Ich kenne kein Rezept. Aber wünschenswert ist es, wenn es konkrete Projekte gäbe, über die man sprechen kann.
6. wechselhaft – etwa 30 Prozent
7. Hörspiele hören
8. laut Vergütungstabelle zwischen ca. 4.500 und 5.800 Euro
9. Im NDR sind mir Wiederholungen dieser Art nicht bekannt.
10. Alle Hörspielredaktionen der ARD und DLR Berlin, DLF Köln bieten ihre Produktionen zur Übernahme an. Die Übernahmehonorare entsprechen den einzelnen Honorarvertragsbedingungen.
11. Ich bin optimistisch. Solange es in den Rundfunkanstalten produzierende Abteilungen gibt, wird es das Hörspiel geben – Stoffe gibt es reichlich und Hörer lassen sich immer wieder gewinnen.

Radio Bremen (RB)/Nordwestradio, Fachredaktion Kultur (Hörspiel), Bürgermeister-Spitta-Allee 45, D-28329 Bremen, fon-allg.: 0421/246-0, fon-Abt.: 0421/246-1401, -02, fax-Abt.: 0421/246-1032, www.radiobremen.de, holger.rink@radiobremen.de, hoerspiel@radiobremen.de, Leiter der Redaktion Hörspiel: Holger Rink
1. nein; Kinderfunk (Kinderhörspiele), Heimatfunk (Niederdeutsche Hörspiele)
2. abendfüllende Hörspiele, gelegentlich auch Kurzhörspiele
3. 60 bis 80 Minuten
4. fertiges Hörspiel-Manuskript oder ein sendefertiges Band zusenden
5. anfragen, ob ihr Stoff, Thema, Genre (Krimi, SF-Hörspiel) etc. Verwendung finden könnte
6. ca. 10 Prozent

7. fertiges Hörspiel-Manuskript oder sendefertiges Band zuschicken
8. keine Angaben
9. trifft für Radio Bremen nicht zu
10. U. a. durch Empfehlungen von Autoren. Das Übernahmehonorar ist abhängig vom Erstsendehonorar.
11. Hörspiel ist unverzichtbarer Bestandteil des öffentlich-rechtlichen Programmangebotes.

Rundfunk Berlin/Brandenburg (RBB), Redaktion Hörspiel/Radiogeschichten, Masurenallee 8–14, D-14057 Berlin, fon-allg.: 030/3031-0, fon-Abt.: 030/3031-3430, fax-Abt.: 030/3031-3439, hoerspiel@rbb-online.de, www.daskulturradio.de, www.rbb-online.de, LeiterIn der Abteilung: Dr. Lutz Volke/Gabriele Bigott
1. ja
2. Grenze 55 Minuten, auch 5 Minuten in Serie (5 oder 10)
3. 55 Minuten auf Kulturradio, Krimi 58 Minuten 30 Sek. auf 88Acht – Das Stadtradio, 5 Minuten auf Kulturradio (10 pro Monat)
4. ein fertiges Hörspiel-Manuskript oder ein sendefertiges Band zusenden
5. Einsendung
6. 8 Prozent
7. Hören, Schreiben, Kontaktpflege mit allen Sendern
8. 3.000 Euro
9. (noch) nicht beim RBB
10. 50 Prozent Autor, 30 Prozent Mitwirkende, plus eventuell Verlagsrechte
11. Hörspiel boomt *auch* in der Öffentlichkeit. Finanzlage am Sender zwingt zur Verringerung von Produktionen und Verzicht auf teure Übernahmen.

Saarländischer Rundfunk (SR), Abteilung/Redaktion: Hörspiel, Funkhaus Halberg, D-66100 Saarbrücken, fon-allg.:0681/602-0, fon-Abt.: 0681/602-2160, fax-Abt.: 0681/602-2169, cpurkarthofer@sr-online.de, rkarge@sr-online.de; www.sr-online.de, Leiter der Abteilung: Dr. Robert Karge
1. Nur „Hörspiel" produziert Hörspiele im SR; Kinder-/Jugendhörspiele, SF und Mundart sind wegen fehlender Sendeplätze entfallen; Kriminalhörspiele sind eher die Ausnahme – dann wenn sie thematisch, von der Produktionsqualität in das eher „anspruchsvolle" Programm von SR 2 KulturRadio passen.
2. nur „abendfüllende"
3. zwischen 40 und 90 Minuten; gelegentlich (Feiertage) Mehrteiler
4. in der Regel fertiges Manuskript
5. einfach gute Stücke schicken ...
6. unter 5 Prozent
7. Viele Hörspiele hören/Repertoirekenntnisse, Kenntnisse der Programme der ARD, nicht auf Gedenktage (u. Ä.) setzen – nichts ist vergänglicher als diese (auch wenn's ausgeprägte Gedenktagsdramaturgien geben sollte ...); Eigenes
8. Wenn Sie das „nackte" Urheberrechtshonorar meinen: max. 2.800 Euro.
9. Es gibt eine mit den Bühnenverlegern verabredete Regelung, dass im Fall einer kurzfristigen Wiederholung (an anderem Sendeplatz als die Erstsendung) 10 Prozent des Ersthonorars gezahlt werden. Kurzfristig bedeutet in

der Regel 7 Tage. Zur kurzfristigen Wiederholung bedarf es in der Regel der Zustimmung des Verlags/Autors. Da in unserer SR-Praxis eine Wiederholung innerhalb 24 Stunden bislang nicht vorkam, kann ich dazu keine definitive Auskunft geben, denke aber, dass dies auch im SR im Prinzip möglich wäre.

10. AutorIn wendet sich persönlich an die Hörspielabteilung, Empfehlungen von KollegInnen, Kritiken in z. B. epd und FunkKorrespondenz, FAZ, Hören anderer ARD-Sender, Sichtung der Programmhefte. – Anfordern der Produktionen, Höreranregungen ...

11. Ambivalent: Der Finanzdruck besonders bei den kleinen Anstalten zieht radikale Etatreduzierungen nach sich. Die Produktionszahl sinkt zwangsläufig. Der (indirekte) Druck verstärkt sich auf die Redaktionen, Erfolg versprechende Produktionen aufzulegen, die auch auf dem Hörbuchmarkt Aussichten haben – das sind dann in der Regel Adaptionen ... Das deutlich gewachsene Interesse am Hörspiel ist umgekehrt proportional zu den (erzwungenen?) restriktiven Strategien etlicher ARD-Anstalten (s. o. schwindende Finanzen, schief laufende Diskussionen um Rundfunkgebühren, Kernaufgaben der ARD, Finanzausgleich etc., etc. ...). Die Zukunft „trotz": nein „wegen": mit tagtäglichem Spagat warten auf ein Wunder ... Hörbuch: quantitativ positiv; stark an (potenziellen) Bestsellern des Buchmarkts orientiert. Schauen Sie sich Zahlen der (Original-)Hörspiele, der Feature-Produktionen an!

Südwestrundfunk (SWR), Hörspiel, Hans-Bredow-Str. 20, D-76530 Baden-Baden, fon-allg.: 07221/929-0, fon-Abt.: 07221/929-2263, fax-Abt.: 07221/929-2072, info@swr.de, www.swr.de, Leiter der Abteilung: Ekkehard Skoruppa

1. Alle Genres in der Hörspielredaktion vertreten. Weitere produzierende Redaktionen: SWR 2-Dschungel (Stücke bis 30 Minuten), Mundarthörspiel (Redaktionen in Tübingen und Freiburg).
2. in der Regel keine Kurzhörspiele
3. bis 57 Minuten
4. in der Regel Hörspiel-Manuskript
5. Manuskript-Einreichung und kurzer Begleitbrief
6. 10 Prozent
7. Kenntnis der (Hörspiel)Programme von SWR 2: Genres, Formate, Reihen, Stücke. Dann lässt sich eher einschätzen, ob das eigene Angebot „passt".
8. keine Angaben
9. Kostenfreie Wiederholungen innerhalb von 24 Stunden sind i. d. R. nur möglich bei eigenen Produktionen.
10. Wir orientieren uns, wie die Kollegen in anderen Häusern auch, an den Programmankündigungen der Sender. Viele der Produktionen werden über den Programmaustausch bestellt, abgehört und – sofern sie in unsere Spielplanüberlegungen passen und uns zusagen – eingeplant. Etliche Stücke kennen wir schon durch den vorgängigen Austausch von Koproduktionsangeboten. Es gibt einen Schlüssel, der ungefähr auf ein Verhältnis von 1/3 Neuproduktionen, 1/3 Wiederholungen und 1/3 Übernahmen hinausläuft. Die Honorarhöhe richtet sich nach den jeweiligen Abgaberegeln der

Produzenten: Sie verpflichten uns i. d. R. zu einem Übernahmehonorar von 50–75 Prozent des Ersthonorars oder aber zur freien Neuverhandlung. Verlagsgebundene Werke werden grundsätzlich nach der Regelsammlung abgegolten, die die ARD mit den Verlagen abgeschlossen hat. Die Sätze sind nach Größe und Gebührenaufkommen der Sender gestaffelt.

11. Positiv. Die Zahl der Produktionen wird vielleicht etwas zurückgehen, doch die Substanz ist nicht gefährdet.

Westdeutscher Rundfunk Köln (WDR), Programmgruppe Wort (PG Wort), Ressort Hörspiel, Appellhofplatz 1, D-50667 Köln, fon-allg.: 0221/220-0, fon-Abt.: 0221/220-3160, fax-Abt.: 0221/220-5587, hoerspiel@wdr.de, www.wdr.de, Leiter der Abteilung: Wolfgang Schiffer

1. Es gibt auch noch die Redaktionsgruppe „Kinderprogramme".
2. grundsätzlich nur abendfüllende Hörspiele
3. ca. 54 Minuten Länge
4. fertiges Hörspiel-Manuskript
5. Manuskript zusenden
6. gering
7. Hörspiele hören
8. ca. 3.500–4.000 Euro
9. Es gibt kein Wiederholungshonorar, wenn die Sendung vor Ablauf des darauf folgenden Tages im eigenen Programm erfolgt.
10. Die ARD-Anstalten informieren sich über Produktionen. Die Auswahl erfolgt nach jeweils eigenen Planungskriterien. Das Übernahmehonorar richtet sich nach dem Honorarrahmen des jeweils übernehmenden Senders. Es beträgt für Autoren in der Regel mindestens 50 Prozent des ursprünglich gezahlten Honorars.
11. positiv

Österreichischer Rundfunk (ORF), Abteilung Literatur & Hörspiel, Argentinierstr. 30 a, A-1040 Wien, fon-allg.: 01/50101-0, fon-Abt.: 01/50101-18467, fax-Abt.: 01/50101-18482, konrad.zobel@orf.at, hoerspiel@orf.at, www.orf.at, Leiter der Abteilung: Dr. Konrad Zobel

1. Ja. Hörspiele für Kinder und Jugendliche, Mundart werden nicht produziert.
2. in der Regel zwischen 30 und 60 Minuten
3. ca. 50 Minuten
4. fertiges Hörspiel-Manuskript oder ein sendefertiges Band zusenden; kein Exposé
5. siehe Punkt 4
6. verschwindend
7. viele Hörspiele zu hören
8. ca. 2.000 Euro
9. Wir wiederholen nie in so kurzer Zeit.
10. Die Redaktion prüft das Programm der ARD bzw. DRS-Sender. Honorar in etwa gleich hoch wie beim selbst produzierten Hörspiel.
11. Wenn sich die Rahmenbedingungen der öffentlich-rechtlichen Sender nicht drastisch verschlechtern, sollte das gegenwärtige Niveau zu halten sein.

Schweizer Radio (DRS), Abteilung: Hörspiel DRS 2, Postfach, CH-4002 Basel, fon-allg.: 061/3653-411, fon-Abt.: 061/3653-557, fax-Abt.: 061/3653-538, www.drs2.ch, franziska.hirsbrunner@srdrs.ch, Leiterin der Abteilung: Franziska Hirsbrunner

1. Wir senden keine Hörspiele für Kinder und Jugendliche (dafür ist Hörspiel und Unterhaltung DRS 1 in Zürich zuständig) und kaum Mundart.
2. Unsere Termine sind: mittwochs, 20–21 Uhr, und samstags, 21–23 Uhr. Wir senden in aller Regel nur abendfüllende Hörspiele.
3. 60 bis 110 Minuten
4. nach Belieben
5. siehe oben
6. Wenn Sie unter AutorInnenproduktionen Produktionen verstehen, die von AutorInnen produziert wurden, so ist der Anteil an unseren jährlich 104 Sendungen relativ gering, da die meisten Hörspiele immer noch von Rundfunkanstalten produziert werden.
7. ?
8. AutorInnen werden von uns bei einer Übernahme gemäss den Tarifen von ProLitteris bzw. Schweizerischer Bühnenverlegerverband für die Sendung entschädigt; abgerechnet wird pro Sendeminute. Geben wir einer Autorin, einem Autor den Auftrag, ein Hörspiel für uns zu schreiben, kommt zur Senderechtsentschädigung eine Auftragspauschale nach unseren Ansätzen dazu.
9. Wir haben meines Wissens noch nie ein Hörspiel innerhalb von 24 Stunden wiederholt.
10. Unser Programm setzt sich aus etwa einem Drittel neuen Produktionen, einem Drittel Wiederholungen und einem Drittel Übernahmen zusammen. Wir haben eine guten Überblick über die Produktionen anderer Sender und bestellen Produktionen, die uns für unser jeweiliges Programm (mit Schwerpunkten und Rubriken) geeignet scheinen. Natürlich können uns AutorInnen ihre Produktionen auch zuschicken. Das Honorar richtet sich nach den Minutenansätzen der Tarife von ProLitteris bzw. Schweizerischer Bühnenverlegerverband.
11. Hörbücher und Hörspiele sind nicht dasselbe, lassen sich also nur bedingt vergleichen. Das Hörspiel als die einzige genuine Kunstform des Radios, und nun schon bald 80-jährig, wird in der Produktion angewiesen bleiben auf die Finanzierung durch die öffentlich-rechtlichen Sender; bekommt es die nötigen Mittel und Plattformen, wird es so beliebt bleiben wie eh und je.

Landesmedienzentralen

Arbeitsgemeinschaft der Landesmedienanstalten in der Bundesrepublik Deutschland (ALM), www.alm.de

Baden-Württemberg
Landesanstalt für Kommunikation Baden-Württemberg (LFK), Postfach 102927, D-70025 Stuttgart, fon: 0711/66991-0, fax: 0711/66991-11, info@lfk.de, www.lfk.de

Bayern
Bayerische Landeszentrale für neue Medien (BLM), Heinrich-Lübke-Str. 27, D-81737 München, fon: 089/63808-0, fax: 089/63808-140, info@blm.de, www.blm.de

Berlin/Brandenburg
Medienanstalt Berlin-Brandenburg (MABB), Kleine Präsidentenstr. 1, D-10178 Berlin, fon: 030/264967-0, fax: 030/264967-90, mail@mabb.de, www.mabb.de

Bremen
Bremische Landesmedienanstalt, Bürgermeister-Spitta-Allee 45, D-28329 Bremen, fon: 0421/33494-0, fax: 0421/323533, info@bremische-landesmedienanstalt.de, www.bremische-landesmedienanstalt.de

Hamburg
Hamburgische Anstalt für neue Medien (HAM), Kleine Johannisstr. 10, D-20457 Hamburg, fon: 040/369005-0, fax: 040/369005-55, mailbox@ham-online.de, www.ham-online.de

Hessen
Hessische Landesanstalt für privaten Rundfunk (LPR Hessen), Wilhelmshöher Allee 262, Atrium, D-34131 Kassel, fon: 0561/93586-0, fax: 0561/93586-30, lpr@lpr-hessen.de, www.lpr-hessen.de

Mecklenburg-Vorpommern
Landesrundfunkzentrale Mecklenburg-Vorpommern (LRZ), Bleicherufer 1, D-19053 Schwerin, fon: 0385/55881-0, fax: 0385/55881-30, a.hillmann@lrz-mv.de, www.lrz-mv.de

Niedersachsen
Niedersächsische Landesmedienanstalt (NLM), Seelhorststr. 18, D-30175 Hannover, fon: 0511/28477-0, fax: 0511/28477-36, info.nlm@t-online.de, www.nlm.de

Nordrhein-Westfalen
Landesanstalt für Medien Nordrhein-Westfalen (LfM), Zollhof 2, Postfach 10 34 43, D-40025 Düsseldorf, fon: 0211/77007-0, fax: 0211/727170, info@lfm-nrw.de, www.lfr.de

Rheinland-Pfalz
Landeszentrale für private Rundfunkveranstalter (LPR) Rheinland-Pfalz, Turmstr. 8, D-67059 Ludwigshafen, fon: 0621/5202-0, fax: 0621/5202-152, mail@lpronline.de, www.lpr-online.de

Saarland
Landesmedienanstalt Saarland (LMS), Nell-Breuning-Allee 6, D-66115 Saarbrücken, fon: 0681/38988-0, fax: 0681/38988-20, info@lmsaar.de, www.lmsaar.de

Sachsen
Sächsische Landesanstalt für privaten Rundfunk und neue Medien (SLM), Ferdinand-Lassalle-Str. 21, D-04109 Leipzig, fon: 0341/2259-0, fax: 0341/2259-199, info@slm-online.de, www.slm-online.de

Sachsen-Anhalt
Medienanstalt Sachsen-Anhalt (MSA), Reichardtstr. 9, D-06114 Halle/Saale, fon: 0345/5255-0, fax: 0345/5255-121, info@msa-online.de, www.msa-online.de

Schleswig-Holstein
Unabhängige Landesanstalt für Rundfunk und neue Medien (ULR), Schloßstr. 19, D-24103 Kiel, fon: 0431/97456-0, fax: 0431/97456-60, ulr@ulr.de, www.ulr.de

Thüringen
Thüringer Landesmedienanstalt (TLM), Steigerstr. 10, D-99096 Erfurt, fon: 0361/21177-0, fax: 0361/21177-55, mail@tlm.de, www.tlm.de

Österreich

Kommunikationsbehörde Austria (Komm Austria), Geschäftsapparat Rundfunk und Telekom Regulierungs-GmbH, A-1060 Wien, Mariahilfer Str. 77–79, fon: 01/58058-0, fax: 01/58058-9191, rtr@rtr.at, www.rtr.at

Schweiz

Bundesamt für Kommunikation (BAKOM), Abteilung Radio + Fernsehen, Zukunftsstr. 44, CH-2501 Biel, fon: 032/327-5532, fax: 032/327-5533, rtv@bakom-admin.ch, www.bakom.ch

Weitere Adressen und Informationen

Hörspielforen, Förderungen, Workshops

„Woche des Hörspiels" und PLOPP! – Akademie der Künste, www.adk.de,
www.hoerspielwoche.de (siehe S. 544)

„Hörspielforum NRW", Stipendien, Förderungen – Filmstiftung Nordrhein-Westfalen GmbH, Hörspielabteilung, Kaistr. 14, D-40221 Düsseldorf, Ansprechpartnerin: Sibylle Bettray, fon: 0211/930500, fax: 0211/930505, sibyllebet-
tray@filmstiftung.de, www.filmstiftung.de (siehe S. 548)

„Hörspielsymposium an der Eider" und Workshops – Nordkolleg Rendsburg,
www.nordkolleg.de (siehe S. 636)

Förderungen, Mitveranstalterin des „Hörspielsymposiums an der Eider" – MSH –
Gesellschaft zur Förderung audiovisueller Werke in Schleswig-Holstein
mbH, Schildstr. 12, D-23552 Lübeck, fon: 0451/71977, fax: 0451/71978,
info@m-s-h.org, www.m-s-h.org, Ansprechpartner: Roland Schmidt

Workshops – Bundesakademie für kulturelle Bildung Wolfenbüttel, www.bundes-
akademie.de (siehe S. 437 f.)

Hörspielwettbewerbe, bei denen eine Eigenbewerbung möglich ist, siehe Kapitel
„Preise und Wettbewerbe": Deutscher Kinderhörspielpreis (siehe S. 529),
Hans-Henning-Holm-Preis (siehe S. 536), Karlsruher Hörspielpreis (siehe S.
537), Kinderhörspielpreis des MDR-Rundfunkrates (siehe S. 538), PLOPP!
(siehe S. 544), Karl-Sczuka-Preis (siehe S. 546)

Webguide: interessante Internetseiten zum Thema Hörspiel – eine Auswahl

hoerspiel.com von Jürgen Gisselbrecht. Eine der informativsten und umfang-
reichsten Internetseiten mit praktischen Informationen rund um das Thema
Hörspiel. „Diese Hörspielseiten sollen die Anlaufstelle sein für alle Hörspiel-
interessierten. Seien es Hörer oder Redakteure, Regisseure und und ... Ziel ist
es, so viel wie möglich über das deutschsprachige Hörspiel zusammenzutragen. Schwerpunkt ist das Hörspiel im Rundfunk mit seiner Fülle von Angeboten. hoerspiel.com will informieren und das Hörspiel einem breiteren
Publikum bekannt machen."

hoerdat.in-berlin.de von Herbert Piechot (und vielen anderen HelferInnen). Mit
einer langen Liste zu Hörspielpreisen und Wettbewerben sowie Informa-
tionen zu derzeit 26.354 Hörspielen, „vom ersten aus dem Jahr 1924 bis zu
Hörspielen, die erst in der Zukunft zu hören sein werden. Beim Hörspiel-
Hören kann Hördat allerdings nicht helfen: Es gibt hier keine Sound-
Dateien, stattdessen können Sie erfahren, wann wo welches Hörspiel im
Radio gesendet wird."

jokan.de von Gerhard Menz. Ebenfalls sehr informativ! „Jokan.de bietet einen einfachen und schnellen Zugang zu relevanten Informationen zu deutschsprachigen Radiohörspielen."

hoerspiele.de von Christoph „CHRIzzz" Morgenroth; „die Fan-Seite für kommerzielle Hörspiele"

mediaculture-online.de – DIE Internetseite für Sekundärliteratur zum Thema Hörspiel (unter „Bibliothek") und auch sonst eine Seite mit viel Know-how über das Hörspiel-Machen. Das Projekt MediaCulture-Online mit seinem „Portal für Medienpädagogik und Medienkultur" ist Teil des Projekts Medienoffensive II des Landes Baden-Württemberg.

hoergold.de – Die Seite von Martin Paff mit einem ausführlichen Verlagsverzeichnis. Einfach auf „Verlage" klicken und schon erscheint eine Seite mit Hörverlagen von A–Z. Adresse, Anzahl der Titel und URL werden ebenfalls angegeben. Hörproben sind größtenteils möglich.

akustische-medien.de/links.htm von Frank Schätzlein, Uni Hamburg. Eine enorme und sehr aktuelle Linkliste. Unter der Adresse www.akustische-medien.de veröffentlicht Frank Schätzlein „Aufsätze (Volltexte), News, Literaturlisten, Tagungsankündigungen, Links und andere Informationen zu den Themenbereichen Hörspiel, Radio, Audiokunst, Hörspiel- und Radioforschung in Germanistik und Medienwissenschaft, Audiomedien, Sound in den Medien usw."

hoerspielhoelle.de von „Cpt. Blitz". Die Seite der schlechten Hörspiele – vielleicht auch ganz lehrreich!

hoerspielbox.de von Andreas Hagelüken (Projektmanagement, Idee und Konzeption) und anderen. Hier gibt es viele Sounds zum Herunterladen. „hoerspielbox.de bündelt alle Inhalte, die für Audioproduktionen nützlich sind: Sounds, Programme, Knowhow, Aktionen, Austausch und Ergebnisse."

hoernews.de von Detlev Kurtz (Redaktionsleiter/Webmaster), Marco Schnelle und Markus Stengelin (redaktionelle Mitarbeit)

bbc.co.uk/worldservice/arts/features/howtowrite/radio_further.shtml von BBC. Praktische Kurzinformationen von Autoren über das Schreiben von Hörspielen („How to Write a Radio Play"), erste Gedanken, Struktur, Sound ... auf Englisch.

dschungelbuch-nrw.de/suche/index.php der Syrius GmbH, Düsseldorf, betrieben durch den Kulturrat NRW e.V. in Köln. Tolle Seite mit allen möglichen Stipendien, Fördermöglichkeiten und Ausschreibungen bundesweit – und nicht nur für Hörspiele.

bundesakademie.de, die Seite der Bundesakademie für kulturelle Bildung Wolfenbüttel mit Workshop-Angeboten (siehe S. 437 f.)

filmstiftung.de, die Seite der Filmstiftung Nordrhein Westfalen. Mit detaillierten Infos zum Hörspielforum NRW, das neben der Hörspielwoche (siehe nächster Eintrag) eines der größten Austauschforen der Hörspielszene ist. Außerdem: Hinweise zu Stipendien und Fördermöglichkeiten.

hoerspielwoche.de, die Seite der Berliner „Woche des Hörspiels", das zweite große Austauschforum der Hörspielszene. Siehe auch www.adk.de, die Internetseite der Akademie der Künste, Veranstalterin der Hörspielwoche (siehe S. 615).

m-s-h.org, die Seite der MSH (Mediengesellschaft zur Förderung audiovisueller Werke in Schleswig-Holstein mbH); bitte auf das „org" bei der Eingabe achten, sonst landen Sie auf der Seite von m-s-h.de, dem Entsorgungsfachbetrieb in Bad Wünnenberg!

nordkolleg.de, die Seite des Nordkollegs Rendsburg mit Informationen zu „Hörspielworkshops" und dem „Hörspielsymposium an der Eider" (siehe S. 636)

Die Seiten der öffentlich-rechtlichen Hörspielsender (siehe S. 320–327). Sehr Empfehlenswert! Ein informatives Angebot zum Schmökern, aktuell, unterhaltsam, ansprechend dargestellt. Viele Links, lange Literaturlisten und vieles mehr. Da hat sich einiges getan in den letzten Jahren!

8

Drehbuchschreiben für Kino & TV

Schreiben für TV-Serien
Beitrag von Marcus Seibert

Im Regelfall träumt jeder, der Drehbuchautor werden will, von der Geschichte, die zur Produktion von „Knockin' on heavens door" geführt haben soll: Ein aufstrebender und noch unbekannter Autor spricht zufällig in einem Buchladen den Schauspieler und Produzenten Til Schweiger an und drückt ihm sein Drehbuch in die Hand. Ein Jahr später wird der Film ein Kinoerfolg, der Autor berühmt.

Die tägliche Realität in der Medienbranche empfindet derselbe Autor dagegen als erdrückend: Nach fünfzehn teils zynischen Ablehnungen auf sein 120-seitiges Erstlingsdrehbuch gibt er den leidenschaftlich gehegten Traum frustriert und demotiviert auf, den maßgeblichen Special-Effects-Film über die Besiedlung des Mars zu schreiben, und widmet sich anderen Lebensplänen.

Irgendwo zwischen diesen beiden Extremen verläuft der übliche Werdegang eines Drehbuchautors. Und, was gerne von Anfängern vergessen wird: Das Schreiben lernt der Schreiber beim Schreiben. Man lernt gewöhnlich erst durch diverse schlechte Drehbücher, gute zu schreiben. Anders gesagt: Kein Autor ohne Praxis und diese Praxis bedeutet auch, dass jemand die Sachen liest und kommentiert, für gut befindet oder gnadenlos verreißt.

Wenn also der Branchenneuling eine Reaktion auf sein Produkt erhalten und nicht für die Schublade schreiben will, muss er sich die deutsche Filmlandschaft erst einmal genauer ansehen: Wer vom Kinofilm träumt, sollte sich klarmachen, dass bundesweit im Jahr kaum mehr als 50 abendfüllende Kinofilme nach deutschem Originaldrehbuch gedreht werden, von denen längst nicht jeder ins Kino kommt. Das sind weniger Filme, als jährlich Absolventen die deutschen Filmakademien verlassen!

Dieser bedauerlichen Notlage steht ein gigantischer Fernsehmarkt gegenüber, der weltweit zweitgrößte nach dem US-amerikanischen. Pro Jahr werden in Deutschland ca. 250 TV-Movies, Fernsehspiele oder Teile einer Reihe (wie z. B. „Tatort") produziert, wenn auch in den letzten Jahren mit fallender Tendenz. Vor allem aber ist der Bedarf an Serien nach deutschsprachigen Originaldrehbüchern konstant hoch, und allein für die vier laufenden *Daily Soaps* werden ungefähr so viele Sendeminuten pro Jahr produziert wie für alle TV-Movies aller Sender zusammen. Die Wahrscheinlichkeit, in einer Serie irgendwo eine Einstiegsmöglichkeit zu bekommen, ist also rein quantitativ deutlich größer.

Natürlich: Die Lage ist schwierig, zahlreiche Autorinnen und Autoren sind bereits auf dem Markt; die allgemeine Produktionsflaute der letzten Jahre hat dazu geführt, dass der eine oder der andere Autor, der noch vor wenigen Jahren nicht daran gedacht hätte, sich noch mal mit Serien „die Finger schmutzig zu machen", doch wieder dort gelandet ist. Die Lage ist also ernst, aber nicht hoffnungslos. Die entscheidende Frage ist: Wie macht man den Anfang?

Eine Portion Realismus ist gefragt

Jeder „werdende Autor", der sich entschlossen hat, den Marsch durch die Institutionen anzutreten und bescheiden erst einmal für Serien zu schreiben, statt einen unverzichtbaren Beitrag zur Kinogeschichte zu leisten, hat sich schon einmal den Dialog eines Bewerbungsgespräches ausgedacht, der stattfindet, wenn er zum ersten Mal auf einen echten Produzenten trifft:

Der Produzent ist natürlich übergewichtig, cholerisch und raucht Zigarre. Er hat die Füße auf den Tisch gelegt. Der Autor sitzt ihm, mit Blick auf die abgetretenen Sohlen, an denen der Zipfel eines zerrissenen Vertrags klebt, gegenüber.

> PRODUZENT
> Also Sie wollen für uns schreiben.

> AUTOR
> Ja, ich meine, ich dachte, ich könnte ...

> PRODUZENT
> Was haben Sie denn schon so gemacht?

> AUTOR
> Also ich hab erst mal studiert ...

> PRODUZENT
> Nicht von Adam und Eva. Ich meine, für welche Firma haben Sie zuletzt geschrieben?

> AUTOR
> Ehrlich gesagt habe ich für unsere Schülerzeitung ...

Das Telefon klingelt. Der Produzent hebt ab.

> PRODUZENT
> Ja? ... Was? ... Alles Quatsch! Nein, kommt nicht in Frage. Schmeißt den Idioten sofort raus.

Der Produzent knallt den Hörer auf.

> PRODUZENT
> Vollidioten ...! Also. Wo waren wir? Ach ja, du willst bei uns ein Praktikum oder einen Job als Kabelträger ...

> AUTOR (entsetzt)
> Nein, ich will für Ihre Serie schreiben.

> PRODUZENT
> Aber du hast doch gar keine Ahnung, wie das geht.

Der Produzent wirft einen Blick auf ein Papier, das unter seinem Bein halb zum Vorschein kommt, ohne eine Zeile des Schreibens zu lesen.

> PRODUZENT
> Ich sehe hier im Lebenslauf kein Drehbuch, nichts ...

> AUTOR
> Ja, aber ich habe ganz genaue Vorstellungen, was ich schreiben will. Mir schweben da so Dialoge vor, so ähnlich wie in „Six feet under" oder bei „Ally McBeal" ...

Der Produzent unterbricht mit einer Handbewegung, zeigt mit der Zigarre auf den Autor, die Zigarrenasche fällt vor dem Autor auf die Tischplatte.

> PRODUZENT
> Ok. Mit einem Wort: Du bist ein Fan! Stimmt's?

> AUTOR
> Was?

> PRODUZENT
> Du bist einer von diesen Serienfreaks, die den ganzen Tag vor dem Fernseher sitzen und von allen Serien der letzten zwanzig Jahre alle Folgen gesehen haben ...

> AUTOR
> Nein. Ich sehe mir doch nicht jeden Müll an ...

> PRODUZENT
> Verstehe, du machst Unterschiede. Du kennst und liebst unsere Serie seit der ersten Folge, trägst zu Hause heimlich die Kleidung unserer weiblichen Hauptfigur. In die bist du auch noch seit Jahren unsterblich verliebt. Du willst ihr unbedingt näher sein. Und hier um die Ecke sind die Studios. Du hast fast alle ihre Autogrammkarten. Aber eine fehlt dir noch. Und für diese eine würdest du alles tun, weil deine Neigung ...

> AUTOR
> Das ist ein Missverständnis. Ich bin doch nicht pervers!

> PRODUZENT (irritiert)
> Aber das hat doch keiner gesagt! Hast du was gegen unsere weibliche Hauptfigur? Gefällt dir unsere Serie nicht?

AUTOR
Nein ... Aber ich habe erst eine Folge gesehen, weil ich bis vorgestern keinen Fernseher hatte ...

PRODUZENT (angewidert)
Und wieso willst du dann *ausgerechnet* für uns schreiben?

Zum Glück stellt sich der Autor in spe meist etwas geschickter an, und ich kenne keinen Produzenten, der die oben genannten Klischees erfüllt. Aber es schadet nicht, einmal die Perspektive des Produzenten einzunehmen, bevor man ihm eine Mitarbeit vorschlägt. Wie kann ich ihm glaubhaft machen, dass ich schreiben kann? Kann ich ihm das beweisen? Was kann ich tun, damit dieser wildfremde Mensch mir für meine Arbeit Geld gibt, obwohl ich von den handwerklichen Grundbedingungen dieser Arbeit bislang nur eine ungefähre Ahnung habe?

Die Berufsbezeichnung *Drehbuchautorin/Drehbuchautor* ist nicht geschützt. JedeR kann sich so nennen. Beweisen, dass man das Zeug zu einer Drehbuchautorin hat, kann man nur anhand von entsprechenden Stationen in der eigenen Vita, die auf irgendeine handwerkliche Qualifikation schließen lassen. Das können Erfahrungen in Printmedien, im Radio, Praktika, Redaktionsarbeit, ein eigenes Amateurvideo, ein eigener Roman, ein Studium an einer Filmhochschule oder schlicht *Kontakte* sein. Aber selbst Leuten, die all das vorweisen können, bleiben die meisten Drehbuchjobs im Fernsehen unzugänglich, wenn sie noch keine Erfahrung mit dem Drehbuchschreiben vorweisen können.

Das Misstrauen der Produzenten ist speziell bei *Weeklies*, den wöchentlich einmal ausgestrahlten Serien, verständlich. Die Episoden sind 45 Minuten oder eine Stunde lang. Die Autorin oder das Autorenteam schreibt gewöhnlich in verschiedenen Arbeitsschritten die ganze Episode allein. Das bedeutet, man muss eine Geschichte pitchen[1], das heißt in drei Sätzen mündlich vorstellen können, diesen Pitch dann in ein attraktiv formuliertes Exposé von ein bis fünf Seiten Länge umwandeln, dieses in spannende Szenen ausplotten, hinterher dialogisieren und in allen Schritten Produktion und Redaktion davon überzeugen können, dass man weiß, was man da tut. Mindestens vier voneinander verschiedene Fähigkeiten sind gefragt, die man separat trainieren muss, wenn man nicht als Wunderkind auf die Welt gekommen ist. Selbst gestandene AutorInnen können nicht alles gleich gut, aber sie können zudem etwas, was beim Schreiben für eine Serie absolut erforderlich ist: Sie haben gelernt, sich in eine bestehende Serie hineinzudenken, in ihre Figuren zu schlüpfen, so zu schreiben, wie die Serie das fordert. Kein Produzent der Welt wird einem totalen Anfänger in diesem Bereich mehr als ein Probebuch zu schreiben geben. Selbst das wäre schon ein unglaublicher Glücksfall. Der Wunsch, DrehbuchautorIn zu werden, sollte mit der Erkenntnis einhergehen, dass es bis dahin einiges zu lernen gibt. Jeder hat gute Ideen, aber die muss man auch ausführen können.

Der erste Schritt
Um schreiben zu lernen, muss man schreiben. Die Gelegenheit dazu bekommt man am ehesten in den Bereichen des Fernsehens, in denen schnell und mit

mageren Budgets viel Material produziert werden muss und viele Autorinnen und Autoren gebraucht, aber auch *verschlissen* werden. Das gilt zum Beispiel für die neuen zahlreichen Doku Soaps, Crime Dokus und Gerichtsshows der Nachmittagsprogramme. Für Drehbücher gibt es nur ein Handgeld. Das hat aber für angehende AutorInnen Vorteile: Produzenten sind eher bereit, Anfängern eine Chance zu geben, weil sie für diese *Niedriglohnjobs* selten ausgebildete oder erfahrene Autoren kriegen werden. Ein weiterer Vorteil: Aus Kostengründen soll hier der Autor wie in einer Weekly den Stoff von der ersten Idee bis zum Dialogbuch vollständig selbst entwickeln, also beispielsweise einen Krimiplot, den er immer mal irgendwie schreiben wollte. Die Produktionsbedingungen lassen allerdings nur einen sehr kleinen Spielraum für eigene Einfälle. Weil alles billig sein muss, gibt es kaum Außendrehs, kaum Personal, keine Effekte. Gerade die Disziplin, die man sich dabei angewöhnen kann, den Blick dafür, was wie viel beim Dreh kostet, kann später von unschätzbarem Vorteil sein. Man kann als Anfängerin bei einigen dieser Serien sogar eine feste Anstellung bekommen, wenn man Glück hat. Andernfalls aber immerhin als Story-Praktikantin wichtige Erfahrungen im Drehbuchschreiben sammeln. Das ist mehr wert als das magere Honorar, auch wenn selten Zeit genug ist, dass man genau gesagt bekommt, was man hätte besser machen können. Wer nicht auf Anhieb einigermaßen *funktioniert,* ist allerdings auch in diesen Serien schnell wieder draußen.

Ähnliches gilt, falls man in dieser Richtung eher Ambitionen hat, im Bereich des Kinderfernsehens, wo viele Serien äußerst billig produziert werden müssen, weil sie einen spezialisierten Spartenmarkt bedienen. Wer das Handwerk des Drehbuchschreibens (ich rede hier nicht von Comedy-Formaten[2]) von der Pieke auf lernen möchte, der kommt um den Crashkurs einer Mitarbeit (Praktikum, Trainee) bei einer der laufenden Daily Soaps kaum herum. Die bieten nach wie vor die besten Einstiegsmöglichkeiten und haben grundsätzlich immer Bedarf an neuen Geschichtenerzählern – egal was die Storyverantwortlichen einem am Telefon erzählen.

Die Industrie der Seifenopern

Soap hat ihr eigenes Publikum. Wer nicht dazugehört, wer kein *Soapy* ist, findet die DarstellerInnen schlecht, die Kulisse im Vergleich zu Kinofilmen zu billig, das parallel Erzählte nicht wirklich zusammenhängend, die Geschichten kitschig oder gefühlslastig. Wer das so sieht, sollte die folgenden Seiten überschlagen. Er wird nicht verstehen, was an Soaps *dran* ist und wie sehr es Spaß machen kann, für eine Soap zu arbeiten. Denn alles, was ihm da nicht gefällt, gehört zur Soap wie früher mal das Knochenmehl zur Seife. Generell: Wer sich zu einer Serie zwingen muss, wird an der Arbeit keinen Spaß haben – und dann auch vermutlich keinen Erfolg. Nicht selten erlebt man Anfänger, die einem erklären: „Ich kann Soap nicht ausstehen, aber ich will halt schnell viel Geld verdienen." All denen sei gesagt: Wer die Serie nicht liebt, für die er schreibt, soll sich schnellstens einen anderen Job suchen. Und wer immer noch glaubt, mit Drehbuchschreiben lasse sich automatisch viel Geld verdienen, dem ist ohnehin nicht zu helfen.

Der Name *Soap Opera*, zu deutsch *Seifenoper,* stammt vermutlich aus einem Artikel der Zeitung *Variety* in den späten 30er Jahren. *Soap Opera* war durchaus als

Spottname gedacht. Waschmittelhersteller in Amerika sponserten zu Werbezwecken für die Nachmittagssendungen der kommerziellen Radiosender viertelstündige Endlosserien mit Liebesgeschichten, die sich vor allem an Hausfrauen richteten. Das Konzept war so erfolgreich, dass Soaps recht bald auch im Fernsehen mit halb- oder ganzstündigen Episoden liefen. Die älteste derzeit laufende Soap „The guiding light" (CBS) wird seit 1952 im Fernsehen ausgestrahlt und war davor schon seit 1937 (und nach 1952 noch mehrere Jahre) als Radiosendung zu hören.

Hierzulande wurden daily-Formate erst relativ spät entdeckt. Die meisten deutschen Soaps sind Übernahmen existierender Konzepte australischer Erfolgsserien. Die ersten 230 Folgen von „Gute Zeiten, schlechte Zeiten" waren Übersetzungen der ersten Folgen von „The restless years". „Verbotene Liebe" ist eine auf deutsche Verhältnisse zugeschnittene Version von „Sons and daughters", „Unter uns" von „Neighbours". Alle drei Konzepte stammen von der australischen Firma Grundy und werden für den deutschen Markt in Koproduktion mit Ufa hergestellt, „Gute Zeiten, schlechte Zeiten" in Berlin, die anderen beiden in Köln-Ossendorf (MMC-Gelände). Die Serien haben sich nach anfangs klaren Parallelen teils weit von ihren Vorbildern entfernt, aber immer noch ist „Unter uns" eine Serie, die hauptsächlich in einem Haus spielt, „Verbotene Liebe" eine Serie, in der Glamour mit Bürgerlichem konfrontiert wird. „Marienhof" ist eine deutsche Erfindung. Die Sendung wird von der Bavaria in München produziert.

Die älteste deutsche Daily Soap ist „Gute Zeiten, schlechte Zeiten". Sie ging 1992 bei RTL auf Sendung. Zur gleichen Zeit begann auch „Marienhof" mit zwei Sendungen pro Woche bei der ARD. 1994 lancierte RTL „Unter uns". Ein halbes Jahr später startete „Verbotene Liebe". Gleichzeitig wurde „Marienhof" daily. Immer wieder wurden neue Formate ausprobiert, unter anderem „Alle zusammen", „Geliebte Schwestern" und „Mallorca", alle als Halbstundenformate. Nur RTL hatte mal eine Stundensoap in Planung „Licht und Schatten", die zwar entwickelt, aber nie gedreht wurde. Die diversen Versuche standhaft überdauert haben bislang nur die erstgenannten vier Soaps von ARD und RTL und auch die hatten in den letzten Jahren immer wieder mit schwankenden Zuschauerzahlen zu kämpfen. Aber gerade die vergleichsweise billigen Soaps haben die Finanzkrise sinkender Werbeetats der letzten Jahre wesentlich besser überstanden als die Fernsehspieletats, die in den letzten Jahren systematisch trocken gelegt worden sind. Und da die Quoten der Gerichtsshows auf der Nachmittagsschiene derzeit auf allen Sendern wackeln, sind zahlreiche neue Soap-Formate in Planung und Vorbereitung. Sat.1 will unbedingt eine Soap als *Lead-in* fürs Abendprogramm und wer sich nicht gleich auf eine endlose Serie festlegen will, versucht sich an abgeschlossenen Daily-Formaten, an so genannten Telenovelen (in der Regel sechs Monate täglich mit festem Abschluss), unter anderen das ZDF mit „Bianca, Wege zum Glück".

Arbeitsteilung in der Seifenmaschine

Für alle diese Formate gilt die Verpflichtung auf Masse: Jede Woche werden fünf Folgen à ca. fünfundzwanzig Minuten gesendet. Aufs Jahr gerechnet kommen da in einer Serie gute 6.000 Sendeminuten zusammen, also etwa 100 Stunden Soap.

Jede Woche muss mehr als das Volumen eines Kinofilms erfunden, geschrieben, mit Requisiten, Kostümen und Bühne ausgestattet, inszeniert, gespielt, ausgeleuchtet, aufgenommen, geschnitten und vertont werden. Pro Tag werden fünfundzwanzig Sendeminuten parallel von einem Studio- und einem Außendreh-Team produziert, wobei drei Viertel davon per Mehrkamerasystem im Studio entstehen. Zum Vergleich: Für Kinofilme geht man im Durchschnitt von höchstens drei gedrehten Filmminuten pro Tag aus. Die Vorlaufzeit für ein Spielfilm-Drehbuch beträgt nicht selten zwei Jahre.

Um das enorme Pensum einer Soap unter dem Zeitdruck der täglichen Sendeform jede Woche neu zu bewältigen, müssen Soap-Produktionen wie gut geölte Maschinen funktionieren, die auch *Formkrisen* einzelner Entscheidungsträger-Innen kompensieren können – zum Beispiel auch Tage, an denen einem Autor *einfach nichts einfällt*. Arbeitsteilung ist groß geschrieben, auch in den Schreibabteilungen. Wo sonst eine einzelne Autorin aus einer Idee langsam ein hoffentlich immer besser werdendes Drehbuch entwickelt, spinnen hier in Großraumbüros über zwanzig Schreiberinnen und Schreiber in verschiedenen Funktionen am ewigen Geschichtenfaden.

Weil es unmöglich ist, in einem Arbeitsgang fünf komplette Drehbücher pro Woche zu schreiben, gibt es im so genannten *Storydepartment* zwei grundsätzlich voneinander getrennte Abteilungen, die Storyliner und die Dialogschreiber. Die Storyline- oder Outline-Abteilung kümmert sich nur um die Entwicklung der Geschichten, der Plots. Hier wird in Gruppenarbeit die Geschichte erfunden, festgelegt, wer wann mit wem und wie der dramatische Bogen ablaufen soll. In Wochenhäppchen, so genannten „Blöcken" wird das Ergebnis in Grobform und pro Szene als Absatz in knapper Prosa zu Papier gebracht, der so genannten *Storyline* oder *Outline*. Die Progression der Szene, das, was die Handlung vorantreibt, wird meist in einem so genannnten *Oneliner* festgehalten, einem kurzen prägnanten Satz des Stils „A erkennt, dass B sie betrogen hat". Die gemeinsam entwickelte Storyline wird dann episodenweise von je einem Storyliner aufgeschrieben. Nur hier treten die eigentlichen Geschichtenerzähler der Soaps de facto als AutorInnen auf.

Korrigiert und auf eine einheitliche Linie gebracht werden die einzelnen Folgen von so genannten Editoren. Das Ergebnis wird von der Senderredaktion abgenommen, sprich kritisiert und danach eventuell noch einmal überarbeitet. Die DialogautorInnen haben die Aufgabe, aus den knappen Sätzen der Storyline Drehbücher mit Dialogen zu fertigen. Sie haben dazu ein bis zwei Wochen Zeit. Die beiden Abteilungen koordiniert eine Chefautorin. Bei „Marienhof" ist das System etwas anders. Hier entwickelt seit Jahren der Chefautor hauptamtlich die Outlines. Er wird dabei nur von einem kleinen Assistenzteam unterstützt. Die OutlineautorInnen haben die Aufgabe, aus den mündlich mitgeteilten grob skizzierten Anweisungen zusammenhängende Storylines zu schreiben, die mehrfach überarbeitet werden. Die OutlineautorInnen sind im Unterschied zu Storylinern der anderen Serien nicht hauptamtlich am Prozess der Geschichtenentwicklung beteiligt. Die DialogautorInnen müssen ihre Bücher selbst – auch mehrfach – überarbeiten.

JANA HAT SICH IN ANDIS ARME GEKUSCHELT
UND SIEHT IHN VERLIEBT AN.
DIE BEIDEN KÜSSEN SICH UNUNTERBROCHEN.
NACH EINER WEILE BEMERKT JANA DAS
FEUERWERK UND SCHAUT NACH DRAUSSEN.
ANDI SIEHT SIE FRAGEND AN.
SIE NICKT IN RICHTUNG FENSTER.
ANDI DREHT SICH KURZ UM, WIRFT EINEN
KURZEN BLICK AUF DAS FEUERWERK UND
WENDET SICH DANN WIEDER JANA ZU.

7. ANDI
Wie gefällt's dir?

JANA NICKT NUR. SIE IST IM SIEBTEN HIMMEL.

8. ANDI
Habe ich extra für uns bestellt ... bei der Venus ...

JANA LACHT UND GIBT ANDI EINEN KUSS.

WECHSELSCHNITT ZU 2000.32:

BEATRICE VERSETZT BERND MIT DEM FUSS
EINEN TRITT IN DEN UNTERLEIB.
BERND KRÜMMT SICH EINEN MOMENT VOR
SCHMERZEN.
BEATRICE WÜRGT, DENN BERND HÄTTE SIE
BEINAHE ERDROSSELT.

9. BEATRICE (RÖCHELT)
Hilfe ...
(LAUTER)
Hilfe!

SIE TAUMELT BENOMMEN EIN STÜCK VON BERND WEG
RICHTUNG TEICH.

Auszug aus einer Szene aus der Jubiläumsfolge 2000 „Verbotene Liebe"
mit freundlicher Genehmigung der Grundy Ufa TV Produktions GmbH

Leonard Antonio Sebastian Graf von Lahnstein

Darsteller Kategorie: Hauptcast

Ab Block : 440   Ab Folge: 2173

Bis Block :

Alter : 27

Beziehung z. Serie : Leonard von Lahnstein ist das dritte Kind von Johannes und seiner verstorbenen Frau, Francesca von Lahnstein, geb. Marchesa di Balbi. Er hat einen älteren Bruder, Ansgar (32), Generaldirektor der Lahnstein Bank, und eine ältere Schwester Carla (28), Geschäftsführerin des Lahnstein Auktionshauses. Sein jüngerer Bruder Constantin (15) lebt bei der Familie seiner Mutter in Italien. Leonard fand seinen gesellschaftlichen Status noch nie besonders angenehm und weigerte sich von Anfang an, in das Familienunternehmen einzusteigen. Kurz nach dem tragischen Tod seiner Mutter ging er in die USA, um dort Medizin zu studieren. Nach Abschluss seines Studiums kehrt er nun nach Hause zurück. Er verliebt sich in die neue Frau seines Vaters, Cecile.

Aussehen + Typ : Leonard hat das italienische Blut seiner Mutter geerbt. Dies spiegelt sich sowohl in seinem gutem Aussehen und seiner Sinnlichkeit als auch in seinem leidenschaftlichen und feurigen Temperament. Seinem täglichen Boxtraining verdankt er die sportliche Figur; seinem anziehenden Äußeren können Vertreterinnen des weiblichen Geschlechts selten widerstehen. Leonard ist im Gegensatz zu seiner eher reservierten Familie ein warmherziger, offener Typ. Durch sein freundliches, angenehmes Auftreten fühlen sich andere in seiner Gegenwart wohl. Sein schelmisches Lächeln und seine unverblümte, direkte und ehrliche Art machen ihn sympathisch. Allüren (wie die von Ansgar) oder gar Snobismus und Arroganz sind ihm fremd.

Auszug aus dem Rollenprofil Leonards von Lahnstein aus „Verbotene Liebe"
mit freundlicher Genehmigung der Grundy Ufa TV Produktions GmbH

Der Stoff, aus dem die Seife ist

Wer neu für eine Soap arbeitet, wird möglicherweise mit der *Bibel* konfrontiert. Der religiöse Name meint vor allem eins: Nach ein paar Jahren Laufzeit ist das ein Dokument von biblischem Umfang, ein echter Wälzer, durch den man sich hindurchackern sollte, wenn man nicht selbst fast alle Folgen gesehen hat. Hier wird Woche für Woche in knapper Prosa eingetragen, was zuletzt geschah. Die Bibel ist das Gedächtnis einer Soap und bei den erfundenen Stoffmassen ein lebenswichtiges Arbeitsmittel. Besser noch, man kennt die Serie. Wer sich in den bereits erzählten Geschichten auskennt, ist auf jeden Fall gern gesehener Mitarbeiter, weil er Wiederholungen vermeiden hilft – ein Riesenproblem bei Soaps generell – und die Geschichte der Figuren kennt.

Keine Rolle ohne *Figurenprofil*. Für jeden Charakter, der in der Serie mitspielt, gibt es mehrseitige Ausführungen, was ihn auszeichnet, wie seine Biografie aussieht, wie er auf Probleme reagiert, was ihn interessiert. Kurz: ein möglichst umfangreicher psychologischer und biografischer Steckbrief, in dem Kindheitserinnerungen genauso verzeichnet sind wie Ticks oder spezielle Angewohnheiten. Mit Hilfe dieser Steckbriefe sollen sich alle Teammitglieder unter *ihrer* Figur möglichst das Gleiche vorstellen. Es soll ja die Figur nicht alle halbe Jahr eine andere *Backstory* haben – so nennt man die fiktive Biografie einer Figur. Dass Figuren sich trotzdem plötzlich und unerwartet ändern, Dinge tun, die sie *nie tun würden,* hängt nicht selten mit *höherer Gewalt* zusammen. Dazu später.

Die Auswirkungen der Figurenprofile sind erheblich: Wenn man von einer Figur behauptet, sie konnte noch nie mit Geld umgehen und neige außerdem zu waghalsigen Experimenten mit sich selbst, was schon mal zu einer Spielsucht mit völligem Bankrott geführt habe, so lenkt das automatisch in andere Bahnen, als wenn man behauptet, die gleiche Person sei eine geradezu geizige Pedantin, deren größtes Problem darin bestehe, sich nicht lockern zu können. Das Ergebnis sind nicht nur gänzlich andere Darsteller und Figuren, sondern auch andere Geschichten. Auch wenn manche Figurenprofile nachträglich an die Darstellerinnen angepasst werden müssen: In nahezu allen Fällen werden Schauspieler nach den vorher aufgeschriebenen Rollenprofilen überhaupt erst ausgesucht.

Damit hat man Figuren, aber noch keine Geschichte. Die Keimzelle jeder erzählten Geschichte nennt sich *Future* oder *Major*. Das sind Texte, die von der Form her Kurzgeschichten ähneln. Sie sollen garantieren, dass nicht *von der Hand in den Mund* erzählt wird, was meistens heißen würde, dass eine Geschichte jede Woche in eine andere Richtung schlingert. Futures erzählen den *großen Bogen* der nächsten Monate, die langsamen Entwicklungen, wie sie für Soaps so typisch sind. In den Futures wird die Hauptgeschichte von üblicherweise drei bis vier Charakteren beschrieben. Wer verliebt sich in wen, warum, wann und mit welchen Folgen und gegen welche Widerstände kriegen sie sich oder auch nicht. Oder: Jemand erfährt, dass er krank ist, lehnt das erst ab, akzeptiert es schließlich und findet zu einer neuen Perspektive und dann auch zu einer Heilung.

Futures werden in der Storyline-Abteilung hergestellt, meist an so genannten *Future-Wochenenden.* Weil sich in den Futures die Richtung und damit auch das Geschick der Serie bereits abzeichnet, entstehen die hier entwickelten Geschichten unter Federführung der Chefautorin/des Chefautors und in Absprache mit den anderen Abteilungen, speziell der Produktion, die für den Gesamtablauf der Serie verantwortlich ist. Auch die Redaktionen der auftraggebenden Fernsehsender haben hier ein gewichtiges Wort mitzureden. Nicht selten auch, über Umfrageergebnisse, Quotenanalysen und Marktforschungsstudien, die Zuschauerinnen und Zuschauer selbst.

Von diesen Futures braucht eine Soap bis zu acht oder neun, wenn alle Schauspieler bedient werden sollen. Futures sind der *Speck,* von dem die Serie zehrt, und sie sind das bestgehütete Geheimnis jeder Soap, weil ja niemand wissen soll, *„wie es weiter geht".* Auf Basis der Futures wird pro Woche ein *Block* (fünf Folgen) *geplottet.* Die grob vorformulierte Geschichte wird in einzelne Episoden und Szenen ausgesponnen. Nur selten heißt das, die Geschichte wird aus dem Future *„abgeschrieben".* Was in einem Future logisch klingt, wirkt meist kahl, wenn Folgen daraus werden sollen. „Ohne es zu merken, verliebt sich A in B" wird in der Wochenarbeit beispielsweise zu einer Geschichte über einen missglückten Wochenendausflug, der die zwei Protagonisten, die bislang eher platonisch befreundet waren, in eine brenzlige Situation bringt, die sie enger zusammenschmiedet, bis sie schließlich sogar Spaß an der Aktion und aneinander finden. Es kann aber auch die Geschichte eines Missverständnisses sein, das durch C entsteht und A und B nach wüsten Streitereien in der Einsicht vereint, dass C eine Tratschtante ist, auf die sie beide nicht hören sollten. Was genau hier erzählt wird, bestimmen die Storyliner und Editoren.

Wer Soaps kennt, der ist mit der dramaturgischen Mixtur der Folgen vertraut: Nach einer ungeschriebenen Konvention werden pro Folge in etwa zwanzig Szenen drei *Stränge* erzählt – so nennen sich die Häppchen aus den verschiedenen vorfabrizierten Majors oder Futures. Diese drei Stränge sollten, müssen aber nicht zwangsläufig etwas miteinander zu tun haben. So genannte *Crossings* sind zwar erwünscht, aber nicht zwingend.

Stränge werden über mehrere Episoden verfolgt, wechseln sich aber immer wieder ab, sodass im Idealfall alle parallel laufenden Futures einmal pro Woche weitergeführt werden. In „Marienhof" werden über längere Zeit immer die drei Geschichten erzählt, die, wenn sie *auserzählt* worden sind, anderen Strängen weichen. Entscheidend für die Erzählweise sind nicht selten die Schauspielerverträge, die Urlaub festlegen, aber auch verpflichten, Charaktere in soundso vielen Folgen pro Woche zu zeigen. Je nach Erzählstoff ist das schwierig. Die Kunst besteht immer darin, Geschichten unter den Produktionsbedingungen wendungsreich und dadurch spannend, emotional und/oder witzig zu erzählen und in einer offenen und möglichst dramatischen Situation enden zu lassen. Das gilt besonders für die letzte Szene einer Folge, den so genannten *Cliffhanger,* der meist zum Hauptstrang der Folge gehört. Der Cliffhanger soll die Folge mit einer besonders spannenden Wendung – oder der Aussicht auf dieselbe in der nächsten Folge – beenden. Die Zuschauerinnen und Zuschauer sollen ja am nächsten Tag wieder einschalten. Cliffhanger stellen eine Frage, die der Fortgang der Handlung mit neuen Fragen beantwortet.

Je mehr dramatische Wendungen, desto besser. Je länger sich eine dramatische Situation spannungsreich auskosten lässt, desto faszinierender wird diese Geschichte für die Zuschauer. Hochzeiten, die über Jahre hinweg wegen turmhohen und immer wieder neuen Hindernissen nicht zustande kamen, an die niemand mehr geglaubt hat und die dann doch wieder möglich wurden, sind Highlights der Soapwelt.

Wegen der langsamen Erzählweise und dem Schwerpunkt auf innere Dramen und verbale Lösungen eignen sich nicht alle Geschichten als Soap-Geschichten. Spannungsbögen von Krimi- und Thrillergeschichten im Stil eines „Tatorts" lassen sich kaum über lange Zeit und wegen der ständigen Unterbrechungen der Parallelstränge mit vergleichbarer Intensität erzählen. Die Zuschauer erwarten außerdem von Soaps, dass jeder Vorfall von Betroffenen und Freunden beraten und kommentiert wird. Der Entscheidungsprozess der wichtigen Personen lässt sich so transparent und leicht nachvollziehbar darstellen, wird aber auch gelegentlich bis zur Banalität ausgewalzt. Der Verzicht auf *großes Kino* ist allerdings auch ein Gebot des vergleichsweise geringen Drehbudgets. Dialogszenen im Studio sind eindeutig billiger als aufwändig choreografierte Außendrehs. Was in Amerika aufgrund der wesentlich größeren Summen, die zur Verfügung stehen, möglich ist, wird in Deutschland zum seltenen Sonderfall: Stunts, aufwändige Massenszenen, Spezialeffekte. Bei etwa 1.000 bis 1.250 Euro pro Sendeminute (selbst der billigste Kinofilm rechnet mit mindestens dem zehnfachen Budget) ist das nur in Ausnahmen drin.

Höhere Gewalt

Außer den Kosten gibt es aber noch eine Reihe anderer Faktoren, die auf die Geschichten und ihre Umsetzung einwirken. Eine begeistert erfundene Geschichte mit deren Umsetzung zu vergleichen kann für den Autor ernüchternd sein. Vielleicht ist eine ganz besonders geliebte Geschichte aus Kostengründen im Dialog grob vereinfacht oder in der Regie ganz anders umgesetzt worden. Dass im Licht der Studioscheinwerfer alles anders aussieht, ist eine Erfahrung, an die sich jede Drehbuchautorin gewöhnen muss. Je schneller, desto besser! Hinterher weiß sie, was geht und was nicht. Ein Verlobungsring mit hohem Symbolwert sieht vielleicht auf dem Bildschirm klein und popelig aus, eine Geschichte, die einen Liebhaber unter das Bett zwingt, wirkt im Studio wie Komödienstadl, eine witzige Episode scheitert möglicherweise daran, dass einer der beteiligten Darsteller, sonst eher ein düsterer Charakter, mit der komischen Rolle überfordert ist. In allen Fällen bietet die Umsetzung die Widerlegung einer Geschichte, die auf dem Papier gut aussah, aber nicht wirklich *funktioniert.*

Oft genug wird aber aufgrund *besonderer Umstände* alles über den Haufen geworfen und die Storyabteilung muss versuchen, eine Geschichte so hinzubiegen, dass die Zuschauer nicht merken, dass es hinter den Kulissen gekracht hat.

> CHEFAUTORIN
> Der Mann wurde 1973 bei einem Autounfall getötet!

> PRODUCER
> Dann wurde er eben nicht getötet, sondern nur verstümmelt. Wir verpassen ihm eine kosmetische Operation ...

CHEFAUTORIN
Der Kerl wurde enthauptet! Er war in einem rosa Cabrio unterwegs zum Yukon, um seinen Bruder zu besuchen, als ein Mähdrescher vorbeikam und ihn enthauptete. Du weißt, was das bedeutet? Er hat keinen Kopf mehr!

PRODUCER
Der Kopf lag im Kühlschrank ...

CHEFAUTORIN
Wo lag er?

PRODUCER
Er war tiefgefroren und sie haben ihn in einer beispielhaften Operation wieder draufgesetzt. Nun lass' doch mal deine Phantasie spielen.

CHEFAUTORIN (resigniert)
Ok. Ich werde das schon irgendwie hinbiegen. Aber eins musst du mir einleuchtend erklären: Wie soll ich Celeste zu Montanas Mutter machen? Hat Celeste sie nun mit fünf, sechs oder sieben bekommen? Wann??

PRODUCER
Weißt du was? Das überlasse ich dir. Du bist unsere Autorin ...

Der Dialog stammt aus „Soapdish", in dem Whoopie Goldberg die Chefautorin spielt, die sich gegen den Vorschlag ihres Produzenten wehrt, eine seit Jahren tote Figur in der Serie wiederauferstehen zu lassen. Oft reicht schon, dass ein Schauspieler Urlaub hat oder krank geworden ist, um einen einschneidenden Umbau in der Geschichte nötig zu machen. Schlimmer ist, wenn Schauspieler überraschend die Serie verlassen, wenn den Darstellern Unfälle passieren und die über ein Jahr vorbereitete Hochzeit nicht mehr zu drehen ist, weil die Braut plötzlich ein Gipsbein hat. In allen Fällen ist Sturheit nicht angebracht: Lieber eine Geschichte schnell ändern oder abkürzen, als sie gründlich und für die Zuschauer sichtbar vor die Wand zu fahren. Soaps sind lebendige Organismen, mit einer manchmal erschreckenden Eigendynamik. König Zufall entscheidet oft genug über eine Geschichte: Plötzlich stellt sich heraus, dass für eine bestimmte Dekoration, die man unbedingt braucht, kein Platz mehr im Studio ist, ein Außendrehort nicht zu bekommen ist, ein Gastschauspieler in der vorgesehenen Woche nur im Außendreh verfügbar ist. In all diesen Fällen muss die Geschichte den Produktionsgegebenheiten angepasst werden. Der Spießrutenlauf durch die Produktionszwänge ist immer wieder mühsam, aber das ist auch die besondere Herausforderung einer Soap: Gefragt ist die Kunst, erzählerisch zu improvisieren, Dinge auch dann plausibel zu erzählen, wenn sie das nicht sind.

Gemeinsam werden wir es schaffen

Außenstehende können sich immer schwer vorstellen, wie es funktionieren soll, eine Geschichte in der Gruppe zu entwickeln. Autorentätigkeit ist nach landläufiger Meinung die Tätigkeit einsamer Wölfe, die von Inspirationen heimgesucht werden wie vom Wetterleuchten und der erschütterten Nachwelt posthum ein Werk hinterlassen. Generell ist das im Film selten der Fall. In Soaps ist Gruppenarbeit der einzig mögliche Weg, schnell große Mengen Stoff zu entwickeln. Wer einmal an einem solchen Prozess beteiligt war, wird die schnellen Korrektur-Effekte durch die verschiedenen Mitarbeiter, das schnelle Weiterspinnen an einmal gefundenen guten Ideen schätzen lernen.

Gerade für AnfängerInnen ist die Arbeit in einer Storyline-Abteilung, in der man zu seinen Ideen unmittelbares Feedback erhält, von unschätzbarem Wert. Fast in jeder Soap gibt es die Möglichkeit, sich für ein Storyliner-Praktikum zu bewerben. Zum Praktikum gehört zwar Kopieren und die eine oder andere Laufarbeit. Aber von diesen eher überschaubaren Pflichten abgesehen, ist eine Praktikantin in den kreativen Prozess, dem die Soap ihr Leben verdankt, vollwertig eingebunden. Der Verschleiß an Autorinnen und Autoren ist bei Arbeitszeiten von 9 bis 19 Uhr und oft auch länger sowieso hoch. Die Tatsache, dass Soap von vielen AutorInnen als Sprungbrett genutzt wird, kurbelt die Fluktuation noch an. Eine Praktikantin hat also gute Chancen, eines Tages Storyliner zu werden – wenn sie gut ist.

Von vornherein muss sie eine gewisse Bereitschaft mitbringen, ihre Ideen nicht für die letzte Weisheit der Filmgeschichte zu halten. Die unmittelbare Reaktion der anderen Storyliner kann gerade für AnfängerInnen unerfreulich sein. Bei jeder Kritik sollte man aber daran denken: Wenn es nicht gelingt, begeisterungsfähige KollegInnen für eine Geschichte zu erwärmen, dann wird man mit den Zuschauerinnen und Zuschauern noch größere Schwierigkeiten haben. Wer sich weigert, die Hosen runterzulassen, oder Angst hat, sich zu blamieren, wird die größten Schwierigkeiten haben, sich mit diesem Job zu arrangieren. Wer das als Herausforderung sieht, der wird vom Dasein als Storyliner auf jeden Fall begeistert sein.

Von Soap-Feinden wird man als bekennender Soapschreiber gelegentlich gefragt, wie man denn den galoppierenden Stumpfsinn dieser Serien aushält. Die Antwort ist einfach: Von innen sieht alles anders aus und Geschichtenerfinden macht einfach Spaß. Wo ist man sonst schon *hauptberuflich Schicksal?* Es ist ungeheuer befriedigend – und für die SchauspielerInnen oft höchst beängstigend – unter den eigenen Händen das Leben von Figuren entstehen zu sehen oder so zu gestalten, wie man das möchte und das auch noch mit ziemlicher Sicherheit drei Monate später verfilmt zu sehen. Wer für das hohe Lob des Soapschreibens eine Autorität braucht, kann sich sogar bei Arno Schmidt Argumente holen.

Geschichtenerzählen am Lagerfeuer

Feste Voraussetzungen für die Bewerbung als Storyliner gibt es nicht. Ein guter Storyliner kann schreiben, aber er ist vor allem ein Meister des *alten arabischen Handwerks,* des Geschichtenerzählens. Man muss sich das so vorstellen. Eine Runde sitzt zusammen und sucht zu „A verliebt sich langsam in B" eine

Geschichte. Jemand hat einen Vorschlag, was B veranstaltet, um A auf sich aufmerksam zu machen. Der Vorschlag ist zwar nicht durchführbar, weil sich A in B verlieben soll, nicht umgekehrt, aber in dem Vorschlag taucht ein Motiv auf, das sich auch umkehren lässt. Das baut ein anderer Storyliner nun zu einer kleinen Geschichte aus. Die ist leider nicht umsetzbar, weil keine Außendrehszenen mehr zur Verfügung stehen, aber ein anderer kommt dadurch auf eine Idee, die zwar auch noch nicht ganz stimmt, aber in der Dekoration spielbar ist. Die anderen nehmen auf, ergänzen, verwerfen. Die mündlich erzählte Geschichte wird immer länger. Schließlich gibt es eine fertige Geschichte mit Anfang, Mitte und Schluss, die sich über drei Folgen zieht und sogar noch den gewünschten Cliff in der zweiten Folge hat.

Um als Storyliner erfolgreich zu sein, können sehr unterschiedliche Talente erforderlich sein. Unter Storylinern gibt es begnadete Witzeerzählerinnen, Meisterinnen der dramaturgischen Analyse, Leute mit ausgeprägtem psychologischem Fingerspitzengefühl, aber auch ehemalige oder noch nicht entdeckte Schauspielerinnen, Leute, die Geschichten als optische oder symbolische Tableaus angehen, *Plotmaschinen,* die pro Minute eine witzige Ideen ausspucken, von denen drei Viertel zwar ziemlich daneben sind, der Rest aber dafür um so wertvoller. Auch die Seherfahrungen können sehr verschieden sein. Es gibt Storyliner, die in ihrem Leben vorher kaum Soap gesehen haben und Soap-Junkies, die ihr halbes Leben vor dem Fernseher verbracht haben. Hauptsache, man hat Sinn fürs Geschichtenerzählen. Das aber, so zeigt die Erfahrung, ist nur sehr bedingt lernbar.

Einstieg in die Seife

Natürlich gibt es auch in Deutschland Weekly Soaps wie „Lindenstraße" oder „Hinter Gittern". Für alle Weekly Formate gilt jedoch, was eingangs generell zu Weeklies gesagt wurde: Als Anfängerin dort eine Chance als Schreiberin zu bekommen, ist extrem schwer, weil die Anforderungen längerer Formate umfangreiche handwerkliche Kenntnisse voraussetzen. Jahrelang wurden zum Beispiel die Folgen der „Lindenstraße" von immer den gleichen zwei Autorinnen geschrieben. Das Team von „Hinter Gittern" besteht vorwiegend aus ehemaligen Soap-Storyeditoren und -Chefautoren. Die Einstiegsmöglichkeiten in Weekly Soaps sind denen aller wöchentlichen Serienformate sehr ähnlich: Selbst für erfahrene AutorInnen ist es nicht einfach, da einen Fuß in die Tür zu bekommen.

Wer also glaubt, Sinn fürs Geschichtenerzählen zu haben und speziell Talent für Soap, der sollte es sinnvollerweise als Storyline-Praktikant bei den Daily Soaps versuchen. Am besten wendet man sich direkt an die Serien-Produzenten. Wer für Bewerbungen zuständig ist, sollte im Zweifelsfall telefonisch erfragt werden. Der Vollständigkeit halber sind auch die Adressen der wichtigsten Weekly Soaps angegeben.

Grundy Ufa TV Produktions GmbH, Produktion *Verbotene Liebe,* z. H. Chefautor, COLONEUM, Studios 37/38, Butzweiler Str. 255, D-50829 Köln
Grundy Ufa TV Produktions GmbH, Produktion *Unter uns,* z. H. Chefautor, Coloneum Geb. B-Süd, Butzweilerstr. 255, D-50829 Köln, fon: 0221/250-2850, fax: 0221/2502999

Grundy Ufa TV Produktions GmbH, Produktion *Gute Zeiten, schlechte Zeiten,* z. H. Chefautor, Studio 1–2, August-Bebelstr. 26–53, D-14482 Potsdam, fon: 0331/7215000, fax 0331/7215038

Bavaria-Film, Produktion *Marienhof,* Dramaturgie, Bavariafilmplatz 7, D-82031 Geiselgasteig, fon: 089/6499-0, fax: 089/6499-2582

GFF Geißendörfer Film- und Fernsehen GmbH, Produktion *Lindenstraße,* z. H. Hans W. Geißendörfer, Freimersdorfer Weg 6, D-50829 Köln, fon: 0221/220-5290, fax: 0221/5001948

Grundy Ufa TV Produktions GmbH, Produktion *Hinter Gittern,* z. H. Chefautor, Schmidt-Knobelsdorf-Str. 31, D-13581 Berlin, fon: 030/351890, fax: 030/35189150

Crime- + Doku-Serien
Sat.1:
- *K 11* (**Constantin Entertainment GmbH**, Carl-Zeiss-Ring 3, D-85737 Ismaning, fon: 089/444488-440, info@constantin-entertainment.de, www.constantinentertainment.de
- *Lenßen und Partner* (Constantin Entertainment)
- *Niedrig & Kuhnt* (**filmpool GmbH & Co. KG**, Poststr. 2–4, D-50676 Köln, fon: 0221/921599-0, fax: 0221/921599-9, info@filmpool.de, www.filmpool.de)
- *Richterin Barbara Salesch* (filmpool)
- *Richter Alexander Hold* (Constantin Entertainment)

RTL:
- *Das Familiengericht* (filmpool)
- *Das Jugendgericht* (filmpool)
- *Das Strafgericht* (Constantin Entertainment)

ProSieben:
- *Das Geständnis* (Constantin Entertainment)
- *Abschlussklasse 05* (**TRESOR TV Produktion GmbH**, Siedlerstr. 2, D-85774 Unterföhring, fon: 089/950904-0, fax: 089/950904-40, info@tresor.tv, www.tresor.tv)
- *Freunde, das Leben geht weiter* (Tresor TV Produktion)

Literaturtipps Soap:
Michael W. Esser: Die Daily Soap, in: Drehbuchschreiben für Fernsehen und Film, 7. Aufl., hrsg. von Andreas Meyer, Gunther Witte und Gebhard Henke, List Verlag, München 2000

Jovan Evermann (Hrsg.): Lexikon der deutschen Soaps, Schwarzkopf und Schwarzkopf, Berlin 2000

Michaela Krützen: Daily Soap. Ein Arbeitsheft, Institut für Theater- Film und Fernsehwissenschaften, Universität Köln 1998

Daniela Wiegard: Die Soap Opera im Spiegel wissenschaftlicher Auseinandersetzung, Tectum Verlag, Marburg 1999

Markus Stromiedel: Es muss viel passieren – täglich … (Im Story-Department einer Daily Soap), www.br-online.de/inhalt/wir_ueber_uns/pressestelle/spezial/03368/ + www.drehbuchautoren.de/Intern/soap.php

---

[1] Siehe dazu den Beitrag „Heute schon gepitcht" von Sibylle Kurz (S. 385 ff.)
[2] Siehe dazu den folgenden Beitrag „Sitcom" von Mark Werner

Der Lacher kommt zum Schluss – Drehbuchschreiben für Sitcoms
Beitrag von Mark Werner

Der deutsche Markt giert nach Sitcoms, die Sender brauchen lang laufende Quotenhits, Produktionsfirmen suchen dringend Autoren, die ihnen die nächste Hitserie schreiben!
Und doch gibt es für einen Autor nichts Schwierigeres, als genau dies zu schaffen. Die meisten bekommen nicht einmal den Auftrag, ein einziges Buch für eine der bereits laufenden Serien zu schreiben. Warum? Weil Sender, Produktionsfirmen und Zuschauer nur handwerklich perfekt gemachte Sitcoms akzeptieren; Sitcoms, die ehrliche und realistische Figuren zeigen und das Leben der Zuschauer widerspiegeln – und all das auch noch **möglichst komisch.** *Diese Zielvorgabe aber erreichen nur Autoren, die gut ausgebildet und bereit sind, sehr hart in eingespielten Teams zu arbeiten.*

Sitcom. Eine Formatdefinition
Es gibt etliche Definitionen von Sitcom, und die meistverbreitete, dass es sich um eine Komödie *(com)* handelt, bei der die Hauptfiguren auf einem Wohnzimmersofa sitzen *(sit)* und Späße machen, ist falsch. Sitcom ist die Kurzform von *situation comedy.* Das Format lässt sich definieren als eine halbstündige, wöchentliche Fernsehserie mit festem Hauptcast in stabiler Umgebung, in sich geschlossenen Episodengeschichten und einem komödiantischen Grundton.

Sitcoms in Deutschland
In Deutschland war die Sitcom als Genre bis zu Beginn der Neunziger eher unbekannt und ist es im Grunde immer noch. Obwohl es eklatante formale, inhaltliche und erzählerische Unterschiede gibt, weiß kaum ein Mensch außerhalb der TV-Branche Sitcom, Daily Soap, Weekly Soap, Weekly Drama, Sketch, Comedyshow usw. voneinander zu unterscheiden. Warum auch? Hauptsache, es ist gute Unterhaltung! Das dachte sich der deutsche Zuschauer schon bei Ekel Alfred in „Ein Herz und eine Seele" – nicht ahnend, dass er sich bei einer klassischen Sitcom amüsierte. Auch etablierte amerikanische Sitcoms wurden in Deutschland als lustige Fernsehserien mit Zuschauergelächter aus dem Off (dem sog. *laugh track)* wahrgenommen, aber niemals mit dem Etikett Sitcom belegt.
Anfang der Neunziger unternahm RTL gemeinsam mit der Produktionsfirma *Columbia TriStar Film und Fernseh Produktions GmbH* (heute *Sony Pictures Film und Fernseh Produktions GmbH)* erste Versuche, das Genre in Deutschland mit eigenen

Produktionen neu zu etablieren. Man nahm erfolgreiche amerikanische Formate wie „Who's the boss?" („Ein Job fürs Leben"), „Married … with children" („Hilfe, meine Familie spinnt") oder „Coach" („Is' was, Trainer?"), adaptierte die englischen Drehbücher und bemühte sich um eine perfekte Kopie der Originale, bis hin zu den amerikanischen Wohnzimmern mit Couch und Treppenaufgang im Hintergrund – und natürlich dem unvermeidlichen *laugh track*.

Alle Versuche fielen beim Publikum durch. Die Zuschauer hatten kein Problem mit den Originalen, wohl aber mit deutschen Figuren, die in einer amerikanischen Umgebung mit amerikanischen Problemen kämpften. Es mussten also Serien und Charaktere entwickelt werden, die dem deutschen Kulturkreis entstammten, mehr Identifikationsmöglichkeiten und nicht zuletzt auch auf den deutschen Humor abgestimmte Komik boten. Als die Macher von RTL und der Produktionsfirma *Columbia Tristar FFP* dies erkannt und umgesetzt hatten, produzierten sie plötzlich Hit auf Hit: „Die Camper" und „Nikola" avancierten mit „Lukas" (ZDF) zu Zuschauerlieblingen, die bis heute Rekordquoten einfahren.

Waren Serien wie „Ritas Welt", „Alles Atze" oder „Mein Leben & Ich" (alle RTL), die folgten und ebenso große Erfolge waren, also einfach nur Ergebnisse eines endlich gefundenen Rezepts, einer Erfolgsformel? Nein, alle, wirklich alle der mehr als drei oder vier Jahre in Deutschland laufenden Sitcoms sind das Ergebnis eines harten, arbeitsreichen Prozesses, an dessen Anfang ein (möglichst) perfektes Drehbuch steht.

Die Erzählform Sitcom

Eine Episode ist in der Regel dreißig Minuten lang, bei den Privaten auf Grund der Werbung ca. fünf bis acht Minuten kürzer. Technisch besteht die Struktur aus zwei Akten, in der Mitte ist der so genannte *act break,* jeder Akt hat einen *turning point.* Ansonsten wird den klassischen Erzählprinzipien gefolgt. Im Prinzip muss sich jede Sitcom-Folge auch als Drama erzählen lassen, folgt sie doch auch dramatisch der dreiteiligen Struktur mit Anfang – Mitte – Ende.

Es gibt einen festen Stamm von Hauptfiguren, die sich im Wesentlichen charakterlich nicht entwickeln, außerdem werden feste *sets* (Studioräume oder *on location,* also reale Räume) bespielt, in der Regel Innenräume.

Meist steht ein Charakter im Zentrum (z. B. „Lukas", „Anke", „Nikola"), manchmal aber auch ein Ensemble (z. B. „Friends", „Die Camper"). Die Figuren werden in der Regel in ihrer häuslichen *(domestic sitcom)* oder ihrer beruflichen Umgebung gezeigt *(workplace sitcom),* wobei am Arbeitsplatz oft eine Art Ersatzfamilie dargestellt wird. Oft aber werden auch beide Umgebungen vermischt und kombiniert (z. B. „Ritas Welt", „Alles Atze").

Jeder Sitcom liegt ein starker Konflikt mit menschlicher und gesellschaftlicher Relevanz und ein besonderer *point of view* (Blickwinkel) zugrunde, von der Teenager- und Pubertätsproblematik („Mein Leben & Ich") über die kämpfende Single-Mutter („Nikola") bis hin zur von wirtschaftlichen Nöten geplagten Arbeiterfamilie („Ritas Welt").

Viele der allgemein zu findenden Gesetze und Prinzipien von Sitcoms werden heute vermischt, aufgeweicht und bewusst verändert. Heute werden Sitcoms längst nicht nur im Studio vor Publikum gedreht, sondern auf 16-mm-Film an *normalen* Filmsets. Auch der *laugh track* ist bei deutschen Produktionen so gut wie verbannt. Das Geschlossenheitsprinzip, das besagt, die Hauptfiguren befinden sich am Ende immer wieder dort, wo sie am Anfang waren (sie erfahren also keinerlei Entwicklung!), ist im Grunde noch gültig, weicht aber einem serielleren Erzählen. Allerdings nur so weit, wie Prämisse und Grundkonflikt der Serie nicht berührt oder gar gefährdet werden.

Wie werde ich Sitcom-Autor?
„Ich bin Autor und habe 'ne super lustige, originelle Idee für eine Sitcom! Genau das, was ihr sucht! Geile Gags, total absurde Situationen! Würde ich gerne mit eurer Firma machen. Soll ich's euch mal schicken?"

So oder ähnlich lauten die täglich in einer Produktionsfirma wie Sony Pictures eintrudelnden Anrufe, Mails, Faxe und Briefe. Meist ist das Konzept und ein Pilotdrehbuch auch schon beigelegt. Als nächstes können dann Wetten abgegeben werden: Handelt es sich mal wieder um die „super-originelle" Tankstellen-, WG-, Puff-, Altersheim-, Kegelclub-, Schul-, Kneipen- oder Laden-Sitcom? Mit natürlich „irrsinnig komischen, verrückten Typen" und Geschichten „wie bei ‚Seinfeld'" (ersetze wahlweise mit „Friends", „Cheers", „Mad about you").

In der Regel hat der Autor des Konzepts zuvor noch nie für eine Sitcom geschrieben, er kennt weder das Genre noch seine Gesetze. Im besten Fall liebt er es, weiß aber nicht, warum („Weil ich's lustig finde!" reicht leider nicht). Also: „Nein! Bitte nichts schicken!"

Wer Sitcoms schreiben möchte, muss das Genre und die klassischen Serien zumindest konzeptionell kennen, typische Plots erkennen und analysieren können, er muss Schreiberfahrung haben, teamfähig sein – und er muss zunächst einmal überzeugen. Aber wie?

Ganz einfach: Mit einem *spec* (oder *sample) script* oder *spec scenes!* Das sind ein paar Probeszenen oder ein ganzes Buch, die der Autor als Arbeitsprobe für eine *bestehende* Sitcom schreibt (im besten Fall die, für die er sich bewirbt). Unaufgefordert, unentgeltlich und nicht mal mit einer Resonanzgarantie. Dieses Bewerbungssystem entspringt dem amerikanischen Markt und fasst seit einigen Jahren auch in Deutschland Fuß. Aus gutem Grund. Anhand des Probematerials können *Executive Producer* (die ausführenden und kreativen Produzenten, die nicht nur alle Fäden bei der Drehbucharbeit in der Hand halten, sondern auch die Komplettverantwortung für den Dreh bis hin zum Sendeband haben) und *Headwriter* (entweder der Serienerfinder oder ein Chefautor, der mit *Freelancern* und *Staffwritern,* also freien und angestellten Autoren, arbeitet und die Drehfassung schreibt) eine Menge erkennen: Weiß der Autor, wie ein Drehbuch aussieht? Kennt er die Serie? Hat der Autor die Show verstanden, kennt er die Charaktere, hört er sie beim Schreiben des Buches sprechen, sieht er die Situationen vor sich? Kann er Dialoge schreiben, die Subtext und Tiefe haben? Ist er in der Lage, der Szene einen Bogen zu geben? Beherrscht er die strukturellen Grundgesetze? Bedient er Charakterkomik, und kann er eine gute *punchline* (prägnante witzige Dialogzeile) schreiben?

Wenn nach Lektüre des Probematerials wenigstens ein Teil dieser Fragen positiv beantwortet wird, besteht die Aussicht, vielleicht zu einem persönlichen Gespräch eingeladen zu werden. Schließlich muss auch die Nase passen, wenn

NIKOLA	Nikolas Geburtstag

5. Szene	Wohnung Nikola	Innen/Tag

Im Anschluss. Schmidt und Nikola kommen in den Flur.

> **SCHMIDT**
> Ich stehe meiner Kollegin lediglich in einer schweren Stunde bei.

> **NIKOLA**
> Gut, das Gleiche können Sie jetzt für mich tun!

Schmidt schaut sich um und fährt mit der Hand über die Wand.

> **SCHMIDT**
> Wieso? Sehen Sie sich das doch an – perfekt gestrichen!

> **NIKOLA**
> Ja, vor fünf Jahren.

Sie gehen ins Wohnzimmer, das einem Schlachtfeld gleicht: Die Möbel sind in der Mitte zusammengeschoben und mit Malerfolie bedeckt, überall stehen Farbeimer, Pinsel, Rollen und andere Utensilien. Nur eine Wand ist gerade mal zur Hälfte gestrichen.

> **NIKOLA (Cont.)**
> Hey, er hat heut' 'ne halbe Wand geschafft!

Schmidt mustert die Wand.

> **SCHMIDT**
> Dafür ist die aber auch perfekt – keine Farbnasen und alles akkurat in Faserrichtung gestrichen!

> **NIKOLA**
> Aber eine wichtige Sache fehlt eben.

> **SCHMIDT**
> Wenn Sie guten Geschmack meinen – die Farbe haben Sie selbst gewählt.

Autoren: Michael Gantenberg, Marko Lucht, Marcus Raffel, Mark Werner

---

NIKOLA	Nikolas Geburtstag

NIKOLA
Nein, ich meine den Anstreicher.

SCHMIDT
Vielleicht hat er <u>auch</u> Mittagspause?

NIKOLA
Oder <u>immer</u> <u>noch</u> Frühstückspause.

Seibel kommt aus der Küche dazu, er steckt einen Schraubenzieher in seinen Overall.

SEIBEL
Oh. Tach, Doktor Schmidt! Wie geht's Ihnen?

SCHMIDT
Sehr gut, Herr Seibel – und selbst?!

Seibel lächelt kurz.

NIKOLA *(ungeduldig)*
Soll ich den Herren vielleicht noch 'nen Kaffee machen?

SEIBEL
Nee, davon werd' ich immer ganz hektisch.

NIKOLA
Das glaub' ich erst, wenn ich's sehe.

Seibel streicht weiter die Wohnzimmerwand. Schmidt sieht ihm dabei zu.

SCHMIDT
Saubere Pinselführung.

NIKOLA
Sonst haben Sie nichts zu sagen?! *(guckt auffordernd)*

Autoren: Michael Gantenberg, Marko Lucht, Marcus Raffel, Mark Werner man in den nächsten Jahren fünf bis sieben Tage die Woche und bis zu zehn, zwölf Stunden täglich unter Hochdruck und im Produktionsstress zusammen arbeitet. Und zusammen heißt in einer Firma, auf einem Flur, vielleicht sogar in einem Raum! Sitcom-Autoren arbeiten in Teams. Dichter und Denker, die mittags aufstehen und sich an ihren Eichenholzschreibtisch setzen, um sich von der Muse den Schlaf vertreiben zu lassen, haben keine Chance!

Die meisten Sitcoms entstehen aus einem Kreativteam heraus, das eine Vision (für die Serie, die Staffel, die Episode) entwickelt und diese Vision viele Wochen diskutiert, kritisiert und weiterführt (oder auch manchmal verwirft und wieder von vorne beginnt). Dieses Team aus Producer(n) und Autor(en) begleitet die Serie im besten Fall bis zu ihrer letzten Folge nach hoffentlich vielen erfolgreichen Jahren. Das Team lebt in dieser Zeit mit den Figuren, kennt sie so gut wie die eigene Familie und versucht, auch nach fünf Jahren noch neue Wege und Winkel zu entdecken, die spannende und komische Episoden ermöglichen. In so ein Team kann man sich nicht von heute auf morgen einfügen. Das dauert und muss passen – deshalb das *spec script!*

Das Autorensystem

Bedingt durch das *Prinzip Teamarbeit* beim Sitcom-Schreiben dürfen eine Menge Leute bei einem Drehbuch mitreden: Die Serienerfinder, der Produzent, die Executive Producer, die Headwriter, die Producer, die Staffwriter, die Freelancer, dann die Herstellungsleitung, die Produktionsleitung, der Regisseur, die Schauspieler und die Redakteure des Senders, der die Sitcom in Auftrag gegeben hat, sie bezahlt und ausstrahlt. Am Ende müssen alle glücklich sein. Unmöglich? Stimmt. Aber alle versuchen, dem vollständigen Glück so nahe wie möglich zu kommen. Das kostet allerdings – Geld und noch mehr Zeit.

Aber zum Glück hat der Autor ja Ruhe, sobald er sein Script abgegeben hat! – Falsch! Der Autor hat erst Ruhe, wenn die Episode im Kasten ist. Bis dahin muss er jederzeit damit rechnen, dass eine Szene umgeschrieben, ein neuer Gag erfunden oder bereits Geschriebenes weggekürzt werden muss. Und selbst wenn alles abgedreht ist, kann es noch Arbeit geben: Die Folge ist zu kurz geworden, es fehlt eine Minute. Jetzt muss das *perfekte* Buch um eine Szene verlängert werden. Eine Szene, die sich nahtlos in das gedrehte Material fügt, die am Ende nicht langweilig und drangepappt aussieht, eine Szene, die ohne Reibungsverluste in die Episode integriert werden kann.

Doch zunächst einen Schritt zurück: Wie arbeiten die Autoren eigentlich zusammen?

Bei einer Sitcom gibt es in der Regel den oder die *creator(s),* also die Erfinder des Konzepts und Autoren des Pilotbuchs – dem ersten Buch einer Serie, das für den auftraggebenden TV-Sender produziert wird, in die Medienforschung geht und als Grundlage einer Serienbestellung oder Absage dient. Gemeinsam mit dem oder den *Executive Producers* und dem *Headwriter* wird zu Beginn des Jahres die Staffel (auch *season*) geplant. Das sind in der Regel acht bis dreizehn Folgen.

Das kreative Kernteam entwirft Bögen (Entwicklungsstränge von Figuren und Beziehungen), plant *signpost episodes* (Episoden, die eben jene Bögen abstecken, meist zu Beginn, Mitte und am Ende der Staffel) und entwickelt die einzelnen

Episoden. Bei diesem sog. *plotting* entsteht das Grundgerüst einer Episode, also Anfang, Mitte, Ende. Dabei werden das Thema der Folge, das *Problem* der Hauptfigur(en) und ihre Konflikte definiert.

Der fertige Plot wird einem Autor gegeben (entweder einem Staffwriter, einem ehemaligen Staffwriter oder einem langjährig mit der Sitcom bzw. Produktionsfirma vertrauten Autor), der in enger Zusammenarbeit mit Executive Producer und Headwriter eine *outline* erstellt. Die Outline ist ein szenischer Abriss der Episode, in dem auch mal eine *punchline* oder ein Dialogwechsel zur Belebung des Ganzen erlaubt ist. Meist entstehen zwei, drei und mehr Fassungen einer Outline, da man hier grobe und oft auch schon verstecktere Mängel im *storytelling* erkennen und ausmerzen kann. In der Outline steckt mindestens so viel Arbeit wie später im Script.

Der Autor geht schließlich, nach unzähligen Besprechungen, zum Scriptschreiben über, nimmt sich dafür zwei, drei Wochen Zeit – nur um dann den ganzen Prozess noch mal über sich ergehen zu lassen. Plötzlich funktioniert ein ganzer Akt nicht, der Autor hat die gewünschte Vision nicht getroffen oder konnte dies nicht, weil die Vision gar nicht funktionsfähig war und, und, und ... Es lässt sich ein Dutzend Gründe für eine weitere Scriptfassung finden. In der Regel treffen mindestens elf davon zu.

Weitere Wochen und weitere Besprechungen folgen, irgendwann ist der Autor erschöpft, dem Wahnsinn nahe und kann und will nicht mehr. Jetzt sind die Staffwriter dran!

Das Script wird von einem Autorenteam übernommen, das sämtliche Bücher der Serie in die Mangel nimmt. Sie sorgen mit dem Headwriter dafür, dass die Story stimmt, die Figuren sprechen, wie der Zuschauer es kennt, dass die Dialoge glänzen und die Witze immer wieder originell klingen und *in character* sind. In dieser Phase ist es nicht ungewöhnlich, dass ein Script zu sechzig bis hundert Prozent neu geschrieben wird. Was für ein Wahnsinn!

Wofür dann all die Gespräche, warum wurde der Buchautor so lange gequält? – Weil es notwendig war! Executive Producer und Headwriter betreuen nicht nur ein Buch, sie müssen die ganze Staffel in Gang setzen und in Gang halten. Dazu arbeiten sie mit mehreren Autoren parallel (der Executive Producer oft sogar an verschiedenen Serien gleichzeitig). Erst wenn ihr Team ein Buch übernimmt, geht es um alles oder nichts. Bis dahin aber müssen alle Fehler gemacht sein, wenn es jetzt nicht glatt läuft, explodiert der Motor.

Der Buchautor ist also gewissermaßen in den Wald gelaufen und hat jeden gangbaren Weg ausgekundschaftet, dabei hat er sich natürlich in unzählige Sackgassen verirrt. Das Team aber hat dadurch am Ende den Luxus, alle falschen Wege zu kennen und an ihnen vorbei den richtigen *Storyweg* gehen zu können. Der erste Autor hat ihnen also die schlimmste und mühseligste Arbeit abgenommen und ist im besten Falle selbst schon auf dem richtigen Pfad gelandet und möglichst weit gekommen.

Die Staffwriter treffen sich jeden Morgen mit Executive Producer und Headwriter zur Besprechung des Tagesplans. Dazu hat jeder das aktuelle Script gelesen und sich Notizen gemacht. Dann werden Mängel besprochen, Lösungsvorschläge gemacht, Szenen und Dialoge *gepitcht* [1] und die Arbeit verteilt. Oft schreiben die Staffwriter einzelne Szenen, der Headwriter übernimmt sie, fügt sie zusammen, ändert, ergänzt oder glättet sie. Am Abend hat man dann eine neue Fassung des Aktes oder des Scripts, die wiederum am nächsten Morgen besprochen wird. So wird jedes Buch noch einmal einige Wochen lang bearbeitet. **So lange, bis alles stimmt:** Das Buch hat ein Thema, die Hauptfigur ein Problem, die Charaktere agieren wie lebendige Menschen, die Struktur ist wasserdicht, die Dialoge sind witzig! Hm ... Aber witzig genug? Nein! Bevor das Buch an den Regisseur und alle anderen Beteiligten geht, setzen sich alle Autoren noch einmal hin. Beim so genannten *punch up* werden Dialogwitze und Szenen-Enden verbessert. Das kann einen ganzen Tag in Anspruch nehmen. Jeder Autor überlegt sich neue Gags und denkt noch einmal um die Ecke. Im besten Fall kann dann aus einem Dutzend Alternativen, die ansprechendste und originellste ausgewählt werden. Beim Sitcom-Schreiben kommt der Lacher zum Schluss!

Wie sieht ein Sitcom-Drehbuch aus?

Die Länge eines Sitcom-Drehbuchs hängt ganz von der Serie ab. Eine Serie, in der es schnelle Dialogwechsel gibt wie z. B. „Nikola", hat natürlich mehr Seiten als beispielsweise „Mein Leben & Ich", wo mit einem erzählerischen *voice over* (Alex' Tagebuchstimme) gearbeitet und ein völlig anderer Stil verwendet wird. Im Zweifelsfall fragt man am besten bei der Produktionsfirma nach, wie viele Seiten bzw. Wörter oder Zeichen im Schnitt pro Buch benötigt werden.

Es gibt nicht DAS Drehbuchformat, es gibt nur eine Menge Fehler, die man bei der Benutzung von Regieanweisungen und Formatierungen machen kann. Die einfachste Lösung für das Problem: Entweder man verlässt sich auf die Scriptbeispiele der Drehbuchsoftware, wo die Formate für verschiedene Fernsehserien vorgefertigt sind, oder man fragt bei der Produktionsfirma nach, für die man ein Probebuch schreiben möchte, und bekommt im besten Falle sogar ein Beispielscript zugeschickt.

Ist es überhaupt sinnvoll, sich als Sitcom-Autor zu bewerben?

Wenn bisher vielleicht manches negativ klang – ja, es ist sinnvoll, sich zu bewerben! Talentierte, teamfähige und disziplinierte Autoren setzen sich am Ende immer durch.

Die hier geschilderten Abläufe und Arbeitssysteme entsprechen zum größten Teil dem amerikanisierten System einer Produktionsfirma wie *Sony Pictures FFP GmbH*. Die Methodik des langjährigen deutschen Marktführers in Sachen Sitcom hat sich aber auch bei anderen Produktionsfirmen durchgesetzt.

Es existieren allerdings auch völlig andere, ebenfalls erfolgreiche Autorensysteme, die einem Anfänger durchlässiger erscheinen mögen. Das heißt aber nicht, dass man mit einem *spec script* auch dort nicht noch viel bessere Chancen hat und auf einem höheren Level einsteigen kann. Die Mühe lohnt sich also in jedem Fall. Ein gutes *spec script* ist die Visitenkarte eines Autors.

Und die gute Nachricht zum Schluss: Beim Sitcom-Schreiben ist man (fast) nie allein, jeder darf auch mal einen schlechten Tag haben – und es gibt auf jeden Fall viel zu lachen!

Adressen & Produktionsfirmen (Auswahl)
Cologne Sitcom, www.cologne-sitcom.de (z. B. „Bernds Hexe", „Das Amt")
UFA Film & TV Produktion GmbH, www.ufa.de (z. B. „Der Heiland auf dem
Eiland", „Kalle kocht")
Brainpool TV GmbH, www.brainpool.de (z. B. „Anke", „Der Doc")
Zeitsprung Film + TV Produktions GmbH, www.zeitsprung.de (z. B. „Krista")
Endemol Deutschland GmbH, www.endemol.de (z. B. „Unter Brüdern")
Sony Pictures Film und Fernseh Produktions GmbH, www.sonypictures-tv.de (z. B.
„Alles Atze", „Die Camper", „Nikola", „Mein Leben & Ich", „Ritas Welt")

Literaturtipps (Auswahl)[2]
Jürgen Wolff: Sitcom. Ein Handbuch für Autoren. Köln 1997 (sehr empfehlens-
wertes Standardwerk, muss jeder Sitcom-Autor kennen)
John Vorhaus: Handwerk Humor. Frankfurt a. M. 2001 (Das Buch zum Thema
Comedyschreiben)
Daniela Holzer: Die deutsche Sitcom. Bergisch Gladbach 1999 (ausführliche
Forschungsarbeit zum Genre)

---

[1] Siehe dazu den Beitrag „Heute schon gepitcht" von Sibylle Kurz (S. 385 ff.)
[2] Siehe dazu die Referenzbibliografie (S. 404 ff.)

Ohne Wirkung geht gar nichts – Warum sich deutsche Drehbuchautoren mit bewegenden Kinostoffen so schwer tun
Beitrag von Dirk Blothner

Das Lamento über die internationale Bedeutungslosigkeit des deutschen Kinos nimmt kein Ende. Weil ein entscheidender Punkt in den seit Jahren zu hörenden Klagegesängen meist untergeht: Wirkung haben Filme nur dann, wenn sie den Mut aufbringen, die Zuschauer in das Herz der menschlichen Wirklichkeit zu führen. Damit beschäftigt sich die tiefenpsychologische Erforschung der Wirkungsweisen von Filmgeschichten und ihrer Inhalte.

Universelle Inhalte
Kinofilme erzählen Geschichten für Millionen von Menschen in verschiedenen Ländern und den unterschiedlichsten sozialen Situationen. Ein Film kann in einem Milieu spielen, das kaum einer kennt. Entscheidend für seine Wirkung ist allerdings, dass er den Zuschauern eine Verwandlung auf der Linie universeller Grundprobleme eröffnet. Vor ein paar Jahren leistete das „Jenseits der Stille" (1996). Seine Geschichte spielt im Milieu von Gehörlosen. Aber der Film erreichte zwei Millionen Zuschauer, weil er darüber hinaus eine alle Menschen angehende Thematik behandelte: Seine Identität finden in einer durch fremde

Forderungen und Verführungen bestimmten Welt. Ein Film kann sogar mit einer völlig unrealistischen Story erfolgreich sein: Vor einigen Jahren gelang es einem Horrorthriller, über vier Millionen Menschen tief zu bewegen. Tiefenpsychologisch gesehen kein Wunder, denn „The Sixth Sense" (1999) lässt Zug um Zug nachvollziehen, wie sich unterschiedliche, in Befürchtungen und Missverständnisse eingesponnene Menschen, einander verstehen lernen. Der Wunsch, sich im Verstehen näher zu kommen, beschäftigt die Menschen jeden Tag. In ihrem Alltag bleiben sie in genau solchen Entwicklungen stecken, die „Jenseits der Stille" oder „The Sixth Sense" behandeln. Wenn sie ins Kino gehen, können die Zuschauer das Festgefahrene in Fluss bringen. Es wird ihnen ermöglicht, komplette Sinnentwicklungen auf einem sicheren Stuhl zu erleben. Für solche Verwandlungserlebnisse nehmen sie die Anfahrt zum Kino in Kauf, zahlen Eintritt und lassen sich zwei Stunden lang, neben wildfremden Menschen sitzend, auf die Filmgeschichte ein.

In Diskussionen wird unermüdlich wiederholt, das Publikum nehme nur dann deutsche Filme an, wenn sie als seichte Komödien daherkommen. Diese Auffassung stellt eine fatale Unterschätzung der Kinogänger dar. Sicher, relativ gut umgesetzte Ablacher werden von einem gewissen Segment des Marktes immer akzeptiert werden. Doch mit dem Herz wird das breite Publikum nur auf Komödien reagieren, wenn sie universelle Verwandlungserlebnisse ermöglichen. „Der bewegte Mann" (1994) war gut gemacht und hatte viele Lacher. Über seine komischen Momente hinaus, griff er jedoch mit geradezu traumwandlerischer Sicherheit eine drängende Zeitströmung auf. Er breitet die Gleichwertigkeit der 90er Jahre aus, den Spaß am Anything Goes. Zugleich aber lässt er durch alles hindurch eine Sehnsucht nach Verbindlichkeit anklingen. Sowohl in den treuen Augen Joachim Króls, als auch in dem Bestreben Axels (Til Schweiger) sich zur Übernahme der Verantwortung für sein Kind durchzuringen. Indem sie die Witze der Komödie genießen, geraten die Zuschauer zugleich in eine Entwicklung, die ihre Erfahrungen mit dem Zeitgeist der 90er Jahre bündelt und darüber hinausführt. Die ebenfalls gut umgesetzte und ein Jahr später gestartete Komödie „Stadtgespräch" (1995) zum Beispiel räumte ein solches in den Lebensproblemen junger Menschen verankertes Erlebnis nicht ein. In den Einspielergebnissen schlug sich das nieder: „Der bewegte Mann" hatte 6,5 und „Stadtgespräch" 1,5 Millionen Zuschauer. Komödie ist eben nicht Komödie. Für die Wirkung eines Genrefilms ist entscheidend, mit welchem Tiefenthema er die Sehnsucht der Menschen nach Verwandlung anspricht.

Manchmal sind fesselnde Verwandlungserlebnisse zwar angelegt, aber sie werden von der erzählten Geschichte nicht konsequent genug durchgeführt. Das kann sich fatal auswirken. Die aufwändige deutsche Produktion „Marlene" (1999) hatte alle Chancen, ein Publikumsfilm zu werden. Aber hier haben die Produzenten das Verwandlungsbedürfnis der Kinogänger übersehen. Der Film fängt mit einer Frage an, die alle angeht: Wird Marlenes lustorientierte Ziellosigkeit im Bild des Filmstars eine Richtung erhalten? Die Menschen werden auf ihre eigenen Tagträume von der großen Karriere angesprochen. Ähnlich bewegend läuft der Film nach zwei Stunden auf sein Ende zu: Die exzentrische Diva findet zu einer durch Werte bestimmten Lebenseinstellung. Wollen wir nicht alle bessere

Menschen werden? In seinem Mittelteil verliert der Film jedoch das Publikum aus den Augen. Da zeigt er ihm eine locker verbundene Serie von Episoden aus dem Leben des Stars. Sie stellen keine miteinander verbundenen Zwischenstücke bereit, über die das Publikum auf den bewegenden Schluss zugeführt wird. Es verliert das Interesse und fühlt sich um ein spürbares Verwandlungserlebnis geprellt. Diese Missachtung der Zuschauerbedürfnisse führte mit dazu, dass die 20 Millionen Mark teure Produktion keine 0,5 Millionen Zuschauer erreichte.

Wie man die Lebensgeschichte einer historischen Figur und aktuelle seelische Strömungen miteinander verkoppeln kann, zeigte 2003 die deutsche Produktion „Luther". Dem Film von Eric Till mit Joseph Fiennes in der Hauptrolle traute kaum einer zu, ein größeres Publikum zu erreichen. Zu sehr klebte die Geschichte an historischen Details und zu wenig konnte man sich mit dem Helden des Films, dem mutigen Reformator und Aufklärer Martin Luther, identifizieren. Doch beim Start des Films im Oktober 2003 bildeten die Geschichte von „Luther" und aktuelle Hoffnungen und Befürchtungen der Zuschauer eine Wirkungseinheit, in der der Reformstau in der Bundesrepublik Deutschland und die Sehnsucht nach Veränderung einen bewegenden Ausdruck fanden. Während sich die politischen Lager bei der Durchsetzung notwendiger Neuerungen gegenseitig behinderten, sahen drei Millionen Menschen in den Kinos Luther dabei zu, wie er die unerträgliche Schräglage erkennt, angeht und verändert. Die Entschiedenheit, zu der er dabei findet, wirkt mitreißend. Hinzu kommt, dass der Film seinen Zuschauern nichts vormacht. Auf einem sicheren Stuhl kann man miterleben, dass nachhaltige Veränderungen notwendig mit Parteibildungen, mit Kämpfen und sogar mit schmerzhaften Verkehrungen[1] verbunden sind. Wenn man aber beharrlich an dem Ziel festhält, für das Lebensganze eine bessere Ordnung zu finden, wird man mit einem Bild belohnt, das den Fragen des Lebens für einige Zeit wieder eine tragende Richtung verleihen kann. Denn das Leben muss weitergehen. Was die Besucher von „Luther" im Kino miterlebten, konnten ihnen im realen Leben weder Regierung noch Opposition schenken.

Warum wirkte „Der Untergang"?
Wenn man die Wirkung von „Der Untergang" (2004) verstehen möchte, muss man ihn in dem Kontext betrachten, in dem er zur Aufführung gelangte. Einige Wochen vor seinem Start brachte derselbe Verleih mit ähnlich großem Erfolg die vom Publikum lang erwartete Klamauk-Komödie „(T)raumschiff Surprise" in die Kinos. Dieser Film fasste noch einmal eine seit Beginn der 90er Jahre stetig gewachsene Unterhaltungsströmung zusammen, in der es um nichts anderes als den Spaß ewiger Kindheit und Jugend ging. Ausgelassene Comedy-Filme wie der „Schuh des Manitu" und „(T)raumschiff Surprise" kann man als Gipfelpunkte der Partyströmung verstehen, deren schnelle Drehungen über viele Jahre eine euphorische Grundstimmung modellierten, die sich über die Alltagswirklichkeit in Deutschland hinwegsetzte und ihr Heil im Dauerspaß sah. Mit „Der Untergang" erhielt nun die Gegenströmung ein Ausdrucksfeld größeren Ausmaßes, brachte andere Zuschauer in die Kinos und bot den jüngeren, von der Dauerparty erschöpften Zeitgenossen einen seelischen Verfassungswechsel an. In dem erstaunlich großen Erfolg eines Wirklichkeitsdramas wie „The Hours", gewissermaßen

aber auch in der psychischen Härte von „Der Herr der Ringe" hatte man das Erstarken dieser Strömung bereits erkennen können. Die intensive Stimmung im Führerbunker am Ende des Zweiten Weltkrieges, in der sich das Schicksal des gesamten deutschen Volkes spiegelt, in der Volksaufschwung und Führerliebe im Kanonendonner der Roten Armee verhallen, erinnerte die Kinogänger daran, dass keine Party ewig dauern kann und die Wirklichkeit darauf drängt, im Ganzen beachtet zu werden.

Wirkungsanalytisch betrachtet, handelt es sich bei „Der Untergang" um den Komplex des Scheiterns. Mit dem Scheitern von Plänen und Absichten ist jeder Mensch vertraut. Denn nicht immer laufen unsere Unternehmungen so, wie wir es gerne wollen. Das ist ein harter Aspekt der Wirklichkeit, den wir gerne verleugnen. Jahrzehntelang haben die Deutschen über steten wirtschaftlichen Fortschritt im Westen oder Fortsetzung der Diktatur unter anderen Vorzeichen im Osten versucht, das nationalsozialistische Kapitel ihrer eigenen Geschichte zu vergessen. Daher brauchte es tatsächlich 60 Jahre, bevor ein solcher Film in Deutschland gedreht werden konnte. Unter dem Eindruck der nicht mehr zu verleugnenden Bedrohung des persönlichen Lebensstandards und angesichts der zum öffentlichen Thema gewordenen Führungsschwäche der Politik waren die Menschen im Herbst 2004 bereit, auch den Untergang als eine Möglichkeit des Lebens zu begreifen.

Wenn die Zuschauer die eigenartige Verschränkung zwischen dem gebrochenen Diktatorbild und der Führersehnsucht der ihn umgebenden Generäle, Soldaten, Familien und zivilen Mitarbeiter im Kino beobachteten, konnten sie manche ihrer eigenen heimlichen Gedanken, Hoffnungen und Befürchtungen unterbringen. Sowohl die Sehnsucht nach Führungspersönlichkeiten, die die zeitgenössischen Parteien nicht zu bieten hatten, als auch die Abscheu vor dem Missbrauch der Macht ließen sich in diesem Drama mitbewegen. Nicht nur das Scheitern als Erfahrung wurde Ereignis, sondern auch das absurde Aufbäumen gegen dessen unaufhaltbaren Lauf. Das waren Momente eines unterschwelligen Alltagsdramas zu Beginn des 21. Jahrhunderts, die in dem Filmdrama über die letzten Tage in Hitlers Bunker einen verdichteten Ausdruck erhielten.

Keine Scheu vor starker Wirkung

Ein immer wieder angesprochener Unterschied zwischen deutschen und amerikanischen Produktionen wird an den sehr unterschiedlich hohen Budgets festgemacht. Den Studios in den USA steht ein Vielfaches der in Deutschland üblichen Produktionsmittel zur Verfügung. Schnell neigt man zu der Einschätzung, das Geld werde vorwiegend in aufwändige Effekte investiert. Wenn man den Unterschied jedoch wirkungspsychologisch festmacht, muss man eine ganz andere Trennungslinie ziehen. Das amerikanische Kino hält wie keine andere Unterhaltungsbranche den Finger an den Puls der Zeit. Bei Filmen wie „Titanic" oder „Gladiator" (2000) bekommt man den Eindruck, dass die großen Studios die neuesten Erkenntnisse von Kultur- und Marktforschung bei der Stoffentwicklung im Blick haben. Die großen Produktionen streben an, unbewussten Zeitströmungen im Kino ein attraktives Ausdrucksfeld zu schaffen.

In den USA hat man verstanden: Das Kino ist nicht nur Stätte der leichten Unterhaltung, sondern zugleich Sinnschmiede einer Gesellschaft, in der es kaum noch Institutionen gibt, die den Menschen sagen, wie das Leben im dritten Jahrtausend weitergehen könnte. Um hier nur einige Andeutungen zu machen: „Titanic" ist nicht nur ein spektakulärer Katastrophenfilm. Zugleich klinkt er sich in eine mächtige Zeitströmung ein, die für Millionen von Menschen eine Lösung ihrer Verspannungen verspricht: Ein Rahmenwechsel vom Glauben an den Halt durch Technologie und Wissenschaft zum Glauben an den Halt durch zwischenmenschliche Verbindlichkeit. Und „Gladiator" setzt gezielt auf das Bedürfnis nach entschiedener Durchsetzung von Werten in einer Kultur, in der eitle Auftritte, schnelle Gewinne und blinder Machterhalt das Glück auf Erden versprechen. Diese zeitgemäßen Inhalte ausfindig zu machen oder zu erspüren, ist in den USA Teil des Kino-Geschäfts. Das deutsche Kino vernachlässigt diese Inhalte. Ja manchmal scheint es ihnen geradezu entgegenzuwirken. Wie lässt sich diese Haltung erklären?

Aufgrund unserer jüngsten Geschichte haben wir in Deutschland eine fast unüberwindliche Scheu, Wirkungsprozesse zu gestalten, die Millionen von Menschen in ein und dieselbe Richtung ziehen. Wir finden es ethisch bedenklich, massenwirksame Strömungen für das Kino auszunutzen. Dagegen halten wir es für korrekt, solche Wirkungsprozesse zu bremsen, ihnen Stolpersteine in den Weg zu stellen. Diese Bedenken stehen der Entwicklung wirklich breitenwirksamer Filme jedoch im Weg. Es gibt Anzeichen dafür, dass die jetzt heranwachsende Generation junger Drehbuchautorinnen und -autoren sich von dieser Last zu befreien beginnt. Doch man muss sie dabei unterstützen, sich an die universellen Inhalte heranzuwagen. Die Erfahrungen bei der Ausbildung von jungen Autoren machen aber eher darauf aufmerksam, dass sie in dieser Beziehung von der die Universitäten, Filmschulen und Drehbuchwerkstätten dominierenden 68er-Generation der Lehrenden und Leitenden oft nicht gefördert, sondern eher behindert werden.

Das amerikanische Kino hat nach dem 2. Weltkrieg seine Wirkungsmechanismen kontinuierlich weiterentwickelt. In Deutschland klafft in dieser Beziehung eine große Lücke. Wenn man die amerikanischen Filme der 40er oder 50er Jahre mit den heutigen Produktionen vergleicht, fällt vor allem auf, dass die neueren Filme in einem viel stärkerem Maße auf die Modellierung wuchtiger und tief bewegender Erlebnisse aus sind. Sie wollen nicht nur eine Geschichte erzählen oder Ereignisse vor Augen führen. Sie wollen die Zuschauerinnen und Zuschauer in Wirkungsprozesse einbinden, bei denen ihre drängenden Fragen und ihre ganze unbewusste Intelligenz partizipieren. Diese wirkungspsychologische Seite des Geschäfts ist in den USA nicht nur für die DrehbuchautorInnen, sondern auch für Regisseure und Produzentinnen selbstverständlich. In Deutschland bestehen noch immer Berührungsängste.

In einer Zeit, in der im Westen Ideologien und Religionen an Anziehung verloren haben, steigt der Hunger nach Sinn, nach bedeutsamen Inhalten ins Unermessliche. Wer bemüht sich denn heute darum, die Hoffnungen und Befürchtungen der Menschen zu verstehen, ihre Bedürfnisse zu orten? Die PolitikerInnen haben aufgehört, Visionen zu entwickeln und verstehen sich als

Manager der Globalisierung. Auf diese Weise wird das Sinnvakuum immer größer. Es ist immer wieder überraschend, was für einen starken, ja aufrüttelnden Eindruck Filme wie „Gladiator", „Titanic", „Fight Club" (1999) oder „American Beauty" (1999) bei jungen Menschen hinterlassen. Hier ist deutlich spürbar, es geht den Zuschauern nicht um oberflächliche Unterhaltung. Sie benutzen das Kino, um Anstöße und Orientierungen für ihr Leben zu finden. Konsumgüterwirtschaft und Werbung haben den Hunger nach Sinn schon lange entdeckt und schicken tiefenpsychologische Marktforscher ins Feld, um herauszubekommen, was die Menschen wirklich bewegt. Sie wissen, dass sie nicht nur Getränke und Cremes verkaufen, sondern zugleich Orientierungen im unübersichtbar gewordenen Alltag. Wenn die deutsche Kinoproduktion nicht den Mut aufbringt, diese Aufgabe ebenfalls zu übernehmen, wird sie ihren Marktanteil wohl nie vergrößern. Zu Recht fragte daher Kulturstaatsminister Dr. Michael Naumann im Vorfeld der Verleihung des Deutschen Filmpreises 2000, warum es keine anrührenden deutschen Liebesfilme gebe. Ein Teil des Problems ist mit dem Wort „anrührend" richtig erkannt: Leider berühren nur wenige Filme aus Deutschland die wirklichen Lebensprobleme der Menschen.

Die Dinge an der Wurzel packen

Was ist zu tun? Zunächst einmal sollte man aufhören, über das fehlende Geld zu jammern und den Amerikanern die Produktion der teuren Spektakel überlassen. Diese sind für das Kino insgesamt wichtig, aber angehen sollte sie nur, wer wirklich das Budget dazu hat. Von den von Fördergeldern abhängigen deutschen Kinoproduzenten sind solche Großproduktionen in nächster Zeit nicht zu stemmen. Dann sollten sich Autorinnen, Regisseurinnen, Produzenten und Filmförderer eine lebendige Vorstellung sowohl von den drängenden Fragen der Zeit, als auch dem Hunger der Menschen nach darauf bezogenen Inhalten machen. Wann immer ich öffentliche Veranstaltungen zur Drehbuchentwicklung besuche, kommt die Inhaltsdiskussion in der Regel nicht weiter als zur Unterscheidung der gängigen Genres Komödie, Action und Drama. Das sind keine Inhalte, sondern formale Begriffe. Schließlich sollten die Film- und Schreibschulen die junge Generation von AutorInnen, ProduzentInnen und RegisseurInnen ermutigen, ihre Scheu und Abwehr gegenüber starken Wirkungsprozessen zu verlieren. Es gibt in der neuen Generation der Autorinnen und Regisseure durchaus HoffnungsträgerInnen. Aber nur wer sich getraut, das Herz der Lebenswirklichkeit zu berühren, kann Millionen von Menschen gut unterhalten. Es ist nicht anstößig, deren Sehnsüchte aufzugreifen und im fiktiven Feld zu erfüllen. Das ist notwendig in einer Welt, die vom inhaltsleeren Formalismus eines „immer mehr, immer größer und besser" geradezu besessen ist.

---

[1] „Verkehrung" ist eine Tatsache, kaum ein Film kommt ohne sie aus. Es handelt sich um einen deutschen Begriff, der im Rahmen unserer Morphologischen Psychologie eine hervorragende Position einnimmt. Goethe meint zum Beispiel: „Vernunft wird Unsinn, Wohltat Plage." Im Alltagsverständnis wird freilich die Verkehrbarkeit aller Pläne, Absichten und Unternehmungen gerne verleugnet.

„... alles Weitere klärt meine Agentin"
Gespräch mit der Drehbuchautorin Katharina Reschke, Berlin, und der Agentin Elke Brand, Hamburg, von der Agentur Scripts for sale [1], geführt von Michael Joe Küspert

In diversen Hollywood-Filmen wird kolportiert, dass hinter jedem Drehbuchautor ein Agent steht. Von diesen „paradiesischen" Zuständen sind wir in Deutschland weit entfernt. Das Gros der hiesigen Drehbuchautoren vertritt sich selbst, nicht immer mit glücklichem Händchen. Wie fruchtbar die Arbeit zwischen Drehbuchautorin und Agentin sein kann, wird hier an einem konkreten Beispiel aufgezeigt.

Ein Drehbuchautor sucht einen Agenten, weil er sich mit den geschäftlichen Aspekten des Drehbuchschreibens überfordert fühlt. Nach welchen Kriterien sollte er nach einer Agentur suchen?

BRAND: Ein junger Autor, der auf der Suche nach der für ihn passenden Agentur ist, sollte sich vor allen Dingen klar machen, welche Leistungen er von einer Agentur erwartet. Will er nur in einem einzelnen Projekt betreut werden oder zieht er eine dauerhafte Bindung und die damit einhergehende Betreuung seiner Autorenkarriere vor? Will er in erster Linie Hilfe in den Vertragsverhandlungen oder sind es die Kontakte des Agenten zu Produzenten und Sendern, von denen er profitieren möchte, oder benötigt er vielleicht auch eine dramaturgische Beratung? Diese Fragen sollte ein Autor für sich klären, um gezielt an eine Agentur zu treten, deren Zielsetzungen sich mit seinen Erwartungen deckt.

Wann war bei Ihnen als Drehbuchautorin der Punkt in Ihrer Karriere gekommen bzw. was war der Anlass, bei dem Sie wussten, dass Sie eine Agentin brauchen?

RESCHKE: Als ich mich entschieden hatte, mich vollständig auf das Schreiben zu konzentrieren und davon meinen Lebensunterhalt zu bestreiten. Meinen ersten Vertrag für einen Kinofilm hatte ich damals mit Hilfe eines renommierten Anwalts abgeschlossen – wobei er nicht nur den Vertrag geprüft und korrigiert hat, sondern mich auch in den Verhandlungen vertreten hat. Das war mir sehr wichtig, weil ich die kreative Zusammenarbeit mit meinen Vertragspartnern nicht durch das Feilschen um Geld und Rechte belasten wollte. Es hat zwar alles gut geklappt, doch habe ich bald festgestellt, dass ich mir über die juristische Vertretung hinaus auch eine weiter reichende Unterstützung wünsche. Als Autorin sitze ich den ganzen Tag in meinem Kämmerchen und brüte vor mich hin; da ist es ganz gut, wenn ich über die verschiedenen Geschäftspartner hinaus auch eine Ansprechpartnerin habe, mit der ich mich beratschlagen kann und die mir nach außen hin zur Seite steht – im Grunde eine Art professionelle „Familie".

Wie nimmt man mit einer Agentur Kontakt auf? Telefonisch, schriftlich, während eines Festivals, einer Filmmesse oder nur auf Empfehlung?

BRAND: Das ist sicher von Agentur zu Agentur etwas anders. Bei uns sollen die Bewerber zunächst per eMail Kontakt aufnehmen und sich und ihr Projekt mit einem Kurzinhalt (1–2 Seiten) vorstellen. Unverlangt oder anderweitig eingesandte Unterlagen werden von uns nicht geprüft. Wir setzen uns dann mit dem Bewerber in Verbindung und fordern bei Interesse weitere Leseproben an. Kontaktaufnahmen auf Festivals und Messen sind ebenfalls möglich. Alle Infos für Bewerber findet man unter der entsprechenden Rubrik auf unserer Homepage.

Nach welchen Kriterien suchten Sie eine Agentur? Wurden Sie schnell fündig?

RESCHKE: Ich hatte das Glück, dass ich durch meine vorherige Arbeit als Dramaturgin und Stoffentwicklerin mit vielen Agenturen zu tun hatte. Ich konnte auf diese Weise im Vorhinein ganz unbefangen meine Beobachtungen machen und prüfen, in welcher Weise die Agenturen ihre AutorInnen vertreten und wie hoch ihr Engagement dabei ist. Da hat sich für mich persönlich schnell die Spreu vom Weizen getrennt.

Auf der Suche nach der für mich geeigneten Agentur habe ich zum Beispiel großes Gewicht auf dramaturgische Fähigkeiten und die menschlichen Aspekte gelegt. Mir ist es wichtig, Partner an meiner Seite zu haben, die Geschichten dramaturgisch einschätzen und professionelles Feedback geben können, sodass ich meine Stoffe in ihrer bestmöglichen Form anbieten kann. Darüber hinaus möchte ich mich aber auch menschlich gut aufgehoben fühlen und eine persönliche Beziehung zu meinen AgentInnen aufbauen können. Wenn die nicht verstehen, was ich will und nach welchen Partnern ich suche, wie sollen sie dann eine gute Arbeitsgemeinschaft zusammen führen? Ich habe all diese Aspekte bei Scripts for sale gefunden und hatte das Glück, dass dies auch auf Gegenseitigkeit beruht.

Was sollten Ihnen neue Autoren außer einer Vita, Filmografie und Arbeitsprobe an weiterem Material beim Erstkontakt zusenden? Was wird bevorzugt: die Unterlagen ausgedruckt per Post zu senden oder ein Attachment etwa im PDF-Format zu mailen?

BRAND: Beim Erstkontakt eines Autors reicht zunächst neben der Vita bzw. der Filmografie ein Kurz-Exposé des aktuellen Projekts. Weitere Leseproben werden von uns nur bei Interesse angefordert. Bevorzugt behandelt werden Bewerbungen per Mail.

Nehmen wir den Idealfall an, und Sie haben freie Kapazitäten und Interesse an der Zusammenarbeit mit einer neuen Autorin. Binden Sie sich vertraglich nur für ein bestimmtes Drehbuch-Projekt aneinander oder gilt Ihr Interesse einer dauerhaften Bindung für alle Stoffe der Autorin?

BRAND: In der Regel vertreten wir keine Einzelprojekte. Ziel ist eine langfristige und kontinuierliche Zusammenarbeit und die strategische Begleitung von Autorenkarrieren, die die Vertretung sämtlicher Werke einer Autorin beinhaltet.

Was genau nimmt Ihnen eine Drehbuchagentur an Arbeit ab? Halten Sie den Anteil, den die Agentur für ihre Arbeit von Ihrem Honorar bekommt, für angemessen?

RESCHKE: Als erstes erspart mir meine Agentur eine Menge Nerven. Das ist für mich sehr viel wert! Ich finde es unangenehm, für meine Arbeit um ein angemessenes Gehalt feilschen zu müssen. Solche Verhandlungen können sehr leicht negative Energien erzeugen, die dann für die gemeinsame, kreative Arbeit nicht besonders förderlich sind.

Obwohl Scripts for sale eine der wenigen Agenturen ist, die noch aktiv raus geht und ihre AutorInnen und deren Arbeit in der Branche vorstellt, habe ich bisher meine Aufträge dennoch alle selbst akquiriert. Das liegt vor allem daran, weil ich bereits über ein gut funktionierendes Netzwerk verfüge und die Partner, die mit mir gearbeitet haben, die Zusammenarbeit auch gerne fortsetzen wollen.

Darüber hinaus bringt es mir sehr viel, dass ich mit Elke Brand über meine Stoffe reden kann und sie mich dramaturgisch berät.

Wenn mir eine Agentur dazu verhilft, dass ich glücklich meiner Arbeit nachgehen kann und das Schreiben weiterhin Spaß macht, dann ist sie ihr Honorar hundert Prozent wert.

Nehmen wir wiederum den positiven Fall an, dass Sie einen Stoff einer Ihrer Autorinnen verkaufen konnten. Schließt Ihre Tätigkeit die kompletten Vertragsverhandlungen, einschließlich der rechtlichen Bewertung mit ein? Schließen Sie den Vertrag mit dem Nutzer oder wird der Vertrag zwischen Autorin und Produktionsfirma bzw. Fernsehsender geschlossen? Kümmern Sie sich auch darum, dass die Konditionen des Vertrags von beiden Seiten eingehalten werden, z. B. pünktliche Ablieferung der Manuskripte und Eingang des Honorars bzw. der entsprechenden Rate?

BRAND: Im Falle eines Drehbuchauftrags für eine von uns vertretene Autorin übernehmen wir die gesamten Vertragsverhandlungen. Der Vertrag wird in der Regel zwischen Autorin und Produktionsfirma bzw. Sender geschlossen. Die Einhaltung der Konditionen von beiden Seiten wird von der Agentur beaufsichtigt und gegebenenfalls angemahnt.

Sind Sie bei der Akquise allein auf Ihre Aktivitäten angewiesen oder gibt es auch Produzenten und TV-Redaktionen, die von sich aus aktiv werden, Themen vorschlagen und unbedingt mit Ihrer Autorin XY arbeiten wollen?

BRAND: In der Regel läuft die Akquise beidseitig: Sowohl wir nehmen Kontakt zu Produzenten und Sendern auf, aber auch Produzenten und Sender, die auf der Suche nach bestimmten Stoffen beziehungsweise Themen sind, wenden sich an uns, um mit Autoren in Kontakt zu treten. Zurzeit, da immer weniger Eigenproduktionen im Fictionbereich produziert werden, müssen die Agenturen jedoch verstärkt Akquise und Stoffentwicklung betreiben.

Bekommen Sie jetzt finanziell attraktivere Verträge durchgesetzt? Können Sie es sich nun leisten, manchmal „nein" zu einem Angebot zu sagen?

RESCHKE: Ich habe schon den Eindruck, dass Autoren mit einer Agentur an ihrer Seite respektvoller behandelt werden und möglicherweise auch eine bessere Chance haben, überhaupt einen Kontakt zu knüpfen. Grundsätzlich liegt es aber immer bei einem selbst, ob es gelingt, die Produzenten oder Redakteure zu überzeugen, dass sie gerne mit einem arbeiten und sich das dann auch rumspricht. Im Moment muss ich leider sehr häufig „nein" sagen. Das liegt jedoch daran, dass ich meine Prioritäten, was den Spaß und die Zufriedenheit an der Arbeit betrifft, höher gesetzt habe. Ich achte sehr viel mehr darauf, mit wem ich eine Zusammenarbeit eingehe und ob wir wirklich die gleiche Vision und Arbeitsweise haben. Denn dann wird auch das Projekt gut.

Gelegentlich hört man von Autoren, dass ihr Agent bei Verhandlungen mit dem Auftraggeber nicht besonders tough war. Und nicht einmal die im Vorgespräch zwischen Autor und Agentur festgelegten Mindestforderungen durchsetzen konnte. Wie kann man als Autor einen Agenten bei solchen Verhandlungen unterstützen? Oder wäre eine solche Erfahrung der Anlass, über einen Agenturwechsel nachzudenken?

BRAND: Die Mindestforderungen sollte ein Agent bei Vertragsverhandlungen mit der Produktionsfirma durchsetzen können. Falls dies nie oder nur selten der Fall ist, sollte sich ein Autor überlegen, ob eine Vertretung durch die von ihm gewählte Agentur noch sinnvoll ist. Falls ein Produzent mit seinem Angebot unter den Mindestanforderungen des Autors bleibt, könnte eine Agentur ihrem Autor gegebenenfalls dazu raten, den Auftrag abzulehnen und den Stoff bei anderen Sendern/Produktionsfirmen anzubieten.

Arbeiten Sie als Agentin mit den Autoren auch inhaltlich an den Stoffen oder überlassen Sie das den Vertragspartnern, sprich Produzenten und Redakteuren?

BRAND: Ein Schwerpunkt unserer Autorenbetreuung ist neben den Vertragsverhandlungen und der Akquise die dramaturgische Beratung. Wir begleiten den Entwicklungsprozess eines Stoffes und kommentieren ihn in seinen verschiedenen Fassungen, bevor er Produzenten bzw. Redakteure erreicht.

Kümmern Sie sich als Drehbuchagentin auch um andere Verwertungsmöglichkeiten für einen Filmstoff?

BRAND: Da wir neben Drehbuchautoren auch Romanautoren und Verlage vertreten, haben wir bei der Prüfung der Filmstoffe immer auch die literarische Verwertbarkeit eines Stoffes im Blick. Gegebenenfalls regen wir dazu an, einen Stoff, der ursprünglich als Filmstoff geplant war bzw. bereits verfilmt wurde, auch als Roman auszuarbeiten. Das sind jedoch eher Ausnahmefälle, da nicht jeder Drehbuchautor auch für den Romanbereich geeignet ist.

In welcher Höhe wird eine Agentur üblicherweise an den Honorareinnahmen der Autorin beteiligt? Was ist von Agenturen zu halten, die als erstes Gebühren fürs Lektorat etc. von AutorInnen verlangen, bevor sie einen Vertrag schließen wollen?

BRAND: Die Provision für die Arbeit einer Agentur kann zwischen 10 und 15 Prozent betragen. Eine Agentur erhält ihre Provision in der Regel als reine Erfolgsprovision, das heißt erst dann, wenn die Autorin selbst das Honorar bekommt, erhält die Agentur ihr Honorar. Mit der Provision sind dann sämtliche Leistungen der Agentur abgedeckt. Wenn der Autorin vorher Kosten berechnet werden, sollte man das Angebot genau prüfen und sich darüber informieren, welche Autoren die Agentur vertritt und mit welchen Kunden sie zusammenarbeitet.

Wenn sich nach einiger Zeit herausstellen sollte, dass niemand an dem Stoff interessiert ist oder die Zeit dafür nicht passend ist, wie reagieren Sie gegenüber den Autoren? Lösen

Sie den Vertrag oder stellen Sie anheim, dass sie ihr Glück selbst versuchen können, ohne dass Sie bei einem Erfolg finanziell partizipieren wollen?

BRAND: Bei Stoffen, die nach aktiver Akquise von Seiten der Agentur nicht untergebracht werden können, kann der Autor natürlich selbst die Akquise in die Hand nehmen oder den Stoff noch einmal grundlegend überarbeiten. Da unsere Verträge nicht an Einzelprojekte gebunden sind, wäre dies in der Regel kein Grund, einen Autorenvertrag aufzulösen. Im seltenen Fall, dass sämtliche Stoffe des Autors nicht unterzubringen sind, stellt sich natürlich die Frage, ob es für die Agentur noch sinnvoll ist, den Autor in Zukunft zu betreuen. In einem solchen Fall wäre eine Trennung im gegenseitigen Einvernehmen in Betracht zu ziehen.

Nicht selten gibt es Streitereien zwischen Autoren und Agenten und noch häufiger zwischen Autoren und den Verwertern der Stoffe. Was sind die häufigsten Streitpunkte? Gibt es alternative Wege – außer dem Gang zu den Gerichten – diese Streitereien zum Nutzen des Stoffes beizulegen?

BRAND: Streitpunkte bei Auseinandersetzungen zwischen Autoren und Redakteuren bzw. Produzenten sind häufig inhaltliche Divergenzen. Oftmals hat ein Redakteur von einer Geschichte eine andere Vision als die Autorin und möchte diese verwirklicht sehen. Hier kann es helfen, wenn eine Agentin vermittelt. Weitere Streitpunkte sind häufig vertraglicher und finanzieller Art. Damit diese nicht zu Missstimmungen zwischen Produzenten und Autoren führen, ist es gut, wenn die Agentur als Verhandlungspartnerin dazwischen geschaltet ist.

Wenn es zu einem Rechtsstreit einer Autorin mit einem Vertragspartner kommt, steht dann die Agentur für die Kosten des Rechtsstreit ein oder muss sich die Autorin selbst davor schützen?

BRAND: In der Regel steht die Autorin selbst für die Kosten eines Rechtsstreits ein.

Stehen Sie als Autorin mit Agenten bei inhaltlichen Auseinandersetzungen mit Produzenten und Redakteuren besser da?

RESCHKE: In der direkten, praktischen Arbeit nicht, aber mental schon, denn ich kann mir ja in meiner Agentur eine zweite Meinung holen und das gibt natürlich Kraft und Selbstvertrauen.

Agentin zu sein hat sehr viel mit Sensibilität zu tun, damit, ein gutes Netzwerk zu haben und ein Gespür dafür, was wo geht. Das kann man nicht lernen im klassischen Sinne, das hat man. Aber es gibt viele andere Aspekte in der täglichen Arbeit einer Agentin, da könnte eine gezielte Aus- oder Weiterbildung durchaus eine große Unterstützung sein. Würden Sie sich ein (staatliches) Ausbildungsangebot für künftige Agentinnen und Agenten wünschen oder fordern?

BRAND: Der Beruf der Drehbuchagentin in Deutschland ist in erster Linie von Quereinsteigern bestimmt, noch gibt es hierzulande kein eindeutiges Ausbildungsprofil. Wünschenswert wäre daher eine gezielte Ausbildung für die Agenturtätigkeit, um die kompetente und seriöse Vertretung von Autoren in der Zukunft zu sichern. Denkbar wäre eine Ausbildung in Form von Volontariaten in Drehbuchagenturen oder ein staatliches Ausbildungsangebot an Filmhochschulen, das sowohl die dramaturgische als auch die vertragliche Seite des Berufsbildes lehrt.

Was reizt Sie persönlich an der Arbeit einer Drehbuchagentin?

BRAND: Reizvoll an der Arbeit einer Drehbuchagentin ist das Vermitteln zwischen Autoren und Produzenten, die Tätigkeit als kommunikative „Schnittstelle" sowie das Begleiten kreativer Prozesse. Daran teilzuhaben, wie aus einer Idee eine Geschichte wird, und diese in ihren verschiedenen Stadien zu begleiten, ist immer wieder spannend und lässt den Alltag einer Drehbuchagentin nie eintönig werden.

In Deutschland gibt es für alles einen Verband, aber warum gibt es keinen Verband der Drehbuchagenturen? Wäre die Mitgliedschaft in solch einem Verband nicht auch ein Garant für eine gewisse Qualität der Arbeit eines Agenten?

BRAND: Dass es in Deutschland keinen Verband der Drehbuchagenturen gibt, ist in der Tat zu bemängeln. Die Mitgliedschaft in einem solchen Verband könnte als Qualitätsmerkmal gelten und böte Autorinnen und Autoren bei der Bewerbung zusätzliche Orientierung. Daher ist zu wünschen, dass sich in den nächsten Jahren ein Verband der Drehbuchagenturen formiert, der auch für eine bessere Kommunikation und einen regeren Austausch der Agenturen untereinander sorgen könnte.

Die Zahl der Drehbuchagenturen hierzulande ist nicht gerade groß. Sehen Sie eine positive Entwicklung, also eine größere Anzahl von kompetenten DrehbuchagentInnen, auf uns zukommen?

BRAND: Die Anzahl der Drehbuchagenturen in Deutschland wird in den nächsten Jahren sicherlich weiter steigen. Zwar werden Drehbuchagenturen sich noch eine Weile gedulden müssen, bis sie denselben Stellenwert erreichen wie in den USA, wo ein Drehbuch, das ohne den „Umweg" über eine Agentin von einem Produzenten nicht gelesen wird. Dennoch zeigt die große Zahl der Autoren-Bewerbungen, dass Agenturen in Deutschland immer gefragter werden und an Stellenwert gewinnen.

Was könnten Sie sich in Deutschland an Verbesserungen der noch jungen Agentur-Kultur vorstellen? Was wünschen Sie sich?

RESCHKE: Ich würde mir wünschen, dass es noch mehr so engagierte und fachkundige Agenturen gibt, wie ich sie erlebe. Das heißt nicht nur Agenten, die einfach Stoffe verkaufen wollen oder die Sache von der rein juristischen Seite sehen, sondern solche, die sowohl dramaturgische Erfahrungen mitbringen und den Markt kennen als auch die menschliche Komponente dabei nicht unterschätzen. Denn wenn man Autoren mit ihren Geschichten vertreten will, dann heißt das auch, dass man diese Menschen persönlich schätzen, vertrauen und kennen muss.

---

[1] *Mehr zum Thema Agenturen findet sich im ersten Teil des Gesprächs „Drum prüfe, wer sich länger bindet" auf Seite 238 ff., das Sandra Uschtrin mit Elke Brands Kollegin und Geschäftspartnerin Petra Hermanns führte.*

Drehbuchagenturen und mehr
Zusammenstellung von Michael Joe Küspert

Diese Informationen beruhen weitestgehend auf den Angaben der Agenturen selbst. Die Nichtaufnahme einer Agentur stellt keine Bewertung dar, sondern ist der Tatsache geschuldet, dass entweder keine weiteren Drehbuchautoren aufgenommen werden oder die Agenturtätigkeit im Bereich Drehbuch nur marginal ist.

I. DREHBUCHAGENTUREN

Above the line – Agentur für Autoren, Regisseure und Schauspieler GmbH, Goethestr. 17, D-80336 München, fon: 089/5990840, fax: 089/5503855, mail@abovetheline.de; **Above the line Berlin GmbH**, Oranienburger Str. 5, D-10178 Berlin, fon: 030/2887730, fax: 030/28877310, buero-berlin@abovetheline.de, www.abovetheline.de. – *Above the line* wurde 1997 von Sigrid Narjes gegründet. Seit 2001 wird die Münchener Niederlassung durch die *Above the line Berlin GmbH* (Geschäftsführung: Uschi Keil) ergänzt. Beide Agenturen betreuen ca. 85 Autoren für Film und Fernsehen. Für eine Aufnahme in die Agentur ist Voraussetzung, dass die Autorin/der Autor mindestens ein bereits verfilmtes Drehbuch vorweisen kann. Die Kapazitäten für Neuaufnahmen sind allerdings beschränkt. Bewerbungen können per Post oder eMail zugesandt werden und sollten Vita und ein bis zwei Arbeitsproben (darunter ein Drehbuch) enthalten.

etz & wels, Andrea Etz, Maastrichterlaan 106, NL-6291 EV Vaals und Anne Wels, Wichterichstr. 34, D-50937 Köln, fon: 0221/9419560, fax: 0221/9419753, aw@etzundwels.de, www.etzundwels.de. – Folgende Dienstleistungen werden angeboten: Vermittlung von Kontakten, Auftragsberatung, Vertragsberatung/-verhandlung, Karriereplanung, marktorientierte Beratung in der Stoffentwicklung und Stoffauswahl. Ansprechpartnerin für weitere Informationen ist Anne Wels. Unverlangt eingesandte Manuskripte können weder gelesen noch zurückgeschickt werden.

Free[x] Scriptcompany, Konradinstr. 3–7, D-81543 München, fon: 089/656446, fax: 089/656863, info@freex.de, www.freex.de. – *Free[x]* wurde 1994 gegründet. Das Hauptgeschäftsfeld ist die klassische Agenturtätigkeit: Auftragsakquise, Vertragsverhandlung, Inkasso für Drehbuchautoren. Weitere Bereiche sind Script Development (dramaturgische Beratung, Script Doctoring) und Script Service (Lektorate, Übersetzungen). *Free[x]* vertritt einen Pool von ca. 30 Autoren. Hauptkunden sind unter anderem Bavaria Film GmbH, Endemol Deutschland GmbH, Filmpool Film- und Fernsehproduktion GmbH, Stream Films AG, Studio Hamburg GmbH, teamWorx Television & Film GmbH und TV60 Filmproduktion GmbH. Erstkontakt telefonisch oder per eMail.

Michael Friederici Medienagentur, Stephansplatz 5, D-20354 Hamburg, fon: 040/41353859, fax: 040/41353862, vigomf@aol.com, www.a4p-pool.de. – Management von Drehbuchautoren, Regisseuren; Entwicklung und Vertrieb von Drehbüchern, Projekten, Konzepten, Formaten, Serien, (TV-)Filmen, Drehbuchlektorate.

Funke & Stertz GmbH – Medien Agenten, Schulterblatt 58, D-20357 Hamburg, fon: 040/4321610, fax: 040/43216120, stertz@funke-stertz.de, www.funke-stertz.de. – Die *Funke & Stertz GmbH* wurde 2001 in Hamburg als Nachfolgerin der *Medienagentur Peter Stertz GmbH* von Anna Funke und Peter Stertz gegründet. Die Medien-Agenten vertreten Drehbuchautoren (u. a. Michel Bergmann, Jurgen Wolff, Ulrich Plenzdorf), Regisseure, literarische Agenturen, Verlage und Schauspieler.

la gente – Agentur für Regie, Drehbuch und Kamera, Bei den Mühren 70, D-20457 Hamburg, fon: 040/38611404/405, fax: 040/38611406, info@la-gente-agentur.de, www.la-gente-agentur.de. – *La gente* ist eine Agentur für Drehbuchautoren (rund ein Dutzend), Regisseure und Kameraleute, gegründet im Oktober 2001 von Gaby Scheld und Heike Quack. Sie bringen ihren Erfahrungshintergrund als Producerin für Spielfilme und als Sozia einer Anwaltskanzlei ein. Das Ziel von *la gente* ist es, die richtigen Leute mit den richtigen Projekten und Produzenten zum richtigen Zeitpunkt zusammen zu bringen. Die Auswahl neuer Künstler und der Arbeitsstil des *la gente*-Teams sind geprägt von der Unverwechselbarkeit der Kreativen sowie der Neugier und Leidenschaft der Inhaberinnen für den Film.

Grünberg Film GmbH, Blankenburger Chaussee 84, D-13125 Berlin, fon: 030/9432999, A.Gruenberg@Gruenbergfilm.de, www.gruenbergfilm.com. – Die *Grünberg Film GmbH* arbeitet in verschiedenen Tätigkeitsbereichen. Einer davon ist das Management Department (Drehbuchagentur). Ziel der Manager/Agenten ist es, einerseits Autoren und deren Arbeitskraft möglichst gut zu verkaufen, andererseits den Produzenten möglichst Erfolg versprechende Drehbücher und Autoren zu bringen. *Grünberg Film* wird sowohl im Auftrag der Autoren wie der Produzenten tätig. Leistungsangebot für Autoren: Unterstützung beim Development, Vermarktung von Werken und Dienstleistung, Beratung bei Vertragsverhandlungen, Collecting, Vermittlung von Auftragsarbeiten. Stoffangebote (Loglines first!) per eMail.

Hartmann & Stauffacher, Verlag für Bühne, Film, Funk und Fernsehen, Bismarckstr. 36, D-50672 Köln, fon: 0221/485386, fax: 0221/515402, info@hsverlag.com, www.hsverlag.com. – *Hartmann & Stauffacher* arbeitet seit 1989 im Film- und Fernsehbereich als klassische Drehbuchagentur. Das Tätigkeitsfeld umfasst die inhaltliche Arbeit mit den Autor(inn)en ebenso wie Kontakt, Networking und Akquise in Richtung aller namhaften Produktionsfirmen und Sender. Wesentlich sind zudem die Vertragsverhandlungen mit diesen Partnern, bei denen bestmögliche Konditionen für die Autor(inn)en das Ziel sind. Vertretene Autoren sind u. a. Doris Gercke, Renate Kampmann, Uwe Timm, Alexander Adolph, Matthias

Dinter, Martin Ritzenhoff, Andreas Pflüger, Ulrich Limmer. Neue Autor(inn)en können in kleinem Umfang angenommen werden. Stoffe per eMail oder per Post. Hartmann & Stauffacher vertritt außerdem Bühnen- und Hörspielautor(inn)en.

Agentur Heppeler, Steinstr. 54, D-81667 München, fon: 089/4488484, fax: 089/4470995, m.heppeler@agentur-heppeler.de, buch@agentur-heppeler.de, www.heppeler.de. – Die Agentur wurde im April 1994 von Dr. Marlis Heppeler gegründet. Zunächst vermittelte Dr. Heppeler Schauspieler an Film, Fernsehen und Theater. Seit 1995 vertritt die *Agentur Heppeler* auch Regisseure und einige Drehbuchautoren, seit dem Jahr 2000 auch Kameraleute. Die Arbeit der Agentur erstreckt sich auf alle Bereiche der Zusammenarbeit zwischen den Klienten und deren Produktionspartnern wie z. B. die Betreuung der Klienten bei der Vorbereitung und Durchführung der Projekte. Im Einzelnen heißt das: Herstellung von Kontakten zwischen Klienten und Interessenten, konzeptionelle Karriereberatung der Klienten, Beratung bei der Wahl der einzelnen Projekte, Vermittlung von Aufträgen, Terminkoordination, Vertragsverhandlung und -ausarbeitung.

Gustav Kiepenheuer Bühnenvertriebs-GmbH, Schweinfurthstr. 60, D-14195 Berlin, fon: 030/8971840, fax: 030 8233911, info@kiepenheuer-medien.de, www.kiepenheuer-medien.de. – *Die Gustav Kiepenheuer Bühnenvertriebs-GmbH* wurde 1931 als eigenständige Ausgliederung des *Gustav Kiepenheuer Buchverlages* in Berlin gegründet. Von Beginn an beschäftigte sich der Verlag mit den nonprint-Medien. Die client's list im Drehbuchbereich umfasst ca. 30 Namen, hinzu kommt die Repräsentation von Gesamtwerken wie denen von Günter Grass, George Tabori und Christa Wolf sowie von Erbengemeinschaften (z. B. Alfred Döblin, Oskar Maria Graf, Anna Seghers, Heinrich Spoerl). Verlage wie Wagenbach, Herder, Ravensburger oder der Luchterhand Literaturverlag lassen sich durch die Gustav Kiepenheuer Bühnenvertriebs-GmbH gegenüber den non-print-Medien vertreten. „kiepenheuer-medien" vertritt im Drehbuchbereich Autoren, die für alle Genres schreiben. Neuen Autoren, die sich mit Exposés und Drehbüchern vorstellen und keine absoluten Anfänger sind, steht der Verlag aufgeschlossen gegenüber; die Kapazität ist allerdings begrenzt.

Agenur Kunath und Hubert, Metzer Str. 39, D-10405 Berlin, fon: 030/67806660, fax: 030/67806676, mail@agentur-kunath-hubert.de, j.kunath@agentur-kunath-hubert.de, www.agentur-kunath-hubert.de. – Die Agentur wurde 1996 von Jana Kunath gegründet. Eine ständige Repräsentanz besteht für zwei bis drei Drehbuchautoren, eine Vergrößerung ist nicht geplant. Darüber hinaus wird die Betreuung einzelner Projekte angeboten. Das Hauptgeschäft ist die Betreuung von SchauspielerInnen.

Pegasus GmbH, Neue Schönhauser Str. 19, D-10178 Berlin, fon: 030/2849760, fax: 030/28497676, steffen.weihe@pegasus-agency.de, www.pegasus-agency.de. – *Pegasus* wurde 1996 von RA Steffen Weihe in Berlin gegründet. Als international arbeitende Agentur vertritt *Pegasus* im Film- und Fernsehbereich insgesamt etwa 60 Drehbuchautoren, Regisseure und Schauspieler. Die Agentur betreut die künstlerischen, rechtlichen und finanziellen Belange ihrer Klienten und begleitet deren kreative Entwicklung und Karriere. Dabei steht sie in ständigem und engem Kontakt mit Produzenten, Sendern, Theatern, Verlagen und ausländischen Agenturen. Im November 2003 wurde die Schauspielabteilung gegründet. Gleichzeitig betreibt *Pegasus* einen Theaterverlag, der gemeinsam mit dem 2001 übernommenem *Verlag Autorenagentur* zurzeit ca. 400 Autoren mit ihren Theatertexten und Hörspielen vertritt. (Siehe S. 302)

Rowohlt Verlag, Agentur für Medienrechte, Leitung Michael Töteberg, Hamburger Str. 17, D-21465 Reinbek, fon: 040/7272272, fax: 040/7272276, medienagentur@rowohlt.de, www.rowohlt-medienagentur.de. – Die Agentur für Medienrechte ist die Schnittstelle zwischen Verlag und Filmproduzenten: Sie vertritt die Filmrechte der bei Rowohlt und anderen Verlagen (Kiepenheuer & Witsch, Carlsen, Rotbuch) erschienenen Bücher, aber auch Originalstoffe für Kino und TV. Eine Mischung, die vielfältige Kontakte zu Produzenten verschiedenster Couleur ermöglicht. Kinofilme wie „Lola rennt", „Das Experiment" oder „Good Bye, Lenin!", Fernsehserien wie „Girlfriends" oder „Berlin, Berlin" gehören ebenso wie zahlreiche „Tatorte" oder Breloers „Die Manns" zu den von Rowohlt vertretenen Medienrechten. Nicht nur Drehbuchverträge, sondern auch alle vorangehenden Entwicklungsphasen (Exposé, Treatment, Option) werden betreut; als Agentur akquiriert Rowohlt für seine Autoren und initiiert gemeinsam mit Produktionsfirmen Projekte. Die Agentur ist offen für neue Autoren, die Kontaktaufnahme erfolgt am besten per eMail.

scenario – Agentur für Film und Fernsehen GmbH, Rambergstr. 5, D-80799 München, fon: 089/34020927, fax: 089/38398689, mail@agentur-scenario.de, www.agentur-scenario.de. – 1998 wurde die Agentur *Scenario* in München gegründet. Gesellschafter- & Geschäftsführerinnen sind Karin Brandner, Astride Bergauer und Inga Pudenz. Die Agentur vermittelt Schauspieler, Autoren und Regisseure.

Scripts for sale, Tesdorpfstr. 12, D-20148 Hamburg, fon: 040/43190380, fax: 040/43190381, elke.brand@scriptsforsale.de, petra.hermanns@scriptsforsale.de, www.scriptsforsale.de. – Die Medienagentur wurde im Oktober 1999 von Elke Brand und Petra Hermanns gegründet und hat ihren Firmensitz in Hamburg und Frankfurt. Sie ist auf die Vertretung von Drehbuch- und Romanautoren spezialisiert, verhandelt exklusiv die Filmrechte von Verlagen und bietet darüber hinaus dramaturgische Beratung an. Im Jahre 2004 wurden 14 Drehbuch- und 14 Romanautoren sowie sechs Verlagsgruppen vertreten. Die Agentur konzentriert sich darauf, einen festen Autorenstamm aufzubauen. Dabei ist es wichtig, dass sich etablierte Autoren und junge Talente mischen, um neue Ideen und langjährige Erfahrung bündeln zu können. Die Vertretung einzelner Projekte übernimmt Scripts for sale nicht. Infos für Bewerber stehen auf der Website.

ScriptTeam Medienagentur, Carsten Wittmaack, Stresemannstr. 360, D-22761 Hamburg, fon: 04824/300014, fax: 04824/300015, info@scriptteam.de, www.scriptteam.de. – Die Hamburger *ScriptTeam Medienagentur* besteht seit Mai 2001 und vermittelt auch noch unbekannte Drehbuchautoren. Neuaufnahmen allerdings nur noch in Einzelfällen, wenn bereits ein komplettes Drehbuch vorliegt. Zur Prüfung benötigt die Agentur das gesamte Buch als Papierausdruck. Rückmeldung in der Regel nach zwei bis drei Wochen. Vorab-Kontakt über eMail oder Telefon wird erwünscht.

Sibylle Seidel Medienagentur, Hallerplatz 10, D-20146 Hamburg, fon: 040/41495349, fax: 040/41495348, seidel@medienagenturseidel.de, www.medienagenturseidel.de. – Die 2001 von der Juristin Sibylle Seidel gegründete Agentur vertritt Drehbuchautoren, den Carl Hanser Verlag und Romanautorinnen wie Petra Hammesfahr und Zeruya Shalev hinsichtlich ihrer Verfilmungsrechte. Schwerpunkte der Agentur sind die inhaltliche Betreuung, die Vertragsgestaltung sowie die an den persönlichen Stärken und Interessen zu entwickelnde Filmographie der Drehbuchautoren. Die repräsentierten Autoren, wie z. B. Mario Giordano, Annette Hess, Thomas Walendy, Nick Baker Monteys, stehen für ein breites Spektrum von Serien, TV-Movies und Kinofilmen. Interessierte Autoren sollten mindestens ein realisiertes Werk vorweisen können und sich mit unterschiedlichen Leseproben (Exposé, Treatment, Drehbuch) schriftlich bewerben.

Buch & Medien – Sieglinde Stähler, Taunushöhe 17, D-65779 Kelkheim, fon: 06195/902262, fax: 06195/902263, staehler.buch-und-medien@t-online.de. – *Buch & Medien* vertritt die Medienrechte (Hörfunk, Tonträger, Film, Fernsehen) für die Verlage: Arena Verlag, Würzburg; Argument Verlag/Ariadne, Hamburg; Dachs Verlag, Wien; für die Literarische Agentur Silke Weniger, München, sowie für Drehbuch- und Hörspiel-AutorInnen. Erste Kontaktaufnahme wird telefonisch erwünscht.

Verlag der Autoren GmbH & Co KG, Schleusenstr. 15, D-60327 Frankfurt am Main, fon: 069/23857430, fax: 069/24277644, filmtvradio@verlag-der-autoren.de, www.verlag-der-autoren.de. – Agentur für Film, TV und Radio. Hier entstehen seit 1969 Hörspiele und Drehbücher für alle Formate: Kino, TV und Serie. Die Agentur betreut Autoren von der ersten Idee bis zur Premiere: Drehbücher werden lektoriert und dramaturgische Probleme gelöst, die kompletten Vertragsverhandlungen abgewickelt, Aufträge akquiriert und Autoren bei ihren Projekten beraten. Der Verlag vertritt etwa 120 aktive Autorinnen und Autoren, unter ihnen Filmemacher wie Wim Wenders, Edgar Reitz und Jan Schütte, Film- und Fernsehautoren wie Felix Huby und Peter Steinbach, Ruth Toma und Susanne Schneider, Rolf Silber und Stefan Dähnert, Hörspielautoren wie Sebastian Goy und Hubert Wiedfeld. Bewerbungen neuer Autoren nur mittels eines ausgeschriebenen Drehbuchs.

II. DEVELOPMENT-AGENTUREN

Cyclops' Eye Entertainment GmbH, Lottumstr. 11, D-10119 Berlin, fon: 030/41716910, fax: 030/41716980, info@cyclops-eye.de, www.cyclops-eye.de. –

Cyclops' Eye ist unterteilt in Filmproduktion und Developmentabteilung. Während sich die Filmproduktion auf originäre Kinostoffe konzentriert, entwickelt die Developmentabteilung Fiction-Stoffe in allen Film- und TV-Formaten: Kino- und Fernsehfilme, Serienepisoden und Serienkonzepte. Für die Projekte werden Autoren gesucht, die professionell, engagiert und gerne im Team arbeiten. Gemeinsam mit dem Team entwickeln sie Stoffe von der Konzeption bis zum drehfertigen Drehbuch. Ihren Werdegang mit Anlage eines Drehbuches senden interessierte Autorinnen und Autoren zu Händen von Kai Hafemeister, kai.hafemeister@cyclops-eye.de.

Dramaworks GmbH, Agentur für Autoren und Stoffentwicklung, Dr. Michael W. Esser, Lützowufer 12, D-10785 Berlin, fon: 030/2655-7905, fax: 030/2655-8066, info@dramaworks.de, www.dramaworks.de. – Seit Anfang 2000 geht es bei *Dramaworks* um gute Geschichten. Ob neue Folgen für die ARD-Reihe „Lauter tolle Frauen", das Dokudrama „Verkauftes Land", die Entwicklung von Serienkonzepten für Columbia Tristar und die UFA – die Berliner Autoren- und Stoffentwicklungsagentur kümmert sich um die Entwicklung, Bearbeitung und Vermarktung von Stories für TV und Kino. *Dramaworks* berät nicht nur renommierte Autoren und Produzenten, sondern betreut auch Debütanten erfolgreich und entwickelt eigene Projekte, die mit Partnern realisiert werden. Gerne werden per Post oder eMail Stoffe neuer Autoren entgegen genommen. Die von Michael Esser und Frank Evers gegründete Firmarechnet neben fiktionalem TV inzwischen auch dokumentarische Formate zu ihrer Kernkompetenz.

Agentur Mogul, Christian Schmidt-David/Karin Strentzsch, Kreuznacher Str. 5, D-14197 Berlin, fon: 030/40500905, fax: 030/40500906, info@agentur-mogul.de, www.agentur-mogul.de. – Die nach Selbsteinschätzung kleinste und speziellste Agentur für Drehbuchautoren. Der Gedanke ein kreatives Netzwerk für Schauspieler, Autoren und Regisseure zu schaffen, stand bei der Gründung im Vordergrund. Autoren und Regisseure werden gesucht, die zusammen kleine Filme fürs Kino machen wollen. In enger Zusammenarbeit sollen persönliche Stoffe entwickelt werden, die sich der Unterhaltung nicht verweigern, aber Tiefe zulassen. Minimalismus ja, aber keine Langeweile. Folgerichtig hat sich aus der *Agentur Mogul* die *Filmproduktion Mogul* entwickelt. Hier werden die Kreativzellen mit unterschiedlicher Ausprägung in Stil und Genre weiter betreut – bis hin zum fertigen Film. Die aktuellen Projekte und Gesuche können unter www.filmproduktion-mogul.de heruntergeladen werden.

Plots International – Home of Better Stories/Kerstin Mehle, Bonner Str. 54, D-53424 Rolandseck, fon: 02228/913977, mail@plots.de, www.plots.de.

Script House GmbH & Co. KG, Rosenthalerstr. 34/35, D-10178 Berlin, fon: 030/28390246, fax: 030/28390247, juergen.seidler@scripthouse.de, www.scripthouse.de. – *Script House* ist die erste deutsche Development-Agentur für visuelle Produkte, vor allem im Film und Fernsehbereich. Als Dienstleistungsunternehmen ist *Script House* seit 1997 auf dem Markt. Das Unternehmen arbeitet für

Produzenten, TV-Redaktionen, Filmförderer, Verleiher und natürlich Autoren und Regisseure. *Script House* ist zunehmend auch im europäischen Bereich aktiv. *Script House* ist eingebunden in ein Team von Autoren, Produktionsleitern, script consultants und DramaturgInnen in Deutschland, Europa und den USA. Darüber hinaus bestehen kontinuierliche Arbeitskontakte mit anderen Agenturen, mit Produzenten, Verleihern, Fernsehredaktionen und Konzeptentwicklern.

StoryDocs Developmentagentur – Elisabeth Karsten/Verena Weese, Prenzlauer Allee 36 (Frankonia Höfe, 3. HH, Gewerbeaufgang 1), D-10405 Berlin, fon: 030/44010194, fax: 030/44010196, info@storydocs.com, www.storydocs.com. – Seit 2002 berät und unterstützt *StoryDocs* Autoren und andere Filmschaffende mit einer Mischung aus systemorientierter Dramaturgie und Coaching im Stoffentwicklungsprozess. Mit systemorientiertem Development verkürzt und intensiviert sich der Entwicklungsprozess in einem: Es geht nicht nur schneller, sondern wird auch substantieller! Dazu dienen die Geschichten als Motor, Aufstellungen als Vehikel, systemische Dramaturgie und angewandte Mythologie als Navigationssystem. Das ermöglicht die Geschichte noch vor Drehbeginn von innen zu erleben. *StoryDocs* bietet praxisgerechte Lösungen mit hoher und nachhaltiger Wirksamkeit. Das Ziel: das optimale Buch in der kostengünstigsten Realisation. Das Angebot umfasst einmalige und längerfristige Betreuung (auch online) von Einzelpersonen und Produktionsteams.

III. Drehbuchbörsen

www.autorenboerse.net, interconnections medien & reise e. K., Georg Beckmann, Schillerstr. 44, D-79102 Freiburg, fon: 0761/700650, fax: 0761/700688, interconnections@t-online.de, www.autorenboerse.net. – Die *Autorenbörse* ist ein Treffpunkt für Autoren/Urheber verschiedenster Inhalte und Verlage. Sie ermöglicht eine schnelle und zielgerichtete Kontaktaufnahme im Internet. Autoren, Agenturen, Grafiker, Journalisten und Produzenten können ihre Manuskripte, Drehbücher, Fotos, Illustrationen, Software, Musik etc. den Verlagen anbieten. Die *Autorenbörse* ist für Verlage kostenlos, ebenso ist das Recherchieren in der Autoren- und Verlagsdatenbank frei. Genaueres über die Dienstleistungen, Geschäftsbedingungen und Gebühren ist auf der Website zu finden.

European Pitchpoint, c/o Script House, Rosenthalerstr. 34/35, D-10178 Berlin, fon: 030/24628730, fax: 030/28390247, info@scripthouse.de, www.europeanpitchpoint.com. – Eine internationale Stoffbörse, bei der europäische Autoren ihre Projekte vor internationalen Produzenten, Verleihern und Redakteuren pitchen. Nachdem die Veranstaltung bereits fünfmal während der Berliner Filmfestspiele stattfand, gibt es 2005 eine Pause zur Neuorientierung. Der neue Termin und der neue Austragungsort werden auf der Website angekündigt.

www.filmscript.de, kontakt@filmscript.de. – *filmscript.de* ist eine Internet-Plattform für Drehbuchautoren, die nach dem nachfolgenden Konzept erstellt wurde: Wie und wo stellen AutorInnen sich und ihre bisherige Autorentätigkeit (Vita) vor? Wie machen Autoren Redakteure, Produzenten, Producer, Dramaturgen und Regisseure auf sich aufmerksam? Wie erwecken Autorinnen Interesse an ihren Geschichten, ohne sich ständig anbieten zu müssen? Ohne unruhig zu Hause zu sitzen und auf eine Antwort zu warten? Ohne den Frust einer frühen Absage? Alle vorgestellten Film- & TV-Geschichten, Serienkonzepte, sind wahlweise nach Genre, Autoren oder Bereich (Kino, TV) sortiert. Um zu verhindern, dass sich Interessierte durch Berge von Geschichten arbeiten müssen, wurde der Standard der Kurzinfos geschaffen. Alle Geschichten werden zuerst als Dreizeiler vorgestellt. Wer mehr lesen möchte, kann auf die ca. zwei DIN-A4-Seiten langen Kurzinhalte klicken, danach muss man Kontakt zu den Autoren aufnehmen.

Winterakademie – Werkstatt zur Entwicklung von Kinderfilmstoffen, Projektleitung Viola Wartewig, Förderverein Deutscher Kinderfilm e.V., c/o Stiftung Goldener Spatz, Heinrichstr. 47, D-07545 Gera, fon: 0365/8004874, fax: 0365/8001344, wartewig@goldenerspatz.de, info@goldenerspatz.de, www.goldenerspatz.de. – Die *Winterakademie* hat sich zur Institution für zielorientierte Entwicklung von lebendigen, markttauglichen Büchern für das Kinder- und Familienkino entwickelt. Vier aufeinander aufbauende Module bilden die Basis für eine projektbezogene Beratung der Autorinnen und Autoren durch Dozenten aus der Praxis. In kleinen Gruppen diskutieren die Teilnehmer den aktuellen Stand ihrer Stoffentwicklung und erarbeiten individuelle Strategien für die jeweils nächsten Schritte. Das Ganze wird durch ein Rahmenprogramm mit Workshops und Teamgesprächen ergänzt. Zum Abschluss präsentieren die Teilnehmer ihre Projekte immer im Wechsel des jeweiligen Jahres entweder im Rahmen des Festivals *Goldener Spatz* in Gera oder im Rahmen der Kinder-Film&Fernseh-Tage in Erfurt. Die *Winterakademie* zeichnet einen der Teilnehmer besonders aus: eine Drehbuchförderung in Höhe von 15.000 Euro für allein schreibende Autoren oder eine Projektentwicklung in Höhe von 25.000 Euro für Autoren, die bereits mit einer Produktionsfirma zusammenarbeiten. Die Teilnahme ist möglich mit einem Exposé, das im Verlauf der Kurse zum Treatment oder mit einem Treatment, das zur ersten Drehbuchfassung entwickelt wird.

Drehbuchaufstellung
Beitrag von Kristine Alex

Eine Drehbuchaufstellung ist für unterschiedliche Stadien der Drehbuchentwicklung sinnvoll: zu Beginn, während des Schreibprozesses, nach Abschluss der Geschichte zur Überprüfung. Schreibblockaden können abgebaut, Exposés überarbeitet und Plot Points auf Unstimmigkeiten überprüft werden. Charakterzüge der Drehbuchfiguren und Möglichkeiten deren Ergänzung, Aufspaltung, Fusion werden durchleuchtet oder gar der Ausschluss überflüssiger Rollen aufgezeigt. Die dramaturgisch fundierte Aufstellungs-

arbeit beruht auf den psychotherapeutischen Konzepten der Systemischen Familienaufstellung und wurde den Bedürfnissen von DrehbuchautorInnen angepasst. Sie erlaubt einen völlig neuen, unmittelbaren Zugang zur Drehbucharbeit.

Um dem Geheimnis auf die Spur zu kommen, was konkret eine Drehbuchaufstellung bringen kann, belauschen wir ein Gespräch zwischen der Autorin Hanna O. und dem Autor Peter Z.:

> AUTORIN HANNA O. *(im Selbstgespräch)*
> Seit mehreren Tagen bin ich schlecht gelaunt. Jetzt habe ich schon so viele Drehbücher geschrieben, aber immer wieder gibt es einen Punkt, wo ich hängen bleibe und nicht weiterkomme. Die Figuren bewegten sich ganz gut, aber etwas stimmt noch nicht! Herrgott!!! Ich fühle es ganz deutlich. Weder die ausführlichen Gedankenspiele noch stundenlange Diskussionen mit meinen geduldigen Zuhörern, die mir direkt schon leid tun, bringen mich weiter. Manchmal könnte ich meinen Beruf an den Nagel hängen! Der Abgabetermin für den Fernseh-Dreiteiler rückt näher und ich will ein rundes und stimmiges Drehbuch abgeben. Wie sich das anfühlt, weiß ich genau. Dann kann ich mein Stück gut loslassen. Umso mehr hasse ich es, wenn ich den Stoff noch nicht richtig im Griff habe ...

Das Telefon klingelt.

> HANNA O. *(genervt)*
> Hallo?!

> AUTOR PETER Z.
> Hallo Hanna, hier Peter, ich wollte mich mal wieder melden, nachdem ich mit meinem aktuellen Stück fertig ...

> HANNA O. *(unterbricht ihn)*
> Oh Peter, ich bin völlig genervt. Entweder du kannst mir helfen oder ich lege sofort wieder auf. Du ...

> PETER Z.
> Womit kann ich dir helfen?

> HANNA O.
> Ach, irgendwas stimmt bei meinem Dreiteiler nicht, und ich weiß nicht, was ...

> PETER Z. *(unterbricht sie)*
> Bevor du weiterredest ..., hast du es schon mal mit Dreh-

buchaufstellungen probiert?

HANNA O.
Nein Peter, was soll das sein?

PETER Z.
Vor einem dreiviertel Jahr hatte ich Probleme mit einem
Treatment und bekam unverhofft die Gelegenheit, in
einem Drehbuch-Aufstellungsseminar meinen Stoff aufzustellen. Dadurch bekam ich heraus, dass ich mich beim
Hauptthema total vertan hatte. Die Aufstellung zeigte, dass
ein ganz anderes Thema in diesem Stück wesentlich und
spannend für die Zuschauer ist. Verblüffend war, alle haben
es sofort gesehen, nur ich nicht. Nach der Aufstellung
konnte ich mich sofort hinsetzen, hatte klare Gedanken
und habe mein Stück fertig geschrieben. Das hat mich so
begeistert, dass ich mich inzwischen sehr stark mit der
Methode beschäftigt habe.

HANNA O. *(ungeduldig)*
Was ist denn eine Aufstellung und wie läuft so was ab? Ich
kann mir gar nichts darunter vorstellen ...

PETER Z.
Mit einer Drehbuchaufstellung kannst du sehr schnell dein
Stück überprüfen. In einer Aufstellungsgruppe stehen Stellvertreter zur Verfügung, die sich in die Personen, zum
Beispiel die Hauptfiguren, hineinspüren. Auch abstrakte
Themen wie Ereignisse, ein Haus, das Unglück, ein Musik-
stück etc. können aufgestellt werden. Es ist jedoch kein
Rollenspiel, sondern die Protagonisten spüren sich auf
einer tieferen und unbewussten Ebene in ihre Positionen
ein. Am besten funktioniert das Ganze, wenn keiner weiß,
um was es geht. Vor den Augen der Zuschauer läuft ein
komplettes Drehbuch ab. Man sieht genau, wer mit wem
welches Verhältnis hat. Man stellt zum Beispiel auch den
Autor oder Produzenten dazu. Dadurch wird für ihn klar,
was er gut im Blick hat und was nicht. Bei sehr gut durch-
gearbeiteten Drehbüchern flutscht jede Szene und die
Figuren sind klar aufeinander bezogen. Man kann sogar
den Zuschauer dazu stellen. Der gibt Rückmeldungen, was
ihn am Stück fesselt und wann es langweilig wird.

Mir wurde auch klar, dass mein blinder Fleck mit persönlich Erlebtem zu tun hatte, was ich noch nicht so ganz
verstanden und bearbeitet hatte. Dadurch wirkte meine
Geschichte unecht.

HANNA O. *(hat den „Ball angenommen")*
Kannst du mir noch ein paar Beispiele nennen, was eine
Aufstellung einer Autorin bringt?

PETER Z.
Klar! Ein Kollege hat über eine Familie eine Geschichte
geschrieben, die sehr mit seiner eigenen zu tun hatte. Er sti-
lisierte den Vater als Held. Das war absolut unstimmig.
Durch die Aufstellung hat er dies auch erkannt. Einer
Autorin wurde durch die Aufstellung klar, welche wesentliche Person sie in ihrer Geschichte vergessen hatte. Ein
junger Autor verstand die biographischen Hintergründe
einer bekannten Persönlichkeit, über die er schrieb, durch
die Aufstellung besser. Natürlich gibt es in jeder Aufstellung
viele wichtige Detailerkenntnisse, die nur für diejenige, für
die gestellt wird, einen Sinn ergeben.

HANNA O. *(neugierig geworden)*
Was haben die Zuschauer davon, wenn ein Drehbuch mittels einer Aufstellung bearbeitet worden ist?

PETER Z.
Der Stoff wirkt stimmig auf sie. Besonders erkenntnisreich
für die Zuschauer ist es, wenn sie zu einem Thema, das sie
selbst tangiert, zum Beispiel einen Trennungskonflikt oder
die Suche nach dem richtigen Platz im Leben eines Adop-
tivkindes, auch systemisch stimmige Lösungswege kennen
lernen. Sie sind gefesselt und die beobachteten Lösungswege wirken auf sie oft heilsam. Auch die Zuschauer, die
vom Thema nicht selbst betroffen sind, empfinden einen
solchen Stoff als spannend und faszinierend, sobald die
Bezüge stimmen.

HANNA O.
Wie lange dauert so eine Drehbuchaufstellung?

PETER Z.
Das hängt ganz von der Fragestellung ab. Um ein ganzes
Drehbuch ausführlich aufzustellen, kann es ein bis zwei
Stunden dauern. Kleine Fragen können auch schon in kür-
zerer Zeit geklärt werden.

HANNA O.
Wann ist es sinnvoll, eine Drehbuchaufstellung zu
machen?

PETER Z.
Da gibt es viele Möglichkeiten: Wenn du das Gefühl hast, im Nebel zu tappen, wenn du nicht weiterkommst mit einem Stoff oder eine Kreativitätsblockade hast oder ganz gezielte Fragen stellen möchtest.

HANNA O.
Was könnte eine konkrete Frage sein?

PETER Z.
Zum Beispiel: Schätzt du die Charaktere richtig ein? Fehlen wichtige Figuren? Stören Figuren? Ist eine überflüssig? Wer steht im Mittelpunkt? Reicht die Spannung für den erwünschten Konflikt? Wo stehe ich als Autor? Eine persönliche Frage eines Autors könnte sein: Warum komme ich mit meinem Stück nicht weiter? Wie komme ich raus aus meiner Schreibblockade? Wie trenne ich meine eigene Geschichte von der meines Stückes?

HANNA O. *(skeptisch)*
Kann so eine Aufstellung nicht auch sehr persönlich werden?

PETER Z.
Es kann sein, dass der Drehbuchstoff sehr viel mit dem persönlichen Leben des Autors, Produzenten etc. zu tun hat. Manchmal gelingt es, das Eigene und den Stoff zu trennen, manchmal muss jedoch erst die eigene Situation aufgearbeitet werden, um den ausgewählten Stoff in den Griff zu bekommen. Dann muss jeder für sich entscheiden, ob das jetzt dran ist und in welchem Rahmen das passieren soll.

HANNA O. *(verunsichert)*
Könnte mir nach der Aufstellung jemand meinen Stoff klauen?

PETER Z.
Du kannst sehr verdeckt arbeiten. Das heißt, es muss niemand Details von deiner Geschichte erfahren. Wichtig ist nur, dass du eine gezielte Fragestellung an die Aufstellung hast. Natürlich musst du generell prüfen, in welchem Rahmen du das Vertrauen hast aufzustellen.

HANNA O. *(noch nicht ganz überzeugt)*
Geben die Stellvertreter nicht oft persönliche Meinungen ab?

PETER Z.
Dadurch, dass die Aufgestellten gar nichts oder kaum etwas über das Stück wissen, erhält man sehr neutrale Hinweise aus den erspürten Repräsentantenrollen.

HANNA O.
Für wen ist denn so eine Aufstellung in unserer Branche geeignet?

PETER Z.
Aufgestellt wird vom Autor eines Stückes, aber auch ein Produzent, Regisseur oder eine Dramaturgin, die an einem Stoff arbeitet, kann die Methode nutzen. Auch um Schauspieler besser in den Stoff einzuführen, sind Aufstellungen sehr gut geeignet.

HANNA O. *(will's konkret wissen)*
Und in welchen Schreibphasen stellt man auf?

PETER Z.
Man kann zum Beispiel aufstellen, wenn man die erste Idee zu einem Stück hat oder ... während der einzelnen Schreibphasen. Vor oder während einer Inszenierung ...

HANNA O.
Und was ist der Vorteil der Aufstellungsmethode gegenüber den üblicherweise angewandten Methoden zur Drehbuchoptimierung?

PETER Z.
Die üblichen Methoden der Besprechung sind auf der Gesprächsebene angesiedelt. Erfahrene Autoren, Produzenten und Dramaturgen können zwar oft sehr schnell spüren, was nicht stimmt, jedoch gibt es immer mal blinde Flecken. Die hohe Zahl der Nachdrehtage – verursacht durch unstimmiges Material – zeigt dies immer wieder. Bei Aufstellungen werden eigene Meinungen und persönliches Involvement vermieden. Die Erkenntnisse ergeben sich sehr schnell. Dadurch wird Zeit und Geld gespart.

HANNA O. *(hat Feuer gefangen)*
Was muss ich beachten, wenn ich mir ein Drehbuch-Aufstellungsseminar auswähle?

PETER Z.
Von außen wirken Aufstellungen oft spielerisch und leicht.

Der oder die AufstellungsleiterIn sollte jedoch viel Erfahrung haben. Es können schnell Situationen auftreten, wo sehr persönliche und heftige Gefühle auftauchen. Damit können nur Profis mit entsprechender Praxis umgehen. Ist sie da, können auch schwierige Situationen aufgelöst und aufgefangen werden.

HANNA O. *(jetzt mit tatkräftiger Stimme)*
Danke! Das mit der Drehbuchaufstellung war ein echt guter Vorschlag von dir. Ich werde gleich mal die Kolleginnen und Kollegen meiner Mailingliste *www.drehbuchforum.de* [1] fragen, ob sie wissen, wann die nächsten Seminare stattfinden. Und dich lade ich demnächst mal zum Essen ein ...

---

[1] Siehe Beitrag „Sich organisieren, informieren, kommunizieren ... Nützliche Adressen für DrehbuchautorInnen" (S. 413 ff.)

Heute schon gepitcht? – Die Kunst des Pitchings für eine gute Projekt- und Selbstvermarktung
Beitrag von Sibylle Kurz

Heutzutage reicht Kreativität alleine nicht aus: Filmschaffende müssen ihre Ideen und Projekte, zudem ihre eigene Professionalität auch vermarkten können. Keine unbedingt einfache Aufgabe, aber erlernbar, denn das so genannte Pitching ist eine Disziplin wie jede andere auch. Und eine Voraussetzung dafür, dass ein Projekt überhaupt eine Chance zur Realisation erhält. Die nachfolgenden Ausführungen zum Thema Pitching gelten vom Prinzip her auch für Autoren aller anderen Gattungen. Klappern gehört zum Handwerk. Ohne Klappern bleiben Manuskripte in der Schublade und finden nicht den Weg zu einem Lektor, Redakteur, einer Verlegerin oder Produzentin.

Eine gute Idee und ein Drehbuch machen noch keinen erfolgreichen Film. Ein Film ist ein Produkt und um ein Produkt herzustellen, braucht man Geld, viel Geld meistens. Man braucht also als Drehbuchautor einen oder mehrere Finanzierungspartner, um das Projekt zu realisieren. Die Kontaktaufnahme mit möglichen Geldgebern und die Präsentation der Filmidee oder des Drehbuchs heißt in der Filmbranche *Pitching*. Eine Autorin versucht dabei ihr Projekt – hoffentlich erfolgreich! – bei einer Produktionsfirma oder einem TV-Sender (in welchem Entwicklungsstadium es sich auch immer gerade befindet) anzubieten.

Würde man den Vorgang des Pitchens komplett aus der Medienbranche entfernen – dann gäbe es selbige nicht. Jeder Film, der jemals gemacht wurde und jemals gemacht werden wird, war und ist ein Resultat eines gelungenen Pitches.

Und diesen Vorgang erfolgreich zu meistern bedeutet, dass man als Drehbuchautorin gut kommunizieren können muss.

Wenn wir ein Projekt pitchen, ist das nicht mehr als ein gut strukturierter
Austausch von Informationen über eine kreative Idee mit dem Ziel, diese Informationen eines Tages in Bilder zu transformieren, die von möglichst vielen
Menschen gesehen werden. In diesem Stadium dient ein Pitch zu nichts anderem,
als zur Vermittlung von Informationen zu und über ein Projekt, das auf dem Weg
von der Idee bis zum Publikum Mitstreiter finden muss.

Oft hört man von Autoren, dass ihre Gabe doch das Schreiben und nicht das
Reden oder das Verkaufen sei. Es ist aber zwingend notwendig, dass ein Autor
Informationen darüber weitergeben kann, an was er gerade schreibt, worüber er
gerade in seinem Projekt nachdenkt, was er bewirken möchte, worum es in seiner
Geschichte geht. Und das muss er in unterschiedlichen Varianten und Längen
beherrschen.

Meist beginnt alles mit einem informellen, zufälligen Treffen, bei dem der Autor
gefragt wird: „Und woran arbeiten Sie gerade?" Das ist der Moment, der dem
Drehbuchautor vom Universum geschenkt wird, um seine Idee, seine Geschichte
jemandem so spannend und interessant kurz vorzustellen (30 Sekunden!), dass
die zwingende Antwort sein sollte: „Das hört sich gut an, erzählen Sie mehr ..."
Typische Situationen hierfür sind Festivals, Branchentreffs, Late-Night-Bar-
Gespräche ...

Dann kommt ein nächstes Treffen – vielleicht mit fünf Minuten Zeit – und
auch hier sollte es am Ende heißen: „Das hört sich gut an, erzählen Sie mehr ..."
– so lange, bis der Autor im Büro der Produktionsfirma oder des Redakteurs sitzt
und man sein Drehbuch lesen will.

Es gibt natürlich auch Treffen, die von einem TV-Sender direkt angeregt werden,
in denen die Drehbuchautorin zu einem festgelegten Themenkomplex, der in
einer Senderausschreibung benannt wurde, in Konkurrenz und in einer definier-
ten zeitlichen Vorgabe ihre Idee dazu präsentieren muss. Timing hat nicht nur
etwas mit dramaturgischem und dramatischem Tempo zu tun. Für einen gelungenen Pitch ist das Wissen um die Frage „Wie viel Essenzielles und Emotionales
kann man in welcher Zeit vermitteln?" richtig wichtig.

Auch hier heißt das magische Mantra: Alles ist erlernbar, es braucht Übung und
Disziplin. Der Satz von Bob Hope beschreibt es wunderbar: „The more I practise
the more spontaneous I sound!"

Bevor man aber zu diesem tollen Moment kommt, das zu erzählen, was man
so lange alleine für sich herumgetragen hat, steht eine große Portion Arbeit,
Disziplin und Ehrlichkeit sich selbst gegenüber an. Vorbereitung ist das A und O.
Damit ist aber nicht nur gemeint, sich auf einen bestimmten festgesetzten Termin
vorzubereiten, sondern jederzeit und das ist genauso gemeint, *jederzeit* in der Lage
zu sein, präzise, klar und voller Enthusiasmus über seine Arbeit Auskunft geben
zu können.

Beim Pitching geht es um Passion und Professionalität. Um eine Filmidee überzeugend und konsequent vorzustellen, bedarf es vorab der Klärung einiger Fragen: Was ist das Einzigartige an der Filmidee?
Was soll sie dem Publikum vermitteln?
Wieso soll dieser Film realisiert werden?
Was ist überhaupt filmisch daran? Oder könnte es besser ein Roman, ein Hörspiel, eine wissenschaftliche Studie sein (im Falle von dokumentarischen Themen).

Kurz und knapp den USP, den *Unique Selling Point,* die Besonderheit, die Unverwechselbarkeit des Projektes mit Passion darstellen zu können, ist oft entscheidend. Auf diese Frage der Unverwechselbarkeit oder besser der Einmaligkeit des Projekts wollen Entscheiderinnen und Entscheider Antworten haben. Ebenso wollen sie selbst *entzündet* werden, bevor sie sich ein Projekt genauer anschauen. Denn bei den Vertriebs- und Produktionsfirmen landen jährlich Hunderte von Proposals und Scripts auf den Schreibtischen, jede Menge Konkurrenz also.

Es fängt bei der Ausarbeitung der Idee an

Recherchen und eine Positionierung des Films sollten frühzeitig erfolgen. Realistische Markteinschätzung ist gefordert: Wo passe ich mit meinem Film hin und wer ist der passende Ansprechpartner? Jede Firma, jeder Sender hat ein eigenes Profil und unterschiedlichen Programmbedarf. Das muss man wissen, bevor man sein Projekt an entsprechender Stelle pitcht. Ignoranz und Naivität diesen Tatsachen gegenüber ist nachlässig und unprofessionell, auch seinem Projekt gegenüber. *Wenn man schon die wunderbare Gabe der Kreativität hat, dann muss man auch die Verantwortung dafür übernehmen, diese ins rechte Licht zu setzen.*

Die Frage heißt hier: Was kann ich meinem möglichen Finanzierungspartner offerieren, was nur ich liefern kann, was meinem Erfahrungsprofil entspricht und was für alle am Projekt beteiligten Partner einen Gewinn – jedweder Art – darstellt? Es ist wichtig, sich in einem Pitching-Gespräch bzw. in dessen Vorbereitung, in die anderen hineinzuversetzen.

Ebenso wichtig ist es, die Geschichte prägnant und spannend wiederzugeben. Autoren sind oft derart tief mit ihrer Geschichte verwoben, dass ihnen der Abstand fehlt, um die Story kurz und knapp zu umreißen. Hier gilt: *„Pitching is selling a story, not telling a story."* Nichts ist ermüdender, als einer langatmigen Aufzählung von tollen Storydetails zuzuhören. Ist der Zuhörer nicht durch eine kurze spannende Zusammenfassung zu begeistern, wird er es auch nicht sein, wenn der Autor eine Viertelstunde auf ihn einredet – eher der umgekehrte Effekt wird dann erreicht sein. Deshalb ist es so immens wichtig, den *Extrakt der Geschichte* herauszufiltern, das Kondensat, worum es dabei geht und welche spezifische und ästhetische Form der Umsetzung dafür vorgesehen ist. Wie findet sich das Thema in der Geschichte wieder?

Wenn dieses Kondensat grundsätzlich von Interesse ist, dann wollen die Leute mehr davon hören oder besser lesen. Die Autorin muss Grund und Anreiz geben, dass man ihr Drehbuch liest und sich dann selber ein Bild und ein eigenes Gefühl zu der Geschichte machen will. Niemand will gesagt bekommen, was und wie er etwas empfinden muss.

Als Hilfsmittel, um die Frage zu beantworten, worum es geht, leisten die klassischen sechs W-Fragen des Journalismus (Wer, wie, wo, was, wann, warum?) stets gute Dienste. Zusätzlich kann sich die Autorin überlegen, an welche ganz speziellen Charakteristika sich ein Zuhörer erinnern soll, nachdem ihm das Projekt gepitcht wurde. Die Autorin sollte eine Liste von circa fünf Begriffen erstellen – seien es Emotionen, Erkenntnisse, Schlagwörter – was immer ihr wichtig an ihrem Stoff ist. Sind diese in dem vorbereiteten Pitch enthalten oder herauszulösen? Und bitte immer daran denken: bei der Hauptsache bleiben, keine Nebensächlichkeiten! Denn dafür reicht oft die Zeit nicht aus und die Gefahr, dass man sich verzettelt, ist zu groß.

Weiter geht es in der Vorbereitung: Um nun die nötige Leidenschaft und Professionalität beim alles entscheidenden Moment der Präsentation parat zu haben, muss man erst mal seine eigene Leidenschaft für die Geschichte herausarbeiten. Warum ist der Autorin die Geschichte wichtig? Was war der Anreiz, sie zu schreiben? Wann hat die Idee die Autorin selbst so stark gepackt, dass sie diese Idee ohne Wenn und Aber weiter verfolgen musste?

Der Weg von der Idee bis zum zahlenden Publikum ist lang und man muss genau wissen, warum man diesen Weg beschreiten will. Es ist deshalb wichtig, seine persönliche Haltung zum Projekt und zu dessen möglichem Erfolg zu kennen. Gibt es zudem eine persönliche Zieldefinition hinsichtlich der Arbeit? Welche Antwort gibt man als Autorin auf die Frage: „Warum machen Sie genau das, was Sie machen? Warum schreiben Sie?" Es muss mehr sein als nur: „Weil ich das interessant finde und Spaß daran habe." Der Spaß kann einem schnell vergehen in einem so konkurrierenden Markt, der sich zunehmend durch harsche Ellenbogen-Mentalität und unsensible Umgangsformen auszeichnet. Wenn man nicht weiß, warum einem die Geschichte so wichtig ist, wird man kaum das Durchhaltevermögen entwickeln können, um weiterzumachen, sowie die nötige Geduld und permanente Kraft aufbringen, möglichen Ablehnungen zum Trotz ...

Man muss zudem die Scheu überwinden, öffentlich über alle genannten Fragen Auskunft zu geben. Aber wer sich nicht *vermarkten* oder *verkaufen* will und sich dagegen sperrt, der wird diese Haltung in jedem Gespräch rüberbringen und kaum erfolgreich sein. Denn Kommunikation besteht aus zwei Komponenten: der verbalen und der nonverbalen; das gilt sowohl für einen mündlichen wie auch für einen schriftlichen Pitch. Die verbale Komponente beschreibt das *Was* einer Präsentation, also erst einmal den Inhalt, aber das *Wie*, das heißt die Art und Weise ein Projekt zu pitchen, beeinflusst maßgeblich die Entscheidung. Der erste Eindruck zählt und der ist meist nonverbal. Das persönliches Erscheinungsbild eines Autors und das seiner schriftlichen Unterlagen verraten viel ... Deshalb gilt es, sein Gegenüber selbst so zu behandeln, wie man selbst und sein Projekt gerne behandelt werden will: höflich, professionell, respektvoll.

Es ist nicht immer einfach für Autoren und Kreativschaffende, sich in die Kunst des Präsentierens und Vermarktens einzuarbeiten. Mangelnden Selbstwert,

Negativbilder und Erfolgsverhinderungsprogramme zu erkennen, abzubauen und zu einer stimmigen Selbstpräsentation zu gelangen bedeutet Arbeit. Wenn Schwierigkeiten auftauchen, liegt es meist daran, dass diese psychologische und persönliche Ebene im Vorfeld unterschätzt wurde, beziehungsweise man sich gar keine Gedanken darüber gemacht hat.

Als Beispiel sei hier das Thema *Kritik* genannt: Wie geht man während und nach einem Pitch mit der manchmal sehr unsachlichen, harsch formulierten Kritik eines Gegenübers um? Sich für diesen Fall eine aktive Gesprächsführung, weitere Argumente und eine verfeinerte Wahrnehmung anzueignen, hilft ungemein. Verärgert oder mit gesenktem Haupt ein Büro zu verlassen, nützt dagegen nichts. Auch wenn einem manchmal die Luft weg bleibt ob der Kommentare und Ablehnungsgründe – weitermachen, erneut pitchen! Das ist die Realität! Das geht aber nur, wenn man weiß, wofür man kämpft. Denn ein Pitch ist erst dann erfolgreich, wenn aus der Idee und dem späteren Drehbuch ein Film geworden ist. – Heute schon gepitcht?

Aus. Fort. Weiter. – (Aus-)Bildungsmöglichkeiten für DrehbuchautorInnen in Deutschland
Zusammengestellt von Nicole Ehringhausen, mit einem Vorwort von Michael Joe Küspert

„Drehbuchschreiben kann man erlernen, wie jedes andere Handwerk auch", so lautet eine Aussage. „Drehbuchschreiben kann man nicht lernen, denn nur das Beherrschen des Handwerks allein erzeugt blutleere Geschichten, die keinen Zuschauer interessieren werden", tönt die konträre Meinung. Die Realität liegt vermutlich irgendwo dazwischen. Der amerikanische Drehbuchautor Kurt Wimmer („The Thomas Crown Affair") benennt es so: „I personally think it's like the Blues. Either you've got it, or you don't. / Ich persönlich denke, es ist wie mit dem Blues. Entweder man hat ihn oder eben nicht."

In Deutschland beschäftigen sich nach der „Periode der FilmemacherInnen" (die meist AutorIn, ProduzentIn und RegisseurIn in Personalunion waren) immer mehr Institutionen mit der Vermittlung des Handwerkzeugs für DrehbuchautorInnen oder betreuen sie bei der Entwicklung ihrer Stoffe. Die Aus- und Weiterbildungsangebote sind jedoch in ihrer Qualität und dem praktischen Nutzen sehr unterschiedlich. In jedem Fall sollten sich potenzielle TeilnehmerInnen vor der Entscheidung für ein Angebot ausführlich über dessen Inhalte und das Know-how der Lehrenden informieren.

Die nachfolgende Aufstellung erhebt keinen Anspruch auf Vollständigkeit, da bestehende Angebote gelegentlich modifiziert werden und neue hinzukommen. Die Einteilung in drei Bereiche soll lediglich der besseren Orientierung dienen. Ausführliche Informationen zu den Veranstaltern und ihren Angeboten finden sich auf den jeweiligen Internetseiten. Wer sich über diese Zusammenstellung hinaus über Angebote und aktuelle Termine informieren will, ist auf den Internetseiten der Schweizer Stiftung FOCAL, www.focal.ch, am besten aufgehoben.

Die Texte basieren weitestgehend auf den Angaben der jeweiligen Institution im Rahmen einer Umfrage. Stand: Oktober 2004

VOLL- & TEILZEIT-AUSBILDUNG FÜR DREHBUCHAUTORINNEN UND -AUTOREN

Ars Dramatica – Akademie für dramatisches Erzählen, Christburger Str. 5, D-10405 Berlin, fon: 030/81798126, fax: 030/81798128, info@arsdramatica, www.arsdramatica.de – Besser erzählen lautet die Maxime der privaten Akademie für dramatisches Erzählen in Berlin. Ars Dramatica ist eine unabhängige Einrichtung zur Aus- und Weiterbildung von Autoren. Sie versteht sich dabei als Labor, Animator und Beschleuniger kreativer Prozesse und Arbeitsweisen. Ein Forum von und für Autoren und die, die es werden wollen. Die Angebote richten sich dabei an Anfänger wie an Berufserfahrene gleichermaßen. Lehr-Schwerpunkt der Ars Dramatica ist die intensive Beschäftigung mit dem Wesen des Erzählens und den Möglichkeiten seiner dramatischen Formen. Im Mittelpunkt des Programmangebots steht ein neunmonatiger Praxis-Intensivkurs für Drehbuchschreiben mit individueller Betreuung (PowerCoaching). Darüber hinaus bietet Ars Dramatica Einsteigerseminare und Workshops zu bestimmten Genres und Formaten wie Comedy, Sitcom oder Krimi an. Angegliedert an Ars Dramatica sind freie Stoffentwickler und eine Drehbuch-Agentur. Diese unterstützen und ermöglichen mit ihrem Wissen und ihren Kontakten die ersten Schritte der Absolventen auf dem Markt. Ars Dramatica ist ein Netzwerk mit Zweigen in alle Bereiche der Filmindustrie und in verwandte Gebiete.

Drehbuchakademie an der dffb, Deutsche Film- und Fernsehakademie Berlin GmbH, Potsdamerstr. 2, D-10785 Berlin, fon: 030/25759134, fax: 030/2575916, drehbuchakademie@dffb.de, www.dffb.de – In einem zweijährigen Studiengang werden unter Anleitung renommierter Dozenten zehn bis zwölf Studenten zu Drehbuchautoren in den wichtigsten Film- und Fernsehgenres ausgebildet. Am Ende der Ausbildung werden die Autoren je ein Drehbuch für einen abendfüllenden Spielfilm sowie eine Folge einer Fernsehserie entwickelt haben. Die Anbindung an die Ausbildung der dffb ermöglicht Querverbindungen zu Regie- und Kamerastudenten und außerdem die Möglichkeit, an allen Gemeinschaftsveranstaltungen zur Filmtheorie, Filmgeschichte sowie Filmanalyse teilzunehmen. Dies garantiert eine fundierte künstlerische und handwerkliche Ausbildung. Die Zulassung zum Studium an der dffb ist allein abhängig vom Bestehen einer Aufnahmeprüfung. Das Höchstalter der Bewerber soll 35 Jahre nicht überschreiten. Englisch- und PC-Kenntnisse werden vorausgesetzt. Jährliches Bewerbungsverfahren. Auswahl durch ein Gremium. Üblicherweise ab Dezember des Jahres Bekanntgabe der Themen; Termine und Bewerbungsunterlagen finden sich auf der Homepage.

Filmakademie Baden-Württemberg, Claudia Wolf, Mathildenstr. 20, D-71638 Ludwigsburg, fon: 07141/969217, claudia.wolf@filmakademie.de, www.filmakademie.de – Im Laufe des Studiums erlernen die Studenten nicht nur die verschiedenen Schritte von Exposé und Treatment bis zum fertigen Drehbuch, sondern auch gezielt das Schreiben für verschiedene Genres (Thriller, Komödie, Coming of Age etc.). Während der vierjährigen Ausbildung wird besonderes Augenmerk auf die Recherche, die daraus resultierende Charakterformung der Figuren und die Umsetzung der Charaktere in Handlung und Dialog gerichtet. Veranstaltungen finden in den Bereichen charakterorientiertes Schreiben, The Writer's Journey, Motivgeschichte, Theorie und Praxis des Drehbuchschreibens, Family Entertainment, Dialog und Thriller/Kriminalfilm statt. Die jeweilige Semesterarbeit besteht in der Erstellung eines Drehbuches.

Filmarche e.V., Rungestr. 20, D-10179 Berlin, info@filmarche.de, www.filmarche.de – Filmarche ist ein gemeinnütziger Verein, der mit seiner selbst organisierten Filmschule die Lücke zwischen privaten Bildungsangeboten und Hochschulen schließt. Hier nehmen junge Menschen ihre Ausbildung selbst in die Hand und werden dabei von zahlreichen Gastdozenten aus Lehre und Praxis unterstützt. Die Filmarche legt besonderen Wert auf eigenverantwortliches Lernen. Die Teilnehmer gestalten gemeinschaftlich das Lehren und Lernen in Form von Referaten, praktischen Übungen und Exkursionen. Dabei gibt es einen festen, eintägigen Termin in der Woche, an dem die Teilnehmer zusammenkommen. Es werden dreijährige Lehrgänge in den Fachbereichen Filmdramaturgie/Drehbuch, Produktion, Regie, Kamera und Schnitt angeboten. Im Lehrgang Drehbuch werden eigene und gemeinsame Projekte entwickelt und verfolgt. Die Lernenden kommen mit verschiedenen Längen, Formaten, Genres in Berührung und nehmen an Seminaren zur Dialoggestaltung, Berufskunde, Figurenarbeit und zu Rechtsfragen teil.

Filmschule Hamburg Berlin e.V., Friedensallee 7, D-22765 Hamburg, fon: 040/39909931, fax: 040/3909500, info@filmschule-hamburg-berlin.de, www.filmschule-hamburg-berlin.de – Die Filmschule Hamburg Berlin bietet eine einjährige Fortbildung für talentierte Einsteiger. Ziel der Autorenschule ist es, begabten Autoren den Start in die Filmbranche zu ermöglichen. Im Mittelpunkt der Fortbildung steht die Entwicklung eines eigenen Drehbuchs für Film und Fernsehen. Jeder Teilnehmer wird von einem Tutor individuell betreut. Parallel dazu werden Seminare zu Grundlagen des Drehbuchschreibens, Genre, Charakter- und Szenenentwicklung, Serien, Dramaturgie und Pitching angeboten. Die einjährige Fortbildung kostet 1.100 € und umfasst 28 Seminartage, die in 6 Blöcken gehalten werden. Bewerbungsunterlagen können via Internet ausgedruckt oder auf postalischem Wege angefordert werden.

Hamburg Media School, Finkenau 35, D-22081 Hamburg, fon: 040/4134680, fax: 040/41346810, film@hamburgmediaschool.de, www.hamburgmediaschool.de/film. – Das Filmstudium an der Hamburg Media School bietet vier Studiengänge, zu denen jeweils sechs Studenten zugelassen werden. Einer davon lehrt Drehbuchschreiben und wird seit April 2000 von Dr. Rainer Berg, Drehbuchautor in Hamburg, geleitet. Für eine gute Geschichte müssen die Regeln der Dramaturgie und Charakterzeichnung perfekt beherrscht werden. Erfahrene Autoren leiten die Studierenden an, um Arbeitstechniken zu systematisieren und Formate zu entwickeln. Die Schwerpunkte der Drehbuchausbildung liegen bei filmischer Dramaturgie, Filmtheorie, Arbeitssystematik, Format- und Stilsicherheit, Kritik- und Teamfähigkeit. Alle zwei Jahre werden wieder Studenten aufgenommen. Der nächste Studiengang beginnt im Oktober 2006.

Hochschule für Film und Fernsehen „Konrad Wolf", Studiengang Dramaturgie, Marlene-Dietrich-Allee 11, D-14482 Potsdam, fon: 0331/6202251, fax: 0331/6202549, w.otto@hff-potsdam.de, www.hff-potsdam.de – Der Studiengang bezieht sich gleichermaßen auf Film wie auf Fernsehen und beinhaltet die Dramaturgie ebenso wie das Drehbuchschreiben. Vier Studienjahre lang beschäftigen sich die Studenten mit dramaturgischen Problematiken anhand fiktionaler und nonfiktionaler Filme, entwickeln Dokumentar-, Kurzspiel-, Langmetragefilme, die sie zusammen mit Studenten anderer Studiengänge der HFF (Regie, Kamera, Produktion, Montage, Ton usw.) realisieren. Komplettiert wird diese sehr praktisch orientierte Ausbildung durch Theoriefächer wie Filmgeschichte, Theaterdramaturgie oder Literaturgeschichte. Aus dem Miteinander der verschiedenen Studiengänge unter einem Dach ergeben sich viele Möglichkeiten der Zusammenarbeit – ein gutes Training für die Praxis nach dem Studium. Die Studenten agieren bei den Übungen und Diplomfilmen als Autoren, Co-Autoren, Dramaturgen und bereiten sich so auf spätere Tätigkeiten als Drehbuchautoren, aber auch als Script-Doktoren, Lektoren, Dramaturgen u. ä. vor. Das Hauptstudium ist in diesem Sinne „Brücke zur Praxis".

Hochschule für Fernsehen und Film München, Frankenthaler Str. 23, D-81539 München, fon: 089/68957-0, fax: 089/68957-189, info@hff-muc.de, dramaturgy.department@hff-muc.de, www.hff-muc.de – An der HFF München werden drei Studiengänge angeboten: Film und Fernsehspiel, Dokumentarfilm und Fernsehpublizistik, Produktion und Medienwirtschaft. Für den jeweiligen Studiengang müssen sich die Bewerber bei der Bewerbung entscheiden. Die Angebote des Bereichs Dramaturgie und Stoffentwicklung (Prof. Doris Dörrie) stehen, wie alle anderen Lehrveranstaltungen auch, ausschließlich den Studierenden der HFF München offen. Die Seminare in diesem Bereich finden in enger Zusammenarbeit mit der Filmabteilung statt. Die Themenschwerpunkte orientieren sich an den notwendigen Vorbereitungen für die Filme der Studierenden.

ifs Internationale Filmschule Köln, Werderstr. 1, D-50672 Köln, fon: 0221/9201880, fax: 0221/92018899, info@filmschule.de, www.filmschule.de – Die ifs bietet ein dreijähriges Filmstudium für Drehbuchautoren, Filmregisseure und Filmproduzenten mit dem international anerkannten Abschluss „Bachelor of Arts" an. Im gemeinsamen Grundstudium stehen Seminare zur Stofffindung, zur Recherche sowie zur klassischen Dramaturgie im Mittelpunkt. In zwei filmischen Übungen und zahlreichen Schreibübungen entwickeln die Studenten Figuren, variieren dramatische Konflikte und lernen den Umgang mit kreativen Techniken. Mit theoretischen Seminaren zur Filmgeschichte, Filmanalyse und Ästhetik vertiefen sie ihre analytischen Fähigkeiten. Im zweiten Jahr machen sich die AutorInnen mit verbreiteten Denkmodellen der Filmdramaturgie vertraut und überprüfen ihre Brauchbarkeit für die eigene Arbeit in Kurzfilm-Drehbüchern. Im dritten Jahr verfassen alle AutorInnen mithilfe von Tutoren ihr Abschlussdrehbuch. Parallel dazu lernen sie spezielle Erzähltechniken wie Romanadaption, non-lineares Erzählen, Seriendramaturgie u. v. m. kennen. Ziel ist die Ermöglichung eines Einstiegs in alle Formen der filmischen Erzählung: vom formatierten Fernsehprodukt bis hin zum Kinostoff. Dabei ermöglicht die kontinuierliche Betreuung durch erfahrene Drehbuchautoren und Regisseure das erste persönliche Netzwerk mit Branchenteilnehmern. Die Teilnahmegebühr beträgt 3.500 €. Voraussetzung für die Drehbuchbewerber ist mindestens die Fachhochschulreife.

Interspherial Pictures, Drehbuchschule im Filmhaus, Friedrichstr. 23 a, D-70174 Stuttgart, fon: 0711/9978691, fax: 0711/221069, Precht@interspherial.com, www.interspherial.com – Die Interspherial Drehbuchschule im Filmhaus Stuttgart bietet in enger Zusammenarbeit mit der Filmschule Wien seit 2000 in einem zehnmonatigen Seminarprogramm Berufsanfängern oder Quereinsteigern die Möglichkeit, das Handwerk des Drehbuchschreibens zu erlernen bzw. vorhandene Kenntnisse zu erweitern. Während des Ausbildungszeitraums von Oktober bis Juli hat jeder Studierende die Möglichkeit, unter professioneller Betreuung ein Drehbuch für einen 90-minütigen Spielfilm zu schreiben. Die theoretischen Grundlagen werden in 40 Unterrichtstagen vermittelt, die in sechs Präsenzblöcken im Filmhaus am Stuttgarter Hauptbahnhof stattfinden. Die Zeit zwischen den Lehrveranstaltungen soll in erster Linie dem Schreiben gewidmet sein. In diesen Phasen besteht für die Studierenden die Möglichkeit der Online- und Telefon-Betreuung durch ihren jeweiligen persönlichen Tutor. Ausbildungsgebühr für 10 Monate: 3.000 € inkl. MwSt.; Ratenzahlung möglich. Zusätzlich bietet die Drehbuchschule im Filmhaus eine Reihe von Seminaren an, die keine Einschreibung an der Schule erfordern. Seminargebühren pro Tag: 90 € zzgl. MwSt.

Kunsthochschule für Medien Köln, Peter-Welter-Platz 2, D-50676 Köln, fon: 0221/201890, fax: 0221/2018917, studoffice@khm.de, www.khm.de – Beim achtsemestrigen Studiengang Audiovisuelle Medien gibt es vier wähl- und kombinierbare Fächergruppen: Fernsehen/Film, Mediengestaltung, Medienkunst sowie Kunst- und Medienwissenschaften. Außerdem werden ein Weiterbildungs- und ein Zusatzstudium angeboten. Die Vermittlung und Erprobung von Techniken des Schreibens ist auf vielen Ebenen integriert.

DRAMATURGISCHE BETREUUNG BEI DER ENTWICKLUNG VON DREHBÜCHERN

Drehbuchwerkstatt München, Brecherspitzstr. 8, D-81541 München, fon: 089/69708174, fax: 089/69708190, drehbuchwerkstatt@gmx.de, www.drehbuchwerkstatt.de – Im Laufe eines Jahres werden den Teilnehmern der Drehbuch-

werkstatt München Grundkenntnisse in Dramaturgie, Filmsprache, Filmproduktion und Medienrecht vermittelt. Im Mittelpunkt steht die Entwicklung eines
eigenen Drehbuchs. Hierzu stellt die Drehbuchwerkstatt einen professionellen
Gesprächspartner: Jeder Teilnehmer hat eine Person, die ihn betreut. Abgesehen
von diesem vertraulichen Arbeitskontakt, treffen sich alle Autoren und Betreuer
in bestimmten Abständen, um den Entwicklungsstand der einzelnen Bücher in
Kolloquien zu besprechen. Darüber hinaus arbeiten die Teilnehmer an bestimmten Aufgaben auch in Gruppen und erhalten von Praktikern Einblick in die Film-
und Fernsehwirklichkeit.

Sources 2, Köthener Str. 44, D-10963 Berlin, fon: 030/8860211, fax: 030/8860213,
info@sources2.de, www.sources2.de – Sources 2 ist ein europäisches Intensiv-
Trainingsprogramm im Bereich Drehbuchentwicklung für professionelle Autoren
oder Teams von Autoren/Produzenten/Regisseuren mit einem TV- oder Kino-
projekt. Sources 2 Script Development Workshops bieten die Möglichkeit, unter
der Leitung erfahrener Drehbuchexperten und im Austausch mit internationalen
Kollegen intensiv an der Entwicklung der Projekte zu arbeiten und sich gleichzeitig fortzubilden. Spezielle Arbeitsgruppen für „Creative Documentary" und
Kinderfilm werden regelmäßig angeboten. Die Workshops finden in verschiedenen europäischen Ländern statt und umfassen jeweils einen dreimonatigen
Prozess: Siebentägiger Workshop mit Arbeitssitzungen in drei kleinen Gruppen,
begleitet von einem Rahmenprogramm mit Vorträgen, Screenings, Diskussionen;
Coaching in der Überarbeitungsphase; „Follow-up" von einem Tag pro Projekt
(individuelle Beratung oder Sitzung der Arbeitsgruppe). Einzureichen sind Treatments oder Drehbuch-Erstfassungen, ausgewählt werden 12 Projekte. Die Kosten:
100 € Anmeldegebühr pro Projekt; 1.800 € pro Autor und 900 € für jeden weiteren Teilnehmer eines Teams für den siebentägigen Workshop inklusive Unter-
kunft/Verpflegung. Die Kurssprache ist Englisch. Neu: Sources 2 Projects & Process,
das dreitägige Trainingsprogramm für Mentoren europäischer Autoren.

Step by Step, Drehbuchforum Wien, Dr. Sabine Perthold, Stiftgasse 6, A-1070
Wien, fon: 01/5268503/501, fax: 01/5268503/550, office@drehbuchforum.de,
www.drehbuchforum.de – Step by Step ist ein europäisches Stoffentwicklungs-
programm des Drehbuchforums Wien und der Master School Drehbuch Berlin.
Das einmal jährlich stattfindende Programm bietet Produzenten und Autoren die
Möglichkeit der professionellen Unterstützung von erfahrenen Dramaturgen bei
der Realisierung ihrer Kinodrehbücher. Angesetzt wird bei der Weiterentwicklung
der Drehbücher bis hin zu Fragen der Kalkulation und Finanzierung der Projekte.

TOP: Talente e.V., Akademiker-Centrum, Lämmerstr. 3, D-80335 München, fax:
0831/9605208, top-talente@gmx.de, www.toptalente.org –Top Talente bietet jährlich zwölf InteressentInnen die Möglichkeit, an der dreiwöchigen Fernseh-
Autoren-Werkstatt „Talente" teilzunehmen. Die Ausgewählten können eine Serie
von Grund auf vorbereiten. Sie lernen dabei die Grundlagen filmischen Erzählens
kennen, entwickeln Exposés, Treatments und schreiben ein Drehbuch. Daraus
werden einzelne Szenen exemplarisch mit Schauspielern vor der Kamera realisiert.

Diese Erfahrungen und Techniken lassen sich auch auf TV-Filme und andere Genres übertragen. Vom Sujet her wird eine Orientierung am christlichen Menschenbild angestrebt. In drei einwöchigen Kursen, die über einen Zeitraum von einem Jahr verteilt sind, werden von berufserfahrenen Dozenten die Qualifikationen eines Drehbuchs sowie die Anforderungen des Marktes vorgestellt und erörtert. Ein ähnliches Angebot findet in München Unterföhring statt, jedoch wird das Handwerk am Beispiel der Entwicklung eines Kurzfilms vermittelt und eingeübt. Kosten: 430 €. Darüber hinaus werden verschiedene Einzelworkshops und Themenabende angeboten.

EINZELWORKSHOPS UND -SEMINARE

Academy of converging media, c/o ProjectScope, Inga von Staden, Kirchstr. 20, D-10557 Berlin, fon: 0173/9234906, info@academy-of-converging-media.com, www.academy-of-converging-media.de – Die Academy of converging media ist eine Fortbildungsorganisation an der dffb (Deutsche Film- und Fernsehakademie Berlin), die die digitalen Bereiche stärker einbezichen möchte. Derzeit werden zwei Intensiv-Kurse angeboten, die sich auf die Aspekte Interaktion und Kooperation der neuen Medien beziehen. Die internationalen Teilnehmer werden lernen, Interaktion in neuen Medien und Technologien zu gestalten, Kommunikation und Interfaces zu beherrschen, um Konzepte zu generieren und Inhalte sowie Anwendungen zu entwickeln. Das erste Modul widmet sich dem Einfluss der Interaktion auf die Dramaturgie und Erzählstrukturen. Modul zwei befasst sich mit der Kooperation zwischen den Nutzern in vernetzten Systemen.

Adolf Grimme Akademie, Eduard-Weitsch-Weg 25, D-45768 Marl, fon: 02365/918945, fax: 02365/918989, grimme-akademie@grimme-institut.de, www.grimme-akademie.de – Die Adolf Grimme Akademie versteht sich als praxis- und serviceorientierter Partner der Medienbranche. Schwerpunkte sind Programmentwicklung und -gestaltung, Redaktions- und Produktionsmanagement. In den Veranstaltungen, die sich mit Programmentwicklung beschäftigen, kommen Formatentwickler und Autoren zu Wort, die die Probleme und Trends im jeweiligen Genre vorstellen. Auch für Autoren geeignet: die mehrmals im Jahr laufenden „Werkstattgespräche" (Köln) und „Praxisgespräche" (München) mit renommierte Experten. Außerdem betreibt die Grimme Akademie seit 1999 zusammen mit der Kölner Produktionsfirma Brainpool („TV total", „Rent a Pocher", „Elton TV") die Gag Academy, die sich mit ihren Workshops besonders an Nachwuchsautoren aus der Comedyszene wendet. Neben diesen offenen Veranstaltungen bietet die Adolf Grimme Akademie Fortbildung für Sender und Produktionsfirmen an, wobei ein besonderes Augenmerk auf der Nachwuchsschulung von Volontären und Jungredakteuren liegt. Das Aus- und Fortbildungskonzept versteht sich als grundlegende Einführung ins Fernsehgeschäft und als systematische Ergänzung zum „training on the job".

André Wiesler, Ottostr. 33, D-42289 Wuppertal, fon: 0202/5275659, autor@andrewiesler.de, www.andrewiesler.de – André Wiesler, lehrerfahrener TV-Autor, Schriftsteller und Übersetzer, bietet Online-Seminare sowie Wochenendveranstaltungen in Wuppertal rund ums Schreiben im Allgemeinen an, von der Ideenfindung über den Konzeptions- und Entwicklungsprozess bis zur konkreten Ausformung und Überarbeitung sowie Autoren-Selbstvermarktung. Der Schwerpunkt liegt dabei stets auf der Geschichte – darum sind die Seminare für „Geschichtenschaffende" verschiedener Bereiche nützlich: Belletristik, Hörspiel, Drehbuch u. v. m.

Bundesakademie für kulturelle Bildung Wolfenbüttel e. V., Postfach 1140, D-38281 Wolfenbüttel, fon: 05331/808415, fax: 05331/808413, post@bundesakademie.de, www.bundesakademie.de – Die Bundesakademie für kulturelle Bildung ist ein Ort für Kunst, Kultur und ihre Vermittler, die neben Tagungen vor allem praxisorientierte Kurse anbietet, und zwar in den Bereichen bildende Kunst, Literatur, Musik, Museum und Theater. Im fachübergreifenden Programmsegment „Markt, Management und Mediales" finden sich Kurse, die sich beispielsweise mit der filmischen Adaption von Prosa-Stoffen, der Dialogführung und seit einigen Jahren mit dem Spezialformat Daily Soap beschäftigen. Vor allem am Beispiel der Soap „Verbotene Liebe" wird das einschlägige Handwerk für dieses Format in praktischen Übungen und Theorieteilen vermittelt – in der Regel von Script-Editoren oder Dialogautoren dieser Serie.

Comedy im Radio, Dirk Stiller, Rudolstädter Str. 97, D-10713 Berlin, fon: 030/8249293, fax: 030/89722206, stiller@comedy-im-Radio.de, www.comedy-im-Radio.de – Lachen ist gesund. Das wissen wir längst. Damit wir aber nicht auch die schönste Pointe ins Boxhorn jagen, bietet Dirk Stiller Seminare rund ums Comedy-Geschäft an. Wenn sich auch ein Großteil der Angebote auf das Medium Radio bezieht, so lässt sich doch vieles auf das Drehbuchschreiben übertragen. Der Workshop Comedy-Writing führt in die lustige Welt des Gag-Schreibens ein. Hier wird das Schreiben von Sitcoms, TV-Comedy und Kino-Komödie erlernt. Die Teilnehmer treffen sich über einen Zeitraum von 12 Wochen einmal wöchentlich um ihre Comedy-Texte zu bearbeiten, zu erproben und zu diskutieren.

Drehbuchcamp, Goethe-Institut, Wilhelmstr. 17, D-79098 Freiburg, fon: 07634/591316, fax: 07634/591317, info@drehbuchcamp.de, www.drehbuchcamp.de – Das Drehbuchcamp ist eine Gemeinschaftsveranstaltung der baden-württembergischen Filmförderung (MFG-Medien- und Filmgesellschaft Baden-Württemberg), der Hessischen Filmförderung, der ZFP (Zentrale Fortbildung der Programmmitarbeiter von ARD und ZDF) und des Goethe-Instituts Freiburg, unterstützt von der Degeto Film GmbH. In Workshops und Seminaren werden grundlegende und weiterführende Kenntnisse rund um das Drehbuchschreiben vermittelt. Das Themenspektrum umfasst dabei die Bereiche Fiction, Non-Fiction, Produktion, Präsentation und Filmmusik. Neben der Teilnahme von Autoren, Redakteuren, Dramaturgen und Producern der Fernsehanstalten stehen die Kurse ausdrücklich auch freien Autoren und Quereinsteigern offen. Die Kompetenz und die Erfahrung renommierter Trainer sorgen dabei für hohe Qualität der meist dreitägigen Workshops. Das Drehbuchcamp findet zweimal jährlich statt, jeweils im April/Mai in Freiburg und im September in Wiesbaden. Die Seminare kosten zwischen 310 € und 350 €, Förderungsmöglichkeiten bestehen durch die MFG und die hessische Filmförderung.

Drehbuchforum Wien, Stiftgasse, 6, A-1070 Wien, fon: 01/5268505500, fax: 01/5268505550, office@drehbuchforum.at, www.drehbuchforum.at – Das Drehbuchforum Wien versteht sich als etablierte Institution für Weiterbildung im Drehbuchbereich. Seit 10 Jahren leistet es u. a. durch Projekte wie Autorentraining, Symposien, Lectures, Workshops, Script-Doctoring und Publikationen einen beachtlichen Beitrag zur qualitativen Verbesserung der österreichischen Filmlandschaft. Der Forumgedanke beinhaltet den Dialog mit der gesamten Branche, um die konkreten, akuten und variierenden Weiterbildungsbedürfnisse wahrzunehmen und darauf zu antworten. Als SeminarleiterInnen konnte es während der letzten Jahre renommierte Kräfte auf dem Gebiet des Drehbuchschreibens (Syd Field, Inga Karetnikova, Robert McKee, Linda Seger, Julian Friedmann, Martin Daniel, Zdenek Mahler, Krzysztof Kieslowski, Oliver Schütte, Christopher Vogler und Mogens Rukov) für seine Intensivseminare gewinnen. Auf der Internetseite finden sich alle professionellen österreichischen DrehbuchautorInnen mit ihrem Werkverzeichnis, ihren Genre-Vorlieben, ihren Auszeichnungen und Preisen, ihren Projekten und Kontaktadressen.

Drehbuchwerkstatt Hamburg e. V., Gabriel Bornstein, Große Brunnenstr. 73, D-22763 Hamburg, fon: 040/3903722, gb@fullhousefilm.de, www.drehbuchwerkstatt-hamburg.de – Die Drehbuchwerkstatt Hamburg ist ein Verein zur Förderung von Drehbuchautoren und veranstaltet in regelmäßigen Abständen Seminare für Anfänger und Fortgeschrittene. Zum Angebot zählen ein Drehbuch-Grundkurs, in dem anhand von Filmbeispielen erläutert wird, wie Geschichten aufgebaut sind, ein Dialogseminar und ein dreiteiliges Seminar, welches die Erstellung eines marktfähigen Produktes zum Ziel hat. Monatlich findet ein Autorentreffen statt, bei dem die eigenen Ideen diskutiert und überprüft werden können.

Drehbuchwerkstatt Nürnberg, Ernst Gortner, Rieterstr. 4, D-90419 Nürnberg, fon: 0911/397343, fax: 0911/333825, ernst.gortner@fen-net.de, www.drehbuchwerkstatt-nuernberg.de – Die Drehbuchwerkstatt Nürnberg widmet sich – in freier Trägerschaft – vorwiegend der Talentsuche und der Förderung von NachwuchsautorInnen in der Sparte Drehbuch. Im Rahmen des „Nürnberger Autorenstipendiums" wird in Kooperation mit dem Bayerischen Rundfunk (Redaktion Drehbuchwerkstatt) und der Stadt Nürnberg (Schul- und Kulturreferat) alle zwei Jahre ein Drehbuchförderpreis ausgeschrieben. Eine Fachjury aus DrehbuchautorInnen, Regisseuren, Produzenten und Redakteuren prämiert die besten Wettbewerbsbeiträge. Die besten zehn Teilnehmer erhalten die Gelegenheit, ihre Wettbewerbsidee unter der professionellen Anleitung von Drehbuchautoren, Regisseuren, Dramaturgen und Redakteuren zu einem Drehbuch für einen abendfüllenden Spiel- oder Fernsehfilm auszuarbeiten. Außerdem werden diese Nachwuchsautoren zu Workshops nach Nürnberg eingeladen, wo sie ihre Stoffe entwickeln und die handwerklichen Grundlagen des Drehbuchschreibens erlernen können. Zusätzlich bietet die Drehbuchwerkstatt Nürnberg in unregelmäßiger Folge Schreibseminare und Workshops für Nachwuchsautoren an.

Drehbuchwerkstatt Rhein/Ruhr e.V., Fliednerstr. 32, D-40489 Düsseldorf, fon: 0211/4089518, fax: 0211/4089903, www.dbwrr.de – Die Drehbuchwerkstatt Rhein/Ruhr ist eine von Drehbuchautoren gegründete Institution, die Seminare zur Aus- und Weiterbildung im Bereich Filmdramaturgie anbietet. Das Lehrprogramm der Drehbuchwerkstatt wurde von Dr. Möller-Naß entwickelt. Es besteht aus Seminaren und Übungen, die sich in drei Stufen gliedern. In der ersten Stufe werden drei Grundkurse angeboten, die für die weiteren Seminare vorausgesetzt werden. Für Fortgeschrittene werden in der zweiten Stufe genrespezifische Veranstaltungen oder themenorientierte (Adaption, Remake, Dramaturgie) Seminare angeboten. Darüber hinaus finden Übungen zum Dialogschreiben, Charakterentwicklung oder Plotentwicklung statt. In der dritten Stufe ist die Teilnahme an Arbeitsgruppen, die gemeinsam an ihrem Projekt feilen, möglich. Seit einigen Jahren führt Dr. Möller-Naß in Kooperation mit SAT.1 auch das Weiterbildungsprogramm „Method Writing" im SAT.1 Talents Programm durch. Kosten zwischen 180 € und 150 € für ein 3-Tages-Seminar.

Erich Pommer Institut GmbH, Försterweg 2, D-14482 Potsdam, fon: 0331/7212880, fax: 0331/7212881, mail@epi-medieninstitut.de, www.epi-medieninstitut.de – Das Erich Pommer Institut ist ein sowohl fachpraktisch als auch wissenschaftlich orientiertes Medieninstitut. Es versteht sich als ein Ort der Begegnung, Information, Forschung und Fortbildung für Vertreter aus Medien, Politik, Kultur, Wirtschaft und Wissenschaft. Die Aufgabenschwerpunkte umfassen: Forschung und universitäre Lehre zu Medienrecht und Medienwirtschaft, berufsbegleitende Fortbildung für die Medienpraxis, Forum für medienpolitische Fragen. Das Fortbildungsangebot konzentriert sich auf die Bereiche Film/TV, Musik und Werbung. Seminare und Workshops werden in den Modulen Medienrecht, Medienfinanzierung, Medienproduktion und Medienmarketing angeboten. Auf europäischer Ebene veranstaltet das Erich Pommer Institut mit Unterstützung des Media Plus Programms eine Reihe von Workshops unter dem Titel Essential Legal Framework (E.L.F.). Die Veranstaltungen stehen allen Interessierten aus der Medienbranche offen. Spezielle Angebote für Drehbuchautoren sind u. a. eine Sitcom-Academy und diverse Seminare und Workshops zu z. B. vertragsrelevanten Fragen.

Europäisches Fortbildungsinstitut für Film und Fernsehen (EFIFF), Zum Steigerhaus 1, D-46117 Oberhausen, fon: 0208/8996690, fax: 0208/8996691, info@efiff.com, www.efiff.de – Das EFIFF veranstaltet Seminare zu Aspekten der Film- und Fernsehproduktion. Im Zentrum des Drehbuchseminars steht das Kennenlernen dramaturgischer Filmgestaltungsregeln der romantischen Komödie, die intensive Auseinandersetzung mit Techniken des Schreibens von fiktionalen Stoffen für Film und Fernsehen. Kosten für zwei Tage: 420 €. Außerdem im

Programm: eine Frühlings-, Sommer- und Herbstakademie mit Themen zur Filmproduktion.

Filmhaus Frankfurt e.V., Schützenstr. 12, D-60311 Frankfurt, fon: 069/13379994, fax: 069/13379998, filmhaus-frankfurt@t-online.de, www.filmhaus-frankfurt.de – Das Filmhaus Frankfurt hat verschiedene Angebote – vom Drehbuchschreiben bis zur Postproduction – im Programm. Im Drehbuchbereich richten sich die Seminare sowohl an Anfänger als auch an Fortgeschrittene. Für die Seminarleitung konnten praxiserfahrene Dozenten (Klaus Bassiner/ZDF, Liane Jessen/HR u.a.) gewonnen werden. Seminarinhalte sind Dialogerarbeitung, Erfolgsfilme, Life-changing Sequences, Seriengesetze etc. Der Service wird durch ein Seminar abgerundet, dass sich mit der geschäftlichen Seite des Drehbuchs beschäftigt. Die Kosten liegen je nach Dauer der Veranstaltung zwischen 50 € und 230 €.

Filmwerkstatt Münster, Gartenstr. 123, D-48147 Münster, fon: 0251/2303621, fax: 0251/2303609, film@muenster.de, www.filmwerkstatt.muenster.de – Die Filmwerkstatt Münster bietet neben Beratung, Service und Qualifizierung im Film- und Videobereich auch Wochenendseminare für das Entwickeln, Schreiben und vermarkten von Drehbüchern an. Der Filmservice Münster.Land vergibt in Zusammenarbeit mit der Filmwerkstatt Münster auf dem Filmfestival Münster einen mit 3.000 € dotierten Drehbuchpreis „Geschichten für die Provinz". Zu diesem Thema werden auch Seminare, Script-doctoring und Pitchings veranstaltet. Die Schwerpunkte der Kurse liegen beim dramaturgischen Aufbau, der Dialog- und Figuren-, Treatment- und Drehbuchentwicklung sowie bei der Diskussion der Drehbücher. Ebenso werden Seminare zu Pitching, Budgetierung und Platzierung auf Festivals angeboten. Die Seminare finden in der Regel am Wochenende statt. Die Teilnahmegebühren liegen zurzeit bei 100 € pro Unterrichtstag. Die Dozenten der Filmwerkstatt kommen aus der Filmbranche und unterrichten zum Teil an Filmhochschulen in der Bundesrepublik und im europäischen Ausland.

Internationale Film-, Fernseh- & Music-Akademie (IFFMA), Villa Zerboni, Waldpromenade 21, D-82131 Gauting, fon: 089/89398960, fax: 089/89398961, tr@aining-film-tv-music.de, www.iffma.de – Schwerpunkte der Arbeit sind die Organisation internationaler Fortbildungsveranstaltungen für die Film-, TV- und Musik-Branche. Das Seminarprogramm erstreckt sich über die Bereiche Drehbuch/Regie, Produktion, Kamera, Licht, Sound etc. Der Grundkurs Drehbuchschreiben bietet einen Einstieg in die Theorie und Praxis des filmischen Geschichtenerzählens. Kosten für drei Tage: 450 €. Während der Sommerakademie werden zahlreiche Workshops zu fast allen Aspekten professioneller Film-, TV- & Musik-Produktion angeboten.

Kölner Filmhaus e.V., Maybachstr. 111, D-50670 Köln, fon: 0221/222710-0, fax: 0221/222710-99, info@koelner-filmhaus.de, www.koelner-filmhaus.de – Im Mittelpunkt des Kölner Filmhauses steht die intensive Auseinandersetzung mit dem Medium Film. Das hauseigene Zentrum für Aus- und Weiterbildung bietet ein umfassendes Seminar- und Workshop-Programm für den filmischen Nachwuchs, Quereinsteiger und Profis. Die Drehbuchseminare werden von deutschen Dozenten wie Michael Arnal (Filmanalyse und praktische Übungen) oder Klaus Peter Wolf (Drehbuchaufstellungen) geleitet. Selma Brenner bietet in ihrem Seminar einen Einblick in das Lektorat von Drehbüchern. Das Angebot wird durch eine jährlich stattfindende Drehbuchwerkstatt ergänzt, die beim Development begleitet. Die amerikanischen Drehbuch-Lehrer Tom Schlesinger und Keith Cunningham vermitteln praktisches Fachwissen im internationalen Vergleich.

Mallorca Film Academy, C/ Sant Jaume, 6, E-07080 Palma de Mallorca, fon: 034/971229391, fax: 034/971229392, info@mfa.tv, www.mfa.tv – Mit erfahrenen und renommierten Regisseuren wie Oscar-Preisträger Fernando Trueba, Dieter Wedel, Isabel Coixet oder Detlev Buck werden in der Mallorca Film Academy Kurse rund ums Thema Drehbuchschreiben angeboten. Im Grundkurs werden Struktur, Exposé, Szene und Dialog gelehrt, während sich der Aufbaukurs mit der Ausarbeitung eines vorhandenen Treatments beschäftigt. Fortgeschrittene oder Hochschulabsolventen können einen sechstägigen Workshop zur Seriendramaturgie absolvieren. Bei allen Angeboten stehen die Diskussion in der Gruppe sowie praktische Schreibübungen im Mittelpunkt. Kosten für 4–8 Tage zwischen 440 € und 790 €.

Master School Drehbuch, Linienstr. 155, D-10115 Berlin, fon: 030/30879315, fax: 030/30879314, info@masterschool.de, www.masterschool.de, www.scriptforum.de. – Die Master School Drehbuch konzipiert und präsentiert eine Reihe von Konferenzen, Seminaren und Programmen sowie eine Internet gestützte Business-Plattform zum Thema Drehbuch und Stoffentwicklung. Sie bietet professionellen Autoren, Produzenten, Dramaturgen, Script Consultants und Lektoren die Möglichkeit zur beruflichen Weiterentwicklung und zum Networking und schafft Initiativen für den künstlerischen Nachwuchs. Im Rahmen der europäischen Stoffentwicklungsprogramme Step by Step und Pygmalion entwickeln Autoren und Produzenten über einen längeren Zeitraum ihren (Kino- bzw. Kinder-)Stoff unter der professionellen Begleitung renommierter Dramaturgen. Die Einzelworkshops und -seminare der Master School Drehbuch finden sowohl als Online-Seminare auf der Business-Plattform www.scriptforum.de als auch als Präsenzveranstaltungen statt.

Movie-College, Allary Film, TV & Media, Milchstr. 27, D-81667 München, fon: 089/486472, fax: 089/481354, info@allaryfilm.de, www.moviecollege.de – Movie-College ist die weltweit erste und bisher größte Online-Filmschule und wurde bereits zweimal für den Adolf Grimme Online-Award nominiert. Im Laufe der Jahre entstand ein lebendiges Portal rund um die Medien. Neben praxisgerechter Wissensvermittlung bietet das Movie-College Filmschaffenden und Filmnachwuchs ein umfangreiches Serviceangebot. Das Internetangebot umfasst mehr als 1.200 kostenlose Artikel zum Thema Film, welche sich an Amateure und Profis gleichermaßen richten. Für diejenigen, die sich über das autodidaktische Lernen hinaus fortbilden möchten, bietet das Movie-College mehrmonatige Online-Seminare an. Örtlich ungebunden können sich die Seminarteilnehmer unter fachkundiger Anleitung eines Tutors in den Bereichen Regie, Produktion und Drehbuch weiterbilden. Im Drehbuchbereich werden zwei aufeinander aufbauende Seminare angeboten: Kurs 1 befasst sich mit dem Drehbuchaufbau, Ideen und dem Material. Hier werden Themen wie Ideenfindung, Konzept, Finanzierung, Charakterisierung, Dialogentwicklung oder Erzählperspektiven erläutert. Kurs 2 widmet sich der Optimierung und Vermarktung des Drehbuchs. Schritt für Schritt werden die Szenen auf Kontinuität, Brüche, Erzählfluss oder Zuschauererwartungen untersucht, um den Weg zur Vermarktung zu ebnen. Für Trainees kosten die subventionierten Seminare 430 €; Freelancer zahlen entsprechend mehr.

Münchner Drehbuchschule, Hubert Pöllmann, Leonrodstr. 30, D-80636 München, fon + fax: 089/12163701, poellmann@gmx.de, www.hubertpoellmann.de – Hubert Pöllmann, Regisseur und Drehbuchautor, führt in regelmäßigen Abständen auf dem Bavaria-Film-Gelände Drehbuchseminare durch. Die sechs unterschiedlichen Module finden jeweils an einem dreitägigen Wochenende statt. Die Angebotspalette macht einen relativen Rundumschlag durch das Drehbuchsegment: Einführend für Anfänger wird ein Grundkurs angeboten, in dem die Struktur eines Drehbuches erläutert wird. In weiteren Kursen steht die Arbeit am Drehbuch im Vordergrund: Wie entwickelt man glaubhafte Charaktere, wie bekommt man Spannung in die Handlung und welchen Genreerwartungen der Zuschauer muss entsprochen werden? Ist das Buch fertiggestellt und auf Tauglichkeit geprüft, werden noch Informationen zu Einreichterminen und Fördergremien geboten. Kosten pro Kurs: 275 €.

Münchner Filmhaus, Ungererstr. 25, D-80802 München, fon: 089/25556666, fax: 089/25556655, info@muenchnerfilmhaus.de, www.muenchnerfilmhaus.de – Als gemeinnütziger Verein widmet sich das Münchner Filmhaus der unabhängigen Münchner Filmkultur, insbesondere der Aus- und Fortbildung von Medienschaffenden der Film- und Fernsehbranche. Dabei liegt der Schwerpunkt auf praxisorientiertem Lernen unter der Leitung ausgewiesener Fachkräfte und erfahrener Dozenten. In dem angebotenen Drehbuchseminar zeigt Roland Zag anhand von Beispielen auf, dass das emotionale Erleben von Geschichten auf allgemein-menschlichen Faktoren beruht. Zu wissen, wie Zuschaueremotionen entstehen, hilft, das eigene Drehbuch emotional stimmig zu machen. Kosten für 2 Tage: 220 €.

Nordmedia Fonds GmbH, Bereich academy, Expo Plaza 1, D-30539 Hannover, fon: 0511/12345671, d.paciarelli@nordmedia.de, www.nordmedia.de – Angebote für Drehbuchautoren, schreibende Filmregisseure und Developmentpersonal: Das script & development lab bietet professionelles Training zum Drehbuchschreiben und zur Stoffentwicklung sowie dramaturgische, teilweise individuelle Betreuung bei der Entwicklung von Drehbüchern. Im Angebot u. a.: Programmreihe „Talents" mit dem Ziel, unter der Anleitung von international herausragenden Dozenten und Dramaturgen/Producern marktrelevante Kino- und TV-Spielfilme zu entwickeln. Neben der Praxis des Drehbuchschreibens, der Projektentwicklung und der kontinuierlichen Entwicklung in vier bis sechs Block-seminaren werden praktische Aspekte der Filmregie und der Visualisierung sowie Vermarktung vermittelt. Zertifikate zum Abschluss des Programms. Dauer: mehrere Blockseminare, verteilt auf ca. 6–8 Monate. Auswahlverfahren: einzureichen sind u. a. Lebenslauf, Arbeitsproben und Treatment bzw. erste Drehbuchfassung. Ein Bewerbungstermin pro Jahr. Darüber hinaus wird in Zusammenarbeit mit der Andrzej Wajda Master School of Film Directing das Programm EKRAN angeboten. Im Jahre 2004 entsendete Nordmedia vier Teams (Regisseur, Drehbuchautor, Kameramann, Produzent) über eine Stipendiumsausschreibung zu dem Training nach Warschau. Bewerbungstermine auf Anfrage. Projekte mit einem Bezug zu Niedersachsen und Bremen werden, bei gleicher Qualität, bevorzugt behandelt.

Sagas Writing Interactive Fiction, c/o Bayerisches Filmzentrum, Bavariafilmplatz 7, D-82031 München-Grünwald, fon: 089/64981130, fax: 089/64981330, sagas@sagas.de, www.lrz-muenchen.de – Sagas Writing Interactive Fiction ist eine Initiative der European MEDIA Plus Programme Training und der Hochschule für Fernsehen und Film München. Sie fördert narrative Inhalte für interaktive Medien und versucht mittels internationaler Workshops Wissen für diese Kombination zu vermitteln. Seminarsprache ist Englisch.

SAT.1 Talents, ines-schilgen@bigfoot.de, ines-schilgen@web.de, www.sat1talents.de – Seit 1999 engagiert sich Sat.1 unter dem Label Sat.1 Talents gezielt im Bereich der Nachwuchsförderung und fördert die Arbeit junger Talente. An erster Stelle steht dabei nicht nur das Entdecken von jungen Talenten, sondern vor allem ihre professionelle Weiterentwicklung. Die Aktivitäten umfassen Weiterbildungsseminare, Workshops sowie Wettbewerbe und erstrecken sich auf die Sparten Drehbuch, Regie, Schauspiel, Comedy, Produktion und In-House. Seit 1999 organisiert Sat.1 für ausgesuchte Nachwuchsautoren die Weiterqualifizierung in den regelmäßig stattfindenden „Method-Writing"-Seminaren, der „Script Lounge", dem Workshop „Komisch Schreiben" und (seit 2004) dem „Sketch-Comedy-Autoren-Seminar". Die bislang als „Actors' Class" bekannte Schauspiel-Förderung wurde 2004 erweitert und nennt sich nun „Talent Class". Erstmals können sich neben Schauspielern auch Jungfilmer mit eigenen Filmideen sowie Drehbuchautoren mit einem ausgearbeiteten Dialogdrehbuch bewerben. Die besten Drehbücher der Nachwuchsautoren werden im professionellen Stoffentwicklungsprozess unter dem Dach der Sat.1 Redaktion für TV-Movies und Koproduktionen zur Drehreife entwickelt. Aus ihnen wählen Profi-Regisseure sechs Bücher aus, die dann im Rahmen des Schauspielworkshops als Kurzfilme produziert werden.

Schreibkunst.com, Wolf Schneider, Hauptstr. 5, D-84494 Niedertaufkirchen, fon: 08639/98340, seminare@connection.de, www.schreibkunst.de – „Das Geheimnis ist die Kreativität – das Handwerk lässt sich erlernen!", sagt Wolf Schneider über das Schreiben. In seinen Seminaren vermittelt er beides. Auf spielerische Art und Weise lernen die Teilnehmer, sich für schöpferische Energien zu öffnen. Zugleich bekommen sie fundiertes und praktisches Handwerkszeug vermittelt. Auch die Beurteilungsfähigkeit wird geschult, um eigene Texte mit den Augen eines künftigen Lesers betrachten zu können. Das angebotene Drehbuchseminar lehrt, wie man aus einer Idee eine drehbuchfähige Story entwickelt und wird von C. P. Hant und Wolf Schneider gehalten.

Schreibschule Erfurt e. V., Heinrichstr. 87, D-99092 Erfurt, fon: 0361/5518676, paulinaschulz@web.de, www.schreibschule-erfurt.de – Die Schreibschule Erfurt versteht sich als eine Institution, die in weitestem Sinne Literaturarbeit leisten möchte. Zum einen bietet sie diverse Kurse für Kreatives Schreiben an, die in regelmäßigen Abständen von 2–3 Wochen stattfinden. Hier können die Interessenten zwischen Basis- und Aufbaukursen für Kreatives Schreiben, visueller Wahrnehmung, Drehbuch u. v. m. wählen. Zum anderen wird individuelles Autorencoaching angeboten, bei dem Schreibende und ihre Texte über längere Zeit in enger Zusammenarbeit mit der Dozentin/dem Dozenten intensiv begleitet werden. Erfahrene Dozenten, zum größten Teil Absolventen des Deutschen Literaturinstituts in Leipzig, garantieren ein hohes Niveau und stehen für alle Fragen zum Thema Schreibkreativität zur Verfügung. Es geht vor allem darum, das Schreiben als eine Schlüsselkompetenz in den Alltag zu integrieren und eine neue Art des Literaturverständnisses zu wecken.

Systeme in Aktion, Institut für Systemaufstellungen, Am Seefeld 7, D-83257 Gstadt, fon: 08054/902023, fax: 08054/902024, alex@systeme-in-aktion.de, www.systeme-in-aktion.de – Das Institut wird geleitet von Kristine Alex. Sie bietet Systemaufstellungsseminare zu unterschiedlichen Schwerpunkten an. Ein besonderer Schwerpunkt ist seit vielen Jahren das Aufstellen im Drehbuchbereich. Dies wird von Autoren sowie Produzenten, Dramaturgen und Regisseuren zur Stoffentwicklung, Optimierung und Überprüfung der Stoffe auf systemische Stimmigkeit genutzt. Es werden entweder offene Drehbuchaufstellungsseminare oder Spezialseminare ad hoc veranstaltet. Seit vielen Jahren bildet Kristine Alex Systemaufsteller aus, wobei ihr Schwerpunkt der Einsatz der Methode sowohl im privaten wie beruflichen Bereich ist. Die Ausbildung eignet sich als professionelle Grundlage für Aufstellungsinteressenten im Film-, Buch- und Theaterbereich. (Siehe S. 385 ff.)

Volkshochschule Köln, Fachbereich Medien und Kommunikation im Komed, Im MediaPark 7, D-50670 Köln, Ansprechpartnerin: Doris Dieckmann, fon: 0221/5743265, fax: 0221/5743269, doris.dieckmann@stadt-koeln.de, www.vhs-koeln.de – Die Volkshochschule Köln hat ein breites Spektrum von Drehbuchseminaren. Die Seminare werden als Abend-, Wochenendveranstaltungen, Bildungsurlaub oder auch onlinegestützt als eLearning-Seminar angeboten. Der Schwerpunkt liegt in der Vermittlung von Basiswissen, Stoffentwicklung in Drehbuchwerkstätten und der Auseinandersetzung mit diversen Genres (Krimi, Sitcom, Komödie, Serie). Aber auch Marketingthemen sind Bestandteil des Angebots. Aktuell hat die Volkshochschule ein spezielles eLearning-Seminar zum Thema „eScripts – Drehbuchschreiben im Seminar und im Internet" entwickelt. In der Kombination von Präsenz- und Onlinephasen bekommen SeminarbesucherInnen einen Einblick in die Grundtechniken des Drehbuchschreibens und entwickeln in der zweimonatigen Onlinephase ein Exposé. Fachlich werden sie durch erfahrene Drehbuchautoren begleitet. Die Seminare sind gedacht für Personen, die selbst ein Drehbuch schreiben oder sich über die dramaturgischen Gesetzmäßigkeiten des Filmschreibens informieren wollen, für Journalisten, Redakteure und Produzenten.

Waltermedia, Klingenderstr. 22, D-33100 Paderborn, fon: 05251/1849310, fax: 05251/8718967, info@waltermedia.de, www.waltermedia.de – Unter der Leitung von Uwe Walter beschäftigt sich die Waltermedia seit vielen Jahren mit dem Thema „Universales Storytelling". Dabei kann das Storytelling nur als Oberbegriff gesehen werden. Denn bei ihrer Arbeit geht es immer auch darum, Genres zu positionieren und die Ausarbeitungsqualität zu steigern. Die Waltermedia kämpft für „Human Interest Narration": für relevante Formate, die authentisch erzählt und das Gegenteil der heute üblichen „Me too"-Programmierungen sind. Gemeinsam mit den führenden deutschen Sendern arbeitet sie daran, echtes Entertainment in fesselnder Qualität auf den Bildschirm zu bringen. Eins der angebotenen Bereiche ist das Storytelling Training: Nach dem Prinzip der lernenden Organisation legt sie gemeinsam mit dem Kunden die individuellen Ziele der Redaktion fest und stellen dann ein maßgeschneidertes Storytelling-Training zusammen. Neben Präsenzseminaren vor Ort erfolgt das Training via Internet. So sind eine permanente Berufsbegleitung und eine dauerhafte Qualitätssteigerung möglich. Ein weiteres Segment umfasst das Individualcoaching. Hier wird die innere Haltung des Einzelnen überprüft und gestärkt.

Bibliografie Drehbuch
Zusammengestellt von Nicole Ehringhausen

Die Zusammenstellung erhebt keinen Anspruch auf Vollständigkeit. Die etwaige Nichtaufnahme eines Buchtitels stellt keine inhaltliche Bewertung dar.

Klassiker Drama(turgie)
Aristoteles: Poetik. Übersetzt und herausgegeben von Manfred Fuhrmann. Reclam Verlag. ISBN 3-15-007828-8. 181 Seiten. 4,60 € – Der griechische Philosoph Aristoteles war vor über 2300 Jahren der erste Theoretiker des Dramas. Auf seine Erkenntnisse beziehen sich viele heutige Drehbuchlehrer.

Allgemeine Autorenhandbücher/Nachschlagewerke
Adolf Grimme Institut, Gemeinschaftswerk der Evangelischen Publizistik & Katholisches Institut für Medieninformation (Hrsg.): Jahrbuch Fernsehen 2004. ISBN 3-98074-283-0. 520 Seiten. 29 € – Das jährlich erscheinende

Jahrbuch bietet einen vielschichtigen Rück- und Einblick in das jeweils abge-
laufene Fernsehjahr mit einem fulminanten Serviceteil. Über 300 Seiten
Fakten und Adressen: Alle TV-Anbieter in Deutschland, Produktionsfirmen,
Agenturen, Medienanstalten, Förderinstitutionen, Verbände, Bereich der
Aus- und Weiterbildung, Konferenzen und Festivals, nationale sowie inter-
nationale Fernsehpreise und Fachzeitschriften.

Plinke, Manfred (Hrsg.): Deutsches Jahrbuch für Autoren und Autorinnen
2003/2004. Autorenhaus Verlag. ISBN 3-93290-969-0. 640 Seiten. 19,90 € –
Das Buch widmet sich dem Schreiben von Lyrik, Roman, Hörspiel und
Theater. Mit einem Fundus von über 2.000 Adressen hilft es dem Leser, den
richtigen Verlag für sein Manuskript zu finden.

Plinke, Manfred: Script-Markt. Handbuch Film & TV. Autorenhaus Verlag 2003.
ISBN 3-932909-59-3. 224 Seiten. 19,90 € – Plinke listet Anschriften von
Drehbuchagenturen, Filmproduktionen, Sendern und der Filmförderung
auf und gibt Anregungen zur kritischen Selbstprüfung des eigenen Stoffes.
Mit aktuellen Beiträgen von Felix Huby, Vivien Bronner u. a.

VDD/Verband Deutscher Drehbuchautoren (Hrsg.): Drehbuchautoren-Script-
guide 2002/2003. Vistas Verlag. 8. Ausgabe. 2002. ISBN 3-89158-359-1. 396
Seiten. 20 € – Das who is who der deutschen Drehbuchautoren. Der Guide
bietet Kommunikationsdaten und berufliche Vitae der rund 460 Mitglieder
des VDD; ergänzt um einige Grundsatzartikel zum Arbeitsfeld Drehbuch.

VS-Handbuch. Ein Ratgeber für Autorinnen und Autoren, Übersetzerinnen und
Übersetzer. Steidl Verlag. 2001. ISBN 3-88243-668-9. 473 Seiten. 12,50 € –
Vermittelt anhand von über 130 alphabetisch geordneten Stichwörtern
Informationen und Hinweise rund um den kreativen Schreibprozess. Im
zweiten Teil geben AutorInnen wie Irmela Brender und Felix Huby Tipps zu
handwerklichen oder marktorientierten Aspekten der Schriftstellerei.

Dramaturgie, Struktur etc.

Altenburg, Christiane und Ingo Fließ: Jenseits von Hollywood. Drehbuchautoren
über ihre Kunst und ihr Handwerk. Verlag der Autoren. 2000. ISBN 3-88661-
225-2. 240 Seiten. 16 € – Über 20 Drehbuchautoren (u. a. Felix Huby, Thomas
Brussig, Dominik Graf, Peter Steinbach) schreiben über ästhetische und ökonomische Aspekte ihrer Arbeit. In zahlreichen Essays und Interviews wird
ein Einblick in die Film- und Fernsehwirklichkeit Deutschlands gegeben.

Benke, Dagmar: Freistil. Dramaturgie für Fortgeschrittene und Experimentier-
freudige. Bastei Lübbe. 2002. ISBN 3-404-94017-2. 397 Seiten. 14,90 € – Die
renommierte Dramaturgin beschäftigt sich mit Formen filmischer Erzählung, die von der klassischen „Ein-Held-ein-Ziel-Drei-Akte-Dramaturgie"
abweichen und zeigt wie altbewährte Erzählstrukturen ausgedehnt und verändert werden können.

Blothner, Dirk: Das geheime Drehbuch des Lebens. Das Kino als geheimer Spiegel
der menschlichen Seele. Bastei Lübbe. 2003. ISBN 3-404-94019-9. 250 Seiten.
16,90 € – Kinoemotionen werden aufgegriffen und mit Erfahrungen aus
dem realen Leben verglichen. Das Kino als tiefer Einblick in die menschliche
Psyche.

Blothner, Dirk: Erlebniswelt Kino. Über die unbewusste Wirkung des Films. Bastei Lübbe. 1999. ISBN 3-404-94005-9. 302 Seiten. 14,90 € – Prof. Blothner, inspiriert durch Hitchcocks Philosophie „Das Publikum ist ein Teil der Szene", untersucht das Kino in seiner Wirkung. Die Entstehung des Buches rührt aus mehreren tiefenpsychologischen – meist empirischen – Filmanalysen. Für Autoren besonders interessant sind die 18 Tiefen-Themen, die anhand von Beispielen erläutert werden.

Bronner, Vivien: Schreiben fürs Fernsehen. Drehbuch-Dramaturgie für TV-Film und TV-Serie. Autorenhaus Verlag. 2004. ISBN 3-932909-54-2. 220 Seiten. 19,90 € – Ein Leitfaden über die spezifischen Anforderungen der unterschiedlichen Fernsehformate.

Brunow, Jochen: Schreiben für den Film. Das Drehbuch als eine andere Art des Erzählens. Edition Text & Kritik. 2000. ISBN 3-88377-300-X. 109 Seiten. 13 € – In mehreren Essays äußern sich verschiedene Autoren über das Drehbuchschreiben sowie über das Fernsehspiel als besondere Erzählform. Abgerundet wird das Buch durch ein Gespräch mit Wim Wenders.

Carriére, Jean-Claude und Pascal Bonitzer: Praxis des Drehbuchschreibens. Über das Geschichten erzählen. Ins Deutsche von Susanne Alge und Barbara Engelhardt. Alexander Verlag. 1999. ISBN 3-89581-033-9. 252 Seiten. 22,50 € – Die beiden Professoren der Filmhochschule FEMIS in Paris geben in ihren Texten über die Drehbucharbeit, Informationen und Ratschläge aus ihrer jahrzehntelangen Praxiserfahrung. Kreative Schreibübungen schulen den Kernpunkt eines jeden Drehbuchs: Das Erzählen einer Geschichte.

Chabrol, Claude: Wie man einen Film macht. Autorenhaus Verlag. 2004. ISBN 3-932909-46-1. 92 Seiten. 9,80 € – Chabrol gewährt uns aus seiner Perspektive einen Blick hinter die Kulissen des Filmemachens. Er geht dabei von Themenwahl und Drehbuch, über Produzentensuche bis hin zur Filmkritik.

Chion, Michel: Techniken des Drehbuchschreibens. Ins Deutsche von Silvia Berutt-Ronelt. Alexander Verlag. 2001. ISBN 3-89581-064-9. 268 Seiten. 22,50 € – Der Autor zeigt anhand von vier Klassikern der Filmgeschichte (Pauline am Strand, Haben und Nichthaben, Das Testament des Dr. Mabuse, Landvogt Sansho) die Kunst des Erzählens auf. Der zweite Teil beschäftigt sich mit Techniken, Gesetzen und Ratschlägen zur Drehbucherstellung.

Cowgill, Linda: Wie man Kurzfilme schreibt. Verlag Zweitausendeins. 2001. ISBN 3-86150-359-X. 313 Seiten. 17,90 € – Viele der heutigen Größen des Filmgeschäftes haben mit Kurzfilmen angefangen. Cowgill zeigt die besonderen Anforderungen an die Form des Kurzfilms auf.

Dancyger, Ken und Jeff Rush: Alternative Scriptwriting Beyond the Rules. Focal Press. 1995. ISBN 0-240-80218-7. 300 Seiten. 39,49 € – Anhand mehrerer Beispiele wird gezeigt, dass es neben den klassischen Strukturmustern der Filmdramaturgie auch weitere Perspektiven gibt, aus denen eine Filmgeschichte erzählt werden kann: Alternativen außerhalb der Regeln.

Davis, Sam: Quotenfieber. Das Geheimnis erfolgreicher TV-Movies. Bastei Lübbe. 2000. ISBN 3-404-94007-5. 223 Seiten. 14,95 € – Der Entwickler des TV-Movie-Formates bei RTL legt die Arbeitsabläufe eines TV-Movies von der ersten Filmidee bis zur Ausstrahlung dar. Dabei berichtet er sowohl vom

Innenleben eines deutschen Fernsehsenders als auch von den Möglich-keiten und Zwängen eines Produzenten.

Dress, Peter: Vor Drehbeginn. Effektive Planung von Film- und Fernsehpro-duktionen. Bastei Lübbe. 2002. ISBN 3-404-94016-4. 349 Seiten. 14,90 € – Filmproduktionen erfordern eine Vielzahl gestalterischer, organisatorischer und wirtschaftlicher Tätigkeiten, welche in diesem Buch mit praxisbezoge-nen Beispielen zu den Gebieten Drehbuch, Finanzierung und Produktion beleuchtet werden.

Driest, Burkhard: Poetik des Filmdramas für Drehbuchautoren. Verlag Zweitau-sendeins. 2001. ISBN 3-86150-393-X. 310 Seiten. 19,90 € – Der in Deutsch-land wie auch in Hollywood gefragte Drehbuchautor stützt seine praxisbe-zogene und am aktuellen Filmmarkt orientierte Anleitung zum Drehbuch-schreiben auf die klassischen Dramenmodelle von Aristoteles, Shakespeare, Lessing, Goethe und Schiller. Am Beispiel von Drehbuchanalysen zeigt er, wie man die beabsichtigte Wirkung beim Zuschauer auch tatsächlich erreicht.

Egri, Lajos: Dramatisches Schreiben. Theater – Film – Roman. Ins Deutsche von Kerstin Winter. Autorenhaus Verlag. 2003. ISBN 3-932909-58-5. 345 Seiten. 19,90 € – Egri sieht die Charaktere als das grundlegende Element einer Handlung an. Sind sie einmal geschaffen, muss die Handlung ihnen ange-passt werden.

Feil, Georg und Werner Kließ: Profikiller. So schreiben Sie das perfekte Krimi-drehbuch. Bastei Lübbe. 2003. ISBN 3-404-94018-0. 250 Seiten. 14,90 € – Die Autoren sind erfahrene Fachleute und schreiben aus ihren eigenen Erfah-rungen heraus über die genrespezifischen Anforderungen eines Krimi-drehbuchs. Hierbei gehen sie besonders auf den Spannungsaufbau und auf eine intelligent gebaute Handlungsstruktur ein.

Field, Syd: Das Handbuch zum Drehbuch. Übungen und Anleitungen zu einem guten Drehbuch. Ins Deutsche von Brigitte Kramer. Verlag Zweitausendeins. 13. Auflage. ISBN 3-861-50035-3. 232 Seiten. 16,85 € – Das Handbuch ist eine Grammatik, die Filmstruktur leicht verständlich, aber auch veränderbar macht.

Field, Syd; Andreas Meyer und Gunther Witte: Drehbuchschreiben für Film und Fernsehen. Ein Handbuch für Ausbildung und Praxis. List Verlag. 2000. ISBN 3-471-77540-4. 256 Seiten. 21 € – Der erste Teil ist die Übersetzung von Fields „Screenplay, The Foundation of Screenwriting" und zeigt Schritt für Schritt wie aus einer Idee ein Drehbuch wird. Im zweiten Teil geben Medienprak-tiker Tipps für Anfänger und beschreiben die verschiedenen Bedingungen unter denen ein Kino- oder TV-Drehbuch entsteht.

Field, Syd: Filme schreiben. Wie Drehbücher funktionieren. Europa Verlag. 2001. ISBN 3-203-84115-0. 440 Seiten. 24,90 € – Anhand von vier Blockbustern (Thelma & Louise, Terminator 2, Das Schweigen der Lämmer, Der mit dem Wolf tanzt) erläutert Field, warum diese Filme erfolgreich waren. Professio-nelles Handwerk, Tricks, aber auch Fehler lassen sich durch diese Systematik anschaulich nachvollziehen.

Field, Syd: Screenwriter's Problem Solver. Der sichere Weg zum perfekten Dreh-buch. Europa Verlag. ISBN 3-203-84113-4. 370 Seiten. 22,90 € – Checklisten erleichtern dem Autor Fehler und Schwächen seines Drehbuches zu erkennen und Probleme zu beheben.

Freytag, Gustav: Die Technik des Dramas. Autorenhaus Verlag. 2003. ISBN 3-932909-57-7. 296 Seiten. 14,90 € – Gustav Freytag entwickelte die Grundsätze für den dramaturgischen Aufbau von Stoffen. Ausführlich vorgestellt und an Beispielen erläutert werden die Fünf-Akt-Struktur, der Szenenaufbau und die Charakterentwicklung.

Goldmann, William: Das Hollywood-Geschäft. Hinter den Kulissen der amerikanischen Filmindustrie. Bastei Lübbe. 1999. ISBN 3-404-94004-0. 608 Seiten. 14,95 € – Der Insider gewährt einen Blick hinter die schillernde Fassade Hollywoods und geht dabei auf alle Phasen des kreativen Schreibprozesses ein.

Goldmann, William: Wer hat hier gelogen? Oder: Neues aus dem Hollywood-Geschäft. Bastei Lübbe. 2001. ISBN 3-404-94010-5. 525 Seiten. 17,45 € – Die Fortsetzung von „Das Hollywood-Geschäft". Neben einem erneuten Blick auf das Hollywood-Business analysiert Goldmann Schlüsselszenen erfolgreicher Filme und stellt Anfangsszenen, die er extra für dieses Buch entwickelt hat, zur Kritik.

Hall, Roger A.: Mein erstes Stück. Verlag Zweitausendeins. 2000. ISBN 3-86150-308-5. 283 Seiten. 12,75 € – Anhand von konkreten Beispielen verrät Hall, wie man zu einer guten Idee und deren gelungener Umsetzung kommt. Figuren-, Dialog- und Handlungsentwicklung werden leicht verständlich vermittelt.

Hant, C.P.: Das Drehbuch. Praktische Filmdramaturgie. Verlag Zweitausendeins. 1999. ISBN 3-86150-304-2. 216 Seiten. 14,80 € – Das Buch zeigt, dass eine originelle und sorgfältig nach dramaturgischen Handwerksregeln konzipierte Story die Grundvoraussetzung für einen sehenswerten Film ist.

Hiltunen, Ari: Aristoteles in Hollywood. Das neue Standardwerk der Dramaturgie. Bastei Lübbe. 2001. ISBN 3-404-94013-X. 283 Seiten. 14,95 € – Ein literarischer Abriss über die Wurzeln der modernen Dramaturgie: Von Altmeister Aristoteles bis hin zu aktuellen TV-Serien.

Holzer, Daniela: Die deutsche Sitcom. Format, Konzeption, Drehbuch, Umsetzung. Bastei Lübbe. 1999. ISBN 3-404-94001-6. 318 Seiten. 14,95 € – Eine Publikation über die Anfänge der amerikanischen Sitcom, ergänzt durch die Analyse von deutschen Sitcom-Produktionen. In zahlreichen Interviews mit Fachleuten wird eine Fülle von Informationen über das Entwickeln, Schreiben und Produzieren von Sitcoms zusammengetragen.

Howard, David und Edward Mabley: Drehbuchhandwerk. Emons Verlag. 1998. ISBN 3-92449-161-5. 360 Seiten. 25 € – Ohne Handwerk keine Kunst! Howard verknüpft Theorie und Praxis am Beispiel von 16 analysierten Filmen.

Katz, Steven: Die richtige Einstellung. Das Lehrbuch über Bildsprache und Filmgestaltung. Ins Deutsche von H. Utrecht. Verlag Zweitausendeins. 1999. ISBN 3-86150-229-1. 520 Seiten. 29,90 € – Katz hat ein Grundlagenbuch zur Bildsprache und Filmgestaltung geschaffen. Hier wird anschaulich erklärt, wie die Ideen des Autors zum Film werden. Ein Prozess, der beim Schreiben nicht außer Acht gelassen werden sollte.

Keane, Christopher: Schritt für Schritt zum erfolgreichen Drehbuch. Autorenhaus

Verlag. 2002. ISBN 3-932909-64-X. 400 Seiten. 19,90 € – Eine workshopartige Anleitung zur Erstellung von Drehbüchern, die auch Arbeitsmethoden und Motivation eines Autors nicht auslässt.

Kinder, Ralf und Thomas Wieck: Zum Schreien komisch, zum Heulen schön. Die Macht des Filmgenres. Bastei Lübbe. 2001. ISBN 3-404-94011-3. 409 Seiten. 14,95 € – Die Autoren gehen der Frage nach, wie der Drehbuchautor für seine emotionalen Wirkungsabsichten, als da wären Lachen, Weinen, Fürchten oder Wohlgefühl, das geeignetste Genre findet.

Lazarus, Tom: Professionelle Drehbücher schreiben. Erfolgsmethoden für Film & TV. Autorenhaus Verlag. 2003. ISBN 3-932909-55-0. 208 Seiten. 14,90 € – Lazarus verrät nach welchen Kriterien Lektoren und Produzenten Drehbücher beurteilen und gibt Insidertipps sowie handwerkliche Hinweise, um ein erfolgreiches Script herzustellen und zu verkaufen.

Mair, Daniela: E-Learing. Handbuch für Medienautoren und Projektleiter. Springer Verlag. 2003. ISBN 3-54022-070-4. 200 Seiten. 49,95 € – Die Multimedia-Lösung für Teamarbeit und Arbeitsorganisation. Die Autorin liefert wertvolles Werkzeug für das Konzipieren und Schreiben von Drehbüchern.

Mamet, David: Vom dreifachen Gebrauch des Messers. Über Wesen und Zweck des Dramas. Ins Deutsche von Bernd Samland. Alexander Verlag. 2001. ISBN 3-89581-052-5. 128 Seiten. 8,50 € – Pulitzer-Preisträger Mamet rollt den Schreibprozess mit einem philosophischen Ansatz auf, der auf gewitzte Weise dem Autor auch in der aussichtslosesten Lage Mut macht.

McKee, Robert: Story. Die Prinzipien des Drehbuchschreibens. Ins Deutsche von Josef Zobel. Alexander Verlag. 2001. ISBN 3-89581-045-2. 496 Seiten. 29,80 € – Hollywoods bekanntester Drehbuchlehrer hat hier den Inhalt seiner Vorlesung „Story" niedergeschrieben. McKee lehrt die wichtigsten Prinzipien der Geschichtenentwicklung, das Handwerk, das den Autor befähigt, Imagination in ein einmaliges und zufriedenstellendes Werk zu verwandeln.

Mothes, Ulla: Dramaturgie für Spielfilm, Hörspiel und Feature. UVK Verlagsgesellschaft. 2001. ISBN 3-89669-332-8. 164 Seiten. 17,90 € – Mothes weckt das Verständnis für konzeptionelle und gestalterische Rahmenbedingungen und zeigt, wie Helden zu Emotionsträgern und damit zu Identifikationsfiguren beim Zuschauer werden.

Rabenalt, Peter: Filmdramaturgie. Vistas Verlag. 2004. ISBN 3-89158-245-5. 244 Seiten. 20 € – Der Autor, Professor für Dramaturgie an der Potsdamer Hochschule für Film und Fernsehen, schreibt über seine Erfahrungen, Beobachtungen und Kenntnisse des Films als Traumfabrik, Poesie und Spiegel des Lebens. Er bezieht seine Analyse konsequent auf die Dramaturgie des Theaters und findet dabei Anknüpfungspunkte in der antiken Tragödie.

Randisi, Robert J.: Krimis schreiben. Ein Handbuch der Private Eye Writers of America. Ins Deutsche von Frank Kuhnke. Verlag Zweitausendeins. 2001. ISBN 3-86150-298-4. 353 Seiten. 12,75 € – Verschiedene erfolgreiche Krimiautoren erzählen aus ihrer Schreibwerkstatt über Stoffsuche, Serien, weibliche Ermittler u. a.

Schneider, Michael: Vor dem Dreh kommt das Buch. Bleicher Verlag. 2001. ISBN 3-88350-910-8. 416 Seiten. 24,90 € – Studenten der Filmakademie Baden-

Württemberg erläutern für das filmische Schreiben relevante Erzählformen und arbeiten den Leser in die amerikanische Filmdramaturgie ein. Sie zeigen wie große Künstler auf ganz individuelle Weise ihren eigenen Erzählstil entwickelt haben.

Schütte, Oliver: Die Kunst des Drehbuchlesens. Bastei Lübbe. 1999. ISBN 3-404-94003-2. 236 Seiten. 14,90 € – Um ein Drehbuch analysieren und beurteilen zu können, bedarf es eingehender dramaturgischer Kenntnisse. Schütte, Leiter der Master School Drehbuch, bietet eine Einführung in die Analyse und Bewertung von Drehbüchern und vermittelt dabei anhand von Beispielanalysen aus deutscher Filmproduktionen Wissen über dreidimensionale Figuren und die Struktur von Drehbüchern.

Schütte, Oliver: „Schau mir in die Augen, Kleines". Die Kunst der Dialoggestaltung. Bastei Lübbe. 2002. ISBN 3-404-94015-6. 236 Seiten. 14,90 € – Ein Wort an falscher Stelle kann die schönsten Emotionen zerbröckeln lassen. Wie formuliert man richtig? Wie baut man Subtext ein? Nicht nur die Story muss brillieren, sondern auch der Dialog.

Seger, Linda: Das Geheimnis guter Drehbücher. Ins Deutsche von Uschi Keil und Raimund Maessen. Alexander Verlag. 2001. ISBN 3-89581-006-1. 274 Seiten. 22,50 € – Das Buch begleitet den Leser bei jedem Schritt der Drehbuchentwicklung: Von der allerersten Idee bis zur letzten Überarbeitung. Hier wird gezeigt, wie eine Geschichte mitreißend erzählt wird und Charaktere interessant gestaltet werden.

Seger, Linda: Vom Buch zum Drehbuch. Ins Deutsche von Dietmar Hefendehl. Verlag Zweitausendeins. 2001. ISBN 3-86150-357-3. 17,90 € – Seger gibt Hilfestellung, wie man den eigenen Roman in ein Drehbuch umwandelt. Sie schlägt Konzepte vor, die für eine gelungene Adaption hilfreich sind.

Seger, Linda: Von der Figur zum Charakter. Überzeugende Filmcharaktere schaffen. Alexander Verlag. 2001. ISBN 3-89581-034-7. 240 Seiten. 22,50 € – Gute Filmfiguren zu erarbeiten ist ein komplizierter Prozess. Die im Buch vermittelte Technik trägt dazu bei, glaubwürdige und vor allem funktionierende Charaktere zu erschaffen.

Seger, Linda: Wie gute Autoren noch besser werden! Das Creativity-Workbook fürs Drehbuchschreiben. Emons Verlag. 2003. ISBN 3-89705-271-7. 224 Seiten. 21,50 € – Es werden Anregungen gegeben, wie man sein eigenes Potenzial und seine persönlichen Erfahrungen im Drehbuch noch besser umsetzen kann.

Tieger, Gerhild: Lass laufen! Mit den 36 dramatischen Situationen von Georges Polti. Ins Deutsche von Kerstin Winter. Autorenhaus Verlag 2004. ISBN 3-932909-60-7. 160 Seiten. 9,80 € – Die 36 dramatischen Situationen von Polti können die Gedanken eines Autors bei einer Schreibblockade in eine völlig neue Richtung lenken.

Tobias, Ronald B.: 20 Masterplots. Ins Deutsche von Petra Schreyer. Verlag Zweitausendeins. 1999. ISBN 3-86150-302-6. 344 Seiten. Vergriffen. – Viele Geschichten folgen bewährten und tradierten Erzählmustern. Tobias stellt 20 zentrale Masterplots vor, die sich mal mehr an der Geschichte und mal mehr am Schicksal der Hauptfigur orientieren. AutorInnen können sich dieser erzählerischen Grundmuster bedienen und sie variieren oder verändern.

Travis, Mark W.: Das Drehbuch zur Regie. Wie Regisseure und Filmteam erfolgreich zusammen arbeiten. Verlag Zweitausendeins. 1999. ISBN 3-86150-307-7. 386 Seiten. 16,80 € – Durchleuchtet die Filmproduktion als Prozess einer Teamarbeit und zeigt, welche Funktion das Drehbuch aus Sicht des Regisseurs erfüllen muss.

Vale, Eugene: Die Technik des Drehbuchschreibens für Film und Fernsehen. TR-Verlags-Union. 2000. ISBN 3-80582-003-8. 287 Seiten. 14,95 € – Vale bietet Unterstützung von der Idee bis hin zum reifen Drehbuch und bewegt den Leser dazu, sich mit den Figuren und deren Umfeld auseinander zu setzen.

Vogler, Christopher: Die Odyssee des Drehbuchschreibers. Über die mythologischen Grundmuster des amerikanischen Erfolgskinos. Ins Deutsche von Frank Kuhne. Verlag Zweitausendeins. 1999. ISBN 3-86150-294-1. 484 Seiten. 16,90 € – Eine Erkundung der Abenteuerreise des Schreibens, der Inspirationskraft der Mythen und der mythologischen Erzählmuster, die so vielen Geschichten und erfolgreichen Filmen zugrunde liegen. Ergänzt u. a. um fünf ausführliche Filmanalysen.

Vorhaus, John: Handwerk Humor. Ins Deutsche von Peter Robert. Verlag Zweitausendeins. 2001. ISBN 3-86150-363-8. 300 Seiten. 12,75 € – Wie funktioniert ein Witz und wie ist er aufgebaut? Das Buch stellt eine Werkzeugkiste dar, aus der sich Autoren nur noch bedienen müssen.

Walker, Michael: Power Screenwriting – The 12 Stages of Story Development. Lone Eagle Publishing Company. 2002. ISBN 1-58065-041-4. 250 Seiten. 22,62 € – Walker bietet Unterstützung bei der Plotstruktur und zeigt flexible Alternativen zur Drei-Akt-Struktur auf.

Wolff, Jürgen: Sitcom – ein Handbuch für Autoren. Emons Verlag. 1997. ISBN 3-924491-98-4. 232 Seiten. 22,50 € – Gibt Einblicke in die Künste der Sitcom und verrät dem Leser Tipps und Tricks, wie man den Zuschauer fesselt und gleichzeitig zum Lachen bringt. Das Buch erläutert die Unterscheidung von echten Schenkelklopfern oder flachen Sprüchen.

Recht für Drehbuchautoren

Homann, Hans-Jürgen: Praxishandbuch Filmrecht. Ein Leitfaden für Film-, Fernseh- und Medienschaffende. Springer Verlag. 2004. ISBN 3-540-00014-3. 334 Seiten. 39,95 € – Erläutert anhand vielfältiger Beispiele die Rechtslage des Business. Homann zeigt Stolpersteine auf und gibt nützliche Tipps für die Vertragsgestaltung.

Huber, Heidrun: Filmrecht für Drehbuchautoren. UVK Verlagsgesellschaft. 2004. ISBN 3-89669-436-7. 118 Seiten. 14,90 € – Stellt knapp und verständlich die wichtigsten urheber- und vertragsrechtlichen Fragen im Bereich der Drehbuchentwicklung dar.

Vermarktung

Auer, Manfred: Top oder Flop – Marketing für Film- und Fernsehproduktionen. Bleicher Verlag. 2002. ISBN 3-88350-904-3. 182 Seiten. 19,90 € – Ein Buch, dass das betriebswirtschaftliche Wissen des Industriemarketings auf den

Bereich der Film- und Fernsehproduktionen transferieren möchte. Die erforderlichen Begrifflichkeiten werden verständlich erklärt und mit vielen Beispielen illustriert.

Friedmann, Julian: Unternehmen Drehbuch. Drehbücher schreiben, präsentieren, verkaufen. Bastei Lübbe. 1999. ISBN 3-404-94002-4. 302 Seiten. 14,90 € – Nicht nur das Talent des Autors allein ist bei der Vermarktung seines Drehbuchs ausschlaggebend. Um Lektoren, Produzenten und Agenten von der Qualität des Stoffes zu überzeugen, sind ferner ausgeklügelte Geschäftsstrategien und überzeugende Präsentationskonzepte erforderlich.

Kurz, Sibylle: Pitch it! Die Kunst, Filmprojekte erfolgreich zu verkaufen. Bastei Lübbe. 2000. ISBN 3-404-94009-1. 237 Seiten. 14,95 € – Die Kommunikationstrainerin Sibylle Kurz vermittelt Informationen und Techniken, die dem Schreiberling dabei helfen, sein Drehbuch und sich selbst prägnant und mitreißend bei Produzenten oder Redaktionen zu präsentieren.

Psychoanalyse, Charakterkunde
Riemann, Fritz: Grundformen der Angst. Ernst Reinhardt Verlag. 1961/2004. ISBN 3-497-00749-8. 213 Seiten. 14,90 € – Tiefenpsychologische Studie. Fritz Riemann war einer der Väter der Psychoanalyse. In seinem Klassiker entwirft er, ausgehend von den Grundängsten der menschlichen Existenz, eine Charakterkunde. Seine Grundformen – schizoide, depressive, zwanghafte und hysterische Persönlichkeiten – können Autoren eine große Hilfe bei der Entwicklung glaubhafter Figuren sein.

Reading for the job: Print- & Online-Magazine und Newsletter für DrehbuchautorInnen (Auswahl)
Zusammengestellt von Nicole Ehringhausen

Printmagazine
Hollywood Scriptwriter™, The Trade Paper for Screenwriters, P.O. Box 11163, Carson, CA 90746, USA, editor@hollywoodscriptwriter.com, www.hollywoodscriptwriter.com, monthly, International Subscription – one year US$ 47,50, two years US$ 90

Written by, The Magazine of the Writers Guild of America, West, 7000 W. Third Street, Los Angeles, CA 90048, USA, writtenby@wga.org, www.wga.org, monthly magazine of America's Storytellers, Foreign: US$ 50

Screentalk Magazine, Sommer-Lilleør Productions, Palnatokesvej 33, 1th, DK-5000 Odense C, Denmark, subscription@screentalk.biz, www.screentalk.biz, six issues a year, one year subscription US$ 29,95

ScriptWriter Magazine, 2 Elliott Square, London, NW3 3SU, England, info@scriptwritermagazine.com, www.scriptwritermagazine.com, six issues a year, EU-Subscriptions – one year £ 42 (inc. post)

Creative Screenwriting, 6404 Hollywood Blvd., Suite 415, Los Angeles, CA 90028, USA, subs@creativescreenwriting.com, www.creativescreenwriting.com, International Subscription – one year US$ 49,95, two years US$ 94,95, three years US$ 134,95

eMail-Newsletter

VDD-Newsletter „Script-Aktuell", www.drehbuchautoren.de, kostenloser Newsletter mit Auszügen aus der vierteljährlich erscheinenden Mitgliederzeitschrift „Script"

HollywoodScript Newsletter, www.hollywoodscript.com, kostenloser Newsletter mit Informationen aus Hollywood

Moviebytes, www.moviebytes.com, kostenloser Newsletter mit Berichten zum Thema Drehbuch

Online-Magazine

Screenwritersutopia.com, www.screenwritersutopia.com, regelmäßig erscheinende Artikel zum Thema Drehbuch

Screenwriting, www.screenwriting.ugo.com, stellt Drehbücher vor, vergleicht Script- mit Filmfassungen und informiert über die neusten Script Sales.

/Script, www.focal.ch/script, ist eine Dienstleistungs- und Informationsplattform für alle, die sich professionell mit Drehbüchern beschäftigen. Sie wird von FOCAL (Stiftung Weiterbildung Film und Audiovision[www.focal.ch]) angeboten.

Sich organisieren, informieren, kommunizieren ...
Nützliche Adressen für DrehbuchautorInnen
Zusammengestellt von Michael Joe Küspert

KOMMUNIKATIONSFOREN

drehbuchforum.de, info@drehbuchforum.de – Das Drehbuchforum wurde 1999 als offenes Diskussions- und Informationsforum auf eMail-Basis eingerichtet. Beiträge an das Forum werden automatisch an alle TeilnehmerInnen weiterverteilt, ebenso die Antworten, sodass sich Diskussionsfäden entspinnen, die von allen TeilnehmerInnen des Forums verfolgt werden können. Ziel ist es, gerade auch solchen AutorInnen, die abseits der großen Medienzentren leben, die Möglichkeit zu zwanglosen Kontakten zu eröffnen und ihnen durch Austausch von Shop Talk, Brancheninfos, Erfahrungen und Tipps das harte Leben ein wenig zu erleichtern. Derzeit sind ca. 370 TeilnehmerInnen im Drehbuchforum angemeldet; die Bandbreite reicht von filmbegeisterten SchülerInnen bis zu bekannten und erfahrenen Profis. Für die Anmeldung gibt es keinerlei Voraussetzungen; eine leere eMail an die Adresse drehbuchforum-subscribe@domeus.de genügt.

Scriptforum, c/o Master School Drehbuch GmbH, Oliver Schütte, Linienstr. 155, D-10115 Berlin, fon: 030/30879318/19, fax: 030/30879314, info@scriptforum.de, www.scriptforum.de – Scriptforum ist Ideenbörse und Branchentreffpunkt. Geboten werden Aktivitäten rund um das Drehbuch und die Stoffentwicklung: Neben der jährlichen viertätigen Konferenz und Messe in Berlin firmieren unter Scriptforum eine Internetplattform und eine europäische Konferenz in Venedig. Während der Scriptforum Conference werden Workshops und Podiumsdiskussionen mit renommierten deutschen und internationalen TeilnehmerInnen veranstaltet, die ihre Themen auf aktuelle Trends in der Drehbuch- und Stoffentwicklung fokussieren. Die Internetplattform bietet Optionen, mit der sich die User ihre eigene Kontaktdatenbank aufbauen, sich wissenschaftliche Arbeiten oder Publikationen zum Thema Stoffentwicklung anschauen oder sich über die neusten Termine (Messen, Festivals, Konferenzen etc.) informieren können. Die Scriptforum Academy bietet u. a. die Kurse von Oliver Schütte zur Kunst des Drehbuchlesens an.

autorenforum.de, Ramona Roth-Berghofer, Scheidmühlgasse 1–3, D-67655 Kaiserslautern, fon + fax: 0631/10351, info@team.autorenforum.de, www.autorenforum.de – Die Webseiten von autorenforum.de sowie der monatlich erscheinende kostenlose Newsletter „The Tempest" informieren über Schreibkurse, Wettbewerbe und Ausschreibungen, bieten Erfahrungsberichte, Buchbesprechungen und Interviews und enthalten Expertenratschläge zu den Bereichen Drehbuch, Historischer Roman, Kinderbuch, Literaturagenturen, Lyrik, Reiseführer, Sachbuch, Schreibhandwerk, Schreibgruppen, Science Fiction, Technische Literatur, Übersetzung und Verlagswesen.

LESUNGEN UNVERFILMTER DREHBÜCHER

Cine Readings im Hackesche Höfe Filmtheater Berlin, Martina Mann, fon: 030/24727419, CineReadings@aol.com – Bei den Cine Readings lesen SchauspielerInnen aus unverfilmten Drehbüchern in der besonderen Atmosphäre eines Kinos. Die ZuschauerInnen können der Geschichte im Kinosessel lauschen und bekommen damit ein „cineastisches Hörerlebnis" geboten. Die Veranstaltung wird jeweils am letzten Sonntag im Monat als Matinée durchgeführt. Cine Readings sieht vor, Drehbücher aus wechselnden Genres zu präsentieren: Drama und Komödie, Krimi, Thriller oder Melodramen. Die lesenden SchauspielerInnen sind dem Publikum teilweise aus Kino und TV bekannt. Nach der Lesung gibt es ein Interview mit der/dem DrehbuchautorIn, wodurch Einblick in die Arbeit von Filmschaffenden gegeben wird. Im Anschluss an die jeweilige Veranstaltung kann sich ein Austausch mit Schauspielern, Drehbuchautorinnen und anderen Filmschaffenden ergeben. Interessierte AutorInnen können die Initiatorin und Organisatorin Martina Mann per eMail anschreiben, wenn sie ihr Drehbuch innerhalb der Cine Readings lesen lassen möchten.

Readings – Neues aus dem Giftschrank, Stefan Rogall, Barbarella Entertainment GmbH, Brabanter Str. 53, D-50672 Köln, fon: 0221/95159020, fax: 0221/9515906, stefan.rogall@barbarella.de, www.readings.de – Um talentierten Autorinnen und Autoren ein Forum zu bieten und interessiertem Publikum die Gelegenheit zu geben, sich die Qualität eines Drehbuches live demonstrieren zu lassen, veranstaltet Barbarella Entertainment in Kooperation mit broadview.tv GmbH seit 1999 die Drehbuchlesungen „Readings – Neues aus dem Giftschrank". Dabei sitzen bis zu zehn SchauspielerInnen, ausgestattet mit Mikrofon und Drehbüchern, auf einer kleinen Bühne und lesen mit verteilten Rollen ein von Experten (Produktionsfirmen, TV-Redakteure, Dramaturginnen und Lektorinnen) empfohlenes, noch unverfilmtes Drehbuch. 90 Minuten ungeschminkte Live-Performance, ein „Sneak Preview" für Drehbücher. Die besten Readings sind unter dem Titel „filmreif?" auch im TV zu sehen. Die Lesereihen finden in Hamburg, Köln, Berlin und in München statt.

DOWNLOADS VERFILMTER DEUTSCHER DREHBÜCHER

www.zweitausendeins.de/Filminfo/Boerse.htm – Drehbücher zu Hollywood-Filmen gibt es auf zahlreichen Internetseiten in autorisierten oder nur vom Film transkribierten Fassungen. Hier aber gibt's die Drehbücher zu deutschen Produktionen, z.B: „Bin ich schön?"/Doris Dörrie, „Kleine Haie"/Sönke Wortmann, „St. Pauli Nacht"/Frank Göhre und „Gloomy Sunday. Ein Lied von Liebe und Tod"/Ruth Toma & Rolf Schübel.

ORGANISATIONEN

Verband deutscher Drehbuchautoren e.V., Albrechtstr. 19, D-10117 Berlin, fon: 030/25762971, fax: 030/25762974, info@drehbuchautoren.de, www.drehbuchautoren.de – 1986 haben sich Drehbuchautorinnen und -autoren zum Verband deutscher Drehbuchautoren e.V. (VDD) zusammengeschlossen. Inzwischen gehören ihm über 400 Film- und FernsehautorInnen an, auf deren ganz spezielle Interessen der VDD zugeschnitten ist. Er vertritt diese gegenüber Sendern, Produzenten, Ministerien, den Filmförderungen und der Öffentlichkeit. JedeR AutorIn, die/der ein Drehbuch geschrieben hat, das bereits verfilmt wurde oder gerade produziert wird, kann eine Mitgliedschaft beantragen. Neben der kostenlosen Rechtsberatung, die auch Honorarfragen einschließt, erhalten die Mitglieder eine Vielzahl von Informationen (über die Mitgliederzeitschrift SCRIPT und via eMail sowie bei zahlreichen Veranstaltungen des VDD). Darüber hinaus ist der VDD die politische Interessenvertretung der DrehbuchautorInnen, z. B. bei der Novellierung des Urheberrechts und des Filmförderungsgesetzes, in den Beiräten der Förderungsinstitutionen und der VG Wort.

Verband deutscher Film- und Fernsehdramaturgen e.V. – VeDRA, Dagmar Benke, Ansbacher Str. 60, D-10777 Berlin, fon: 030/2186525, benke@dramaturgenverband.org, www.dramaturgenverband.org – VeDRA wurde 2002 gegründet als Interessenvertretung all derjenigen, die dramaturgisch an der Stoffentwicklung in der Film- und Fernsehbranche teilnehmen. VeDRA-Mitglieder können freie und angestellte Dramaturginnen und Developer, Script Consultants und Script-Doktorinnen, dramaturgisch arbeitende Redakteure und kreative Produzentinnen sowie Lektorinnen werden. VeDRA bietet als berufsständischer Verband seinen Mitgliedern Musterverträge, schlägt Honorarrahmen vor, setzt sich für verbesserte Entlohnung und Arbeitsbedingungen ein wie z. B. die Nennung in den Credits dramaturgisch beratener Filme. VeDRA tritt für deutlich verbesserte Rahmenbedingungen in Sachen Stoffentwicklung bei den Filmförderungen der Länder und des Bundes ein und befürwortet, filmpolitische Gremien mit Dramaturgen und Stoffentwicklerinnen zu besetzen. Auf der VeDRA-Website werden die Mitglieder in einem Development Guide mit ihrer Berufserfahrung und ihren Arbeitsschwerpunkten vorgestellt, sodass Produzentinnen, Filmförderer und andere Auftraggeberinnen sich hier über qualifizierte dramaturgische Beraterinnen und Entwickler informieren können.

DREHBUCHFÖRDERUNG

Es gibt in Deutschland für DrehbuchautorInnen eine vielfältige, wenn auch nicht immer effektive Förderung, angesiedelt bei den Filmförderungsinstitutionen auf Landes- und Bundesebene. Der Kölner Journalist Arne Birkenstock hat 2002 im Auftrag des Landes NRW unter Mitarbeit von Dr. Peter Bach, Joachim Christian Huth und Michael Joe Küspert die erste umfangreiche Studie zum Thema Drehbuchförderung erstellt, die im Internet als PDF-Datei unter www.kunstsalon.de, Rubrik „filmsociety" heruntergeladen werden kann.

- Filmförderung BKM – Die Beauftragte der Bundesregierung für Kultur und Medien, www.filmfoerderung-bkm.de
- Filmförderungsanstalt, www.ffa.de
- Kuratorium junger deutscher Film, www.kuratorium-junger-film.de
- MFG Medien- und Filmgesellschaft Baden-Württemberg, www.mfg.de
- FilmFernsehFonds Bayern, www.fff-bayern.de
- Medienboard Berlin-Brandenburg, www.medienboard.de
- BIA Bremer Innovations-Agentur, www.bia-bremen.de
- Filmbüro Bremen, www.filmbuero-bremen.de
- Filmförderung Hamburg, www.ffhh.de
- Hessische Filmförderung, www.hessische-filmfoerderung.de
- Kulturelle Filmförderung Mecklenburg-Vorpommern, www.film-mv.de
- nordmedia, www.nord-media.de
- Filmstiftung NRW, www.filmstiftung.de
- Filmbüro NRW, www.filmbuero-nw.de
- MSH Gesellschaft zur Förderung audiovisueller Werke in Schleswig-Holstein, www.m-s-h.org
- Mitteldeutsche Medienförderung, www.mdm-online.de

DREHBUCHPREISE/WETTBEWERBE

- Deutscher Drehbuchpreis, www.filmfoerderung-bkm.de/internet/02foerderung/2143.htm
- Hessischer Drehbuchpreis, www.hessische-filmfoerderung.de/reglement_drehbuchpreis.doc
- MFG-Drehbuchpreis Baden-Württemberg, www.mfg.de/film
- Drehbuchwettbewerb KölnFilm 2005, www.koeln-im-film.de
- Drehbuchförderpreis Münster.Land, filmservice@stadt-muenster.de, www.muenster.de
- Thomas-Pluch-Drehbuchpreis (nur für ÖsterreicherInnen), www.drehbuchforum.at/pluch.html
- Carl-Mayer-Drehbuchwettbewerb (nur für Inlands- & Auslands-ÖsterreicherInnen), www.kulturserver-graz.at/carl-mayer-drehbuchwettbwerb/statuten.html

AUSWAHL AN DREHBUCH-SOFTWARE

- Dramatica Pro, www.screenplay.com
- Dramatica Writer's DreamKit, www.screenplay.com
- Drehbuch.dot (deutsches Produkt), www.drehbuchsoftware.de
- Final Draft, www.finaldraft.com
- Final Draft AV, www.finaldraft.com
- Movie Magic Screenwriter, www.screenplay.com
- Moving Plot standard & professional (deutsche Produkte), www.movingplot.de
- Scriptware, www.scriptware.com
- Script Wizard, www.writerscomputer.com
- Story Craft, www.storycraftpro.com
- StoryView, www.screenplay.com
- Write A Blockbuster, www.filmmakerstore.com/block.htm

WEITERE SCHREIB-SOFTWARE

- StoryBuilder, www.svsoft.com
- A Zillion Kajillion Rhymes and Cliches, www.eccentricsoftware.com
- Comedy Writer, www.ideascapes.com
- WritePro Lessons, www.writersstore.com
- Fiction Master, www.writersstore.com
- First Aid for Writers, www.writersstore.com

9

Kontaktaufnahme: Anschreiben – Exposé – Textprobe/Manuskript

Kontaktaufnahme:
Anschreiben – Exposé – Textprobe/Manuskript

Die Verlegerin rät
Beitrag von Sandra Uschtrin

Das Manuskript auf Diskette plus Papierausdruck ist heute bei den meisten Verlagen Standard. Es empfiehlt sich, a) eine gängige Schrift (keine Schnörkelschrift, die Handgeschriebenes imitiert; auch nicht bei Lyrik) und b) ein gängiges Textverarbeitungsprogramm zu verwenden (zum Beispiel Microsoft Word), c) das Dokument nicht in der allerneuesten Programmversion abzuspeichern (mit Word 6.0 kann fast jeder Computer umgehen) und d) das Dokument in verschiedenen Dateiformaten anzubieten, darunter auch als RTF-Datei, um Unverträglichkeiten zwischen Mac und PC aus dem Wege zu gehen.

Als Speichermedium bewährt sich vielerorts noch immer eine einfache Diskette, bei größeren Datenmengen, die bei Bildern und Grafiken schnell zusammenkommen, sollte man sich vorher mit dem Verlag absprechen. Ebenfalls im Vorfeld ist zu klären, wie man mit Tabellen, Bildunterschriften oder Fußnoten verfahren will.

Die meisten Beiträge für dieses Handbuch wurden als angehängte Datei (Attachment) via Internet – also per eMail – versandt. Das ist ideal, wenn beide „Parteien" über ein Textverarbeitungsprogramm wie MS Word 98 verfügen, das es ermöglicht, Änderungen im Text hervorzuheben oder Kommentare in den Text einzufügen. Diese Änderungen können dann später von der anderen Partei akzeptiert oder abgelehnt werden – einfach per Mausklick. Eine zweite oder dritte Textversion, mit der alle Beteiligten einverstanden sind, kann so problemlos in wenigen Stunden entstehen – gleich ob 6,5 Kilometer oder 650 zwischen den VerfasserInnen liegen.

Was eine enorme Zeitersparnis und Arbeitserleichterung bedeutet, wenn sich die beteiligten Personen kennen, führt fast immer zu Ärger, wenn AutorIn und Verlagsmensch sich nicht kennen. Eine eMail mit angehängter Datei braucht mehr Zeit für die Übertragung und kann – zumal wenn sie etliche Megabytes groß ist – schnell das „Eingangskörbchen" verstopfen. Außerdem kann man nie wissen, welchen Virus sich der Computer beim Öffnen einer solchen Datei einfängt. Die meisten Verlage sind daher dazu übergegangen, Attachments von Unbekannten sofort ungelesen zu löschen.

Da Formatierungen (fett, zentriert, Spalten, Rahmen etc.) zumeist spätestens bei der Überführung der Datei in ein Layoutprogramm (QuarkXpress, InDesign etc.) „flöten" gehen, kann und sollte man die meisten Formatierungen am besten von vornherein unterlassen. Das heißt: normaler Fließtext; am Ende der Zeile einfach weiterschreiben (also nicht die Return-Taste drücken; diese Taste wird nur bei einem Absatz gedrückt und auch da nur einmal); linksbündiger Flattersatz; auf keinen Fall die automatische Silbentrennung verwenden oder Wörter am Zeilenende manuell trennen.

Gefürchtet sind bei LektorInnen auch Hervorhebungen im Text mittels Großbuchstaben, etwa bei Überschriften, die mit Hilfe der Feststelltaste erzeugt wurden. Eine solche Formatierung lässt sich nicht rückgängig machen, was heißt: Wer tippt die Überschriften bis wann allesamt neu ein? Wenn eine Textpassage durch Großbuchstaben hervorgehoben werden soll, dann bitte ins Menü gehen und unter „Format", „Zeichen", „Großbuchstaben" anklicken. Eine solche Formatierung lässt sich später leicht rückgängig machen.

Viele Stunden Extra-Arbeit (wer zahlt die?) und jede Menge Ärger bedeutet es, wenn die Autorin/der Autor sich weigert, die grundlegenden „Richtlinien für den Schriftsatz" sowie die „Hinweise für das Maschinenschreiben" zur Kenntnis zu nehmen. Im Duden sind das ganze zwölf Seiten, deren Inhalt allerdings – zum Kummer der LektorInnen – von den wenigsten AutorInnen beherrscht wird. Auf dem Kriegsfuß stehen die meisten offenbar mit der Leerzeichentaste, auf die merkwürdigerweise besonders gerne gedrückt wird, bevor ein Doppelpunkt, Ausrufezeichen, Fragezeichen, Semikolon, Komma, Punkt oder das Klammer-Zu-Zeichen kommt. Das aber ist falsch! Nur wenige scheinen den Unterschied zwischen Gedankenstrich und Bindestrich zu kennen und wissen, wann welcher Strich zu verwenden ist. Gleichfalls unbekannt ist vielen, wann vor Auslassungspunkten ein Leerzeichen steht und wann nicht. Traurig! Das einzig Positive: LektorInnen wissen umso schneller, ob sie es mit einem Profi zu tun haben oder nicht. Bei den meisten Manuskripten reicht in der Tat die Lektüre einer halben Manuskriptseite, um das herauszufinden. Wer die Eliminierung eines falsch gesetzten Kommas mit einer Kastration gleichsetzt und eine Diskussion um den richtigen Gebrauch der Leertaste als Zumutung und Angriff auf seine „künstlerische Freiheit" empfindet, braucht sich nicht zu wundern, wenn die Lektorin es vorzieht, spätestens beim nächsten Mal die Zusammenarbeit abzulehnen.

Immer wieder erstaunlich ist auch die Tatsache, dass es Menschen gibt, die es wagen, ihre Manuskripte an Verlage zu senden, obwohl sie bereits Mühe haben, das Wort Rechtschreibung fehlerfrei zu buchstabieren. Lektorinnen und Lektoren sind Textprofis, die den ganzen Tag mit Buchstaben hantieren (siehe den Beitrag von Carla Meyer, S. 46). (Rechtschreib-)Fehler erkennen sie auf einen Blick und jeder Fehler tut ihnen weh. Eine Seite mit mehr als fünf Fehlern übersteigt bei den meisten von ihnen bereits die Schmerztoleranzgrenze. Ein Satz wie „Betreffend der Möglichkeit ihnen ausagekräftige Seiten meiner Buchidee (Roman) zur unverbindlichen Prüfung zu schicken,habe ich nun entschlossen dies zu tun." (Originalzitat aus einem Anschreiben) verursacht bei ihnen schlimmes Bauchweh. Daher der Rat: 1. Alle Texte, die „rausgehen", immer gegenlesen lassen, etwa von den Kolleginnen und Kollegen der Schreibgruppe, der man angehört; auch und besonders das Anschreiben. 2. Wer Probleme mit der Rechtschreibung hat und dennoch den Drang in sich spürt, seine Texte veröffentlichen zu lassen, sollte etwas dagegen tun, und zwar entweder gegen die Rechtschreibschwäche – an den Volkshochschulen gibt es günstige Kurse, siehe auch www.alphabetisierung.de –

oder gegen den Drang. Müssen es denn unbedingt die Buchstaben sein? Lässt sich nicht auch mit Tönen oder Farben alles wunderbar ausdrücken?

Noch ein paar Worte zum Anschreiben:

„Sehr geehrte Damen und Herren, …"

Eine Zeile und schon hat sich die Autorin unbeliebt gemacht. Denn die, die dieses Anschreiben liest, bin ich, Sandra Uschtrin. In meinem Kleinstverlag arbeitet keine weitere Dame, kein einziger Herr. Und dass ich die Ansprechpartnerin bin, hätte die Autorin mit einem Anruf herausfinden können. Zum Anrufen war sie aber zu faul. Oder zu feige. Oder zu rücksichtsvoll. Oder zu schüchtern. Möchte ich mit so einer Person eine Beziehung eingehen? Eher nicht.

Anschließend behauptet dieser Mensch, bei dem beiliegenden Manuskript handle es sich um einen Allgäu-Krimi, der bestens in mein Programm passe, und ich frage mich, ob er meinen Verlag mit einem anderen Verlag verwechselt oder ob das das Symptom einer beginnenden Demenz ist. Auch hier: Ein Anruf oder ein Blick auf meine Homepage hätten genügt, um herauszufinden, dass mein Verlag keine Krimis verlegt und in absehbarer Zeit auch nicht verlegen wird. Ein Fünf-Minuten-Telefonat kostet deutschlandweit nur noch wenige Cents. Warum verwendet sie nicht mehr Sorgfalt bei der Suche nach einem geeigneten Verlag? Ist es ihr egal, wer ihr Manuskript verlegt? Und kein Rückporto. Und nirgends eine Telefonnummer oder eine eMail-Adresse. Sodass man wenigstens kurz zurückrufen könnte, falls das Manuskript doch immerhin so gut sein sollte, dass man ihr gerne einen geeigneteren Verlag nennen würde. Was also damit tun? Mit den Seiten die Pausenbrote der Kinder einwickeln?

Sicher, es ist leichter gesagt als getan, „einfach" zum Telefon zu greifen, wie es hier im Handbuch bereits mehrmals empfohlen wurde. Auch Menschen, die normalerweise überhaupt nicht schüchtern sind, bekommen Herzflattern, wenn sie ein Telefonat führen müssen, von dem so unendlich viel abhängt: Bleibt mein Manuskript ein Schubladenkind oder darf es in die weite Welt hinaus? Bekomme ich die Chance, einen LeserInnenkreis zu erobern? Werde ich gar Geld verdienen mit meiner Schreibe? Berühmt werden? Oder bekomme ich wenigstens eine Besprechung? Manchen hilft in dieser Situation der Gedanke daran, keine Bittstellerin zu sein, sondern dem Verlag etwas Kostbares anbieten zu können, das er schließlich braucht, um existieren zu können. Und außerdem: Je abhängiger man sich fühlt, desto „kleiner" ist man, desto schlechter die eigene Position. Also trotz aller Liebe zum eigenen Manuskript – niemals von seiner Veröffentlichung abhängig sein (finanziell und psychisch)! Solch eine Basis ist entspannend und von ihr aus lässt es sich mit Gelassenheit agieren und (ver)handeln.

Und wenn's trotzdem nicht geht? Den Verlag umso sorgfältiger auswählen, sein Programm umso genauer studieren und vorerst nur ein Exposé sowie eine Textprobe von etwa 20 Seiten hinsenden. Stellen Sie sich vor, Sie hätten kleine Welpen abzugeben und suchten für sie ein neues Daheim. Würden Sie sich da nicht auch alle Mühe geben, um die besten aller möglichen Hundehalter auszuwählen? Oder käme Ihnen die nächste Autobahnraststätte gerade recht?

Harsche Worte, aber vielleicht fällt es der einen oder dem anderen dadurch leichter, sich in sein Gegenüber zu versetzen. Als Verlag investiere ich Zeit und Geld in meine AutorInnen. Vorerst ist es ein Glücksspiel. Ich weiß nicht, ob sich das auszahlt. All die wahllos zugeschickten Manuskripte zu sichten, ist zeitintensiv und macht ungeduldig. Wie würden Sie sich fühlen, wenn Sie – in einem mehrstöckigen Haus wohnend – die Post für alle Anwohner annehmen und beantworten müssten und darüber ihre eigene vernachlässigen?

Gemeinhin macht es mir Freude, mich mit AutorInnen und ihren Gedanken auseinander zu setzten und für das Handbuch zu recherchieren. Keinen Spaß macht es dagegen, mit Manuskripten, die vor Fehlern nur so strotzen („Lara sahs auf dem Steg und lies die Beine baumeln so das sie fast die Wasseroberfläche ...") und für die ich ohnehin keine Verwendung hätte, zugeschüttet zu werden. Mein Verlag ist kein Altpapierentsorgungscontainer! Ich weigere mich mittlerweile, auf so etwas zu antworten und auch noch Porto für die Rücksendung auszugeben. Für das Geld kaufe ich meinen Kindern lieber ein Eis. Und es bringt auch keine Freude, schon wieder bzw. immer noch am Computer sitzend lange Briefe mit Fragen zum Literaturbetrieb im Allgemeinen (im Besonderen jederzeit) beantworten zu müssen. Dafür fehlt mir schlichtweg die Zeit. Und auch die Einsicht. Denn gibt es dafür nicht eben jene Handbücher? Jedes Telefonat ist hier eine Erleichterung!

Und außerdem sind Telefongespräche oft viel anregender – für beide Seiten. Zwar erfährt man vielleicht, dass der Verlag für das nächste Programm bereits einen ganz ähnlichen Titel wie den vorgeschlagenen plant – schade! Aber dafür erzählt die Lektorin vielleicht, dass sie eine neue Geschenkbuchreihe starten und dafür noch ganz dringend etwas zu dem und dem Thema suchen. Ob man nicht Lust hätte, dafür ein Exposé einzureichen ...? Schon oft hat sich aus solchen Telefonaten eine Zusammenarbeit entwickelt, sich der Griff zum Hörer im Nachhinein als Glücksgriff erwiesen.

Wie trete ich mit einem Verlag in Verbindung?
Anschreiben, Exposé, Vita, Manuskript
Beitrag von Birgit Politycki

Nehmen Sie Ihr Schreiben ernst

Professionelle Autorinnen und Autoren überlassen heute nichts mehr dem Zufall. So weiß man mittlerweile, daß Anschreiben, Exposé und Vita ebenso zu einem eingesandten Manuskript gehören wie ein ausreichend frankierter Umschlag mit gut leserlichem Absender und genauer Verlagsanschrift – möglichst sogar an die zuständige Lektorin adressiert. Darüber hinaus gibt es aber noch viele andere Dinge, deren Beachtung Auskunft darüber gibt, ob sich ein Autor vorbereitet hat oder eben nicht. Vermeiden Sie also alle Fehler, die viele Ihrer Kollegen machen, und schaffen Sie so optimale Voraussetzungen für eine wohlwollende Prüfung Ihres Manuskripts. Konkret bedeutet das: Informieren Sie sich vor der Kontaktaufnahme zu einem Verlag über dessen Profil, die Ansprechpartner sowie die formalen Anforderungen an das einzusendende Material. Es passiert immer wieder, daß Autoren erst dann darüber nachdenken, ob Anschreiben, Exposé und/oder Manuskript richtig formuliert und formatiert sind, wenn bereits alle großen Verlage kontaktiert wurden. Im folgenden ein kleiner Leitfaden.

Vorbereitung

- Suchen Sie die Verlage heraus, bei denen Sie gerne Ihr Buch veröffentlichen wollen. (Lassen Sie sich inspirieren, indem Sie mal wieder Ihre Lieblings-buchhandlung aufsuchen oder bei Amazon stöbern. Es gibt mehr Verlage als Hanser und Suhrkamp ...)
- Fragen Sie Ihre Kolleginnen und Kollegen, in welchen Verlagen ihre Bücher erscheinen und wie sie mit diesen Verlagen zufrieden sind.
- Verschaffen Sie sich einen Überblick über deren jeweiliges Verlagsprofil. Die meisten Verlage haben mittlerweile eine gute und informative Website. Zum Teil finden Sie auf den Seiten auch Hinweise, ob Manuskripte eingesandt werden dürfen und wenn ja, in welcher Form. Hilfreich sind auch Verlags-vorschauen, die jeweils im Frühjahr und Herbst verschickt werden und einen guten Überblick über das aktuelle Programm bieten.
- Prüfen Sie, ob es in dem Verlag überhaupt einen möglichen Programmplatz für Ihr Buch gäbe. Haben Sie zum Beispiel einen Krimi geschrieben oder einen historischen Roman, sollten Sie vorher prüfen, ob der Verlag dieses Genre bedient.

Lassen Sie sich nicht von dem Wunsch leiten, Ihr Buch unbedingt bei Ihrem Lieblingsverlag zu veröffentlichen. Wenn das Verlagsprofil eine ganz andere Ausrichtung hat, nutzen selbst das beste Manuskript und die besten Verbindungen nichts. Kein Verlag wird mit einer unbekannten Autorin ein neues Programm-segment starten.

Über Verlage kann man sich sehr gut im Internet, auf Buchmessen und/oder in einer Buchhandlung informieren. Wenn Sie recherchieren, sollten Sie auf folgende Punkte achten:

Recherche

- Wie präsentiert sich der Verlag?
- Paßt das literarische Umfeld? (Sollten Sie zum Beispiel zu den Popliteraten gehören, hat es wenig Sinn, bei einem Verlag anzufragen, der Bücher à la Rosamunde Pilcher verlegt.)
- Gibt es (und das ist besonders im Bereich Sachbuch sehr wichtig) Reihen, in die mein Buch passen könnte?
- Gefällt mir die Gestaltung der Umschläge? (Sicherlich steht dieser Punkt nicht ganz oben auf der Prioritätenliste; aber denken Sie immer daran, daß der Verlag bei der Umschlaggestaltung das letzte Wort hat.)

- Hat der Verlag vielleicht sogar ein eigenes Taschenbuchprogramm? (Das ist für Ihre langfristige Planung von Bedeutung. Manche Bücher, wie zum Beispiel Erzählungsbände und/oder Krimis, lassen sich mitunter im Taschenbuch besser verkaufen als im Hardcover.)
- Kenne ich jemanden aus dem Verlagsumfeld?

Erst wenn Sie ganz sicher sind, daß Sie die richtigen Verlage gefunden haben, sollten Sie Kontakt aufnehmen. Es empfiehlt sich, zunächst nicht mehr als 2–3 Verlage anzuschreiben und deren Reaktion abzuwarten. Mitunter geben die Verlage sinnvolle Anregungen zum Manuskript.

Welche Möglichkeiten gibt es, mit einem Verlag in Kontakt zu treten?

Ob Sie lieber den Hörer in die Hand nehmen und sich mit der zuständigen Lektorin verbinden lassen oder mit Ihrem Manuskript unterm Arm persönlich vorsprechen oder lieber schriftlich mit dem Verlag Kontakt aufnehmen möchten: Alles ist denkbar und hängt von der Situation bzw. Ihrem Naturell ab. Damit Sie nicht schon bei der Kontaktaufnahme scheitern, hier ein paar wichtige Informationen zu den einzelnen Möglichkeiten:

Schriftlich
Schicken Sie Ihr Material an eine bestimmte Person im Verlag. Wenn Sie den Namen der zuständigen Lektorin nicht wissen, nehmen Sie das Lektorat als Ansprechpartner – notfalls die uns allen bekannten „sehr geehrten Damen und Herren". Falls Sie möchten, daß das Material zurückgeschickt wird, legen Sie Rückporto bei. Fragen Sie frühestens nach vier bis acht Wochen nach, ob Ihr Manuskript gelesen wurde.

Telefonisch
Bei der telefonischen Kontaktaufnahme kommt es darauf an, den richtigen Zeitpunkt zu wählen. Den zu bestimmen ist schwer. Dafür ist es um so eindeutiger, welche Zeiträume vermieden werden sollten. Als äußerst ungünstig haben sich die Termine vor und nach den Buchmessen, direkt nach der Urlaubssaison und auch der Montag morgen erwiesen. Ansonsten hängt der telefonische Erfolg von Ihrem Gespür und einer guten Vorbereitung ab [siehe dazu auch den Beitrag von Sibylle Kurz „Heute schon gepitcht?", S. 385 ff.]. Wichtige Regeln sind: Wenn Sie merken, daß Sie stören, fragen Sie nach einem Telefontermin. Legen Sie neben das Telefon eine Liste mit Stichpunkten zu Ihrem Text; so vergessen Sie in der Aufregung nichts und können sich gegebenenfalls sogar neue Stichpunkte notieren. Vermeiden Sie lange Inhaltsangaben und lassen Sie auch Ihren Gesprächspartner zu Wort kommen. Sollte Ihr Ansprechpartner nach dem Gespräch zu dem Schluß kommen, daß das Manuskript nichts für seinen Verlag ist, vermeiden Sie langatmige Argumentationen. Und vor allem, auch wenn es schmerzt: Schicken Sie Ihr Manuskript nicht trotzdem.

Persönlich

Die persönliche Kontaktaufnahme ist sicher die schwierigste. Es sei denn, Sie kennen jemanden im Verlag, der Sie vorstellen kann. Ansonsten können Buchmessen und/oder literarische Veranstaltungen die Möglichkeit zu einem ersten Kennenlernen bieten. Wichtig ist auch hier, den richtigen Zeitpunkt abzupassen. Was Sie auf jeden Fall vermeiden sollten ist, mit dem Manuskript gut sichtbar in der Hand auf eine Verlagsmitarbeiterin zuzustürzen (und sie damit womöglich in einem Gespräch zu unterbrechen). Sollte sich kein persönliches Gespräch ergeben, verzichten Sie lieber diesmal darauf, als einen aufdringlichen Eindruck zu hinterlassen. Eine schlechte Gelegenheit zu nutzen ist langfristig weniger ergiebig, als auf eine weitere gute Gelegenheit zu warten.

Welche formalen Kriterien muß das eingesandte Material erfüllen?

Sie haben es geschafft: Sie haben den Namen der zuständigen Lektorin erfahren, vielleicht sogar ein persönliches Gespräch führen können. Und nun werden Sie aufgefordert, Ihre Unterlagen einzuschicken. Die Chancen, daß Ihr Manuskript wohlwollend begutachtet wird, steigen, wenn Sie folgendes beachten:

Für Anschreiben, Exposé, Vita, Manuskript gilt:
- Verwenden Sie weißes (kein farbiges) DIN-A4-Papier.
- Beschreiben Sie es immer nur einseitig, lassen Sie also die Rückseite leer.
- Scheiben Sie schwarz (nicht grau, weil die Druckerpatrone/das Farbband bald alle ist) auf weiß.
- Verwenden Sie eine „normale" Schrift (zum Beispiel Times New Roman oder Arial) in einer augenfreundlichen Größe wie 12 Punkt.
- Schreiben Sie mit der Schreibmaschine oder mit dem PC. Handschriftliches ist nicht erwünscht, auch nicht beim Lebenslauf.

Anschreiben
- Legen Sie viel Sorgfalt in das Anschreiben, das nach Möglichkeit nicht länger als eine Seite sein sollte. Lassen Sie das Anschreiben inhaltlich und stilistisch überprüfen, zum Beispiel von den KollegInnen aus Ihrer Schreibgruppe.
- Keine flapsige Anrede („Hallo ihr da!"). Das Datum nicht vergessen.
- Vermeiden Sie großartige Anpreisungen Ihrer Lebensgeschichte und/oder Ihres Textes. Gehen Sie nur kurz auf Ihre Person und den Inhalt des Textes ein.
- Schreiben Sie nicht, daß dieser Verlag die letzte Hoffnung für Sie sei, Sie es schon bei vierzig anderen versucht haben, alle ihre Verwandten und Bekannten Ihre Geschichten ganz toll finden etc.
- Geben Sie einen kleinen Hinweis, warum Sie sich ausgerechnet an diesen speziellen Verlag wenden.
- Vermeiden Sie orthographische Fehler im Anschreiben. (Auch hier empfiehlt es sich, das Anschreiben gegenlesen zu lassen.)

- Vergessen Sie nicht, Ihren vollständigen Absender mit Telefonnummer und eMail-Adresse, falls vorhanden, auch auf den Briefbogen zu setzen.

Exposé

- Verfassen Sie ein Exposé zu Ihrem Manuskript. Es sollte nicht länger als 2 Seiten sein (à 30 Zeilen zu jeweils 60 Anschlägen = Normseite). Das Exposé besteht bei einem belletristischen Werk aus einer Inhaltsangabe und einer ersten versuchsweisen Einordnung des Textes ins literarische Umfeld. (Handelt es sich zum Beispiel um ein Jugendbuch, einen Krimi, Frauenroman, literarisch anspruchsvollen Text ...) Wenn Sie sich über die Einordnung im Unklaren sein sollten, lassen Sie diese lieber weg, anstatt mit Vorbildern und ersten begeisterten Reaktionen aus Ihrem Freundeskreis punkten zu wollen – das geht immer nach hinten los. Immer.
- Vermerken Sie im Exposé, wie viele Normseiten das Manuskript hat. Das ist besonders wichtig, wenn Sie lediglich eine Textprobe einsenden.
- Bei einem Sachbuchprojekt sollte aus dem Exposé zudem hervorgehen, welche Zielgruppe (Alter, Bildung, Geschlecht, Größe etc.) Sie vor Augen haben, was das Besondere an diesem Thema ist (Konkurrenzanalyse), welchen Nutzen ein solches Buch für den Leser hätte (Verkaufsargumente), was Sie als Autorin dazu befähigt, über das Thema zu schreiben (Hinweis auf Ihre spezielle Qualifikation), mit welchen Maßnahmen (Vorträge, Seminare) Sie den Absatz des Buches unterstützen könnten.

Vita

Die Vita kann, muß aber nicht in tabellarischer Form abgefaßt sein. Wichtig sind Informationen, die auf Ihr literarisches Interesse hinweisen. Dazu gehören die Teilnahme an literarischen Seminaren, Schreibschulen, Workshops, aber auch Bewerbungen um Preise und Stipendien. Ein Foto kann mitgeschickt werden, ist aber nicht zwingend. Auf keinen Fall einen Urlaubsschnappschuß oder ein Ganzkörperfoto beilegen!

Manuskript

- Schicken Sie eine Leseprobe von maximal 30–40 Seiten. Es empfiehlt sich in jedem Fall, den Anfang zu nehmen, auch wenn Sie eine andere Stelle eventuell spannender finden. Der Text sollte 1 1/2-zeilig ausgedruckt werden. Auch hier wird von Ihnen die Normseite erwartet (à 30 Zeilen zu 60 Anschlägen).
- Fügen Sie Ihrem Manuskript/Ihrer Textprobe ein Deckblatt bei, auf dem der vorläufige Titel Ihres Werkes und Ihr Name mit Anschrift stehen.
- Paginieren Sie Ihr Manuskript/Ihre Textprobe.
- Nicht verkehrt: Schreiben Sie auf jede Manuskriptseite in kleiner Schriftgröße (z. B. 8 Punkt) Ihre Adresse in einer Kopf- oder Fußzeile. Sollten die Seiten durcheinander geraten (Windstoß!), ist es leicht, sie dem jeweils richtigen Manuskript zuzuordnen.
- Binden, lochen, heften, leimen, klammern Sie Ihr Manuskript nicht. Senden Sie einfach die losen Blätter, Gummiband drumherum – fertig! So machen

es auch die Profis, denn sie wissen: Manuskripte lesen sich am besten Seite um Seite, ohne störenden Schnickschnack.

- Formatieren Sie den Text so sparsam wie möglich: Schreiben Sie linksbündig; nicht im Blocksatz, sondern im Flattersatz; verwenden Sie keine Silbentrennung.
- Wenn Sie eine Textprobe einreichen, sollten Sie bei einem belletristischen Werk den „Rest" bereits fertig geschrieben haben, um ihn der Lektorin auf Wunsch zusenden zu können. Denn bei Texten dieser Art kommt es besonders auf das Wie, die stilistische Umsetzung an. Bei einem Sachbuchprojekt ist es dagegen sinnvoll, sich bereits im Anfangsstadium an die Verlage zu wenden, damit es die Zielvorgaben (Preissegment etc.) bedienen und ggf. in die Reihe eingepaßt werden kann.

Natürlich gibt es keine Garantie dafür, daß Ihr Manuskript angenommen wird, auch wenn Sie die oben genannten Ratschläge beherzigen. Dennoch ist jede Lektorin, jeder Lektor dankbar, wenn das zugesandte Material bestimmten Anforderungen genügt.

Muster-Exposé

Die Haushälterin
Roman (Umfang: ca. 160 Seiten)

Gerade hat der sechzehnjährige Philipp den Tod der Mutter
verkraftet, als sein Vater arbeitslos wird, zu trinken beginnt,
alte Liebschaften aufwärmt und schließlich die Kellertreppe
hinabstürzt. Philipp sucht in seiner Verzweiflung per Anzeige
eine Haushälterin. Ada stellt sich vor, die Ökonomiestudentin
aus Lublin, und bald führt sie den Haushalt mit leichter Hand.
Doch da nimmt das Schicksal seinen Lauf: Philipp Merz und sein
Vater verlieben sich in dieselbe Frau.
Zunächst will der Vater die Fremde zwar nicht in seinem Haus
dulden, erliegt jedoch rasch ihrem Charme: Nun kocht er, riecht
wieder wie ein Frischrasierter und rezitiert polnische
Gedichte. Philipp verbirgt seine Eifersucht, verletzt sich bei
einer Mutprobe — und Ada gewährt ihm dafür einen Kuß.

Ein erster Kuß! Kurz darauf findet er in Adas Rucksack
allerdings einen Brief, adressiert an ihren Verlobten in
Lublin. Philipp fühlt sich betrogen und verfolgt sie bis zu

ihrer Wohnung. Prompt lädt ihn Ada zu einem ausufernden Fest ihrer Freunde ein, doch Philipp durchschaut ihren Plan, ihn mit ihrer Nichte zu verkuppeln, flieht betrunken nach Hause. Der Vater, der die Verwirrung des Jungen beobachtet hat, verliert die Beherrschung: Er schlägt Ada, die darauf spurlos verschwindet.

Philipp wartet. Er beschließt, nicht mehr zu sprechen und denkt an Selbstmord. Als er spürt, daß der Vater schwerer leidet als er selbst, macht er sich auf die Suche: Adas Wohnung steht leer. Von ihren Freunden erfährt Philipp, daß sie nach Polen geflohen sei. Ein paar Tage später ist sie jedoch schon wieder zurück. Der Vater behauptet, sie sei in Geldnot, und tut nun alles, damit sie bleibt: Ada soll ins Klavierzimmer ziehen, das in Gedenken an die Mutter nie benutzt, geschweige umgeräumt wurde. Philipp spürt, daß sich Ada auf ihre stille Weise dagegen wehrt; als sie krank wird, umsorgt sie der Vater auf penetrante Weise, und plötzlich erkennt Philipp, daß sie eine Gefangene ist. Während der folgenden Nacht wird seine schlimmste Ahnung bestätigt ...

Vordergründig erzählt der Roman in vierundzwanzig kurzen Kapiteln von Glück und Unglück der ersten Liebe. Man kann ihn als Generations- wie als Männerroman lesen, als Beschreibung des schmerzhaften Weges zur männlichen Identität. Spannung erwächst aus der Perspektive und der sprachlichen Gestaltung des scheinbar Alltäglichen: In einem zwischen tapferer Nüchternheit und dezenter Melancholie changierenden Duktus beschreibt der Sohn seine Liebe und die daraus entstehenden Konflikte mit den Erwachsenen, deren Welt ihm ebenso unzugänglich wie faszinierend erscheint.
Seine Lebendigkeit gewinnt der Text aus den Dialogen, den atmosphärischen Details und den Halbtönen. Hier versucht ein traditioneller Stoff, den schon Iwan Turgenjew („Erste Liebe") und Charles Simmons („Salzwasser") bearbeitet haben, seine zeitgemäße Form zu finden.

© *Jens Petersen*

Jens Petersen wurde in der Nähe von Hamburg geboren. „Die Haushälterin", sein erster Roman, wurde mit einem Literaturstipendium der Stadt München ausgezeichnet und erscheint 2005 bei der DVA.

! Lax oder Lachs? Lektorat Hella Neukötter www.literaturberaterin.de

Normseite – „30 Zeilen à 60 Anschläge"
Beitrag von Sandra Uschtrin

Für Menschen, die mit Büchern zu tun haben, ist es wichtig, genau zu wissen, was mit „einer Seite" gemeint ist. Warum? Stellen Sie sich Folgendes vor: Ein Verlag oder eine Privatperson bittet Sie, hundert Seiten zu übersetzen. Nach langem Tauziehen einigen Sie sich auf ein Seitenhonorar von 18 Euro. Wie würden Sie reagieren, wenn diese hundert Seiten dann mit Buchstaben nur so vollgequetscht wären? Oben und unten, links und rechts ein Rand von knapp einem Zentimeter, die Zeilen ohne Luft dazwischen und die Schrift so klein, dass Sie zur Lupe greifen müssen. Würde Ihnen das gefallen?

Um Streitigkeiten zu vermeiden und eine verbindliche Bezugsgröße zu haben, gibt es die „Normseite". Jede Manuskriptseite, die man als Autorin, als Autor irgendwo abliefert, sollte so formatiert sein, dass sie der Normseite entspricht.

Näher beschrieben wird der Begriff Normseite, wohin man auch sieht – etwa bei Ausschreibungen für literarische Wettbewerbe – mit einer Angabe, für die genau 24 Anschläge benötigt werden: „30 Zeilen à 60 Anschläge". Für alle, die noch nicht so lange in der Buchbranche sind, beginnt nun das Rätselraten: Was sind Anschläge? Muss ich da die Leerzeichen mitzählen, bei einem Programm wie Microsoft Word also unter „Zeichen (inklusive Leerzeichen)" nachsehen (Antwort: JA!)? Oder zähle ich die Leerzeichen nicht mit und schaue unter „Zeichen (ohne Leerzeichen)" nach (Antwort: nein!)? Vor einiger Zeit habe ich gelesen, dass zwischen mit und ohne Leerzeichen erst unterschieden wird, seit Microsoft Word auf dem Markt ist. Bis dahin sei es selbstverständlich gewesen, die Leerzeichen mitzuzählen, denn schließlich muss die Leerzeichentaste beim Schreiben ja ebenfalls angeschlagen werden. Merke also: Anschläge = Zeichen plus (d.h. inklusive) Leerzeichen.

Aber damit ist das Rätselraten noch nicht beendet. Hier ein Auszug aus einer eMail-Korrespondenz:

„Die Kurzgeschichte, die ich einsenden möchte, hat fünfeinhalb Seiten, sechs Seiten sind erlaubt. Das wäre also noch okay! Aber mit meiner Arial-Standardschrift komme ich pro Seite auf 48 Zeilen und 81 Anschläge pro Zeile. Erlaubt sind 30 Zeilen und 60 Anschläge. Muss ich das nun alles noch ändern und wenn ja, dann wie? [1] Wie komme ich also genau auf das vorgegebene Maß? [2] Auch meine Kurzvita hat statt der angegebenen 12 Zeilen immerhin 34 Zeilen. Muss ich das auch abändern?[3]" Antwort:

Zu 1: Wenn Sie pro Seite auf 48 Zeilen mit 81 Anschlägen kommen, heißt das, dass Sie sechs Seiten (Normseiten à 30 Zeilen zu 60 Anschlägen) überschreiten. Das

Musterseite, Variante A
– Arial, 12 Punkt –

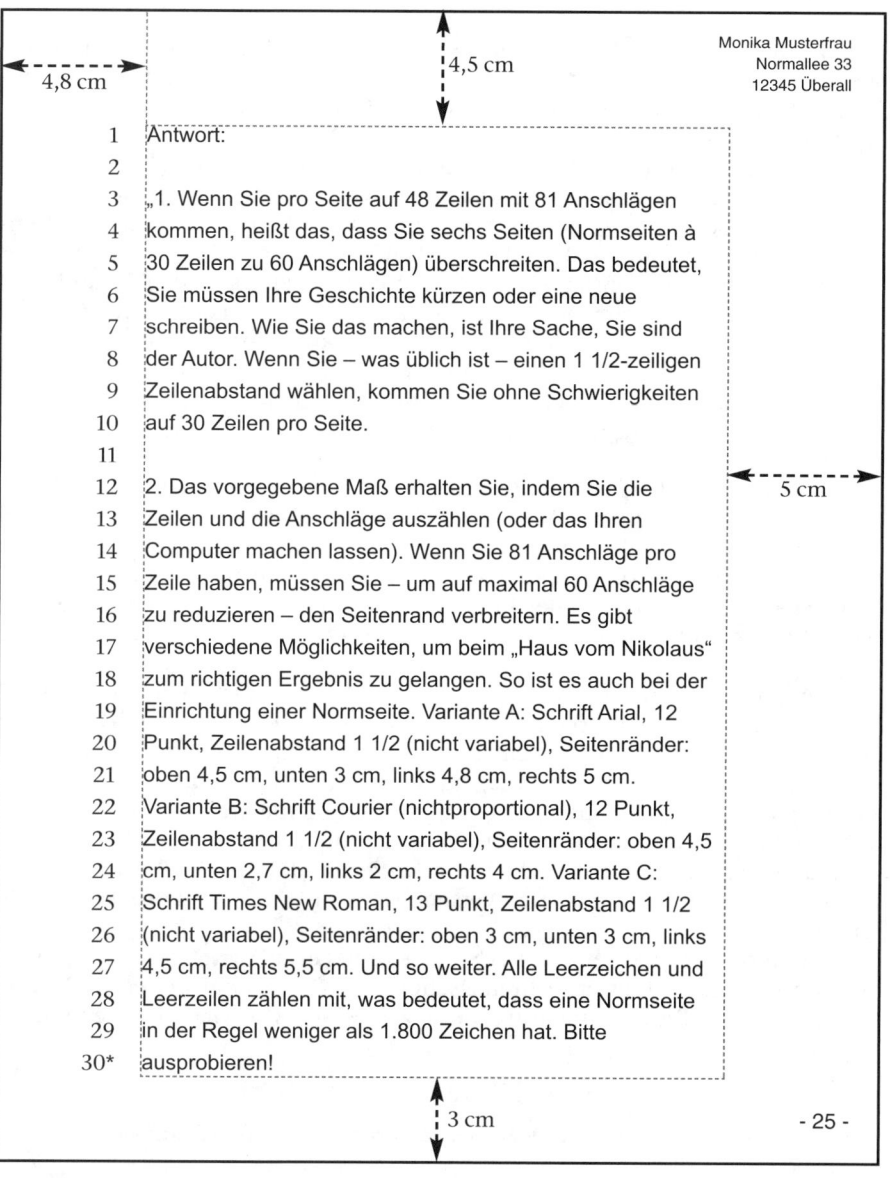

4,8 cm

4,5 cm

Monika Musterfrau
Normallee 33
12345 Überall

1   Antwort:

2

3   „1. Wenn Sie pro Seite auf 48 Zeilen mit 81 Anschlägen

4   kommen, heißt das, dass Sie sechs Seiten (Normseiten à

5   30 Zeilen zu 60 Anschlägen) überschreiten. Das bedeutet,

6   Sie müssen Ihre Geschichte kürzen oder eine neue

7   schreiben. Wie Sie das machen, ist Ihre Sache, Sie sind

8   der Autor. Wenn Sie – was üblich ist – einen 1 1/2-zeiligen

9   Zeilenabstand wählen, kommen Sie ohne Schwierigkeiten

10   auf 30 Zeilen pro Seite.

11

12   2. Das vorgegebene Maß erhalten Sie, indem Sie die   5 cm

13   Zeilen und die Anschläge auszählen (oder das Ihren

14   Computer machen lassen). Wenn Sie 81 Anschläge pro

15   Zeile haben, müssen Sie – um auf maximal 60 Anschläge

16   zu reduzieren – den Seitenrand verbreitern. Es gibt

17   verschiedene Möglichkeiten, um beim „Haus vom Nikolaus"

18   zum richtigen Ergebnis zu gelangen. So ist es auch bei der

19   Einrichtung einer Normseite. Variante A: Schrift Arial, 12

20   Punkt, Zeilenabstand 1 1/2 (nicht variabel), Seitenränder:

21   oben 4,5 cm, unten 3 cm, links 4,8 cm, rechts 5 cm.

22   Variante B: Schrift Courier (nichtproportional), 12 Punkt,

23   Zeilenabstand 1 1/2 (nicht variabel), Seitenränder: oben 4,5

24   cm, unten 2,7 cm, links 2 cm, rechts 4 cm. Variante C:

25   Schrift Times New Roman, 13 Punkt, Zeilenabstand 1 1/2

26   (nicht variabel), Seitenränder: oben 3 cm, unten 3 cm, links

27   4,5 cm, rechts 5,5 cm. Und so weiter. Alle Leerzeichen und

28   Leerzeilen zählen mit, was bedeutet, dass eine Normseite

29   in der Regel weniger als 1.800 Zeichen hat. Bitte

30*   ausprobieren!

3 cm

* Zeilenzählung *nur* auf dieser Musterseite!
  Nicht im Manuskript!

(1.432 Zeichen)

bedeutet, Sie müssen Ihre Geschichte kürzen oder eine neue schreiben. Wie Sie das machen, ist Ihre Sache, Sie sind der Autor. Wenn Sie – was üblich ist – einen 1 1/2-zeiligen Zeilenabstand wählen, kommen Sie ohne Schwierigkeiten auf 30 Zeilen pro Seite.

Zu 2: Das vorgegebene Maß erhalten Sie, indem Sie die Zeilen und die Anschläge auszählen (oder das Ihren Computer machen lassen). Wenn Sie 81 Anschläge pro Zeile haben, müssen Sie – um auf maximal 60 Anschläge zu reduzieren – den Seitenrand verbreitern.

Es gibt verschiedene Möglichkeiten, um beim „Haus vom Nikolaus" zum richtigen Ergebnis zu gelangen. So ist es auch bei der Einrichtung einer Normseite.

Variante A: Schrift Arial, 12 Punkt, Zeilenabstand 1 1/2 (nicht variabel), Seitenränder: oben 4,5 cm, unten 3 cm, links 4,8 cm, rechts 5 cm.

Variante B: Schrift Courier (nichtproportional), 12 Punkt, Zeilenabstand 1 1/2 (nicht variabel), Seitenränder: oben 4,5 cm, unten 2,7 cm, links 2 cm, rechts 4 cm.

Variante C: Schrift Times New Roman, 13 Punkt, Zeilenabstand 1 1/2 (nicht variabel), Seitenränder: oben 3 cm, unten 3 cm, links 4,5 cm, rechts 5,5 cm.

Und so weiter. Alle Leerzeichen und Leerzeilen zählen mit, was bedeutet, dass eine Normseite in der Regel *weniger* als 1.800 Zeichen hat. Bitte ausprobieren!

Zu 3: Wenn dort „12 Zeilen" steht, wird das einen Grund haben. Dann 34 Zeilen zu schreiben, ist „daneben". Wo liegt das Problem? Wenn in einem Rezept steht, Sie sollen 3 Teelöffel Salz verwenden, fragen Sie den Koch im Restaurant um die Ecke doch auch nicht, ob Sie statt der 3 Teelöffel Salz auch 1 Kilo verwenden können. Oder statt des Salzes vielleicht lieber Zucker? Also: 30 Zeilen sind 30 Zeilen sind 30 Zeilen und 12 Zeilen sind 12 Zeilen sind 12 Zeilen.

Dass eine Normseite in der Regel weniger als 1.800 Anschläge hat, zum Beispiel 1.432 wie die auf der vorherigen Seite abgebildete Musterseite, obwohl doch 30 x 60 1.800 ergibt, dürfte nun klar sein. Dennoch berichten ÜbersetzerInnen immer wieder, dass Verlage ihnen vorschlagen, sie „nach Normseiten à 1.800 Zeichen" zu bezahlen. 180.000 Zeichen geteilt durch – um meine Musterseite zu verwenden – 1.432 Zeichen ergeben aber gut 125 Normseiten. Und nicht 100 Normseiten, wie man im ersten Moment denken könnte. Verständlich, dass Übersetzerinnen und freie Lektoren über derartige Versuche, sie im Honorar zu drücken, wenig erfreut sind.

Mehr Informationen zum Thema Normseite gibt es auf den Seiten des Verbands deutschsprachiger Übersetzer literarischer und wissenschaftlicher Werke e.V. (VdÜ, siehe S. 643): www.literaturuebersetzer.de/pages/service/normseite.htm.

! Lektorat Korrektorat Projektbetreuung: www.feedback-vahsen.de

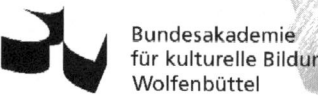

10

Aus- und Fortbildung für SchriftstellerInnen

Aus- und Fortbildung für SchriftstellerInnen

Dass Schreiben erlernbar ist, jedenfalls ein bisschen – wenn man Talent mitbringt –, sagen mittlerweile nicht nur die, die Schreiblernkurse und Schreiblehrbücher verkaufen wollen, sondern auch anerkannte WissenschaftlerInnen. Verschieden sind lediglich die Vorstellungen darüber, welche Methoden, Techniken und Ausbildungswege am geeignetsten sind, um Talente zu fördern. Bedarf es dazu der Gründung literarischer Akademien? Eines Studiums? Reichen dafür nicht auch mehrtägige Workshops? Und wozu eine Professionalisierung der AutorInnen? Was heißt das überhaupt?

Hierzu Fred Breinersdorfer, Vorsitzender des Verbands deutscher Schriftsteller (VS) in ver.di: „Professionalisierung bedeutet, daß die Autoren in die Lage versetzt werden, für ihr Buch den richtigen Verlag zu finden, die richtigen Verträge abzuschließen, daß sie lernen, mit ihrem geistigen Eigentum sorgfältig umzugehen, daß sie ihre Rechte und Pflichten zumindest in Grundzügen kennen, Professionalisierung bedeutet auch, daß ein Autor sich selbst, seinen Bürobetrieb so weit organisieren kann, daß er kommunikationsfähig ist, weiß, wie man mit einer Bank umgeht und vor allen Dingen wie man Steuern spart. Zur Professionalisierung gehört auch der Umgang mit der Presse, die Weiterentwicklung in andere Medien hinein, die für Autoren neue Publikationsmöglichkeiten eröffnen, das geht von der Verfilmung von Romanen bis hin zum Internet." Breinersdorfer zum Begriff „Dichter": „Das klingt so graumäusig. Und ich sehe schon in meiner Phantasie all diese komplizierten verhuschten Genies durch die Gänge einer Hochschule schlurfen, die alles andere sind als extrovertiert. Literatur braucht Stars. Dann kommt sie wieder in Mode. Hemingway war ein Star, weil er ein Macho war, ein Kraftbolzen. [...] Literaten müssen wieder zu verehrten Persönlichkeiten werden. Keiner ist doch bereit, so eine kleine, graue, introvertierte Maus zu verehren."

Mehrtägige Seminare zur Professionalisierung bot der VS bis vor kurzem zweimal im Jahr an; ab 2005 findet, wenn überhaupt, wahrscheinlich nur noch ein Seminar statt, das ist nicht viel. Überall wird der Geldhahn zugedreht. Die 1999 gegründete Europa Akademie der musischen und bildenden Künste mit ihrem „Studiengang Literatur/Kreatives Schreiben" hat ihre Pforten bereits wieder geschlossen; die Neue Gesellschaft für Literatur e.V. (NGL) in Berlin, die seit 2001 zehnmonatige Werkstätten für junge AutorInnen durchführte, meldete im Sommer 2004 Insolvenz an; mit öffentlichen Geldern finanzierte Literaturbüros fahren ihre Angebote zurück und veranstalten weniger Fortbildungsseminare für AutorInnen. Land unter? Nein. Denn nach wie vor gibt es das Deutsche Literaturinstitut Leipzig, den Studiengang „Kreatives Schreiben und Kulturjournalismus" an der Universität Hildesheim und die Bundesakademie für kulturelle Bildung Wolfenbüttel. Es gibt Bücher über das Schreiben und es werden immer mehr,

„TextArt", Oliver Buslaus seit September 2000 erscheinendes „Magazin für kreatives Schreiben" und – ja, das allerdings ist neu – eine mittlerweile kaum noch zu
überschauende Menge privater Anbieter, Ein-Frau/Mann-Unternehmen, die auf
eigene Faust Schreibworkshops anbieten und damit zur Aus- und Fortbildung von
SchriftstellerInnen beitragen oder zumindest verkünden, das zu tun.

Neben den Großen der Branche werden in dieser Ausgabe des Handbuchs auch
etliche dieser Kleinstanbieter vorgestellt, und zwar nicht nur in diesem, sondern
auch im folgenden Kapitel „Geld verdienen mit literarischen Dienstleistungen".

Eine weitere Möglichkeit, die eigene Schreibfähigkeit zu vervollkommnen,
besteht darin, sich einer Schreibgruppe und/oder Textwerkstatt anzuschließen.
Seit einigen Jahren gibt es solche Gruppen und Werkstätten auch im Internet. Wie
die gemeinsame Arbeit am Text dort abläuft und wo und welche Orte der Begegnung und des Lernens es im virtuellen Raum gibt, darüber berichtet Hans Peter
Roentgen in seinem Beitrag.

Wer sich zudem für die Arbeitsweise von Autorengruppen interessiert, die sich
von Angesicht zu Angesicht treffen, versäume bitte nicht den Beitrag der „Seitenspinner", siehe Kapitel 15. Bildungsangebote für DrehbuchautorInnen, siehe
Drehbuch-Kapitel.

Auf der Internetseite „Aus und Fortbildung für SchriftstellerInnen" (www.usch-
trin.de/aus_fort.html) offeriere ich die jeweiligen Angebote der VeranstalterInnen
so „frisch" wie möglich.

Hinweis: Sicherlich gibt es auf dem Markt noch viele weitere Aus- und Fortbildungsangebote für SchriftstellerInnen, die im Folgenden nicht genannt werden. Die Zusammenstellung erhebt keinen Anspruch auf Vollständigkeit. Die
Nichtaufnahme eines Anbieters in diese Aufstellung stellt keine inhaltliche
Bewertung dar – ebenso wenig wie die Aufnahme. Jeder Mensch lernt anders. Die
einen brauchen den regelmäßigen Austausch mit Gleichgesinnten, den anderen
ist schon der bloße Gedanke daran ein Greuel. Auch die Lebenssituation ist von
Mensch zu Mensch verschieden. Eine Abiturientin liebäugelt vielleicht mit einem
Hochschulstudium in Leipzig oder Hildesheim; ein Hausmann in der Babypause
wird eher zu einem Fernlehrgang oder zu einer Textwerkstatt im Internet tendieren. Also bitte (sich) selbst prüfen und vergleichen, was der Aus- und Fortbildungs-
markt zu bieten hat. Diskussionsforen im Internet leisten bei der Entscheidungsfindung gute Dienste.

Schreibreisen, Seminare, Lektorat: www.stilistico.de   **!**

Bundesakademie für kulturelle Bildung Wolfenbüttel e. V.
An den Werkstätten, Seminaren und Tagungen der Bundesakademie können in
der Regel alle teilnehmen. Das Angebot gliedert sich in die Bereiche Bildende
Kunst, Literatur, Museum, Musik und Theater. Jeder der fünf Bereiche untersteht
einer gesonderten Leitung. Aufgabe der Fachbereichsleitung ist es u. a., das jewei-

lige Jahresprogramm zu planen und die Seminare zu organisieren. Diese Seminare dauern für gewöhnlich drei Tage (von Freitag bis Sonntag) und werden von hoch qualifizierten GastdozentInnen geleitet. Ein dreitägiger Kurs kostet in der Regel 144 Euro (2005), und zwar einschließlich Unterkunft und Verpflegung. Diese niedrigen Gebühren sind dem Bund und dem Land Niedersachsen zu verdanken, die die Bundesakademie mit Steuergeldern versorgen. Das Jahresprogramm kann kostenlos bei der Bundesakademie angefordert werden, ist aber auch über das Internet einzusehen.

Fachbereich Literatur: Ein Blick in das Programm zeigt, dass 2005 im Fachbereich Literatur 27 Veranstaltungen stattfinden, von denen sich die meisten auch an Autorinnen und Autoren richten. Zur Zielgruppe gehören des Weiteren Schreibgruppenleiterinnen; Mitarbeiter in Weiterbildungseinrichtungen, Bibliotheken, Kulturämtern, Buchhandlungen; Literaturdozenten; Leiterinnen von Literaturwerkstätten; Lektorinnen; Literaturkritikerinnen; Übersetzer usw. Hier einige Seminare (mit Angabe der jeweiligen Leitung) aus dem Jahresprogramm 2005: „Text-TÜV. Kritische Lektüre eigener Manuskripte" (Dr. Martin Hielscher, Dr. Olaf Kutzmutz); „Basiskurs Erzählen I: Figuren" und „Basiskurs Erzählen II: Perspektive" (Stefan Ulrich Meyer, Dr. Olaf Kutzmutz); „Wellenbewegungen. Werkstatt Kurzhörspiel" (Leonhard Koppelmann, Hilke Veth); „Zeilenbrüche. Literaturwerkstatt Lyrik" (Matthias Göritz, Dr. Olaf Kutzmutz); „Soaps große Schwester – die Telenovela. Autorenarbeit für den TV-Markt" (Jens Schleicher).

Fachbereich Theater: Auch im Fachbereich Theater bietet die Bundesakademie Seminare an, die für AutorInnen relevant sind. Beispiel aus dem Jahresprogramm 2005: „Stücke schreiben – Autorenwerkstatt Kinder- und Jugendtheater" (Henning Fangauf, Dr. Jürgen Hofmann, Thomas Lang): „Junge Autorinnen und Autoren, die sich für das Kinder- und Jugendtheater interessieren und ihre aktuellen Schreibversuche zur Diskussion stellen wollen, sind eingeladen, an der Autorenwerkstatt ‚Stücke schreiben' teilzunehmen. Die vorliegenden Texte werden unter Anleitung der Dozenten diskutiert und weiterentwickelt. Darüber hinaus wird ausführlich über das Kinder- und Jugendtheater, seine Literatur und Aufführungspraxis informiert."

Adresse: Bundesakademie für kulturelle Bildung, Schlossplatz 13, D-38304 Wolfenbüttel, Postfach 1140, D-38281 Wolfenbüttel, fon: 05331/808-411, fax: 05331/808413, post@bundesakademie.de, www.bundesakademie.de

Celler Schule

Die Celler Schule von Edith Jeske ist ein Förderseminar für Textschaffende in der Unterhaltungsmusik. Textdichterinnen und Textdichter aller musikalischen Sparten können hier gemeinsam ihre Schreibe professionalisieren. Themen: Reim & Metrik, Stil- & Genrekunde, phonetisches Schreiben, Kreativtechniken, Nutzung von Blockaden als kreative Quelle, GEMA. Außerdem werden Gäste eingeladen, bisher z. B. Christian Bruhn, Pe Werner, Rainer Bielfeldt u. v. a., sodass sich Kontakte und Einblicke in den Berufsalltag ergeben. Die Fördermittel kommen von der GEMA-Stiftung. Eine Fachjury wählt aus allen Bewerbungen 10 Teilnehmende pro Jahr aus. Diese nehmen kostenlos an dem 14-tägigen Intensivseminar teil. Juroren waren bisher u. a. Hans Cuny (Peer Verlag), Heike Fransecky,

Hans Hee, Birte Krohn (EMI Publishing), Heinz Rudolf Kunze, Bernhard Lassahn, Kay Lorentz jr. (Kom[m]ödchen D'dorf), Tobias Reitz, Thomas Woitkewitsch. *Weitere Informationen:* www.musenlust.de

Darmstädter Textwerkstatt/Zentrum junge Literatur

„Ziel der über ein bis zwei Jahre fortlaufenden Seminare und Autorenbetreuung ist es, den jungen oder publizistisch noch unerfahrenen Schreibenden einen vor den Erwartungen der Öffentlichkeit geschützten Raum des Dialogs anzubieten, ein Experimentierfeld der Verständigungen und der kritischen Reflexion. Am Ende einer jeden Werkstatt, in der auch Texttheorie und ein ‚Handwerk des Schreibens' vermittelt werden, erscheint eine von der Wissenschaftsstadt Darmstadt unterstützte Publikation und findet eine öffentliche Lesung aller Teilnehmer im Literaturhaus statt. In den nur wenigen Jahren ihres Wirkens sind aus der Darmstädter Textwerkstatt Autoren hervorgegangen, die in renommierten Verlagen debütieren oder angesehene Preise gewinnen konnten und unterdessen zum anerkannten literarischen Nachwuchs zählen.

Auf Grund der großen Nachfrage und einer erfolgreichen Zwischenbilanz, wurde die Darmstädter Textwerkstatt im Januar 2004 zum ‚Zentrum junge Literatur' erweitert. Das ‚Zentrum junge Literatur' ist allen zugänglich, die kreativ schreiben und eine kompetente Unterstützung ihrer Bemühungen suchen. Es richtet ‚offene' Werkstattabende aus, stellt den Kontakt der Schreibenden untereinander her und kooperiert mit anderen Schreibgruppen der Region. Am jeweils ersten Mittwoch des Monats richtet es eine ‚Lesebühne' ein, zu der jeder nach Voranmeldung seine Texte vortragen und diskutieren kann." Leitung: Kurt Drawert (siehe Interview, S. 50 ff.)

Adresse: Wissenschaftsstadt Darmstadt, Kulturamt, Kanita Hartmann, Frankfurter Str. 71/Eingang Büdinger Str. 2 A, D-64293 Darmstadt, fon: 06151/13-3337, fax: 06151/13-3398, Kanita.Hartmann@darmstadt.de, www.darmstadt.de/kultur/literatur/textwerk.htm

Deutsches Literaturinstitut Leipzig

Mit der Vereinigung der beiden deutschen Staaten erhob sich die Frage, wie es mit dem Leipziger „Johannes-R.-Becher-Institut", der Ausbildungsstätte für SchriftstellerInnen in der DDR, weitergehen sollte. Aus dieser Diskussion heraus entstand das „Deutsche Literaturinstitut Leipzig" (DLL) an der Universität Leipzig. Im Sommersemester 1995 nahm es seinen Studienbetrieb auf. Das DLL bietet einen sechssemestrigen künstlerischen Studiengang in den drei Fächern: Prosa, Lyrik, Dramatik/Neue Medien.

Bewerbung: Zu den Zulassungsvoraussetzungen für ein Hochschulstudium am Deutschen Literaturinstitut Leipzig gehört eine bestandene Eignungsprüfung. Die Eignungsprüfung setzt sich zusammen aus eingereichten literarischen Arbeitsproben, die eine besondere literarische Begabung erkennen lassen, und einem Zulassungsgespräch. Zur Eignungsprüfung kann zugelassen werden, wer die allgemeine Hochschulreife besitzt oder SchülerIn einer Abiturklasse ist. Ausnahmen hiervon sind nach dem Sächsischen Hochschulgesetz möglich. Anhand der eingereichten Arbeitsproben wird im Eignungsgespräch geprüft, inwieweit ein Studium für die literarische Entwicklung der jeweiligen Bewerberin als sinnvoll erachtet werden kann. Nächster Bewerbungstermin: 1. April–15. Mai 2005.

Studium: Der Studiengang umfasst literaturpraktische und literaturwissenschafliche Seminare, wobei das Studium insgesamt einen hohen Anteil an selbständiger literarischer Tätigkeit enthält. Ziel des Studiums ist es, den Studierenden sowohl eine möglichst professionelle Schreibkompetenz und literarische Gestaltungsfähigkeit als auch literaturhistorische und -theoretische Kenntnisse zu vermitteln. Dies geschieht in Seminaren, Übungen, Colloquien, Werkstattveranstaltungen, Lesungen und Projektseminaren sowie in Einzellektoraten. Das Studium gliedert sich in Grundstudium (2 Semester) und Hauptstudium (3 Semester plus Prüfungssemester). Da am Ende des Studiums eine Abschlussprüfung in einem Hauptfach und zwei Nebenfächern oder in zwei Hauptfächern steht, sollte die Studierende schon zu Beginn des Studiums aus den oben genannten drei Fächern des DLL eines als Hauptfach und zwei als Nebenfächer oder eines als weiteres Hauptfach wählen.

Diplom, Abschluss: Die Abschlussprüfung des künstlerischen Studienganges am DLL ist eine Hochschulprüfung. Sie besteht aus den mündlichen Prüfungen sowie der Abschlussarbeit. Die Abschlussarbeit ist in dem Fach anzufertigen, welches als 1. Hauptfach gewählt wurde. Aufgrund der bestandenen Abschlussprüfung wird das „Diplom des Deutschen Literaturinstitutes Leipzig" vergeben. Das jeweils aktuelle, kommentierte Vorlesungsverzeichnis steht auf den Internetseiten des DLL.

Adresse: Deutsches Literaturinstitut Leipzig, Universität Leipzig, Sekretariat: Cornelia Kahl (Zimmer 301), Wächterstr. 34, D-04107 Leipzig, fon: 0341/9730300, fax: 0341/9730319, kahl@rz.uni-leipzig.de, www.uni-leipzig.de/dll

Diplomstudiengang Kreatives Schreiben und Kulturjournalismus

Der Diplomstudiengang Kreatives Schreiben und Kulturjournalismus an der Universität Hildesheim bietet „Interessierten an Berufen der schreibenden Zunft, die bereits zu den aktiven Schreiberinnen gehören, [...] eine adäquate Ausbildung. Hier werden das Handwerkszeug für professionelles, sach- und mediengerechtes Schreiben vermittelt, die notwendigen künstlerischen und wissenschaftlichen Grundlagen studiert und Einblicke in das Berufsfeld der Kulturvermittlung gegeben. Neben dem Hauptfach ‚Schreiben und Literatur' gehören das Pflicht-Beifach ‚Theater und Medien', Bildende Kunst oder Musik als Wahlpflicht-Beifach sowie im Hauptstudium der Bereich Kulturpolitik und Kulturmanagement zum Studiengang. Zudem werden Pädagogik, Philosophie, Politische Wissenschaft, Psychologie oder Soziologie als weiteres Beifach angeboten."

Zulassungsvoraussetzung: Abitur oder ein als gleichwertig anerkannter Abschluss sowie Nachweis der besonderen künstlerischen Befähigung. Bewerbungen zur Teilnahme an der Befähigungsprüfung sind zu richten an die Universität Hildesheim, Prüfungsamt des Fachbereichs II, Marienburger Platz 22, D-31141 Hildesheim. Bewerbungsfrist für die Befähigungsprüfung: 15. April (2005); Bewerbungsfrist für das Studium (nach bestandener Befähigungsprüfung): 15.07. Der Studiengang ist zulassungsbeschränkt; Aufnahmekapazität: 10 Studierende pro Jahr.

Studienbeginn: jeweils zum Wintersemester; Regelstudienzeit: 9 Semester (einschließlich Prüfungssemester; Abschluss: Diplom-KulturwissenschaftlerIn. Fachstudienberater: Dr. Hanns-Josef Ortheil, fon: 05121/883-657, ortheil@rz.uni-hildesheim.de
   Adresse: Universität Hildesheim, Marienburger Platz 22, D-31141 Hildesheim, fon: 05121/883-0, fax: 05121/883-177, www.kreatives-schreiben-hildesheim.de (siehe Beitrag von Antje Huhs, S. 455 f.)

Fernstudium „Das lyrische Schreiben"
„Erstmals gibt es im deutschsprachigen Raum einen staatlich zugelassenen Fernlehrgang mit dem Ziel, die Kunst der Dichtung systematisch zu schulen. Angeboten wird das 12-monatige Fernstudium von der Bibliothek deutschsprachiger Gedichte, bekannt durch jährliche Gedichtwettbewerbe. Mit Hilfe des übersichtlich aufbereiteten, staatlich geprüften Lehrmaterials und unter Anleitung von erfahrenen Dozenten und Lektoren lernt man Schritt für Schritt die Kunst des stilsicheren und ausdrucksstarken Schreibens. Im Mittelpunkt des 12-monatigen Studiengangs, den man von zu Hause aus absolviert, steht die individuelle Förderung des künstlerischen Ausdrucks und die Entfaltung eines eigenen lyrischen Stils." Einmal pro Monat erhält man eine Studienmappe mit etwa 60 Seiten Lehrmaterial, Textbeispielen, Kontroll- und Übungsaufgaben. Die bearbeiteten Aufgaben schickt man an seinen persönlichen Betreuer, der diese korrigiert zurücksendet. Studienbeginn: jederzeit möglich; Studiendauer: 12 Monate, Voraussetzungen: „Engagement, Ausdauer und Fähigkeit zur Selbstkritik"; Studiengebühren: 100 € pro Monat; Abschluss: BdG-Zeugnis mit Publikation in Sammelband.
   Adresse: Bibliothek deutschsprachiger Gedichte (BdG), Sämannstr. 14 a, D-82166 Gräfelfing, fon: 089/741530-13, fax: 089/741530-19, www.gedichte-bibliothek.de

Förderkreis deutscher Schriftsteller in Rheinland-Pfalz
Veranstalter von Autorenseminaren (siehe S. 626)

Freies Literaturprojekt München (FLP)
Das FLP unter der Leitung vom Arwed Vogel wurde 1997 gegründet; bisher wurden mehr als 80 Kurse mit ungefähr 7.500 Teilnehmerstunden gehalten. Ziel der Arbeit ist die Aus- und Weiterbildung im literarischen und journalistischen Bereich. Dies geschieht in vier Stufen: 1. Aufbaukurse: In drei Kursen (jeweils sechs Abende) wird das handwerkliche und literaturtheoretische Basiswissen vermittelt. 2. Werkstattunterricht: In fortlaufenden Kursen (12 Abende pro Semester) werden die literarischen Arbeitstechniken verfeinert und die Grundlagen zu einem Buchprojekt gelegt. Theorie, Übungen und Textgespräche wechseln einander ab. 3. In Projektgruppen werden die Buchprojekte begleitet. Dies geschieht in monatlichen Treffen, bei denen die Arbeitsfortschritte kritisch gewürdigt werden. 4. Im Frühjahr und Herbst fahren die Teilnehmer zu literarischen Arbeitsaufenthalten nach Frankreich und Italien. Durch den Verzicht auf teure Werbemittel sind die Kursgebühren nur geringfügig höher als bei der Volkshochschule. Mit Arwed

Vogel ist das FLP eng mit dem Verband deutscher Schriftsteller verbunden. *Adresse:* Arwed Vogel, Fichtenstr. 30, D-85456 Wartenberg, fon: 08762/726121, arwedvogelflp@aol.com (siehe S. 479)

Krimi-Coach

Krimiworkshops zum Schreiben von Kriminalromanen mit Autoren-Coaching offeriert Dr. Anette Kleszcz-Wagner, Krimi-Lektorin. Inhalte: Story, Plot, Figuren, Tipps und Tricks für die kriminalistische Recherche.
Adresse: Dr. Anette Kleszcz-Wagner, Rasenallee 23 D, D-34128 Kassel, fon: 0561/7662330, fax: 0561/7662321, akwagner@krimi-coach.de, www.krimi-coach.de

Krimi-Werkstatt

„Wer ‚Mystery & Suspense' schreiben will, die sich verkauft – sei es als Drehbuch, Kurzgeschichte oder Roman – kommt um das handwerkliche Know-how nicht herum. Diese professionelle Basis unter Anleitung namhafter Krimi-Autoren zu erarbeiten und zu vertiefen, ist Aufgabe der 5-tägigen Krimi-Workshops inmitten des literatur-, mythen- & geschichtsträchtigen Ausseerlandes."
Adresse: Reinhard Schlüter, Literatur-Domaine Ausseerland, Reitern 1, A-8990 Bad Aussee, fon: 03622/54033, fax: 03622/54033-20, r.schlueter@literaturdomaine.com, www.literaturdomaine.de.tt/

INKAS Institut für Kreatives Schreiben

Das INKAS Institut für Kreatives Schreiben, 1991 in Bad Kreuznach gegründet mit Außenstellen im Saarland, in Hessen und in Berlin, fördert Autorinnen und Autoren in Seminaren, im „Studiengang Creative Writing", bei öffentlichen Lesungen und durch Publikationen. Ein weiterer Schwerpunkt des Instituts ist die Förderung und Weiterbildung von Kindern und Jugendlichen in Workshops. Der „Studiengang Creative Writing" dauert zwei Jahre: In Wochenendseminaren werden die Grundlagen des Creative Writing vermittelt; Zugangsvoraussetzungen: keine. In den Seminaren des Creative Writing erfahren die SeminarteilnehmerInnen mehr über das literarische Handwerkszeug, das sie benötigen, um einen flüssigen Text schreiben zu können. „Eingebettet in den Gruppenprozess bieten die Seminare den geeigneten Schutzraum, um die ersten literarischen Schritte zu wagen." INKAS veranstaltet öffentliche Lesungen in verschiedenen Städten Deutschlands und der Schweiz. Dem Institut angeschlossen ist ein Verlag, in dem auch eine Literaturzeitschrift erscheint.
Adresse: INKAS Institut für Kreatives Schreiben, Magister Faust Gasse 37, D-55545 Bad Kreuznach, fon + fax: 06721/921060, inkas.id@t-online.de, www.inkas-id.de

Institut für Angewandte Kreativitätspsychologie (IAK)

Das Institut für Angewandte Kreativitätspsychologie (IAK) in München (Leitung: Dr. Jürgen vom Scheidt und Ruth Zenhäusern) bietet eine Aus-/Fortbildung als Leiter/in von Schreibwerkstätten in zwei Schritten an: 1. Jahr: Handwerk des Kreativen Schreibens (jeweils 10 Wochenenden zu 8 x 90 Min. + ein siebentägiger

Workshop in den Schweizer Bergen); 2. Jahr: Leiten (wie im 1. Jahr). Weitere Angebote: Einführungswochenende „Spaß am Schreiben"; „Bücher-Werkstatt" (5 Tage); „Schreiben und Wandern im Wallis" (7 Tage); „Biographisches Schreiben" (Wochenende und/oder Kurs); „Biographie & Phantasie" (Wochenende und/oder Langzeitkurs); „Kurzgeschichten schreiben" (2 Wochenenden); „Große Sommer-Schreib-Werkstatt in München".

Adresse: Institut für Angewandte Kreativitätspsychologie (IAK), Dr. Jürgen vom Scheidt, Seestr. 8, D-80802 München, fon: 089/395471, fax: 089/392307, Juergen.VomScheidt@iak-talente.de, www.iak-talente.de

Institut für Kreatives Schreiben e.V. (IKS)

Das Institut für Kreatives Schreiben e.V. (IKS) wurde 1986 in Berlin gegründet. Sein Ziel ist die Vermittlung und Förderung des kreativen Schreibens durch Forschen, Publizieren, Lehren, Ausbilden und Anleiten im kreativen Schreiben. Angeboten werden Präsenzkurse in Berlin und Karlsruhe sowie ein Fernstudium. Das Fernstudium vermittelt in einem 2-jährigen Curriculum mit zwei Präsenzphasen in Berlin die vielfältigen Methoden, Techniken, Szenarien des kreativen Schreibens und soll dazu befähigen, eine eigene Schreibgruppe anzuleiten. Grundlage ist das Lehrbuch des Kreativen Schreibens von Lutz von Werder, dem Vorsitzenden des IKS. Studiendauer: 24 Monate, monatliche Studiengebühr: 60 Euro, gesamt 1.440 Euro. Es gibt sechs Präsenzkurse: Autobiographisches Schreiben, Poesiepädagogik in Berlin, Poesiepädagogik in Karlsruhe, Wissenschaftliches und berufliches Schreiben, Ausbildung zum praktischen Philosophen, AutorInnen Ausbildung. Der Kurs „AutorInnen Ausbildung" wendet sich an Schreibende, die über einen längeren Zeitraum und in einer Gruppe kontinuierlich an verschiedenen Prosatexten arbeiten wollen. Der Kurs besteht aus zehn (Wochenend-)Einheiten, dauert zehn Monate und kostet je Wochenende 130 Euro.

Adresse: Institut für Kreatives Schreiben e.V. (IKS), Claus Mischon, Bamberger Str. 52, D-10777 Berlin, fon + fax: 030/2110056, iks.schreibinstitut@t-online.de, www.iks-schreibinstitut.de

Literarisches Colloquium Berlin e.V. (LCB)

Regelmäßig veranstaltet das renommierte LCB „Werkstätten" zur Nachwuchsförderung, so etwa die „Autorenwerkstatt Theatertexte" (siehe S. 292 f.), die „Autorenwerkstatt Prosa" (siehe S. 549) u. die „Übersetzerwerkstatt" (siehe S. 657).

Adresse: Literarisches Colloquium Berlin e.V. (LCB), Am Sandwerder 5, D-14109 Berlin, fon: 030/816996-0, fax: 030/816996-19, mail@lcb.de, www.lcb.de (s. S. 632)

www.Lyrikwerkstatt.de (Aleph Verlag)

Relativ neu im Internet ist das Bildungsangebot der Lyrikwerkstatt des Münchner Aleph-Verlages. „Hier werden Inhalte vermittelt, die sich sowohl aus der Geschichte der großartigen deutschsprachigen Lyrik als auch aus den Erfahrungen heutiger Künstler speisen. Hier geht es darum künstlerische Empfindsamkeit zu entwickeln, Schritt für Schritt Wissen über inhaltliche und formale Aspekte der Lyrik im Speziellen und der Kunst im Allgemeinen zu vermitteln und im übrigen Helfer beim Entwicklungsprozess Schreibender zu sein. Mit erfahrenen Schriftstellern im regen Austausch arbeitet man sich durch insgesamt 49 überschaubare Lektionen, in denen es z. B. um die lyrische Sprache im Konkreten, sprachliche Stilmittel, die verschiedenen Gedichtformen, bildhafte Stilmittel, das lyrische Ich, aber auch um die Analyse des selbstverfassten Gedichtes, Publikationsmöglichkeiten und Übungen zur Präsentation geht." Eine Musterlektion kann kostenlos im Internet heruntergeladen oder telefonisch bestellt werden unter 0170/9492127.

Adresse: Aleph Verlag, Herterichstr. 89, D-81477 München, fon: 0170/9492127, www.Aleph-Verlag.de + www.Lyrikwerkstatt.de

MANUSKRIPTUM – Münchener Kurse für kreatives Schreiben

MANUSKRIPTUM ist ein Kooperationsprojekt der Ludwig-Maximilians-Universität (LMU) München und des Literaturhauses München und richtet sich an Studenten und Studentinnen der Münchener Universitäten. Anmeldeschluss mit schriftlicher Bewerbung (Höchstalter 28 Jahre) war 2004 Ende Juli. Moderation 2004/05: Thomas Meinecke (Schriftsteller) und Dr. Rainer Weiss (Programmleiter, Suhrkamp Verlag). Die Teilnahme ist unentgeltlich. Der Kurs soll Einsichten in das literarische Schreiben vermitteln und Gelegenheit geben, die eigenen Texte mit renommierten Autoren und erfahrenen Praktikern zu diskutieren. Grundlage dafür sind: klassische Übungen des kreativen Schreibens und die Arbeit an den eingereichten Prosatexten. Der Kurs umfasst zwei Semester, beginnend mit einem Intensivkurs im WS 2004/05, fortgesetzt mit einem Kompaktkurs zur Nachbetreuung im SS 2005 (zwei Treffen). Ergänzend dazu gibt es einen Informationstag „Mein Verlag und ich"; Branchenfachleute informieren über Verlage, Buchhandel, andere Vermittlungswege von Literatur sowie über Fördermöglichkeiten für junge Autorinnen und Autoren. Des weiteren sind ein Seminar zur Theorie des modernen Erzählens und ein Sprechtraining vorgesehen.

Um über die „Kunst des Bewerbens" aufzuklären, hat die LMU zwei Seiten ins Internet gestellt. Darunter der Tipp: „Weißes Papier ist schön! Verwenden Sie Ihr Biene-Maja-Briefpapier für Ihre Privatkorrespondenz." – Lesenswert! Siehe also: http://studenten.verwaltung.uni-muenchen.de/manuskriptum.htm + http://studenten.verwaltung.uni-muenchen.de/manuskriptum2.htm

Organisation und Information: Dr. Edda Ziegler, Institut für Deutsche Philologie der Universität München, Schellingstr. 3/RG, D-80799 München, fon: 089/2180-2063, fax 089/2180-3871; sowie: Katrin Lange, Literaturhaus München, Salvatorplatz 1, D-80333 München, fon: 089/291934-23, fax: 089/291934-19, textwerk@literaturhaus-muenchen.de, www.literaturhaus-muenchen.de/programm/textwerke.asp (siehe „textwerk", S. 451)

Österreichische Science-Fiction-Schreibwerkstatt

Leiter: Andreas Findig. Weitere Details unter http://sf-schreibwerkstatt.de.vu

Poetik-Dozenturen

Poetik-Dozenturen gibt es meinen Recherchen nach derzeit an 14 Universitäten, und zwar in den Städten Bamberg, Berlin, Dresden, Essen, Frankfurt am Main, Gießen, Heidelberg, Kiel, Konstanz, Mainz, Oldenburg, Paderborn, Tübingen und Wiesbaden. Weitere Informationen: siehe S. 488–492.

„Schöner schreiben"

„‚Schöner schreiben' ist ein bewusst mehrdeutig gewählter Name: Zum einen geht es natürlich darum, ‚schöner' zu schreiben – denn schließlich lassen sich neben der individuellen Phantasie Dinge wie Handwerk, Stil, Ausdruck und Aufbau bei und von Geschichten hervorragend lernen, die dann einen Text wirklich besser machen. ‚Schöner' heißt auch: Mit Lust, Spaß und Leidenschaft die eigene sprachliche Kreativität entdecken. Und schließlich weist der Name daraufhin, dass wir manchmal an ‚schönen' Orten schreiben: So führen wir Schreibreisen ins Ausland durch (z. B. in die Bretagne) oder in Klöster und landschaftlich ansprechend gelegene Seminarorte." Das Angebot umfasst fortlaufende und Kompakt-Kurse zu verschiedenen Themen (Handwerk, Handlungs- und Figurenentwicklung, Veröffentlichung, Märchen, journalistisches Schreiben u. a.), „Lesetreffs" (Gruppensitzungen mit bereits „fertigen" Texten), Lektorats- und Veröffentlichungshilfen bis hin zum Buchdruck sowie einen Online-Schreibkurs.

Adresse: Stefan Schwidder, Novalisweg 21, D-22303 Hamburg, fon: 040/27880106, fax: 040/27880107, stefan.schwidder@web.de, www.schoener-schreiben.de (siehe S. 477 u. 481 f.)

Schreibcoaching – die etwas andere Schreibschule

„Um literarisches Schreiben zu lernen reicht pure Technikvermittlung oft nicht aus. Schreibcoaching stellt eine sehr individuelle Methode dar, den eigenen Stil zu entwickeln und besser schreiben zu lernen. JedeR Lernende wird individuell per Mailkontakt betreut und die Lerninhalte auf die jeweiligen Voraussetzungen und Ziele abgestimmt. Neben technischen ‚Flashlights' werden spezielle Übungen zur Erweiterung der Kreativität und individuelle Schreibaufgaben gegeben. In einem sehr persönlichen Mailkontakt werden Verbesserungsmöglichkeiten aufgezeigt und Fortschritte besprochen."

Adresse: Katrin Stehle, Gutenbergstr. 6, D-50823 Köln oder: Am Katzenholz 50, D-88161 Lindenberg/Allgäu, katrin.stehle@web.de, www.katrinstehle.de

Schreibschule Erfurt e. V.

Die Schreibschule Erfurt, geleitet von Paulina Schulz, wurde 1999 als private Einrichtung gegründet. Sie versteht sich als eine Institution, die in weitestem Sinne Literaturarbeit leisten möchte und bietet diverse Kurse für Kreatives Schreiben an, die in regelmäßigen Abständen von 2–3 Wochen stattfinden. Die Interessenten können zwischen folgenden Themen wählen: Basis- und Aufbaukurse für Kreatives Schreiben; Autobiographisches Schreiben; Theorie und Praxis literarischer Übersetzung; Visuelle Wahrnehmung – Literatur und Film; Textkritik; Lyrikwerkstatt; Kurs für Kinder- und Jugendliteratur. „Ob es nun um das Verfassen einer Hausarbeit, die autobiographische Aufarbeitung von Erinnerungen, das Schreiben eines Drehbuchs oder eine Beratung für bereits entstandene Texte geht – die Schreibschule Erfurt ist ein kompetenter Partner für alle Interessierten." Preise: Wochenendkurse 190 Euro (Studierende: 140 Euro); eintägiger Schnupperkurs Kreatives Schreiben 90 Euro. Im Angebot außerdem: individuelle Betreuung (private coaching) von Textarbeiten durch Paulina Schulz.

Adresse: Schreibschule Erfurt, medienbüro „transkript", Heinrichstr. 87, D-99092 Erfurt, fon: 0361/5518675, paulinaschulz@web.de, www.schreibschule-erfurt.de

Schreibseminare (Ranka Keser)

Die Autorin Ranka Keser hält bundesweit Seminare zu den Themen „Kinder- und Jugendbuch schreiben", „Krimis schreiben", „Der Weg zur Veröffentlichung". Die Seminare kosten zwischen 80 und 100 Euro. Die Teilnehmerzahl ist auf maximal 15 Teilnehmerinnen und Teilnehmer beschränkt. Nähere Infos und aktuelle Termine unter www.ranka-keser.de

SchreibWerk Potsdam (Hanne Landbeck)

SchreibWerk Potsdam, Schreibschule und Textbüro, richtet sich mit seinen Wochenend-, Wochen- und dreimonatigen Kursen an Schreibanfänger („Kreatives Schreiben I"), Fortgeschrittene („Kreatives Schreiben II"), an Autoren von (Auto-)Biographien („Biographisches Schreiben"), an Studierende („wissenschaftliches Schreiben") und an Journalisten („journalistisches Schreiben"). Ziel der Kurse kreatives und biographisches Schreiben ist es, die Schreiblust zu wecken, Methoden zur Verbesserung der Vorstellungskraft zu vermitteln und ein Gefühl für die eigene Erzählstimme zu entwickeln. In den Kursen zum wissenschaftlichen und journalistischen Schreiben geht es um die spezifischen Fertigkeiten und Kenntnisse für die jeweilige Textsorte. Die Kurse finden im „Salon" des Literaturladens Wist in der Potsdamer Innenstadt statt. Außerdem: individuelles Schreibcoaching. Hanne Landbeck, Gründerin und Leiterin der Kurse, ist Germanistin, freie Autorin (Belletristik und Sachbuch) und Journalistin.
Adresse: www.schreibwerk-potsdam.de

Schreibwerkstatt Anne Grütte

Schreibwerkstatt Anne Grütte veranstaltet Schreibseminare und Schreibreisen in Hamburg und Norddeutschland. „Anliegen der Seminare ist es, den Teilnehmern mit immer neuen Ansätzen und Eingängen sowohl Vertrauen in die eigene Kreativität als auch solides Handwerkszeug zu vermitteln." Schwerpunkte: Lyrik, Kurzprosa, autobiographisches Schreiben, Schreiben in der Natur und Schreibreisen. Weiteres Angebot: Lektorat, Übersetzungen (Niederländisch) und Energie-Arbeit.
Adresse: Schreibwerkstatt Anna Grütte – für Kreativität und Coaching, Martin-Luther-Str. 29, D-20459 Hamburg, fon: 040/36905599, fax: 040/36905598, info@gruette.de, www.gruette.de (siehe S. 481)

Schreibwerkstatt der Universität Duisburg-Essen

a) Die Schreibwerkstatt der Universität Duisburg-Essen richtet ihre Angebote an Studierende aller Fächer – an StudienanfängerInnen wie an ExamenskandidatInnen. Ziel ist es, den Studierenden durch Information über den Prozess des wissenschaftlichen Schreibens Sicherheit zu vermitteln und – soweit nötig – Hilfestellung zu bieten. Zum Angebot gehören verschiedene Arten von Workshops, deren Umsetzung in zwei MultiMedia-Projekten sowie regelmäßige

Sprechstunden. Als Basis für die Angebote dient das Buch „Schreiben im Studium. Ein Leitfaden" (Bünting/Bitterlich/Pospiech 2000, Cornelsen-Verlag Scriptor).
b) Essener Sprachtelefon, siehe unten: Sprachberatung via Telefon
Adresse: Schreibwerkstatt u. Sprachtelefon, Schreibwerkstatt der Universität Duisburg-Essen, Fachbereich 3, Universitätsstr. 12, D-45117 Essen, fon + fax: 0201/183-3405, schreibwerkstatt@uni-essen.de, sprachtelefon@uni-essen.de, www.uni-essen.de/schreibwerkstatt/

Schreibworkshops mit Rainer Würth

Texte schreiben und über eigene Texte sprechen (Gedichte, Kurzgeschichten, Erzählung, Roman, Theaterstück, Hörspiel etc.). Intensive Textarbeit und konstruktive Kritik. Etwas über die Kniffe und Tricks beim Schreiben erfahren: Figuren, Plot, Perspektive, Tempo, Rhythmus, Ästhetik, Metaphern, Dialoge, Konflikt, Subtext, Suspense. Der Pforzheimer Autor Rainer Würth (geb. 1967) schreibt Prosa und Lyrik – derzeit an einem Band mit Geschichten aus der Südsee. Er hat bisher einen Gedichtband („Flussaufwärts", 2000) sowie den Neuseeland-Roman „Kotuku" (2003) veröffentlicht, ist Mitglied im Verband deutscher Schriftsteller (VS) und hat mehrere literarische Auszeichnungen erhalten. Weitere Infos und Termine unter www.rainerwuerth.de
Adresse: Rainer Würth, Landhausstr. 35, D-75175 Pforzheim, fon: 07231/455153, fax: 01212/600455153, schreibworkshops@email.de, www.rainerwuerth.de

Schule des Schreibens – HAF Hamburger Akademie für Fernstudien

Die „Schule des Schreibens – Hamburger Akademie für Fernstudien" (vormals „Axel Andersson Akademie") bietet diverse Fernlehrgänge zu folgenden Konditionen an (Stand: Dezember 2004): 1. „Die Große Schule des Schreibens", Dauer: 36 Monate, monatlich 66 Euro, gesamt 2.376 Euro; 2. „Belletristik", Dauer: 24 Monate, monatlich 86 Euro, gesamt 2.064 Euro; 3. „Kinder- und Jugendliteratur", Dauer: 24 Monate, monatlich 88 Euro, gesamt 2.112 Euro; 4. „Sach- und Fachliteratur", Dauer: 24 Monate, monatlich 92 Euro, gesamt 2.208 Euro. Die Studiengebühr wird in monatlichen Raten bezahlt. Im Angebot sind außerdem die Lehrgänge „Journalismus" und „Werbetexten". Alle Fernlehrgänge der „Schule des Schreibens" sind von der Staatlichen Zentralstelle für Fernunterricht (ZFU; www.zfu.de) in Köln nach vertragsrechtlicher und fachlich-pädagogischer Überprüfung zugelassen worden. Studienvoraussetzung: Hauptschulabschluss. Neu bei der „Schule des Schreibens", die es mittlerweile seit über 35 Jahren gibt: das Internet-Forum www.forum.schule-des-schreibens.de. Hier können sich die TeilnehmerInnen miteinander austauschen; das schafft Transparenz – eine gute Idee!
Adresse: Schule des Schreibens, Hamburger Akademie für Fernstudien, Neumann-Reichardt-Str. 27–33, D-22041 Hamburg, fon: 040/6580972, fax: 040/6580933, info@schule-des-schreibens.de, www.schule-des-schreibens.de

Schule für Dichtung (sfd)

„die schule für dichtung veranstaltet vorrangig multimediale klassen, die von arrivierten autoren und autorinnen im internet abgehalten werden. die virtuellen klassen finden jeweils im herbst statt, in ausnahmefällen auch im frühling. für informationen über analoge klassen und alles weitere lohnt es sich, im regelfall einen blick auf den newsflash zu werfen. ziel: autonom verwaltetes lehr- und lerninstitut für literatur; ort für poetologische kommunikation; akademie für buchstaben- und sprechlautforschung; archiv für poesiepädagogische dokumente (audio, video und schrift); laboratorium zur verwandlung literarischer impulse in kommunale ereignisse; welcome center for travelling poets"

Adresse: Schule für Dichtung, Mariahilfer Str. 88a/III/7, A-1070 Wien, fon: 01/5223526, fax: 01/5223526-20, sfd@sfd.at, www.sfd.at

Segeberger Kreis – Gesellschaft für Kreatives Schreiben e.V.
Der Kreis wurde 1982 in Bad Segeberg gegründet; er hat es sich zur Aufgabe gemacht, „das Kreative Schreiben zu praktizieren und Initiativen auf diesem Gebiet zu unterstützen; selbst zu schreiben und darüber zu reflektieren; Probleme der praktischen Arbeit zu erörtern; an der theoretischen Fundierung des Schreibens in Gruppen zu arbeiten und ein Forum für den Erfahrungsaustausch von Schreiblehrern zu bieten". Zahl der Mitglieder: 70; Jahresbeitrag: 45 € (ermäßigt 22,50 €); Der Kreis trifft sich einmal im Jahr auf einer Tagung. Als Tagungsdokumentation und Vereinszeitschrift erscheint zweimal jährlich der „Segeberger Brief".

Adresse: Segeberger Kreis – Gesellschaft für Kreatives Schreiben e.V., c/o Dr. Katrin Bothe, Warnckesweg 27, D-22453 Hamburg, fon: 040/57008914, fax: 040/57008916, katrin.bothe@t-online.de + katrin.bothe@uni-kassel.de, www.segeberger-kreis.de.vu/

Sprachberatung via Telefon
- a) Die **Duden-Sprachberatung** (www.duden.de) ist die älteste und wohl am stärksten frequentierte Serviceeinrichtung dieser Art in Deutschland. Zu erreichen ist sie montags bis freitags von 9–17 Uhr unter folgenden kostenpflichtigen Telefonnummern: aus Deutschland: 0900/1870098 (1,86 Euro pro Minute aus dem Festnetz), aus Österreich: 0900/484833 (1,80 Euro pro Minute aus dem Festnetz), aus der Schweiz: 0900/902804 (3,13 CHF pro Minute aus dem Festnetz).
- b) **Essener Sprachtelefon der Universität Duisburg-Essen:** kostenloser telefonischer Auskunftsdienst für Fragen rund um die deutsche Sprache – zu Orthographie und Zeichensetzung, zu grammatischen Zweifelsfällen, zu Wortherkunft und Wortbedeutung; fon + fax: 0201/183-3405, sprachtelefon@uni-essen.de. Beratungszeiten dienstags, mittwochs und donnerstags 10–12 Uhr. Universität Duisburg-Essen, Das Sprachtelefon, Fachbereich 3, Universitätsstr. 12, D-45117 Essen.
- c) Die **Sprachberatung der Gesellschaft für deutsche Sprache (www.gfds.de)** ist von montags bis freitags von 9–12.30 Uhr und montags bis donnerstags von 14–16 Uhr unter 0190/870065 (1,86 Euro/Minute) zu erreichen. Mitglieder, Ministerien und Ratsuchende aus dem Ausland wählen die zentrale Rufnummer der GfdS: 0611/99955-0.
- d) Das **Grammatische Telefon** ist eine kostenfreie telefonische Sprachberatung. Beantwortet werden Fragen zu Rechtschreibung, Grammatik und

Zeichensetzung. Grammatisches Telefon – Forschungszentrum für Kommunikation und Schriftkultur e.V. (FoKS) beim Germanistischen Institut der RWTH Aachen, Eilfschornsteinstr. 15, D-52062 Aachen, fon: 0241/80-96074 (montags bis freitags von 10–12 Uhr), fax: 0241/80-92269, info@grammatisches-telefon.de (allgemeine Infos, Weiterbildung), beratung@grammatisches-telefon.de (Sprachberatung), korrektur@grammatisches-telefon.de (Korrekturservice), www.grammatisches-telefon.de

Stilistico Schreibkultur – Isa Schikorsky

„Stilistico Schreibkultur" bietet mehrtägige Seminare zum kreativen Schreiben an attraktiven Orten. Für 2005 stehen u.a. Rügen und das Sauerland zur Wahl. Die Kurse finden in Hotels und Tagungsräumen mit besonderem Flair statt. Es gibt Pauschal-Arrangements, aber auch Angebote für Individualreisende. Isa Schikorsky will Spaß am Schreiben, aber auch professionelle Arbeitstechniken vermitteln. Für keines der Seminare sind besondere Vorkenntnisse nötig. Freude am Schreiben und Neugier auf die geheimnisvolle Welt der Wörter sind die einzigen Dinge, die mitgebracht werden müssen.

Adresse: Stilistico Schreibkultur, Isa Schikorsky, Schönsteinstr. 12a, D-50825 Köln, fon: 0221/4856490, fax: 0221/4856480, schikorsky@stilistico.de, www.stilistico.de

storials

Angebot: Schreibkurse fürs Selbststudium in Form von interaktiven Tutorials (= storials) und Workshops. Themenbereiche: 1. Wissenschaftliches Schreiben: Unterstützung bei Seminar-, Haus-, Diplom- und Magisterarbeiten, auch bei Fach- und Sachbüchern. 2. Literarisches Schreiben: storials und Workshops für das Verfassen von Romanen, Kurzgeschichten, Krimis, Theaterstücken, Reisebericht und zur Verbesserung des schriftsprachlichen Ausdrucks als auch bei der Überarbeitung, der Charakterisierung und des Dialogs von Figuren. 3. Therapeutisches Schreiben: Tagebuch, Autobiographie, Schreibtherapie.

Adresse: storials – Akademie für wissenschaftliches, literarisches & therapeutisches Schreiben, Burkarderstr. 38, D-97082 Würzburg, fon: 0931/4046703, fax: 0931/4529998, info@storials.com, www.storials.com (siehe S. 482)

Studiengang Literaturübersetzen

„Literaturübersetzerinnen und Literaturübersetzer sind ‚Freiberufler' mit flexiblen Arbeitszeiten, deren Tätigkeit in der Regel zu Hause vor dem Bildschirm erfolgt – eine Arbeitsweise, die in der heutigen Zeit immer mehr an Bedeutung gewinnt. Ihr Beruf setzt ein hohes Maß an Eigeninitiative ebenso voraus wie Freude am Lesen und die Bereitschaft, ‚fremde Geisteswelten' zu erforschen. Es handelt sich um eine abwechslungsreiche und durchaus kreative Tätigkeit. Seit langem war und ist die Bundesrepublik Deutschland das zahlenmäßig – für die Literaturübertragung mit Abstand – weltweit führende Übersetzungsland und auch zukünftig wird es einen nicht geringen Bedarf an qualifizierten Literaturübersetzerinnen und -übersetzern geben. Seit seiner Einrichtung im Wintersemester 1988/89 hat der Düsseldorfer Diplomstudiengang beachtliche Erfolge zu verzeichnen: Nicht wenige der Absolventen arbeiten in Verlagslektoraten sowie im Presse- und Medienbereich, und die freiberuflich Tätigen können eine lange Liste von Buchübersetzungen aufweisen. Der Düsseldorfer Diplomstudiengang ist – mit einer Regelstudienzeit von neun Semestern – ein Vollstudiengang, der Literaturübersetzerinnen und -übersetzern eine den Berufsanforderungen adäquate Ausbildung vermitteln soll. Zugleich möchte er dazu beitragen, das Reservoir an Verlagslektoren, Literaturkritikern, Dramaturgen usf. zu vergrößern, die nicht nur mit der eigenen Literatur vertraut sind. Die Ausbildung erfolgt in zwei Ausgangssprachen sowie der Zielsprache Deutsch. Als Ausgangssprachen können gewählt werden: Englisch, Französisch (eine der beiden zwingend), Italienisch und Spanisch – also die auf dem Übersetzungsmarkt meistgefragten Sprachen. Der Studiengang legt großen Wert auf einen ausgewogenen Praxis- und Theoriebezug."

Studienvoraussetzungen: Nachweis der allgemeinen oder einschlägig fachgebundenen Hochschulreife. „Darüber hinaus ist der Nachweis einer ‚besonderen Vorbildung' erforderlich: Die Kurse in Deutsch und den beiden Fremdsprachenfächern müssen im Abiturbereich mindestens zwei Jahre lang besucht worden sein; in der Bewertung der letzten drei Halbjahresleistungen müssen im Durchschnitt mindestens zehn Punkte erreicht worden sein ... " Möglich ist auch ein „schriftlicher Zulassungstest". Das Studium schließt mit einer Diplomprüfung ab.

Bewerbung: Bewerbungen sind nur zum Wintersemester möglich. Unterlagen sind ab Anfang April beim Studierendensekretariat erhältlich. Zur Überbrückung eventueller Wartezeiten wird empfohlen, entweder den in der Studienordnung vorgesehenen Auslandsaufenthalt schon vor Studienbeginn zu absolvieren oder Praktika bei Verlagen/Medien durchzuführen.

Adresse: Studiengang Literaturübersetzen an der Heinrich-Heine-Universität Düsseldorf, Universitätsstr. 1, D-40225 Düsseldorf, Koordinatorin des Studiengangs: Dr. Mona Wodsak, fon: 0211/81-14009, wodsak@phil-fak.uni-duesseldorf.de, Informationen zu Studienvoraussetzungen, Studien- und Prüfungsordnung: Dr. Jürgen Rehbein, fon: 0211/81-12977, rehbein@phil-fak.uni-duesseldorf.de, www.phil-fak.uni-duesseldorf.de/lue (siehe den Beitrag von Sigrid Vagt, S. 652 ff.)

Studiengang „Szenisches Schreiben" an der Universität der Künste Berlin (siehe S. 290 f.)

Studio Literatur und Theater an der Universität Tübingen
Ein Angebot für alle StudentInnen der Eberhard-Karls-Universität Tübingen sind die (kostenlosen) Veranstaltungen, die im Studio Literatur und Theater unter der Leitung von Dagmar Leupold stattfinden. „Neben den studio-eigenen Seminaren zu Prosa, Lyrik, Kritik usw. bietet die Arbeit von Gastdozenten vielfältige Möglichkeiten der Horizonterweiterung. Lehrbeauftragte sind regelmäßig Autorinnen und Autoren, Theater-, Verlags- und Rundfunkprofis. Im Mittelpunkt steht zwar das eigene kreative Schreiben der Studierenden. Dazu gehört aber auch die Umsetzung, die Präsentation. Auf der Theaterbühne, im Rundfunkstudio oder auf dem Lesepodium wird das Erarbeitete ausprobiert und nach Möglichkeiten öffentlich vorgetragen. Das Studio Literatur und Theater kooperiert hierzu mit

dem Landestheater Tübingen, der Uniwelle und dem SWR. Die Ergebnisse unserer Cyberprosa-Workshops können im Internet begutachtet und genossen werden." Im Internet gibt es ein kommentiertes Veranstaltungsprogramm.

Adresse: Studio Literatur und Theater, Wilhelmstr. 19–23, D-72074 Tübingen, fon: 07071/2977379, fax: 07071/295210, elisabeth.bohley@uni-tuebingen.de, www.uni-tuebingen.de/Studio-Literatur-Theater/

textkraft.de

„Autoren und vor allem solche, die es werden wollen, finden bei uns: Textkrafttraining Workshops, die in kleinen Gruppen das Schreiben trainieren. Zum Beispiel die Romanwerkstatt für die, die bereits ein Projekt haben. Oder Warm-Up für alle, die einfach Schreiben wollen. TeXt-ray durchleuchtet eure Texte gründlich und nennt euch die Schwachstellen – und wie ihr sie beheben könnt. Und wir coachen auch gerne euer Projekt. Wer uns erst mal kennenlernen möchte, kann für 15 Euro die ersten vier Seiten seines Romans begutachten lassen und erfährt endlich, welchen Eindruck seine Textprobe bei Lektoren erwecken würde. Eure Textkraft-Moderatoren Hans Peter Roentgen, Mareen Göbel, Anja Krebber, Judith Rau."

Adresse: www.textkraft.de (siehe S. 480 u. 452 ff.)

textwerk

Unter dem Namen textwerk firmieren seit Juli 1999 die Fortbildungsprogramme des Literaturhauses München für Autoren und Übersetzerinnen. textwerk versteht sich als Angebot zur Professionalisierung literarischer Berufe. Die angebotenen Seminare und Workshops orientieren sich an der Praxis und bieten Nachwuchsautorinnen und -übersetzern die Möglichkeit, ihre Arbeit mit erfahrenen Fachleuten zu diskutieren. Im Mittelpunkt der Seminare steht die Arbeit an den einzureichenden Texten. Diskussionen über handwerkliche und ästhetische Fragen sowie Informationen zum Literaturbetrieb ergänzen das Programm. Referenten sind Autoren, Übersetzerinnen, Lektorinnen und Kritiker. Neben den einwöchigen textwerk-Seminaren für Autorinnen und Übersetzer gibt es Ein- und Zweitagesseminare, in denen kompakt berufspraktisches Wissen vermittelt wird. „Sie wissen nicht, wie man ein Manuskript im Verlag unterbringt? Sie wollen ihre Texte bei Lesungen besser präsentieren? Sie kennen sich nicht aus mit den rechtlichen Bedingungen im Internet? Sie wollen Ihre Verhandlungstaktik schulen? All das sind Themen für textwerkspezial Seminare."

Adresse: textwerk, c/o Katrin Lange, Literaturhaus München, Salvatorplatz 1, D-80333 München, fon: 089/291934-23, fax: 089/291934-19, textwerk@literaturhaus-muenchen.de, www.literaturhaus-muenchen.de/programm/textwerke.asp (siehe „MANUSKRIPTUM", S. 444)

Verband deutscher Schriftsteller (VS)

Fortbildungsseminare zur Professionalisierung für Autorinnen und Autoren bietet der Verband deutscher Schriftsteller (VS) in ver.di etwa einmal im Jahr an. Zielgruppe: Autorinnen und Autoren am Beginn der beruflichen Laufbahn. Themenschwerpunkte: Verlage, Öffentlichkeitsarbeit, Werbung, Normvertrag,

Verhandlungsführung, Vermarktungsstrategien, Fortbildung, Organisation und Gestaltung von Lesungen, Literaturpreise, Schriftstellerverband, Literaturgruppen und Autorenvereinigungen, nützliche Adressen, Handbücher und weitere Berufsinformationen. Die nächsten Termine sind über die Website des VS zu erfahren. Seminarleitung: Imre Török, Schriftsteller, VS-Bundesvorstand, PEN
Weitere Informationen: www.verband-deutscher-schriftsteller.de (siehe S. 641)

Volkshochschulen
In Deutschland gibt es rund tausend Volkshochschulen mit insgesamt rund 3.100 Außenstellen (Adressen, siehe http://vhs-dvv.server.de). Viele von ihnen bieten Wochenendseminare oder Schreibkurse an, die sich über mehrere Abende erstrecken. Geleitet werden diese Kurse häufig von SchriftstellerInnen. Teilnehmen kann jede, ohne viel Geld investieren zu müssen. Einige Beispiele aus dem VHS-Programm München, Herbst 2004, in dem unter der Rubrik „Schreibversuche und Schreibwerkstätten" insgesamt 30 Veranstaltungen angekündigt werden: „Abenteuer Schreiben – offene Schreibwerkstatt", pro Abend 4 Euro; „Kreatives Schreiben – das Vergnügen am Text", 7 Abende à 90 Minuten, 44 Euro; Wochenendseminare à 55 Euro: „Schreibwerkstatt Kinderbücher", „Workshop Krimi", „Schreib-Handwerk: Dialogtechniken"; Tagesseminar: „Books on Demand – Publizieren im Selbstverlag", 27 Euro.

! gesponsert durch: www.netz-tipp.de/autoren/Juergen/

Schreibgruppen und Textwerkstätten im Internet
Beitrag von Hans Peter Roentgen

Sie heißen Fantasy-Ecke, Textkrafttraining oder 42er, sind Schreibgruppen oder Textwerkstätten, aber die Mitglieder treffen sich nicht. Jedenfalls nicht wirklich.
Stattdessen tauschen sie Texte und Kritiken über Emaillisten aus. Das Prinzip ist einfach: Ein Mitglied schreibt eine Mail direkt an die Gruppe, diese Mail wird automatisch an alle anderen Mitglieder verteilt. Eine andere antwortet darauf, ein Dritter ebenfalls, aber keiner muss zur gleichen Zeit online sein. Die Mails werden gelesen, wenn Zeit ist, können beantwortet werden und jeder hat die Meinung der anderen schwarz auf weiß vor sich.
Die Vorteile liegen auf der Hand:
- Ein gemeinsamer Termin ist nicht nötig (wer jemals für zehn oder mehr Personen einen Termin finden musste, weiß, wovon ich rede);
- ein gemeinsamer Ort ebenso wenig, teilnehmen kann man überall, wo es Internet gibt;
- jeder hat die Argumente der anderen vor Augen, kann sie in Ruhe überdenken und wenn er Zeit hat, seinen „Senf" dazugeben.

Die Nachtteile sind ebenso klar:
- Die Mitglieder kennen sich nicht persönlich, da fällt manchmal die Hemmschwelle und es wird „geflamt" (= geschimpft);
- da die Kommunikation zeitversetzt läuft, muss man hin und wieder etwas warten.

Manche Emaillisten sind klein, manche sehr groß. Die 42er zum Beispiel haben mehr als 200 Mitglieder auf ihrer Diskussionsliste. Jeden Sonntag wird ein Text in die Liste gestellt, der in den folgenden Tagen diskutiert wird.

Natürlich nehmen nicht alle Mitglieder an jeder Diskussion teil. Aber wer einen Text einreicht, kann schon mit zwanzig bis dreißig Rückmeldungen rechnen. Da oft auch um die Kritiken heftig gefochten wird, ist so eine Diskussionswoche für den Autor des Textes Schwerstarbeit.

Stil und Anspruch der Listen können sehr unterschiedlich sein. Vom öffentlichen Tagebuchschreiben bis zu professionellen Lektoraten ist alles möglich. Wer gerade die ersten Schreibversuche macht, sollte seinen Text nicht gleich bei den 42ern vorstellen. Dort kann einem der Text heftig um die Ohren fliegen; Mängel werden minutiös aufgelistet – nicht angenehm, aber sehr lehrreich.

Je mehr Rückmeldungen, desto besser. Denn viele Meinungen geben der Autorin die Möglichkeit, den Leserinnen und Lesern beim Prozess des Lesens quasi über die Schulter zu sehen. Und herauszufinden, welche Stellen von der Mehrzahl kritisiert, welche von der Mehrzahl gelobt werden. In jeder Schreibliste lauert natürlich auch die Gefahr, dass eitel-sensible Literaten mit wortmächtiger Phraseologie das Klima vergiften oder die „Wir-haben-uns-alle-lieb"-Mentalität echte Kritik verhindert. Auch daraufhin sollte man sich Schreiblisten ansehen. Oft lässt sich aber mit der Frage: „Was gefällt euch am besten, was am wenigsten?" die Kritik wieder zum Text zurückführen.

Generell gilt: In Schreiblisten kann man sich meistens einfach eintragen und ein paar Wochen nur zuhören. So kann man erst einmal testen, wie der Umgang in der Liste ist, ob die Art der Kritik einem zusagt, ob man sich vorstellen könnte, selbst Kritiken zu mailen oder einen eigenen Text vorzustellen. Einige Listen sind genrespezifisch, doch meistens sieht man das nicht so eng. Da haben sich Gott sei Dank die Berührungsängste, die es in der realen Literaturwelt gibt, ziemlich abgebaut. Die Probleme beim Schreiben sind doch sehr ähnlich, auch wenn das Thema und die Geschichte variieren, und der Blick über den Tellerrand hat noch keinem geschadet.

Schreibgruppen lassen sich leicht selbst gründen. Unter http://groups.yahoo.com kann jeder eigene Listen eröffnen. Dort kann festgelegt werden, ob jeder an der Liste teilnehmen kann, ob die Liste nur nach Antrag neue Mitglieder aufnimmt oder geschlossen ist. Ein Tipp: Auch wenn die Diskussionen im Netz ablaufen, ein Treffen in der Realität, um sich kennen zu lernen, ist immer eine gute Idee. Dann kann man die Diskussionsbeiträge der anderen nämlich besser einordnen.

Manche Schreibliste – zum Beispiel die der 42er – hat neben der Besprechungsliste eine Textwerkstatt, andere wie das Textkrafttraining sind von vorneherein als

Textwerkstätten konzipiert. In einer Textwerkstatt werden Themen gestellt, es gibt professionelle Moderatoren, die die Teilnehmer betreuen und Ratschläge geben können. Wichtig: Die Moderatoren sollten Erfahrung mit Textarbeit im Internet haben und die Lösungen sollten anschließend gemeinsam besprochen werden.

Denn lernen können Autoren auch durch die Kritik anderer Texte. Warum hat mir der Text von X. so gut gefallen? Warum ist der von Y. so langweilig? Diese Diskussion bringt AutorInnen weiter, schärft den Blick für Fehler und Probleme eines Textes und kommt dem eigenen Schreiben zugute. Und erkundigt euch vorher, ob ihr jederzeit Fragen stellen dürft und schaut euch die Beispielübungen einer Textwerkstatt an, damit ihr nicht die Katze im Sack kaufen müsst! Denn die meisten sind nicht kostenlos, da die Arbeit in Textwerkstätten ungleich intensiver ist als in Schreiblisten – die Moderatoren gehen schließlich auf jede Lösung, jede Frage und alle Beiträge der Teilnehmer ein. Eine andere Variante sind Schreibwerkstätten, bei denen die Teilnehmer selbst reihum die Themen und Aufgaben stellen. Das erfordert aber einige Kenntnisse von den Mitgliedern.

Textwerkstätten sind in der Regel deutlich kleiner und verbindlicher als Schreiblisten, haben für gewöhnlich nicht mehr als fünfzehn Teilnehmerinnen und Teilnehmer und fordern mehr Zeit. Meistens muss man sich für mindestens einen Monat verbindlich anmelden. Eine professionelle Internet-Schreibwerkstatt kann weit nützlicher als ein Fernlehrgang sein, bei dem man einmal im Monat eine Lösung einsenden darf und dann tagelang auf die Antwort warten muss – und kosten tut sie auch nicht mehr.

Daneben gibt es geschlossene Gruppen, deren Mitglieder sich gut kennen und intensiv miteinander arbeiten. In der Liste ProjektPhönix wurden in den letzten zwei Jahren vier Romane besprochen, die nun erschienen sind, zwei weitere, die von Literaturagenturen angenommen wurden und fünf, die sich immer noch in der Phase der Überarbeitung befinden. Natürlich geht das nicht mit 200 Mitgliedern, die Gruppe hat denn auch nur siebzehn und die leben, wie so oft bei Internetgruppen, über ganz Deutschland und Österreich verteilt.

Außerdem gibt es natürlich viele Internetseiten, die Texte von Autoren veröffentlichen und Lesern ermöglichen, Kommentare dazu abzugeben. Wird die Diskussion aber nicht nach Personen – „diese Woche diskutieren wir den Text von M." – oder nach Themen strukturiert, stellt man als Autor bald fest, dass nur wenig oder gar keine Rückmeldung erfolgt. Offenbar ist für Textarbeit doch ein fester Rahmen mit gemeinsamen Wochenthemen etc. nötig.

Adressenauswahl:

- http://de.groups.yahoo.com/group/42erAutoren: eine der ältesten Schreibgruppen im Internet. Jede Woche wird ein Text besprochen, jede Teilnehmerin kann ihre Texte zur Besprechung anmelden. Daneben gibt es eine kostenlose Schreibwerkstatt, die von den Teilnehmern organisiert werden muss.
- www.fiction-writing.de: Text-Diskussionsliste mit kostenloser Schreibwerkstatt, die abwechselnd von einer oder mehreren Teilnehmern moderiert wird.

- http://de.groups.yahoo.com/group/Fantasy_ecke: ähnlich wie die 42er, aber auf Fantasy spezialisiert.
- www.wwgpro.de: Online-Schreibgruppe, deren Mitglieder regelmäßig Feedback zu ihren Texten geben und Tipps und Termine austauschen.
- www.textkraft.de: bietet eine wöchentliche Warm-Up-Schreibwerkstatt, eine Romanwerkstatt und einige andere Leistungen.
- www.schreib-lust.de/Schreibwerk.html: „Schreibwerk" ist die Schreibwerkstatt der „Schreiblust"-Internetseite mit monatlichen Übungen. Der an sie angeschlossene Schreiblustverlag gibt auch Anthologien seiner Teilnehmer heraus.
- www.literaturcafe.de: wohl die älteste Literaturseite im Internet, die neben Neuigkeiten aus der Literaturszene, Rezensionen und allem rund ums Buch im Forum auch die Möglichkeit bietet, Texte zu besprechen. Feste Schreibaufgaben gibt es hier nicht, besprochen werden die Texte der Teilnehmer.
- www.berlinerzimmer.de: Literaturseite, die in der Tradition der Tagebuchliteratur der frühen Berliner Salons steht. Mit kollektivem Netztagebuch tage-bau.de und Erosa, einer Plattform für AutorInnen erotischer Literatur.
- www.storials.com: Download-Kurse und Schreibwerkstätten.

Unter www.carpe.com/literaturwelt findet ihr weitere Adressen.

Fährtensuche in Hildesheim – Zum Studiengang „Kreatives Schreiben und Kulturjournalismus"
Beitrag von Antje Huhs

Zwei Studenten mit Notizblock in der Regenjacke irren zwischen Potsdam und Beelitz im Wald und suchen das Autobahndreieck. In der Hand die vom Juniorprofessor Stephan Porombka getippte Wegbeschreibung. Eine Viertageswanderung mit dem Titel: „Von Berlin-Mitte Richtung Nichts". Dabei geht es nicht darum, die Fußstapfen von Theodor Fontane oder Wolfgang Büscher auszutreten. Aber wir betrachten sie. Oder wie Studiengangsbegründer Hanns-Josef Ortheil sagt: „Kreatives Schreiben studieren bedeutet, das eigene Schreiben vor dem Hintergrund der literarischen Moderne so zu entwickeln, dass es vor der breiten Lektüre des anderen Bestand hat." Gut. Aber was bedeutet „Kreatives Schreiben" studieren nun wirklich?

Außer Blasen laufen auf ostdeutschen Bundesstraßen bedeutet Studentin des „Kreativen Schreibens und Kulturjournalismus" zu sein zu allererst, sich der Kritik zu stellen. Wer lediglich seine Eitelkeit pudern will oder angesichts ehrlicher Worte gleich in den Keiner-liebt-mich-Modus sackt, steht sich selbst im Weg. Es gilt, eine Geschichte, eine Szene, eine Reportage zur offenen Diskussion zu stellen. Natürlich muss nicht jeder Vorschlag sich später in der Arbeit wiederfinden. Die Schwierigkeit ist zu erkennen, was konstruktive und was destruktive Kritik ist.

Welcher Lektor im Sinne der Sprache, der Dramaturgie, des Tones eines Textes argumentiert und welcher Mitstudent die Arbeit zwei Minuten vor Kursbeginn lediglich überflogen hat.

„Kreatives Schreiben und Kulturjournalismus" zu studieren bedeutet außerdem, eine gesunde Balance zwischen Verbundenheit und Distanz zum Studiengang zu finden. So hilfreich die Textbesprechung, der Erfahrungsaustausch sind, so wichtig ist es, Luft zu holen: ein Semester ganz den kulturwissenschaftlichen Nebenfächern widmen, Schreiber meiden, eine Reise nach Warschau machen, sich an die Weichsel setzen. Dann zurückkommen und ein neues Thema angehen für das Online-Magazin Lit.04 oder sich in den Institutsräumen der Domäne Marienburg vom Morgenstunden-Seminar inspirieren lassen.

Schreiben sei nicht lernbar, das ist eine weit verbreitete Auffassung. Hildesheimer-Studentin-Sein heißt, eine Position zu dieser Aussage zu beziehen. Der Musiker verfügt über Tonarten, Harmonien, Kompositionslehre. Eine Schauspielerin studiert Mimik, Körperbeherrschung, Atemtechnik. Nur der Schriftsteller soll ein autodidaktisch schaffender Einsiedler sein. Dass auch Sprache einem Rhythmus unterliegt, eine Geschichte von der Dramaturgie lebt, ein Bühnendialog bestimmten Aktionsmustern folgt, wird oft ignoriert. Verschiedene Regeln des Schreibens zu kennen und zu beachten heißt nicht automatisch, stereotype Texte zu schaffen.

„Kreatives Schreiben und Kulturjournalismus" ist ein so genannter „Begabtenstudiengang". Die Professoren wählen ihre Studenten mithilfe einer Eignungsprüfung selbst aus, etwa zehn pro Jahr. Das schafft natürlich Leistungsdruck. Manchmal hilft dieser der mangelnden Disziplin auf die Sprünge. Wenn ein Verlagslektor zum Wochenendseminar eingeladen ist, will keiner derjenige sein, dessen Geschichte nach zwei Minuten wieder zur Seite gelegt wird. Auch der stille Vergleich untereinander ist kaum vermeidbar. Deswegen ist es wichtig, dem eigenen Können zu vertrauen, wenn zum 17. Mal der Text von Lieschen Müller für eine Lesung ausgesucht wird.

„Kreatives Schreiben und Kulturjournalismus" zu studieren bedeutet nicht zwangsläufig, Schriftstellerin oder Journalist zu werden. Sicher ist das gesteckte Ziel bei vielen, in Buchform zu veröffentlichen. Einige Debüts sind schon erschienen. Andere verlagern ihr Schreiben ins Feuilletonistische, möchten Lektoratsarbeit machen oder kulturvermittelnd tätig sein. Die erlernte Kompetenz ist: ein kreativer, sicherer Umgang mit Sprache. Und das ist überall nützlich. Auch wenn man nur in einer brandenburgischen Gartenkolonie nach dem Weg fragen will.

Nützliche Literatur

„Ein Blick ins Gesetzbuch erleichtert die Rechtsfindung." In Anlehnung an diese alte juristische Weisheit sei hier der etwas profan wirkende Hinweis gestattet, dass die „Duden"-Ausgabe „Rechtschreibung" ein unbedingtes Muss für alle AutorInnen ist und ein Blick in die Ausgaben „Stilwörterbuch", „Grammatik", „Fremdwörterbuch", „Sinn- und sachverwandte Wörter" und „Zweifelsfälle der deutschen Sprache" auch nie schaden kann. Bei Zweifelsfragen kann man sich auch direkt an die Sprachberatungsstelle der Dudenredaktion oder an eine der anderen Sprachberatungsstellen (siehe S. 448 f.) wenden.

Nützlich, doch um einiges unterhaltsamer als der „Duden", ist die Lektüre von „Deutsch für Profis", „Deutsch für Kenner" oder „Wörter machen Leute", geschrieben von Wolf Schneider. Die Untertitel dieser Bücher verraten, worum es in ihnen geht: „Wege zum guten Stil"; „Die neue Stilkunde"; „Magie und Macht der Sprache" (siehe S. 402 f.).

Ein Klassiker für alle, die schreiben und mehr über den Prozess des Schreibens wissen möchten, ist „Suspense oder Wie man einen Thriller schreibt" von Patricia Highsmith. Highsmith bietet erfreulicherweise keine „Erfolgsrezepte" an, denn „man kann unmöglich erklären, wie ein erfolgreiches – das heißt, ein lesbares – Buch zu schreiben ist. Doch eben das macht Schreiben zu einem lebendigen und aufregenden Beruf: die ständige Möglichkeit des Mißlingens." Ein wirklich lesenswertes Buch!

„Wenn Sie weiter wissen wollen, wie ein Manu aussehen sollte, müssen Sie sich ganz einfach in einen Lektor versetzen. Das heißt, stellen Sie sich vor, wie man Ihnen ein Werk servieren sollte. Mit Tintenflecken? Abgerissen wie ein Clochard? Bestimmt nicht! Malen Sie sich einfach aus, daß Ihnen genug Geld zur Verfügung stünde und Sie die Frau Ihres Herzens nach Belieben einkleiden dürften. Welches Kleid würden Sie wählen?" (In: Mehler, Ha. A.: Wie finde ich einen Verleger, S. 95.) Allen, die wissen möchten, wie sich Frauen (oder Männer) durch Sprache ausgrenzen bzw. wegzaubern lassen, sei das Mehlersche Buch empfohlen. Seine (oder ihre?) Virtuosität im sexistischen Sprachgebrauch verschlägt einer (Person) Absatz für Absatz die Sprache und hat heutzutage Seltenheitswert. En vogue sind dagegen noch immer die Beteuerungen, Frauen seien bei männlich geprägten Formulierungen selbstverständlich immer mitgemeint, im Sinne einer besseren Lesbarkeit (für wen?) sei jedoch auf die sprachliche Gleichbehandlung von Frauen und Männern verzichtet worden.

AutorInnen, die ihre Sensibilität für sexistische/nichtsexistische Sprache schulen möchten, seien auf folgende Bücher hingewiesen:

- Häberlin, Susanna; Schmid, Rachel; Wyss, Eva Lia: Übung macht die Meisterin. Ratschläge für einen nichtsexistischen Sprachgebrauch. 1992. München: Frauenoffensive.
- Pusch, Luise F.: Alle Menschen werden Schwestern. Feministische Sprachkritik. 1990. Frankfurt/Main: Suhrkamp (edition suhrkamp 1565).
- Pusch, Luise F.: Das Deutsche als Männersprache: Aufsätze und Glossen zur feministischen Linguistik. 1984. Frankfurt/Main: Suhrkamp (edition suhrkamp 1217).

Listen mit empfehlenswerter Literatur für AutorInnen gibt es auch im Internet, zum Beispiel unter:

- www.vfll.de: Literatur-Liste auf den Seiten des Verbands Freier Lektorinnen und Lektoren (VFLL) sortiert u. a. nach: Lektorat und Verlagswesen, Branchenperiodika, Deutsche Sprache: Stillehre, Redewendungen, Grammatik,

Deutsche Sprache: Rechtschreibung und Zeichensetzung, Herstellung, Typografie
- www.tu-chemnitz.de/phil/germanistik/sprachwissenschaft/schreibzentrum/bibliographie.html: Auswahlbibliographie zum Thema Schreiben

Wichtige Poetiken:
- Aristoteles: „Poetik"
- Quintus Horatius Flaccus (Horaz): „Über die Dichtkunst"
- Julius Caesar Scaliger: „Sieben Bücher über die Dichtkunst"
- Martin Opitz: „Buch von der Deutschen Poeterey"
- Johann Christoph Gottsched: „Versuch einer Critischen Dichtkunst vor die Deutschen"
- Gotthold Ephraim Lessing: „Hamburgische Dramaturgie"
- Christian Friedrich von Blanckenburg: „Versuch über   den Roman"
- Johann Wolfgang Goethe: „Rede zum Shakespeare-Tag"
- Johann Wolfgang Goethe: „Naturformen der Dichtung"
- Friedrich Schlegel: „Progressive Universalpoesie"
- Georg Wilhelm Friedrich Hegel: „Vorlesungen über die Ästhetik"
- Georg Lukács: „Theorie des Romans"
- Walter Benjamin: „Der Erzähler"
- Theodor W. Adorno: „Standort des Erzählers im modernen Roman"
- Roman Jakobson: „Linguistik und Poetik"
- Manfred Bierwisch: „Poetik und Linguistik"

Weitere Literatur: siehe Literaturverzeichnis, Kapitel 17.

Geld verdienen mit literarischen Dienstleistungen

Geld verdienen mit
literarischen Dienstleistungen

Die Einkommenssituation der meisten Autorinnen und Autoren ist schlecht. Das durchschnittliche Jahreseinkommen der deutschen SchriftstellerInnen betrug 2003 laut Auskunft der Künstlersozialkasse 10.640 Euro. Vom Verkauf der eigenen Bücher kann kaum eine Schriftstellerin, kaum ein Schriftsteller leben. SF-Bestseller-Autor Andreas Eschbach auf seiner Homepage (www.AndreasEschbach.de): „Ich bezweifle, daß es mehr als 30 Schriftsteller in Deutschland gibt, die deutlich mehr verdienen als ein leitender Angestellter von, sagen wir, DaimlerChrysler. Die meisten Schriftsteller schlagen sich mehr schlecht als recht durchs Leben." Auf meine Frage, ob er sich zu diesen 30 Schriftstellern zähle: „Als ich das geschrieben habe, zählte ich noch nicht dazu, aber inzwischen tue ich es, ja. Ob es dadurch nur noch 29 andere sind oder nun insgesamt 31, weiß ich nicht ... Die genaue Zahl ist auch nicht so wichtig; es ging mir darum, gegen die ebenso weitverbreitete wie falsche Vorstellung anzugehen, als Schriftsteller werde man leicht und schnell reich. Allgemein gesagt, kann man es mit dem Engagement, das man als Schriftsteller aufbringen muß, in fast jedem anderen Beruf leichter und schneller finanziell zu mehr bringen."

Hier eine einfache Rechnung: Ein gutes Jahr hat Autorin X an ihrem Roman geschrieben, der mit einer Auflage von 5.000 Exemplaren – was nicht wenig ist – im Verlag Y als Hardcover erscheint. Der Roman kostet im Buchhandel 19,90 Euro. Minus 7 Prozent Mehrwertsteuer macht das einen Nettoladenverkaufspreis von 18,60 Euro. Davon zehn Prozent Autorenhonorar macht 1,86 Euro pro verkauftes Exemplar. Angenommen 3.500 Exemplare werden in ersten Jahr verkauft, so erhält die Autorin 6.510 Euro, macht einen zu versteuernden Verdienst von monatlich 542,50 Euro – hurra!?

Kann man von 542,50 Euro pro Monat leben? Wäre es nicht ratsam, Autorin X würde ihre Produktivität erhöhen und pro Jahr zwei, drei Bücher mehr schreiben? Könnte der Markt diese zwei, drei Bücher mehr pro AutorIn verkraften, obwohl es bereits jetzt jährlich rund 61.500 Neuerscheinungen gibt und immer weniger Menschen immer seltener zum Buch greifen?

Der Ausweg heißt für viele, es nicht beim Romaneschreiben zu belassen (vom Gedichteschreiben ist hier bewusst nicht die Rede, denn da beträgt die Auflage selten mehr als 650 Exemplare), sondern „nebenher" „schreibnahen" und/oder „schreibfernen" Tätigkeiten nachzugehen, mit denen sich das Geld für Nahrungsmittel, Miete, Strom, Heizkosten, Versicherungen, Altersvorsorge verdienen lässt. Die meisten wählen eine „schreibferne" Tätigkeit, einen so genannten „Brotberuf", unterrichten also tagsüber fremde Kinder, ziehen Zähne, wälzen Paragraphen, tippen Geschäftsbriefe, füllen Regale auf und dergleichen mehr. Das hat den großen Vorteil, nicht den Launen der ständig wechselnden Lektorinnen und Lektoren in den Verlagen ausgesetzt zu sein und nicht irgendeinen völlig unnützen Ratgeber à la „Feng Shui für Meerschweinchen" verfassen zu müssen, nur um irgendwie vom Schreiben leben zu können.

„Brotberufe" sind außerdem Impulsgeber, sorgen für den beim Schreiben so wichtigen Kontakt zu den anderen, zu Frau Musterfrau und Herrn Ottonormalbürger, für hautnah Erlebtes und real Erlauschtes. Für Bodenhaftung und Inspiration. Sie sind ideal zur Schulung des Beobachtungsvermögens und der Empathie. Vermeiden, immer nur im eigenen Saft zu schmoren, was auf die Dauer an die Substanz geht. Viele berühmte Schriftstellerinnen und Schriftsteller hatten bzw. haben „nebenher" einen anderen Beruf. Gottfried Benn wird bei dieser Gelegenheit gerne genannt. Goethe natürlich. Und dass Gabriele Wolff, Krimiautorin und „Glauser"-Gewinnerin (siehe Kapitel 1), „im richtigen Leben" Oberstaatsanwältin ist, schadet ihren Romanen mit Sicherheit nicht.

Zum Selbstverständnis als Schreibende und zum Thema freie Schriftstellerin der Ghost aus dem Interview „Ghostwriting – Blicke in fremden Seelen": „Es ist so: Du wirst gefragt, was du machst. Du sagst: Ich schreibe. Dann kommt fast immer als nächste Frage: Kannst du davon leben? Manchmal vorher noch: Und was? Aber dann: Kannst du davon leben? Verrückterweise ist das Nein dann ein Qualitätsurteil. Du sagst also nein und man nimmt dich nicht mehr ernst. Das ist scheiße. Denn im Grunde genommen sind diejenigen, die davon leben können, diejenigen, die die Scheiße produzieren. Will sagen: Ich schreibe nicht nebenberuflich. Sondern ich schreibe hauptberuflich, verdiene aber mein Geld nebenberuflich als Angestellte in einem Büro. Und dann, persönlich von mir in vielen Jahren erarbeitet und erlitten: Was ist eine freie Schriftstellerin? Das wollte ich immer sein. Bis ich kapiert habe, als solche wäre ich unfrei, weil ich dann wirklich dem Markt unterworfen wäre. So bin ich sozusagen unfreie Schriftstellerin, weil ich nicht davon leben kann, in Wirklichkeit aber bin ich frei."

Neben diesen „Brotberufen" kommen natürlich auch Einnahmequellen in Frage, die mit der Fähigkeit zusammenhängen, besser schreiben zu können als der Durchschnitt. Eine der beliebtesten dieser „schreibnahen" Tätigkeiten ist es, Lesungen abzuhalten. Der Verband deutscher Schriftsteller (VS) empfiehlt pro Lesung ein Mindesthonorar von 250 Euro. Es ist kein Geheimnis, dass viele SchriftstellerInnen mit Lesungen mehr Geld verdienen als durch den Verkauf ihrer Bücher. Mehr zum Thema Lesungen in Kapitel 12.

Und sonst? Mit welchen literarischen Dienstleistungen lässt sich die finanzielle Situation – abgesehen vom Vorlesen – noch verbessern? Lohnt es sich zum Beispiel, als VS-Funktionär einem Landesverband vorzustehen? Ist es lukrativ, in der Jury von literarischen Wettbewerben zu sitzen? Was verdient eine VHS-Dozentin, die Kurse im Kreativen Schreiben abhält? Was eine Ghostwriterin? Was der Leiter eines Seminars an der Bundesakademie für kulturelle Bildung Wolfenbüttel? Rentiert es sich, in eigener Regie online oder offline Schreibkurse anzubieten?

Viele Fragen, Fragen vor allem nach dem Geld – ein heikles Thema: „Bitte haben Sie Verständnis, wenn wir die Höhe unserer Honorarzahlungen nicht preisgeben. Unsere Juroren erhalten natürlich ein Honorar, das aber immer wieder neu verhandelt wird." Oder: „Ich muss Sie dringend bitten, die Information ausschließlich als vertrauliche Hintergrundinformation zu behandeln und das nicht publik zu machen – zumindest keine konkreten Zahlen –, da es weder in unserem noch im Interesse des Förderers ist, wenn solche Zahlen abrufbar sind, unter anderem da sich die Beträge oft ändern wegen geänderten (also verminderten) Fördergeldern etc. Ich danke für Ihr Verständnis!" Ich danke allen, die dennoch bereit waren, konkrete Zahlen zu nennen, und die ich in den folgenden Kapiteln zitieren darf.

Ghostwriting – für andere schreiben

Dieter Bohlen mit Katja Kessler, Susanne Juhnke mit Beate Wedekind, Stefan Effenberg mit Jan Mendelin, Uschi Glas mit Renate von Matuschka – für sich schreiben zu lassen und diese Selbstdarstellungen in Buchform zu veröffentlichen, liegt voll im Trend. Doch nicht nur Prominente engagieren AutorInnen, auch Firmenchefs und Privatpersonen wissen ihre Arbeit zu schätzen. Ein Markt ist entstanden, „Memoirenwerkstätten" und „Biografiezentren" werden gegründet, gute Zeiten also für Ghostwriterinnen und Co-Autoren.

Zwei Begriffe und schon sind wir mittendrin. Denn was unterscheidet einen Ghostwriter von einer Co-Autorin? Was macht der eine, was die andere?

In der Praxis sind die Grenzen oft fließend, verschieben sie sich von Projekt zu Projekt. Juristisch gesehen ist es egal, welcher Begriff gewählt wird, entscheidend ist immer der jeweilige Vertrag mit den darin enthaltenen Vereinbarungen, auch wenn der Begriff „Ghostwriter" darauf hindeutet, dass auf das Namensnennungsrecht verzichtet wurde. Möchte man die Begriffe dennoch näher definieren, könnte man vom Ghostwriter behaupten, er schreibe lediglich das, was ihm sein Auftraggeber in die Feder beziehungsweise aufs Band diktiere, und halte sich darin zurück, eigene Gedanken und Ideen ins Buch einfließen zu lassen. Als Co-Autorin wäre hingegen zu bezeichnen, wer gemeinsam mit oder im Auftrag der Kunden eigene Ideen für das (Sach-)Buch entwickelt und dabei selbst recherchiertes Material mit einfließen lässt.

Zwei Beispiele aus der Praxis: Ein Sachbuch-Lektor, der das unlesbare Gestammel einer hoch geschätzten Medizinerin wochenlang in Lesbares umwandelt und dessen Name – trotz all der Arbeit – später nirgendwo genannt wird, betreibt demzufolge Ghostwriting. Das kommt häufiger vor, als man denkt und den Lektoren lieb ist – auch im belletristischen Bereich. Eine wissenschaftliche Hilfskraft, von der ganze Teile einer Forschungsarbeit stammen, fungiert (dieser Definition nach) dagegen als Co-Autorin, auch wenn ihr Name neben dem ihres Professors später nicht auftaucht.

Steht auf dem Cover eines Sachbuchtitels „Petra Huber und Monika Schmidt", kann das also Verschiedenes bedeuten:
- Beide sind Expertinnen und eine oder beide haben das Buch geschrieben.
- Beide sind Expertinnen; sie haben einen Ghostwriter engagiert, der das Buch geschrieben hat.
- Petra Huber ist die Expertin und Monika Schmidt ist die, die das Buch geschrieben hat. In diesem Fall wird statt „und" gerne „mit" geschrieben, also „Petra Huber mit Monika Schmidt".

Ob man als Ghostwriter oder als Co-Autorin agiert und später im Buch genannt oder nicht genannt werden möchte, sollte vorab geklärt und vertraglich festgehalten werden.

Aber wie wird man überhaupt Ghostwriterin/Co-Autorin – zumal, wenn man nicht Lektorin oder wissenschaftliche Hilfskraft ist? Wie findet man potenzielle Kunden? Alle, die sich das fragen, sollten zuvor unbedingt in sich gehen und überlegen, ob sie den Anforderungen gewachsen wären, die diese Arbeit an sie stellt. Denn die sind immens. Hier reicht es nicht aus, launige Hochzeitsreden und kurze Prosatexte schreiben zu können. Man muss gut sein! Möglichst sehr gut! Damit man nicht nach einem Viertel der Strecke schlapp macht. Damit man die Töne anschlagen kann, die der Kunde zu hören wünscht – der Kunde und nicht man selbst.

Die einzelnen „Töne" können zum Beispiel so klingen:

„Wenn da so ein anderer Kerl nackig über den Beckenrand kraxelt, machst du als Mann natürlich gern mal den Nudel-Test. Dabei bin ich nicht ganz so gierig wie Naddel: Die guckt in solchen Fällen ja mindestens zehn Minuten. Und wie heißt es doch immer? Wie die Nase eines Mannes so sein Johannes. In dieser Hinsicht durfte man bei Hartmut ja viel erwarten. ‚Gackergackergacker!', fing Naddel spontan an zu lachen. Ist klar, durch extreme Kälte geht selbst die stolzeste Bandnudel auf Tauchstation." (In: Hinter den Kulissen. Dieter Bohlen. In Zusammenarbeit mit Katja Kessler. Leseprobe auf den Seiten von www.random-house.de)

Oder auch so:

„Der elegante gläserne Turm am Hang im Heidelberger Stadtteil Emmertsgrund, in dem die Marschollek, Lautenschläger und Partner AG (MLP) seit 1992 ihre Zentrale beherbergt, ist schon von weitem sichtbar, weit reicht der Blick aus meinem Büro im 16. Stockwerk über die geschäftige Ebene hinweg zum fernen Speyerer Dom und bis zur Silhouette des Pfälzer Waldes." (In: Mythos MLP – Erfolgsgeschichte eines Finanzdienstleisters. Manfred Lautenschläger mit Imre Török. S. 9)

Oder so:

„In der Schule unterrichteten uns weltliche Lehrer, die von außerhalb unseres Klosters kamen. Im Kloster selbst waren es die Klosterfrauen, die uns erzogen. Erziehung hieß in einem Fall: Vor dem Mittagessen ewig lang kerzengerade stehen wie die Soldaten und uns Vorträge anhören. Während meiner gesamten Klosterzeit, ganze acht Jahre, wiederholten sich diese ewig langen Vorträge der

Schwestern. Es war entsetzlich." (In: Leben, wie ich will – von wegen. Carla L. Eine Biografie, entstanden bei „Mein Leben, Werkstatt und Verlag für Memoiren")

Ellen Schönfelder, Mitgründerin von „Mein Leben, Werkstatt und Verlag für Memoiren" aus Polling und als solche auch als Ghostwriterin tätig, auf die Frage, welche Fähigkeiten interessierte AutorInnen mitbringen sollten: „Sie sollten schreiben können und Menschenkenntnis besitzen. Sich einfühlen und vor allem zuhören können. Sie sollten in der Lage sein, zwischen den Sätzen zu hören, das heißt, das nicht Erzählte vernehmen können. Nur so entsteht ein Gesamtporträt eines Menschen. Sie sollten unbedingt Kritik ertragen können. Diese Fähigkeit ist absolut notwendig; nur so kann ein Buch entstehen, das unseren und den Ansprüchen des Kunden gerecht wird."

Zu Beginn einer „Karriere" als GhostwriterIn sollte also eine kritische Analyse der eigenen Fähigkeiten stehen: Was kann ich? Was kann ich (noch) nicht? Wo liegen meine Stärken, wo meine Schwächen? Wie und wo kann ich mich verbessern?

Erst jetzt ist es an der Zeit, über mögliche Kunden nachzudenken. Viele Ghostwriterinnen und Co-Autoren sind durch Zufall an ihren ersten Auftraggeber geraten. In „Der schwarze Grat" beschreibt Burkhard Spinnen, wie ein Schriftsteller seinen ersten Kunden, einen mittelständischen Unternehmer, kennen lernt, beide sind Gäste einer langweiligen Hochzeitsfeier. Der Ghost aus dem Interview „Ghostwriting – Blicke in fremde Seelen" (siehe S. 468 ff.) rät, im Freundeskreis oder besser dem Freundes- und Bekanntenkreis der Eltern „einfach mal rum[zu]fragen", ob vielleicht jemand wen kennt, der oder die schon immer mal gerne ein Buch mit den eigenen Ideen füllen wollte. Und wer dem Zufall noch mehr auf die Sprünge helfen möchte, kann eine Liste möglicher Kunden erstellen. Welche Leute kenne ich oder kennen meine Freunde, die auf einem bestimmten Gebiet über Expertenwissen verfügen, berühmt sind oder es vielleicht demnächst werden? Das müssen keine Fernsehstars sein. Vielleicht möchte die Kräuterfrau vom Wochenmarkt mit ihren selbst gemixten Salben und Tinkturen schon seit langem ein Buch schreiben und wartet bereits auf ihren „Ghost".

Womit wir beim Thema Honorar wären.

Vorweg ein paar Zahlen, um den Sinn für die Realität zu schärfen:

Professionelle AutorInnen wie zum Beispiel HeftromanautorInnen, die darauf gedrillt sind, Abgabetermine einzuhalten, brauchen für ein 64-seitiges Heft = 118 Normseiten (1 Normseite = 30 Zeilen à 60 Anschläge) etwa 80 Stunden, haben also eine durchschnittliche Schreibgeschwindigkeit von knapp 1 1/2 Normseiten pro Stunde, und zwar inklusive Recherche und inklusive des mehrfachen Überarbeitens bis zur Endfassung. Für ein solches Heft erhalten sie von ihrem Auftraggeber, dem Verlag, ca. 700 Euro, macht also knapp 6 Euro pro Normseite oder einen Bruttolohn von 9 Euro die Stunde. Zum Vergleich: Um so viel zu verdienen wie ein Redakteur einer Tageszeitung (monatlich 3.771 Euro) braucht man als Freier ein Stundenhonorar von knapp 70 Euro (ausführliche Berechnung von Goetz Buchholz in seinem „Ratgeber Freie", S. 229 f., siehe Literaturverzeichnis).

Wer seinen zukünftigen Kunden annähernd realistische Preisvorschläge unterbreiten will, sollte sich also kennen und wissen, wie viel er pro Stunde schreiben und was er pro Tag leisten kann. Wer seine Hausaufgaben hier gemacht hat, wird auch viel seltener Schwierigkeiten damit haben, Abgabetermine zu planen und einzuhalten. Und noch etwas zur Kalkulation des Honorars: Mit eingerechnet werden müssen neben der reinen Schreibzeit natürlich auch die Stunden, die man mit der Auftraggeberin verbringt, die Fahrtkosten sowie die Kosten für Recherche, Telefonate, Faxe, Cassetten, Büromaterial und einen Schreibdienst, sofern man die Bänder nicht selbst abtippt. Auch an die Betriebsausgaben – Computer, Büro, Berufsunfallversicherung, Steuerberaterin etc. – sollte bei dieser Gelegenheit mal wieder gedacht werden.

Was also wird gezahlt? Das lässt sich leider nicht so leicht beantworten. Denn es kommt nicht nur auf das Renommee der Autorin, ihr Verhandlungsgeschick und ihre Verhandlungstaktik an, sondern natürlich auch auf den Auftraggeber, seine Finanzkraft, den Umfang, den das Manuskript haben soll, und auf die Menge des Hintergrundwissens, das sich der Ghost aneignen muss, um Gutes zu leisten. Mit anderen Worten: auf die Umstände. Um nur den Aspekt Finanzkraft herauszugreifen: Die oben erwähnte Kräuterfrau vom Wochenmarkt wird weniger zahlen können als ein börsennotiertes Unternehmen wie der Finanzdienstleister MLP, ein mittelständischer Unternehmer, der seine Firmenchronik zu Papier bringen möchte, weniger als Dieter Bohlen. Wir wissen nicht, wie hoch das Honorar war, das Katja Kessler von ihm erhielt, und sie selbst – zurzeit wohl Deutschlands bestbezahlte Ghostwriterin – mochte sich dazu nicht äußern. Im finanziell unteren Bereich sind die Zahlen dagegen kein Geheimnis. Privatpersonen, die bei „Mein Leben, Werkstatt und Verlag für Memoiren" eine Biografie in Auftrag geben, müssen mit einem Schreibhonorar von 55 Euro pro Buchseite rechnen, hinzu kommen die Kosten für den Buchsatz, das Drucken und Binden und Einarbeiten der Bilder. Der Autor selbst, der mit „Mein Leben" einen Projektvertrag abschließt, bekommt 30 Euro pro geschriebener DIN-A4-Seite. Das fertige, gut 200-seitige Buch kostet die Auftraggeber, nicht selten die Kinder oder Enkel der Person, die ihre Memoiren erzählt, rund 14.000 Euro.

Wer seine Kunden auf eigene Faust akquiriert, kann als Ghost natürlich mehr Geld verdienen. Die Spannen für Ghostwriting/Co-Autorenschaft liegen etwa zwischen 5.000 und 50.000 Euro, letzteres wenn ein Bestsellerautor mitarbeitet. Normalerweise – so die Auskunft einer Agentin – sind 10.000 bis 15.000 Euro üblich. Geht man, der Übung halber, von 15.000 Euro für ein eher belletristisch gefärbtes Memoiren-Manuskript einer nicht sonderlich berühmten Person aus, das keiner aufwändigen Recherchen bedarf, wären das – bezogen auf 300 Normseiten – etwa 50 Euro pro Seite, bei einer Schreibgeschwindigkeit von 1 1/2 Seiten pro Stunde – was sehr viel ist! – also rund 75 Euro die Stunde. Schon mal nicht schlecht, verglichen mit dem Honorar eines Heftromanautors, siehe oben (oder dem durchschnittlichen Stundenhonorar von 13,82 Euro einer Übersetzerin, siehe IMU-Studie, Literaturverzeichnis). Dass es bei hohem Zeitaufwand für die Recherchen – Stichwort Unternehmenschronik – mit einem Honorar von 15.000 Euro nicht mehr getan ist und gegebenenfalls auch das Doppelte noch zu wenig sein kann, sollte sich nun von selbst verstehen. Sitzt eine Profischreiberin selten länger als drei Monate an einem „eher belletristisch gefärbten Memoiren-Manuskript einer nicht sonderlich berühmten Person", so ist für schwierigere Projekte mindestens ein halbes Jahr zu veranschlagen. Ein halbes Jahr – das kann eine lange Zeit sein! Drum prüfe, auch wer sich nur für ein paar Monate binden will, ob der Kunde hinreichend sympathisch und das Thema ausreichend spannend ist. Ist dem nicht so, sollte man sorgfältig überlegen, ob man das Angebot annimmt. Die Zeit kann sonst zum Albtraum werden, und sechs Monate lang in einem Albtraum zu leben, lässt sich mit Geld nicht aufwiegen.

Mehr zum Thema Ghostwriting im nun folgenden Interview. Anschließend werden die bereits erwähnten Memoirenwerkstätten beziehungsweise Biografiezentren vorgestellt.

! Diesen Ghost können Sie buchen unter 0 81 93 / 99 82 61

„Ghostwriting – Blicke in fremde Seelen"
Interview mit Ghost

„Was machst du?"

„Ich bin Ghostwriterin."

Schweigen. Je nach sozio-bio-physisch-psychisch-spiritueller Laune der Person leichtes bis starkes Öffnen des Mundes, Anheben der Augenbrauen.

„Was?"

„Ghostwriterin."

„Also Geistschreiber. Oder Geistesschreiber? Geisterschreiberin? Was ist das?"

Ich weiß, dass diese Berufsbezeichnung eine Menge Fragen aufwirft. Fragen, die mir bedauerlicherweise nie gestellt wurden: Für welchen Geist schreiben Sie? Schreiben Sie nur um Mitternacht? Sind Sie eine Untote?

„Und was ist das jetzt, ein Ghostwriter?"

„Berühmte Zeitgenossen oder solche, die sich dafür halten, manchmal auch völlig normale Menschen, wie man sie bei Tengelmann an der Käsetheke trifft oder bei Penny in der Kassenschlange, möchten ein Buch schreiben. Sie haben eine Idee, wissen aber nicht, wie sie sie umsetzen sollen. Gelegentlich haben sie keine Idee, aber trotzdem den Wunsch, sich in einem Buch verewigt zu sehen. Du sollst ein Haus bauen, ein Kind gebären, ein Buch schreiben. Ich helfe ihnen dabei, das Buch zu schreiben beziehungsweise: Ich schreibe es."

„Kann man davon leben?"

„Ob man davon leben kann, weiß ich nicht, ich lebe besser davon als früher, als ich meine eigenen Themen bearbeitete, da bezahlte mich nämlich niemand."

„Und wie wird man Ghostwriter?"

„Das weiß ich nicht. Das Geschäft findet ja im Dunkeln statt. Ich kenne gerade mal zwei Ghostwriter. Und die kenne ich eigentlich nur, weil sie einen ähnlichen Werdegang haben wie ich. Es gibt Agenturen, die Ghostwriter vermitteln. Dort trifft man sie wahrscheinlich gehäuft. Aber sie sehen nicht anders aus als die Menschen bei Tengelmann an der Käsetheke und bei Penny in der Kassenschlange."

„Was muss man dafür können?"

„Gut schreiben können. Geduld und Fantasie haben. Psychologisch geschult sein. Kritik konstruktiv nutzen können. Zuhören können. Geduld. Sehr viel Feingefühl. Gelassenheit. Geduld. Wissen, wie man ein Buch macht. Dramaturgisch fit. Und man muss es aushalten, für eine Weile mit einer anderen Identität zu leben. Das ist zumindest meine Arbeitsweise: totale Identifikation. Und das macht den Beruf auch so interessant."

„Was verdient eine Ghostwriterin?"

„Das ist Verhandlungssache. Zwischen sehr wenig und sehr viel. Ich habe von Summen über 30.000 Euro munkeln hören. Aber nichts Genaues weiß man nicht.

Bei meinem ersten Auftrag rief ich den Verband deutscher Schriftsteller an und wurde vermittelt an die IG Medien, jetzt ver.di. Dort riet man mir, ein Monatshonorar und eine ungefähre Zeitspanne festzulegen. Das Monatshonorar sollte ich an dem messen, was ich üblicherweise verdiene, wenn ich mich ausschließlich mit einem Projekt beschäftige. Ich wusste nicht, wie viel ich üblicherweise verdiene. Ich wusste auch nicht, ob ich der Sache gewachsen war. Die Anfrage war von einem mir flüchtig bekannten Galeristen gekommen, der sich in einer Lebenskrise befand. Seine Frau hatte ihn verlassen. Er hatte seine Galerie an einen Geschäftsführer abgegeben und kam nicht damit zurecht, im Ruhestand zu sein. Seine drei erwachsenen Kinder rieten ihm, sein Leben aufzuschreiben, um beschäftigt zu sein. Außerdem sollte er das für seine noch ausstehenden Enkelinnen und Enkel tun.

Ich verlangte 3.000 Mark im Monat. Als Zeitspanne gab ich drei bis fünf Monate an. Im dritten Monat hatte ich eine Identitätskrise. Ich hatte mich verirrt in diesem fremden Leben, das nicht meines war, das ich aber dennoch so behandelte. Ich musste lernen, mich abzugrenzen, ohne Empathie einzubüßen.

Es ist anstrengend, als Geist zu arbeiten, und nicht zu vergleichen mit der Arbeit an einem eigenen Buch. Ein bisschen erinnert es mich an ‚Seele verkaufen', denn wenn ich ein Buch schreibe, identifiziere – und infiziere – ich mich damit total.

Es ist für mich sehr reizvoll, die Lebensgeschichte eines mir im Grunde wildfremden Menschen zu hören. Das herauszuschälen, um was es eigentlich geht. Ich habe festgestellt, dass das die wenigsten meiner Klienten wissen. Sie fangen an mit einer ungefähren Vorstellung, wie es sein sollte – und dann begeben sie sich auf eine Reise. Mir kommt die Aufgabe einer Reiseleiterin zu. Oft bin ich aber auch Therapeutin. Das begriff ich bei meinem zweiten Projekt, bei dem ich das Doppelte verlangte.

Mein dritter Klient war eine Frau. Völlig unkompliziert – wie die meisten meiner Klienten. Und die vierte Klientin war eine Frau und der fünfte ein Mann – und so geht es dahin. Als Tipp für solche, die es auch mal versuchen wollen und nicht wissen, wie sie an Klienten kommen: einfach mal rumfragen im Freundeskreis oder besser dem Freundes- und Bekanntenkreis der Eltern. Kennt vielleicht jemand wen, der oder die schon immer mal gerne ein Buch mit den eigenen Ideen füllen wollte – aber eben nicht weiß, wie das geht? Ich habe auch schon Anzeigen in Zeitungen gesehen: Ghostwriter schreibt für Sie Ihr Leben auf etc. Ich habe keine Erfahrungen mit solchen Anzeigen. Ich habe allerdings Erfahrungen mit Anfragen von Menschen, die glauben, ihre Geschichte sei so atemberaubend ungewöhnlich und spannend und bemerkenswert, dass ich ihnen etwas bezahlen sollte, damit sie mir ihr Leben erzählten …"

„Sind die Bücher veröffentlicht?"

„Ja."

„Wie kam das? Ist das nicht sehr schwierig? Es ist ja schon schwer genug, einen Verlag für ein Buch zu finden, das man selbst geschrieben hat."

„Wenn eine berühmte oder ‚gerade angesagte' Person ein Buch geschrieben hat/schreiben ließ, ist es relativ einfach, das zu verkaufen. Fast jede Woche lese ich von Prominenten, die ihre Biografie veröffentlichen – egal ob sie achtzehn oder achtzig sind. Manchmal reicht auch ein außergewöhnliches Thema, das die Verlage interessant finden – meistens, weil das Thema ‚gerade angesagt' ist. Unter Umständen hilft hier eine Agentin, die sich in der Branche gut auskennt.

Es gibt auch den Fall, dass ein Verlag eine Autorin sucht, die eine prominente Persönlichkeit beim Verfassen eines Buches unterstützt – oder es eben ganz schreibt.

Manche Menschen möchten ihr Buch aber gar nicht veröffentlichen lassen. Es genügt ihnen, wenn sie ein Exemplar in Händen halten. Oder sie lassen fünf, zehn Stück binden. Durch Print-on-Demand ist das heute möglich, und man muss nicht mehr mit hohen Kosten rechnen wie bei manchen Zuschussverlagen. Aber wie gesagt, das veröffentlichte Buch oder überhaupt das gebundene Buch muss nicht das Ziel sein. Manchem genügt das Manuskript. Einmal das eigene Leben oder eine Geschichte daraus aufgeschrieben vor sich haben. Zum Anfassen und darin Blättern. Es gibt mittlerweile Dienstleister, die sich genau darauf spezialisiert haben: Sie bringen Menschen, die ihr Leben in einem Buch lesen möchten, mit AutorInnen zusammen und wickeln vom ersten Beratungsgespräch bis zum fertig gedruckten Buch alles für ihre Kunden ab."

„Wie nah an der Wahrheit der Klienten muss die Geschichte sein?"

„Das ist Verhandlungssache – und Vertrauenssache. Ich frage zu Beginn, ob ich künstlerische Freiheit habe. Um ein gutes Buch zu machen, ist die meistens nötig. Man muss hier etwas weglassen, dort straffen, manchmal auch etwas erfinden. Ich hatte bislang das Glück, dass alle meine Klienten von meinen Vorschlägen begeistert waren und das Buch ohne Eitelkeit als Ganzes in den Vordergrund stellten. Wenn jemand strikt seine Lebensgeschichte aufgeschrieben haben möchte, geht so etwas nicht, aber ich habe bisher ausschließlich mit Menschen gearbeitet, die ihre Bücher auch veröffentlichen wollten."

„Darf eine Ghostwriterin für sich in Anspruch nehmen, dass sie dies oder jenes Buch geschrieben hat?"

„Auch das ist Verhandlungssache. Ich habe für Klienten geschrieben, denen war es egal, ob sie oder ich auf dem Titel standen – wobei ich es vorziehe, ihr Name steht auf dem Titel. Es gibt die Möglichkeit, dass die Ghostwriterin vorne im Buch erwähnt wird – das ist alles Verhandlungssache. Einmal wollte ein Klient vorne im Buch erwähnt haben: erzählt von Hans Mustermann, aufgeschrieben von Musterghost. Durchaus üblich ist aber auch die vertragliche Absicherung von Seiten meiner AuftraggeberInnen. Das heißt, ich unterschreibe einen Vertrag, mit dem ich bei Androhung einer nicht unbeträchtlichen Konventionalstrafe zusichere, Schweigen über das Arrangement zu bewahren. Wenn noch kein Verlagsvertrag vorliegt, der ja oft die Belange der Ghostwriterin mitregelt – und hier heißt es natürlich aufpassen! Nicht dass ich womöglich für etwaige Vertragsverletzungen meiner Auftraggeberin mit einstehen muss –, sichere ich mich natürlich ab, indem ich mir vor Beginn der Sitzungen eine Vereinbarung unterschreiben lasse. Darin steht, dass ich als Ghostwriterin auf das Namensnennungsrecht verzichte und ich die Nutzungsrechte an dem Werk mit dem Arbeitstitel ,Nicht nur zur Geisterstunde' für eine Verlagsproduktion an die Auftraggeberin übertrage. Außerdem steht in dieser Vereinbarung alles, was mit meinem Honorar zusammenhängt. Nach Möglichkeit verlange ich bei Vertragsabschluss einen Vorschuss und vereinbare, mir mein Honorar kapitel- und damit ratenweise oder in Monatsraten auszuzahlen. Das hat den Vorteil, dass es später bei der Abnahme eigentlich nie zu Streitigkeiten kommt: Denn mit ihren jeweiligen Ratenzahlungen hat die Auftraggeberin die einzelnen Kapitel gewissermaßen schon abgesegnet. Gerne lasse ich mir auch zusichern, dass ich später, sollte das Manuskript in einem Verlag erscheinen, prozentual am Autorenhonorar beteiligt werde. Diese Prozente – und zehn Prozent und mehr sind dabei keine Hexerei – können, wenn ein Buch gut läuft, ein hübsches Zubrot sein."

„Wie sieht die Zusammenarbeit mit Klienten aus?"

„Das ist von Buch zu Buch verschieden. Bewährt hat sich bei meiner Arbeitsweise ein wöchentliches Treffen. Ich nehme das Gespräch, das zwischen zwei und vier Stunden dauert, auf Band auf. In den nächsten Tagen bearbeite ich die Informationen. Einen Tag vor dem nächsten Treffen faxe oder maile ich den fertig geschriebenen Text – damit er beim nächsten Treffen besprochen werden kann, ehe es mit neuen Informationen weitergeht. Manchmal ist das wöchentliche Treffen nicht möglich – wenn zwischen Ghostwriterin und Klientin ein paar hundert Kilometer Entfernung liegen –, dann muss man andere Arrangements treffen, vielleicht mal zwei, drei Tage zusammen verbringen – je nachdem, womit sich beide am wohlsten fühlen und was für das Projekt die sinnvollste und Erfolg versprechendste Methode ist. In unserer vernetzten Welt finden sich sicher immer Möglichkeiten! Ich persönlich finde es am besten, mit Pausen zu arbeiten. Kürzlich hatte ich ein Projekt, bei dem mir in sieben Tagen ein Leben erzählt wurde. Das Buch musste noch sehr oft korrigiert werden – da die Auftraggeberin immer neue Ideen hatte. Ich glaube, mit wöchentlichen Verabredungen wäre das nicht geschehen, das Buch wäre dann einfach gewachsen ... und gereift."

„Gefällt dir deine Arbeit?"

„Es ist ein wundervoller Beruf. Ich werfe Blicke in fremde Seelen. Das ist ein großes Geschenk und schafft viel Nähe. Da gibt es viele intime Augenblicke und große Gefühle, wie sehr sie mich manchmal auch aus der Balance brachten.

Schwierig ist oftmals das Loslassen. Von Buch zu Buch lerne ich es immer wieder und immer anders. Ein Ghostwritingbuch ist kein eigenes Baby. Ist nicht mal ein Adoptivkind. Ist ein Pflegekind. Und deshalb hat die Auftraggeberin/der Auftraggeber auch das Sorgerecht, heißt: das letzte Wort. Das ist manchmal nicht einfach. Wenn ich überzeugt davon bin zu wissen, was das Beste für das Baby ist. Aber es ist nun mal nicht: mein Baby. Und irgendwann nicht mal mehr mein Pflegekind. Insofern ist jeder neue Auftrag eine Herausforderung. Wird es gelingen, mich nicht in die Erziehung einzumischen ..."

„Wie oft arbeitest du als Geist?"

„Ich übernehme nur einen Ghostwritingauftrag pro Jahr, egal wie viele Anfragen kommen. Ich möchte mein hohes Niveau halten und nutze die restliche Zeit für andere Projekte – und brauche sie auch, um mich zu erholen von der Reise in ein fremdes Leben. Und ich übernehme nur Aufträge, hinter denen ich auch stehen kann. Das Thema kann mir fremd sein – ich muss bei dem Menschen, für den ich es bearbeite, etwas finden, wo ich mich niederlassen kann. Und dort lande ich ... und gerate aus der Balance ... und finde sie wieder ... und tauche ein und tauche auf und schwimme in dem fremden Leben. Entdecke Land und tauche wieder unter, finde Perlen, von denen niemand wusste – und doch lagen sie dort, um gefunden zu werden.

Jedes Buch, das ich für andere Menschen schrieb, war eine Art Therapie für diese Menschen. Es gab etwas in ihrem Leben, das mussten sie sich von der Seele schreiben. Sie wussten nicht, wie es geht und waren solvent, also ließen sie es sich von der Seele schreiben. Sogar in einem meistens an der Oberfläche bleibenden Werk findet sich eine solche Offenbarung. Natürlich entscheiden die Klienten, wie tief sie sich wagen, aber ich führe sie oft ein wenig tiefer, als sie es allein gemeistert hätten. Nicht alles, was besprochen wird, findet Platz im Buch. Meine Aufgabe ist es auch, meine Klienten zu schützen: *Sag nicht zu viel. Sag es mir und dann hast du es gesagt. Ich werde es unsichtbar verweben mit dem Stoff. Es wird gesagt, aber nicht nachzuweisen sein. Ich kann das. Ich kenne den Zauber. Ich bin ein Geist."*

! Diesen Ghost können Sie buchen unter 0 81 93 / 99 82 61

Biografie-Dienstleistungsunternehmen

Die folgende Liste der Dienstleistungsunternehmen – Ergebnis einer Internetrecherche – erhebt keinen Anspruch auf Vollständigkeit. Die DienstleisterInnen erhielten einen Fragebogen; in der Regel wurden die Einträge unverändert übernommen.

Interessant sind die Angaben für alle, die beabsichtigen, sich mit einem ähnlichen Angebot selbständig zu machen; des Weiteren für AutorInnen, die einen Dienstleister suchen, um mit ihm zusammenzuarbeiten.

Der **Fragebogen für Anbieter von Auftragsbiografien** enthielt folgende Fragen:

A) Firmenprofil (gerne in Stichworten)
1. Anschrift (Adresse mit eMail u. Homepage)
2. Gründungsjahr
3. AnsprechpartnerIn
4. Produktpalette, z. B. Autobiografie, Firmenbiografie, Herausgabe von Anthologien, Workshops etc.
5. Kunden
6. Konditionen/Preise

B) Informationen für AutorInnen
1. Sind Sie an einer Mitarbeit von AutorInnen interessiert? Wenn ja:
2. Wie sähe eine solche Mitarbeit aus (Aufgabenbereiche)?
3. Mit welchem Honorar ließe sich pro Auftrag/pro Monat rechnen?
4. Welche Fähigkeiten sollten interessierte AutorInnen mitbringen (Qualifikation)?
5. Bieten Sie Schulungen für neue Mitarbeiterinnen an und wenn ja, in welcher Form (Dauer, Leistungen, Kosten)?

C) Sonstiges

Ihr GESPENST o. Dybbuk: HannaRheinz@aol.com Fon 0 89-4 48 39 94 REDEN, Texte, Satiren Wort+Wirkung. Vom GHOST zum COACH. !

Autobiografieservice Matthias Brömmelhaus, In den Reben 11, D-78465 Konstanz, fon: 07533/998551, info@autobiografieservice.de, www.autobiografieservice.de

Der Biografiedienst, Lagerstr. 11 Haus D, D-20357 Hamburg, fon: 040/43250314, buero@biografiedienst.de, www.biografiedienst.de
Gründungsjahr: 2002
Ansprechpartnerin: Christiane Zwick
Firmenprofil: Wir bieten unseren Kunden kompetente und engagierte Unterstützung bei der Erzählung ihrer Lebensgeschichten und der Gestaltung eindrucksvoller Bücher und Hörbücher, die das Gespräch zwischen den Genera-

tionen beleben und Verständnis fördern. Audiobooks für Firmen, Städte und Museen runden unser Angebot ab. Der Biografiedienst arbeitet mit freien MitarbeiterInnen und ist bundesweit tätig.

Produktpalette: Autobiografien/Biografien, Firmengeschichten, Stadtgeschichten (als Hörbuch/Buch); Vorträge zu biografischen Themen, Schreibcoaching, Schreibseminare, Hörbuch-Workshops

Kunden: Privat- und Firmenkunden

Konditionen/Preise: individuelle und Komplettpreise

Informationen für AutorInnen: Wir sind an erfahrenen RundfunkautorInnen interessiert, die bereits Lebensgeschichten bearbeitet haben. Der Bereich „biografische Hörbücher" soll erweitert werden. Am 27.8.05 veranstaltet der Biografiedienst ein Treffen für neue freie MitarbeiterInnen. Anmeldungen bitte vom 1.6. bis 31.7.05.

Dr. Sonja Ulrike Klug, The Expert in Publishing Books ®, Menzenberger Str. 22, D-53604 Bad Honnef, fon: 02224/902802, fax: 02224/902803, info@buchbetreuung-klug.com, www.buchbetreuung-klug.com, www.lektorate.de/dr-s-klug, www.chartres-heiligegeometrie.de

Gründungsjahr: 1991

Ansprechpartnerin: Dr. Sonja Ulrike Klug

Produktpalette: 1. Entwicklung von Buchkonzeptionen, komplettes Ghostwriting und/oder Lektorat von Sachbüchern, vorwiegend mit wirtschaftsnahen oder wirtschaftsorientierten Themen, auch Firmenbiografien. 2. Vorträge und Workshops zum Thema „Sachbücher erfolgreich publizieren" auf Anfrage. 3. kostenloser eMail-Newsletter „Publishing Books". 4. Über Kooperation mit Agentur-Partnern weitere Dienstleistungen: Vermittlung von Sachbüchern an Verlage, Presse- und Öffentlichkeitsarbeit für Buch und Autor usw.

Kunden: mittelständische Unternehmen, Seminartrainer, Unternehmensberater, Selbständige, Wirtschaftsautoren

Konditionen/Preise: Abrechnung nach Tagessatz je nach Rechercheaufwand und Buchumfang

Informationen für AutorInnen: „Sofern es von der Auftragslage her sinnvoll ist", besteht Interesse an der Mitarbeit von AutorInnen. Mögliche Arbeiten: Unterstützung beim Ghostwriting, beim Lektorat, im Bereich Korrekturlesen oder Schreibarbeiten (Buchexzerpte). Honorar: unterschiedlich. Fähigkeiten, die AutorInnen mitbringen sollten: Je nach Aufgabengebiet und Auftrag verschieden – allgemein: Kenntnis von wirtschaftlichen Themen, Vertrautheit mit Abläufen in größeren Unternehmen, Erfahrungen im Umgang mit Buchverlagen, Fähigkeit, sich in unterschiedliche Buchthemen überblicksartig einzuarbeiten, stil- und grammatiksichere Beherrschung der deutschen Sprache. Schulungen für neue Mitarbeiterinnen: nein

Sonstiges: Dr. Klug hat ca. 130 Buchprojekte diverser Businessautoren betreut und abgewickelt. Außerdem ist sie selbst Autorin von 15 Büchern, darunter mehrere Longseller.

Mein Leben, Werkstatt und Verlag für Memoiren, Dr.-Wallner-Str. 22, D-82398 Polling, fon: 0881/9249449, info@memoirenwerkstatt.de, www.memoirenwerkstatt.de

Gründungsjahr: 2001

AnsprechpartnerIn: alle drei Geschäftsführer: Ellen Schönfelder, Irina Ploch, Louis Lau

Produktpalette: Wir schreiben Biographien für Privatpersonen, Unternehmer sowie für Firmen (auch Chroniken). Außerdem gestalten wir Bildbände, das heißt: Verfügt ein Kunde über zahlreiche Fotografien von mehreren Generationen und passende Geschichten dazu, entsteht in unserer Werkstatt ein Buch mit Foto(s) und der passenden Erzählung auf je 1 Seite. Unsere Bücher sind nur für den privaten Leser, nicht für den breiten Buchmarkt geschrieben.

Kunden: Jeder, der sein Leben selbst für interessant genug hält und ein Buch darüber haben möchte.

Konditionen/Preise: Unser Honorar fürs Schreiben beträgt 55,00 Euro/pro Buchseite. Hinzu kommen der Buchsatz, das Drucken und Binden und Einarbeiten der Bilder.

Informationen für AutorInnen: „Mein Leben" ist an einer Mitarbeit von AutorInnen interessiert. Eine solche Mitarbeit sieht folgendermaßen aus: Autoren arbeiten eigenständig an einem Projekt. Das heißt, sie begleiten jemanden von uns zum Interview (4 Tage), das Gehörte wird von einer Schreibkraft abgetippt und dient als Grundlage für die Autoren. Nun schreiben sie das Buch und arbeiten dabei ganz eng mit jemandem von uns zusammen. Wir helfen, unterstützen und üben konstruktive Kritik, wo nötig. So lange, bis das Buch alle Beteiligten (einschl. Kunde) zufrieden stellt. Honorar: 30 Euro pro geschriebener DIN-A4-Seite. Fähigkeiten, die AutorInnen mitbringen sollten: Sie sollten schreiben können und Menschenkenntnis besitzen. Sich einfühlen und vor allem zuhören können. Sie sollten in der Lage sein, zwischen den Sätzen zu hören, das heißt das nicht Erzählte vernehmen können. Nur so entsteht ein Gesamtporträt eines Menschen. Sie sollten unbedingt Kritik ertragen können. Diese Fähigkeit ist absolut notwendig; nur so kann ein Buch entstehen, das unseren und den Ansprüchen des Kunden gerecht wird. Schulungen für neue Mitarbeiterinnen: Wir sind der Meinung, bringt die Autorin diese Voraussetzungen mit, braucht es keine spezielle Schulung. Alles weitere erlernt sie „on the job".

Rohnstock Biografien, Prenzlauer Allee 217, D-10405 Berlin, fon: 030/42852255, fax: 030/42852277, info@rohnstock-biografien.de, www.rohnstock-biografien.de

Gründungsjahr: 1998

Ansprechpersonen: Miriam Godefroid (Kundenberatung); Jana Schrewe (Beratung in Manuskriptfragen); Alexandra Rudolph (Marketing und Öffentlichkeit); Jens van Uehm (Neue Medien und Finanzen); Dr. Bert Thinius (Erzählakademie/Personalentwicklung)

Produktpalette: Autobiografien *(Ihr Leben als Buch)*; Biografien; Firmengeschichten; Anthologien; Hörbücher (Autobiografien: *Ihr Leben als Hörbuch* sowie thematische Zusammenstellungen); Filme *(Ihr Leben als Film)*; Kurse für autobiografisches Erzählen und Schreiben: Reise durch das Leben; Schule des Erzählens (Grund- und

Aufbaukurs); Salonkurs; Erzähl-Salon; Schreibbegleitung
Kunden: Privatpersonen und Firmen
Konditionen/Preise: Die Kosten werden nach Arbeitsaufwand berechnet. Autobiografie als Buch ab 8.000 Euro; Kurse für autobiografisches Erzählen und Schreiben ab 250 Euro
Informationen für AutorInnen: Rohnstock Biografien baut unter dem Namen *Ihr Leben als Buch* ein Kooperationssystem (Franchise) im deutschsprachigen Raum auf. In Deutschland, Österreich und der Schweiz werden noch einige Partner gesucht. a) Als Repräsentant/Repräsentantin organisieren Sie das regionale Marketing, akquirieren Aufträge und betreuen die Auftraggeber. Sie können lebensgeschichtliche Interviews führen und unter dem Dach *Ihr Leben als Buch* im eigenen Namen ein regionales Unternehmen aufbauen, das alle Arbeitsabläufe zur Fertigung der Bücher realisiert. b) Als Autobiografiker/Autobiografikerin arbeiten Sie regional oder überregional im eigenen Namen unter dem Dach *Ihr Leben als Buch.* Sie können selbst Aufträge akquirieren, lebensgeschichtliche Interviews führen und Buchtexte erstellen. Auftraggeber und Nachauftragnehmer können Rohnstock Biografien und regionale Repräsentanten sein. Aus- und Weiterbildung: Angehenden Autobiografikern und Repräsentanten wird ein 12-tägiger Intensivkurs geboten. Für Autobiografiker schließt sich die Betreuung beim Verfassen einer Lebensgeschichte an. Repräsentanten haben die Möglichkeit, ein Trainee im Berliner Büro von Rohnstock Biografien zu absolvieren. Information zu aktuellen Konditionen und Anforderungen: Dr. Bert Thinius, fon: 030/43739099, fax: 030/42852277, kooperation@katrin-rohnstock.de

Text & Feder, Dorothee Köhler & Frank Hrachowy GbR, Jahnstr. 5a, D-63571 Gelnhausen, fon: 06051/619278, fax: 06051/619279, koehler@text-und-feder.de, hrachowy@text-und-feder.de, www.text-und-feder.de
Gründungsjahr: 2003
AnsprechpartnerIn: Dorothee Köhler und Frank Hrachowy
Produktpalette: Firmengeschichte, Biographie, Autobiographie, Vereinsgeschichte
Kunden: Firmen, Unternehmer, Privatpersonen
Konditionen/Preise: Beispiel: Biographie mit 120 Seiten, 15 Bildern, Softcover, veröffentlicht bei BoD, 50 Exemplare zum Festpreis von 8.999 Euro zzgl. MwSt. Weitere Preise und Angebote auf der angegebenen Homepage.
Informationen für AutorInnen: „Text & Feder" ist an einer Mitarbeit von AutorInnen „im Moment nicht" interessiert.

Zentrum für Biographisches Schreiben, Dr. Andreas Mäckler, Welden 18, D-86925 Fuchstal, fon: 08243/993846, fax: 08243/993847, info@biographiezentrum.de, www.biographiezentrum.de (Zentrale); Büro Norddeutschland: Zentrum für Biographisches Schreiben, Stefan Schwidder, Novalisweg 21, D-22303 Hamburg, fon: 040/27880106, fax: 040/27880107, stefan.schwidder@biographiezentrum.de, www.biographiezentrum.de
Gründungsjahr: 2004
Ansprechpartner: Dr. Andreas Mäckler, Stefan Schwidder
Produktpalette: Das Zentrum für Biographisches Schreiben ist ein Netzwerk

biographisch Arbeitender im Bereich Buch, Film und Hörbuch. Neben Privat- und Firmenbiographien bieten wir Workshops ebenso an wie die Herausgabe von Anthologien. Wir veranstalten zehn bis fünfzehn Biographietage pro Jahr (www.biographietage.de) in unterschiedlichen Städten (jeweils von Freitag bis Sonntag).

Kunden: Neben dem biographischen Ghostwriting für Prominente (Rudi Gutendorf, Gunther von Hagens, Gottfried Helnwein, Domenica u. a.) arbeiten wir an Privatbiographien als Buch, Film und Hörbuch. Unsere Kunden sind zumeist ältere Menschen aller Gesellschafts- und Einkommensschichten, die ihre Lebenserinnerungen an kommende Generationen weitergeben möchten. Darauf nehmen wir auch bei der Angebots- und Preisgestaltung Rücksicht: Wir besprechen mit allen Kunden individuell ihre Wünsche und Möglichkeiten.

Konditionen/Preise: Wir bieten das gesamte Spektrum der publizistischen Dienstleistung als Einzelservice, aber auch als Paket an – Manuskripterstellung, Korrektorat, Lektorat, Bildbearbeitung, Layout, Druck, eventuell Marketing und Vertrieb bis hin zum Ghostwriting. Die Gesamtpreise variieren dementsprechend: Die Buchumsetzung eines 150 Seiten starken Manuskriptes (digitale Vorlage) inklusive Korrektorat, Layout und Buchdruck (20 Exemplare Hardcover) liegt bei rund 1.400 Euro. Ein Interview (3–4 Tage) mit Anreise und Übernachtung, Ghostwriting (Manuskripterstellung, Lektorat, Layout) sowie Buchherstellung (50 Exemplare in Leder gebunden) zwischen 9.000 und 15.000 Euro.

Informationen für AutorInnen: Wir suchen bundesweit – aber auch in Österreich und der Schweiz – Autoren und Repräsentanten. Das Zentrum für Biographisches Schreiben bietet drei lukrative Dienstleistungen im regionalen Bereich, an denen seine Autoren und Repräsentanten partizipieren (ausführliche Informationen unter www.biographiezentrum.de): Biographische Festschriften: Autoren der „Biographischen Festschriften" (ca. 200 Seiten) erhalten 15 Euro pro Seite (ca. 3.000 Euro) sowie eine Umsatzbeteiligung von 20 Prozent am Verkauf ihres Buchs (ca. 8.000 bis 13.500 Euro). Dozenten für Kreatives Schreiben zur Betreuung regionaler Anthologien: Dozenten für Kreatives Schreiben betreuen nach dem von uns entwickelten Konzept in einem Schreibkurs Autoren, die über ihre Stadt und Region schreiben. Dafür erhalten sie eine Provision von 10 Prozent auf den Verkauf der Bücher (ungefähr 1.000 bis 2.000 Euro pro Band).

Fähigkeiten, die AutorInnen mitbringen sollten: Neben der Freude am Schreiben und einem professionellen Schreibstil sind die kommunikativen Fähigkeiten der Autoren, die in diesem Bereich arbeiten wollen, mindestens ebenso hoch (wenn nicht gar höher!) einzuschätzen. Geduldiges Zuhören-Können, eine ruhige, herzliche Ausstrahlung sind vorteilhafte Eigenschaften. Schulungen für neue Mitarbeiterinnen: Wir bieten in unseren Workshops Schulungen zur Weiterbildung von Autoren an („Wie schreibe ich die Biographie anderer Menschen?"). Jene Autoren, die als Repräsentanten des Biographiezentrums arbeiten möchten, müssen außerdem eine Probebiographie anfertigen (Exposé und Probekapitel). Wir unterstützen kontinuierlich unsere Mitarbeiter und Repräsentanten bei der Bewältigung aller Probleme und Fragen, die sich bei der Abwicklung von Projekten ergeben. Die Biographietage dienen u. a. dem Informationsaustausch unter den Autoren.

In eigener Regie – Schreiben unterrichten

Schreibworkshops auf Inseln oder im Gebirge, Textarbeit via Internet oder vis-à-vis im Nebenraum einer Kirche oder im Freizeitstüberl eines Seniorenheims – es gibt viele Möglichkeiten, sein Wissen und Können an „junge" AutorInnen weiterzugeben und dabei die eigenen Finanzen aufzubessern. „Aufzubessern", denn, um es gleich vorweg zu nehmen: Reich kann man mit dieser Tätigkeit nicht werden.

Arwed Vogel, VS-Regionalgruppenleiter für München-Oberbayern, gibt seit vielen Jahren Schreibkurse an der Münchner Volkshochschule. Mit seinem „Freien Literaturprojekt München" ist er außerdem Veranstalter eigener Kurse. Arwed Vogel: „Selbst organisierte Kurse können einen höheren Ertrag abwerfen, sind aber meist mit größerem Aufwand verbunden – von Werbung und Verwaltung ganz zu schweigen. Zumindest ist der Gewinn nicht hoch genug, um für Verwaltungstätigkeiten jemanden zu bezahlen. Schließlich muss ja auch eine ordentliche Buchführung gemacht werden." Hier als Beispiel eine **Kalkulation** von einem seiner Aufbaukurse (fortgeschrittene Anfänger), der nicht neu vorbereitet werden muss:

> Kursgebühr für 6 Abende je 2 Stunden 90 Euro (inklusive 16 Prozent MwSt.)
> bei zehn Teilnehmern: 776 Euro Nettoeinkommen
> minus anteilige Raumkosten: 45 Euro
> minus Kopierkosten: 20 Euro
> minus anteilige Fahrkosten: 30 Euro
> bleiben: 681 Euro
> Vorbereitungszeit: 2 Stunden
> Unterrichtszeit: 12 Stunden
> Korrekturzeit: 25 Stunden
> anteilige Verwaltungszeit: 5 Stunden
> 681 Euro durch 44 Stunden = 15 Euro Stundenverdienst

Arwed Vogel: „Nicht eingerechnet wurden Kosten für Büromaterial, Fachbücher, häusliches Arbeitszimmer usw. Selbst ohne Korrektur der Teilnehmertexte bleibt nicht mehr Geld als bei VHS-Kursen. Das Kalkulationsbeispiel zeigt, dass die Träume mancher Kollegen, ganz schnell eine Menge Geld mit einer selbst gegründeten Akademie zu verdienen, Illusionen sind. Und: Bei all diesen Tätigkeiten bleibt festzuhalten, dass sie, obwohl sie meine schriftstellerische Arbeit zu ergänzen scheinen, sie doch behindern und man immer Gefahr läuft, von ihnen aufgefressen zu werden, sodass der Gedanke immer da ist, ob es nicht vernünftiger wäre, einen gut bezahlten, aber ‚normalen' Halbtagsjob anzunehmen."

Ist es also ein lohnender Job, andere im Schreiben zu unterrichten? Welche Erfahrungen haben die Kolleginnen und Kollegen von Arwed Vogel gemacht?

Welche Fähigkeiten sollte man als angehende SchreibtrainerIn mitbringen? Eine Umfrage wurde durchgeführt.

Die Fragen:
1. Rechnet es sich und wenn ja, wie rechnet es sich, Seminare/Workshops zu veranstalten (Raummiete, Werbung, Vorbereitungszeit)?
2. Konkret: Wie viel Euro verdienen Sie dadurch im Jahr in etwa zusätzlich?
3. Welche Qualifikation sollte man als AutorIn mitbringen, um solche Seminare/Workshops für AutorInnen anbieten zu können?

Hier (exemplarisch) die Antworten von Hans Peter Roentgen, Anna Grütte, Stefan Schwidder und Roman Rausch (Informationen zu ihren Kursangeboten auf ihrer Website und im Kapitel „Aus- und Fortbildung für SchriftstellerInnen"):

Hans Peter Roentgen (www.textkraft.de)
1. So wie es aussieht, ist es lukrativer (und langweiliger) in einer Tankstelle Brötchen zu verkaufen. Aber endgültig kann ich dazu noch nichts sagen, wir sind erst am Anfang. Vor allem die Vorbereitung – Erstellung von Internetseiten und Werbung – ist sehr zeitaufwändig. Wir haben alle noch daneben Jobs. Natürlich bleibt die Hoffnung, dass es sich eines Tages auch finanziell auszahlt. Aber im Moment ist das noch Hoffnung. In Deutschland ist das alles noch sehr neu.
2. Noch haben wir mit textkraft.de kein Jahr komplett durchgearbeitet. Um Erfahrungen zu sammeln, hatten wir mit kostenlosen Workshops und Textarbeit begonnen. Fragen Sie mich in ein, zwei Jahren noch mal, dann kann ich Konkreteres sagen.
3. Man sollte möglichst viele unterschiedliche Seminare besucht, zahlreiche Texte mit anderen durchgesprochen und mehrere Jahre in einer Diskussionsgruppe über Texte gearbeitet haben. Und zwar in einer, die wirklich an die Substanz der Texte geht und in der auch die überarbeiteten Texte noch mal diskutiert werden.

Was niemand vergessen sollte: Einiges an theoretischem Rüstzeug ist auch nötig. Weder die wichtigsten Schreibbücher (auch hier: möglichst unterschiedliche) noch ein wenig Literaturwissenschaften schaden da.

Jedenfalls ist eine solche Tätigkeit kein Notparkplatz für Autoren, die vom Schreiben nicht leben können. Man muss sie wirklich ernst nehmen und verstehen. Um Geld zu verdienen, ist Pförtner oder Tellerwäscher vermutlich lukrativer.

Nicht zu vergessen: Alle Arbeiten, die ebenfalls Textarbeit sind, nehmen auch ein bisschen vom eigenen Schreiben weg. Weil es eben die gleichen oder ähnliche Arbeiten sind. Nach acht Stunden Brötchenverkauf kann man noch eigene Texte schreiben, nach acht Stunden Lektorieren fällt das sehr schwer. Weshalb ich wirklich empfehle zu prüfen, ob man Spaß an solcher Arbeit hat oder nicht. Wenn nicht, sollte man sich irgendeinen Aushilfsjob suchen, der gar nichts mit Texten zu tun hat.

Anna Grütte (www.gruette.de)

1. Ob und wie es sich rechnet, hängt von mehrerlei Faktoren ab: Da ich ein freier Vogel bin, kann ich mich nicht entschließen, für Volkshochschulen oder ähnliche Organisationen zu arbeiten – was den Vorteil hätte, dass sie einem einen Großteil der Werbung abnehmen und man sich um die Raummiete keine Gedanken zu machen braucht. Die Raummiete ist ein hoher Kostenfaktor, wenn man keinen eigenen Raum hat. Ich vermute, dass es in der Hinsicht günstigere (= billigere) Regionen als Hamburg gibt. In Sachen Werbung läuft viel über das Internet – man braucht also eine gute Seite – und über die Lokalpresse.

   Preisgestaltung: Aus irgendeinem Grund liegen die Preise für Schreibseminare wesentlich niedriger als andere Seminare von ähnlicher Dauer. Die Lösung, um es einigermaßen gewinnbringend zu gestalten: regelmäßiges und vielfältiges Angebot, längere Anlaufzeit in Kauf nehmen, bis man sich einen Namen gemacht hat, und werben, werben, werben. Ich selbst habe den Verwaltungsanteil bei dieser Arbeit anfangs unterschätzt.

2. Das hängt ganz vom Kursangebot ab. Ich komme auf ein paar Tausend Euro jährlich und gehe davon aus, dass das ausbaufähig ist.

3. Ich habe jahrelang als Trainerin in den verschiedensten Bereichen gearbeitet, was natürlich hilfreich ist. Aus meiner Erfahrung sind folgende Eigenschaften wichtig: Interesse für Menschen und soziales Engagement: Ein Schreibkurs ist etwas anderes als eine Lesung. Feinfühligkeit: weil einige Teilnehmer bewusst oder unbewusst mit ihren eigenen (Lebens-)Themen konfrontiert werden. Motivationsfähigkeit: Ich versuche, in jedem Teilnehmer das schriftstellerische Potenzial zu entdecken und bei der Entfaltung zu unterstützen. Improvisieren: Die beste Vorbereitung kann durch aktuelle Themen oder Interessen der Teilnehmer über den Haufen geworfen werden. Analytisches Lesen/Hören: Warum taugt ein Text (nicht)? Stärken, Schwachstellen? Verbesserungsvorschläge werden von uns meist direkt erwartet und dann auch noch so, dass der Autor sie annimmt und seinen Text nicht frustriert in die Ecke wirft ... Und dann wiederum so zügig, dass die anderen Teilnehmer sich nicht langweilen, sondern das Gefühl haben, dass sie dabei ebenfalls etwas lernen. Ich selbst erfahre diese Arbeit als spannend und bereichernd für meine eigenen Texte.

Stefan Schwidder (www.schoener-schreiben.de)

1. Seminare und Workshops rechnen sich durchaus, sie stellen für mich eine gute Einnahmequelle da. Allerdings sind verschiedene Punkte zu berücksichtigen: Die Seminare sollten ausgelastet sein (mehr als 5 und bis zu 12 Teilnehmende) – gleichzeitig darf die Raummiete nicht zu hoch sein. Ich kooperiere mit verschiedenen Institutionen, sodass meine Kurse dort auch über den hauseigenen Verteiler oder über das Programmheft angekündigt werden. Die Raummiete reduziert sich so. Ich lege sehr viel Wert auf eine bestmögliche Betreuung meiner Kunden – das bedeutet auch, dass meine Gebühren für ein Wochenende (Sa/So je sechs Stunden) nicht höher als 75 Euro pro Teilnehmer liegen. Ich habe damit gute Erfahrungen gemacht:

Den Leuten macht es Spaß, sie „lernen" etwas und kommen dann gerne wieder, da es finanziell überschaubar ist. So ergibt sich ein Multiplikatoreneffekt, der letztendlich mehr bringt als eine einmalige (zu) hohe Kursgebühr. Die Vorbereitungszeit ist nicht sonderlich hoch, da nach mehreren Jahren Kursleitung die Unterlagen und Abläufe einfach „stehen". Das individuelle Eingehen auf die Wünsche und Fähigkeiten der jeweiligen Kursteilnehmer ist ohnehin nicht planbar.

Bei der Werbung habe ich gemerkt, dass es sich für mich nicht rechnet, teure Anzeigen zu schalten. Ich inseriere in kostenlosen Publikationen (zum Beispiel im Faltblatt „Literatur in Hamburg", das die Kulturbehörde herausgibt) oder im Internet. Zusätzlich aktualisiere ich meine eigene Website regelmäßig. Da ich das selbst machen kann, fallen hierfür außer den Providerkosten keine weiteren Gebühren an.

2. Der Gesamtverdienst pro Jahr für die Seminartätigkeit schwankt. Ich kann aber durchschnittlich mit zwei Wochenendkursen pro Monat rechnen (gesamt ca. 700 bis 900 Euro), dazu kommen wöchentliche Kurse (etwa 400 Euro), sodass die Grundkosten der Lebenshaltung dadurch schon abgedeckt sind. Durch umfangreichere Veranstaltungen wie Schreibreisen oder Seminare über mehrere Tage bleibt unter dem Strich natürlich mehr übrig, dafür ist die Vorbereitungsarbeit und Gesamtorganisation aber vergleichsweise immens groß.

3. Neben der fachlichen Qualifikation finde ich es überaus wichtig, genügend Feingefühl (Menschenkenntnis, Einfühlungsvermögen, Sensibilität) für die Kursteilnehmenden mitzubringen. Ein/e Kursleiter/in, der/die diese Fähigkeiten besitzt, kann bessere Seminare leiten als ein fachlich perfekter Dozent, der nur sein Programm herunterspult. Der Grund liegt meiner Meinung nach darin, dass Schreiben ja ein sehr intimes Geschäft ist, das per se viel Vertrauen erfordert – von beiden Seiten. Dieses „Grundwohlfühlen" kann nur über einen entsprechenden Umgang miteinander und die daraus resultierende freundschaftlich-respektvolle Atmosphäre erreicht werden. Auch kritische Seminarsituationen, die immer auftreten können, sind so besser und konstruktiver zu bewältigen. Daneben ist eine Neugier auf die Menschen und ihre Geschichten unverzichtbar – wenn ein/e Autor/in nur seine/ihre eigenen Werke in den Mittelpunkt stellen möchte, sollte er/sie keine Seminartätigkeit aufnehmen.

Roman Rausch (www.storials.com)

1. Mit den klassischen Workshops/Seminaren tun wir uns schwer. Zum einen wegen der riesigen Anzahl privater Anbieter (zum Beispiel kreatives Schreiben für Frauen in der Babypause) und öffentlicher Anbieter wie die Volkshochschulen (deren Preise können wir nicht unterbieten). Zum anderen bedarf es eines „Headliners" (zum Beispiel Schreiben mit einem sehr erfolgreichen Autor), um überhaupt jemanden für den Workshop begeis-tern zu können. Und drittens fragen wir uns mittlerweile, was kann wirklich in einem zwei- bis fünftägigen Seminar/Workshop vermittelt werden. Schreiben ist eine Geisteshaltung, die man bereits mitbringen muss, und (Erfolgs-)

Regeln, die das Schreiben vermitteln, sehen wir mit gemischten Gefühlen. Stattdessen provozieren wir die Neugier, die Aufmerksamkeit, das Misstrauen gegenüber dem Etablierten/Genormten, die Frage: Warum verschriftliche ich Gedanken, Gefühle und Erfahrungen? Kurz: Ein Schreiber hinterfragt sich und seine Umwelt, erfährt das Leben und provoziert den Diskurs mit seinem Werk.

2. storials macht vielleicht ein paar hundert Euro im Jahr mit Workshops. Die Workshops sind problemspezifisch ausgerichtet, zum Beispiel „Wie finde ich einen Anfang?" oder „Wie halte ich durch?".

3. Man sollte veröffentlicht und vor allem lektoriert worden sein. Am besten mit mehreren Titeln und unterschiedlichen Lektoren.

Am Schluss noch ein wichtiger Hinweis:

Um böse Überraschungen zu vermeiden, sollten AutorInnen, die beabsichtigen, über das Internet eine Textwerkstatt zu betreiben, vorab klären, ob ihre Aktivitäten als **Fernunterricht** einzustufen sind.

Wer Fernunterricht anbieten will, braucht dafür eine Zulassung von der Staatlichen Zentralstelle für Fernunterricht (ZFU) – sofern es sich um Fernunterricht im Sinne des Gesetzes zum Schutz der Teilnehmer am Fernunterricht (FernUSG) handelt.

Die ZFU: „Das Medium, welches für die Wissensvermittlung eingesetzt wird, spielt nur eine untergeordnete Rolle. Es ist also völlig egal, ob der Lernstoff per Lehrbrief, Hörkassette, Videokassette, Diskette, Email, Download oder was auch immer versendet wird. Gleiches gilt für die Lernerfolgskontrolle." Laut § 1, Absatz 1 FernUSG ist Fernunterricht im Sinne dieses Gesetzes „die auf vertraglicher Grundlage erfolgende, entgeltliche Vermittlung von Kenntnissen und Fähigkeiten, bei der 1. der Lehrende und der Lernende ausschließlich oder überwiegend räumlich getrennt sind und 2. der Lehrende oder sein Beauftragter den Lernerfolg überwachen." Dem Gesetz zufolge bedürfen Fernlehrgänge der Zulassung. Ausnahme: „Keiner Zulassung bedürfen Fernlehrgänge, die nach Inhalt und Ziel ausschließlich der Freizeitgestaltung oder der Unterhaltung dienen." Diese „Hobby-Lehrgänge" müssen der ZFU dennoch zur Registrierung angezeigt werden. „Die Entscheidung, ob es sich tatsächlich um einen ‚Hobby-Lehrgang' handelt, liegt bei der ZFU. Die Fernunterrichtsverträge solcher Fernlehrgänge unterliegen ebenfalls dem FernUSG und werden von der ZFU geprüft." Der Vertrieb eines Hobby-Fernlehrgangs ohne Anzeige bei der ZFU kann mit einem Bußgeld bis zu 1.000 Euro und der Vertrieb eines zulassungspflichtigen Fernlehrgangs ohne die Zulassung der ZFU mit einer Geldbuße bis zu 10.000 Euro geahndet werden. Die Zulassung eines Fernlehrgangs kostet mindestens 950 Euro. Für die Anzeige und Registrierung eines Hobby-Fernlehrgangs wird keine Gebühr erhoben.

Weitere Auskünfte erteilt die Staatliche Zentralstelle für Fernunterricht (ZFU), Peter-Welter-Platz 2, D-50676 Köln, fon: 0221/921207-0, fax: 0221/921207-20, poststelle@zfu.nrw.de, www.zfu.de

Unterrichten an Volkshochschulen

Volkshochschulen sind ein weiteres Betätigungsfeld für AutorInnen, die nebenher Geld verdienen möchten. Wie eben erwähnt, ist es vorteilhaft, ihre Strukturen nutzen zu können, da dann die Kosten für Raummiete und Werbung entfallen. Doch wie wird man Volkshochschuldozentin?

Laut Auskunft des Deutschen Volkshochschul-Verbandes e.V. (DVV) gibt es bundesweit rund tausend Volkshochschulen mit insgesamt rund 3.100 Außenstellen. Die Adressen stehen auf der Homepage des DVV, http://vhs-dvv.server.de.

Wie die Volkshochschulen den Einsatz ihrer Lehrkräfte pro Unterrichtseinheit (45 Minuten) entlohnen, ist von Bundesland zu Bundesland und dort wiederum von Volkshochschule zu Volkshochschule verschieden. Folgende Variablen spielen eine besondere Rolle:

- die Honorar-/Gebührenordnung der jeweiligen Kommune;
- der Bekanntheitsgrad der Autorin/des Autors;
- das Verhandlungsgeschick der Autorin/des Autors.

Gezahlt wird, einer eigenen Recherche zufolge, zwischen 15 und 30 Euro pro Unterrichtseinheit; in den neuen Bundesländern in der Regel weniger als in den alten. Da die Stundensätze bereits von Kommune zu Kommune derart variieren, wäre es irreführend, hier einen Durchschnittssatz zu nennen. Sinnvoller ist es, vor Ort die jeweiligen Stundensätze auf eigene Faust zu recherchieren. Für eine Schleswig-Holsteinerin aus dem Hamburger Umland kann sich zum Beispiel eine Fahrt ins Stadtgebiet Hamburg durchaus rechnen; ein Bremer tut möglicherweise gut daran, es einmal an einer niedersächsischen Volkshochschule zu versuchen.

Gut beraten ist, wer seinen jeweiligen VHS-Landesverband als Serviceeinrichtung begreift und sich dort erkundigt, welche Volkshochschulen Schreib- und Literaturwerkstätten besonders aufgeschlossen gegenüber stehen. Beim Landesverband wird man auch wissen, ob und wo es Kurse gibt, in denen das Rüstzeug vermittelt wird, das man als Lehrkraft in der Erwachsenenbildung mitbringen sollte. Besonders vorbildlich in Sachen Fortbildung sind die Bundesländer Baden-Württemberg und Niedersachsen. Hier gibt es Trainingskurse für SchreibwerkstättenleiterInnen (siehe im Internet zum Beispiel unter www.schreibwerkstaetten.de). Dass derartige TrainerInnen getrost mehr als 15 Euro pro Stunde verlangen können, versteht sich von selbst.

Überregional bietet die Bundesakademie für kulturelle Bildung Wolfenbüttel (www.bundesakademie.de) einmal im Jahr ein Methodenseminar für SchreibwerkstättenleiterInnen an. Titel des Seminars: „Den Handwerkskoffer eines Schreibgruppenleiters packen ...". Leiterin ist Katrin Bothe, Vorsitzende des Segeberger Kreises – Gesellschaft für Kreatives Schreiben e.V. (siehe S. 448).

Noch zur Vorgehensweise: Nachdem man die Volkshochschule seiner Wahl ausfindig gemacht hat, unterbreitet man ihr in der Regel einen Programmvorschlag/ein Kursangebot. Wenn der Vorschlag angenommen worden ist, heißt es abwarten. Melden sich genügend TeilnehmerInnen? Kommt der Kurs überhaupt zustande? Und wenn ja, was passiert dann? Wer sind die KursteilnehmerInnen? Welche Schreib- und Lebenserfahrungen bringen sie mit? Jetzt wird es richtig spannend, sodass die mageren Stundensätze für viele denn auch kaum eine Rolle spielen. Wichtiger ist der direkte Draht zur Basis der Schreibenden, der oft als sehr inspirierend für die eigene Arbeit empfunden wird. Und wer nebenher noch eigene Schreibkurse anbietet, zum Beispiel im Internet, findet unter den Teilnehmer-Innen bestimmt neue KundInnen. Also: ausprobieren – sofern die Qualifikation dafür schon ausreicht!

Unterrichten im Auftrag von Institutionen

Wie das Kapitel „Aus- und Fortbildung für SchriftstellerInnen" zeigt, gibt es in Deutschland, abgesehen von den Volkshochschulen, nicht viele Institutionen, die mit Schreibworkshops oder Professionalisierungsseminaren für Autorinnen und Autoren aufwarten. Wer für diese Einrichtungen tätig werden will, kann sich mit ihnen direkt in Verbindung setzen. Erfolg versprechend ist diese Vorgehensweise allerdings nur dann, wenn man als Autorin hinreichend bekannt ist. In den meisten Fällen wird es allerdings so sein, dass der Kontakt von der Einrichtung selbst hergestellt wird. Eines schönen Tages klingelt also das Telefon, der Autor hebt ab und eine freundliche Stimme fragt, ob er sich vorstellen könne, dann und dann über das und das Thema ein Seminar zu leiten. Klar, kann er! Er freut sich, legt wenig später auf – und stellt fest, dass er ja ganz vergessen hat, über das Thema Honorar zu reden. Das wäre die eine Variante. Die andere Variante, die mehr Professionalität verrät, wäre die, dass der Autor das Gespräch erst beendet, wenn er sich nach dem Honorar erkundigt hat, das die Einrichtung bereit ist, ihm zu zahlen. Und sich daraufhin die Freiheit nimmt, das Angebot zu „überschlafen".

Zum Thema Honorarforderung Goetz Buchholz in seinem schon erwähnten „Ratgeber Freie" (S. 229, siehe Literaturverzeichnis): „Nein, es geht nicht nur euch so: Auch Leute, die seit Jahren gut im Geschäft sind, kommen mit ihren Honorarforderungen immer wieder ins Schleudern. Tagelang ‚verhandeln' sie mit sich selbst, ringen sich endlich dazu durch, dieses Mal aber wirklich ein saftiges Honorar zu verlangen, nennen dem Kunden klopfenden Herzens ihre Forderung, und der sagt nur: ‚Ist in Ordnung.' Es war also wieder zu wenig. Ich gestehe: Ich habe sechs Jahre freier Arbeit gebraucht, bis ich zum ersten Mal [...] auf eine Honorarforderung den Satz gehört habe: ‚Da muss ich erst mal nachfragen.' (Nach der Nachfrage hat er Ja gesagt. War also immer noch zu wenig.)" Und weiter: „Freie bieten ihre Leistungen fast durchweg zu niedrig an. Die vorhandenen Verhandlungsspielräume werden nur selten ausgeschöpft. Schlimmer noch ist, dass viele Freie nicht einmal eine Vorstellung davon haben, wie hoch ein vernünftiges Honorar denn eigentlich sein müsste."

Was aber ist im Bereich Seminarleitung ein „vernünftiges Honorar"?

In der berufsorientierten Erwachsenenbildung geht man davon aus, dass ein freiberuflicher Referent maximal 100 Tage pro Jahr Seminare geben kann, will er nicht nach ein paar Jahren am Ende sein. Der Rest der Zeit ist für Aktivitäten reserviert wie: Marketing, Weiterbildung, Überarbeiten von Seminarunterlagen sowie Verwaltung, Rechnungen schreiben, Buchhaltung etc. Also ist die Rechnung ganz einfach: angestrebtes Jahreseinkommen vor Steuern : 100 = anzustrebendes Honorar pro Seminartag. Bei einem angestrebten Jahreseinkommen von 48.000 Euro wären das 480 Euro pro Seminartag.

Und um als weiteren Anhaltspunkt noch einmal den Vergleich mit dem Redakteur einer Tageszeitung zu bemühen, der monatlich 3.771 Euro verdient: Wer als Freier unterm Strich genauso viel auf seinem Konto haben möchte, braucht pro Arbeitstag einen Umsatz von 400 Euro (ausführliche Berechnung von Goetz Buchholz in seinem „Ratgeber Freie", S. 229 f.). Macht für ein Wochenendseminar nach dieser Berechnung also rund 800 Euro plus Spesen (Hin- und Rückfahrt, Übernachtungskosten, Verpflegung).

Ist das in der Tat der übliche Satz, den die Seminaranbieter in diesem Bereich zahlen? Fakt ist leider, dass die meisten Einrichtungen mauern, wenn es darum geht, die Höhe des Honorars zu nennen, das sie im Durchschnitt zahlen. Rühmliche Ausnahme: der Förderkreis deutscher Schriftsteller in Rheinland-Pfalz. Hier erhält man die Auskunft: „Das Honorar für die Seminarleitung beträgt [für ein Wochenendseminar] 600 Euro. Dazu kommt eine Organisationspauschale von 250 Euro. Fahrt, Übernachtung und Verpflegung sind frei. Sie können diese Zahlen so veröffentlichen, bitte mit dem Hinweis, dass die Zahlen abhängig sind von der Teilnehmerzahl und der öffentlichen Unterstützung."

Die Bundesakademie für kulturelle Bildung Wolfenbüttel erwidert hingegen: „... kann ich Ihnen zu Ihrer Anfrage nur lapidar antworten: Honorare werden in vertraulicher Absprache vereinbart. Wir wären Ihnen dankbar, wenn Sie keine Plattform für Spekulationen über die Auswahl und Honorierung von Dozenten bieten würden." Oder „textwerk" im exklusiven Ambiente des Literaturhauses München: „Bitte haben Sie Verständnis, dass ich die Honorare, die wir zahlen, nicht öffentlich machen will. Es macht für das ‚Handbuch' wahrscheinlich auch gar nicht so viel Sinn, da wir die Seminarleiter und Referenten ja immer sehr genau auswählen und einladen und man sich bei uns nicht bewerben kann, Dozent zu sein."

Um (während man das Angebot seines potenziellen Auftraggebers überschläft) dennoch an brauchbare Zahlen zu gelangen, empfiehlt es sich, die Kolleginnen und Kollegen, die mit der jeweiligen Einrichtung bereits zusammengearbeitet haben (siehe Veranstaltungsprogramm), zu fragen, welches Honorar sie bekommen haben. Ihre (eMail-)Adressen stehen zumeist im Kürschner (siehe Literaturverzeichnis) oder auf der Homepage des betreffenden Autors.

Hierzu noch einmal Goetz Buchholz: „Und redet über eure Honorare! Egal, ob sie gut oder schlecht sind. Macht den Markt durchsichtig. Von der Unsitte, Honorare als Geheimsache zu behandeln, profitieren allein die Honorardrücker auf Auftraggeberseite. Euch interessiert es doch auch, was die Kollegin bekommt. Sie will es nicht sagen? Dann brecht einfach das Eis und erzählt erst mal, was ihr selbst bekommt. Das hilft allen."

Der renommierte Autor XY zu den 715 Euro Honorar, die er für ein Wochenende als Seminarleiter in Wolfenbüttel erhalten hat, und zur Problematik, seinen Namen an dieser Stelle zu nennen: „Diese 715 Euro für ein Wochenende sind eigentlich ein Nasenwasser, und müsste ich einen ernsthaften Teil meines Einkommens aus Seminaren bestreiten, würde ich es nicht für dieses Geld machen. Wolfenbüttel ist sozusagen nur Hobby. Die Bundesakademie kann nun als quasi staatliche Einrichtung vielleicht nicht so, wie sie will oder manchmal müsste – aber andere Einrichtungen stehen finanziell vielleicht anders da und könnten nun im Gegensatz zu dem, was Sie, Frau Uschtrin, erreichen wollen, Referenten im Honorar drücken mit dem Hinweis: ‚Der XY macht ein ganzes Wochenende für 715 Eier.' Das wäre eher ein Bärendienst, nicht wahr?"

Allerdings! Das Problem ist nur, dass fast alle Einrichtungen, die zurzeit Autorenseminare anbieten, von öffentlichen Geldern abhängig sind. Dazu gehören auch die meisten Literaturbüros. Hier liegen Zahlen von 650 Euro als Honorar für ein Wochenendseminar vor, und gibt man zu bedenken, dass das nicht viel sei, ist von Haushaltskürzungen und Stellenstreichungen die Rede und dass die einzige Alternative sei, dann eben gar keine Kurse mehr anzubieten.

Und vielleicht wäre genau das richtig! Denn dass es bisher kaum größere private Anbieter auf diesem Markt gibt, liegt sicher auch an den Dumpingpreisen, zu denen diese Kurse (dank der Steuergelder der ReferentInnen) angeboten werden. Ein Wochenendseminar in Wolfenbüttel gibt es 2005 für bereits 144 Euro. Inklusive zwei Übernachtungen mit Vollpension, also zweimal Frühstück, zweimal Mittagessen, zweimal Abendessen. Nur sein Haustier darf man nicht mitbringen. – Wo kann man sonst so billig Urlaub machen?

Womit ich nicht sagen möchte, dass AutorInnen für ein Wochenendseminar mindestens 800 Euro verlangen sollten. Natürlich gibt es kleinere Institutionen, die nicht so viel zahlen können, zum Beispiel den Autorenkreis, der beschließt, für seine Mitglieder einen Workshop anzubieten, oder die Schule von nebenan, die für ihre Projektwoche im Deutschunterricht einen gestandenen Autor sucht. Die Fragen, die man sich stellen sollte, lauten aber immer: Kann ich mit diesem Honorar leben? Fühle ich mich damit gut? Arbeite ich dafür gerne? Und auch: Kann ich bei diesem „Job" etwas dazulernen? Etwas, was mich und meine schriftstellerische Arbeit voran bringt?

Mager ist mit 1.900 Euro im Monat zum Beispiel auch die Vergütung, die AutorInnen erwartet, wenn sie für ein Semester an der „Autorenschmiede", dem Deutschen Literaturinstitut Leipzig, als GastdozentIn unterrichten. Und dennoch gibt es zurzeit nur wenig bezahlte Stellen für SchriftstellerInnen, die es an Renommee und Beliebtheit mit Leipzig aufnehmen können. Katja Lange-Müller, 1999 Gastdozentin in Leipzig, über ihre Motive und das gegenseitige Geben und Nehmen zwischen ihr und den StudentInnen: „Die Einsamkeit vor Blatt, Bildschirm, Buch war mir fad geworden und das ein halbes Jahr lang regelmässig fliessende Geld willkommen. Ich freute mich darauf, kritisch sein zu müssen, nicht immer nur gegen den eigenen Text, und womöglich mal euphorisch werden zu dürfen, was ich mir für meine Schreiberei in grimmig entschlossener

Bescheidenheit verbot. ... Und die Studenten empfahlen mir, wie ich erfahren durfte, sehr zu meinem Gewinn, Bücher, von denen sie fanden, dass ich sie nötig hatte." (In: Neue Zürcher Zeitung, 23. April 2004)

Poetik-Dozenturen

Ja, und dann gibt es noch ein paar Einrichtungen, die „Jobs" vergeben, bei denen in den meisten Fällen fast alles stimmt: Honorar, Renommee, Spaß- und Lernfaktor. Gemeint sind die meinen Recherchen nach derzeit 14 Universitäten mit Poetik-Dozentur in den Städten Bamberg, Berlin, Dresden, Essen, Frankfurt am Main, Gießen, Heidelberg, Kiel, Konstanz, Mainz, Oldenburg, Paderborn, Tübingen und Wiesbaden.

Jürgen Manthey im Vorwort der Jubiläumsbroschüre „20 Jahre poet in residence" (siehe Literaturverzeichnis) über diese Einrichtungen: „In den USA hält man es seit jeher für die Aufgabe einer Hochschule, nicht nur über Literatur zu reden, sondern diese auch selbst sprechen zu lassen, und zwar mit den Stimmen derjenigen, die sie hervorbringen: der Schriftsteller. Hochberühmte und auch weniger renommierte Colleges beschäftigen angesehene Autoren, häufig in Dauerstellungen, die auf diese Weise ihre Existenz sichern können. Ihren eigenen Büchern ist das ebenso zugute gekommen wie dem Nachwuchs. Aus den poet-in-residence-Seminaren ist eine beträchtliche Zahl inzwischen erfolgreicher Schriftsteller hervorgegangen. Daß nach wie vor die meisten der interessanten, in aller Welt übersetzten Autoren aus den USA stammen, hängt auch mit dieser Einrichtung und mit der Einstellung, eine solche für notwendig zu erachten, zusammen. Die Verlage in Deutschland – und nicht nur in Deutschland – wären ohne dieses ständig nachwachsende belletristische Angebot aus Amerika nicht lebensfähig."

Hier ein kurzer Überblick über die deutschen Poetik-Dozenturen mit Angaben zu den Honoraren:

Bamberg

Die Einrichtung der Bamberger Poetik-Professur existiert seit 1970. Alljährlich wird eine Autorin oder ein Autor eingeladen, um den StudentInnen des Studiengangs Germanistik, speziell des deutschlandweit einzigartigen Zweiges „Literaturvermittlung", die Entstehungsbedingungen ihres jeweiligen literarischen Werkes näherzubringen. Die Vergütung der Bamberger Poetik-Professur beträgt derzeit 5.000 Euro, davon sind allerdings alle Spesen zu bestreiten. Die Poetik-Professor-Innen halten im Sommersemester vier Abendvorträge und nehmen am folgenden Vormittag jeweils an einem Seminar teil, das auf ihr Werk bezogen ist. Man kann sich auf diese Professur definitiv nicht bewerben, sondern wird von der Universität angesprochen. Das Geld kommt nicht von der Universität, sondern von einem Unterstützerkreis und muss daher von Fall zu Fall eingeworben werden. – *Weitere Informationen:* www.schwerpunkt-literaturvermittlung.de

Berlin

Seit 1998 besteht am Seminar für Allgemeine und Vergleichende Literaturwissenschaft die Samuel Fischer-Gastprofessur für Literatur. Getragen wird diese Einrichtung mit semesterlich wechselnder Besetzung von der Freien Universität Berlin, dem Deutschen Akademischen Austauschdienst (DAAD), dem S. Fischer Verlag und dem Veranstaltungsforum der Verlagsgruppe Georg von Holtzbrinck. Ziel ist die kritische Reflexion über die Literaturen der Welt gemeinsam mit Schriftstellern aus verschiedenen kulturellen Kontexten. Der/Die Samuel Fischer-Gastprofessorin ist Mitglied des Lehrkörpers und leitet ein Seminar, in dem sowohl Pro- als auch Hauptseminarscheine erworben werden können. Formelle Bewerbungen sind nicht vorgesehen (die Jury entscheidet von sich aus); sie sind allerdings nicht grundsätzlich ausgeschlossen. Die AutorInnen erhalten ein Stipendium des DAAD in Höhe von 2.240 Euro/Monat, außerdem – auf Wunsch – eine Wohnung von der Freien Universität Berlin, Reisekosten, ein Büro sowie öffentliche Lesungen in Berlin, Bonn und Weimar (und anderes). – *Weitere Informationen:* www.complit.fu-berlin.de/gastvortraege/gastvortraege.html

Dresden

a) Die Dresdner Poetik-Dozentur zur Literatur Mitteleuropas wurde 1997 vom Lehrstuhl für Neuere Deutsche Literaturwissenschaft, dem Lehrstuhl für Slavistische Literaturwissenschaft der Technischen Universität Dresden, dem Dresdner Literaturbüro und der Kulturstiftung Dresden der Dresdner Bank ins Leben gerufen. In jährlichem Wechsel sprechen eine deutsche, eine tschechische und eine polnische Schriftstellerin in Dresden über die Bedingungen und Erfahrungen ihres Schreibens. Ob es diese Dozentur weiterhin geben wird, ist derzeit nicht sicher. – *Weitere Informationen:* www.tu-dresden.de/sulifg/mez/projekte/poetikdozentur.htm

b) Seit 2000 gibt es außerdem die Chamisso-Poetik-Dozentur. Nur AutorInnen nicht-deutscher Muttersprache, die den Adalbert-von-Chamisso-Preis der Robert Bosch Stiftung (www.bosch-stiftung.de) gewonnen haben, können diese Dozentur wahrnehmen. Bewerbungen von außen sind sowohl für den Preis als auch für die Dozentur nicht vorgesehen. Der Chamisso-Preis ist mit 15.000 Euro dotiert; für die Poetik-Dozentur gibt es von der Robert Bosch Stiftung eine Begleitförderung. – *Weitere Informationen:* www.tu-dresden.de/sulifg/ndl/projekte/chamisso.htm

Essen

Die Veranstaltungen, die im Rahmen der Institution des „poet in residence" angeboten werden, gehören zum Fach der Allgemeinen und Vergleichenden Literaturwissenschaft, das zum Sommersemester 2007 eingestellt wird. 1975 hielt als erster „poet in residence" Martin Walser seine Vorlesungen in Essen. Ein „poet in residence" verdient etwa 4.000 bis 4.500 Euro für 7 Termine à 3–4 Stunden (Vorlesung, Lesung, Schreibwerkstatt) innerhalb eines Semesters. Eine Einstellung dieser Einrichtung ist – so die Auskunft der Universität im Juli 2004 – „bisher nicht geplant, aber nach der Fusion mit der Universität Duisburg ist theoretisch alles in Frage gestellt. Wir sind jedoch sehr bemüht, die Einrichtung des ‚poet in residence', die seit über zwanzig Jahren besteht, am Leben zu erhalten und sehen dafür auch gute Chancen." – *Weitere Informationen:* www.uni-essen.de/avl/framu/residence/poet.html

Frankfurt am Main

Die erste Dozentin im Wintersemester 1959/60 war Ingeborg Bachmann. Erörtert werden in der Vorlesungsreihe Fragen zur poetischen Produktion und ihren Bedingungen. Über die Vergabe der Stiftungsgastdozentur Poetik der Universität Frankfurt entscheidet eine aus Mitarbeitern (Professoren) der Universität und einem Vertreter des Suhrkamp Verlags zusammengesetzte Kommission; man kann sich nicht bewerben. Fahrt und Aufenthaltskosten bezahlt die Universität, das Honorar der Suhrkamp Verlag in Höhe von in der Regel 1.000 Euro pro Vorlesung. Bei insgesamt fünf Vortragsterminen (Vorlesungen) sind das 5.000 Euro. Der Betrag schließt auch mit ein, dass die DozentInnen sich zu einem Seminargespräch mit interessierten Studentinnen und Studenten aller Fachrichtungen im Anschluss an die jeweilige Vorlesung bereit erklären. – *Weitere Informationen:* www.uni-frankfurt.de/presse/brosch/poetik.htm

Gießen

An der Justus-Liebig-Universität Gießen gibt es seit 2002 eine Poetik-Dozentur. Die Stelle wird sporadisch, das heißt in loser Folge besetzt, sofern es gelingt, Geld einzuwerben. Ansprechpartner ist Prof. Dr. Erwin Leibfried, Arbeitsbereich Neuere deutsche Literatur, fon: 0641/99-29093, fax: 0641/99-29094. Eigenbewerbungen sind nicht möglich. – *Weitere Informationen:* www.uni-giessen.de/fbr05/

Heidelberg

Die Heidelberger Poetik-Dozentur wurde 1993 als Kooperation zwischen Stadt und Universität begründet. Sie wird vom Germanistischen Seminar ausgerichtet und von der Stadt Heidelberg Stiftung für die Universität finanziert. Öffentliche Veranstaltungen wie Vorlesungen, Lesungen und Diskussionen geben Literaturinteressierten Einblicke in künstlerische Produktionsprozesse. Für drei Vorlesungen, zwei Lesungen mit Diskussion und ggf. ein Schreibseminar gibt es ein Autorenhonorar von 7.500 Euro. Ab Wintersemester 2004/05 wird die Poetik-Dozentur nur noch alle zwei Jahre besetzt. – *Weitere Informationen:* www.gs.uni-hd.de, poetik@gs.uni-heidelberg.de

Kiel

Die „Liliencron-Dozentur für Lyrik" wurde im Sommersemester 1997 am Institut für Neuere deutsche Literatur und Medien der Christian-Albrechts-Universität Kiel eingerichtet. Als einzige ihrer Art in Deutschland ist diese Dozentur ausschließlich der Lyrik vorbehalten. Dem Dichter Detlev von Liliencron (1844–1909) zu Ehren wird in jedem Sommersemester eine Lyrikerin oder ein Lyriker des deutschen Sprachraums nach Kiel eingeladen. Die Dozentur ist mit 4.000 Euro dotiert, die sich aus Fördermitteln des Ministeriums für Bildung, Wissenschaft, Forschung und Kultur des Landes Schleswig-Holstein (3.000 Euro) und einer Spende der Kunst:Raum Sylt-Quelle (1.000 Euro) zusammensetzen. Die Liliencron-Dozentur besteht aus drei Vorlesungen zu einem von der Dozentin, dem Dozenten zu wählenden Thema, einem begleitenden Kolloquium und einer Lesung aus eigenen Werken, mit der die Dozentur eröffnet wird. Alle Veranstaltungen sind öffentlich. – *Weitere Informationen:* www.ndl-medien.uni-kiel.de/liliencron/liliencron.htm

Konstanz

Als Alternative zu einer Poetik-Dozentur gibt es in Konstanz eine Auftrittsreihe (1–2 Wochen) mit dem Titel „AutorIn in der Region". Eine Schriftstellerin/ein Schriftsteller ist im Rahmen dieser Veranstaltung für ca. eine Woche in Konstanz und Umgebung, um vor allem aus ihren/seinen Büchern zu lesen. Finanziert wird „AutorIn in der Region" von einer Stiftung, und zwar in Höhe von derzeit 4.000 Euro; die Auswahl trifft eine regionale deutsch-schweizerische Kommission. Bewerbungen sind nicht möglich; die Auswahl ist vorerst gebunden an die Region Schweiz und Baden-Württemberg. 2004 fand die Reihe „AutorIn in der Region" bereits zum 4. Mal statt. Ansprechpartner: Hermann Kinder, Universität Konstanz. *Weitere Informationen:* www.uni-konstanz.de/FuF/Philo/LitWiss/index.html

Mainz

Die Poetik-Dozentur der Akademie der Wissenschaften und der Literatur an der Universität Mainz wurde 1980 begründet. Im Rahmen von Seminaren bietet sie StudentInnen der Literaturwissenschaft die Möglichkeit, im Gespräch mit SchriftstellerInnen poetologische Fragen zu diskutieren, die meist am Werk der jeweiligen Autorin entwickelt werden. Mit einem öffentlichen Vortrag oder einer Lesung in der Universität stellen sich die AutorInnen abschließend einem größeren Publikum vor. Für die Mainzer Poetik-Dozentur kann man sich nicht bewerben, sondern die Autorin oder der Autor wird dazu eingeladen. Zurzeit ist die Poetik-Dozentur mit 2.500 Euro dotiert. Diese Angabe ist vorbehaltlich, da sich die Summe ändern kann. In der Regel sind es zwei Termine jeweils im Winter- und Sommersemester, die die Dozentin/der Dozent wahrnimmt. *Weitere Informationen:* www.adwmainz.de/AkademieHomePage/litpoet.htm

Oldenburg

Im Wintersemester 2004/05 wurde an der Carl von Ossietzky Universität in Oldenburg eine Poetik-Professur für Kinder- und Jugendliteratur eingerichtet, bei der es sich vorerst um ein auf dieses Semester beschränktes Projekt handelt. Nach Abschluss der Vorlesungsreihe (mit Kinderbuchautor Paul Maar) wird darüber beraten, ob das Projekt wiederholt wird. – *Weitere Informationen:* www.uni-oldenburg.de/olfoki/, olfoki@uni-oldenburg.de

Paderborn

Die „Paderborner Gast-Dozentur für Schriftstellerinnen und Schriftsteller" wurde 1983 von Hartmut Steinecke gegründet. Sie wird seither in jedem Wintersemester durchgeführt. Eine Selbstbewerbung ist nicht vorgesehen, aber auch nicht ausgeschlossen. Die Honorierung hängt von Umfang und Zahl der Veranstaltungen ab und beträgt ca. 4.000 bis 5.000 Euro. Die Gastdozentur umfasst 5–6 Termine im Wintersemester à 4 Stunden (2 Lesungen, 3–4 Vorträge; 5–6 Werkstattseminare). – *Weitere Informationen:* www-fakkw.upb.de/institute/Germanistik/ Gast-dozentur/index.html

Tübingen

Seit 1996 lädt die Universität Tübingen jedes Semester einen Autor/eine Autorin aus dem deutschen, europäischen und außereuropäischen Sprachraum ein, die Poetik-Dozentur in Tübingen zu übernehmen. Ziel ist es, möglichst verschieden-artige Stimmen zum Sprechen zu bringen, kulturübergreifende Zusammenhänge zu vermitteln und den Blick auf die europäischen und außereuropäischen Dimen-sionen von Literatur zu lenken. Eine Dozentur umfasst in der Regel drei Vorle-sungen, ein Seminar, eine Lesung und ein interdisziplinäres Werkstattgespräch. Finanziell unterstützt wird das Projekt durch Mittel der Würth-Gruppe, Künzel-sau. Die Vergütung der AutorInnen betrug bislang etwa 5.000 Euro (ohne Reise-kosten/Unterbringung etc.). Bewerben kann man sich als AutorIn nicht. *Weitere Informationen:* www.uni-tuebingen.de/Poetik-Dozentur/index2.html

Wiesbaden

Ab Wintersemester 2004/05 bietet die Fachhochschule Wiesbaden in jedem Semester die „Poetikdozentur: junge Autoren" als besonderen Beitrag zum kultu-rellen Leben Wiesbadens an. Unterstützt wird sie dabei vom Kulturamt der Stadt. Die Autorinnen und Autoren sind in der inhaltlichen Ausgestaltung ihrer Gast-dozentur frei. Als erster Autor wurde der Schweizer Peter Stamm von einer sechs-köpfigen Jury ausgewählt; Eigenbewerbungen sind nicht möglich. Dotiert ist die Stelle mit insgesamt ca. 5.000–7.500 Euro pro Semester. Die Veranstaltungen – zwei Vorlesungen und zwei Lesungen – sind öffentlich. Der Eintritt ist frei. *Weitere Informationen:* www.fh-wiesbaden.de/aktuell/

Weitere Tätigkeiten

Lesungen abhalten, für andere ghostwriten, SchreibschülerInnen unterrichten, das sind die Tätigkeiten, die Autorinnen und Autoren am häufigsten ausüben, um ihre Einnahmen zu erhöhen. Weitere „schreibnahe" Jobs gibt es nur wenige, als da wären: Jurymitglied bei einem literarischen Wettbewerb, FunktionärIn im Verband deutscher Schriftsteller (VS) oder StudienleiterIn bei der „Schule des Schreibens".

StudienleiterIn an der „Schule des Schreibens"

Die seit über 35 Jahren im Fernunterricht tätige Hamburger „Schule des Schreibens", früher „Axel-Andersson-Akademie", arbeitet mit einem „Stamm von ca. dreißig freiberuflichen Lektoren" (*TextArt*-Interview von Oliver Buslau, siehe Literaturverzeichnis), die dort „StudienleiterIn" heißen. Wie diese Lehrkräfte honoriert werden und wie ihre Arbeitsbedingungen sind, wollte man mir nicht verraten. Begründung: Man bräuchte nur sehr selten neue Lehrkräfte und habe

Sorge, dass sich dann ganz viele bewerben. Offen bleiben daher folgende Fragen: Wie viele SchülerInnen unterrichtet eine Studienleiterin in der Regel? Kann sie die Anzahl der von ihr unterrichteten SchülerInnen frei bestimmen? Wie viel Zeit verwendet sie pro Monat im Durchschnitt auf einen Kursteilnehmer? Kann man von dem Verdienst als Studienleiterin leben? Wonach richtet sich die Höhe der Vergütung? Nach der Anzahl der unterrichteten SchülerInnen und/oder gibt es eine monatliche Pauschale?

Jurorin, Juror

Wieder einmal, wie schon vorhin, klingelt das Telefon. Unser Autor, er hat gerade einen Preis gewonnen und ist daher hinreichend bekannt, nimmt ab und wird gefragt, ob er sich vorstellen könne, in der Jury eines literarischen Wettbewerbs mitzuarbeiten. Klar, kann er! Kann er wirklich? Sollte er wirklich? Denn stopp! Vor einer Zusage sind etliche Fragen zu klären: Um was für einen Wettbewerb handelt es sich? Welche Ziele verfolgt der Veranstalter mit der Auslobung dieses Preises? Kann ich mich mit diesen Zielen hinreichend identifizieren? Ist es eine Ehre, in der Jury zu sitzen, oder schadet es meinem Ansehen eher, weil der Veranstalter einen schlechten Ruf hat? Ist der Wettbewerb schon mehrmals ausgeschrieben worden, sodass die Veranstalter wissen, was auf sie und die einzelnen Jurymitglieder an Arbeit zukommt? Gibt es eine Vorjury, die die Spreu vom Weizen trennt? Und schließlich: Habe ich genügend Zeit, Muße und Geduld, um mich auf die einzelnen Texte einzulassen?

Harald Braun, der jahrelang den Allegra-Literaturwettbewerb mit organisierte: „Über 2000 Kurzgeschichten oder Gedichte von Leute zu lesen, die sich normalerweise damit beschäftigen, Finanzpläne zu erstellen, Fußnägel zu feilen oder, sagen wir, auf Erdkunde-Lehramt zu studieren, ist kein wirklich schönes Erlebnis. Ganz und gar nicht, wenn ich ehrlich bin. Man muss sich das vorstellen wie ein Abendessen bei sich zu Hause, das aus 10 Gängen von 10 verschiedenen Köchen besteht, von denen aber nur einer oder zwei ihren Job gelernt haben. Aber Sie können nicht einfach nach dem vierten oder fünften Gang sagen: Ich bin satt, DAS esse ich jetzt aber wirklich nicht mehr. Sie müssen." Trotz akuter Buchstabenvergiftung. Weil man sich verpflichtet hat und nun keinen Rückzieher machen kann.

Geld für diese Arbeit gibt es nicht immer. Thomas Ott zum Literaturpreis der schwulen Buchläden: „Die Jurorentätigkeit ist ein ‚Ehrenamt' im besten Sinne. Die beteiligten Buchläden haben schlicht und einfach keine Mittel, die Jury auch noch zu ‚bezahlen', obwohl diese Tätigkeit, wie die vergangenen Wettbewerbe deutlich gemacht haben, wirklich ARBEIT im engeren Sinne ist ..."

Auch die Jury-Mitglieder für den „Glauser", den renommierten Krimipreis, machen ihre Jury-Arbeit für Ruhm und Ehre – „falls es", wie Thomas Przybilka, Jury-Sekretär, zu Bedenken gibt, „solche überhaupt für Juroren gibt. Für die Jury-Arbeit wird ihnen einzig und allein einmalig der Jahresbeitrag [im SYNDIKAT, der Krimiautorenvereinigung, die den „Glauser" vergibt] erlassen. Anfallende Fahrt- und Hotelkosten für die Jury-Sitzung werden erstattet." Das ist auch schon alles.

„Je nach Arbeitsaufwand" fallen die Honorarsätze beim Wiener Werkstattpreis aus. Zwischen 100 Euro für die Etappenpreise und 300 Euro für die Jurytätigkeit beim Hauptpreis gibt es seit Januar 2004 als Honorar.

Dass die Höhe des Jurorenhonorars nicht immer mit dem Renommee des jeweiligen Wettbewerbs korrelieren muss, zeigte eben das Beispiel „Glauser". In der Regel aber ist dem so. Und je renommierter der Preis, desto verschwiegener die Veranstalter. Wie viel Geld die neun Bachmann-Preis-JurorInnen für ihre Tätigkeit erhalten, war nicht zu erfahren; zwischen 500 und 800 Euro sind es bei Wettbewerben, die in der zweiten Liga anzusiedeln sind. Mit anderen Worten: Juryarbeit kann sich eigentlich nur leisten, wer auf Geld nicht angewiesen ist, weil er bereits genug davon hat oder meint, es zu haben. Das trifft auch auf die Tätigkeit als VS-FunktionärIn zu. Wem es also vor allem ums Geldverdienen geht, für den ist dieses Kapitel hier zu Ende.

VS-FunktionärIn
Seit 1997 bin ich Mitglied im Berufsverband, dem rund 4.000 Mitglieder starken Verband deutscher Schriftsteller (VS) in der Dienstleistungsgewerkschaft ver.di, Landesverband Bayern. Nie habe ich mich getraut, meinen Landesvorsitzenden zu fragen, wie sein Engagement für die Belange seiner Kolleginnen und Kollegen vom Verband – also auch von mir – honoriert wird. Dabei macht er diese Arbeit schon seit Jahren, ich glaube, schon seit Jahrzehnten. Bekommt er dafür eine monatliche Pauschale von 400 Euro plus Spesen? Ist die Arbeit für den VS sein zweites (drittes, viertes) finanzielles Standbein neben dem Schreiben? Inwiefern profitiert er rein finanziell von all der zusätzlichen Arbeit? Ist es lukrativ, Funktionär zu sein? Für das Handbuch fasste ich mir ein Herz und stellte ihm und seinen 15 KollegInnen genau diese Fragen. Hier drei Antworten:

Klaus Behringer, Landesbezirk Saarland: „Zu Ihren Fragen: 1. nein / nein / nein. Wir zahlten uns mal Aufwandspauschalen, so 250 Euro im Jahr (!) für den Vorsitzenden, 150 für Vize und Schriftführer, das bis etwa vor 2 Jahren. [...] Ausgelegte Sachmittel (Porti etc.) werden erstattet. Im Rahmen von Projekten, die der VS initiiert oder an denen er beteiligt ist, fällt manchmal ein Auftrag ab, etwa eine Jury oder Buch-Herausgabe, ein Rundfunkgespräch oder Satz & Layout für eine Anthologie oder eine Aufwandsentschädigung für die Organisation einer großen Veranstaltung. Gefragt und bezahlt wird da aber in der Regel eine zusätzliche Leistung und Fähigkeit, die mit dem Amt ‚VS-Chef' wenig zu tun hat."

Sylvia Geist, Landesbezirk Niedersachsen-Bremen: „Nein, es ist nicht lukrativ, sich für die VS-Arbeit zu engagieren, und es handelt sich [...] bei diesem Engagement auch keinesfalls um ein ‚zweites oder drittes Standbein'. Wie es in anderen Bundesländern aussieht, weiß ich nicht, doch hier kann man diese Arbeit entweder aus ideellen Gründen auf sich nehmen oder gar nicht. Pro VS-Landesvorstandssitzung gibt es ein Sitzungsgeld von 10 Euro, außerdem ersetzt ver.di die Fahrtkosten. Mit anderen Worten: Die aufgewendete Zeit wird nicht vergütet, die muss man sich nehmen."

Simone Trieder, Geschäftsstelle Sachsen-Anhalt: „Es gibt nix. Ich habe das Amt im November 2003 angetreten mit einer monatlichen Aufwandsentschädigung von 50 Euro. Die habe ich nur einmal bekommen. Danach hieß es, die Ehrenamtlichen bei ver.di haben beschlossen, diese Aufwandsentschädigung nicht mehr zu brauchen. Also kriege ich seit Januar 2004 gar nix. Dagegen habe ich beim Gewerkschaftsrat Beschwerde eingelegt. Ich muss nun Fahrt und Portokosten bei unserem sehr mageren Verbandskonto einholen. Eigentlich mache ich nur Miese. Der blanke Idealismus, bzw. manche Kollegen denken, ich sei wahnsinnig ehrgeizig. Die Zeit, die ich brauche, um zum Beispiel zu Veranstaltungen wie der Berufung des Kultursenats zu fahren, zu Treffen mit Beamten des Kultusministeriums (wegen der einschneidenden Kürzungen in der Literaturförderung), zu Vorbereitungen von Sitzungen, dem Kontakt zu Mitgliedern, Erstellen von Argumentationspapieren, Mitgliederbriefen – diese Zeit geht mir als Freiberuflerin verloren. Eigentlich brauche ich die Zeit, um meine Brötchen zu verdienen (hauptsächlich Artikel schreiben)."

Vor vielen, vielen Jahren rief Heinrich Böll die Schriftstellerinnen und Schriftsteller zum „Ende der Bescheidenheit" auf. Es käme wohl allen SchriftstellerInnen zugute, wenn die Landesvorsitzenden des VS dieses Motto auch auf sich und ihre Arbeit für die anderen beziehen würden.

12

Lesungen, Poetry Slams und Selfmade-Marketing

Lesungen, Poetry Slams und Selfmade-Marketing

Lesungen sind ein Teil der Öffentlichkeitsarbeit; AutorInnen, die nicht bereit sind zu lesen, haben bei den meisten Verlagen von Anfang an schlechte Karten. Denn dort weiß man aus Erfahrung, und ein Blick auf die Verkaufszahlen bestätigt das jeden Tag aufs Neue, dass gerade die Bücher Erfolg haben, für deren Promotion sich die Autorinnen und Autoren selbst engagieren, indem sie vor allem also häufig Lesungen abhalten und in den Medien präsent sind. „Da, wo unsere Autoren – aus welchen Gründen auch immer – für diese Art Eigenpromotion nicht zur Verfügung stehen, gehen die Bücher sehr viel schleppender!", berichtet denn auch Wolfram Göbel, der mit seiner Firma BUCH&media auf Book-on-Demand-Basis arbeitet.

Aber nicht nur kleine, auch mittlere und große Verlage sind auf die tätige Unterstützung ihrer AutorInnen angewiesen. Noch bevor ein Buch überhaupt in den Buchhandlungen ausliegt – und das schafft, schon aus Platzgründen, nur ein Bruchteil der jährlich rund 61.500 Neuerscheinungen –, läuft die Maschinerie in den Verlagen an, arbeiten die beiden Abteilungen Presse- und Öffentlichkeitsarbeit und Vertrieb auf Hochtouren. Die Verlagsvertreter werden auf der Vertreterkonferenz gebrieft, Leseexemplare und Leseproben versandt, Pressemitteilungen verfasst und verschickt, (Vorab-)Interviews mit der Autorin mit Zeitungs- und Zeitschriften-, Hörfunk- und Fernsehredaktionen vereinbart, die wichtigsten Buchhandlungen, ein-, zweitausend Sortimenter, mit Fax-Bestellscheinen bombardiert (à la „1. Auflage vergriffen! 2. Auflage in der Auslieferung! Überprüfen Sie Ihre Bestände und bestellen Sie jetzt noch einmal Ihre Spitzentitel!"), Pressefotos vom Autor gemacht und an die Medien versandt. Die Autorin wird herumgereicht, je mehr desto besser. Hier ein Termin beim Frühstücksfernsehen, da ein Interview für den Hörfunk. Wer da nicht mitspielen will oder kann, wird auf wenig Gegenliebe stoßen.

Was die Abteilung Presse- und Öffentlichkeit in zwei, drei Monaten nicht schafft, nämlich zumindest den Spitzentitel und ein, zwei weitere Titel durchzuboxen, das wird sie in der Regel in den Wochen danach auch nicht mehr schaffen. Denn „danach" ist zu spät. Danach drängt schon das neue Herbst- oder das neue Frühjahrsprogramm auf den Markt. Danach will keine Zeitung mehr einen „alten" Titel besprechen. Danach bleibt bald nur noch die Ramschkiste, das Totenbett des Buches.

So viel zu den Abläufen innerhalb eines Verlags. Zu bedenken ist dabei, dass die eben beschriebene Maschinerie natürlich nicht für alle Titel eines Herbst- oder Frühjahrsprogramms gleichermaßen auf Hochtouren läuft. Für den Spitzentitel, selbstverständlich. Ihm wird schon in der Programmvorschau (einer bunten Werbebroschüre, mit der die Buchhandlungen zweimal jährlich, noch bevor die

Vertreter reisen, von allen Verlagen überschwemmt werden) der beste und meiste Platz eingeräumt: gleich vorne auf der ersten Doppelseite – wo sonst? Was aber wird für einen Titel getan, dem der Verlag schon in der Vorschau nur eine der hinterletzten Seiten zubilligen mag? Wer entscheidet, welcher Titel in dieser Saison als Spitzentitel gehandelt wird und welcher nicht?

Oft ist der Prozess der Entscheidungsfindung gar nicht so kompliziert, wie man denkt: Die Wahl fällt einfach auf den Titel, der im Einkauf am meisten gekostet hat. Denn die Ausgaben für teuer eingekaufte Lizenzen oder für hohe Vorschüsse, ausgehandelt von findigen AgentInnen, müssen schließlich wieder hereingewirtschaftet werden, und das geht eben am ehesten, wenn man den Werbeaufwand für einen solchen Titel entsprechend erhöht, schließlich sollen möglichst viele Exemplare verkauft werden. Ein Titel, der dagegen nichts gekostet hat, in den man kaum investieren musste, kann kein allzu tiefes Loch in die Kasse reißen und darf ruhig die Rolle des Ladenhüters übernehmen, eine Rolle, die zwar immer schmerzt, bei einem „Billigtitel" aber am wenigsten weh tut – zumindest dem Verlag. Woraus zu folgern ist: AutorInnen! Lasst die Verlage bluten! Um so mehr werden sie euch später lieben!

Abgesehen von diesen wirtschaftlichen Aspekten, die den Absatz des Buches und damit das Portemonnaie der AutorInnen betreffen, sind Lesungen für viele AutorInnen ein wichtiger Schritt in die Öffentlichkeit. Durch das Vortragen ihrer schriftstellerischen Arbeit erfahren die meisten erstmals Kritik, die ihnen bei ihrer Arbeit weiterhelfen kann. Zudem ergeben sich Diskussionen und Kontakte mit Gleichgesinnten. Es ist allen AutorInnen zu empfehlen, diesen Sprung in die Praxis des literarischen Lebens zu wagen, denn sie bringen damit ihre schriftstellerische Arbeit direkt und persönlich an das Publikum.

Für viele SchriftstellerInnen sind Lesungen außerdem eine Chance, sich finanziell über Wasser zu halten. Anna Dünnebier, freie Schriftstellerin in Köln, meint, bei ihren schreibenden Bekannten gehörten Lesungen zur zweitwichtigsten Einnahmequelle. „Man bekommt zwischen 400 und 1000 Mark pro Abend [1994!], bei Schullesungen manchmal weniger. Ich kenne allerdings keine Autorin, die von ihren Lesereisen schwärmt. Ja manchmal, da ergibt sich ein interessanter Abend, oder gelegentlich fasziniert einen die Stadt, in der sich das Ganze ereignet. Aber meist wird man ja nicht nach München oder Wien eingeladen, sondern nach Diepholz oder Esslingen, am besten beides hintereinander mit 800 km Eisenbahn dazwischen, und die Faszination von Kleinstadthotels und Abteilen der Bundesbahn ist nicht umwerfend."

Das vom Verband deutscher Schriftsteller (VS) und vom Börsenverein des Deutschen Buchhandels empfohlene Mindesthonorar beträgt zurzeit 250 Euro pro Lesung zuzüglich Spesen (Fahrt und Übernachtung). „Es scheint jedoch nur eine Minderheit wirklich diesen Satz für ihre Lesungen zu erhalten", denn: „Bei der Honorierung und der Vergabe von Lesungen herrscht ein Klima latenter bis offener Erpressung." Das ergab eine Umfrage zu Honoraren für Autorenlesungen, die der VS im Herbst 1998 bei seinen Mitgliedern durchführte. Die Situation hat sich seither nicht gebessert, im Gegenteil, selbst namhafte AutorInnen erhalten derzeit selten mehr als 200–300 Euro. Lesehonorare von über 500 Euro sind die

Ausnahme. Da wundert es nicht, dass sich die meisten (noch) nicht-namhaften Schriftstellerinnen mit einem geringeren Entgelt zufrieden geben müssen und oft für weniger als 250 Euro lesen.

Bei Lesungen im Freundeskreis und ersten Gehversuchen auf dem literarischen Parkett wird Geld kaum eine Rolle spielen. Sobald die Lesungen jedoch in Schulen, Bibliotheken, Buchhandlungen und ähnlichen Foren stattfinden, die über einen entsprechenden Etat verfügen, sollten AutorInnen die empfohlenen 250 Euro aber durchaus verlangen, schon um ihren schriftstellernden KollegInnen nicht in den Rücken zu fallen.

Lesungen lassen sich in Schul- und öffentliche Lesungen einteilen. Schullesungen dienen dazu, SchülerInnen mit Literatur und allem, was damit zusammenhängt, bekannt zu machen. Es geht darum, die Freude am Lesen zu wecken; kommerzielle Interessen stehen dabei nicht im Vordergrund. Öffentliche Lesungen werden oft von Bibliotheken, Buchhandlungen und Volkshochschulen veranstaltet. Diese Einrichtungen zahlen AutorInnen nicht aus lauter Gefälligkeit ein Honorar, sondern verbinden damit oft die Absicht, für sich zu werben.

SchriftstellerInnen sollten sich diese Unterscheidung bewusst machen, um auf das jeweilige Publikum eingehen zu können: Bei Lesungen vor Kindern und Jugendlichen ist es wichtig, Literatur interessant und faszinierend darzustellen, um sie zu weiterem Lesen zu motivieren; Erwachsene sind dagegen meist an speziellen Themen oder Gattungen interessiert.

Um wichtige Erfahrungen zu sammeln und sich auf diese Weise „hochzuarbeiten", können AutorInnen selbst die Initiative ergreifen und in ihrem Freundes- und Bekanntenkreis Lesungen organisieren. Auch Autorenvereinigungen und die Kulturämter und Literaturbüros/Literaturhäuser (siehe Kapitel 15) der einzelnen Städte werden Rat suchenden AutorInnen gerne Tipps geben und veranstalten manchmal Lesungen.

Hin und wieder bieten einige Literaturbüros außerdem Workshops zum Thema „Lesen und Reden" an – sicherlich keine schlechte Idee, wenn man an manche SchriftstellerInnen denkt, die ihre Texte erbarmungslos „herunternölen" oder so leise sprechen, dass sie schon in der dritten Reihe kaum noch zu verstehen sind. Ein Buch mit vielen guten Tipps und Übungen zur Lese- und Sprechtechnik – auch das Kapitel Lampenfieber wird nicht ausgespart – ist 2000 im List Verlag erschienen. Es heißt „Sprechertraining. Texte präsentieren in Radio, Fernsehen und vor Publikum" und ist von Michael Rossié. Extrabonbon: die Audio-CD mit 85 Übungseinheiten, darunter etwa der klassische Satz in puncto Betonung: „Was (,) willst du schon wieder?" sowie jede Menge Hörbeispiele zu den Gestaltungselementen Pause, Tempo, Lautstärke, Melodie, Stimmlage, Rhythmus oder Stimmfarbe.

Gleich noch zu zwei weiteren Büchern: Unbedingt empfehlenswert ist der von Thomas Böhm herausgegebene und sehr schön gestaltete Band „Auf kurze Distanz. Die Autorenlesung: O-Töne, Geschichten, Ideen". Darin auch Stephan Porombka mit seinem klugen Beitrag „Vom Event zum Non-Event-Event und zurück", für den allein es sich lohnt, das im Tropen Verlag erschienene Buch zu kaufen. Unter www.lesungslabor.de betreut Thomas Böhm seit Dezember 2004 eine Seite, auf der es „Hinweise zur Organisation von Lesungen sowie eine laufende

Fortschreibung der Auseinandersetzung mit Theorie und Praxis der Lesung" gibt.
– Anschauen!

Sehr praxisorientert, mir allerdings zu detailversessen (aber das ist vielleicht Geschmackssache), ist dagegen das Buch von Klaus Haag „Lesung & Vortrag. Ein Lesebuch mit Ratschlägen für Autoren, Referenten und Veranstalter. Mit 50 Auftrittskonzepten". Mit detailversessen meine ich zum Beispiel eine Checkliste, die den Titel trägt: „Was der Reisekoffer des Schriftstellers Nützliches und Sinnvolles enthalten kann". Auf sechs Seiten werden da alle möglichen und unmöglichen Dinge aufgelistet, nur beim Unterunterpunkt „Necessaire", in dem neben „Zahnbürste und Zahnpasta, Rasierapparat (auch Frauen haben oft einen), Rasierschaum, Deodorant" sogar die „Ohrenstäbchen" nicht fehlen, sucht man vergeblich nach Tampons oder Binden. Aber Herrn Haag ging es ja auch um den Reisekoffer des Schriftstellers ...

Rhetorik-Kurse sowie Kurse zum Thema Selbstdarstellung/Selbst-PR und Auftreten in der Öffentlichkeit können für AutorInnen neben dem oben bereits erwähnten Sprechertraining ebenfalls nützlich sein. Wer sein Buch selbst verkaufen muss, Stichwort Books on Demand, und/oder den Abverkauf ankurbeln möchte, wird gut daran tun, seine Fähigkeiten auf diesen Gebieten zu vervollkommnen. Preisgünstige Anbieterinnen solcher Kurse sind die Volkshochschulen; teurere, aber nicht unbedingt bessere Kurse finden sich zuhauf; Literatur zum Thema füllt die Regale der Bibliotheken und Buchhandlungen.

Zurück zum Thema Lesungen: Manchmal besteht die Chance, als GastleserIn ein Debüt zu geben. Im weitesten Sinn mit der Vorgruppe bei einem Popkonzert vergleichbar, können sich AutorInnen mit bekannteren KollegInnen zusammentun und ihre Texte vor deren „Auftritt" lesen. AutorInnen, die bereits ein Buch veröffentlicht haben, werden vielleicht von ihren Verlagen angesprochen, die dann für sie Lesungen organisieren.

Bei der Vermittlung von Schullesungen spielen in Deutschland die Friedrich-Bödecker-Kreise eine große Rolle. Weitere Anlaufstellen sind in manchen Bundesländern die einzelnen Förderkreise bzw. Fördervereine (siehe Kapitel 15).

Sinnvoll ist es für AutorInnen, sich in Verzeichnisse aufnehmen zu lassen, in denen AutorInnen vorgestellt werden. Solch ein Verzeichnis veröffentlicht zum Beispiel der Friedrich-Bödecker-Kreis (siehe S. 508). In den meisten Bundesländern gibt es außerdem regionale AutorInnen-Verzeichnisse in Print- und/oder Online-Version; über eine Online-Version verfügen zurzeit die Bundesländer Baden-Württemberg (www.autoren-bw.de), Bremen (www.literaturkontor-bremen.de), Hessen (www.autorenhessen.de), Mecklenburg-Vorpommern (www.mvweb.de/kulturportal/), Nordrhein-Westfalen (www.nrw-autoren-im-netz.de) und Rheinland-Pfalz (www.literatur-rlp.de). Das Literaturbüro vor Ort wird wissen, ob und in welcher Version ein regionales Verzeichnis existiert und an wen man sich wenden muss, um bei einer Neuauflage bzw. einem Update berücksichtigt zu werden.

Außerdem existieren Verzeichnisse für bestimmte Genres. So gibt es zum Beispiel für SchriftstellerInnen, die historische Romane schreiben, ein Autorenverzeichnis, das der „Autorenkreis Historischer Roman Quo Vadis" (siehe S. 617) als PDF-Datei publiziert.

Wer wissen möchte, was die andere Seite, also die VeranstalterInnen, bei Lesungen zu bedenken haben, dem sei das „Handbuch Lesungen und Literaturveranstaltungen. Konzeption – Organisation – Öffentlichkeitsarbeit" von Peter Reifsteck empfohlen, das 2005 in einer dritten, völlig aktualisierten und stark erweiterten Auflage erscheint und direkt über den Autor zu beziehen ist (siehe Literaturverzeichnis, S. 675). Reifsteck unterhält in Reutlingen ein Beratungsbüro für Literatur- und Kulturveranstaltungen und organisiert Großveranstaltungen wie zum Beispiel die „Baden-Württembergischen Literaturtage" in Heilbronn.

Weitere Informationen zum Thema „Lesungen" enthalten die Interviews mit Tina Uebel und Kersten Flenter. Beide sind Profis auf diesem Gebiet, halten nicht nur selbst Lesungen ab, sondern treten auch als VeranstalterIn auf, kennen sich sowohl mit „normalen" Leseformaten aus als auch mit Poetry Slams.

Poetry Slams gibt es mittlerweile in vielen Städten. Die aktuellen Termine findet man, deutschlandweit, auf der Internetseite www.mairisch.de/termineaktuell.htm.

Neben Lesungen gibt es selbstverständlich noch weitere Möglichkeiten, sich und sein Werk der Öffentlichkeit zu präsentieren. Gerade bei AutorInnen, die ihr Buch selbst herausgeben wollen, zum Beispiel als Book on Demand, steht alles, was mit Öffentlichkeitsarbeit und Marketing zu tun hat, hoch im Kurs, ganz nach dem Motto: „Selbst ist die Autorin" beziehungsweise „Jeder sein eigener Stephen King".

AutorInnen also als UnternehmerInnen, die Bücher nicht nur schreiben, sondern auch selbst verkaufen? Manchen AutorInnen werden sich bei diesem Gedanken die Haare sträuben – allein, es ist nie verkehrt, sich mit allen Gliedern der „Verwertungskette Lesestoff" vertraut zu machen; und wer weiß, vielleicht entdeckt dabei die eine oder andere Marketingstrategien, die auch ihr liegen. Zahlreiche Marketingmaßnahmen, die viel bringen können und gleichzeitig mit geringen oder überhaupt keinen Kosten verbunden sind, stellt Gabi Neumayer im folgenden Beitrag vor. Natürlich kann ein solches Selfmade-Marketing mit dem eines großen Publikumverlags nicht konkurrieren. Aber das muss ja auch nicht sein. „Erfolg" ist eine Frage der Definition und der Weg ist das Ziel ...

! Dieser Beitrag wurde gesponsert durch www.esztervaci.de

Marketing für AutorInnen
Beitrag von Gabi Neumayer

Dieser Beitrag basiert auf einigen Folgen der Artikelserie „Marketingideen", die seit Ende 1999 regelmäßig im „Tempest" erscheint. Der „Tempest" ist der Webnewsletter für AutorInnen von autorenforum.de – mit Ausschreibungen, Artikeln, Tipps zum Veröffentlichen, Schreibkursen, Expertentipps und vielem mehr. Er erscheint monatlich und kann kostenlos bei autorenforum.de abonniert werden. Gabi Neumayer ist Chefredakteurin des „Tempest".

Warum überhaupt Marketing?

AutorInnen und Marketing – warum überhaupt dieses Thema? Kümmern sich denn nicht die Verlage darum, dass unsere Bücher verkauft werden?

Nein, das tun sie in der Regel nicht, zumindest nicht ausreichend. Wer nicht schon berühmt ist, kann kaum auf große Werbeanstrengungen seines Verlages hoffen. Wenn man nicht selbst etwas unternimmt, wird das eigene Buch höchstwahrscheinlich in der Fülle der Neuerscheinungen untergehen.

Ein weiterer Grund für AutorInnen sich mit Marketing zu beschäftigen: Immer mehr machen inzwischen von der Möglichkeit Book on Demand/Publishing on Demand Gebrauch. Die Verfügbarkeit über den Buchhandel ist damit zwar zu erreichen – aber das Buch bekannt machen, das muss der Autor, die Autorin selbst leisten.

Das klingt alles erst einmal unerfreulich. Aber für alle, die sich als AutorInnen mit dem Marketing der eigenen Texte beschäftigen wollen, kommt hier eine gute Nachricht: Es gibt zahlreiche Marketingmaßnahmen, die viel bringen können und gleichzeitig mit geringen oder überhaupt keinen Kosten verbunden sind. Viele davon lernen Sie in diesem Beitrag kennen.

Welcher Autorentyp sind Sie?

Nicht jeder Tipp ist für jeden Autorentyp sinnvoll oder umsetzbar. Machen Sie am besten vorab eine Selbstanalyse, um herauszufinden, was Sie als AutorIn wollen – und was Sie sich zutrauen. Dann können Sie sich gezielter die Tipps herauspicken, die zu Ihnen passen.

Checkliste: Selbstanalyse

Als Erstes sollten Sie klären, ob Sie überhaupt mit Ihren Büchern oder Storys jemanden außerhalb Ihres Bekanntenkreises erreichen wollen, ob Sie zur Selbstverwirklichung, zur Selbstanalyse schreiben oder einfach Freunde und Familie unterhalten möchten.

Wenn Sie Bekanntheit, eine möglichst große Leserschaft für Ihre Werke und nicht zuletzt ein nennenswertes Einkommen anstreben, sollten Sie sich die folgenden Fragen stellen:

- Kann und will ich öffentlich auftreten (in Lesungen, Interviews, im Fernsehen)?
- Kann ich frei sprechen? Vor wie vielen Menschen?
- Habe ich „Entertainer-Qualitäten"?
- Kann und will ich meine Fähigkeiten in diesem Bereich trainieren?
- Bin ich ein „Netzwerk"-Typ?
- Kann und will ich mit anderen zusammenarbeiten, um meine Arbeit bekannt/er zu machen?
- Bin ich vertraut mit dem Internet?
- Möchte ich über kurz oder lang ins Internet und die dortigen Möglichkeiten nutzen?

- Bin ich offen dafür, etwas Neues auszuprobieren?
- Bin ich generell bereit, mir neue Fähigkeiten und Kenntnisse anzueignen, um mehr für den Verkauf meiner Bücher und meinen Bekanntheitsgrad als AutorIn tun zu können?

Die Tipps

Die folgenden Tipps sind vier Gruppen zugeordnet. Fangen Sie einfach bei dem Thema an, das Ihnen am meisten zusagt – aber sehen Sie sich später auch die anderen Ideen an! Es wäre möglich, dass auch Internetmuffel und Netzwerkhasserinnen dadurch auf Ideen kommen, die geradezu nach einer Umsetzung schreien ...

Damit möglichst viele Tipps auf wenigen Seiten Platz finden, sind sie stichwortartig formuliert. Am besten benutzen Sie sie als Anregungen: Geben Sie sich etwas Zeit beim Lesen, sodass Sie eigene Ideen oder Ergänzungen gleich notieren können!

Noch ein Hinweis, bevor es richtig losgeht: Natürlich gibt es noch viele andere sinnvolle Marketingmaßnahmen, zum Beispiel das Werben in speziellen Fachpublikationen. Hier soll es aber ausschließlich um Maßnahmen gehen, die kostenlos oder zumindest sehr preiswert umzusetzen sind.

1. „Huckepack"-Werbung

Damit sind Maßnahmen gemeint, die auf einen bereits existierenden Kommunikationskontakt „aufgepropft" werden. Sie erfordern also keine besonderen Anstrengungen und verursachen keine oder nur sehr geringe Kosten.

- Nie ohne das neueste Buch in der Tasche aus dem Haus gehen.
- Bei zu großen/schweren Büchern: Stattdessen immer einen selbst gemachten Infozettel, eine Postkarte o. Ä. in größeren Mengen dabei haben (mit Coverabbildung und allen notwendigen Angaben wie Titel, AutorIn, Verlag, Preis, Altersempfehlung – bei Kinderbüchern –, ISBN, eventuell auch Kontaktanschrift).
- Infozettel, Postkarten etc. (zum Beispiel mit Coverabbildung oder Website-Screenshot) gezielt dort auslegen, wo die Zielgruppe sich aufhält.
- Bei Sachbüchern: Auf dem Infozettel kurze Auszüge, Tipps aus dem Buch aufführen.
- Lesezeichen (farbiger Karton) mit allen Angaben zum Buch, Coverabbildung etc. herstellen und immer mitführen.
- Aufkleber und/oder einen Stempel mit den wichtigsten Infos zum Buch herstellen lassen.
- Aufkleber/Stempelabdruck auf jeder ausgehenden Postkarte und jedem Brief anbringen.
- Kleine Giveaways zum Beispiel für die Weihnachtspost herstellen – bei Sachbüchern zum Beispiel ein Kärtchen mit den besten Tipps aus dem Buch, bei Kinderbüchern ein kleines Puzzle mit dem Buchcovermotiv etc.
- Buchcover und Titel oder URL der Website zum Buch auf Autoaufkleber, T-Shirt oder Einkaufstasche drucken und damit in der Öffentlichkeit herum-

laufen (oder -fahren).
- Einen (sehr kurzen!) Infotext zum Buch auf den Anrufbeantworter sprechen.
- Bei Ratgebern: Auf den Anrufbeantworter ein, zwei Kurztipps aus dem Ratgeber sprechen; Info möglichst alle paar Tage wechseln.
- In der Signatur der eigenen eMails auf das neue Buch hinweisen.
- In Selbstvorstellungen (zum Beispiel für Anthologien, in Artikeln für Zeitschriften etc.) auf die neueste Veröffentlichung hinweisen.
- Die bestehenden Kontakte im Hinblick auf das neue Buch prüfen (Beispiel: Könnte die befreundete Lehrerin die Lesezeichen zu meinem neuen Kinderbuch in ihrer Schule verteilen? Oder lädt sie mich vielleicht zu einer Lesung ein?).

2. Netzwerken

„Networking": heute ein beliebtes Schlagwort, das manche kaum noch hören mögen. Doch gerade angesichts der neuen Möglichkeiten des Internets bieten sich eine Menge guter Netzwerk-Gelegenheiten, um das eigene Werk bekannt zu machen.
- Bereits bestehende Kontakte unter „Marketing-Gesichtspunkten" prüfen: Sind darunter mögliche MultiplikatorInnen (Redakteure, Lehrerinnen etc.)?
- Über Menschen, zu denen man schon Kontakt hat, weitere Kontakte herstellen.
- Speziell lokale Kontakte suchen und pflegen, zum Beispiel zu Zeitungen, Rundfunk, Bibliotheken und Kneipen mit Kulturprogramm. Lokale Medien sind ortsansässigen AutorInnen gegenüber meistens aufgeschlossener als andere.
- Bei Lesungen etc. an Networkingmöglichkeiten denken, sich zum Beispiel an einer Benefizveranstaltung beteiligen und/oder durch eine Lesung eine soziale Institution vor Ort unterstützen.
- Netzwerke für den eigenen Interessenbereich, für die eigene Art von Texten suchen (Beispiel Krimis: Im deutschsprachigen Raum gibt es etwa die „Sisters in Crime" [siehe S. 639] und das „Syndikat" [siehe S. 640]).
- Im Internet passende Autorenringe, Mailinglisten, Newsgroups suchen und eine Weile testen.
- Netzwerke prüfen:
  - Wie groß sind sie?
  - Welche Kosten fallen bei einer Mitgliedschaft an?
  - Welche Zugangsbeschränkungen gibt es? Kann ich überhaupt Mitglied werden?
  - Welche Themenschwerpunkte hat welches Netzwerk?
  - Gibt es lokale Gruppen in meiner Nähe?
  - Will ich – wenn ich kein passendes Netzwerk finde – vielleicht selbst eines gründen? Wo und wie finde ich dafür InteressentInnen?
- Je nach Möglichkeiten: auf das eigene Werk in netzwerkeigenen Publikationen und auf der Homepage des Netzwerks hinweisen.
- Bücher anderer Netzwerkmitglieder rezensieren (zum Beispiel bei amazon.de) und im Gegenzug eigene Bücher von den anderen rezensieren lassen.

- Eigene Kontakte (Presse etc.) ans Netzwerk weitergeben und sich von den anderen ebenfalls welche nennen lassen.
- Werbemittel (Infozettel, Lesezeichen zum Buch) mit anderen Mitgliedern tauschen und füreinander zum Beispiel in lokalen Buchhandlungen auslegen.
- In Netzwerkveranstaltungen aktiv werden, zum Beispiel als ExpertIn einen Vortrag halten oder an einer Diskussionsrunde teilnehmen.
- Gruppenmaßnahmen planen und umsetzen (siehe dazu den nächsten Punkt der Checkliste!).

3. Gruppenmaßnahmen

Wer in einer Gruppe auftritt, kann gerade als unbekannteR AutorIn mehr Aufmerksamkeit auf sich ziehen als allein. Außerdem lassen sich mit mehreren umfangreichere Maßnahmen planen und umsetzen, und in einer Gruppe sind dafür auch mehr Fähigkeiten und Möglichkeiten vorhanden. (Beispiel: Eine Autorinnengruppe, in der unter anderen eine Werbegrafikerin, eine Journalistin und zwei Lehrerinnen vertreten sind, hat ganz andere Kontakte und Möglichkeiten, sich zu präsentieren, als eine einzelne Autorin.)

- Gruppenlesungen veranstalten (hilft über Anfängernervosität; minimiert die „Zuhörerangst", von unbekannten AutorInnen enttäuscht zu werden; zieht mehr Interessenten an als eine Einzellesung, weil die Gruppe mehr Kontakte hat).
- Sich als Gruppe an einer Veranstaltung (Messe, Büchermarkt, Literaturveranstaltung, Benefizevent) beteiligen.
- Gruppenbroschüren erstellen, zum Beispiel mit AutorInnenprofilen und -veröffentlichungen.
- Broschüren an mögliche Lesungsorte und Buchhandlungen verteilen.
- Broschüren an Pressekontakte schicken.
- Eine gemeinsame Homepage gestalten.
- Eine Mailingliste einrichten, um sich schnell und kostengünstig auzutauschen.
- Füreinander Rezensionen schreiben (zum Beispiel bei amazon.de) und Werbemittel verteilen.

4. Internet

Das Internet ermöglicht schnelles, effektives Netzwerken (siehe „Netzwerken" und „Gruppenmaßnahmen"). Aber auch der einzelne Autor, die einzelne Autorin kann sich die Möglichkeiten des Internets fürs Selbstmarketing zunutze machen und dadurch potenzielle LeserInnen erreichen, die in der „Echtwelt" nicht oder nur mit erheblichen Kosten zu erreichen wären.

- In der eMail-Signatur auf die Neuerscheinung hinweisen.
- Eine Homepage zum Buch herstellen (möglichst für jedes Buch eine eigene):
  - Alle notwendigen Angaben zum Buch bereit stellen.
  - Möglichst eine Coverabbildung einfügen.
  - Eventuell eine Leseprobe aufnehmen. (Achtung: prüfen, ob man die erforderlichen Nebenrechte noch besitzt!)
  - Die Möglichkeit zur Kontaktaufnahme bieten – per eMail, eventuell auch

durch ein Gästebuch oder ein Forum.
- Aktivitäten anbieten: kleine Gewinnspiele (Gewinn: das Buch; wenn möglich vom Verlag sponsern lassen), Umfragen etc.
- Inhalte immer an der Zielgruppe ausrichten! Zusätzliche Tipps, Infos und Links zur Verfügung stellen.
- Die Homepage durch Eintragung in Suchmaschinen bekannt machen (auf aussagekräftige Metatags und richtige Verlinkung achten!).
- Hinweise auf die URL auch in die „Echtwelt"-Post einbauen.
- Werbung oder Linktausch mit anderen AutorInnen und geeigneten Literaturseiten.
- An Literatur-/Autorenwebringen teilnehmen.
- Mailinglisten für AutorInnen besuchen und dort aktiv teilnehmen.
- Online-Buchhandlungen prüfen, ob das Buch dort eingetragen ist (mit allen möglichen Angaben und Coverabbildung); ansonsten selbst eintragen.
- Bei amazon.de und anderen Buchhändlern alle möglichen Einträge ausloten und nutzen (Autoreninterview, Autorenkommentar zum eigenen Buch).
- Pressemitteilungen online an geeignete Rezensionsseiten verschicken (bei manchen kann man Infos zum eigenen Buch sogar selbst eintragen).

Soweit meine Anregungen. Natürlich gibt es noch viele andere preisgünstige Marketingmaßnahmen, und jedes Buch und jedeR AutorIn hat andere Eigenschaften, für die man Marketingmaßnahmen maßschneidern kann und sollte.

Wer per Book on Demand und im Selbstverlag veröffentlicht, dem steht darüber hinaus eine ganze Welt an weiteren Marketingmöglichkeiten zur Verfügung. So kann man beispielsweise Textauszüge in Zeitschriften und Magazinen nachdrucken lassen oder bestimmten Zielgruppen als Broschüren zusenden, was wegen der rechtlichen Situation bei „normalen Verlagsverträgen" nicht möglich ist. Wer die Möglichkeiten für Selbstverleger näher erkunden möchte, sollte sich im Internet umsehen, beispielsweise bei Buchdienstleistern wie http://iuniverse.com oder beim „Papst" des Guerilla-Marketings, Jay Conrad Levinson, unter www.gmarketing.com. Außerdem gibt es gute Bücher zu diesem Thema, beispielsweise die von Andreas Mäckler (zu finden auf der Website www.xlibri.de) und natürlich zahlreiche Newsletter (viele davon aus dem englischsprachigen Raum). Einfach mal googeln!

Noch ein Tipp zum Schluss: Betrachten Sie bereits das Anschreiben zu Ihrem Manuskript als Marketingmaßnahme! Wenn Sie Ihr Manuskript professionell präsentieren, nehmen Sie in den Lektoraten die erste große Hürde, an der viele andere scheitern ...

Und nun: Viel Spaß und Erfolg mit Ihren Marketingmaßnahmen!

Ich freue mich außerdem – nicht zuletzt als Chefredakteurin des „Tempest" – über Ihre Tipps und Ideen zum Thema. Schicken Sie mir einfach eine Mail: info@gabineumayer.de.

Friedrich-Bödecker-Kreise – Lesungen an Schulen

Pädagogisches Ziel der in allen Bundesländern tätigen Friedrich-Bödecker-Kreise (FBK) ist es, „Kinder und Jugendliche zu befähigen, aktiv am literarischen Leben teilzunehmen". Dies geschieht besonders durch die Vermittlung, Organisation und Finanzierung von Autorenlesungen, die überwiegend in Schulen aber auch in anderen Einrichtungen wie in Kindergärten, Bibliotheken, Jugendeinrichtungen, Jugendstrafanstalten und in Eltern- und Lehrerfortbildungen stattfinden. „Die Veranstaltungen, die neben der Lesung immer auch Gespräch und Diskussion beinhalten, werden als kurzweiliges Ereignis im (meist schulischen) Alltag erfahren und wirken über den Tag hinaus. Die Erfahrungen zeigen, dass Kinder und Jugendliche durch die persönliche Begegnung mit einem Autor oder einer Autorin eine ganz neue Beziehung zur Sprache, zum Lesen und zur Literatur herstellen."

Kinder- und Jugendbuch-AutorInnen, die vor Kindern und Jugendlichen lesen möchten, können sich auf der Homepage der Bödecker-Kreise (www.boedecker-kreis.de) über die Konditionen informieren. Diese sind von Landesverband zu Landesverband verschieden. Pro Lesung liegen die Honorare für die AutorInnen etwa zwischen 150 und 200 Euro, also unterhalb des vom Verband deutscher Schriftsteller (VS) empfohlenen Mindesthonorarsatzes von 250 Euro. Zusätzlich übernimmt der Friedrich-Bödecker-Kreis in der Regel die Fahrt- und Übernachtungskosten. Wer diese Bedingungen akzeptiert, kann einen Antrag stellen, um in die online gestellte Autorendatenbank sowie in das Autorenverzeichnis (Printversion) mit dem Titel „Autoren lesen vor Schülern – Autoren sprechen mit Schülern" aufgenommen zu werden. Über den Antrag wird dann von der Redaktionskonferenz des FBK entschieden. In der Autorendatenbank sind die biobibliographischen „Steckbriefe" von derzeit rund 330 AutorInnen gespeichert. Es können aber auch AutorInnen zu Veranstaltungen vermittelt werden, die dort nicht aufgelistet sind.

Auf der Homepage ist ferner nachzulesen, dass AutorInnen, die sich selbst den Schulen vorschlagen, insbesondere mit dem Hinweis, dass die Schulen eine Kostenerstattung durch den Friedrich-Bödecker-Kreis erhalten können, von der Vermittlung und Finanzierung ausgeschlossen sind. Warum wird Eigeninitiative von Seiten der AutorInnen so wenig gewürdigt? Udo von Alten, Vorsitzender des Bundesverbandes: „Weil die Bödecker-Kreise nur über begrenzte Mittel verfügen und nicht automatisch Lesungen zu jeder Zeit fördern können. Die Schulen müssen erst nachfragen, ob noch Mittel vorhanden sind. Außerdem können nicht alle Autoren die Schulen entsprechend beraten und der FBK würde auch nicht jeden Autor (unbesehen) vorschlagen bzw. zu Lesungen einsetzen."

Autorinnen und Autoren haben sich also passiv zu verhalten und darauf zu warten, dass sie vom Bödecker-Kreis ihres Bundeslandes angesprochen werden. Auch die Abrechnung erfolgt später über den Bödecker-Kreis und nicht über die jeweilige Schule/Einrichtung, in der die Lesung stattfand.

Die Friedrich-Bödecker-Kreise arbeiten für Kinder und Jugendliche. Allerdings können auch AutorInnen mit einem anderen Repertoire begrenzt vermittelt werden, indem sie als Zielgruppe zum Beispiel Oberstufen von Gymnasien angeben. Jährlich vermitteln die Bödecker-Kreise rund 5.500 Lesungen.

Bundesverband

Bundesverband der Friedrich-Bödecker-Kreise e. V., Udo von Alten, Künstlerhaus/ Sophienstr. 2, D-30159 Hannover, fon: 0511/9805823, fax: 0511/8092119, fbk.nds@t-online.de, www.boedecker-kreis.de

Landesverbände

FBK in **Baden-Württemberg** e. V., Ulrike Wörner, Heugasse 13, D-73728 Esslingen, fon: 0711/6990700 (Di. u. Mi. 10.00 – 17.00 Uhr), fax: 0711/3001368, friedrich-boedecker-kreis-bw@t-online.de

FBK in **Bayern** e. V., Eva Rubach, Adolf-Kolping-Str. 15, D-83093 Bad Endorf, fon + fax: 08053/49016, eva.rubach@gmx.de

FBK in **Brandenburg** e. V., Am Schützenwäldchen 77, D-15537 Erkner, fon + fax: 03362/70 09 55, fbk-brandenburg@t-online.de, http://fbk-brandenburg.bei.t-online.de

FBK in **Bremen** e. V., Rolf Stindl, Heilsberger Str. 3, D-27580 Bremerhaven, fon + fax: 0471/88531, rolf.Stindl@t-online.de

FBK in **Hamburg** e. V., Patricia Rittich, Denickestr. 80 b, D-21075 Hamburg, fon: 040/70294911, fax: 040/70294926, p.rittich@web.de

FBK in **Hessen** e. V., Johanna Schulz, Buchenweg 2, D-36142 Tann/Rhön, fon: 06682/917136, fax: 06682/917137, boedecker.hessen@gmx.de

FBK in **Mecklenburg-Vorpommern** e. V., Groten Enn 27, D-18109 Rostock, fon: 0381/1200195, fax: 0381/1202662, fbk.m-v@t-online.de

FBK in **Niedersachsen** e. V., Künstlerhaus/Sophienstr. 2, D-30159 Hannover, fon: 0511/9805823, fax: 0511/8092119, fbk.nds@t-online.de

FBK in **Nordrhein-Westfalen** e. V., Renate Bugey, Badgasteiner Weg 6, D-40789 Monheim am Rhein, fon: 02173/101554, fax: 02173/101784, boedecker@kulturserver-nrw.de

FBK in **Rheinland-Pfalz** e. V., c/o LiteraturBüro, Klarastr. 4, D-55116 Mainz, fon: 06131/228855, fax: 06131/228845, mail@fbk-rlp.de, www.fbk-rlp.de

FBK in **Saarland** e. V., Saarländisches Künstlerhaus, Karlstr. 1, D-66111 Saarbrücken, fon: 0681/375610, fax: 0681/3905630, fbk.saarland@t-online.de

FBK in **Sachsen** e. V., Dagmar Heinicke, c/o Staatliche Fachstelle für Bibliotheken im Regierungsbezirk Leipzig, Oststr. 13, D-04317 Leipzig, fon: 0341/6973252, fax: 0341/6973260

FBK in **Sachsen-Anhalt** e. V., Forellenweg 5, D-39291 Möser, fon + fax: 039222/2513, fbk_ev@t-online.de, www.fbk.kulturserver-san.de

FBK in **Schleswig-Holstein** e. V., Stellauer Str. 5 f, D-25563 Wrist, fon: 04822/6987, fax: 04822/363401, renate-kruse@web.de

FBK in **Thüringen** e. V., Magdeburger Allee 22, D-99086 Erfurt, fon + fax: 0361/5612918, fbk@fbk-thueringen.jetzweb.de, www.fbk-thueringen.jetzweb.de

Lesungen statt Fußball und Kino
Interview mit Kersten Flenter

Kersten Flenter, Autor, veranstaltet seit 1992 Lesungen und Lesereihen, zuletzt einmal monatlich in Hannover zusammen mit Ines Rathje die Lesereihe „Slam & Lounge". Obwohl diese Mitte 2004 eingestellt wurde, lohnt es sich, anhand des Konzeptes einmal die wesentlichen Dinge zu beleuchten.
    Die Abende von „Slam & Lounge" begannen mit einem „offenen Mikrofon", zwanzig Minuten, die für Leute reserviert waren, die sich und ihre Texte ausprobieren wollen. Danach las eine Autorin oder ein Autor, die oder der bereits einen bekannteren Namen hat, zum Beispiel Tanja Dückers aus Berlin oder Jaromir Konecny aus München. Die Veranstaltung endete mit einen Dichterwettstreit, dem Poetry Slam.

Sandra Uschtrin: Sie sind Veranstalter von Lesungen und Autor. Können Sie davon leben?

FLENTER: Nein, nicht ganz, ich habe einen Minijob als Broterwerb. Es beruhigt mich, wenn ich weiß, dass die Miete gesichert ist. Das Konzept der Lesereihe sah ursprünglich vor, uns für Organisation und Moderation pro Veranstaltung jeweils fünfzig Euro auszuzahlen. Das hat aber nicht geklappt.

Zahlten Sie den Autorinnen und Autoren, die bei Ihnen auftraten, ein Honorar?

FLENTER: Ja, der Special Guest bekam selbstverständlich ein Honorar. Wir hatten allerdings ein Limit von 200, maximal 250 Euro – inklusive Fahrtkosten. Nur wenn wir von dritter Seite einen Zuschuss erhielten, konnten wir die Fahrtkosten extra erstatten. Die Übernachtung boten wir in der Regel privat an; die Verpflegung übernahmen wir.

Woher kam das Honorar?

FLENTER: Die Veranstaltung trug sich durch den Eintrittspreis: pro Person vier Euro, ermäßigt drei Euro. Mit rund sechzig zahlenden Gästen war der Abend also gesichert; oft hatten wir zwischen achtzig und hundert Besucher.

Der Verband deutscher Schriftsteller (VS) in ver.di empfiehlt, pro Lesung 250 Euro plus Fahrt- und Übernachtungskosten zu nehmen. Verlangen Sie diese Summe, wenn Sie selbst lesen?

FLENTER: Die 250 Euro sind ein guter Richtwert für Verhandlungen. Aber wenn ich jedes Mal auf die 250 Euro als Honorar bestehen würde, würde ich nicht so viele Auftritte bekommen. Was ich an Honorar verlange, mache ich auch von den Sympathien zu den Veranstaltern abhängig und natürlich von deren finanziellen Möglichkeiten. Es gibt zum Beispiel Lokalitäten, über die ich weiß, dass es dort wenig Honorar gibt, dass ich dort aber die Möglichkeit habe, viele Bücher zu verkaufen.

Verkaufen Sie dort wirklich spürbar mehr? Ist das zu merken?

FLENTER: Das merke ich schon. Und wenn ich – auch eine Honorarform – am Eintritt beteiligt bin, bekomme ich am Ende vielleicht sogar mehr, als wenn ich von vornherein auf das Honorar bestanden hätte. Das ist eine Sache der persönlichen Einschätzung. Bei mir hat sich das Honorar, wenn ich Sololesungen mache, auf etwa 200 Euro eingespielt.

Wie viele Lesungen machen Sie ungefähr im Jahr?

FLENTER: Rund dreißig. Wobei ich versuche, im Frühjahr und im Herbst eine Tour zusammenzustellen, bei der ich ein oder zwei Wochen am Stück unterwegs bin. Und wenn ich schon mal in München, also im Süden, eingeladen bin, würde ich immer versuchen, eine solche Reise mit mehreren Auftritten zu verbinden, also auch in Nürnberg oder in Stuttgart zu lesen.

Nützt Ihnen – hierauf bezogen – Ihre Mitgliedschaft im VS etwas? Kommen Sie dadurch an Lesungen?

FLENTER: Der VS bringt mir eine Lesung im Jahr. Das ist eine Schullesung bei den Niedersächsischen Literaturtagen und umgerechnet immerhin mehr als der jährliche Mitgliedsbeitrag.

Lesen Sie auch über die Friedrich-Bödecker-Kreise?

FLENTER: Da ich kein Jugendbuchautor bin, bislang nicht. Obwohl ich ab und zu Schullesungen mache. Aber die kamen bisher durch private Kontakte zustande.

Wie akquirieren Sie die Autorinnen und Autoren für Ihre Lesungen und Lesereihen?

FLENTER: Die Gäste kommen aus dem Kreis von Autorinnen und Autoren, die ich kenne oder von denen ich gehört habe, die ich aber bislang selbst nicht live erlebt habe. Manche bewerben sich bei mir, weil sie von einer aktuellen Reihe gehört haben. Denn wenn man das lange genug macht, wird eine Reihe zur Institution. Die Kontaktaufnahme läuft dann meistens über eMail. Und natürlich gucke ich mir auch die Websites der Kolleginnen und Kollegen an, Stichwort Textproben. Viele haben bereits eine eigene Homepage. Das erleichtert die Arbeit.

Was würden Sie Autorinnen und Autoren raten, die Lesungen machen wollen?

FLENTER: Wichtig ist, sich genau zu informieren, mit welchem Publikum man es zu tun hat und in welcher Umgebung man liest. In einer Bibliothek oder in einem Klassenzimmer vor Schülern kann ich sehr leise Akzente setzen, subtile Texte lesen, Raum für Zwischentöne lassen. Denn das Publikum ist dann ja nur meinetwegen da und nichts ist drum herum, was Geräusche macht. Wenn ich dagegen in einem Club wie hier in Hannover mit rund hundert Leuten auftrete, wo es Bargeräusche und immer Gemurmel im Hintergrund gibt, muss ich andere, sicher auch kürzere Texte auswählen. Ansonsten wird es für alle anstrengend, sowohl für den Autor als auch für das Publikum.

Gibt es etwas, was Autorinnen und Autoren auf Lesungen immer wieder falsch machen?

FLENTER: Es gibt etliche, die nicht sehen, dass es etwas ganz anderes ist, einen Text vorzutragen, als einen Text zu schreiben. Beim Vortrag spielen einfach noch ganz andere Dinge eine Rolle. Zum Beispiel die Artikulation. Oder die Art wie ich mich selbst und meinen Text kenne und ihn transportieren kann, ohne mich selbst dabei zu wichtig zu nehmen. Wenn ich Leute einen Text lesen lasse, haben sie in der Regel genug Zeit und sie können sich den Raum aussuchen, in dem sie den Text auf sich wirken lassen. Auf einer Lesung aber muss ich davon ausgehen, dass das Publikum meinen Text jetzt nur eins zu eins aufnehmen kann. Das ist etwas, was ich berücksichtigen muss.

Üben Sie zu Hause? Schauen Sie zum Beispiel auf die Uhr, damit Sie wissen, wie viel Zeit Sie für einen Text benötigen?

FLENTER: Selbstverständlich! Das ist ganz wichtig! Ich weiß genau, wie viel Zeit meine Texte brauchen. Als Faustregel gilt bei meinem Lesetempo: pro Seite zwei Minuten. Das hilft, besonders bei Gruppenlesungen. Wer da nicht weiß, wie lange er für seinen Text braucht – und das wissen leider viele nicht –, und denkt, fünf Seiten Text, das schaffe ich locker in fünf Minuten, der überzieht seine Zeit. Sich an die vereinbarte Zeit zu halten, hat aber nicht nur etwas mit Professionalität, sondern auch etwas mit Respekt zu tun, Respekt sowohl dem Publikum als auch und vor allem den Kolleginnen und Kollegen gegenüber.

Worauf würden Sie bei einer Gruppenlesung außerdem achten?

FLENTER: Ich würde gucken, mit welchem Text ich innerhalb dieser Gruppe besonders herausstechen kann, damit ich wahrgenommen werde. Beispiel: Wenn ich an einem Abend mit fünf Lyrikern auftrete, lese ich wahrscheinlich lieber einen Prosatext. Nicht nur mir, sondern auch dem Publikum zuliebe, damit es nicht mit den gleichen Sachen erschlagen wird. Schön wäre es natürlich, wenn sich die Lesenden vorher abstimmten. Das zu ermöglichen, damit ein guter Mix entsteht, ist auch Sache des Veranstalters.

Sind Einzellesungen etwas für Anfänger?

FLENTER: Warum nicht? Wenn man das entsprechende Programm und Material hat? Sich auch sicher ist, über eine Stunde oder eineinhalb unterhalten zu können? Warum sich dann nicht mit einer Einzellesung ausprobieren? Natürlich ist es, wenn man anfängt und einen noch keiner kennt, schwierig, gleich eine Einzellesung zu bekommen und dazu das Publikum. Da hilft es natürlich sehr, wenn man vorher einen Bestseller geschrieben hat. Aber normalerweise ist es ja so, dass man noch nicht so viele Lesungen gemacht hat, weil man eben auch noch nicht so bekannt ist. Und da ist es, glaube ich, ganz hilfreich, erst einmal mit einer Gruppenlesung anzufangen. Einfach mal zehn, fünfzehn Minuten zu gucken: Kann ich das? Ist das etwas, was mir Spaß macht? Nehmen mich die Leute an und wahr? Oder meine Texte?

Ich selbst mache lieber Einzellesungen, weil ich da eine größere Bandbreite von meinen Texten präsentieren und beim Publikum ein viel größeres Gefühlsspektrum ansprechen kann. Diesen Anspruch habe ich auch, wenn ich selbst eine Lesung besuche: Ich möchte mal lachen, mal in mich gehen, mal nachdenklich werden. Das kann ich in neunzig Minuten viel eher leisten, als wenn ich nur zehn Minuten Zeit habe.

Warum lesen Sie als Autor überhaupt?

FLENTER: Für mich sind Lesungen die unmittelbarste Form, Feedback auf meine Texte zu bekommen. Ich sehe direkt, praktisch in den Gesichtern, die Wirkung eines Textes. Das Publikum reagiert, entweder mit Applaus oder – im schlimmsten Fall – indem es mit Gegenständen wirft. Aber auf jeden Fall kommt eine Rückmeldung. Das sind ganz unmittelbare Empfindungen. Und jeder, der auf der Bühne steht, weiß, dass Applaus und Zuspruch einfach ein wunderschönes Gefühl sind.

Außerdem sind Lesungen für mich die beste Möglichkeit, meine Bücher zu verkaufen. Meine Bücher haben in der Regel eine geringe Auflage, und ich muss sehr viel selbst dafür tun, um sie unters Volk zu bringen. Und das geht auf Lesungen halt am besten.

Wäre es nicht von Vorteil, sie konzentrierten sich aufs Schreiben und Lesen statt auch noch Lesereihen zu veranstalten? Sie könnten in der Zeit Fußball spielen oder ins Kino gehen ...

FLENTER: Dazu bin ich selbst nicht ausgewogen genug. Oder sagen wir so: Ich bin halt gerne auf guten Literaturveranstaltungen, Lesungen. Ich möchte bestimmte Autorinnen und Autoren gerne sehen, bekomme sie aber nicht zu sehen. Da mache ich es eben selbst! Ich versuche, mir Abende zu schaffen, an denen ich mich selbst wohl fühle, die mir gefallen und an denen ich Spaß habe.

Sie stellen sich also Ihr eigenes Leseprogramm zusammen?

FLENTER: Ja, genau. Ich mag auch Fußball. Ich mag auch Kino. Ab und zu. Aber nicht nur.

Poetry Slams – Experimentierfeld und Kontaktbörse
Interview mit Tina Uebel

Tina Uebel ist Autorin und Herausgeberin von Poetry Slam-Anthologien. Zusammen mit Boris Preckwitz rief sie 1997 den Poetry Slam „Hamburg ist Slamburg" ins Leben, den sie heute gemeinsam mit Hartmut Pospiech moderiert. Ort des Geschehens ist der Molotow-Muskikclub auf der Hamburger Reeperbahn. Die Veranstaltung findet jeweils am letzten Dienstag des Monats statt.

Sandra Uschtrin: Poetry Slams gibt es seit Mitte der neunziger Jahre. Hat sich in der Szene seither etwas verändert? Lässt sich eine Entwicklung beobachten?

UEBEL: In den Anfängen war es ziemlich wild. Bis dahin kannten die Leute ja nur Lesungen in Literaturhausatmosphäre, wo man in Kulturertragungsstarre sitzt und nicht atmen darf, bis die Lesung vorbei ist. Jetzt waren sie plötzlich ausdrücklich aufgefordert zu partizipieren, sowohl Missfallen wie Wohlwollen zu äußern. Da ging es teilweise drunter und drüber. Viele mussten es einfach mal ausprobieren, musten einfach mal schreien, tanzen, toben, Dinge werfen. Inzwischen ist es ruhiger geworden. Nicht in dem Sinne, dass die Leute sich nicht mehr äußern, sie nehmen nach wie vor teil, sind aber nicht mehr prinzipiell auf Krawall gebürstet.

Außerdem gibt es viel mehr Veranstaltungen und Veranstaltungsformate. Nicht nur die traditionellen Lesungen oder eben Slams, so wie wir sie machen, sondern Varianten, Abwandlungen, Mischformen und Clubliteratur. Und dementsprechend hat sich auch das Publikum verändert.

Ist Slam gleich Slam oder gibt es auch bei diesem Veranstaltungsformat Unterschiede?

UEBEL: Es gibt so viele Vorstellungen davon, was ein Slam sein sollte, wie es Slammaster gibt und dann noch fünfzig mehr. Und das macht mir Spaß: dass Slam eben nicht nach einem Franchise-Prinzip funktioniert und man überall dasselbe bekommt, sondern dass die Abläufe, das Publikum, die Szene überall anders sind. Ich halte das für eine Stärke des Slams.

Am Beispiel Hamburg versus München – was erwartet mich wo?

UEBEL: Die Münchner Rayl Patzak und Ko Bylanzky machen es so, dass die Hälfte der Vortragenden eingeladen werden, also Leute sind, die etwas taugen, die man kennt. Und die andere Hälfte wird ausgelost von Bewerbungen aus dem Publikum. Bei uns in Hamburg ist die Leseliste dagegen völlig offen. Gut, manchmal haben wir Gäste aus anderen Städten. Aber im Prinzip ist es so, dass jeder auf die Leseliste kommen kann. Es sei denn, wir haben an einem Abend mehr als 16 Autoren. Dann müssen wir die Liste vorzeitig schließen.

Wie sieht der weitere Ablauf aus? Wie lange darf ich in Hamburg lesen und was kann ich gewinnen?

UEBEL: Bei uns beträgt die Lesezeit fünf Minuten. Wer gewinnt, bekommt eine Flasche Sekt, gut geschüttelt wie bei einem Autorennen. Außerdem gibt es für die ersten drei Rosetten, wie man sie von der Siegerehrung bei Ponyturnieren kennt. Mit anderen Worten: nichts von Wert. Denn es ist mir wichtig, immer wieder klar zu machen, dass das Format eigentlich nur ein Joke ist, um den Abend über zusammenzuarbeiten.

Gibt es Beschränkungen, was die Texte betrifft?

UEBEL: Nein. Alles ist erlaubt und jeder kann auftreten. Ein siebzigjähriges Männlein, das die Hochzeitsrede von vor fünfzig Jahren vorträgt, genauso wie einer, der nach einem Kurzgedicht einen Kasatschok tanzt. Aber wir sind hier ziemlich prosalastig. Auch das unterscheidet sich von Stadt zu Stadt. Dafür haben wir zum Beispiel wenig HipHop, wenig Rap.

Wie angenehm! Ich finde es immer schade, wenn die Show das Dominierende ist und der Text nicht mehr im Vordergrund steht.

UEBEL: Ich denke, es gehört alles dazu, auch Spoken Word, auch die Performance, denn das ist etwas, was sonst wenig Platz bekommt. Unsere Slams sollen für die Leute ein Angebot sein. Sie kriegen fünf Minuten Zeit, sie kriegen ein Mikro, sie kriegen zweihundert bis zweihunderfünfzig Zuhörer, sie kriegen eine direkte Reaktion vom Publikum, sie sollen machen, was sie wollen, und nicht von vornherein in eine Schiene gedrängt werden.

Was kann eine Autorin für sich und ihre Arbeit lernen, wenn sie an einem Slam teilnimmt?

UEBEL: Für viele junge Autorinnen und Autoren bedeuten Slams die Möglichkeit, an die Öffentlichkeit zu gehen und direkte Reaktionen auf ihre Texte zu erhalten. Denn auf Dauer reicht die Kritik von Mutti, dem besten Freund oder der Lebenspartnerin eben nicht aus. Auch wenn mein Text in irgendeinem kleinen Magazin abgedruckt wird, weiß ich ja nie, wie er ankommt. Natürlich sind die Bedingungen härter als bei einer normalen Lesung. Aber andererseits ist es ja viel lehrreicher, als wenn die Leute stillschweigend zur Kenntnis nehmen, was passiert, und erst draußen auf dem Nachhauseweg sagen: „Oh Gott, oh Gott! War das entsetzlich!" Da lernt man ja nichts! Beim Slam ist das anders. Gerade weil das Publikum aufgefordert ist teilzunehmen, sich zu äußern. Aber es kann natürlich hart sein, denn manchmal sagt das Publikum eben auch: „Mann, ist das scheiße!"

Außerdem sind Slams ein wunderbares Übungs- und Experimentierfeld in Sachen Bühnenpräsenz und Vortragskunst und damit ideal für alle, die später Einzellesungen machen wollen. Denn wer hat das nicht schon erlebt? Da kommt ein toller Autor auf die Bühne und meuchelt seinen eigenen Text, weil er so entsetzlich schlecht liest. Schon dass man steht und nicht sitzt – im Stehen atmet man ja ganz anders –, sich nicht hinter einem Tisch verschanzt. Damit fängt es an.

Das erfordert aber auch sehr viel Mut.

UEBEL: Na klar! Zu uns kam einmal ein sehr junger Lyriker, der hat so gezittert, dass ich mich fragte, wie er noch seinen Text lesen kann. Aber es war großartig und er hat den Slam gewonnen. Später hat er mir erzählt, dieser Abend habe ihn unglaublich bestätigt, seither wisse er, dass Schreiben für ihn nicht nur eine Träumerei, eine verschrobene Vorstellung sei, sondern etwas ganz Reales mit Zukunft. Mit MACHT haben wir dann die Möglichkeit, solche Autorinnen und Autoren zu fördern und ihnen ein weiteres Forum zu bieten. Insofern ist MACHT eine Art Fortentwicklung und der Slam eine wichtige Kontaktbörse.

Jetzt müssen Sie kurz erklären, was MACHT ist. Ich habe gelesen, dieser Club sei in Hamburg inzwischen mindestens so wichtig wie das Literaturhaus.

UEBEL: Mit MACHT haben wir eine Infrastruktur geschaffen, die es uns erlaubt, Autorinnen und Autoren einzuladen, die uns gefallen oder die wir fördern wollen. Wir, das ist eine Gruppe von zehn Leuten. Gemeinsam organisieren wir einmal im Monat eine Lesung. Mittlerweile kommen an diesen Abenden rund dreihundert Menschen, darunter auch Agentinnen und Verlagsleute. Zugpferd ist ein prominenter Autor, zum Beispiel Matthias Politycki. Und vorweg – quasi als Vorgruppe – geben wir einem „Local Hero", einem unentdeckten Talent, das oft vom Slam kommt, die Chance, auf sich aufmerksam zu machen. Eine MACHT-Lesung ist aber viel autorenzentrierter als „Hamburg ist Slamburg", hat einen ganz anderen Charakter, eine andere Atmosphäre.

Und vermutlich sind auch die Texte, die gelesen werden, sehr verschieden. Gibt es Texte, die auf Slams besonders gut ankommen?

UEBEL: Slam ist sehr viel Entertainment. Deswegen kommen Texte gut an, die lustig sind, gut vorgetragen werden und einen besonderen Drive haben. In Hamburg ist das Publikum sehr auf sarkastisch-surrealen Witz geeicht. Aber das heißt natürlich nicht, dass ich als Autorin unbedingt lustig sein oder den Kasper machen muss. Es gibt genug Gegenbeweise: Einmal gab es jemanden, der erschien drei-, viermal hintereinander, immer mit der Aldi-Tüte und machte sehr schräge, prollmäßige Sachen. Der hat drei Slams in Folge gewonnen, weil seine Show Zucker war. Aber beim vierten Mal kam kurz nach ihm eine junge Frau auf die Bühne, die hatte solche Angst, dass ich dachte, sie stirbt gleich. Sie war ganz leise, kaum zu verstehen und hat einfach nur – vollkommen ernst – hochklassige Lyrik gelesen. Und sie erhielt fünf mal zehn Punkte! Die Höchstwertung! Dazu gab es – und das habe ich vorher und nachher nie wieder erlebt –, Standing Ovations mit Zugabegeschrei. Diese Frau hat haushoch gewonnen und sie war überhaupt nicht komisch, überhaupt nicht showy, überhaupt nicht comedystyle. Das Publikum ist nicht doof.

Diese Frau und der junge Lyriker, von dem Sie davor erzählten, hatten offenbar starkes Lampenfieber. Kennen Sie dagegen ein Rezept?

UEBEL: Ich glaube, das einzige, was hilft, ist, es oft zu machen, oft zu lesen. Bei mir selbst ist es so, dass es mir manchmal gar nichts ausmacht. Und dann plötzlich bei einer Lesung habe ich dieses Zittern in den Knien, während meine Stimme ganz souverän klingt, und ich denke: „Was macht ihr da unten? Könnt ihr das bitte mal lassen?" Aber was natürlich hilft, sind ein paar Stunden Sprech- und Atemtraining. Ein Wochenendseminar und man hat etwas fürs Leben!

Treten Sie auf Ihren Slams auch selbst auf?

UEBEL: Nein, das geht nicht und das käme auch ganz komisch an. Als MC [Mistress/Master of Ceremony] habe ich auf meinem Poetry Slam viel zu tun. Ich muss die Balance halten, dafür sorgen, dass den Autorinnen und Autoren – auch wenn ihre Texte schlecht ankommen – mit Respekt begegnet wird, sie immer ihren Applaus bekommen, zumindest dafür, dass sie eben den Mut aufbringen, ins Mikro zu sprechen, und sollte im Zweifelsfall die Aggressionen, falls welche aufkommen, lieber auf mich ziehen. Das ist ein sehr anstrengender Job. Da auch noch zu lesen, ginge gar nicht.

Wo lesen Sie dann?

UEBEL: Auf Slams trete ich nur noch gelegentlich auf. Meine Texte sind mit den Jahren länger und länger geworden. Irgendwann waren es Geschichten, die nicht mehr ins Fünf-Minuten-Format passten, und seit einigen Jahren schreibe ich Romane. Meine Lesungen bekomme ich insofern als ganz normale Autorin.

Würden Sie demnach sagen, dass Slammen eher etwas für Anfänger ist?

UEBEL: Das ist sehr unterschiedlich. Die Spoken-Word-Artists oder Leute, die HipHop-Lyrik machen, sind auf Slams bestens aufgehoben. Aber es gibt in der Tat viele, die dort zum ersten Mal auf der Bühne stehen. Was ja auch natürlich ist. Denn die meisten, die anfangen zu schreiben, beginnen mit kurzen Texten; die wenigsten setzen sich hin und schreiben gleich einen Roman. Man muss sich erst einmal ausprobieren. Mit Sprache üben, die Sprache in den Griff bekommen. Das ist bei vielen eine Entwicklung. So war es auch bei uns. Wir haben alle mit Kurzgeschichten und Slamtexten angefangen. Aber irgendwann lockt natürlich die nächste Herausforderung. Und die nächste Herausforderung heißt irgendwann Roman.

Wie kommen Sie an eine Lesung? Können Sie eine bestimmte Vorgehensweise empfehlen?

UEBEL: Bisher bin ich immer angesprochen worden. Aber als Ratschlag: Ich glaube, es ist immer gut, etwas selbst auf die Beine zu stellen und sich mit anderen Autorinnen und Autoren zusammenzuraufen. Denn als Gruppe hat man ein ganz anderes Standing und auch die Möglichkeit, sich über Texte auszutauschen. Hier in Hamburg haben sich zum Beispiel Leute zusammengetan, die nennen sich „Reederei Hamburg" und machen einmal im Monat sonntags eine Lesung mit Kaffee und Kuchen. Dann gibt es „Transit", eine Veranstaltungsreihe mit thematischen Lesungen von vier, fünf Autorinnen und Autoren. Man darf nicht zu Hause sitzen und warten, dass jemand anruft. Und man muss sich eine gewisse Härte zulegen, eine Härte auch gegenüber den eigenen Texten. Wenn ich das Feedback bekomme, meine Texte taugen nicht, das sei alles nur Gefühlsmansch, dann muss ich bereit sein, daran zu arbeiten, versuchen, bessere Texte zu schreiben. Und auch da wieder hilft eine Autorengruppe.

Literaturtelefone, Web-Lesungen, LiteraturLines
Recherchiert und zusammengestellt von Florentine Egger

An einer Art Mini-Lesung oder Mini-Hörspiel können alle teilnehmen, die die Telefonnummer eines Literatur- oder Lyrik-Telefons wählen. AutorInnen, die daran interessiert sind, sich und ihre Texte auf diese Weise der Öffentlichkeit vorzustellen, sollten sich bei den AnsprechpartnerInnen des für sie in Frage kommenden Literaturtelefons beziehungsweise ihrer „LiteraturLine" melden. Die Texte dürfen in der Regel nicht länger als 4–5 Minuten sein. Ein Honorar von rund 25 Euro ist bei vielen üblich. Immer mehr im Kommen sind Web-Lesungen wie etwa in Hamburg und Münster. Die Idee entstand, als die Telekom die alten Nummern kündigte und sich die Telefongebühren erhöhten. Viele Literaturtelefone wie zum Beispiel in Hanau, Lübeck, München, Offenbach am Main, Oldenburg, Stuttgart, Waren wurden deshalb eingestellt.

Aurich: Im Literaturtelefon Ostfriesland sind Geschichten und Gedichte in Hoch- und Plattdeutsch von AutorInnen zu hören, die aus der Region Ostfriesland kommen. Es gibt kein Honorar, aber der Verein trägt die Kosten. Zu hören sind die Texte unter der Rufnummer: 04941/699944. – *Adresse:* Arbeitskreis ostfriesischer Autorinnen und Autoren und oostfreeske Tal e.V., Johannes Diekhoff, Fasanenweg 2, D-26603 Aurich, fon: 04941/2597 (siehe S. 617)

Düsseldorf: Das Düsseldorfer Literaturtelefon wird vom Literaturbüro NRW redaktionell betreut. Ansprechpartnerin ist Heike Funcke. Die maximale Lesezeit beträgt 5 Minuten. Jede Autorin/jeder Autor wird einen Monat lang vorgestellt. Honorar: 230 Euro. Die AutorInnen müssen aus Düsseldorf kommen oder zumindest einen sehr starken Bezug zu Düsseldorf haben. Zu hören sind die Texte unter: 0211/6024710. – *Adresse:* Literaturbüro NRW in Düsseldorf, Bolkerstr. 53, D-40213 Düsseldorf, fon: 0211/8284590, fax: 0211/8284593, mail@literaturbuero-nrw.de, www.literaturbuero-nrw.de

Frankfurt am Main: Die Texte, die im Literaturtelefon zu hören sind, dürfen nicht länger als 3 Minuten sein. Gewechselt wird das Programm alle vier Wochen. Aufwandsentschädigung: 50 Euro. Zu hören sind die Texte lebender, hessischer AutorInnen unter der Telefonnummer 069/24246021. – *Ansprechperson:* Brigitte Bee, fon: 069/612880, BrigitteBee@web.de, Infos zum Literaturtelefon unter: www.kunstraum-liebusch.de

Hamburg: Die Lesedauer der „Web-Lesungen" beträgt etwa fünf Minuten. Die Beiträge sind für eine Woche mit Bild und biobibliographischen Angaben im Internet über www.weblesungen.de abrufbar und anschließend über das Archiv noch weiter hörbar. Gewechselt wird jeweils am Dienstag. Die AutorInnen bekommen ein Honorar von 50 Euro. Die Texte der Web-Lesungen müssen sich inhaltlich nicht auf Hamburg beziehen; die AutorInnen brauchen nicht aus Hamburg zu kommen. – *Ansprechpartner:* Rüdiger Käßner, Kulturbehörde Hamburg, Literaturreferat, Hohe Bleichen 22, D-20354 Hamburg, kaessner@weblesungen, www.weblesungen.de

Kiel: Die vorgetragenen, deutschsprachigen Texte im Literaturtelefon Kiel sind jeweils eine Woche lang zu hören. Es kommen AutorInnen aus Kiel, dem Kieler Umland und aus Schleswig-Holstein zu Wort sowie AutorInnen, die einen engen Bezug zu Kiel haben (d. h. sie wurden z. B. dort geboren oder haben lange Zeit dort gelebt) oder zu Gast in Kiel waren. Die BewerberInnen sollten bereits Veröffentlichungen vorweisen können und in der Lage sein, ihre Texte selbst zu sprechen. Keine Einschränkung hinsichtlich der literarischen Gattung. Länge der Texte inklusive kurzer Vorstellung zur Person etwa 4 1/2 bis 5 Minuten. Aufwandsentschädigung: 26 Euro. Zu hören sind die Texte unter der Telefonnummer 0431/9011156. – *Adresse:* Kulturamt der Landeshauptstadt Kiel, Angelika Stargardt, Andreas-Gayck-Str. 31, D-24103 Kiel, fon: 0431/9013408, Angelika.Stargardt@LHStadt.Kiel.de, www.kiel.de/Kultur/Literaturtelefon/literaturtelefon_start.htm

Leipzig: Im Leipziger Literaturtelefon sind Texte zeitgenössischer AutorInnen für jeweils einen Monat zu hören. Die AutorInnen müssen nicht unbedingt aus Leipzig stammen; auch AutorInnen, die in Leipzig gerade eine Lesung halten, sind willkommen. Aufgenommen werden jeweils zwei Texte à ca. 5 Minuten bei AutorInnen, die von auswärts kommen (Honorar: 25 Euro), bzw. ein Text à 5 Minuten bei Leipziger AutorInnen (Honorar: 25 Euro). Zu hören sind die Texte unter 0341/9954171. – *Ansprechpartner:* Steffen Birnbaum, Breslauerstr. 37, D-04299 Leipzig, fon: 0341/8612203 oder: Haus des Buches, Gerichtsweg 28, D-04103 Leipzig, fon: 0341/9954511

Mainz: Das Kulturtelefon wird gemeinsam betreut vom LiteraturBüro Mainz und vom Kulturdezernat der Stadt Mainz. AutorInnen müssen nicht notwendigerweise aus Mainz kommen. Zu hören sind Lyrik und Prosatexte im 14-tägigen Wechsel (Honorar: 25 Euro), und zwar unter der Telefonnummer 06131/693944 .

– *Adresse:* LiteraturBüro Mainz e. V. für Rheinland-Pfalz, Sigrid Fahrer, Dalberger Hof, Klarastr. 4, D-55116 Mainz, fon: 06131/220202, fax: 06131/228845, info@literaturbuero-rlp.de, www.literaturbuero-rlp.de oder: Kulturdezernat der Stadt Mainz, Raphael Lopez, Jockel-Fuchs-Platz 1, D-55116 Mainz, fon: 06131/122523

Münster: Die „LiteraturLine" (im Internet) wird von der Literaturwissenschaftlerin Iris Nölle-Hornkamp im Auftrag des Kulturamtes der Stadt Münster organisiert. Die „LiteraturLine" bietet Lyrik und Prosa in Textauszügen und Hörproben. Die AutorInnen müssen nicht aus Münster kommen. Die Vorlesezeit beträgt 10–15 Minuten. Honorar bzw. Aufwandsentschädigung von 50 Euro. Wechsel der Texte alle 14 Tage. – *Adresse:* Dr. Iris Nölle-Hornkamp, Kulturamt der Stadt Münster, D-48127 Münster, literatur@muenster.de, www.stadt-muenster.de/literaturline

Rhein-Kreis Neuss: Im Literaturtelefon werden die Texte von Mundart-AutorInnen vorgestellt, die aus dem Rhein-Kreis Neuss kommen. Zu hören sind die Texte unter der Telefonnummer 02133/5302293. – *Adresse:* Internationales Mundartarchiv Ludwig Soumagne des Rhein-Kreises Neuss im Kulturzentrum Dormagen-Zons, Achim Thyssen, Schloßstr. 1, D-41541 Dormagen-Zons, fon: 02133/530210, achim.thyssen@rhein-kreis-neuss.de, www.rhein-kreis-neuss.de

Saarbrücken: Das Poesie-Telefon Saar e. V. wird betreut von Prof. Dr. Norbert Gutenberg an der Universität des Saarlandes. Ein Honorar gibt es nicht. Die Texte sind zu hören unter der Telefonnummer 0681/3024735. – *Adresse:* Universität des Saarlandes, Fachgebiet Sprechwissenschaft und Sprecherziehung, Am Stadtwald, D-66123 Saarbrücken, fon: 0681/302-2502, -2527, n.gutenberg@mx.uni-saarland.de, www.uni-saarland.de

Ulm: In Ulm gibt es das „Poesie-Telefon". Die Texte – Lyrik und Prosa, maximal 5 Minuten Lesezeit – sind wöchentlich im Wechsel zu hören unter der Telefonnummer 0731/161-4747. Interessierte AutorInnen schreiben an den Verein Ulmer Autoren 81 e. V., Postfach 2273, D-89212 Neu-Ulm (bitte Rückporto beilegen), christine-langer@gmx.de.

13

Preise & Wettbewerbe, Stipendien & Stellen für StadtschreiberInnen

Preise & Wettbewerbe, Stipendien & Stellen für StadtschreiberInnen

In Deutschland gibt es viele Preise und Wettbewerbe, Stipendien und Stellen für StadtschreiberInnen, mit denen AutorInnen geehrt und gefördert werden. Im Vordergrund muss dabei nicht immer das Geld stehen. Manchmal geht es „nur" um die Anerkennung, um „Ruhm und Ehre". Übergeben werden in diesen Fällen neben den üblichen Urkunden symbolträchtige Gegenstände oder – auch das kann vorkommen – „lediglich ein kleines Geschenk in Form eines Weinpräsents ..., für die Gattin ein Blumengebinde". Preise und Wettbewerbe als Spiegel unserer abendländischen Kultur und unserer Wertvorstellungen – auch unter diesem Aspekt kann es „gewinnbringend" sein, sich mit ihnen zu beschäftigen.

Alle Fördermaßnahmen in diesem Kapitel aufzulisten und zu beschreiben, würde den Rahmen dieses Handbuchs sprengen. Es gibt erfreulicherweise einfach zu viele. Nicht aufgeführt werden in diesem Kapitel daher die allgemeinen Kunst- und Kulturpreise; Preise also, um die sich neben Wort-UrheberInnen auch KünstlerInnen aus den Bereichen Architektur, Bildende Kunst, Darstellende Kunst, Design, Musik, Video und Film bewerben können.

Außerdem werden in der Regel nur die Preise und Stipendien erwähnt, bei denen eine Eigenbewerbung möglich bzw. erforderlich ist. Da das von rund 500 noch immer etwa 250 sind, musste eine Auswahl getroffen werden. Aufgeführt werden daher zumeist nur die überregionalen Preise und Stipendien, also solche, um die sich alle AutorInnen bewerben können, egal ob sie in Flensburg oder Mittenwald, in Köln oder Cottbus, im In- oder Ausland wohnen.

Es empfiehlt sich daher, beim zuständigen Kulturamt der Stadt bzw. Region sowie bei der für Kunstförderung zuständigen Behörde des jeweiligen Bundeslandes nachzufragen (Adressen siehe S. 557 f.), welche Fördermöglichkeiten für AutorInnen (und ÜbersetzerInnen) bestehen. Denn – um dies zu betonen – fast jede größere Stadt fördert „ihre" Autorinnen und Autoren, jedes Bundesland „seine" schriftstellernden „Landeskinder". Auch die Literaturbüros und Literaturhäuser in den einzelnen Bundesländern (siehe S. 608 ff.) sind wichtige Anlaufstellen, um herauszufinden, welche Preise und Stipendien in der Region vergeben werden und welche Voraussetzungen zu erfüllen sind, um an einer Ausschreibung teilnehmen zu können.

Im Internet veröffentlicht der Uschtrin Verlag seit einigen Jahren die Ausschreibungen von derzeit rund 300 literarischen Wettbewerben und Stipendien (www.uschtrin.de/preise.html und www.uschtrin.de/stip.html), bei denen eine Eigenbewerbung möglich bzw. erforderlich ist. Auch die Wettbewerbe, bei denen der Einsendeschluss bereits vorbei ist, werden dort aufgeführt, was offenbar nicht alle User erfreut. Vor lauter Kummer, einen Wettbewerb „verschwitzt" zu haben, wird dabei oft übersehen, dass die meisten Wettbewerbe und Stipendien genauso regelmäßig stattfinden wie Weihnachten. Wer will, kann sich also schon vorab – das heißt, bevor die neue Ausschreibung von der jeweiligen Einrichtung bekannt gegeben wird – informieren, wie die Teilnahmebedingungen vermutlich lauten werden und wie hoch resp. niedrig – gemessen am PR-Effekt – das Preisgeld sein wird. Aufgelistet werden die Preise dort zum einen alphabetisch (www.uschtrin.de/preise.html), zum anderen nach Genre (www.uschtrin.de/preise_genre.html). AutorInnen, die über neue Ausschreibungen aktuell informiert werden möchten, können dort auch einen kostenlosen Newsletter abonnieren (eMail-Benachrichtigungsservice).

Viele Informationen über Ausschreibungen, Projektförderungen, Wettbewerbe und Stipendien gibt es im Internet außerdem auf den Seiten von „Dschungelbuch Kulturförderung NRW" (www.dschungelbuch-nrw.de).

Wer sich für die Vergabemodalitäten, PreisträgerInnen oder Kontaktadressen der Wettbewerbe und Stipendien interessiert, für die man sich *nicht* selbst bewerben kann – zum Beispiel für den Nobelpreis für Literatur oder für den Deutschen FrauenKrimiPreis –, sollte zum „Handbuch der Kulturpreise 1995–2000" (siehe Literaturverzeichnis, S. 676) greifen, das vom Zentrum für Kulturforschung unter der Leitung von Andreas Joh. Wiesand herausgegeben wird. Wiesand ist auch Herausgeber eines Titels, der etwa im Januar 2005 erscheint; Arbeitstitel: „Autoren-Perspektiven. Qualifizierung – Förderung – Neue Medien" (ISBN 3-930395-61-4).

Österreichische Wettbewerbe, an denen meistens nur ÖsterreicherInnen teilnehmen dürfen, findet man u. a. auf den Internetseiten des Literaturhauses Wien (www.literaturhaus.at).

Preise und Wettbewerbe

Aus Platzgründen kann hier nur eine Auswahl an Preisen und Wettbewerben vorgestellt werden und das auch nur in knapper Form. Wer sich für einen der hier aufgeführten Preise (oder für einen hier nicht aufgeführten Preis) näher interessiert, findet den (Original-)Ausschreibungstext – zumeist ungekürzt – im Internet auf den Seiten des Uschtrin Verlages.

Hinweise, die zur Neuaufnahme eines Wettbewerbs führen, werden dankbar entgegen genommen.

Bei vielen Einträgen wird angegeben, wann in etwa der Einsendeschluss ist. Hierbei handelt es sich in der Regel um Zirka-Angaben, das heißt: Aus der Tatsache, dass der Einsendeschluss für diesen Preis bislang immer dann und dann war, wurde gefolgert, dass er auch in Zukunft ... Wer sich für die Ausschreibung interessiert, sollte sich bei der jeweiligen Veranstalterin also mindestens ein halbes Jahr vorher nach den genauen Terminen erkundigen.

Die Auswahlkriterien der hier aufgeführten Wettbewerbe: Renommee (z. B. der „Ingeborg-Bachmann-Preis"), besondere „Perle" (z. B. der „Buxtehuder Bulle", der

„Ingeborg-Drewitz-Literaturpreis für Gefangene", der „Glauser" oder „PLOPP"), „Langlebigkeit" (z. B. „Friedrich-Gerstäcker-Literaturpreis" [seit 1947]), überregionale Ausschreibung.

Hingewiesen sei nochmals darauf, dass hier nur Wettbewerbe aufgeführt sind, bei denen eine Eigenbewerbung möglich oder erforderlich ist.

Abkürzungen
K = Literarische Kategorie
Z = Verleihungszweck
V = Voraussetzungen und formale Bedingungen für die Vergabe
D = Dotierungssumme mit Vergabeturnus

Agatha-Christie-Krimipreis
(www.uschtrin.de/pr_amica.html)
K: Krimikurzgeschichte; unveröffentlicht; V: festgelegtes Thema, z. B. „Verdächtige Freunde" (2004). Der Aufruf richtet sich sowohl an bekannte SchriftstellerInnen als auch an solche, die es werden wollen. Die Story ist anonymisiert in zweifacher Ausfertigung einzureichen u. sollte maximal zehn Manuskriptseiten umfassen (je 30 Zeilen à 60 Anschläge); D: Sachpreise, zum Beispiel (2004): 1. Preis: Motorroller; 2. Preis: Notebook, 3. Preis: Schreibutensil; jährlich; Einsendeschluss ca. 31.12.; *Adresse:* AMICA, Stichwort „Agatha-Christie-Krimipreis", D-20767 Hamburg

Ingeborg-Bachmann-Preis – Tage der deutschsprachigen Literatur
(www.uschtrin.de/pr_bachmann.html)
K: deutschsprachige Prosatexte (keine Übersetzungen) von max. 30 Minuten Lesedauer; unveröffentlicht; V: Der Wettbewerb findet jährlich in der letzten Juni-Woche statt. Er ist eine öffentliche Veranstaltung, bei der die geladenen AutorInnen (für 2005 maximal 18) vor Publikum, Presse, Fernsehen (3sat – Liveübertragung) u. via Internet (live) ihre Texte lesen u. der Jury zur Beurteilung vorlegen. Über den Text urteilen in öffentlicher Diskussion die von den Veranstaltern ORF Kärnten u. der Stadt Klagenfurt nominierten JurorInnen; die jeweilige Autorin hat das Recht, ihre Meinung einzubringen. Jene AutorInnen, die zu den Lesungen u. Diskussionen eingeladen sind, werden ohne Ausnahmen von der Jury nominiert, d. h. man kann sich nicht im engeren Sinne bewerben. Allen Interessierten steht es jedoch frei, sich mit einem geeigneten Text direkt an Mitglieder der Jury zu wenden. Dies sollte jedoch bis spätestens Februar des jeweiligen Jahres geschehen. Die detaillierten Bedingungen sowie die Namen u. Adressen der Jury-Mitglieder werden im Dezember bekanntgegeben. Wird eine Autorin zum Wettbewerb geladen, darf sie ausschließlich einen unveröffentlichten Prosatext mit einer Länge von maximal 30 Minuten Lesedauer vorlegen. Achtung: „Die Texte dürfen in keiner Form u./oder Bearbeitung veröffentlicht oder zuvor bei ähnlichen Wettbewerben eingereicht worden sein. Auch eine öffentliche Lesung gilt als Veröffentlichung."; D: Neben dem Ingeborg-Bachmann-Preis werden noch vier weitere Preise vergeben. Die Dotation der Preise wird jedes Jahr neu festgelegt. 2005: Ingeborg-Bachmann-Preis: 22.500 €; jährlich; *Adresse:* ORF-Studio Kärnten,

Sponheimerstr. 13, A-9020 Klagenfurt, fon: 0463/5330-29528, fax: 0463/5330-29534, bachmann.preis@orf.at, http://bachmannpreis.orf.at

Baden-Württembergischer Jugendtheaterpreis
(www.uschtrin.de/pr_bwjuthe.html)
K: Stücke für das professionelle Jugendtheater; noch nicht aufgeführt; V: Die Stücke (keine Kinderstücke!) dürfen noch nicht aufgeführt sein u. müssen bis zur Entscheidung der Jury zur Uraufführung freistehen. Die Manuskripte müssen in dreifacher Ausfertigung eingereicht werden. Der Einsendung sind eine Vita sowie eine Liste der bisherigen Veröffentlichungen beizulegen. Die AutorInnen müssen nicht aus Baden-Württemberg sein; D: Preissumme: insgesamt 15.000 €; jährlich; *Adresse:* Schnawwl, Kinder- u. Jugendtheater am Nationaltheater Mannheim, z. Hd. Frau Stefanie Schnitzler, Alte Feuerwache / Brückenstr. 2, D-68167 Mannheim, fon: 0621/1680-301, stefanie.schnitzler@mannheim.de

BRIGITTE-Literaturwettbewerbe
(www.uschtrin.de/pr_arnim.html + www.uschtrin.de/pr_brigitte.html)
Zehn Jahre lang schrieb die Frauenzeitschrift BRIGITTE den mit 12.500 € dotierten Bettina-von-Arnim-Preis für unveröffentlichte Kurzgeschichten aus. Bei der vorerst letzten Ausschreibung (2002) kam es zu knapp 4.000 Einsendungen. Seit 2003 veranstaltet die Zeitschrift jährlich den BRIGITTE-Roman-Wettbewerb. An diesem Wettbewerb kann nur teilnehmen, wer noch keinen Roman in einem Verlag veröffentlicht hat. Zu gewinnen ist die Veröffentlichung eines Romans in der Verlagsgruppe Random House (Bertelsmann). Die Gewinnerin oder der Gewinner bekommt einen Autorenvertrag inklusive eines Garantiehonorars in Höhe von 10.000 €. Ob in Zukunft nur noch der Roman-Wettbewerb u. gar nicht mehr der Bettina-von-Arnim-Preis ausgeschrieben wird, ist zurzeit (Oktober 2004) laut Auskunft der Redaktion noch ungewiss; *Adresse:* Gruner + Jahr AG & Co, Redaktion BRIGITTE, Am Baumwall 11, D-20459 Hamburg, Postanschrift: D-20444 Hamburg, fon: 040/3703-0, fax: 040/3703-5679, infoline@brigitte.de, www.brigitte.de

Buchpreis „Lesen für die Umwelt"
(www.uschtrin.de/pr_umwelt.html)
K: wissenschaftliche oder literar. Texte; (Sach-)Bücher; veröffentlicht; V: Ausgezeichnet werden sollen Neuerscheinungen aus den jeweils letzten zwei Jahren. Die Ausschreibung ist themenbezogen; Thema 2004 „Agrarwende – gesunde Ernährung – intakter Naturhaushalt"; D: 2.500 €; jährlich; Einsendeschluss: ca. Mitte Oktober; *Adresse:* Deutsche Umweltstiftung, Schlachthofstr. 6, D-76726 Germersheim, fon: 07274/4767, fax: 07274/77302, info@deutscheumweltstiftung.de, www.deutscheumweltstiftung.de

Wilhelm-Busch-Preis für satirische und humoristische Versdichtung
(www.uschtrin.de/pr_busch.html)
K: satirische u. humoristische Versdichtung; unveröffentlicht; V: Der Wettbewerb soll dazu anregen, sich mit dem Werk Wilhelm Buschs zu beschäftigen u. die

Tradition der satirischen u. humoristischen Versdichtung durch eigene Beiträge fortzuführen, zu aktualisieren u. weiterzuentwickeln. Thematische u. stilistische Vorgaben sind damit nicht verbunden; D: ca. 7.000 €; jährlich; Einsendeschluss: ca. 1. Juli; *Adresse:* Wilhelm-Busch-Preis, Altes Rathaus, Am Markt 1, D-31655 Stadthagen, www.wilhelm-busch-preis.de

Wie wohl ist dem, der dann und wann
Sich etwas Schönes dichten kann!

Im Durchschnitt ist man kummervoll
Und weiß nicht, was man machen soll.

Nicht so der Dichter. Kaum missfällt
Ihm diese altgebackne Welt,
So knetet er aus weicher Kleie
Für sich privatim eine neue ...

WILHELM BUSCH

Buxtehuder Bulle
(www.uschtrin.de/pr_bulle.html)
K: erzählende Jugendbücher (keine Kinderbücher); veröffentlicht; Z: „Das Ziel des ‚Buxtehuder Bullen‘ ist es, SchülerInnen zum Intensiv- u. Aktiv-Lesen zu bewegen u. gleichzeitig zu einer Förderung u. Verbreitung guter Jugendbücher beizutragen."; V: Bei den Jugendbüchern muss es sich um Neuerscheinungen mit erzählendem Inhalt handeln. Die Jury setzt sich zusammen aus 11 Jugendlichen (14–17 J.) u. 11 Erwachsenen. Mit Hilfe eines ausgeklügelten Punktesystems wird die Gewinnerin bzw. der Gewinner des Preises ermittelt. Bücher aus dem Vorjahr können bis März/April an den Buxtehuder Buchhändler Winfried Ziemann, den Initiator des Preises, geschickt werden; D: 5.000 € sowie Stahlplastik in Form eines Bullen des Bildhauers Reinhard Güthling; jährlich; *Adresse:* Stadt Buxtehude, Kulturabteilung, Stavenort 5, Postfach 15 55, D-21605 Buxtehude, fon: 04161/501-441, fax: 04161/501-423; Buchhandlung von Winfried Ziemann, Bahnhofstr. 35, D-21614 Buxtehude, fon: 04161/3732

Mara Cassens Preis für den ersten Roman
(www.uschtrin.de/pr_cassens.html)
K: Romandebüt (Erstlingswerk); veröffentlicht; V: AutorInnen können sich nicht selbst bewerben, können aber ihren Verlag auf diese Ausschreibung aufmerksam machen. Keine PoD-Romane im Selbstverlag; das Werk darf nicht durch einen Zuschuss von Seiten der Autorin finanziert worden sein, d. h. keine Teilnahme von Zuschussverlagen; D: 10.000 €; jährlich; *Adresse:* Literaturhaus Hamburg e.V., Schwanenwik 38, D-22087 Hamburg, fon: 040/22702022, www.literaturhaus-hamburg.de

DeLiA-Liebesromanpreis

(www.uschtrin.de/pr_delia.html)

K: deutschsprachiger Liebesroman (Originalausgabe) ohne Subgenre-Beschränkung; veröffentlicht; Z: Förderung deutschsprachiger Liebesromanliteratur; V: Eingereicht werden können Liebesromane, erschienen jeweils im Vorjahr. Keine Neuausgaben, Neuauflagen, Wiederauflagen; keine Übersetzungen aus anderen Sprachen; keine Storysammlungen mehrerer AutorInnen; keine Sekundärliteratur; keine Veröffentlichungen in Zuschussverlagen u./oder als Book on demand; keine Bücher von Jurymitgliedern; D: 1.000 €; jährlich; Einsendeschluss 31.12.; *Adresse:* Marte Cormann, c/o Verein zur Förderung deutschsprachiger Liebesromanliteratur e.V., Suitbertusstr. 5, D-40668 Meerbusch, fon: 02150/912458, fax: 02150/5328, marte.cormann@delia-online.de, www.delia-online.de (siehe S. 619)

Deutscher Jugendliteraturpreis

(www.uschtrin.de/pr_akj.html)

K: Bilderbuch, Kinderbuch, Jugendbuch, Sachbuch; veröffentlicht; Z: Förderung der Kinder- u. Jugendliteratur durch das Bundesministerium für Familie, Senioren, Frauen u. Jugend (Staatspreis); Würdigung der ausgezeichneten AutorInnen für ihr Werk; V: Vergeben wird jeweils ein Preis der Kritiker-Jury in den vier oben genannten Sparten sowie – spartenübergreifend – ein Preis der Jugend-Jury (= zs. 5 Preise). Außerdem gibt es einen Sonderpreis für das Gesamtwerk einer deutschen Autorin/eines deutschen Autors oder für das Gesamtwerk einer deutschen Übersetzerin/eines deutschen Übersetzers; D: fünf Preise à 8.000 €; sowie 10.000 € für den Sonderpreis; jährlich; Einsendeschluss: ca. 31.10.; *Adresse:* Arbeitskreis für Jugendliteratur e.V., Metzstr. 14 c, D-81667 München, fon: 089/458080-6, fax: 089/458080-88, info@jugendliteratur.org, www.jugendliteratur.org

Deutscher Jugendtheaterpreis

(www.uschtrin.de/pr_kjtz.html)

K: Jugendtheaterstücke; im Theaterverlag veröffentlicht oder uraufgeführt; Z: Förderung der dramatischen Jugendliteratur durch das Bundesministerium für Familie, Senioren, Frauen u. Jugend (Staatspreis); Würdigung der ausgezeichneten AutorInnen für ihr Werk; V: Stücke von lebenden AutorInnen, die in deutscher Sprache geschrieben sind oder in deutscher Übersetzung vorliegen. Vorschlagsberechtigt sind Verlage u. Bühnen (ggf. den Verlag ansprechen!); D: 10.000 € für die Autorin; je 7.500 € erhalten professionelle deutschsprachige Theater für Kinder u. Jugendliche als Prämie zur Aufführung der Stücke (gesamt: 35.000 €). Ferner werden die Stücke publiziert u. mit Unterstützung des Goethe-Instituts in andere Sprachen übersetzt. Der Preis wird alle 2 Jahre verliehen; *Adresse:* Kinder- und Jugendtheaterzentrum in der Bundesrepublik Deutschland, Schützenstr. 12, D-60311 Frankfurt am Main, fon: 069/296661, fax: 069/292354, zentrum@kjtz.de, www.kjtz.de

Deutscher Kinderhörspielpreis

(www.uschtrin.de/pr_terre.html)

K: Kinderhörspiele; Z: Dieser Preis ist Nachfolger des renommierten terre des hommes-Kinderhörspielpreises. Trägerinnen sind die Stadt Wuppertal u. die Filmstiftung NRW. Der Preis wird alle zwei Jahre vergeben u. soll Hörspielschaffende würdigen u. ermutigen, die formal u. inhaltlich sensibel auf das Wesen u. die Möglichkeiten des „Hörers" Kind eingehen; V: Die Kinderhörspiele dürfen nicht älter als zwei Jahre sein u. sollen eine Abspielzeit von 60 Minuten nicht überschreiten. Teilnehmen können auch AutorInnen mit Eigenproduktionen; *Adresse:* Filmstiftung Nordrhein-Westfalen GmbH, Sibylle Bettray (Hörspielförderung), Kaistr. 14, D-40221 Düsseldorf, fon: 0211/930500, fax: 0211/930505, sibyllebettray@filmstiftung.de, www.filmstiftung.de

Deutscher Kindertheaterpreis
(www.uschtrin.de/pr_kjtz.html)
K: Kindertheaterstücke; im Theaterverlag veröffentlicht oder uraufgeführt; Z: Förderung der dramatischen Kinderliteratur durch das Bundesministerium für Familie, Senioren, Frauen u. Jugend (Staatspreis); Würdigung der ausgezeichneten AutorInnen für ihr Werk; V: Stücke von lebenden AutorInnen, die in deutscher Sprache geschrieben sind oder in deutscher Übersetzung vorliegen. Vorschlagsberechtigt sind Verlage u. Bühnen (ggf. den Verlag ansprechen!); D: 10.000 € für die Autorin; je 7.500 € erhalten professionelle deutschsprachige Theater für Kinder u. Jugendliche als Prämie zur Aufführung der Stücke (gesamt: 35.000 €). Ferner werden die Stücke publiziert u. mit Unterstützung des Goethe-Instituts in andere Sprachen übersetzt. Der Preis wird alle 2 Jahre verliehen; *Adresse:* Kinder- und Jugendtheaterzentrum in der Bundesrepublik Deutschland, Schützenstr. 12, D-60311 Frankfurt am Main, fon: 069/296661, fax: 069/292354, zentrum@kjtz.de, www.kjtz.de

Deutscher Krimi Preis
K: Kriminalromane (auch für Kinder u. Jugendliche); Z: Mit diesem Preis sollen AutorInnen gewürdigt werden, die literarisch gekonnt u. inhaltlich originell dem Genre neue Impulse geben; V: Der Preis wird nur an Neuerscheinungen des vorausgegangenen Jahres verliehen. „Gegen Ende November verschickt das Bochumer Krimi Archiv an alle Juroren Listen mit den Neuerscheinungen des Jahres (Originalausgaben, deutsche Erstausgaben) samt einem Wahlschein für die Jury. Dieser wird am Anfang des nächsten Jahres ausgewertet, kurz danach erfolgt die Mitteilung erst an die Jury, dann an die Presse. Beteiligen können sich sowohl Verlage wie auch Autoren, wobei wir auf Anfrage [bitte Rückporto beifügen] eine Liste aller aktuellen Juroren zusenden." (Belegexemplare sind also an die Jurymitglieder zu senden.) Die Jury setzt sich aus Kritikern, Buchhändlern u. Literaturwissenschaftlern zusammen. Der Preis wird in den Sparten „National" u. „International" vergeben; D: Der Preis besteht aus einer signierten Urkunde mit einer Originalgrafik. Die Preisvergabe erfolgt jährlich; *Adresse:* Bochumer Krimi Archiv (BKA), Werner Puchalla, Dorneburger Str. 38, D-44652 Herne, fon: 02325/910900, fax: 02325/910901 sowie: Reinhard Jahn, fon: 0201/643421, fax: 0201/765699, 100740.3540@compuserve.com, http://homepages.compuserve.de/ krimijahn/dkp + www.kaliber38.de/preise/dkp.htm

Deutscher Science Fiction Preis

K: Roman bzw. Kurzgeschichte aus den Bereichen Science Fiction u. Phantastik; veröffentlicht; Z: Würdigung eines Werkes; Förderung von SF-AutorInnen; V: Deutschsprachige Neuerscheinung des jeweiligen Vorjahres; Vorrunde mit Nominierungsliste; Endrunde, in der von jedem Komiteemitglied alle nominierten Titel gelesen werden; D: Urkunde u. handgefertigte Buchstütze (als Symbol für die Unterstützung guter Literatur); jährlich. Nominierungsschluss ist meistens Ende Februar; *Adresse:* Deutscher Science Fiction Preis (DSFP), siehe www.dsfp.de; siehe auch: Science Fiction Club Deutschland e.V., www.sfcd-online.de (siehe S. 639)

Alfred-Döblin-Preis

K: literar. Werk epischen Charakters; unveröffentlicht; Z: Der von Günter Grass gestiftete Alfred-Döblin-Preis honoriert, im Sinne des Stifters, die Arbeit an einem längeren, noch unvollendeten Prosawerk. Den PreisträgerInnen soll ermöglicht werden, ihr Werk ohne finanzielle Sorgen fertigzustellen; V: Eigenbewerbungen sind an das LCB zu richten. Sie sollten neben einem längeren Text (mindestens 50 Seiten, maschinengeschrieben, nur eine Kopie) kurze biografische Angaben enthalten; D: Der Preis ist mit 12.000 € dotiert u. kann in einen Hauptpreis u. einen Förderpreis geteilt werden. Der Preis wird alle ein bis zwei Jahre vergeben. Einsendeschluss: ca. Mitte Januar; Preisverleihung: ca. Mai; *Adresse:* Literarisches Colloquium Berlin, Am Sandwerder 5, D-14109 Berlin, fon: 030/8169960, fax: 030/81699619, mail@lcb.de, www.lcb.de

Dresdner Lyrikpreis

(www.uschtrin.de/pr_dresden.html)
K: Lyrik; V: BewerberInnen aus dem deutschsprachigen Raum u. der Tschechischen Republik können von Verlagen, Autorenverbänden, literar. Vereinigungen, HerausgeberInnen u. Redaktionen von Literaturzeitschriften vorgeschlagen werden; Eigenbewerbungen sind ebenfalls möglich. Es sollten mindestens 6 u. höchstens 10 lyrische Texte einer Autorin anonym in fünffacher Ausfertigung eingereicht werden; D: 5.000 €; alle 2 Jahre; *Adresse:* Dresdner Literaturbüro, Antonstr. 1, D-01097 Dresden, fon + fax: 0351/8045087, info@dresdner-literaturbuero.de, www.dresdner-literaturbuero.de

Ingeborg-Drewitz-Literaturpreis für Gefangene

(www.uschtrin.de/pr_knast.html)
K: Texte aller Art (Erfahrungsberichte, Reportagen, Briefe, Gedichte, Erzählungen, Romane, Hörspiele, Features oder andere Textformen; auch Gruppenarbeiten); Z: Mit dem Preis sollen Gefangene motiviert u. unterstützt werden, ihre Situation literar. zu verarbeiten. Außerdem soll die kritische Auseinandersetzung mit dem bundesdeutschen Strafvollzug in der Öffentlichkeit gefördert werden. Gedenken an die Schriftstellerin Ingeborg Drewitz u. Würdigung ihres Engagements in der Straffälligenarbeit; V: Teilnehmen können alle inhaftierten Frauen u. Männer (Einzelpersonen od. Schreibgruppen) sowie ehemalige Inhaftierte aus deutschsprachigen Ländern. Themen-Ausschreibung; D: Die PreisträgerInnen (in der Regel mehrere) erhalten eine Urkunde. Im Rahmen der Preisverleihung werden

gemeinsam mit den Inhaftierten (wenn möglich) die Texte der Öffentlichkeit vorgestellt. Die Texte werden später in einer Anthologie veröffentlicht. Ausschreibung ca. alle 2–3 Jahre; *Adresse:* Ingeborg-Drewitz-Literaturpreis, c/o Gefangeneninitiative e. V., Hermannstr. 78, D-44263 Dortmund, fon: 0231/412114 oder: Ingeborg-Drewitz-Literaturpreis, c/o Dokumentationsstelle Gefangenenliteratur, Universität Münster, Leonardo-Campus 11, D-48149 Münster, fon: 0251/8339316

„Eberhard" – Kinder- und Jugendliteraturpreis des Landkreises Barnim
(www.uschtrin.de/pr_barnim.html)
K: Texte der Kinder- u. Jugendliteratur mit Umweltthematik; unveröffentlicht; Z: Förderung der Lesefreudigkeit von Kindern u. Jugendlichen; V: Kinder- u. JugendbuchautorInnen der Bundesrepublik Deutschland; Arbeiten aller Genres u. Gattungen (Texte der Sachliteratur sind ausgeschlossen); festgelegtes Motto/Thema; D: 2.500 €; jährlich (ab 2005 möglicherweise nur noch alle 2 Jahre; das Konzept wird derzeit überarbeitet); *Adresse:* Landkreis Barnim, Schulverwaltungs- u. Kulturamt, Heegermühler Str. 75, D-16225 Eberswalde, fon: 03334/214-255, fax: 03334/214-334, sva@barnim.de

Evangelischer Buchpreis
(www.uschtrin.de/pr_ev.html)
K: Romane, Sachbücher, Biografien, Jugendbücher u. Lyrikbände (jährlich wechselnd); V: Leserpreis, dessen Auswahl ausschließlich auf Vorschlägen von LeserInnen basiert. Ausgezeichnet werden Bücher, für die Christen sich einsetzen können; D: 5.000 €; jährlich; *Adresse:* Deutscher Verband Evangelischer Büchereien, Bürgerstr. 2a, D-37073 Göttingen, fon: 0551/500759-0, fax: 0551/704415, dveb@dveb.info, www.dveb.info

Freudenthal-Preis
(www.uschtrin.de/pr_freuden.html)
K: niederdeutsche Literatur: Hörspiel, Kurzgeschichten, Lyrik, Spielszenen; unveröffentlicht; Z: Pflege der niederdeutschen Sprache; Förderung ihrer AutorInnen; V: „Vörleggt warden künnt bloots Gedichten, Kortgeschichten, Höörspeelen oder Theaterstücken, de noch nich ünner de Lüüd kaamen sünd. Bi lütte Saaken schüllen dat tominnst fief Texten wesen, bi groote Arbeiden – so as Novell oder Höörspeel – langt een Text. Alltohoop droevt dat nich mehr as 25 Schrievmaschinensieden DIN A4 mit ca. 40 Reegen pro Sied we'n. All de Texten moet fiefmol vörliggen. Wat inschickt ward, droevt nich den Naam vun'n Autor oder de Autorin dräägen, nee, dat mutt een Kennwoord hebben. In eenen Extra-Breefümslag, de buten datsülve Kennwoord un de Opschrift „Freudenthal-Pries" driggt, sünd Naam, Adreß un Telefon-Nummer antogeven."; D: 2.500 €; jährlich; Einsendeschluss: 31. Mai. Die Preisverleihung findet traditionell am letzten Sonnabend im September statt; *Adresse:* Für die Einsendungen: Freudenthal-Gesellschaft, Rathaus, Poststr. 12, D-29614 Soltau, fon: 05191/82205; weitere Informationen: Heinrich Kröger, Lönsweg 28, D-29614 Soltau, fon: 05191/71949

Friedrich-Gerstäcker-Preis

(www.uschtrin.de/pr_gerst.html)

K: Jugendbuch für Jugendliche ab 12 J; veröffentlicht; Z: „Zum Andenken an den Weltreisenden u. Schriftsteller Friedrich Gerstäcker, der seine Jugend u. seine letzten Lebensjahre in Braunschweig verbrachte, hat die Stadt Braunschweig im Jahre 1947 den Friedrich-Gerstäcker-Preis gestiftet."; V: „Mit der Verleihung dieses Preises würdigt die Stadt Braunschweig alle zwei Jahre ein in deutscher Sprache verfasstes Werk einer/s lebenden Schriftstellerin/Schriftstellers aus dem deutschsprachigen Raum Europas. Das preisgekrönte Buch soll jungen Erwachsenen (= Jugendliche ab 12 J.) in sprachlich anspruchsvoller Form das Abenteuer der Begegnung mit fremden Welten fantasievoll vor Augen führen u. dabei die Gedanken der Toleranz u. Weltoffenheit in der Auseinandersetzung mit anderen Traditionen, Religionen, Rassen u. Wertvorstellungen näherbringen."; D: 6.500 € sowie Urkunde u. Plastik; alle 2 Jahre; *Adresse:* Kulturinstitut der Stadt Braunschweig, Steintorwall 3, D-38100 Braunschweig, fon: 0531/470-4840, fax: 0531/470-4809, kulturinstitut@braunschweig.de

GEDOK-Literatur-Förderpreis

(www.uschtrin.de/pr_gedok.html)

K: Kurzgeschichte, Lyrik; V: Der GEDOK-Literatur-Förderpreis wird alle drei Jahre verliehen u. zwar an eine noch nicht überregional bekannte deutschsprachige Autorin; D: 3.000 €; alle drei Jahre; *Adresse:* GEDOK-Geschäftsstelle: „Haus der Kultur", Weberstr. 59 a, D-53113 Bonn, fon: 0228/2618779, fax: 0228/2619914, gedok@gedok.de, www.gedok.de (siehe S. 627)

„GLAUSER" – Autorenpreis deutschsprachige Kriminalliteratur

(www.uschtrin.de/pr_glauser.html)

K: deutschsprachige Kriminalliteratur: Roman u. Debüt; veröffentlicht; Z: Mit dem Preis sollen Qualitätsmaßstäbe deutschsprachiger Kriminalliteratur beispielhaft dokumentiert werden; V: Die Jury bewertet jeweils die Krimiproduktion deutschsprachiger AutorInnen des laufenden Jahres; Preisverleihung im darauffolgenden Jahr auf der CRIMINALE (www.criminale.de); D: 5.000 €; Sparte Debüt: 1.500 €; jährlich; Einsendeschluss immer am 31.12.; *Adresse:* Das SYNDIKAT, www.das-syndikat.com (siehe S. 640)

„Glauser" Krimipreis für die beste Kriminalkurzgeschichte

(www.uschtrin.de/pr_glauserkurz.html)

K: deutschsprachige Krimikurzgeschichten; veröffentlicht; Z: Mit dem Preis sollen Qualitätsmaßstäbe deutschsprachiger Kriminalliteratur beispielhaft dokumentiert werden; V: Ausgezeichnet wird die beste deutschsprachige Krimikurzgeschichte, die in gedruckter Form veröffentlicht wurde (elektronische Veröffentlichungen können nicht berücksichtigt werden); Preisverleihung im darauffolgenden Jahr auf der CRIMINALE (www.criminale.de); D: 1.000 €; jährlich; Einsendeschluss immer am 31.12.; *Adresse:* Das SYNDIKAT, www.das-syndikat.com (siehe S. 640)

Hans-im-Glück-Preis der Kreisstadt Limburg a.d. Lahn für Jugendliteratur

(www.uschtrin.de/pr_glueck.html)

K: Jugendromane, Jugenderzählungen; un-/veröffentlicht; Z: Dieser Preis ist ein Förderpreis der Kreisstadt Limburg a. d. Lahn für JugendbuchautorInnen. Gefördert bzw. ausgezeichnet werden mit dem Preis sprachlich und formal anspruchsvolle Romane oder Erzählungen aus dem deutschen Sprachraum für jugendl. Leserinnen u. Leser; V: Die Jury wird solche Bücher u. Manuskripte auszeichnen, die durch neue Themen u. Erzählweisen auffallen. Sie ermuntert die EinsenderInnen ausdrücklich zu Experimenten u. Wagnissen. Mindestumfang des Manuskriptes ca. 100 Seiten. Keine Kurzgeschichten, keine Bilderbuchtexte, keine Gedichte oder Übersetzungen in die deutsche Sprache. Es können unveröffentlichte Manuskripte durch die AutorInnen selbst oder Bücher durch die Verlage eingereicht werden (jeweils in fünf Exemplaren). Ein kurzer Lebenslauf sollte der Einsendung beigefügt werden; D: 2.500 € sowie eine Kugel mit 24-karätiger Blattvergoldung; alle 2 Jahre; *Adresse:* Der Magistrat der Kreisstadt Limburg a. d. Lahn, Kulturamt, Nicole Schultrich, Fischmarkt 21, D-65549 Limburg a.d. Lahn, fon: 06431/2129-13, fax: 06431/2129-18, nicole.schultrich@stadt.limburg.de, www.limburg.de

Peter-Härtling-Preis für Kinder- und Jugendliteratur der Stadt Weinheim

(www.uschtrin.de/pr_haert.html)

K: Kinder- u. Jugendliteratur (Prosa-Manuskripte); unveröffentlicht; V: Teilnahmeberechtigt sind Autorinnen u. Autoren mit einem noch unveröffentlichten Manuskript für ein Kinder- bzw. Jugendbuch in deutscher Sprache, u. zwar in erzählender Form. Die Erzählung soll sich an LeserInnen zwischen 10 u. 18 Jahren wenden, Mindestumfang ca. 70 Schreibmaschinenseiten, Höchstumfang bis zu 200 Seiten. Es werden Prosa-Manuskripte gesucht, die sich erzählend, unterhaltsam, poetisch, phantasievoll, doch stets der Wirklichkeit entsprechend, an die Kinder bzw. Jugendlichen wenden. Thematische Einfälle sind Sache der AutorInnen. Bilderbuchtexte, Gedichte, Verse u. ähnliche Texte können nicht berücksichtigt werden. Das Manuskript soll statt der Namens- u. Absenderangabe auf der ersten Seite durch ein Stichwort gekennzeichnet sein. Name u. Adresse der Autorin sind in einem verschlossenen Umschlag mit dem gleichen Stichwort beizufügen; D: 5.555 € (teilbar); alle 2 Jahre. Die Preisträgerin/der Preisträger hat die Möglichkeit, das prämierte Manuskript im Verlagsprogramm Beltz & Gelberg zu veröffentlichen; der Verlag verpflichtet sich, das Manuskript entsprechend zu lektorieren; *Adresse:* Einsendungen an eine gesonderte Adresse, siehe jeweilige Ausschreibung. *Weitere Informationen*: Peter-Härtling-Preis für Kinderliteratur der Stadt Weinheim, Verlag Beltz & Gelberg, Postfach 100154, D-69441 Weinheim, fon: 06201/60070, info@beltz.de, www.beltz.de

Hattinger Förderpreis für junge Literatur

(www.uschtrin.de/pr_hatt.html)

K: literar. Texte von jungen AutorInnen (16–25 Jahre); Z: Im Rahmen der Hattinger Literatur-Tage der KUBISCHU (Kultur- und Bildungskooperative Schulenburg Hattingen e. V.) werden an junge Autorinnen oder Autoren Förderpreise vergeben;

V: Teilnahmeberechtigt sind AutorInnen, die zwischen 16 u. 25 Jahre alt sind. Sie können für eine öffentliche Lesung literar. Texte jeder Art in deutscher Sprache einreichen (Umfang bis maximal 5 DIN-A4-Seiten bei 1 1/2-zeiliger Schreibweise, einseitig maschinengeschriebene Form, 1 Exemplar, ungeheftet). Eine Jury wählt aus diesen Einsendungen die Autorinnen u. Autoren (in der Regel acht) für eine öffentliche Lesung während der Literatur-Tage aus u. vergibt den Jurypreis. Die dann anwesenden ZuhörerInnen stimmen zusätzlich über einen Publikumspreis ab. Den Eingeladenen wird das Fahrgeld erstattet; sie sind am Tag der Lesung Gäste der KUBISCHU. Daneben sorgt die KUBISCHU falls nötig für eine Übernachtungsmöglichkeit; D: Der Preis besteht aus einer von der KUBISCHU organisierten u. bezahlten Lesung der beiden PreisträgerInnen. Der Preis wird jährlich vergeben. Einsendeschluss ist für gewöhnlich etwa im Mai; die Hattinger Literaturtage sind im August/September; *Adresse:* Hellmut Lemmer, Otto-Hue-Str. 3, D-45525 Hattingen, fon: 02324/22170

Heidelberger Stückemarkt: Autorenpreis des Heidelberger Stückemarkts
(www.uschtrin.de/pr_heidel.html)
K: Theaterstücke; noch nicht aufgeführt; Z: Förderung deutschsprachiger TheaterautorInnen; V: Vorschlagsberechtigt sind nur Verlage, AutorInnen wenden sich also an ihre Verlage! Pro AutorIn dürfen die Verlage nur ein Stück einreichen, das nicht älter als zwei Jahre ist u. bis zur Lesung auf dem Stückemarkt noch nicht aufgeführt u. noch nicht zur Aufführung vergeben wurde sowie keine Auftragswerke. Da es sich um einen Förderpreis für noch nicht durchgesetzte deutschsprachige Autoren/innen handelt, dürfen von den Autoren/innen bislang insgesamt nicht mehr als drei Stücke zur Aufführung gelangt sein; D: „Autorenpreis des Heidelberger Stückemarktes": 10.000 €; „Autorenpreis der deutschsprachigen Theaterverlage": ca. 5.000 €; „Europäischer Autorenpreis des Heidelberger Stückemarktes": 5.000 €; „Preis des Heidelberger Publikums": undotiert. Einsendeschluss für die Verlage ist alljährlich der 31. Dezember; *Adresse:* Theater Heidelberg, Theaterstr. 4, D-69117 Heidelberg, fon: 06221/58-35020, fax: 06221/58-35990, theater@heidelberg.de, www.heidelberg.de/theater/

Gustav-Heinemann-Friedenspreis für Kinder- und Jugendbücher
(www.uschtrin.de/pr_heinem.html)
K: Kinder- u. Jugendbücher, Kinder- u. Jugendsachbücher, Bilderbücher; veröffentlicht; Z: Zur Erinnerung an Gustav W. Heinemann (Bundespräsident von 1969 bis 1974) u. in Würdigung seines friedenspolitischen Wirkens vergibt das Land Nordrhein-Westfalen einen Friedenspreis für Kinder- u. Jugendbücher; V: Mit diesem Preis wird jährlich ein Buch ausgezeichnet, das in literar. oder künstlerischer Form oder als Sachbuch Wissen darüber vermittelt, wie Gewalt entsteht u. was sie anrichtet u. das dazu ermutigt, sich für die Menschenrechte u. zivilen Formen der Konfliktbewältigung zu engagieren. Ausgezeichnet werden Bücher bzw. CD-Versionen, die im Vorjahr (1.1.– 31.12.) erstmalig in deutscher Sprache (auch Übersetzungen) erschienen sind. Die vorgeschlagenen Bücher müssen in jeweils 8 Exemplaren eingereicht werden. Vorschlagsberechtigt sind Verlage u. AutorInnen sowie deren Verbände; D: 7.500 €; jährlich; *Adresse:* Ministerium für Wirtschaft u.

Arbeit des Landes Nordrhein-Westfalen, Landeszentrale für politische Bildung, D-40190 Düsseldorf; weitere Auskünfte erteilt: Martina Böttcher, fon: 0211/8618-4656, martina.boettcher@mwa.nrw.de

Wolfgang-Hohlbein-Preis

(www.uschtrin.de/pr_hohlb.html)
K: Fantasy-Manuskript für Kinder u. Jugendliche; unveröffentlicht; Z: Förderung von Fantasy-Talenten u. der Fantasy-Literatur; V: Autorinnen u. Autoren sind eingeladen, ein bislang unveröffentlichtes, vollständiges Manuskript aus dem Genre „Fantasy" (Umfang: mindestens 300.000, höchstens 600.000 Anschläge mit Leerzeichen) an den Verlag Ueberreuter zu senden; D: 10.000 €. Das Preisträgermanuskript erscheint in der von Wolfgang Hohlbein herausgegebenen Reihe „Meister der Fantasy". Vergabeturnus: ca. alle 2 Jahre; *Adresse:* Verlag Carl Ueberreuter GmbH, Kennwort Wolfgang-Hohlbein-Preis, Alser Str. 24, A-1091 Wien, fon: 01/40444-134, fax: 01/40444-198, fantasy@ueberreuter.at

Hans-Henning-Holm-Preis

(www.uschtrin.de/pr_holm.html)
K: niederdeutsches Hörspiel; Z: Förderung u. Ehrung niederdeutscher Hörspiel-autorInnen; Pflege der niederdeutschen Sprache; V: Das maschinengeschriebene Skript darf 40 DIN-A-4-Seiten (2-zeilig geschrieben) nicht überschreiten. Jede Autorin darf nur ein Stück einreichen, das innerhalb der vergangenen 5 Jahre entstanden sein sollte. Bei dem eingereichten Skript muss es sich um ein plattdeutsches Original-Hörspiel handeln. Dieses kann schon vom Rundfunk gesendet worden sein. Die Jury wird sich aber nur auf die von dem Autor eingereichte schriftliche Form des Hörspiels beziehen; D: 1.500 €; alle 3 Jahre; *Adresse:* Niedersächsische Sparkassenstiftung, Schiffgraben 6–8, D-30159 Hannover, fon: 0511/3603-494, fax: 0511/3603-684, www.nsks.de, www.bevensen-tagung.de

Holzhäuser Heckethaler

(www.uschtrin.de/pr_garbe.html)
K: Prosatext (auch Fantasy, SF, Märchen u.a.); Z: Ziel des vom Holzhäuser Schriftsteller-Ehepaar Dagmar u. Burckhard Garbe vorgeschlagenen Literatur-Nachwuchs-Preises ist es, literarische Nachwuchstalente (besonders im nordhessischen Raum) aufzuspüren u. zu fördern; V: „Teilnahmeberechtigt sind Schreibende aus dem ganzen deutschsprachigen Raum zwischen 16 und 30 Jahren. Eingereicht werden können pro Autorin bzw. Autor bis zu drei Prosatexte in deutscher Sprache von höchstens 5 Normseiten (30 Zeilen à 60 Zeichen, bitte korrekt beachten!) in doppelter Ausfertigung zu einem jährlich wechselnden Thema. Dabei sind realistische Texte aus dem Alltag genauso erwünscht wie fiktive Geschichten, Briefe, Satiren, Märchen, Fantasy- oder SF-Geschichten oder ..."; D: 1. Preis: 500 €, 2. Preis: 300 €, 3. Preis: 200 €; *Adresse:* Stadt Immenhausen, Rathaus, Frau Rudolph, Kennwort „Holzhäuser Heckethaler", Marktplatz 1, D-34376 Stadt Immenhausen

Internationaler Jungautorenwettbewerb der Regensburger Schriftstellergruppe International (RSGI)

(www.uschtrin.de/pr_rsgi.html)

K: Lyrik u. Kurzprosa (junge SchriftstellerInnen bis 25 J.); Z: Förderung junger SchriftstellerInnen; V: Die Beteiligung ist an keine Nationalität oder Verbandsmitgliedschaft u. grundsätzlich auch an kein Thema gebunden. Die eingereichten Lyrik- oder Kurzprosatexte müssen allerdings in deutscher Sprache verfasst sein. Es sollen Beiträge bis zu insgesamt fünf Minuten Lesezeit (entspricht etwa fünf kurzen Gedichten oder eineinhalb Schreibmaschinenseiten Kurzprosa) eingereicht werden; D: 1. Preis: 800 €; 2. Preis: 500 €; 3. Preis: 300 €; 4. Preis: 200 €; 5. Preis: 100 €; sowie Buchpreise; alle 2 Jahre. Nächster Einsendeschluss: ca. 15.09.2006; *Adresse:* www.rsgi.de

Irseer Pegasus

(www.uschtrin.de/pr_irsee.html)

K: Lyrik, Prosa, Essay; unveröffentlicht; V: Im Schwäbischen Tagungs- u. Bildungszentrum des ehemaligen Klosters Irsee bei Kaufbeuren findet jährlich das Literaturprojekt „Irseer Pegasus" statt. Veranstalter sind der Verband deutscher Schriftsteller (VS) der Region Schwaben in Bayern u. die Schwabenakademie Irsee. Themenvorgabe; der Preis wird innerhalb eines Literaturworkshops vergeben. Im Workshop steht die fachliche Literaturdiskussion im Vordergrund. Die PreisträgerInnen werden von den teilnehmenden AutorInnen selbst gekürt, die mindestens eine Buchveröffentlichung (nicht im Eigenverlag) oder entsprechende Veröffentlichungen vorlegen können. Eine Liste der Veröffentlichung(en) u. der Text (5-fach) sollten der Anmeldung beiliegen; D: 3.000 €; jährlich; Anmeldung bis ca. Oktober (Veranstaltung Anfang Januar); *Adresse:* Sekretariat der Schwabenakademie Irsee, Klosterring 4, D-87660 Irsee bei Kaufbeuren, fon: 08341/906-661 oder -662, fax: 08341/906-669, schwabenakademie@kloster-irsee.de, www.schwabenakademie.de

Karlsruher Hörspielpreis

(www.uschtrin.de/pr_karlshoer.html)

K: selbstproduzierte Hörstücke bis zu 15 Minuten; unveröffentlicht; Z: „Wir möchten ein Forum für die unterschiedlichsten Gestaltungsmöglichkeiten bieten. Studio- u. Wohnzimmerproduktionen sind gleichermaßen willkommen. Zusätzlich gibt es die Kategorie der Kurzknaller für Stücke bis max. 3 Minuten Länge. Ziel ist es, innerhalb von höchstens 180 Sekunden eine eigene ästhetische Form zu entwickeln, die einen Inhalt darstellen oder rein akustische Klänge umfassen kann."; V: Thematische oder formelle Vorgaben gibt es nicht. Die Beiträge sollen auf CD, MD oder Audiokassette eingereicht werden; D: symbolischer Preis; jährlich; Einsendeschluss ca. Ende September; *Adresse:* Querfunk Freies Radio Karlsruhe, Steinstr. 23, D-76133 Karlsruhe, Studio-fon: 0721/385030, Büro-fon: 0721/387858, hoerspielpreis@querfunk.de, www.querfunk.de/kultur/hoerspielpreis.html

Katholischer Kinder- und Jugendbuchpreis

(www.uschtrin.de/pr_kath.html)

K: Erzähl- oder Sachtexte für Kinder u. Jugendliche; veröffentlicht; Z: Ausgezeichnet werden deutschsprachige Bücher, die beispielhaft u. altersgemäß religiöse Erfahrungen vermitteln, Glaubenswissen erschließen u. christliche Lebenshaltungen verdeutlichen; V: „Die ausgezeichneten Werke sollen das Zusammenleben von Gemeinschaften, Religionen u. Kulturen fördern. Dabei muss die transzendente u. damit religiöse Dimension erkennbar sein." Einzureichen sind 10 Exemplare; D: 5.000 € (teilbar); jährlich; *Adresse:* Sekretariat der Deutschen Bischofskonferenz, Geschäftsführung Katholischer Kinder- u. Jugendbuchpreis, Bonner Talweg 177, D-53129 Bonn, fon: 0228/103-236; fax: 0228/103-450; K.Lowack@dbk.de, pressestelle@dbk.de, www.dbk.de

Kinderhörspielpreis des MDR-Rundfunkrates

(www.uschtrin.de/pr_mdr.html)

K: Kinderhörspiele; Z: Zur Förderung von Sendungen, die sich in besonderer Weise für die Wahrung der Menschenwürde engagieren u. sich dabei vornehmlich an Kinder u. Jugendliche wenden, stiftet der Rundfunkrat des Mitteldeutschen Rundfunks einen Preis, der jährlich abwechselnd in den Bereichen Kinder- u. Jugendhörspiel bzw. Kinder- u. Jugendfilm vergeben wird; V: Bewerben können sich AutorInnen beziehungsweise ProduzentInnen mit je einer deutschsprachigen Produktion in der Länge von höchstens 60 Minuten, die sich vornehmlich an Kinder u. Jugendliche wendet. Die Teilnahme am Wettbewerb erfolgt durch Zusendung einer CD oder eines Kassettenumschnitts der Hörspielproduktion an den Mitteldeutschen Rundfunk, Gremienbüro, Kantstr. 71–73, D-04275 Leipzig. Angaben über AutorIn, RegisseurIn, ProduzentIn oder Verlag dürfen aus dem Umschnitt selbst nicht hervorgehen u. sind in einem geschlossenen Umschlag zusammen mit dem Beitrag einzureichen. Manuskripte können nicht eingesandt werden; D: 7.500 €; alle 2 Jahre; *Adresse:* Bei Rückfragen: Birthe Gogarten, MDR Kommunikation u. Marketing, fon: 0341/300-6457, fax: 0341/300-6462

Kinder- und Jugendbuchpreis der Stadt Oldenburg

(www.uschtrin.de/pr_kibum.html)

K: Kinder- u. Jugendliteratur, Erstlingswerk; un-/veröffentlicht (SchriftstellerInnen u. IllustratorInnen); V: Der Preis wird an lebende SchriftstellerInnen der deutschen Sprache u. an lebende IllustratorInnen verliehen, die erstmals mit einem eigenständigen monographischen Werk auf dem Gebiet der Kinder- u. Jugendliteratur an die Öffentlichkeit treten, das für diesen Wettbewerb noch nicht eingereicht wurde. Eingereicht werden können Manuskripte u. Illustrationen unveröffentlichter Kinder- u. Jugendbücher u. Kinder- u. Jugendbücher, die seit dem 15. Juni des vorangegangenen Ausschreibungsjahres erschienen sind. Es müssen fünf Exemplare eingereicht werden; D: 7.600 € (teilbar); jährlich; Einsendeschluss: 15. Juni. Die Preisverleihung findet während der Oldenburger KIBUM (= Kinder- u. Jugendbuchmesse) im November statt; *Adresse:* Stadtbibliothek Oldenburg – Jugendbibliothek, Peterstr. 1, D-26121 Oldenburg, fon: 0441/235-3052, fax: 0441/235-2880, presse@stadt-oldenburg.de, www.oldenburg.de/kibum/

Kleist-Förderpreis für junge Dramatiker

(www.uschtrin.de/pr_kleist.html)

K: Theaterstücke; noch nicht uraufgeführt; V: Bewerben können sich AutorInnen, die nicht älter als 35 Jahre sind, mit noch nicht uraufgeführten deutschsprachigen Theatertexten; D: 7.670 €; jährlich. Mit dem Preis ist eine Uraufführungsgarantie verbunden. Einsendeschluss ca. Anfang März; *Adresse:* Kleist Forum Frankfurt, Stichwort „Kleist-Förderpreis für junge Dramatiker", Platz der Einheit 1, D-15230 Frankfurt/Oder, fon: 0335/4010202, fax: 0335/4010145, www.frankfurt-oder.de

Landespreis für Volkstheaterstücke

(www.uschtrin.de/pr_rotenfels.html)

K: Volkstheaterstücke; un-/veröffentlicht; Z: Mit dem Preis sollen Theaterstücke gefördert werden, die Themen aus Brauchtum u. Geschichte behandeln u. heimatverbundene Unterhaltung zum Inhalt haben. Sie sollen die Qualität besitzen, das Genre des Volkstheaters im öffentlichen Bewusstsein aufzuwerten u. gleichzeitig Impulse für eine Fortentwicklung zu geben. Anliegen der Landesregierung Baden-Württemberg ist auch, die ganze Bandbreite u. die unterschiedlichen Facetten des Volkstheaters zu berücksichtigen; V: Teilnahmeberechtigt sind Autorinnen u. Autoren selbst verfasster Theaterstücke. Die Ausschreibung gilt bundesweit; D: „Preisgelder in Höhe von 12.500 € warten auf die prämierten Arbeiten"; alle 3 Jahre; *Adresse:* Akademie Schloss Rotenfels, Postfach 121116, D-76560 Gaggenau-Bad Rotenfels, fon: 07225/9799-17, fax: 07225/9799-30

Else Lasker-Schüler-Stückepreis

(www.uschtrin.de/pr_lasker.html)

K: Theaterstücke (noch nicht aufgeführt); Z: Förderung des deutschsprachigen Dramas sowie Förderung junger Talente; V: Werke deutschsprachiger AutorInnen, die in den letzten 2 Jahren entstanden sind, eine Realisation auf der Bühne erlauben u. bisher noch nicht aufgeführt wurden. Die Autorin/der Autor muss jünger als 40 Jahre sein. Pro TeilnehmerIn kann nur ein Stück (in zwei Exemplaren) eingesandt werden; D: Stückepreis: 5.000 €; dieser Preis ist außerdem verbunden mit einem Stipendium am Pfalztheater Kaiserslautern, das mit 10.000 € gefördert wird. Vergabeturnus: alle 2 Jahre; *Adresse:* Pfalztheater, Willy-Brandt-Platz 4–5, D-67657 Kaiserslautern, fon: 0631/3675-0, fax: 0631/3675-235, info@pfalztheater.bv-pfalz.de, www.pfalztheater.de

Kurd Laßwitz Preis

K: Science Fiction. Sieben Kategorien: „Bester deutschsprachiger Roman", „Beste deutschsprachige Kurzgeschichte", „Bestes fremdsprachiges Werk", „Beste Übersetzung", „Beste Grafik", „Bestes deutschsprachiges Hörspiel" sowie ein „Sonderpreis für herausragende Leistung zum Thema Science Fiction". Der Hörspielpreis wird von einer separaten Jury vergeben, was auch für den Bereich Übersetzung angestrebt wird; Z: Mit Hilfe des Kurd Laßwitz Preises sollen herausragende Leistungen im Bereich der deutschsprachigen Science Fiction geehrt werden, um damit den Preisträgern u. der deutschsprachigen Science Fiction eine Unterstützung zu geben; V: „Rund zweihundert Leserinnen u. Leser nominieren im Verlauf eines Jahres ihre Lieblinge in den unterschiedlichen Kategorien. Aus der resultierenden Liste werden dann in einer zweiten Runde die PreisträgerInnen ausgewählt."; D: Urkunde; *Adresse:* Udo Klotz, Buchendorfer Str. 24, D-82061 Neuried, klp@epilog.de, www.epilog.de/go/KLP/

Christine Lavant Lyrik Preis

(www.uschtrin.de/pr_lavant.html)
K: Lyrik; unveröffentlicht; Z: Ziel des Preises ist es, Lyrik in deutscher Sprache zu fördern; V: Teilnahmeberechtigt sind deutsch schreibende SchriftstellerInnen, die zumindest einen Lyrikband in einem Verlag (nicht im Eigenverlag, keine Anthologien) veröffentlicht haben. Der Umfang der Einsendungen darf zehn Gedichte oder zehn Seiten nicht überschreiten. Die eingereichten Texte (fünffache Ausfertigung; anonym mit Kennwort) dürfen noch nicht in Buchform veröffentlicht sein. Name, Adresse u. Biografie sind in einem verschlossenen Kuvert beizulegen, das ebenfalls mit dem Kennwort zu versehen ist. Eine Vorjury wählt aus allen Einsendungen 30 AutorInnen aus. Aus dieser Vorauswahl wählt die Jury jene sechs AutorInnen aus, die zur Preisfindung [im September] nach Wolfsberg eingeladen werden. Jeweils drei AutorInnen lesen an zwei Abenden ihre Beiträge, die im Anschluss an die Lesung von der Jury u. dem Publikum diskutiert werden (pro TeilnehmerIn maximal 20 Minuten Lese- bzw. Diskussionszeit). Die PreisträgerInnen werden im Anschluss an die letzte Lesung in geheimer Wahl durch die Jury (Lyrik-Preis u. Förderungspreis) bzw. mittels Stimmabgabe durch das Publikum (Publikumspreis) ermittelt. Jene eingeladenen AutorInnen, denen kein Preis zugesprochen wird, erhalten ein Lesehonorar in Höhe von je 500 €; D: Christine Lavant Lyrik Preis 7.000 €; Christine Lavant Förderungspreis 3.000 €; Christine Lavant Publikumspreis 1.500 €; alle 2 Jahre; *Adresse:* Christine Lavant Gesellschaft, Postfach 1, A-9431 St. Stefan im Lavanttal, www.wolfsberg.de

Jakob-Michael-Reinhold-Lenz-Preis für Dramatik der Stadt Jena

(www.uschtrin.de/pr_lenz.html)
K: Theaterstücke; Z: Der Preis verfolgt das Ziel, die Auseinandersetzung mit Dramatik zu fördern, wobei formal u. inhaltlich keine unmittelbare Lenz-Rezeption bezweckt wird. Neubelebung der geistig-kulturellen Szene Jenas; AutorInnenförderung; V: Bewerbung über die Schreibwerkstatt oder als freie Bewerbung; D: „Das Preisgeld von insgesamt 10.000 € wird gesplittet. 6.000 € fließen in die Schreibwerkstatt, 4.000 € erhält der/die PreisträgerIn."; alle 3 Jahre; *Adresse:* Stadt Jena, Kulturamt, Postfach 100338, D-07703 Jena, fon: 03641/492691, fax: 03641/492673

Lesben-Award

(www.uschtrin.de/pr_lesben.html)
K: Kurzgeschichten zum Thema „Lesben/lesbisches Leben"; Z: Unterstützung deutschsprachiger Autorinnen, die sich in Kurzgeschichten mit dem Thema „Lesbisches Leben" auseinandersetzen. „Die Initiatorinnen (ihres Zeichens selbst literaturbegeisterte Lesben) wollen mit diesem neuen Preis das längst fällige

Coming-out der deutschsprachigen Lesbenliteratur als ernst zu nehmendes Genre unterstützen."; V: Zum Wettbewerb werden nur Kurzgeschichten von Frauen zugelassen; D: mindestens 100 €, je nach Sponsoringaufkommen; *Adresse:* www.lesben-award.de

Limburg-Prosa-Preis
(www.uschtrin.de/pr_limburg.html)
K: Prosatext; unveröffentlicht; V: Für den Wettbewerb kann jeder Autor/jede Autorin einen bisher unveröffentlichten Prosatext in deutscher Sprache einreichen. Eine thematische Vorgabe gibt es nicht. Der Text soll bei weitem Zeilenabstand (1 1/2-zeilig) u. einer Schriftgröße von 12 Punkt nicht mehr als 10 Schreibmaschinenseiten (DIN A4) umfassen. Er ist in 6-facher Ausfertigung ohne Absenderangabe, lediglich mit einem Kennwort versehen, einzureichen. Ein beigefügter Briefumschlag mit dem gleichen Kennwort soll Name u. Anschrift des Absenders enthalten; D: 1. Preis: 1.500 €, 2. Preis: 1.000 €, 3. Preis: 750 €; Förderpreis der RHEINPFALZ: 250 €; *Adresse:* Kunstverein Bad Dürkheim, Kennwort „Literaturwettbewerb", z. Hd. Frau Lucia Cornelius-Horstmann, In den Hammerwiesen 28, D-67098 Bad Dürkheim

Literarischer März: Leonce-und-Lena-Preis; Wolfgang-Weyrauch-Förderpreise
(www.uschtrin.de/pr_lena.html)
K: Lyrik; unveröffentlicht; Z: Förderung der deutschsprachigen Lyrik u. des literar. Nachwuchses; V: Teilnehmen können deutschsprachige Autorinnen u. Autoren, die am Tag des Einsendeschlusses nicht älter als 35 Jahre sind. Es können bis zu zwölf unveröffentlichte Gedichte in dreifacher Ausfertigung, zusammen mit der Meldekarte, eingesandt werden. Sie sind durch eine kurze Bio- u. Bibliografie zu ergänzen. Ein Lektorat prüft die Texte u. entscheidet, welche AutorInnen (etwa 12) zum Wettbewerb eingeladen werden. Eine Jury entscheidet unmittelbar nach den Lesungen, wer die Preise erhält. Die Lesungen u. Veranstaltungen des Literarischen März sind öffentlich. Der Eintritt ist frei; D: 8.000 € (Leonce-und-Lena-Preis); insgesamt 8.000 € für die Wolfgang-Weyrauch-Förderpreise (etwa 2–3). Der „Literarische März" findet alle 2 Jahre im März statt. Die literar. Beiträge zu den Lesungen werden in einer Anthologie gesammelt u. vom Brandes & Apsel Verlag, Frankfurt am Main, verlegt; *Adresse:* Lektorat des Literarischen März beim Kulturamt, Frankfurter Str. 71, D-64293 Darmstadt, Telefon 06151/133337, www.literarischer-maerz.de

Literaturpreis Ruhrgebiet
Ein Hauptpreis – Eigenbewerbung nicht möglich; zwei Förderpreise – Eigenbewerbung erforderlich, im Folgenden beschrieben:
K: Texte, allgemein (Essays, Geschichten, Gedichte oder Texte anderer Art); unveröffentlicht (regionaler Bezug); Z: Förderung des literar. Nachwuchses; V: Themen-Ausschreibung. Wettbewerbsbeiträge von AutorInnen, die außerhalb des Ruhrgebiets wohnen, müssen auf Aspekte des Lebens im Ruhrgebiet mit literar. Mitteln Bezug nehmen. Der Umfang des maschinengeschriebenen, in deutscher Sprache

verfassten Textes darf zehn Seiten nicht überschreiten (Normseite); er ist in siebenfacher Ausfertigung (anonymisiert) einzureichen; D: 2.555 € pro Förderpreis; jährlich; Einsendeschluss: ca. 30. Juni; *Adresse:* Literaturbüro NRW-Ruhrgebiet e.V., Friedrich-Ebert-Str. 8, D-45956 Gladbeck, fon: 02043/992646 + 992168 + 992644, fax: 02043/991413, info@literaturbuero-ruhr.de, www.literaturbuero-ruhr.de

Literaturpreis der Schwulen Buchläden

(www.uschtrin.de/pr_schwul.html)
K: Texte, die sich schwerpunktmäßig mit Aspekten des Lebens schwuler Männer beschäftigen; unveröffentlicht; Z: Der Preis versteht sich als Initiative zur Förderung deutschsprachiger schwuler Literatur, will Talente fördern u. öffentl. Aufmerksamkeit auf diesen Bereich der Literatur lenken; V: Unveröffentlichter, maschinengeschriebener Prosatext in vierfacher Ausfertigung (anonymisiert) von nicht mehr als 20 Normseiten Umfang; je Autor ein Text. Öffentliche Preisverleihung mit Lesung; D: 1.000 €; alle 2 Jahre. Für ausgewählte Einsendungen wird eine Veröffentlichung angestrebt; *Adresse:* Die Schwulen Buchläden, c/o Joachim Bartholomae, Buchladen Männerschwarm, Neuer Pferdemarkt 32, D-20359 Hamburg, fon: 040/4302650, fax: 040/4302932, www.gaybooks.de

Literaturpreis der Universitätsstadt Marburg und des Landkreises Marburg-Biedenkopf

(www.uschtrin.de/pr_marburg.html)
K: literar. Texte (jedoch keine Dramen, keine Hörspiele u. keine Sachliteratur); veröffentlicht; Z: Der Preis versteht sich ausdrücklich als Förderpreis. Gefördert werden sollen deutschsprachige Autorinnen u. Autoren (unter 40 J.), die im literarischen Leben nicht etabliert sind; V: Als Bewerbungen sind nur deutschsprachige literarische Werke zugelassen, die in einem Verlag (nicht Eigenverlag) publiziert wurden; D: Hauptpreis: 7.500 € u. ein Regio-Preis: 2.500 €. Der Preis wird alle 2 Jahre vergeben; *Adresse:* Magistrat der Universitätsstadt Marburg, Kulturamt, Stichwort „Literaturpreis", Markt 7, D-35035 Marburg, fon: 06421/201-355, fax: 06421/201-479, kultur@marburg-stadt.de, www.marburg-biedenkopf.de

Lyrikpreis Meran

(www.uschtrin.de/pr_meran.html)
K: Lyrik; unveröffentlicht; Z: in memoriam alfred gruber; V: Teilnahmeberechtigt sind alle deutschsprachigen u. deutschschreibenden Autorinnen u. Autoren, die wenigstens einen eigenständigen Lyrik- oder Prosaband (kein Sachbuch, Drehbuch, Ausstellungskatalog) in einem Verlag (kein Selbst- oder Eigenverlag!) veröffentlicht haben. Das Sekretariat des Lyrikpreises Meran nimmt die Beiträge, 10 unveröffentlichte Gedichte in siebenfacher Ausführung, entgegen. Sie müssen mit einem Kennwort versehen sein. Der Name der Einsenderin muss, ergänzt durch Adresse u. Bio-Bibliografie, in einem eigenen Umschlag eingesandt werden. Ablauf: Das Sekretariat schickt die Beiträge an die Vorjury, die eine Vorauswahl trifft. Daraus wählt die Jury neun AutorInnen aus, die zu den Lesungen nach Meran (ca. Anfang Mai) eingeladen werden. An die einzelnen Lesungen schließen

sich Diskussionen der JurorInnen, Wortmeldungen der AutorInnen u. evtl. Publikumsmeinungen an. Anschließend werden die PreisträgerInnen von der Jury ermittelt; D: Lyrikpreis Meran: 8.000 € (Südtiroler Landesregierung), Alfred Gruber Preis: 3.100 € (Gemeinde Meran), Förderungspreis: 2.100 € (Kurverwaltung Meran); jährlich; Einsendeschluss der Beiträge: ca. im Oktober des Vorjahres; *Adresse:* Adresse f. Einsendungen: Kurverwaltung Meran, Freiheitsstr. 35, I-39012 Meran, fon: 0473/ 272000, fax: 0473/235524, info@meraninfo.it; weitere Infos: Kreis Südtiroler Autorinnen und Autoren, Weggensteinstr. 12, I-39100 Bozen, fon: 0471/977037, fax: 0471/977016, info@kuenstlerbund.org

MARTIN – Kinder- und Jugendkrimipreis des SYNDIKATs
(www.uschtrin.de/pr_martin.html)
K: Kinder- u. Jugendkriminalromane; veröffentlicht; Z: Würdigung des besten deutschsprachigen Kinder- bzw. Jugendkrimis eines Jahres; Erinnerung an Hansjörg Martin; D: 2.500 €; jährlich; Einsendeschluss jeweils am 31.12. Vergabe des Preises auf der CRIMINALE (www.criminale.de); *Adresse:* Das SYNDIKAT, www.das-syndikat.com (siehe S. 640)

MDR-Literaturpreis
(www.uschtrin.de/pr_mdrlitpreis.html)
K: Prosatext (Kurzgeschichte, Short Story); unveröffentlicht; V: Teilnehmen können AutorInnen aus ganz Deutschland, die schon mindestens einen literar. Text veröffentlicht haben. Umfang: max. 6 Manuskriptseiten oder 15 Vorlese-Minuten. Die GewinnerInnen werden während einer öffentl. Lesung ermittelt; D: 1. Preis 2.500 €, 2. Preis 1.500 €, 3. Preis 1.000 €; jährlich; Einsendeschluss: ca. 31. Januar; *Adresse:* Mitteldeutscher Rundfunk, MDR FIGARO, Postfach 1001 22, D-06140 Halle, Kennwort: Literaturwettbewerb, www.mdr.de

Mondseer Lyrikpreis
(www.uschtrin.de/pr_mond.html)
K: Lyrik; unveröffentlicht; V: Einreichmodus: zehn bis zwölf unveröffentlichte lyrische Werke (Gedichte) in deutscher Sprache, wobei der/die Einreichende zugleich UrheberIn des Werkes ist; Voraussetzung ist mindestens eine Verlagspublikation der Autorin/des Autors; sechsfache Ausfertigung, Lebenslauf, Werkverzeichnis; D: 7.500 €; *Adresse:* LITERATUR TAGE MONDSEE/MUNDWERK, Postfach 117, A-5310 Mondsee, Oberösterreich, info@mundwerk.at, www.mundwerk.at

OPEN MIKE – Internationaler Wettbewerb junger deutschsprachiger Literatur
(www.uschtrin.de/pr_mike.html)
K: Lyrik, Prosa bzw. ein in sich geschlossener Auszug aus einem Großtext; unveröffentlicht; V: Teilnehmen können deutschsprachige AutorInnen, die nicht älter als 35 Jahre sind u. noch keine eigene Buchpublikation vorzuweisen haben. Der Umfang der Manuskripte muss für eine 15-minütige Lesezeit ausreichend sein. Die eingereichten Texte selbst dürfen weder veröffentlicht noch zu einem anderen Wettbewerb eingereicht worden sein. Die Manuskripte werden in zweifacher

Ausfertigung als lose Blätter eingesandt u. müssen mit einer kurzen Biografie versehen sein. Auf den Manuskripten darf der Name des Absenders nicht erscheinen. Wettbewerbsablauf: 1. Runde: Ein Lektorat wählt max. 18 AutorInnen für die Endrunde aus. 2. Runde (Endrunde): Öffentlicher Lesewettbewerb (ca. Anfang November). Jede Teilnehmerin hat 15 Minuten Lesezeit zur Verfügung, um ihre Texte vorzustellen u. die Jury sowie das Publikum für sich zu gewinnen. Die Jury kann bis zu drei GewinnerInnen ermitteln. – Aus der Pressemitteilung vom 26.08.04: „Der open mike [...] hat sich zum wichtigsten deutschsprachigen Nachwuchs-Literatur-Wettbewerb entwickelt. Er ist aus dem Literaturleben Deutschlands nicht mehr wegzudenken, die Lesungen des open mike haben Kultstatus. [...] Verleger, Agenten und Talentscouts suchen auf dem open mike ihren literarischen Nachwuchs. Er ist für viele Autoren zum Sprungbrett ihrer Karriere geworden. Zahlreiche namhafte Schriftsteller begannen ihre Laufbahn beim open mike, wie z. B. Karen Duve, Tim Krohn, Kathrin Röggla, Julia Franck, Terézia Mora, Jochen Schmidt und Zsuzsa Bánk, ebenso wie Tobias Hülswitt, Ariane Grundies und Christian Schünemann."; D: Stipendien in Höhe von insgesamt 4.800 €. Darüber hinaus lädt das DeutschlandRadio Berlin die GewinnerInnen zu Lesung u. Gespräch in eine Livesendung ein. Die 18 ausgewählten u. eingeladenen Autorinnen u. Autoren erhalten für ihre Lesung ein kleines Startgeld. Einsendeschluss: ca. Ende Juli; *Adresse:* literaturWERKstatt berlin, Knaackstr. 97 (Kulturbrauerei), D-10435 Berlin, fon: 030/485245-0, fax: 030/485245-30, mail@literaturwerkstatt.org, www.literaturwerkstatt.org

Phantastik-Preis der Stadt Wetzlar
(www.uschtrin.de/pr_wetzlar.html)
K: Phantastik (Science Fiction, Fantasy, Phantastik, Utopie/Staatsroman, Horror, phantast. Reise- u. Abenteuerliteratur, Märchen, Sagen/Mythen); veröffentlicht; Z: Der Preis dient sowohl der Förderung des literar. Nachwuchses als auch der Auszeichnung von hervorragenden literar. Leistungen; V: Die Jury wählt aus dem Angebot der in den jeweils vorangegangenen zwölf Monaten (zwischen dem 1. April des Vorjahres u. dem 31. März des laufenden Jahres) erschienenen deutschsprachigen Bücher (Originalveröffentlichung), die dem phantastischen Genre zuzurechnen sind, das ihrer Ansicht nach beste aus. Die Bücher sind in 2 Exemplaren (von Anfang April des Vorjahres) bis zum 31. März einzureichen; D: 4.000 €. Der Preis wird jährlich vergeben. Die Verleihung erfolgt Anfang September im Rahmen der „Wetzlarer Tage der Phantastik"; *Adresse:* Phantastische Bibliothek, Friedrich-Ebert-Platz 3, D-35578 Wetzlar, fon: 06441/99-1091, fax: 06441/99-1094, phbiblwz@wetzlar.de

PLOPP!
(www.uschtrin.de/pr_plopp.html)
K: Hörspiele; unveröffentlichte (Eigen-)Produktionen; Z: PLOPP! richtet sich an hörkunstbegeisterte Laien gleichermaßen wie an professionelle oder semi-professionelle HörspielmacherInnen. Der Wettbewerb ist offen für alle Formen u. Genres; V: Am Wettbewerb teilnehmen können Hörkunst-Produktionen, die nicht im Auftrag einer Sendeanstalt produziert u. gesendet, nicht kommerziell

verwertet u. nicht bereits im vergangenen Jahr für PLOPP! eingereicht wurden. Die Produktionen dürfen nicht länger als maximal 20 Minuten sein. Die Stücke bitte vorzugsweise auf CD einreichen; D: 1.500 €; jährlich; Einsendeschluss: ca. September; *Adresse:* Akademie der Künste, Abteilung Film- u. Medienkunst, PLOPP!-Wettbewerb, Hanseatenweg 10, D-10557 Berlin, PLOPP!-Kontakt: Silke Baer u. Ingeburg Lehnert, 030/39076-162, baer@adk.de, www.adk.de

Rattenfänger-Literaturpreis
(www.uschtrin.de/pr_ratten.html)
K: Literatur (Märchen, Sagen, phantast. Literatur u. a.) für Kinder u. Jugendliche; veröffentlicht; Z: Ausgezeichnet werden ein oder zwei Märchen- oder Sagenbücher, phantastische Erzählungen, moderne Kunstmärchen oder Erzählungen aus dem Mittelalter für Kinder u. Jugendliche; V: Teilnahmeberechtigt sind Bücher, die in den letzten zwei Jahren veröffentlicht u. bis zum ca. 2. Januar mit 6 Exemplaren beim Kulturamt der Stadt Hameln eingereicht werden. Die Preisverleihung erfolgt im Herbst darauf; D: 5.000 €, die an AutorInnen, BearbeiterInnen, ÜbersetzerInnen u. IllustratorInnen vergeben werden können. Der Preis wird alle 2 Jahre verliehen. Weitere Bücher (etwa 10–12), die von der Jury hervorgehoben, aber nicht mit dem Preis bedacht werden, finden Aufnahme in einer Auswahlliste u. werden damit ideell ausgezeichnet; *Adresse:* Stadt Hameln, KULTURbüro, Ellen Greten, Pfortmühle, Sudetenstr. 1, D-31785 Hameln, fon: 05151/202-650, fax: 05151/202-651, e.greten@hameln.de, kultur@hameln.de, www.hameln.de

Gustav-Regler-Preis der Kreisstadt Merzig & Gustav-Regler-Förderpreis des Saarländischen Rundfunks (SR)
(www.uschtrin.de/pr_regler.html)
K: Texte, allgemein, auch reportageliterarische oder essayistische Formen u. Übersetzungen; Z: Würdigung von Werk u. Lebensgeschichte des Schriftstellers Gustav Regler, Anerkennung literarischer Verdienste um interkulturelle u. internationale Verständigung sowie Förderung des regionalen Nachwuchses; V: Mit dem Förderpreis wird ein „junger" Autor ausgezeichnet für einen deutschsprachigen Text von ca. 20 Seiten Umfang (pro Seite 30 Zeilen à 60 Zeichen), der sich in literarisch überzeugender Weise mit dem Werk von Gustav Regler auseinandersetzt oder eine eigenständige Arbeit in der Nachfolge des saarländischen Autors u. Weltbürgers darstellt. Für die Nachfolge können thematische, biografische, interkulturelle oder regionalgeografische Kriterien herangezogen werden. Unter „jung" sind Autoren zu verstehen, die nicht mehr als drei eigenständige Veröffentlichungen vorweisen sollten; D: Der Hauptpreis der Kreisstadt Merzig ist mit 5.000 €, der Förderpreis des SR mit 2.500 € dotiert. Der Preis wird alle 3 Jahre verliehen; *Adresse:* Stadtbibliothek Merzig, Hochwaldstr. 47, D-66663 Merzig, fon: 06861/790693, fax: 06861/790697, stadtbibliothek@merzig.de, www.merzig.de

„Schülerinnen und Schüler schreiben – Treffen Junger AutorInnen"
(www.uschtrin.de/pr_schule.html)
K: Texte, allgemein; unveröffentlicht; V: Wer schreibt Gedichte, Geschichten, Dramatisches, Satire oder Parodien, Märchen, Science Fiction, Reportagen,

Nonsens oder ganz anderes zu Themen wie Liebe, Schule, Hass, alltägliche Gewalt und ...? Mitmachen können alle ab 10 Jahre, die zur Schule gehen oder in der Berufsausbildung (kein Studium) stehen; D: Bis zu 25 junge Autorinnen u. Autoren werden zum „Treffen junger AutorInnen" mit Literaturworkshops, öffentlichen Lesungen, LektorInnengesprächen u. v. m. im November nach Berlin eingeladen. Etwa 30 EinsenderInnen erhalten Bücherschecks im Wert von je 50 €. Einsendeschluss ist in der Regel der 15. Juni; das „Treffen Junger AutorInnen" findet alljährlich Ende November statt; *Adresse:* Berliner Festspiele GmbH, Treffen Junger AutorInnen, Schaperstr. 24, D-10719 Berlin, fon: 030/25489-122, fax: 030/25489-132, jugend@berlinerfestspiele.de, www.berlinerfestspiele.de

Karl-Sczuka-Preis
(www.uschtrin.de/pr_sczuka.html)
K: Hörwerk mit musikalischen Materialien u. Stukturen; un-/veröffentlicht; Z: Ausgezeichnet werden soll die „beste Produktion eines Hörwerks, das in akustischen Spielformen musikalische Materialien und Strukturen benutzt"; V: Bewerben können sich AutorInnen, KomponistInnen, RegisseurInnen oder Realisationsteams. Sie müssen ihre Produktionen in Form sendefähiger Kopien (Tonband, CD, DAT-Kassette oder Audio-Kassette) mit den erforderlichen Unterlagen beim Südwestrundfunk einreichen. Für die UrheberInnen kann auch die Produzentin einreichen. Falls die Erstsendung oder eine Veröffentlichung auf Tonträgern oder online bereits erfolgt sind, darf deren Datum nicht vor dem 1. Juni des Vorjahrs liegen. Auch ungesendete Arbeiten sind willkommen. Mit der Produktion sind einzureichen: a) eine Erklärung der Urheberin, dass sie sich mit diesem Werk um den Karl-Sczuka-Preis des Südwestrundfunks bewirbt u. dass die Nutzungsrechte ausschließlich bei ihr liegen; b) anderenfalls eine Einverständniserklärung aller Mitwirkenden oder der Produzentin, sofern diese über die Nutzungsrechte verfügt; c) ein Manuskript oder, wo ein solches nicht vorliegt, ein Treatment (sechsfach); d) Kurzbiografie u. Werkverzeichnis der Urheberin (sechsfach); e) Angaben über Ort u. Zeitpunkt der Produktion u. gegebenenfalls deren Erstsende- oder Erscheinungsdatum. Dieses darf nicht vor dem 1. Juni des Vorjahres liegen; D: 12.500 € (Hauptpreis, teilbar), 5.000 € (Förderpreis); jährlich; Einsendeschluss: ca. 15. Juni; *Adresse:* Sekretariat des Karl-Sczuka-Preises, Leitung: Hans Burkhard Schlichting, Südwestrundfunk, D-76522 Baden-Baden, fon: 07221/929-2722, fax: 07221/929-2072, sczuka@swr-online.de, www.swr.de/swr2/hoerspiel/karl-sczuka-preis/preis/index.html

Walter-Serner-Preis
(www.uschtrin.de/pr_serner.html
K: Kurzgeschichte, unveröffentlicht; Z: Autorinnen u. Autoren sind aufgefordert, eine unveröffentlichte Kurzgeschichte einzusenden, die vom „Leben in den großen Städten" – so das Motto des Preises – erzählt. Der Umfang der Geschichte soll sieben Seiten nicht überschreiten. Der Name der Autorin/des Autors ist nicht auf dem Manuskript, sondern auf einem beigefügten Blatt zu vermerken. Veranstalter: Kulturradio vom Rundfunk Berlin-Brandenburg (RBB) u. das Literaturhaus Berlin. „Der Walter-Serner-Preis hat sich in den letzten Jahren als Forum für

Debütanten etabliert." (Pressemitteilung der Veranstalter); D: 2.500 €; jährlich; Einsendeschluss ca. 15. September; *Adresse:* Rundfunk Berlin-Brandenburg, Kulturradio, Stichwort: Walter-Serner-Preis, Masurenallee 8–14, D-14057 Berlin

Stückemarkt (beim Theatertreffen, Berliner Festspiele)
(www.uschtrin.de/pr_stuecke.html)
K: Theaterstücke, bisher ungespielt bzw. bei internationalen Texten noch nicht in Deutschland aufgeführt; Z: „Ziel des Stückemarktes ist es, den Autoren gleichermaßen ein Podium und Publikum zur Erprobung der eigenen Arbeit zu geben sowie ein Netzwerk für Arbeitskontakte herzustellen."; V: Eine Jury wählt aus allen eingesandten Texten sechs Stücke aus, die in szenischen Lesungen beim Theatertreffen vorgestellt werden; D: 5.000 €; der Stückemarkt findet in jedem Frühjahr (Mai) statt; Einsendeschluss ca. 31. Dezember; *Adresse:* Berliner Festspiele, Stückemarkt, Schaperstr. 24, D-10719 Berlin, fon: 030/25489-318, www.berlinerfestspiele.de + www.stueckemarkt.de

Wiener Werkstattpreis
(www.uschtrin.de/pr_wiener.html)
K: Literatur (Kurzprosa, Lyrik u. Film/Treatment mit Themenbezug) u. Fotografie; V: Details auf der Homepage www.werkstattpreis.net; D: 800 € u. mehrere Etappenpreise à 150 €; *Adresse:* Wiener Werkstattpreis, c/o Peter Schaden, Mailbox No. 119, Wienerbergstr. 9, A-1100 Wien, fon: 01/2642300, www.werkstattpreis.net

William Voltz Award
(www.uschtrin.de/pr_voltz.html)
K: Kurzgeschichten mit phantastischem Charakter; unveröffentlicht; Z: Der Award hat das Ziel, den Nachwuchs deutschsprachiger Science-Fiction-AutorInnen zu fördern; D: 1. Preis: 300 €, 2. Preis: 200 €, 3. Preis: 100 €. Die honorierten Stories werden auf der Website www.williamvoltz.de/Award.html veröffentlicht. Vergabeturnus: jährlich; *Adresse:* www.williamvoltz.de

Stipendien und Stellen für StadtschreiberInnen

Arbeits-, Werk-, Förder-, Aufenthalts- und Reisestipendien mit regionalem Bezug, Stipendien also, die von Städten, Kommunen und Bundesländern nur an AutorInnen (und ÜbersetzerInnen) vergeben werden, die dort auch wohnen und/oder geboren sind, werden hier in der Regel nicht näher beschrieben. Das Kulturamt der Stadt, der Gemeinde oder die Kultusbehörde des Landes informieren gerne über die Antragsmodalitäten und Vergaberichtlinien.

Eine ausgezeichnete Zusammenstellung aller Wettbewerbe und (Arbeits-)Stipendien für Übersetzerinnen und Übersetzer gibt es auf den Internetseiten des Verbands deutschsprachiger Übersetzer literarischer und wissenschaftlicher Werke e.V. (VdÜ), www.literaturuebersetzer.de.

Förderpreise und/oder Stipendien verleihen u.a. die Städte Bonn – Bremen – Bremerhaven – Darmstadt – Hamburg – Halle – Köln – Leipzig – Ludwigshafen – Mainz – München – Offenbach – Stuttgart. Bei den Landkreisen sind zur erwähnen: der Landkreis Diepholz und der Landkreis Mainz-Bingen.

Fast alle Bundesländer fördern ihre „Landeskinder"; die einen mehr (z.B. Berlin), die anderen weniger. AutorInnen und ÜbersetzerInnen sollten es daher nicht versäumen, sich bei der jeweiligen Landesbehörde zu erkundigen, welche Möglichkeiten der Förderung bestehen. Ein Adressenverzeichnis der für Kunstförderung zuständigen Behörden der Länder gibt es am Ende dieses Kapitels.

Bei den hier aufgeführten Stipendien handelt es sich in der Regel um Förderungen ohne Ortsbezug, das heißt, AutorInnen aus allen Landesteilen Deutschlands können sich um das angegebene Stipendium bewerben. Zu diesen Stipendien zählen fast immer die Stellen für StadtschreiberInnen. Stadtschreiberstellen, bei denen keine Eigenbewerbung möglich ist (z.B. beim „Stadtschreiber zu Rheinsberg" oder beim „Stadtschreiber Literaturpreis des ZDF/3sat und der Stadt Mainz") werden hier nicht aufgeführt.

Arbeitsstipendien an HörspielautorInnen durch die Filmstiftung Nordrhein-Westfalen GmbH
Gefördert werden können freie AutorInnen, die ihren Wohnsitz in NRW haben, deren Projekte in NRW realisiert werden oder deren Projekte im besonderen kulturellen Interesse Nordrhein-Westfalens liegen. Die Arbeitsstipendien werden projektgebunden für Originalhörspiele vergeben. Einzureichen ist ein formloser Antrag in 5-facher Ausfertigung mit einer Projektbeschreibung, die zuverlässig Auskunft über die literarische Qualität u. die Vorstellung der akustischen Erscheinungsform gibt, sowie einer Vita des Antragstellers. Die Höhe der Förderung richtet sich nach dem Umfang des Projekts. Stipendien können in der Höhe von 3.500 € bis zu 7.500 € vergeben werden. – *Adresse:* Filmstiftung NRW, Sibylle Bettray, Kaistr. 14, D-40221 Düsseldorf, fon: 0211/930500, fax: 0211/930505, sibyllebettray@filmstiftung.de, www.filmstiftung.de

Aufenthaltsstipendium im Europäischen Übersetzer-Kollegium Nordrhein-Westfalen in Straelen e.V.
(siehe S. 623 f.)

Aufenthaltsstipendien für Nichtberliner Autorinnen und Autoren im Literarischen Colloquium
(www.uschtrin.de/stip_berlinlcb.html)
In Zusammenarbeit mit dem Literarischen Colloquium Berlin (LCB) vergibt die Senatsverwaltung für Wissenschaft, Forschung und Kultur, Berlin, jährlich Stipendien an deutschsprachige SchriftstellerInnen, die nicht in Berlin leben u. nicht älter als 35 Jahre sind. 3 Monate mietfreies Wohnen u. Arbeiten im LCB. Die Stipendien sind mit monatlich 1.100 € dotiert. Dem formlosen Bewerbungsschreiben sind neben Angaben zur Person u. zum literar. Werdegang auch Arbeitsproben im Umfang von etwa 20 Seiten beizufügen. Bewerbungsschluss: ca. November. – *Adresse:* Senatsverwaltung für Wissenschaft, Forschung und Kultur,

Fachbereich Literaturförderung, Brunnenstr. 188–190, D-10119 Berlin, fon: 030/90228-535 oder -536, www.kultur.berlin.de

Autorenwerkstatt Prosa/Autorenwerkstatt Theatertexte

Das Ziel der vom Berliner Senat geförderten Autorenwerkstatt Prosa ist es, junge AutorInnen ohne Publikationserfahrung zu entdecken u. zu fördern. Sie kombiniert ein Arbeitsstipendium mit der Möglichkeit, sich im Rahmen von Wochenendseminaren fortzubilden. Zusammen mit der Seminarleitung, ausgewählten ReferentInnen u. den anderen StipendiatInnen steht die Arbeit am Text im Vordergrund. Informationen über das literaturbetriebliche Umfeld fließen ein, erste Kontakte zur Verlagswelt werden geknüpft. Die Auswahl der StipendiatInnen nimmt eine Jury vor. Zur Förderung zugelassen sind Prosaprojekte, die noch in Arbeit sind. Die Bewerbungsunterlagen (Vita, Exposé, eine mindestens 30-seitige Arbeitsprobe von dem Prosaprojekt, an dem während der Autorenwerkstatt gearbeitet werden soll etc.) sind in dreifacher Ausfertigung einzureichen. Parallel, manchmal aber auch jährlich wechselnd mit der Autorenwerkstatt Prosa veranstaltet das LCB eine Autorenwerkstatt Theatertexte zur Förderung junger TheaterautorInnen. Die Richtlinien für die Teilnahme an diesen Autorenwerkstätten findet man auf der Homepage des LCB, u. zwar im Servicebereich für AutorInnen. – *Adresse:* Literarisches Colloquium Berlin e. V., Am Sandwerder 5, D-14109 Berlin, fon: 030/816996-0, fax: 030/816996-19, mail@lcb.de, www.lcb.de (siehe S. 632)

Baldreit-Stipendium

(www.uschtrin.de/stip_baldreit.html)
Alljährlich vergibt die Stadt Baden-Baden für die Dauer eines Jahres das internationale Baldreit-Stipendium mit der Künstlerwohnung in Baldreit an eineN SchriftstellerIn, BildendeN KünstlerIn oder Komponistin(en). Die Stadt bietet der Stipendiatin für ein Jahr eine mietfreie 50 Quadratmeter große Atelierwohnung zentral in der Innenstadt. Zusätzlich gewährt sie ein monatliches Stipendium in Höhe von ca. 800 €. Der Bewerbung sollten ein kurzer Lebenslauf u. Unterlagen, die Aufschluss über die künstlerische Arbeit geben können, beigefügt werden. – *Adresse:* Schul-, Kultur- u. Sportamt der Stadt Baden-Baden, Marktplatz 3, D-76530 Baden-Baden, fon: 07221/93-2302, fax 07221/93-2306, sksa@baden-baden.de, www.bad-bad.de/baldreit-stipendium/

BurgschreiberIn zu Beeskow

(www.uschtrin.de/stip_beeskow.html)
Das Amt wird jährlich für die Dauer eines halben Jahres verliehen. Es ist mit einem monatl. Förderstipendium von 750 € verbunden sowie freiem Wohn- u. Arbeitsraum auf der Burg Beeskow. „Teilnehmen kann jedermann ohne Rücksicht auf Staatsangehörigkeit, Religion oder politische Gesinnung, der literarisch oder publizistisch tätig ist und sich durch Veröffentlichungen in den Printmedien ausgezeichnet hat." Keine Altersbegrenzung. „Vom Burgschreiber wird in seiner Amtszeit erwartet, daß er sich literarisch oder publizistisch mit seiner Umgebung auseinandersetzt, am öffentlichen Leben der Stadt teilnimmt und auf Anfrage zu Lesungen oder Vorträgen zur Verfügung steht." BewerberInnen übersenden dem

Kulturamt unter dem Kennwort „Burgschreiberin" einen oder mehrere Texte (Manuskripte bzw. Publikationen) mit einem Erläuterungsblatt, das Name, Anschrift, eine Biobibliographie u. die eingereichten Titel enthalten soll. Einsendeschluss: ca. 31. März; Verleihung: 11. Juni. – *Adresse:* Landkreis Oder-Spree, Kultur- und Sportamt, Breitscheidstr. 7, D-15841 Beeskow, fon: 03366/351472, fax: 03366/21021

Deutscher Literaturfonds e. V.: Werkstipendien für AutorInnen
(www.uschtrin.de/stip_litfonds.html)
Förderung eines bestimmten literar. Projekts. Maximale Höhe: 1.550 € pro Monat. Maximale Laufzeit: 1 Jahr. Voraussetzung der Förderung ist ein entscheidungsreifer Antrag, für den folgende Unterlagen nötig sind: 1. bio-bibliografische Angaben (Name, Adresse, Alter, Familienstand, ggf. Zahl der Kinder, Ausbildung, Tätigkeitsbereich, Information über bisherige Arbeiten u. Projekte sowie gleichzeitige Anträge bei anderen Stellen, Bankverbindung); 2. Kostenbegründung (kurze Angabe über die Dauer des beantragten Stipendiums bzw. des beantragten Projektzuschusses); 3. Projektbeschreibung/Exposé; 4. Manuskriptprobe (Der Auszug aus dem Werk, für das die Förderung beantragt wird, sollte ca. 20 Seiten umfassen.). Es können sich nur noch Autorinnen u. Autoren um ein Stipendium bewerben, die ein von ihnen nicht selbst finanziertes literar. Buch in einem deutschsprachigen Verlag veröffentlicht haben. Zur Antragstellung sind deutschsprachige AutorInnen berechtigt. Über die Förderung entscheidet das Kuratorium. Die Vergabesitzungen des Deutschen Literaturfonds finden zweimal jährlich, in der Regel im März u. im Oktober, statt. Einsendeschluss für Anträge auf Förderung ist jeweils der 31. Oktober (für die Frühjahrssitzung) bzw. der 30. April (für die Herbstsitzung). – Anträge sind (per Post, nicht per eMail) zu richten an: Deutscher Literaturfonds e. V., Alexandraweg 23, D-64287 Darmstadt, fon: 06151/40930, fax: 06151/409333, deutscher.literaturfonds@t-online.de, www.deutscher-literaturfonds.de (siehe S. 622)

Alfred-Döblin-Stipendium
(www.uschtrin.de/stip_doeblin.html)
Die Stiftung Alfred-Döblin-Preis vergibt Aufenthaltsstipendien im Alfred-Döblin-Haus in Wewelsfleth. Das Haus hat Günter Grass dem Land Berlin zur Förderung von Schriftstellern überlassen; die Stipendien stellt die Senatsverwaltung für Wissenschaft, Forschung und Kultur der Stiftung Alfred-Döblin-Preis zur Verfügung. Mit dem Alfred-Döblin-Stipendium sollen Berliner SchriftstellerInnen gefördert werden, die sich bereits durch Veröffentlichungen ausgewiesen haben oder die in Arbeitsproben eine literarische Befähigung erkennen lassen. In der Regel werden Stipendien für einen Zeitraum von mindestens drei Monaten u. höchstens einem Jahr vergeben. Jede Stipendiatin/jeder Stipendiat erhält ein Aufenthaltsgeld von 1.100 € monatlich sowie eine Wohnung im Alfred-Döblin-Haus. Für die Dauer des Stipendiums besteht Aufenthaltspflicht in Wewelsfleth. Über die Bewerbungen (ausgefüllter Antrag u. Arbeitsproben) entscheidet eine dreiköpfige Jury. Ihr gehören je ein Vertreter der Akademie der Künste, des P.E.N.-Zentrums Bundesrepublik Deutschland u. der Senatsverwaltung für Wissenschaft,

Forschung und Kultur an. – Bewerbungen sind zu richten an: Stiftung Alfred-Döblin-Preis, Aufenthaltsstipendium, c/o Akademie der Künste, Abteilung Literatur, Hanseatenweg 10, D-10557 Berlin, fon: 030/39076-0, fax: 030/39076-175, www.adk.de

Dresdner StadtschreiberIn
(www.uschtrin.de/stip_dresden.html)
Die Landeshauptstadt Dresden vergibt seit 1996 alljährlich für den Zeitraum April bis September das Literatur-Stipendium „Dresdner StadtschreiberIn". Bewerben können sich deutschsprachige AutorInnen, die sich auf die Wechselseitigkeiten von Literatur u. urbanem Raum einlassen wollen u. ihren Lebensmittelpunkt nicht in Dresden haben. Bewerbungen sind jeweils bis 30. September einzureichen. Monatliche Zuwendung von 900 € sowie die kostenlose Bereitstellung von Wohnraum. BewerberInnen sollten möglichst eine selbständige Publikation einreichen, die nicht im Eigenverlag erschienen ist, sowie eine Biobibliografie u. eine Textprobe von mindestens zehn A4-Seiten (in fünffacher Ausfertigung). – *Adresse:* Landeshauptstadt Dresden, Kulturamt, Königstr. 15, D-01097 Dresden, fon: 0351/488-8929

Erfurter StadtschreiberIn-Literaturpreis
(www.uschtrin.de/stip_erfurt.html)
Der Erfurter Stadtschreiber-Literaturpreis wird alle 2 Jahre ausgeschrieben u. jeweils im Jahr der Preisverleihung vom 1. April bis zum 31. Juli besetzt. Alle literarischen Gattungen, keine thematische Begrenzung; monatlich 1.250 € sowie kostenloses Wohnen in einem Apartment; Präsenzpflicht. Die BewerberInnen sollen mindestens eine selbständige Publikation vorweisen können. Gebeten wird um die Einsendung einer unveröffentlichten Textprobe (maximal 20 A4-Seiten), eines Lebenslaufes mit Lichtbild sowie einer Biobibliografie. – *Adresse für die Bewerbungsunterlagen:* Kulturdirektion der Stadtverwaltung der Landeshauptstadt Erfurt, Postfach 243, D-99005 Erfurt; weitere Informationen: Hans-Christian Piossek, fon: 0361/655-1608, fax: 0361/655-1609, christian.piossek@erfurt.de, www.erfurt.de

Esslinger BahnwärterIn
(www.uschtrin.de/stip_essbahn.html)
Die Stadt Esslingen vergibt seit 1992 jährlich zweimal – in der Regel für das Frühjahr u. den Herbst – das Stipendium „Esslinger Bahnwärter" für KünstlerInnen aus den Bereichen Literatur oder Bildende Kunst. Die Stipendien bestehen aus der Überlassung einer Künstlerwohnung u. eines Atelierraumes sowie einem monatlichen Unterhaltszuschuss von jeweils 1.000 €, insgesamt also 3.000 € je Stipendium. Am Auswahlverfahren dürfen alle deutschsprachigen AutorInnen teilnehmen, Wohnsitz u. Staatsangehörigkeit spielen keine Rolle; Höchstalter: 45 Jahre. Folgende Unterlagen sind einzureichen: Anschreiben, kurzer Lebenslauf, ausgefüllter Fragebogen, ein max. fünf Seiten umfassendes Exposé für das Werk, das während des Stipendiums bearbeitet werden soll, sowie Arbeitsbeispiele (Text von höchstens 20 Seiten). Es wird versucht, die StipendiatInnen der Bevölkerung

durch Lesungen, Auftritte oder Ausstellungen näher vorzustellen. Eine Honorierung dafür erfolgt gesondert. Der Bewerbungsschluss für die Stipendien ist der 1. Juli des jeweiligen Vorjahres. – *Adresse:* Kulturreferat der Stadt Esslingen, Neues Rathaus, Postfach 100355, D-73726 Esslingen am Neckar, fon: 0711/3512-2644, fax: 0711/3512-3181, www.esslingen.de

Gartenhaus am Süderwall – Stipendium Otterndorf
(www.uschtrin.de/stip_ottern.html)
Die Kleinstadt Otterndorf im Landkreis Cuxhaven vergibt jährlich das Stipendium „Gartenhaus am Süderwall". Dabei wird das Gartenhaus für einen fünfmonatigen Aufenthalt (Mai bis September) kostenlos zur Verfügung gestellt. Neben einigen anderen Vergünstigungen wird der Stipendiatin während des Aufenthalts ein Betrag von insgesamt 4.350 € gewährt. InteressentInnen bewerben sich jeweils bis zum 30. September bei der Stadt Otterndorf. Die Bewerbungsunterlagen sollten sowohl einen kurzen Überblick über die bisherige schriftstellerische Arbeit, einige Leseproben als auch die Vorstellungen über das Amt der Stadtschreiberin enthalten. Mit der Vergabe des Stipendiums verbindet die Stadt Otterndorf keine Gegenleistung. Man freut sich allerdings über eine Stipendiatin, die während der „Amtszeit" das kulturelle Leben der Stadt bereichert, hofft, dass ein enger Kontakt zu Land u. Leuten entsteht u. die gesammelten Eindrücke schriftstellerisch verarbeitet werden können. – *Adresse:* Stadt Otterndorf, Marktstr. 21, D-21762 Otterndorf, fon: 04751/919102, fax: 04751/919103, kultur@otterndorf.de, www.otterndorf.de

Heinrich-Heine-Stipendium in Lüneburg
(www.uschtrin.de/stip_heine.html)
Als Auszeichnung für bisher veröffentlichte Arbeiten u. zur Förderung des weiteren schriftstellerischen Schaffens vergibt das Land Niedersachsen zusammen mit der Stadt Lüneburg das Heinrich-Heine-Stipendium für die Dauer von acht Monaten (Januar bis August) u. für die Dauer von drei Monaten (Oktober bis Dezember). Die Vergabe erfolgt alle drei Jahre. Die Stipendiatenwohnung ist bis Ende 2006 belegt. Die Ausschreibung der Stipendien für die Zeiträume Januar bis August u. Oktober bis Dezember 2007, 2008, 2009 beginnt am 01. Oktober 2005. Einsendeschluss ist der 31.01.2006. Die Stipendiaten erhalten monatlich 1.300 €. Die komplett eingerichtete Zwei-Zimmer-Wohnung (50 qm) befindet sich im Anbau des Heinrich-Heine-Hauses u. wird mietfrei zur Verfügung gestellt. Das Literaturbüro Lüneburg übernimmt organisatorische Aufgaben sowie die Betreuung der Stipendiaten. Bewerben können sich deutschsprachige Schriftstellerinnen u. Schriftsteller. Die Bewerbungsunterlagen sollen neben biografischen u. bibliografischen Angaben die letzte Veröffentlichung (in zwei Exemplaren) u. zehn bis zwanzig Seiten aus einem neuen, bisher unveröffentlichten Manuskript (in drei Exemplaren) enthalten. Mit Veröffentlichung ist hier eine Buchveröffentlichung in deutscher Sprache (nicht im Selbstverlag oder von Autoren finanzierten Drucken) gemeint. Als mit einer Buchveröffentlichung vergleichbar wird eine größere Anzahl von Einzelveröffentlichungen, ein Theatertext oder ein Hörspiel angesehen. Das Heinrich-Heine-Stipendium wird nicht an Übersetzer u.

Sachbuchautoren vergeben. – *Adresse:* Literaturbüro Lüneburg e. V., Heinrich-Heine-Haus, Postfach 25 40, D-21335 Lüneburg, fon: 04131/309-687, literaturbuero@stadt.lueneburg.de, www.literaturbuero-lueneburg.de

Künstlerwohnung in der Soltauer Bibliothek Waldmühle

„Hoch über dem rauschenden Mühlrad liegt die Künstlerwohnung der Bibliothek Waldmühle." Die Stadt Soltau vergibt sie als kostenlose Ferienwohnung an AutorInnen u. andere Kunstschaffende für die Dauer von 1 bis 4 Wochen. Als Gegenleistung erwartet die Stadt „eine kostenfreie Begegnung mit BürgerInnen der Stadt als Gastgeschenk (z. B. Lesung, Diskussion, Ausstellung)". „Über die Erwartungen der Stadt Soltau wird mit dem jeweiligen Gast unter Berücksichtigung seiner künstlerischen Schwerpunkte u. seiner Aufenthaltsdauer in Soltau ebenso zu sprechen sein, wie über seine eigenen. So sind z. B. weitere Leistungen gegen Honorar, etwa Lesungen zu erörtern." An Bewerbungsunterlagen legt jede Künstlerin diejenigen vor, von deren Aussagekraft sie überzeugt ist. – *Adresse:* Soltauer Kulturkreis, Heiner Peetz, Wiesenstr. 6, D-29614 Soltau, fon: 05191/4281, fax: 05191/71421, peetz-soltau@t-online.de, www.soltau.de

Nordfälle – Krimistadtschreiber Flensburg

(www.uschtrin.de/stip_krimi.html)
Die Stadt Flensburg vergibt dreimonatige Stipendien (ca. Mitte Juni bis Mitte September) an SchriftstellerInnen, die in einem Werk einen Fall mit Flensburg-Bezug schildern. Die Krimi-Stadtschreiberin erhält bei freier Wohnung u. einer Verpflegungspauschale ein Preisgeld von 3.000 € u. sollte den dreimonatigen Aufenthalt in der Stadt dazu nutzen, ihr Manuskript fertig zu schreiben. Bewerben können sich Krimiautorinnen und -autoren, die bereits mindestens eine Veröffentlichung in Form eines Buches, einer TV-Produktion von mindestens 45 Minuten Länge oder eines Hörspiels von mindestens 30 Minuten Länge vorweisen können. Die Veröffentlichungen können in deutscher oder dänischer Sprache vorliegen. Bewerbungsunterlagen: Exposé zur Vorstellung der Idee (Flensburg-Bezug), Publikationsliste, Lebenslauf. Ausschreibung ab ca. November eines jeden „geraden" Jahres (z. B. 2006, 2008); Einsendeschluss ca. Ende Januar/Februar (2007, 2009). Der Aufenthalt in Flensburg ist dann im „ungeraden" Jahr (z. B. 2007, 2009). – *Adresse:* Kulturbüro Flensburg, Nordfälle – Krimi-Stadtschreiber Flensburg, Rathausplatz 1, D-24931 Flensburg, fon: 0461/852566, fax: 0461/851793, kulturbuero@flensburg.de, www.flensburg.de

Solitude-Stipendium (Akademie Schloss Solitude)

(www.uschtrin.de/stip_solitude.html)
Die Akademie Schloss Solitude vergibt Stipendien für 6 oder 12 Monate an qualifizierte jüngere KünstlerInnen aller Sparten. Stipendien werden an KünstlerInnen vergeben, deren Studienabschluss nicht länger als 5 Jahre zurückliegt oder die noch nicht älter als 35 Jahre sind. Einige Stipendien werden ohne Altersbegrenzung vergeben. Im Rahmen eines Stipendiums besteht die Möglichkeit, ein Projekt zu realisieren. Alle 24 Monate werden 50 bis 60 Stipendiaten ausgesucht. Im Sinne des künstlerischen Dialogs u. der interdisziplinären Zusammenarbeit

werden Sprachkenntnisse in einer der drei Sprachen Deutsch, Englisch oder Französisch vorausgesetzt. Bewerbungsunterlagen: vollständig ausgefüllter Bewerbungsbogen (siehe Homepage), zwei aktuelle Passfotos sowie folgende Arbeitsmaterialien, möglichst neueren Datums: Bücher, Publikationen, Manuskripte, evtl. Rezensionen (bitte nicht mehr als 4–5 Bücher, möglichst in deutscher oder in englischer oder französischer Sprache). Das Solitude-Stipendium ist ein Wohn- u. Arbeitsstipendium mit Anwesenheitspflicht. Die eingeladenen KünstlerInnen (jeder Nationalität) nehmen während des Stipendiums festen Wohnsitz in Stuttgart (Meldepflicht). Neben einem kostenlos zur Verfügung gestellten Wohnstudio auf dem Schloss erhalten die StipendiatInnen monatlich 1.000 € (inklusive einmalige Reisekosten für An- u. Abreise). Die Kunstsparte Literatur, für die u. a. Bewerbungen möglich sind, umfasst: Lyrik u. Prosa, Theater, Essay, Übersetzung u. a. Nächste Bewerbungsrunde für die Stipendien 2008–2010 findet voraussichtlich 2007 statt; ausführliche Infos zum Bewerbungsprozedere auf der Homepage der Akademie. – *Adresse:* Akademie Schloss Solitude, Solitude 3, D-70197 Stuttgart, fon: 0711/99619-0, fax: 0711/99619-50, info@akademie-solitude.de, www.akademie-solitude.de

StadtschreiberIn in Ranis
(www.uschtrin.de/stip_ranis.html)
Die Stadtschreiberstelle ist dem Nachwuchs gewidmet. Die BewerberInnen sollten nicht älter als 40 Jahre sein u. bisher geringe Publikationserfahrungen haben. Im Zeitraum vom 1. August bis zum 1. Juli erhält die betreffende Autorin bis zu 100 Tage freie Unterkunft u. ein Stipendium von 1.500 €. Der Autor sollte in dieser Zeit ein Werk schaffen, das einen Bezug zur Stadt Ranis oder dem Thüringer Umland erkennen lässt. Bewerbungsschluss ca. Anfang Mai. Einzureichen ist ein Lebenslauf, eine Liste bisheriger Veröffentlichungen u. eine unveröffentlichte Textprobe von höchstens 20 Seiten. – *Adresse:* Lese-Zeichen e. V., Thüringer Büro zur Autoren- u. Leseförderung, Haus auf der Mauer, Johannisplatz 26, D-07743 Jena, Dr. Martin Straub, fon: 03641/616763, fax: 03641/350963, info@lesezeichen-ev.de

Stipendium Paul Maar
Mit der Vergabe des Stipendiums werden Nachwuchsautorinnen u. -autoren der dramatischen Kinder- u. Jugendliteratur gefördert. Den jungen Dramatikerinnen wird damit die Möglichkeit gegeben, sich in Werkstätten u. bei Autorentreffen fortzubilden. Das Stipendium ist mit jährlich 5.200 € ausgestattet u. wird im Winter eines jeden Jahres öffentlich ausgeschrieben. – *Adresse:* Kinder- und Jugendtheaterzentrum in der Bundesrepublik Deutschland, Schützenstr. 12, D-60311 Frankfurt am Main, fon: 069/296661, fax: 069/292354, zentrum@kjtz.de, www.kjtz.de

Stipendium der Stiftung Künstlerdorf Schöppingen
(www.uschtrin.de/stip_schoep.html)
Aufgabe des Künstlerdorfs Schöppingen ist es, Literatur u. bildende Kunst intensiv zu fördern. Dazu werden jedes Jahr u. a. bis zu zwölf Stipendien an AutorInnen (bis zu 6 Monate) vergeben. „Dieses schließt insbesondere den Bereich Hörspiel

mit ein (!)." Die Ausschreibung ist international offen; keine Altersbegrenzung. Die Bedingungen u. Formulare zur Stipendienvergabe können im Künstlerdorf angefragt werden. Zur Bewerbung benötigt werden: Vita u. 20 Normseiten eines bisher unveröffentlichten Manuskriptes in 4-facher Kopie (fremdsprachige Texte nur in deutscher Übersetzung). Es wird monatlich ein Stipendium in Höhe von 1.025 € gezahlt; Residenzpflicht. Das Künstlerdorf versteht sich als offene Plattform für die Zusammenarbeit zwischen KünstlerInnen. Lesungen, Workshops, Kunstausstellungen finden regelmäßig statt. Schöppingen liegt im westl. Münsterland, nahe der niederländischen Grenze. Bewerbungsschluss: ca. 15. Januar. – *Adresse:* Stiftung Künstlerdorf Schöppingen e.V., Feuerstiege 6, D-48624 Schöppingen, fon: 02555/93810, fax: 02555/938120, info@stiftung-kuenstlerdorf.de, www.stiftung-kuenstlerdorf.de

Stipendium der Stiftung Niedersachsen
(www.uschtrin.de/stip_nieder.html)
Im Rahmen ihres Literaturförderungs-Programms vergibt die Stiftung Niedersachsen jährlich an deutschsprachige SchriftstellerInnen (die nicht aus Niedersachsen kommen müssen) Stipendien mit dem Ziel, diese bei der Arbeit am „zweiten Buch" zu unterstützen. Das Stipendium wird jährlich wechselnd in einer der Sparten Prosa (2005), Lyrik (2006), Essay (2007) ausgeschrieben. BewerberInnen müssen bereits (aber nicht mehr als) ein Buch in dem geförderten Gattungsbereich in einem Verlag veröffentlicht haben. Die AutorInnenförderung besteht zum einen aus einem Stipendienbetrag für die Monate April bis einschließlich Oktober des jeweiligen Jahres in Höhe von 9.000 €. Zum anderen finden als Teil der AutorInnenförderung drei Begleitkolloquien in der Bundesakademie für kulturelle Bildung Wolfenbüttel statt (siehe S. 437 f.). Einsendeschluss: ca. 1. Dezember. – *Adresse:* Stiftung Niedersachsen, Sophienstr. 2 (Künstlerhaus), D-30159 Hannover, fon: 0511/99054-13, fax: 0511/99054-19, www.stnds.de

Stipendium im Stuttgarter Schriftstellerhaus
(www.uschtrin.de/stip_stutt.html)
Für ÜbersetzerInnen u. AutorInnen vergibt der Verein Stuttgarter Schriftstellerhaus e.V. dreimonatige Wohn- u. Arbeitsstipendien. Sie sind mit 770 € pro Monat dotiert. Bewerben kann sich jede deutschsprachige Schriftstellerin, jeder Übersetzer. Einzureichen sind eine Biobibliografie u. eine kurze Werkprobe. Außerdem sind zwei Persönlichkeiten aus dem literar. Leben zu nennen, die für Werk u. Person einstehen. Es besteht Anwesenheitspflicht. Bewerbungsschluss: 15. September. – *Adresse:* Stuttgarter Schriftstellerhaus e.V., Kanalstr. 4, D-70182 Stuttgart, fon: 0711/233554, fax: 0711/2367913

„Struwwelpippi kommt zur Springprozession" – Kinderbuchautorenresidenz in Luxemburg
(www.uschtrin.de/stip_struwwelpippi.html)
Gesucht wird ein deutschsprachiger Kinderbuchautor/eine deutschsprachige Kinderbuchautorin, der/die bereit ist, für die Dauer von einem Monat (ca. Mai/ Juni) in Echternach zu leben u. zu arbeiten u. dabei ein sprachliches Umfeld, das

durch ein Neben- u. Miteinander von Lëtzebuergesch, Deutsch u. Französisch gekennzeichnet ist, zu erkunden. Der Aufenthalt fällt zusammen mit der alljährlichen Springprozession zu Ehren des hl. Willibrord. Der/die KinderbuchautorIn wohnt in einem spätgotischen Patrizierhaus im Zentrum der Stadt (Präsenzpflicht). Er/sie erhält ein einmaliges Stipendium von 5.000 €, eine Pauschale für Reise- u. Aufenthaltskosten u. kann auf organisatorische Betreuung vor Ort zurückgreifen. Bewerben kann sich jedeR deutschsprachige KinderbuchautorIn, der/die bereits in Buchform publiziert hat, unabhängig von Alter oder Staatsangehörigkeit. Die BewerberInnen übersenden dem Centre National de Littérature unter dem Kennwort „Struwwelpippi kommt zur Springprozession" eine repräsentative Auswahl ihrer Veröffentlichungen sowie ein CV (mit Foto) u. eine umfassende Bibliografie. Bewerbungsschluss: ca. 31.12. – *Adresse:* Centre National de Littérature, 2 rue Emmanuel Servais, L-7565 Mersch, fon: 00352/3269551, fax: 00352/327090, www.literaturarchiv.lu

Sylt-Quelle Literaturstipendium „InselschreiberIn"
(www.uschtrin.de/stip_sylt.html)
Mehrwöchiger Aufenthalt auf der Nordseeinsel Sylt und – je nach Ausschreibung – in Südafrika. Bewerben können sich deutschsprachige AutorInnen, die bereits in Buchform publiziert haben, unabhängig von Alter, Wohnsitz oder Staatsangehörigkeit. Der Bewerbung beizufügen sind ein Lebenslauf u. ein Essay oder eine Erzählung zu einem vorgegebenen Thema. Bewerbungsschluss: ca. Ende Oktober. *Adresse:* weihstein internationale kunstprojekte, Stichwort: Inselschreiber, Hafenstr. 1, D-25980 Rantum/Sylt, fon: 04651/920311, bewerbung@inselschreiber.de

Villa-Massimo-Stipendium (Studienaufenthalt in der Deutschen Akademie Villa Massimo in Rom)
(www.uschtrin.de/stip_rom.html)
Die Deutsche Akademie Rom Villa Massimo ist Eigentum der Bundesrepublik Deutschland u. eine Einrichtung im Geschäftsbereich der Beauftragten der Bundesregierung für Kultur und Medien. Ihre Aufgabe ist es, hochbegabten Künstlerinnen u. Künstlern durch einen längeren Studienaufenthalt, eingebunden in das kulturelle Leben Roms u. Italiens, die Möglichkeit zu bieten, sich künstlerisch weiter zu entwickeln. Stipendiatenprofil: Die Förderung ist vorgesehen für außergewöhnlich qualifizierte u. begabte, vorrangig jüngere Künstlerinnen u. Künstler der Sparten Bildende Kunst, Architektur, Literatur u. Musik (Komposition), die in ihrer künstlerischen Entwicklung noch offen sind. Sie müssen in ihrer Kunstsparte bereits öffentliche Anerkennung gefunden haben; deutsche Staatsangehörige sein oder zum Zeitpunkt der Bewerbung seit mindestens 2 Jahren den ersten Wohnsitz u. ihren Schaffensmittelpunkt in der Bundesrepublik Deutschland haben; bei Antritt ihres Aufenthalts in Italien über Grundkenntnisse der italienischen Sprache verfügen; einem längeren Aufenthalt im südlichen Klima gesundheitlich gewachsen sein. Dies ist durch ärztliches Attest nachzuweisen. Der Studienaufenthalt beträgt in der Villa Massimo in Rom fast ein Jahr, jeweils vom 1. Februar bis zum 31. Dezember, spätestens aber bis zum 15. Januar des Folgejahres, u. drei oder sechs Monate in der Casa Baldi in Olevano Romano.

Die Förderung umfasst freie Unterkunft u. ein Barstipendium in Höhe von monatlich 2.500 €. Bewerbung über die für die Kunstförderung zuständige Behörde des Landes bis spätestens zum 15. Januar für einen Studienaufenthalt im nächsten Jahr. Das Auswahlverfahren ist zweistufig mit einer Vorauswahl bei der für die Kunstförderung zuständigen Behörde des Wohnsitzlandes u. einer Endauswahl, durchgeführt bei der Kulturstiftung der Länder. (Anschrift der Villa Massimo: Largo di Villa Massimo 1–2, I-00161 Rom, www.villamassimo.de)

Adressen der für Kunstförderung zuständigen Behörden der Länder

Baden-Württemberg
Ministerium für Wissenschaft, Forschung und Kunst Baden-Württemberg, Abteilung 53, Königstr. 46, D-70173 Stuttgart, fon: 0711/279-0, fax: 0711/279-3081, www.mwk-bw.de/Kunst_Kultur/index.html

Bayern
Bayerisches Staatsministerium für Wissenschaft, Forschung und Kunst, Salvatorstr. 2, D-80333 München, fon: 089/2186-0, www.stmwfk.bayern.de

Berlin
Senatsverwaltung für Wissenschaft, Forschung und Kultur, Referat Kunst- und KünstlerInnenförderung – Fachbereich Literaturförderung, Brunnenstr. 188–190, D-10119 Berlin, fon: 030/90228-535, -536, www.kultur.berlin.de

Brandenburg
Ministerium für Wissenschaft, Forschung und Kultur Brandenburg, Abteilung 3/Kultur, Dortustr. 36, D-14467 Potsdam, fon: 0331/866-0, -4999, fax: 0331/866-4998, mwfk@mwfk.brandenburg.de, www.brandenburg.de/land/mwfk/

Bremen
Senator für Kultur, Herdentorsteinweg 7, D-28195 Bremen, fon: 0421/361-0

Hamburg
Freie und Hansestadt Hamburg, Kulturbehörde, Brandenburg Haus, Hohe Bleichen 22, D-20354 Hamburg, fon: 040/42824-288, fax: 040/42824-287, wolfgang.schoemel@kb.hamburg.de, http://fhh.hamburg.de/stadt/Aktuell/behoerden/kulturbehoerde/start.html

Hessen
Hessisches Ministerium für Wissenschaft und Kunst, Rheinstr. 23–25, D-65185 Wiesbaden, fon: 0611/32-0, www.hmwk.hessen.de

Mecklenburg-Vorpommern
Ministerium für Bildung, Wissenschaft und Kultur, Abteilung Kultur, Werderstr. 124, D-19055 Schwerin, fon: 0385/588-0, fax: 0385/588-7082, www.kultus-mv.de

Niedersachsen
Niedersächsisches Ministerium für Wissenschaft und Kultur, Leibnizufer 9, D-30169 Hannover, fon: 0511/120-0, www.mwk.niedersachsen.de

Nordrhein-Westfalen
Ministerium für Städtebau und Wohnen, Kultur und Sport des Landes Nordrhein-Westfalen, Fürstenwall 25, D-40219 Düsseldorf, fon: 0211/3843-0, www.mswks.nrw.de

Rheinland-Pfalz
Ministerium für Wissenschaft, Weiterbildung, Forschung und Kultur, Wallstr. 3, D-55122 Mainz, Abteilung 5 – Allgemeine Kulturpflege, Postfach 3220, D-55022 Mainz, fon-allgemein: 06131/16-0, fon Dr. Siegfried Gauch: 06131/16-2749, siegfried.gauch@mwwfk.rlp.de, www.kulturland.rlp.de

Saarland
Ministerium für Bildung, Kultur und Wissenschaft des Saarlandes, Hohenzollernstr. 60, D-66117 Saarbrücken, fon: 0681/50100, Ansprechpartnerin: Dr. Stienke Eschner, fon: 0681/501-7458, fax: 0681/501-7471, S.Eschner@stabuea.saarland.de, www.saarland.de

Sachsen
Sächsisches Staatsministerium für Wissenschaft und Kunst, Referat 2.4 – allgemeine Kunstförderung/Soziokultur, Wigardstr. 17, D-01097 Dresden, fon: 0351/564-0, 564-6240, www.smwk.de

Sachsen-Anhalt
Kultusministerium des Landes Sachsen-Anhalt, Abteilung Kultur, Turmschanzenstr. 32, D-39114 Magdeburg, fon: 0391/567-01, 567-3610, www.sachsen-anhalt.de

Schleswig-Holstein
Ministerium für Bildung, Wissenschaft, Forschung und Kultur Schleswig-Holstein, Brunswiker Str. 16–22, D-24105 Kiel, fon: 0431/988-0, http://landesregierung.schleswig-holstein.de

Thüringen
Thüringer Kultusministerium, Werner-Seelenbinder-Str. 8, D-99096 Erfurt, fon: 0361/37900, www.thueringen.de/de/tmwfk/kunstundkultur/index.html

Wiener Werkstattpreis – http://werkstattpreis.freiezeitart.net   **!**

Zehn häufig gestellte Fragen zum Thema „Preise & Stipendien"

1. Frage: Welche Vorteile hat es, einen Wettbewerb zu gewinnen?
Antwort: Neben dem Zuwachs an Renommee und Popularität (Zeitungsberichte für die Pressemappe sammeln!), dem Geldbetrag als solchem, steigenden Honorareinnahmen bei höherem Abverkauf der Bücher und Streicheleinheiten für das Ego bieten Wettbewerbe die Gelegenheit, Kontakte zu knüpfen zu Verlagen, Lektorinnen, anderen Autorinnen und Autoren, den Jurymitgliedern und den VeranstalterInnen. Außerdem machen sich gewonnene Preise in der Karriere als SchriftstellerIn und in einer Vita gut. Aus einer Pressemitteilung der literaturWERKstatt berlin, die den *open mike* (siehe Seite 543 f.) veranstaltet: „Verleger, Agenten und Talentscouts suchen auf dem *open mike* ihren literarischen Nachwuchs. Er ist für viele Autoren zum Sprungbrett ihrer Karriere geworden. Zahlreiche namhafte Schriftsteller begannen ihre Laufbahn beim *open mike*, wie z. B. Karen Duve, Tim Krohn, Kathrin Röggla, Julia Franck, Terézia Mora, Jochen Schmidt und Zsuzsa Bánk, ebenso wie Tobias Hülswitt, Ariane Grundies und Christian Schünemann."

2. Frage: Woraus setzt sich der „Wert" eines Preises/Stipendiums zusammen?
Antwort: Jeder Preis/jedes Stipendium hat einen ideellen/immateriellen und einen materiellen Wert. Der materielle Wert wird durch die Höhe des Geldbetrags bestimmt, bei Sachpreisen durch den Geldwert der Sache (Reise, Auto, Füllfederhalter etc.). Der ideelle Wert durch die Faktoren: a) Prestige der Stifterin oder des Sponsors, b) Originalität und/oder „Rühmlichkeit" der Zielsetzung, c) Renommee der Jury, d) derzeitiger Bekanntheitsgrad früherer PreisträgerInnen.

Nicht verkehrt ist es, sich anzugewöhnen, einen Wettbewerb auch aus der Sicht des Veranstalters zu betrachten. Welche Ziele verfolgt eine Veranstalterin mit der Auslobung eines Preises? Geht es um die Förderung von AutorInnen oder lediglich um die Interessen der Veranstalterin? Anmerkung: Selbstverständlich verfolgen Veranstalter mit der Auslobung eines Preises/Stipendiums eigene Interessen. Und das ist gut so. Wer hätte sonst jemals etwas von Klagenfurt gehört? Bei Preisgeldern unter tausend Euro riecht man allerdings förmlich den Wunsch der Ausrichter, „mit ein oder zwei strahlenden Autoren billig Werbung für die Stadt oder den Verein" (Simone Bertram, siehe Literaturverzeichnis) oder den Verlag machen zu können.

3. Frage: Lohnt es sich, an einem Wettbewerb mit niedrigem Prestige teilzunehmen?
Antwort: Das muss jedeR für sich entscheiden. Manche sind glücklich, an einem Wettbewerb teilnehmen zu können, bei dem sie 100 Euro und eine Veröffentlichung in einer Anthologie (meist im Book-on-Demand-Verfahren, weil sich der Veranstalter von vornherein keine hohe Auflage erwartet) gewinnen können.

Andere ärgern sich über die Zeit, die es sie kostet, den Ausschreibungstext eines solchen Wettbewerbs zu lesen und zu entsorgen.

4. Frage: In vielen Ausschreibungen ist zu lesen, der eingereichte Text dürfe noch nicht veröffentlicht worden sein oder teilnehmen dürfe nur, wer schon etwas veröffentlicht habe. Was ist unter einer „Veröffentlichung" zu verstehen?
Antwort: Was darunter zu verstehen ist, ist Definitionssache. Man erkundige sich also direkt beim Veranstalter. Leider drücken sich in ihren Ausschreibungstexten nur wenige Veranstalter so präzise aus wie zum Beispiel die Organisatoren des Heinrich-Heine-Stipendiums: „Mit Veröffentlichung ist hier eine Buchveröffentlichung in deutscher Sprache (nicht im Selbstverlag oder von Autoren finanzierte Drucke) gemeint. Als mit einer Buchveröffentlichung vergleichbar wird eine größere Anzahl von Einzelveröffentlichungen, ein Theatertext oder ein Hörspiel angesehen." Streng wird dieser Begriff in Klagenfurt (beim Bachmann-Wettbewerb) ausgelegt: „Die Texte dürfen ausnahmslos in keiner Form und/oder Bearbeitung veröffentlicht oder zuvor bei ähnlichen Wettbewerben eingereicht worden sein. Auch eine öffentliche Lesung gilt dabei als Veröffentlichung."

5. Frage: Muss man sich an die Teilnahmebedingungen eines Wettbewerbs halten?
Antwort: JA! Denn bei Wettbewerben geht es nicht darum, die beste Geschichte, das beste Gedicht aller Zeiten zu finden und zu prämieren. Sondern darum, die beste Geschichte, das beste Gedicht derjenigen Person auszuzeichnen, die in der Lage war, die Teilnahmebedingungen zu lesen und zu beherzigen und sich an Regeln zu halten. Bei einem Kurzgeschichtenwettbewerb ist es folglich sinnlos, Gedichte einzureichen, auch wenn sie noch so poetisch sind. Und umgekehrt: Bei einem Lyrikwettbewerb sollten Prosatexte in der Schublade bleiben. Dem Veranstalter alles zu schicken, was man jemals geschrieben hat, ist zwar beliebt. Es gibt aber deutlich wirtschaftlichere Formen der Altpapierentsorgung. Harald Braun, Organisator des ehemaligen Allegra-Wettbewerbs, über die Unsitte, Themenvorgaben zu missachten: „Das ist eines der vielen Dinge, die man lernt, wenn man solch einen Wettbewerb veranstaltet. Das Thema ist egal! Die Leute erzählen, was sie erzählen wollen. Und das kann eine ganze Menge sein. [...] Wir hätten auch die Serien-Nummer des letzten VW Käfers als Thema vorgeben können oder den zweiten Vornamen von Roberto Blanco. Es hätte eh keinen gekümmert."

6. Dieselbe Frage, ein wenig anders gestellt, Zitat: „Die Kurzgeschichte, die ich einsenden möchte, hat fünfeinhalb Seiten, sechs Seiten sind erlaubt. Das wäre also noch okay! Aber mit meiner Arial-Standardschrift komme ich pro Seite auf 48 Zeilen und 81 Anschläge pro Zeile. Erlaubt sind 30 Zeilen und 60 Anschläge. Muss ich das nun alles noch ändern und wenn ja, dann wie? Wie komme ich also genau auf das vorgegebene Maß? Auch meine Kurzvita hat statt der angegebenen 12 Zeilen immerhin 34 Zeilen. Muss ich das auch abändern?"
Antwort: Ja. Um nicht von vornherein ausjuriert zu werden, müsste die Geschichte um mehr als die Hälfte gekürzt werden. Mehr dazu im Beitrag zum Thema „Normseite", siehe S. 430 ff.

7. Frage: In der Ausschreibung steht, der Beitrag soll anonymisiert, also mit einem Kennwort versehen werden. Was ist darunter zu verstehen? (1) Was ist ein gutes Kennwort? (2)

Antwort: 1. Soll der Wettbewerbstext anonymisiert werden, bedeutet das, dass der Name der Autorin nicht auf dem Manuskript, dem Wettbewerbsbeitrag erscheinen darf. Stattdessen wird das Manuskript – möglichst auf jeder Seite – mit einem Kennwort, zum Beispiel „Frühlingserwachen" oder „Luna" oder „Pflaumenmus" usw., versehen. Für das weitere Prozedere gibt es verschiedene Varianten. Eine häufig praktizierte: Dem anonymisierten und mit einem Kennwort versehenen Wettbewerbsbeitrag wird ein Schreiben beigelegt, aus dem hervorgeht, wer die Autorin des betreffenden Textes ist (plus Anschrift, plus gegebenenfalls Lebenslauf und Bibliografie der bisher veröffentlichten Werke). Dieses Schreiben befindet sich in einem verschlossenen Briefumschlag, auf dem lediglich das Kennwort („Frühlingserwachen") steht. Zu den Wettbewerbsunterlagen gehörten bei einer solchen Ausschreibung demnach: Anschreiben, Wettbewerbsbeitrag in Kopie (in x-facher Ausfertigung), verschlossener Briefumschlag mit Kennwort-Auflösung und eventuell Lebenslauf etc.

2. Ein gutes Kennwort verhindert, dass der Beitrag mit einem anderen verwechselt werden kann. Lautet das Thema der Ausschreibung „Frühlingserwachen", wäre das Kennwort „Frühlingserwachen" schlecht gewählt, da es unter den 427 Einsendungen mit Sicherheit mindestens 21 AutorInnen gibt, die sich dieses Kennworts bedienen. Ein gutes Kennwort wäre hier zum Beispiel „buz59p", also ein Kennwort, mit dessen Hilfe sich der Wettbewerbsbeitrag eindeutig der Person zuordnen lässt, die ihn verfasst hat.

8. Frage: Warum versenden die meisten Veranstalter nach Erhalt der Unterlagen keine Eingangsbestätigung und warum senden sie die eingereichten Unterlagen nicht zurück?

Antwort: Den Eingang von 200 bis 2000 Einsendungen zu bestätigen und später alle Unterlagen zurückzusenden, ist ein großer organisatorischer Aufwand, der viel Zeit und Geld kostet. Viele VeranstalterInnen weisen daher schon in ihren Ausschreibungen darauf hin, dass sie die eingereichten Unterlagen aus Kostengründen nicht zurücksenden, und bitten darum, ihnen keine Originale zuzusenden. Dass man niemals Originale, sondern immer nur Kopien verschickt, sollte sich von selbst verstehen.

9. Frage: Sind Preisgelder einkommensteuerpflichtig?

Antwort: meistens. Und zwar immer dann, wenn sie „im Zusammenhang mit der beruflichen Tätigkeit" verliehen werden. „Dieser Zusammenhang ist z. B. gegeben, wenn der Preis im Rahmen eines Wettbewerbes oder für ein bestimmtes Werk verliehen wird. [...] Steuerfrei sind nur solche [Kulturpreise], die ‚die Persönlichkeit, das Gesamtschaffen oder die Vorbildfunktion' der Preisträgerin würdigen sollen. Bekommt etwa eine Journalistin einen Preis mit der Begründung, sie habe ‚mit ihren Veröffentlichungen zur Überwindung der Ausländerfeindlichkeit in Deutschland beigetragen', so wird damit ihre Person geehrt: Der Preis ist steuerfrei. Bekommt sie ihn dagegen für einen bestimmten Artikel zur Ausländerfeindlichkeit in deutschen

Behörden, so ist er steuerpflichtig. Ist die Steuerpflicht eines Preises unklar, so richten sich die Finanzämter nach dem Text der Preis-Ausschreibung bzw. der Begründung der Jury." Goetz Buchholz empfiehlt in seinem „Ratgeber Freie" (siehe Literaturverzeichnis), die Geldgeber zu fragen. Die wüssten in der Regel, ob ihre Fördergelder steuerpflichtig sind.

10. Frage: Gestern/vor einer Woche war Einsendeschluss. Darf ich an der Ausschreibung trotzdem noch teilnehmen?
Antwort: siehe Frage 5

14

Recht & Soziales

Recht und Soziales

Über den Bereich „Recht und Soziales" informiert umfassend, kompetent und wunderbar verständlich geschrieben der „Ratgeber Freie" von Goetz Buchholz, siehe auch „Empfehlenswerte Bücher", S. 664. Sämtliche Aktualisierungen zum „Ratgeber Freie" sammelt Goetz Buchholz auf der Internetseite www.ratgeber-freie.de – ein Besuch lohnt sich, auch auf der Seite „Links"!

Hoch informativ sind ferner die Internetseiten von „mediafon" (www.mediafon.net), ein Service der Vereinten Dienstleistungsgewerkschaft ver.di (www.verdi.de) für Selbständige aus Medienberufen, mit Informationen rund um die Themen Tarife und Honorare, Recht, Steuern und Versicherungen. Auch den Normvertrag für den Abschluss von Verlagsverträgen, den Normvertrag für den Abschluss von Übersetzungsverträgen sowie das Muster eines HerausgeberInnenvertrags findet man hier. Ebenfalls bei www.mediafon.net: ein Musterschreiben zum Rücktritt vom Verlagsvertrag nach § 17 Verlagsgesetz (wenn das Buch vergriffen ist) sowie ein Musterschreiben zum Rechterückruf nach § 41 Urheberrechtsgesetz (Rückrufsrecht wegen Nichtausübung).

Verlagsgesetz und Urheberrechtsgesetz gibt es als Printversion in der Reihe „Beck-Texte", aber auch online zum kostenlosen Download als PDF-Datei, und zwar unter http://transpatent.com/gesetze/verlagsg.html und unter http://bundesrecht.juris.de/bundesrecht/urhg/gesamt.pdf.

Götz Buchholz bezeichnet auf seinen Internetseiten das Urheberrechtsgesetz (UrhG) als das „‚Grundgesetz' aller schöpferisch Tätigen". Ein solches „Grundgesetz" sollte man kennen, damit man zum Beispiel weiß, was der Unterschied zwischen einem einfachen und einem ausschließlichen Nutzungsrecht ist (siehe unten). Es ist nicht schlimm und es tut auch nicht weh, sich einen Abend lang in die angenehm präzisen Formulierungen unserer JuristInnen zu vertiefen. Es kann aber weh tun, besonders finanziell, das aus – welchen Gründen eigentlich? – zu unterlassen. Wer hier seine Hausaufgaben macht – zum Beispiel gemeinsam in einer Runde von „UrheberInnen" –, sich also präventiv Wissen aneignet, braucht später nicht aus Schaden klug zu werden.

Verwertungsgesellschaft Wort

„Unsere Welt ist zunehmend technisiert. Vervielfältigungen und Zweitnutzungen von Texten und Sendungen werden immer leichter und häufiger. Kein Autor oder Verleger kann wissen, wie oft seine Werke von welcher Bibliothek verliehen werden. Kein Funkautor weiß, wo seine Sendungen privat mitgeschnitten worden sind. Kein Journalist ahnt, wer welche Artikel wie oft fotokopiert hat. In solchen und ähnlichen Fällen werden wir aktiv."

Über 300.000 AutorInnen und Verlage haben die Wahrnehmung ihrer Rechte der Verwertungsgesellschaft Wort (VG Wort) übertragen. Sie nimmt für diesen Personenkreis treuhänderisch jene urheberrechtlichen Nutzungsrechte wahr, die durch eine Einzelperson nicht wahrgenommen werden können. Oder anders ausgedrückt: „Wir kassieren Geld von denjenigen, die das geistige Eigentum anderer nutzen, und wir verteilen dieses Geld an die Eigentümer jener Sprachwerke – also an die Autoren und Verlage, die uns angeschlossen sind." Das Recht auf Tantiemen ist übrigens „völlig unabhängig von Ihrer beruflichen Situation. Ganz gleich, ob Sie mit Arbeitsvertrag, Werkvertrag oder ‚einfach so' veröffentlichen, die Gelder der VG Wort stehen Ihnen in jedem Fall zu."

Zu den Rechten, die von der VG Wort wahrgenommen werden, gehören u. a. Rechte aus der öffentlichen Wiedergabe von Rundfunk- und Fernsehsendungen (kleines Senderecht und Wiederholungen), Sprechplatten und -cassetten sowie Videocassetten. Weitere Erlöse stammen u. a. aus den Bereichen: Bibliothekstantieme, Lesezirkel, Videovermietung, Fotokopien in Schulen, Kopiergeräteabgabe, Kopier-Betreiberabgabe, Kopienversand, Pressespiegel, Schulbuch. Die Gesellschaft hat es sich dabei zum Ziel gesetzt, „optimale" Erträge für AutorInnen und Verlage von den Vergütungspflichtigen einzuziehen und diese Beträge unter möglichst geringem Verwaltungsaufwand an die Wahrnehmungsberechtigten weiterzuleiten.

Es ist denkbar einfach und absolut empfehlenswert, sich der VG Wort anzuschließen. WahrnehmungsberechtigteR kann jedeR werden, die/der Autorin oder Übersetzer, Journalistin oder Verleger schöngeistiger, dramatischer oder wissenschaftlicher Texte und deutscheR StaatsangehörigeR im Sinne des Grundgesetzes ist oder in der Bundesrepublik Deutschland ihren/seinen ständigen Wohnsitz hat.

Für Autorinnen und Autoren gibt es innerhalb der VG WORT drei Berufsgruppen:

1. „Schöngeister" (Berufsgruppe 1: AutorInnen und ÜbersetzerInnen schöngeistiger und dramatischer Literatur); 2. JournalistInnen (Berufsgruppe 2: JournalistInnen, AutorInnen und ÜbersetzerInnen von Sachliteratur); 3. WissenschaftlerInnen (Berufsgruppe 3: AutorInnen und ÜbersetzerInnen von wissenschaftlicher und Fachliteratur). Wissenschaftliche AutorInnen benötigen keinen Wahrnehmungsvertrag, sondern nur eine Teilnahmeerklärung. Belletristik-, Sachbuch- und alle anderen AutorInnen und ÜbersetzerInnen schließen einen Wahrnehmungsvertrag ab. Der Abschluss des Vertrags ist kostenlos; es entstehen keine Folgekosten, da die Verwaltungskosten vom Gesamtaufkommen abgezogen werden. Wissenschaftliche Titel, Sach- und Fachbücher, Zeitschriftenartikel oder Rundfunksendungen müssen der VG Wort auf eigens dafür vorgesehenen Meldekarten gemeldet werden, in manchen Bereichen sind bereits online-Meldungen möglich. Belletristik- und KinderbuchautorInnen, deren Werke in öffentlichen Bibliotheken stehen, müssen ihre Titel grundsätzlich nicht melden (sondern nur den Wahrnehmungsvertrag abschließen); die Höhe der Tantiemen richtet sich nach der Ausleihhäufigkeit: Wird ein Titel häufig ausgeliehen, gibt es viel Geld, wird er nicht ausgeliehen, kein Geld.

Alle drei Jahre führt die VG Wort ein Meldeverfahren zur Sonderverteilung Bibliothekstantieme durch. „Es richtet sich an all jene Autoren (Autoren, Übersetzer, Herausgeber, Bearbeiter) mit Wahrnehmungsvertrag, deren Werke zwar in den Ausleihbeständen der öffentlichen Bibliotheken einstehen, die aber in den vorangegangenen drei Jahren keine Bibliothekstantiemen erhalten haben. Gemeldet werden können Bücher belletristischen Inhalts. Außerdem meldbar sind hier – und nur hier – belletristische Beiträge in Sammelwerken und literarischen Zeitschriften, ferner Kinder-/Jugendbücher und Lyrik sowie Sachbücher für Kinder und Jugendliche." Zur nächsten Sonderverteilung Bibliothekstantieme ruft die VG Wort im Herbst 2006 auf (Meldeschluss: 31. Januar 2007).

Die jährliche Hauptausschüttung findet jeweils Ende Juni (des Folgejahres) statt. Um an ihr teilnehmen zu können, muss man seine Meldekarte(n) bis spätestens 31. Januar bei der VG Wort einreichen. Die VG Wort schickt dann einen Verrechnungsscheck (gegen 15 Euro Verwaltungsgebühr erhält man eine detaillierte Abrechnung) – für viele ist dieses Geld „zu einem festen Bestandteil ihrer Einnahmen" geworden. 2003 beliefen sich die Erlöse aus der Wahrnehmung von Urheberrechten auf 83,5 Millionen Euro. Ausgeschüttet wurde diese Summe an 117.997 AutorInnen und 6.697 Verlage. Im Bereich öffentliche Bibliothekstantieme erhielten 2003 (für 2002) 30.489 AutorInnen insgesamt 3.487.614 Euro. Demnach wurden pro AutorIn hier im Durchschnitt (!) 114,39 Euro „ausgeschüttet" – fast schwebt einem dabei das Bild vom Sterntaler vor Augen. Allerdings dürften männliche „Sterntaler" fast ein Drittel mehr Taler erhalten haben als weibliche; das ist zumindest nach Lektüre des „Berichts der Bundesregierung über die soziale Lage der Künstlerinnen und Künstler in Deutschland" zu schlussfolgern. Über nach Gender aufgeschlüsselte Zahlen verfügt die VG Wort nicht.

Wer nicht nur sein Hemdchen bzw. Händchen aufhalten, sondern sich für die berechtigten Interessen der Kreativen – AutorInnen sind ein Wirtschaftsfaktor! – engagieren will und mitbestimmen möchte, wie die Millionen verteilt werden, sollte versuchen, Mitglied bei der VG Wort zu werden. Laut Satzung muss man als AutorIn der Berufsgruppen 1 und 2 dazu mindestens seit drei Jahren WahrnehmungsberechtigeR sein und in den letzten 3 Kalenderjahren im Durchschnitt pro Jahr insgesamt mindestens folgende Beträge erhalten haben: a) 1.000 Euro als AutorIn oder ÜbersetzerIn oder b) 500 Euro als AutorIn oder ÜbersetzerIn dramatischer Literatur oder c) 500 Euro aus den Ausschüttungen der Bibliothekstantieme.

Und noch ein Tipp, jetzt wieder aus der Perspektive als Nutznießende: Fallen die Rechte an einem Buch an die Autorin zurück, sollte sie dies der VG Wort zusammen mit einer Bestätigung des Verlages mitteilen. Entsprechende Meldekarten gibt es bei der Geschäftsstelle. Die Autorin erhält dann nicht nur den Autoren-, sondern auch den Verlagsanteil für die Nutzung ihres Werkes.

Der VG Wort angegliedert sind drei Institutionen: das Autorenversorgungswerk, der Sozialfonds und der Förderungs- und Beihilfefonds Wissenschaft. „Aufgrund des Künstlersozialversicherungsgesetzes sind die Aufgaben des Autorenversorgungswerkes zu weiten Teilen von der Künstlersozialkasse übernommen worden. Das Autorenversorgungswerk ist daher seit Juli 1996 für Neuzugänge geschlossen." (Derzeit wird aber über eine mögliche erneute Öffnung diskutiert.) Aufgabe des Sozialfonds ist es, in Not geratene WortautorInnen, VerlegerInnen oder deren Hinterbliebene zu unterstützen. „Er hilft Personen, die bedürftig im Sinne des Steuerrechts sind – gewährt also nicht etwa Stipendien." Der Förderungs- und Beihilfefonds Wissenschaft gliedert sich – wie der Name schon sagt – in zwei Bereiche: a) Beihilfefonds: Er gewährt Zuwendungen an in Not geratene wissenschaftliche AutorInnen oder deren Hinterbliebene und an wissenschaftliche VerlegerInnen. b) Förderungsfonds: Er „gewährt Druckkostenzuschüsse für die Erstveröffentlichung wissenschaftlicher Werke, die wegen ihrer hohen Spezialisierung ohne seine Hilfe nicht erscheinen könnten."

Einen Wahrnehmungsvertrag sowie ausführliches Informationsmaterial gibt es bei einer der folgenden Stellen:

Hauptstelle: VG WORT, Goethestr. 49, D-80336 München, fon: 089/51412-0, vgw@vgwort.de, www.vgwort.de

Nebenstelle: VG WORT, Köthener Str. 44, D-10963 Berlin, fon: 030/2613845, info@vgbuero.de, www.vgwort.de

ÖsterreicherInnen und SchweizerInnen oder Deutsche, die in Österreich oder in der Schweiz ihren festen Wohnsitz haben und dort auch Steuern zahlen, wenden sich an folgende Einrichtungen:

Literar-Mechana, Linke Wienzeile 18, A-1060 Wien, fon: 01/5872161, fax: 01/58721619, office@literar.at, www.literar.at

ProLitteris, Postfach, CH-8033 Zürich, fon: 043/3006615, fax: 043/3006668, mail@ProLitteris.ch, www.prolitteris.ch

SUISSIMAGE, Schweizerische Gesellschaft für die Urheberrechte an audiovisuellen Werken, Neuengasse 23, CH-3001 Bern, fon: 031/3133636, fax: 031/3133637, mail@suissimage.ch, www.suissimage.ch

Künstlersozialversicherung

Informationen zur Künstlersozialversicherung gibt es im Internet auf der Website der Künstlersozialkasse (www.kuenstlersozialkasse.de) sowie unter www.mediafon.net.

Die Beitragssätze und Zahlen beziehen sich auf das Jahr 2005; die jeweils aktuellen Zahlen erfährt man bei der Künstlersozialkasse.

KSVG und Aufgaben der KSK

Das „Gesetz über die Sozialversicherung der selbständigen Künstler und Publizisten", kurz Künstlersozialversicherungsgesetz (KSVG) bietet selbständigen KünstlerInnen und PublizistInnen – dazu gehören auch alle AutorInnen und literarischen ÜbersetzerInnen – den gleichen sozialen Schutz wie ArbeitnehmerInnen. Wie diese werden sie renten-, kranken- und pflegeversichert und zahlen nur die Hälfte der Versicherungsbeiträge. Die andere Hälfte wird aus einer Abgabe der Unternehmen, die künstlerische und publizistische Leistungen verwerten (das sind z. B. Verlage) und einem Zuschuss des Bundes finanziert.

Aufgabe der Künstlersozialkasse (KSK) ist es zu prüfen, wer versicherungspflichtig ist, und den Beitragsanteil der Versicherten, die Künstlersozialabgabe der abgabepflichtigen Unternehmen sowie den Bundeszuschuss einzuziehen.

Nicht zuständig ist die KSK aber für die *Durchführung* der Renten-, Kranken- und Pflegeversicherung. Sie meldet die versicherten KünstlerInnen und PublizistInnen lediglich bei den Kranken- und Pflegekassen (Allgemeine Ortskrankenkassen, Ersatzkassen, Betriebs- und Innungskrankenkassen) und bei der Rentenversicherungsträgerin (Bundesversicherungsanstalt für Angestellte [BfA]) an und leitet die Beiträge dorthin weiter. Leistungen aus dem Versicherungsverhältnis (Rente, Krankengeld, Pflegegeld etc.) erbringen ausschließlich die BfA als Rentenversicherungsträgerin und die gesetzlichen Kranken- und Pflegekassen. „Ein Antrag auf Altersrente oder eine Reha-Maßnahme ist also an die BfA zu richten. Dort werden auch die Fragen zu den Voraussetzungen und zur Berechnung von Renten, zu bereits erworbenen Rentenansprüchen, zu Renten wegen verminderter Erwerbsfähigkeit und vieles mehr beantwortet. ... In Fragen der Krankenversicherung (Leistungen, Beitragssätze usw.) wenden sich versicherungspflichtige Künstler oder Publizisten an die selbst gewählte gesetzliche Krankenversicherung."

Wer ist versicherungspflichtig?
Voraussetzung für die Versicherungspflicht ist, dass eine künstlerische oder publizistische Tätigkeit erwerbsmäßig und nicht nur vorübergehend sowie selbständig ausgeübt wird. Die Autorin bzw. der Autor muss außerdem im Wesentlichen im Inland tätig sein. „*Erwerbsmäßig* ist jede nachhaltige, auf Dauer angelegte Tätigkeit zur Erzielung von Einnahmen. *Selbständig* ist die künstlerische Tätigkeit nur, wenn sie keine abhängige Beschäftigung im Rahmen eines Arbeitsverhältnisses darstellt."

Voraussetzung für die Versicherungspflicht ist außerdem, dass mit dieser selbständigen und erwerbsmäßigen schriftstellerischen Tätigkeit ein voraussichtliches Jahresarbeitseinkommen erzielt wird, das über einer Mindestgrenze liegt. Diese Mindestgrenze des Arbeitseinkommens liegt zurzeit bei 3.900 € jährlich. Alle, die diese Mindestgrenze nicht erreichen, sind versicherungsfrei.

„Alle" ist hier nicht ganz richtig, denn auch BerufsanfängerInnen, die sich ihre wirtschaftliche Existenz erst erschließen müssen und diese Mindestgrenze daher noch nicht erreichen, sind in den ersten drei Jahren ihrer Künstlertätigkeit versicherungspflichtig, kommen also in den Genuss der gesetzlichen Renten- (RV), Kranken- (KV) und Pflegeversicherung (PV). Diese BerufsanfängerInnenfrist von drei Jahren verlängert sich um die Zeiten, in denen die Versicherungspflicht nach dem KSVG unterbrochen war, weil die selbständige Tätigkeit z. B. wegen Kindererziehung, Wehr- oder Zivildienstes oder wegen einer abhängigen Beschäftigung nicht ausgeübt wurde.

Ausgenommen von der Versicherungspflicht sind außerdem bestimmte Personengruppen; von der RV-Pflicht zum Beispiel Landwirte oder manche

Handwerker. Die genauen Regelungen finden sich auf der Website der KSK und natürlich im KSVG, das online zum Download zur Verfügung steht (http://bundesrecht.juris.de/bundesrecht/ksvg/gesamt.pdf). Auch die Frage, wer sich von der Versicherungspflicht befreien lassen kann, Stichwort „Höherverdienende", wird dort beantwortet.

Schätzung des Jahresarbeitseinkommens

Die monatlichen Beiträge zur gesetzlichen RV, KV und PV werden nach dem voraussichtlichen Jahresarbeitseinkommen berechnet, das wegen der schwankenden Einkommensverhältnisse im künstlerischen und publizistischen Bereich jeweils am Jahresende für das kommende Jahr einzuschätzen ist. „Die Schätzung wird in der Regel auf Erfahrungswerten der Vorjahre aufbauen und auf den Auftragserwartungen für das Folgejahr beruhen. ... Als Schätzgrundlage kann auf den im letzten Einkommensteuerbescheid bzw. in der letzten Einkommensteuererklärung oder den im letzten Jahresabschluss (Bilanz, Gewinn- und Verlustrechnung, Ergebnisrechnung) ausgewiesenen Gewinn zurückgegriffen werden. Hierbei sind jedoch zu erwartende Veränderungen (z. B. Verbesserung oder Verschlechterung der Geschäftslage oder des Geschäftsumfanges) zu berücksichtigen." Da diese Schätzung häufig auf Auftragserwartungen beruhen wird, die entweder im laufenden Kalenderjahr nicht verwirklicht oder übertroffen wurden, besteht die Möglichkeit, das geschätzte Jahresarbeitseinkommen den geänderten Verhältnissen anzupassen. Dies ist der KSK zu melden. Die Änderung wirkt sich jedoch nur für die Zukunft aus. Denn das gemeldete Jahreseinkommen führt zu verbindlichen Monatsbeiträgen, die rückwirkend nicht mehr korrigiert werden können. Das voraussichtliche Jahreseinkommen sollte daher besonders sorgfältig geschätzt werden. Nähere Informationen, was bei dieser Schätzung alles zu berücksichtigen ist (Stichwort „Betriebseinnahmen"/„Betriebsausgaben"), gibt es bei der KSK.

Wie hoch sind die Beiträge (2005)?

Die versicherten AutorInnen zahlen ihre Beiträge nach der Hälfte der folgenden Sätze:

Der Beitragssatz zur gesetzlichen Rentenversicherung beträgt 19,5 % (= 9,75 % Eigenanteil).

Der Beitragssatz zur sozialen Pflegeversicherung beträgt bei Elterneigenschaft 1,7 % (= 0,85 % Eigenanteil) und bei Kinderlosen 1,95 % (= 0,975 % Eigenanteil).

Für die Berechnung des Krankenversicherungsbeitrages ist der allgemeine Beitragssatz der Krankenkasse maßgebend, bei der die Krankenversicherung besteht.

Beispiel für das Jahr 2005, bezogen auf ein voraussichtliches Jahresarbeitseinkommen von 10.000 €:

RV-Beitrag: 975 € jährlich : 12 = 81,25 € monatlich (Eigenanteil: 9,75 %)
PV-Beitrag bei Elterneigenschaft: 85 € jährlich : 12 = 7,08 € monatlich (Eigenanteil: 0,85 %)
PV-Beitrag bei Kinderlosen: 97,50 € jährlich : 12 = 8,13 € monatlich (Eigenanteil: 0,975 %)

KV-Beitrag bei einem angenommen Beitragssatz von z. B. 14,5 %
(= 7,25 % Eigenanteil): 725 € jährlich : 12 = 60,42 € monatlich

Angaben zu Beitragsbemessungsgrenzen und Jahresarbeitsentgeltgrenzen, zu monatlichen Mindest- und Höchstbeiträgen finden sich auf der Website der KSK.

Geplante gesetzliche Änderungen ab 2005

a) Das so genannte *Kinderberücksichtigungsgesetz* sieht zum 01.01.2005 einen Beitragszuschlag zur gesetzlichen Pflegeversicherung in Höhe von 0,25 % des beitragspflichtigen Einkommens für Mitglieder ohne Kinder vor. Für Mitglieder, die ihre Elterneigenschaft belegen, entfällt der Beitragszuschlag.

b) *Sonderbeitrag zur Krankenversicherung:* „Von den Mitgliedern der gesetzlichen Krankenkassen wird ab 01.07.2005 monatlich ein einkommensbezogener Sonderbeitrag in Höhe von 0,9 % des beitragspflichtigen Einkommens erhoben. Dieser Beitrag, der von den Versicherten alleine getragen wird, ist zusammen mit dem bisherigen Beitragsanteil an die Künstlersozialkasse zu entrichten. Durch diesen Sonderbeitrag werden die ursprünglich zum 01.01.2005 vorgesehene gesonderte Finanzierung des Zahnersatzes über einen monatlichen Festbetrag und die für den 01.01.2006 geplante gesonderte Absicherung des Krankengeldes zusammengefasst. Parallel dazu soll der allgemeine Beitragssatz gesenkt werden."

Was gibt es noch zu bedenken?

Um keine für die Versicherungsdauer wertvolle Zeit zu verlieren, sollte man sich möglichst frühzeitig bei der KSK anmelden. Der Versicherungsbeginn fällt mit dem Termin der Arbeitsaufnahme zusammen, ansonsten gilt der Tag der Meldung als Stichtag.

Anhand von Fragebögen, die die KSK an die Antragstellerin/den Antragsteller verschickt, entscheidet die KSK über die Aufnahmeberechtigung.

Versicherte brauchen sich nicht darum zu kümmern, ob die Verlage jeweils ihren Arbeitgeberanteil an die KSK entrichten. Die Arbeitgeberabgaben müssen von den Verlagen personenungebunden, das heißt unabhängig davon, ob einE AutorIn versicherungspflichtig ist oder nicht, an die KSK abgeführt werden.

Adresse:

Künstlersozialkasse, Gökerstr. 14, D-26384 Wilhelmshaven, fon: 04421/7543-9, fax: 04421/7543-586, auskunft@kuenstlersozialkasse.de, www.kuenstlersozialkasse.de

Verträge und Honorare

Wenig beliebt ist bei vielen Autorinnen und Autoren leider noch immer das Thema „Verträge und Honorare". Die Freude, dass endlich ein Verlag „angebissen" hat, ist oft so groß, dass das Vertragliche als lästige Nebensache angesehen wird.

„Wozu noch den Vertrag studieren – es wird schon alles seine Richtigkeit haben", scheinen viele zu denken beziehungsweise zu fühlen.

Diese Einstellung ist grundverkehrt!

Der Verlag wird – verständlicherweise – fast immer einen Vertrag vorlegen, der zu seinen Gunsten ausfällt, und bemüht sein, die Ansprüche der Autorin so niedrig wie möglich zu halten. Hier gilt es zu verhandeln! Natürlich sind die Fälle selten, in denen AutorInnen regelrecht „abgezockt" werden. Aber: Sie kommen vor. Und zwischen Abzockerei und Nichtabzockerei ist ein weites Feld. Autorinnen sollten daher die Verträge, die ihnen vorgelegt werden, gewissenhaft, das heißt Absatz für Absatz, Zeile für Zeile, Wort für Wort, mit dem Normvertrag vergleichen und sich – bevor sie den Vertrag unterschreiben! – über jeden einzelnen Punkt aufklären lassen, der ihnen nach der Lektüre unklar geblieben ist. Wer nicht herunterbeten kann, worin der Unterschied zwischen Nettoladen(verkaufs-)preis und Verlagsabgabepreis besteht, hat als AutorIn noch keine Hausaufgaben gemacht. Aufklärungsarbeit betreiben die meisten Autorenvereinigungen (wenn nicht: anregen/organisieren!) und natürlich die Berufsverbände; letztere allerdings viel zu selten. Verdi-Mitglieder, also Mitglieder im Verband deutscher Schriftsteller (VS), werden in Vertragsangelegenheiten kostenlos beraten.

Doch bevor man Fachleute bemüht, sollte man die einschlägige Literatur studiert haben. Dazu gehören auch die preiswerten Ratgeber aus der Reihe „Beck-Texte" wie zum Beispiel der Titel „Urheber- und Verlagsrecht". An dieser Stelle sei außerdem nochmals der „Ratgeber Freie" von Goetz Buchholz empfohlen, der über die Landesverbände des VS oder über das Internet (www.ratgeber-freie.de) bezogen werden kann. In diesem Ratgeber gibt es ein umfangreiches Kapitel zum Thema „Verträge und Honorare", das sich u. a. auch an Übersetzer wendet und an Autorinnen, die im Bereich Rundfunk, Film und Fernsehen arbeiten. Die folgenden Ausführungen richten sich lediglich an BuchautorInnen.

Zuvor aber noch eine Passage aus dem „Ratgeber Freie": „Wer im Vertrag das Wort Verlagsabgabepreis findet, sollte hellwach werden: Zumindest bei Büchern, die regulär im Buchhandel vertrieben werden sollen, wird das Honorar in jedem seriösen Vertrag in Prozent vom Netto-Ladenpreis festgelegt – also dem Preis (ohne Mehrwertsteuer [7 %]), den man im Laden für das Buch bezahlt. Kostet das Buch 24 €, so beträgt der Netto-Ladenpreis 22,43 €. Der Verlagsabgabepreis dagegen, für den der Großhandel das Buch bekommt, liegt etwa bei 50 bis 60 Prozent des Ladenpreises – dementsprechend sind 10 Prozent vom Verlagsabgabepreis auch nur etwa halb so viel wie 10 Prozent vom Netto-Ladenpreis!" (S. 261)

„Angemessene Vergütung" und bislang gängige Honorierungspraxis (Ist-Status 2003)

Seit der Neuregelung des Urhebergesetzes 2002 haben Autorinnen und Übersetzer nach § 32 UrhG für die Einräumung von Nutzungsrechten und die Erlaubnis zur Werknutzung einen gesetzlichen Anspruch auf angemessene Vergütung. Um zu bestimmen, welche Vergütungen angemessen sind, wurden die Vereinigungen der Urheber (u. a. der Verband deutscher Schriftsteller [VS]) und die Vereinigungen der Werknutzer (u. a. der Börsenverein des Deutschen Buchhandels) vom Gesetzgeber dazu verpflichtet, gemeinsame Vergütungsregeln aufzustellen – ein schwieriges Unterfangen, denn was ist eine „angemessene Vergütung"?

Die AutorInnen fordern bessere Vertragsbedingungen, höhere Honorare und pochen auf verbindliche Zahlen. Die Verlage wollen sich auf keine konkreten Zahlen festlegen lassen und malen ihren Untergang an die Wand, sollten sich die Forderungen der AutorInnen durchsetzen.

So bleibt bislang die Frage strittig, ob 10 % vom Nettoladenverkaufspreis als Richtwert für die Honorierung von Hardcover-Veröffentlichungen angemessen sei. Die AutorInnen fordern das, die Verlage wollen sich nicht darauf einlassen.

Einigen konnte man sich bisher nur auf die Beteiligung der AutorInnen bei der Taschenbuch-Verwertung: Bis 20.000 Exemplare soll es 5 % geben, ab 20.000 Exemplaren 6%, ab 40.000 Exemplaren 7% und ab 100.000 Exemplaren 8%.

Um herauszufinden, wie sich eine Erhöhung der Honorarkosten auf die wirtschaftliche Situation der Verlage auswirken würde, ließ der Verleger-Ausschuss des Börsenvereins von Prof. Dr. Christian Homburg ein Gutachten erstellen, das insofern für AutorInnen interessant ist, als darin u. a. „die derzeit gängige Honorierungspraxis in Belletristik- und Sachbuchverlagen im Hinblick auf die Vergütung von Autoren deutschsprachiger Werke und die Vergütung von Übersetzern untersucht" wird. Zwar nahmen insgesamt nur 65 Verlage an Homburgs Erhebung im August 2003 teil, die gewonnenen Zahlen dürften aber dennoch hinreichend repräsentativ sein:

- 49 % der aktuell lieferbaren Belletristik-Hardcovertitel und 59,7% der Sachbuch-Hardcovertitel wurden weniger als 5.001-mal verkauft.
- Eine absatzabhängige Vergütung (hier wird die Autorin mit einem gewissen Prozentsatz am Nettoladenpreis jedes verkauften Exemplars beteiligt) wurde im Bereich Belletristik-Hardcover (HC) für 85 % aller Titel vereinbart (im Bereich Belletristik-Taschenbuch [TB] und Sachbuch-TB für 74% sowie für Sachbuch-HC für 71 % aller Titel). Andere Vergütungsarten sind die pauschale Vergütung, besonders häufig bei Sachbuch-TB-Titeln mit 21%, und die kombinierte Vergütung („Häufig wird hier ein pauschales Honorar vereinbart, das bei Überschreiten einer gewissen Auflagenhöhe um eine Beteiligung an den Absatzerlösen ergänzt wird.").
- Die durchschnittlichen Vergütungssätze lagen bei der absatzabhängigen Vergütung (immer bezogen auf den Nettoladenpreis) im Bereich Belletristik-HC bei 9,56%, im Bereich Belletristik-TB bei 6,57%, im Bereich Sachbuch-HC bei 8,29 % und im Bereich Sachbuch-TB bei 5,48%. Ausnahmen nach oben und unten sind die Regel, denn: „In allen Segmenten besteht eine nicht unerhebliche Streuung der Honorarsätze. Neben der inhaltlichen Ausrichtung und der Ausstattung der Bücher spielen offenbar noch weitere Faktoren bei der Bestimmung der Vergütungshöhe eine Rolle."
- Neben der inhaltlichen Ausrichtung (Belletristik/Sachbuch) und der Ausstattung (HC/TB) der Titel bestimmt auch die Höhe der Verkaufsauflage die Höhe der Autorenhonorare. „Die Honorarsätze in den Kategorien niedriger Verkaufsauflagen [lagen] stark unter dem branchendurchschnittlichen Honorar."; bei der Verkaufsauflage von 1.001 bis 5.000 Exemplaren im Bereich Belletristik-HC bei 8,2 % (bei über 200.000 Expl. bei 12,5 %), im Bereich Belletristik-TB bei 5,5% (bei über 200.000 Expl. bei 8,1%), im Bereich

Sachbuch-HC bei 7,6 % (bei über 200.000 Expl. bei 10,4 %) und im Bereich Sachbuch-TB bei 4,9 % (bei über 200.000 Expl. bei 8,0 %).

Professor Homburgs Quintessenz: „Zusammenfassend lässt sich feststellen, dass die aktuelle Praxis der Autorenhonorierung durch eine große Heterogenität gekennzeichnet ist, sowohl bezüglich der Form als auch der Höhe der Vergütung. Dies ist sicher ein Ergebnis der bislang weitgehenden Autonomie der Verlage hinsichtlich der Gestaltung ihrer Autorenverträge. Mit der inhaltlichen Ausrichtung der Titel (höhere Honorarsätze für Belletristik-Titel), ihrer Ausstattung (höhere Honorare bei Hardcover-Titeln) und ihrer Marktgängigkeit (höhere Honorare bei höheren Verkaufsauflagen) konnten drei wichtige Determinanten der Höhe der Autorenhonorare identifiziert werden." – Weitere wichtige Determinanten sind mit Sicherheit a) das Verhandlungsgeschick der AutorInnen bzw. ihrer Agent-Innen, das auch fortan notwendig sein wird, um akzeptable Verträge auszuhandeln, sowie b) die Verlagskultur und mithin die Vorstellung der dort Verantwortlichen darüber, was redlich und unredlich, angemessen und unangemessen ist hinsichtlich der Honorierung ihrer AutorInnen und ÜbersetzerInnen.

„Ausdiskutierter Vorschlag" zu gemeinsamen Vergütungsregeln und bisherige Empfehlungen

Nach monatelangen Verhandlungen konnten sich der VS und der Börsenverein am 5. November 2004 immerhin auf einen „ausdiskutierten Vorschlag" für „Gemeinsame Vergütungsregeln für Autoren belletristischer Werke in deutscher Sprache" (Kinder- u. Jugendbuch, Sachbuch und Ratgeber wurden ausdrücklich ausgenommen) einigen. Ob er von beiden Verbandsgremien gebilligt und im Januar 2005 tatsächlich von beiden Parteien unterzeichnet wird, ist zurzeit (Dezember 2004) ungewiss. Was 2005 ff. als „angemessene Vergütung" gilt, müssen die LeserInnen dieser Handbuch-Ausgabe also selbst recherchieren. Aktuelle Informationen wird es dazu auch unter www.uschtrin.de geben.

Um AutorInnen zu befähigen, die Verhandlungsergebnisse zu bewerten, seien hier die Empfehlungen wiedergegeben, wie sie seit Jahren von der „Mittelstandsgemeinschaft deutschsprachiger Schriftsteller im Verband deutscher Schriftsteller (VS) in ver.di" proklamiert und im Internet auf den Seiten von www.mediafon.net veröffentlicht wurden:

1. Bei einer Original-Buchveröffentlichung (Hardcover und andere gebundene Ausgaben) sollte ein Honorarsatz von 10 % vom Nettoladenpreis pro verkauftes Exemplar nicht unterschritten werden. Bei Taschenbüchern (Original) sollte die Grundvergütung von der ersten Auflage an mindestens 6 % (neuerdings – Verschlechterung! – 5 %, siehe oben) vom Nettoladenpreis betragen. Bei weiteren Auflagen sollte eine Staffelung nach Anzahl der verkauften Exemplare vereinbart werden.

2. Aufpassen sollten AutorInnen bei den Nebenrechten. Die Nebenrechte gliedern sich in buchnahe Rechte (z. B. Recht der Übersetzung in eine andere Sprache, Hörbuch, siehe § 2 Abs. 2 Normvertrag) und in buchferne Rechte (z. B. audio-visuelle Verwertung in Film und Rundfunk, also Medien- u. Bühnenrechte, siehe § 2 Abs. 3 Normvertrag). Die Mittelstandsgemeinschaft empfiehlt resp. empfahl, bei der Verteilung der Erlöse aus Nebenrechten folgende Quoten nicht zu unter-

schreiten: buchnahe Nebenrechte 60% für den Autor, 40% für den Verlag; buchferne Nebenrechte 70% für die Autorin, 30% für den Verlag. Uschtrin: Auch das Verhältnis 80% für die Autorin und 20% für den Verlag ist durchaus realisierbar. Also bitte immer achtgeben, wenn der Verlag „halbe-halbe" vorschlägt!

3. Vorschuss: Es wird/wurde empfohlen, sich wenigstens zwei Drittel der beabsichtigten Erstauflage im Voraus honorieren zu lassen. Wird der Vorschuss in Raten bezahlt, sollte die erste Rate mit Vertragsabschluss fällig werden. Die letzte Rate sollte spätestens mit Erscheinen des Werkes fällig sein. Der Vorschuss soll nur gegen Honorare aus dem jeweiligen Verlagsvertrag verrechenbar, auf keinen Fall aber rückzahlbar sein.

4. Herausgeberinnen, Miturheber/Illustratoren: Gibt es mehrere gemeinsame Urheber resp. Herausgeber wird/wurde empfohlen, dass ihre Honorarsätze in der Summe 10% nicht unterschreiten.

So weit die Empfehlungen der Mittelstandgemeinschaft des VS.

Sollte sich der Honorarsatz von 10% tatsächlich durchsetzen, wäre das für die AutorInnen als Erfolg zu werten: Schließlich erhielten sie in der Vergangenheit – so das Homburg-Gutachen (siehe oben) – bei einer Verkaufsauflage von 1.001 bis 5.000 Exemplaren im Bereich Belletristik-Hardcover durchschnittlich nur 8,2% vom Nettoladenverkaufspeis. Und es waren immerhin 49% der Belletristik-Hardcovertitel, die weniger als 5.001-mal verkauft wurden.

Wird es also mit der „bislang weitgehenden Autonomie der Verlage hinsichtlich der Gestaltung ihrer Autorenverträge" ein Ende haben? Oder wird es den Verlagen gelingen, sich Schlupflöcher zu schaffen, um weiterhin nach Belieben schalten und walten zu können?

Unbekannte und bekannte Nutzungsarten

Ebenfalls ungewiss und zurzeit heftig umstritten ist, ob AutorInnen sich demnächst verpflichten müssen, dem Verlag auf dessen Verlangen die Rechte an sämtlichen zukünftig entstehenden neuen Nutzungsarten (gegen eine angemessene Beteiligung an den Erlösen aus derartigen Nutzungen) schriftlich einzuräumen. Der Verband deutschsprachiger Übersetzer (VdÜ) in einer Stellungnahme vom 10.11.04: „Es widerspricht schlicht Grundprinzipien unseres Wirtschaftssystems, daß der Anbieter einer Ware diese aus der Hand geben muß, um sich anschließend mit einem fremdbestimmten Preis zufriedenzugeben oder vor Gericht zu ziehen."

Ein Referentenentwurf vom 27.09.04 für ein „Zweites Gesetz zur Regelung des Urheberrechts in der Informationsgesellschaft" (kurz „Zweiter Korb") sieht ferner vor (§137l), dass rückwirkend bis 1966 AutorInnen mit älteren Verträgen alle zwischenzeitlich bekannt gewordenen Nutzungsrechte (eBook, Hörbuch, Internetnutzung etc.) dem Verlag ebenfalls automatisch einräumen müssen – sofern sie nicht innerhalb eines Jahres nach Inkrafttreten des Gesetzes dem Verlag gegenüber der Nutzung widersprechen. Hierzu noch einmal der VdÜ (in einem Internetartikel von Gabriele Gockel u. Thomas Wollermann vom 21.11.04): „Bislang gilt, dass nur Verwertungsrechte an bekannten Nutzungsarten abgetreten werden können. Dies schützt den Urheber davor, dass ihn der stärkere Vertragspartner zu Rechtseinräumungen nötigt, deren finanzielle Bedeutung gar nicht absehbar ist. Damit soll nun im Namen der ‚Informationsgesellschaft' Schluss sein, und das gleich auch noch rückwirkend (Referentenentwurf § 137 l). Verbrämt wird diese Urhebereenteignung durch Widerrufsrechte, die in der Praxis wegen drohenden Verlusts des Auftraggebers nicht realisierbar sind, sowie durch ebenfalls kaum durchsetzbare Ansprüche auf eine ‚besondere angemessene Vergütung'. Das Justizministerium hat den Referentenentwurf ganz nach dem Geschmack der Verwerterseite gemodelt. Offenbar soll dem Urheber im Kulturbetrieb der Informationsgesellschaft endgültig die Rolle zugewiesen werden, billigen Content zu liefern, der sich möglichst ungehindert in immer neue elektronische Schläuche füllen lässt."

Autorinnen und Autoren sollten also gut aufpassen, was in Zukunft Gesetz wird und was nicht! Und sich in ihrem Berufsverband engagieren oder ihn zumindest unterstützen!

Zum Nachlesen: Die Stellungnahme des VdÜ und der Internetartikel sind zu finden unter www.literaturuebersetzer.de; der strittige Referentenentwurf steht auf der Website des Münchner Instituts für Urheber- und Medienrecht (www.urheberrecht.org).

Weitere Informationen

Die Rechte überträgt die Autorin dem Verlag zumeist räumlich unbegrenzt (also weltweit und demnächst – wer kennt schon die zukünftigen Nutzungsarten? – vielleicht auch universell ...) für die Dauer des gesetzlichen Urheberrechts. Das Urheberrecht erlischt nach deutschem Recht erst siebzig Jahre nach dem Tode der Urheberin/des Urhebers – das ist eine lange Zeit! Es ist aber auch möglich – zumindest in der Theorie –, die Rechte zeitlich und räumlich begrenzt, etwa nur auf Deutschland, zu übertragen, was sich zum Beispiel empfiehlt, wenn man sehr gute Verbindungen ins Ausland hat.

Übt ein Verlag ein ihm eingeräumtes ausschließliches Nutzungsrecht nicht aus, kann die Autorin es nach § 41 UrhG zurückrufen. Musterschreiben zum Rechterückruf sowie zum Rücktritt vom Verlagsvertrag nach § 17 Verlagsgesetz (wenn das Buch vergriffen ist), gibt es auf den Seiten von mediafon (www.mediafon.net).

Bei Beiträgen zu Sammelwerken (Anthologien) empfiehlt die Mittelstandsgemeinschaft des VS, pauschale Honorierungen zu vermeiden. „Das Honorar sollte sich immer an der Höhe der zu erwartenden Auflage und am Umfang des Beitrags orientieren. Wird das Honorar nach Druckseiten berechnet, sollte zugleich die Anzahl von gedruckten Exemplaren festgelegt sein, auf die sich dieses Honorar bezieht, und für die Nachdrucke eine Nachhonorierung vereinbart werden. Generell wird für Beiträge in Anthologien und Sammelwerken nur die Einräumung eines einfachen Nutzungsrechts empfohlen." Dadurch hat eine Autorin die Möglichkeit, ihren Beitrag auch noch anderswo, zum Beispiel in einer Sammlung mit eigenen Kurzgeschichten bei einem anderen Verlag zu veröffentlichen.

Für eine Autorin ist es wünschenswert, sich die Freiheit zu bewahren, ihr Werk dem Verlag anzubieten, der ihr die besten Bedingungen gewährt. Daher sind Verträge, die eine Optionsklausel enthalten, mit Vorsicht zu genießen. Denn unterschreibt man einen Vertrag, der diese Klausel aufweist, verpflichtet man sich, das nächste Werk zuerst diesem Verlag anzubieten.

Einfaches und ausschließliches Nutzungsrecht
Mehrmals schon fielen die Begriffe einfaches und ausschließliches Nutzungsrecht. Hier eine kurze Definition, vergleiche dazu § 31 UrhG: Der Urheber (also zum Beispiel eine Autorin) kann einem anderen (zum Beispiel einem Verlag) das Recht einräumen, das Werk auf einzelne oder alle Nutzungsarten zu nutzen (Nutzungsrecht). Das Nutzungsrecht kann als einfaches oder als ausschließliches Recht sowie räumlich, zeitlich oder inhaltlich beschränkt eingeräumt werden. Das *einfache Nutzungsrecht* berechtigt den Inhaber (hier Verlag), das Werk auf die erlaubte Art zu nutzen, ohne dass eine Nutzung durch andere ausgeschlossen ist. Das *ausschließliche Nutzungsrecht* berechtigt den Inhaber (hier Verlag), das Werk unter Ausschluss aller anderen Personen auf die ihm erlaubte Art zu nutzen und Nutzungsrechte einzuräumen. Es kann bestimmt werden, dass die Nutzung durch den Urheber (hier Autorin) vorbehalten bleibt.

Von Urheberrechtsverletzungen und Schadenersatzansprüchen
Fragen aus dem juristischen Alltag
Beitrag von Alexander Setzer-Rubruck

„Erfahrene Juristen bezeugen, dass es vor Gericht von Vorteil sein kann, wenn man im Recht ist." Damit man auch nach einem Gerichtsprozess diesen Satz von Graham Chapman komisch finden kann, empfiehlt es sich, auch in der Verlagsszene die rechtlichen Grundlagen zu kennen. Zwar erscheinen in der sich vornehm gebenden Branche nur die wenigsten der jährlich rund 60.000 neuen Werke auch vor Gericht. Während man sich in guten Zeiten auf eine Vertrauensbeziehung zwischen Verleger und Autor verlässt und diese Themen gerne vernachlässigt, müssen in Zeiten harten Wettbewerbs heute viele Autoren, Übersetzer und Lektoren ihre Bedingungen und Forderungen mit anwaltlicher Hilfe durchsetzen. Auch in der Buchbranche wird deshalb immer häufiger geklagt und Verlagsjustiziare erwarteten anlässlich des neuen Urhebervertragsrechts sogar eine Prozesslawine gegen ihre Verlagshäuser. Um Autoren einen Überblick über ihre rechtliche Situation zu geben, skizziert der Verfasser anhand von zehn typischen Fragestellungen die rechtliche Position von Autoren.

1) Was schützt das Urheberrecht eigentlich?
Für die meisten versteht es sich von selbst, dass kein Autor und kein Verlag ein Monopol auf Liebesromane haben kann. Aber viele meinen, sie könnten eine gute Idee durch Anmeldung schützen lassen. Das Urheberrechtsgesetz hilft bei solchen Anliegen leider nicht und schützt auch nicht gegen die Übernahmen von guten Ideen oder Themen. Geschützt werden nur konkret ausgestaltete Werke der Literatur, Wissenschaft und Kunst, wenn es sich um eine persönlich-geistige Schöpfung handelt. Urheberrechtlich freies Material ist also unter anderem: die gesamte Menschheitsgeschichte einschließlich aller tatsächlichen Ereignisse, das

gesamte Volksgut früherer Jahrhunderte, aber auch der alltägliche Brief an eine Versicherung. Während im Allgemeinen nur die Form und nicht der Inhalt geschützt wird, ist im Bereich Fiktion anerkannt, dass nicht nur die konkrete sprachliche Formulierung, sondern weitergehend auch die Erzählung urheberrechtlich geschützt wird. Das bedeutet beispielsweise für Romane oder Theaterstücke, dass auch der Handlungsstrang und die Charaktere vom Urheberrecht umfasst sind. So wurde es zum Beispiel einem schriftstellerisch ambitionierten Anwalt in Deutschland gerichtlich untersagt, eine Fortsetzung von Dr. Schiwago zu verfassen.

2) Wie kann ich meine Story gegen unbefugte Nutzung durch Dritte sichern?

Ein weit verbreiteter Irrglaube unter Anfängern ist, dass das Urheberrecht einer Anmeldung bei der Urheberrolle oder eines Copyright-Vermerkes bedarf. Anders als im Patentrecht, das ein Anmeldungsverfahren vorsieht, entsteht das Urheberrecht bereits mit der Schaffung des Werkes. Auch wenn für ein Anmeldungsverfahren grundsätzlich kein Bedürfnis besteht, hat der Mangel zur Folge, dass Autoren gelegentlich in Bedrängnis kommen, wenn sie beweisen müssen, die Urheber eines Treatments, Drehbuchs oder Theaterstückes zu sein. Es bietet sich deshalb vor einer Weitergabe von Treatments, Drehbüchern und Bühnenfassungen an, einen geschaffenen Text an eine Person des Vertrauens zu geben und sich von dieser den Eingang mit Datum schriftlich bestätigen zu lassen. Eine weitere Möglichkeit ist, das Werk bei einem Notar zu hinterlegen, damit dieser den Zeitpunkt der Hinterlegung bestätigt. Solch einer notariellen Prioritätsbestätigung kommt in einem späteren Plagiatsprozess gesteigerter Beweiswert zu.

3) Welche Rechte habe ich gegenüber den Dieben geistigen Eigentums?

„Stiehlst du von einem, ist es Plagiat; stiehlst du von vielen, ist es Forschung." Die Kritik John Miltons an der Situation der Wissenschaft ist 400 Jahre später im Zeitalter des Internets aktueller denn je. Noch nie war es so leicht, Urheberrechtsverletzungen zu begehen. Leider finden sich nunmehr Plagiatoren nicht nur unter Wissenschaftlern und Raubdruckern, sondern unter allen Nutzern des Internets. Aus Autorensicht kann gerade die Nutzung im Internet besonders ärgerlich sein, da das gesamte Verwertungspotenzial eines Werkes zerstört ist, wenn man es im Internet kostenlos herunterladen kann. Grundsätzlich kann hier jeder Autor wie bei Raubdrucken auch vom Verletzer Unterlassung und Schadenersatz verlangen. Der Schadenersatz berechnet sich entweder nach dem entgangenen Gewinn des Autors, aus dem Gewinn des Verletzers oder aus einem üblichen Honorar. Um Streitigkeiten hier zu vermeiden, empfiehlt es sich jedoch, schnellstmöglich, das heißt innerhalb von maximal drei Wochen, einen Anwalt einzuschalten, damit dieser umgehend eine einstweilige Verfügung beantragen kann.

4) Was muss ich als Autor zu Persönlichkeitsrechten wissen?

Jeder kann selbst bestimmen, ob er ein Romanheld werden möchte oder nicht. Schmerzhaft musste dies auch Klaus Mann erfahren, als sein Roman Mephisto vom Bundesgerichtshof verboten wurde. Autoren brauchen die Einwilligung der Betroffenen, es sei denn, es handelt sich um prominente Personen der Zeitgeschichte. Je berühmter die Prominenten sind, desto privater können die Darstellungen über diese werden. Darstellungen über Liebes- und Sexualleben oder Krankheiten – die Juristen nennen das Intimsphäre – verbieten sich jedoch. Nicht tatsachengetreue und ehrenrührige Darstellungen von Prominenten in Romanen sind gleichermaßen rechtswidrig. Gleiches versteht sich von selbst für Sachbücher. Auch eine Schmähkritik ist nach deutschem Recht nicht möglich. So konnte Heinrich Böll gerichtlich untersagen lassen, dass man ihn als „steindummen, kenntnislosen und talentfreien Autor" bezeichnet. Für Autoren ist wichtig zu wissen, dass sie verpflichtet sind, den Verlag schriftlich auf die problematischen Darstellungen von Personen oder Ereignissen hinzuweisen. Wer seinen Verleger bei der Möglichkeit einer Persönlichkeitsrechtsverletzung nicht mit ins Boot holt, läuft nicht nur Gefahr, dass er seinen Verlag verliert. Auch Schadenersatzansprüche des Verlegers drohen, wenn Passagen eines Buches geschwärzt werden müssen. Wer meint, dass sein Verleger hier Schwierigkeiten machen könnte, sollte in jedem Fall das Manuskript von einem erfahrenen Anwalt überprüfen lassen, damit das Werk gerichtsfest gemacht werden kann.

5) Ist ein Verlag nach Abschluss eines Verlagsvertrages zur Vervielfältigung und Verbreitung des Werkes verpflichtet?

Der Begriff des Verlegers entspringt dem des Vorlegers. Auch nach dem heute geltenden Verlagsgesetz ist die Hauptpflicht eines Verlages, das Risikokapital zu investieren und das Manuskript in Buchform zu vervielfältigen und zu verbreiten. Der Normvertrag zwischen dem Verband deutscher Schriftsteller und dem Börsenverein des Deutschen Buchhandels sieht dies gleichermaßen vor. Diese eigentlich als selbstverständlich anzusehende Pflicht wird in den Verlagsverträgen heute immer öfter zu Lasten des Autors ausgeschlossen. So wird der Verlagsvertrag als „Bestellvertrag" bezeichnet oder man schreibt ins Kleingedruckte: „Der Verlag ist nicht zur Vervielfältigung und Verbreitung verpflichtet." Ist ein solcher Passus nicht oder – wie gelegentlich – nicht wirksam vereinbart, so hat der Autor einen Anspruch auf die Veröffentlichung einer ersten Auflage des Buches und auf einen dementsprechenden Vertrieb. Weigert sich der Verlag, muss er nach einem gerichtlichen Verfahren mit empfindlichen Zwangsgeldern rechnen.

6) Welche Rechte erhält der Verlag beim Abschluss eines Verlagsvertrages?

Das Urheberrecht verlässt den Autor nur, so weit es vertraglich bestimmt ist. Dieses urheberrechtliche Grundprinzip entscheidet, dass im Zweifel der Urheber bestimmt, wie und wo sein Werk genutzt wird. Ein Verlag, mit dem nichts gesondert vereinbart wurde, erhält deshalb nur das ausschließliche Recht zur Veranstaltung einer Hardcover-Auflage. Deshalb finden sich in den meisten Verlagsverträgen umfangreiche Bestimmungen über die Rechtseinräumung an den Verlag. In den großen Verlagshäusern erfolgt dies standardmäßig. Hier räumen sogar Autoren von Kochbüchern ihren Verlegern regelmäßig die Rechte zur Schaffung einer Oper ein. Da man als Autor in der Regel die Nebenrechte nicht so gut wie ein Verlag vermarkten kann, ist dagegen auch nichts einzuwenden, vorausgesetzt man ist gut an der Verwertung beteiligt. Etwas anderes gilt freilich, wenn man eine Agentin oder selbst gute Kontakte zu anderen Verlagen oder Filmproduzenten hat.

7) Wann und wie bekomme ich mein Urheberrecht vom Verlag zurück?

Wer auch immer die Rechte als Verlag, Agentin oder Filmproduzent erwirbt, ist verpflichtet, sie zu nutzen, wenn er sie behalten will. Ein Verlag darf kein Friedhof für Urheberrechte sein. Autoren haben ein Recht darauf, dass ihr Werk so weit wie möglich bekannt und vertrieben wird. Die meisten Verlagsverträge lassen dies jedoch nicht erkennen. Meist ist nur eine Rechtsübertragung aller Rechte für die Dauer des gesetzlichen Urheberrechts, das heißt für die Lebenszeit des Autors zuzüglich 70 Jahre, vorgesehen. Das Urheberrechtsgesetz hilft auch hier dem Autor, indem es ihm die Möglichkeit gibt, alle oder einzelne Nutzungsrechte zurückzurufen. So hat jeder Autor nach Ablauf von 2 Jahren nach Manuskriptübergabe die Möglichkeit, Hardcover-, Taschenbuch- und andere Rechte zurückzuerhalten, wenn der Verlag sie nicht oder nicht hinreichend nutzen sollte. Jeder Autor sollte dann seinen Verlag um die Rückgabe der Rechte oder eine Veröffentlichung ersuchen. Auch in Verlagsverträgen lässt sich dieses Rückrufrecht höchstens für 5 Jahre wirksam ausschließen.

8) Wie ist das mit dem Titelschutz?

Ein prägnanter Titel entscheidet oft über den Verkaufserfolg. Autoren können hier leicht einen unnötigen Fehler begehen und sich zur Schaltung einer Titelschutzanzeige bewegen lassen. Der Hintergrund: Ein Titel ist meist nicht urheberrechtlich geschützt, weil er in der Regel keine individuelle Eigenart aufweist, die ihn als urheberrechtliches Sprachwerk schützen lässt. Titelschutz gibt es deshalb nur aufgrund des deutschen Markenrechts. Hier gilt, anders als im Urheberrecht: Erst mit Erscheinen des Werkes entsteht der Titelschutz. Zwar besteht die Möglichkeit, dieses Erscheinen durch eine Titelschutzanzeige zu ersetzen. Diese Anzeige ist allerdings nur ein wirksamer Ersatz, wenn das Werk sodann in angemessener Frist – in höchstens 12 Monaten – erscheint. Da die wenigsten Autoren ohne einen Verlag als Partner ein kurzfristiges Erscheinen garantieren können, kann die Anzeige für den Autor sogar schädlich sein, da der Titel für ihn danach nicht mehr schutzfähig und obendrein auch noch bekannt ist. Die Titelschutzanzeige ist deshalb nur für Verlage ein interessantes Instrument. Vorsicht ist auch bei der Vertragsgestaltung mit den Verlagen geboten: Wenn man einen bestimmten Titel verwendet sehen will, empfiehlt es sich, diesen gleich im Verlagsvertrag festzulegen.

9) Wie ist das mit dem Anspruch auf angemessene Vergütung?

Ein Autor kann mit einem Verlag nur selten „auf Augenhöhe" verhandeln. Demzufolge findet sich die als angemessen geltende Autorenbeteiligung von 10 % vom Nettoladenverkaufspreis (bezogen auf Hardcover-Ausgaben) immer seltener in den Verlagsverträgen. Auch in der Verlagsbranche gilt die Erkenntnis des jungen Roger Garaudy: Es gilt das Recht des freien Fuchses in einem freien Hühnerstall. Dies ist seit langem bekannt; dennoch wurde erst im Jahre 2002 eine Reform in die Wege geleitet, die einen Anspruch auf eine angemessene Vergütung gewährleistet. Was heute angemessen ist, ist im Einzelnen noch unklar. Die Urheberverbände versuchen hier, für Autoren kollektive Vergütungsregelungen zu verhandeln. Größere Erfolge sind noch nicht in Sicht. Es ist jedoch schon jetzt klar, dass ein Autor, der für ein zu niedriges Pauschalhonorar Rechte eingeräumt hat, eine Vertragsänderung verlangen kann. Dies gilt vor allem, wenn es sich um einen Bestseller handelt. Weigert sich der Verlag, empfiehlt es sich, mit einem Anwalt nachzufordern.

10) Gibt es eine Rechtsschutzversicherung für Autoren?

Schon seit Wilhelm Busch ist es bekannt: Der Rechtsanwalt ist hochverehrlich, wenn auch die Kosten sehr beschwerlich. Leider ist das Urheberrecht, als Arbeitsrecht für freie Autoren, nicht über Rechtsschutzversicherungen versicherbar und in den allgemeinen Rechtsschutzbedingungen ausgeschlossen. Eine Möglichkeit für Rechtsschutzleistungen bietet jedoch die Gewerkschaft ver.di, deren Rechtssekretärinnen und -sekretäre beraten. Hier ist jedoch für ver.di-Mitglieder zu beachten: Die eigenmächtige Beauftragung von niedergelassenen Anwälten führt nach der ver.di-Rechtsschutzrichtlinie zur Versagung von Rechtsschutz. Für Autoren, die nicht bei ver.di (also nicht im Verband deutscher Schriftsteller) Mitglied sind, besteht weiterhin die Möglichkeit der Beratungs- und Prozesskostenhilfe. Mit einem bei Gericht ausgestellten Beratungsschein kann man kostenneutral einen niedergelassenen Anwalt seines Vertrauens aufsuchen. Sollte dann ein Rechtsstreit erforderlich sein, besteht die Möglichkeit der Prozesskostenhilfe. Die allermeisten Autoren haben aufgrund ihrer Einkommenssituation einen Anspruch darauf.

Normvertrag für den Abschluß von Verlagsverträgen

Rahmenvertrag
(vom 19. Oktober 1978 in der ab 1. April 1999 gültigen Fassung)

Zwischen dem Verband deutscher Schriftsteller (VS) in der IG Medien und dem Börsenverein des Deutschen Buchhandels e.V. – Verleger-Ausschuß – ist folgendes vereinbart:

1. Die Vertragschließenden haben den diesem Rahmenvertrag beiliegenden Normvertrag für den Abschluß von Verlagsverträgen vereinbart. Die Vertragschließenden verpflichten sich, darauf hinzuwirken, daß ihre Mitglieder nicht ohne sachlich gerechtfertigten Grund zu Lasten des Autors von diesem Normvertrag abweichen.
2. Die Vertragschließenden sind sich darüber einig, daß einige Probleme sich einer generellen Regelung im Sinne eines Normvertrags entziehen. Dies gilt insbesondere für Options- und Konkurrenzausschlußklauseln einschließlich etwaiger Vergütungsregelungen, bei deren individueller Vereinbarung die schwierigen rechtlichen Zulässigkeitsvoraussetzungen besonders sorgfältig zu prüfen sind.

3. Dieser Vertrag wird in der Regel für folgende Werke und Bücher nicht gelten:
   a) Fach- und wissenschaftliche Werke im engeren Sinn einschließlich Schulbücher, wohl aber für Sachbücher;
   b) Werke, deren Charakter wesentlich durch Illustrationen bestimmt wird; Briefausgaben und Buchausgaben nicht original für das Buch geschriebener Werke;
   c) Werke mit mehreren Rechtsinhabern wie z.B. Anthologien, Bearbeitungen;
   d) Werke, bei denen der Autor nur Herausgeber ist;
   e) Werke im Sinne des § 47 Verlagsgesetz, für welche eine Publikationspflicht des Verlages nicht besteht.

4. Soweit es sich um Werke nach Ziffer 3 b) bis e) handelt, sollen die Verträge unter Berücksichtigung der besonderen Gegebenheiten des Einzelfalles so gestaltet werden, daß sie den Intentionen des Normvertrags entsprechen.

5. Die Vertragschließenden haben eine „Schlichtungs- und Schiedsstelle Buch" eingerichtet, die im Rahmen der vereinbarten Statuten über die vertragschließenden Verbände von jedem ihrer Mitglieder angerufen werden kann.

6. Die Vertragschließenden nehmen nunmehr Verhandlungen über die Vereinbarung von Regelhonoraren auf.*

7. Dieser Vertrag tritt am 1.4.1999 in Kraft. Er ist auf unbestimmte Zeit geschlossen und kann – mit einer Frist von sechs Monaten zum Jahresende – erstmals zum 31.12.2001 gekündigt werden. Die Vertragschließenden erklären sich bereit, auch ohne Kündigung auf Verlangen einer Seite in Verhandlungen über Änderungen des Vertrages einzutreten.

Stuttgart und Frankfurt am Main, den 19. Februar 1999

Industriegewerkschaft Medien (– Verband deutscher Schriftsteller –)
Börsenverein des Deutschen Buchhandels e.V. (– Verleger-Ausschuß –)

* Der Verleger-Ausschuß hat den VS darauf hingewiesen, daß er für eine Vereinbarung von Regelhonoraren nach wie vor kein Mandat hat. Der VS legt jedoch Wert darauf, diese bei der Änderung des Rahmenvertrags vom 1.1.1984 aufgenommene Bestimmung in die Neufassung zu übernehmen.

Verlagsvertrag
zwischen

....
(nachstehend: Autor)

und

....
(nachstehend: Verlag)

§ 1 Vertragsgegenstand

1. Gegenstand dieses Vertrages ist das vorliegende/noch zu verfassende Werk des Autors unter dem Titel/Arbeitstitel:

....

....

(ggf. einsetzen: vereinbarter Umfang des Werks, Spezifikation des Themas usw.)

2. Der endgültige Titel wird in Abstimmung zwischen Autor und Verlag festgelegt, wobei der Autor dem Stichentscheid des Verlages zu widersprechen berechtigt ist, soweit sein Persönlichkeitsrecht verletzt würde.

3. Der Autor versichert, daß er allein berechtigt ist, über die urheberrechtlichen Nutzungsrechte an seinem Werk zu verfügen, und daß er, soweit sich aus § 14 Absatz 3 nichts anderes ergibt, bisher keine den Rechtseinräumungen dieses Vertrages entgegenstehende Verfügung getroffen hat. Das gilt auch für die vom Autor gelieferten Text- oder Bildvorlagen, deren Nutzungsrechte bei ihm liegen. Bietet er dem Verlag Text- oder Bildvorlagen an, für die dies nicht zutrifft oder nicht sicher ist, so hat er den Verlag darüber und über alle ihm bekannten oder erkennbaren rechtlich relevanten Fakten zu informieren. Soweit der Verlag den Autor mit der Beschaffung fremder Text- oder Bildvorlagen beauftragt, bedarf es einer besonderen Vereinbarung.

4. Der Autor ist verpflichtet, den Verlag schriftlich auf im Werk enthaltene Darstellungen von Personen oder Ereignissen hinzuweisen, mit denen das Risiko einer Persönlichkeitsrechtsverletzung verbunden ist. Nur wenn der Autor dieser Vertragspflicht in vollem Umfang nach bestem Wissen und Gewissen genügt hat, trägt der Verlag alle Kosten einer eventuell erforderlichen Rechtsverteidigung. Wird der Autor wegen solcher Verletzungen in Anspruch genommen, sichert ihm der Verlag seine Unterstützung zu, wie auch der Autor bei der Abwehr solcher Ansprüche gegen den Verlag mitwirkt.

§ 2 Rechtseinräumungen

1. Der Autor überträgt dem Verlag räumlich unbeschränkt für die Dauer des gesetzlichen Urheberrechts das ausschließliche Recht zur Vervielfältigung und Verbreitung (Verlagsrecht) des Werkes für alle Druck- und körperlichen elektronischen Ausgaben* sowie für alle Auflagen ohne Stückzahlbegrenzung für die deutsche Sprache.

(* Sobald sich die Rahmenbedingungen für eine elektronische Werknutzung in Datenbanken und Online-Diensten geklärt haben, werden sich VS in der IG Medien und Börsenverein über eine entsprechende Ergänzung des Normvertrages verständigen. Bis dahin sollten entsprechende Rechtseinräumungen einzelvertraglich geregelt werden.)

2. Der Autor räumt dem Verlag für die Dauer des Hauptrechts gemäß Absatz 1 und § 5 Absatz 2 außerdem folgende ausschließliche Nebenrechte – insgesamt oder einzeln – ein:

a) Das Recht des ganzen oder teilweisen Vorabdrucks und Nachdrucks, auch in Zeitungen und Zeitschriften;

b) das Recht der Übersetzung in eine andere Sprache oder Mundart;

c) das Recht zur Vergabe von Lizenzen für deutschsprachige Ausgaben in anderen Ländern sowie für Taschenbuch-, Volks-, Sonder-, Reprint-, Schul- oder Buchgemeinschaftsausgaben oder andere Druck- und körperlichen elektronischen Ausgaben;

d) das Recht der Herausgabe von Mikrokopieausgaben;

e) das Recht zu sonstiger Vervielfältigung, insbesondere durch fotomechanische oder ähnliche Verfahren (z. B. Fotokopie);

f) das Recht zur Aufnahme auf Vorrichtungen zur wiederholbaren Wiedergabe mittels Bild- oder Tonträger (z. B. Hörbuch), sowie das Recht zu deren Vervielfältigung, Verbreitung und Wiedergabe;

g) das Recht zum Vortrag des Werks durch Dritte;

h) die am Werk oder seiner Bild- oder Tonträgerfixierung oder durch Lautsprecherübertragung oder Sendung entstehenden Wiedergabe- und Überspielungsrechte;

i) das Recht zur Vergabe von deutsch- oder fremdsprachigen Lizenzen in das In- und Ausland zur Ausübung der Nebenrechte a) bis h).

3. Darüber hinaus räumt der Autor dem Verlag für die Dauer des Hauptrechts gemäß Absatz 1 weitere ausschließliche Nebenrechte – insgesamt oder einzeln – ein:

a) Das Recht zur Bearbeitung als Bühnenstück sowie das Recht der Aufführung des so bearbeiteten Werkes;

b) das Recht zur Verfilmung einschließlich der Rechte zur Bearbeitung als Drehbuch und zur Vorführung des so hergestellten Films;

c) das Recht zur Bearbeitung und Verwertung des Werks im Fernsehfunk einschließlich Wiedergaberecht;

d) das Recht zur Bearbeitung und Verwertung des Werks im Hörfunk, z. B. als Hörspiel einschließlich Wiedergaberecht;

e) das Recht zur Vertonung des Werks;

f) das Recht zur Vergabe von Lizenzen zur Ausübung der Nebenrechte a) bis e).

4. Der Autor räumt dem Verlag schließlich für die Dauer des Hauptrechts gemäß Absatz 1 alle durch die Verwertungsgesellschaft Wort wahrgenommenen Rechte nach deren Satzung, Wahrnehmungsvertrag und Verteilungsplan zur gemeinsamen Einbringung ein. Bereits abgeschlossene Wahrnehmungsverträge bleiben davon unberührt.

5. Für die Rechtseinräumungen nach Absatz 2 bis 4 gelten folgende Beschränkungen:

a) Soweit der Verlag selbst die Nebenrechte gemäß Absatz 2 und 3 ausübt, gelten für die Ermittlung des Honorars die Bestimmungen über das Absatzhonorar nach § 4 anstelle der Bestimmungen für die Verwertung von Nebenrechten. Enthält § 4 für das jeweilige Nebenrecht keine Vergütungsregelung, so ist eine solche nachträglich zu vereinbaren.

b) Der Verlag darf das ihm nach Absatz 2 bis 4 eingeräumte Vergaberecht nicht ohne Zustimmung des Autors abtreten. Dies gilt nicht gegenüber ausländschen Lizenznehmern für die Einräumung von Sublizenzen in ihrem Sprachgebiet sowie für die branchenübliche Sicherungsabtretung von Verfilmungsrechten zur Produktionsfinanzierung.

c) Das Recht zur Vergabe von Nebenrechten nach Absatz 2 bis 4 endet mit der Beendigung des Hauptrechts gemäß Absatz 1; der Bestand bereits abgeschlossener Lizenzverträge bleibt hiervon unberührt.

d) Ist der Verlag berechtigt, das Werk zu bearbeiten oder bearbeiten zu lassen, so hat er Beeinträchtigungen des Werkes zu unterlassen, die geistige und persönliche Rechte des Autors am Werk zu gefährden geeignet sind. Im Falle einer Vergabe von Lizenzen zur Ausübung der Nebenrechte gemäß Absatz 2 und Absatz 3 wird der Verlag darauf hinwirken, daß der Autor vor Beginn einer entsprechenden Bearbeitung des Werkes vom Lizenznehmer gehört wird. Möchte der Verlag einzelne Nebenrechte selbst ausüben, so hat er den Autor anzuhören und ihm bei persönlicher und fachlicher Eignung die entsprechende Bearbeitung des Werkes anzubieten, bevor damit Dritte beauftragt werden.

§ 3 Verlagspflicht

1. Das Werk wird zunächst als .... -Ausgabe (z.B. Hardcover, Paperback, Taschenbuch, CD-ROM) erscheinen; nachträgliche Änderungen der Form der Erstausgabe bedürfen des Einvernehmens mit dem Autor.

2. Der Verlag ist verpflichtet, das Werk in der in Absatz 1 genannten Form zu vervielfältigen, zu verbreiten und dafür angemessen zu werben.

3. Ausstattung, Buchumschlag, Auflagenhöhe, Auslieferungstermin, Ladenpreis und Werbemaßnahmen werden vom Verlag nach pflichtgemäßem Ermessen unter Berücksichtigung des Vertragszwecks sowie der im Verlagsbuchhandel für Ausgaben dieser Art herrschenden Übung bestimmt.

4. Das Recht des Verlags zur Bestimmung des Ladenpreises nach pflichtgemäßem Ermessen schließt auch dessen spätere Herauf- oder Herabsetzung ein. Vor Herabsetzung des Ladenpreises wird der Autor benachrichtigt.

5. Als Erscheinungstermin ist vorgesehen: .... Eine Änderung des Erscheinungstermins erfolgt in Absprache mit dem Autor.

§ 4 Absatzhonorar für Verlagsausgaben

1. Der Autor erhält für jedes verkaufte und bezahlte Exemplar ein Honorar auf der Basis des um die darin enthaltene Mehrwertsteuer verminderten Ladenverkaufspreises (Nettoladenverkaufspreis).

oder

Der Autor erhält für jedes verkaufte und bezahlte Exemplar ein Honorar auf der Basis des um die darin enthaltene Mehrwertsteuer verminderten Verlagsabgabepreises (Nettoverlagsabgabepreis). In diesem Falle ist bei der Vereinbarung des Honorarsatzes die im Vergleich zum Nettoladenverkaufspreis geringere Bemessungsgrundlage zu berücksichtigen.

oder

Der Autor erhält ein Honorar auf der Basis des mit der Verlagsausgabe des Werkes erzielten, um die Mehrwertsteuer verminderten Umsatzes (Nettoumsatzbeteiligung). Dabei hat der Autor Anspruch auf Ausweis der verkauften Exemplare einschließlich der Partie- und Portoersatzstücke, für die dann Absatz 5 nicht gilt. In diesem Falle ist bei der Vereinbarung des Honorarsatzes die im Vergleich zum Nettoladenverkaufspreis geringere Bemessungsgrundlage zu berücksichtigen.

2. Das Honorar für die verschiedenen Arten von Ausgaben (z. B. Hardcover, Taschenbuch usw.) beträgt für

a) .... -Ausgaben ..... % vom Preis gemäß Absatz 1.
Es erhöht sich nach dem Absatz des Werkes
von .... bis .... Exemplaren auf ..... %;
von .... bis .... Exemplaren auf ..... %;
ab .... Exemplaren auf ..... %.
b) .... -Ausgaben ..... % vom Preis gemäß Absatz 1.
Es erhöht sich nach dem Absatz des Werkes
von .... bis .... Exemplaren auf ..... %;
von .... bis .... Exemplaren auf ..... %;
ab .... Exemplaren auf ..... %.
c) .... -Ausgaben ..... % vom Preis gemäß Absatz 1.
Es erhöht sich nach dem Absatz des Werkes
von .... bis .... Exemplaren auf ..... %;
von .... bis .... Exemplaren auf ..... %;
ab .... Exemplaren auf ..... %.
d) Für Verlagserzeugnisse, die nicht der Preisbindung unterliegen (z. B. Hörbücher), erhält der Autor für jedes verkaufte und bezahlte Exemplar ein Honorar auf der Basis des um die darin enthaltene Mehrwertsteuer verminderten Verlagsabgabepreises (Nettoverlagsabgabepreis), und zwar für
.... -Ausgaben ..... % vom Nettoverlagsabgabepreis.
Es erhöht sich nach dem Absatz des Werkes
von .... bis .... Exemplaren auf ..... %;
von .... bis .... Exemplaren auf ..... %;
ab .... Exemplaren auf ..... %.

e) Beim Verkauf von Rohbogen der Originalausgabe außerhalb von Nebenrechtseinräumungen gilt ein Honorarsatz von ..... % vom Verlagsabgabepreis.

3. Auf seine Honoraransprüche – einschließlich der Ansprüche aus § 5 – erhält der Autor einen Vorschuß in Höhe von DM/€ .... Dieser Vorschuß ist fällig
zu ..... % bei Abschluß des Vertrages,
zu ..... % bei ung des Manuskripts gemäß § 1 Absatz 1 und § 6 Absatz 1,
zu ..... % bei Erscheinen des Werkes, spätestens am ....

4. Der Vorschuß gemäß Absatz 3 stellt ein garantiertes Mindesthonorar für dieses Werk dar. Er ist nicht rückzahlbar, jedoch mit allen Ansprüchen des Autors aus diesem Vertrag verrechenbar.

5. Pflicht-, Prüf-, Werbe- und Besprechungsexemplare sind honorarfrei; darunter fallen nicht Partie- und Portoersatzstücke sowie solche Exemplare, die für Werbezwecke des Verlages, nicht aber des Buches abgegeben werden.

6. Ist der Autor mehrwertsteuerpflichtig, zahlt der Verlag die auf die Honorarbeträge anfallende gesetzliche Mehrwertsteuer zusätzlich.

7. Honorarabrechnung und Zahlung erfolgen halbjährlich zum 30. Juni und zum 31. Dezember innerhalb der auf den Stichtag folgenden 3 Monate.
oder:
Honorarabrechnung und Zahlung erfolgen zum 31. Dezember jedes Jahres innerhalb der auf den Stichtag folgenden drei Monate.
Der Verlag leistet dem Autor entsprechende Abschlagszahlungen, sobald er Guthaben von mehr als DM/€ .... feststellt. Honorare auf im Abrechnungszeitraum remittierte Exemplare werden vom Guthaben abgezogen.

8. Der Verlag ist verpflichtet, einem vom Autor beauftragten Wirtschaftsprüfer, Steuerberater oder vereidigten Buchsachverständigen zur Überprüfung der Honorarabrechnungen Einsicht in die Bücher und Unterlagen zu gewähren. Die hierdurch anfallenden Kosten trägt der Verlag, wenn sich die Abrechnungen als fehlerhaft erweisen.

9. Nach dem Tode des Autors bestehen die Verpflichtungen des Verlags nach Absatz 1 bis 8 gegenüber den durch Erbschein ausgewiesenen Erben, die bei einer Mehrzahl von Erben einen gemeinsamen Bevollmächtigten zu benennen haben.

§ 5 Nebenrechtsverwertung

1. Der Verlag ist verpflichtet, sich intensiv um die Verwertung der ihm eingeräumten Nebenrechte innerhalb der für das jeweilige Nebenrecht unter Berücksichtigung von Art und Absatz der Originalausgabe angemessenen Frist zu bemühen und den Autor auf Verlangen zu informieren. Bei mehreren sich untereinander ausschließenden Verwertungsmöglichkeiten wird er die für den Autor materiell und ideell möglichst günstige wählen, auch wenn er selbst bei dieser Nebenrechtsverwertung konkurriert. Der Verlag unterrichtet den Autor unaufgefordert über erfolgte Verwertungen und deren Bedingungen.

2. Verletzt der Verlag seine Verpflichtungen gemäß Absatz 1, so kann der Autor die hiervon betroffenen Nebenrechte – auch einzeln – nach den Regeln des § 41 UrhG zurückrufen; der Bestand des Vertrages im übrigen wird hiervon nicht berührt.

3. Der aus der Verwertung der Nebenrechte erzielte Erlös wird zwischen Autor und Verlag geteilt, und zwar erhält der Autor
..... % bei den Nebenrechten des § 2 Absatz 2;
..... % bei den Nebenrechten des § 2 Absatz 3;
(Bei der Berechnung des Erlöses wird davon ausgegangen, daß in der Regel etwaige aus der Inlandsverwertung anfallende Agenturprovisionen und ähnliche Nebenkosten allein auf den Verlagsanteil zu verrechnen, für Auslandsverwertung anfallende Nebenkosten vom Gesamterlös vor Aufteilung abzuziehen sind.) Soweit Nebenrechte durch Verwertungsgesellschaften wahrgenommen werden, richten sich die Anteile von Verlag und Autor nach deren satzungsgemäßen Bestimmungen.

4. Für Abrechnung und Fälligkeit gelten die Bestimmungen von § 4 Absatz 7, 8 und 9 entsprechend.

5. Die Vergabe von Lizenzen an gemeinnützige Blindenselbsthilfeorganisationen für Ausgaben, die ausschließlich für Blinde und Sehbehinderte bestimmt sind (Druckausgaben in Punktschrift, Tonträgerausgaben mit akustischen Benutzungsanweisungen und entsprechende Ausgaben auf Datenträgern), darf vergütungsfrei erfolgen.

§ 6 Manuskriptablieferung

1. Der Autor verpflichtet sich, dem Verlag bis spätestens .... / binnen .... das vollständige und vervielfältigungsfähige Manuskript gemäß § 1 Absatz 1 (einschließlich etwa vorgesehener und vom Autor zu beschaffender Bildvorlagen) mit Maschine geschrieben oder in folgender Form zu übergeben: .... * (* Erfolgt die Manuskriptabgabe in elektronischer Form, so ist ein entsprechender Papierausdruck beizufügen.) Wird diese(r) Termin/Frist nicht eingehalten, gilt als angemessene Nachfrist im Sinne des § 30 Verlagsgesetz ein Zeitraum von ..... Monaten.

2. Der Autor behält eine Kopie des Manuskripts bei sich.

3. Das Manuskript bleibt Eigentum des Autors und ist ihm vom Verlag nach Erscheinen des Werkes auf Verlangen zurückzugeben.

§ 7 Freiexemplar

1. Der Autor erhält für seinen eigenen Bedarf .... Freiexemplare. Bei der Herstellung von mehr als .... Exemplaren erhält der Autor .... weitere Freiexemplare und bei der Herstellung von mehr als .... Exemplaren ...... weitere Freiexemplare.

2. Darüber hinaus kann der Autor Exemplare seines Werkes zu einem Höchstrabatt von ..... % vom Ladenpreis vom Verlag beziehen.

3. Sämtliche gemäß Absatz 1 oder 2 übernommenen Exemplare dürfen nicht weiterverkauft werden.

§ 8 Satz, Korrektur

1. Die erste Korrektur des Satzes wird vom Verlag oder von der Druckerei vorgenommen. Der Verlag ist sodann verpflichtet, dem Autor in allen Teilen gut lesbare Abzüge zu übersenden, die der Autor unverzüglich honorarfrei korrigiert und mit dem Vermerk „druckfertig" versieht; durch diesen Vermerk werden auch etwaige Abweichungen vom Manuskript genehmigt. Abzüge gelten auch dann als „druckfertig", wenn sich der Autor nicht innerhalb angemessener Frist nach Erhalt zu ihnen erklärt hat.

2. Nimmt der Autor Änderungen im fertigen Satz vor, so hat er die dadurch entstehenden Mehrkosten – berechnet nach dem Selbstkostenpreis des Verlages – insoweit zu tragen, als sie 10 % der Satzkosten übersteigen. Dies gilt nicht für Änderungen bei Sachbüchern, die durch Entwicklungen der Fakten nach Ablieferung des Manuskripts erforderlich geworden sind.

§ 9 Lieferbarkeit, veränderte Neuauflagen

1. Wenn die Verlagsausgabe des Werkes vergriffen ist und nicht mehr angeboten und ausgeliefert wird, ist der Autor zu benachrichtigen. Der Autor ist dann berechtigt, den Verlag schriftlich aufzufordern, sich spätestens innerhalb von 3 Monaten nach Eingang der Aufforderung zu verpflichten, innerhalb einer Frist von ..... Monat(en)/Jahr(en) nach Ablauf der Dreimonatsfrist eine ausreichende Anzahl weiterer Exemplare des Werkes herzustellen und zu verbreiten. Geht der Verlag eine solche Verpflichtung nicht fristgerecht ein oder wird die Neuherstellungsfrist nicht gewahrt, ist der Autor berechtigt, durch schriftliche Erklärung von diesem Verlagsvertrag zurückzutreten. Bei Verschulden des Verlages kann er statt dessen Schadenersatz wegen Nichterfüllung verlangen. Der Verlag bleibt im Falle des Rückrufs zum Verkauf der ihm danach (z. B. aus Remissionen) noch zufließenden Restexemplare innerhalb einer Frist von .... berechtigt; er ist verpflichtet, dem Autor die Anzahl dieser Exemplare anzugeben und ihm die Übernahme anzubieten.

2. Der Autor ist berechtigt und, wenn es der Charakter des Werkes (z. B. eines Sachbuchs) erfordert, auch verpflichtet, das Werk für weitere Auflagen zu überarbeiten; wesentliche Veränderungen von Art und Umfang des Werkes bedürfen der Zustimmung des Verlages. Ist der Autor zu der Bearbeitung nicht bereit oder nicht in der Lage oder liefert er die Überarbeitung nicht innerhalb einer angemessenen Frist nach Aufforderung durch den Verlag ab, so ist der Verlag zur Bestellung eines anderen Bearbeiters berechtigt. Wesentliche Änderungen des Charakters des Werkes bedürfen dann der Zustimmung des Autors.

§ 10 Verramschung, Makulierung

1. Der Verlag kann das Werk verramschen, wenn der Verkauf in zwei aufeinanderfolgenden Kalenderjahren unter ..... Exemplaren pro Jahr gelegen hat. Am Erlös ist der Autor in Höhe seines sich aus § 4 Absatz 2 ergebenden Grundhonorarprozentsatzes beteiligt.

2. Erweist sich auch ein Absatz zum Ramschpreis als nicht durchführbar, kann der Verlag die Restauflage makulieren.

3. Der Verlag ist verpflichtet, den Autor vor einer beabsichtigten Verramschung bzw. Makulierung zu informieren. Der Autor hat das Recht, durch einseitige Erklärung die noch vorhandene Restauflage bei beabsichtigter Verramschung zum Ramschpreis abzüglich des Prozentsatzes seiner Beteiligung und bei beabsichtigter Makulierung unentgeltlich – ganz oder teilweise – ab Lager zu übernehmen. Bei beabsichtigter Verramschung kann das Übernahmerecht nur bezüglich der gesamten noch vorhandenen Restauflage ausgeübt werden.

4. Das Recht des Autors, im Falle der Verramschung oder Makulierung vom Vertrag zurückzutreten, richtet sich nach den §§ 32, 30 Verlagsgesetz.

§ 11 Rezensionen

Der Verlag wird bei ihm eingehende Rezensionen des Werkes innerhalb des ersten Jahres nach Ersterscheinen umgehend, danach in angemessenen Zeitabständen dem Autor zur Kenntnis bringen.

§ 12 Urheberbenennung, Copyright-Vermerk

1. Der Verlag ist verpflichtet, den Autor in angemessener Weise als Urheber des Werkes auszuweisen.

2. Der Verlag ist verpflichtet, bei der Veröffentlichung des Werkes den Copyright-Vermerk im Sinne des Welturheberrechtsabkommens anzubringen.

§ 13 Änderungen der Eigentums- und Programmstrukturen des Verlags

1. Der Verlag ist verpflichtet, dem Autor anzuzeigen, wenn sich in seinen Eigentums- oder Beteiligungsverhältnissen eine wesentliche Veränderung ergibt. Eine Veränderung ist wesentlich, wenn
a) der Verlag oder Verlagsteile veräußert werden;
b) sich in den Beteiligungsverhältnissen einer den Verlag betreibenden Gesellschaft gegenüber denen zum Zeitpunkt dieses Vertragsabschlusses Veränderungen um mindestens 25 % der Kapital- oder Stimmrechtsanteile ergeben. Wird eine Beteiligung an der den Verlag betreibenden Gesellschaft von einer anderen Gesellschaft gehalten, gelten Veränderungen in deren Kapital- oder Stimmrechtsverhältnissen als solche des Verlages. Der Prozentsatz der Veränderungen ist entsprechend der Beteiligung dieser Gesellschaft an der Verlagsgesellschaft umzurechnen.

2. Der Autor ist berechtigt, durch schriftliche Erklärung gegenüber dem Verlag von etwa bestehenden Optionen oder von Verlagsverträgen über Werke, deren Herstellung der Verlag noch nicht begonnen hat, zurückzutreten, wenn sich durch eine Veränderung gemäß Absatz 1 oder durch Änderung der über das Verlagsprogramm entscheidenden Verlagsleitung eine so grundsätzliche Veränderung des Verlagsprogamms in seiner Struktur und Tendenz ergibt, daß dem Autor nach der Art seines Werkes und unter Berücksichtigung des bei Abschluß dieses Vertrages bestehenden Verlagsprogramms ein Festhalten am Vertrag nicht zugemutet werden kann.

3. Das Rücktrittsrecht kann nur innerhalb eines Jahres nach Zugang der Anzeige des Verlages gemäß Absatz 1 ausgeübt werden.

§ 14 Schlußbestimmungen

1. Soweit dieser Vertrag keine Regelungen enthält, gelten die allgemeinen gesetzlichen Bestimmungen des Rechts der Bundesrepublik Deutschland und der Europäischen Union. Die Nichtigkeit oder Unwirksamkeit einzelner Bestimmungen dieses Vertrages berührt die Gültigkeit der übrigen Bestimmungen nicht. Die Parteien sind alsdann verpflichtet, die mangelhafte Bestimmung durch eine solche zu ersetzen, deren wirtschaftlicher und juristischer Sinn dem der mangelhaften Bestimmung möglichst nahekommt.

2. Die Parteien erklären, Mitglieder bzw. Wahrnehmungsberechtigte folgender Verwertungsgesellschaften zu sein:
Der Autor: ....
Der Verlag: ....

3. Im Rahmen von Mandatsverträgen hat der Autor bereits folgende Rechte an Verwertungsgesellschaften übertragen:

.... an die VG: ....
.... an die VG: ....
.... an die VG: ....

........................, den ...., den ....
....
(Autorin)   (Verlag)

Normvertrag für den Abschluß von Übersetzungsverträgen

(Neue Fassung, gültig ab 1. 7. 1992)

Rahmenvertrag

Zwischen dem Verband deutscher Schriftsteller (VS) in der IG Druck und Papier und dem Börsenverein des Deutschen Buchhandels e. V./Verleger-Ausschuß ist folgendes vereinbart:

1. Die Vertragschließenden haben den diesem Rahmenvertrag beiliegenden **Normvertrag für den Abschluß von Übersetzungsverträgen** vereinbart. Die Vertragschließenden verpflichten sich, darauf hinzuwirken, daß ihre Mitglieder nicht ohne triftigen Grund zu Lasten des Übersetzers von diesem Normvertrag abweichen.

2.

a) Der Vertrag gilt in der Regel **nicht** für folgende Werke:
- Werke, deren Charakter wesentlich durch Illustrationen bestimmt wird,
- Sammelwerke, an denen mehrere Autoren und mehrere Übersetzer beteiligt sind,
- Fach- und wissenschaftliche Werke im engeren Sinn, **wohl aber** für Sachbücher.

b) Er gilt ferner in der Regel nicht bei Übersetzungen, für die ihrem Charakter nach ein Autorenvertrag angemessener ist.

3. Die Vertragschließenden haben eine „Schlichtungs- und Schiedsstelle Buch" eingerichtet, die im Rahmen der vereinbarten Statuten über die vertragschließenden Verbände von jedem ihrer Mitglieder angerufen werden kann.

4. Die Vertragschließenden sind sich darüber einig, daß des weiteren eine Vereinbarung über Regelhonorare geschlossen werden soll.

5. Dieser Vertrag tritt am 1. Juli 1982 in Kraft. Er ist auf unbestimmte Zeit geschlossen und kann – mit einer Frist von 6 Monaten zum Jahresende – erstmals zum 31. Dezember 1983 gekündigt werden.

Stuttgart, den 13. Mai 1982

Industriegewerkschaft Druck und Papier

– Verband deutscher Schriftsteller –

Frankfurt/M., den 4. Mai 1982
Börsenverein des Deutschen Buchhandels e. V.
– Verleger-Ausschuß –

Ergänzung zum Rahmenvertrag

Zwischen dem Verband deutscher Schriftsteller (VS) in der Industriegewerkschaft Medien und dem Verleger-Ausschuß des Börsenvereins des Deutschen Buchhandels e. V. wird vereinbart:

1. Der Normvertrag für den Abschluß von Übersetzungsverträgen (Übersetzungsvertrag) in der ab 1. Juli 1982 gültigen Fassung wird durch die hier beiliegende Fassung ersetzt.

2. Dieser Vertrag tritt am 1. Juli 1992 in Kraft. Er ist auf unbestimmte Zeit geschlossen und kann mit einer Frist von sechs Monaten zum Jahresende – erstmals zum 31. Dezember 1993 – gekündigt werden.

Stuttgart und Frankfurt am Main, den 11. Mai 1992

Industriegewerkschaft Medien / Verband deutscher Schriftsteller
Börsenverein des deutschen Buchhandels e. V. / Verleger-Ausschuß

Übersetzungsvertrag

zwischen

....
(nachstehend: Übersetzer)

und

....
(nachstehend: Verlag)

§ 1 Vertragsgegenstand

1. Gegenstand dieses Vertrages ist die deutsche Übersetzung des Werkes mit dem Originaltitel
....
von
....

2. Der Verlag ist Inhaber des deutschsprachigen Verlagsrechts.

3. Zeitliche, räumliche oder sachliche Beschränkungen des Verlagsrechts, die dem Verlag von seinem Lizenzgeber auferlegt wurden oder werden, gelten dem Übersetzer gegenüber nur, soweit der Verlag sie dem Übersetzer schriftlich bekanntgibt, es sei denn, sie seien Inhalt dieses Vertrags.

4. Es ist Sache des Verlags, auf die Wahrung der Rechte Dritter zu achten. Der Übersetzer weist den Verlag auf alle ihm bekannten Rechte hin, die mit dem übersetzten Werk verletzt werden könnten (z. B. Persönlichkeits-, Zitat-, Bild- und Abbildungsrechte).

§ 2 Rechte und Pflichten des Übersetzers

1. Der Übersetzer verpflichtet sich, das Werk persönlich zu übersetzen und dabei die Urheberpersönlichkeitsrechte des Originalautors zu wahren. Die Anfertigung der Übersetzung durch Dritte bedarf der Zustimmung des Verlags.

2. Der Übersetzer verpflichtet sich, das Werk ohne Kürzungen, Zusätze und sonstige Veränderungen gegenüber dem Original in angemessener Weise zu übertragen.

3. Abweichende von und/oder ergänzend zu Abs. 2 werden folgende Eigenschaften und Besonderheiten der Übersetzung vereinbart:

....

....

....

4. Spätere Ergänzungen zu Abs. 3 bedürfen – unbeschadet der Bestimmung des Abs. 5 – der schriftlichen Vereinbarung.

5. Beanstandet der Verlag die Übersetzung als nicht den Absätzen 1 bis 4 entsprechend, teilt er dies dem Übersetzer innerhalb von drei Monaten nach Manuskriptablieferung mit. Wird das Manuskript vor dem vertraglich vereinbarten Abgabetermin abgeliefert, beginnt die Frist erst mit dem vereinbarten Abgabetermin. Behebt der Übersetzer die beanstandeten Mängel nicht innerhalb einer Frist von ..... Wochen, ist der Verlag berechtigt, unter Wahrung des Urheberpersönlichkeitsrechts des Übersetzers die Übersetzung durch Dritte ändern und, falls erforderlich, bearbeiten zu lassen. Zu solchen Änderungen oder Bearbeitungen ist der Übersetzer, nicht jedoch sein Rechtsnachfolger zu hören.

6. Wird durch solche Änderungen und Bearbeitungen der Stil der Übersetzung

derart beeinträchtigt, daß das Urheberpersönlichkeitsrecht des Übersetzers verletzt sein könnte, ist der Übersetzer berechtigt, dem Verlag die Erwähnung seines Namens als Übersetzer zu untersagen. Untersagt der Übersetzer dies nicht, ist der Verlag berechtigt, den Bearbeiter als Mitübersetzer zu erwähnen.

7. Ergibt eine Überprüfung des Manuskripts, daß die Übersetzung auch nach Anwendung der Abs. 5 und 6 den Anforderungen der Abs. 1 bis 4 nicht entspricht, oder verweigert der Originalautor eine von ihm vorbehaltene Genehmigung der Übersetzung, ist der Verlag nicht zur Verwertung der Übersetzung verpflichtet.

§ 3 Rechte und Pflichten des Verlags

1. Der Verlag ist, soweit dieser Vertrag nicht Abweichendes bestimmt, verpflichtet, das übersetzte Werk zu vervielfältigen, zu verbreiten und dafür angemessen zu werben. Übt er sein Vervielfältigungs- und Verbreitungsrecht nicht aus, so hat er dies unter Angabe der Gründe dem Übersetzer unverzüglich mitzuteilen. Ist der Verlag zur Verwertung in deutscher Übersetzung von der Autorisation des Inhabers der Rechte am Originalwerk abhängig, richtet sich seine Publikationspflicht nach den mit diesem abgeschlossenen Vereinbarungen.

2. Der Verlag übereignet dem Übersetzer kostenlos ein Exemplar des Originaltextes und stellt ihm folgende Arbeitsmittel leihweise zur Verfügung:

....

....

3. Titel, Ausstattung, Buchumschlag, Auflagenhöhe, Auslieferungstermin, Ladenpreis und Werbemaßnahmen werden vom Verlag nach pflichtgemäßem Ermessen unter Berücksichtigung des Verlagszwecks sowie der im Verlagsbuchhandel für Ausgaben dieser Art herrschenden Übung bestimmt.

Das Recht des Verlags zur Bestimmung des Ladenpreises nach pflichtgemäßigen Ermessen schließt auch dessen spätere Herauf- oder Herabsetzung ein. Bei Herabsetzung des Ladenpreises wird der Übersetzer vorher benachrichtigt.

§ 4 Rechtseinräumungen

1. Soweit in der Person des Übersetzers in Ausübung der Übersetzung Urheberrechte oder ähnliche Schutzrechte entstehen, überträgt er dem Verlag räumlich unbeschränkt für die Dauer des gesetzlichen Urheberrechts das ausschließliche Recht zur Vervielfältigung und Verbreitung (Verlagsrecht/Hauptrecht) der Übersetzung für alle Ausgaben und Auflagen ohne Stückzahlbegrenzung.

2. Der Übersetzer räumt dem Verlag für die Dauer des Hauptrechts gemäß Abs. 1 außerdem folgende ausschließliche Nebenrechte ein:

a) das Recht des ganzen oder teilweisen Vorabdrucks und Nachdrucks auch in Zeitungen und Zeitschriften;

b) das Recht der Übersetzung in Mundarten;

c) das Recht zur Vergabe von Lizenzen für Taschenbuch-, Volks-, Sonder-, Reprint-, Schul- oder Buchgemeinschaftsausgaben;

d) das Recht zur Herausgabe von Mikrokopieausgaben;

e) das Recht zu sonstiger Vervielfältigung insbesondere durch fotomechanische oder ähnliche Verfahren (z. B. Fotokopie);

f) das Recht zur Aufnahme auf Vorrichtungen zur wiederholbaren Wiedergabe mittels Bild- oder Tonträger sowie das Recht zu deren Vervielfältigung, Verbreitung und Wiedergabe;

g) das Recht zum Vortrag durch Dritte;

h) die an der Übersetzung oder ihrer Bild- und Tonträgerfixierung oder durch Lautsprecherübertragung oder Sendung entstehenden Wiedergabe- und Überspielungsrechte.

3. Darüber hinaus räumt der Übersetzer dem Verlag für die Dauer des Hauptrechts gemäß Abs. 1 folgende weitere ausschließliche Nebenrechte ein:

a) das Recht zur Bearbeitung als Bühnenstück sowie das Recht der Aufführung des so bearbeiteten Werks;

b) das Recht zur Verfilmung einschließlich der Rechte zur Bearbeitung als Drehbuch und zur Vorführung des so hergestellten Films;

c) das Recht zur Bearbeitung und Verwertung der Übersetzung im Rundfunk, z. B. als Hörspiel einschließlich Wiedergaberecht (z. B. Gaststätten);

d) das Recht zur Bearbeitung und Verwertung der Übersetzung im Fernsehfunk (Television) einschließlich Wiedergabe (z. B. Gaststätten);

e) das Recht zur Vertonung der Übersetzung.

4. Der Übersetzer räumt dem Verlag schließlich für die Dauer des Hauptrechts gemäß Abs. 1 folgende ausschließliche Nebenrechte ein:

a) die an der Übersetzung oder ihrer Bild- und Tonträgerfixierung oder durch Lautsprecherübertragung oder Sendung entstehenden Wiedergabe- und Überspielungsrechte;

b) das Recht zum gewerblichen oder nichtgewerblichen Ausleihen und Vermieten der Buchausgabe,

c) alle sonstigen durch die Verwertungsgesellschaft Wort wahrgenommenen Rechte nach deren Satzung, Wahrnehmungsvertrag und Verteilungsplan.

5. Der Verlag ist berechtigt, alle ihm hiernach zustehenden Rechte auf Dritte zu übertragen oder Dritten Nutzungsrechte an diesen Rechten einzuräumen.

6. Der Verlag verpflichtet sich, den Übersetzer über wesentliche Nebenrechtsabschlüsse zu unterrichten, insbesondere über solche gemäß Abs. 2c und Abs. 3.

Der Verlag stellt dem Übersetzer ein Belegexemplar jeder Lizenzausgabe des Werks zur Verfügung.

7. Der Verlag gibt dem Übersetzer alle Informationen, derer dieser zur Wahrnehmung seiner Rechte bei der VG Wort bedarf.

§ 5 Rückrufrecht des Übersetzers

Verwertet der Verlag die Übersetzung nicht (§ 2 Abs. 7, § 3 Abs. 1) oder verwertet er sie nicht weiter, so hat er dies dem Übersetzer unverzüglich mitzuteilen. Im übrigen steht dem Übersetzer dann ein Rückrufsrecht für seine Übersetzung gemäß § 41 UrhG zu.

§ 6 Honorar

1. Der Übersetzer erhält für seine Tätigkeit und für die Übertragung sämtlicher Rechte gemäß § 4 als Gegenleistung ein Honorar von
DM/€ .... pro Normseite (30 Zeilen zu 60 Anschlägen) des übersetzten Textes zahlbar wie folgt:
DM/€ .... bei Abschluß des Vertrags
DM/€ .... bei Ablieferung des ersten Drittels
DM/€ .... bei Ablieferung des zweiten Drittels
DM/€ .... bei Ablieferung des vollständigen Manuskripts
oder
Der Übersetzer erhält für seine Tätigkeit und für die Übertragung sämtliche Rechte gemäß § 4 als Gegenleistung ein Honorar von
DM/€ ....
zahlbar wie folgt:
DM/€ .... bei Abschluß des Vertrags
DM/€ .... bei Ablieferung des ersten Drittels
DM/€ .... bei Ablieferung des zweiten Drittels
DM/€ .... bei Ablieferung des vollständigen Manuskripts.

2. Übersteigt die Zahl der verkauften und bezahlten Exemplare ..... Stück, steht dem Übersetzer ein zusätzliches Honorar zu und zwar in Höhe von ..... % des um die darin enthaltene Mehrwertsteuer verminderten Ladenverkaufspreises (Nettoladenverkaufspreis).
oder
Übersteigt die Anzahl der verkauften und bezahlten Exemplare ..... Stück, steht dem Übersetzer ein zusätzliches Honorar zu und zwar in Höhe von ..... % des um die darin enthaltene Mehrwertsteuer verminderten Verlagsabgabepreises (Nettoverlagsabgabepreis).
oder
Übersteigt die Anzahl der verkauften und bezahlten Exemplare ..... Stück, steht

dem Übersetzer anstelle einer zusätzlichen umsatzbezogenen Honorierung ein zusätzliches Pauschalhonorar von DM/€ ...., ab weiteren ..... Exemplaren von DM/€ .... und ab weiteren ..... Exemplaren von DM/€ .... zu.

3. Bei den im Abs. 2 genannten Stückzahlen wird der Verkauf von Rohbogen der Originalausgabe – außerhalb von Nebenrechtseinräumungen – berücksichtigt. Hierfür erhält der Übersetzer ein Honorar in Höhe von ..... % des um die darin enthaltene Mehrwertsteuer verminderten Verlagsabgabepreises für Rohbogen.

und/oder

4. Übersteigt der aus der Verwertung der Nebenrechte erzielte Verlagsanteil am Erlös den Betrag von DM/€ ...., erhält der Übersetzer von dem darüber hinausgehenden Verlagsanteil am Erlös
..... % bei den Nebenrechten des § 4 Abs. 2
..... % bei den Nebenrechten des § 4 Abs. 3.
oder
Der aus der Verwertung der Nebenrechte erzielte Verlagsanteil am Erlös wird zwischen Übersetzer und Verlag geteilt, und zwar erhält der Übersetzer
..... % bei den Nebenrechten des § 4 Abs. 2
..... % bei den Nebenrechten des § 4 Abs. 3.

5. Soweit Nebenrechte durch Verwertungsgesellschaften wahrgenommen werden, richten sich die Anteile von Verlag und Übersetzer nach deren satzungsgemäßen Bestimmungen.

§ 7 Abrechnung

1. Ist der Übersetzer mehrwertsteuerpflichtig, zahlt der Verlag die auf die Honorarbeträge anfallende Mehrwertsteuer zusätzlich.

2. Nach dem Tode des Übersetzers bestehen die Honorarverpflichtungen gegenüber den durch Erbschein ausgewiesenen Erben, die bei einer Mehrzahl von Erben einen gemeinsamen Bevollmächtigten zu benennen haben.

Für die absatzabhängigen Honorarbestandteile gelten zusätzlich folgende Bestimmungen:

3. Honorarabrechnung und Zahlung erfolgen jährlich zum ..... innerhalb der auf den Stichtag folgenden ..... Wochen. Bei Nebenrechtsverwertungen mit im Einzelfall höheren Erlösen als DM/€ .... für den Übersetzer erhält dieser eine à conto-Zahlung nach Geldeingang.

4. Der Verlag ist verpflichtet, einem vom Übersetzer beauftragten Wirtschaftsprüfer, Steuerberater oder vereidigten Buchsachverständigen zur Überprüfung der Honorarabrechnungen Einsicht in die Bücher und Unterlagen zu gewähren. Die hierdurch anfallenden Kosten trägt der Verlag, wenn sich die Abrechnungen als fehlerhaft erweisen.

§ 8 Vergütung bei Nichtverwertung der Übersetzung

1. Unterbleibt die Verwertung aus Gründen, die nicht beim Übersetzer liegen, erhält der Übersetzer eine Vergütung in Höhe des nach § 6 vereinbarten Honorars; liegt zum Zeitpunkt der Erklärung der Nichtverwertung erst ein Teil der Übersetzung vor, können Verlag und Übersetzer Abweichendes vereinbaren.

2. Unterbleibt die Verwertung aus Gründen, die beim Übersetzer liegen, richtet sich die Vergütungspflicht nach den gesetzlichen Bestimmungen.

3. Hat der Verlag gegenüber dem Übersetzer eine Publikationspflicht, bleiben weitergehende Ansprüche des Übersetzers auf Schadenersatz unberührt.

§ 9 Manuskriptablieferung

1. Der Übersetzer verpflichtet sich, das kopier- und satzfähige (nicht: maschinenlesbare oder reprofähige), mit Schreibmaschine geschriebene Manuskript wie folgt abzuliefern:
ein Drittel (also bis Seite ..... der Originalausgabe) bis
spätestens ..... 19 [20] .....
ein weiteres Drittel (also bis Seite ..... der Originalausgabe) bis
spätestens ..... 19 [20] .....
das letzte Drittel bzw. das gesamte Manuskript bis
spätestens ..... 19 [20] .....

2. Werden diese Fristen nicht eingehalten, gilt als angemessene Nachfrist ein Zeitraum von jeweils drei Wochen.

3. Der Übersetzer vermerkt auf dem Manuskript den Beginn jeder neuen Seite des Originals.

4. Das Manuskript bleibt Eigentum des Übersetzers. Es kann vom Übersetzer bis zu drei Monate nach Erscheinen des Werks zurückverlangt werden. Danach besteht keine Aufbewahrungspflicht des Verlags mehr.

5. Der Übersetzer behält eine Ausfertigung des Manuskriptes bei sich.

§ 10 Satz und Korrektur

1. Die erste Korrektur des Satzes wird vom Verlag oder von der Druckerei vorgenommen. Der Verlag ist sodann verpflichtet, dem Übersetzer in allen Teilen gut lesbare Abzüge zu übersenden, die der Übersetzer unverzüglich honorarfrei korrigiert und mit dem Vermerk „druckfertig" versieht; durch diesen Vermerk werden auch etwaige Abweichungen vom Manuskript genehmigt. Abzüge gelten auch dann als „druckfertig", wenn sich der Übersetzer nicht innerhalb angemessener Frist nach Erhalt zu ihnen erklärt hat.

2. Nimmt der Übersetzer, abweichend von seinem Originalmanuskript, Änderungen im fertigen Satz vor, hat er die dadurch entstehenden Mehrkosten – berechnet nach dem Selbstkostenpreis des Verlags – insoweit zu tragen, als sie 10 % der Satzkosten übersteigen.

§ 11 Urheberbenennung

Der Verlag ist verpflichtet, den Übersetzer auch ohne dessen ausdrückliche Anweisung auf der Titelseite zu nennen. Bei Werbemaßnahmen für das Werk allein ist der Übersetzer ebenfalls zu nennen. Bei Lizenzausgaben hat der Verlag den Lizenznehmer zur Benennung des Übersetzers zu verpflichten.

§ 12 Rezensionen

Der Verlag wird bei ihm eingehende Rezensionen des Werks innerhalb des ersten Jahres nach Erscheinen umgehend, danach in angemessenen Zeitabständen dem Übersetzer zur Kenntnis bringen.

§ 13 Freiexemplare

1. Der Übersetzer erhält für seinen eigenen Bedarf ..... Freiexemplare. Bei der Herstellung von mehr als ..... Exemplaren erhält der Übersetzer ..... weitere Freiexemplare und bei der Herstellung von mehr als ..... Exemplaren ..... weitere Freiexemplare.

2. Darüber hinaus kann der Übersetzer Exemplare seines Werks mit einem Rabatt von ..... % vom Ladenpreis vom Verlag beziehen.

3. Sämtliche gemäß Abs. 1 oder Abs. 2 übernommenen Exemplare dürfen nicht weiterverkauft werden.

§ 14 Verramschung, Makulierung

1. Der Verlag kann das Werk verramschen, wenn der Verkauf in zwei aufeinanderfolgenden Kalenderjahren unter ..... Exemplaren pro Jahr gelegen hat. Am Erlös ist der Übersetzer mit ..... % beteiligt, sofern bei regulärem Verkauf ein zusätzliches Honorar gemäß § 6 Abs. 2 zu zahlen gewesen wäre.

2. Erweist sich auch ein Absatz zum Ramschpreis als nicht durchführbar, kann der Verlag die Restauflage makulieren.

3. Der Verlag ist verpflichtet, den Übersetzer vor einer beabsichtigten Verramschung bzw. Makulierung zu informieren. Der Übersetzer hat das Recht, durch einseitige Erklärung die noch vorhandene Restauflage bei beabsichtigter Verramschung zum Ramschpreis abzüglich des Prozentsatzes seiner Beteiligung und bei beabsichtigter Makulierung unentgeltlich ab Lager zu übernehmen. Bei beabsichtigter Verramschung kann das Übernahmerecht nur bezüglich der gesamten noch vorhandenen Restauflage ausgeübt werden.

4. Das Recht des Übersetzers, im Falle der Verramschung oder Makulierung vom Vertrag zurückzutreten, richtet sich nach §§ 32 und 30 Verlagsgesetz.

5. Den Bestimmungen der Abs. 1 bis 4 entgegenstehende Verpflichtungen des Verlags dem Inhaber der Originalrechte gegenüber schränken diese Rechte und Pflichten ein, soweit der Verlag sie dem Übersetzer im Kollisionsfalle bekannt gibt.

§ 15 Schlußbestimmungen

1. Soweit dieser Vertrag keine Regelungen enthält, gelten die allgemeinen gesetzlichen Bestimmungen des Rechts der Bundesrepublik Deutschland. Die Nichtigkeit oder Unwirksamkeit einzelner Bestimmungen dieses Vertrags berührt die Gültigkeit der übrigen Bestimmungen nicht. Die Parteien sind alsdann verpflichtet, die mangelhafte Bestimmung durch eine solche zu ersetzen, deren wirtschaftlicher und juristischer Sinn dem der mangelhaften Bestimmung möglichst nahekommt.

2. Die Parteien erklären, Mitglieder/Wahrnehmungsberechtigte folgender Verwertungsgesellschaften zu sein:

Der Verlag ....

Der Übersetzer ....

......................, den .... 19 [20] ....

....
(Übersetzerin)   (Verlag)

15

Literaturbüros & Literaturhäuser, Verbände & Vereinigungen & Institutionen

Literaturbüros & Literaturhäuser, Verbände & Vereinigungen & Institutionen

Literaturbüros & Literaturhäuser, Kulturämter, Stadtbüchereien

Wichtige Informationsbörsen im Literatur- und Medienbetrieb sind die Literaturbüros und Literaturhäuser, die es in einigen deutschen Städten gibt. Manche von ihnen sind auf Initiative des örtlichen Kulturamtes entstanden. Häufig besteht eine enge Zusammenarbeit zwischen Literaturbüro/Literaturhaus und Kulturamt. AutorInnen, in deren Nähe es kein Literaturbüro oder Literaturhaus gibt, sollten sich mit ihren Fragen an das Kulturamt ihrer Stadt wenden. Diese Behörde wird – telefonisch oder auf ihrer Website – zumeist Auskunft darüber geben können, welche Autorenvereinigungen es in der Region gibt und ob die Stadt, der Regierungsbezirk und/oder das jeweilige Kultusministerium Druckkostenzuschüsse und Literaturpreise und/oder Stipendien vergeben. Auch die Stadtbüchereien sind mancherorts wichtige Anlaufstellen für AutorInnen und nehmen – so zum Beispiel in Esslingen oder Heilbronn – die Funktion einer Drehscheibe im literarischen Leben einer Stadt oder einer ganzen Region ein.

Aufgaben und Ziele der meisten Literaturbüros und Literaturhäuser lassen sich stichpunktartig wie folgt definieren:

- Förderung des Interesses an Literatur
- Förderung des literarischen Lebens in der Region
- Organisation/Koordination und Durchführung literarischer Veranstaltungen (z.B. Lesungen oder Seminare zur Aus- und Weiterbildung; Buchwochen; AutorInnengespräche; Tagungen)
- Vernetzung und Unterstützung bestehender Initiativen
- Beratung und Förderung von AutorInnen
- Nachwuchsförderung
- Beratung von VeranstalterInnen bei der Planung und Durchführung von Lesungen und Literaturtagungen (z.T. Vermittlung von SchriftstellerInnen und ReferentInnen)
- Informationsweitergabe, z.B. zum Thema Stipendien und Wettbewerbe
- Veröffentlichung eines regelmäßig erscheinenden Veranstaltungskalenders, in dem zum Beispiel alle Fortbildungsveranstaltungen aufgeführt werden
- Veröffentlichung eines Verzeichnisses, in dem die AutorInnen der Region vorgestellt werden

Je nach finanzieller Ausstattung der einzelnen Einrichtung sind die Literaturbüros/Literaturhäuser sehr rührig oder weniger rührig. Im Bundesland Nordrhein-Westfalen zum Beispiel gibt es gleich mehrere Literaturbüros, die sich für AutorInnen mustergültig engagieren, zu Beginn eines jeden Jahres einen „Weiterbildungskalender" herausgeben und zu zahlreichen Workshops und Seminaren einladen, die von renommierten Fachleuten geleitet werden.

Förderkreise, Fördervereine

Um die Förderung von AutorInnen geht auch bei den Förderkreisen bzw. Fördervereinen, die es in einigen Bundesländern gibt. Bei diesen Einrichtungen handelt es sich im Allgemeinen nicht um Interessengemeinschaften, in denen sich AutorInnen zusammengefunden haben, um sich gegenseitig auf ideeller Basis zu unterstützen („Autorenvereinigungen"), sondern um Vereine, an die sich AutorInnen wenden können, wenn sie der wie auch immer gearteten (finanziellen) Förderung und Unterstützung bedürfen. Was die jeweiligen Vereine fördern, ist von Verein zu Verein, von Bundesland zu Bundesland verschieden. Manche kümmern sich um AutorInnen, die in finanzielle Not geraten sind, vergeben Arbeits- und Reisestipendien; andere sehen den Schwerpunkt ihrer Arbeit vor allem darin, Lesungen zu vermitteln und diese finanziell zu unterstützen. Neben diesen „reinen" Fördervereinen gibt es natürlich auch „Zwitter", Vereine, die eine Mischung aus Förderverein und Autorenvereinigung sind.

Autorenvereinigungen, Schreibgruppen

Während die Anzahl an Förderkreisen/Fördervereinen relativ gering ist, lässt sich die genaue Anzahl an Autorenvereinigungen (nach der obigen Definition) nicht bestimmen, da es davon unüberschaubar viele gibt. Sinn und Zweck vieler dieser Vereinigungen ist es, sich mit Gleichgesinnten zu treffen, um Tipps und Informationen untereinander auszutauschen, sich gegenseitig den Rücken zu stärken und das eigene Schaffen durch gegenseitige Werkkritik zu vervollkommnen. Je professioneller und engagierter sich die einzelnen Mitglieder für ihre Vereinigung einsetzen, desto umfangreicher liest sich der Katalog an vorzeigbaren Tätigkeiten: Einige Autorenvereinigungen veröffentlichen neben vereinsinternen Rundschreiben Anthologien oder geben Zeitschriften heraus, organisieren Lesungen und Reisen für ihre Mitglieder oder laden zu Werkstattgesprächen, Seminaren oder literarischen Wettbewerben ein.

Welche Vereinigung für eine Autorin oder einen Autor am geeignetsten ist, hängt ganz von den Interessen und Bedürfnissen der jeweiligen Person ab. Wer die Begegnung mit Gleichgesinnten und geselliges Beisammensein sucht, sollte sich an eine kleinere, regional beschränkte Autorenvereinigung wenden. Nützlich ist es aber zumeist, sowohl in einer regional als auch in einer landesweit operierenden Vereinigung organisiert zu sein. Denn ein großer Dachverband informiert über das literarische Geschehen auf Landesebene oft besser und kennt sich vor allem in rechtlichen Dingen sehr gut aus.

Da AutorInnenvereinigungen mittlerweile relativ einfach über das Internet recherchiert werden können – viele Kulturbehörden, Literaturbüros, Kulturserver und -portale listen auf ihren Internetseiten alle Autorengruppen ihrer Region minutiös auf –, wurde in dieser Ausgabe des Handbuchs erstmals darauf verzichtet, hier so viele Einrichtungen wie möglich zu präsentieren. Genannt werden in der Regel nur Vereinigungen, die überregional bedeutsam sind (zum Beispiel die „Sisters in Crime" oder „Quo Vadis") oder sich durch andere Besonderheiten hervortun, indem sie etwa ein Literaturtelefon betreuen oder regelmäßig einen Literaturwettbewerb ausschreiben.

Wichtige Institutionen

Mehr Wert wurde stattdessen darauf gelegt, Einrichtungen vorzustellen, die im literarischen Leben dieses Landes eine besondere Rolle spielen und für AutorInnen von Belang sind. Hierzu zählen zum Beispiel der Deutsche Literaturfonds, das Europäische Übersetzer-Kollegium Straelen oder die ISBN-Agentur, nicht aber, in diesem Rahmen, die so genannten Namensgesellschaften, deren Ziel es ist, das Andenken an eine bestimmte Schriftstellerin wach zu halten und im Sinne dieser Person zu wirken. (Mehr über diese Einrichtungen unter „Arbeitsgemeinschaft Literarischer Gesellschaften und Gedenkstätten e.V.", siehe unten.)

Auch wenn das Studium dieser Einträge etwas „dröge" ist, das eine und andere Aha-Erlebnis werden sicher selbst arrivierte Autorinnen und Autoren noch dabei haben.

„Was ich bräuchte, ist jemand, der mir kompetent sagen kann, ob das, was ich zu Papier gebracht habe, überhaupt lesenswert ist (für andere), was ich besser machen müsste ... Solch eine Bewertung bräuchte ich – natürlich nicht umsonst!" – Briefe und Anrufe dieser Art erhalte ich häufig. Mein Rat: Werden Sie – zumindest für eine Weile – Mitglied in einer Autorengruppe! Tauschen Sie sich mit Ihren Kolleginnen und Kollegen aus! Das kostet fast nichts, meistens nur eine Fahrkarte für Bus oder Bahn, dafür aber ganz schön viel Mut. Und bringt Sie, wohin Sie wollen: nämlich weiter in Ihrem Schaffen. Mehr dazu im Beitrag der „Seitenspinner", einer Münchner Autorengruppe, deren Mitglieder von Angesicht zu Angesicht miteinander verkehren.

LeserInnen, die sich für die Möglichkeiten des virtuellen Raums interessieren, seien auf den Beitrag von Hans Peter Roentgen „Schreibgruppen und Textwerkstätten im Internet" hingewiesen, siehe Kapitel 10.

! Groteske Geschichten und Lyrik bei www.text-und-byte.de

Literaturbüros und Literaturhäuser

Deutschland

literaturhaeuser.net – Netzwerk und gemeinsamer Internetauftritt der Literaturhäuser Berlin, Frankfurt am Main, Hamburg, Köln, München, Salzburg und Stuttgart; Koordinationsstelle: Susanne Meierhenrich, Theodor-Dombart-Str. 7, D-80805 München, fon: 089/337400, fax: 089/38887165, meierhenrich@literaturhaeuser.net, www.literaturhaeuser.net

Literaturbüro in der Euregio Maas-Rhein e.V., Wilhelmstr. 90, D-52070 **Aachen**, Postanschrift: Theaterstr. 77, D-52062 Aachen, fon: 0241/5591962, literaturbuero@heimat.de, www.literaturbuero-emr.de

Literarisches Colloquium Berlin e.V., Am Sandwerder 5, D-14109 **Berlin**, fon: 030/816996-0, fax: 030/816996-19, mail@lcb.de, www.lcb.de (siehe S. 632)

Literaturforum im Brecht-Haus, Chausseestr. 125, D-10115 **Berlin**, fon: 030/2822003, fax: 030/2823417, info@lfbrecht.de, www.lfbrecht.de

Literaturhaus Berlin e.V., Fasanenstr. 23, D-10719 **Berlin**, fon: 030/887286-0, fax: 030/887286-13, literaturhaus@berlin.de, www.literaturhaus-berlin.de

literaturWERKstatt berlin, Knaackstr. 97 (Kulturbrauerei), D-10435 **Berlin**, fon: 030/485245-0, fax: 030/485245-30, mail@literaturwerkstatt.org, www.literatur-werkstatt.org (siehe S. 634)

Haus der Sprache und Literatur (keine Beratungsstelle für AutorInnen), Lenéstr. 46, D-53113 **Bonn**, fon: 0228/9140111, fax: 0228/9140110, Hslbonn@aol.com

LiteraturBüro, Postanschrift: Steintorwall 3, D-38100 **Braunschweig**, Veranstaltungsorte: Raabe-Haus, Leonhardstr. 29 a sowie: Die Brücke, Steintorwall 3, fon: 0531/470-4846, fax: 0531/470-4844, literaturbuero@braunschweig.de

Bremer Literaturkontor, Villa Ichon, Goetheplatz 4, D-28203 **Bremen**, fon: 0421/327943 + 3365593, fax: 0421/3365621, info@literaturkontor-bremen.de, www.bremer-literaturkontor.de

Literaturhaus Darmstadt, Kasinostr. 3, D-64293 **Darmstadt**, fon: 06151/13-3338, fax: 06151/13-3024, info@literaturhaus-darmstadt.de, www.literaturhaus-darmstadt.de

Literaturbüro Ostwestfalen-Lippe, Haus Münsterberg, Hornsche Str. 38, D-32756 **Detmold**, fon: 05231/390603, fax: 05231/390653, literaturbuero@owl-online.de, www.literaturbuero-detmold.de

Dresdner Literaturbüro, Antonstr. 1, D-01097 **Dresden**, fon + fax: 0351/8045087, info@dresdner-literaturbuero.de, www.dresdner-literaturbuero.de

Literaturbüro NRW in **Düsseldorf** e.V., Bolkerstr. 53, D-40213 Düsseldorf, fon: 0211/8284590, fax: 0211/8284593, mail@literaturbuero-nrw.de, www.literatur-buero-nrw.de

Hessisches Literaturforum im Mousonturm e.V., Waldschmidtstr. 4, D-60316 **Frankfurt am Main**, fon: 069/24449940; 24449941, fax: 069/24449939, info@literaturforum-frankfurt.de, www.literaturforum-frankfurt.de

Literaturhaus Frankfurt am Main e.V., Bockenheimer Landstr. 102, D-60323 **Frankfurt am Main**, fon: 069/756184-0, fax: 069/752141, info@literaturhaus-frankfurt.de, www.literaturhaus-frankfurt.de

Deutsch-Polnisches Literaturbüro Oderregion e.V., Haus der Künste „St. Spiritus", Lindenstr. 6, D-15230 **Frankfurt/Oder**, fon + fax: 0335/23782, viadrina.euv-frank-furt-o.de/~fbev/bruecke/1_2.htm

Literatur Forum Südwest e.V., Literaturbüro Freiburg/Autoren- und Übersetzer-werkstatt, Urachstr. 40, D-79102 **Freiburg**, fon + fax: 0761/289989, literaturfo-rum@t-online.de, http://literaturforum.bei.t-online.de

Literaturbüro NRW-Ruhrgebiet e.V., Friedrich-Ebert-Str. 8, D-45964 **Gladbeck**, fon: 02043/992646 + 992168 + 992644, fax: 02043/991413, info@literaturbuero-ruhr.de, www.literaturbuero-ruhr.de

Literarisches Zentrum Göttingen e.V., Düstere Str. 20, D-37073 **Göttingen**, fon: 0551/4956823, fax: 0551/4956824, info@lit-zentrum-goe.de, www.lit-zentrum-goe.de

Literaturzentrum Vorpommern im Wolfgang-Koeppen-Haus, Koeppenhaus, Bahnhofstr. 4, D-17489 **Greifswald**, fon: 03834/773510, fax 03834/773509, info@koeppenhaus.de, ww.koeppenhaus.de

Literaturhaus Hamburg e.V., Schwanenwik 38, D-22087 **Hamburg**, fon: 040/22702011, fax: 040/2206612, info@l-h-h.de, www.literaturhaus-hamburg.de

Literaturzentrum Hamburg im Literaturhaus, Schwanenwik 38, D-22087 **Hamburg**, fon: 040/22792.03 + 20769037, fax: 040/2291501, lit@lit-hamburg.de, www.lit-hamburg.de

Writers' Room, Stresemannstr. 374 e, D-22761 **Hamburg**, fon: 040/898233, fax: 040/896783, info@writersroom.de, www.writersroom.de

Literarischer Salon, Universität Hannover, Königsworther Platz 1, D-30167 **Hannover**, fon + fax: 0511/762-8232, salon@fbls.uni-hannover.de, www.literari-scher-salon.uni-hannover.de

Literaturbüro Hannover e.V., Sophienstr. 2 (Künstlerhaus), D-30159 **Hannover**, fon: 0511/887252, fax: 0511/8093407, literaturbuero-hannover@t-online.de, www.literaturbuero-hannover.de

Literaturbüro Nordhessen, Lassallestr. 15, D-34119 **Kassel**, fon: 0561/70164857, info@literaturbuero-nordhessen.de + info@literaturbuero-kassel.de, www.lite-raturbuero-nordhessen.de + www.literaturbuero-kassel.de + www.literaturhaus-kassel.de

Literaturhaus Schleswig-Holstein e.V., Schwanenweg 13, D-24105 **Kiel**, fon: 0431/5796840, fax: 0431/5796842, literaturhaus@schleswig-holstein.de, www.lite-raturhaus.schleswig-holstein.de

Literaturhaus Köln e.V., Im MediaPark 6, D-50670 **Köln**, fon: 0221/57437320, fax: 0221/57437325, literaturhaus-koeln@gmx.de, www.literaturhaus-koeln.de

Literaturbüro Leipzig e.V., Haus des Buches, Gerichtsweg 28, D-04103 **Leipzig**, fon + fax: 0341/9954161, literaturbuero-leipzig@web.de, www.haus-des-buches-leipzig.de/

Literaturbüro Lüneburg e.V., Heinrich-Heine-Haus, Am Ochsenmarkt 1, D-21335 **Lüneburg**, fon: 04131/309687, fax: 04131/309688, literaturbuero@stadt.lueneburg.de, www.literaturbuero-lueneburg.de

Literaturhaus Magdeburg, Thiemstr. 7, D-39104 **Magdeburg**, fon + fax: 0391/4044995, kulturamt@magdeburg.de, www.magdeburg.de/Kultur/Literaturhaus.html

LiteraturBüro Mainz e.V. für Rheinland-Pfalz, Dalberger Hof, Klarastr. 4, D-55116 **Mainz**, fon: 06131/220202, fax: 06131/228845, literaturbuero@mainz-online.de, www.literaturbuero-rlp.de

Münchner Literaturbüro – Haidhauser Werkstatt e.V., Milchstr. 4, D-81667 **München**, fon: 089/488419, post@muenchner-literaturbuero.de, www.muenchner-literaturbuero.de

Stiftung Buch-, Medien- und Literaturhaus München, Salvatorplatz 1, D-80333 **München**, fon: 089/2919340, fax: 089/29193419, sekretariat@literaturhaus-muenchen.de, www.literaturhaus-muenchen.de

Literaturzentrum Neubrandenburg e.V., Brigitte-Reimann-Literaturhaus, Gartenstr. 6, D-17033 **Neubrandenburg**, fon: 0395/571918-0, fax: 0395/571918-8, info@literaturzentrum-nb.de, www.literaturzentrum-nb.de

Literaturhaus Nürnberg, Luitpoldstr. 6, D-90402 **Nürnberg**, fon: 0911/2342658, fax: 0911/2342659, www.literatur-nuernberg.de

Literaturbüro Oldenburg, Peterstr. 23, D-26121 **Oldenburg**, fon: 0441/2353014, fax: 0441/2352161, literaturbuero@stadt-oldenburg.de, www.oldenburg.de/literaturbuero

Literaturbüro Westniedersachsen, Am Ledenhof 3–5, D-49074 **Osnabrück**, fon: 0541/28692, fax: 0541/323-4333, litos-info@gmx.de, www.osnabrueck.de/bildung/3129.html

Brandenburgisches Literaturbüro, Hegelallee 53, D-14467 **Potsdam**, fon: 0331/2804103, fax: 0331/240884, brandenburg.literaturbuero@t-online.de, www.literatur-im-land-brandenburg.de

Literaturhaus Kuhtor, Ernst-Barlach-Str. 5, D-18055 **Rostock**, fon: 0381/4925581, fax: 0381/4909199, mobil: 0173/6030528, info@literaturhaus-rostock.de, www.literaturhaus-rostock.de

Literaturhaus Stuttgart, Breitscheidstr. 4, D-70174 **Stuttgart**, fon: 0711/220217-3, fax: 0711/220217-48, info@literaturhaus-stuttgart.de, www.literaturhaus-stuttgart.de

Verein Stuttgarter Schriftstellerhaus e.V., Kanalstr. 4, D-70182 **Stuttgart**, fon: 0711/233554, fax: 0711/2367913, http://www.schriftsteller-in-bawue.de/adr_ssh.shtml

Westfälisches Literaturbüro in Unna e.V., Friedrich-Ebert-Str. 97, D-59425 **Unna**, fon: 02303/963850, fax: 02303/963851, post@wlb.de, www.wlb.de

Literaturhaus Wiesbaden, Villa Clementine, Frankfurter Str. 1/Ecke Wilhelmstraße, D-65183 **Wiesbaden**, fon: 0611/3086365

Luxemburg

Centre National de Littérature, 2, rue Emmanuel Servais, L-7565 **Mersch**, fon: 00352/326955-1, fax: 00352/327090, CNL@cnl.etat.lu, www.literaturarchiv.lu

Österreich

Franz-Michael-Felder-Archiv der Vorarlberger Landesbibliothek, Kirchstr. 28, A-6900 **Bregenz**, fon: 05574/51144055, fax: 05574/51145095, Felderarchiv@vorarlberg.at, www.vorarlberg.at/vlb/felder/

Literaturhaus Graz, Elisabethstr. 30, A-8010 **Graz**, fon: 0316/380-8360, fax: 0316/380-9794, literaturhaus@uni-graz.at, www.literaturhaus-graz.at

Literaturhaus am Inn, Josef-Hirn-Str. 5, 10. Stock, A-6020 **Innsbruck**, fon: 0512/507-4514, fax: 0512/507-2960, Literaturhaus@uibk.ac.at, http://literaturhaus.uibk.ac.at

Musilhaus Klagenfurt/Musilmuseum, Bahnhofstr. 50, A-9020 **Klagenfurt**, fon: 0463/501429, fax: 0463/501429-1, klagenfurt@musilmuseum.at, www.musilmuseum.at

Unabhängiges LiteraturHaus NÖ (ULNÖ) [NÖ = Niederösterreich], Steiner Landstr. 3, A-3504 **Krems/Stein**, fon: 02732/72884, fax: 02732/83993, ulnoe@ulnoe.at, www.ulnoe.at

StifterHaus – Zentrum für Literatur und Sprache in OÖ, Adalbert-Stifter-Platz 1, A-4020 **Linz**, fon: 0732/7720-11295, fax: 0732/7720-11780, office@stifter-haus.at, www.stifter-haus.at

Literaturhaus Mattersburg, Wulkalände 2, A-7210 **Mattersburg**, fon: 02626/67710, fax: 02626/67710-5, office@literaturhausmattersburg.at, www.literaturhausmattersburg.at

Literaturhaus Salzburg, Strubergasse 23, A-5020 **Salzburg**, fon: 0662/422411, fax: 0662/422411-13, info@literaturhaus-salzburg.at, www.literaturhaus-salzburg.at

Literaturhaus, Seidengasse 13, A-1070 **Wien**, fon: 01/5262044-0, fax: 01/526204430, info@literaturhaus.at, www.literaturhaus.at

KinderLiteraturHaus Wien, Mayerhofgasse 6, A-1040 **Wien**; darin die beiden Einrichtungen: Institut für Jugendliteratur, fon: 01/5050359 od. 5052831, fax: 01/5050359-17, office@jugendliteratur.net, www.jugendliteratur.net; sowie: Österreichischer Buchklub der Jugend, fon: 01/5051754, fax: 01/5051754-50, info@buchklub.at, www.buchklub.at

Schweiz

Literaturhaus Basel, Barfüssergasse 3, CH-4001 **Basel**, fon: 061/2612950, fax: 061/2612951, info@literaturhaus-basel.ch, www.literaturhaus-basel.ch/index.shtml (bis April 2005: Gerbergasse 14, CH-4001 Basel)

Müllerhaus, Literatur und Sprache, Bleicherain 7, CH-5600 **Lenzburg** 1, fon: 062/8880140, fax: 062/8880101, info@muellerhaus.ch, www.muellerhaus.ch

Literaturhaus der Museumsgesellschaft, Limmatquai 62, CH-8001 **Zürich**, fon: 01/2545008, fax: 01/2524409, info@literaturhaus.ch, www.literaturhaus.ch

Verbände, Vereinigungen und Institutionen

Paar urnische Männlein,
paar lesbische Weiber,
paar Reimer, paar Zoter, paar Schnüffler, paar Schreiber,
Kaffee, Zigaretten, Gefasel, Gegrein –
in summa: ein Literaturverein.

ERICH MÜHSAM, 1904

Gefunden auf den Internetseiten des VdÜ
(www.literaturuebersetzer.de)

Abkürzungen

A = Aufnahmebedingungen
MB = Höhe des Mitgliedsbeitrags
P = periodisch erscheinende Publikation/en
PM = Publikationsmöglichkeiten
RB = Rechtsberatung
MZ = Mitgliederzahl

42erAutoren – Verein zur Förderung der Literatur e.V., Spiegelslustweg 29, D-35039 Marburg, info@42erAutoren.de, www.42er.de + www.42erAutoren.de – Förderung der Literatur, aktive Unterstützung der Mitglieder bei ihrer literar. Entwicklung, Ausschreibung des jährl. Short Story Awards, Betrieb öffentlicher Literatur- u. Autorenforen sowie einer Internet-Schreibwerkstatt, Entwicklung von Anthologieprojekten; A: Über die Mitgliedschaft entscheidet ein Aufnahmeausschuss auf Basis von Leseproben; MB: 36 € im Jahr. Die Teilnahme in der für alle Interessenten offenen Mailinglisten (Prosa, Lyrik, Schreibwerkstatt) ist kostenlos; P: Newsletter, zweimonatliches e-Zine „zweiundvierziger"; jährl. im Verlag „Die Werkstatt" erscheinender Autorenkalender u.a. mit den Siegerstories des Short Story Awards; Broschüren zu literar. Themen; MZ: Gegründet im Dezember 1999 von 12 Mitgliedern der Mailingliste „42er Autoren" hat der Verein inzwischen über 40 Mitglieder.

AdS Autorinnen & Autoren der Schweiz, Nordstr. 9, CH-8035 Zürich, fon: 01/3500460, fax: 01/3500461, sekretariat@a-d-s.ch, www.a-d-s.ch – Berufsverband der Schweizer Autorinnen u. Autoren, hervorgegangen 2002 aus dem Zusammenschluss der Gruppe Olten u. des Schweizerischen Schriftstellerinnen- u. Schriftstellerverbands; A: Mitglieder des AdS können Autorinnen u. Autoren sein, die sich literarisch betätigen (fiktional oder nicht-fiktional) u. sich über eine Buchveröffentlichung, die Sendung eines Hör- oder Fernsehspiels, ein Szenario oder Drehbuch eines aufgeführten Bühnenstückes oder eines aufgeführten Films oder die Tätigkeit als literar. ÜbersetzerIn ausweisen können oder mit ihren Texten in anderweitiger Form einen wesentlichen Beitrag zum literar. Leben leisten. Schreibende, die die Bedingungen für eine ordentliche Mitgliedschaft nicht in allen Punkten erfüllen, kann der Vorstand als assoziierte Mitglieder aufnehmen; MB: 200 CHF jährl. (assoziierte Mitglieder 140 CHF); P: Ratgeber für Vertragsverhandlungen zwischen AutorInnen u. VerlegerInnen; Lexikon Schweizer Autorinnen u. Autoren der Gegenwart, auch als Online-Datenbank (www.a-d-s.ch/d/lexikon/); RB: ja, durch Vertrauensanwältin für die berufliche Vertretung; MZ: ca. 850

Akademie des Deutschen Buchhandels gGmbH, Salvatorplatz 1, D-80333 München, fon: 089/291953-0, fax: 089/291953-69, info@buchakademie.de, www.buchakademie.de – Ins Leben gerufen vom Börsenverein des Deutschen Buchhandels u. der Bertelsmann Stiftung, bietet die Akademie Fortbildungsseminare für die Buchbranche (Verlage u. Sortimenter) an. Zweitägige Seminare kosten zwischen ca. 390 u. 1.050 €.

(Fortbildungsseminare gibt es auch an den Schulen des Deutschen Buchhandels, siehe unten; siehe außerdem Fortbildung-Verlag.com + Fortbildung-Buchhandel.com.)

Akademie der Künste, Hanseatenweg 10, D-10557 Berlin-Tiergarten, fon: 030/39076-0, fax: 030/39076-175 sowie: Pariser Platz 4, D-10117 Berlin-Mitte (Eröffnung Mai 2005), info@adk.de, www.adk.de – „Die Akademie der Künste hat die Aufgabe, die Kunst zu fördern u. die Bundesländer in allen Angelegenheiten der Kunst zu beraten u. zu unterstützen. Als eine internationale Gemeinschaft von Künstlern beruft die Akademie in geheimer Abstimmung Mitglieder, deren Werk auf dem Gebiet der Bildenden Kunst, der Baukunst, der Musik, der Literatur, der Darstellenden Kunst sowie der Film- u. Medienkunst anerkannt wird. Dabei handelt es sich um Persönlichkeiten, die die Kunst ihrer Zeit prägen u. von denen erwartet wird, dass sie an den Aufgaben der Akademie mitwirken. Die Akademie soll öffentlich wirken u. sich sowohl der Vermittlung neuer künstlerischer Tendenzen als auch der Pflege des kulturellen Erbes widmen." Vergabe diverser Preise u. Stipendien, Durchführung von Seminaren, Ausstellungen, Werkstattgesprächen u. div. Projekten. Derzeitiger Direktor der Abteilung Literatur ist Peter Härtling; P: u. a. „Sinn und Form" (siehe S. 213)

Arbeitsgemeinschaft von Jugendbuchverlagen e. V. (avj), Geschäftsstelle seit 2004 (wechselt alle 3 Jahre mit der Amtsperiode des Vorsitzenden): Susanne Ziemer, c/o Thienemann Verlag, Blumenstr. 36, D-70182 Stuttgart, fon: 0711/2483 440, fax: 0711/2483622, avj.ziemer@t-online.de, www.avj-online.de – Die avj ist der Fachverband für Verlage, die deutschsprachige Kinder- u. Jugendliteratur, aber auch Hörkassetten, Kalender, BuchPlus-Produkte u. a. m. für Kinder u. Jugendliche herausgeben. Ziel: Förderung der Kinder- u. Jugendliteratur u. des Lesens; MZ: über 70 Mitgliedsverlage aus Deutschland, Österreich u. der Schweiz; P: „Kinder- und Jugendbuchverlage von A bis Z", erscheint jährl. neu; zu beziehen über: Beltz

Medien-Service, Postfach 100565, D-69445 Weinheim, fax: 06201/703-201, buchservice@beltz.de, 5,35 € + Porto; u. a. Publikationen

Arbeitsgemeinschaft Literarischer Gesellschaften und Gedenkstätten e. V. (ALG), Geschäftsstelle: Am Sandwerder 5, D-14109 Berlin, fon: 030/80490207, fax: 030/80490235, alg@alg.de, www.alg.de – Dachverband der literar. Gesellschaften, Literaturmuseen u. literar. Gedenkstätten mit 191 Mitgliedsorganisationen, davon 160 literar. Gesellschaften mit über 65.000 Mitgliedern; Links von A (Hermann-Allmers-Gesellschaft) bis Z (Internationale Arnold Zweig Gesellschaft) auf den Internetseiten; P: diverse Publikationen; Mitgliederzeitung „ALG-Umschau"

Arbeitskreis Elektronisches Publizieren (AKEP), c/o Börsenverein des Deutschen Buchhandels e. V., Großer Hirschgraben 17–21, D-60311 Frankfurt am Main, fon: 069/1306-517, fax: 069/1306-399, Ansprechpartnerin: Cornelia Waldenmaier, waldenmaier@boev.de, www.akep.de – „Mit der zunehmenden Durchdringung unserer Informations- u. Kommunikationswelt in den elektronischen Medien ändert sich die Rolle der Verlage in der Wertschöpfungskette. Es entstehen neue Formen u. Formate für das Publizieren, neue Verwertungschancen sowie schnelle u. direkte Wege zum Kunden. Der AKEP des Verleger-Ausschusses im Börsenverein beschäftigt sich mit diesen wirtschaftlichen u. technischen Herausforderungen durch Kenntnisvermittlung u. kollegialen Erfahrungsaustausch, durch Arbeit an Schwerpunktthemen, durch Informationsveranstaltungen, durch Fortbildung u. durch Präsenz im WorldWideWeb." Arbeitsschwerpunkte: Media Management & CMS, Vertrieb & CRM, Weiterbildung & Karriere, eLearning, Digitale Workflows, Paid Content, Standards & Formate, eMarketing.

Arbeitskreis Hörbuchverlage, c/o Börsenverein des Deutschen Buchhandels e. V., Ansprechpartnerin: Cornelia Waldenmaier, Großer Hirschgraben 17–21, D-60311 Frankfurt am Main, fon: 069/1306-517, fax: 069/1306-399, waldenmaier@boev.de, www.boersenverein.de – „Der Arbeitskreis Hörbuchverlage bündelt die Interessen der Hörbuchverlage – vom Marktführer bis zum Einpersonenlabel. Die zentrale Aufgabe liegt darin, das Medium Hörbuch auf alle erdenkliche Weise vorwärts zu bringen."

Arbeitskreis für Jugendliteratur e. V., Metzstr. 14 c, D-81667 München, fon: 089/458080-6, fax: 089/458080-88, info@jugendliteratur.org, www.jugendliteratur.org – Zusammenschluss zahlreicher Verbände (rund 40) u. Fachleute (über 200 Einzelpersonen) aus Buchhandel, Verlagen u. Bibliotheken, aus der Wissenschaft, Pädagogik, Sozial- u. Jugendarbeit zur Förderung der Kinder- u. Jugendliteratur. Keine Autorenvereinigung! Der Arbeitskreis organisiert Preisfindung u. Preisvergabe des Deutschen Jugendliteraturpreises u. veranstaltet Seminare für alle, die sich beruflich mit Kinder- u. Jugendliteratur beschäftigen (also auch für Kinder- u. Jugendbuch-AutorInnen u. ÜbersetzerInnen!); P: Fachzeitschrift „JuLit", 4-mal jährl.; Kataloge; Buchempfehlungslisten; das „Blaubuch 2005" (rund 1000 Adressen zur Kinder- u. Jugendliteratur aus Deutschland, Österreich

u. der Schweiz; Personen, Institutionen, Literaturpreise u. Fachzeitschriften stellen sich darin selbst vor)

Arbeitskreis kleinerer Verlage (AkV), c/o Börsenverein des Deutschen Buchhandels e. V., Ansprechpartner: Rolf Nüthen, Großer Hirschgraben 17–21, D-60311 Frankfurt am Main, fon: 069/1306-327, fax: 069/1306-399, nuehten@boev.de, www.boersenverein.de – Der AkV ist „ein lockerer Zusammenschluss interessierter Verlage, der sich 1979 gegründet hat u. dessen Mitglieder teilweise auch auf regionaler Ebene zusammenarbeiten. Zum Kreis der kleineren Verlage zählt der AkV solche, die wirtschaftlich u. organisatorisch unabhängig sind u. die sich nach ihrem verlegerischen Selbstverständnis dieser Gruppe zugehörig fühlen. Ziel ist es, die Mitglieder durch Vorträge u. Seminare fachlich weiterzubilden, den Erfahrungsaustausch untereinander zu fördern, gemeinsame Aktivitäten zu initiieren u. die Interessen der kleineren Verlage im Börsenverein des Deutschen Buchhandels, speziell im Verleger-Ausschuss (der Sprecher ist Gast bei den VA-Sitzungen) u. gegenüber den anderen Sparten des Buchhandels zu vertreten." Die Teilnahme am AkV ist kostenlos. Der AkV präsentiert sich auf der Frankfurter u. auf der Leipziger Buchmesse mit einem Gemeinschaftsstand. AkV-Mitglieder können hier ihre Titel zu relativ günstigen Konditionen ausstellen. Mitgliedschaft empfiehlt sich für alle KleinverlegerInnen.

Arbeitskreis Ostfriesischer Autorinnen und Autoren, c/o Ostfriesische Landschaft, Plattdütskbüro, Postfach 1580, D-26585 Aurich, fon: 04941/179952, fax: 04941/179970, platt@ostfriesischelandschaft.de, www.ostfriesische-autoren.de – Der Arbeitskreis ist eine offene Interessen- u. Fortbildungsgemeinschaft von Schreibenden in der hochdeutschen u./oder regionalen Sprache u. wendet sich vor allem an Interessierte, die in Ostfriesland leben oder von dort stammen. Der Arbeitskreis versorgt das Literaturtelefon Ostfriesland mit Beiträgen u. Vortragenden, er bietet jährl. vier Treffen mit vornehmlich Werkkritik u. jährl. eine mehrtägige Schreibwerkstatt an; A: Der AK hat a) Mitglieder, das sind Schreibende, von denen wenigstens je fünf Texte, anonym vorgelegt, im Empfehlungsteam positiv bewertet werden; b) wissenschaftl. MitarbeiterInnen, die ihren Status durch Beschluss des Leitungsteams erhalten haben; c) Mitarbeitende, welche die Mitgliedschaft anstreben, die Bedingungen dafür jedoch noch nicht erfüllt haben; MB: 16 € pro Jahr; P: Anthologien, z. B. „Schiefer als Pisa", „Faszination See"; MZ: rund 100

Autorenkreis Historischer Roman Quo Vadis, SprecherIn: Tessa Korber, fon: 09131/501103 und Ruben Wickenhäuser, fon: 030/62734999, qv@akqv.org, www.akqv.org – Der Zusammenschluss von professionellen Autorinnen u. Autoren historischer Romane dient dem Erfahrungsaustausch über Diskussionsforum u. Mailingliste sowie bei Regional- u. Jahrestreffen. Ein öffentliches Diskussionsforum (www.akqv.org/foren/index.php) steht auch Nichtmitgliedern zur Verfügung. Außerdem initiiert der Kreis Anthologien u. Gemeinschaftsromane u. richtet den Lorbeer-Literaturpreis aus; A: Voraussetzung für die Mitgliedschaft ist mindestens eine Veröffentlichung eines historischen fiktionalen Textes, sei es Roman,

Anthologiebeitrag u. a. innerhalb der vergangenen fünf Jahre, sowie eine jährl. Spende für den Autorenkreis, die an den Förderverein überwiesen wird u. deren Mindesthöhe auf 50 € festgelegt ist. Ausdrücklich nicht zählen Veröffentlichungen in Zuschussverlagen oder ohne historischen Inhalt. Wer Veröffentlichungen im Bereich Book on Demand vorweisen kann, kann Mitglied werden, wenn er zwei Bürgen stellt, die bereits bei Quo Vadis Mitglied sind. Bei Anthologiebeiträgen, Büchern ohne Eintrag im VLB oder ohne ISBN, Heftromanen u. anderen Grenzfällen entscheidet eine Einzelfallprüfung über die Aufnahme; MB: 50 €; P: Autorenverzeichnis (PDF-Datei); Sammlung: Interviews mit den Mitgliedern; „Die Sieben Häupter", Aufbau Taschenbuch Verlag 2004 (Gemeinschaftsroman); PM: Quo Vadis-Anthologien, Gemeinschaftsromane (bei Aufbau, s. o.), Literaturpreis-Anthologien, Kurzinterview; MZ: ca. 50

AutorenVerband Franken e. V. (AVF), Vorsitzender: Peter Rosner, Kaiser-Heinrich-Str. 8, D-91301 Forchheim, fon: 09191/2508, fax: 09191/66498, peter.rosner@t-online.de – Kulturelle Arbeitsgemeinschaft; Lesungen, Vorträge, Anthologien, Wettbewerbe, Erfahrungsaustausch; A: Mitglied kann werden, wer als SchriftstellerIn, literar. Qualität vorausgesetzt, entweder aus Franken stammt, in Franken lebt oder lebte oder sonst ein Verhältnis zu Franken hat; MB: 26 €; P: Anthologien mit ausgewählten Arbeiten der Mitglieder u. Wettbewerbssieger, Reihe Lese-Zeit; Mitteilungsblatt; MZ: 70

Börsenverein des Deutschen Buchhandels e. V., Großer Hirschgraben 17–21, D-60311 Frankfurt am Main, fon: 069/1306-0, fax: 069/1306-201, info@boev.de, www.boersenverein.de – Der Börsenverein des Deutschen Buchhandels vertritt als Spitzenorganisation des herstellenden u. verbreitenden Buchhandels in der Bundesrepublik Deutschland die Interessen von 6.398 Mitgliedsfirmen (1.845 Verlage, 4.433 Sortimentsbuchhandlungen, 80 Firmen des Zwischenbuchhandels, 40 Verlagsvertretungen – Stand: September 2004); P: „Börsenblatt – Wochenmagazin für den Deutschen Buchhandel", www.mvb-boersenblatt.de (siehe S. 218)

BücherFrauen e. V. – Women in Publishing, Geschäftsstelle: c/o Vertriebsbüro Seehausen & Sandberg, Merseburger Str. 4, D-10823 Berlin, fon: 030/78715598, fax: 030/78711753, info@buecherfrauen.de, www.buecherfrauen.de – Der Verein BücherFrauen e. V. wurde 1990 in Deutschland nach dem Vorbild der englischen Women in Publishing gegründet. Mittlerweile bündelt der Verein die Interessen von ca. 850 Verlagsfrauen, Buchhändlerinnen, Übersetzerinnen, Agentinnen u. anderen Frauen im deutschsprachigen Raum, die rund ums Buch tätig sind. Ziel ist es, die Situation von Frauen in allen Bereichen des herstellenden u. vertreibenden Buchhandels zu verbessern: Die BücherFrauen bieten mit ihren Veranstaltungen u. Aktivitäten einen Rahmen, in dem regelmäßiger Erfahrungs- u. Informationsaustausch stattfinden kann. Sie vermitteln u. intensivieren Kontakte auf regionaler, nationaler u. internationaler Ebene u. tragen mit ihren Seminaren u. Fortbildungsveranstaltungen zur Weiterbildung u. Qualifizierung von Frauen bei. Die BücherFrauen vertreten frauenspezifische Interessen in der Buchbranche.

Dazu gehören u. a. angemessene, gerechte Bezahlung, flexiblere Arbeitszeiten u. die Forderung nach mehr leitenden Positionen für Frauen. Regionalgruppen der BücherFrauen gibt es in Berlin, Bielefeld/Osnabrück, Bremen, Dresden, Frankfurt am Main, Freiburg/Südbaden, Göttingen, Hamburg, Hannover, Kiel/Schleswig-Holstein/Mecklenburg-Vorpommern, Köln/Bonn, München, Münster, Nürnberg, Rhein/Ruhr, Stuttgart sowie in Zürich. Neben der englischen Organisation gibt es die Women in Publishing in Australien, Hongkong, Indien, Irland, Schottland, Südafrika, in den USA u. auf den Philippinen; MB: 103 € jährl., ermäßigter Beitrag: 52 € jährl.; P: „Das Who's who der BücherFrauen – Das blaue Buch"; „Newsletter" (2-mal jährl.); MZ: ca. 850

Bundesakademie für kulturelle Bildung Wolfenbüttel (siehe S. 437 f.)

Bundesverband der Friedrich-Bödecker-Kreise e. V. (siehe S. 508 f.)

Bundesverband junger Autoren und Autorinnen e. V., bvjaa@t-online.de, www.bvja-online.de – Förderung junger AutorInnen; Mitglieder im gesamtdeutschen Raum. Zu diesem Zweck gibt der BVjA Publikationen heraus, veranstaltet Seminare, unterhält lokale Gesprächskreise u. AGs (Theater, Hörspiel, Drehbuch) u. informiert seine Mitglieder regelmäßig über literar. Neuigkeiten. Eigenes Lektorat für Mitglieder sowie Textarchiv. Veranstaltung von Lesungen u. Wettbewerben; A: keine; MB: 35 €, ermäßigt 26 € pro Jahr; P: „Konzepte" u. „LIMA" (siehe S. 201 u. S. 204); Info-Broschüren zum Literaturbetrieb; PM: Veröffentlichungsmöglichkeit in den Publikationen (kostenlos); RB: ja, soweit möglich; MZ: 700

DeLiA – Vereinigung deutschsprachiger Liebesroman-Autorinnen und -Autoren u. Verein zur Förderung deutschsprachiger Liebesromanliteratur e. V., Suitbertusstr. 5, D-40668 Meerbusch, fon: 02150/912458, fax: 02150/5328, marte.cormann@freenet.de oder marte.cormann@delia-online.de, www.delia-online.de – Die AutorInnenvereinigung DeLiA und der Verein zur Förderung deutschsprachiger Liebesromanliteratur e. V. haben zum Ziel, das Image des deutschsprachigen Liebesromans u. seiner AutorInnen zu heben u. zu fördern. Zu diesem Zweck verleiht der Verein zur Förderung deutschsprachiger Liebesromanliteratur e. V. seit 2004 jährl. einen Preis für den besten deutschsprachigen Liebesroman – die „DeLiA" (siehe S. 529). Der Verein veranstaltet u. fördert Lesungen, Workshops, Seminare, knüpft u. hält Kontakte zu Verlagen u. anderen Einrichtungen, die das Vereinsziel unterstützen. DeLiA ist ein Netzwerk professioneller AutorInnen, die im Genre tätig sind. Zur Kommunikation dienen die eigene Homepage, ein öffentliches Diskussionsforum, ein regelmäßig erscheinender Newsletter, eine Group, in der sich eingetragene Mitglieder austauschen können, sowie die regelmäßige Pressearbeit; A: Mitglied kann werden, wer mindestens einen Liebesroman in einem kommerziellen Verlag veröffentlicht hat. Vergleichbares gilt für AutorInnen von Drehbüchern, Hörspielen, Theaterstücken u. Heftromanen. Auch Fördermitglieder sind herzlich willkommen; MB: 50 € pro Jahr; MZ: 34

Deutsche Akademie für Sprache und Dichtung e.V., Glückert-Haus, Alexandraweg 23, D-64287 Darmstadt, fon: 06151/4092-0, fax: 06151/4092-99, sekretariat@deutscheakademie.de, www.deutscheakademie.de – Durchführung von Veranstaltungen, Vergabe von Preisen (darunter der Georg-Büchner-Preis) sowie Herausgabe von Publikationen zur Pflege der deutschen Sprache u. Literatur.

Die Deutsche Bibliothek, Deutsche Bibliothek Frankfurt am Main, Adickesallee 1, D-60322 **Frankfurt am Main**, fon: 069/1525-0, fax: 069/1525-1010, Abt. 3, Erwerbung: fon: 069/1525-1300 (Reinhard Rinn), rinn@dbf.ddb.de, www.ddb.de sowie: Die Deutsche Bibliothek, Deutsche Bücherei Leipzig, Deutscher Platz 1, D-04103 **Leipzig**, fon: 0341/2271-0, fax: 0341/2271-444, Abt. 3, Erwerbung: fon: 0341/2271-216 (Angela Matthias), matthias@dbl.ddb.de, www.ddb.de
„Die Deutsche Bibliothek ist die zentrale Archivbibliothek u. das nationalbibliografische Zentrum der Bundesrepublik Deutschland u. erfüllt die Funktion einer Nationalbibliothek. Sie ist für das Sammeln, Erschließen u. bibliografische Verzeichnen der deutschen u. deutschsprachigen Literatur ab 1913 zuständig." Unter http://dnb.ddb.de können alle kostenfrei in der Datenbank der Deutschen Bibliothek recherchieren.
JedeR gewerbliche oder nicht gewerbliche VerlegerIn in der Bundesrepublik Deutschland ist verpflichtet, von ihren/seinen Veröffentlichungen zwei **Pflichtexemplare** kostenlos an die Deutsche Bibliothek abzuliefern. „Ablieferungspflichtig sind sowohl herkömmliche Veröffentlichungen in Papierform als auch Mikroformen, Tonträger u. physisch verbreitete elektronische Publikationen (z. B. CD-ROM). Seit dem 1. Juli 1998 werden auch digitale Netzpublikationen gesammelt." Die Deutsche Bibliothek verfügt über zwei Standorte: Frankfurt am Main u. Leipzig. Die zwei kostenlosen Pflichtexemplare sind entweder nach Frankfurt oder nach Leipzig zu senden. Der Standort Frankfurt am Main ist zuständig für Baden-Württemberg, Bayern, Bremen, Hamburg, Hessen, Niedersachsen, Rheinland-Pfalz, Saarland u. Schleswig-Holstein; Leipzig bearbeitet alle Veröffentlichungen aus den Bundesländern Berlin, Brandenburg, Mecklenburg-Vorpommern, Nordrhein-Westfalen, Sachsen, Sachsen-Anhalt u. Thüringen.

Deutsche Haiku-Gesellschaft e.V., Vorsitzender Martin Berner, Falkstr. 116, D-60487 Frankfurt am Main, fon: 069/474092, fax: 069/47885811, haikugesellschaft@arcor.de, www.kulturserver.de/home/haiku-dhg – Förderung des deutschsprachigen Haiku, Zusammenarbeit mit japan. LiteraturwissenschaftlerInnen u. AutorInnen; regionale (Arbeits-)Tagungen u. bundesweite Kongresse; Veranstaltung von Wettbewerben; A: Jede natürl., volljährige Person kann Mitglied werden, ganz gleich welcher Staatsangehörigkeit. Über den Aufnahmeantrag entscheidet der Vorstand. Erwartet wird ehrliches Interesse u. die Bereitschaft, sich auf diese Lyrikform einzulassen; MB: 40 € pro Jahr. Für Mitglieder ist der Bezug der Zeitschrift frei; P: „Vierteljahresschrift der Deutschen Haiku-Gesellschaft"; Kalender; Anthologien; MZ: 230 Mitglieder in zehn verschiedenen Ländern (deutschsprachige AutorInnen u. WissenschaftlerInnen)

Deutsche Literaturkonferenz, Köthener Str. 44, D-10963 Berlin, fon: 030/2612751, fax: 030/23003629, info@literaturkonferenz.de, www.literaturkonferenz.de – Förderung der deutschen Literatur. Als Vereinigung der am literar. Leben in der Bundesrepublik Deutschland maßgeblich beteiligten Verbände u. Institutionen will die Deutsche Literaturkonferenz „auf die öffentliche Meinung, die Erziehung u. die Gesetzgebung einwirken, um der Literatur die ihrer gesellschaftlichen Bedeutung entsprechende Stellung zu gewährleisten u. Beiträge für die Weiterentwicklung der Literatur zu leisten. Die Deutsche Literaturkonferenz bildet als einziges Mitglied die Sektion Literatur im Deutschen Kulturrat [siehe unten]." Die Mitglieder: AG Literaturräte der Bundesrepublik, Arbeitsgemeinschaft Literarischer Gesellschaften u. Gedenkstätten e.V., Bibliothek u. Information Deutschland (BID) – Bundesvereinigung Deutscher Bibliotheks- u. Informationsverbände e.V., Borromäusverein e.V., Bundesverband der Friedrich-Bödecker-Kreise e.V., Börsenverein des Deutschen Buchhandels e.V., BücherFrauen, Deutsche Akademie für Sprache und Dichtung e.V., Deutscher Literaturfonds e.V., Deutscher Verband Evangelischer Büchereien e.V., Deutscher Übersetzerfonds e.V., Freier Deutscher Autorenverband, Literarisches Colloquium Berlin e.V., P.E.N.-Zentrum Deutschland, Sankt Michaelsbund, Stiftung Frauen-Literatur-Forschung e.V., Stiftung Lesen, VG WORT, Verband Deutscher Bühnen-und Medienverlage e.V., Verband der Freien Lektorinnen und Lektoren, Verband deutscher Schriftsteller in ver.di, Verband deutschsprachiger Übersetzer literarischer und wissenschaftlicher Werke e.V.

Deutscher Bühnenverein – Bundesverband Deutscher Theater, St.-Apern-Str. 17–21, D-50667 Köln, Postfach 290153, D-50523 Köln, fon: 0221/20812-0, fax: 0221/20812-28, debue@buehnenverein.de, www.buehnenverein.de – Ziel ist es, „die einzigartige Vielfalt unserer Theater- u. Orchesterlandschaft u. deren kulturelles Angebot zu erhalten, zu fördern u. zu pflegen. In diesem Sinne versteht sich der Bühnenverein als ein Theatererhalterverband, aber auch als ein Zusammenschluss, der Kunst u. Kultur als unverzichtbaren Bestandteil städtischen Lebens in das Zentrum seines Bemühens stellt."; P: „Die Deutsche Bühne", www.die-deutsche-buehne.de (siehe S. 221); „Werkstatistik: Wer spielte was?"; „Theaterstatistik" u.a.

Deutscher Kulturrat e.V., Bundesgeschäftsstelle: Chausseestr. 103, D-10115 Berlin, fon: 030/24728014, fax: 030/24721245, DtKulturrat@aol.com + post@kulturrat.de, www.kulturrat.de – Kulturpolitisches Forum für Verbände, Einrichtungen u. ExpertInnen der Kunst- u. Medienberufe, der Kulturwirtschaft, der Kunstwissenschaft, der kulturellen Bildung u. der Kulturvermittlung. 210 Bundesverbände haben sich in acht Sektionen dem Deutschen Kulturrat e.V. angeschlossen. Eine dieser acht Sektionen ist die Deutsche Literaturkonferenz, siehe oben. Der Deutsche Kulturrat „versteht sich als Ansprechpartner der Politik u. Verwaltung des Bundes u. der Europäischen Union in allen die einzelnen Sparten des Deutschen Kulturrates e.V. übergreifenden kulturpolitischen Angelegenheiten. Ziel [...] ist es, bundesweit spartenübergreifende Fragen in die kulturpolitische Diskussion auf allen Ebenen einzubringen."

Deutscher Literaturfonds e.V., Alexandraweg 23, D-64287 Darmstadt, fon: 06151/40930, fax: 06151/409333, deutscher.literaturfonds@t-online.de, www.deutscher-literaturfonds.de – Der Deutsche Literaturfonds, als Einrichtung zur Förderung der zeitgenössischen deutschsprachigen Literatur 1980 gegründet, erhält für sein Förderprogramm jährl. rund 535.000 Euro über die Kulturstiftung der Länder. „Diese Mittel setzt er vor allem zur Förderung von deutschsprachigen Autorinnen u. Autoren [siehe „Deutscher Literaturfonds – Werkstipendien für AutorInnen", S. 550] sowie von bundesweit wirksamen literar. Initiativen u. Modellvorhaben ein: Schriftstellerinnen u. Schriftsteller können im Rahmen der Autorenförderung für ein bestimmtes literar. Projekt ein Stipendium in Höhe von 1.550 € für maximal ein Jahr beantragen. Innerhalb der Vermittlungsförderung werden Projektzuschüsse für Publikationsvorhaben deutschsprachiger Gegenwartsliteratur, Übersetzungen von Gegenwartsliteratur, überregional erscheinende literar. Zeitschriften, Symposien sowie überregionale Initiativen zur literar. Rezeption vergeben." Außerdem vergibt der Deutsche Literaturfonds jährl. den Kranichsteiner Literaturpreis, das New-York-Stipendium, einen Förderpreis zum Kranichsteiner Literaturpreis sowie den Paul-Celan-Preis für Übersetzungen.

Deutscher Übersetzerfonds e.V., c/o Literarisches Colloquium Berlin, Am Sandwerder 5, D-14109 Berlin, fon: 030/80490856, fax: 030/80490857, mail@uebersetzerfonds.de, www.uebersetzerfonds.de – Vergabe von Fördermitteln an ÜbersetzerInnen in Form von Arbeitsstipendien, Reise- u. Aufenthaltsstipendien sowie durch Unterstützung von Initiativen u. Projekten, die der Entwicklung der Übersetzungskunst förderlich sind.

Deutsches Literaturinstitut Leipzig (siehe S. 439 f.)

Dramatiker-Union (Schriftsteller und Komponisten von Bühne, Film, Funk, Fernsehen) e.V., Parsevalstr. 7–9, D-12459 Berlin, fon: 030/53015739, fax: 030/53015749, dramatikerunion@t-online.de, www.dramatikerunion.de – Die Dramatiker-Union, gegründet 1871 u. damit der älteste überregionale Autorenverband in Deutschland, vertritt die Interessen der Urheber wort- u. musikdramatischer Werke gegenüber deren Verwertern wie Bühnen, Funk- u. Fernsehanstalten, Film- u. Schallplattenproduzenten, Interpreten u. Verlegern.

Dramaturgische Gesellschaft (dg), Geschäftsstelle: Tempelherrenstr. 4, D-10961 Berlin, fon: 030/6932482, fax: 030/6932654, post@dramaturgische-gesellschaft.de, www.dramaturgische-gesellschaft.de – Zusammenschluss der im Bereich der darstellenden Künste u. ihrer Medien Theater, Film, Fernsehen, Hörfunk, Neue Medien u.a. Tätigen u. Interessierten. Ziel der dg ist die „Diskussion u. Formulierung künstlerischer u. gesellschaftspolitischer Vorstellungen u. die Wahrung u. Durchsetzung beruflicher Interessen". Seit Januar 1997 gibt es innerhalb der dg das „Forum junge Dramaturgie". Die Idee war, einen Gesprächsraum zu schaffen, der jungen Dramaturgen u. anderen Interessierten die Gelegenheit bietet, jenseits von pragmatischen Entscheidungen des Theaterbetriebs neue Stücke zu lesen u. diese gemeinsam mit den Autoren zu diskutieren. Inzwischen kommen Verlags- u. Schauspieldramaturgen, Regisseure u. Studierende aus ganz Deutschland, Österreich u. der Schweiz zu den Gesprächen, die etwa alle acht Wochen stattfinden. Termine u. weitere Informationen unter www.forum-dramaturgie.de; MB: alte Bundesländer/Österreich: persönl. Mitglieder 62 €/ermäßigt 22 €, korporative Mitglieder 210 €; neue Bundesländer: persönl. Mitglieder 37 €/ ermäßigt 18,50 €, korporative Mitglieder 128 €; P: Zeitschrift „dramaturg"; MZ: 350

Erster Deutscher Fantasy Club e. V. (EDFC), Postfach 13 71, D-94003 Passau, fon: 0851/58137, fax: 0851/58138, edfc@edfc.de, www.edfc.de – Der EDFC e. V. wurde am 20. Mai 1978 gegründet, nachdem die Vereinspublikationen schon zwölf Jahre lang privat herausgegeben worden waren. Der Zweck des Vereins ist, der Fantasy-Literatur u. artverwandten künstlerischen Bereichen allerorts Verständnis, allgemeine Verbreitung u. Anerkennung zu schaffen sowie Wissenschaft, Kunst u. Kultur in Hinblick auf die Fantasy-Literatur zu fördern. Alle vier Jahre veranstaltet der EDFC e. V. den Kongress der Phantasie, auf dem bekannte Publizisten u. Fachleute referieren. Der EDFC verleiht den von der Stadt Passau dotierten „Deutschen Fantasy-Preis". Zu den Preisträgern gehören unter anderem Michael Ende, Frederik Hetmann, Otfried Preußler, Carl Amery u. Herbert Rosendorfer; P: Neben zwei Zeitschriften, der regelmäßig erscheinenden „Fantasia" (siehe S. 197) u. Franz Rottensteiners jährl. „Quarber Merkur" (siehe S. 212), gibt der EDFC eine sekundärliterar. Reihe mit Titeln wie „Fantasy – Theorie und Geschichte" heraus, aber auch Fantasyspiele wie „Armageddon"; MZ: ca. 400

Europäische Autorenvereinigung Die Kogge e. V., c/o Kulturamt Stadt Minden, Kleiner Domhof 6, D-32423 Minden, fon: 0571/89414, fax: 0571/89324, kulturbuero@minden.de, Vorsitzender (2003–2006): Karlhans Frank, Ysenburger Str. 9, D-63689 Gelnhaar, rabenfrank@aol.com – Die Kogge, 1924 in Bremen gegründet, ab 1933 unterdrückt u. 1953 in Minden wiederbelebt, umfasst heute ca. 140 Mitglieder (davon zwei Drittel aus dem deutschsprachigen Raum) aus insgesamt zwölf europäischen Ländern. „Auf den Mindener Jahrestagungen begegnet man einander in kollegialem Erfahrungsaustausch u. transportiert mit öffentlichen Lesungen, Podiumsdiskussionen u. in vielfältiger Themenarbeit Literatur über die Grenzen. Mit diesem Diskurs fördert die Kogge als einziger internationaler Schriftstellerverband Deutschlands das nachbarliche Verständnis u. weiß sich der europäischen Aufgabe verpflichtet."; A: Anträge auf Mitgliedschaft, die jeweils auf den Jahrestagungen Ende September in geheimer Abstimmung entschieden werden, müssen umfassende bio-/bibliografische Angaben, Veröffentlichungsnachweise u. Texte nach eigener Auswahl des Bewerbers enthalten; MB: 35 € jährl.; P: Kogge-Anthologien in losen Abständen; MZ: ca. 140 Mitglieder aus Mittel-, West- u. Südosteuropa, auch Russland

Europäisches Übersetzer-Kollegium Nordrhein-Westfalen in Straelen e. V. (EÜK), Kuhstr. 15–19, D-47638 Straelen, fon: 02834/1068 + 1069, fax: 02834/7544, euk.straelen@t-online.de + euk@euk-straelen.de, www.euk-straelen.de – „Man kann in Straelen nicht übersetzen lernen u. nicht übersetzen lassen, sondern nur übersetzen – aber unter idealen Bedingungen: Übersetzer aus allen Teilen der Welt kommen nach Straelen, um die vielfältigen Hilfsmittel des Hauses zu nutzen, Kollegen zu treffen, miteinander zu arbeiten u. Tips u. Erfahrungen auszutauschen. Das Europäische Übersetzer-Kollegium ist keine staatliche oder allgemeine Einrichtung, sondern bietet freiwillige, hoch subventionierte Leistungen für die genau umrissene Personengruppe professioneller literar. Übersetzer. Zugangsvoraussetzung ist die Publikation von mindestens zwei umfangreichen Übersetzungen u. der Nachweis eines abgeschlossenen Verlagsvertrags für das gegenwärtige Arbeitsprojekt. Übersetzungsaufträge können weder angenommen noch vermittelt werden, weil jeder Kollegiumsgast mit seiner eigenen Arbeit, dem Übersetzungsauftrag eines Verlages, anreist." Ausstattung: Bibliothek mit 110.000 Bänden, darunter 25.000 Nachschlagewerke in über 275 Sprachen u. Dialekten, ergänzt durch eine umfangreiche Sammlung digitaler Nachschlagewerke; 30 Computer, darunter 10 Internet-PCs mit kostenfreiem Zugang ins Internet; 30 bequeme Appartements auf insgesamt 2.500 m² Wohnfläche; komplett eingerichtete Küchen zur Selbstverpflegung. Stipendien stellen zur Verfügung: das Ministerium für Städtebau u. Wohnen, Kultur u. Sport des Landes Nordrhein-Westfalen; die Stiftung Kunst u. Kultur des Landes NRW; der Deutsche Übersetzerfonds; die Kommission der Europäischen Gemeinschaften; die Robert-Bosch-Stiftung; der Deutsche Akademische Austauschdienst; die Gemeinnützige Gesellschaft „Perewest". Außerdem vergeben folgende Bundesländer Straelen-Stipendien an ansässige „Landeskinder": Baden-Württemberg, Berlin, Niedersachsen, Sachsen, Schleswig-Holstein (Adressen der für Kunstförderung zuständigen Behörden der Länder, siehe S. 557 f.). Bei allen Bewerbungen um Aufenthalte u. Stipendien benötigt das Kollegium folgende Unterlagen: Kurzbiografie; vollständige Publikationsliste; kurze Darstellung des Übersetzungsprojektes mit Kopie des Verlagsvertrags; Angaben zu Länge u. Zeitpunkt des gewünschten Aufenthalts. Das Kollegium ist bestrebt, alle Aufenthaltswünsche von professionellen literar. ÜbersetzerInnen unbürokratisch u. ohne zeitliche Verschiebung zu erfüllen.

EWC, European Writers' Congress, Generalsekretariat, c/o Lore Schultz-Wild, Konradstr. 16, D-80801 München, fon: 089/345581, fax: 089/392094, EWC.lsw@t-online.de, www.european-writers-congress.org – Zusammenschluss von 55 Schriftsteller-Vereinigungen in 29 Ländern Europas (Stand 2004). Deutsche Mitglieder sind der Verband deutscher Schriftsteller (VS) in ver.di u. der Verband deutschsprachiger Übersetzer literarischer und wissenschaftlicher Werke e.V. (VdÜ). Die Geschichte der 1977 gegründeten Föderation ist nachzulesen in: „Die Rechte der Autoren – Handbuch des Europäischen Schriftstellerkongresses" (The European Writer, ISSN 1560-4217). Das Handbuch kann über den VS bezogen werden. Aktuelle Informationen u. Anschriften sämtlicher EWC-Mitgliedsorganisationen auf der Website. Aus den Statuten: Art. 1: Ziele: „Der Europäische Schriftstellerkongress ist der Zusammenschluss europäischer Schriftstellerverbände mit dem Ziel, gemeinsame Strategien in den Bereichen freie Meinungsäußerung, Urheberpersönlichkeitsrecht, Urheberrecht, sonstige ökonomische Rechte, Steuerrecht u. Sozialversicherung, internationaler Kulturaustausch auszuarbeiten u. zu verfolgen sowie die Interessen seiner Mitgliedsorganisationen in diesen u. anderen Bereichen zu vertreten, die mit den Lebens- u. Arbeitsbedingungen von Schriftsteller/innen u. literar. Übersetzer/innen zusammenhängen."

Die Fähre – Sächsischer Verein zur Förderung literarischer Übersetzung e. V., Haus des Buches, Gerichtsweg 28, D-04103 Leipzig, fon + fax: 0341/9954155, faehre.ueb@arcor.de, http://home.arcor.de/faehre.ueb/ – Förderung der Rezeption übersetzter Auslandsliteratur in Sachsen; Beratung u. Betreuung literar. ÜbersetzerInnen in Sachsen; Lesungen; Podiumsdiskussionen, Werkstattgespräche; Ausrichtung von Übersetzungswettbewerben; Veranstaltungsreihe „Übersetzer stellen sich vor" u. Stammtisch; MZ: ca. 30

Förderkreis der Schriftsteller in Sachsen-Anhalt e.V., Böllberger Weg 188, D-06108 Halle/Saale, fon + fax: 0345/2832257, foerderkreis-halle@t-online.de, www.foerderkreis-halle.de – Literatur-, Lese- u. AutorInnenförderung; Betreuung von ca. 25 Mitgliedern einer „Literarischen Werkstatt"; A: AutorInnen müssen eine eigenständige Publikation vorweisen können; MB: 35 € pro Jahr; P: „Schriftsteller in Sachsen-Anhalt" (Autorenverzeichnis aller AutorInnen Sachsen-Anhalts), Anthologien, „Autorenhefte" (Präsentationen der Mitglieder des Vereins); M: 56

Förderkreis deutscher Schriftsteller in Baden-Württemberg e. V., Vorsitzender: Ulrich Zimmermann, Geschäftsführerin: Meike Gerhardt, Gartenstr. 58, D-76135 Karlsruhe, info@schriftsteller-in-bawue.de, www.schriftsteller-in-bawue.de – Förderung des literar. Lebens in Baden-Württemberg. Der Förderkreis bemüht sich um Mittel, verwaltet u. vergibt sie zur Förderung von SchriftstellerInnen, die ihren ständigen Wohnsitz in Baden-Württemberg haben. Er unterstützt Projekte von SchriftstellerInnen. Alle zwei Jahre Vergabe des Thaddäus Troll-Preises (keine Eigenbewerbung möglich); A: Der Förderkreis fördert alle in Baden-Württemberg ansässigen Autorinnen u. Autoren, wenn die Jury einer Förderung zustimmt. Zugehörigkeit zu irgendwelchen Verbänden, auch zum Förderkreis, spielt dabei keine Rolle. Bewerbungen sind möglich um Lesungen u. Arbeitsbeihilfen. Wer sich erfolgreich beworben hat, wird ins Autorenverzeichnis des Förderkreises aufgenommen. Dieses Verzeichnis steht unter anderem Veranstaltern von Autorenlesungen für die Auswahl von Autorinnen u. Autoren zur Verfügung. Außerdem veranstaltet der Förderkreis bis zu acht Werkstätten u. Seminare im Jahr, u.a. Schreibwerkstätten, Sprechtechnikseminare, Seminare zu Multimedia/Internet sowie zu Rechtsfragen u. sozialer Absicherung; MB: 20 € pro Jahr; MZ: 78

Förderkreis deutscher Schriftsteller in Niedersachsen und Bremen e.V., Ansprechpersonen: Klaus Nührig (1. Vorsitzender): KNuehrig@aol.com, Sylvia Geist (stellvertretende Vorsitzende): sylgeist@gmx.de, Sabine Prilop (Schriftführerin): sabine.prilop@t-online.de, www.keintagohnezeile.de – Förderung der niedersächsisch/bremischen AutorInnen u. damit der Literatur dieser beiden Bundesländer. Möglichkeit, sich als AutorIn mit den eigenen Werken auf der Website keintagohnezeile.de vorzustellen. Durchführung literar. Projekte u. jährl. Literaturtage.

Förderkreis deutscher Schriftsteller in Rheinland-Pfalz e.V. (FöK), Monika Böss (Vorsitzende), Hauptstr. 1, D-67808 Mörsfeld, fon: 06358/9894-05, fax: 06358/9894-06, mail@foerderkreis-rlp.de, www.foerderkreis-rlp.de – Förderung der literar. Erziehung u. Berufsbildung sowie des literar. Lebens in Rheinland-Pfalz; Aktivitäten: regelmäßig: Frühjahrsseminar (Fortbildungsseminar zu zeitgenössischen Themen u. zu literar. Genres); Wintertreffen (Workshop zur aktuellen Literaturproduktion von AutorInnen); Auslobung u. Präsentation des Preises „Buch des Jahres" (1.500 € Hauptpreis u. 500 € Sonderpreis). Im Zwei- bis Dreijahresturnus Organisation u. Durchführung der Rheinland-Pfälzischen Literaturtage. Unregelmäßig: Leseaktionen (LiteraMobil). Aufkaufaktionen aktueller Bücher u. Zeitschriften. Leseaustausch mit benachbarten Ländern u. Regionen. Jungautorenseminare; MB: ordentliche Mitglieder (z. B. AutorInnen) mindestens 35 € jährl.; juristische Personen mindestens 60 € jährl.; MZ: ca. 70

Förderkreis Freie Literaturgesellschaft e.V. Leipzig, c/o Haus des Buches, Gerichtsweg 28, D-04103 Leipzig, fon + fax: 0341/9954721, info@literatur-leipzig.de + ffl-leipzig@web.de, www.literatur-leipzig.de, Vereinsvorsitzender: Steffen Mohr, Zehmischstr. 1, D-04279 Leipzig, fon + fax: 0341/3387670

Förderkreis für Literatur in Sachsen e.V., c/o Rudolf Scholz, Thielaustr. 10, D-01309 Dresden, fon: 0351/4592373, www.literatur-aus-sachsen.de – Organisation u. Durchführung von Lesungen (zurzeit keine Fördermittel); MZ: ca. 60

Förderkreis Phantastik in Wetzlar e.V., c/o Phantastische Bibliothek, Friedrich-Ebert-Platz 3, D-35578 Wetzlar, fon: 06441/99-1091, fax: 06441/99-1094, phbibl-wz@wetzlar.de – Förderung der Phantastischen Literatur; Ausrichtung der alljährlichen „Wetzlarer Tage der Phantastik" (Anfang September); Durchführung von Tagungen, Lesungen, Vorträgen u. Seminaren; Betreuung des Phantastik-Preises der Stadt Wetzlar (siehe S. 544); Engagement in der Jugendarbeit; A: keine; MB: 30 € jährl.; P: wissenschaftliche u. pädagogische Schriftenreihen; MZ: 140

Fortbildung-Verlag.com (www.fortbildung-verlag.com) + Fortbildung-Buchhandel.com (www.fortbildung-buchhandel.com) = Internet-Seminardatenbank der Landesverbände des Börsenvereins des Deutschen Buchhandels u. der Schulen des Deutschen Buchhandels. Seminar-Suche nach Themen, Bundesländern u. ReferentInnen. Verantwortlich: Börsenverein des Deutschen Buchhandels, Landesverband Bayern e.V., Literaturhaus, Salvatorplatz 1, D-80333 München, fon: 089/29194243, fax: 089/29194249, seminare@buchhandel-bayern.de, www.buchhandel-bayern.de

Freier Deutscher Autorenverband, Schutzverband Deutscher Schriftsteller (FDA), verantwortlich für die Öffentlichkeitsarbeit: Dr. Jörg Bilke, Postfach 1245, D-96476 Rodach, fon: 09564/800428, Joerg.Bilke@gmx.de, kontakt@fda, www.fda.de – Präsidentin: Prof. Dr. Ilse Nagelschmidt, Leipzig, Landesverband Sachsen – „Der FDA ist eine Berufsorganisation für deutschsprachige Autoren (Schriftsteller, Texter, Kritiker usw.) u. Autorenerben gleich welcher Staatsangehörigkeit." Gegründet wurde er 1973 in München, als die bis dahin einheitliche Berufsvertretung, nämlich der Verband Deutscher Schriftsteller (VS), sich auflöste u. mit einem Teil seiner Mitglieder in der Industriegewerkschaft Druck und Papier aufging (siehe unten, „Verband deutscher Schriftsteller"). „Der FDA setzt die Tradition des ‚Schutzverbandes Deutscher Schriftsteller' aus der Weimarer Zeit fort."; A: „Wer Mitglied in einem der Landesverbände des FDA werden möchte, sollte sich an die Vorsitzende oder den Vorsitzenden seines Landesverbandes wenden u. um die Zusendung eines Aufnahmeantrags bitten."; MB: bis ca. 60 € im Jahr; P: FDA aktuell, 4-mal jährl. (für Mitglieder kostenlos); MZ: ca. 600; Landesverbände u. ihre Vorsitzenden:

LV Baden-Württemberg: Gerda Wittmann-Zimmer, fon + fax: 07455/2628

LV Bayern: Franz Westner, fon: 089/58927615, fax: 089/58927616, f.westner@salonline.de

LV Berlin: Lutz Fischer, fon: 030/7122267, Lutzlufi2002@aol.com

LV Brandenburg: Waltraut Skoddow, fon: 035751/15533

LV Hamburg: Heidrun Schaller, fon: 040/499527, heidrun_schaller@gmx.de, www.fda-landesverband.hamburg.de

LV Hessen: Inge Zahn, fon: 06071/22844, blaue-feder@web.de

LV Mecklenburg-Vorpommern: Wiebke Salzmann, fon: 038202/36084, wiebke.salzmann@t-online.de, www.fda-mv.org

LV Niedersachsen: Krimhild Stöver, fon: 04408/1716, fax: 04408/808710, krimhild.stoever@t-online.de

LV Nordrhein-Westfalen: Dr. Detlef Gojowy, fon: 02224/3263, fax: 02224/79433, d.gojowy@t-online.de

LV Rheinland-Pfalz: Dr. Jan Cattepoel, fon: 06131/369436, fax: 06131/363559, jan@cattepoel.de

LV Saarland: Dr. Jan Cattepoel, fon: 06131/369436, fax: 06131/363559, jan@cattepoel.de

LV Sachsen-Anhalt: Interessenten wenden sich bitte vorübergehend an den Landesverband Niedersachsen.

LV Sachsen: Hans-Dietrich Lindstedt, fon: 0371/311987, fax: 0371/311987

LV Thüringen: Dr. Jörg Bilke, fon: 09564/800428, Joerg.Bilke@gmx.de

GEDOK – Verband der Gemeinschaften der Künstlerinnen und Kunstförderer e.V., Kathy Kaaf, Präsidentin: Am Römerlager 15, D-53117 Bonn, fon: 0228/677967, fax: 0228/678647, kaaf@tronet.de, Geschäftsstelle: „Haus der Kultur", Weberstr. 59 a, D-53113 Bonn, fon: 0228/2618779, fax: 0228/2619914, GEDOK@GEDOK.de, www.GEDOK.de – „Die GEDOK e.V. – Verband der Gemeinschaften der Künstlerinnen und Kunstförderer – ist die größte u. traditionsreichste interdisziplinäre Künstlerinnenorganisation in Deutschland. Ihr Anliegen war die notwendige u. nachhaltige Förderung oft verkannter weiblicher Talente u. kreativer Initiativen. Persönlichkeiten wie Käthe Kollwitz, Ricarda Huch, Edith Mendelssohn Bartholdy, Charlotte Berend-Corinth u. Ina Seidel engagierten sich für die Arbeit der GEDOK. Heute setzt sich die GEDOK über ein Netzwerk von Kontakten zu Kultur, Politik u. Medien für die Belange der Künstlerinnen aller Sparten ein: Bildende Kunst, Angewandte Kunst, Neue Medien, Musik, Literatur,

Sprechkunst u. Darstellende Kunst. Nach wie vor sind Frauen trotz formaler Gleichberechtigung u. künstlerischer Qualifikation im Kunstbetrieb unterrepräsentiert u. finden nicht die gebührende Anerkennung. Die GEDOK fördert ihr künstlerisches Schaffen besonders im Kontext grenz- u. spartenüberschreitender Tendenzen der Gegenwartskunst. Die fachlichen Interessen der Künstlerinnen werden auf Bundes- u. Regionalebene durch Fachbeirätinnen vertreten." Die GEDOK veranstaltet Ausstellungen, Atelierbesuche, Werkstattgespräche, Kunstfahrten, Lesungen, Konzerte u. internationale Symposien. Sie publiziert Kataloge, Dokumentationen sowie Anthologien, gibt Videos u. CDs heraus u. organisiert Veranstaltungen zur beruflichen Aus- u. Weiterbildung der Künstlerinnen. Alle drei Jahre Vergabe des Ida-Dehmel-Literaturpreises u. des GEDOK-Literatur-Förderpreises (siehe S. 533); A: „Als Voraussetzung für die Aufnahme als Künstlerin ist der Abschluss einer Hochschulausbildung wünschenswert. Jedoch können sich auch Autodidaktinnen mit ihren Arbeitsproben für die Aufnahme bewerben. Über die Anerkennung der künstlerischen Leistung entscheidet der Vorstand der regionalen Gruppen durch eine Fachjury."; P: zahlreiche Editionen u. Publikationen; MZ: mehr als 3.500 Mitglieder in 22 örtl. Gruppen u. der Sektion Österreich

Hamburger Autorenvereinigung – Hamburger Autoren/Leser-Kreis e.V., Geschäftsstelle: Hartungstr. 3, D-20146 Hamburg, fon: 040/18887363, fax: 040/418051, info@hamburger-autorenvereinigung.de, www.hamburger-autorenvereinigung.de – Intensivierung von Kontakten zwischen Schriftstellern u. ihren Lesern; mehrmals im Monat Veranstaltungen von Autorenlesungen mit anschließender Diskussion; einmal jährl. eine „Literarische Reise" für Mitglieder (Prag, St. Petersburg, Innsbruck, Rügen, Berlin etc.); einmal jährl. „Literarischer Salon" u.a. mit dem Ziel, Literatur u. Wirtschaft in engeren Kontakt miteinander zu bringen; 4-mal jährl. die Reihe „Themenabende" mit kurzen Lesungen der Mitglieder. Alle zwei Jahre Verleihung des Hannelore Greve Literaturpreises (25.000 €) sowie des Förderpreises der Hamburger Autorenvereinigung (5.000 €); A: bei aktiven Mitgliedern: eine Buchveröffentlichung; MB: 65 € (aktive Mitglieder); 80 € (fördernde Mitglieder); P: Anthologien (mit Beiträgen der Mitglieder); PM: in der Reihe „Edition Hamburger Autoren" (eine Kooperation mit BoD); MZ: 150

Hauptverband des Österreichischen Buchhandels (HBV), Grünangergasse 4, A-1010 Wien, fon: 01/5121535, fax: 01/5128482, hvb@buecher.at, www.buecher.at

IG Autorinnen Autoren, Seidengasse 13, A-1070 Wien, fon: 01/5262044-13, fax: 01/5262044-55, ig@literaturhaus.at, www.literaturhaus.at/lh/ig/ – Die Interessengemeinschaft österreichischer Autorinnen und Autoren – „IG Autorinnen Autoren" wurde 1971 als gemeinsame Verhandlungsdelegation österreichischer Schriftstellerverbände gegründet u. 1981 als eigenständige Organisation mit derzeit rund 3.400 Mitgliedern u. 70 Mitgliederverbänden neu aufgebaut. Aktiv ist sie u.a. in folgenden Bereichen: Förderung u. Wahrung der beruflichen, rechtlichen u. sozialen Interessen der österreichischen Schriftstellerinnen u. Schriftsteller – insbesondere Vertragspartnern u. Behörden gegenüber; generelle u. individuelle soziale u. rechtliche Beratung u. Information; Rechtsberatung u. Rechtsschutz in vertraglichen Angelegenheiten u. in allen Fällen von Zensur; Initiativen auf dem Gebiet des Steuer-, Sozial- u. Urheberrechts; Entwicklung u. Begutachtung von für schriftstellerisches Arbeiten relevanten Gesetzen u. generellen vertraglichen Regelungen; Gemeinschaftsausstellungen u. -präsentationen österreichischer Kunst-, Kultur- u. Autorenverlage auf den internationalen Buchmessen in Leipzig, Frankfurt sowie auf der österreichischen Buchwoche. Einrichtungen: Dauerausstellung aktueller Neuerscheinungen zeitgenössischer österreichischer Literatur aus Kunst-, Kultur- u. Autorenverlagen; seit 1993 Aufbau u. ständige Aktualisierung der „Datenbank zur österreichischen Literatur des 20. Jahrhunderts"; „Stückebibliothek"; P: Handbuch „Literarisches Leben in Österreich" (nächste Ausgabe: zwischen Herbst 2005 u. Herbst 2006); Zeitschrift „Autorensolidarität. Börsenblatt österreichischer Autorinnen, Autoren & Literatur" (4 x jährl.); Katalog „Die Literatur der österreichischen Kunst-, Kultur- u. Autorenverlage" (jährl. zur Frankfurter Buchmesse)

Interessengemeinschaft deutschsprachiger Autoren (IGdA) e. V., Geschäftsstelle Jutta Miller-Waldner, Müllerstr. 22 e, D-12207 Berlin, fon: 030/7127477, info@igda.net, www.igda.net – Vereinigung von AutorInnen aus verschiedenen Ländern, die das Interesse verbindet, sich in deutscher Sprache auszudrücken u. sich mit ihr zu beschäftigen. Schwerpunkte: Belletristik (Lyrik u. Prosa) u. Sachliteratur (wie Essays u. Rezensionen). Treffen mit Lesungen u. Werkstattgesprächen im In- u. Ausland; Seminare zur Verbesserung von Kreativität u. Stil; A: Mitglieder können alle AutorInnen werden, die in deutscher Sprache schreiben (Deutsch als Muttersprache keine Bedingung). Textproben sind bei der Anmeldung vorzulegen; MB: 50 € (inklusive Bezug der IGdA-aktuell), 5 € Aufnahmegebühr; P: Zeitschrift „IGdA-aktuell"; die Mitglieder veröffentlichen darin ihre Texte, besprechen die Werke anderer Mitglieder, berichten über ihre Tätigkeit u. erfahren von Wettbewerben, Veröffentlichungs- u. Lesungsmöglichkeiten; Experten beantworten Fragen. Ein Schwerpunkt sind Beiträge zur Sprache u. zum Schriftsteller-Handwerk. Ferner: IGdA-Almanach; MZ: 225

ISBN-Agentur, siehe MVB Marketing- und Verlagsservice des Buchhandels GmbH

KiBuLi, Netzwerk für kreative Kindermedienmacher, Kirsti Senftleben, Albert-Einstein-Str. 4, D-31157 Sarstedt, fon: 05066/989776, fax: 05066/902255, info@kibuli.de, www.kibuli.de – Kindermedien sind ein weiter, sehr vielfältiger Bereich. Sie erstrecken sich vom Babybuch über das Bilder- u. Kinderbuch bis hin zum Jugendbuch. Dazu gehören auch das Kinderhörspiel, der Kinderfilm, Kindertheaterstücke oder Kindercomputerspiele. Ihre Erfinder und Macherinnen – Autoren, Illustratorinnen, Musikerinnen u. Theaterleute – haben es im deutschsprachigen Raum immer noch sehr schwer, anerkannt zu werden. Es soll daher die Aufgabe des Netzwerkes sein, die Interessen der KindermedienmacherInnen zu fördern u. gute Kindermedien zu unterstützen; A: Vollmitglied des KiBuLi-Netzwerks kann werden, wer als KindermedienmacherIn (Bücher, Hörspiele, Theater, Hörfunk, Fernsehen) mindestens eine eigenständige Veröffentlichung in einem professionellen deutschsprachigen Kinder- oder Jugendbuchverlag bzw. einer Sendeanstalt nachweisen kann oder an mehreren Anthologien beteiligt ist. Veröffentlichungen in Zuschussverlagen, Eigenverlagen oder als Book on Demand berechtigen nicht zu einer Vollmitgliedschaft. Es besteht aber die Möglichkeit der Antwärter-Mitgliedschaft (s. „Nachwuchs"). Mitglieder des KiBuLi-Netzwerks können sich mit einer eigenen Seite (inkl. Foto) auf der KiBuLi-Homepage der Öffentlichkeit vorstellen. Gedanken- u. Erfahrungsaustausch über die KiBuLi-Mailingliste. „Nachwuchs": Jeder fängt mal klein an. Für Interessenten, die noch am Anfang ihrer Kindermedien-Karriere stehen u. noch keine Veröffentlichungen vorweisen können, hat KiBuLi eine Anwärter-Mitgliedschaft eingerichtet. AnwärterInnen sind bei der Vollversammlung nicht stimmberechtigt u. werden nicht auf der Homepage mit einer eigenen Seite genannt. An allen anderen Aktivitäten (Austausch über die Mailingliste, Treffen, Veranstaltungen etc.) können auch die Nachwuchs-KiBuLis teilnehmen. Sobald die Voraussetzungen für eine Vollmitgliedschaft erfüllt sind, geht die Anwärter-Mitgliedschaft in eine volle Mitgliedschaft über; MB: Vollmitglied 60 € im Jahr, AnwärterIn: 72 € im Jahr; P: Newsletter in unregelmäßigem Abstand; PM: ja, in gemeinsamen Anthologien u. Reihen; RB: nein, bisher nicht; MZ: zurzeit ca. 65, Tendenz steigend

Kinder- und Jugendtheaterzentrum in der Bundesrepublik Deutschland, Schützenstr. 12, D-60311 Frankfurt am Main, fon: 069/296661, fax: 069/292354, zentrum@kjtz.de, www.kjtz.de – Das Kinder- und Jugendtheaterzentrum ist eine 1989 auf Initiative der bundesdeutschen ASSITEJ vom Bundesjugendministerium geschaffene Einrichtung, die das Kinder- u. Jugendtheater in allen Bereichen unterstützen u. fördern soll. Das Zentrum ist Veranstalter des Deutschen Kinder- und Jugendtheater-Treffens (alle zwei Jahre in Berlin) sowie des alljährlich im Dezember stattfindenden Frankfurter Autorenforums für Kinder- und Jugendtheater. Organisation u. Durchführung von (Fortbildungs-)Veranstaltungen (siehe Jahresprogramm im Internet), darunter in Kooperation mit der Bundesakademie für kulturelle Bildung Wolfenbüttel die jährl. stattfindende Dramatikerwerkstatt für Kinder- und Jugendtheater „Stücke schreiben" (siehe S. 438). Ausrichtung des alle zwei Jahre vom Bundesministerium für Familie, Senioren, Frauen und Jugend vergebenen Deutschen Kindertheaterpreises (siehe S. 530) u. Deutschen Jugendtheaterpreises (siehe S. 529)

Die Künstlergilde e.V., Esslingen, Hafenmarkt 2, D-73728 Esslingen, fon: 0711/54031-00, fax: 0711/54931-02, kuenstlergilde@t-online.de – Kunst u. Kultur ein Forum zu geben u. zu dokumentieren, künstlerische Gestaltung u. Reflexion über den deutschen Kulturbeitrag aus dem Osten sowohl im In- u. Ausland zu vermitteln u. zu fördern, besonders in den Staaten Mittel-, Ost- u. Südosteuropas. Kooperation mit Künstlerorganisationen u. -einrichtungen in der Bundesrepublik Deutschland u. in den Staaten Mittel-, Ost- u. Südosteuropas zum Zwecke der Völkerverständigung u. des künstlerischen wie kulturellen Austausches. Die Künstlergilde verleiht u.a. zwei Literaturpreise: den Andreas-Gryphius-Preis u. den Nikolaus-Lenau-Preis, bei denen jedoch keine Eigenbewerbung möglich ist; A: Die KünstlerInnen sollten ein besonderes Interesse für die historischen deutschen Kulturlandschaften Mittel- u. Osteuropas haben; MB: 35 € pro Jahr; P: Vierteljahresschrift „Die Künstlergilde", 3-mal jährl.; PM: Veröffentlichungs-möglichkeiten in der Zeitschrift; MZ: ca. 800

Künstlersozialkasse (siehe S. 569 ff.)

Kulturstiftung der Länder (KSL), Lützowplatz 9, D-10785 Berlin, fon: 030/893635-0, fax: 030/8914251, kontakt@kulturstiftung.de, www.kulturstif-tung.de – Förderung u. Bewahrung von Kunst u. Kultur nationalen Ranges

LesArt e. V., Postfach 600580, D-50685 Köln, fon + fax: 0441/8009917906, les-art@lycosmail.com, www.lesart-lesbenkunst.de – „Immer noch ist die Literatur-u. Kunstszene von Männern u. (wenigen) heterosexuellen Frauen geprägt. Schrei-bende, Kunstschaffende u. an Kunst interessierte Lesben haben es schwer, mit-einander in Kontakt u. Austausch zu treten. Bisher gab es keinen überregionalen Verband, der die Zusammenarbeit u. das Zusammentreffen dieser Frauen ermög-licht hätte. Diese Lücke zu schließen, setzt sich LesArt zum Ziel." „Über ganz Deutschland u. darüber hinaus arbeiten Mitfrauen aller Künste kreativ zusammen. LesArt bietet den organisatorischen Rahmen, den die Mitfrauen in Eigeninitiative füllen." Ziele: Unterstützung von Regionalgruppen als Anlaufstellen u. Arbeits-grundlage für lesbische Künstlerinnen aller Sparten; Veranstaltung von überre-gionalen Austausch- u. Kennenlerntreffen; Organisation von Lesungen; Theater-aufführungen, Performances, Konzerten; Durchführung von Workshops etc.; Unterstützung von Internetauftritten u. Präsentationen in Printmedien; A: les-bische Künstlerinnen (aktive Mitfrauen); kunstinteressierte Lesben (Förder-frauen); MB: 36 € pro Jahr; P: überregionale Vereinszeitschrift „LesArtistik" mit Künstlerinnen-Porträts, Texten u. Bildern, Rezensionen, Kritiken (unregelmäßi-ges Erscheinen); Rundbrief LesArt-Edition (3–4-mal jährl.) mit Veranstaltungs-terminen etc.; LesArt-Edition „Raus aus der Kiste" (mit Texten u. Bildern), LesArt-CD „VenusErwachen" mit gelesenen Texten u. Musik; MZ: 30

Lese-Zeichen e. V., Thüringer Büro zur Autoren- und Leseförderung, Dr. Martin Straub, Haus auf der Mauer, Johannisplatz 26, D-07743 Jena, fon: 03641/616763, fax: 03641/350963, info@lesezeichen-ev.de, www.lesezeichen-ev.de – Der Lese-Zeichen e. V. ging 1998 aus dem Thüringer Büro zur Autoren- und Leseförderung hervor. Er ist der Förderverein des Verbandes deutscher Schriftsteller (VS), Landes-verband Thüringen. Organisation von Autorenlesungen, Schreibwerkstätten u. - wettbewerben, Seminaren zur Thüringer u. deutschsprachigen Literatur der Gegenwart, Weiterbildungsveranstaltungen. Veranstalter der „Thüringer Litera-tur- und Autorentage". 2003 erhielt der Verein den Thüringer Kulturpreis. Siehe auch „StadtschreiberIn in Ranis", S. 554; MB: kein MB; MZ: 25

Literarische Gesellschaft Magdeburg e.V., c/o Literaturhaus, Thiemstr. 7, D-39104 Magdeburg, fon + fax: 0391/4044995 – Der Verein will durch ein vielfälti-ges Angebot öffentlicher literaturbezogener Veranstaltungen zu allen literar. Richtungen u. Epochen der Welt das kulturelle Leben Magdeburgs bereichern. Der

Verein fühlt sich den literar. Traditionen u. den zeitgenössischen AutorInnen der Region verpflichtet. Organisation u. Durchführung von Lesungen, Ausstellungen etc. Monatliche Herausgabe eines Veranstaltungskalenders; A: keine; MB: 25 € jährl.; P: Zeitschrift „Almanach", in der u. a. unveröffentl. Texte publiziert werden; MZ: 60

Literarische Gesellschaft Thüringen e. V., Am Palais 1, D-99423 Weimar, fon + fax: 03643/776699, literarische-gesellschaft@t-online.de, www.literarische-gesellschaft.de – Die Literarische Gesellschaft Thüringen e. V. (LGT) wurde im Januar 1991 in Weimar als eine landesweite Vereinigung gegründet, der Autoren, Literaturwissenschaftlerinnen, Politikerinnen, Lehrer, Verleger, Bibliothekarinnen u. andere Literaturfreunde u. Institutionen angehören. Noch im selben Jahr rief sie die Thüringer Literaturtage ins Leben, die seither alljährlich jeweils an einem anderen Ort, möglichst einem kulturellen Zentrum Thüringens, in enger Zusammenarbeit mit den Kommunen u. ihren kulturellen Einrichtungen veranstaltet werden. Lesungen in Schulen, Bibliotheken u. Klubs brachten nach der Wende frischen Wind in Thüringens Literaturlandschaft; Ausstellungen, Verlagspräsentationen u. zahlreiche Einzelprojekte wurden durch die LTG gefördert. Organisation von Kinderliteraturfesten mit Schreibwerkstätten u. Verleihung des „Weimarer Buchlöwen"; MZ: ca. 85 Personen u. Institutionen, überwiegend Thüringer Autorinnen u. Autoren

Literarisches Colloquium Berlin e. V. (LCB), Am Sandwerder 5, D-14109 Berlin, fon: 030/816996-0, fax: 030/816996-19, mail@lcb.de, www.lcb.de – Das LCB veranstaltet Workshops, Seminare, Lesungen, Arbeitstagungen, Ausstellungen, Übersetzercolloquien etc. Herstellung u. Pflege internationaler Autorenkontakte. Nachwuchsförderung mit Hilfe von „Werkstätten" („Autorenwerkstatt Theatertexte" [siehe S. 292 f.], „Autorenwerkstatt Prosa" [siehe S. 549], „Übersetzerwerkstatt" [siehe S. 657 f.]). Die StipendiatInnen des „Aufenthaltsstipendiums für Nichtberliner Autorinnen und Autoren" (siehe S. 548) leben u. arbeiten für mehrere Monate im LCB. Das LCB ist Ausrichter des von Günter Grass gestifteten Alfred-Döblin-Preises (siehe S. 531) u. des „Berliner Preises für deutschsprachige Literatur"; A: Mitglieder werden berufen (namhafte VertreterInnen des Berliner Kulturlebens, der Literaturwissenschaft sowie verschiedener künstlerischer Bereiche); MB: Die Geschäfts- u. Verwaltungskosten trägt der Berliner Senat; P: Zeitschrift „Sprache im technischen Zeitalter" (siehe S. 214); Reihe „Text und Porträt", die AutorInnen mit Texten u. Fotos vorstellt; MZ: 14

Literatenohr e. V. („literary ears" in England), c/o Dr. Katharina Rist, Theodor-Heuss-Str. 7, D-67157 Wachenheim, fon: 06322/989898, fax: 06322/989899, www.literatenohr.de – „Der Name steht für die Verbindung von innen u. außen. Das Ohr bildet die Schnittstelle zwischen dem Einzelnen u. seiner Umwelt. Das, was von außen kommt, kann gehört, verstanden u. interpretiert werden. Der Literat hingegen steht für die Umsetzung des Wahrgenommenen, einen Schreibprozeß, der Innen- u. Außenwelt miteinander in Beziehung setzt." – Veranstaltung literar. Reisen mit Schreibwerkstätten u. Exkursionen zu bestimmten Themen, vornehmlich zu außergewöhnlichen Orten in England, Irland u. Deutschland; 3-mal jährl. Literaturwettbewerb; einmal jährl. Verleihung des „Großen Literatenohrs"; deutsch-englische Künstlertreffen; vernetzende Projekte zwischen (literatur)wissenschaftlicher Theorie u. künstlerischer bzw. lebensweltlicher Praxis; Durchführung von Seminaren, Lesungen, Vorträgen u. literar. Experimenten im Internet; A: natürliche u. juristische Personen, die selbst literarisch tätig sind oder sich literarisch fortbilden wollen; MB: 50 € (ermäßigt: 25 €); P: Texte von Literatenohren u. den Preisträgern unserer Literaturwettbewerbe auf unserer Homepage; Rundbrief; PM: Zeitung u. Anthologien in Planung; RB: Vereinsrecht; MZ: 41

Literaturförderkreis Kuhtor e. V., Ernst-Barlach-Str. 5, D-18055 Rostock, fon: 0381/4925581, fax: 0381/4909199, info@literaturhaus-rostock.de, www.literaturhaus-rostock.de – Förderung der Literatur; Trägerverein für das Literaturhaus Rostock. Mitglieder des Vereins erhalten regelmäßig das Monatsprogramm des Literaturförderkreises u. zu allen Veranstaltungen des Literaturhauses Kuhtor ermäßigten Eintritt. Nach zweijähriger Mitgliedschaft können Vereinsmitglieder den Veranstaltungsraum im Kuhtor zu günstigen Konditionen mieten; MB: 20 € (12 € ermäßigt) im Jahr; P: Kuhtorjahreslesebuch, erscheint einmal jährl.; PM: für Autorinnen u. Autoren aus Mecklenburg-Vorpommern bzw. mit deutlichem Bezug zu diesem Bundesland in „RISSE. Zeitschrift für Literatur in Mecklenburg und Vorpommern"; c/o Literaturhaus Rostock

Literatur-Kollegium Brandenburg e. V., Am Kanal 47, D-14467 Potsdam, fon + fax: 0331/6012869, schreiben@literaturkollegium.org, www.literaturkollegium.org – Gemeinnütziger Verein, dem mehr als 100 Schriftstellerinnen, Regisseure, Journalisten, Übersetzerinnen, Bibliothekare, Literaturwissenschaftlerinnen u. Freunde der Literatur angehören. Lesungen u. Publikationen, um das „Interesse für das Medium Buch zu wecken u. die literar. Landschaft zum Blühen zu bringen". „Wir schreiben Literaturpreise aus, fördern den literar. Nachwuchs durch Werkstätten, Manuskriptdiskussionen u. Lesungen u. geben Anthologien heraus. Eines unserer Ziele ist die Eröffnung eines literarisch produktiven Diskurses zwischen erfahrenen Schriftstellern u. noch unbekannten Autoren."; A: keine; MB: 17,89 € pro Jahr; P: „Schriftzüge – Brandenburgische Blätter für Kunst und Literatur", „Märkischer Almanach", „Lyrik-Kalender", „Anthologie Schreibender Schüler" u. a.; MZ: ca. 120

Literaturrat Niedersachsen e. V., Sophienstr. 2, D-30159 Hannover, fon: 0511/98058-24, -20, fax: 0511/9887513, info@literaturrat-nds.de, www.literaturrat-nds.de – Der Literaturrat Niedersachsen e. V. ist ein Dachverband, dem Autorenverbände, literar. Gesellschaften, Literaturbüros u. a. literar. Organisationen aus Niedersachsen angehören. Aufgaben u. Ziele: Vertretung der Belange der Literatur in der kulturellen Fachöffentlichkeit u. der Politik, Gremien- u. Netzwerkarbeit, Konzeption u. Organisation von Tagungen mit überregionaler Ausrichtung u. von landesweiten Projekten, fortlaufende Arbeit an der online-Datenbank „Literatur in Niedersachsen"; P: Zur Information über das literar. Leben in

Niedersachsen u. kulturpolit. Themen gibt der Literaturrat vierteljährlich die Zeitschrift „forum" heraus; MZ: 32

Literatursalon Greifswald e. V., Lomonossowallee 44, D-17491 Greifswald, fon: 03834/817700, fax: 03834/816688, kontakt@literatur-salon.de, www.literatur-salon.de

literaturWERKstatt berlin, Knaackstr. 97 (Kulturbrauerei), D-10435 Berlin, fon: 030/485245-0, fax: 030/485245-30, mail@literaturwerkstatt.org, www.literaturwerkstatt.org – Die literaturWERKstatt berlin wirkt als Begegnungsstätte zwischen (ausländischen) AutorInnen u. Publikum, Verlagen, Massenmedien u. a. für das literar. Leben wichtigen MultiplikatorInnen. Veranstaltungsreihen zu bestimmten Themen u. zu einzelnen literar. Genres; Organisation von Lesungen u. Literaturpartys; Ausrichtung des OPEN MIKE-Förderpreises (siehe S. 543 f.) zur Förderung junger AutorInnen. Initiatorin des Internetprojekts www.lyrikline.org.

Lübecker Autorenkreis und seine Freunde e. V., c/o Buchhaus Weiland, Königstr. 67 a, D-23552 Lübeck, fon: 0451/1600628, fax: 0451/1600677 oder c/o Klaus Rainer Goll, 1. Vorsitzender, Tüschenbeker Weg 11, D-23627 Groß Sarau, fon + fax: 04509/8250, linagoll@aol.com, webmaster@autorenkreis.de, www.autorenkreis.de – Verbreitung von Literatur und Verbindungen zu anderen Literaturvereinigungen, auch im Ausland; Förderung von NachwuchsautorInnen, um ihnen ein Forum zu schaffen; Förderung der niederdeutschen Sprache; Organisation und Durchführung der „Internationalen Lübecker Literaturwochen" (alle zwei Jahre) mit internationalen AutorInnen; Seminare, Vortragsabende, Lesungen, jeweils am letzten Sonntag eines Monats „Literarischer Frühschoppen" (außer Juli, August, Dezember); jährl. „Litera-Tour" in eines der neuen Bundesländer auf den Spuren eines Dichters mit gemeinsamen Lesungen unter dem Motto „Kennenlernen – aufeinander zugehen"; A: keine; MB: Ehepaare 50 €, Einzelpersonen 35 €, Schüler/Studenten 25 € pro Jahr; P: Anthologie „Treffpunkt" (Texte der Mitglieder), erscheint sporadisch; MZ: ca. 100

Mecklenburgische Literaturgesellschaft e. V., Wiekhaus 21, 2. Ringstr., D-17033 Neubrandenburg, fon: 0395/5441671, fax: 0395/5441685, pegasus-mlg@gmx.de, www.mlg.de, www.dekatt.de – Förderung des literar. Gegenwartsschaffens u. Pflege des kulturellen Erbes; Förderung des Umgangs junger Menschen mit Kultur im weitesten Sinne. „Dafür gestalten wir verschiedene Projekte u. bieten literar. Veranstaltungen an; z. B. finden jährl. die Uwe-Johnson-Tage im September statt, und alle 2 Jahre wird der Uwe-Johnson-Literaturpreis gemeinsam mit dem ‚Nordkurier' ausgeschrieben." Das Wiekhaus ist außerdem Sitz des Pegasus-Projektes, ein Literatur- u. Kulturzentrum für Kinder u. Jugendliche in Mecklenburg-Vorpommern. Seit 2003 ist die MLG Träger des Projekts „de Katt – Kulturreisen". „Nordost.de Katt veranstaltet Wochenendreisen, Tagesausflüge u. Spaziergänge zu den Autoren Uwe Johnson, Alfred Andersch, Hans Fallada sowie zur DDR-Literatur in Mecklenburg-Vorpommern."; A: keine; P: „Glasbrenner", 2 Hefte jährl.: In Heft 1 finden sich Texte junger AutorInnen (Ergebnisse des Pegasus-

Projektes); Heft 2 ist den Uwe-Johnson-Tagen gewidmet (Vorträge u. Gespräche). „Auch Beiträge von Nicht-Mitgliedern sind möglich, ja erwünscht."; MZ: ca. 70 („Pädagogen, Literaturwissenschaftler, Journalisten, Schriftsteller")

mediafon/ver.di – Referat Selbständige, D-10112 Berlin, fon: 01805/754444, fax: 030/26366-1414, info@mediafon.net, www.mediafon.net – Berufsberatung (keine Berufseinstiegsberatung) für Selbständige, insbesondere Medienschaffende. Ein Service der Vereinten Dienstleistungsgewerkschaft ver.di (www.verdi.de). Kostenlos für deren Mitglieder, Nicht-Mitglieder werden gegen Gebühr beraten (12,50 € pro angefangene Viertelstunde). Sehr informative Serviceseite im Internet rund um die Themen Tarife u. Honorare, Recht u. Steuern, Versicherungen u. v. m.; sehr informativer Newsletter

Münsteraner Autorengruppe MS-Lyrik, Leitung/Kontakt: Ingrid Henjes u. Werner Klöpper, Travelmannstr. 28, D-48153 Münster, fon: 0251/9742409, autoreng@muenster.de, www.muenster.org/autorengruppe/index.html u. www.muenster.de/homepages/MS-Lyrik.html – Der Gründungsanlass war 1979 die Herausgabe einer Literaturzeitschrift („MS-Lyrik/MS-Prosa" bis 1983). Seit 1981 werden regelmäßig literar. Stammtischabende im Rahmen der Schreib- u. Literaturwerkstatt veranstaltet, bei der selbst geschriebene Texte der AutorInnen vorgetragen u. diskutiert werden. Ziele: Veröffentlichungen u. Lesungen. Förderung junger AutorInnen. Veranstaltungen der „Schreib- und Literaturwerkstatt": dienstags, 14-täglich, „Nordstern", Hoyastr. 3, 20–22.00 Uhr, wechselnde Themen aus dem Literaturbereich/eigene Texte; neue TeilnehmerInnen herzlich willkommen; MB: kein Beitrag; MZ: wechselnd

MVB Marketing- und Verlagsservice des Buchhandels GmbH (früher: Buchhändler-Vereinigung), Großer Hirschgraben 17–21, D-60311 Frankfurt am Main, fon: 069/1306-0, fax: 069/1306-201, info@mvb-online.de, www.mvb-online.de – Die MVB ist ein Tochterunternehmen des Börsenvereins des Deutschen Buchhandels (siehe oben). Zu ihrer Produktpalette gehören das „**VLB** Verzeichnis Lieferbarer Bücher", das „Börsenblatt – Wochenmagazin für den Deutschen Buchhandel" (siehe S. 218), das Kundenmagazin „Buchjournal", das „Adressbuch für den deutschsprachigen Buchhandel" mit über 30.000 Anschriften von Verlagen, Buchhandlungen, Musikalienhandlungen u. Verlagsvertretern in Deutschland, Österreich u. der Schweiz, das statistische Jahrbuch des deutschen Buchhandels „Buch und Buchhandel in Zahlen" u. a. In der MVB angesiedelt ist außerdem die Nationale **ISBN-Agentur** der Bundesrepublik Deutschland.

VLB Verzeichnis Lieferbarer Bücher

Das Standardwerk des Buchhandels verzeichnet mit mehr als 930.000 Titeln aus über 17.000 Verlagen weitestgehend alle lieferbaren deutschsprachigen Publikationen. Damit zeichnet sich das VLB gegenüber allen anderen Buchhandelsdatenbanken durch seine Vollständigkeit aus. Das VLB steht wahlweise als Buch- oder CD-ROM-Ausgabe sowie als online-Anwendung im Internet zur Verfügung (www.mvb-vlb.de). VLB-Redaktion: fon: 069/29802-360, fax: 069/1306-395, vlb@mvb-online.de

ISBN (Internationale Standard-Buch-Nummer) u. ISBN-Agentur
Die ISBN kennzeichnet in aller Welt als kurzes u. eindeutiges (in Verbindung mit einem EAN-Strichcode auch maschinenlesbares) Identifikationsmerkmal jedes Buch unverwechselbar. Eine ISBN besteht derzeit aus 10 Ziffern; zum 1. Januar 2007 wird die ISBN um 3 auf 13 Ziffern erweitert.
Zur ISBN-Beantragung: Die Agentur unterscheidet zwischen zwei „Verlagstypen": 1. Verlage mit fortlaufender Produktion: „Dies sind Verlage mit Gewerbeanmeldung/en als Verlag, Handelsregister-Eintragung oder Vereinsregister-Eintragung, aber auch Körperschaften des öffentlichen Rechts, die ihre Produkte über den Buchhandel handeln. Diesen Verlagen wird ein Kontingent von ISB-Nummern zur Verfügung gestellt, damit sie ihre Produktionen eigenständig benummern können." 2. (Selbst-)Verlage mit absehbar einmaliger Verlagsproduktion: „Dies sind Verlage ohne Gewerbeanmeldung/en, Handelsregister-Eintragung oder Vereinsregister-Eintragung, aber auch Körperschaften des öffentlichen Rechts. Diesen Verlagen wird für ihre einmalige Verlagsproduktion eine einzelne ISB-Nummer zur Verfügung gestellt." Sich eine ISB-Einzelnummer erteilen zu lassen kostet zurzeit 67,79 €. Der Betrag setzt sich zusammen aus 57 € Bearbeitungsgebühr, 1,44 € Porto und 9,35 € Mehrwertsteuer. Das Beantragungsformular u. Informationsmaterial gibt es auf den Internetseiten der Agentur. – *Adresse:* Nationale ISBN-Agentur der Bundesrepublik Deutschland; fon: 069/1306-387, fax: 069/1306-258, Ansprechpartnerin: Anke Lehr, a.lehr@mvb-online.de, www.german-isbn.org

Neue Gesellschaft für Literatur Erlangen e. V. (NGL), Helmut Haberkamm, Am Mühlgarten 21, D-91080 Spardorf, fon: 09131/503789, kontakt@ngl erlangen.de, www.ngl-erlangen.de – Veranstaltungen („Literatur im Theatercafé"), Herausgabe von Anthologien, Schriftstelleraustausch, Gästebetreuung u. Mitwirkung bei literar. Projekten in der Region; A: 1987 wurde die Mitgliederzahl auf 50 begrenzt u. der Beitritt auf den fränkischen Raum beschränkt. Voraussetzung zur Aufnahme ist das Vorliegen einer Buchpublikation oder einer vergleichbaren literar. Tätigkeit. Arbeitsaustausch u. Werkstattlesungen der AutorInnen im Turnus von 6 bis 8 Wochen; P: Anthologien; MZ: 50

Neue Literarische Gesellschaft, Marburg e. V., Ludwig Legge, Sauersgäßchen 1, D-35037 Marburg, fon + fax: 06421/64822, ludwig.legge@web.de + vorsitzender@literatur-um-11.de, www.literatur-um-11.de – Förderung junger AutorInnen; Veranstaltung von Lesungen (auch in Schulen) u. Workshops; Durchführung „Internationaler Autorentage"; Herausgabe von Anthologien; A: keine; MB: 20 €, Paare 30 €; P: „Literatur um 11" (Jahrbuch der Neuen Literarischen Gesellschaft, Marburg); MZ: 400

Nordkolleg Rendsburg, Fachbereich Literatur, Am Gerhardshain 44, D-24768 Rendsburg, fon: 04331/1438-21, fax: 04331/1438-20, literatur@nordkolleg.de, www.nordkolleg.de – Eines der Ziele des Fachbereichs Literatur ist die Förderung junger Gegenwartsautoren: In Zusammenarbeit mit der Arno Schmidt Stiftung, Bargfeld, findet alle zwei Jahre das Sommerseminar für den „hochbegabten schriftstellerischen Nachwuchs" statt. Für diese handwerklich orientierte Woche stehen jeweils 16 Plätze zur Verfügung, die über das literar. Umfeld der Gastdozenten u. über Kontakte zu wichtigen deutschen Verlagen vergeben werden. Das Internetforum „Forum der Dreizehn" ist aus einem dieser Sommerseminare hervorgegangen. Weitere Aktivitäten: Veranstaltungen zu u. mit AutorInnen u. ihren Werken („Kanalrunden"); „Tagung zur jungen norwegischen Literatur", jährl.; „Lesenächte"; Tagungen u. Workshops im Bereich Drehbuch u. Hörspiel.

P.E.N.-Zentrum Deutschland, Kasinostr. 3, D-64293 Darmstadt, fon: 06151/23120, fax: 06151/293414, pen-germany@t-online.de, www.pen-deutschland.de (Präsident: Johano Strasser, Generalsekretär: Wilfried F. Schoeller) – „Die drei Anfangsbuchstaben der Wörter Poets, Essayists, Novelists bilden den bekannten Namen jener internationalen Schriftstellervereinigung, die weltweit in 140 Zentren organisiert ist. 1921 in England als ein literar. Freundeskreis gegründet, hat sich der P.E.N.-Club über die Länder der Erde ausgebreitet u. sich längst als Stimme der verfolgten u. unterdrückten Schriftsteller u. als Anwalt des freien Wortes etabliert." Das P.E.N.-Zentrum setzt sich ein für die Förderung politisch, rassisch oder religiös Verfolgter u. kümmert sich besonders um inhaftierte oder bedrohte SchriftstellerInnen, JournalistInnen u. PublizistInnen in aller Welt, die wegen freier Meinungsäußerung verfolgt werden. Ziele der Autorinnen u. Autoren, die dem P.E.N.-Zentrum angehören, sind ein ungehinderter Gedankenaustausch zwischen den Nationen, die Achtung vor dem Andersdenkenden zu fördern u. mit äußerster Kraft gegen Rassen-, Klassen- u. Völkerhass zu wirken. Dies geschieht durch Betreuung inhaftierter Autorinnen u. Autoren, die aus politischen Motiven im Gefängnis sitzen u. ihrer Angehörigen sowie mit Interventionen bei Behörden u. Regierungen („Writers in Prison"). Seit 1999 wird die „Writers in Prison"-Arbeit durch die „Writers in Exile"-Arbeit ergänzt: Zurzeit stehen in fünf deutschen Städten Wohnungen für sechs ExilautorInnen zur Verfügung. Die betroffenen AutorInnen erhalten ein auf maximal fünf Jahre bemessenes Stipendium u. werden vom P.E.N. betreut. Ziel ist es, den exilierten AutorInnen die Möglichkeit zu geben, in einer fremden Sprachumgebung u. abgeschnitten von der Mehrzahl ihrer LeserInnen als AutorInnen zu überleben. Gerade hierfür ist die ehrenamtliche Betreuungsarbeit von großer Bedeutung. Der P.E.N. versucht, die nötigen Kontakte zu Verlagen u. Redaktionen herzustellen u. gibt den AutorInnen Gelegenheit, in öffentlichen Lesungen u. Diskussionsveranstaltungen ihr Werk dem deutschen Publikum vorzustellen; A: Mitglied kann nur werden, wer von einem der Zentren in den verschiedenen Ländern aufgrund besonderer schriftstellerischer Leistungen hinzugewählt wird u. sich durch seine Unterschrift unter die Charta zu den Prinzipien der Vereinigung bekennt; P: P.E.N.-Zentrum Deutschland. Autorenlexikon 2003/2004; MZ: 677 Mitglieder (Stand August 2004)

Quo Vadis, siehe Autorenkreis Historischer Roman Quo Vadis (siehe S. 617 f.)

Regensburger Schriftstellergruppe International e.V. (RSGI), Von-der-Tann-Str. 13, D-93047 Regensburg, fon: 0175/7369579 (Präsident: Mag. Stefan Rimek) sowie fon + fax: 0941/57709 (Büro), rsgi@freenet.de, www.rsgi.de – Die RSGI ist ein weltweit organisierter, in 25 Ländern beheimateter, politisch u. konfessionell unabhängiger Schriftstellerverband vorwiegend deutschsprachiger AutorInnen. Pflege von Schrifttum u. Dichtung sowie wissenschaftl. Fachliteratur. Regelmäßige Aktivitäten: Internationale Literaturtage u. literar. Begegnungen, Jubilar-Poeten-Partys, Diskussionsveranstaltungen, Vorträge u. Lesungen der Jungautorengruppe. Alle zwei Jahre Veranstaltung eines Jungautorenwettbewerbs, „zu dem sich jeder deutschsprachige Autor bis einschließlich 25 Jahre melden kann". Die RSGI verfügt über eine eigene Bibliothek mit rund 6.000 Bänden u. ist in der Staatl. Bibliothek Regensburg untergebracht; A: Vollmitglied: „jeder deutschsprachige Autor mit entsprechender Qualifikation" (Nachweis bereits veröffentlichter Arbeiten); Jungautorengruppe: auch unveröffentl. Arbeiten; Mitglieder des Freundschaftskreises: jedeR; MB: seit 2002: 31 € (Vollmitglied), 10 € (Jungautorengruppe u. Freundschaftskreis); P: Anthologien; „Mitteilungsblatt"; MZ: ca. 320

Sächsischer Literaturrat e.V., c/o Haus des Buches, Gerichtsweg 28, D-04103 Leipzig, fon: 0341/9954157 + 9954158, fax: 0341/9954157, kontakt@saechsischer-literaturrat.de, www.saechsischer-literaturrat.de – Landesdachverband literar. Vereine, Verbände, Institutionen sowie Gesellschaften, gefördert vom Sächsischen Staatsministerium für Wissenschaft und Kunst, zur Förderung u. Pflege der Literatur u. des literar. Lebens im Freistaat Sachsen

Sächsischer Schriftstellerverein e.V., c/o Rainer Klis, Weinkellerstr. 20, D-09337 Hohenstein-Ernstthal, fon: 03723/419999 – Förderung der Gegenwartsliteratur; Organisation von Lesungen, Literaturdiskussionen; A: eigenständige Buchveröffentlichung (ohne Zuschuss; kein Selbstverlag); MB: 10 € pro Jahr; MZ: ca. 40

Schrieverkring Weser-Ems e.V., Überregionale Vereinigung niederdeutscher Autoren, c/o Carl Scholz (Vors.), Schinkenberg 10, D-28307 Bremen, fon: 0421/480378, fax: 0421/4841951, cvscholz@aol.de, www.schrieverkring.de – Erzählungen u. Gedichte schreiben, darüber reden; einen eigenen Schreibstil finden, Freundschaften schließen; mind. zweimal im Jahr Werkkritik, Lesungen, Vorträge, Diskussionen, Lyrik- u. Sachtext-Warkeldage (Arbeitstagungen) im nordwestdeutschen Raum; sprachl. Einzugsgebiet etwa holländ. Grenze bis über die Weser; Nordsee bis etwa Linie Harz/Münster (Westf.); Zusammenarbeit mit AutorInnen aus den Niederlanden (Drente/Achterhoek), Groningen; A: bei Veröffentlichungen oder bei Vorlage von Texten in niederdeutscher Sprache durch Aufnahmeausschuss; MB: 35 € pro Jahr; P: Zusammenarbeit mit „Diesel, dat oostfreeke bladdje" u.a.; PM: Info-Post; MZ: 41

Schriftsteller in Schleswig-Holstein e.V., www.schriftsteller-in-sh.de – Förderung von AutorInnen zeitgenössischer Lyrik, Prosa, Sachliteratur in Hoch- u. Niederdeutsch durch Vorträge u. Lesungen. Pflege auch des Literaturguts der traditionellen DichterInnen Schleswig-Holsteins. Jährlich dreitägige „Literaturtage" in wechselnden Städten des Bundeslandes. Eine verbandseigene Wander-Buchausstellung „Lebendige Literatur in Schleswig-Holstein" wird etwa viermal im Jahr öffentl. präsentiert, jeweils über drei bis vier Wochen; A: Der Verein steht allen im Land Schleswig-Holstein wohnenden oder ihm durch Geburt u. Neigung verbundenen SchriftstellerInnen offen, sofern sie veröffentlicht haben als ordentliche, sonst als fördernde Mitglieder; MB: 61 € pro Jahr, inkl. Bezug der unten genannten Zeitschrift; ohne Zeitschrift 35 €; P: Zeitschrift „Schleswig-Holstein – Kultur, Geschichte, Natur" des SHHB, die als monatl. Mitteilungsorgan des Vereins genutzt wird; MZ: 130 Mitglieder

Die Schulen des Deutschen Buchhandels, Wilhelmshöher Str. 283, D-60389 Frankfurt am Main, fon: 069/947400-0, fax: 069/947400-50, info@buchhaendlerschule.de, www.buchhaendlerschule.de – Die Schulen des Deutschen Buchhandels, die zentrale Aus- u. Fortbildungsstätte des Buchhandels in Deutschland, bieten u. a. Seminare für Mitarbeiterinnen u. Quereinsteiger des herstellenden u. verbreitenden Buchhandels an. Themen: Literatur, Jugendbuch, Taschenbuch, Comics, Reise/Touristik, Manuskriptbearbeitung, Marketing/Vertrieb, Öffentlichkeits- u. Pressearbeit, Lizenzen, Gründung u. Aufbau eines Verlages, Buchtypographie, EDV, elektronisches Bibliographieren, Kreativ-Techniken, Kommunikations-Training etc.

(Fortbildungsseminare gibt es auch an der Akademie des Deutschen Buchhandels, siehe oben; siehe außerdem Fortbildung-Verlag.com + Fortbildung-Buchhandel.com.)

Schweizerischer Buchhändler- und Verleger-Verband SBVV, Alderstr. 40, Postfach, CH-8034 Zürich, fon: 01/4212800, fax: 01/4212818, sbvv@swissbooks.ch, www.sbvv.ch + www.swissbooks.ch

Science Fiction Club Deutschland (SFCD) e.V., www.sfcd-online.de – Der SFCD, gegründet 1955, ist der älteste SF-Club Deutschlands. „Hauptziel des Vereins ist die kritische Auseinandersetzung mit SF, Fantasy, Phantastik u. artverwandten Gebieten, besonders im Bereich der Literatur sowie in anderen Medien wie Hörspiel, Film, Theater, Fernsehen, Musik u. bildender Kunst. Der SFCD will die Informationsvermittlung in diesen Gebieten durch den Zusammenschluss daran interessierter Personen fördern." Der SFCD verleiht jährl. den Deutschen Science Fiction Preis (siehe S. 531); A: keine; MB: 45 €, ermäßigt 30 € pro Jahr; P: „Andromeda Nachrichten" (AN) u. „Andromeda SF Magazin" (ANDRO); MZ: rund 400 Mitglieder, darunter „nicht nur etablierte Herausgeber u. Autoren wie Wolfgang Jeschke, Herbert W. Franke u. Franz Rottensteiner, sondern auch Fans von Kanada bis Australien"

Segeberger Kreis – Gesellschaft für Kreatives Schreiben e.V. (siehe S. 448)

Sisters in Crime, das German Chapter – Mörderische Schwestern, c/o Susanne Mischke, Im Hückedal 21 b, D-30974 Wennigsen, write@susannemischke.de, www.sinc.de – Die Mörderischen Schwestern sind die deutschsprachige Abteilung des internationalen Verbandes Sisters in Crime, Inc., u. Netzwerk der Krimiautorinnen; A: jede Person, die sich für Krimis interessiert u. sich mit den Zielen der Vereinigung identifiziert; MB: 25 € pro Jahr; P: Newsletter „Mordio" (2-mal jährl.), unregelmäßig versandter Inforundbrief „Eilige Konspirative Mitteilungen" („Konspis"), Mailingliste; MZ: 230

Sorbischer Künstlerbund e. V., Postplatz 2, D-02625 Bautzen, fon: 03591/550215, fax: 03591/550174, zsw-domowina@sorben.de, www.zsw-skb.de + www.zsw-skb.com – Der Förderverein unterstützt u. a. sorbischsprachige bzw. deutsch-sorbische AutorInnen deutschlandweit u. pflegt Kontakte zu AutorInnen vornehmlich in ost- u. südeuropäischen Ländern; A: Über die Aufnahme entscheidet der Vorstand; MZ: rund 100 Schriftstellerinnen, Komponisten, Schauspielerinnen, Tänzer, Musikerinnen u. Maler

DAS SYNDIKAT, Autorengruppe deutschsprachige Kriminalliteratur, www.dassyndikat.com sowie www.die-criminale.de – Förderung der deutschsprachigen Kriminalliteratur. Vergabe von vier Preisen für Kriminalliteratur: GLAUSER für den besten deutschsprachigen Kriminalroman des Jahres (siehe S. 533); EHRENGLAUSER für ein Lebenswerk; Kurzgeschichten-Glauser (siehe S. 533) u. MARTIN für den besten deutschsprachigen Kinder- bzw. Jugendkrimi eines Jahres (siehe S. 543). Veranstaltung der CRIMINALE (jährl.) mit Seminaren u. Workshops; A: „Das SYNDIKAT nimmt Kriminalschriftsteller/innen auf, die mindestens eine selbstständige Veröffentlichung in einem kommerziellen Verlag vorzuweisen haben." Darüber hinaus kann man AMIGA/AMIGO werden. AMIGAS/AMIGOS sind „Personen, die sich dem Genre besonders eng verbunden fühlen. AMIGO-Mitgliedschaften werden bevorzugt von Vertretern der Verwerterseite (Verlage, Rundfunkanstalten, Agenturen, TV-Produktionen u. -Sender) wahrgenommen."; MB: „freiwillige Pflichtspende" von mindestens 70 €; P: 6-mal jährl. „SECRET SERVICE" (Mitgliederzeitschrift); MZ: ca. 350 sowie 43 AMIGAS/AMIGOS

Ulmer Autoren 81 e. V., Christine Langer, Postfach 2273, D-89212 Neu-Ulm – Zusammenschluss von Literaturschaffenden u. Förderern der Literatur. Der Verein, gegründet 1986, ist überparteilich u. überkonfessionell u. verfolgt ausschließlich u. unmittelbar gemeinnützige Zwecke: a) die Förderung von AutorInnen, unabhängig von deren Herkunft, Religion, Muttersprache oder Formen ihres literar. Schaffens; b) die Förderung der interdisziplinären Zusammenarbeit mit VertreterInnen anderer Kunstgattungen; c) die Förderung von Publikationen, Veranstaltungen u. anderen Formen der Vermittlung von Literatur unter besonderer Berücksichtigung der Werke von AutorInnen aus Ulm u. Umgebung; d) die Förderung der Zusammenarbeit u. des literar. Austausches mit AutorInnen aus anderen Städten, Ländern u. Nationen; e) die Entwicklung u. Förderung von Aktivitäten, die zur Bereicherung des literar. Lebens führen können. Der Verein betreut das Poesie-Telefon (siehe S. 640); es finden monatlich Werkstattgespräche statt; MB: 25 € pro Jahr; MZ: ca. 40

Verband Deutscher Bühnen- und Medienverlage e. V., Uhlandstr. 90, D-10717 Berlin, fon: 030/86208161, fax: 030/86208157, info@buehnenverleger.de, www.buehnenverleger.de + www.theatertexte.de (Datenbank zu deutschsprachigen Bühnenwerken) – „Zusammenschluß der Theaterverlage (Medienverlage u. -agenturen, Musikverlage) des deutschen Sprachraumes. Es sind überwiegend Verlage des non-print-Bereichs, die sich im wesentlichen oder ausschließlich mit der Vertretung ihrer AutorInnen gegenüber den Bühnen, Sendeanstalten, Film- u. Video- u. TonträgerproduzentInnen befassen sowie Verträge über sonstige Nutzungen abschließen. Hierzu gehören u. a. Buchverlage, die in ihren Häusern eigene Theater- u. Medienabteilungen eingerichtet haben. Die Verlage sind entweder selbst Rechteinhaber oder sie treten für die AutorInnen als Agentur auf. AutorInnen der Verlage sind neben BühnenautorInnen (Wort u. Musik) zunehmend AutorInnen von Original-Fernseh- oder Hörspielen sowie Filmdrehbüchern."

Verband deutscher Drehbuchautoren e.V. (VDD), Albrechtstr. 19, D-10117 Berlin, fon: 030/25762971, fax: 030/25762974, info@drehbuchautoren.de, www.drehbuchautoren.de – Berufsverband der deutschen Drehbuchautorinnen u. -autoren (siehe S. 415)

Verband deutscher Schriftsteller (VS) in ver.di, Bundesgeschäftsstelle: Paula-Thiede-Ufer 10, D-10179 Berlin, fon: 030/6956-2327, -2331, fax: 030/6956-3656, vs@verdi.de, www.verband-deutscher-schriftsteller.de; VS-Vors.: Dr. Fred Breinersdorfer; Bundesgeschäftsführerin: Sabine Herholz – Der VS ist eine Fachgruppe der Vereinten Dienstleistungsgewerkschaft ver.di. Er hat den Zweck, die kulturellen, rechtlichen, beruflichen, sozialen u. tariflichen Interessen seiner Mitglieder in Übereinstimmung mit der Satzung der ver.di u. den Zielen des Deutschen Gewerkschaftsbundes zu fördern u. zu vertreten sowie die internationalen Beziehungen der Autorinnen u. Autoren, Übersetzerinnen u. Übersetzer zu pflegen. Zu den Zielen des VS gehört es insbesondere, auf den Abschluss von Tarifverträgen für seinen Bereich hinzuwirken; A: Mitglieder können alle haupt- u. nebenberuflichen deutschsprachigen Autorinnen u. Autoren, Übersetzerinnen u. Übersetzer sowie alle auf dem Gebiet der Bundesrepublik lebenden fremdsprachigen SchriftstellerInnen werden, die ihr fachliches Können durch eine (nicht selbst finanzierte) Buchveröffentlichung u./oder eine Sendung oder Aufführung eines Hör- oder Fernsehspiels, Theaterstücks oder Films u./oder mehrere Veröffentlichungen in literar. Anthologien, Literaturzeitschriften, elektronischen Medien u. Feuilletons, entsprechende Veröffentlichungen als literar. Übersetzerin oder Übersetzer oder eine vergleichbare literar. Tätigkeit nachgewiesen haben. Außerdem können InhaberInnen von ererbten Urheberrechten Mitglied werden; MB: Mindestbeitrag 12,78 € pro Monat (oder 1,2 Prozent vom Monatseinkommen); P: medien- u. kulturpolitische Zeitschrift „Kunst + Kultur" (siehe S. 202); Fachblatt „Übersetzen" (siehe S. 218); RB: kostenloser Rechtsschutz in allen berufsbedingten Rechtsstreitigkeiten; kostenlose Rechtsberatung bei Vertragsabschlüssen u. in allen urheberrechtl., Steuer- u. Versicherungsproblemen; MZ: 4.000 (3.000 AutorInnen + 1.000 ÜbersetzerInnen)

Der VS organisiert sich auf Bezirks-, Landes- u. Bundesebene. Im Folgenden werden nur die Landesverbände (LV) mit ihren Vorsitzenden genannt. In jedem Landesverband gibt es aber noch etliche Dependancen auf Bezirksebene. Wer also nach Gleichgesinnten in der näheren Umgebung sucht, wende sich an die Landesverbände.

Landesverbände (LV) und ihre Vorsitzenden:

LV Baden-Württemberg, Imre Török, c/o VS in ver.di, Landesbezirk Baden-Württemberg, Königstr. 10 a, D-70173 Stuttgart, fon: 0711/88788-0800, fax: 0711/88788-0899,www.verdi.de/vs-bawue/

LV Bayern, Robert Stauffer, c/o VS in ver.di, Landesbezirk Bayern, Schwanthaler Str. 64, D-80336 München, fon: 089/59977-1082, fax: 089/59977-1089, http://f27.parsimony.net/forum66036

LV Berlin, Prof. Dr. Horst Bosetzky, c/o VS in ver.di, Landesbezirk Berlin, Köpenicker Str. 55, D-10179 Berlin, fon: 030/8631-2402, fax: 030/8631-2934, www.vs-in-berlin.de

LV Brandenburg, Alexander Kröger, c/o VS in ver.di, Bezirk Potsdam/Brandenburg, Köpenicker Str. 55, D-10179 Berlin, fon: 030/8631-2403, fax: 030/8631-2934

LV Hamburg, Dr. Reimer Eilers, c/o VS in ver.di, Landesverband Hamburg, Besenbinderhof 60, D-20097 Hamburg, fon: 040/2858-517/-508, fax: 040/2858-499

LV Hessen, Horst Senger, c/o VS in ver.di, Landesbezirk Hessen, Rhônestr. 2, D-60528 Frankfurt am Main, fon: 069/6695-1524, fax: 069/6695-1599, www.vs-hessen.de

LV Mecklenburg-Vorpommern, Hans-Jürgen Schumacher, c/o VS in ver.di, Landesverband Mecklenburg-Vorpommern, siehe LV Hamburg

LV Niedersachsen-Bremen, Sylvia Geist, c/o VS in ver.di, Landesbezirk Niedersachsen-Bremen, Goseriede 10–12, D-30159 Hannover, fon: 0511/12400-293, fax: 0511/12400-317

LV Nordrhein-Westfalen, Harry Böseke, Anna Dünnebier, c/o VS in ver.di, Landesbezirk Nordrhein-Westfalen, Hohenzollernring 85–87, D-50672 Köln, fon: 0221/951496-66, fax: 0221/951496-79, www.vs-nrw.de

LV Rheinland-Pfalz, Thomas Krämer, c/o VS in ver.di, Landesbezirk Rheinland-Pfalz, Münsterplatz 2–6, D-55116 Mainz, fon: 06131/9726-0, fax: 06131/9726-199, www.autorenkatalog-rlp.de

LV Saarland, Klaus Behringer, c/o VS in ver.di, Landesbezirk Saarland, Saarländisches Künstlerhaus, Karlstr. 1, D-66111 Saarbrücken, fon: 0681/375727, fax: 0681/71778, www.vs-saar.de

LV Sachsen, Regine Möbius, c/o VS in ver.di, Landesbezirk Sachsen, VS-Büro im „Haus des Buches", Gerichtsweg 28, D-04103 Leipzig, fon: 0341/9954511, fax: 0341/9954511, www.vs-in-leipzig.de

LV Sachsen-Anhalt, Simone Trieder, c/o VS in ver.di, Geschäftsstelle Sachsen-Anhalt, Thiemstr. 7, D-39104 Magdeburg, fon: 0391/4010915, fax: 0391/4010915

LV Schleswig-Holstein, Hannes Hansen, c/o VS in ver.di, Landesbezirk Schleswig-Holstein, siehe LV Hamburg

LV Thüringen, York Sauerbier, c/o VS in ver.di, Geschäftsstelle Thüringen, Schillerstr. 44, D-99096 Erfurt, fon: 0361/2117-180, fax: 0361/2117-176, www.schriftsteller-in-thueringen.de

Bundessparte Übersetzer, Helga Pfetsch, c/o VS in ver.di, Bundessparte Übersetzer/VdÜ, Paula-Thiede-Ufer 10, D-10179 Berlin, fon: 030/6956-2327, -2331, fax: 030/6956-3656, www.literaturuebersetzer.de

Auslandsgruppe, Axel Thormählen, c/o VS in ver.di, Auslandsgruppe, Paula-Thiede-Ufer 10, D-10179 Berlin, fon: 030/6956-2327, -2331, fax: 030/6956-3656

Verband deutschsprachiger Übersetzer literarischer und wissenschaftlicher Werke e. V. (VdÜ)/Bundessparte Übersetzer im Verband deutscher Schriftsteller (VS) in ver.di, Paula-Thiede-Ufer 10, D-10179 Berlin, fon: 030/6956-2331, fax: 030/6956-3656, www.literaturuebersetzer.de, Vorstand: Helga Pfetsch (1. Vorsitzende), Sitzbuchweg 44, D-69118 Heidelberg, fon: 06221/801516, fax: 06221/802124 – Berufsverband der literarischen Übersetzerinnen u. Übersetzer; A: „Voraussetzung für die Aufnahme in den VdÜ ist eine veröffentlichte oder vertraglich vereinbarte Literaturübersetzung, die nicht durch Einsatz eigener Geldmittel erkauft sein darf – Buch, Zeitschriftenbeitrag, Theaterstück, Hörspiel, Drehbuch etc. Ob Sie das literarische Übersetzen im Hauptberuf oder im Nebenberuf ausüben, spielt keine Rolle." Mitglieder des VdÜ gehören, als Bundessparte Übersetzer, zugleich dem Verband deutscher Schriftsteller (VS) an u. sind damit Mitglieder der Vereinten Dienstleistungsgewerkschaft ver.di. Der Beitritt erfolgt über die Bundesgeschäftsstelle des VS. Der VdÜ ist Mitglied im European Writers' Congress (EWC), siehe oben; MB: Der Gewerkschaftsbeitrag beträgt monatlich 1 % des zu versteuernden Eikommens, erzielt durch Übersetzungen. Hinzu kommt ein Spartenbeitrag von mindestens 18 € pro Jahr; P: Fachzeitschrift „Übersetzen" (siehe S. 218), kulturpolitische Zeitschrift „Kunst + Kultur" (siehe S. 202) sowie das „Verzeichnis der Übersetzerinnen und Übersetzer". Online-Datenbank der Literaturübersetzer auf der Website; RB: kostenloser Rechtsschutz in allen berufsbedingten Rechtsstreitigkeiten; kostenlose Rechtsberatung bei Vertragsabschlüssen u. bei allen urheberrechtl., Steuer- u. Versicherungsproblemen; MZ: ca. 1.000 (siehe auch den Beitrag von Sigrid Vagt, S. 652 ff.)

Verband der Freien Lektorinnen und Lektoren e.V. (VFLL), Anja Sieber (Vorstand), Gustav-Adolph-Str. 10, D-13086 Berlin, fon: 030/92405410, fax: 030/92405411, vorstand@vfll.de; Geschäftsstelle: Dr. Carla Meyer, Oberes Tor 3, D-63916 Amorbach, fon: 09373/980254, fax: 09373/980255, geschaeftsstelle@vfll.de, www.vfll.de, www.lektoren.de – „Die berufliche Stellung der Lektoren/Lektorinnen hat sich [..] in den letzten Jahren massiv gewandelt: Immer mehr Lektorinnen u. Lektoren arbeiten freiberuflich, im eigenen Büro, in echten oder virtuellen Bürogemeinschaften, als Auftragnehmer u. Auftraggeber, mal mehr, mal weniger in die Arbeitsorganisation der Verlage, Agenturen, Medienbetriebe etc. eingebunden. Dieser neue Status der Selbständigkeit birgt für jede/n Chancen u. Herausforderungen gleichermaßen. Das Berufsbild der freien Lektoren/Lektorinnen hat sich enorm differenziert: Es umfasst neben der Arbeit am Text häufig auch Projektmanagement, Producing, Übersetzung, journalistische Tätigkeiten, Redaktion, Korrektorat u. Ghostwriting. Gegenstand der Arbeit ist längst nicht mehr allein das Buch; mit dem ‚medienneutralen Publizieren' sind die

Medien CD, Website u. Datenbank hinzugekommen." – „Gegenseitige Unterstützung u. Erfahrungsaustausch bezüglich Fachwissen, Arbeitsqualität, Arbeitsorganisation, Akquise, Auftragsabwicklung, Rechtsfragen u. berufsspezifischen Versicherungen. Erfahrungsaustausch mit verwandten Berufsverbänden sowohl im Hinblick auf das Berufsbild, hier etwa mit Journalisten, Übersetzern etc., als auch im Hinblick auf die Arbeitsorganisation, also beispielsweise mit freien Softwareentwicklern, Designern etc. Festigung des Berufsbildes u. geschlossene Darstellung u. Interessenvertretung nach außen, einschließlich Honorarempfehlungen u. Verbandsmitgliedschaft als Qualitätsmerkmal." Regionalgruppen gibt es in: Berlin, Frankfurt, Freiburg, Köln/Bonn, Hamburg, Leipzig, München, Rhein/Neckar, Rhein/Ruhr, Stuttgart; weitere befinden sich im Aufbau; A: Mitglied kann jedeR werden, die/der an der Verwirklichung der Verbandsziele interessiert ist, freiberuflich lektoriert, redigiert oder korrigiert sowie Nachweise ihres/seines fachlichen Könnens vorlegt. Für Berufsanfänger/-innen besteht die Möglichkeit einer Kandidatur zur Mitgliedschaft im VFLL; MB: Der Jahresbeitrag beträgt derzeit 75 €; ab 2005 ggf. 100 €, siehe unten (RB); P: geschlossene Mailingliste für die Mitglieder des Verbandes; VFLL-Verzeichnis freier Lektorinnen u. Lektoren als Buch u. als Datenbank; Honorarempfehlungen für freiberufliche Lektoratsarbeit, erstellt von der Mittelstandsgemeinschaft Freier Lektorinnen und Lektoren im VFLL; Kooperation mit der Akademie des Deutschen Buchhandels, München, in Fragen der Aus- u. Fortbildung freier Lektorinnen u. Lektoren; regelmäßige Treffen der Regionalgruppen mit Referentinnen/Referenten unterschiedlichster Fachgebiete; Archiv berufsspezifischer Informationen im nur Mitgliedern zugänglichen internen Bereich der Website; kostengünstige Vermögensschadenhaftpflichtversicherung; RB: juristische Erstberatung für Mitglieder, derzeit im Rahmen eines Pilotprojekts, ab 2005 ggf. als Standardserviceleistung; MZ: 500 (siehe auch den Beitrag von Carla Meyer, S. 46 ff.)

Verwertungsgesellschaft Wort, VG WORT (siehe S. 566 ff.)

VLB Verzeichnis Lieferbarer Bücher, siehe MVB Marketing- und Verlagsservice des Buchhandels GmbH (siehe S. 635)

Writers Guild of America, West, 7000 West Third Street, Los Angeles, California 90048, USA, info@wga.org, www.wga.org

Kritik üben, Schwachstellen erkennen – die Autorengruppe
Beitrag der Autorengruppe „Seitenspinner"

Die Autorengruppe Seitenspinner (www.autorengruppe-seitenspinner.de) wurde 1996 in München gegründet und hat derzeit 15 Mitglieder: zehn Frauen und fünf Männer im Alter von Anfang dreißig bis Ende siebzig. Monatlich treffen sich etwa fünf Mitglieder zur intensiven Textarbeit. In den letzten Jahren hat die Gruppe zwei gemeinsame Anthologien veröffentlicht und mehrere öffentliche Lesungen veranstaltet.

Wie kommt so eine Gruppe zustande und wie funktioniert sie in der Praxis? Wie werden Texte besprochen, wie gehen die Mitglieder mit Kritik und Konflikten um? Um darüber zu berichten, trafen sich fünf „Seitenspinner" zum Gespräch: Sylvia Englert („Katja Brandis"), Helga Gruschka, Marie-Luise Kunst, Claudia Ruß und Edith Wiegel.

Edith: Das erste Treffen der Seitenspinner war spannend. Am Vormittag hatten mich zwei Leute angerufen und gesagt: „Ich komme nicht." Und sind dann doch gekommen. Jeder war sehr aufgeregt, weil er mit seinen Texten zum ersten Mal in einem Rahmen auftrat, der nicht Schreibwerkstatt war. Es ist sehr konstruktiv verlaufen und hat viel Spaß gemacht.

Claudia: Wir kannten uns zum Teil aus dem Seminar „Raus aus der Schublade" von Jürgen vom Scheidt (siehe S. 442 f.). Ich kann mich noch gut an dieses Gefühl erinnern: Es gibt andere, die in der gleichen Situation sind, die ähnliche Hoffnungen und Befürchtungen haben wie ich selbst.

Edith: Tja, und jetzt treffen wir uns schon zum 67. Mal. Ich zähle immer schön mit bei den Protokollen. Zu denen hat mich Dirk angeregt, eines der Gründungsmitglieder. Es ist für die Seitenspinner gedacht, die bei einem Treffen nicht dabei sein können, damit sie wissen, was gelesen worden ist und welche Aktivitäten außerhalb der Arbeitstreffen geplant sind. Wir haben immer auch einige Mitglieder gehabt, die nur sporadisch kommen möchten. Dafür muss eine Autorengruppe auch offen sein, wir sind ja alle freie Autoren und nicht Kinder, die in die Schule gehen.

Sylvia: Dass immer wieder neue Leute kommen, finde ich interessant.

Edith: Diese Offenheit hat sich als sehr wichtig erwiesen. Es gab Zeiten, in denen Autoren, die schon lange bei der Gruppe waren, gerade kein Interesse an einer Kritik oder vielleicht eine Schreibflaute hatten. Dann kamen Neue dazu und damit neue Texte, andere Meinungen und Anregungen.

Sylvia: In einer anderen Autorengruppe habe ich erlebt, dass jedes Mal neue Leute ihre Texte vorstellten. Die alten Mitglieder kamen gar nicht mehr zu Wort – witzlos!

Ma-Lu: Manche Leute sind nur einmal zu unseren Treffen gekommen, weil sie gemerkt haben, dass sie nicht dazupassen. Aber das kam zum Glück nicht so oft vor. Es ist wichtig, dass eine gewisse Kontinuität da ist.

Sylvia: Eine Gruppe braucht ein paar Jahre, bis sie gelernt hat, wie man auf einen Text eingeht, wie man kritisiert und das fachliche Wissen da ist. Als ich das erste Mal zu den Seitenspinnern kam, hörte ich nur Lob. Das war schmeichelhaft, brachte meine Arbeit aber nicht vorwärts und ich überlegte, ob ich wieder kommen wollte. Aber dann erhielt ich zu anderen Texten sehr qualifizierte Kritik. Das fand ich gut und ich arbeitete manches in meine Texte ein.

Ma-Lu: Ich hatte vorher kaum Autorengruppenerfahrung. Das erste Mal saß ich dabei, fand alle Texte „schön" und hätte gar nichts dazu zu sagen gewusst. Ich staunte, wie alle erkannten: Da stimmt die Perspektive nicht oder das Verb passt nicht rein, der Part ist langatmig und da steig ich aus. Schon diese Ausdrucksweise war mir nicht geläufig. Ich habe geschwiegen und war furchtbar schüchtern. Aber im Laufe der Zeit wird es ganz selbstverständlich, dass man Schwachstellen im Text erkennt und seine Kritikpunkte anbringt.

Claudia: Die Art und Weise, wie wir Texte kritisieren, hat sich im Laufe der Jahre geändert. Am Anfang haben wir sehr genau an der Sprache gearbeitet, was interessant war, aber manchmal nicht so ergiebig, weil wir uns verzettelt haben. Jetzt geht es vor allem darum, wie ein Text wirkt, welche Art von Resonanz er bei den Zuhörern auslöst.

Sylvia: Manchmal ist die Kritik knallhart subjektiv. Teilweise bekomme ich entgegengesetzte Meinungen zu einem Text. Dann muss ich entscheiden: „Was sagt denn mein Gefühl?" oder „Wie ist der Einwand begründet?" Dann entscheide ich, welche Kritik ich aufnehmen und umsetzen werde und welche nicht.

Helga: Für mich war es am Anfang schwierig, Kritik anzunehmen und zu verarbeiten. Aber ich habe gelernt, Kritik nicht als Vorwurf oder Angriff, sondern als Anregung anzunehmen. Jede Kritik hilft mir, meinen Text zu verbessern.

Sylvia: Man muss darauf achten, dass das Feedback konstruktiv bleibt.

Helga: Mir haben Schreibwerkstätten nicht viel Selbstvertrauen als Autorin eingebracht. Durch die Seitenspinner habe ich sehr viel gelernt, sodass ich mich jetzt freue, einen Text vorstellen zu dürfen. Früher habe ich eher gezittert!

Sylvia: Aber man braucht auch Mut dazu. Ich würde viel lieber Texte vorstellen, von denen ich schon weiß, dass sie was taugen. Aber nein – ich zwinge mich dazu, die zu nehmen, bei denen ich ein schlechtes Gefühl habe und weiß, da muss ich noch was tun. Damit mache ich keinen so guten Eindruck, aber das muss ich riskieren.

Edith: Es ist auch wichtig für den Schritt nach draußen, dass man ein Gefühl dafür bekommt: Wie reagiere ich auf Kritik? Wie könnte mit meinem Text umgegangen werden? Ich kann mir in einer Autorengruppe überlegen: Lasse ich jetzt einen Text los? So lernt man vielleicht, wann man wirklich bereit ist für den nächsten Schritt und diese Geschichte irgendwo anbietet.

Ma-Lu: Es gibt in Schriftstellerkreisen Leute, die meinen, dass sie als Genie geboren sind und dass man Schreiben nicht lernen kann. In Wirklichkeit kann man wie bei jeder Kunstform auch beim Schreiben Technisches lernen, um das Werkzeug Sprache professionell und vielseitig zu benutzen.

Sylvia: Ich finde, wir haben alle ein ähnliches und recht gutes Niveau. Deswegen bin ich auch noch Mitglied der Seitenspinner. Es würde mir nicht viel bringen, mit Anfängern zu arbeiten.

Claudia: Wir haben uns bei jedem Neuen in der Gruppe bemüht, auf ihn einzugehen und ihm Hinweise für seinen Text zu geben, mit denen er weiterarbeiten kann. Nur glaube ich, dass manche etwas anderes erwartet haben. Es hat sich ziemlich schnell herausgestellt, dass sie schon so auf ihren Text fixiert waren, dass sie keine Kritik mehr annehmen wollten. Solche Leute haben nicht die Voraussetzungen, in einer Autorengruppe mitzuarbeiten.

Sylvia: Genau. Und wir sind zwar offen für Neue, aber wir sind eine private, geschlossene Gruppe. Bei uns muss man sich mit einem Probetext „bewerben" und im Prinzip können wir auch jemanden einfach bitten, wieder zu gehen.

Ma-Lu: Wir schauen uns diese Texte an und entscheiden dann, ob der- oder diejenige in die Gruppe passt, treffen also eine Auswahl. Aber insgesamt bin ich froh, dass wir sehr tolerant sind, was die Inhalte von Texten angeht. Ich kann mich nicht erinnern, dass hier jemals gesagt wurde: Einen Text mit so einem Inhalt kann man nicht schreiben.

Edith: Es geht eher darum: Ist es schlüssig erzählt?

Sylvia: Ich finde auch gut, dass wir uns so viel Zeit – meist etwa eine Stunde pro Teilnehmer – für die Texte nehmen. Das habe ich in noch keiner Gruppe erlebt. Dass wir uns alle vier Wochen treffen, finde ich super, da ich sehr viel schreibe. Und dass wir dann abends danach noch zusammen essen gehen. Wir können über die Branche sprechen, welche Wettbewerbe gerade laufen und welche Verlage gerade was suchen.

Helga: Dieses Beisammensein ist auch ein Zeichen dafür, dass wir uns auch außerhalb unseres Zieles, Literatur zu schreiben, gut verstehen.

Edith: Und uns über die Treffen der Autorengruppe hinaus miteinander vernetzen können.

Ma-Lu: Es ist einfach so, dass Schreiben ein einsamer Job ist. Und wenn man andere Leute drei Stunden lang über das Schreiben voll quatscht, dann schalten sie irgendwann ab. Mit Autoren kannst du die ganze Nacht darüber reden. Und ich denke, auch mit den kleinen Konflikten, die hin und wieder auftreten, sind wir bisher ganz gut umgegangen. Wenn jemand etwas veröffentlicht oder ein Stipendium erhält, dann kommen vielleicht bei den anderen, die sich genauso angestrengt haben, Neid und Konkurrenzgedanken auf. Aber ich hatte nie das Gefühl, dass es der Gruppe geschadet hat.

Edith: Als die erste Anthologie erschien, habe ich überlegt, worauf ich stolzer war: darauf, dass Texte von mir darin waren oder darauf, dass wir sie gemeinsam gemacht hatten. Das war ein schönes Gefühl. Wir haben gegenseitig die Texte lektoriert, gemeinsam die Coverabbildung ausgewählt, das Ganze gesetzt und am Schluss ein Exemplar gedruckt in der Hand gehalten.

Sylvia: Inzwischen ist ja schon die zweite Anthologie veröffentlicht. So was ist nur möglich über Book on Demand, das muss man ganz klar sagen. Dadurch, dass man auch wenige Exemplare drucken lassen kann. Das ist einfach erschwinglich. Wir haben bei der ersten Anthologie nur ganz wenig zugezahlt pro Person.

Helga: Inzwischen können wir unsere Anthologien durch die Einkünfte aus unseren Lesungen finanzieren. Zu diesen Lesungen, die wir ein- bis zweimal im Jahr veranstalten, kommen immer zahlreiche Freunde, aber auch Fremde. Wir haben meist über sechzig Zuhörer. Es bedeutet viel Arbeit, eine Lesung zu organisieren, aber in der Gruppe macht es einfach Spaß.

Sylvia: Die Stimmung war jedes Mal genial.

Helga: Wir haben ein so großes Spektrum, dass für jeden Zuhörer etwas dabei ist: In der Gruppe sind zahlreiche Genres vertreten, vom Jugendroman bis zum existenzialistischen Krimi, von Kurzprosa und Skizzen bis zu langen Erzählungen und Novellen, Satiren und Fantasy.

Claudia: Das klingt mir jetzt alles zu positiv. Ich denke, wir sollten realistisch sehen, was eine Schreibgruppe einem geben kann und was nicht. Man kann nicht erwarten, dass man durch so eine Gruppe etwas wird, was man aus sich selbst heraus nicht werden kann. Es ist keine homogene Gemeinschaft oder ein Zug, der dich irgendwohin trägt. Eine Schreibgruppe wirkt nur unterstützend.

Sylvia: Mehr braucht man oft nicht. Du weißt als Autorin oft nicht, ob deine Texte etwas taugen, bist sozusagen „betriebsblind". Deshalb bin ich immer froh, wenn positives Feedback kommt oder konstruktive Kritik. Dann weiß ich wenigstens, woran ich bin, und das ist wahnsinnig viel wert.

Edith: Ich muss mich als Zuhörerin fragen: Was gefällt mir an diesem Text und was nicht. Wenn ich mit dem Thema nichts anfangen kann, halte ich mich zurück. Aber wenn ich meine, die Geschichte ist nicht optimal erzählt, ist das ein Ansatzpunkt für Textkritik.

Ma-Lu: In solchen Situationen kommen oft Fragen. Der Text ist zu Ende, es entsteht ein Schweigen und dann fragt jemand: Wie hast du das am Schluss gemeint?

Edith: Ich finde, das Wesentliche ist, was für eine Wirkung der Autor erzielen will. Bei Claudia kann ich mich gut erinnern, dass sie erst mal überlegt: Kann man das so schreiben? Kann man etwas, das sich im ersten Moment komisch anhört, verstärken und vielleicht auch zum stilistischen Mittel machen?

Claudia: Ich gehe immer davon aus, dass in der Textgestaltung eine Methode ist, ein Formwille.

Edith: Das finde ich als Ansatz sehr gut, denn darum geht es ja in einer Autorengruppe: Du stellst deinen Text zur Diskussion und ich nehme dich ernst. Wenn er misslungen ist, wird das im Laufe der Diskussion klar, wenn der Autor merkt: Mensch, das wollte ich doch gar nicht. Ich wollte etwas anderes erzählen, aber das teilt sich nicht mit.

Helga: Deine Annahme, Claudia, dass ein Formwille hinter jedem Text steht, finde ich wertvoll. Warum schreibt jemand, warum ist er kreativ? Weil er etwas formen will, in diesem Fall mit der Sprache. Und ich wollte noch was zur Motivation sagen. Feedback ist auch ein Anreiz, aus einer Blockade herauszukommen. Man möchte zum Beispiel bei der Anthologie dabei sein, und deswegen setzt man sich hin und arbeitet an seiner Geschichte.

Ma-Lu: Ich habe oft erlebt, dass mich unsere Treffen sehr zum Schreiben angeregt haben. Wenn wir uns wie immer Samstag Nachmittag getroffen haben, habe ich mich Sonntagmorgen sofort hingesetzt und geschrieben.

Sylvia: Ich manchmal schon Samstagabend. Dann habe ich auf das gemeinsame Abendessen verzichtet, um gleich an meiner Geschichte arbeiten zu können.

Ma-Lu: Echt?

Sylvia: Klar! Denn wenn einen die Muse küsst, muss man gleich reagieren!

www.autorengruppe-seitenspinner.de

Übersetzen – Ohne Übersetzungen keine Weltliteratur

Beitrag von Sigrid Vagt

FIRWITZ bringt Brasil, die Anden, den Kongo ... www.firwitz.de   !

Übersetzen – Ohne Übersetzungen keine Weltliteratur

Beitrag von Sigrid Vagt

Dieser Beitrag basiert auf einem Vortrag, den Sigrid Vagt 1999 vor chinesischen Übersetzern in Peking gehalten hat. Er erschien 2001 in der 5. Auflage des Handbuchs und wurde für diese Auflage aktualisiert. Der Beitrag dient dazu, einen ersten, allgemeinen Überblick zu geben. Alle, die mehr wissen möchten, seien bereits hier auf die sehr informativen Internetseiten des VdÜ verwiesen: www.literaturuebersetzer.de

In Deutschland ist fast jede dritte belletristische Neuerscheinung eine Übersetzung. Trotz dieses hohen Anteils von Übersetzungen an den Erstauflagen und des wichtigen Beitrags, den die Übersetzerinnen und Übersetzer zur Vermittlung der Weltliteratur leisten, wird ihre Arbeit immer noch wenig anerkannt und schlecht bezahlt. Das hängt nicht zuletzt damit zusammen, daß „Übersetzer", „Übersetzerin" in Deutschland keine geschützte Berufsbezeichnung ist. Sie ist an keinen Ausbildungsgang, keinen Hochschulabschluß, kein Zertifikat gebunden. Wer Bücher übersetzen möchte, kann sich bei einem Verlag bewerben oder ein Buch zur Übersetzung vorschlagen.

Ausbildung, Qualifikation
In der Praxis haben die meisten Literatur- und Sachbuchübersetzerinnen ein Universitätsstudium (Literaturwissenschaft, Sprachen, Philosophie u. a.) mit oder ohne Abschluß oder eine Ausbildung an einem Übersetzer- und Dolmetscherinstitut bzw. „Fachbereich für angewandte Sprachwissenschaft und Kulturwissenschaft". Das Studium an diesen Instituten umfaßt neben den sprach- und übersetzungswissenschaftlichen Fächern auch ein obligatorisches nichtsprachliches Fach wie Politik, Jura oder Volkswirtschaft und ermöglicht einen Abschluß als „Diplomübersetzer/Diplomübersetzerin".

Diplomübersetzerinnen arbeiten in der Regel – festangestellt oder freiberuflich – für multinationale Firmen oder internationale Institutionen, zum Beispiel für die Institutionen der Europäischen Union. Daneben gibt es auch Fachhochschulen, die Fachübersetzerinnen für bestimmte Wissensgebiete ausbilden, vor allem für Technik und Naturwissenschaften.

Ziel dieser Studiengänge ist also nicht die Ausbildung von Literaturübersetzerinnen. Das Übersetzen literarischer Texte kommt höchstens am Rande vor. Und auch die Übersetzungswissenschaft, die in diesen Instituten zu Hause ist, entwickelt ihre Theorien vorwiegend auf der Grundlage der Übersetzung nichtliterarischer Texte.

Einen Diplom-Studiengang „Literaturübersetzen" kann man bisher nur an der Heinrich-Heine-Universität in Düsseldorf absolvieren (für die Sprachen Englisch, Französisch, Spanisch, Italienisch) [siehe S. 449 f.]. Einzelne Universitäten bieten nach abgeschlossenem Philologiestudium ein Aufbaustudium „Literaturübersetzen" an. Und an der Ruhr-Universität Bochum gibt es ein Zentrum für die Übersetzung chinesischer und taiwanesischer Literatur. Solche Studien- oder Aufbaustudiengänge können das notwendige Handwerkszeug vermitteln und den Einstieg ins Berufsleben erleichtern, weil die Absolventinnen und Absolventen besser auf die reale Arbeitssituation vorbereitet sind und eher an erste Aufträge kommen. Doch die „Kunst" des literarischen Übersetzens ist sicher nur begrenzt lehr- und lernbar und wissenschaftlich bisher nur wenig erforscht.

Wie komplex die Tätigkeit des Übersetzens ist, welche Voraussetzungen sie erfordert und welche mentalen Vorgänge dabei ablaufen, ist häufig den Übersetzern selber nicht bewußt, geschweige denn den Lesern, Kritikern oder Verlegern. Mehr darüber zu wissen, könnte die Qualität der übersetzerischen Arbeit verbessern und zu mehr Würdigung und Anerkennung der übersetzerischen Leistung führen. Bisher beschränkt sich die Beschreibung des übersetzerischen Tuns zu oft auf allgemeine Metaphern: der Übersetzer als Verräter nach dem italienischen Wortspiel traduttore traditore oder die Übersetzung als schöne Ungetreue (Wenn sie schön ist, ist sie nicht treu; wenn sie treu ist, ist sie nicht schön.), die Übersetzerin als Musikerin oder Schauspielerin, die einen vorgegebenen Text interpretiert, das Übersetzen als Über-Setzen vom Ufer der einen ans Ufer der anderen Sprache (Bild der Fähre) oder als Brückenbauen zwischen zwei Sprachen, zwei Kulturen.

Hinter diesen verschiedenen Metaphern verbergen sich sehr unterschiedliche Vorstellungen und Auffassungen vom Übersetzen. Und daraus ergeben sich auch unterschiedliche Anforderungen an die Übersetzung. Soll sie die Leser an die fremde Sprache und Kultur heranführen, oder soll sie das fremde Werk in die vertraute eigene Welt hineintragen? Beispiel: Womit essen die Menschen in einem Kinderbuch, das für chinesische Kinder aus dem Deutschen übersetzt wird: mit Messer und Gabel wie in Deutschland oder mit Stäbchen wie in China? Diese Fragen sind im Lauf der langen historischen Übersetzungspraxis immer wieder unterschiedlich beantwortet worden.

Kenntnisse, Fertigkeiten und Fähigkeiten

Wir gehen heute bei uns davon aus, daß die Übersetzung originalgetreu sein soll. Das heißt, Wortlaut, Sprache, Stil, Intention des Originals werden respektiert. Die Übersetzung soll beim Leser möglichst die gleiche Wirkung hervorrufen wie das Original. Um dies bei Leserinnen einer anderen Sprache und mit anderem kulturellen Hintergrund zu erreichen, muß die Übersetzung das unbekannte Fremde mit den Gegebenheiten der eigenen Sprache, Kultur und Zivilisation vermitteln. Das erfordert zuweilen die Verwendung ganz anderer sprachlicher Mittel, Ausdrucksformen und Bilder. Und es setzt Vertrautheit mit Kultur, Geschichte, Politik, Sitten und Gebräuchen, Mentalität und Lebensverhältnissen im fremden wie im eigenen Land voraus, also eine breit gefächerte Allgemeinbildung sowie die Bereitschaft und Fähigkeit, sich auf immer wieder neuen Gebieten sachkundig zu machen, anders gesagt Welt- und Menschenkenntnis und Lebenserfahrung. Und die erwirbt man am wenigsten an der Universität. So wird man wohl kaum Kinder- und Jugendbücher gut übersetzen können, ohne Umgang und Erfahrung mit Kindern zu haben.

Literaturübersetzer müssen nicht nur über sehr gute Kenntnisse der fremden Sprache verfügen, sondern vor allem die eigene Sprache überdurchschnittlich gut beherrschen. Je nach dem Stil eines Buches, nach dem sozialen Milieu (Soziolekt), der regionalen Herkunft (Dialekt), dem Lebensalter, Charakter, Temperament, Geschlecht und Beruf der Personen muß das passende sprachliche Register gefunden, der richtige Ton getroffen werden. Das Übersetzen erfordert Gehör und Gespür für Rhythmus und Klang, für die Poesie eines Textes, Verständnis für Sprachbilder, Doppeldeutigkeiten, Ironie, Humor, Neologismen usw. Unübersetzbares Spielen mit Wort- und Satzstrukturen muß in der eigenen Sprache neu erfunden werden.

Zu den Voraussetzungen der übersetzerischen Arbeit gehört natürlich, daß man die berufsspezifischen Arbeitsmittel und -methoden kennt und zu benutzen weiß: Lexika, Nachschlagewerke, Recherche, elektronische Hilfsmittel wie Internet, Datenbanken usw.

Neben all diesen Fähigkeiten und Fertigkeiten, die unmittelbar mit dem Übersetzen zusammenhängen, müssen Übersetzer aber auch lernen, ihre Arbeitskraft auf dem Markt anzubieten und zu verkaufen. Sie müssen Aufträge akquirieren, Verträge mit den Verlagen aushandeln, Zeit und Kostenaufwand für eine Übersetzung kalkulieren, und sie müssen ihre Rechte gegenüber den Verlagen kennen und wahrnehmen. Sie sollten auch über die Entwicklungen auf dem Buchmarkt informiert und mit den Arbeits- und Produktionsabläufen in den Verlagen vertraut sein.

Berufsbild
So vielfältig wie die Ausbildungsgänge und Biographien der Übersetzer sind auch ihre Tätigkeitsbereiche. Hauptberufliche Übersetzer und Übersetzerinnen übersetzen Belletristik, Sachbücher, wissenschaftliche Bücher, Kinder- und Jugendbücher, Comics, Theaterstücke, Artikel für Zeitungen, Zeitschriften, Ausstellungskataloge, Hörspiele, Filme (Synchronisation oder Untertitel) u.a. Ihre Auftraggeber sind: Verlage, Fernseh- und Rundfunkanstalten, Zeitungsredaktionen, Filmproduktionen, Kulturveranstalter (Festivals, Galerien, Museen, Kunstakademien, Literaturhäuser usw.).

Übersetzerinnen betätigen sich auch als Berater der Verlage, als Vermittlerinnen, als Literaturagentinnen, das heißt, sie schlagen Verlagen Bücher zur Übersetzung vor, schreiben Gutachten für Verlage, Rezensionen für Zeitungen, Rundfunk und Fernsehen; sie veranstalten selbst Lesungen, zum Beispiel in Schulen oder in Buchhandlungen oder begleiten ihre Autoren und Autorinnen auf Lesereisen.

Honorare, Arbeitsbedingungen
Übersetzer gelten in Deutschland steuerrechtlich als „selbständige Unternehmer". Sie arbeiten auf Honorarbasis und sind selbst zuständig für ihre Krankenver-

sicherung und Altersvorsorge [Hinweise zur Künstlersozialkasse, siehe S. 569 ff.]. Wenn sie keine Aufträge haben, krank sind oder Urlaub machen, verdienen sie nichts. Haben sie Aufträge, dann werden sie so schlecht bezahlt, daß die meisten Übersetzerinnen vom Literaturübersetzen nicht leben können und auf besser verdienende Lebenspartner oder Zuverdienst durch nebenberufliche Tätigkeiten angewiesen sind. Nach einer Studie des IMU-Instituts von 2004 liegt der Mittelwert des Bruttoeinkommens (nicht zu verwechseln mit dem Umsatz!) bei ca. 15.000 Euro im Jahr, also 1.250 Euro im Monat. Davon abzuziehen sind neben den Steuern die Aufwendungen für Krankenversicherung, Altersvorsorge und Rücklagen für auftragslose Zeiten. Mit der Übersetzung anspruchsvoller Texte ist selbst dieses Einkommen kaum zu erreichen.

Die Verleger können auf die Übersetzerinnen zwar nicht verzichten, aber die Übersetzung wird als zusätzlicher Kostenfaktor neben Papier-, Satz- und Druckkosten betrachtet, den es möglichst niedrig zu halten gilt. Und eine billige Übersetzung ist den Verlagen oft wichtiger als eine gute. Denn sie vertreten häufig die Ansicht, nicht die Qualität eines Buches oder einer Übersetzung bestimme den Verkaufserfolg, sondern allein die Höhe des Werbeetats.

Verträge werden jeweils für eine Übersetzung abgeschlossen. Im Regelfall (bei Sprachen, aus denen viel übersetzt wird) wird sie dem Übersetzer oder der Übersetzerin vom Verlag angeboten. Übersetzerin und Verlag handeln die Konditionen aus (Seitenhonorar pro Normseite, Beteiligung am Umsatz und am Erlös aus der Verwertung von Nebenrechten wie zum Beispiel Taschenbuch-Lizenz). In der Praxis heißt das: Der Verlag diktiert die Bedingungen, die Übersetzerin hat meistens nur die „Freiheit", den Auftrag abzulehnen.

Der 1982 zwischen Übersetzerverband und Börsenverein vereinbarte „Normvertrag" [siehe S. 593 ff.] legt zwar einen Verhandlungsrahmen fest. Er enthält aber keine konkreten Zahlen und hat nur Empfehlungscharakter. Die Verlage haben meistens eigene Hausverträge, die von den Verlagsjuristen formuliert werden, so daß sich die Übersetzerinnen von Verlag zu Verlag mit immer wieder anderen Formulierungen und Vertragsklauseln konfrontiert sehen, deren Tragweite und Bedeutung sie als juristische Laien oft nicht durchschauen. Deshalb bemühen wir uns seit Jahren darum, den Normvertrag als einheitliche Verhandlungsgrundlage durchzusetzen.

Empfehlungen in puncto Vertragsgestaltung und Honorare veröffentlicht der Übersetzerverband auf seinen Internetseiten (www.literaturuebersetzer.de).

Diese Honorarempfehlungen basieren auf Umfragen unter den Literaturübersetzerinnen und spiegeln eine übliche Honorierung wider. Das 2002 verabschiedete „Gesetz zur Stärkung der vertraglichen Stellung von Urhebern und ausübenden Künstlern" rügt diese Honorierung ausdrücklich als „unangemessen": „Sofern eine übliche Branchenpraxis feststellbar ist, die nicht der Redlichkeit entspricht, bedarf es einer wertenden Korrektur ... Ein Beispiel hierfür sind etwa die literarischen Übersetzer ... Ihre in der Branche überwiegend praktizierte Honorierung steht ... in keinem angemessenen Verhältnis zu den von ihnen erbrachten Leistungen."

Sinn und Zweck des Gesetzes ist es, allen Urhebern eine „angemessene Vergütung" für die Nutzung ihrer Werke zu sichern. Was als angemessen zu gelten hat, sollte von Urheber- und Verwerterverbänden bzw. Urheberverbänden und einzelnen Verlagen in gemeinsam ausgehandelten Vergütungsregeln bestimmt werden. Leider haben die Verhandlungen bisher zu keinem Ergebnis geführt und mußten vom Übersetzerverband als gescheitert erklärt werden. Bis eine Gerichtsentscheidung die Verleger an den Verhandlungstisch zurückholt, orientieren wir uns deshalb immer noch an den Honorarempfehlungen des Verbands, deren aktueller Stand auf den Internetseiten nachzulesen ist. (Der gesetzliche Anspruch auf angemessene Vergütung besteht allerdings auch jetzt schon und kann notfalls mit juristischen Mitteln durchgesetzt werden.)

Nach diesen Empfehlungen sollte das Grundhonorar je nach Schwierigkeitsgrad des Textes nicht weniger als 13 Euro pro Normseite bei leichten Prosatexten betragen (= Honorarzone 1: Texte, für die ein sehr geringer Rechercheaufwand in der Ausgangssprache notwendig ist und/oder nur ein sehr geringer Anspruch an die sprachlich-literarische Nachgestaltung im Deutschen gestellt wird [z. B. leichte Texte zur Publikation in Genrereihen wie Science Fiction, Fantasy, Krimi, Erotik usw.]) und nicht weniger als 19 Euro pro Normseite bei schwierigen Prosatexten (= Honorarzone 3: „Literarischer Text oder Sachtext mit überdurchschnittlich hohem Übersetzungsaufwand, das heißt: besondere lexikalische Schwierigkeiten, zum Beispiel häufiger Gebrauch von Slang, Argot, Dialekt, Berufs-, Sozial- und anderem Jargon oder anderen Sondersprachen; bewußte Regelverletzungen in der Originalsprache; Sprachspiele u. ä. Stilmittel; syntaktische Besonderheiten; häufige Zitate und Anspielungen; Vorkommen spezieller kultureller, historischer, naturwissenschaftlicher und technischer Sachverhalte; verschiedene Stilebenen; gelegentliche Einschübe in gebundener Sprache [Reime, Lieder, Verse, Sprichwörter usw.]; sonstige stilistische Eigenarten, die hohe Ansprüche an die sprachliche Gestaltung stellen.").

Auf den erwähnten Internetseiten des Verbandes findet man auch Honorarempfehlungen zu den Bereichen Lyrik, Theaterstücke, Zeitschriften, audiovisuelle Medien, für die jeweils andere Vergütungssätze gelten.

„Zusätzliche Leistungen, die nicht zur eigentlichen Übersetzungsarbeit gehören, [sollten] durch Honorarzuschläge abgegolten werden. Das gilt z. B. für: fachliche oder wissenschaftliche Vorarbeiten (in der Regel notwendig beim Sachbuch), Überprüfung des Originals auf Stimmigkeit, Auswertung zusätzlicher Literatur, Bearbeitung (z. B. Kürzungen), Verfassen von Anmerkungen, Erstellen von Namensverzeichnissen, Erstellen von Registern, Eillieferung."

Außer dem Seitenhonorar pro Normseite (30 Zeilen à 60 Anschläge inkl. Leerzeichen [siehe S. 430 ff.]) sollte der Vertrag eine Beteiligung am Umsatz und am Erlös aus der Verwertung der Nebenrechte (z. B. Taschenbuchlizenz) enthalten.

Historische Entwicklung

Das Übersetzen von Literatur galt lange Zeit als niveauvolle Freizeitbeschäftigung für gebildete Professorengattinnen. Während des Nationalsozialismus wurde in Deutschland kaum übersetzt. Erst nach dem 2. Weltkrieg begann man in größerem Umfang mit dem Übersetzen von Weltliteratur. Die Hälfte aller Übersetzungen kommt heute aus dem Englischen. An zweiter bis fünfter Stelle stehen Französisch, Russisch, Italienisch und Schwedisch. Mit der steigenden Zahl der

Übersetzungen wuchs der Bedarf an Übersetzerinnen, und sie begannen, sich zu professionalisieren.

Übersetzertreffen

Professionalisierung bedeutet auch: Organisierung zum Zweck des Erfahrungsaustauschs, der Fortbildung, der Verbesserung der Arbeitsbedingungen. 1954 wurde der „Verband deutschsprachiger Übersetzer literarischer und wissenschaftlicher Werke e. V." (VdÜ) gegründet. Er ist heute Teil des Verbands deutscher Schriftsteller (VS) in der Gewerkschaft ver.di, hat inzwischen über 1.000 Mitglieder, und es werden von Jahr zu Jahr mehr. Die Mitgliedschaft in der Gewerkschaft hat unter anderem den Vorteil, daß diese den Übersetzerinnen Rechtsschutz gewährt, falls sie gegen einen Verlag prozessieren müssen. Ein wichtiges Instrument zum Austausch von Informationen sind die Übersetzertreffen.

Seit Mitte der 60er Jahre treffen sich die Übersetzer und Übersetzerinnen jährlich, nach Eßlingen, Bergneustadt, Bensberg nun seit 2004 in der Lessingstadt Wolfenbüttel, wo der Verband sein 50jähriges Jubiläum feierte. Bei diesen Jahrestagungen werden einen Tag lang in Sprachgruppen Texte diskutiert oder in sprachübergreifenden Gruppen allgemeine Themen erörtert (zum Beispiel „Die Struktur von Wortspielen", „Gute Übersetzungen von schlechten Originalen", „Übersetzungen für Film und Fernsehen", „Umgang mit Lektoren"). Das jeweilige Veranstaltungsprogramm findet man im Internet auf den Verbandsseiten.

Ein wichtiger Programmpunkt ist in jedem Jahr die Begegnung eines deutschsprachigen Autors oder einer Autorin mit ihren Übersetzerinnen aus anderen Ländern. Nach einem solchen Treffen kam dem Autor Günter Grass die Idee, die Zusammenarbeit mit seinen Übersetzerinnen zu einer festen Einrichtung zu machen. Sein Verlag organisiert nun seit 20 Jahren Seminare, in denen die Übersetzungsprobleme jedes Romans und ihre Lösungsmöglichkeiten erörtert werden und Grass den Übersetzerinnen die erforderlichen Informationen und Erläuterungen gibt. Dadurch konnte die große Zahl von Verständnisfehlern in Grass-Übersetzungen erheblich vermindert werden.

Im Lauf der Zeit entwickelten sich in allen größeren Städten regelmäßige Übersetzertreffen, aus denen dann auch Arbeitsgruppen für einzelne Sprachen entstanden. So gibt es heute in Berlin eine Englisch-, eine Russisch-, eine Italienisch- und eine Französischgruppe. Dort tauschen wir alle wichtigen Informationen und Erfahrungen aus, aber vor allem diskutieren wir unter Kollegen Passagen aus unseren laufenden Übersetzungen. Die Adressen der regionalen Gruppen und ihrer Treffen stehen im Internet.

Fortbildung, Förderungen, Preise

In den letzten zehn Jahren hat die Zahl der Fortbildungsveranstaltungen erheblich zugenommen: Seminare, Vorträge, Workshops, häufig von Übersetzerinnen selbst organisiert. Auch die Zahl der Arbeits- und Reisestipendien und Preise ist gestiegen. Näheres über Bewerbungstermine und -modalitäten findet man unter www.literaturuebersetzer.de.

In Berlin gibt es jedes Jahr eine „Übersetzerwerkstatt". Zehn Übersetzerinnen und Übersetzer bekommen ein Stipendium von je 2.600 Euro und treffen sich zu vier Werkstatt-Wochenenden. Veranstalter ist das Literarische Colloquium Berlin (www.lcb.de) [Adresse, siehe S. 632].

Europäisches Übersetzer-Kollegium
Ein sehr wichtiges und folgenreiches Ereignis war die Gründung des Europäischen Übersetzer-Kollegiums in Straelen/Niederrhein 1978 [www.euk-straelen. de; siehe S. 623 f.]. Die Idee stammte von dem durch seine Beckett-Übersetzungen berühmt gewordenen deutschen Übersetzer Elmar Tophoven, der staatliche und private Geldgeber fand, um in seinem Elternhaus in einer Kleinstadt an der holländischen Grenze seinen Traum zu verwirklichen. Inspirierendes Vorbild war für ihn die berühmte Übersetzerschule von Toledo, wo im 12. Jahrhundert ein Gruppe von Gelehrten – Christen, Juden, Moslems – die wichtigsten arabischen Schriften ins Lateinische übersetzte und so einen bedeutenden Beitrag zur Vermittlung zwischen den Kulturen des Orients und des Okzidents leistete.

Im Europäischen Übersetzer-Kollegium Straelen begegnen sich Übersetzer und Übersetzerinnen aus allen (auch außereuropäischen) Ländern, können dort zusammen wohnen und an ihren Übersetzungen arbeiten. Eine Bibliothek mit über 100.000 Bänden (darunter 20.000 Nachschlagewerke in 275 Sprachen und Dialekten, selbst für ausgefallenste Gebiete und Spezialprobleme), Computer und wunderschöne Apartments stehen kostenlos zur Verfügung.

Nach dem Vorbild Straelen wurden nach und nach auch in vielen anderen Ländern Übersetzerzentren gegründet (Anschriften siehe Internet).

Deutscher Übersetzerfonds
Alle diese Aktivitäten, Einrichtungen und Institutionen sind größtenteils durch die persönliche Initiative von Übersetzerinnen und Übersetzern entstanden. Nur so kam es im Lauf der Jahre zu verschiedenen Formen von staatlicher oder privater Unterstützung. Der größte Erfolg war die Schaffung des „Deutschen Übersetzerfonds", der 1997 auf Initiative von Rosemarie Tietze gegründet werden konnte und nun aus Mitteln des Bundes, der Kulturstiftung der Länder und Spendenmitteln jährlich Arbeits-, Reise- und Aufenthaltsstipendien für Übersetzerinnen vergeben und Fortbildungsseminare finanzieren kann [Adresse, siehe S. 622].

Öffentlichkeitsarbeit, Übersetzungskritik
Sehr wichtig war und ist für uns die Öffentlichkeitsarbeit. Vielen Lesern – oft sogar auch den Rezensenten – ist nicht bewußt, daß sie nicht das Original lesen, sondern unsere Version des Originals, also das Original gefiltert durch die Sprache, die Interpretation, das Verständnis der Übersetzer. Wir fordern die Rezensenten auf, in ihren Buchbesprechungen auch auf die Qualität der Übersetzungen einzugehen. Und wenn nötig, bringen wir Skandale und besonders unfaire Behandlungen durch Verlage in die Medien. Besonderes Aufsehen erregten in jüngster Zeit der Prozeß der Asterix-Übersetzerin Gudrun Penndorf gegen den Ehapa-Verlag und der Piper-Prozeß, der 2004 vom Bundesgerichtshof zugunsten der Übersetzerin Karin Krieger entschieden wurde.

So sind wir auf dem Weg der Professionalisierung in den letzten Jahren und Jahrzehnten ein erhebliches Stück vorangekommen. Wichtig waren und sind dabei immer die gegenseitige Information und der vielfältige Austausch untereinander über alle Fragen und Probleme beim Übersetzen, aber auch über Vertragskonditionen, Verhandlungsstrategien und Tricks der Verlage, damit wir nicht als Konkurrenten von den Verlagen gegeneinander ausgespielt werden. Die übersetzerische Arbeit wird heute nicht nur von vielen Übersetzerinnen und Übersetzern als eigenständige Berufstätigkeit engagiert ausgeübt, sondern auch von der Öffentlichkeit in ihrer Bedeutung zunehmend stärker wahrgenommen. Trotzdem sind wir auf dem Weg zur Anerkennung und angemessenen Bezahlung dieser Arbeit noch lange nicht am Ziel.

Hinweise

Verband deutschsprachiger Übersetzer literarischer und wissenschaftlicher Werke e. V. (VdÜ) / Bundessparte Übersetzer, c/o Verband deutscher Schriftsteller (VS) in ver.di, Paula-Thiede-Ufer 10, D-10179 Berlin, fon: 030/6956-2328, fax: 030/6956-3656, vs@verdi.de, www.verband-deutscher-schriftsteller.de, Vorstand: Helga Pfetsch (1. Vorsitzende), Sitzbuchweg 44, D-69118 Heidelberg [siehe Seite 643]

ÜBERSETZERINNEN-Verzeichnis, Herausgeberin: Bundessparte Übersetzer im Verband deutscher Schriftsteller (VS) in ver.di, c/o Regine Elsässer, Freie Luft 2a, D-68305 Mannheim, fax: 0621/752598, Regine.Elsaesser@t-online.de. Das Verzeichnis ist online zugänglich und enthält Namen, Adressen, Bibliographien von rund 750 Übersetzerinnen. Die Printversion kostet 15 Euro inkl. Versand.

„Übersetzen", Zeitschrift des VdÜ (zu beziehen über maike.dörries@t-online.de, Jahresabo für Nichtmitglieder 20 Euro)

Rundbrief des VdÜ, berufliche und verbandspolitische Informationen, erscheint 10–12 mal im Jahr, nur für Mitglieder

Internetforen: „Übersetzerforum ver.di" (nur für Mitglieder) für berufspolitische Fragen und „U-Litfor" für Übersetzungs- und Recherchefragen (siehe dazu www.literaturuebersetzer.de)

Erschütternde Fallbeispiele zur miserablen finanziellen Lage der literarischen Übersetzerinnen und Übersetzer finden sich in Imre Töröks VS-Handbuch [„Dokumentation: Ein paar Fälle, ein paar Zahlen ..."; siehe Literaturverzeichnis, S. 666].

IMU (Institut für Medienforschung und Urbanistik), „Studie zur Honorar- und Einkommenssituation der Übersetzerinnen und Übersetzer. Ein Beitrag zur Diskussion um eine angemessene Vergütung." München 2004 (siehe www.literaturuebersetzer.de)

EÜK, siehe S. 623 f.

Freundeskreis zur internationalen Förderung literarischer und wissenschaftlicher Übersetzungen e.V., c/o Ragni M. Gschwend, gschwend.freiburg@freenet.de, verleiht den Helmut-M.-Braem-Übersetzerpreis und den Wieland-Übersetzerpreis.

Studiengänge Literaturübersetzen:

a) Diplom-Studiengang Literaturübersetzen, Heinrich-Heine-Universität Düsseldorf, Dr. Mona Wodsak, Universitätsstr. 1, D-40225 Düsseldorf, fon:

0211/8114009, fax: 0211/8114033, lue@phil-fak.uni-duesseldorf.de, www.phil-fak.uni-duesseldorf.de/lue [siehe S. 449 f.]

b) Richard Wilhelm Übersetzungszentrum, Ruhr-Universität Bochum, D-44780 Bochum, fon: 0234/7004699, fax: 0234/7094663, Tienchi.Martin-Liao@ruhr-uni-bochum.de (Zentrum für die Übersetzung chinesischer und taiwanesischer Literatur)

Übersetzergemeinschaft (ÜG), Literaturhaus, Seidengasse 13, A-1070 Wien, fon: 01/5262044-18, -51, -52, fax: 01/5262044-30, ueg@literaturhaus.at, www.literaturhaus.at/lh/ueg/

17

Literatur

Literatur

Empfehlenswerte Bücher

Das wichtigste Buch von allen, daher gleich auf Platz 1: Buchholz, Goetz: **Ratgeber Freie**. Kunst und Medien. Hrsg. von der Vereinten Dienstleistungsgewerkschaft ver.di. 6., erw. Aufl. 2002. Hamburg. (Zu beziehen über die Landesverbände oder über die Bundesgeschäftsstelle des VS bzw. von ver.di, siehe S. 642) – Der Ratgeber wendet sich an alle Freien, die in den Bereichen bildende und darstellende Kunst, Journalismus, Literatur und Übersetzung, Musik, Rundfunk, Film und audiovisuelle Medien arbeiten. Die Themen (u. a.): Urheberrecht, Verträge und Honorare, Geldquellen, Versicherungen, Steuern.

Englert, Sylvia: **So finden Sie einen Verlag für Ihr Manuskript**. Schritt für Schritt zur eigenen Veröffentlichung. 5. Aufl. 2003. Frankfurt am Main: Campus. – Ein sehr praxisnaher und informativer Ratgeber, der in der Tat alle Abläufe „Schritt für Schritt" erklärt.

Kalmbach, Gabriele (Hrsg.): **Frauen machen Bücher**. 2000. Königstein/Ts.: Ulrike Helmer. – Vorgestellt werden Berufe rund ums Buch: Autorin, Lektorin, Pressefrau, Verlegerin, Literaturagentin, Übersetzerin, Wissenschaftlerin im Buchstudiengang oder Börsenvereins-Mitarbeiterin. Ideal für AutorInnen, die wissen möchten, wie es in anderen „buchnahen" Berufen zugeht.

Die Fundgrube (die 1. Ausgabe erschien vor 1879; akribisch recherchiert, immer wieder beeindruckend): **Kürschners Deutscher Literatur-Kalender 2004/2005**, 64. Jg., Redaktion: Andreas Klimt, 2 Bände. 1.742 Seiten. 2005. München, Leipzig: K. G. Saur Verlag. Band 1: Verzeichnis der Schriftstellerinnen und Schriftsteller von A–O. Band 2: Verzeichnis der Schriftstellerinnen und Schriftsteller von P–Z sowie Anhänge: Literarische ÜbersetzerInnen; Belletristische Verlage; Literarische Agenturen; Rundfunkanstalten; Deutschsprachige Zeitschriften zur Förderung oder Kritik der Literatur; Literarische Feuilletons; Autorenverbände, literarische Vereinigungen, Akademien, Literaturhäuser, Literaturbüros; Literarische Preise und Auszeichnungen u. v. m.

Der Literatur-Kalender verzeichnet in periodischer Folge möglichst vollständig die lebenden VerfasserInnen schöngeistiger Literatur in deutscher Sprache mit Adresse und ihren biobibliographischen Daten. Voraussetzung ist die Veröffentlichung eines belletristischen Buches. Im 64. Jg. sind 11.187 SchriftstellerInnen verzeichnet. Die Aufnahme erfolgt kostenlos und ist nicht an die Abnahme eines Exemplars gebunden. Der Kürschner kostet im Buchhandel 348 €. AutorInnen und Institutionen, die ihre Fragebögen beantworten, können den Kürschner mit Rabatt erwerben. AutorInnen mit eigenen Buchveröffentlichung, die noch keine Fragebögen direkt von der Redaktion oder über ihre Verlage erhalten haben, können sich an die Redaktion wenden, wenn sie in den Kürschner aufgenommen werden oder ihre Einträge aktualisieren möchten. *Adresse:* K. G. Saur Verlag, Redaktion Kürschner, Luppenstr. 1/b, D-04177 Leipzig, fon: 0341/4869920, fax: 0431/4869921, Andreas.Klimt@thomson.com, www.saur.de/kdl (Literatur-Kalender) + www. saur.de/kds (Sachbuch-Kalender mit derzeit 8.577 verzeichneten AutorInnen)

Literarisches Leben in Österreich. Handbuch Nr. 5. 5. Aufl. 2001. Hrsg. von Ruiss, Gerhard u. Johannes Vyoral. Zu beziehen über die „IG Autorinnen Autoren" (siehe S. 628). – Inhalt u. a.: alle Literaturpreise und Stipendien; alle Literatur- und Kulturzeitschriften; alle Verlage, Editionen und Pressen; alle Autoren- und Literatur-Organisationen; alle österreichischen Autorinnen und Autoren; alle Theater-Adressen; alle Fernseh- und Hörfunkstationen.
Die nächste Ausgabe (Nr. 6) erscheint zwischen Herbst 2005 und Herbst 2006.

Mäckler, Andreas (Hrsg.): **Books on Demand. So verkaufen Sie Bücher im Internet**. Mit Beiträgen von Mike Shatzkin, Michael Saur, Michael Braun. 2. Aufl. 2000. München: Sequenz Medien Produktion. – Für alle, die gerne in die Zukunft schauen, ist der hier nachgedruckte Artikel des New Yorker Buchmarktforschers Mike Shatzkin ein unbedingtes Muss. Dabei geht es um die Frage: „Wie werden die neuen Technologien Printing on Demand, elektronische Bücher und die weltweite Verfügbarkeit von Texten über das Internet unseren Buchmarkt in den nächsten zehn Jahren verändern?" Auch die anderen Beiträge eröffnen neue Horizonte.

Plinke, Manfred; Tieger, Gerhild (Hrsg.): **Deutsches Jahrbuch für Autoren & Autorinnen** 2003/2004. 2002. Berlin: Autorenhaus. – Der Titel von der Konkurrenz, die ja bekanntlich das Geschäft belebt.

Roentgen, Hans Peter: Informative **Artikel und Interviews zum Literaturbetrieb** gibt es auf den Internetseiten von Hans Peter Roentgen, www.textkraft.de/pageID_748046.html.

Rossié, Michael: **Sprechertraining**. Texte präsentieren in Radio, Fernsehen und vor Publikum. 2000. München: List. – Ein Buch zur Verbesserung der eigenen Vorlese-Qualitäten und zum Schmökern.

Nach wie vor lesenswert: **Schriftstellerinnen im Gespräch**. Eine Dokumentation. Hrsg. von Roters-Ullrich, Elisabeth; Theißen, Ursula. 1995. Dülmen-Hiddingsel: tende. – Über Schriftsteller bzw. Autoren wird wenig geschrieben – über Schriftstellerinnen bzw. Autorinnen noch weniger. Um so wichtiger ist dieses Buch, das sich folgendermaßen vorstellt: „Weibliche Sichtweisen in unserer Gesellschaft aus dem Blickwinkel der Schriftstellerinnen, Dramaturginnen,

Lektorinnen und Verlegerinnen sind Thema dieses Buches: Frauen, die sich mit ihrer sozialen und beruflichen Situation, ihrem Umfeld und dem Stand ihrer Professionalität kritisch auseinandersetzen. Nicht das Individuum, sondern das Frau sein als Gemeinsamkeit im Beruf der Schreibenden – unter dieser Akzentuierung haben sich Schriftstellerinnen zum Erfahrungsaustausch auf vier Tagungen getroffen, um von der individuellen Situation wieder abzurücken und nach den Ursachen der Vereinzelung, der miserablen sozialen Situation und dem Mangel an Selbstverständlichkeiten im Leben zu fragen. Mit dem Ziel, konkrete Antworten in der Vernetzung zu finden und Forderungen nach Präsenz im Kulturbereich zu stellen. Ohne Bescheidenheit."

Török, Imre: **VS-Handbuch**. Ein Ratgeber für Autorinnen und Autoren, Übersetzerinnen und Übersetzer. 2., aktualisierte Aufl. 2001. Göttingen: Steidl. – Der im Auftrag des Verbandes deutscher Schriftsteller (VS) in ver.di von Imre Török erstellte Ratgeber wendet sich nicht nur an die rund 4.000 Verbandsmitglieder, sondern dient auch allen Newcomern als Wegweiser im Literaturbetrieb.

Verband der Freien Lektorinnen und Lektoren (VFLL) e.V. (Hrsg.): **Verzeichnis Freier Lektorinnen und Lektoren** 2004/2005. 1. Aufl. 2004. – Enthält 340 Einträge mit Namen, Adressen und Tätigkeitsprofilen von Dienstleistern aus den Bereichen Lektorat, Redaktion und Korrektorat. Online (www.vfll.de) kann über eine Datenbank nach unterschiedlichen Kriterien (zum Beispiel Genre, Themen, Medien, Sprachkenntnisse oder bisherige Kunden) recherchiert und direkt Kontakt mit einer Lektorin oder einem Lektor aufgenommen werden. Wichtig für alle, die ihre Bücher im Selbstverlag veröffentlichen wollen und die die Kompetenz von Profis zu schätzen wissen.

Verwendete und weiterführende Literatur

1 Verlage & Genres

Allgemein

Allert-Wybranietz, Kristiane: Wie finde ich den richtigen Verlag? Anregungen, Tips und Adressen für Autoren. 1999. München: Heyne

„Banger" = Verlage 2004/2005 – Deutschland, Österreich, Schweiz und internationale Verlage mit deutschen Auslieferungen. 2004. Köln: Verlag der Schillerbuchhandlung Hans Banger (www.banger.de)

Blinn, Hansjürgen: Informationshandbuch Deutsche Literaturwissenschaft. 2., verbesserte Aufl. der 4. Ausgabe. 2003. Frankfurt am Main: Fischer Taschenbuch (Fischer TB, Band 12588)

Englert, Sylvia: So finden Sie einen Verlag für Ihr Manuskript. Schritt für Schritt zur eigenen Veröffentlichung. 5. Aufl. 2003. Frankfurt am Main: Campus

Jagnow, Bjørn: Marketing für Autoren. Der Weg zur erfolgreichen Veröffentlichung. 2. überarb. u. erw. Aufl. 2003. Söhlde: Federwelt

Jessen, Joachim; Meyer-Maluck, Martin; Schlück, Bastian; Schlück, Thomas: Traumberuf Autor. So finden und überzeugen Sie den richtigen Verlag. 2001. Landsberg am Lech: mvg-verlag

Kalmbach, Gabriele (Hrsg.): Frauen machen Bücher. 2000. Königstein/Ts.: Ulrike Helmer

Klug, Sonja: Ein Buch ist ein Buch ist ein Buch ... Der erfolgreiche Weg zum eigenen Sachbuch. 2002. Zürich: Orell Füssli

Kürschners Deutscher Literatur-Kalender 2004/2005, 64. Jg., 2 Bände. 2005. München, Leipzig: K.G. Saur

Leupold, Dagmar (Hrsg.): 30 Jahre Verband deutscher Schriftsteller in der IG Medien. Jubiläumskongress. Bücher – Brüche – Aufbrüche. 2. bis 4. Dezember 1999. Köln, Gürzenich. 2002. Göttingen: Steidl (u. a. mit den Tagungsbeiträgen zu den Genres Lyrik, Sachbuch, Roman, Kinder- und Jugendliteratur, Kriminalroman, Übersetzen)

Meynecke, Dirk R.: Von der Buchidee zum Bestseller. Für Autoren und alle, die es werden wollen. 2000. München: Econ

Plinke, Manfred; Tieger, Gerhild (Hrsg.): Deutsches Jahrbuch für Autoren & Autorinnen 2003/2004. 2002. Berlin: Autorenhaus

Schriftstellerinnen im Gespräch. Eine Dokumentation. Hrsg. von Roters-Ullrich, Elisabeth; Theißen, Ursula. 1995. Dülmen-Hiddingsel: tende

Sulner, Martina: Gute Seiten, schlechte Seiten. Immer mehr Deutsche schreiben immer mehr Bücher und hoffen auf den großen Erfolg – meistens vergeblich. In: Hannoversche Allgemeine Zeitung. 21. August 2003. Nr. 194. S. 6

Török, Imre: VS-Handbuch. Ein Ratgeber für Autorinnen und Autoren, Übersetzerinnen und Übersetzer. 2., aktualisierte Aufl. 2001. Göttingen: Steidl

Prosa

Frey, James N.: Wie man einen verdammt guten Roman schreibt. 1997. Köln: Emons

Frey, James N.: Wie man einen verdammt guten Roman schreibt. Band 2. Anleitungen zum spannenden Erzählen für Fortgeschrittene. 1998. Köln: Emons

Knauss, Sibylle: Schule des Erzählens. Ein Leitfaden. 1995. Frankfurt am Main: Fischer Taschenbuch

Rauter, E. A.: Die neue Schule des Schreibens. Von der Gewalt der Wörter. 1996. München: Econ

Stein, Sol: Aufzucht und Pflege eines Romans. 2001. Frankfurt am Main: Zweitausendeins

Textor, A. M.: Sag es treffender. Ein Handbuch mit 25.000 sinnverwandten Wörtern und Ausdrücken für den täglichen Gebrauch. 2000. Reinbek: Rowohlt Taschenbuch

Lyrik

Braun, Michael; Thill, Hans (Hrsg.): Das verlorene Alphabet. Deutschsprachige Lyrik in den neunziger Jahren. 1998. Heidelberg: Verlag Das Wunderhorn

Breuer, Theo: Ohne Punkt & Komma. Lyrik in den 90er Jahren. 1999. Köln: Wolkenstein

Politycki, Matthias: Die Farbe der Vokale. Von der Literatur, den 78ern und dem

Gequake satter Frösche. 1998. München: Luchterhand

Waldmann, Günter: Produktiver Umgang mit Lyrik. Eine systematische Einführung in die Lyrik, ihre produktive Erfahrung und ihr Schreiben. Für Schule (Sekundarstufe I und II) und Hochschule sowie zum Selbststudium. 3., korr. Aufl. 1994. Baltmannsweiler: Schneider

Weber, Martina (Hrsg.): Zwischen Handwerk und Inspiration. Lyrik schreiben und veröffentlichen. 2004. Söhlde: Federwelt

Krimi

Beinhart, Larry: Crime. Kriminalromane und Thriller schreiben. 2003. Berlin: Autorenhaus

Kemmerzell, Anja; Laudan, Else (Hrsg.): Das Wort zum Mord. Wie schreibe ich einen Krimi? 1999. Hamburg: Argument

Randisi, Robert J.: Krimis schreiben. Das Handbuch der Erfolgsautoren. 2001. Frankfurt am Main: Zweitausendeins

Schindler, Nina: Das Mordsbuch. Alles über Krimis. 1998. Hildesheim: Gerstenberg

Walter, Klaus-Peter: Lexikon der Kriminalliteratur. Autoren, Werke, Themen/Aspekte. Loseblattsammlung in zurzeit 8 Ordnern (Grundwerk einschl. 45. Ergänzungslieferung). ca. 9.400 Seiten. 1993 ff. Meitingen: Corian

Science Fiction, Fantasy & Horror

Frick, Klaus N.; Kutzmutz, Olaf (Hrsg.): Nicht von dieser Welt? Aus der Sciencefiction-Werkstatt. 2001. Wolfenbüttel: Bundesakademie für kulturelle Bildung Wolfenbüttel (Band 3 der Reihe „Wolfenbütteler Akademie-Texte [WAT]")

Kinder- und Jugendbuch

Blaubuch 2005 – Adressen und Register für die deutschsprachige Kinder- und Jugendliteratur. Ein Nachschlagewerk vom Arbeitskreis für Jugendliteratur e.V. (AKJ). 5. Aufl. 2005. München

Brosche, Heidemarie: Erfolgreich Kinderbücher schreiben. Von der Idee bis zum gedruckten Buch. 2003. Kempen: moses

Kinder- und Jugendbuchverlage von A bis Z 2004/2005. Informationen zum Kinder- und Jugendbuch, Verlagsprogramme, Auszeichnungen, wichtige Anschriften. Herausgegeben von der Arbeitsgemeinschaft von Jugendbuchverlagen e.V. (avj). Bezugsadresse: Beltz Medien-Service, Postfach 10 05 65, D-69445 Weinheim, fax: 06201/703-201, buchservice@beltz.de (Schutzgebühr: 5,35 Euro)

2 Books on Demand; Selbstverlag; Zuschussverlage

Books on Demand

Mäckler, Andreas: Books on Demand für … Theaterautoren, Lyriker, Comic-Zeichner, Reprints, Vereine und Bürgerinitiativen, Dissertationen u. a. 14-bändige Ratgeber-Reihe. 2001/2002. Norderstedt: Libri Books on Demand

Mäckler, Andreas (Hrsg.): Books on Demand. So verkaufen Sie Bücher im Internet. Mit Beiträgen von Mike Shatzkin, Michael Saur, Michael Braun. 2. Aufl.

2000. München: Sequenz Medien Produktion

Mäckler, Andreas: SelbstVerlag – Das eigene Buch erfolgreich vermarkten. 2. Aufl. 2000. München: Sequenz Medien Produktion

Verband der Freien Lektorinnen und Lektoren (VFLL) e.V. (Hrsg.): Verzeichnis Freier Lektorinnen und Lektoren 2004/2005. 1. Aufl. 2004.

Weyh, Florian Felix: Vom Kopiergerät zur Buchmaschine. Publishing-on-demand verändert die Verlagslandschaft. Feature im Deutschlandfunk – Köln im DeutschlandRadio. Sendung vom 10.10.2003, 20.10–21.00 Uhr. Manuskript (unkorrigiertes Exemplar)

Selbstverlag

Itschert, Michael: 33 Tips für Kleinverleger. Literatur, Adressen, Anregungen. 1999. St. Augustin: Gardez!

Mäckler, Andreas: Die besten Marketing-Tipps für Autoren. So verkaufen Sie Bücher im Selbstverlag. 2001. München: Sequenz Medien Produktion

Mäckler, Andreas: SelbstVerlag – Das eigene Buch erfolgreich vermarkten. 2. Aufl. 2000. München: Sequenz Medien Produktion

Müller-Wieland, Horst: Verleg dich doch selbst. Praxisorientierte Anleitung zum Gründen und Betreiben eines Kleinverlages. 5. Aufl. 1995. Hamburg: Tiplit

Plenz, Ralf: Wie mache ich mich mit einem Verlag selbständig. 6. völlig überarb. Neuaufl. 2004. Hamburg: Input

Plenz, Ralf (Hrsg.): Verlagshandbuch premium. 4. völlig überarb. Neuaufl. 2003. Hamburg: Input

Plinke, Manfred: Mini-Verlag. 5., erw. Aufl. 2003. Berlin: Autorenhaus

Röthlingshöfer, Bernd: Kauf! Mich! Jetzt! Die besten Werbestrategien für Autoren und Selbstverleger. 2004. Konstanz: Edition more brains

Zuschussverlage

Carsten Holm: Mit Herzblut in den Ruin. In: DER SPIEGEL. Nr. 35 vom 28.08.2000. S. 202–206

Christen, Jürgen: Fegefeuer der Eitelkeiten. Von den Absagen der großen Verlage frustriert, gehen immer mehr Hobby-Autoren ins Netz unseriöser Zuschussverlage und zahlen zum Teil erhebliche Beträge, damit ihr Buch endlich gedruckt wird. In: BuchMarkt. August 1999. S. 52–60

Dickenberger, Udo: Kostspieliger Dichterstolz. Zuschußverleger spekulieren auf die Eitelkeit der Literaten. In: Wiener Zeitung. 27.03.1998.

Kellerhoff, Sven Felix: Statt Ruhm gibt es saftige Rechnungen. Chance für jeden? Wie Verlage mit Freizeitdichtern Geschäfte machen. In: Berliner Morgenpost. 5.01.1999.

Schmitz, Helmut: Auch Autoren haben ihre Schicksale. Über Verlage, die sich Bücher von denen mitfinanzieren lassen, die sie schreiben. In: Frankfurter Rundschau. Nr. 164. 18.07.1998. S. 6

3 Heftromane, Erlebnismagazine & wahre Love-Storys

Bauer, Angeline: Liebesromane schreiben. 2004. Berlin: Autorenhaus

Buslau, Oliver: Der Meister der 1000 Romane. Ein Interview mit Jason Dark

[Helmut Rellergerd]. In: TextArt – Magazin für kreatives Schreiben. Heft 1. 1. September 2000. S. 28–31

Buslau, Oliver: Margret Schwekendieks Welt der Heftromane. In: TextArt – Magazin für kreatives Schreiben. Heft 1. 2003. S. 20–25

Greve-Dierfeld, Anika von: Happy-End ist garantiert. Ob Arzt-, Liebes- oder Heimatroman: Groschenhefte liegen im Trend und werden von allen Schichten gelesen. In: Berliner Morgenpost online. 6. Januar 1998

Hochrain, Helmut: Die 5000-Mark-Story oder Die Kunst mit kleinen Geschichten das große Geld zu machen. 2. Aufl. 2001. Zu beziehen über Kommapress, siehe S. 263.

Samson-Himmelstjerna, Carmen von: „So ein ganzes Volk kann nicht meschugge sein" – Portrait der Autorin Renate Tintelnot. In: Kalmbach, Gabriele (Hrsg.): Frauen machen Bücher. 2000. Königstein/Ts.: Ulrike Helmer. S. 278–282

4 Zeitschriften & Zeitungen

Hartge, Caroline: Handbuch deutschsprachiger Literaturzeitschriften. Reihe: Soziokulturelle Studien. Bd. 3. 1997. Duisburg: Autoren Verlag Matern

Katalog Internationaler Pressen, Klein- und Selbstverlage 2003 zur 17. Mainzer Minipressen-Messe. Hrsg. vom Mainzer Minipressen-Archiv. Jürgen Kipp Verlag der Minipresse. Mainz 2003 (erscheint alle 2 Jahre zur Messe)

STAMM – Leitfaden durch Presse und Werbung. 2004. Essen: STAMM (www.stamm.de)

5 Literaturagenturen

Agent aus Leidenschaft. 8-teilige Artikelserie in der Süddeutschen Zeitung vom 2. Januar bis 14. Februar 2002:

Artikel 1: Hagn, Julia: Die Familie der Goldfedern. Heinz G. Konsalik, Utta Danella, Charlotte Link: Die Autorenagentur von Reinhold Stecher vertritt jede Menge Prominenz. In: Süddeutsche Zeitung. 2.01.02. Nr. 1. S. 44

Artikel 2: Filser, Hubert: Kein Platz für Ladenhüter. Erst der Markt, dann der Autor: Christine Proske kalkuliert hart. In: Süddeutsche Zeitung. 4.01.02. Nr. 3. S. 36

Artikel 3: Klute, Hilmar: Die irische Asche. Michael Mellers Erfolg mit Stefanie Gercke und Frank McCourt. In: Süddeutsche Zeitung. 9.01.02. Nr. 7. S. 50

Artikel 4: Rühle, Alexander: Mit dem Tapirrüssel nach Talenten schnüffeln. Ulrich Pöppel hat sich vor allem mit junger deutscher Literatur einen Namen in der Buchbranche gemacht. In: Süddeutsche Zeitung. 10.01.02. Nr. 8. S. 40

Artikel 5: Surkus, Andrea: Beichtvater und Bankier. Thomas Montasser hat schon für viele Bücher Verlage gefunden – auch für den eigenen Roman. In: Süddeutsche Zeitung. 14.01.02. Nr. 11. S. 44

Artikel 6: Goebel, Anne: Mutters Favoriten. Lionel von dem Knesebeck pflegt Freundschaft mit seinen Autoren – und einen diskreten Stil. In: Süddeutsche

Zeitung. 21.01.02. Nr. 17. S. 42.

Artikel 7: Weber, Antje: Die unverkäufliche Prinzessin. Silke Weniger vertritt Kinderbücher, aber auch feministische und literarische Verlage aus aller Welt. In: Süddeutsche Zeitung. 31.01.02. Nr. 26. S. 40

Artikel 8: Kotteder, Franz: Der letzte Freundschaftsdienst. Lianne Kolf betreut hauptsächlich Belletristik – und ist Patrick Süskind dankbar. In: Süddeutsche Zeitung. 14.02.02. Nr. 38. S. 39

Frenne, Katrin de: Literarische Agenturen und ihre Rolle für das Beschaffungsmarketing deutschsprachiger Verlage. Diplomarbeit 1998. HTWK-Leipzig

Schwarzer, Ursula: Die Agenten – Kalter Krieg um die Literatur. In: Deutschlandfunk. Hintergrund Wirtschaft. Manuskript vom 24.03.2002

Tschapke, Reinhard: Die Jäger des literarischen Schatzes. Literaturagenten: Ein neuer Berufszweig wird auch in Europa interessant. In: DIE WELT. 11.05.2000.

Wellershoff, Marianne: Die neue Vorschusspanik. Auf dem deutschen Buchmarkt tobt ein wüster Verteilungskampf: Mit spektakulären Honoraren, ausgehandelt von cleveren Agenten, jagen Verlage sich die Autoren ab. Gesucht werden, und das ist überraschend, deutsche Nachwuchstalente: möglichst jung, hübsch und fernsehtauglich. In: DER SPIEGEL. 4.12.2000. Nr. 49. S. 280–282

6 Schreiben fürs Theater

Deutsches Bühnen-Jahrbuch. Hrsg. von der Genossenschaft Deutscher Bühnen-Angehöriger. Jährlich. Hamburg: Verlag der Bühnenschriften-Vertriebs-Gesellschaft mbH

Bühnen- und Musikrecht: Tarifvertragswerk des Deutschen Bühnenvereins – Bundesverband Deutscher Theater. Darmstadt: Mykenae

Fo, Dario: Wo lernt der Autor seinen Beruf? In: Kleines Handbuch des Schauspielers. 1989. Frankfurt am Main: Verlag der Autoren. S. 185–186

Egri, Lajos: Dramatisches Schreiben. Theater – Film – Roman. Aus dem Englischen von Kerstin Winter. 2003. Berlin: Autorenhaus Verlag

Hall, Roger A: Mein erstes Stück. Ein Lehrbuch. Aus dem Englischen von Andreas Betten. 2000. Frankfurt am Main: Zweitausendeins

Lebendiges Theater. Eine Werkstatt für Dramatikerinnen. Dokumentation. Herausgegeben vom Literaturbüro NRW-Ruhrgebiet e.V. Projektleitung und Redaktion: Elisabeth Roters-Ullrich. Dezember 1998. Gladbeck

Schmidt, Bernd: Ich-AG mit Onkel und Tanten. Zum Dramatiker-Boom in Deutschland. Online-Artikel für die Seiten des Goethe-Instituts, www.goethe.de/kug/kue/the/thm/de27122.htm, 14.11.2004

Wer spielte was? Werkstatistik 2002/03. Hrsg. v. Deutschen Bühnenverein – Bundesverband deutscher Theater. 2004. Darmstadt: Mykenae (erscheint jährlich)

7 Hörspiele schreiben und produzieren

Bolik, Sibylle: Das Hörspiel in der DDR. Themen und Tendenzen. 1994. Frankfurt am Main, Berlin u. a.: Peter Lang

Burckhardt, Martin: Im blinden Fleck der Öffentlichkeit. Zur Situation der Hörspielproduktion. In: Rundfunk und Fernsehen. 42. Jg. 1994. Heft 2. S. 237–245

Ciriaco-Sussdorff, Angela di: Arbeitsbedingungen im Medium Rundfunk. In: Roters-Ullrich, Elisabeth; Theißen, Ursula (Hrsg.): Schriftstellerinnen im Gespräch. Eine Dokumentation. 1995. Dülmen-Hiddingsel: tende. S. 227–240

Döhl, Reinhard: Geschichte und Typologie des Hörspiels. Vortrag mit Tondokumenten. In: www.uni-stuttgart.de/ndl1/hsplrag1.htm. Stuttgart 1994

Döhl, Reinhard: Theorie und Praxis des Hörspiels. In: Zeitschrift für Literaturwissenschaft und Linguistik. Stationen der Mediengeschichte. 26. Jg. 1996. Nr. 103. Stuttgart/Weimar: J. B. Metzler. S. 70–85

Dünnebier, Anna: Wo liegt das Gold im Westen für Schriftstellerinnen vergraben? In: Roters-Ullrich, Elisabeth; Theißen, Ursula (Hrsg.): Schriftstellerinnen im Gespräch. A. a. O. S. 43–52

Kapfer, Herbert: Verbundsache. Der doppelte Imperativ grüßt die digitale Nutzergesellschaft! In: Bund der Kriegsblinden Deutschlands/Filmstiftung Nordrhein-Westfalen (Hrsg.): Hörwelten. 50 Jahre Hörspielpreis der Kriegsblinden. 2001. Berlin: Aufbau. S. 203–207

La Roche, Walther von; Buchholz, Axel (Hrsg.): Radio-Journalismus. 1993. München: List

Meißner, Jochen: Realität als Label. Hörspielsymposium in Rendsburg über Inszenierung der Wirklichkeit. In: Funkkorrespondenz. Nr. 29. 2004. Bonn: Deutsche Zeitung Christ und Welt. S. 3–4

Mixner, Manfred: Autoren produzieren selbst. In: Deutsches Jahrbuch für Autoren 1997. Wie ich den richtigen Verlag finde oder mein Buch selbst verlege. 2. Aufl. 1996. Berlin: Verlag Manfred Plinke. S. 187 f.

Oehme-Troendle, Ingeborg: Entwicklungen im Kinderhörspiel. In: Roters-Ullrich, Elisabeth; Theißen, Ursula (Hrsg.): Schriftstellerinnen im Gespräch. A. a. O. S. 183–195

Rösel, Astrid: Von der Ostzensur zum Westmarkt. In: Roters-Ullrich, Elisabeth; Theißen, Ursula (Hrsg.): Schriftstellerinnen im Gespräch. A. a. O. S. 62–68

Streeruwitz, Marlene: Manifest für ein gescheitertes Hörspiel. In: Roters-Ullrich, Elisabeth; Theißen, Ursula (Hrsg.): Schriftstellerinnen im Gespräch. A. a. O. S. 180–182

Wachtel, Stefan: Schreiben fürs Hören. Trainingstexte, Regeln und Methoden. 1997. UVK Medien Vlgs.-Ges.

Walther, J. Monika: In der Loge unter dem Traumreich. Ein Streifzug durch die Geschichte des Hörspiels. In: Roters-Ullrich, Elisabeth; Theißen, Ursula (Hrsg.): Schriftstellerinnen im Gespräch. A. a. O. S. 146–179

Zindel, Udo: Ein Hauch von Hörspiel. Szenische Dialoge. In: Udo Zindel/Wolfgang Rein (Hrsg.): Das Radiofeature. Ein Werkstattbuch. 1997. Konstanz: UVK Medien, S. 111–113

8 Drehbuchschreiben für Kino & TV, Bibliografie Drehbuch, siehe S. 404–412

9 Kontaktaufnahme: Anschreiben – Exposé – Textprobe/Manuskript

Goldberg, Alexander; Prinz, Franz; Seitfudem, Gerhard: Professionell schreiben. Praktische Tip(p)s für alle, die Texte verfassen: Rechtschreibung, Stilmittel, Layout, Arbeitstechniken und vieles mehr. 1997. Erlangen: Publicis MCD

Weitershaus, Friedrich W.: Satzanweisungen und Korrekturanweisungen. Richtlinien für die Texterfassung. Mit ausführlicher Beispielsammlung. 6. Aufl. 1994. Mannheim: Bibliographisches Institut (Duden Taschenbücher)

10 Aus- und Fortbildung für SchriftstellerInnen

Bach, Susanne; Schenkel, Elmar (Hrsg.): Creative Writing – Kreatives Schreiben. Berichte aus den Bereichen Schule, VHS, Uni, Psychotherapie und Journalismus. 1998. Edition Isele

Baldwin, Christina: Das kreative Tagebuch. Tagebuchschreiben als Weg der Selbstfindung und Selbstverwirklichung – als Zwiesprache mit sich selbst. 1992. Otto Wilhelm Barth

Englert, Sylvia: Wörterwerkstatt. Tipps für junge AutorInnen. 2. Aufl. 2003. Ellermann

Frey, James N.: Wie man einen verdammt guten Roman schreibt. 1997. Köln: Emons

Frey, James N.: Wie man einen verdammt guten Roman schreibt. Band 2. Anleitungen zum spannenden Erzählen für Fortgeschrittene. 1998. Köln: Emons

Fritzsche, Joachim; Bothe, Katrin; Rammoser, Karl Günter: Schreibwerkstatt. Geschichten und Gedichte: Schreibaufgaben, -übungen, -spiele. 1989. Stuttgart: Klett

Gesing, Fritz: Kreativ schreiben. Handwerk und Techniken des Erzählens. 1994. Köln: DuMont (Bd. 306)

Goldberg, Natalie: Schreiben in Cafés. Deutsch von Kerstin Winter. 2003. Berlin: Autorenhaus

Häberlin, Susanna; Schmid, Rachel; Wyss, Eva Lia: Übung macht die Meisterin. Ratschläge für einen nichtsexistischen Sprachgebrauch. 1992. München: Frauenoffensive

Highsmith, Patricia: Suspence oder wie man einen Thriller schreibt. 1990. Diogenes

Mehler, Ha. A.: Wie finde ich einen Verleger? 1990. Hünstetten: Möwe

Mosler, Bettina; Herholz, Gerd: Die Musenkussmischmaschine. 132 Schreibspiele für Schreibwerkstätten und Schulen. 3. Aufl. 2003. Essen: Verlag Neue Deutsche Schule.

Ortheil, Hanns-Josef: Erzählen wie im Rausch. Ist Kreativität lehr- und lernbar? In: DER SPIEGEL. Nr. 51. 18.12.2000. S. 226–227

Pusch, Luise F.: Alle Menschen werden Schwestern. Feministische Sprachkritik.

1990. Frankfurt am Main: Suhrkamp (edition suhrkamp 1565)

Pusch, Luise F.: Das Deutsche als Männersprache: Aufsätze und Glossen zur feministischen Linguistik. 1984. Frankfurt am Main: Suhrkamp (edition suhrkamp 1217)

Rico, Gabriele L.: Garantiert schreiben lernen. Sprachliche Kreativität methodisch entwickeln – ein Intensivkurs auf der Grundlage der modernen Gehirnforschung. 1984. Reinbek: Rowohlt

Scheidt, Jürgen vom: Kreatives Schreiben. Texte zu sich selbst und zu anderen. Überarb. u. ergänzte Neuausgabe. 1995. Frankfurt am Main: Fischer Taschenbuch (Nr. 11950)

Scheidt, Jürgen vom: Kurzgeschichten schreiben. Eine praktische Anleitung. 1995. Frankfurt am Main: Fischer Taschenbuch (Nr. 11639)

Schneider, Wolf: Deutsch für Kenner. Die neue Stilkunde. 8. Aufl. 2003. München: Piper

Schneider, Wolf: Deutsch für Profis. Wege zum guten Stil. 1999. München: Goldmann

Schneider, Wolf: Wörter machen Leute. Magie und Macht der Sprache. 10. Aufl. 2002. München: Piper

„Schreiben im Studium. Ein Leitfaden". Hrsg. von Bünting, Bitterlich, Pospiech. 2000. Cornelsen-Verlag Scriptor

Schwidder, Stefan: Ich schreibe, also bin ich. Schritt für Schritt zur eigenen Biographie. 2004. Fuchstal: Zentrum für Biographisches Schreiben

Stein, Sol: Über das Schreiben. 1997. Frankfurt am Main: Zweitausendeins

Studienziel: Dichter – Ist literarisches Schreiben lehrbar? Hrsg. vom Ministerium für Schule und Weiterbildung, Wissenschaft und Forschung des Landes Nordrhein-Westfalen in Kooperation mit dem Literaturrat NRW (Beiträge zur gleichnamigen Fachtagung am 5./6. März 1998 im Landtag Nordrhein-Westfalen, Düsseldorf)

Waldmann, Günter; Bothe, Katrin: Erzählen. Eine Einführung in kreatives Schreiben und produktives Verstehen von traditionellen und modernen Erzählformen. 1992. Stuttgart: Ernst Klett Schulbuchverlag

Werder, Lutz von: Lehrbuch des kreativen Schreibens. 4. Aufl. 2001. Berlin: Schibri

Wiesand, Andreas Joh. (Hrsg.): Autoren-Perspektiven. Qualifizierung – Förderung – Neue Medien. (Arbeitstitel) 2005. Bonn: ARCult (ISBN 3-930395-61-4).

11 Geld verdienen mit literarischen Dienstleistungen

„20 Jahre poet in residence". Essener Unikate 8. Berichte aus Forschung und Lehre. Universität GH Essen 1996

Braun, Harald: Der Allegra-Literaturwettbewerb. In: Tieger, Gerhild (Hrsg.): Literaturpreise und Autorenförderung. 2002. Berlin: Autorenhaus. S. 35–44

Buslau, Oliver: Schreiben lernen per Brief. Ein Besuch bei der Axel-Andersson-Akademie. In: TextArt – Magazin für kreatives Schreiben. Heft 1. 2002. S. 36–38

Pohle, Julika: Jedes Wort gelogen, doch jeder Satz ist wahr. Prominente Biografen und Ghostwriter bei den HEW-Lesetagen. In: Die Welt. 22.04.04

12 Lesungen, Poetry Slams und Selfmade-Marketing

Böhm, Thomas (Hrsg.): Auf kurze Distanz. Die Autorenlesung: O-Töne, Geschichten, Ideen. 2003. Köln: Tropen

Bundesverband der Friedrich-Bödecker-Kreise e.V. (Hrsg.): Autoren lesen vor Schülern – Autoren sprechen mit Schülern. Autorenverzeichnis. 7. Aufl. 2000.

Bylanzky, Ko; Patzak, Rayl (Hrsg.): Planet Slam. Das Universum Poetry Slam. 2002. München: Yedermann

Demski, Eva: Unterwegs. 1988. Frankfurt: Frankfurter Verlagsanstalt

Dünnebier, Anna: Wo liegt das Gold im Westen für Schriftstellerinnen vergraben? In: Roters-Ullrich, Elisabeth; Theißen, Ursula (Hrsg.): Schriftstellerinnen im Gespräch. Eine Dokumentation. 1995. Dülmen-Hiddingsel: tende. S. 43–52

Haag, Klaus: Lesung & Vortrag. Zur Theorie und Praxis der öffentlichen Leseveranstaltung. Ein Lesebuch mit Ratschlägen für Autoren, Referenten und Veranstalter. Mit 50 Auftrittskonzepten. 1. Aufl. 2001. Speyer: Marsilius

Jagnow, Bjørn: Marketing für Autoren. Der Weg zur erfolgreichen Veröffentlichung. 2. überarb. u. erw. Aufl. 2003. Söhlde: Federwelt

Mäckler, Andreas (Hrsg.): Books on Demand. So verkaufen Sie Bücher im Internet. Mit Beiträgen von Mike Shatzkin, Michael Saur, Michael Braun. 2. Aufl. 2000. München: Sequenz Medien Produktion

Mäckler, Andreas: Die besten Marketing-Tipps für Autoren. So verkaufen Sie Bücher im Selbstverlag. 2001. München: Sequenz Medien Produktion

Mäckler, Andreas: SelbstVerlag – Das eigene Buch erfolgreich vermarkten. 2. Aufl. 2000. München: Sequenz Medien Produktion

Neumeister, Andreas; Hartges, Marcel (Hrsg.): Poetry! Slam! Texte der Pop-Fraktion. 1996. Reinbek bei Hamburg: Rowohlt

Otte, Joachim: Sogenannt, unbekannt, neu entdeckt. Von der Dichterlesung zum Slam. In: forum. Literatur in Niedersachsen. Hrsg. vom Literaturrat Niedersachsen. Heft 1. 2004. S. 4–6

Pospiech, Hartmut; Uebel, Tina (Hrsg.): Poetry Slam 2003/2004. 2003. Hamburg: Rotbuch

Reifsteck, Peter: Handbuch Lesungen und Literaturveranstaltungen. Konzeption – Organisation – Öffentlichkeitsarbeit. 3. völlig aktualisierte u. stark erw. Aufl. 2005. Reutlingen (zu beziehen direkt über Peter Reifsteck, www.reifsteck-literaturbuero.de)

Rossié, Michael: Sprechertraining. Texte präsentieren in Radio, Fernsehen und vor Publikum. 2000. München: List

Röthlingshöfer, Bernd: Kauf! Mich! Jetzt! Die besten Werbestrategien für Autoren und Selbstverleger. 2004. Konstanz: Edition more brains

Schwarz, Britta: So verkaufen Sie Ihr Buch! Erfolgsstrategien und Marketing für Autoren und Selbstverleger. 2., erw. Aufl. 2004. Berlin: Autorenhaus

13 Preise & Wettbewerbe, Stipendien & Stellen für StadtschreiberInnen

Bertram, Simone: Der ideale Literatur-Wettbewerb – Ein Artikel für Ausrichter. In:

Handbuch der Kulturpreise, 4. vollständig neu bearbeitete Ausgabe für den Zeitraum 1995-2000. Hrsg. von Andreas Johannes Wiesand beim Zentrum für Kulturforschung. Bonn 2001: ARCult Media. S. LII f.

Blaubuch 2005 – Adressen und Register für die deutschsprachige Kinder- und Jugendliteratur. Ein Nachschlagewerk vom Arbeitskreis für Jugendliteratur e.V. (AKJ). 5. Aufl. 2005. München

Böde, Christina; Janetzki, Ulrich (Hrsg.): Preise und Stipendien. Handbuch für Autoren. Deutschland, Österreich, Schweiz. 2000. München: Econ Ullstein List (Quadriga)

Braun, Harald: Der Allegra-Literaturwettbewerb. In: Tieger, Gerhild (Hrsg.): Literaturpreise und Autorenförderung. 2002. Berlin: Autorenhaus 2002. S. 35–44

Handbuch der Kulturpreise 1995–2000. Preise, Ehrungen, Stipendien und individuelle Projektförderungen für Künstler, Publizisten und Kulturvermittler. 4. Neuausgabe. Hrsg. von Andreas Johannes Wiesand beim Zentrum für Kulturforschung. 2001. Bonn: ARCult

Kinder- und Jugendbuchverlage von A bis Z 2004/2005. Informationen zum Kinder- und Jugendbuch, Verlagsprogramme, Auszeichnungen, wichtige Anschriften. Hrsg. von der Arbeitsgemeinschaft von Jugendbuchverlagen e.V. (avj). Bezugsadresse: Beltz Medien-Service, Postfach 100565, D-69445 Weinheim, fax: 06201/703-201, buchservice@beltz.de (Schutzgebühr: 5,35 Euro)

Mensing, Kolja: Der Literaturwettbewerb. Frequently Asked Questions. In: Kursbuch Nummer 153. September 2003. Berlin: Rowohlt. S. 65–75

Wiesand, Andreas Joh. (Hrsg.): Autoren-Perspektiven. Qualifizierung – Förderung – Neue Medien. (Arbeitstitel) 2005. Bonn: ARCult (ISBN 3-930395-61-4).

14 Recht und Soziales

Bericht der Bundesregierung über die soziale Lage der Künstlerinnen und Künstler in Deutschland. 2000 (Der Bericht stellt die soziale Lage der KünstlerInnen und PublizistInnen aufgrund der Erfahrungen mit dem KSVG dar.)

Bleuel, Hans Peter; Schultz-Wild, Lore (Hrsg.): Die Rechte der Autoren – Handbuch des Europäischen Schriftstellerkongresses. 2000 (zu beziehen über die Geschäftsstelle des VS in Berlin)

Buchholz, Goetz: Ratgeber Freie. Kunst und Medien. Hrsg. von der Vereinten Dienstleistungsgewerkschaft ver.di. 6., erw. Aufl. 2002. Hamburg

Delp, Ludwig: Kleines Praktikum für Urheber- und Verlagsrecht. 4. aktualisierte Aufl. 2000. München: C.H. Beck

Homburg, Christian: Gutachten im Auftrag des Börsenvereins des Deutschen Buchhandels: Betriebswirtschaftliche Auswirkungen möglicher Veränderungen der Honorarsituation in Verlagen als Folge der Urheberrechtsnovellierung. Universität Mannheim. Mannheim, 15. Oktober 2003

Nies, Gerd; Rehberg, Frank: Zur Honorar- und Einkommenssituation der Übersetzerinnen und Übersetzer. Ein Beitrag zur Diskussion um eine angemessene Vergütung. Studie erstellt im Auftrag des VdÜ (Verband deutschspra-

chiger Übersetzer literarischer und wissenschaftlicher Werke e.V./ Bundessparte Übersetzer im Verband deutscher Schriftsteller (VS) in ver.di). München, im Juni 2004 (= IMU-Gutachten, IMU Institut für Medienforschung
und Urbanistik)
Plinke, Manfred: Recht für Autoren. 2., erw. Aufl. 2003. Berlin: Autorenhaus
Schulze, Gernot: Meine Rechte als Urheber. Urheber- und Verlagsrecht. 5. Aufl.
2004. (Stand: 15.07.2004). München: dtv (Beck Rechtsberater 5291)
Urheber- und Verlagsrecht. 10. Aufl. 2003. München: dtv (Reihe dtv Beck-Texte Nr.
5538)
Zacher, Joachim; Zacher, Michael: Soziale Sicherheit für Künstler und Publizisten.
2000. Starnberg: R. S. Schulz

15 Literaturbüros & Literaturhäuser, Verbände & Vereinigungen & Institu-
tionen

Arbeitsgemeinschaft Literarischer Gesellschaften e.V. (Hrsg.): Literarische Gesellschaften in Deutschland. Ein Handbuch. Bearbeitet von Christiane Kussin.
1995. Berlin: Aufbau
The European Writer. Authors' Rights. Handbook of the European Writers' Congress (EWC). Editors: Hans Peter Bleuel u. Lore Schultz-Wild. 2. Aufl. 2000.
Zu beziehen über: c/o Lore Schultz-Wild, Konradstr. 16, D-80801 München,
fon: 089/345581, fax: 089/392094, EWC.lsw@t-online.de, www.european-
writers-congress.org
Leupold, Dagmar (Hrsg.): 30 Jahre Verband deutscher Schriftsteller in der IG
Medien. Jubiläumskongress. Bücher – Brüche – Aufbrüche. 2. bis 4. Dezember 1999. Köln, Gürzenich. 2002. Göttingen: Steidl (u. a. mit den Tagungsbeiträgen zu den Genres Lyrik, Sachbuch, Roman, Kinder- und Jugend-
literatur, Kriminalroman, Übersetzen)
Möbius, Regine (Hrsg.): Auf dem endlosen Weg zum Hause des Nachbarn. 14.
Kongress des Verbandes deutscher Schriftsteller (VS) in der IG Medien vom
24. bis 27. April 1997 in Chemnitz. 2000. Göttingen: Steidl
P.E.N. Zentrum Deutschland. Autorenlexikon 2003/2004. 2003. Wuppertal: Peter
Hammer

16 Übersetzen – Ohne Übersetzungen keine Weltliteratur

Nies, Gerd; Rehberg, Frank: Zur Honorar- und Einkommenssituation der Übersetzerinnen und Übersetzer. Ein Beitrag zur Diskussion um eine angemessene Vergütung. Studie erstellt im Auftrag des VdÜ (Verband deutschsprachiger Übersetzer literarischer und wissenschaftlicher Werke e.V./ Bundessparte Übersetzer im Verband deutscher Schriftsteller (VS) in ver.di).
München, im Juni 2004 (= IMU-Gutachten, IMU Institut für Medienforschung und Urbanistik)
Pfetsch, Helga: Die Lust am Übersetzen. In: Török, Imre: VS-Handbuch. Ein

Ratgeber für Autorinnen und Autoren, Übersetzerinnen und Übersetzer. 2., aktualisierte Aufl. 2001. Göttingen: Steidl. S. 313–317

Tietze, Rosemarie; Kroeber, Burkhart: Neue Wege der Übersetzerförderung – Memorandum. In: Török, Imre: VS-Handbuch. Ein Ratgeber für Autorinnen und Autoren, Übersetzerinnen und Übersetzer. 2., aktualisierte Aufl. 2001. Göttingen: Steidl. S. 318–326

ÜBERSETZERINNEN-Verzeichnis, Herausgegeberin: Bundessparte Übersetzer im Verband deutscher Schriftsteller (VS) in der IG Medien. Im Internet auch als Online-Datenbank unter: www.literaturuebersetzer.de

Kürschners Deutscher Literatur-Kalender

Kürschners Deutscher Literatur-Kalender – die bewährte Dokumentation der zeitgenössischen deutschsprachigen Literaturszene – umfasst in seiner 64. Ausgabe 11.866 Einträge zu Autorinnen und Autoren, davon 11.187 Artikel mit ausführlichen bio-bibliographischen Angaben. 1.231 Autorinnen und Autoren wurden gegenüber der letzten Ausgabe neu aufgenommen.

64. Jahrgang 2004/2005
Redaktion: Andreas Klimt
2004. 2 Teilbände
Zus. XXVI, 1.742 Seiten
Gebunden
€ 348,– / sFr 599,–
ISBN 3-598-23588-7

Ohne literaturkritische Wertung stellt der *Kürschner* die lebenden Verfasserinnen und Verfasser schöngeistiger Literatur in deutscher Sprache vor – unabhängig von ihrer Staatsangehörigkeit und ihrem geographischen Lebens- und Wirkungsbereich. Die Artikel informieren unter anderem über Adressen, Lebensdaten, Mitgliedschaften in Fachverbänden und literarischen Vereinigungen sowie literarische Preise und verzeichnen etwa 158.000 Veröffentlichungen der aufgenommenen Persönlichkeiten.

Für alle, die mit dem Literaturbetrieb befasst sind, stellt *Kürschners Deutscher Literatur-Kalender* eine wertvolle Wissensquelle und ein unverzichtbares Handwerkszeug dar.

www.saur.de/kdl

K·G·Saur Verlag
A Part of The Thomson Corporation

Postfach 70 16 20 · 81316 München · Deutschland
Tel. +49 (0)89 7 69 02-300 · Fax +49 (0)89 7 69 02-150/ 250
e-mail: saur.info@thomson.com   http://www.saur.de

Anhang

Vitae der Beteiligten

Kristine Alex

Kristine Alex (geb. Erb), Systemaufstellungsexpertin, arbeitet seit acht Jahren mit Privatpersonen in ihrer Praxis für Coaching u. Prozessbegleitung in München u. Chiemgau u. berät Unternehmen im Rahmen ihres Beratungsinstituts *Systeme in Aktion.* 2001 erschien ihr Buch *Die Ordnungen des Erfolgs. Eine Einführung in die Organisationsaufstellung* bei Kösel. Zuvor war sie in Deutschland u. Afrika als Expertin im entwicklungspolitischen Bereich tätig, leitete eine europaweite epidemiologische Studie im Krebsbereich u. war für das IRK für Ruanda-Flüchtlinge in Afrika im Einsatz. Sie studierte Ernährungswissenschaften mit dem Schwerpunkt Welternährungswirtschaft sowie Beratung u. Kommunikation. Geboren 1963. www.systeme-in-aktion.de
S. 379–385

Dirk Blothner

Dirk Blothner, seit 1996 Apl. Professor für Psychologie an der Universität Köln. Eigene psychoanalytische Praxis, seit 1999 Lehranalytiker (DGPT) für Psychoanalyse. Vorsitzender der *Gesellschaft für Psychologische Morphologie e. V. (GPM).* Seit Mitte der 90er Jahre Erforschung des Zusammenhangs von Filminhalten u. Kulturentwicklung. Zahlreiche empirische Studien zu Film- u. Fernsehwirkung. Dozent an verschiedenen Filmhochschulen. Als Consultant beteiligt an der Entwicklung vieler, auch internationaler Filmstoffe. Über 90 Veröffentlichungen, darunter *Erlebniswelt Kino – Über die unbewußte Wirkung des Films* (Bergisch Gladbach 1999), *Das geheime Drehbuch des Lebens – Kino als Spiegel der menschlichen Seele* (ebd. 2003). 1990 Habilitation in Psychologie an der Universität Köln; 1981 Promotion über Wenders *Der Amerikanische Freund.* Lebt in Köln; geboren 1949 in Flensburg. www.filmwirkungsanalyse.de
S. 360–365

Elke Brand

Elke Brand, seit 1999 Mitinhaberin der Medienagentur *Scripts for sale,* verantwortlich für die Betreuung der Drehbuchautoren u. die Stoffentwicklung sowie die Vermittlung der Filmrechte an Romanen (exklusiv für die Verlage Ullstein, Random House, Berlin Verlag, Piper Verlag, Beltz & Gelberg, Schöffling). Seit 1997 freie Filmdramaturgin in Hamburg, davor mehrere Jahre Dramaturgin u. Producer-Assistentin in diversen Filmproduktionsfirmen. Studium der Germanistik u. Romanistik.
www.scriptsforsale.de
S. 366–371

Renata Burckhardt

Renata Burckhardt, 1973 in Bern geboren, lebt in Zürich u. leitet die Fachgruppe Dramatik des AdS (Autorinnen und Autoren der Schweiz) sowie seit Herbst 2004 die Autorenwerkstatt am Theater Basel, gemeinsam mit Martin Frank u. Lukas Holliger, der sie 1998 beitrat. Ihr erstes Stück *Bauernkrieg* wurde in Basel im

Rahmen der *Antischublade* im *Raum33* gespielt; es folgten die
Stipendien *dramenprozessor* (Leitung: Peter Kelting) u. *Masterclass
MC6* (Masterin: Marlene Streeruwitz). 1997–2001 Lehramtsstu-
dium der Bildenden Kunst, Schule für Gestaltung Basel. In der
Spielzeit 2002/03 Regieassistentin am Deutschen Theater
Göttingen.
S. 286–290

© Ute Döring

Kurt Drawert

Kurt Drawert, geboren 1956 in Hennigsdorf/Brandenburg, lebt
seit 1996 in Darmstadt. Zahlreiche Veröffentlichungen von
Prosa, Lyrik, Dramatik u. Essays sowie mehrere Herausgaben.
Zuletzt: *Rückseiten der Herrlichkeit. Texte und Kontexte,* Suhrkamp
2001; *Frühjahrskollektion. Gedichte,* Suhrkamp 2002. Zahlreiche
Auszeichnungen, u.a. Leonce-und-Lena-Preis, Ingeborg-Bach-
mann-Preis, Uwe-Johnson-Preis.
S. 50–54

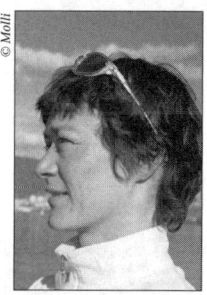
© Molli

Florentine Egger

Florentine Egger, Hörspiel u. Hörbuch begeisterte Leseratte,
geboren 1968 in Schongau, ist seit Sommer 2004 unterneh-
menslustig unterwegs, um ihre „Lindy Lodge" zu verwirklichen.
www.lindy-lodge.de   **S. 308–332; Kapitel 7**

Nicole Ehringhausen

Nicole Ehringhausen, geboren 1974, studiert Filmwissenschaft,
Publizistik u. Soziologie in Mainz; absolviert(e) ebenso Studien in
Psychologie, Theater-, Kommunikations- u. Medienwissenschaft, Philosophie u. Sport. Seit 2002 Redaktionshilfe u. diverse Praktika beim ZDF. Verfasst(e) genrespezifische Kurzfilmdreh-
bücher u. wirkte an der Realisierung verschiedener Kurzfilmpro-
duktionen mit. An der Universität Leipzig konzipierte sie für die
Deutschen Hochschulmeisterschaften im Geräteturnen 2001
den Internet-Auftritt u. leitete die Presse- u. Öffentlichkeitsarbeit. Sie arbeitete für das Projekt *Internetfernsehen Freistil.net* im
Bereich Kamera, Redaktion u. Schnitt. Nach dem Abitur folgte
eine Ausbildung zur Internationalen Direktionsassistentin in
Köln u. ein sechsmonatiger Auslandsaufenthalt als Übersetzerin
in Paris. NicoleEhr@aol.com.
S. 389–413

Kersten Flenter

Kersten Flenter, geboren 1966, lebt als Autor, Journalist,
Moderator u. Veranstalter in Hannover. Er ist Mitglied im Verband deutscher Schriftsteller (VS), verheiratet, Vater eines Sohnes
und schreibt Lyrik und Prosa. Bislang erschienen sieben Titel,
vornehmlich in Kleinverlagen; daneben gilt seine größte Aufmerksamkeit der Vermittlung von „Live-Literatur", wovon mehr
als 300 Lesungen bundesweit u. seine über 12-jährige Veranstal-
tertätigkeit zeugen. Seit 1998 ist er Herausgeber der Lyrik-*edition
roadhouse*. www.flenter.de   **S. 510–513**

Klaus N. Frick

Klaus N. Frick wurde im Dezember 1963 in Freudenstadt im Schwarzwald geboren, wo er auch zur Schule ging, sein Abitur ablegte u. bei der örtlichen Tageszeitung arbeitete. Seit den 80er Jahren ist er als Schreiber tätig – als Freiberufler für Tageszeitungen u. Wochenblätter, ab Ende der 80er Jahre in einer Agentur für Öffentlichkeitsarbeit in Tübingen. Zur PERRY RHODAN-Serie stieß er 1992; anfangs arbeitet er als Redakteur, seit 1999 als Chefredakteur für alle PERRY RHODAN-Produkte. Klaus N. Frick wohnt in Karlsruhe u. veröffentlicht gelegentlich Artikel, Geschichten u. Erzählungen.
S. 82–87

Anita Friedrich

Anita Friedrich, geboren 1947 in Berlin u. seit 2004 Mitglied bei DeLiA, schreibt seit ihrer Kindheit u. arbeitet seit 1978 als freie Autorin. Seit 1973 entstanden rund 1.000 Heftromane, Taschenhefte u. Taschenbücher für die Verlage Marken, Pabel-Moewig, Bastei u. Kelter. Beiträge in verschiedenen Anthologien, zahlreiche Artikel u. Reiseberichte sowie die Jugendbücher *Hallo, ich bin Jordana* u. *Ilona wird Kibbuznik,* das Kinderbuch *Roni braucht eine Heimat,* ein Band mit Kurzgeschichten *An einem Freitagabend* u. ein Heft *Neue Sprüche für das Poesiealbum.*
S. 153–162

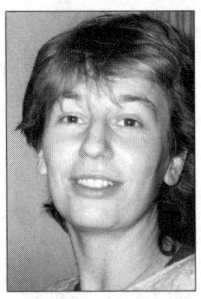

Eva Geiger

Eva Geiger, geboren 1969 in Schongau, ist Sonderpädagogin u. liebt Bücher, besonders wenn sie geistreich und spannend sind.
S. 75–80

Ghost: 0 81 93 / 99 82 61; *Foto: nächste Seite*
S. 468–472

Sebastian Goy

Sebastian Goy schreibt hauptsächlich Hörspiele, inzwischen über hundert, von denen etliche für den Kriegsblindenpreis nominiert oder als deutscher Beitrag bei europäischen Wettbewerben eingereicht wurden (Prix Italia, EBU). Sein Hörspiel *Zizibä* wurde mit dem Karl-Sczuka-Preis ausgezeichnet, für *Frau Holle auf Reisen* erhielt er 1998 den Deutschen Kinderhörspielpreis. Außerdem ist er Verfasser von Theaterstücken, Fernsehspielen, Kinderbüchern *(Du hast drei Wünsche frei)* u. eines Romans *(Das kleine Buch Flann).* Nach dem Studium war er eine Weile Lehrer, später einige Jahre Hörspielredakteur beim Sender Freies Berlin. Sebastian Goy lebt am Ammersee u. hat zwei Kinder.
S. 308–315

Petra Hermanns, geboren 1967, Verlagskauffrau und Literaturwissenschaftlerin, seit 1995 im Bereich Rechte u. Lizenzen bei diversen Agenturen tätig, gründete 1998 in Frankfurt die Agentur *Scripts for sale*. 1999 Erweiterung der Agentur zur Medienagentur durch Einstieg von Elke Brand als neue Mitinhaberin im Hamburger Büro. Schwerpunkte der Agentur: Vermittlung von Roman- und Drehbuchautoren, Vertretung von Filmrechten für Verlage. www.scriptsforsale.de
S. 238–248

Ghost

Marianne Hollmann-Wobschall, 1949 in der Mark Brandenburg geboren, lebt mit Mann u. Katze in Berlin u. ist seit 1995 freie Autorin. *Ruhe! Mama schreibt!* ist ihr 247. von bisher 269 (Stand: Oktober 2004) veröffentlichten Erlebnisberichten. Außerdem hat sie unter den Pseudonymen Anne Beeskow, Vicky Holm u. Lydia März zahlreiche Geschichten, Lady-Krimis u. Heftromane verfasst u. war Mitautorin einer Love-Story-Reihe für Teenies. Wenn der schnöde Broterwerb ausnahmsweise mal nicht den Vorrang hat, arbeitet sie an einem Roman u. einem Hörspiel. Zuvor: Studium der Rechtswissenschaften, verschiedene Tätigkeiten in Verwaltungen der DDR auf den Gebieten Umweltschutz, Dienstleistungen u. Handwerk. Nach dem Mauerfall zwei Jahre Inhaberin einer Partneragentur, danach Jobs als Interviewerin in der Marktforschung, als Arztsekretärin u. Dozentin an Volkshochschulen.
S. 139–173

Petra Hermanns

Katja Huber, geboren 1971, lebt als Autorin in München, studierte slawische Philologie, politische Wissenschaften u. Psychologie. Seit 1999 arbeitet sie hauptberuflich beim Bayerischen Rundfunk u. erstellt dort für die *Zündfunk*-Redaktion journalistische u. literarische Beiträge. 2001 erhielt sie den Publikumspreis des Münchner Literaturfestivals *Wortspiele*. Zuletzt erschien ihre Geschichte *Russische Schwimmbäder* in der Anthologie *Osten* (München 2003). Als Hörspiele schrieb sie u. a.: *Das Ticken des Vaters* (RB/SWR 2001), *Hechtzeit* (BR 2002), *Wir allein* (SWR 2003), *Melonen* (BR 2004), *Der amerikanische Wels* (Megaeinsverlag Berlin 2004).
S. 308–315

Marianne Hollmann-
Wobschall

Foto: nächste Seite
Antje Huhs, geboren 1977 in Bremen, ist seit 2000 Studentin des Studiengangs „Kreatives Schreiben und Kulturjournalismus" an der Universität Hildesheim. Texte von ihr sind in der Literaturzeitschrift *Macondo* veröffentlicht. Vor dem Studium arbeitete

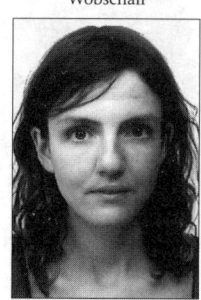

Katja Huber

Antje Huhs

Ina Kleine-Wiskott

Autorenteam Kopietz-Sommer

Michael Krüger

sie sechs Monate als freie Mitarbeiterin in einer Lokalredaktion des *Weser Kuriers*; davor machte sie eine kaufmännische Ausbildung.
S. 455–456

Ina Kleine-Wiskott, geboren 1975, studierte angewandte Theaterwissenschaften in Gießen (Diplom) u. Musik in Gießen, Frankfurt und Berlin. Sie assistierte bei Musiktheaterproduktionen, z. B. bei *Saints and Singing* (Hans Peter Kuhn/Robert Wilson) und *Meme Soir* (Heiner Goebbels). Journalistische u. redaktionelle Erfahrungen sammelte sie beim freien Frankfurter Sender *RadioX*, beim Hesssichen Rundfunk u. Südwestrundfunk. Seit 2002 lebt sie als freischaffende Hörspielautorin u. Musikerin in Frankfurt am Main. Mit ihrem Hörstück *Nächster Halt* gewann sie den PLOPP!Award 2003.
S. 316–319

Gerit Kopietz und **Jörg Sommer**, beide 1963 geboren, arbeiten seit 1999 als freie Schriftsteller u. haben zusammen rund 120 Bücher, vorwiegend für Kinder u. Jugendliche, geschrieben. Neben Büchern produzieren sie Theaterstücke, Hörspiele, Drehbücher sowie Beiträge für diverse TV-Showformate. Gerit Kopietz ist gelernte Erzieherin u. Mitglied mehrerer Literatur-Jurys; Jörg Sommer hat nach einem Zeitungsvolontariat lange als PR-Berater in der größten europäischen Agentur, später als Inhaber einer eigenen Agentur gearbeitet u. war als Wahlkampfstratege u. Top-Redenschreiber u. a. für die Bundesregierung u. mehrere Ministerpräsidenten tätig.
www.kopietz-sommer.de
S. 92–98

Michael Krüger, geboren 1943 in Wittgendorf, ist Verleger, Autor u. Kritiker. Seit 1968 Verlagslektor beim Carl Hanser Verlag, seit 1986 Verleger des Carl Hanser Verlages, seit 1981 Herausgeber der Literaturzeitschrift AKZENTE. Verschiedene Literaturpreise: Peter-Huchel-Preis (1986), Ernst-Meister-Preis der Stadt Hagen (1994), Prix Medicis Etranger (1996), Kultureller Ehrenpreis der Stadt München (2000). Mitglied in folgenden Akademien: Bayerische Akademie der Schönen Künste, München; Deutsche Akademie für Sprache und Dichtung, Darmstadt; Akademie der Wissenschaften u. Literatur, Mainz; Akademie der Künste, Berlin. Michael Krüger lebt in München.
S. 22–29

Sibylle Kurz, geboren 1958, ist seit 1995 als Pitching-Expertin, Kommunikationstrainerin u. Coach tätig, schwerpunktmäßig für Projekt- u. Präsentationsberatung im Kunst-, Kultur- u. Medienbereich. Sie lehrt an namhaften in- u. ausländischen Universitäten, Filmschulen & -akademien. Publikationen u. a.: *Pitch It! – Die Kunst, Filmprojekte erfolgreich zu verkaufen* (Bastei-Lübbe 2000), *Vertical Strategies – In der Nische neue Wege finden. Vom Filmemachen als Geschäft und von Love-Affairs mit Low-Budget-Filmen* (2005). Vor dem Studium der Kommunikations- u. Medienwissenschaft, Psychologie u. Soziologie in München arbeitete sie rund 15 Jahre im Bereich Akquisition u. Co-Produktion in einer großen deutschen Filmvertriebsfirma (Kino & Video). www.pitching.de
S. 385–389

Sibylle Kurz

Michael Joe Küspert, www.michaelküspert.de
S. 372–379 u. 413–417; Kapitel 8

Kathrin Lange, Jahrgang 1969, ist Verlagsbuchhändlerin. Ihr erster historischer Roman *Jägerin der Zeit* erscheint im März 2005 beim Kindler Verlag. Sie arbeitete in der Marketingabteilung eines wissenschaftlichen Verlages, in der Abteilung Öffentlichkeitsarbeit einer großen Buchhandlung u. als Buchhändlerin. Von 2002 bis 2004 leitete sie den Federwelt Verlag, der sich auf Fachbücher für Autoren spezialisiert hat u. zweimonatlich eine entsprechende Special-Interest-Zeitschrift publiziert. Außerdem engagiert sie sich in der Stiftung Lesen e.V. u. arbeitet als freie Herstellerin für Schulbuchverlage. Sie ist verheiratet u. hat zwei Kinder.
S. 176–187

Michael Joe Küspert

© Werner Pohl

Kathrin Lange

Andreas Mäckler, Jahrgang 1958, Books-on-Demand-Experte, realisiert Buchproduktionen für Verlage u. Autoren, schreibt Kunstbücher, Kulturreiseführer, Kriminalromane, Biographien, Dokumentarfilm-Drehbücher u. Autorenratgeber. Seine Bücher, Kriminalgeschichten u. Fachbeiträge sind in zahlreichen Verlagen, Zeitschriften u. Anthologien veröffentlicht, u.a. bei DuMont, Taschen, ADAC Verlag, C. H. Beck u. Ullstein. Andreas Mäckler ist auch als Ghostwriter tätig. Er gibt Kurse für autobiographisches Schreiben, Professionalisierungsseminare für Autoren u. gründete *xlibri.de*, ein Dienstleistungsunternehmen für Autoren u. kleinere Verlage, sowie das *Zentrum für Biographisches Schreiben* (www.biographiezentrum.de), das u.a. Ghostwriting u. Buchproduktionen für (Auto-)Biographien anbietet.
S. 110–125

Andreas Mäckler

Carla Meyer

Carla Meyer, Studium der Literaturwissenschaft, Sprachwissenschaft u. Geschichte, MA u. Promotion. Nach mehreren Jahren Verlagstätigkeit als Redakteurin und Lektorin seit 1995 freiberufliche Lektorin u. Übersetzerin. Mitgründerin des Verbands der Freien Lektorinnen und Lektoren (VFLL); von 1999 bis 2003 1. Vorsitzende des VFLL.
S. 46–49

Titus Müller

© Björn Reißmann

Titus Müller, 1977 in Leipzig geboren, studierte Neuere deutsche Literatur, Mittelalterliche Geschichte u. Publizistik in Berlin u. veröffentlichte Prosa u. Lyrik im In- u. Ausland. 2002 erschien sein Debütroman *Der Kalligraph des Bischofs.* Es folgten *Die Priestertochter* u. mit *Die sieben Häupter* ein Gemeinschaftsroman, dessen Herausgeber u. Mitautor er ist. 2005 erscheint der Roman *Die Brillenmacherin.* Einladung zum *Open Mike* der *literaturWERK-statt* 2000. Der Hessische Rundfunk nennt Müller einen „erstaunlichen Autor", die Berliner Morgenpost einen „Tycoon des Wortes" – in Wahrheit ist er nichts als ein langer, gekrümmter Mensch, unrasiert, in nachlässige, ohne Geschmack zusammengestückelte Kleider gestopft, kurz, ein Halunke. Er müht sich, ein Rechtschaffener zu werden. www.titusmueller.de
S. 176–187

Martina Müller-Wallraf

Martina Müller-Wallraf, Jahrgang 1964, studierte in Würzburg u. München Politische Wissenschaft, Geschichte u. Literatur. Sie arbeitete für verschiedene Zeitungen (u. a. SZ) und Radiosender. Seit 1990 ist sie angestellt beim Westdeutschen Rundfunk in Köln, seit 1997 als Hörspieldramaturgin.
S. 308–315

Gabi Neumayer

Gabi Neumayer, geboren 1962 in Hilden, lebt seit ihrem Linguistikstudium in Köln und arbeitet dort als freie Autorin, Lektorin, Journalistin u. Redakteurin. Sie ist Chefredakteurin des Webnewsletters für AutorInnen, *The Tempest,* von *autorenforum.de* und schreibt – vor allem übers Schreiben – für verschiedene Zeitschriften. Neben mehreren Ratgebern u. hunderten von Artikeln hat sie (in letzter Zeit vor allem unter dem Pseudonym „Bato") einige Kinderbücher veröffentlicht – als Letztes das Bilderbuch *Und wann schläfst du?,* Lappan 2004, und die *Nikolausgeschichten* für Leseanfänger, Gondolino 2004. Außerdem sind Science-Fiction-Storys u. Kurzkrimis von ihr erschienen (zuletzt in den Anthologien *Tödliche Touren,* Leporello 2003, und *Leise rieselt der Schnee ...,* Ullstein 2003). Ihre Homepages: www.gabi-neumayer.de + www.bato-schreibt.de
S. 502–507

Antje Otto, geboren 1980 in Hamburg, studiert Theaterwissenschaft, Neuere deutsche Literatur u. Markt- u. Werbepsychologie in München. Sie ist Mitglied der *koonsfamilie,* einer freien Theatergruppe, mit Produktionen in München sowie Einladungen auf Theaterfestivals in Marokko, Frankreich u. der Ukraine. Hospitanzen u. Assistenz in diversen Bereichen an den Münchner Kammerspielen, dem Deutschen Theater Göttingen, bei Kampnagel Hamburg, der Bonner Biennale.
S. 280–297; Kapitel 6

Antje Otto

Ralf Plenz, geboren 1955, ist Diplom-Pädagoge, Grafiker, Drucker. Nach acht Jahren als Inhaber einer alternativen Druckerei in Hamburg war er 1989–2001 als Unternehmensberater für Verlage tätig. Als Autor schrieb er u.a. *Verlagsgründung,* als Herausgeber zeichnet er seit 1995 für das Loseblattwerk *Verlagshandbuch* verantwortlich (www.input-verlag.de). Seit 2001 ist er zudem als Web-Designer an einer Hamburger Berufsfachschule tätig.
S. 126–132

Ralf Plenz

Nina Pohlmann, Jahrgang 1973, ist gebürtige u. überzeugte Ruhrpottlerin, lebt aber schon seit mehreren Jahren im Exil in München. Bereits während ihrer Schulzeit schrieb sie Artikel für die Westfälischen Rundschau. Sie studierte an der Universität Bonn (M.A. Nordamerikaprogramm) u. arbeitete in einer Presseagentur in New York. Nach einem Volontariat in einer Online-Redaktion arbeitet sie seit vier Jahren als Redakteurin in großen Ratgeberverlagen in München und betreut jetzt den Programmbereich Leben&Lernen bei Gräfe und Unzer. Von Nina Pohlmann sind dort zwei Ratgeber erschienen: *eBay-Guide – Vom Einsteiger zum Powerseller* und *Krawattenknoten – Die besten Knoten für alle Fälle,* www.krawattenknoten.net.
S. 29–46

Nina Pohlmann

Birgit Politycki, gelernte Buchhändlerin, ist seit über 20 Jahren in der Buchbranche tätig. 1998 gründete sie mit Annette Pauw das Literatur- u. Pressebüro *Pauw & Politycki* in Hamburg. Ihr Tätigkeitsschwerpunkt liegt im Bereich der Presse- u. Öffentlichkeitsarbeit. Dazu gehören neben der klassischen Pressearbeit PR-Konzepte für neue bzw. unbekannte Autoren (u.a. Image-Beratung) sowie das Erarbeiten von langfristigen PR-Strategien für neue Programmbereiche in Verlagen. Darüber hinaus gibt Birgit Politycki seit 1999 Seminare für Autoren u. war 2000 u. 2002 Jurymitglied beim Förderpreis für Literatur der Stadt Hamburg.
S. 423–429

Birgit Politycki

Katharina Reschke

Holger Rink

Hans Peter Roentgen

Bernd Schmidt

Katharina Reschke, Autorin u. Dramaturgin in Berlin, vertreten durch die Agentur *Scripts for Sale,* schreibt seit 1996 für Film & TV u. hat soeben ihren ersten Roman für Kinder *Amy Anders und die Jagd nach der Wunderlampe* abgeschlossen. Ihr Kinofilm *Wir pfeifen auf den Gurkenkönig* (Roman: Chr. Nöstlinger) wird von der Kinderfilm GmbH produziert. Für ihre Serie *Vorsicht – keine Engel!* gab es 2003 eine Nominierung für den *Erich-Kästner-Preis* u. den *Goldenen Spatzen.* 2003 war sie als *writer in residence* am Grinnell College in Iowa/USA. Seit 2002 leitet sie im Auftrag des Fördervereins deutscher Kinderfilm e.V. die Auswahljury der *Winterakademie,* in der sie von 2000–02 als Dramaturgin tätig war. 1998–99 arbeitete sie für *Script House Berlin;* davor als Filmreferentin beim KunstSalon e.V. in Köln, für den sie u.a. den Markt der Stoffe – die erste Pitchingbörse Deutschlands – konzipierte u. organisierte. Nach dem Abitur studierte sie in Köln Germanistik u. Romanistik.
www.scriptsforsale.de, kathreschke@aol.com
S. 366–371

Holger Rink, 1956 geboren, ist seit 1996 Dramaturg u. Regisseur bei Radio Bremen. Zuvor arbeitete er einige Jahre als freier Regisseur sowie als Hörspielredakteur, Produktionsdramaturg u. Regisseur im SFB. An der Freien Universität Berlin studierte er Germanistik, Politologie u. Publizistik.
S. 308–315

Hans Peter Roentgen, geboren 1949, schreibt seit über 15 Jahren Geschichten, Rezensionen u. Artikel für den Newsletter *The Tempest* von *autorenforum.de,* für *www.literature.de, literatur-fastpur* u. andere Internetseiten. Er arbeitet seit vielen Jahren in der 42er-Text-Diskussionsliste mit, in der Autorengruppe *Phönix* u. ist einer der Moderatoren der Schreibworkshops von *Textkraft.*
www.textkraft.de
S. 452–455

Bernd Schmidt, geboren 1958 in Bochum, Studium an der FU Berlin, ist Verleger des Gustav Kiepenheuer Bühnenvertriebs-GmbH und Präsident des Verbands Deutscher Bühnen- und Medienverlage.
S. 283–286

Frank Schorneck, geboren 1968, gibt seit 1998 gemeinsam mit Petra Vesper das Literaturmagazin MACONDO heraus. Autor u. Rezensent; seit 2000 verantwortlich für die Öffentlichkeitsarbeit des Museums Bochum; Jurymitglied verschiedener Literaturpreise, u.a. dem „Allegra-Literaturpreis" (2002 u. 2000) und dem „foglio-Preis für junge Literatur" (1997 u. 1996); literarische

Beiträge in verschiedenen Zeitschriften u. Anthologien; einige Jahre im Vorstand der Gruppe Bochumer Autoren e.V. u. Sprecher der Initiative junger Autor(inn)en Essen e.V.; Kuratoriumsmitglied der Lieselotte-und-Walter-Rauner-Stiftung; 1995 bis 1998 verantwortlich für die *Essener Literatur Flugblätter;* Rezensionen in unterschiedlichen Medien, u.a. in *foglio,* MARABO u. im WDR sowie für die Internetmagazine *Titel* u. *Berlinerzimmer.* www.Die-Lust-am-Lesen.de
S. 176–187

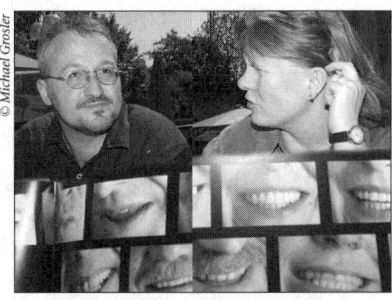

Frank Schorneck & Petra Vesper mit der MACONDO-Ausgabe *Lachen*

Marcus Seibert, Drehbuchautor u. Übersetzer, schreibt, wenn auch nicht regelmäßig, für verschiedene Fernsehserien (u.a. *Verschollen, Die Wache, Sternenfänger)* u. entwickelt eigene Serienkonzepte. Ende 2003 wurde das von der Filmstiftung geförderte Fernsehspieldrehbuch *Eifel-Gold* fertig gestellt, das noch darauf wartet, verfilmt zu werden. Erste Fernsehspielerfahrung sammelte er mit gemeinsamen Drehbüchern mit Gareth Evans für den walisischen Sender S4C. Daneben hat Marcus Seibert in den letzten Jahren einen Essayband und *Elisabeth,* den einzigen Roman von Eric Rohmer aus dem Französischen übersetzt u. herausgegeben. Bis 2001 arbeitete er nacheinander in sämtlichen möglichen Autorenjobs bei der Daily Soap *Verbotene Liebe,* zuletzt als Chefautor. Davor war er Regieassistent, Autor u. Regisseur fürs Kinderfernsehen (u.a. *Käpt'n Blaubär-Club).* Dem gingen zwei Hospitanzen beim WDR u. ein Jahr Untertitelübersetzen in Rom voraus sowie das Studium der brotlosen Künste Philosophie, Kunstgeschichte u. Germanistik in Aachen, Köln u. Paris. Marcus Seibert lebt in Köln u. wurde 1964 in Aachen geboren. www.marcus-seibert.de
S. 336–352

Marcus Seibert

Autorengruppe *Seitenspinner*
S. 645–648

Seitenspinner

Alexander Setzer-Rubruck, Rechtsanwalt, ist seit 1998 am Landgericht Frankfurt am Main zugelassen. Seine Tätigkeitsschwerpunkte liegen in der Beratung u. Prozessführung zu allen urheber-, marken- u. geschmacksmusterrechtlichen Fragen sowie im Recht der traditionellen u. neuen Medien. Zu seinen Mandanten gehören Künstlerinnen, Literaturübersetzer, Schriftstellerinnen, Komponisten ebenso wie freie Lektorinnen, Agenturen, Verlage, Filmproduzenten und Werbeagenturen. www.kmrs.de
S. 578–582

Alexander Setzer-Rubruck

Tina Uebel

Sandra Uschtrin

Sigrid Vagt

Martina Weber

Tina Uebel, Autorin, freie Journalistin, Verlegerin, Grafik-Designerin. Gründungsmitglied des No-Budget-Verlages Edition 406 (www.edition406.de), der Literaturfusion *MACHT – Organisierte Literatur* (www.macht-ev.de) u. des Hamburger Poetry Slams *Hamburg ist Slamburg* (www.slamburg.de). Kurzgeschichtenband *Frau Schrödinger bewältigt die Welt,* Knaur 2002; Roman *Ich bin Duke,* Berlin Taschenbuch Verlag 2002.
S. 514–518

Sandra Uschtrin, geboren 1960 in Hamburg, ist seit 1996 Verlegerin u. Herausgeberin des *Handbuchs,* dessen 1. Ausgabe 1985 im Grafenstein Verlag erschien. Sie gibt Seminare zur Professionalisierung von AutorInnen, arbeitet hin und wieder als Altenpflegerin, studierte Neuere deutsche Literatur, Kommunikationswissenschaft u. Soziologie in München und hat zwei Kinder.
www.uschtrin.de

Sigrid Vagt, geboren 1941 in Bad Doberan, ist literarische Übersetzerin für Französisch u. Italienisch (Belletristik, Essay, Drehbuch/Film/Fernsehen). Übersetzte AutorInnen: Marguerite Duras, Anna Maria Ortese, Giacomo Leopardi, Leonardo Sciascia u. a. Sigrid Vagt ist Mitglied im Berufsverband, dem Verband deutschsprachiger Übersetzer literarischer und wissenschaftlicher Werke e.V. (VdÜ), und lebt in Berlin.
S. 652–660

Petra Vesper, geboren 1970, gibt seit 1998 gemeinsam mit Frank Schorneck das Literaturmagazin MACONDO heraus, schreibt Rezensionen u. arbeitet als Lokaljournalistin im Ruhrgebiet. Seit 1991 freie Mitarbeiterin u. Redakteurin verschiedener lokaler Magazine u. Zeitungen; von 1996 bis 1998 Literaturkritikerin für *foglio;* in den Jahren 1995 bis 1998 verantwortliche Mitherausgeberin der *Essener Literatur Flugblätter.* Studium der Komparatistik, Germanistik u. Politikwissenschaften in Bochum.
www.Die-Lust-am-Lesen.de   *Foto: siehe Frank Schorneck*
S. 176–187

Martina Weber, geboren 1966 in Mannheim, studierte in Heidelberg, Freiburg u. Frankfurt am Main, zunächst Deutsch, Geschichte u. Philosophie, später Jura (1. u. 2. jurist. Staatsexamen). Fachautorin u. Dozentin für Recht in der Gesundheits- u. Krankenpflegeausbildung. 2001–2003 Newsletter-Redakteurin der *Federwelt*; Lyrik-Expertin des Newsletters *The Tempest* von autorenforum.de. Veröffentlichungen von Lyrik u. Prosa in Literaturzeitschriften u. Anthologien, zuletzt im *Jahrbuch der*

Lyrik 2005, herausgegeben von Christoph Buchwald u. Michael Lentz. 2003 u. 2004 Preisträgerin für Kurzgeschichten beim Literaturwettbewerb zur 7. u. 8. Buchmesse im Ried (Stockstadt am Rhein). Herausgeberin des Bandes *Zwischen Handwerk und Inspiration. Lyrik schreiben und veröffentlichen,* 2004 erschienen im Federwelt Verlag (www.federwelt.de). Martina Weber lebt in Frankfurt am Main.
S. 55–66

Isolde Wehr

Isolde Wehr, geboren 1974 in Thüringen, gelernte Bürokauffrau, liest seit ihrem 15. Lebensjahr mit großer Leidenschaft Liebesromane. Sie ist seit 2003 verantwortlich für das Programm beim HOF DORT HEYNE Verlag, arbeitete von 2003–2001 als Herausgeberin u. Leiterin von *Moments* im Bertelsmann Buchclub u. war von 2001–1998 freie Gutachterin für Liebesromane.
S. 168–171

Mark Werner

Mark Werner, M. A., Autor, Redakteur. Bei der *Sony Pictures Film und Fernseh Produktions GmbH* (vormals *Columbia TriStar FFP)* arbeitet er als Headwriter u. Entwicklungsredakteur, außerdem ist er im Drehbuchprogramm der *ifs – internationale filmschule köln* als Dramaturg tätig. Während seines Germanistik- u. Geschichtsstudiums arbeitete er als Zeitungsreporter u. für verschiedene Fernsehproduktionen. Mark Werner, Jahrgang 1969, lebt in Köln.
S. 352–360

Gabriele Wolff

Gabriele Wolff, geboren 1955 in Düsseldorf, arbeitet seit 1994 als Oberstaatsanwältin u. lebt in Neuruppin. Von 1985 bis1994 Staatsanwältin, davor Rechtsanwältin in Köln, Referendariatszeit in Aachen, Köln u. Chicago, Jurastudium in Köln. Kriminalromane: *Das dritte Zimmer* (2003), *Der falsche Mann* (2000), *Tote Oma* (1997), *Rote Grütze* (1994), *Armer Ritter* (1993), *Himmel und Erde* (1991), *Kölscher Kaviar* (1990) sowie zahlreiche Kriminalerzählungen in Anthologien u. zwei Erzählungsbänden *(Von toten Ratten und zahmen Tauben,* 1996; *Lover,* 1992). Daneben Publikationen für die Karl-May-Gesellschaft, u. a. *Ermittlungen in Sachen Frau Pollmer,* in: Jahrbuch der Karl-May-Gesellschaft 2001, S. 11–307.
S. 68–70

Register

Anzeigen, Beilagen und Werbezeilen

Anzeigen
Allianz Lebensversicherungs-AG, Michael Weber (U2)
autorbuch service, Verlagsservice Monika Rohde (S. 418)
Bibliothek deutschsprachiger Gedichte, Gräfelfing (S. 703)
Bundesakademie für kulturelle Bildung Wolfenbüttel (S. 434)
dju Deutsche Journalistinnen- u. Journalisten-Union in ver.di (S. 564)
Federwelt Verlag, Söhlde/München (S. 2)
Bernd Hubatschek, Medien Kunst Kultur Consult (S. 13)
Input-Verlag, Ralf Plenz, Hamburg (S. 108)
Konzepte, Zeitschrift für Literatur (S. 229)
Kürschners Deutscher Literatur-Kalender, K.G. Saur Verlag (S. 679)
Lindy Lodge, Florentine Egger (S. 306)
Mauer Verlag, Wilfried Kriese (S. 522)
Neue Sirene, Zeitschrift für Literatur (S. 174)
Pensionskasse, Versicherungsverein auf Gegenseitigkeit (S. 603)
Stefan Schwidder, biographiezentrum.de (S. 475)
Schule des Schreibens, Hamburger Akademie für Fernstudien (S. 704 u. U3)
TextArt, Magazin für kreatives Schreiben (S. 219)
VfLL, Verband der freien Lektorinnen und Lektoren (S. 16)
Wiesenburg Verlag, Werner Schmid (S. 496)
xlibri.de, Der Dienstleister für Autoren (S. 135)

Beilage
Literaturen, Das Journal für Bücher und Themen

Werbezeilen
asphaltspuren.de, Asphaltspuren, Ute Hallman u. Regina Holz, Berlin (S. 188)
criminalis.de, criminalis, Magazin für Krimifreunde, Dorothea Puschmann (S. 70)
esztervaci.de, Esther Váci-Thämlitz, Hamburg (S. 502)
feedback-vahsen.de, Dr. Mechthilde Vahsen, Düsseldorf (S. 432)
firwitz.de, Firwitz Verlag, Essen u. Köln (S. 651)
Günther Maria Garzaner, Perg (S. 66)
Ghost (S. 468 + 472)
glatteis, Die Kriminalbuchhandlung, glatteis-krimi.de, München (S. 74)
graf-riemann.de, Redaktionsservice Elisabeth Graf-Riemann, Pfaffenhofen (S. 46)
Jürgen Kirschner, netz-tipp.de/autoren/Juergen/, Stuttgart (S. 452)
Lektoratsbüro Dr. Ilonka Kunow, München (S. 29)
literaturberaterin.de, Hella Neukötter, Köln (S. 430)
literature.de, Sven Trautwein, Nürnberg (S. 232)
lyriklandschaft.de, Verlag Stephanie Jans (S. 55)
Lyrikwerkstatt.de, Aleph Verlag, München (S. 67)
Johanna Michallik, Lektoratsservice, Rostock (S. 49)
Monte Baldo Theaterverlag, Durmersheim (S. 282)
Paola Reinhardt, Bad Lippspringe (S. 125)
Dr. Hanna Rheinz, Ghostwriting, München (S. 473)
Verlagsservice Monika Rohde, Leipzig (S. 237)
stift-und-stimme.de, Claudia C. Gref, Düsseldorf (S. 319)
stilistico.de, Stilistico Schreibkultur, Isa Schikorsky, Köln (S. 437)
text-und-byte.de, Renate Hupfeld, Hamm (S. 608)
Textagentur Dorothea von Törne, Berlin (S. 56)
Simone Verwiel, Lektorat, Radevormwald (S. 109)
Wiener Werkstattpreis, http://werkstattpreis.freiezeitart.net, Peter Schaden (S. 559)

Romane Erzählungen Krimis

„Schreiben hat meine Grenzen stark erweitert!"

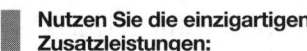

Monika Wehn, Herxheim

'Als ich das Autorenstudium begann, schrieb ich sofort Reiseberichte, auf die ich begeisterte Resonanz bekam. Es blieb nicht bei den Reiseberichten. Im Laufe der Jahre veröffentlichte ich drei Bücher zum Thema Partnersuche und Kommunikation. Seit Jahren schreibe ich auch Kolumnen, die wöchentlich veröffentlicht werden. Ich kann mir ein Leben ohne Schreiben gar nicht mehr vorstellen!"

 Nutzen Sie die einzigartigen Zusatzleistungen:

Beispielsweise den exklusiven Lektoratsdienst und Manuskriptservice, den Sie als Teilnehmer kostenlos in Anspruch nehmen können. Experten begutachten Ihr Manuskript, prüfen es auf seine Marktreife hin und geben Ihnen Tipps, welchen Verlagen/ Redaktionen Sie es anbieten könnten.

Wenn Sie Kontakt zu anderen Teilnehmer der Schule des Schreibens suchen – das Internet-Forum oder die Workshops bieten eine gute Gelegenheit.

Individuelle Betreuung – das „A und O" unserer Ausbildung!

Bei jedem Ihrer Lernschritte steht Ihnen dabei Ihr persönlicher Studienleiter aus unserem erfahrenen Team zur Seite. Er begleitet Sie während Ihres gesamten Studiums, korrigiert Ihre Einsendeaufgaben und erläutert in seinen Briefen, was Sie noch besser machen können. Mit seinem Rückhalt als Ihr persönlicher Privatlehrer und seiner Erfahrung machen Sie schnell Fortschritte.

Jetzt ist Ihre Chance da, Ihren Traum vom Schreiben zu verwirklichen!

Natürlich gehört auch Arbeit – vor allem an sich selbst – dazu, eine gute Schreibe zu entwickeln. Aber Sie werden sehen, es ist zugleich eine großartige Entdeckung der eigenen Persönlichkeit. Sie erschließen sich eine ganz neue Welt! Und Sie werden überrascht sein, wie schnell Sie sich unter unserer Anleitung im Schreiben weiter entwickeln.

Schule des Schreibens,
Hamburger Akademie für Fernstudien, Abt. HA421
Neumann-Reichardt-Str. 27-33, 22041 Hamburg,
Tel. 040/658 09 01, Fax: 040/658 09 33,
Persönliche Studienberatung: Mo.-Fr. 8 - 20 Uhr

www.schule-des-schreibens.de